Zwangsarbeit
bei Daimler-Benz

Zeitschrift für Unternehmensgeschichte

hervorgegangen aus: Tradition,
Zeitschrift für Firmengeschichte und
Unternehmerbiographie

Herausgegeben von
Hans Pohl

Beiheft 78

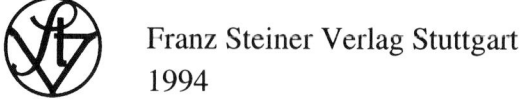
Franz Steiner Verlag Stuttgart
1994

Barbara Hopmann – Mark Spoerer –
Birgit Weitz – Beate Brüninghaus

Zwangsarbeit bei Daimler-Benz

Franz Steiner Verlag Stuttgart
1994

Denen, die uns durch intensive Gespräche geholfen haben,
die Erinnerung wachzuhalten.

CIP-Titelaufnahme der Deutschen Bibliothek
[Zeitschrift für Unternehmensgeschichte / Beiheft]
Zeitschrift für Unternehmensgeschichte : hervorgegangen aus:
Tradition, Zeitschrift für Firmengeschichte und
Unternehmerbiographie. Beiheft. – Stuttgart : Steiner.
    Früher Schriftenreihe
    Fortlaufende Beil. zu: Zeitschrift für Unternehmensgeschichte
#78. Zwangsarbeit bei Daimler-Benz. – 1994

Zwangsarbeit bei Daimler-Benz / Barbara Hopmann ... –
Stuttgart : Steiner, 1994
    (Zeitschrift für Unternehmensgeschichte : Beiheft ; #78)
    ISBN 3–515–06440–0
NE: Hopmann, Barbara

© 1994 by Gesellschaft für Unternehmensgeschichte e.V., Köln.
Druck: Rheinhessische Druckwerkstätte, Alzey
Printed in Germany

INHALTSVERZEICHNIS

VORWORT

Die Erforschung der Geschichte des Dritten Reiches hat in den letzten Jahrzehnten eine wahre Flut von Publikationen im In- und Ausland hervorgebracht.[1] Dabei wurden auch Fragen des Verhältnisses von Politik und Wirtschaft erörtert. Meist geschah dies ohne Heranziehung von Quellenmaterial aus den Archiven der unternehmerischen Wirtschaft, denn deren Archive waren früher im allgemeinen verschlossen, wenn Themen zur Geschichte des Dritten Reiches untersucht werden sollten.[2] Das galt besonders für die Problematik des Einsatzes von Zwangsarbeitern. In den letzten Jahren beobachten wir eine zunehmend liberale Haltung der Unternehmen.[3] Einige Unternehmensleitungen haben eingesehen, daß eine exakte wissenschaftliche Aufarbeitung auch ihrer Geschichte im Dritten Reich der beste Weg zur Vergangenheitsbewältigung ist. Zu diesen Unternehmen gehört die Daimler-Benz AG. Sie hat bereits 1983 aus Anlaß des bevorstehenden 100jährigen Auto-Jubiläums als erstes Industrieunternehmen überhaupt die Geschichte des Konzerns im Dritten Reich wissenschaftlich untersuchen lassen. Diese im November 1986 in erster Auflage erschienene Dokumentation[4] behandelt den Aspekt „Zwangsarbeit" deshalb nur als einen unter mehreren Schwerpunktthemen. Angesichts des zunehmenden öffentlichen Interesses am Thema „Zwangsarbeit" entschloß sich die Daimler-Benz AG, wiederum als erstes Unternehmen, bereits im Januar 1986, dieses Problem durch eine zweite Studie genauer anhand aller verfügbaren Quellen von Mitarbeitern der Gesellschaft für Unternehmensgeschichte (GUG) wissenschaftlich aufarbeiten zu lassen.

Im Zusammenhang mit der Diskussion zur Zwangsarbeit wurde in der Öffentlichkeit die Frage der Entschädigung diskutiert. Die Daimler-Benz AG entschloß sich im Juni 1988 zur Zahlung von über 20 Mio. DM an verschiedene Organisationen als „humanitäre Geste".[5]

Die nun vorliegende Studie ist das Ergebnis mehr als fünfjähriger Forschungsarbeit, die auf Quellen aus zahlreichen Archiven im In- und Ausland und vor allem auf Interviews mit ehemaligen Daimler-Benz-Zwangsarbeitern basiert. Die Fertigstellung des Manuskriptes verzögerte sich in erster Linie aus zwei Gründen: Zunächst nahm das Interviewprogramm ungeahnte Ausmaße an, da fast jeder befragte ehemalige Daimler-Benz-Zwangsarbeiter noch Kontakte zu früheren Kollegen hatte. Im Laufe der Jahre konnten auf diese Weise über 600 ehemalige Daimler-Benz-Zwangsarbeiter ausfindig gemacht werden. Völlig überraschend erfolgte 1989/90 die Öffnung der Archive in der früheren DDR, in denen sich wichtiges Material

---

1   Vgl. die Übersicht in Hildebrand, Das Dritte Reich, S. 115–233.
2   Vgl. Herbert, Fremdarbeiter, S. 21.
3   Vgl. Gottschalk, Vergangenheitsbewältigung.
4   Pohl/Habeth/Brüninghaus, Daimler-Benz.
5   Reuter, Statement, S. 2.

befand, weshalb dort mehrere Wochen recherchiert werden mußte. Die erste Fassung des Manuskripts wurde daher erst im Frühjahr 1992 abgeschlossen und danach einer gründlichen Überarbeitung und Abstimmung durch die inzwischen beruflich anderweitig tätigen Autoren unterzogen.

Das vorliegende Buch knüpft inhaltlich und methodisch an neuere Richtungen der deutschen Geschichtsschreibung an. Dem Thema „Zwangsarbeit" widmet sich die deutsche Forschung erst seit etwa zehn Jahren. Das Schicksal der Zwangsarbeiter als Opfer des NS-Regimes hatte bis dahin im Schatten des Holocaust gestanden, der in Forschung und Öffentlichkeit breit diskutiert wurde und wird. Als Methode heute akzeptiert, aber noch vor wenigen Jahren umstritten, ist die systematische Befragung von Zeitzeugen. Aber natürlich darf die Auswertung von Zeitzeugeninterviews nicht zur Vernachlässigung der traditionellen Quellen führen. In besonderem Maße gilt daher mein Dank dem Vorstand und zahlreichen Mitarbeitern von Daimler-Benz, die nicht nur die uneingeschränkte Benutzung des Archivs ermöglichten, sondern auch sonst auf jede Weise das umfangreiche Forschungsvorhaben ideell und finanziell gefördert haben.

Dank sagen möchte ich auch den Archivaren der öffentlichen Archive, wobei besonders Otto Schepelern und Dr. Eric Goebel aus Kopenhagen, Dr. Frans Selleslagh aus Brüssel, Elke Henkies aus Sindelfingen und Manfred Hildenbrand aus Haslach/Kinzigtal zu erwähnen sind. Zahlreiche Hilfen und Hinweise verdanken wir Frau Gyulai, Janosz Szöny und Dr. Szabolcs Szita aus Budapest. Hermann Müller von der Interessengemeinschaft ehemaliger Zwangsarbeiter, Aart Pontier von der niederländischen Zwangsarbeitervereinigung und Therkel Straede von der Ruhruniversität Bochum unterstützten die Arbeit durch Hinweise und Informationen. Dr. Gerhard Birk aus Ludwigsfelde stellte verschiedene Fotos und Unterlagen zur Verfügung. Anita Kugler, Berlin, überließ uns Quellenmaterial. Sehr vertrauensvoll war auch die Zusammenarbeit mit Dr. Ernst Katzenstein von der Jewish Conference on Claims against Germany und Kurt May von der Schwesterorganisation United Restitution Organization (URO), beide in Frankfurt/Main, die großzügigen Einblick in ihre Akten und Unterlagen gewährten.

Zwei Historiker, Prof. Dr. Miroslav Kárny aus Prag und Prof. Dr. Wacław Długoborski aus Wrocław (Breslau), die als ehemalige KZ-Häftlinge einen besonderen Zugang zu diesem Thema haben, suchten in tschechoslowakischen bzw. polnischen Archiven, wenn auch letzten Endes vergeblich, nach Quellen über Daimler-Benz-Zwangsarbeiter. Ihnen sind wir ebenso wie den Historikern Prof. Dr. Henry A. Turner, Yale University, der in Washington in den National Archives nach Quellen zu unserem Thema recherchiert hat, und Dr. Avraham Barkai, der in Israel geforscht hat, zu großem Dank für ihre Hilfe und für manchen Rat verpflichtet.

Dr. Lars U. Scholl hat in Kopenhagen die Archivrecherchen durchgeführt und Brigitte Hatke im Imperial War Museum und im Public Record Office, London, sowie auch in den National Archives, Washington. Stephanie Habeth-Allhorn recherchierte in der Zentralen Stelle der Landesjustizverwaltungen in Ludwigsburg und Dr. Sibylle Grube-Bannasch in verschiedenen südwestdeutschen Archiven. Die übrigen Archive wurden von einzelnen Autoren dieser Studie besucht.

Die Interviews mit den ehemaligen Zwangsarbeitern führten Dr. Avraham Barkai, Beate Brüninghaus, Stephanie Habeth-Allhorn, Brigitte Hatke, Barbara Hopmann, Silke Lent, Gudrun Pilch, Monika Brüninghaus, Ulrike Rink-Kovačič, Mark Spoerer, Claudia Stein und Monique Zimmermann-Smith.

Danken möchte ich vor allem den vier Autoren: Barbara Hopmann, Mark Spoerer, Birgit Weitz und Beate Brüninghaus. Sie haben als junge Sozial- und Wirtschaftshistoriker die Zeit des Dritten Reiches nicht erlebt und sind deshalb völlig unbefangen an die Forschungen herangegangen. Das Buch entstand in intensiver Diskussion und Zusammenarbeit der Verfasser untereinander. Die Autoren verfaßten das Einleitungskapitel gemeinsam. Frau Hopmann schrieb die Abschnitte Methodisches Vorgehen, Zwangsarbeit in der deutschen Wirtschaft und das umfangreichste Kapitel über die freiwilligen und unfreiwilligen zivilen ausländischen Arbeitskräfte. Herr Spoerer und Frau Hopmann formulierten gemeinsam die Teile über Motive für den Einsatz von Zwangsarbeitern, Planung und Organisation. Zudem verfaßte Herr Spoerer die Kapitel Daimler-Benz während des Zweiten Weltkriegs, Statistischer Überblick, Kriegsgefangene, Befreiung und Rückkehr sowie Physische und psychische Verfassung. Auch die Schlußbetrachtung stammt im wesentlichen von ihm. Frau Weitz hat das Kapitel über die KZ-Häftlinge geschrieben und mit Herrn Spoerer das Register erstellt. Frau Brüninghaus steuerte die Abschnitte über Wiedergutmachung und andere Rentenleistungen, Entschädigung durch Daimler-Benz und Besuche ehemaliger Zwangsarbeiter sowie den Vergleich mit anderen Unternehmen bei. Sie hat während ihrer Tätigkeit als Geschäftsführerin der Gesellschaft für Unternehmensgeschichte das Forschungsprojekt auch organisatorisch betreut.

Der größte Dank gilt den ehemaligen Zwangsarbeitern, die sich trotz der zum Teil damit verbundenen großen psychischen Belastungen zu ausführlichen Gesprächen bereit erklärten. Einige stellten auch persönliche Dokumente wie Tagebücher, Briefe und Fotos, die sie fast fünfzig Jahre sorgsam aufbewahrt hatten, zur Verfügung oder verfaßten speziell für unsere Forschungen schriftliche Erinnerungen. Besonders zu erwähnen sind Arno Plock, der Erinnerungen und Zeichnungen anfertigte, und Ernest Gillen, der uns Dokumente zur Verfügung stellte. Die konkrete Darstellung der Lebens- und Arbeitsbedingungen der Zwangsarbeit bei Daimler-Benz wäre ohne diese Mitarbeit der Zeitzeugen unmöglich gewesen.

Bonn, im Januar 1993   Hans Pohl

1. EINLEITUNG

1.1 Forschungsstand

Der Einsatz ausländischer Arbeiter im Dritten Reich fand in der westdeutschen historischen Forschung in den ersten drei Jahrzehnten der Nachkriegszeit kaum Beachtung. In den fünfziger und sechziger Jahren vorgelegte Arbeiten hatten überwiegend Rechtfertigungscharakter oder waren bestenfalls unkritisch.[1] Im Ausland entstand dagegen eine Reihe fundierter Arbeiten, so etwa die Monographien von Evrard und Durand über französische Zivilarbeiter bzw. Kriegsgefangene, von Sijes und Hirschfeld über niederländische Zivilarbeiter und von Homze, der erstmals das Thema Zwangsarbeit im Dritten Reich in einem größeren Rahmen untersuchte, dabei jedoch den Schwerpunkt auf die Situation der „Westarbeiter" legte.[2] Auch in der DDR beschäftigte sich schon früh eine Reihe von Autoren mit dem Thema Zwangsarbeit.[3] Das vorrangige Ziel der dort vorgelegten Studien war aber bis in die siebziger Jahre hinein weniger eine sachgerechte Aufarbeitung des Themas, als vielmehr eine Linie ungebrochener Kontinuität der Ausländerbeschäftigung und -ausbeutung vom Beginn des Kapitalismus bis in die Gegenwart aufzuzeigen. Erst seit den siebziger Jahren zeigen Arbeiten, die überwiegend an der Universität Rostock entstanden sind, zumindest ansatzweise ein Bemühen, spezifische Charakteristika der Zwangsarbeit im Dritten Reich herauszuarbeiten.[4]

In der Bundesrepublik erfolgte abgesehen von der Rechtfertigungsliteratur zunächst nur eine literarische Verarbeitung des Themas. Zu nennen sind hier beispielsweise „Eine Liebe in Deutschland" von Rolf Hochhuth, „Gruppenbild mit Dame" von Heinrich Böll und „Nachzahlung" von Siegfried Lenz. Die wissenschaftliche Beschäftigung mit dem Thema „Zwangsarbeit" beschränkte sich hauptsächlich auf Studien über den Arbeitseinsatz von KZ-Häftlingen, der im Grunde auch heute noch im Mittelpunkt der Untersuchungen zur Zwangsarbeit steht.[5] Erst Mitte der achtziger Jahre begann eine intensivere historische Auseinandersetzung. Grundlegend ist seit 1985 die Veröffentlichung von Ulrich Herbert, der eine umfassende Untersuchung über den Einsatz ausländischer Zivilarbeiter und Kriegsgefan-

---

1   Vgl. Kannapin, Wirtschaft; v. Knierim, Nürnberg; Pfahlmann, Fremdarbeiter. Dagegen kritisch: Broszat, Polenpolitik. – Vollständige bibliographische Angaben sind dem Literaturverzeichnis zu entnehmen.

2   Vgl. Evrard, La déportation; Durand, La captivité; ders., La vie quotidienne; Sijes, Arbeidsinzet; Hirschfeld, Arbeitseinsatz; und Homze, Foreign Labor.

3   Vgl. Demps, Ausbau; Kraus/Kulka, Massenmord; Kuczynski, Geschichte, Bd. 6; Seeber, Zwangsarbeiter.

4   Vgl. hierzu v.a. Drobisch/Eichholtz, Zwangsarbeit; Elsner/Lehmann, Ausländische Arbeiter; und die Arbeiten, die in der Schriftenreihe „Fremdarbeiterpolitik des Imperialismus" erschienen sind.

5   Vgl. z.B. als neueste wichtige Publikation: „Deutsche Wirtschaft" (1991).

gener im Dritten Reich vorlegte.[6] Herbert verstand es, den Verlauf des Arbeitseinsatzes ausländischer Arbeiter im Dritten Reich vor dem Hintergrund sich im Kriegsverlauf zunehmend widersprechender ideologischer und ökonomischer Zielsetzun-
gen des NS-Regimes überzeugend darzustellen. Auf den Arbeitseinsatz von KZ-
Häftlingen, den Herbert nicht behandelt hat, konzentrieren sich Studien von Pingel
und Fröbe.[7] Weitere wichtige Beiträge über einzelne Zwangsarbeitergruppen sind
die von Streit und Streim über sowjetische Kriegsgefangene, von Rolf-Dieter
Müller über „Ostarbeiter", von Schreiber über italienische Militärinternierte und
von Schminck-Gustavus über polnische Zwangsarbeiter.[8] Das Schicksal ehemaliger Zwangsarbeiter als „displaced persons" im Deutschland der unmittelbaren
Nachkriegszeit beschrieb Jacobmeyer.[9] Zusammen mit Beiträgen ausländischer
Historiker, die in einem von Herbert herausgegebenen Sammelband den „Reichseinsatz" aus der Perspektive ihrer Länder schildern[10], ist die vormalige Forschungs-
lücke Zwangsarbeit im Dritten Reich damit zunächst einmal aus einer Art Makro-
Perspektive weitgehend geschlossen.[11] Auch in der zwischenzeitlich entstandenen
Diskussion, wie der Begriff „Vernichtung durch Arbeit" zu verstehen bzw. zu
verwenden sei, zeichnet sich mittlerweile ein Konsens ab.[12]

Nicht nur in der Wissenschaft, sondern auch in der Öffentlichkeit gewann das
Thema Zwangsarbeit 1985 im Zusammenhang mit der Forderung überlebender
Opfer nach Entschädigung an Interesse.[13] Dadurch erhielt es nun auch in der
Bundesrepublik eine politisch-moralische Dimension, die eine Reihe weiterer Fragen vorwiegend sozialgeschichtlicher Natur aufwarf. Gefragt war nun die schon
von Herbert geforderte Mikro-Perspektive auf regionaler, lokaler und betrieblicher
Ebene.[14] Im Vordergrund stand die Frage nach dem Alltag des Zwangsarbeiters,
und, eng damit verknüpft, nach dem Verhalten der Arbeit„geber". Das starke
politisch-moralische Moment der Diskussion manifestiert sich im übrigen auch in
der Tatsache, daß sich das Interesse sowohl der Öffentlichkeit als auch der histori-

---

6 Vgl. Herbert, Fremdarbeiter.
7 Vgl. Pingel, Konzentrationslagerhäftlinge; ders., KZ-Häftlinge; Fröbe, Konzentrationslager ;
   ders., Arbeitseinsatz.
8 Vgl. Streit, Keine Kameraden; Streim, Behandlung; ders., Sowjetische Gefangene; Rolf-Dieter
   Müller, Zwangsrekrutierung; Schminck-Gustavus, Zwangsarbeit; ders., Hungern für Hitler;
   Schreiber, Militärinternierte.
9 Vgl. Jacobmeyer, Zwangsarbeiter. Vgl. für den Großraum Stuttgart: Müller, Fremde.
10 Herbert (Hrsg.), Europa.
11 Ausführliche Darstellungen des Forschungsstands finden sich bei Herbert, Fremdarbeiter,
   S. 12–18 (1985); Blaich, Wirtschaft, S. 153f. (1987), und Ludewig, Zwangsarbeit, S. 558–577
   (1991).
12 Vgl. hierzu Herbert, Arbeit; ders., Arbeiterschaft; und vor allem die Beiträge in „Deutsche
   Wirtschaft".
13 Vgl. Sendung Lea Rosh, Flick-Entschädigung; Die Zeit 17.1.1986, S. 9f. Vgl. auch Schmidt,
   Geheimnis, zu einer Ausstellung und Tagung zur Zwangsarbeit 1985, die aus dem Schülerwettbewerb Deutsche Geschichte „Alltag im Nationalsozialismus – Die Kriegsjahre in Deutschland" hervorgegangen ist. Einen Überblick über die Entschädigungsdebatte geben neben der
   älteren Darstellung von Ferencz, Lohn, neuerdings Herbst/Goschler (Hrsg.), Wiedergutmachung (1989), und Goschler, Wiedergutmachung (1992).
14 Vgl. Herbert, Fremdarbeiter, S. 19, 21.

schen Forschung ganz überwiegend auf den Zwangsarbeitereinsatz in industriellen Großbetrieben konzentriert, wohingegen der Einsatz bei der öffentlichen Hand, in landwirtschaftlichen und handwerklichen Betrieben eine unangemessen geringe Rolle spielt.

Einige größere westdeutsche Studien, die sich mit Zwangsarbeit in Großunternehmen beschäftigen, waren schon zu Beginn der achtziger Jahre erschienen.[15] Inzwischen liegt eine Vielzahl von Untersuchungen vor, fast alle zu Industrieunternehmen. Das am besten erforschte Unternehmen ist die IG Farbenindustrie AG, neben den Vereinigten Stahlwerken mit Abstand größtes Industrieunternehmen im Dritten Reich und seit den Nürnberger Prozessen Inbegriff der Verquickung von NS-Regime und Industrie. Das Interesse der Historiker am Einsatz von KZ-Häftlingen und anderen Zwangsarbeitern bei der IG Farben war allerdings meistens nicht originärer Natur. Untersucht wurde vielmehr in erster Linie, ob es der IG Farben gelang, die Politik des NS-Regimes für ihre Ziele zu nutzen oder ob sie darüber hinaus in der Lage war, die Ziele des Regimes maßgeblich in ihrem Sinne zu beeinflussen.[16]

Über zwei weitere Industrieunternehmen sind ebenfalls mehrere Untersuchungen erschienen: Volkswagen und Daimler-Benz. Daß ausgerechnet zwei Automobilunternehmen, die im Dritten Reich noch nicht einmal zu den 20 größten Industrieunternehmen zählten[17], heute auf ein solches Interesse stoßen, liegt sicherlich auch an dem großen Bekanntheitsgrad durch das Produkt Auto. Im Falle Daimler-Benz hängt dieses Interesse zum anderen aber auch mit der schnellen Expansion des Konzerns in der zweiten Hälfte der achtziger Jahre und der damit einhergehenden Diversifikation in den politisch sensiblen Verteidigungsbereich zusammen.

Zur Zwangsarbeit bei Volkswagen legte der Stadtarchivar von Wolfsburg, Klaus-Jörg Siegfried, 1986 und 1988 zwei Publikationen vor.[18] Darüber hinaus beauftragte der Volkswagen-Konzern den Bochumer Historiker Hans Mommsen mit der Erforschung der Geschichte des Volkswagenwerks im Dritten Reich, wobei der Zwangsarbeiterproblematik ein hoher Stellenwert zukommen soll. Ein Zwischenbericht dieses Projekts wurde im Oktober 1991 veröffentlicht.[19]

Auch der Ausländereinsatz bei Daimler-Benz ist bereits in drei Monographien untersucht worden. In der anläßlich des 100jährigen Automobil-Jubiläums von Daimler-Benz veröffentlichten Studie von Hans Pohl, Stephanie Habeth und Beate Brüninghaus über Daimler-Benz im Dritten Reich wurde das Thema Zwangsarbeit zwar behandelt. Der konkreten Darstellung der Lebens- und Arbeitsbedingungen

15 Vgl. z.B. Seebold, Stahlkonzern; Wysocki, Zwangsarbeit.
16 Vgl. zuletzt die größeren Studien von Hayes, Industry; Plumpe, IG-Farbenindustrie. Eine größere Publikation über den Einsatz von KZ-Häftlingen im IG-Farben-Werk Monowitz bei Auschwitz will Karl Heinz Roth vorlegen; vgl. die Vorstudie Roth, I.G. Auschwitz.
17 Vgl. Feldenkirchen, Concentration, S. 146: 1938 hielt Daimler-Benz nach seiner Berechnung Platz 27 in der Liste der 50 größten deutschen Industrieunternehmen, das Vorläuferunternehmen von Volkswagen war erst 1937 gegründet worden.
18 Vgl. Siegfried, Rüstungsproduktion; ders., Leben.
19 Vgl. Mommsen, Geschichte des Volkswagenwerks (maschinenschriftlich); sowie den publizierten Zwischenbericht im Sammelband „Deutsche Wirtschaft": Mommsen, Zwangsarbeit.

der Zwangsarbeiter konnte aber im Rahmen dieser allgemeinen Unternehmensgeschichte nur wenig Raum geschenkt werden.[20]

Eine ganz andere Darstellung präsentierte ein knappes halbes Jahr später eine
Autorengruppe der Hamburger Stiftung für Sozialgeschichte des 20. Jahrhunderts
um Karl Heinz Roth.[21] War Zwangsarbeit im Buch von Pohl, Habeth und Brüning-
haus ein Aspekt unter vielen, so konzentrierten sich die meisten Beiträge der
Hamburger Autoren auf dieses Thema. Das Überblickskapitel von Roth ist in einer
Besprechung von Volker Hentschel, der Roth „methodische Skrupellosigkeit" vor-
warf, stark kritisiert worden.[22] Weitere Beiträge zum Ausländereinsatz bei Daim-
ler-Benz tragen in diesem Band Rainer Fröbe, Peter Koppenhöfer und Michael
Schmid bei. Die Aufsätze von Fröbe und Koppenhöfer sind gut recherchierte
Fallbeispiele über den Einsatz von KZ-Häftlingen bei Daimler-Benz in den Werken
„Goldfisch" und Mannheim.[23]

In seiner 1989 publizierten Dissertation über die Arbeiterschaft bei Daimler-
Benz und den Vorläuferfirmen geht Bernard Bellon in einem Kapitel auch auf den
Zwangsarbeitereinsatz ein, ohne jedoch wesentliche neue Forschungsergebnisse zu
präsentieren.[24] Ähnlich wie die Autoren der Hamburger Stiftung legt er dabei den
Schwerpunkt der Darstellung auf den Einsatz von KZ-Häftlingen.[25]

Neben diesen Überblicksdarstellungen gibt es eine Reihe von lokalen Untersuchungen über Zwangsarbeiter bei Daimler-Benz. Zu nennen sind hier die Staatsar-
beit von Angelika Schmitt, die Veröffentlichungen von zwei Schülerarbeitsgruppen
aus Sindelfingen und die Artikel von Hildenbrand über Haslach/Kinzigtal und Birk
über Genshagen.[26]

Sehr eindrucksvolle Details liefert die Memoirenliteratur, also veröffentlichte
Erlebnisberichte ehemaliger Zwangsarbeiter. Im Zusammenhang mit Daimler-Benz
sind dabei die Erlebnisberichte der ehemaligen KZ-Häftlinge Mireille Mallet, Eva
Feyer und Heinz Rosenberg zu nennen. Sehr wertvoll sind auch die bereits 1945
veröffentlichten Erinnerungen des französischen Zivilarbeiters Hadrien Bousquet.[27]

---

20 Vgl. Pohl/Habeth/Brüninghaus, Daimler-Benz, S. 144–165, 318–336.
21 Vgl. Daimler-Benz Buch.
22 Vgl. zu den Unterschieden der beiden Veröffentlichungen ausführlich Hentschel, Daimler-
    Benz (Zitat S. 97), und die Replik von Roth, Daimler-Benz.
23 Vgl. weiterhin zu Daimler-Benz den Artikel von Koppenhöfer, Erste Wahl.
24 Vgl. Bellon, Mercedes.
25 Die Fülle von Einzelstudien, die mittlerweile zu anderen Unternehmen und Betrieben erschie-
    nen sind, soll hier nicht nachgezeichnet werden. Sie sind im Literaturverzeichnis aufgeführt.
26 Birk, Kapitel; ders., Ludwigsfelder Geschichte; Hildenbrand, Kinzigtal; ders., Vulkan; Schmitt,
    Mannheim-Sandhofen; Schülerarbeitsgruppe, Zwangsarbeiter in Sindelfingen; dies., Krieg und
    Wiederaufbau.
27 Vgl. Bousquet, Hors des barbelés; Feyer abgedruckt in Roth/Schmid (Hrsg.), Schlüsseldoku-
    mente, S. 322–326; Mallet, Sous le signe; Rosenberg, Jahre.

1.2 Quellenlage

Bei der Dokumentation über „Zwangsarbeit bei Daimler-Benz" hat unsere Forschungsgruppe versucht, möglichst alle im In- und Ausland zu diesem Thema vorhandenen Quellen zu erfassen und auszuwerten.[28] Dabei handelt es sich vor allem um zwei große Quellengruppen:

– Schriftliche Quellen im Mercedes-Benz-Archiv (bis 1989 Daimler-Benz-Archiv) in Stuttgart-Untertürkheim sowie in den staatlichen und kommunalen Archiven und in den Kreisarchiven und Bürgermeisterämtern,

– Interviews mit 270 ehemaligen Zwangsarbeitern und mit einigen deutschen ehemaligen Mitarbeitern von Daimler-Benz.

Zu den z.T. noch nicht verzeichneten Akten des Mercedes-Benz-Archivs hatte unser Forschungsteam uneingeschränkten Zugang. Als wichtig für unsere Fragestellung erwiesen sich dort insbesondere die Vorstands- und Aufsichtsratsprotokolle. Sie konnten, obwohl sie z.T. noch nicht ins Archiv eingegliedert sind, benutzt werden. Wichtige Hinweise fanden sich auch in Vorstandsakten und in Akten der Personal- und Ausländerabteilung. Eine Einschränkung der Benutzung gab es aus Datenschutzgründen lediglich bei den Personalakten des Sindelfinger Werkes, da diese auch Unterlagen heutiger Werksangehöriger enthalten. Hier konnten wir jedoch eine von einem Mitarbeiter des Mercedes-Benz-Archivs erstellte Auswertung dieser Akten benutzen. Eine weitere wichtige Aktengruppe für unser Thema waren Entnazifizierungsakten leitender Daimler-Benz-Mitarbeiter, wobei allerdings die Zeugenaussagen besonders kritisch zu beurteilen sind. Außerdem waren die an die Untertürkheimer Zentrale geschickten Berichte der Tochterfirmen eine wertvolle Quelle.

Während bei anderen Unternehmen Karteien über zivile Zwangsarbeiter erhalten sind, gibt es bei Daimler-Benz nur eine derartige Quelle (Werk Sindelfingen). Karteien über die Kriegsgefangenen führte die Wehrmacht, über die KZ-Häftlinge die SS. Im Selbstverständnis der Unternehmen gehörten die KZ-Häftlinge – anders als die übrigen Zwangsarbeiter – nicht zur regulären Belegschaft, und deshalb führten die Unternehmen auch keine genauen Aufzeichnungen darüber. So sind zwar die Zahlen der zu bestimmten Zeitpunkten eingesetzten „West"- und „Ostarbeiter" sowie – separat ausgewiesen – der Kriegsgefangenen aus Unterlagen des Mercedes-Benz-Archivs recht genau zu ermitteln, nicht aber die Zahl der KZ-Häftlinge. Noch schwieriger ist die Zuordnung der in den Verlagerungsbetrieben eingesetzten KZ-Häftlinge, da viele zwar für Daimler-Benz beim Ausbau der unterirdischen Produktionsstätten arbeiten mußten, jedoch formell bei Baufirmen beschäftigt und damit dort registriert waren. Das gleiche Problem trifft auch für einige deutsche und ausländische Daimler-Benz-Mitarbeiter zu, die bei Bedarf kurzerhand an Baufirmen abgegeben und nach Beendigung des Baus wieder zurückgenommen wurden. Hinzu kommt, daß viele Akten durch Bombenangriffe und Plünderungen vernichtet oder beim Eintreffen der Alliierten von Daimler-Benz-Mitarbeitern als belastendes Material bewußt zerstört wurden.

---

28 Vgl. Brüninghaus, Quellen.

Da Daimler-Benz während des Zweiten Weltkrieges Werke in Stuttgart-Untertürkheim, Sindelfingen, Mannheim, Gaggenau, Berlin, Königsberg, Genshagen,
Colmar, Backnang, Rzeszów, Tomaszow, Poznań, Minsk, Riga, Nova Paka, Wiener Neudorf, Brno und Maribor hatte, waren neben den Bundes- und Militärarchiven in Koblenz, Freiburg und Potsdam die jeweils zuständigen Staats-, Landes-,
Kreis- und Stadtarchive sowie ausländische Archive anzuschreiben. Hinzu kamen
Bürgermeisterämter der Orte, in die die Produktion gegen Ende des Krieges wegen
der zunehmenden Luftangriffe auf die Hauptwerke verlagert wurde.

Auf diese Weise haben wir 392 Archive und Institutionen im In- und Ausland
zu einschlägigen Quellen befragt. 34 Archive wurden im Inland, 16 im Ausland
besucht, weitere vier Archive schickten Dokumente in Kopie. Die Recherchen in
öffentlichen Archiven waren von der grundsätzlichen Fragestellung geleitet, wo die
Betriebe des Daimler-Benz-Konzerns beim Einsatz von Zwangsarbeitern mit öffentlichen Stellen in Kontakt treten mußten. Im Bundesarchiv Koblenz enthielt der
Bestand des Reichswirtschaftsministeriums einschlägige Quellen. Außerdem waren die Bestände des Reichministeriums für Rüstung und Kriegsproduktion und des
Reichsarbeitsministeriums, dort etwa die Berichte der Zentralauswertungsstelle für
den Auslandsbrief- und Telegrammverkehr, für unser Projekt aufschlußreich. Der
Bestand NS enthielt wertvolle Informationen zu den Konzentrationslagern.

Im ehemaligen Zentralen Staatsarchiv in Potsdam, von dem wir erst nach den
politischen Umwälzungen in der ehemaligen DDR eine Benutzungserlaubnis erhielten, fanden sich im Bestand der Deutschen Bank, die den Aufsichtsratsvorsitz
bei Daimler-Benz stellte, besonders wichtige Unterlagen. Zudem werteten wir die
von der Deutschen Revisions- und Treuhandgesellschaft erstellten Prüfungsberich-
te für die Tochtergesellschaften von Daimler-Benz aus. In den Militärarchiven in
Freiburg und in Potsdam waren vor allem die Akten der Rüstungsinspektionen und
der ihnen unterstehenden Rüstungskommandos sowie die Jägerstab–Protokolle von
Bedeutung.

Die in der Zentralen Stelle der Landesjustizverwaltungen in Ludwigsburg
vorhandenen Unterlagen zur Verfolgung von Kapitalverbrechen ließen auch Rückschlüsse auf den Lageralltag und die Praxis des Einsatzes von KZ-Häftlingen zu.

Nicht nur in den überregionalen Archiven, sondern auch in den Archiven ihrer
Produktionsstätten gibt es wichtige Quellen zur Zwangsarbeit bei Daimler-Benz.
So fanden sich Unterlagen bei den Bauämtern, die für die Genehmigung der
Neubauten der Zwangsarbeiterlager zuständig waren. Bei den Ernährungs- und
Wirtschaftsämtern existieren Quellen über die Ernährungssituation der Zwangsar-
beiter, dort sind auch Anträge über Zusatzverpflegung, etwa bei Schwerarbeit, zu
finden. Die Einwohnermeldeämter verwahren Sterbelisten der Zwangsarbeiter, aus
denen auch die vermeintliche Todesursache zu ersehen ist.

Keine Benutzungserlaubnis erhielten wir vom Internationalen Suchdienst in
Arolsen, der dem Roten Kreuz untersteht. Seit einigen Jahren bekommen Historiker
prinzipiell keine Einsichtnahme in die Akten mehr, da aus technischen Gründen nur
personenbezogen und darüber hinaus nicht ohne Einverständnis der Betroffenen
nachgeforscht werden könne. Nach unseren Informationen sollen in Arolsen nicht

nur Einzelquellen zu Daimler-Benz liegen, sondern sogar eine komplette Dokumentation.[29]

Die Hamburger Stiftung für Sozialgeschichte des 20. Jahrhunderts (HSG) verweigerte mehrfach eine Benutzungserlaubnis für eine Einsichtnahme der dort verwahrten und im „Daimler-Benz-Buch" zitierten Bestände.[30]

Material zu unserem Thema fand sich auch in ausländischen Archiven, so vor allem in den National Archives in Washington, dem Imperial War Museum in London und den Archives Nationales in Paris. In Brüssel gab es im Centre de Recherches et d'Etudes historiques de la Seconde Guerre Mondiale und im Ministère de la Santé Publique et de la Famille ergiebige Quellen über belgische Zwangsarbeiter. Das Rigsarchivet in Kopenhagen stellte Namenslisten dänischer Arbeiter, die während des Krieges bei Daimler-Benz gearbeitet haben, zur Verfügung. Von einer zeitaufwendigen Auswertung der ausschließlich nach Personen geordneten Kartei jüdischer Zwangsarbeiter in der israelischen Gedenkstätte Yad Vashem mußte wegen der äußerst geringen Erfolgsaussichten abgesehen werden.

Als besonders schwierig erwies sich die Benutzung osteuropäischer Archive. Entweder erhielten wir dort, auch nach mehrmaligem Nachfragen, überhaupt keine Antwort oder die Auskunft, daß keine Quellen vorhanden seien. Aus zwei Moskauer Archiven bekamen wir schließlich Kopien zugeschickt, allerdings nicht über sowjetische Zwangsarbeiter bei Daimler-Benz, sondern über französische und belgische. Hier werden sicherlich die sich anbahnende Liberalisierung der Archivpolitik sowie die Bemühungen der „Memorial-Bewegung" in den nächsten Jahren weitere Quellen an die Öffentlichkeit bringen.

Es wurde bereits erwähnt, daß sich die Quellen zur Zwangsarbeit keineswegs auf die Kriegsjahre beschränken, sondern zeitlich weit darüber hinausreichen. Entnazifizierungs- und Entschädigungsakten sind ebenso zu beachten wie Listen über die Zahl und Nationalität der Ausländer, die nach dem Krieg, zumeist von Einwohnermelde- oder „Besatzungsämtern", auf Aufforderung der Alliierten nach Firmenangaben zusammengestellt wurden.

In der vorliegenden Untersuchung wird das Thema „Zwangsarbeit bei Daimler-Benz" nicht nur anhand der schriftlichen Quellen beschrieben, sondern auch mit Hilfe von 270 Interviews ausländischer Zeitzeugen und der Befragungsaktion, die das Daimler-Benz-Archiv Mitte der achtziger Jahre bei ehemaligen deutschen Mitarbeitern durchführte. Sie sind für unsere Dokumentation die wichtigste Quel-

---

29 Brief der israelischen Gedenkstätte Yad Vashem an GUG vom 5.4.1987; Briefe des Internationalen Suchdienstes an GUG vom 16.8.1988 und an Daimler-Benz vom 22.5.1989. Historiker, denen vor einigen Jahren noch Zugang zu den Akten gewährt wurden, zitieren Bestände aus Arolsen, die eindeutig nach Orten, nicht nach Personen sortiert sind; vgl. z.B. Fröbe u.a., Konzentrationslager II, S. 612; Hildenbrand, Kinzigtal, S. 22; ders., Ortenau, S. 327. Der hier zitierte, Daimler-Benz betreffende Aktenbestand heißt Akten KZ Vorbruck-Schirmeck, Außenkommando Haslach OCC 17/64.

30 Vgl. Schreiben der Hamburger Stiftung an B. Hopmann vom 16.7.1986, an GUG vom 8.10.1986 und vom 26.7.1989.

lengruppe und stellen somit mehr als nur eine Ergänzung des schriftlichen Archivguts dar.[31]

1.3 Zielsetzung

Die bisher erschienenen Darstellungen zum Thema Zwangsarbeit bei Daimler-Benz veranschaulichen zwar, zu welchen Extremen der Zwangsarbeitereinsatz bei einem großen Rüstungsunternehmen gegen Kriegsende führte. Dagegen vermögen sie aber wegen der schwerpunktmäßigen Darstellung des Einsatzes von KZ-Häftlingen nicht, ein Gesamtbild über den Arbeitseinsatz ausländischer Arbeitskräfte bei Daimler-Benz zu vermitteln. Auch die Frage nach dem Alltag der Zwangsarbeiter bleibt offen, da nur Koppenhöfer, der sich auf das Werk Mannheim beschränkt, Zeitzeugeninterviews in nennenswertem Umfang zur Darstellung heranzieht.

Ein solches Gesamtbild möchte die vorliegende Untersuchung vermitteln. Sie ist eine Fallstudie, die am Beispiel des Daimler-Benz-Konzerns zwei Themenkomplexe behandelt. Erstens sollen die Motive für den Einsatz von Zwangsarbeitern bei Daimler-Benz, die Planung und Organisation dieses Einsatzes sowie dessen konkrete Realisierung untersucht werden. Breiten Raum nimmt dabei die Darstellung der Lebens- und Arbeitsbedingungen der Zwangsarbeiter in den einzelnen Werken, Niederlassungen und Reparaturwerkstätten des Daimler-Benz-Konzerns ein, die sich nicht nur auf Archivmaterial, sondern auch auf zahlreiche Interviews stützt. Das Phänomen „Zwangsarbeit" wird also nicht nur anhand der schriftlichen Quellen, die ja ganz überwiegend von den Verantwortlichen selbst produziert wurden, sondern auch und gerade mit Hilfe einer Vielzahl von Erlebnisberichten, also aus der Perspektive der Betroffenen, beschrieben. Vorangestellt sind zwei Überblickskapitel über die Geschichte der Zwangsarbeit im Dritten Reich und die Entwicklung des Daimler-Benz-Konzerns im Zweiten Weltkrieg.

An die überwiegend deskriptiven Darstellungen in den Teilkapiteln über zivile Zwangsarbeiter, Kriegsgefangene und KZ-Häftlinge knüpfen zweitens in den jeweiligen Zusammenfassungen sowie in der Schlußbetrachtung Interpretationen an. Dabei wird unter anderem untersucht, welche Handlungsspielräume Gesetzgebung, faktische Machtverhältnisse und materielle Sachzwänge dem Unternehmen Daimler-Benz bei der Behandlung der Zwangsarbeiter ließen und inwieweit es diese gegebenenfalls nutzte, um die Situation der Zwangsarbeiter zu verbessern.

---

31 Vgl. dazu ausführlich das Kapitel „Methodisches Vorgehen bei der Befragung der Zeitzeugen",
    S. 23.

1.4 Begriffliche und inhaltliche Abgrenzung

Der Begriff „Zwangsarbeiter" ist in der Literatur keineswegs eindeutig definiert, vielmehr finden sich unterschiedliche Begriffsbestimmungen. Herbert vermeidet die Verwendung des Begriffs „Zwangsarbeiter", da er, wie er aus Sicht seiner Fragestellung zu Recht betont, bereits eine Bewertung beinhalte, die letztlich erst Ergebnis seiner Analyse sei. Er verwendet stattdessen die Begriffe „ausländische Arbeitskräfte" oder, so auch der Titel seines Buchs, „Fremdarbeiter". Herbert gibt jedoch zu, daß der oft in den Quellen vorkommende Begriff „Fremdarbeiter" unscharf ist, da mitunter auch Kriegsgefangene unter den Terminus „Fremdarbeiter" subsumiert wurden.[32] Dabei ist zu beachten, daß Herbert nur den Einsatz von ausländischen Zivilarbeitern und Kriegsgefangenen, nicht jedoch von KZ-Häftlingen untersucht. In einem 1987 erschienen Aufsatz faßt Herbert den Zwangsarbeiter-Begriff weiter: erstens zivile und kriegsgefangene ausländische Arbeitskräfte, zweitens KZ-Häftlinge und drittens Juden und „Zigeuner".[33]

Klaus-Jörg Siegfried erläutert den Begriff „Zwangsarbeiter" nicht. In seiner Dokumentation unterscheidet er KZ-Häftlinge, Kriegsgefangene, freiwillige und unfreiwillige Zivilarbeiter. Nur die letztgenannte Gruppe bezeichnet er als Zwangsarbeiter.[34] In der ein Jahr später erschienenen Monographie[35] faßt er dagegen Zivilarbeiter und Kriegsgefangene, nicht jedoch KZ-Häftlinge, unter der Bezeichnung Zwangsarbeiter zusammen.

In der Tat ist eine saubere Begriffsbildung schwierig: Den Begriff „ausländischer Arbeiter" mit „Zwangsarbeiter" gleichzusetzen, wäre nicht korrekt, gab es doch Ausländer, die freiwillig ins Dritte Reich gingen, weil ihnen dort bessere Arbeitsbedingungen und höhere Löhne versprochen wurden. Dabei ist zu beachten, daß in den besetzten Ländern viele Fabriken stillagen und die Arbeitslosigkeit sehr hoch war. Die meisten in diesem Sinne „freiwillig" nach Deutschland gekommenen Arbeitskräfte mußten jedoch bald feststellen, daß ihnen die deutschen Anwerber übertriebene Versprechungen gemacht hatten, und versuchten daher, nach Ablauf ihrer Arbeitsverträge in die Heimat zurückzukehren. Viele dieser mittlerweile in den Arbeitsprozeß integrierten Fachkräfte wurden dann aber kurzerhand vom Arbeitsamt dienstverpflichtet und somit zur Weiterarbeit gezwungen.

Umgekehrt war nicht jeder, der zur Arbeit gezwungen wurde, Ausländer: Das Reich und die Industrie setzten auch deutsche Häftlinge aus Arbeitserziehungslagern, Gefängnissen, Zuchthäusern, Strafkompanien und Konzentrationslagern ein.

Weiter ist zu fragen, ob denn nicht auch viele deutsche Arbeiter, insbesondere Arbeiterinnen, „Zwangsarbeiter" waren, wurde ihnen doch durch Dienstverpflichtung die Freiheit genommen, den Arbeitsplatz zu wechseln oder ganz auf Arbeit zu verzichten.[36] Eine derartige Ausweitung des Zwangsarbeiterbegriffs würde aber zu

---

32   Herbert, Fremdarbeiter, S. 359, Fußnote 1.
33   Vgl. Herbert, Arbeit, S. 200f., Zitat S. 201.
34   Vgl. Siegfried, Rüstungsproduktion, S. 5 (Inhaltsverzeichnis), S. 11–22 (Einleitung).
35   Vgl. Siegfried, Leben, Inhaltsverzeichnis.
36   In der Literatur gibt es eine Fülle von Veröffentlichungen zur Lage der deutschen Arbeiter und

weit gehen: Immerhin lebte der überwiegende Teil der deutschen Dienstverpflichteten in der Nähe der Arbeitsstätte. Der Zwangscharakter war daher für Ausländer viel spürbarer, denn sie lebten weit von der Heimat entfernt in einem Land, deren Sprache den meisten von ihnen unverständlich war.

Schließlich ist sogar fraglich, wer überhaupt Deutscher war. Viele Dienstverpflichtete aus dem Elsaß waren zwar Deutsche im Sinne der damaligen Gesetze, verstanden sich aber als Franzosen, die vom Kriegsgegner zur Arbeit gezwungen wurden.

Für die vorliegende Untersuchung werden daher unter Zwangsarbeitern Arbeitskräfte verstanden, die sich – mit Ausnahme von KZ-Häftlingen – nicht als Deutsche fühlten und sich in einem nicht freiwillig eingegangenen oder beibehaltenen faktischen Arbeitsverhältnis für von Deutschen geführte Betriebe befanden. Auf der Grundlage dieser Definition lassen sich die Zwangsarbeiter einteilen in
– ausländische Zivilarbeiter, die zur Arbeit in Deutschland oder im Ausland für deutsche Institutionen oder Unternehmen gezwungen wurden,
– Kriegsgefangene im Arbeitseinsatz und
– KZ-Häftlinge sowie andere Häftlinge im Arbeitseinsatz,
wobei sich in der letztgenannten Gruppe auch Deutsche befinden konnten.[37]

Da viele ursprünglich freiwillig zu Daimler-Benz gekommene ausländische Zivilarbeiter nach Ablauf ihres Arbeitsverhältnisses dienstverpflichtet und damit Zwangsarbeiter im obigen Sinne wurden, werden hier alle zivilen ausländischen Arbeitskräfte bei Daimler-Benz untersucht. Auch um die Handlungsspielräume von Daimler-Benz, die letztlich überwiegend von gesetzlichen Bestimmungen abhingen, besser ermessen zu können, werden die Lebens- und Arbeitsbedingungen der drei Gruppen – ausländische Zivilarbeiter, Kriegsgefangene und KZ-Häftlinge – getrennt dargestellt.

Im Gegensatz zur begrifflichen Abgrenzung ist die zeitliche Abgrenzung der Untersuchung problemlos: Der erzwungene Einsatz nicht-deutscher Arbeitskräfte war aus Sicht des Unternehmens nur während des Krieges möglich und endete daher auch im Frühjahr 1945.[38] In den Interviews mit ehemaligen Zwangsarbeitern kamen viele interessante Erlebnisse aus der unmittelbaren Nachkriegszeit zur Sprache. Diese Informationen konnten jedoch nur dann verwertet werden, wenn sie Bezug zur Fragestellung hatten.

Angestellten im Zweiten Weltkrieg. Hier sei vor allem verwiesen auf die Veröffentlichungen von Benz, Arbeitsdienst; Hachtmann, Arbeitsmarkt; ders., Industriearbeit; Kranig, Lockung; Petzina, Mobilisierung; ders., Lage; und Werner, Bleib übrig! verwiesen. Vgl. ferner zum Thema Frauenarbeit im Zweiten Weltkrieg die Arbeiten von Bajohr, Arbeitsdienst; ders., Hälfte; Jacobeit, Frauen-Zwangsarbeit; Klinksiek, Frau; Mason, Lage; Willmot, Women; Winkler, Frauenarbeit; und dies., Frauenideologie.
37 Durch diese Definition entfällt im übrigen das Bewertungsproblem, das Herbert davon abhielt, den Begriff Zwangsarbeiter zu verwenden.
38 Vgl. aber Pingel, Häftlingszwangsarbeit, S. 145. Pingel weist daraufhin, daß die Planungen der Nationalsozialisten auch für die Nachkriegszeit Zwangsarbeit vorsahen. Bei Daimler-Benz ging man aber wohl nicht davon aus, vgl. unten S. 79.

Da die Verantwortlichkeit des Daimler-Benz-Konzerns einen der Schwerpunkte der vorliegenden Untersuchung darstellt, wurde bei der Untersuchung darauf
abgestellt, ob die Werke der Leitung von Daimler-Benz unterstanden. Es wäre
beispielsweise ungerechtfertigt, das Flugmotorenwerk Genshagen, das bis Oktober
1940 zu 95% dem Reichsluftfahrtministerium (RLM) gehörte, bis zu diesem Zeitpunkt von der Untersuchung auszuschließen, denn Daimler-Benz stellte von Anfang an die Leitung. Umgekehrt macht es wenig Sinn, die Ereignisse in den Werken
der Flugmotorenwerke Ostmark nach dem Juni 1943 weiterzuverfolgen, da der
Daimler-Benz AG zu diesem Zeitpunkt die Geschäftsführung – nicht aber der
Kapitalanteil – vom RLM entzogen wurde. Auch die vielen Werke, die im Rahmen
des „Sonderausschuß T2" Daimler-Benz-Flugmotoren nachbauten, können nicht
Gegenstand dieser Untersuchung sein, da Daimler-Benz nicht in die operative
Leitung dieser Werke eingriff. Unter der Bezeichnung „Daimler-Benz-Konzern"
werden also im folgenden die Daimler-Benz AG, Tochterunternehmen der AG mit
mindestens 50% Kapitalbeteiligung und solche Unternehmen bzw. Betriebe zusammengefaßt, für deren operative Leitung Manager der Daimler-Benz AG hauptver-
antwortlich waren.

1.5 Methodisches Vorgehen bei den Befragungen der Zeitzeugen

Neben dem „traditionellen" Archivmaterial stellen 270 von Mitarbeitern der Gesellschaft für Unternehmensgeschichte im Zeitraum von Februar 1987 bis September 1991 persönlich geführte Interviews und schriftliche Befragungen mit ehemaligen Zwangsarbeitern die wichtigste Quelle der vorliegenden Untersuchung dar.[39]

Durchführung der Interviews

1986, infolge des 100jährigen Automobil-Jubiläums, berichtete die Presse in Belgien, Frankreich, den Niederlanden, Polen und den Vereinigten Staaten über mögliche Entschädigungszahlungen durch Daimler-Benz. Daraufhin wandten sich ungefähr 100 ehemalige Zwangsarbeiter, die während des Krieges in verschiedenen
Daimler-Benz-Werken eingesetzt waren, an das Unternehmen mit der Bitte, sie bei
diesen Zahlungen zu berücksichtigen. Diese Briefe gaben den Anstoß für erste
Überlegungen, die Erlebnisse der Zeitzeugen durch Befragungen zu erfassen.
    Nachdem die Durchsicht der in den Archiven vorhandenen Akten kaum Er-
kenntnisse über die tatsächlichen Arbeits- und Lebensbedingungen erbracht hatten,
beschlossen wir, die Autoren dieser Studie, alle uns zu diesem Zeitpunkt nament-

---

39 Einige der wichtigsten Publikationen zur Oral History sind: Thompson, Voice; Niethammer,
    Lebenserfahrung; ders., Lebensgeschichte und Sozialkultur im Ruhrgebiet 1930–1960; Her-
    bert, Oral History; Grele, Oral History; Brüggemeier, Oral History; ders., Aneignung; Vorlän-
    der, Oral History. Eine eigenständige Untersuchung zur Bedeutung von „Oral History" für die
    Erforschung der Zwangsarbeit gibt es bisher nicht.

lich bekannten ehemaligen Zwangsarbeiter persönlich zu interviewen.[40] Wir hofften, auf diese Weise einen besseren Einblick in die Lebens- und Arbeitsbedingungen und in die Empfindungen der Betroffenen zu gewinnen als durch schriftliche Befragungen.

Gleichzeitig wandten wir uns an Vereinigungen ehemaliger Kriegsgefangener, KZ-Häftlinge und ziviler Zwangsarbeiter in Belgien, Frankreich, den Niederlanden, der Sowjetunion, Österreich, Polen, Ungarn, Jugoslawien, den Vereinigten Staaten, Spanien, Luxemburg, Italien, Dänemark, der Tschechoslowakei, Rumänien, Israel und Bulgarien, um weitere Namen und Adressen ausfindig zu machen. Die Mitarbeiter dieser Organisationen erwiesen sich meist als überaus hilfsbereit. Sie veröffentlichten Mitteilungen über unser Forschungsprojekt in ihren Mitgliederzeitschriften oder kümmerten sich um das Zustandekommen von Interviewterminen. Darüber hinaus erhielten wir im Verlauf des Projekts zahlreiche weitere Adressen im „Schneeballsystem" durch bereits interviewte Zwangsarbeiter sowie durch Zuschriften von Betroffenen im Zusammenhang mit den im Jahr 1988 von Daimler-Benz an Hilfsinstitutionen gezahlte Beträge.

Da wir schließlich auf diese Weise 636 Namen und Anschriften noch lebender ehemaliger Daimler-Benz-Zwangsarbeiter zusammengetragen hatten, mußten wir von den ursprünglichen Planungen abweichen, *alle* uns bekannten ehemaligen Zwangsarbeiter zu interviewen. Dies wäre nicht nur aus arbeitstechnischen und finanziellen Gründen unmöglich gewesen, sondern hätte auch Probleme hinsichtlich der Materialfülle bereitet.[41]

Deshalb wählten wir neben denjenigen, deren Adressen wir im Zusammenhang mit dem 100jährigen Jubiläum von Daimler-Benz erhalten hatten, weitere 167 ehemalige Zwangsarbeiter für eine persönliche Befragung aus. Für die Auswahl der Interviewpartner war entscheidend, daß wir uns von ihnen ergänzende Informationen zu einzelnen Zwangsarbeitergruppen, Daimler-Benz-Werken oder ungeklärten Fragen erhofften. Elf dieser ehemaligen Zwangsarbeiter, die heute in den Vereinigten Staaten, in der Sowjetunion, in Australien, in Polen, in der Tschechoslowakei und in Frankreich leben, konnten jedoch aus Kosten- und Zeitgründen nur schriftlich befragt werden.

Vor Beginn der Befragungen informierten wir die ausgewählten Interviewpartner brieflich über die Hintergründe unseres Projekts und baten um ihr Einverständnis für ein Interview. Überraschend war für uns die große Bereitschaft der Betroffenen, sich interviewen zu lassen. Bis auf neun ehemalige Zwangsarbeiter (das entspricht einem Anteil von nur rund 3% der Angeschriebenen), die uns – zum Teil aus gesundheitlichen Gründen – eine Absage erteilten, waren alle Angeschriebenen bereit, sich für ein Interview zur Verfügung zu stellen. Damit die Gespräche ohne Zeitdruck und äußere Störungen stattfinden konnten, suchten wir, soweit möglich, die Zeitzeugen zu Hause, in ihrer vertrauten Umgebung, auf.

---

40 Niethammer hat diese Art der Kooperation mit Zeitzeugen als „kooperative Quellenproduktion" bezeichnet: Vgl. Niethammer, Jahre, S. 17.
41 Vgl. Brüggemeier, Oral History, S. 202.

Als Grundlage für die Interviews diente ein vor Beginn des Projektes von unserer Forschungsgruppe ausgearbeiteter Fragebogen, der insgesamt 46 Fragen zu den persönlichen Daten der Betroffenen, ihren Lebens- und Arbeitsbedingungen als Zwangsarbeiter bei Daimler-Benz sowie einige Fragen zu ihrer Situation nach Beendigung des Krieges enthält.

Obwohl die Verwendung von Fragebögen in der wissenschaftlichen Diskussion der Oral-History umstritten ist[42], hat sich in unserem Projekt der Fragebogen zumindest als Leitfaden bewährt – auch wenn die Befragungen ansonsten überwiegend als offene Interviews geführt wurden.[43] Darüber hinaus war es uns auf diese Weise leichter möglich, die Aussagen der Befragten auszuwerten und miteinander zu vergleichen.

Aufgrund der Sprachkenntnisse unserer Mitarbeiter konnten die Interviews überwiegend in der Muttersprache der ehemaligen Zwangsarbeiter geführt werden. Durch den bewußten Verzicht auf Dolmetscher verliefen die Gespräche mit den Zeitzeugen sehr offen.[44] Auch daß unsere Interviewer aufgrund ihres Alters von ihren Gesprächspartnern nicht mit der Kriegsgeneration identifiziert werden konnten, wirkte sich positiv auf den Verlauf der Befragungen aus. Somit bestätigten unsere Gespräche auch nicht die häufig vertretene Auffassung, daß das Aufeinandertreffen verschiedener Generationen bei der Befragung von Zeitzeugen ein Problem darstellt.[45] Mehrere Interviewpartner betonten ausdrücklich, daß sie sich unseren verhältnismäßig jungen Interviewern gegenüber offener äußerten, als es gegenüber einem älteren Interviewer der Fall gewesen wäre.[46]

Insgesamt waren zehn Mitarbeiterinnen und zwei Mitarbeiter an der Durchführung der Interviews beteiligt. Eine Voraussetzung für die Mitarbeit war – neben den Sprachkenntnissen – auch die fachliche Auseinandersetzung mit dem Thema „Zwangsarbeit". Im Vorfeld der Befragungen fanden darüber hinaus mehrere Diskussionen über sachliche und methodische Fragen im Zusammenhang mit den Interviews statt.[47]

Soweit es die äußeren Gegebenheiten zuließen, haben wir die Interviews aufgenommen, um die Aussagen der ehemaligen Zwangsarbeiter so vollständig wie

42 Vgl. Brüggemeier, Oral History, S. 201; Steinbach, Lebenslauf, S. 319 wendet sich zurecht gegen ein bloßes Abhaken der Fragen des Fragebogens wie auf einer Checkliste.

43 Durch ein Festklammern an der im Fragebogen festgelegten Fragenfolge wird eine natürliche Gesprächsentwicklung verhindert; andererseits ergibt sich bei einem völlig offen gehaltenen Interview das Problem, daß der Interviewte von der eigentlichen Thematik abschweift und der Interviewer Schwierigkeiten hat, auf den eigentlichen Interviewinhalt zurückzulenken.

44 Eine Trübung der „Transparenz der Kommunikationsstrukturen", wie sie Koppenhöfer bei Zeitzeugenbefragungen mit Hilfe von Dolmetschern erlebte, entstand deshalb bei uns nicht (vgl. Koppenhöfer, Mannheim, S. 203).

45 Vgl. Vorländer, Generationenbegegnung, S. 588.

46 Ein gewisses Problem stellten Themen dar, die in den Intimbereich der Interviewpartner fielen. Bei diesen übten unsere Gesprächspartner häufig Zurückhaltung und machten lediglich Andeutungen. Letzteres kann allerdings auch damit zusammenhängen, daß bei den Interviews meist Familienangehörige anwesend waren, die möglicherweise erstmals von den Erinnerungen hörten.

47 Zur Problematik der fachlichen Kompetenz und der Rolle von Interviewern vgl. Grele, Oral History, S. 144; Wickert, Frauen, S. 226f.; Steinbach, Lebenslauf, S. 319.

möglich zu erfassen und jederzeit überprüfen zu können. Zudem offenbarte das
nochmalige Abhören der Gespräche oftmals Aspekte, die wir während der eigentlichen Befragung nicht bewußt registriert hatten. Alle Interviews wurden ins Deutsche übersetzt und in die Fragebögen übertragen, um über eine bessere Auswer-
tungsgrundlage zu verfügen. Mit der Nennung ihres Namens in der vorliegenden
Untersuchung erklärten sich die meisten der von uns Befragten einverstanden.[48]

Aufgrund der vielfach schmerzhaften Erinnerungen stellten die Befragungen
für unsere Interviewpartner häufig eine starke emotionale Belastung dar. Nicht
selten erfuhren selbst die engsten Familienangehörigen erst durch unsere Interviews von diesem Teil der Vergangenheit ihrer Ehemänner, Ehefrauen, Väter oder
Mütter. Gleichzeitig war bei vielen aber auch Erleichterung zu verspüren, über ihre
Erlebnisse als Zwangsarbeiter berichten zu können – eine Erfahrung, die auch
andere mit Zeitzeugenbefragungen arbeitende Historiker machten.[49] Ein von uns
interviewter ehemaliger niederländischer Zwangsarbeiter, der infolge der Zwangsarbeit unter einem Kriegstrauma leidet, das 1980 u.a. zum frühzeitigen Ausscheiden aus dem Berufsleben führte, schrieb uns nach dem Interview: „Unser Gespräch
hat so positiv und läuternd auf mich gewirkt, daß es mehr gebracht hat als eine
8jährige Behandlung durch den Psychiater und den Psychologen."[50]

Eine ausgesprochen wichtige Rolle für den Verlauf der Interviews, die zwischen einer und acht Stunden dauerten, spielte die von den Betroffenen bereits vor
dem Interview selbst geleistete „Erinnerungsarbeit". Soweit nicht physische oder
psychische Schäden als Folgen der Zwangsarbeit ein „Vergessen" unmöglich machten, verblaßte nach Kriegsende bei vielen der ehemaligen Zwangsarbeiter rasch die
Erinnerung an die Erlebnisse in Deutschland angesichts alltäglicher Probleme, die
es zu bewältigen galt.[51] Der Eintritt in den Ruhestand führte jedoch in vielen Fällen

---

48   Interviews derjenigen, die anonym bleiben möchten, werden mit einer Nummer und der
      jeweiligen Nationalitätenangabe gekennzeichnet. Soweit nicht anders vermerkt, wurden bei
      den verwendeten Zitaten Rechtschreibefehler gekennzeichnet und die Zeichensetzung verbes-
      sert. Zum „Schreibproblem der Oral History" vgl. gleichnamigen Aufsatz von Werner Graf in:
      Literatur und Erfahrung, 10/1982.
49   Vgl. Krause-Schmitt, Leben, S. 6: „Viele der damals Heimgekehrten konnten bis zu ihrem Tod
      nie mehr sprechen, einige finden erst heute die Kraft, über ihre Erlebnisse und Erfahrungen zu
      sprechen und erleben im hohen Alter die befreiende Wirkung der gemeinsam erarbeiteten
      Erinnerung." Rosh/Jäckel, Tod, S. V: Abraham Gerson, ehemaliger jüdischer KZ-Häftling aus
      Riga: „Vierzig Jahre habe ich gewartet, daß jemand kommt und meine Geschichte hören will!"
      Vgl. auch Koppenhöfer, Mannheim, S. 205 sowie die Studie von Pollak, Die Grenzen des
      Sagbaren.
50   Brief van Looy/NL an GUG, 20.6.1988. Ähnlich beschrieb der Pole Zdzislaw Siwak seine
      Gefühle vor einer Einladung nach Mannheim, die der „Arbeitskreis Dokumentationsstätte für
      das KZ Mannheim-Sandhofen" ausgesprochen hatte. Er erzählte, „daß er vor der Fahrt nach
      Mannheim Angst hatte und nächtelang kaum schlafen konnte. Die Begegnung mit dem Ort
      Mannheim und den Menschen hier habe ihm aber die Ängste genommen. Der Besuch sei für
      ihn wie eine Therapie gewesen." Aus: Koppenhöfer, Mannheim, S. 205.
51   Dabei scheint der Grad der Verarbeitung der Zwangsarbeit sehr unterschiedlich und ist häufig
      davon abhängig, wie „abwechslungsreich" das Leben nach dem Krieg verlief; auch Brügge-
      meier, Oral History, S. 207 betont die verschiedenen „Ebenen der Verarbeitung".

zu einer Rückbesinnung auf die Vergangenheit und somit auch zur Beschäftigung mit der Zeit der Zwangsarbeit. Ereignisse und Erlebnisse der damaligen Zeit, die jahrzehntelang „verschüttet" gewesen waren, kehrten nun in die Erinnerung zurück.

Viele der Zwangsarbeiter begannen deshalb unabhängig von unseren Befragungen das von ihnen in Deutschland während des Krieges Erlebte aufzuarbeiten – in unterschiedlichster Form. Während einige ihre Erinnerungen schriftlich niederlegten, versuchten andere, ehemalige Leidensgenossen ausfindig zu machen. So gelang es einem ehemaligen niederländischen Zwangsarbeiter durch einen in mehreren niederländischen Zeitungen erschienenen Artikel über seine bei Daimler-Benz verbrachte Zeit, den Kontakt zu sieben ehemaligen „Barackenkameraden" wiederherzustellen.[52] Bei einigen ehemaligen Zwangsarbeitern, so vor allem bei den Zivilarbeitern, wuchs auch die Erkenntnis, eine Gruppe ohne Lobby zu sein[53], was beispielsweise in den Niederlanden zur Neugründung einer Vereinigung ehemaliger ziviler Zwangsarbeiter führte.[54]

Leider hatte die Tatsache, daß in der Sowjetunion Ende der 80er Jahre im Zuge der allgemeinen politischen Entwicklung eine Phase der Beschäftigung mit der eigenen Geschichte begann, auf unser Projekt keinen großen Einfluß. Zwar wendet man sich seit der Gründung der Gesellschaft „Memorial" in zahlreichen sowjetischen bzw. russischen Städten[55] nun erstmals auch dem Schicksal der ehemaligen „Ostarbeiter" zu, von denen viele nach ihrer Rückkehr aus Deutschland als „Volksfeind" verurteilt und verschleppt wurden[56]. So erhielten wir Ende 1989, nachdem wir uns jahrelang erfolglos um Anschriften ehemaliger sowjetischer Zwangsarbeiter in der Sowjetunion bemüht hatten, beispielsweise den Brief eines ehemaligen sowjetischen Kriegsgefangenen, der während des Krieges für Daimler-Benz in Minsk arbeiten mußte und nun Näheres über dieses Unternehmen in Erfahrung bringen wollte.[57] Für unser Projekt kam diese Entwicklung in der Sowjetunion jedoch zu spät, so daß wir außer dem genannten und zwei weiteren Russen nur ehemalige „Ostarbeiterinnen" und „Ostarbeiter" ausfindig machen konnten, die nach dem Krieg in der Bundesrepublik Deutschland geblieben oder nach Belgien, Frankreich oder in die Vereinigten Staaten ausgewandert sind.

Die unmittelbare Begegnung mit den Zeitzeugen stellte auch für die Interviewer oftmals eine Belastung dar. Wir sahen uns mit Situationen konfrontiert, auf die wir nicht vorbereitet waren, und mit denen wir manchmal nur schwer umzugehen wußten. So wurden einige unserer Gesprächspartner während des Interviews von ihren Gefühlen übermannt und brachen in Tränen aus. Auch die Verarbeitung des Gehörten, der teilweise schrecklichen und unvorstellbaren Erlebnisse, von den

---

52 Vgl. z.B. Limburgs Dagblad, 6.12.1986.
53 KZ-Häftlinge und Kriegsgefangene sind häufig in Vereinigungen organisiert.
54 Es handelt sich herbei um die Vereniging Dwangarbeiders Tweede Wereldoorlog in Winterswijk.
55 Vgl. hierzu Memorial, Aufklärung, S. 7–19.
56 Vgl. hierzu von Nostiz, Eine Bewegung des Gewissens, in: Frankfurter Allgemeine Zeitung, 21.10.1989.
57 Vgl. Brief Weschew/SU an Daimler-Benz AG, 10.11.1989.

Betroffenen erzählt noch um ein Vielfaches erschütternder als die Lektüre eines Zeitzeugenberichts, fiel oftmals schwer.

Gleichzeitig durchliefen wir aber auch einen gewissen Lernprozeß. So mußten wir häufig feststellen, daß sich unsere vor dem Interview aufgrund von Archivrecherchen und Literaturdurchsicht gefaßte Meinung nicht aufrechterhalten ließ und viele Aspekte von den Betroffenen selber ganz anders eingeschätzt wurden, als von uns.

Diese Erfahrungen machen deutlich, daß der Interviewer seinem Gesprächspartner gegenüber auch ein hohes Maß an moralischer Verantwortung trägt. So stellt das Interview für den Betroffenen nicht etwa einen Schlußpunkt des „Erinnerungsvorgangs" dar, sondern löst häufig erst eine langwierige Auseinandersetzung mit der eigenen Vergangenheit aus. Viele der interviewten ehemaligen Zwangsarbeiter berichteten uns bei späteren Treffen oder in Briefen, daß ihnen nach dem Gespräch mit uns viele vergessen geglaubte Erlebnisse aus der Zeit der Zwangsarbeit wieder deutlich vor Augen gestanden oder sie oft davon geträumt hätten.

Wir haben deshalb besonders viel Zeit und Mühe auf den nachbereitenden Kontakt mit den Interviewpartnern verwandt.[58] Mit einigen der ehemaligen Zwangsarbeiter entwickelte sich im Laufe der Zeit ein intensiver Briefkontakt, und es ergaben sich auch Möglichkeiten zur erneuten persönlichen Begegnung. Gelegenheit dazu boten insbesondere die von Daimler-Benz organisierten Besuche von ehemaligen Zwangsarbeitern in verschiedenen Werken, die zwischen November 1988 und April 1989 stattfanden, und an denen insgesamt 167 Betroffene teilnahmen. Daimler-Benz griff mit dieser Einladung einen Wunsch auf, den die Mehrzahl der interviewten ehemaligen Zwangsarbeiter in den Gesprächen mit uns geäußert hatte.

Nicht nur ehemalige Zwangsarbeiter wurden im Rahmen unseres Projektes befragt. Einige Interviews führten GUG-Mitarbeiter auch mit Daimler-Benz-Pensionären. Darüber hinaus haben Friedrich Forstmeier und Sibylle Grube-Bannasch über mehrere Jahre hinweg ehemalige Daimler-Benz-Mitarbeiter interviewt.[59] Nach dem Tod von Forstmeier wurde dieses Projekt von Frau Grube-Bannasch parallel zu unseren Interviews weitergeführt und durch Fragen nach dem Zwangsarbeitereinsatz ergänzt. Diese im Mercedes-Benz-Archiv aufbewahrten Interviews konnten für unsere Forschungen ausgewertet werden und lieferten wichtige Ergänzungen und Bestätigungen von Aussagen ehemaliger Zwangsarbeiter, etwa zur Behandlung durch Daimler-Benz-Mitarbeiter.[60]

---

58 Vgl. Krause-Schmitt, Leben, S. 9; allerdings können diese Verpflichtungen die Kompetenz und Arbeitskraft des Historikers leicht überfordern – vgl. hierzu Brüggemeier, Oral History, S. 203 f.
59 Vgl. Forstmeier, Oral-History, in: Archiv und Wirtschaft 4/1980, S. 103–109.
60 Leider stimmten der ehemalige Daimler-Benz-Betriebsratsvorsitzende Herbert Lucy und drei seiner Mannheimer Kollegen, die während des Krieges als Lehrlinge für Daimler-Benz im Werk Mannheim arbeiteten, einem Interview nicht zu.

Zur Repräsentativität der Interviews

Die Vielzahl der von uns geführten Interviews mit ehemaligen Zwangsarbeitern – das Daimler-Benz-Projekt ist damit eines der umfangreichsten Oral-History-Projekte in der Bundesrepublik Deutschland[61] – darf nicht darüber hinwegtäuschen, daß die Ergebnisse nicht repräsentativ sein können. Dies soll im folgenden anhand von drei Punkten verdeutlicht werden.

Als wir mit dem Interviewprogramm begannen, beschlossen wir zunächst, alle ehemaligen Zwangsarbeiter zu interviewen, die sich im Zusammenhang mit dem 100jährigen Jubiläum an Daimler-Benz gewandt hatten. Obwohl wir also nicht versuchten, die Gruppe der zu befragenden Personen in irgendeiner Form einzugrenzen, verkörperten natürlich die ehemaligen Zwangsarbeiter, die an Daimler-Benz geschrieben hatten, nicht alle Betroffenen. So setzen sich beispielsweise die, die heute noch leben, überwiegend aus der Gruppe derjenigen zusammen, die während des Krieges um die zwanzig Jahre alt und ledig waren. Ihre Erfahrungen, Erlebnisse und Gefühle unterscheiden sich mit Sicherheit von denen der damals 25–40jährigen Verheirateten und Familienväter, die heute nicht mehr am Leben sind.[62]

Einer der wichtigsten Aspekte hinsichtlich der fehlenden Repräsentativität der Interviewergebnisse ist jedoch die Tatsache, daß die Gruppe der Befragten vom Gesichtspunkt der Nationalität her nicht die tatsächlich während des Krieges bei Daimler vorherrschende Situation widerspiegelt. So gelang es uns beispielsweise nicht, mehr als zwölf ehemalige „Ostarbeiterinnen" und „Ostarbeiter" zu interviewen. Dabei bildeten sowjetische Zwangsarbeiter seit 1944 die größte Gruppe der zivilen ausländischen Arbeitskräfte bei Daimler-Benz. Wie bereits geschildert, erhielten wir erst kurz vor Abschluß unseres Projektes die Zuschriften dreier ehemaliger Daimler-Benz-Zwangsarbeiter aus der Sowjetunion, darunter eines Kriegsgefangenen. Die ehemaligen sowjetischen Zwangsarbeiter, die wir interviewt haben, leben heute in den Vereinigten Staaten, der Bundesrepublik Deutschland oder Belgien. Sie sind nach Kriegsende nicht wieder in ihre Heimat zurückgekehrt.

Besonders unbefriedigend ist, daß unter den Interviewten nur 24 Frauen waren, nämlich acht „Ostarbeiterinnen", sieben Polinnen, vier Ungarinnen, drei Tschechinnen, eine Französin und eine Belgierin, die ihrem Mann, der über das Arbeitsamt zwangsverpflichtet wurde, freiwillig nach Deutschland gefolgt war. Nach einer Statistik aus dem Jahr 1944 waren jedoch von 21.541 zivilen ausländischen Ar-

---

61 Zum Vergleich: Im Rahmen des von Niethammer geleiteten Projektes „Lebensgeschichte und Sozialkultur im Ruhrgebiet" wurden 200 Zeitzeugen befragt; den beiden Publikationen von Siegfried über „Zwangsarbeiter bei VW" liegen 92 bzw. 96 Interviews zugrunde; Fröbe u.a. führten für die Untersuchung „Konzentrationslager in Hannover" 38 Interviews mit Zeitzeugen – darüber hinaus verwendeten sie 16 Erinnerungsberichte ehemaliger Zwangsarbeiter. Jüngst erschienen ist die Publikation von Rose/Weiss über „Sinti und Roma im ‚Dritten Reich'", die neben archivalischen Quellen auf 26 Interviews mit ehemaligen Zwangsarbeitern aus der Gruppe der Sinti zurückgreift.

62 Vgl. hierzu Brüggemeier, Oral History, S. 204.

beitskräften bei Daimler-Benz 4.129, also knapp 20%, Frauen, von denen die „Ostarbeiterinnen" die größte Gruppe bildeten. Das bedeutet nicht nur, daß Frauen in
den Interviews unterrepräsentiert sind, sondern auch, daß bestimmte Aspekte, wie
Geburten von Kindern u.ä., recht wenig bekannt sind und somit nur in begrenztem
Ausmaß in unsere Untersuchung einfließen konnten.

Subjektivität und Bedeutung der Interviews

Neben das Problem der mangelnden Repräsentativität tritt das bekannte Problem
der Subjektivität von Aussagen im Zusammenhang von Oral History. Nicht nur die
Tatsache, daß Erfahrungen und Erinnerungen immer subjektiv sind[63], sondern auch,
daß das Erlebte im Laufe der Jahre von später Gelesenem und anderen Erfahrungen
überdeckt wird, spielt dabei eine große Rolle. Vieles, was für die Zwangsarbeiter
damals keine allzu große Bedeutung hatte, haben sie im Laufe der Zeit vergessen.[64]
Negative Erlebnisse wurden verdrängt, verharmlost oder erschienen im nachhinein
in geradezu rosigem Licht – eine Tatsache, die vielen Betroffenen durchaus bewußt
ist. So betonte ein interviewter ehemaliger französischer Zwangsarbeiter, daß die
schlechten Erinnerungen heute den guten Platz gemacht hätten.[65]

    Trotz der erwähnten Probleme war der Informationswert der Interviews für
unser Projekt sehr groß. Die schriftlichen Quellen, die für unsere Fragestellung
erhebliche Lücken aufweisen, konnten mit Hilfe der Interviews ergänzt werden,
insbesondere im Hinblick auf Informationen, die in den „traditionellen" Quellen
kaum oder gar nicht enthalten sind.[66] So geben z.B. die in den Archiven gesichteten
Akten kaum Aufschluß über die informellen Beziehungen zwischen Ausländern
und Deutschen und zwischen den verschiedenen ausländischen Gruppen. Auch ein
Einblick in den „Zwangsarbeiteralltag" ist nur durch die Interviews mit den Zeitzeugen zu gewinnen. Viele der befragten Zwangsarbeiter erinnerten sich noch
erstaunlich präzise an bestimmte Erlebnisse und Ereignisse, deren Richtigkeit durch
Hinzuziehung anderer, zum Beispiel schriftlicher Quellen, und durch Vergleich der
Interviews untereinander überprüft werden konnte. So erfuhren wir bei den Befragungen wichtige Details – wie die Tatsache, daß KZ-Häftlinge von Daimler-Benz-
Mitarbeitern direkt im Konzentrationslager für die Arbeit im Konzern ausgewählt
worden sind.[67] Durch Interviews mit ehemaligen Zwangsarbeitern, die in mehreren

---

63 Herbert, Oral History, S. 212: „Erinnerungen sind keine objektiven Spiegelbilder vergangener
    Wirklichkeit oder Wahrnehmung".
64 So waren beispielsweise die von den Interviewpartnern gemachten quantitativen Angaben in
    der Regel falsch.
65 Vgl. GUG-Interview Pinning/F, S. 6; vgl. dazu auch GUG-Interviews Favart/F, S. 12, Mauguy/
    F, S. 5, Siffredi/I, S. I, Eichholtz/NL, S. I sowie MBA-Interview 88, S. 20.
66 Vgl. Schöpfer, Kriegserlebnis, S. 488.
67 Vgl. GUG-Interview Nass/F, S. 2, und Brief Nass an Daimler-Benz, 25.1.1986; GUG-Inter-
    views Kabacinska/PL, S. 3, Chajlo/PL, S. 4, 110/CS, S. 5, Kovács/H, S. 4, Lászlóné/H, S. 2,
    Nòtàs/H, S. 2, Telkes/H, S. 3, Zapotoczna/PL, S. 3, Adamowski/PL, S. 2, Chmielowski/PL,
    S. 2, Jarocki/PL, S. 2, Majewski, E./PL, S. 2, Majewski, M./PL, S. 2, Mankus/PL, S. 2, Misz-
    kiewicz/PL, S. 2, Nowakowski/PL, S. 2, Przygoda/PL, S. 2, Zbrzeski/PL, S. 2, Plock/D, S. 2.

Unternehmen arbeiten mußten, ist – zumindest in Ansätzen – auch ein Vergleich der Verhältnisse bei Daimler-Benz mit denen in anderen Unternehmen möglich.

Besonders wertvoll sind die Interviews auch deshalb, weil sie die einzige Quelle darstellen, die Rückschlüsse darauf zuläßt, wie Zwangsarbeit damals von den Betroffenen empfunden wurde – einen Aspekt, den die „traditionellen" Quellen nicht wiedergeben. In diesem Zusammenhang gewinnen besonders die individuellen Erinnerungen der Befragten an Bedeutung, d.h. das, was sie aus der Zeit der Zwangsarbeit behalten haben, unabhängig davon, wie „richtig" oder „unwichtig" die einzelne Geschichte ist. Als Schwerpunkte kristallisierten sich bei unseren Interviews die durchlebten Luftangriffe, die schlechte Versorgungslage, die unterbrochene Verbindung zur Heimat und die oftmals zwiespältigen Kontakte zu Deutschen heraus.

Im Zusammenhang mit den Interviews erhielten wir von den ehemaligen Zwangsarbeitern neben einigen Erinnerungsberichten zahlreiche Fotos, Briefe, Lohnabrechnungen, Arbeits- und Lebensmittelkarten, Zeichnungen und andere Erinnerungsstücke sowie neun Tagebücher, die während der Zeit der Zwangsarbeit bei Daimler-Benz verfaßt wurden. Sie bilden – nicht zuletzt aufgrund ihrer zeitlichen Nähe zu den Geschehnissen während des Krieges – eine wichtige Ergänzung zu den in den Archiven vorhandenen Akten und zu den Interviews.[68] Ohne die persönlichen Befragungen hätten wir diese Quellen nicht erhalten.

Die Interviews sowie die Tagebücher, Fotos, Briefe und andere Erinnerungsstücke werden im Anschluß an die Veröffentlichung unserer Studie an das Mercedes-Benz-Archiv in Stuttgart übergeben und auf diese Weise der allgemeinen Forschung zugänglich gemacht.

---

68 Herbert weist allerdings darauf hin, daß eine Diskrepanz zwischen historischer Wirklichkeit und individuellem Erlebnisbericht auch bei Tagebüchern besteht – vgl. Herbert, Oral History, S. 212.

Tab. 1: Interviewte ehemalige Daimler-Benz-Zwangsarbeiter nach Herkunftsland[a], Geschlecht und Status

Status Herkunftsland	Zivilarbeiter				Kgf.[b]		Häftlinge[c]				gesamt					
	m	%	w	%	m	%	m	%	w	%	m	%	w	%	m+w	%
Deutschland	–	–	–	–	1	0,4	4	1,5	0	0,0	5	1,9	0	0,0	5	1,9
Tschechoslowakei	5	1,9	1	0,4	–	–	1	0,4	2	0,7	6	2,2	3	1,1	9	3,3
Polen	11	4,1	3	1,1	0	0,0	18	6,7	4	1,5	29	10,7	7	2,6	36	13,3
Niederlande	80	29,6	0	0,0	–	–	0	0,0	0	0,0	80	29,6	0	0,0	80	29,6
Belgien/Luxemburg	57	21,1	1	0,4	0	0,0	1	0,4	0	0,0	58	21,5	1	0,4	59	21,9
Frankreich	40	14,8	0	0,0	5	1,9	4	1,5	1	0,4	49	18,1	1	0,4	50	18,5
Jugoslawien	1	0,4	0	0,0	0	0,0	0	0,0	0	0,0	1	0,4	0	0,0	1	0,4
Sowjetunion	4	1,5	8	3,0	1	0,4	0	0,0	0	0,0	5	1,9	8	3,0	13	4,8
Rumänien	2	0,7	0	0,0	–	–	0	0,0	0	0,0	2	0,7	0	0,0	2	0,7
Ungarn	0	0,0	0	0,0	–	–	0	0,0	4	1,5	0	0,0	4	1,5	4	1,5
Italien	4	1,5	0	0,0	7	2,6	0	0,0	0	0,0	11	4,1	0	0,0	11	4,1
gesamt	204	75,6	13	4,8	14	5,2	28	10,4	11	4,1	246	91,1	24	8,9	270	100,0

a   1938
b   Kriegsgefangene
c   Konzentrationslager- und Sicherungslagerhäftlinge
m – männlich, w –weiblich
Quelle: Auswertung der GUG-Interviews.

Tab. 2:   Interviewte ehemalige Daimler-Benz-Zwangsarbeiter nach Geburtsdatum, Familienstand und Verweildauer bei Daimler-Benz

	Polen	CSR	W-Arb	O-Arb	F-Kgf	I-Kgf	KZ	gesamt[a]
Geburtsdatum								
Minimum	1899	1917	1908	1916	1912	1915	1896	1896
Maximum	1925	1927	1927	1927	1919	1922	1929	1929
Median[b]	1919	1925	1922	1924	1918	1921	1921	–
Durchschnitt	1915	1921	1922	1923	1915	1919	1920	–
Standardabweichung[c]	7,9	–	2,4	2,7	–	–	5,9	–
Familienstand								
ledig	10	5	172	10	3	7	36	252
verheiratet	4	1	6	2	1	0	3	17
geschieden	0	0	0	0	1	0	0	1
Verweildauer (Monate)								
Minimum	7	9	1	20	14	3	3	1
Maximum	58	58	50	39	60	20	39	60
Median[b]	26	36	25	34	55	18	6	–
Durchschnitt	28	26	23	31	37	14	9	–
Standardabweichung[c]	16	–	8	5	–	–	8	–

a   Einschließlich der hier nicht aufgeführten Interviews mit Angehörigen kleinerer Gruppen. Durchschnittswerte können aufgrund der fehlenden Repräsentativität der Stichprobe nicht errechnet werden.

b   Jeweils eine Hälfte der Werte liegt unter- bzw. oberhalb des Medians.

c   Etwa zwei Drittel der Werte liegen im Bereich, der durch den Durchschnitt (arithmetisches Mittel) plus/minus der Standardabweichung gekennzeichnet ist. Beispiel: Etwa zwei Drittel der interviewten „Ostarbeiter" wurden zwischen 1920 (= 1923 – 2,7) und 1926 (= 1923 + 2,7) geboren.

CSR – Tschechen und Slowaken, W-Arb – „Westarbeiter", O-Arb – „Ostarbeiter/innen", F-Kgf - französische Kriegsgefangene, I-Kgf – Italienische Militärinternierte, KZ – KZ- und Sicherungslagerhäftlinge

Quelle: Auswertung der GUG-Interviews.

Tab. 3: Interviewte ehemalige Daimler-Benz-Zwangsarbeiter nach Werk[a], Geschlecht und Status

Status Werk	Zivile		Kgf	Häftlinge		gesamt		
	m	w	m	m	w	m	w	m+w
Untertürkheim	51	8	0	–	–	51	8	59
Mannheim	11	0	0	14	–	25	0	25
Gaggenau	6	0	2	5	1	13	1	14
Sindelfingen	70	2	2	–	–	72	2	74
Marienfelde	18	0	0	–	–	18	0	18
Königsberg	0	0	1	–	–	1	0	1
Backnang	13	0	0	–	–	13	0	13
Genshagen	25	1	7	4	10	36	11	47
Poznán	1	0	0	–	–	1	0	1
Colmar	3	1	0	–	–	3	1	4
Rzeszów	4	0	0	5	–	9	0	9
Nova Paka	2	0	–	–	–	2	0	2
Minsk	1	0	1	0	0	2	0	2
Riga	0	0	0	1	0	1	0	1
Tomaszow	2	0	0	–	–	2	0	2
Niederlassungen	14	0	1	–	–	15	0	15
gesamt	221	12	14	29	11	264	23	287

a   Einschließlich Verlagerungen. Einige Interviewpartner waren in mehreren Daimler-Benz-
    Werken eingesetzt.
Kgf - Kriegsgefangene, m – männlich, w – weiblich
Quelle: Auswertung der GUG-Interviews.

2. HISTORISCHER ÜBERBLICK

2.1 Zwangsarbeit in der deutschen Wirtschaft[1]

Im Herbst 1944 beschäftigten Landwirtschaft und Industrie im Deutschen Reich rund 7,7 Millionen ausländische Zivilarbeiter und Kriegsgefangene.[2] Darüber hinaus waren zu diesem Zeitpunkt zwischen 500.000 und 600.000 KZ-Häftlinge zur Arbeit in der deutschen Privatwirtschaft eingesetzt.[3]

Diese Zahlen markieren den Höhepunkt einer Entwicklung, die das nationalsozialistische Regime in den wirtschaftspolitischen Planungen der Vorkriegsjahre in dieser Form keineswegs vorgesehen hatte – nicht zuletzt, weil der Einsatz von Ausländern in Landwirtschaft und Industrie in direktem Widerspruch zu den ideologischen und rassistischen Vorstellungen der Nationalsozialisten stand. Noch 1936 hatte der Staatssekretär im Reichsarbeitsministerium, Friedrich Syrup, vor der Gefährdung des „deutschen Volkstums" durch „ungehemmtes Eindringen ausländischer, besonders östlicher Arbeitskräfte in die deutsche Wirtschaft" gewarnt.[4]

Aufgrund der anlaufenden Rüstungskonjunktur wurde ab 1936 jedoch in zunehmendem Maße ein Mangel an landwirtschaftlichen Arbeitern und industriellen Facharbeitern spürbar.[5] Viele Landarbeiter waren aufgrund der höheren Löhne in die Industrie abgewandert. Im Frühjahr 1938 schätzte das Reichsarbeitsministerium den Bedarf der Landwirtschaft an Arbeitskräften auf 125.000.[6] In der Industrie konnte zwar aufgrund der im Vierjahresplan festgelegten Steigerung der Rüstungsproduktion die Zahl der Belegschaftsmitglieder insgesamt erheblich erhöht werden, nicht dagegen jedoch die Zahl der Facharbeiter, deren Fehlen sich insbesondere auf dem Sektor der Metallindustrie deutlich bemerkbar machte.

Um den Arbeitskräftemangel in der Industrie zu bekämpfen, bemühte sich die staatliche Seite zunächst um eine Intensivierung und Effektivierung der bereits vorhandenen Arbeitskraft mit Hilfe von Rationalisierungsmaßnahmen wie bei-

---

1   Die folgenden Ausführungen stellen lediglich einen Überblick über die Geschichte der Zwangsarbeit dar; zu Detailfragen vgl. u.a. die Publikationen Herbert, Fremdarbeiter, und Herbert (Hrsg.), „Reichseinsatz".

2   Vgl. Herbert, Ausländereinsatz, S. 13; nach Angaben von Drobisch/Eichholtz, Zwangsarbeit, S. 18, wurden während des Krieges insgesamt 14 Mio. Zwangsarbeiter (inkl. KZ-Häftlinge) ins Deutsche Reich deportiert.

3   Diese Zahlen nannte Karl Sommer in seiner eidesstattlichen Erklärung vom 4. Oktober 1946, abgedruckt bei Ferencz, Lohn, S. 266–274.

4   Vgl. Herbert, Fremdarbeiter, S. 55.

5   Vgl. Herbert, Arbeiterschaft, S. 329: Demnach ging die Arbeitslosigkeit bei Facharbeitern schneller zurück als bei Hilfsarbeitern, so daß vereinzelt bereits 1934 über Facharbeitermangel geklagt wurde, während bei ungelernten Arbeitern noch bis Mitte 1938 eine relativ hohe Arbeitslosenquote bestand.

6   Vgl. Herbert, Fremdarbeiter, S. 43; Lehmann, Zwangsarbeiter, S. 127.

spielsweise der Einführung neuer Produktionsverfahren, der Umverteilung von Arbeitskräften innerhalb der einzelnen Wirtschaftszweige und der Erhöhung der Anforderungen an die Arbeiter. Mit der „Geschäftsgruppe Arbeitseinsatz" innerhalb der Vierjahresplanbehörde Görings wurde darüber hinaus eigens ein Koordinationsgremium zur „Sicherstellung des Kräftebedarfs" für die Durchführung des Vierjahresplans geschaffen.[7] Diese Maßnahmen erwiesen sich jedoch als nicht ausreichend.

Nachteilig auf die Arbeitskräftesituation wirkte sich auch die Tatsache aus, daß es nicht gelang, mehr Frauen als zusätzliche Arbeitskräfte in die Wirtschaft einzubinden. Dem standen die ideologischen Vorstellungen der Nationalsozialisten von der „deutschen Frau und Mutter" entgegen. Außerdem war der „Kriegsfamilienunterhalt" so hoch angesetzt, daß sich für die meisten anspruchsberechtigten Frauen die Aufnahme einer lohnabhängigen Arbeit in der Industrie nicht lohnte.[8] Folglich mußten andere Möglichkeiten gefunden werden, um der sich verschlechternden Arbeitskräftesituation entgegenzutreten.

In diesem Zusammenhang entstand die Überlegung, den Mangel an Arbeitskräften vorübergehend durch die Beschäftigung ausländischer Arbeitskräfte zu überbrücken. So scheint die These Herberts zutreffend, daß die Entscheidung für den Einsatz von Zwangsarbeitern im Deutschen Reich „das Ergebnis einer wirtschaftlichen und politischen Güterabwägung zwischen der Beschäftigung von deutschen Frauen und ausländischen Arbeitskräften" war.[9]

Eine Rolle bei der Entscheidung für den Einsatz ausländischer Arbeitskräfte spielte auch die Tatsache, daß deren Beschäftigung im Deutschen Reich, insbesondere in der Landwirtschaft, bereits eine gewisse Tradition hatte. So waren polnische Saisonarbeiter seit der zweiten Hälfte des 19. Jahrhunderts auf den ostpreußischen Gutshöfen anzutreffen. Da die deutsch-polnische Grenze jedoch 1932 für polnische Wanderarbeiter geschlossen worden war, kamen seitdem nur noch illegale Grenzgänger zur Arbeit ins Deutsche Reich. Im Frühjahr 1939 begannen die deutschen Behörden deshalb, Agenten großer deutscher Landgüter an die polnische Grenze oder sogar nach Polen zu schicken, um Arbeiter anzuwerben. Dabei kam ihnen die in Polen zu diesem Zeitpunkt herrschende hohe Arbeitslosigkeit zugute.[10]

Neben der Anwerbung von Polen schloß das Deutsche Reich eine Reihe von zwischenstaatlichen Abkommen, so vor allem mit Italien, Bulgarien, Ungarn, Rumänien und Spanien bezüglich des „Austauschs" von Arbeitskräften.[11] Mitte 1939 beschäftigte die deutsche Landwirtschaft bereits 37.000 Italiener, 15.000 Jugoslawen, 12.000 Ungarn, 5.000 Bulgaren und 4.000 Niederländer.[12] Der „Anschluß" Österreichs im März 1938, die Annexion des Sudetenlandes nach der Konferenz von München und die Zerschlagung der Tschechoslowakei boten wei-

---

7   Vgl. Geyer, Sicherheit, S. 386f.
8   Vgl. Hachtmann, Industriearbeit, S. 49.
9   Herbert, Fremdarbeiter, S.348.
10 Vgl. Sobczak, Wanderarbeiter, S. 49.
11 Vgl. Pfahlmann, Fremdarbeiter, S. 22 f.
12 Vgl. Herbert, Fremdarbeiter, S. 56.

tere Möglichkeiten zur Rekrutierung neuer Arbeitskräfte.[13] Dennoch blieb die Arbeitskräftesituation prekär: Mitte 1939 fehlten im Deutschen Reich rund 1 Million Arbeitskräfte, wobei sich der Bedarf durch die zur Wehrmacht eingezogenen Männer und den Abzug von 400.000 deutschen Arbeitern zum Bau des Westwalls noch erhöhte.[14]

Die bis zum Ausbruch des Zweiten Weltkriegs vom nationalsozialistischen Regime getroffenen Maßnahmen zur Bekämpfung des Arbeitskräftemangels in Landwirtschaft und Industrie vermitteln nicht den Eindruck eines bereits vor Kriegsbeginn systematisch geplanten „Zwangsarbeiterprogrammes", eine Auffassung, die vor allem von einigen DDR-Historikern immer wieder vertreten wurde.[15] Doch Vorbereitungen für einen massenhaften Einsatz ausländischer Zivilarbeiter in der Zeit vor Kriegsbeginn sind nicht nachweisbar. Und auch die bereits erwähnten ideologischen und rassistischen Vorbehalte der Nationalsozialisten, die in der immer wieder propagierten Formel von der Ausländerbeschäftigung als „vorübergehender Notstandsmaßnahme" zum Ausdruck kamen, sprechen gegen die langfristige Planung eines „Zwangsarbeiterprogramms".[16] Nicht zuletzt ließ aber auch der Glaube an die Verwirklichung der Hitlerschen „Blitzkriegspläne" eine längerfristige Planung des Ausländereinsatzes als unnötig erscheinen. Mit der prinzipiellen Entscheidung für den Arbeitseinsatz von Ausländern im Deutschen Reich war jedoch der Grundstein für die Zwangsarbeit gelegt worden. Danach setzte „ein Prozeß der schrittweisen Verschärfung ein, der in eigener Logik und Dynamik sowie in zunächst kaum merklichen Veränderungen, dann in immer schnelleren Bewegungen zur massenhaften Zwangsarbeit führte".[17]

Zu Beginn des Zweiten Weltkriegs verschärfte sich die Arbeitskräftesituation aufgrund des Abzugs von männlichen Arbeitskräften durch die Wehrmacht erneut.[18] Eine starke Entlastung der angespannten Arbeitskräftesituation versprach sich die nationalsozialistische Führung vom Arbeitseinsatz von Kriegsgefangenen, für den – im Gegensatz zum Einsatz ausländischer Zivilarbeiter – bereits ab 1937 Vorbereitungen getroffen worden waren. Bei den Planungen für den Kriegsgefangeneneinsatz, die im Januar 1939 praktisch abgeschlossen waren, orientierte sich das Oberkommando der Wehrmacht an den Erfahrungen des Ersten Weltkriegs, in dessen

13 Vgl. Herbert, Geschichte, S. 121: In Österreich gab es im Sommer 1938 etwa 400.000 Arbeitslose; 100.000 Arbeitskräfte, vorwiegend Landarbeiter und industrielle Facharbeiter, wurden zur Arbeit in Deutschland verpflichtet. Die tschechoslowakische Regierung schloß unter deutschem Druck am 19.1.1939 mit dem Reich ein Abkommen, das die Rekrutierung von 40.000 Tschechen für die Arbeit in Deutschland ermöglichen sollte. Vor allem die auch in der Tschechoslowakei herrschende hohe Arbeitslosigkeit hatte zur Folge, das bereits bis Ende Juni 1939 52.000 tschechische Arbeitskräfte vermittelt werden konnten: vgl. dazu Kárny, „Reichsausgleich", S. 27f.
14 Vgl. Hachtmann, Industriearbeit, S. 46, und Herbert, Fremdarbeiter, S. 58.
15 Vgl. Drobisch/Eichholtz, Zwangsarbeit, S. 4; Elsner, Wesen, S. 6; Eichholtz, Zwangsarbeitersystem, S. 77f.
16 Vgl. Herbert, Fremdarbeiter, S. 55; ders., Geschichte, S. 122; Lehmann, Zwangsarbeiter, S. 127.
17 Herbert, Fremdarbeiter, S. 66.
18 Vgl. Overy, Blitzkriegswirtschaft, S. 420: Zwischen 1939 und 1942 verringerte sich die Zahl der deutschen Beschäftigten insgesamt um 8 Mio.

Verlauf sich insgesamt 2.520.983 Kriegsgefangene in deutscher Gefangenschaft befunden hatten.[19] Der Einsatz der Kriegsgefangenen sollte jedoch zunächst nur in der Landwirtschaft erfolgen, da nach den Vereinbarungen der Genfer Konvention die von den Kriegsgefangenen zu leistenden Arbeiten „in keiner unmittelbaren Beziehung zu den Kriegshandlungen" stehen durften.[20]

Für die Rekrutierung ziviler Arbeitskräfte spielte die Eroberung Polens eine wichtige Rolle. Unmittelbar nach dem Einmarsch eröffneten die deutschen Behörden in ganz Polen Arbeitsämter, die polnische Arbeitskräfte ins Deutsche Reich vermitteln und alle Arbeitslosen karteimäßig erfassen sollten. Die Anwerbung polnischer Arbeitskräfte erwies sich wegen der hohen Arbeitslosigkeit zunächst als relativ einfach.[21]

Aufgrund der nach kurzer Zeit gut funktionierenden Organisation der Arbeitsverwaltung in Polen wurde den deutschen Behörden bewußt, welches Reservoir an ungenutzten Arbeitskräften dort vorhanden war. Göring reagierte bereits wenige Wochen später: Der Erlaß über die „Sicherstellung der landwirtschaftlichen Erzeugung" vom 16. November 1939 wies die Arbeitsverwaltung nun an, „die Hereinnahme ziviler polnischer Arbeitskräfte, insbesondere polnischer Mädchen, in größtem Ausmaß zu betreiben". Schon für 1940 wurde jetzt der Einsatz von 2 Millionen polnischen Arbeitskräften geplant – eine enorme Zahl für eine „vorübergehende Notstandsmaßnahme".[22]

Neben der ständig zunehmenden Arbeitskräfteknappheit spielte bei der Entscheidung der Nationalsozialisten für den vermehrten Einsatz ausländischer Arbeitskräfte vermutlich auch die Angst vor einer Verschlechterung der Stimmung innerhalb der deutschen Arbeiterschaft eine wesentliche Rolle, da die Arbeiter unter den steigenden Anforderungen, insbesondere unter der ab 1936 stetig erhöhten Arbeitszeit, zu leiden hatten.

Die zunehmende Einbeziehung ausländischer Arbeitskräfte in die deutsche Wirtschaft stellte die Nationalsozialisten allerdings vor das Problem, ihre Maßnahmen vor den von ihnen vertretenen ideologischen und rassistischen Positionen zu rechtfertigen.[23] So begann bereits Ende 1939 ein Prozeß, der zu einer immer stärkeren Diskriminierung der ausländischen Arbeitskräfte führte und seinen ersten Höhepunkt im März 1940 in den „Polenerlassen" fand.

Die „Polenerlasse" führten u.a. dazu, daß erstmals in der Geschichte des „Dritten Reiches" – noch vor Einführung des Judensterns – Menschen durch das Tragen eines Abzeichens öffentlich gekennzeichnet wurden. Auf der „Nationalitätenskala", die als Maßstab für die Behandlung der ausländischen Arbeitskräfte galt, nahmen Polen nun – bis zum Einsatz sowjetischer Zwangsarbeiter – die unterste Stufe ein.[24]

---

19   Vgl. Völkerrecht im Weltkrieg, Bd. III, S. 333 u. 716.
20   Reichsgesetzblatt 1934/II, S. 227ff. (Artikel 31).
21   Vgl. Sobczak, Wanderarbeiter, S. 49.
22   Vgl. Herbert, Fremdarbeiter, S. 69.
23   Herbert, Arbeiterschaft, S. 350, weist auf den ständigen Konflikt zwischen der ideologischen Identität und dem wirtschaftlichen Sachzwang hin.
24   Aufgrund der „Polenerlasse" mußten polnische Arbeitskräfte ein „P" deutlich sichtbar an ihrer

Auch bei der Rekrutierung von Arbeitskräften innerhalb Polens wandten die deutschen Behörden nun in zunehmendem Maße Zwangsmaßnahmen an. So wurde die Auszahlung einer Arbeitslosenunterstützung an die Bedingung geknüpft, sich zur Arbeit in Deutschland zu verpflichten. Daneben setzten die deutschen Behörden Pflichtkontingente an Arbeitskräften fest, die jedes Dorf und jeder Bezirk zu stellen hatte, wenn sich nicht genügend Freiwillige meldeten. Ab Mitte Februar 1940 wurden Straßenrazzien in den Städten durchgeführt, in denen der Widerstand gegen die Vorgehensweise der Deutschen besonders groß war. Eine am 24. April 1940 erlassene Verordnung verpflichtete schließlich alle Polen der Jahrgänge 1915 bis 1925 zur Arbeit in Deutschland.[25]

Der aus deutscher Sicht günstige Verlauf des Westfeldzugs im Mai/Juni 1940 lenkte das Interesse der Nationalsozialisten dann jedoch zunächst auf ein anderes Reservoir an Arbeitskräften: die Kriegsgefangenen.[26] Nachdem die Rüstungsinspektionen im gleichen Monat gemeldet hatten, daß infolge der Vorbereitung des Frankreichfeldzugs in den Betrieben mit Wehrmachtsaufträgen ca. 1/2 Million Arbeiter fehlten, wurden bis Juli 1940 200.000 französische, belgische und britische Kriegsgefangene ins Deutsche Reich zum Arbeitseinsatz überführt.[27]

Aufgrund der Siege im Westen, die das Vertrauen in die Blitzkriegsstrategie Hitlers stärkten, blieb die Idee vorherrschend, daß es sich bei dem Arbeitskräftemangel in der Industrie nur um ein vorübergehendes Problem handele – „Die Arbeitskräftefrage schien gelöst".[28] Die überwiegende Zahl der Kriegsgefangenen wurde deshalb in der Landwirtschaft eingesetzt. Der Anteil der Industrie an den im Deutschen Reich eingesetzten ausländischen Arbeitern und Kriegsgefangenen lag bis in den Herbst 1940 unter einem Viertel.[29]

Bei der Anwerbung ziviler Arbeitskräfte in den westeuropäischen Ländern, die unmittelbar nach deren Besetzung begann, konnten sich die deutschen Behörden auf die in Polen gewonnenen Erfahrungen stützen, wobei die auch in den westeuropäischen Ländern existierende hohe Arbeitslosigkeit die Aktionen erleichterte.[30] Die Bemühungen der deutschen Behörden wurden durch massive Propaganda in Zeitungen, Radio und Kino unterstützt; insbesondere aber finanzielle Versprechungen sollten als Anreiz dafür dienen, die Arbeit in Deutschland aufzunehmen.

Die Besetzung der westeuropäischen Länder weckte schließlich auch das Interesse der deutschen Industrie an der Anwerbung ziviler ausländischer Arbeitskräfte, insbesondere von Facharbeitern. Unter Umgehung des offiziellen Dienstweges

---

Kleidung tragen – für „Ostarbeiter" wurde die Kennzeichnung „Ost" im Februar 1942 eingeführt. Zu den Einzelheiten der „Polenerlasse" vgl. Herbert, Fremdarbeiter, S. 76–79, und Homze, Foreign Labor, S. 169.

25 Vgl. Pfahlmann, Fremdarbeiter, S. 27, Luczak, Arbeiter, S. 96f.

26 Polnische Kriegsgefangene spielten zu diesem Zeitpunkt bereits keine Rolle mehr, da sie ab Sommer 1940 in den Zivilarbeiterstatus überführt wurden: Vgl. Luczak, Arbeiter, S. 98.

27 Herbert, Fremdarbeiter, S. 96.

28 Herbert, Geschichte, S. 130.

29 Vgl. Drobisch/Eichholtz, Zwangsarbeit, S. 5: Demnach erhielt die Industrie in den ersten Kriegsmonaten lediglich 6% der kriegsgefangenen Arbeitskräfte.

30 Eine vergleichbare Situation herrschte auch in Dänemark, wo die Anwerbung von Arbeitskräften Ende Mai 1940 begann: vgl. Straede, Dänen, S. 143f.

begannen einzelne Unternehmen mit der Durchführung privater Werbeaktionen oder richteten sogar konzerneigene Werbebüros ein; so warb das Volkswagenwerk in Frankreich mit dem Slogan: „L'olympe du travail: La Volkswagenwerk."[31] Diese Vorgehensweise deutscher Firmen veranlaßten das Reichsarbeitsministerium, in einem Erlaß vom 10. Juli 1940 die privaten Werbeaktionen zu untersagen und Anwerbungen nur noch den Beauftragten des Reichsarbeitsministeriums zu gestatten.[32]

Die Zeit der Rekrutierung ausländischer Arbeitskräfte bis zur Ernennung Fritz Sauckels zum Generalbevollmächtigten für den Arbeitseinsatz im März 1942 wurde in der älteren Historiographie häufig als Periode der „Freiwilligkeit" bezeichnet.[33] Dagegen sprechen jedoch zahlreiche, bereits vor der Ernennung Sauckels von den deutschen Behörden in den besetzten Ländern ergriffene Maßnahmen. So wurde Arbeitslosen, die nicht bereit waren, eine Arbeit anzunehmen, die Arbeitslosenunterstützung entzogen, und Familienangehörige hatten keinen Anspruch mehr auf Sozialhilfe.[34] In den Niederlanden erhielten „Kontraktbrüchige" bereits 1940 keine Lebensmittelkarten mehr, und in Frankreich wurden im gleichen Jahr Arbeitskräfte von der Straße weg nach Deutschland deportiert.[35] Unter die „Methoden moderner Arbeitseinsatzverwaltung" fielen ferner die Einweisung von Arbeitsunwilligen in Erziehungslager, Abkehrverbot bei Beschäftigung in deutschem Interesse und äußerste Beschränkung von Bau-, Wiederaufbau- und Notstandsarbeiten in den besetzten Ländern.[36] Alles in allem hofften die Nationalsozialisten, daß die durch ihre wirtschaftlichen und finanziellen Maßnahmen hervorgerufene Verschlechterung der wirtschaftlichen Lage in den besetzten Ländern die Rekrutierung von Arbeitskräften aus diesen Gebieten erleichtern würde.[37]

Die Überlegung, auch sowjetische Arbeitskräfte zum Arbeitseinsatz im Deutschen Reich heranzuziehen, spielte vor Beginn des „Unternehmens Barbarossa" in der nationalsozialistischen Führung überhaupt keine Rolle. Für die Nationalsozialisten ergab sich die Bedeutung der Eroberung der Sowjetunion aus der „Lebensraumideologie" Hitlers und der Versorgung des Deutschen Reiches mit landwirt-

---

31   Siegfried, Rüstungsproduktion, S. 88.

32   Vgl. Eichholtz, Geschichte, Bd. 1, S. 101; Dr. Hubert Hildebrandt, ab 1940 im RAM zuständig für den Einsatz der Arbeitskräfte aus den Westgebieten, erklärte nach dem Krieg: „Eine Reihe von Großbetrieben hatten schon im Jahr 1940/41 Büros eingerichtet in Paris für die Wahrnehmung ihrer Interessen auf verschiedenen Gebieten, und die Firmen wurden nun durch ihre Büros beim Befehlshaber wegen der Anwerbung von Kräften vorstellig. Ich weiß vom Sonderbeauftragten Sauckels in Paris, Ritter, daß zeitweise der Ansturm der Firmen so groß war, daß eine Sperre eingeführt werden mußte." (StA Nürnberg NI–14981, Erklärung Dr. Hubert Hildebrandts 1946, S. 2).

33   Vgl. Drobisch/Eichholtz, Zwangsarbeit, S. 8.

34   Vgl. Sijes, Arbeidsinzet, S. 664; Hirschfeld, Fremdherrschaft, S. 135; Kárny, „Reichsausgleich", S. 28.

35   Vgl. Sijes, Arbeidsinzet, S. 666; D'Hoop, Main d'oeuvre, S. 78; Evrard, Déportation, S. 26.

36   Aus dem Bericht des Militärbefehlshabers Belgien/Nordfrankreich Anfang 1942, abgedruckt bei Drobisch/Eichholtz, Zwangsarbeit, S. 9f.

37   Vgl. Recker, Befriedung, S. 438; zur vermeintlichen „Freiwilligkeit" vgl. auch Gibelli, Travailleurs, S. 81; Hirschfeld, Behörden, S. 177.

schaftlichen Produkten.[38] Dagegen war die Einstellung gegenüber der sowjetischen Bevölkerung bestimmt von der Rassenideologie der Nationalsozialisten. In der „Hierarchie des Rassismus" nahmen sowjetische Arbeitskräfte hinter Flamen, Niederländern, Wallonen, Franzosen, Slowaken, Tschechen, Angehörigen der Balkanstaaten und Polen die unterste Stufe ein.[39] Diese „Klassifizierung" hatte vor allem für die sowjetischen Kriegsgefangenen schreckliche Folgen. Obwohl die Oberkommandos der Wehrmacht und des Heeres mit insgesamt 2 bis 3 Mio. Gefangenen gerechnet hatten, waren weder deren Transport noch die Frage der Unterkunft, geschweige denn der Verpflegung geregelt worden. Das hatte zur Folge, daß bis zum 1. Februar 1942 60% der 3.350.000 sowjetischen Kriegsgefangenen des Jahres 1941 an Unterernährung, Fleckfieber oder durch deutsche Einsatzkommandos starben.[40]

Der enge Zusammenhang zwischen den militärischen Ereignissen und der Geschichte des Ausländereinsatzes, vor allem jedoch der Widerstreit zwischen Ideologie und ökonomischer Notwendigkeit, wird anhand des „Russeneinsatzes" besonders deutlich. Erst zu dem Zeitpunkt, als sich abzeichnete, daß die deutsche Offensive in der Sowjetunion nicht mehr 1941 zu beenden war, befaßte man sich mit Überlegungen, doch sowjetische Arbeitskräfte im Deutschen Reich einzusetzen. Insbesondere wurde jetzt deutlich, daß die deutschen Arbeitskräfte, mit deren Rückkehr an die Arbeitsplätze man gerechnet hatte, weiterhin ausfielen. Die gesetzliche Grundlage für den Arbeitseinsatz kriegsgefangener Russen bildete Hitlers Anordnung über den „Großeinsatz von Russen für die Bedürfnisse der Kriegswirtschaft" vom 31. Oktober 1941; die am 7. November 1941 von Göring herausgegebenen Richtlinien regelten den Einsatz ziviler sowjetischer Arbeitskräfte.

Freiwillige bildeten einen verhältnismäßig geringen Prozentsatz unter den rekrutierten sowjetischen Arbeitskräften.[41] Schon bald waren drastische Maßnahmen wie Straßenrazzien oder Auskämmaktionen auf den Feldern an der Tagesordnung.[42] Von den ab dem Frühjahr 1942 im Deutschen Reich eintreffenden Massentransporten sowjetischer Arbeitskräfte bestanden mehr als die Hälfte aus Frauen und Mädchen. Die Lebensverhältnisse der „Ostarbeiterinnen" und „Ostarbeiter" im Deutschen Reich wurden durch umfangreiche Erlasse geregelt, die sich eng an die Bestimmungen für Polen anlehnten.[43]

---

38 Vgl. Eichholtz, Geschichte, Bd. 1, S. 293; Homze, Foreign Labor, S. 71.

39 Diese Hierarchie spiegelt den Erfahrungswert aus den von uns geführten Interviews wider und widerspricht der von Herbert, Geschichte, S. 153, aufgestellten „Nationalitätenskala", in der die Franzosen an oberster Stelle vor den Angehörigen aus anderen westlichen Ländern stehen, und Tschechen hinter Arbeitskräften aus den südosteuropäischen Ländern rangieren, wobei die Skala erst hinter den Tschechen sehr stark „abfällt". Italienische Arbeitskräfte waren bis 1943 rechtlich den Arbeitskräften aus westeuropäischen Ländern gleichgestellt. Nach der Machtübernahme Badoglios nahmen sie als „Verräter" in der „Hierarchie des Rassismus" – noch hinter den „Ostarbeitern" – die unterste Stufe ein.

40 Vgl. Herbert, Fremdarbeiter, S. 135; zum Themenkomplex „sowjetische Kriegsgefangene" siehe die Untersuchung von Christian Streit, Keine Kameraden.

41 Vgl. Müller, Rekrutierung, S. 237 und 240.

42 Vgl. Müller, Rekrutierung, S. 238f. und 245f.

43 Zum Inhalt der „Ostarbeitererlasse" vgl. Herbert, Fremdarbeiter, S. 154–157; unter „Ostarbei-

Während bis zu diesem Zeitpunkt die Kriegswirtschaftsbehörden die treibende Kraft für die verstärkte Beschäftigung ausländischer Arbeitskräfte gewesen waren, begann 1942 auch die deutsche Industrie, sich intensiv mit dieser Problematik auseinanderzusetzen, da sich das Fehlen deutscher Arbeitskräfte immer deutlicher bemerkbar machte. Aber auch in anderer Hinsicht war das Jahr 1942 für die Geschichte des Zwangsarbeitereinsatzes von entscheidender Bedeutung: durch die Ernennung Fritz Sauckels zum „Generalbevollmächtigten für den Arbeitseinsatz", die Ernennung Albert Speers zum Nachfolger Todts und den verstärkten Einsatz von KZ-Häftlingen in der Rüstungsindustrie.

Die Zahl der mit dem Ausländereinsatz beschäftigten Behörden hatte seit 1939 ständig zugenommen. Mit Beginn des massenhaften Einsatzes von sowjetischen Zwangsarbeitern wurde jedoch die Bündelung der Kompetenzen in einer Institution immer dringlicher. Am 21. März 1942 ernannte Hitler deshalb Fritz Sauckel, den Gauleiter von Thüringen, zum „Generalbevollmächtigten für den Arbeitseinsatz". Das Reichsarbeitsministerium verlor sämtliche Kompetenzen in Zusammenhang mit dem Arbeitseinsatz, da Sauckel eigene Bevollmächtigte in den besetzten Ländern ernannte. Außerdem erhielt er Weisungsbefugnisse gegenüber den Militärbefehlshabern.[44] Das Programm über die weitere Vorgehensweise bei der Rekrutierung von Arbeitskräften, das Sauckel am 20. April 1942 vorstellte, war völlig auf die Erfordernisse einer längerfristigen Kriegsplanung abgestimmt. Dabei sollten die westeuropäischen Länder ein Viertel des Gesamtbedarfs an ausländischen Arbeitskräften stellen; als größtes Reservoir dienten weiterhin die besetzten Teile der Sowjetunion.[45] Tatsächlich wurden bis Ende Juni 1944 alleine rund 2,8 Mio. „Ostarbeiter" ins Deutsche Reich deportiert.[46]

Das Land, in dem Sauckel am konsequentesten versuchte, seine Arbeitskräftebeschaffungspolitik durchzusetzen, war Frankreich. Durch Vereinbarungen zwischen Sauckel und dem französischen Ministerpräsidenten Pierre Laval wurde die Rekrutierung französischer Arbeitskräfte für das Deutsche Reich abgesichert. Dabei verstand es Sauckel sehr geschickt, die französische Regierung in die Enge zu treiben, die ihrerseits glaubte, die deutsche Forderungen nach Arbeitskräften durch zahlreiche Zugeständnisse abschwächen zu können. Besonders deutlich wird diese Vorgehensweise am Beispiel der „Relève", die im Juni 1942 begann.[47] Nach den Vorstellungen Lavals sollte bei dieser Aktion ein französischer Arbeiter im Austausch gegen einen französischen Kriegsgefangenen nach Deutschland geschickt werden. Hitler stimmte jedoch lediglich der Entlassung von 50.000 französischen Gefangenen zu und verlangte als Gegenleistung zunächst 150.000 zivile französische Arbeitskräfte. Laval akzeptierte den deutschen Vorschlag und begann, mit ungeheurem Aufwand für die „Relève" zu werben. Für etwa 240.000 französische

---

tern" verstanden die Nationalsozialisten sowjetische Bürger aus der Ukraine, dem Baltikum, Weißrußland und den übrigen von den Deutschen besetzten sowjetischen Gebieten – vgl. hierzu Müller, Zwangsrekrutierung, S. 772.

44 Vgl. Pfahlmann, Fremdarbeiter, S. 17f.
45 Vgl. Bleyer/Drobisch, Dokumente, S. 40.
46 Vgl. Müller, Zwangsrekrutierung, S. 774.
47 Vgl. Evrard, Déportation, S. 68; Frankenstein, Arbeitskräfteaushebungen, S. 220.

Zivilarbeiter konnten in den Jahren 1942/43 rund 90.000 Kriegsgefangene nach Frankreich zurückkehren.[48]

Während Sauckel bis Mitte 1943 bei der Anwerbung von Arbeitskräften in den westeuropäischen Ländern durchaus Erfolge zu verzeichnen hatte, machte sich von diesem Zeitpunkt an eine gegenläufige Entwicklung bemerkbar. Die Gründe dafür sind vielfältig. Immer größer war beispielsweise die Zahl zurückkehrender Arbeiter, die in ihrer Heimat berichteten, wie wenig die Realität der Arbeitsverhältnisse im Deutschen Reich mit vorher gegebenen Versprechungen übereinstimmte. Insbesondere aber die Niederlage der deutschen Truppen bei Stalingrad wirkte sich negativ auf die Möglichkeiten zur Anwerbung von ausländischen Arbeitskräften aus. Je geringer jedoch die Erfolge bei der Anwerbung waren, desto mehr griffen die deutschen Behörden zu radikalen Maßnahmen, um die von Sauckel geforderten Kontingente aufstellen zu können. So drohten französischen Arbeitern, die sich weigerten, nach Deutschland zu gehen, Repressalien bis hin zur Einweisung in ein Konzentrationslager.[49] Razzien waren an der Tagesordnung: In den Großstädten Oberitaliens führten die Deutschen – als Reaktion auf den „Verrat" Italiens – Razzien und Massenverhaftungen durch, in den Niederlanden wurden am 10./11. November 1944 50.000 männliche Einwohner Rotterdams bei Razzien festgenommen und nach Deutschland transportiert.[50] Diese willkürlichen Maßnahmen verschafften den Widerstandsbewegungen in den besetzten Ländern erheblichen Zulauf.[51]

Widerstand drohte Sauckel auch von ganz anderer Seite, nämlich vom Minister für Rüstung und Kriegsproduktion, Albert Speer. Speer beabsichtigte, Produkte für den zivilen Bedarf des Deutschen Reiches in zunehmendem Maß in Frankreich herstellen zu lassen, um deutsche Kapazitäten für die Rüstungsproduktion zu gewinnen. Durch ein im September 1943 zwischen Speer und dem französischen Minister für Industrieproduktion und Handel, Bichelonne, getroffenes Abkommen wurden eine Reihe französischer Betriebe zu Sperrbetrieben (S-Betrieben) erklärt, deren Mitarbeiter von Deportationen ausgenommen bleiben sollten.[52] Sauckel vermutete mißtrauisch hinter diesen Betrieben einen „Maquis légal" (legales Widerstandsnest).[53]

Eine endgültig rückläufige Entwicklung bei der Zahl der rekrutierten westeuropäischen Arbeitskräfte setzte 1944 ein. Obwohl Sauckels Programm für das Jahr

---

48 Vgl. Clément/Delpech, Commission, S. 109.

49 Vgl. Evrard, Déportation, S. 80.

50 Vgl. Sijes, Arbeidsinzet, S. 691; Schminck-Gustavus, Herrenmenschen, S. 63; Mantelli, Wanderarbeit, S. 55; vgl. auch GUG-Interviews van Essel/NL, S. 2, Könemann/NL, S. 3, Pinning/F, S. 3.

51 Vgl. Evrard, Déportation, S. 113ff., Fried, Exploitation, S. 245; Drobisch/Eichholtz, Zwangsarbeit, S. 20; Schminck-Gustavus, Herrenmenschen, S. 63f.; Kárny, „Reichsausgleich", S. 30; Durand, Vichy, S. 195; Müller, Rekrutierung, S. 239–245.

52 Vgl. Clement/Delpech, Commission, S. 119; auch in Belgien, den Niederlanden und Norditalien wurden schließlich eine Reihe rüstungswichtiger Unternehmen zu „Sperr-Betrieben" erklärt, vgl. hierzu Blaich, Wirtschaft, S. 36; Hirschfeld, Behörden, S. 179.

53 Vgl. Herbert, Fremdarbeiter, S. 253.

1944 mindestens 4 Millionen neue Arbeitskräfte aus den besetzten Gebieten vorsah, gab es seit dem Frühjahr 1944 im Westen so gut wie keine Rekrutierungen mehr. Auch die Beschaffung von Arbeitskräften in Italien, das nach Sauckels Planungen bis Kriegsende den größten Anteil an Arbeitskräften stellen sollte, kam im Sommer 1944 praktisch zum Stillstand.[54] Aus der Sowjetunion gab es ab Herbst 1944 keine Transporte mehr.[55]

Auch der Arbeitseinsatz der nach dem italienischen Waffenstillstand mit den Alliierten im September 1943 in deutsche Kriegsgefangenschaft überführten rund 600.000 Italienischen Militärinternierten (IMI)[56] – in der Bevölkerung abschätzig „Badoglios" genannt – konnte das Problem des Arbeitskräftemangels nicht lösen – zumal Behandlung und Verpflegung der IMI einen Einsatz als Arbeitskräfte so gut wie unmöglich machten. Ebenso wie die sowjetischen Kriegsgefangenen rangierten die Italiener jetzt auf der untersten Stufe der nationalsozialistischen Kriegsgefangenenhierarchie. An den IMI entlud sich die Rache für den „Verrat" Italiens am Deutschen Reich. Schikanen durch Wachmannschaften waren die IMI, die in Betrieben oder bei Aufräumarbeiten nach Bombenangriffen eingesetzt wurden, meist wehrlos ausgeliefert. Die Verpflegungssätze der Italiener bewegten sich am Rande des Existenzminimums und führten dazu, daß viele von ihnen an Unterernährung oder Krankheiten, für die sie aufgrund ihrer schlechten Konstitution äußerst anfällig waren, starben.[57]

Fast zur gleichen Zeit wie die Ernennung Fritz Sauckels zum Generalbevollmächtigten für den Arbeitseinsatz erfolgte auch auf dem Gebiet der Organisation der Konzentrationslager eine einschneidende Änderung. Während die SS die Arbeitskraft der KZ-Häftlinge bis dahin hauptsächlich in ihren eigenen Wirtschaftsunternehmen genutzt hatte, wurde jetzt die Verwendung von KZ-Häftlingen auch in der privaten Rüstungsindustrie in Erwägung gezogen. Als organisatorische Voraussetzung für den Arbeitseinsatz der KZ-Häftlinge diente die Unterstellung der Inspektion der Konzentrationslager als Amtsgruppe D unter das neu entstandene SS-Wirtschaftsverwaltungshauptamt (WVHA) im März 1942. Innerhalb der Amtsgruppe D war das Amt D II unter SS-Standartenführer Gerhard Maurer für den Arbeitseinsatz der Häftlinge zuständig. In einem Schreiben des Leiters des WVHA, SS-Obergruppenführer Oswald Pohl, an Himmler kam die zukünftige „ökonomische Prioritätssetzung" beim Häftlingseinsatz zum Ausdruck:

Der Krieg hat eine sichtbare Strukturveränderung der Konzentrationslager gebracht und ihre Aufgabe hinsichtlich des Häftlingseinsatzes grundlegend geändert. Die Verwahrung der Häftlinge nur aus Sicherheits-, erzieherischen oder vorbeugenden Gründen steht nicht mehr im Vordergrund. Das Schwergewicht hat sich nach der wirtschaftlichen Seite hin verlagert. Die

54   Vgl. ebda., S. 261.
55   Vgl. Müller, Zwangsrekrutierung, S. 775.
56   Zum Begriff „Militärinternierte" vgl. S. 289.
57   Zum Thema „Italienische Militärinternierte" siehe die Untersuchungen von Cajani, Die italienischen Militär-Internierten; Schminck-Gustavus, Herrenmenschen und Badoglioschweine; Schreiber, Die Italienischen Militärinternierten im deutschen Machtbereich 1943–1945; die „Erinnerungsliteratur" ehemaliger IMI ist umfangreich, als ein Beispiel sei genannt: Paolo Desana, I 360 di Colonia.

Mobilisierung aller Häftlingsarbeitskräfte zunächst für Kriegsaufgaben (Rüstungssteigerung) und später für Friedensaufgaben schiebt sich immer mehr in den Vordergrund.[58]

Der Einsatz von Konzentrationslagerhäftlingen in der Rüstungsindustrie führte zu einem starken Anstieg der Häftlingszahlen und zur Gründung zahlreicher neuer Außen- und Unterkommandos der bereits bestehenden Konzentrationslager – oft in der Nähe oder sogar auf dem Gelände von Unternehmen, die KZ-Häftlinge als Arbeitskräfte einsetzten. Die Vergabe der Häftlinge an „kriegswirtschaftlich wichtige Betriebe" erfolgte durch das WVHA, an das die Unternehmen das Gesuch für die Zuweisung der KZ-Häftlinge richteten.[59] Die KZ-Häftlinge erhielten von den sie beschäftigenden Firmen keinen Lohn, vielmehr zahlten die Unternehmen einen Tagessatz von 4 RM für Hilfs- und 6–8 RM für Facharbeiter an das die Häftlinge „ausleihende" Konzentrationslager.[60]

Insbesondere in zwei Bereichen gewann der Einsatz von KZ-Häftlingen gegen Kriegsende immer mehr an Bedeutung: in der Luftfahrtindustrie im Zusammenhang mit der Einsetzung des Jägerstabes und bei der Verlagerung von Unternehmen.

Durch die Gründung des Jägerstabes durch Hitler am 1. März 1944 fiel die Flugzeugindustrie als letzter Rüstungssektor ebenfalls in die Zuständigkeit des Ministeriums für Rüstung und Kriegsproduktion. Stabschef des Jägerstabes wurde der Leiter des Technischen Amtes im Rüstungsministerium, Karl-Otto Saur, die formale Leitung hatten Speer und Generalluftzeugmeister Erhard Milch. Bis Januar 1944 waren bereits 10% aller KZ-Häftlinge in Projekten der Luftfahrtindustrie eingesetzt.[61] 1944 konnte die Zuteilung von KZ-Häftlingen an die private Industrie nur noch erfolgen, wenn die Produktion des Betriebes in die Stufe höchster Dringlichkeit gehörte.

Mit der Zunahme der alliierten Luftangriffe begannen die Vorkehrungen zur Verlagerung von Produktionsanlagen einzelner Unternehmen in bombensichere Betriebsräume wie stillgelegte Bergwerke oder Tunnels, zu deren Ausbau in verstärktem Maße KZ-Häftlinge herangezogen wurden. Zuständig für den Einsatz von KZ-Häftlingen beim Bau der Verlagerungsobjekte war die Amtsgruppe C (Bauwesen) im WVHA unter SS-Obergruppenführer Hans Kammler. Kammler verfügte über einen eigenen Stab, dem neben Angehörigen der Amtsgruppe C auch Fachleute aus allen Wehrmachtsteilen angehörten. Beim Ausbau der Verlagerungen setzte Kammler Zehntausende von KZ-Häftlingen ein, von denen eine große Zahl aufgrund der extrem schlechten Arbeits- und Lebensbedingungen starb.[62] In krassem Widerspruch zu der von ihnen verlangten Arbeitsleistung standen auch die unmenschliche Behandlung, Verpflegung und Unterbringung derjenigen Häftlinge, die schließlich in der Produktion in den Verlagerungsbetrieben eingesetzt wurden.[63]

58   Schreiben Pohls an Himmler, 30.4.1942, zitiert nach: SS im Einsatz, S. 216.
59   Ab Oktober 1944 erfolgte die Vergabe der KZ-Häftlinge über den Reichsminister für Rüstung und Kriegsproduktion, Albert Speer, vgl. hierzu Fröbe u.a., Konzentrationslager Bd. 1, S. 26.
60   Vgl. Kogon, SS-Staat, S. 293.
61   Vgl. Pingel, Häftlinge, S. 126.
62   Vgl. ebda., S. 137; Fröbe u.a., Konzentrationslager Bd. 1, S. 33–36.
63   Vgl. Fröbe, Arbeitseinsatz, S. 365ff.

Bei Kriegsende erklärten die Alliierten sowohl ausländische Zivilarbeiter als
auch Kriegsgefangene und KZ-Häftlinge zu „Displaced Persons (DP)". Die Rückführung der DPs in ihre Heimatländer erforderte großen organisatorischen Aufwand, denn das alliierte Oberkommando ging von einer Gesamtzahl von 11.332.700
DPs aus, von denen sich ungefähr 6,362 Millionen in den drei Westzonen befanden.[64]
Eine größere Zahl ehemaliger Zwangsarbeiter, vor allem aus der Sowjetunion und
Polen, lehnte aus Angst vor Repressalien die Rückführung in ihr Heimatland ab.
Nach Schätzungen sowjetischer Historiker wurde etwa jeder fünfte der aus Deutschland zurückgekehrten ehemaligen sowjetischen Zwangsarbeiter als „Volksfeind"
verurteilt und verschwand spurlos.[65]

2.2 Daimler-Benz während des Zweiten Weltkriegs

Bei Kriegsbeginn im September 1939 präsentierte sich die Daimler-Benz AG, die
Anfang der dreißiger Jahre noch mit großen wirtschaftlichen Schwierigkeiten zu
kämpfen gehabt hatte, als florierendes Unternehmen, das bereits weitgehend in die
nationalsozialistische Rüstungswirtschaft integriert war.[66]
    Im Vorstand der Daimler-Benz AG saßen neben dem Vorsitzenden Dr. Wil-
helm Kissel (ab 1942 Dr. Wilhelm Haspel) die Direktoren der wichtigsten Werke
(Untertürkheim, Sindelfingen, Berlin-Marienfelde und Gaggenau), die Geschäftsführer der bedeutendsten Tochtergesellschaften (Daimler-Benz Motoren GmbH,
Genshagen, und von Ende 1942 bis Frühjahr 1943 Flugmotorenwerke Ostmark
GmbH, Wien) und die Leiter der zentralen Ressorts in Untertürkheim. Daimler-
Benz-Direktor Jakob Werlin, dem vor der Machtergreifung noch gekündigt worden
war[67], wurde 1933 wegen seiner engen Freundschaft mit Hitler[68] Vorstandsmitglied
ohne Geschäftsbereich.[69]

64 Vgl. Jacobmeyer, Zwangsarbeiter, S. 42.
65 Vgl. von Nostiz, Eine Bewegung des Gewissens, Frankfurter Allgemeine Zeitung 21.10.1989.
66 Vgl. MBA GB DBAG 1939, S. 8, 12. Auf die Stammaktien wurden trotz starker Aufstockung
     der freien Rücklagen und Rückstellungen 1937 bis 1939 je 7,5% Dividende ausgeschüttet. Vgl.
     zur Integration in die Kriegswirtschaft MBA GB DBAG 1938 bis 1940.
     Die Geschichte der Daimler-Benz AG während des Zweiten Weltkriegs ist – im Vergleich zu
     anderen Unternehmen – bereits gut aufgearbeitet. Deshalb soll in diesem Kapitel der For-
     schungsstand zur Unternehmensgeschichte nur insoweit zusammengefaßt und ergänzt werden,
     wie dies für die Untersuchung des Zwangsarbeitereinsatzes in den Werken des Daimler-Benz-
     Konzerns zwischen 1940 und 1945 relevant ist. Vgl. Kruk/Lingnau, 100 Jahre (1986); Pohl/
     Habeth/Brüninghaus, Daimler-Benz (1987); Daimler-Benz Buch (1988); Roth/Schmid, Daim-
     ler-Benz (1988); Bellon, Mercedes (1989). Vgl. zu den ersten drei Veröffentlichungen v.a.
     Hentschel, Daimler-Benz (1988), und die Rezensionen von Ulrich Heinemann in: Internationa-
     le Wissenschaftliche Korrespondenz zur Geschichte der Arbeiterbewegung 24 (1988), S. 132–
     135, und S. 579–581.
67 Vgl. Bentley/Porsche, Porsche, S. 88.
68 Vgl. Pohl/Habeth/Brüninghaus, Daimler-Benz, S. 35–41; MBA Haspel I/5 Nr. 217, Memoran-
     dum Werlin zum Anteil der DBAG an der Entstehung des Volkswagens 25.1.1951.
69 Vgl. Pohl/Habeth/Brüninghaus, Daimler-Benz, S. 18; Daimler-Benz Buch, S. 753; MBA VS-
     Prot. 16./17.2.1943, S. 1.

Die Einstellung des Vorstands zum Nationalsozialismus ist bereits an anderer Stelle ausführlich untersucht worden.[70] Zusammenfassend läßt sich sagen, daß sich eine Reihe von Vorstandsmitgliedern, darunter auch der Vorstandsvorsitzende Dr. Kissel, offen zum Nationalsozialismus bekannte und das Unternehmen nicht zuletzt wegen der guten Kontakte Werlins zu Hitler von der nationalsozialistischen Rüstungskonjunktur profitierte[71]. Die nach dem überraschenden Tode Dr. Kissels erfolgte Übernahme des Vorstandsvorsitzes durch das „jüdisch-versippte" Nicht-Parteimitglied Dr. Haspel im August 1942 und die Versetzung des von der Deutschen Arbeitsfront (DAF) favorisierten Personalchefs Werner Romstedt ins polnische Werk Rzeszów im Januar 1943 wurde dagegen von den Nationalsozialisten bis hinauf zu Himmler als Provokation betrachtet[72] und scharf, aber überwiegend erfolglos bekämpft. Der von der Deutschen Bank gestützte Haspel scharte in der Untertürkheimer Zentrale eine Reihe von Führungskräften um sich, die von der NSDAP als politisch unzuverlässig angesehen wurden, nutzte aber weiter den Einfluß Werlins bei Hitler. Die Werksleiter waren dagegen überwiegend Parteimitglieder und scheinen durchaus zuverlässig im Sinne der Nationalsozialisten gewesen zu sein.

Stammwerke und Produkte der Daimler-Benz AG

Das Stammwerk und zugleich größte Werk der Daimler-Benz AG befand sich in Stuttgart-Untertürkheim, wo außer umfangreichen Werksanlagen die Zentralverwaltung und der überwiegende Teil der Forschungs- und Entwicklungsabteilungen untergebracht war. In Untertürkheim wurde neben der immer geringer werdenden zivilen Produktion (v.a. Pkw und Lkw) für den Bedarf aller drei Wehrmachtsteile produziert: Die intern so genannten Untertürkheimer Werke 10 bis 15 stellten für das Heer Pkw, Lkw, Spezialmotoren und -fahrzeuge sowie Kfz-Ersatzteile her. Unmittelbar nach Kriegsbeginn wurde ein Teil des Pkw-Werks auf die Schnellbootsmotorenfertigung umgestellt. Außerdem wurden dort in zunehmendem Umfang Flakmotoren, Torpedo- und Flugmotorenteile gefertigt. Das Untertürkheimer Werk 60 arbeitete ebenfalls für den Luftwaffen- und Marinebedarf. Dort war die Entwicklung und Nullserienfertigung von Flugmotoren untergebracht, ferner eine Produktionsstätte für Schnellbootsmotoren. Von ca. Februar bis August 1940 stellte Werk 60 außerdem Munition her.[73] Insgesamt arbeiteten Ende 1939 10.500 Angestellte und Arbeiter im Werk Untertürkheim, davon knapp 1.000 in der Zentralverwaltung. Ende 1944 war die Zahl der Beschäftigten – einschließlich der mittlerwei-

---

70   Vgl. Pohl/Habeth/Brüninghaus, Daimler-Benz, S. 16–41.
71   Vgl. dazu v.a. MBA Haspel und BA Koblenz NS 19 neu/776.
72   Himmler: „affront gegenüber dem nationalsozialistischen staat", BA Koblenz NS 19 neu/776, Fernschreiben Himmler an Werlin 25.8.1942.
73   Vgl. BAMA Freiburg RW 20–5/7, RüIn V an OKH 21.2.1940 und 14.8.1940; MBA VS-Prot. 2.4.1940, S. 3, und 16.8.1940, S. 1.

le errichteten Verlagerungsbetriebe für das Werk Untertürkheim – auf knapp 14.600 angewachsen, davon 35% Zwangsarbeiter.[74]

Zweitgrößte Produktionsstätte der Daimler-Benz AG war mit über 5.500 Beschäftigten Ende 1939 das Werk 50 in Sindelfingen, das eng an das Werk Untertürkheim angebunden war. Dort wurden zunächst überwiegend Karosserien für Kraftfahrzeuge gefertigt, mit zunehmender Kriegsdauer verlagerte sich jedoch der Schwerpunkt der Produktion zum Flugzeugbau. Das Werk Sindelfingen produzierte vor allem Flugzeugzellenteile für den Flugzeughersteller Messerschmitt; außerdem wurden Flugmotorenteile hergestellt und Flugmotoren umgerüstet. Bis Ende 1943 erhöhte sich dadurch die Zahl der Beschäftigten auf knapp 7.300, davon wie in Untertürkheim ebenfalls 35% Zwangsarbeiter. Eine Abteilung „Sonderbau" war mit der Entwicklung von Heckteilen für die berüchtigte „Vergeltungswaffe" V-2 beschäftigt.[75]

Das Werk in Berlin-Marienfelde bestand faktisch aus zwei Teilwerken: Die miteinander verflochtenen Werke 40 und 42 stellten zunächst überwiegend Panzer, Lkw und Schnellbootsmotoren, ab August 1943 jedoch fast nur noch Panzer des Typs „Panther" her.[76] Die aus militärischen Gründen forcierte Förderung des Flugzeugbaus durch das Regime veranlaßte Daimler-Benz 1934 zum Wiedereinstieg in den Flugmotorenbau. 1934/35 wurde daher in Marienfelde Werk 90 zum Serienbau von Flugmotoren errichtet. Ab 1936 arbeitete Werk 90, das organisatorisch von den Werken 40 und 42 getrennt war, eng mit dem südlich von Berlin gelegenen Flugmotorenwerk Genshagen zusammen. Insgesamt beschäftigten die Werke in Berlin-Marienfelde Ende 1939 über 5.300, Ende 1944 dagegen ca. 9.250 Menschen (42% Zwangsarbeiter).[77]

Im badischen Gaggenau (Werk 30) befand sich der Schwerpunkt der Nutzfahrzeugproduktion von Daimler-Benz. Die zunächst recht umfangreiche Produktpalette, die von Lkw und Omnibussen bis zu Feuerwehr- und größeren Krankenfahrzeugen reichte, wurde bis 1943 auf einen Typ, den 4,5-to-Lkw, reduziert. 1944 wurden bis zum ersten großen Luftangriff auf Gaggenau durchschnittlich ca. 340 Einheiten monatlich gefertigt, immerhin etwa 40% der gesamten deutschen Produktion dieses Lkw-Typs. Neben dem 4,5-Tonner wurden Dieselmotoren und Kohlengasgeneratoren für die Lkw-Produktion anderer Werke hergestellt[78], außerdem wurde von Sommer 1940 bis Spätsommer 1943 Munition (Kartuschböden) in Gaggenau

---

74 Vgl. MBA USSBS Munitions Division, Daimler-Benz AG Untertuerkheim, Germany, (Mai 1945), Anhang D, E; Pohl/Habeth/Brüninghaus, Daimler-Benz, S. 77; Roth, Weg, S. 265; Werk Untertürkheim, S. 90–93. Vgl. zu den Beschäftigtenzahlen Tab. 8, S. 98–101.

75 Vgl. Pohl/Habeth/Brüninghaus, Daimler-Benz, S. 70, 78. Bis Ende 1944 sank die Zahl der im Werk Sindelfingen und seinen Verlagerungswerken Beschäftigten auf rund 5.800, vgl. Tab. 8, S. 98–101.

76 Vgl. BA Koblenz R 3/523, S. 77–87; NA Washington RG 243, 79B–80A1, Box 28, File 796.

77 Vgl. BAMA Freiburg RH 8/942 Wa Pzw6 an WaWi 13.8.1934; RL 3/165, Besprechungsprotokoll 9.4.1935; RL 3/207, Aktenvermerk LC II 25.5.1935; Pohl/Habeth/Brüninghaus, Daimler-Benz, S. 79; Tab. 8, S. 98–101.

78 Vgl. MBA USBSS Munitions Division, Daimler-Benz Gaggenau Works, (Mai 1945), S. 2f., Anhang D.

Abb. 1: Montage eines Panzer-Fahrgestells im Daimler-Benz-Werk Berlin-Marienfelde.

produziert.[79] Mit ca. 5.100 Beschäftigten war das Werk Gaggenau Ende 1939 das viertgrößte Werk der Daimler-Benz AG. Auf dem Höhepunkt der Produktion Ende Juli 1944 arbeiteten dagegen rund 7.000 Arbeitskräfte im Werk Gaggenau, von denen mit einem Anteil von nur 22% relativ wenige Zwangsarbeiter waren.[80]

Auch in Mannheim (Werke 20 und 27), dem ehemaligen Stammwerk von Benz & Cie., lag der Schwerpunkt der Produktion im Nutzfahrzeugbereich. Die rund 3.200 Beschäftigten (Ende 1939) wurden größtenteils für den Bau des 3-to-Lkw eingesetzt, wobei Daimler-Benz ab dem Spätsommer 1944 das überlegene Modell des Konkurrenten Opel nachbauen mußte.[81] Neben dem 3-to-Lkw wurden im Werk Mannheim Panzergetriebe und Ersatzteile hergestellt.[82] Insgesamt wurden Ende 1944 4.600 Arbeitskräfte im Werk Mannheim und seinen Verlagerungswerken eingesetzt, davon 27% ausländische Zivilarbeiter und 10% KZ-Häftlinge.[83]

Das Ende 1939 mit Abstand kleinste Werk der Daimler-Benz AG war erst 1938 in Königsberg errichtet worden. Mit dem Bau dieses sogenannten „Ostwerks" war Daimler-Benz Wünschen der Reichswehr entgegengekommen, die für ihre geplanten militärischen Operationen in Osteuropa frontnahe Reparatur- und Fertigungsbetriebe benötigte. Das teilweise mit Mitteln der Reichswehr finanzierte Werk[84] wurde unmittelbar gegenüber der bereits bestehenden Daimler-Benz-Niederlassung Königsberg errichtet und war dem Werk 40 in Berlin-Marienfelde unterstellt. Die knapp 130 Beschäftigten (Ende 1939) des Königsberger Werk 70 produzierten Zulieferteile für das Werk 40 und führten Reparaturen durch. Zumindest im letzten Quartal 1943 führte das Werk 70 auch Munitionsaufträge aus. Zu diesem Zeitpunkt zählte das Werk 355 Beschäftigte, davon über 50% Zwangsarbeiter.[85]

Ende 1942 baute Daimler-Benz zwei stillgelegte Lederfabriken in Backnang (ca. 25 km nordöstlich von Stuttgart) zum fortan so genannten Werk 62 um. Das Werk Backnang, in dem die Höhenmotor- und Triebwerksentwicklung untergebracht wurde, arbeitete eng mit der Motorenentwicklung in Untertürkheim und dem Motoreneinbau in Sindelfingen zusammen. Das Investitionsvolumen in Höhe von 840.000 RM wurde vermutlich vom Reich getragen. Wegen der Luftangriffe auf den Raum Stuttgart wurden darüber hinaus im September 1944 eine Versuchsabteilung und einige Fertigungen aus Sindelfingen nach Backnang verlagert. Am Ende des ersten Betriebsjahres, 1943, waren 506 Menschen in Backnang beschäftigt, davon aber nur 30 zivile ausländische Beschäftigte und 14 Kriegsgefangene.[86]

---

79 Vgl. BAMA Freiburg RW 20–5/7, RüIn V an OKH 13.6.1940; RW 20–5/29, Bericht RüKdo Mannheim, Gruppe Heer, 31.8.1943.
80 Vgl. Tab. 8, S. 98–101; BAMA Freiburg RW 20–5/39.
81 Vgl. Pohl/Habeth/Brüninghaus, Daimler-Benz, S. 78, 94–96; Tab. 8, S. 98–101.
82 Vgl. MBA USBSS Physical Damage Division, Daimler-Benz AG Mannheim, (Juli 1945), S. 4.
83 Vgl. Tab. 8, S. 98–101.
84 Roth (Weg, S. 170) stellt die vollständige Finanzierung des Königsberger Werks durch die Wehrmacht als Tatsache dar, belegt dies aber nicht. Tatsächlich finanzierte die Reichswehr nur einen Teil des Maschinenparks, der dann auch in ihrem Eigentum blieb (Sicherungsübereignung). Vgl. MBA VS-Prot. 5.1.1937, S. 1–4, 8.4.1937, S. 7–9, 27./28.7.1937, S. 2f.
85 Vgl. Pohl/Habeth/Brüninghaus, Daimler-Benz, S. 79f.; Roth, Weg, S. 169f.; GUG-Interviews Barberi/F, S. I, Cordier/F, S. I, 1; BAMA Freiburg RW 20–1/16, Bl. 28.
86 Vgl. MBA Haspel 1,9, v.a. Aktennotiz betr. Neuerrichtung des Werkes „Backnang" 16.12.1942; Pohl/Habeth/Brüninghaus, Daimler-Benz, S. 88; Tab. 8, S. 98–101.

Abb. 2: Mercedes-Benz Pritschenwagen mit eigens konstruiertem Holzgasgenerator (Baujahr 1941). Durch die Verwendung von Holzgas versuchte man, der zunehmenden Benzinverknappung zu begegnen.

Abb. 3: Das „Maultier", ein kombiniertes Rad-Gleiskettenfahrzeug.

Die Unternehmen und K-Werke des Daimler-Benz-Konzerns

Im Januar 1936 hatte die Daimler-Benz AG gemeinsam mit dem Reichsluftfahrtministerium (RLM) die Daimler-Benz Motoren GmbH, Genshagen, gegründet. Obwohl der Anteil der Daimler-Benz AG am Stammkapital zunächst nur bei 5%
gelegen hatte[87], stellte sie das Management. De facto war das in nur wenigen
Monaten hochgezogene Motorenwerk in Genshagen (Kreis Teltow) ein Werk von
Daimler-Benz, wobei sich das Reich jedoch maßgebliche Einflußnahme auf wichtige Produktionsentscheidungen vorbehielt. Im Oktober 1940 erwarb die Daimler-
Benz AG die restlichen 95% des Aktienkapitals von der Luftfahrtkontor GmbH[88],
die bis dahin als Treuhänder des RLM fungiert hatte, zu sehr günstigen finanziellen
Konditionen[89]. Damit übernahm Daimler-Benz im zweiten Kriegsjahr nun auch ka-
pitalmäßig das größte deutsche Flugmotorenwerk[90], nach Ansicht des RLM (1937)
sogar das „tragendste" Werk der Aufrüstung.[91] Ende 1939 waren bereits über 6.800
Mitarbeiter in Genshagen beschäftigt.[92] Damit war Genshagen nach Untertürkheim
das zweitgrößte Werk im Konzern.

Das Werk Genshagen, das von einem sehr ehrgeizigen Geschäftsführer, Karl
Christian Müller, aufgebaut und geleitet wurde, expandierte schnell. Da die Entwicklung und Nullserienfertigung neuer Flugmotorenmodelle in Untertürkheim
verblieb, war Genshagen als reines Produktionswerk konzipiert worden, was den
Einsatz ausländischer Arbeitskräfte stark begünstigte. Ende 1943 arbeiteten dort
über 14.700 Menschen, davon 38% ausländische Zivilarbeiter, 5% Kriegsgefangene und 2% KZ-Häftlinge. In einzelnen Abteilungen arbeiteten allerdings zu über

---

87 Vgl. MBA Haspel I/5 Nr. 121. Von der Gründung im Januar bis zur ersten Kapitalerhöhung
    von 14 auf 20 Mio. RM im Juli 1936 hatte der DBAG-Anteil ca. 5,4% betragen, vgl. BA
    Potsdam 80 Ba 2/16348, GB DBMG 1936, S. 2, GB DBMG 1937, S. 6.

88 Vgl. BA Potsdam 80 Ba 2/16348, GB DBMG 1940, S. 3. In der Quelle wird bereits die neue
    Firma der Luftfahrtkontor GmbH – Bank der Deutschen Luftfahrt – genannt.

89 Roth (Weg, S. 175) behauptet, die DBAG habe das Werk „geschenkt" bekommen. Aus den
    Protokollen der DBAG-Aufsichtsratssitzungen geht jedoch eindeutig hervor, daß die DBAG
    die verbliebenen 95% des Stammkapitals im Nennwert von 19 Mio. RM für ca. 23,5 Mio. RM
    kaufte (MBA AR-Prot. 14.10.1940, S. 6). Der Kaufpreis für die Anteile der hochrentablen
    GmbH mit knapp 124 % des Nennbetrags war zweifellos außerordentlich günstig für die
    DBAG, denn sie erwarb für 23,44 Mio. RM 95% der Anteile eines Unternehmens, dessen
    Anlagen 1938 (also vor Kriegsbeginn und vor Ausnutzung von Sonderabschreibungen) bereits
    mit über 40 Mio. RM zu Buche standen. Der Kaufpreis wurde außerdem noch mit einer
    „öffentlichen Beihilfe" in Höhe von 15 Mio. RM verrechnet (vgl. BA Koblenz R 2/5457) für
    die sich Daimler-Benz gegenüber dem Reich verpflichtete, das Werk stets für Aufträge des
    Reichs zur Verfügung zu halten (vgl. MBA Kissel IX,2, Abschrift Vertrag oder Vertragsent-
    wurf zwischen RLM und DBMG (1938)). Eine zweite Beihilfe wurde der DBMG 1942
    gewährt. Von den 146 Mio. RM, die Daimler-Benz bis Ende 1944 in Genshagen investierte,
    wurden also 33 Mio. RM (22,6%) direkt oder indirekt vom Staat bereitgestellt (vgl. dazu MBA
    Hoppe 6,26).

90 Vgl. MBA Nachlaß Forstmeier 18, Zusammenstellung der deutschen Flugmotorenwerke. Das
    zweitgrößte Werk betrieb BMW in Allach bei München.

91 Zitiert nach MBA Manuskript Forstmeier, Entstehung, Kap. III, S. 25.

92 Vgl. Tab. 8, S. 98–101.

80% Ausländer. Ende 1944 waren in Genshagen bzw. in den angeschlossenen Verlagerungswerken 68% der Beschäftigten Ausländer, Kriegsgefangene oder KZ-Häftlinge.[93] Um den Einsatz der größtenteils ungelernten ausländischen Zwangsarbeiter zu ermöglichen, wurde die Produktion andauernd rationalisiert. Durch die ständige Verschärfung der Arbeitsbedingungen konnte der Ausstoß an Flugmotoren erheblich gesteigert werden: 1940 stellten ca. 7.700 Arbeiter, größtenteils angelernte deutsche Fachkräfte, 3.176 Flugmotoren her; 1944 dagegen kamen auf ca. 16.600 Arbeiter – etwa zur Hälfte notdürftig angelernte Ausländer – 10.535 Flugmotoren, eine Erhöhung der Produktion je Beschäftigten um über 50%. Dabei ist zu berücksichtigen, daß die Fertigung 1944 ständig durch Bombenalarme unterbrochen und deswegen zu großen Teilen in die unterirdischen Verlagerungswerke „Goldfisch" und „Schachtelhalm" verlagert wurde. Die gewaltige Produktionssteigerung ist vor allem mit den außerordentlich harten Arbeitsbedingungen und längeren Arbeitszeiten zu erklären.[94] Der Führerbefehl von Ende März 1945, Genshagen mit allen noch erhaltenen Tochterbetrieben auf die Serienfertigung des Junkers-Strahltriebwerks 004 umzustellen, konnte nicht mehr ausgeführt werden.[95]

Im Verlaufe des Kriegs weitete die Daimler-Benz AG ihre wirtschaftlichen Aktivitäten in den annektierten und besetzten Gebieten erheblich aus. Das Unternehmen übernahm dort Werke und baute sie entsprechend den Produktionserfordernissen des Konzerns um. In den bereits besiegten Ländern kam es in diesem Zusammenhang zu Firmengründungen (Elsaß, Protektorat und Generalgouvernement), während in den besetzten Teilen der Sowjetunion und in frontnahen Gebieten Ostpreußens und Polens in Zusammenarbeit mit militärischen Dienststellen sogenannte „K-Werke" (Kraftfahrzeugs- bzw. Kriegswerke) bzw. „K-Werkstätten"[96] errichtet wurden. Diese Werke wurden für die Wehrmacht auf deren Kosten errichtet. Daimler-Benz stellte die Betriebsleitung, das Personal und gegebenenfalls die Maschinen. Die Nutzung durch Daimler-Benz war bis Kriegsende vorgesehen, die Wehrmacht konnte den Vertrag jedoch einseitig kündigen.[97] Die Betriebsleitung hatte den Befehlen der zuständigen militärischen Dienststelle (Heeres- bzw. Heimatkraftfahrzeugpark – HKP) unbedingt Folge zuleisten, da sie, wie das gesamte reichsdeutsche Personal der K-Werke, zum „Wehrmachtsgefolge" zählte.[98]

Die im Zusammenhang mit der Verantwortlichkeit für den Zwangsarbeitereinsatz wichtige Frage, wer faktisch die Gesamtleitung eines K-Werks innehatte, ist aufgrund der rechtlichen Konstruktion, die viel Spielraum ließ, nicht immer eindeu-

---

93 Vgl. Tab. 8, S. 98–101.
94 Beschäftigtenzahlen gemittelt aus Jahresendwerten 1939 und 1940 bzw. 1943 und 1944 (vgl. Tab. 8, S. 98–101); Produktionsziffern aus IWM London, BIOS Report Daimler-Benz Stuttgart-Untertürkheim, S. 14.
95 Vgl. MBA Bericht Dr. Sommer [ca. Mai 1945], S. 1.
96 Im folgenden wird der Begriff „K-Werke" auch für K-Werkstätten verwendet, da wegen der schwierigen Abgrenzung selbst in den Quellen beide Begriffe synonym verwendet werden. Auch die Bezeichnungen „Kraftfahrzeugs-" bzw. „Kriegswerk" wurden oft verwechselt.
97 Vgl. BA Koblenz R 97II/53, OKH an DB 6.9.1941 (Vertragsentwurf); BA Potsdam RWM/ 9088, Bl. 160.
98 Vgl. MBA VO 175/10, Bericht Leiter K-Werk Riga [ca. August 1944], S. 3.

tig zu beantworten. Zumindest für das relativ gut dokumentierte K-Werk-Riga läßt sich mit einiger Sicherheit feststellen, daß sich die Wehrmachtstellen nicht in die Leitung des in ihrem Sinne gut geführten Werks einmischten.[99] Eine Verallgemeinerung dieses Tatbestands erscheint zwar aufgrund der Aktenlage plausibel, ist aber nicht belegbar.

Das erste neue Daimler-Benz-Werk im besetzten Teil Europas entstand schon Mitte September 1939 im ehemals polnischen Posen (Poznań). Dort nahm die Daimler-Benz AG die Brzeski Auto AG, die schon vor dem Krieg Mercedes-Wagen verkauft hatte, in „kommissarische Verwaltung". Im Herbst 1940 ging diese Werkstatt durch eine eigens dafür gegründete Organgesellschaft auch formal in den Daimler-Benz-Konzern über. Als Wehrmachtsbetrieb reparierte sie Kraftfahrzeuge für den HKP Posen. Die offensichtlich recht große Werkstatt erreichte zumindest 1944 hinsichtlich des Umsatzes fast die Bedeutung des Werks Königsberg. Ein ehemaliger Zwangsarbeiter schätzt die Zahl der Beschäftigten – ganz überwiegend Polen – auf ca. 500.[100]

Auch im besetzten Frankreich richtete Daimler-Benz Werkstätten ein. Die Daimler-Benz AG übernahm im Juli/August 1940 die „wehrwirtschaftliche Überwachung und Betreuung" des großen Renault-Werks in Boulogne-Billancourt bei Paris. Im Auftrag des Generalbevollmächtigten für das Kraftfahrwesen (GbK) sorgte ein kommissarischer Verwalter von Daimler-Benz dafür, daß Renault Lkw für die Wehrmacht baute. Für kurze Zeit produzierte Renault auch Teile von Panzerketten; die ebenfalls vom Daimler-Benz-Kommissar geforderte Produktion von Bombenhülsen lehnte Renault jedoch ab.[101] Eine Werkstätte des Renault-Werks übernahm Daimler-Benz ganz und ließ dort erbeutete britische Panzer und andere Fahrzeuge reparieren und umbauen.[102] Neben diesem Pariser K-Werk leitete Daimler-Benz ein weiteres in Brüssel.[103] Die Daimler-Benz Motoren GmbH (Genshagen) übernahm parallel dazu 1940 ein Werk des Flugzeugmotorenherstellers Hispano-Suiza im Pariser Vorort Bois-Colombes und richtete dort eine Fertigung für Flugmotorenteile ein.[104] Sowohl im Renault-Werk als auch bei Hispano-Suiza stießen die Daimler-Benz-Kommissare auf offenen Widerstand von Teilen der Belegschaft und des französischen Managements.[105]

99 Vgl. MBA VO 175/10, Bericht Leiter K-Werk Riga [ca. August 1944].

100 Vgl. NA Washington RG 260 OMGUS, Exhibit 114; GUG-Interview Meysner/PL, S. 2f.

101 Vgl. MBA Kissel XIII,1, Kissel an OKW 24.9.1941, Zitat ebenda; Picard, L'épopée, S. 115, 120, 240; vgl. dazu auch GUG-Interview Maréchal/F, S. 4.

102 Vgl. BAMA Freiburg RW 24/17, Lagebericht des WiRü-Stabes Frankreich 15.3.1942; Picard, L'épopée, S. 126, 153; GUG-Interview Roland/F, S. 3.

103 Vgl. BA Koblenz R 97 II/53.

104 Vgl. BA Potsdam 80 Ba 2/16348, GB DBMG 1941, S. 4; BAMA Freiburg RW 24/98, KTB RüKdo Paris-Mitte 30.11.1942; Brief Stolzenwald an Forstmeier [1981], S. 4; GUG-Interview Stolzenwald/D, S. 1.

105 Vgl. BAMA Freiburg RW 24/15, Lagebericht des Wehrwirtschafts- und Rüstungsstabs Frankreich 5.8.1940 und Tätigkeitsbericht 10.8.1940; RW 24/46, Wochenbericht der RüIn A 22.–28.6.1942; RW 24/54, Bl. 26, 246; RW 24/98, KTB RüKdo Paris-Mitte 30.11.1942 und dazu Anlage 4. Vgl. ausführlich zum Renault-Werk Boulogne-Billancourt und die zwiespältige Rolle Louis Renaults: Picard, L'épopée, S. 91–240.

Im Januar 1941 gründete das Untertürkheimer Stammhaus die Daimler-Benz GmbH Kolmar, die in den folgenden Monaten mit Investitionen in Höhe von insgesamt rund 9 Mio. RM[106] in den Gebäuden einer stillgelegten Textilfabrik eine Produktionsstätte für Flugmotorenteile errichtete. Ende 1941 arbeiteten 741 Menschen im Werk Colmar, Ende 1943 über 1.900. Nur wenige von ihnen waren gebürtige Deutsche, die meisten waren dienstverpflichtete Elsässer oder andere Zwangsarbeiter.[107]

Das neben Genshagen zeitweilig größte Projekt der Daimler-Benz AG im Zweiten Weltkrieg war die Übernahme des Managements und eines Kapitalanteils der Flugmotorenwerke Ostmark GmbH im September 1941. Im Januar 1941 hatten die Bank der deutschen Luftfahrt als Treuhänder für das RLM und die Junkers Flugzeug- und Motorenwerke AG die Flugmotorenwerke Ostmark GmbH gegründet. Dieses Unternehmen sollte ähnlich wie Genshagen Flugmotoren in großen Serien herstellen (1.000 Junkers-Motoren im Monat); als Investitionsaufwand wurden insgesamt fast 400 Millionen RM veranschlagt. Das Hauptwerk wurde in Wiener Neudorf errichtet, damals ein Stadtteil im Süden Wiens; weitere Werke entstanden in Brno (Brünn) und Maribor (Marburg/Drau).[108] Als im Zuge des Göring-Programms im September 1941 den Kolbenmotoren von Daimler-Benz der Vorzug gegenüber den Mustern des Konkurrenten Junkers gegeben wurde, zog sich Junkers aus dem Projekt zurück. Das RLM übertrug die Geschäftsführung der Daimler-Benz-AG, die auch den 10%igen Kapitalanteil von Junkers übernahm.[109]

Damit hatte Daimler-Benz die faktische Kontrolle über das wohl bedeutendste Rüstungsprojekt im Bereich der Flugmotorenproduktion. Immerhin setzten die sich noch im Aufbau befindlichen Flugmotorenwerke Ostmark bereits im November 1941 10.800 Beschäftigte (einschließlich Bauarbeiter) in Wien, Brno und Maribor ein, davon rund 5.000 ausländische Zivilarbeiter (46%) und 2.200 Kriegsgefangene (20%).[110] In den folgenden eineinhalb Jahren zeigte sich jedoch, daß sich das Unternehmen diesmal übernommen hatte: Zwar wurden modernste Anlagen errichtet und Tausende von Arbeitern in Genshagen und Marienfelde geschult, aber die ursprünglich für März 1942 geplante Aufnahme der Produktion[111] verzögerte sich immer wieder. Daimler-Benz hatte in großem Stil – und mit finanziellen Mitteln des Reichs – geplant, dies kollidierte jedoch seit Anfang 1943 mit den Erfordernissen des „totalen Kriegs": Der Bedarf an Flugmotoren wurde immer dringender, die langfristige Planung mußte hinter der Deckung des kurzfristigen Bedarfs zurücktreten. Erschwerend kam hinzu, daß ein großer Teil der Führungskräfte auf mittlerer und unterer Ebene von Junkers gekommen war und dem zu bauenden Daimler-

---

106 Vgl. MBA Hoppe 7,28 (Juli 1945). Geplant waren 15 Mio. RM.
107 Vgl. MBA VS-Prot. 21./22.1.1941, S. 9; Hoppe 7,28; Pohl/Habeth/Brüninghaus, Daimler-Benz, S. 82f., 130; Tab. 8, S. 98–101.
108 Vgl. Karner, Flugmotorenwerke Ostmark, S. 318f.; Perz, Errichtung, S. 89–91.
109 Vgl. BAMA Freiburg RL 3/50, Bl. 564; RL 3/904, Tschersich an Hoppenberg 21.10.1941. Vgl. auch MBA Kissel IX,2, FOW-Beiratssitzung 16.12.1941, S. 2; VS-Prot. DBAG 23.10.1941, S. 7f., 11.12.1941, S. 3.
110 Vgl. MBA Kissel IX,2, FOW-Beiratssitzung 16.12.1941, S. 15.
111 Vgl. Fröbe, Verlagerung, S. 448; MBA VS-Prot. 11.12.1941, S. 11.

Benz-Motor mit größter Skepsis gegenüberstand, zumal dieser – wie auch der ursprünglich vorgesehene Junkers-Motor – noch nicht serienreif war und ständig Änderungen unterzogen wurde.[112] Auf Veranlassung Hermann Görings wurde Daimler-Benz die Geschäftsführung im Juni 1943 entzogen.[113] Die Leitung der Flugmotorenwerke Ostmark übertrug er der Steyr-Daimler-Puch AG, die zu den Reichswerken Hermann Göring gehörte. Daimler-Benz behielt aufgrund einer Anordnung Görings seinen Anteil in Höhe von 100.000 RM, der allerdings nach einer noch 1943 vorgenommenen Kapitalerhöhung auf 50 Mio. RM nur noch 0,2% der Stammeinlage betrug.[114] Als Daimler-Benz die unternehmerische Leitung an Steyr-Daimler-Puch abtrat, hatten die Flugmotorenwerke Ostmark, die immerhin knapp 12.000 Angestellte und Arbeiter in Wien und 3.500 in Brno beschäftigten, davon insgesamt 70–80% Zwangsarbeiter in den Fertigungsbetrieben, nur drei Flugmotoren hergestellt.[115]

Der geographische Schwerpunkt der Expansion von Daimler-Benz lag in Mittelost- und Osteuropa. Am 1. November 1941 übernahm die Daimler-Benz AG die Treuhänderschaft für ein Flugmotorenwerk im polnischen Rzeszów (Reichshof, Generalgouvernement), das bis dahin von einem Konkurrenten, der Henschel-Flugmotorenbau GmbH, verwaltet worden war. Das erst 1938 in Betrieb genommene hochmoderne polnische Werk mit zunächst (1941) 2.600, schließlich (Ende 1943) 4.500 Beschäftigten – fast alle Polen – blieb formal im Besitz des Reiches und wurde von der von Daimler-Benz eigens dafür gegründeten Gesellschaft Flugmotorenwerk Reichshof GmbH (ab Juni 1944 Debag Ostwerke GmbH) gepachtet. In Rzeszów wurden Flugmotorenteile produziert und Flugmotoren repariert, das Management stellten Mitarbeiter von Daimler-Benz, praktisch die einzigen Deutschen im ganzen Werk.[116]

Ende November 1941 richtete die Daimler-Benz AG ein K-Werk in Riga (Lettland) ein. Der straff nationalsozialistisch geführte Betrieb wurde in einer stillgelegten Fahrradfabrik eingerichtet, wofür die Werksleitung die Beschaffung von Einrichtungsgegenständen aus dem jüdischen Ghetto beantragte.[117] Durch zwei Erweiterungen konnte das Werk in der folgenden Zeit vergrößert werden. Die maximale Belegschaftszahl wurde unmittelbar vor der Räumung im Juli 1944 erreicht: Acht deutschen Vorgesetzten unterstanden 163 dienstverpflichtete letti-

---

112 Vgl. IWM London FD 778/46, FOW-Beiratssitzung 14.8.1943, S. 9, 12.
113 Vgl. BAMA Freiburg RL 3/50, S. 572–577; Pohl/Habeth/Brüninghaus, Daimler-Benz, S. 85–87; Perz, Errichtung, S. 102–106.
114 Vgl. Pohl/Habeth/Brüninghaus, Daimler-Benz, S. 261–263, Dokument 36. Es bestand keine kapitalmäßige oder sonstige Verbindung zwischen Daimler-Benz und Steyr-Daimler-Puch.
115 Vgl. IWM London FD 778/46; Perz, Errichtung, S. 108; Roth, Weg, S. 263. Das Werk Maribor hatte schon im August 1942 auf Veranlassung von Generalfeldmarschall Milch an die Vereinigten Deutschen Metallwerke (VDM) abgegeben werden müssen, vgl. Karner, Flugmotorenwerke Ostmark, S. 327.
116 Vgl. Pohl/Habeth/Brüninghaus, Daimler-Benz, S. 84f.; MBA VS-Prot. 23.10.1941, S. 11, 4./5.11.1942, S. 36; BA Koblenz R 70/Polen-78, Übersicht RüIn GG 17.5.1944; BAMA Freiburg RW 23/4, Bl. 75; Tab 8, S. 98–101.
117 Vgl. BAMA Freiburg RW 30/2, Bl. 48; NA Washington T459 roll 2, S. 824f.

sche (männliche und weibliche) Arbeitskräfte, die größtenteils aus der Fahrradfabrik übernommen worden waren, und 90 sowjetische Kriegsgefangene.[118] Nach Schätzung eines ehemaligen KZ-Häftlings wurden außerdem 1943 für einige Monate ca. 250 bis 300 überwiegend deutsche, lettische und litauische jüdische KZ-Häftlinge eingesetzt.[119]

Über die wesentlich bedeutenderen wirtschaftlichen Aktivitäten von Daimler-Benz im weißrussischen Minsk gibt es nur spärliche und überdies zum Teil widersprüchliche Informationen. Im Februar und März 1942 wurde eine Montagehalle der Werkzeugmaschinenfabrik Woroschilow in Minsk in eine Panzerinstandsetzungswerkstätte umgebaut. Ein Teil der dort installierten Werkzeugmaschinen wurde übernommen, der Rest vom Heer demontiert. Die Gesamtleitung der Werkstatt lag bei militärischen Dienststellen, die technische Leitung – zumindest in den ersten Monaten[120] – bei der Daimler-Benz AG. Schon Mitte März 1942 verließ der erste reparierte Panzer die Werkstatt.[121] Neben einigen deutschen Vorarbeitern sollen unter schlimmsten Arbeitsbedingungen ausschließlich sowjetische Kriegsgefangene und jüdische KZ-Häftlinge eingesetzt worden sein.[122]

Im Rahmen der sogenannten „Werlin-Aktion" (Bau von drei großen Kfz-Reparaturwerkstätten im besetzten Teil der Sowjetunion) plante Daimler-Benz im Frühjahr 1942 die Errichtung eines „Groß-K-Werks" in Minsk, das bis zu 5.000 Arbeiter beschäftigen sollte. Mit dem Bau des Groß-K-Werks wurde im April 1942 auf dem Gelände einer ehemaligen Panzerkaserne bei Minsk begonnen, wo 17 bestehende Hallen für die Kfz-Reparatur hergerichtet wurden. Etwa im Sommer oder Frühherbst 1942 dürfte das Groß-K-Werk in Betrieb gegangen sein.[123] Im

---

118 Vgl. MBA VO 175/10, Bericht Leiter K-Werk Riga [ca. August 1944]. In den Akten der Rüstungsdienststellen in den Reichskommissariaten Ostland und Ukraine, BAMA Freiburg RW 30, findet das Werk nur selten Erwähnung.

119 Vgl. GUG-Interview Katz/CS S. IIf.; MBA VO 175/8, Personenstandsmeldungen; VO 175/10, Konto-Führungskartei. Im oben genannten Bericht des K-Werkleiters wird der Einsatz von KZ-Häftlingen mit keinem Wort erwähnt.

120 Nach dem Krieg lehnte die DBAG jegliche Verantwortung für die offenbar grauenhaften Zustände in der Panzerinstandsetzungswerkstätte mit dem Hinweis ab, daß Facharbeiter aus mehreren deutschen Automobilfabriken nach Minsk gekommen seien und ein Oberstleutnant des OKW die Gesamtleitung inne gehabt habe (vgl. MBA Hoppe 8, Revisionsberichte 37, 38). In den Quellen des BAMA Freiburg (Bestand RW 30) werden jedoch nur die Firmen Daimler-Benz und Maybach erwähnt, von denen erstere als kommissarischer Verwalter fungiert hat.

121 Vgl. BAMA Freiburg RW 30/2, Bl. 16f., 112f., 169; RW 30/3, Bl. 13; RW 30/26, Bl. 9–12, 14f.; RW 30/38, Bl. 18f.

122 So Roth (Weg, S. 241) unter Berufung auf einen Artikel im „Vorwärts" 30.12.1946. Den im „Vorwärts" erhobenen Anschuldigungen gegen die DBAG widersprachen sowohl die Betriebsleitung wie auch der Betriebsrat des DB-Werks Berlin-Marienfelde: Die (in der Sache nicht bestrittenen) Grausamkeiten seien auf Verantwortung des Werksleiters Oberstleutnant Günter (also der Wehrmacht) geschehen, erst eine Eingabe von Daimler-Benz habe zu seiner Absetzung und Bestrafung geführt; vgl. MBA Hoppe 8, Revisionsberichte 37 und 38.

123 Vgl. BAMA Freiburg RW 30/2, Bl. 169; RW 30/3, Bl. 13; RW 30/26, Bl. 12, 14f.; RW 30/38, Bl. 18f.; BA Potsdam RWM/9088, Bl. 161; MBA Groß-K-Werk Mitte, Personalunterlagen; Hoppe 8, Revisionsberichte 37 und 38; Kriegswerke 2 und 5. Roth (Weg, S. 240f.) und Schmid (Arbeitskräfte, S. 581) gehen fälschlicherweise von nur einem Daimler-Benz-Werk in Minsk aus.

Abb. 4: Überblick über das Baugelände des Groß-K-Werks Mitte in Minsk im September 1942.

Abb. 5: Bau von Entwässerungsanlagen im Groß-K-Werk Minsk durch weißrussische Frauen
       (September 1942).

Gegensatz zur Panzerinstandsetzungswerkstatt in den Woroschilow-Werken lag die Gesamtleitung des Groß-K-Werks bei Daimler-Benz. Das modern eingerichtete Werk, in dem Gleisketten-Zugmaschinen, Pkw, Lkw und Krafträder repariert wurden, scheint Zeitzeugenberichten zufolge tatsächlich in etwa die geplante Größe (76.000 qm) erreicht zu haben: Neben etwa 600 deutschen Angestellten und Facharbeitern sollen dort ca. 350–400 Facharbeiter aus den Niederlanden, Belgien und Frankreich, ca. 1.000 italienische „Hilfswillige" und Ukrainer[124] sowie etwa 2.000 sowjetische Kriegsgefangene gearbeitet haben.[125]

Dem Groß-K-Werk Minsk waren vermutlich die K-Werke in Gumbinnen (Ostpreußen) und Gora-Kalwaria (Generalgouvernement) unterstellt. Letzteres wurde im Juni 1943 aus unbekannten Gründen aufgelöst. Die Mitarbeiter wurden vom Groß-K-Werk Minsk und dem K-Werk Gumbinnen übernommen.[126]

In Tomaszow/Maz. (Tomaschow, Generalgouvernement) baute Daimler-Benz Anfang 1943 Teile einer Kunstfaserfabrik zu einem „Frontreparaturbetrieb" für Flugmotoren um. Der zunächst kleine Betrieb wurde im Sommer/Herbst 1943 beträchtlich erweitert, so daß die Rüstungsinspektion des Generalgouvernements dem Werk im November 1943 1.000 zusätzliche Arbeitskräfte überweisen konnte. Mitte Mai 1944 wurden 1.440 überwiegend polnische Arbeitskräfte in Tomaszow eingesetzt. Die Leitung des offensichtlich schnell expandierenden Werks beabsichtigte im Mai 1944 eine Röhrenanlage südwestlich von Rzeszów ("Führerzugröhren" bei Wisniowa und Strzyzow) zur Ausweitung der Produktion einzurichten, wofür weitere 1.200 Arbeiter nötig gewesen wären. Das Werk Tomaszow scheint den Anspruch auf diese Objekte später an das Werk Rzeszów abgegeben zu haben. Aber auch das Werk Rzeszów kam wegen der Kriegsereignisse nicht mehr zur Realisierung dieser Verlagerungspläne.[127]

Anfang 1943 errichtete die zu diesem Zweck gegründete Daimler-Benz GmbH Neupaka (Nova Paka, Protektorat) im Norden der ehemaligen Tschechoslowakei in den Räumen von zwei stillgelegten Textilfabriken zwei große Werke zur Produktion von Flakscheinwerfermotoren und Motorkleinteilen. Außerdem führten dort einige Daimler-Benz-Ingenieure trotz strengster staatlicher Verbote heimlich Entwicklungsarbeiten an Pkw für die Nachkriegszeit durch.[128] Die Fertigungsanlagen

---

124 Laut Zeitzeugenbericht (vgl. MBA-Interview Nr. 78, S. 4) soll es sich um „ukrainische Kriegsgefangene" gehandelt haben. Eine Unterscheidung zwischen russischen und ukrainischen Kriegsgefangenen gab es jedoch nicht. Da die Ukrainer im Zusammenhang mit den italienischen „Hilfswilligen" genannt werden, kann davon ausgegangen werden, daß sie zivile Zwangsarbeiter, nicht Kriegsgefangene, waren.

125 Vgl. MBA-Interview Nr. 78, S. 2–6; GUG-Interview Burger/ROM, S. 2. Die von Pohl/Habeth/ Brüninghaus (Daimler-Benz, S. 136) übernommenen offiziellen Belegschaftszahlen der DBAG für die Daimler-Benz-K-Werke sind offensichtlich zu niedrig; vgl. auch die Schätzung bei Kruk/Lingnau, 100 Jahre, S. 150. Vgl. zu diesem Aspekt unten S. 97.

126 Vgl. MBA GKW 7, Gebietskommissar Minsk an Gross-K-Werk Minsk 24.6.1943.

127 Vgl. GUG-Interview Kolodziejski/PL, S. 2f.; Briefe Kolodziejski an DBAG 27.7.1988 und Pilitowski an DBAG 23.2.1989; BA Koblenz R 7/1214, Bl. 5; R 70/Polen-78, Übersicht RüIn GG 17.5.1944, RüKomm GG an RMfRuK 15.7.1944; BAMA Freiburg RW 23/3, Bl. 60, 83; RW 23/4, Bl. 66, 74f., 87–90.

128 Vgl. GUG-Interview Dufek/CS, S. 7.

wurden zu fast 95% vom Reichsfinanzministerium finanziert (insgesamt 3,5 Mio. RM[129]) und blieben daher in dessen Eigentum. Die rechtliche Konstruktion war also ähnlich der von Rzeszów. Zu den bereits vorhandenen Werken 1 und 2 in Nova Paka kamen im Sommer 1944 ein Betrieb in Stara Paka und ein weiterer in Jicin dazu (Altpaka und Jitschin, beide Protektorat). Ende 1944 wurden über 4.200 Menschen – bis auf das deutsche Management und einige Meister alles zwangsverpflichtete Tschechen aus der Region – in den vier Teilbetrieben eingesetzt. Während das Werk 1943 und 1944 für die Muttergesellschaft produzierte, wurde es im Januar 1945 angewiesen, Strahltriebwerksteile für Junkers herzustellen.[130]

In Mittelosteuropa entstand noch eine Reihe weiterer K-Werke und K-Werkstätten, über die nur wenig Informationen verfügbar sind. In Gora-Kalwaria und Krakau[131] (beide Generalgouvernement) sowie Allenstein[132] (Ostpreußen) errichtete Daimler-Benz K-Werke für die Ostfront. Faktisch die gleiche Funktion wie die K-Werke (Reparatur von Wehrmachtsfahrzeugen) dürften die bereits bestehenden Daimler-Benz-Niederlassungen in Breslau, Gleiwitz, Königsberg und Schneidemühl übernommen haben.[133]

Auch für Flugmotoren wurden Frontreparaturbetriebe eingerichtet, die formal Außenstellen des Generalluftzeugmeisters Göring waren. Die technische und kaufmännische Leitung unterstand jedoch dem Werk Genshagen.[134] Mitte 1943 befanden sich solche Betriebe in Antwerpen, Athen, Dnjepropetrowsk, Kjeller bei Oslo, Neapel, Paris, Schatalowka, Vicenza und Warschau.[135]

---

129 Vgl. MBA Hoppe 6,26 und 7,28.
130 Vgl. MBA Hoppe 6,26 und 7,28; Pohl/Habeth/Brüninghaus, Daimler-Benz, S. 83f.; Roth, Weg, S. 229; Schmid, Arbeitskräfte, S. 588; BAMA Freiburg RW 22/52, Bl. 33, 142, 153; Tab. 8, S. 98–101.
131 Errichtet um Oktober 1941 (vgl. BA Koblenz R 97II/61, Innung des Kfz-Handwerks Kattowitz an Reichsinnungsverband des Kfz-Handwerks Breslau 17.10.1941). In der Quelle wird eine „Filiale" erwähnt, nicht ein K-Werk.
132 Das im Juni 1941 errichtete K-Werk Allenstein, das aus zwei Teilbetrieben bestand, wurde im März 1943 in eine Filiale der DBAG umgewandelt; vgl. BA Koblenz R 97II/53, Reichsinnungsverband des Kfz-Handwerks Ostpreußen an Zentrale Berlin 6.6.1941 und Kfz-Handwerker-Innung Allenstein an Reichsinnungsverband des Kfz-Handwerks Ostpreußen 23.3.1943. Aus diesen Quellen wird ersichtlich, daß die DBAG schon vor dem Krieg beabsichtigte, eine Filiale in Allenstein zu gründen. Vgl. zu Allenstein auch BAMA Freiburg RW 20/1–20, Bl. 60; MBA VS-Prot. 16./17.2.1943, S. 15.
133 Vgl. BA Koblenz R 3/1829, Bl. 151. Vgl. zur ebenda genannten Niederlassung Posen S. 243–246 unten. Zumindest in Königsberg existierten ein K-Werk und eine Niederlassung der DBAG. Roth (Weg, S. 220) erwähnt überdies ein Daimler-Benz-K-Werk in Poltawa-Uman, für dessen Existenz er jedoch keinen Beleg anführt.
134 Vgl. BA Potsdam 80 Ba 2/16348, GB DBMG 1941, S. 4.
135 Vgl. BA Potsdam 80 Ba 2/16348, GB DBMG 1942, S. 1f.; MBA VS-Prot. 18.8.1944, S. 4; Berichte des Deutschen Wirtschaftsinstituts 1960, S. 268. Ein weiterer Frontreparaturbetrieb in Bukarest war 1942 aufgelöst und nach Dnjepropetrowsk verlegt worden; vgl. MBA Bericht der Deutschen Treuhandgesellschaft über den Jahresabschluß der DBMG 1942, S. 3.

Die Verlagerungsaktivitäten seit 1943

Die wirtschaftlichen Aktivitäten des Daimler-Benz-Konzerns, der seit etwa 1941 fast ausschließlich für den Rüstungsbedarf forschte und produzierte, beruhten im wesentlichen auf drei Bereichen: Der umsatzstärkste Bereich war die Flugmotorenproduktion und -reparatur, dessen operative Führung immer stärker auf das Werk Genshagen konzentriert wurde. Daneben wurden Flugmotoren im Werk 90 (Marienfelde), das eng mit Genshagen zusammenarbeitete, und bis 1941 im Werk 60 (Untertürkheim) gefertigt. Vorprodukte für die Flugmotorenmontage produzierten die Betriebe der juristisch selbständigen Konzerngesellschaften in Colmar, Rzeszów und Nova Paka. Die zweitwichtigste Sparte war die Produktion und Reparatur von Kraftfahrzeugen. Während in Untertürkheim, Mannheim und Gaggenau überwiegend Lkw hergestellt wurden, produzierte das Werk Marienfelde vor allem Panzer. Kfz-Reparaturen erfolgten ebenfalls in diesen Betrieben sowie in den K-Werken und -Werkstätten in West-, Mittelost- und Osteuropa. Drittens ist die Schnellbootsmotorenfertigung in Untertürkheim und Marienfelde zu nennen, der allerdings, gemessen am Gesamtumsatz, weitaus weniger Bedeutung zukam als den beiden vorgenannten Produktionssparten.[136] Die 1940 für einige Monate in Untertürkheim, Gaggenau und bis 1943 in Königsberg übernommene Herstellung von Munition zur Auslastung von Überkapazitäten war umsatzmäßig unbedeutend.[137]

Bei der juristischen Konstruktion des Konzerns fällt auf, daß die Fertigung der traditionellen Produkte von Daimler-Benz – Kfz im weitesten Sinne, also auch Panzer – ausschließlich auf die Werke der AG, also die Stammwerke, beschränkt blieb. Die Flugmotorenproduktion war dagegen überwiegend auf verschiedene GmbH verteilt. Dadurch blieb die AG weitgehend von der Rüstungskonjunktur im Flugmotorensektor getrennt, um die Umstellungsprobleme beim Übergang auf die „Friedenswirtschaft" möglichst gering zu halten.[138] Es wurde vermutlich auch darauf geachtet, die neuen Werke in den besetzten Gebieten rechtlich von der AG zu trennen, da die Eigentumsverhältnisse nicht als endgültig angesehen werden konnten.

Vor allem durch die strategisch wichtige Flugmotoren- und Panzerproduktion war Daimler-Benz „einer der wichtigsten Rüstungslieferanten im Dritten Reich", wodurch die Konzernwerke ein potentielles Angriffsziel der Alliierten darstellten.[139] Da überdies fast alle Daimler-Benz-Stammwerke (Stuttgart-Untertürkheim, Sindelfingen, Berlin-Marienfelde und Mannheim) in industriellen Ballungszentren lagen, wurde die Fertigung schon 1941 und 1943 durch alliierte Luftangriffe (Mannheim 9./10. Mai 1941, sechs Angriffe 1943, Berlin-Marienfelde vier Angriffe 1943,

---

136 Vgl. Roth, Weg, S. 353f., Tab. 25–27, S. 356, Tab. 30.
137 Vgl. MBA AR-Prot. 23.2.1940, S. 1, 14.10.1940, S. 3, VS-Prot. 22.4.1940, S. 1, 16.8.1940, S. 1.
138 Vgl. dazu z.B. MBA Haspel 42, Haspel an Bernhard 4.4.1946.
139 MBA Haspel 25, Begründung des Freispruchs Dr. Haspel durch die Spruchkammer Esslingen 12.5.1947. Der Daimler-Benz-Konzern war aber nicht der „größte Rüstungskonzern des ‚Dritten Reichs'", wie Ebbinghaus im Vorwort zu „Das Daimler-Benz Buch" (1. Aufl.), S. 7, behauptet.

Tab. 4: Die Werke des Daimler-Benz-Konzerns im Zweiten Weltkrieg (ohne Verlagerungswerke)

Werk-Nr.	Werk	Firma[a]	Produktion von... bis...[b]	Produkte[c]	Beschäftigte Ende 1943	teilweise oder ganz verlagert nach
00, 10–15, 60	Stuttgart-Untertürkheim	DB AG	1903–1945	Verwaltung, F+E, Kfz, S-Boots-Motoren, Flugmotoren (Nullserienfertigung), Flakmotoren, Torpedoköpfe	14.419	Backnang, Bad Cannstatt, Bietigheim, Brühl, Burgstall, Ebingen, Eislingen, Esslingen, „Galmei", Heilbronn, Lämmerbuckel, Mühlen, Neckartenzlingen, „Nelke", Neupaka, Onstmettingen, Tailfingen, Tübingen-Lustnau, Wannweil, Wendlingen, Wernau
20, 27	Mannheim	DB AG	1908–1945	Lkw	4.041	Buchen, „Galenit", Heidelberg, Weiler, Weinheim/Bergstraße
30	Gaggenau	DB AG	1907–10/1944	Kfz, Munition	5.057	„Barbe", Baiersbronn, „Dachsbau", „Fuchsbau", Kuppenheim, Schirmeck-Vorbruck, Schirmeck-Wackenbach, Vaihingen/Enz, Villingen, Weisenbach
40, 42	Berlin-Marienfelde	DB AG	1902–1927, 1934–1945	Kfz, S-Boots-Motoren	5.736	Weiler
90	Berlin-Marienfelde	DB AG	1935–1945	Flugmotoren	2.996	„Schachtelhalm II"
50	Sindelfingen	DB AG	1916–1945	Kfz-Karosserien, Flugzeugzellen- und -motorenteile, Spezialentwicklung	7.292	Backnang, „Brasse", Holzgerlingen, „Jaspis", „Kranich", „Schwarzwald I", „Schwarzwald II", Sindelfingen, „Tell"
62	Backnang	DB AG	1/1943–1945	Triebwerksentwicklung und -aufrüstung	506	–
70	Königsberg	DB AG	1938–1945	Kfz-Teile und -Reparatur	355	–
	Genshagen	DB Motoren GmbH	1937–1945	Flugmotoren	14.737	„Goldfisch", „Schachtelhalm I"
	Posen	DB AG	9/1939–1945	Kfz-Reparatur	ca. 500	DB-Niederlassung (?) Berlin-Charlottenburg
	Kolmar	DB GmbH Kolmar	1941–9/1944	Flugmotorenteile	1.934	„Kranich", „Elster"
	Reichshof	Flugmotorenwerk Reichshof GmbH[d]	11/1941–7/1944	Flugmotorenteile und -reparatur	4.496	„Kranich", Lämmerbuckel

Werk-Nr.	Werk	Firma[a]	Produktion von... bis...[b]	Produkte[c]	Beschäftigte Ende 1943	teilweise oder ganz verlagert nach
	Wiener Neudorf	Flugmotorenwerke Ostmark GmbH	Kontrolle über Flumo Ostmark vor Produktionsbeginn vom RLM entzogen (6/1943)	(geplant:) Flugmotoren	(6/1943) ca. 12.000	Dubnica/Slowakei, „Goldfisch"
	Brünn	Flugmotorenwerke Ostmark GmbH	Kontrolle über Flumo Ostmark vor Produktionsbeginn vom RLM entzogen (6/1943)	(geplant:) Flugmotorenteile	(6/1943) ca. 3.500	Dubnica/Slowakei, „Goldfisch"
	Marburg/Drau	Flugmotorenwerke Ostmark GmbH	Kontrolle über Werk Marburg vor Produktionsbeginn vom RLM entzogen (8/1942)	(geplant:) Flugmotorenteile	–	–
	Riga	DB AG	11/1941–7/1944	Kfz-Reparatur	(6/1944) 261	Gleiwitz
	Minsk	DB AG	II/1942–7/1944	Kfz-Reparatur	mehrere tausend	Gleiwitz, Deggendorf
	Tomaschow	DB AG	ca. II/1943–II/1944	Flugmotorenreparatur	(5/1944) 1.440	Kotzenau
	Neupaka, Alt-Paka und Jitschin	DB GmbH Neupaka	3/1943–5/1945	Flugmotorenkleinteile, Flakscheinwerfermotoren	(12/1944) 4.214	zusätzlich Teilverlagerungswerk für Untertürkheim

a   DB = Daimler-Benz
b   Arabische Zahl vor Jahreszahl: Monat. Römische Zahl: Quartal
c   Kfz incl. Panzer und sonstige Kettenfahrzeuge
d   Ab 6/1944 Debag Ostwerke GmbH
Quellen: s. Text.

Sindelfingen 7./8. Oktober 1943[140]) zwar nicht wesentlich gestört, aber doch immerhin beeinträchtigt.[141] Da die Produktion durch die Vorgaben der drei Wehrmachtsteile ständig erhöht werden mußte, der Vorstand aber die Kapazität der Werke wegen der zunehmenden Luftangriffe nicht mehr ausweiten wollte, wurden ab dem Spätsommer 1943 im Vorstand verstärkt Werksverlagerungen diskutiert.[142]

Die erste, allerdings weniger luftkriegsbedingte Verlagerung war bereits im Frühjahr 1943 erfolgt. Seit etwa Mitte 1942 hatte die Konzernzentrale im Zuge verstärkter Rationalisierungsbemühungen und zur Ausweitung der Panzerproduktion in Marienfelde versucht, die dort untergebrachte Schnellbootsmotorenfertigung des Werks 42 nach Untertürkheim zu verlegen, wo ebenfalls S-Boots-Motoren hergestellt wurden. Dadurch wäre Untertürkheim die einzige deutsche Fertigungsstätte überhaupt für Schnellbootsmotoren geworden. Aus diesem Grund hatten die zuständigen Stellen der Marine die Verlagerung kategorisch abgelehnt. Erst aufgrund eines vermutlich von Daimler-Benz erwirkten Führerbefehls vom Januar 1943, die Schnellbootsmotorenfertigung in Marienfelde sei zugunsten der Panzerherstellung stillzulegen, konnte die Verlagerung wie geplant stattfinden. Um das Risiko eines vollständigen Ausfalls der Schnellbootsmotorenproduktion durch einen Luftangriff zu vermeiden, verteilte Daimler-Benz Teile dieser Fertigung einige Monate später auf mehrere Verlagerungswerke im Großraum Stuttgart (Wendlingen, Bietigheim, Bad Cannstatt), ohne auf die offizielle Genehmigung zu warten.[143]

Ab dem Spätsommer 1943 begann Daimler-Benz systematisch, zunächst Lagerräume und Büros, dann aber auch ganze Fertigungsstätten zu verlagern.

Zur Deckung des Raumbedarfs für Ausländerunterkünfte, Büros und Materiallager pachtete das Unternehmen vornehmlich Gaststätten und Turnhallen in nahegelegenen Dörfern. Um anderen Unternehmen zuvorzukommen, die ebenfalls Unterbringungsmöglichkeiten suchten, zahlten die Unterhändler der Daimler-Benz AG gegebenenfalls sehr hohe Preise. War der Besitzer nicht freiwillig zur Verpachtung zu bewegen, wurden des öfteren Zwangsmaßnahmen angedroht, was mehrfach zu Konflikten mit den Kommunen führte. Mitte 1944 befand sich in fast jedem Ort im südlichen Teil des Großraums Stuttgart eine Fertigungsstätte, ein Büro, eine Unterkunft oder ein Materiallager der Daimler-Benz AG.[144]

---

140 Vgl. Kruk/Lingnau, 100 Jahre, S. 154; StadtA Mannheim, Bestand Ausgleichsamt Zug. 1/ 1982, vorl. Nr. Karton 43; Henkies, Stadt, S. 280; MBA VS-Prot. 28.5.1941, S. 3ff., und 14./ 15.9.1943, S. 13–15.
141 Vgl. MBA Hoppe 8, „Auswirkung der Luftangriffe" (Sommer 1945).
142 Vgl. MBA VS-Prot. 14./15.9.1943, S. 10f., 14–18.
143 Vgl. MBA Haspel 5a, „Zeitfolgegemäße Übersicht der wichtigsten Ereignisse im S-Bootsmotorenbau"; VS-Prot. 16./17.2.1943, S. 5, 12./13.4.1943, S. 7, 14./15.9.1943, S. 14, 17; BA Koblenz R 3/1576, Bl. 9f.; R 3/1824, Bl. 276–287.
144 Vgl. v.a. KreisA Esslingen, E1 Bü 974, „Liste über Verlagerungen" sowie E1 Bü 971, 974f.; HStA Stuttgart E151c III–5. Die ausgelagerten Verwaltungsteile des weitgehend zerstörten Werks Untertürkheim verteilten sich im Oktober 1944 auf nicht weniger als 23 Objekte in 12 Orten (MBA Haspel 2/16, Liste der Verwaltungsabteilungen): Bad Cannstatt (2 verschiedene Objekte), Bietigheim, Deizisau (2), Esslingen (3), Faurndau, Heilbronn, Ludwigsburg, Stuttgart-Heumaden, Stuttgart-Wangen (2), Untertürkheim (7), Wannweil und Wendlingen.

Von größerer Bedeutung war die Verlagerung von Werken und Werksteilen. Vorrangiges Ziel der Unternehmensleitung war dabei im Gegensatz zur Wehrmacht nicht die Aufrechterhaltung bzw. Steigerung der Produktion, sondern die Erhaltung der Fertigungskapazität für die Zeit nach dem Krieg.[145] Als Ausweichobjekte waren zunächst Fertigungsstätten in Dörfern auf dem Land vorgesehen, die einerseits nicht zu weit vom Stammwerk entfernt waren (bis zu 60 km), andererseits jedoch außerhalb der luftkriegsgefährdeten Ballungszentren lagen. Allein für das Werk in Stuttgart-Untertürkheim, das als erstes mit der Verlagerung von Werksteilen begann, arbeiteten insgesamt 21 Verlagerungsbetriebe, die alle im Großraum Stuttgart bzw. im südlichen Württemberg lagen. Als das Untertürkheimer Stammwerk im September 1944 zu etwa 70% durch einen Luftangriff zerstört wurde, befand sich bereits etwa die Hälfte der Maschinen in den umliegenden Verlagerungswerken.[146]

Die Verschärfung des Luftkriegs, insbesondere die zunehmenden und viel effektiveren Tagesangriffe der US-amerikanischen Luftwaffe, erzwang jedoch schon bald außergewöhnliche Lösungen: Anstelle von oberirdischen Verlagerungsstätten plante der im März 1944 gebildete Jägerstab, ein Zusammenschluß hochrangiger Vertreter des Reichs und der Rüstungsunternehmen zur Förderung der Flugzeugproduktion, die Verlagerung ganzer Fabriken unter die Erde, so z.B. in Bergwerke, Grubenanlagen, Eisen- und Autobahntunnels. Ziel des Reichs war dabei die Sicherung der Produktion vor Luftangriffen, wogegen bei den Unternehmen auch hier die Erhaltung des Maschinenparks über das Kriegsende vorrangiges Ziel gewesen sein dürfte.[147] Eine der frühesten unterirdischen Verlagerungsaktionen im Deutschen Reich war die Teilverlegung des Werks Genshagen in die Gipsgrube „Friede" bei Obrigheim am Neckar (Codename: „Goldfisch"), wo im Oktober 1944 die Flugmotorenproduktion anlief.[148] Weitere bedeutende unterirdische Betriebe des Daimler-Benz-Konzerns befanden sich in einem Eisenbahntunnel bei Urbès (Elsaß), in einem Teil der Maginotlinie bei Hochwald (Elsaß), in einem unterirdischen Verteidigungsstollen bei Hochwalde (ca. 150 km östlich von Berlin), in einem Steinbruch in Haslach (Schwarzwald), einem Steinbruch bei Rottenburg am Neckar und in einem Autobahntunnel bei Wiesensteig (Schwäbische Alb).[149] In diese Phase fällt der Schwerpunkt des Einsatzes von KZ-Häftlingen, die als letzte Arbeitskraftreserve vor allem für den Auf- und Ausbau der zum Teil unterirdischen Werke, aber auch für die Produktion eingesetzt wurden.

Die Fertigung litt naturgemäß stark unter den sich verschlechternden Bedingungen. Die durch die Luftangriffe erzwungene räumliche Verteilung der Produktion führte zu erheblichen logistischen Schwierigkeiten, zumal die Reichsbahn – vor allem in Süddeutschland – nicht mehr in der Lage war, den Transportbedarf auch nur annähernd zu decken. Ab der zweiten Jahreshälfte 1944 führten überdies

145 Vgl. z.B. MBA VS-Prot. 15./16.4.1944, S. 30.
146 Vgl. IWM London BIOS 35, S. 28, und zu Details der Verlagerungen MBA-Interview Nr. 26, S. 30f.
147 Vgl. hierzu Fröbe, Verlagerung, S. 460.
148 Ausführlich beschrieben bei Fröbe, Verlagerung. Vgl. auch Pohl/Habeth/Brüninghaus, Daimler-Benz, S. 159, 163f.
149 Vgl. Pohl/Habeth/Brüninghaus, Daimler-Benz, S. 91f. Siehe Tab. 5, S. 68–72.

Abb. 6: Eingang zur Verlagerung Hochwald an der Maginot-Linie, in der Teile der Fertigung der
Werke Untertürkheim und Genshagen untergebracht waren (1944).

Abb. 7: Blick in das Innere des Verlagerungswerks Hochwald.

die ständigen Tieffliegeralarme in den südwestdeutschen Daimler-Benz-Werken zu spürbaren Produktionsausfällen.[150] Aber trotz der schweren Einbrüche in der zweiten Jahreshälfte erreichten Produktion und Umsatz des Daimler-Benz-Konzerns 1944 ihren Höhepunkt.[151]

Ab Mitte 1944 läßt sich eine zweite Phase der Verlagerungsaktivitäten feststellen. Bis dahin waren die Verlagerungen Folge des Luftkriegs. Seit Juli 1944 wurden jedoch Werke auch wegen der näherrückenden Front ins Innere des Reichs zurückverlagert. In Minsk mußten das Groß-K-Werk und die dortige Daimler-Benz-Panzerinstandsetzungswerkstätte Anfang Juli 1944 fluchtartig geräumt werden. Als Verlagerungswerk für das Groß-K-Werk diente zunächst eine Kaserne in Gleiwitz (Oberschlesien), ab März 1945 das niederbayerische Deggendorf.[152] Auch in Rzeszów überstürzten sich Ende Juli 1944 die Ereignisse: Nur ein Teil der Maschinen der dortigen Flugmotorenfabrik konnte noch rechtzeitig vor der herannahenden Roten Armee demontiert werden, weil der Betriebsleiter das Werk fluchtartig verlassen hatte. Die evakuierte Belegschaft und die Maschinen kamen mit den daran eingearbeiteten KZ-Häftlingen in den unterirdischen Verlagerungsbetrieb „Kranich" bei Urbès, der gleichzeitig als Verlagerung für Fertigungen aus Sindelfingen und Colmar diente.[153] Unter Hinweis auf die enormen Produktionsvorgaben des Reichs erreichte Daimler-Benz als Führer des Daimler-Benz-Flugmotoren-Rings[154] sogar, einen Teil der sehr modernen Maschinen der Flugmotorenwerke Ostmark zu erhalten, die zwischenzeitlich von Wien und Brno ins slowakische Dubnica und einige andere kleine Verlagerungsobjekte verlegt worden waren.[155] Das Werk Sindelfingen erhielt noch im Herbst 1944 Maschinen aus dem Peugeot-Werk Sochaux-Montbéliard.[156] Die folgende Übersicht veranschaulicht die Verlagerungen:

---

150 Vgl. IWM London BIOS 35, S. 29; vgl. auch MBA VS-Prot. 20.3.1945, S. 1f., 7.
151 Vgl. MBA Hoppe 8, „Auswirkung der Luftangriffe" (Juli 1945); Pohl/Habeth/Brüninghaus, Daimler-Benz, S. 126.
152 Vgl. MBA Groß-K-Werke, Groß-K-Werk 7, Personalunterlagen und Groß-K-Werk 8; BAMA Freiburg RW 30/36, Bl. 17ff.
153 Der von lokalen Wehrmachtsstellen der Feigheit bezichtigte Betriebsleiter des Werks Rzeszów, Werner Romstedt, wurde vermutlich nur deswegen nicht vor einem Standgericht abgeurteilt, weil er hoher SS-Funktionär mit guten Kontakten nach Berlin und überzeugter NSDAP-Aktivist war; vgl. dazu und zu „Kranich": BAMA Freiburg RW 23/4, Bl. 128; MBA VS-Prot. 18.8.1944, S. 2–4; Haspel 25, Protokoll der Spruchkammerverhandlung 13.9.1946, S. 6; GUG-Interviews Krakowski/PL, Robertson/PL; Rosenberg, Jahre, S. 99–102, 116–122.
154 In diesem Ring waren mehrere Flugmotorenwerke zusammengeschlossen, die Daimler-Benz-Motoren bauten oder Zulieferfunktion hatten.
155 Vgl. Fröbe, Verlagerung, S. 449–453.
156 Vgl. GUG-Interview Dervieux/F, S. 2. Herr Dervieux war vor dem Arbeitseinsatz in Deutschland Mitarbeiter von Peugeot.

Tab. 5: Die Verlagerungswerke[1] der Unternehmen des Daimler-Benz-Konzerns

Verlagerungswerk	Ort, Objekt	Voll-/Teilverlagerung[2]	Baubeginn[3]	Prod. von bis	Arbeitskräfte[4]	Produkte	verlagert nach	Quellen
Heilbronn	Heilbronn/Württ.	Teilverlagerung Untertürkheim	–	II/43–12/44	150	Flugmotorenteile	Backnang und (geplant:) Tübingen	MBA Hoppe 1/1, 7/28 und 14/55, USSBS Mun. Div. UT, P–1
Bad Cannstatt	Bad Cannstatt/Württ., Maschinenfabrik	Teilverlagerung Untertürkheim	–	8/43–IV/44	80	S-Boots-Motorenteile	Tübingen-Lustnau	MBA Haspel 10/93, VS-Prot. 14./15.9.1943, S. 14; Hoppe 7/28; BA Koblenz R 3/1824, Bl. 282
Wendlingen	Wendlingen/Neckar Württ., Textilfabrik	Teilverlagerung Untertürkheim	–	9/43–4/45	500	S-Boots-Motoren, -teile, -reparatur	–	MBA VS-Prot. 14./15.9.1943, S. 14, Hoppe 7/28; BA Koblenz R 3/1824, Bl. 282; NA Washington RG 319
Schirmeck-Vorbruck	Schirmeck/Elsaß, Textilfabrik	Teilverlagerung Gaggenau	–	10(?)/43 bis Ende 44	?	Kfz-Ersatzteile	Gaggenau	MBA Haspel 7/64, Gaggenau Zwangsarbeiter Schirmeck/Wackenbach; Schmid, Arbeitskräfte, S. 573
„Schwarzwald I"	Iselshausen bei Nagold/Württ., Textilfabrik	Teilverlagerung Sindelfingen	10/43	1/44–4/45	490/311/5	Flugmotorenteile	–	MBA Haspel 7/64, Hoppe 7/28, Sifi 15/04 und 38/01; GUG-Interview Siffredi/I; Schmid, Arbeitskräfte, S. 568
Wannweil	Wannweil/Reutlingen Württ., Textilfabrik	Teilverlagerung Untertürkheim	–	11/43–4/45	450	Zahnräder	–	Bürgermeisteramt Wannweil XIII/116; GUG-Interviews Hermans/B. Komieniewa/SU, Minajewa/SU, Nr. 213/SU; MBA Hoppe 7/28
Bietigheim	Bietigheim/Württ., Textilfabrik	Teilverlagerung Untertürkheim	–	12/43–4/45	180	S-Boots-Motorenteile	–	MBA VS-Prot. 14./15.9.1943, S. 14, Hoppe 1/1 und 7/28; BA Koblenz R 3/1824, Bl. 282; BAMA Freiburg RW 20/5–1
Ebingen	Albstadt-Ebingen/ Württ.	Teilverlagerung Untertürkheim	–	1/44–4/45	200	Flugmotorenteile	–	MBA Haspel 13, Hoppe 1/1, 7/28 und 14/55
Schirmeck-Wackenbach	Schirmeck/Elsaß, Textilfabrik	Teilverlagerung Gaggenau	–	1/44 bis nach 10/44	?	Kfz-Ersatzteile, Instandsetzung von Werkzeugmaschinen	Weisenbach	MBA Haspel 7/64, Gaggenau Zwangsarbeiter Schirmeck/Wackenbach; Schmid, Arbeitskräfte, S. 573
Weinheim an der Bergstraße	Weinheim an der Bergstraße, Maschinenfabrik	Teilverlagerung Mannheim	–	ca. 2/44 bis 4/45 (?)	?	Brennstoffbehälter, Kfz-Reparatur	–	BA Koblenz R 3/1824, Bl. 270; MBA-Interview Nr. 53; GLA Karlsruhe 237/24379, 25.11.1943, 17.2.1944

1 Nur (geplante oder realisierte) Produktionsstätten berücksichtigt, keine Lager
2 U – unterirdisches Verlagerungswerk; Sifi – Werk Sindelfingen, UT – Werk Untertürkheim
3 Nicht angegeben, wenn das Verlagerungsobjekt in stillgelegtem Werk mit entsprechenden Gebäuden und Infrastruktur war.
4 erste Zahl: Gesamtzahl der Arbeitskräfte (Höchststand, soweit ermittelbar), 2. Zahl: Gesamtzahl der Ausländer, 3. Zahl: weibl. Ausländer

Verlagerungswerk Ort, Objekt	Voll-/Teilverlagerung[2]	Baubeginn[3]	Prod. von bis	Arbeitskräfte[4]	Produkte	verlagert nach	Quellen
„A8a Goldfisch" / Obrigheim/Neckar, Gipsgrube	Teilverlagerung Genshagen, Teilverlagerung Flumo-Ostmark (Dubnica/Slowakei)	3/44	7/44–3/45	?	Flugmotoren, Flugmotorenteile	–	MBA Haspel 8/82; BA Koblenz R 7/1208, Bl. 272, R 7/1214, Bl. 4; Fröbe, Verlagerung, S. 402f., 439, 452f., 459
„A10/207 Kranich" / Urbès bei St. Amarin/Elsaß, nicht fertiggestellter Bahntunnel	U-Teilverlagerung Sindelfingen, U-Teilverlagerung Kolmar, U-Teilverlagerung Reichshof	3/44	9/44–10/44	?	Flugmotorenteile	„Elster", Lämmerbuckel, Backnang, Schwarzwald II	BAMA Freiburg RW 20–5/45, RW 21–57/9; MSPF Brüssel Rap. 184 Tr. 67.849; MBA Gaggenau Verlagerungen, Haspel 2/16; GUG-Interview Gillen/L; Werk Sindelfingen, S. 91
Tailfingen I / Albstadt-Tailfingen/Württ.	Teilverlagerung Untertürkheim	–	3/44–4/45	180	Marinespezialgerät	–	MBA Haspel 2/16, 13, Hoppe 1/1, 7/28 und 14/55
Esslingen / Esslingen/Württ.	Teilverlagerung Untertürkheim	–	4/44–4/45	10	Modellanfertigung	–	MBA Hoppe 7/28 und 14/55
„311 Nelke" / Hochwald bei Bitche/Elsaß, Maginot-Linie	U-Teilverlagerung Untertürkheim, U-Teilverlagerung Genshagen	4/44	6/44–8/44	350	Flugmotorenteile	Lämmerbuckel, Backnang und „Jaspis"	MBA Haspel 8/82, 9/85, Hoppe 7/28, USSBS Mun. Div. UT, P–1; BA Koblenz R 7/1173, Bl. 138, 143, R 7/1214 Bl. 4; LRA Göppingen 3101, Anlage zu 2
Burgstall / Burgstall bei Backnang/Württ.	Teilverlagerung Untertürkheim	–	5/44–4/45	20	Modellbau für Flug- und Bootsmotoren	–	MBA Hoppe 1/1, 7/28 und 14/55
Eislingen / Eislingen bei Göppingen/Württ., u.a. Papierfabrik	Teilverlagerung Untertürkheim	–	5/44–4/45	400	Flugmotorenentwicklung und -teile	–	MBA Haspel 10/93, 13, Hoppe 1/1, 7/28 und 14/55; NA Washington RG 165, G–2 Division, Mis–Y Branch
„314 Schachtelhalm I" / Hochwalde bei Meseritz/Grenzmark, Verteidigungsstollen	U-Teilverlagerung Genshagen	5/44	6/44–2/45	mind. 500	Flugmotorenteile	vermutlich „Goldfisch"	BA Koblenz R 7/1214, Bl. 4; BAMA Freiburg RL 3/5, Bl. 2331, RW 21–209, 10; GUG-Interview Fidder/NL
„549 Jaspis" / Rottenburg/Neckar, Steinbruch	U-Teilverlagerung Sindelfingen	7/44	(7/44–4/45)	?	(geplant:) Preßwerk, Werkzeugmacherei, Flugmotorenteile und -aufrüstung	–	MBA, Haspel 8/82, 24, Hoppe 4/23, Sifi 38/01; BA Koblenz R 7/1214, Bl. 4
Brühl / Brühl bei Esslingen/Württ., Textilfabrik	Teilverlagerung Untertürkheim	–	6/44–4/45	200	Flugmotorenteile für -entwicklung	–	MBA Hoppe 7/28
Tailfingen II / Albstadt-Tailfingen/Württ.	Teilverlagerung Untertürkheim	–	6/44–4/45	80	Flug-, Kfz- und Bootsmotorenteile	–	MBA Hoppe 1/1, 7/28 und 14/55
„A8b/123 Brasse" / Obrigheim/Neckar, Gipsgrube	U-Teilverlagerung Sindelfingen	6/44	bis 3/45	?	Flugmotorenteile	?	MBA Haspel 8/82, 11; BA Koblenz R 7/1214, Bl. 4; BAMA Freiburg RW 20–5/45

Verlagerungswerk	Ort, Objekt[2]	Voll-/Teilverlagerung[2]	Baubeginn[3]	Prod. von bis	Arbeitskräfte[4]	Produkte	verlagert nach	Quellen
Weiler	Weiler bei Sélestat/ Elsaß, Textilfabrik	Teilverlagerung Berlin-Marienfelde, Teilverlagerung Mannheim	–	6 oder 7/44 bis vor Mitte 10/44	(geplant:) 1.375	Sturmgeschützgelenk-getriebe	Buchen	MBA Haspel 37; BA Koblenz R 3/1824, Bl. 269f.; BAMA Freiburg RW 20–5/45; StadtA Mannheim Zug. 9/1985, Todesfall Senkowitsch; GLA Karlsruhe 237/24379, 20.4.1944; vgl. Schmid, Arbeitskräfte, S. 571
Bietigheim	Bietigheim/Württ., Linoleumwerke	Teilverlagerung Untertürkheim	–	7/44–4/45	250	Flug- und Bootsmotorenteile	–	MBA Hoppe 1/1, 7/28 und 14/55 (nicht identisch mit obigem Werk)
„Schachtelhalm II"	Hochwalde bei Meseritz/Grenzmark, Verteidigungsstollen	U-Teilverlagerung Berlin-Marienfelde	7/44	8/44–2/45	?	Flugmotorenteile	Berlin-Marienfelde	BA Koblenz R 7/1214, Bl. 4; BAMA Freiburg RL 3/5, Bl. 2331, RW 21–20/9, 10; GUG-Interview Fidder/NL
Gleiwitz	Gleiwitz/Schlesien, Kaserne	Vollverlagerung Groß-K-Werk Minsk	–	7/44–1/45	?	Kfz-Reparatur	Deggendorf	MBA Groß-K-Werke, Personalunterlagen. Sozialbericht Gleiwitz 10.7.–30.9.1944
Kotzenau	Kotzenau/Schlesien, Fahrzeugwerke	Vollverlagerung Tomaschow	–	8/44–2/45	?	Flugmotorenreparatur	?	Brief Pilitowski/PL an DBAG 23.2.1989
„Schwarzwald II"	Weil der Stadt/ Württ., Textilfabrik	Teilverlagerung Sindelfingen	–	vor 10/44 bis 4/45	180/53/49	Flugmotorenteile, Flugzeugzellenteile	–	MBA Haspel 24; Hoppe 4/20, 4/23 und 7/28, Sifi 15/04 und 38/01
Holzgerlingen	Holzgerlingen bei Böblingen/Württ., 14 Kleinbetriebe	Teilverlagerung Sindelfingen	–	vor 9/44 bis 4/45	250/52/0	?	–	MBA Hoppe 4/20, Sifi 15/04
„Tell"	Maulbronn/Württ., Steinbruch	Teilverlagerung Sindelfingen	vor 9/44	vor 9/44 bis 4/45	120/90/0	Großwerkzeugbau, Preßwerk	–	MBA Haspel 24, Hoppe 4/20, 4/23, 7/28, Sifi 15/04; BA Koblenz R 7/1208, Bl. 137
Lämmerbuckel	Lämmerbuckel bei Wiesensteig/Württ., Autobahntunnel	U-Teilverlagerung Untertürkheim, 9/44; U-Teilverlagerung Reichshof	9/44	9/44–4/45	300	Flugmotorenteile	–	BAMA Freiburg RW 20–5/45; LRA Göppingen 3101, Anlage zu 2; MBA Haspel 8/82, Hoppe 1/1, 7/28 und 14/55. Ehrenerklärung armenischer Zwangsarbeiter für E. Künkele. USSBS Untertürkheim
„Barbe"	Haslach/Schwarzwald Stollen in Steinbruch	U-Teilverlagerung Gaggenau	9/44[5]	(11/44–4/45)	620	Kfz-Ersatzteile, Zahnräder	–	Hildenbrand, „Vulkan". S. 327ff.; ders., Kinzigtal, S. 7–11; MBA Hoppe 3/18, 7/28; BA Koblenz NS 4 Na 84
„Elster"	Kamenz, Rosswein, Schwepnitz, alle Sachsen, Glaswerke, Textilfabriken	Teilverlagerung Kolmar Teilverlagerung „Kranich"	–	(9/44–2/45)	?	(geplant:) Flugmotorenteile	Penig/Sachsen und andere Orte in Sachsen	MBA Gaggenau Verlagerungen, Hoppe 7/28; BA Koblenz R 3/1829, Bl. 313–319; BA Potsdam 80 Ba 6/703, Bl. 25; BAMA Freiburg RW 20–5/45

5   Daimler-Benz übernahm die Anlage erst im November 1944.

Verlagerungswerk	Ort, Objekt	Voll-/Teilverlagerung[3]	Baubeginn[3]	Prod. von bis	Arbeitskräfte[4]	Produkte	verlagert nach	Quellen
Buchen	Buchen/Odenwald, Sägewerk	Vollverlagerung Weiler	–	um 10/44 bis bis ca. 11/44	?	Sturmgeschützgelenk-getriebe	vermutlich „Elster"	BAMA Freiburg RW 20–5/45
Backnang	Backnang/Württ.	Teilverlagerung Untertürkheim	–	10/44-4/45	60	Flugmotorenteile	–	MBA Hoppe 7/28
Mühlen	Mühlen bei Horb/Württ.	Teilverlagerung Untertürkheim	–	10/44-4/45	70	Kfz-Teile	–	MBA Haspel 10/93, 13, Hoppe 1/1, 7/28 und 14/55
Wernau	Wernau bei Stuttgart/Württ., Schreinerei	Teilverlagerung Untertürkheim	–	(um 11/44 bis 4/45)	?	(geplant:) Montage S-Boots-Motoren	–	MBA Haspel 5a, Hoppe 1/1, 7/28 und 14/55
„B7 Esche I"	Happurg bei Hersbruck/Mittelfranken	?	um 11/44	?	?	?	–	BA Koblenz R 7/1172, Bl. 249; MBA, Haspel 8/82
„Galmei"	Brühl bei Esslingen/Württ.	U-Teilverlagerung Untertürkheim	um 11/44	(11/44-4/45)	?	(geplant:) Flugmotorenteile	–	MBA, Haspel 9/83, Hoppe 1/1, 7/28 und 14/55
Tübingen-Lustnau	Tübingen/Württ., Textilfabrik	Teilverlagerung Untertürkheim, Vollverlagerung Bad Cannstatt	–	11/44-4/45	350	Flakmotoren, Kfz- und (geplant:) S-Boots-motorenteile	–	MBA Haspel 2/16, 5a, Hoppe 1/1, 7/28 und 14/55
Neckartenzlingen	Neckartenzlingen/Württ.	Teilverlagerung Untertürkheim	–	11/44-4/45	250	S-Bootsmotorenteile	–	MBA Haspel 5a, Hoppe 1/1, 7/28 und 14/55
„Dachsbau"	Höfen/Enz bei Pforzheim/Württ.	Teilverlagerung Gaggenau	11/44	(11/44-4/45)	350/320/0	(geplant:) Kfz-Teile	–	BA Koblenz NS 4 Na/85; MBA Gaggenau 2, Haspel 7/64, Hoppe 3/18 und 7/28
„Galenit"	Großsachsenheim bei Bietigheim/Württ.	Teilverlagerung Mannheim	–	(Ende 44 bis 2/45)	mind. 200	keine Produktion	?	MBA Haspel 8/82; Koppenhöfer, DB Mannheim, S. 532.
Onstmettingen	Albstadt-Onstmettingen/Württ.	Teilverlagerung Untertürkheim	–	12/44-4/45	40	Kfz-Ersatzteile	–	MBA Hoppe 1/1, 7/28 und 14/55
Weisenbach	Weisenbach/Baden, Papierfabrik	Vollverlagerung Schirmeck-Wackenbach	–	12/44-4/45	260	Kfz-Ersatzteile und -Motorenreparatur	?	MBA Gaggenau Zwangsarbeiter Schirmeck/Wackenbach, Hoppe 3/18; BAMA Freiburg RW 20–5/45; GUG-Interview Lagarde/F; Schmid, Arbeitskräfte, S. 576
Heidelberg	Heidelberg/Baden Steinbruch (?)	Teilverlagerung Mannheim	vor 1/45	?	?	?	?	BA Koblenz R 3/1826, Bl. 85f.

Verlagerungswerk	Ort, Objekt[2]	Voll-/Teilverlagerung[2]	Baubeginn[3]	Prod.von bis	Arbeitskräfte[4]	Produkte	verlagert nach	Quellen
Deggendorf	Deggendorf/Niederbayern	Vollverlagerung Groß-K-Werk Minsk (Gleiwitz)	–	ab 3/45	?	Kfz-Reparatur	zeitweise Dingolfing, Stammheim, Ruhpolding	MBA Groß-K-Werke 8
Vaihingen/Filder	Vaihingen/Filder, Württ., Panzerkaserne	Teilverlagerung Gaggenau	–	(3/45–4/45)	90	(geplant:) Kfz-Ersatzteile	–	MBA Haspel 7/64, Hoppe 3/18
Backnang	Backnang/Württ., Textilfabrik	Teilverlagerung Sindelfingen	–	11/44–4/45	130/5/0	Flugmotorenaufrüstung	–	MBA Hoppe 4/20, Sifi 15/04 und 38/10
Baiersbronn	Baiersbronn bei Freudenstadt/Schwarzwald, Holzfabrik	Teilverlagerung Gaggenau	–	bis 4/45	90	Kfz-Motorenkleinteile und -reparatur	–	MBA Hoppe 3/18
„Fuchsbau"	Althengstett bei Calw/Württ.	Teilverlagerung Gaggenau	–	(bis 4/45)	10	(geplant:) Kfz-Motorenmontage, Blechbearbeitung	–	MBA Hoppe 3/18
Kuppenheim	Kuppenheim bei Rastatt/Baden, Kofferfabrik	Teilverlagerung Gaggenau	–	bis 4/45	40	Kfz-Teile	–	MBA Hoppe 3/18
Sindelfingen	Sindelfingen/Württ., u.a. 2 Textilfabriken	Teilverlagerungen Sindelfingen	–	bis 4/45	210	?	–	MBA Hoppe 4/20
Villingen	Villingen/Schwarzwald, Panzerkaserne	Teilverlagerung Gaggenau	–	(bis 4/45)	70	(geplant:) Kfz-Ersatzteile	–	MBA Hoppe 3/18

Im August 1944 wurde mit Genshagen das erste Daimler-Benz-Werk so zerstört, daß keine nennenswerte Produktion mehr stattfinden konnte. Im September folgte innerhalb von nur acht Tagen die Zerstörung der südwestdeutschen Werke in Untertürkheim, Gaggenau und Sindelfingen.[157] Das Werk in Berlin-Marienfelde wurde erst im Februar 1945 so stark beschädigt, daß eine Wiederaufnahme der Produktion nicht mehr lohnte. Obwohl von insgesamt 15 Luftangriffen getroffen, blieb das Werk Mannheim weitgehend intakt und konnte daher schon im Juni 1945 wieder die Lkw-Produktion – diesmal für die Alliierten – aufnehmen.[158]

Insgesamt wurden die Stammwerke in den westlichen Besatzungszonen und Berlin gemessen an den Gebäudeschäden zu je 70 bis 90% zerstört. Aufgrund der Verlagerungen waren jedoch nur etwas über 20% der Maschinen vernichtet worden.[159] Unter dem Aspekt der Kapitalerhaltung waren die Verlagerungen daher aus Sicht des Unternehmens durchaus erfolgreich.[160]

157 Dr. Haspel schätzte die zu verbuchenden Schäden bis Mitte September 1944 auf 450 bis 500 Mio. RM; vgl. BA Potsdam 80 Ba 2/16391, Bl. 366.
158 Vgl. MBA Hoppe 8, „Auswirkung der Luftangriffe" (Juli 1945) und MBA USBSS, Daimler-Benz Gaggenau Works, Munitions Division, (1947), S. 2, 10.
159 Vgl. MBA Hoppe 14,55, Übersicht 14.12.1946; Hoppe 10,38, Übersicht 15.7.1947, I. Dortige Angaben teilweise korrigiert.
160 Auf diesen Aspekt weisen Fröbe, Verlagerung, S. 460, und Jungbeck, Zerstörung, S. 375–381, zu Recht hin.

Abb. 8: Riesige Tarnnetze sollten das Werk Sindelfingen vor feindlichen Fliegerangriffen schützen.

Abb. 9: Das Werk Berlin-Marienfelde (Werk 90) nach einem Luftangriff.

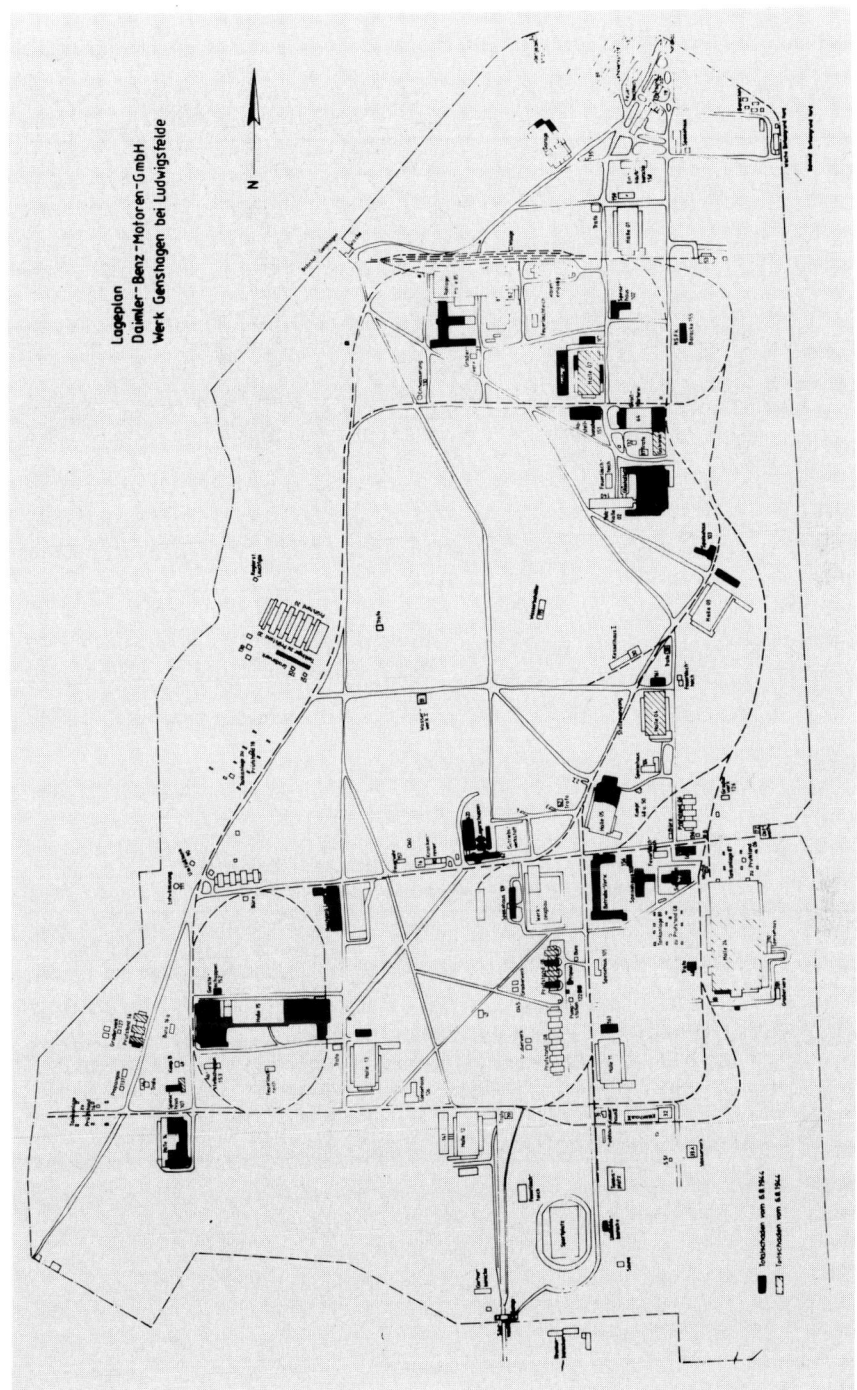

Lageplan
Daimler-Benz-Motoren-GmbH
Werk Genshagen bei Ludwigsfelde

Abb. 10: Lageplan des Werks Genshagen mit Schäden nach Luftangriff.

Tab. 6: Bombenangriffe auf die Stammwerke der Daimler-Benz AG und das Werk Genshagen

Werk	Jahr 1941	Tote	1942	Tote	1943	Tote	1944	Tote	1945	Tote
Stuttgart-Untertürkheim	–	–	–	–	26/27.11.	0	20/21.02.	3	–	–
							01/02.03.	0		
							05.09. *	68		
Mannheim	09/10.5.	?	–	–	16/17.04.	?	09/10.04.	0	01.02.	?
					05/06.09.	?	23/24.05.	0	16.03.	?
					23/24.09.	?	25/26.07.	0		
					04/05.10.	0	09.09.	0		
					18/19.11.	1	19.10.	0		
					30.12.	?	21.11.	0		
Gaggenau	–	–	–	–	–	–	10.09. *	8	–	–
							03.10.	?		
Sindelfingen	–	–	–	–	07/08.10.	17	02.08.	3	–	–
							14.08.	7		
							10.09.	7		
							13.09. *	0		
Berlin-Marienfelde	–	–	–	–	16.01.	?	23.05.	?	24.03. *	?
					23/24.08.	?	06.08.	?	28.03.	
					02.12.	?				
					29.12.	?				
Genshagen Daimler-Benz Motoren GmbH	–	–	–		31.08./01.09.	?	01/02.01.	?	–	–
							06.03.	?		
							18.03.	?		
							21.06.	?		
							06.08. *	113		
							19.12.	?		

* endgültige Lahmlegung des Werks

Quellen: NA Washington RG 243, 79B–80A1, Box 28, File 796; BA Potsdam 80 Ba 2/16354, Bl. 389, 406, 80 Ba 2/16391, Bl. 363; BAMA Freiburg RW 20–3/6, Bl. 15, RW 20–5/30; LA Berlin Rep. 239, Acc. 2517, Nr. 59–60; StadtA Sindelfingen, 9445 Fliegerangriffe und Kleine Chronik, Fliegerangriffe auf Sindelfingen; MBA Haspel 2,16, 24, Hoppe 8, Auswirkung der Luftangriffe, USSBS Physical Damage Division, Untertuerkheim, 1/1947, S. 4, 18, USSBS Munitions Division, Gaggenau, 1/1947[2], S. 1, USSBS Physical Damage Division, Mannheim, App. C–12; Stolzenwald an Forstmeier [1981], S. 5; Demps, Zwangsarbeiter, S. 306; Fröbe, Verlagerung, S. 429; Habeth-Allhorn, Genshagen, S. 111ff.

3. DER EINSATZ VON ZWANGSARBEITERN BEI DAIMLER-BENZ

In Kapitel 2.1 wurde die allgemeine Entwicklung des Einsatzes ausländischer Zwangsarbeiter im „Deutschen Reich" beschrieben. Wie vollzog sich diese Entwicklung bei einem Konzern wie Daimler-Benz? Welche Beweggründe führten zum Einsatz von Zwangsarbeitern, wie wurde er geplant und wie wirkte sich dies letztlich für die betroffenen Menschen aus? Inwieweit war Daimler-Benz um das Wohl der angeforderten Arbeitskräfte besorgt, und in welchem Umfang nutzte das Unternehmen Spielräume, die die Rechtslage und die faktischen Machtverhältnisse zuließen? Diesen Fragen soll im Hauptkapitel dieser Untersuchung nachgegangen werden.

3.1 Motive für den Einsatz von Zwangsarbeitern

Als die Daimler-Benz AG im Frühsommer 1940 im Werk Sindelfingen erstmals Kriegsgefangene und damit Zwangsarbeiter einsetzte[1], galt deren Einsatz noch als Ausnahme, als Notbehelf zur Überbrückung eines kurzfristigen Engpasses beim Personal. Die Verpflichtung von Ausländern war nicht nur bei Daimler-Benz, sondern auch bei anderen Unternehmen zunächst im Prinzip unerwünscht gewesen: Wegen fehlender Ausbildung und Verständigungsschwierigkeiten erforderte der Einsatz von Ausländern in der Fertigung unproduktive Anlaufzeit, die angesichts des scheinbar absehbaren Kriegsendes überflüssig erschien. Bei Rüstungsunternehmen bestanden außerdem aus Gründen der Geheimhaltung zusätzliche Bedenken hinsichtlich der Beschäftigung von Ausländern.

Die Masseneinberufungen für den Angriff auf die Sowjetunion, die sich daran anschließende Materialschlacht auf dem östlichen Kriegsschauplatz und der damit zusammenhängende Wiederanstieg von Rüstungsaufträgen Ende 1941[2] verursachten jedoch eine neue Situation: Einem steigenden Auftragsbestand durch die Wehrmacht stand ein ständiges Absinken der Stammarbeiterschaft und damit der Kapazität gegenüber. Besonders betroffen waren davon vor allem neu errichtete Betriebe, wie z.B. die Mitte der 30er Jahre hochgezogenen Flugmotorenwerke des Daimler-Benz Konzerns in Berlin-Marienfelde (Werk 90) und Genshagen, die einen relativ jungen Facharbeiterstamm und daher einen entsprechend hohen Abgang an Fachkräften durch Einberufungen bei gleichzeitig hohem Auftragszuwachs zu verzeichnen hatten. Zudem konnte kaum Nachwuchs herangebildet werden, weil die meisten Lehrlinge nach Abschluß ihrer Lehre von der Wehrmacht eingezogen

---

1   Vgl. unten S. 311f.
2   Vgl. für Daimler-Benz: MBA VS-Prot. 23.10.1941, S. 1. Allgemein dazu: Wagenführ, Industrie, S. 38.

wurden. Der entscheidende Engpaßfaktor bei Daimler-Benz war daher in den Kriegsjahren bis ca. Mitte 1944, als auch die anderen Ressourcen knapp wurden[3], „brauchbares Menschenmaterial"[4]. Ende September 1944 waren konzernweit immerhin 15.400 deutsche Arbeitskräfte eingezogen[5], also über ein Drittel der ursprünglichen Belegschaft von Ende 1938.[6]

Als gewinnorientiertes Unternehmen wollte Daimler-Benz keinesfalls auf lohnende Rüstungsaufträge verzichten. Es war ja neben der allgemeinen Förderung des Automobils durch die neuen Machthaber gerade auch die nationalsozialistische Aufrüstung gewesen, die das Unternehmen aus der tiefen Krise der Nachkriegsjahre befreit hatte. Daimler-Benz übernahm daher durchaus die Initiative, wenn es darum ging, die eigenen Vorstellungen von einem Flugmotor, einem Panzerwagen oder einem Lkw gegen die der Konkurrenz (z.B. Junkers, MAN, Opel) durchzusetzen.[7] Sogar ein vierstrahliger Langstreckenbomber, der die Ostküste der Vereinigten Staaten erreichen sollte, entstand auf Reißbrettern der Daimler-Benz-Entwicklungsabteilung.[8] Aber man dachte auch langfristig: Je größer Daimler-Benz im Krieg würde, desto besser würde die Ausgangsbasis in der Nachkriegszeit sein, wenn sich die Verhältnisse normalisiert haben würden.[9] Es stand also außer Frage, daß Daimler-Benz auch im Krieg expandieren sollte. Aber dafür benötigte das Unternehmen unbedingt Arbeitskräfte.

Daimler-Benz reagierte daher auf den Abzug der deutschen Arbeiter mit einer Doppelstrategie. Einerseits versuchte das Unternehmen, besonders wichtige Mitarbeiter, v.a. leitende Angestellte, Facharbeiter und Angestellte im Bereich Forschung und Entwicklung, „uk" (unabkömmlich) stellen zu lassen, wobei es naturgemäß zu gelegentlichen Konflikten mit der Wehrmacht kam.[10] Andererseits intensivierte Daimler-Benz im Produktionsbereich die Rationalisierungsbestrebungen, die ohnehin aufgrund des seit 1937/38 bestehenden Facharbeitermangels vorangetrieben wurden.[11] Dadurch konnte das Unternehmen anstelle von Facharbeitern und

3   Vgl. für Mangel an Vorprodukten und Betriebsstoffen bei Daimler-Benz: BAMA Freiburg RL 3/11, Jägerstabsprotokoll 8.5.1944 (Kugellager); RL 3/9, Jägerstabsprotokolle 14.7.1944, Bl. 5 (Ersatzteile), 14.7.1944, Bl. 19, 24.7.1944, Bl. 24 (Treibstoff); RL 3/6, Bl. 6 (Beschaffungsprobleme in Genshagen). Neben Personal stellten Werkzeugmaschinen einen weiteren bedeutenden Engpaß bei Daimler-Benz dar.
4   MBA Haspel 1/1, Rundschreiben Haspel an DB-Werksleiter 28.8.1944.
5   Vgl. BA Potsdam 80 Ba 2/22923.
6   Damit dürfte Daimler-Benz immer noch besser als viele andere Unternehmen dagestanden haben: Als kriegswichtiger Rüstungsbetrieb waren viele Facharbeiter uk gestellt. Außerdem waren vor allem in den südwestdeutschen Stammwerken viele ältere Mitarbeiter beschäftigt, die für Einberufungen zunächst nicht in Frage kamen; vgl. BA Potsdam 80 Ba 2/22923.
7   Vgl. z.B. MBA VS-Prot. 12.10.1939, S. 11 (Zugkraftwagen), 12.3.1940, S. 2 (1,5-to-Lkw), 16.8.1940, S. 5 (Panzerkampfwagen), 20.9.1940, S. 11–13 (3-to-Lkw); Pohl/Habeth/Brüninghaus, Daimler-Benz, S. 68f. (Flugmotoren).
8   Vgl. Kens/Nowarra, Flugzeuge, S. 123–125.
9   Vgl. MBA VS-Prot. 15./16.4.1944, S. 30.
10 So führten z.B. die Versuche des Werkes Untertürkheim, möglichst viele Fachkräfte zu behalten, zu einem scharfen Konflikt mit der Rüstungsinspektion Stuttgart, vgl. BAMA Freiburg RW 20–5/4, Bl. 35f.; RW 20–5/6 und RW 20–5/7.
11 Vgl. z.B. MBA Leistungsbericht DBMG 1940, S. 48.

Angelernten weniger qualifizierte Arbeitskräfte verpflichten, die durch Umsetzungen in einzelnen Betriebsabteilungen und durch verstärkte Beschäftigung weiblicher deutscher Arbeitskräfte gewonnen wurden. Der Einsatz von Frauen – ohnehin von der NSDAP nur halbherzig befürwortet – wurde zwar von Daimler-Benz grundsätzlich bejaht und ab Januar 1940 verstärkt[12], reichte aber bei weitem nicht aus, die Lücken in der Belegschaft zu füllen. Diese Maßnahmen konnten das Problem nur für kurze Zeit aufschieben. Daher setzte Daimler-Benz schon ein dreiviertel Jahr nach Kriegsbeginn Ausländer ein.

Leider liegen keine Dokumente darüber vor, ob im Aufsichtsrat oder im Vorstand jemals eine prinzipielle Entscheidung über den Zwangsarbeitereinsatz gefallen ist. Vermutlich sah man den Ausländereinsatz anfangs als nur provisorisch und zu unbedeutend an, um für die höchsten Entscheidungsgremien des Konzerns von Bedeutung zu sein. Der Einsatz von Kriegsgefangenen war schließlich auch schon im Ersten Weltkrieg erfolgt und insofern nichts Außergewöhnliches. Als die Werke dann den Ausländereinsatz intensivierten, war eine Entscheidung von oben gar nicht mehr notwendig. Im Oktober 1941 war die Beschäftigung von Ausländern bei Daimler-Benz jedenfalls schon Routine.[13] Auf jeden Fall läßt sich auch ohne Kenntnis eines Beschlusses auf höchster Ebene eindeutig feststellen, daß Daimler-Benz aktiv, also aus eigener Initiative, Zwangsarbeiter anforderte[14] und bei Nichterfüllung die zuständigen Behörden auf die Dringlichkeit des Arbeitskräftebedarfs hinwies.[15]

Für die Werke auf deutschem Gebiet weist alles darauf hin, daß Daimler-Benz den Masseneinsatz von Ausländern nur als Übergangslösung betrachtete, bis die eigenen Belegschaftsmitglieder wieder aus der Wehrmacht entlassen und zu Daimler-Benz zurückkehren würden. Es war also nicht etwa geplant, den Arbeitseinsatz über das Kriegsende hinaus fortzuführen, vielmehr rechnete das Unternehmen mit einer Rückkehr zu normalen, auf beidseitiger Freiwilligkeit beruhenden arbeitsrechtlichen Verhältnissen. Inwieweit diese Feststellung auch auf die Werke im Ausland, insbesondere in Osteuropa zutrifft, ist nicht so eindeutig. Das mit modernen Maschinen ausgerüstete Groß-K-Werk in Minsk ist sicherlich für einen längeren Zeitraum geplant worden.[16] Aber ob Daimler-Benz dort den Einsatz von unfreiwilligen Arbeitskräften aufrechterhalten hätte, wenn dies die Rechtslage nach Kriegsende erlaubt hätte, läßt sich weder be- noch widerlegen.

Die nach dem Zweiten Weltkrieg z.B. von den Angeklagten und Verteidigern in den IG-Farben-Prozessen aufgestellte Behauptung, deutsche Unternehmen hätten durch die Beschäftigung von KZ-Häftlingen diese bewußt vor dem sicheren

---

12 Vgl. MBA Kissel VIII/1. Belegt ist dort verstärkter Einsatz von Frauen für die Werke Berlin-Marienfelde (Januar 1940), Genshagen (Februar 1940) und Mannheim (Dezember 1940).
13 Vgl. MBA VS-Prot. 23.10.1941, S. 2f.
14 Dies ist z.B. sehr deutlich in den Kriegstagebüchern der Rüstungsinspektion Stuttgart belegt; vgl. BAMA Freiburg RW 20–5/2 und 20–5/3.
15 Vgl. z.B. GLA Karlsruhe 237/24379, RüKom-Besprechung 19.11.1942 und 29.7.1943; BAMA Freiburg RW 20–1/18, Bl. 36.
16 Vgl. MBA VS-Prot. 14./15.9.1943, S. 10–12; MBA-Zeitzeugeninterview Nr. 78, S. 3.

Tod in den Konzentrationslagern gerettet[17], ist in dieser Form von der Forschung widerlegt worden. Auch für Daimler-Benz läßt sich dies als Motiv für den Einsatz von KZ-Häftlingen nicht belegen. Im Gegenteil, der Geschäftsführer des Flugmotorenwerks Genshagen, K.C. Müller, bot der SS sogar noch Geld dafür an, arbeitsunfähige KZ-Häftlinge von der Baustelle „Goldfisch" wegzuschaffen, damit die Baracken für produktivere Arbeitskräfte freigemacht werden könnten.[18] Was mit arbeitsunfähigen KZ-Häftlingen geschah, wird Müller sicherlich gewußt, auf jeden Fall erahnt haben.

Der Einsatz ausländischer Zwangsarbeiter in den Werken des Daimler-Benz-Konzerns wurde dem Unternehmen also nicht aufgezwungen; er erfolgte auch nicht aus politischen Gründen. Er war vielmehr unter den gegebenen kriegswirtschaftlichen Einschränkungen auf dem Arbeitskräftesektor ein freiwillig eingesetztes Mittel zur Realisierung betriebswirtschaftlicher Ziele vorwiegend kurz- und mittelfristiger Art und wurde daher von den Führungsgremien des Konzerns unter rein ökonomischem Blickwinkel gesehen, wie dies zum Beispiel in einem Aufsichtsratsprotokoll vom Dezember 1942 zum Ausdruck kommt:

> *Der Umsatz bei der [Daimler-Benz] A.G. [liegt] etwa 20 %, im ganzen Konzern 25 % höher als im Vorjahr bei einer Steigerung der Gefolgschaftsziffer um 15 %. Diese Leistung [ist] umso beachtlicher, als die vielen Ausländer in ihrem Arbeitseffekt weit unter dem der deutschen Arbeiter liegen.*[19]

Es ist nun zu fragen, wie das Unternehmen den Einsatz seiner ausländischen Arbeitskräfte plante und durchführte.

3.2 Planung und Organisation

Die Zentrale in Untertürkheim legte nur allgemeine Grundsätze für die Behandlung des deutschen und nicht-deutschen Personals fest, an denen sich die einzelnen Werksleitungen zu orientieren hatten. Im Spruchkammerverfahren gegen den Vorstandsvorsitzenden Wilhelm Haspel (1947) beschrieb der Personalchef Walter Gassmann die Abgrenzung der Zuständigkeiten:

> *Die Anwendung dieser Grundsätze fand ihren Niederschlag in den von der Zentrale an die Betriebsführer im Einzelfall herausgegebenen grundsätzlichen Weisungen und in Besprechungen mit den Personalleitern der Werke. Die Handhabung und Ausgestaltung dieser Weisungen oblag den Betriebsführern der einzelnen Werke und Niederlassungen, die überhaupt für ihren Betrieb die volle Verantwortung für alle Fragen der Menschenführung, für den direkten Verkehr mit ihrer Gefolgschaft und für die Bereinigung sachlicher und persönlicher Schwierigkeiten im Einzelfall, gegenüber den staatlichen und Parteidienststellen oder der DAF und gegenüber dem Vorstand hatten.*[20]

---

17 Vgl. z.B. Speer, Sklavenstaat, S. 332; außerdem Ferencz, Lohn, S. 62f.
18 Dokument abgedruckt in Pohl/Habeth/Brüninghaus, Daimler-Benz, S. 336.
19 MBA AR-Prot. 4.12.1942.
20 MBA Haspel 26, Eidesstattliche Erklärung Walter Gassmann 30.4.1947, S. 5.

Diese Aussage, die natürlich Haspel entlasten sollte und deswegen in ihrem Wahrheitsgehalt zunächst kritisch zu beurteilen ist, wird durch die Akten der Rüstungsdienststellen bestätigt. In keinem Falle ist dort belegt oder angedeutet, daß ein Daimler-Benz-Werk bei Verhandlungen mit den Rüstungskommandos hinsichtlich Personalfragen die Zentrale in Untertürkheim bemüht hätte. Es kann also tatsächlich davon ausgegangen werden, daß Personalentscheidungen auf mittlerer und unterer Ebene an die einzelnen Werksleitungen delegiert waren.[21] Eine Beurteilung der Verantwortlichkeit für die Behandlung der ausländischen Zwangsarbeiter muß daher nicht nur auf Vorstands-, sondern auch auf Werksleitungsebene ansetzen. Dies zeigt sich auch an den zum Teil sehr unterschiedlichen Erfahrungen, die Angehörige derselben Zwangsarbeitergruppe in unterschiedlichen Werken, Niederlassungen oder Reparaturwerkstätten machen mußten.

Der Einsatz von ausländischen Arbeitern stellte das Unternehmen vor eine Vielzahl von Problemen. Zunächst mußte überlegt werden, wo und wie Freiwillige angeworben werden konnten bzw. wie man den Arbeitskräfteanforderungen bei staatlichen Stellen größeres Gewicht geben könnte. Ein weiteres großes, mehr organisatorisches als finanzielles Problem war aus Sicht der Werksleitungen die Unterbringung und Nahrungsmittelversorgung der Zwangsarbeiter. Schließlich brachte die Einbindung der überwiegend ungelernten und – aus naheliegenden Gründen – meistens auch arbeitsunwilligen Zwangsarbeiter in die Produktion weitere große organisatorische Schwierigkeiten mit sich.

In den Werken war eine der jeweiligen Personalabteilung unterstellte Ausländerabteilung für die „Betreuung" der zivilen Ausländer zuständig. Die Ausländerabteilung nahm zentrale Verwaltungsfunktionen wahr, wie z.B. karteimäßige Erfassung[22] bei der Ankunft, Beschaffung und Unterhalt von Baracken, Abholen von Lebensmittelkarten, Lebensmitteleinkauf für Lagerküchen, Urlaubsgenehmigungen usw. Der Ausländerabteilung unterstanden außerdem die einzelnen Lager, in die die meisten Ausländer einquartiert wurden.[23] Im Werk Genshagen, wo auch deutsche Belegschaftsmitglieder in Baracken lebten, waren die Lagerführer der zentralen Lagerleitung unterstellt, die direkt der Personalabteilung untergeordnet war.[24]

Nach einem Bericht, den der ehemalige Leiter der Ausländerabteilung des Werks Untertürkheim, Konrad Zapf, nach dem Krieg verfaßte[25], arbeiteten 1943 in der Zentrale der Ausländerabteilung dieses Werks 14 Angestellte. Zur Verwaltung der diversen Ausländerunterkünfte waren nach Zapf weitere 234 Angestellte zu-

---

21 Vgl. dazu auch MBA Haspel 1/9, Aktennotiz betr. Neuerrichtung des Werkes Backnang 16.12.1942. Wichtige Personalentscheidungen entschieden Vorstand und Aufsichtsrat; vgl. MBA Haspel 26, Eidesstattliche Erklärung Walter Gassmann 30.4.1947, S. 6f.

22 Eine derartige Kartei ist bei Daimler-Benz nur noch für das Werk Sindelfingen erhalten.

23 Vgl. GUG-Interview Stolzenwald/D, insb. S. 10, 21; MBA-Interview Nr. 88, S. 2f.

24 Vgl. GUG-Interview Stolzenwald/D, S. 10.

25 Der sogenannte Zapf-Bericht ist als Quelle sehr problematisch. Der Bericht entstand etwa 1946 oder 1947 und hat stark apologetischen Charakter, insbesondere, wenn man ihn mit den Aussagen ehemaliger Zwangsarbeiter vergleicht. Es dürfte aber davon auszugehen sein, daß organisatorische Vorgänge und Zuständigkeiten korrekt wiedergegeben sind.

ständig, wobei der Werkschutz noch nicht eingerechnet war.[26] Zu diesem Zeitpunkt wurden etwa 4.000 ausländische Zivilarbeiter im Werk Untertürkheim und den dazugehörigen kleinen Verlagerungswerken im Raum Stuttgart eingesetzt. Der größte Teil von ihnen war in 70 Objekten untergebracht, teilweise Barackenlager, teilweise angemietete Gasthäuser, Schulen, Kinos, Erholungsheime und Turnhallen.[27] Ein geringer Teil der Ausländer war in Privatquartieren untergebracht. Dabei handelte es sich um freiwillige Arbeiter und zivile Zwangsarbeiter, die schon verhältnismäßig früh zu Daimler-Benz gekommen waren.[28] Das Werk Genshagen, das immer Mangel an Unterkünften hatte, ging sogar zeitweise dazu über, Westarbeiter in Berliner Pensionen und Hotels einzuquartieren.[29]

Die Bewachung der Kriegsgefangenen und KZ-Häftlinge gehörte nicht zum Zuständigkeitsbereich der Ausländerabteilungen, sondern in die des Reichs (Wehrmacht, SS). Nur für Rzeszów ist die Bewachung von Gefangenen durch den Werkschutz nachgewiesen.[30] Die Verwaltung insbesondere der Kriegsgefangenenlager war jedoch nicht einheitlich geregelt.

Untertürkheim war insofern ein Sonderfall, als in den kleinen Ortschaften vor allem im Südosten Stuttgarts viele Objekte zur Verfügung standen, die zur Unterbringung der Ausländer angemietet werden konnten. In den anderen Werken dagegen erfolgte die Unterbringung der Zwangsarbeiter in viel größerem Umfang in Barackenlagern, die Daimler-Benz in der Nähe des jeweiligen Werks errichten ließ.

Die Unterbringung in Baracken war für die Zwangsarbeiter bei Daimler-Benz der Normalfall. Als Lagerführer setzte das Unternehmen überwiegend eigene Leute ein. Für das Werk Genshagen ist bekannt, daß als Lagerführer ehemalige Daimler-Benz-Facharbeiter eingesetzt wurden, die die Aufgabe und der damit verbundene Aufstieg vom Arbeiter- in den Angestelltenstatus reizte. Einer besonderen Schulung mußten sie sich nicht unterziehen.[31] Der Lagerführer hatte eine eigene Baracke im Lager, in der sich sein Büro befand und wo er, gegebenenfalls mit seiner Familie, auch wohnte, wenn er nicht gerade aus einer der umliegenden Ortschaften kam.

In seinem Büro beschäftigte er einige Sekretärinnen und Hilfskräfte.[32] Es ist mit großer Wahrscheinlichkeit anzunehmen, daß alle Lagerführer Mitglieder oder Anhänger der NSDAP waren. Dies war schon insofern naheliegend, als sie in engem Kontakt mit dem Sicherheitsdienst (SD) standen, der mißtrauisch darüber

---

26 Vgl. MBA Zapf-Bericht, S. 6.
27 Vgl. MBA Zapf-Bericht, S. 10f., und das umfangreiche Material im KreisA Esslingen D1 Bü 835; E1 Bü 499, 564, 971f., 974–977, 984.
28 Vgl. zur Unterkunft in Privatquartieren allgemein bei Daimler-Benz: GUG-Interviews Balikova/CS, S. 6, v. Dongen/NL, S. 5, Havetta/CS, S. 6, Knegtel/B, S. 5, Könemann/NL, S. 9, König/NL, S. 6f., Labrigat/PL, S. 5, Novosel/YU, S. 8, Poelger/F, S. 5, Roovers/NL, S. 5, Sarrazin/F, S. 5, Steijnen/B, S. 5, Strobos/NL, S. 11, Tvaruzek/CS, S. 4, Zuidgeest/NL, S. 5.
29 Vgl. GUG-Interview Stolzenwald/D, S. 12, 17.
30 Vgl. unten S. 361.
31 Vgl. GUG-Interview Stolzenwald/D, S. 14.
32 Vgl. GUG-Interview Wijnbeek/NL, S. 10.

wachte, daß aus den Ausländerlagern keine Gefahr für die deutsche Bevölkerung erwuchs.[33]

Weitere Hilfskräfte arbeiteten in den anderen Einrichtungen des Lagers, also z.B. – wenn vorhanden – in der Lagerküche, der Sanitätsbaracke, dem Schneider- und Schuhmacherbetrieb. Zapf schrieb dazu:

Um den Umfang des Verwaltungsapparates erkennen zu lassen, erscheint es angebracht, eine Aufteilung dieser Verwaltungshilfskräfte wiederzugeben. Folgende Mitarbeiter unterstanden der Abteilung für Ausländerbetreuung:

3	*Hauptlagerführer*	*43*	*Küchenhilfen*
43	*Lagerführer*	*17*	*Schuster*
5	*Barackenführerinnen*	*7*	*Schneider*
	(Dolmetscherinnen)	*2*	*Friseure*
2	*Ärzte*	*40*	*Putzer/Heizer*
6	*Sanitäter*	*33*	*Putzfrauen*
2	*Sanitäterinnen*	*1*	*Schreiner*
6	*Dolmetscher*	*1*	*Elektriker*
2	*Geräteverwalter*	*1*	*Installateur*
12	*Köche*	*2*	*Entlauser*
2	*Hilfsköche*	*2*	*Gärtner*[34]

Zapf verschwieg, daß die meisten dieser „Verwaltungshilfskräfte" aus den Reihen der Zwangsarbeiter rekrutiert wurden. Nur die Lagerführer waren (fast) immer Deutsche, ansonsten kamen für jeden der anderen aufgeführten Berufe auch Zwangs-arbeiter in Frage. Auch die Ärzte und Sanitäter waren oft Ausländer, die Dolmet-scher fast immer. Als Putzfrauen setzte man besonders gerne „Ostarbeiterinnen" ein, die dann in Trupps durch die Baracken zogen und die Räume einschließlich der Toiletten reinigen mußten.[35]

Aufschlußreich für die Zustände in den Lagern sind die beiden letztgenannten Positionen, die zur Bekämpfung zweier wesentlicher Probleme der Lager beitragen sollten: des Ungeziefers und des Hungers. In einigen Lagern stand dem „Entlauser" oder „hauptamtlichem Desinfektor"[36] sogar eine Entlausungsbaracke zur Verfü-gung, in der die Zwangsarbeiter und ihre Kleidungsstücke getrennt desinfiziert wurden.[37] Die demütigenden Entlausungsaktionen sind vielen Interviewpartnern in sehr unangenehmer Erinnerung geblieben. Die Gärtner waren zur Bewirtschaftung werkseigener Grundstücke angestellt, auf denen Kartoffeln, Gemüse und Obst angepflanzt wurden. Dadurch versuchte die Werksleitung, die Ernährung zu ver-bessern.[38]

---

33   Vgl. hierzu z.B. die GUG-Interviews Strobos/NL, S. 8f., Wijnbeek/NL, S. 10.
34   MBA Zapf-Bericht, S. 20.
35   Vgl. z.B. GUG-Interview Wijnbeek/NL, S. 8.
36   MBA Zapf-Bericht, S. 17.
37   Vgl. MBA Zapf-Bericht, S. 17, 42.
38   Vgl. MBA Zapf-Bericht, S. 13, 33.

Die Insassen einer Baracke wählten aus ihren Reihen einen Barackensprecher, der Beschwerden beim Lagerleiter vortrug oder umgekehrt Anordnungen des Lagerleiters bekannt machte.[39]

3.3 Praxis des Zwangsarbeitereinsatzes

Dieses Kapitel bildet den Schwerpunkt der Dokumentation. Es beschreibt die Lebens- und Arbeitsbedingungen ausländischer Zwangsarbeiter bei Daimler-Benz, soweit sie aus Interviews, Tagebüchern, Briefen und dem vorhandenen Archivmaterial rekonstruierbar sind. Zunächst wird ein Überblick über die Rekrutierung der ausländischen Arbeitskräfte und die Zusammensetzung der Zwangsarbeiterschaft gegeben. Anschließend werden statusspezifische Aspekte in Teilkapiteln über zivile Zwangsarbeiter, Kriegsgefangene und KZ-Häftlinge behandelt.

3.3.1 REKRUTIERUNG

Zuständig für die Anwerbung freiwilliger ausländischer Arbeiter war in der Regel die zentrale Personalabteilung der Daimler-Benz AG in Untertürkheim. Ebenfalls von dort wurde in Verbindung mit lokalen militärischen Dienststellen die Verpflichtung von Facharbeitern aus französischen Automobilwerken, so z.B. Renault, Unic und Terrot, koordiniert.

Die Anforderung von Zwangsarbeitern erfolgte dagegen vom Personalressort des jeweiligen Werks, denn die vom Reich zusammengestellten Zwangsarbeiterkontingente wurden formal zunächst den jeweils zuständigen staatlichen Verteilerstellen (Arbeitsämter, Rüstungskommandos, SS-WVHA) zugewiesen, die wiederum kleinere Gruppen von Zwangsarbeitern gemäß den vorliegenden Arbeitskräfteanforderungen nach eigenem Ermessen auf die Werke ihres Zuständigkeitsbereichs verteilten. Anfang November 1942 diskutierte der Vorstand der Daimler-Benz AG, auch die Verpflichtung von Zwangsarbeitern zentral zu koordinieren.[40] Dies scheint jedoch gescheitert zu sein.

Die Bemühungen der Daimler-Benz AG, ausländische Arbeitskräfte zu beschaffen, lassen sich in vier Kategorien einteilen: Anwerbung im Ausland, Überführung kompletter Belegschaftsteile ausländischer Firmen nach Deutschland, Anforderung bei deutschen Behörden und Übernahme der Belegschaft von „Aufnahmebetrieben". Zu erwähnen sind außerdem innerbetriebliche Umsetzungen, durch die aus freiwilligen Arbeitnehmern Zwangsarbeiter wurden.

---

39 Vgl. GUG-Interview Stolzenwald/D, S. 10.
40 Vgl. MBA VS-Prot. 4./5.11.1942, S. 29f.

Anwerbung im Ausland

Zunächst setzte die deutsche Industrie auf freiwillige ausländische Arbeitskräfte. Daimler-Benz hatte insofern eine günstige Ausgangsposition, als die Daimler-Benz AG das Renault-Werk in Boulogne-Billancourt und die Daimler-Benz Motoren GmbH (Genshagen) das Werk von Hispano-Suiza in Bois-Colombes „wehrwirtschaftlich" kontrollierten. Im April 1941 begannen die kommissarischen Verwalter in Billancourt mit der Anwerbung von Facharbeitern für ihre deutschen Daimler-Benz-Werke.[41] Da den Renault-Arbeitern große Versprechungen gemacht wurden – ein Handgeld, eineinhalbfacher Lohn, Urlaubsanspruch nach sechs Monaten, Unterstützung der Familie, Unterkunft, reichhaltige Verpflegung – meldeten sich immerhin 446, darunter 39 Frauen, freiwillig zur Arbeit nach Deutschland. Die Freiwilligenmeldungen hatten allerdings einen weitaus geringeren Umfang, als Daimler-Benz und die deutschen Behörden erhofft hatten.[42] Ähnlich magere Ergebnisse wird die Anwerbeaktion des Genshagener Werks im Februar 1942 „in Frankreich"[43] – sehr wahrscheinlich bei Hispano-Suiza[44] – gebracht haben.

Im Pariser Vorort Courbevoie unterhielt Daimler-Benz sogar eine eigene „Werbestelle". Noch bis mindestens Frühjahr 1942 gelang es dieser Stelle, Facharbeiter freiwillig für den Einsatz im Reich zu gewinnen. Mitte Juli 1942 verübte der französische Widerstand einen Bombenanschlag auf das Büro, wobei jedoch lediglich Sachschaden entstand.[45]

Auch aus den Niederlanden, Belgien, dem Protektorat Böhmen und Mähren und der Slowakei kamen nur wenige Freiwillige zu Daimler-Benz. Lediglich in Dänemark hatten die Anwerbemaßnahmen zunächst einigen Erfolg. Für die Werke Untertürkheim und Sindelfingen konnte die Daimler-Benz AG 1940 immerhin 400 dänische Facharbeiter anwerben.[46] Sehr wichtig für Daimler-Benz und andere deutsche Firmen war dabei immer wieder die Zusammenarbeit mit den lokalen Arbeitsämtern in den besetzten Ländern.[47] Auch aus dem befreundeten Italien kamen mehrere hundert Zivilarbeiter freiwillig zur Daimler-Benz AG, und weitere 1.400 gingen zur Daimler-Benz Motoren GmbH nach Genshagen.[48]

Den Ablauf einer solchen Anwerbeaktion beschreibt rückblickend ein ehemaliger Abteilungsleiter der Personalabteilung des Werks Genshagen:

Das ging alles immer über die Arbeitsämter. Das deutsche Arbeitsamt hat uns voravisiert. Wenn wir hinkamen, die wußten schon Bescheid. Die hatten uns dann auch ein Quartier schon bereitgestellt, die Zusammenarbeit war erstklassig. Und dann trafen wir uns da. Und am Amt

---

41   Vgl. Picard, L'épopée, S. 117; Brief Mauguy an GUG 30.3.1990, S. 3.
42   Vgl. Hatry, Service, S. 64f.; Picard, L'épopée, S. 166–168.
43   BA Potsdam 80 Ba 2/16354, Bl. 277.
44   Vgl. GUG-Interview Stolzenwald/D, S. 1.
45   Vgl. BAMA Freiburg RW 24/46, KTB RüIn A, Wochenbericht 25.–31.5.1942, Aktenvermerk betr. Bombenattentate auf Werbestellen 22.7.1942.
46   Dänisches Konsulatsarchiv Stuttgart, Dänische Staatsangehörige in Untertürkheim und Sindelfingen, 1.4.1942.
47   Vgl. GUG-Interview Stolzenwald/D, S. 2.
48   Vgl. BA Potsdam 80 Ba 2/16348, GB DBMG 1940, S. 15.

war dann da angeschlagen: Dann und dann könnt Ihr Euch mit deutschen Vertretern unterhal-
ten von der Firma Daimler Flugmotoren GmbH. Und das waren natürlich für die alles
böhmische Dörfer. Und die kamen dahin, und dann habe ich mir einen Dolmetscher besorgt,
und der hat denen dann erzählt, was ich ihm sagte. Und dann: »Wer hat Interesse? Handzei-
chen.« Und dann waren das 50 oder 60 oder so. Und dann nachher hatten wir ein Zimmer da,
und da konnten sie dann in Reih und Glied so langsam durch, und dann haben wir die
aufgenommen und gefragt: »Was haben Sie bisher gemacht?« Viele haben dann natürlich
bodenlos geschwindelt, was dann natürlich später ihr Nachteil war. Dann kamen sie hierher
[ins Werk Genshagen], und dann hieß es: »Was, Sie sind Dreher?« Von Drehen gar keine
Ahnung. Die hatten vielleicht eine Schraube in den Tisch gedreht.[49]

Überführung von Belegschaftsteilen ausländischer Firmen

War der Daimler-Benz-Vorstandsvorsitzende Wilhelm Kissel noch im Juni 1941 optimistisch gewesen, daß die von seinem Unternehmen gebotenen Konditionen gut genug seien, um viele französische Fachkräfte freiwillig zur Arbeit bei Daimler-Benz zu bewegen, so mußte er schon im September einräumen, daß die Anwerbeaktionen gescheitert waren. Er plante daher, „Teil-Belegschaften gewisser französischer Werke zum geschlossenen Einsatz in bestimmte Betriebe nach Deutschland zu überführen", wie er einem seiner Bevollmächtigten bei Renault in Paris mitteilte.[50] Französische Firmen, wie die oben genannten Renault, Unic und Terrot, wurden daraufhin ab 1942 über deutsche Besatzungsbehörden gezwungen, Arbeiter an deutsche Firmen abzugeben. Die Rüstungskommandos teilten den französischen Betrieben mit, wieviele Arbeiter sie im Zuge der Relève bereitzustellen hatten.[51] Auch belgische Unternehmen erhielten entsprechende Aufforderungen. Die Auswahl der Arbeiter war Sache der Firmen, die aus sozialen Gründen vor allem unverheiratete Männer nach Deutschland schickten.[52]

Im Falle Renault überschritt das geforderte Kontingent (Februar 1943: 4.568) bei weitem die Freiwilligenmeldungen (446). Obwohl Louis Renault eine Firmenpolitik der Erhaltung von Maschinen und Personal verfolgte und daher begrenzt mit den Deutschen zusammenarbeitete, war die Firma nicht bereit, die eigenen Arbeiter zum Reichseinsatz zu zwingen. Daher gingen die deutschen Besatzungsbehörden zu unmittelbaren Zwangsmaßnahmen über. Renault-Arbeiter wurden vor eine deutsch-französische Kommission berufen und dort unter Drohungen gezwungen, einen Arbeitsvertrag mit Daimler-Benz zu schließen. Von den 3.709 der auf diese Weise zum Arbeitseinsatz im Reich verpflichteten Renault-Arbeiter kamen die meisten zwischen Oktober 1942 und März 1943 in die Kfz-Werke von Daimler-Benz, also nach Untertürkheim, Sindelfingen, Mannheim, Gaggenau und Berlin-Marienfelde.[53] Die letzten Renault-Arbeiter gingen im Herbst 1943 nach Deutsch-

---

49   GUG-Interview Stolzenwald/D, S. 2.
50   Vgl. MBA Kissel XIII,1, Briefe Kissel an Schippert 28.6.1941, 11.9.1941, Zitat ebenda.
51   Vgl. Hatry, Service, S. 63f.
52   Vgl. GUG-Interviews A. de Laet/B, S. I, Lesage/F, S. 2, 5, White/F, S. 2.
53   Vgl. Hatry, Service, S. 64–69; Picard, L'épopée, S. 167–174; GUG-Interview Maréchal/F, S. 4.

land; Mitte Oktober 1943 wurde Renault-Billancourt im Zuge der von Speer initiierten Auftragsverlagerung als S-Betrieb[54] eingestuft und dadurch vor weiteren Dienstverpflichtungen geschützt.[55]

Ähnlich verlief die Verpflichtung von Arbeitern anderer westeuropäischer Unternehmen. Den bei der Société des Automobiles Unic in Courbevoie zur Arbeit ins Reich verpflichteten Arbeitern war ebenfalls schon bei der Vertragsunterzeichnung bekannt, daß sie in ein bestimmtes Werk von Daimler-Benz kommen sollten. Auch in Courbevoie war ein Vertreter von Daimler-Benz kommissarischer Verwalter.[56] Der Leitung des Automobilunternehmens Terrot in Dijon wurden im Oktober 1942 – vermutlich durch einen Vertreter Sauckels – Verträge über die Entsendung von Fachkräften zu Daimler-Benz angeboten. Ob mit Terrot tatsächlich ein Abkommen geschlossen wurde, ist nicht bekannt. Jedenfalls waren Terrot-Arbeiter im Daimler-Benz-Werk Mannheim beschäftigt.[57] In Sindelfingen arbeiteten spätestens ab Dezember 1942 Fachkräfte, die Peugeot nach Deutschland hatte schicken müssen.[58] Ebenso waren Arbeiter der Société Générale de Construction Mécanique bei Paris im Werk Berlin-Marienfelde und solche von Brampton-Renold aus Calais im Werk Mannheim.[59] Auch aus Belgien kam zumindest eine Gruppe geschlossen zu Daimler-Benz: Im März 1943 wurden mindestens 55 Arbeiter und Angestellte des in Mortsel bei Antwerpen ansässigen Photomaterial-Unternehmens Gevaert in das Daimler-Benz-Werk Sindelfingen geschickt.[60]

Die Daimler-Benz Motoren GmbH verpflichtete Facharbeiter aus dem Pariser Werk von Hispano-Suiza, das von Genshagen „wehrwirtschaftlich" überwacht wurde. Sehr nützlich erwies sich dabei aus Sicht des Flugmotorenwerks, daß der Direktor der Genshagener Exportabteilung als Luftwaffenoffizier im Stab des Kommandanten von Paris tätig war.[61]

---

54 „S-Betrieb": Das „S-" wurde uneinheitlich verwendet: Es konnte „Sperr-", „Speer-" oder „Schutz-" bedeuten; vgl. Eichholtz, Kriegswirtschaft II, S. XVI; Frankenstein, Arbeitskräfteaushebungen, S. 213; Hatry, Service, S. 65, Fußnote 8.

55 Vgl. Hatry, Service, S. 65, 71; Frankenstein, Arbeitskräfteaushebungen, S. 213, 217.

56 Vgl. Brief Nr. 33/F an DBAG 29.1.1986.

57 Vgl. Archives Générales du Département de la Côte d'Or, liaisse 40-M-538, Intendance Regionale de Police, Collaborateurs et miliciens, enquêtes individuelles, R, mai-juillet 1945; MSPF Brüssel Rap. 184-Tr. 65.105.

58 Vgl. GUG-Interview Dervieux/F, S. 2, Arbeitsbescheinigung Peugeot für Dervieux 4.12.1942.

59 Vgl. AN Paris 2 AG 81, SP 8, de B, Rapport au sujet des ouvriers de la SCGM travaillant à la Daimler-Benz-Werk 40, Berlin-Marienfelde; GUG-Interviews Baert/F, S. 2, White/F, S. 2, und Brief Maréchal/F an GUG 6.1.1988.

60 Vgl. GUG-Interview Voet/B, Anlage Namensliste, außerdem Boeckaerts/B, v.d.Brande/B, Bruneel/B, Bruyninckx/B, Cuypers/B, Daems/B, Depooter/B, Dhondt/B, Fierens/B, Florus/B, Guldentops/B, v. Ham/B, Hougardy/B, Huysmans/B, Knegtel/B, A. de Laet/B, J. de Laet/B, Michiels/B, Meuldermans/B, Mortelmans/B, v.d. Parre/B, G. Peeters/B, L. Peeters/B, Steijnen/ B, Valgaeren/B, v.d. Velde/B, Voet/B, v.d. Welk/B, alle jeweils S. 1f.

61 Vgl. GUG-Interview Stolzenwald/D, S. 1, 3f.

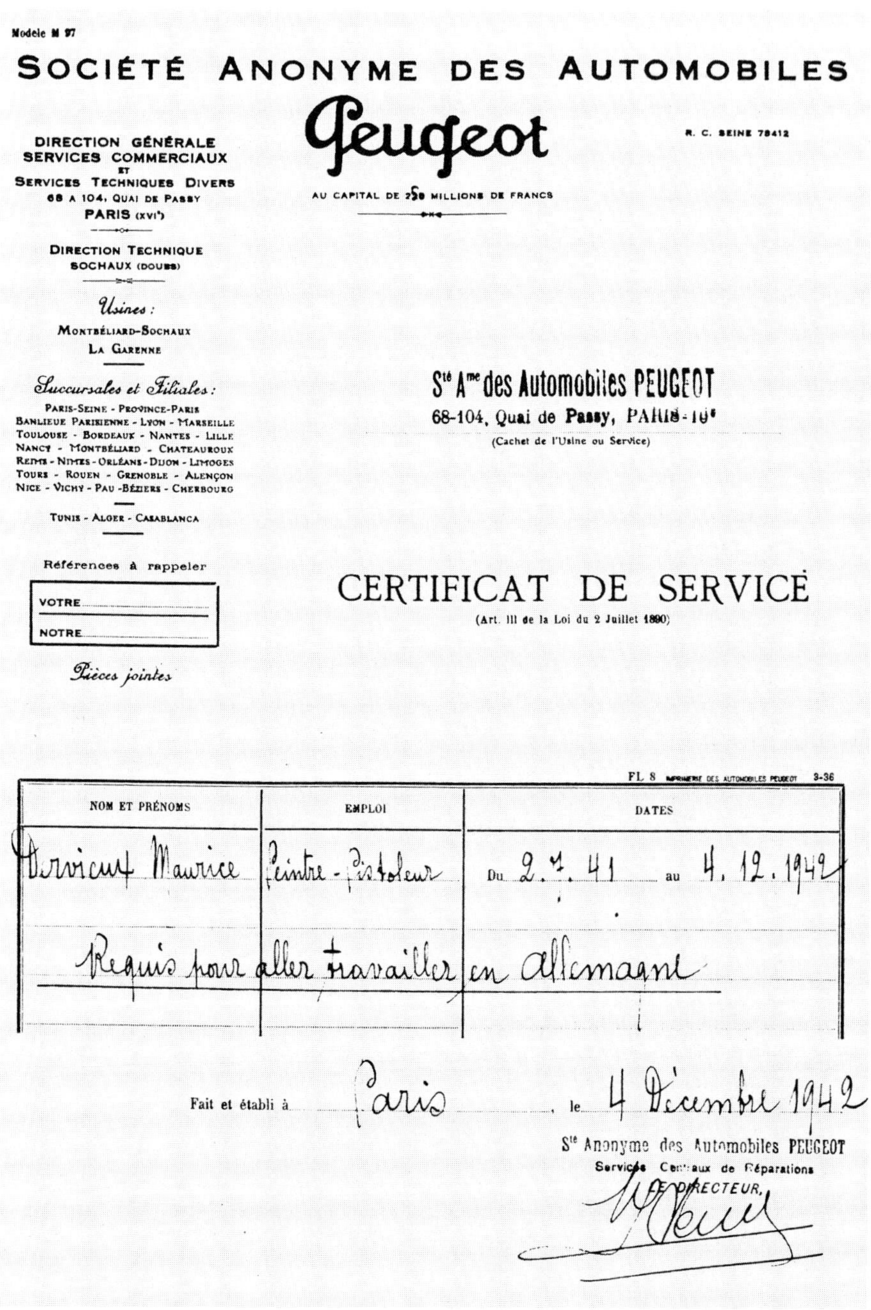

Modele M 97

SOCIÉTÉ ANONYME DES AUTOMOBILES

Peugeot

DIRECTION GÉNÉRALE
SERVICES COMMERCIAUX
ET
SERVICES TECHNIQUES DIVERS
68 A 104, QUAI DE PASSY
PARIS (XVI)

DIRECTION TECHNIQUE
SOCHAUX (DOUBS)

Usines :
MONTBÉLIARD-SOCHAUX
LA GARENNE

Succursales et Filiales :
PARIS-SEINE - PROVINCE-PARIS
BANLIEUE PARISIENNE - LYON - MARSEILLE
TOULOUSE - BORDEAUX - NANTES - LILLE
NANCY - MONTBÉLIARD - CHATEAUROUX
REIMS - NIMES - ORLÉANS - DIJON - LIMOGES
TOURS - ROUEN - GRENOBLE - ALENÇON
NICE - VICHY - PAU - BÉZIERS - CHERBOURG

TUNIS - ALGER - CASABLANCA

R. C. SEINE 78412

AU CAPITAL DE 250 MILLIONS DE FRANCS

Ste Ame des Automobiles PEUGEOT
68-104, Quai de Passy, PARIS-16e
(Cachet de l'Usine ou Service)

Références à rappeler
VOTRE
NOTRE

Pièces jointes

CERTIFICAT DE SERVICE
(Art. III de la Loi du 2 Juillet 1890)

FL 8 IMPRIMERIE DES AUTOMOBILES PEUGEOT 3-36

NOM ET PRÉNOMS	EMPLOI	DATES
Dervicux Maurice	Peintre-Pistoleur	Du 2. 7. 41 au 4. 12. 1942
Requis pour	aller travailler	en Allemagne

Fait et établi à Paris, le 4 Décembre 1942

Ste Anonyme des Automobiles PEUGEOT
Services Centraux de Réparations
LE DIRECTEUR,

Abb. 11: Bescheinigung eines bei Peugeot beschäftigten Arbeiters über die Zwangsverpflichtung nach Deutschland.

Anforderung bei Behörden

Die oben beschriebenen Methoden zur Rekrutierung ausländischer Arbeiter waren in der Regel nur Großunternehmen wie Daimler-Benz möglich. Der Normalfall, ab spätestens 1942 auch bei Daimler-Benz, war der Arbeitseinsatz über Behörden.

Dienstverpflichtete ausländische Zivilarbeiter, Kriegsgefangene und KZ-Häftlinge wurden Unternehmen grundsätzlich nur auf Anforderung zur Verfügung gestellt.[62] Allerdings mußten Unternehmen mit behördlichen Untersuchungen rechnen, wenn ihre Anforderungen erheblich unter denen vergleichbarer Firmen zurücklagen.[63] Da jedoch die meisten Betriebe ständig mehr Arbeitskräfte anforderten, als tatsächlich verfügbar waren, mußten die zuständigen Instanzen Kontingente zuteilen. Für den einzelnen Betrieb (nicht: Unternehmen) war dabei entscheidend, in welche Dringlichkeitsstufe seine Fertigung eingeordnet war. Werke, die als Rüstungsbetriebe eingestuft wurden, unterstanden der Betreuung durch einen der drei Wehrmachtsteilbereiche, also Heer, Marine oder Luftwaffe. Die zuständige Instanz, die unmittelbar Kontakt zum Rüstungsbetrieb hielt, war das Rüstungskommando (RüKdo), das einer Rüstungsinspektion (RüIn) untergeordnet war.[64] Innerhalb der Rüstungsbetriebe hatten bei der Anforderung von Arbeitskräften und Material diejenigen Priorität, die in die S- oder SS-Fertigung eingestuft worden waren. Vordringlich war seit März 1944 der Bedarf von Betrieben, die vom neugebildeten Jägerstab betreut wurden.[65]

Aufgrund ihrer rüstungswirtschaftlichen Bedeutung waren alle Daimler-Benz-Werke und einige Reparaturwerkstätten zumindest als Rüstungsbetriebe eingestuft. So arbeiteten etwa Gaggenau, Mannheim, Berlin-Marienfelde (Werk 40) und Königsberg für das Heer (Panzer, Lkw). Von der Marine betreut wurde das Werk 42 in Berlin-Marienfelde und nach der Verlagerung der S-Boot-Motorenfertigung von Marienfelde nach Untertürkheim das dortige Werk 60. Die größte rüstungswirtschaftliche Bedeutung neben dem Panzerwerk in Berlin-Marienfelde hatten die von der Luftwaffe betreuten Werke in Genshagen, Werk 90 in Berlin-Marienfelde, Rzeszów, Colmar, Nova Paka und deren Verlagerungen. Alle von der Luftwaffe betreuten Daimler-Benz-Werke wurden 1944 dem Jägerstab zugeordnet, so daß ihre Fertigung der höchsten Dringlichkeitsstufe angehörte.[66]

Die Anforderung von Arbeitskräften bei den Behörden unterlag in den ersten Kriegsjahren einem sehr umständlichen Verfahren: Der vom Betrieb angemeldete Bedarf wurde von nicht weniger als sieben Instanzen überprüft. Neben dem Rü-

---

62 Nur noch in der älteren Literatur wird das Gegenteil behauptet, z.B. in v. Knierim, Nürnberg, S. 515f.: Der Einsatz von Ausländern sei nur in Ausnahmefällen nicht auf behördlichen Zwang zurückzuführen. Vgl. dazu die Aussage von Karl Sommer, abgedruckt in: Ferencz, Lohn des Grauens, S. 266–274, hier S. 273; vgl. außerdem Eichholtz, Kriegswirtschaft II, S. 225.

63 Vgl. BA Koblenz R 41/228, Bl. 63f.

64 Die Rüstungskommandos wurden im Mai 1942 dem Reichsministerium für Bewaffnung und Munition unterstellt und wandelten sich dadurch faktisch von einer militärischen zu einer zivilen Behörde; vgl. Eichholtz, Kriegswirtschaft II, S. 70, 94.

65 Vgl. Milward, Kriegswirtschaft, S. 125–133, insbes. 131.

66 Vgl. BAMA Freiburg RL 3/5 bis 3/7, insbes. RL 3/5, Bl. 50, 56; Pohl/Habeth/Brüninghaus, Daimler-Benz, S. 68. Zum Jägerstab: Fröbe, Verlagerung, S. 398–400.

stungskommando, der wichtigsten Instanz[67], dem Arbeitsamt, dem Landesarbeitsamt und dem Reichsarbeitsministerium mußten außerdem noch der Treuhänder der Arbeit, die DAF und die NSDAP-Kreisleitung überzeugt werden. Ab etwa Mitte 1941 brauchte der anfordernde Betrieb nur noch die vier erstgenannten Stellen zu konsultieren.[68] Im September 1942 wurde das Verfahren weiter vereinfacht: Arbeitskräfteanforderungen von Rüstungsbetrieben liefen über das Arbeitsamt, dem der Bedarf in vierfacher Ausfertigung zu melden war. Besonders dringende Anforderungen wurden auf sogenannten Rotzetteln eingereicht, die vom Prüfungsausschuß des Rüstungskommandos anerkannt sein mußten.[69] Ab Herbst 1943 war je ein Bedarfsschein beim Rüstungskommando und beim Arbeitsamt einzureichen. Die wichtigsten Angaben auf den Bedarfsscheinen waren Anzahl, Geschlecht, Status, gegebenenfalls Ausbildung und beabsichtigter Einsatzbereich der gewünschten Arbeitskräfte. Beim Arbeitsamt, das ja auch Anforderungen von weniger wichtigen Betrieben erhielt, wurde der Bedarfsschein im wesentlichen zunächst nur registriert. Entscheidend war, ob das Rüstungskommando den Bedarf – in vollem oder gekürztem Umfang – anerkannte. Stimmte das Rüstungskommando zu, wies es das Arbeitsamt an, den Bedarf zu decken. Schließlich liefen ab Anfang 1944 die Anforderungen der Rüstungsbetriebe ausschließlich über die Rüstungskommandos, die mittlerweile dem Speer-Ministerium (RMfRuK) unterstellt waren.[70]

Da die Anforderungen stets höher waren, als Arbeitskräfte zur Verfügung standen, gaben die Betriebe – oft auch solche von Daimler-Benz[71] – einen überhöhten Bedarf an, um nach der wegen des Mangels zwangsläufigen Kontingentierung doch noch die gewünschte Zahl zu erhalten. Diese Praxis blieb den Behörden natürlich nicht verborgen und führte zu Konflikten mit den anfordernden Betrieben.[72]

Die beschriebenen Anforderungsverfahren galten sowohl für zivile ausländische Arbeitskräfte als auch für Kriegsgefangene.[73] KZ-Häftlinge mußte der Rüstungsbetrieb dagegen direkt in Berlin bei einer Behörde der SS, dem Anfang 1942 gegründeten Wirtschaftsverwaltungshauptamt (WVHA), Amtsgruppe D, anfordern.[74]

---

67 Im August 1940 teilte das Arbeitsamt Mannheim mit, es habe „keinen Einfluß auf die Zuteilung der [Arbeits-] Kräfte, vielmehr liegt dies in Händen von Wehrmachtdienststellen, die aufgrund von Dringlichkeitslisten die Zuteilung vornehmen" (BAMA Freiburg RW 21–44/2, Bl. 12). Damit können nur die Rüstungskommandos gemeint sein.

68 Vgl. BAMA Freiburg RW 20–5/9, Lagebericht der RüIn V 14.7.1941, S. 32.

69 Vgl. BAMA Potsdam WF–01/9739, Bl. 500; GLA Karlsruhe 237/24379, RüKdo-Besprechung 5.11.1942.

70 Vgl. BAMA Freiburg RW 20–5/15, Bl. 19; RW 21–59/2, Bl. 93–95 und 132–135. Die Aufzählung der unterschiedlichen Verfahren zur Anforderung von Arbeitskräften ist nicht vollständig, es hat noch mehr geringfügige Änderungen des Verfahrens gegeben.

71 Vgl. z.B. BAMA Freiburg RW 20–5/3, Sitzungsbericht Gruppe Arbeitseinsatz der Rüstungskommission V (Sitz: Stuttgart) 21.3.1944 und BA Koblenz R 70/Polen-78, Kurzbericht 25.5.1944.

72 Vgl. BA Koblenz R 41/260, Bl. 50f. (31.1.1942).

73 Bei der Anforderung von Kriegsgefangenen wandte sich das Arbeitsamt bzw. Rüstungskommando an das Stalag; vgl. IWM London FD 3063/49, Bl. 359.

74 Vgl. Aussage SS-Obersturmführer Karl Sommer, abgedruckt in: Ferencz, Lohn des Grauens, S. 266–274, hier S. 273; Eichholtz, Kriegswirtschaft II, S. 222.

Außerhalb des Reichsgebiets, wo die Zuständigkeiten nicht so strikt geregelt waren, konnten sich Betriebe auch direkt an Institutionen vor Ort wenden, die Zugriff auf Arbeiterkontingente hatten. So verhandelte die Leitung des Flugmotorenwerks Rzeszów im Sommer 1942 mit der SS, dem Rüstungskommando Krakau und dem Arbeitsamt Krakau über den Einsatz von zunächst 450, später insgesamt über 700 „Arbeitsjuden", die dann ab August dem Werk zugeteilt wurden. Kurz darauf, im September 1942, führte das Flugmotorenwerk Verhandlungen mit dem polnischen Baudienst über den Einsatz von Baudienstleuten als Arbeiter in Rzeszów, auch hierbei erfolgreich: Im November 1942 mußten 500 jüdische Zwangsarbeiter und 352 polnische Baudienstleute im Werk Rzeszów arbeiten.[75]

Bei der Rekrutierung der einzelnen Zwangsarbeitergruppen sind einige statusspezifische Besonderheiten zu unterscheiden.

Zivile Arbeitskräfte

Die zivilen Arbeiter wurden nach der Anreise mit der Bahn – Westarbeiter in der Regel in Personenwaggons, „Ostarbeiter" in Fracht- und Viehwaggons – entweder direkt von Daimler-Benz-Vertretern am Bahnhof abgeholt[76], oder sie kamen zunächst für einige Tage in Durchgangslager, z.B. Bietigheim bei Stuttgart[77] oder Rehbrücke in Potsdam[78]. Anschließend wurde gemäß einer vom Rüstungskommando bzw. Arbeitsamt bewilligten Anforderung eine entsprechende Anzahl Arbeitskräfte vom Durchgangslager zum anfordernden Werk geschickt. Häufig sandten die Unternehmen auch deutsche Mitarbeiter, vor allem Meister, in die Durchgangslager, um sich in Höhe des bewilligten Kontingents Arbeitskräfte selbst auszusuchen. Wichtigstes Kriterium waren in der Regel Vorkenntnisse, d.h. man war an Fach- oder angelernten Arbeitern interessiert. Da viele Arbeiter falsche Angaben über ihre Qualifikation machten, entschloß sich Daimler-Benz die Vorkenntnisse an Ort und Stelle zu überprüfen.[79]

Die Szenen, die sich bei der Rekrutierung von „Ostarbeiter/innen" abspielten, waren entwürdigend. Die damals 15jährige Sonia Grob erinnert sich:

> Wir wurden in Viehwagen von Rußland in die Nähe von Stuttgart gebracht, in ein Sammellager. Dieses Lager war in einem Wald, es waren Tausende Russen da, zum Teil schon seit einem Jahr. Sie waren krank und geschwächt und wurden mit Flinten geschlagen. Als sie uns junge Mädchen und Buben ankommen sahen, sagten sie: »Ja Kinder, wo kommt Ihr denn her? Bleibt

---

75   Beide Vorgänge in BAMA Freiburg RW 23/10, Bl. 21 und 39f. sowie in MBA VO 175/24. Vgl. dazu auch BA Potsdam 80 Re 1/4054, Bl. 54, und MBA VO 175/15, GB Flugmotorenwerke Reichshof 1942, S. 4.

76   Vgl. GUG-Interview Stolzenwald/D, S. 1. Beispiele: GUG-Interviews Delicaat/NL, S. 2, v. Gemert/NL, S. 2, Meyer/NL, S. 2, Sarrazin/F, S. 2.

77   Vgl. z.B. GUG-Interviews v.d.Andel/NL, S. 1, A. Braat/NL, S. 2, M. Braat/NL, S. 2, Deuil/F, S. 2, v. Dongen/NL, S. I, v.d. Gaag/NL, S. 2a, Gelly/F, S. 2, Hartkoorn/NL, S. 2, König/NL, S. 3, v.d. Laar/NL, S. 2, Lardinois/B, S. 2, v. Oort/NL, S. 2, Richter/NL, S. 1, v.d. Steen/NL, S. 1, Tendil/F, S. 2, Wijnbeek/NL, S. 1f., Nr. 330/SU, S. 2, Nr. 516/SU, S. 1.

78   Vgl. z.B. Nivault/F, S. 2, Poptie/NL, S. 2, Roland/F, S. 3, Strobos/NL, S. 4.

79   Vgl. z.B. GUG-Interviews Stolzenwald/D, S. 1–3, Strobos/NL, S. 4.

nicht hier, sonst sterbt Ihr wie wir!« Um das Lager war ein Elektrodraht. Wir mußten all unser Gepäck zur Desinfektion abgeben und uns dann nackt ausziehen, die Mädchen auf die eine Seite, die Buben auf die andere Seite. Dann mußten wir alle hintereinander unter die kalte Dusche und anschließend weiter in einen anderen Raum, in dem an langen Tischen deutsche Offiziere saßen, in grüner Uniform. Ein Mann mit weißem Kittel schaute uns an, auch die Zähne, dann hieß es »gesund«. Anschließend mußten wir draußen auf unsere desinfizierte Kleidung warten. Auch unsere Sachen bekamen wir wieder. Am nächsten Tag mußten wir zum Appell antreten. Von allen Seiten kamen Fabrikdirektoren und haben sich Arbeiter ausgesucht.[80]

In einigen Fällen suchten Vertreter von Daimler-Benz Zivilarbeiter im Gefängnis aus. Es handelte sich dabei um Ausländer, die wegen meist geringfügiger, zum Teil angeblicher Delikte für kurze Zeit von der Polizei oder der Gestapo inhaftiert und dann zum Arbeitseinsatz verpflichtet worden waren.[81]

Kriegsgefangene

Bei einer Anforderung von Kriegsgefangenen wurde das zuständige Kriegsgefangenen-Stammlager (Stalag) informiert, das dann ein Arbeitskommando einrichtete und die entsprechende Anzahl Kriegsgefangener bereitstellte. Zumindestens in den ersten Jahren wurden nicht alle Kriegsgefangenen zum Arbeitseinsatz gezwungen: Einige Stalags ließen die Lebensmittelpakete aus der Heimat und vom Roten Kreuz nur an diejenigen französischen Gefangenen verteilen, die sich für ein Arbeitskommando gemeldet hatten. Ein ehemaliger Daimler-Benz-Kriegsgefangener berichtet, die Leitung des Stalag habe bei Beschwerden der Gefangenen, die sich auf die Genfer Konvention beriefen, nur lakonisch verlauten lassen: „Keine Arbeit, kein Essen".[82] Auf diese Weise erreichten die Behörden, daß sich viele französische Kriegsgefangene „freiwillig" zur Arbeit meldeten.[83]

Ich kam im Mai 1940 ins Stalag IB [Hohenstein/Ostpreußen]. Das Essen war so schlecht, daß ich schnell begriff, daß ich arbeiten mußte, um zu überleben. Ich meldete mich »arbeitswillig«, und ein Delegierter von Daimler-Benz suchte 30 Spezialisten aus.[84]

Den sowjetischen Kriegsgefangenen dagegen ließ man keine Wahl. Aus Sicht des NS-Regimes bestand ja ihre einzige Daseinsberechtigung gerade in ihrer Rolle als Arbeitskraft.[85] Entsprechend wurden auch die italienischen Militärinternierten sofort in Arbeitskommandos eingeteilt.

---

80 GUG-Interview Grob/SU, S. I. Die Auswahl werden allerdings nicht Direktoren, sondern eher Angestellte oder Meister vorgenommen haben. Bei dem Lager handelt es sich sehr wahrscheinlich um Bietigheim.
81 Vgl. GUG-Interview Moureau/B, S. 2; MSPF Brüssel Rap. 547–Tr. 115.345, Ernest Dupont.
82 Vgl. GUG-Interview Terreaux/F, S. I.
83 Vgl. GUG-Interviews Barberi/F, S. I, und Terreaux/F, S. I.
84 GUG-Interview Cordier/F, S. 2.
85 Vgl. Streit, Keine Kameraden, S. 191, 201.

KZ-Häftlinge

Nur kriegswichtige Unternehmen konnten KZ-Häftlinge anfordern. Der Bedarf wurde im WVHA geprüft und im Falle der Bewilligung an ein Konzentrationslager weitergeleitet. An die „Einsatzfirma" erging die Aufforderung, sich „von dem vorhandenen Material in dem betreffenden KZ-Lager oder wenn nötig aus mehreren KZ-Lagern, die für sie am besten geeigneten Arbeitskräfte herauszusuchen".[86] Auch Daimler-Benz schickte Angestellte der Personalabteilung, Ingenieure oder Meister in die Lager, um KZ-Häftlinge auszusuchen. Ein ehemaliger polnischer KZ-Häftling, der vom KZ Dachau über das KZ Natzweiler in das Daimler-Benz-Werk Mannheim kam, erinnert sich:

> Wir wurden auf dem Appellplatz von einem Daimler-Benz-Vertreter in Zivil mit Gamsbarthut und einem SS-Offizier ausgesucht. Wir mußten nackt auf sie zulaufen und wurden mit der Peitsche »herausgefischt«, rechts oder links. Und so wurden wir von diesem Ingenieur des Daimler-Benz-Konzerns gekauft. Von uns Polen fuhren etwa 1.100. Sie brachten uns in Viehwaggons nach Mannheim.[87]

Ein ähnliches Erlebnis hatte eine junge Tschechin, die im Frauen-KZ Ravensbrück zur Arbeit im Flugmotorenwerk Genshagen ausgewählt wurde:

> Dann kam der eine Tag, wo wir wieder zum Appell aufgerufen wurden. Wir mußten uns auf dem Platz versammeln, und es kamen Herren von Daimler-Benz und suchten Mädels aus für Genshagen. Sie suchten junge Mädchen aus, die gesund aussahen. Wir mußten unsere Hände zeigen und die Zunge und die Zähne, so, wie wenn man Kühe kauft [...]. Ja, wir wurden ausgesucht wie Vieh, wir waren alle nackt, und die Herren prüften uns genau, sie sahen sich die Hände an, sahen in den Mund [...]. Und dann wurden wir auf einen Lastwagen aufgeladen, und auf diesem offenen Lastwagen sind wir nachts losgefahren.[88]

Andere Häftlinge aus Konzentrationslagern bzw. dem sogenannten Sicherungslager Schirmeck-Vorbruck kamen ohne Selektion zu Daimler-Benz.[89]

Die zur Arbeit abkommandierten Häftlinge wurden formal einem neuen Außenkommando zugeteilt und in ein Außenlager des KZ überführt, das in der Nähe des Einsatzortes oder sogar im Werk selbst lag bzw. neu errichtet wurde, manchmal von den Häftlingen selbst.[90] Zuständig für Unterbringung, Verpflegung und Bewachung war in aller Regel die SS oder der die entsprechende Fertigung betreuende Wehrmachtsteil.[91]

---

86 Aussage Karl Sommer, abgedruckt in: Ferencz, Lohn, S. 266–274, Zitat S. 273.
87 GUG-Interview Jarocki/PL, S. 2. Die Zahlenangabe ist korrekt. Vgl. auch GUG-Interviews Adamowski/PL, S. 2, Brydak/PL, S. 3f., Chmielowski/PL, S. 2, Kapusczinski/PL, S. 3, Krol/ PL, S. 3, E. Majewski/PL, S. 2, M. Majewski/PL, S. 2, Mankus/PL, S. 2, Misczkiewicz/PL, S. 2, Nowakowski/PL, S. 2, Przygoda/PL, S. 2, Zbrzeski/PL, S. 2.
88 GUG-Interview Nr. 110/CS, S. 5. Vgl. auch GUG-Interviews Chajlo/PL, S. 4, Kabacinska/PL, S. 3, Zapotoczna/PL, S. 3 (alle Ravensbrück).
89 Vgl. GUG-Interviews Rejmer/PL, S. 3 (Groß-Rosen), Kempler/D, S. 2, Krakowski/PL, S. 2, Robertson/PL, S. 2 (alle Rzeszów), Lagarde/F, S. 2, Miesch/F, S. 1, Rauber/F, S. 2, Schaeffer/ F, S. 2, Strauß/D, S. 3 (alle Schirmeck).
90 Vgl. GUG-Interview Gillen/L, S. 13.
91 So wurden z.B. im Flugmotorenteilwerk „Kranich" Luftwaffensoldaten zur Bewachung von KZ-Häftlingen eingesetzt. Die Bewacher wurden im Sommer 1944 geschlossen und größten-

Übernahme der Belegschaft von „Aufnahmebetrieben"

Viele ausländische Arbeitskräfte kamen durch Werksverlagerungen zu Daimler-
Benz. Dabei übernahm der „Verlagerungsbetrieb" Daimler-Benz nicht nur die
Gebäude und gegebenenfalls Maschinen des stillgelegten „Aufnahmebetriebs",
sondern auch die ausländische Belegschaft. Dies war z.B. in Wannweil der Fall, wo
nach der Beschlagnahme der Werkshallen der „Spinnerei & Weberei Wannweil"
die dort beschäftigten Zwangsarbeiter für Daimler-Benz weiterarbeiten mußten.[92]
Für das Verlagerungswerk in Weil der Stadt beantragte Daimler-Benz beim zuständigen Arbeitsamt die Übernahme der kompletten Belegschaft der dort für eine
Ausweichfertigung („Schwarzwald II") in Beschlag genommenen Wolldeckenfa-
brik.[93] Auch Kriegsgefangene wechselten auf diese Weise zu Daimler-Benz über:
Französische Kriegsgefangene der Firma Otto in Wendlingen, die den Betrieb im
Sommer 1943 zugunsten von Daimler-Benz einstellen mußte, wurden in die dorthin
verlagerte S-Boots-Motorenfertigung übernommen.[94]

Konzerninterne Umsetzungen

Neben der Rekrutierung von unternehmensfremden Fach- und Hilfskräften hatte
der Daimler-Benz-Konzern die Möglichkeit, Facharbeiter, die schon vor dem Krieg
bei Daimler-Benz arbeiteten, konzernintern umzusetzen. Diesen Weg hatte Daimler-Benz schon im Herbst 1939 beschritten, als für den Aufbau des Werks Genshagen (deutsche) Fachkräfte in Gaggenau ausgesucht und nach Genshagen „in Marsch
gesetzt wurden"[95].
    Nach diesem Muster wurden auch ausländische Daimler-Benz-Arbeiter ver-
setzt: So wurden komplette Werkstattabteilungen mit den dort beschäftigten Fach-
und Hilfskräften aus französischen, belgischen und niederländischen Daimler-Benz-
Niederlassungen bzw. -Reparaturbetrieben in die Werke und Werkstätten in Deutschland und den besetzten Gebieten Osteuropas verlegt. Ein Teil dieser ausländischen
Fachkräfte könnte durchaus freiwillig den Arbeitsplatz gewechselt haben, wie in
einer amtlichen Darstellung behauptet wurde[96], der überwiegende Teil verließ
jedoch ganz sicherlich unfreiwillig seine Heimat. Dadurch wurden Arbeiter, die in
einem normalen Arbeits- oder Ausbildungsverhältnis mit Daimler-Benz standen,
zwangsweise nach Deutschland oder noch weiter ostwärts in die Frontreparaturbe-

          teils gegen ihren Willen in die SS überführt; vgl. GUG-Interview Gillen/L, S. 18. Vgl. dazu
          Perz, Errichtung, S. 112, Fußnote 118.
92   Vgl. Bürgermeisteramt Wannweil XII/116, Bürgermeisteramt Reutlingen-Außenstelle Wann-
          weil an Polizeikommando Reutlingen-Stadt 5.6.1945, Anlage 4.6.1945; GUG-Interview Fa-
          vart/PL, S. 1.
93   Vgl. MBA Sifi 38/01, Aktennotiz 7.9.1944.
94   Vgl. KreisA Esslingen D1 Bü834, „Liste der französischen Kriegsgefangenen, die bei der Fa.
          Otto beschäftigt wurden".
95   Vgl. BA Potsdam 80 Ba 2/16354, Bl. 144.
96   Vgl. BA Koblenz R 97II/53, Reichsinnungsverband des Kfz-Handwerks an RWM 5.6.1941.

triebe und K-Werke überführt. Mit diesem unfreiwilligen Wechsel der Arbeitsstelle – Kündigung war nicht möglich – wurden aus diesen Arbeitnehmern Zwangsarbeiter.

Im Frühjahr 1941 wurden zum Beispiel 124 ortsansässige Facharbeiter aus Daimler-Benz-Werkstätten in Paris und Brüssel ins Generalgouvernement versetzt.

Tab. 7:   Umsetzungen französischer und belgischer Fachkräfte ins Generalgouvernement (vermutlich Juni 1941)

Werk	Ort versetzt:	Deutsche	Ausländer	davon ausl. Facharbeiter
DB-Werkstatt	in oder bei Brüssel	3	50 } 124	?
DB-Werkstatt	in oder bei Paris	5	74	?
DB-K-Werk	in oder bei Brüssel	4	63	56
DB-K-Werk	in oder bei Paris	22	235	213
Summe		34	422	

Quelle: BA Koblenz R 97 II/53.

Bei den Arbeitern aus dem „K-Werk Paris" handelte es sich sehr wahrscheinlich um Renault-Arbeiter aus der von Daimler-Benz geleiteten Panzerinstandsetzungswerkstatt, also Arbeiter, auf die Daimler-Benz erst durch die Kriegsereignisse Zugriff hatte. Über das K-Werk Brüssel liegen keine Informationen vor.

Im August 1942 forderte das Arbeitsamt Den Haag mehrere niederländische Kfz-Schlosser der dortigen Daimler-Benz-Niederlassung auf, entweder in der Daimler-Benz-Niederlassung Bremen oder Rostock zu arbeiten.[97] Ähnlich erging es Anfang 1943 französischen Fachkräften der Pariser Daimler-Benz-Niederlassung, die nach Mannheim versetzt wurden.[98] Auch hier hatten die Betroffenen keine Alternative zur geforderten Umsetzung: Es war ihnen nicht erlaubt, bei Daimler-Benz zu kündigen, um der Versetzung zu entgehen.

3.3.2 STATISTISCHER ÜBERBLICK

Bevor auf die einzelnen Zwangsarbeitergruppen im Detail eingegangen wird, soll hier zunächst einmal der zahlenmäßige Umfang des Zwangsarbeitereinsatzes bei Daimler-Benz dargestellt werden. Die nachfolgende Tabelle 8 beruht im wesentli-

---

97 Vgl. Kelderman in GUG-Interview Taal/NL, S. 4; GUG-Interviews Goud/NL, S. 2, Kelderman/NL, S. 2. Alle drei entschieden sich damals für Bremen, weil das näher an ihrer Heimat lag.

98 Vgl. GUG-Interview Thiévin/F, S. 2.

chen auf der Darstellung von Pohl/Habeth/Brüninghaus[99], die ihrerseits auf internen Personalmeldungen bei Daimler-Benz basiert, ist jedoch an einigen Stellen aufgrund neuerer Kenntnisse modifiziert worden. Außerdem werden Angaben oder Schätzungen für die Werke der Flugmotorenwerk Ostmark GmbH für die Jahre 1941 und 1942 – als Daimler-Benz die unternehmerische Leitung innehatte – sowie für den Einsatz von KZ-Häftlingen addiert. Die angegebenen Werte sind für die Jahre bis 1944 Jahresendzahlen (31. Dezember). Für 1945 wurde der 28. Februar als Stichtag ausgewählt. Um die Entwicklung des Einsatzes von KZ-Häftlingen bei Daimler-Benz besser nachvollziehbar zu machen, ist bei den KZ-Häftlingen eine zusätzliche Zeile für Ende Juni 1944 hinzugefügt. Der Juni wurde gewählt, weil für diesen Monat verhältnismäßig viele Angaben vorliegen. Für die anderen Zwangsarbeitergruppen konnten keine vollständigen Zahlen für diesen Monat gefunden werden. Die Korrekturen und Ergänzungen setzen sich im Einzelnen wie folgt zusammen:

Das Werk Mannheim muß 1944 und 1945 KZ-Häftlinge als Kriegsgefangene gezählt haben. Denn schon lange vor den Stichtagen 31.12.1944 und 28.2.1945 waren die französischen Kriegsgefangenen und italienischen Militärinternierten in den Zivilstatus überführt worden. Zudem decken sich die angegebenen Zahlen so gut mit den aus anderen Quellen überlieferten Angaben zum Bestand der KZ-Häftlinge in Mannheim, daß diese Verwechslung als ziemlich sicher angenommen werden kann. Die in den zeitgenössischen Daimler-Benz-Statistiken für 1944 und 1945 angegebenen Zahlen (448 bzw. 439) tauchen hier also nicht in der Zeile Kriegsgefangene, sondern in der Zeile KZ-Häftlinge auf.[100]

Die Angaben für Kriegsgefangene in Gaggenau wurden für die Jahre 1944 und 1945 von 58 auf 298 korrigiert, da in der Verlagerung „Dachsbau" des Werks Gaggenau 240 sowjetische Kriegsgefangene eingesetzt waren.[101] Die Zahl der KZ-Häftlinge wurde entsprechend den Angaben in Kapitel 3.3.5 geschätzt. Die 90 Häftlinge für Ende 1943 und Mitte 1944 sind Sicherungshäftlinge aus den beiden Verlagerungswerken in Schirmeck[102], die Werte 900 für Ende 1944 und Februar 1945 sind Schätzungen für das Stammwerk Gaggenau (ca. 300 Häftlinge im Lager Rotenfels) und für das Verlagerungswerk „Barbe" (ca. 600 Häftlinge).[103]

In der Verlagerung „Jaspis" (Rottenburg/Neckar) des Werks Sindelfingen mußten Ende 1944 ca. 250 Justizhäftlinge arbeiten. Sie werden hier den KZ-Häftlingen zugerechnet.[104]

Im Werk Berlin-Marienfelde 40 arbeiteten schon Ende 1940 zwölf Ausländer. Die Anzahl der deutschen Arbeiter wurde entsprechend nach unten korrigiert, da die Gesamtzahl für Ende 1940 stimmt.[105]

---

99 Vgl. Pohl/Habeth/Brüninghaus, Daimler-Benz, S. 136.
100 Vgl. unten S. 320–322, 424, 434f.
101 Vgl. unten S. 320.
102 Mittelung aus den Zeitzeugenangaben (50 bzw. 130).
103 Vgl. unten S. 367f.
104 Vgl. unten S. 422f.
105 Vgl. BAMA Potsdam WF–01/9738, Bl. 331f.

Für das Werk 90 werden für die Jahre 1941 bis 1945 100 bzw. 200 Kriegsgefangene hinzugerechnet, die merkwürdigerweise nicht in der Werksstatistik auftauchen, aber eindeutig dort arbeiten mußten. Die Zahlen sind aus Angaben in schriftlichen Quellen und Zeitzeugenberichten geschätzt.[106]

Die Angaben für KZ-Häftlinge in Genshagen Ende 1942 und Ende 1943
entstammen den Aussagen eines zuverlässigen Zeitzeugen, Arno Plock.[107] Die Zahl
für den Juni 1944 ergibt sich aus einer Fortschreibung der Angabe von Ende 1943
(312), zuzüglich einer Beschäftigtenmeldung aus dem Verlagerungswerk „Goldfisch" (2.129). Die Angaben für Ende 1944 und Februar 1945 errechnen sich aus
der gesicherten Angabe für weibliche KZ-Häftlinge in Genshagen (ca. 1.100), einer
Schätzung für „Goldfisch" (ca. 3.000) abzüglich der Transporte ins „Krankenlager"
Vaihingen/Enz (ca. 250 bis Ende 1944, ca. 370 bis Ende Februar 1945).[108]

Für das Flugmotorenwerk Ostmark GmbH mit den Werken in Wien, Brno und
Maribor liegen keine Jahresendwerte vor, sondern nur Zahlen für den November
1941 und den Oktober 1942. Die Zahlen für 1942 sind lediglich Gesamtzahlen der
Arbeiter und Angestellten, die Unterscheidung in zivile Ausländer und Kriegsgefangene mußte auf Grundlage von Quellen geschätzt werden.[109]

Bei den Angaben für das Werk Colmar muß berücksichtigt werden, daß die als
Deutsche gemeldeten Arbeiter fast alle Elsässer waren und sich überwiegend als
Franzosen verstanden. Nur die Vorarbeiter waren Deutsche aus dem „Altreich" von
vor 1937. Daher sind die Zahlen entsprechend umgeschichtet worden.[110] Dem
Werk werden für den Juni 1944 die 1.276 KZ-Häftlinge des Verlagerungswerks
„Kranich" bei Wesserling/Elsaß zugerechnet. Die Angaben für KZ-Häftlinge Ende
1944 und 1945 (200) beziehen sich auf die geschätzte Größe des Arbeitskommandos der Verlagerung „Elster" in Sachsen. Diese Schätzung ist ziemlich ungesichert,
es könnten auch gar keine oder sogar 400 KZ-Häftlinge für Daimler-Benz gearbeitet haben.[111]

Die Angaben der KZ-Häftlinge in Rzeszów können dagegen als relativ sicher
angesehen werden.[112]

Bei den K-Werken müssen die Angaben von Daimler-Benz ganz erheblich
nach oben korrigiert werden. So müssen dem Groß-K-Werk Minsk und seinen
Verlagerungswerken für 1942 und 1943 ca. 2.000, für 1944 und Februar 1945 ca.
1.000 sowjetische Kriegsgefangene hinzugerechnet werden. Für das K-Werk Riga
schließlich liegt eine Schätzung von ca. 150 KZ-Häftlingen vor.[113]

---

106 Vgl. unten S. 322–324.
107 Vgl. Plock, Erlebnisbericht, S. 2–4 und S. 27.
108 Vgl. unten S. 384f., 400, 402f., 410.
109 Vgl. unten S. 251, 333.
110 Vgl. unten S. 247–249.
111 Vgl. unten S. 420.
112 Vgl. unten S. 358f.
113 Vgl. unten S. 295 und S. 378.

Tab. 8: Die Zusammensetzung der Belegschaft des Daimler-Benz-Konzerns 1932, 1935 und 1938 bis 1945 (absolut)

Jahr	UT	MA	GG	SI	MF 40	MF 90	KÖ	BA	VS	AG	Ausl.	GH	FOW	CO	RZ	NP	K-W	BS	Konzern
Deutsche und Österreicher 1932	3084	459	1615	1487	217	0	0	0	1988	8850	251	0	0	0	0	0	0	47	9148
1935	7817	1839	5390	5140	1694	1012	0	0	3720	26612	255	0	0	0	0	0	0	130	26997
1938	11389	3205	6336	6462	3067	2468	60	0	6392	39379	284	6828	0	0	0	0	0	222	46713
1939	10510	3231	5083	5539	3026	2322	129	0	5855	35695	249	6845	0	0	0	0	0	190	42979
1940	11370	3653	4562	6460	3681	2470	269	0	5599	38064	264	8363	0	0	0	0	0	177	46868
1941	11535	3458	4733	6306	4216	2459	234	0	4882	37823	240	7895	7246	136	122	0	233	146	53841
1942	11458	3038	4260	5155	3489	2262	219	0	4488	34369	288	7135	5500	168	157	0	133	111	47861
1943	10075	2915	3859	4718	3366	2008	176	462	3856	31345	287	8084	0	265	467	0	51	107	40696
1944	9518	2904	3333	3844	3275	2129	177	484	4357	30021	63	6075	0	294	0	107	47	98	36705
1945	9045	2816	3313	3498	3335	1989	177	477	4357	29007	65	3802	0	133	0	91	47	93	33238
zivile Ausländer 1940	0	0	0	0	12	0	0	0	0	12	0	0	0	0	0	0	0	0	12
1941	1110	16	47	204	362	375	5	0	502	2621	0	1899	5000	605	2390	0	741	0	13256
1942	3655	696	927	827	1568	813	22	0	1188	9696	0	6011	3800	1206	3372	0	1217	23	25325
1943	3970	817	751	2159	2082	772	133	30	1430	12144	0	5542	0	1419	3681	0	1001	14	23801
1944	4785	1249	602	1488	2550	1100	175	41	1360	13350	0	6631	0	1449	0	4107	1411	10	26958
1945	4575	1155	601	1223	2528	1005	175	39	1360	12661	0	3010	0	2850	0	4131	1411	13	24076
Kriegsgefangene 1940	0	0	0	0	190	0	28	0	147	365	0	267	0	0	0	0	0	0	632
1941	341	98	97	333	104	100	68	0	344	1485	0	428	2200	0	0	0	0	0	4113
1942	479	189	120	294	199	100	127	0	486	1994	0	793	1900	0	0	0	2037	0	6724
1943	374	309	357	415	288	216	46	14	522	2541	0	799	0	250	48	0	2000	0	5638
1944	260	0	298	246	0	200	12	32	313	1361	0	2146	0	290	0	0	1090	0	4887
1945	260	0	298	245	0	200	12	32	313	1360	0	1137	0	0	0	0	1090	0	3587

	UT	MA	GG	SI	MF40	MF90	KÖ	BA	VS	AG	Ausl	GH	K-W	FOW	RZ	BS	CO	NP	Konzern
KZ-Häftlinge																			
1941	0	0	0	0	0	0	0	0	0	0	0	0	0	0	150	0	0	0	150
1942	0	0	0	0	0	0	0	0	0	0	0	180	0	0	500	0	0	0	680
1943	0	0	0	0	0	0	0	0	0	90	0	312	0	0	300	0	150	0	852
6/1944	0	0	0	0	0	0	0	0	0	90	0	2441	0	1276	260	0	0	0	4067
12/1944	0	0	0	0	0	0	0	0	0	1598	0	3850	0	200	0	0	0	0	5648
1945	0	0	0	0	0	0	0	0	0	1339	0	3730	0	200	0	0	0	0	5269
Gesamt																			
1932	3084	459	1615	1487	217	0	0	0	1988	8850	251	0	0	0	0	0	0	47	9148
1935	7817	1839	5390	5140	1694	1012	0	0	3720	26612	255	0	0	0	0	0	0	130	26997
1938	11389	3205	6336	6462	3067	2468	60	0	6392	39379	284	6828	0	0	0	0	0	222	46713
1939	10510	3231	5083	5539	3026	2322	129	0	5855	35695	249	6845	0	0	0	0	0	190	42979
1940	11370	3653	4562	6460	3883	2470	297	0	5746	38441	264	8630	0	0	0	0	0	177	47512
1941	12986	3572	4877	6843	4682	2934	307	0	5728	41929	240	10222	14446	741	2662	0	974	146	71360
1942	15592	3923	5307	6276	5256	3175	368	0	6162	46059	288	14119	11200	1374	4029	0	3387	134	80590
1943	14419	4041	5057	7292	5736	2996	355	506	5808	46210	287	14737	0	1934	4496	0	3202	121	70987
1944	14563	4601	5133	5828	5825	3429	364	557	6030	46330	63	18702	0	2233	0	4214	2548	108	74198
1945	13880	4410	5112	4966	5863	3194	364	548	6030	44367	65	11679	0	3183	0	4222	2548	106	66170

Stichtag jeweils 31.12. bzw. 28.2.1945

Abkürzungen der Werke: UT – Untertürkheim, MA – Mannheim, GG – Gaggenau, SI – Sindelfingen, MF40 – Berlin-Marienfelde 40, MF90 – Berlin-Marienfelde 90, KÖ – Königsberg, BA – Backnang, VS – Verkaufsstellen Inland, AG – Daimler-Benz AG, Ausl. – Verkaufsstellen Ausland, GH – Genshagen, FOW – Flugmotorenwerke Ostmark, CO – Colmar, RZ – Rzeszów, NP – Nova Paka, K-W – Kriegswerke, BS – Bruchsal, Konzern – Daimler-Benz-Konzern

Quelle: siehe Text

Tab. 8: Die Zusammensetzung der Belegschaft des Daimler-Benz-Konzerns 1932, 1935 und 1938 bis 1945 (in %)

Jahr	UT	MA	GG	SI	MF 40	MF 90	KÖ	BA	VS	AG	Ausl.	GH	FOW	CO	RZ	NP	K-W	BS	Konzern
Deutsche und Österreicher																			
1932	100,0	100,0	100,0	100,0	100,0				100,0	100,0	100,0							100,0	100,0
1935	100,0	100,0	100,0	100,0	100,0				100,0	100,0	100,0							100,0	100,0
1938	100,0	100,0	100,0	100,0	100,0	100,0	100,0		100,0	100,0	100,0	100,0						100,0	100,0
1939	100,0	100,0	100,0	100,0	100,0	100,0	100,0		100,0	100,0	100,0	100,0						100,0	100,0
1940	100,0	100,0	100,0	100,0	94,8	100,0	90,6		97,4	99,0	100,0	96,9						100,0	98,6
1941	88,8	96,8	97,0	92,2	90,0	83,8	76,2		85,2	90,2	100,0	77,2	50,2	18,4	4,6		23,9	100,0	75,4
1942	73,5	77,4	80,3	82,1	66,4	71,2	59,5		72,8	74,6	100,0	50,5	49,1	12,2	3,9		3,9	82,8	59,4
1943	69,9	72,1	76,3	64,7	58,7	67,0	49,6	91,3	66,4	68,0	100,0	54,9		13,7	10,4		1,6	88,4	57,3
1944	65,4	63,1	64,9	66,0	56,2	62,1	48,6	86,9	72,3	64,8	100,0	32,5		13,2		2,5	1,8	90,7	49,5
1945	65,2	63,9	64,8	70,4	56,9	62,3	48,6	87,0	72,3	65,4	100,0	32,6		4,2		2,2	1,8	87,7	50,2
zivile Ausländer																			
1940	0,0	0,0	0,0	0,0	0,3	0,0	0,0		0,0	0,0	0,0	0,0						0,0	0,0
1941	8,5	0,4	1,0	3,0	7,7	12,8	1,6		8,8	6,3	0,0	18,6	34,6	81,6	89,8		76,1	0,0	18,6
1942	23,4	17,7	17,5	13,2	29,8	25,6	6,0		19,3	21,1	0,0	42,6	33,9	87,8	83,7		35,9	17,2	31,4
1943	27,5	20,2	14,9	29,6	36,3	25,8	37,5	5,9	24,6	26,3	0,0	37,6		73,4	81,9		31,3	11,6	33,5
1944	32,9	27,1	11,7	25,5	43,8	32,1	48,1	7,4	22,6	28,8	0,0	35,5		64,9		97,5	55,4	9,3	36,3
1945	33,0	26,2	11,8	24,6	43,1	31,5	48,1	7,1	22,6	28,5	0,0	25,8		89,5		97,8	55,4	12,3	36,4
Kriegsgefangene																			
1940	0,0	0,0	0,0	0,0	4,9	0,0	9,4		2,6	0,9	0,0	3,1						0,0	1,3
1941	2,6	2,7	2,0	4,9	2,2	3,4	22,1		6,0	3,5	0,0	4,2	15,2	0,0	0,0		0,0	0,0	5,8
1942	3,1	4,8	2,3	4,7	3,8	3,1	34,5		7,9	4,3	0,0	5,6	17,0	0,0	0,0		60,1	0,0	8,3
1943	2,6	7,6	7,1	5,7	5,0	7,2	13,0	2,8	9,0	5,5	0,0	5,4		12,9	1,1		62,5	0,0	7,9
1944	1,8	0,0	5,8	4,2	0,0	5,8	3,3	5,7	5,2	2,9	0,0	11,5		13,0		0,0	42,8	0,0	6,6
1945	1,9	0,0	5,8	4,9	0,0	6,3	3,3	5,8	5,2	3,1	0,0	9,7		0,0		0,0	42,8	0,0	5,4

	UT	MA	GG	SI	MF40	MF90	KÖ	BA	VS	AG	Ausl.	GH	FOW	CO	RZ	NP	K-W	BS	Konzern
KZ-Häftlinge																			
1941	0,0	0,0	0,0	0,0	0,0	0,0		0,0	0,0	0,0							0,0	0,0	0,2
1942	0,0	0,0	0,0	0,0	0,0	0,0		0,0	0,0	1,3							0,0	0,0	0,8
1943	0,0	1,8	0,0	0,0	0,0	0,0	0,0	0,0	0,0	2,1		5,6					4,7	0,0	1,2
1944	9,7	17,5	4,3	0,0	0,0	0,0	0,0	3,4	0,0	20,6	0,0	12,4		0,0			0,0	0,0	7,6
1945	10,0	17,6	0,0	0,0	0,0	0,0	0,0	3,0	0,0	31,9	0,0	6,7		0,0			0,0	0,0	8,0
Ausländer und KZ-Häftlinge																			
1940	0,0	0,0	0,0	5,2	0,0	9,4		1,0	0,0	3,1								0,0	1,4
1941	11,2	3,0	7,8	10,0	16,2	23,8		9,8	0,0	22,8		81,6	95,4		76,1			0,0	24,6
1942	26,5	19,7	17,9	33,6	28,8	40,5		25,4	0,0	49,5		87,8	96,1		96,1			17,2	40,6
1943	30,1	23,7	35,3	41,3	33,0	50,4	8,7	32,0	0,0	45,1		86,3	89,6		98,4			11,6	42,7
1944	34,6	35,1	34,0	43,8	37,9	51,4	13,1	35,2	0,0	67,5	49,8	86,8		97,5	98,2			9,3	50,5
1945	34,8	35,2	29,6	43,1	37,7	51,4	13,0	34,6	0,0	67,4	50,9	95,8		97,8	98,2			12,3	49,8

Stichtag jeweils 31.12. bzw. 28.2.1945

Abkürzungen der Werke: UT – Untertürkheim, MA – Mannheim, GG – Gaggenau, SI – Sindelfingen, MF40 – Berlin-Marienfelde 40, MF90 – Berlin-Marienfelde 90, KÖ – Königsberg, BA – Backnang, VS – Verkaufsstellen Inland, AG – Daimler-Benz AG, Ausl. – Verkaufsstellen Ausland, GH – Genshagen, FOW – Flugmotorenwerke Ostmark, CO – Colmar, RZ – Rzeszów, NP – Nova Paka, K-W – Krigswerke, BS – Bruchsal, Konzern – Daimler-Benz-Konzern

Quelle: siehe Text

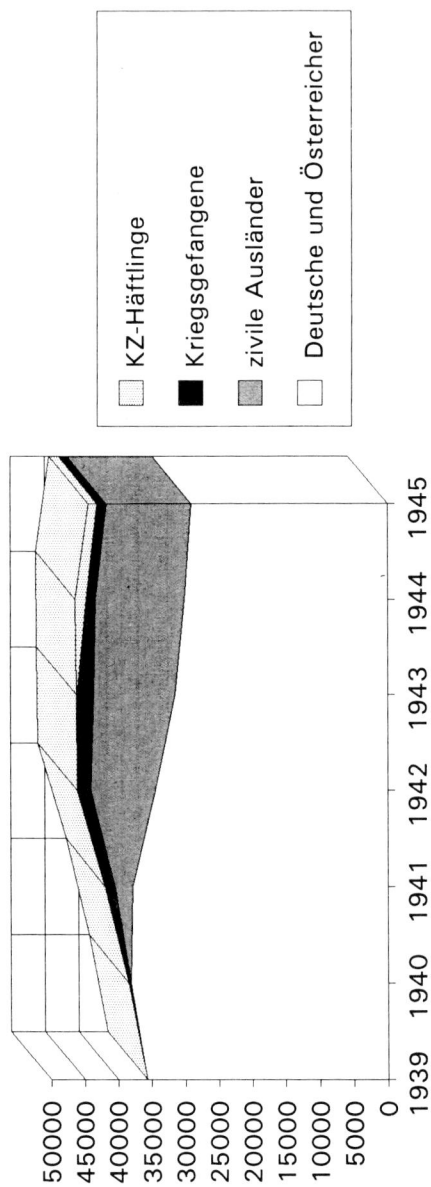

Belegschaftsentwicklung Daimler-Benz AG 1939-1945

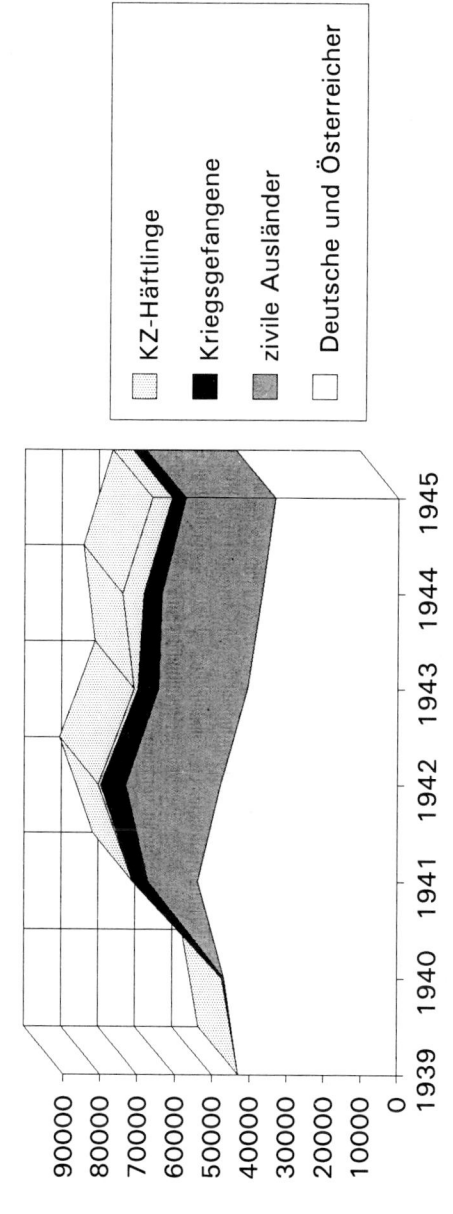

Belegschaftsentwicklung Daimler-Benz-Konzern 1939-1945

Zu beachten ist, daß die Anzahl der KZ-Häftlinge hier eher vorsichtig geschätzt worden ist. So sind die Häftlinge, die möglicherweise 1943/44 in Berlin-Marienfelde eingesetzt wurden, nicht mitgezählt, da weder ihre Anzahl bekannt ist, noch, ob sie überhaupt regelmäßig im Daimler-Benz-Werk arbeiten mußten. Nicht berücksichtigt wurden außerdem die KZ-Häftlinge in der Daimler-Benz-Verlagerung „Esche", die Teil des Gemeinschaftsverlagerungswerks „Doggerwerk" war. Wieviele der dort eingesetzten ca. 6.000 KZ-Häftlinge für Daimler-Benz, eines von 17 beteiligten Unternehmen, arbeiteten, konnte nicht annähernd ermittelt werden. Vermutlich waren es „nur" einige Hundert.

Andererseits sind auch KZ-Häftlinge mitgezählt worden, die für den Bau einer Daimler-Benz-Verlagerung arbeiten mußten (sogenannte „Bauhäftlinge"). Es wird immer umstritten bleiben, ob diese Häftlinge der Produktionsfirma zugerechnet werden sollten oder der SS-Bauleitung. Im Falle Daimler-Benz ist beispielsweise für das Verlagerungswerk „Goldfisch" bekannt, daß sich die Genshagener Werksleitung von Beginn an intensiv um den Bau kümmerte und ihr die Zustände im Werk keineswegs verborgen blieben.

Trotz aller Unsicherheiten[114] dürften die hier angegebenen Gesamtzahlen ziemlich gut die Realität widerspiegeln, insbesondere, wenn man bedenkt, daß Daimler-Benz die Produktion Ende 1944 auf knapp 60 Produktionsstätten verteilt hatte. Eine Abweichung um mehr als 1.000 Beschäftigte nach oben oder unten halten wir für sehr unwahrscheinlich.

Die Tabelle und die Übersichten zeigen deutlich den starken Anstieg des Einsatzes ausländischer Arbeiter bei Daimler-Benz. Während sich die Belegschaft der Daimler-Benz AG auf dem Höhepunkt der Ausländerbeschäftigung Ende 1944[115] immerhin noch zu fast zwei Dritteln aus Deutschen zusammensetzte, waren in den Konzernwerken Deutsche nur noch in führenden Positionen tätig. Im Großserienproduktionswerk Genshagen war 1944 lediglich ein Drittel der dort eingesetzten Arbeiter und Angestellten deutscher Nationalität. In den ausländischen Konzernwerken bestand die Belegschaft fast ausschließlich aus nichtdeutschen Arbeitern und einer Angestelltenschaft, die sich teils aus Nichtdeutschen, teils – vor allem in den führenden Positionen – aus Deutschen zusammensetzte.

Innerhalb der deutschen Werke ist auffällig, daß vor allem die jüngeren Werke – Marienfelde[116], Genshagen und Königsberg – einen vergleichsweise geringen Anteil deutscher Arbeiter und Angestellten aufweisen. Dies ist darauf zurückzuführen, daß ihre erst in den dreißiger Jahren gewachsene Belegschaft überproportional mehr jüngere Facharbeiter aufwies als die alten Stammwerke in Untertürkheim, Mannheim, Gaggenau und Sindelfingen. Von den Einberufungsaktionen der Wehrmacht wurden daher die neuen Werke stärker betroffen als die alten.

---

114 Mit ziemlich genau denselben Schwierigkeiten ist auch die Forschergruppe um Hans Mommsen konfrontiert, die u.a. den Zwangsarbeitereinsatz im Volkswagenwerk untersucht, vgl. Mommsen, Geschichte, S. 55–70.

115 Der tatsächliche Höhepunkt wird im dritten Quartal des Jahres 1944 erreicht worden sein, verfügbar sind jedoch nur Jahresendzahlen.

116 Das 1902 errichtete Werk 40 lag von 1927 bis 1934 still.

3.3.3 FREIWILLIGE UND UNFREIWILLIGE ZIVILE AUSLÄNDISCHE ARBEITSKRÄFTE

3.3.3.1 Überblick

Unter den im Daimler-Benz-Konzern während des Krieges eingesetzten ausländischen Arbeitskräften bildeten Zivilarbeiter die mit Abstand zahlenmäßig stärkste Gruppe. Eingesetzt waren sie in allen Werken, zahlreichen Reparaturwerkstätten und Niederlassungen – auch in den besetzten Gebieten. Bereits im März 1940 spielte der Geschäftsführer des Werkes Genshagen, Karl C. Müller, mit dem Gedanken, Arbeitskräfte aus Polen in Genshagen zu beschäftigen.[1] Der früheste Nachweis über den tatsächlichen Einsatz ausländischer Zivilarbeiter liegt für September 1940 vor, als im Werk 40 in Berlin-Marienfelde ein Schwede, ein Tscheche, drei Schweizer, drei Polen, ein Italiener und drei staatenlose Arbeitskräfte arbeiteten.[2]

Den bedeutendsten Zuwachs an ausländischen Zivilarbeitern erfuhren die auf deutschem Gebiet liegenden Daimler-Benz-Werke 1942 und 1943.[3] In diesem Zeitraum wurden zahlreiche Arbeitskräfte aus Belgien, Frankreich und den Niederlanden im Zuge der „Sauckel-Aktionen" zum „Arbeitseinsatz" ins Deutsche Reich verschleppt. Darüber hinaus trafen die Massentransporte sowjetischer Zwangsarbeiter, der sogenannten „Ostarbeiter", ein. Spätestens ab Juni 1942 wurden sowjetische Arbeitskräfte in allen auf deutschem Gebiet liegenden Daimler-Benz-Werken eingesetzt.[4] Daimler-Benz bemühte sich besonders um die Zuweisung weiblicher sowjetischer Arbeitskräfte, da deren Arbeitsleistung bereits nach kurzer Zeit sehr positiv bewertet wurde. So vertrat der Vorstandsvorsitzende Wilhelm Haspel auf einer Vorstandssitzung im November 1942 die Auffassung,

> möglichst 50 oder 70% russische Frauen hereinzunehmen, den Kreuzweg zu gehen, 3 Monate Ausschuß zu haben, bis sie angelernt sind, aber dann über Arbeitskräfte zu verfügen, die man wirklich hat.[5]

Bereits im April 1942 hatte sich auch Haspels Vorgänger Wilhelm Kissel um die Zuweisung russischer Zivilarbeiter durch die Landesarbeitsämter bemüht.[6]

Während zwischen 1943 und 1944 die Zahl der ausländischen Zivilarbeiter in einigen Daimler-Benz-Werken noch einmal stark zunahm, machte sich in anderen, wie beispielsweise Sindelfingen, bereits eine rückläufige Entwicklung bemerkbar.

---

1 Vgl. MBA Kissel IX, 3, Müller (Genshagen) an Kissel, 14.3.1940, und Forstmeier 22, Aktennotiz K.C. Müller über Besprechung mit Oberregierungsrat Dr. Hildebrandt, 14.3.1940. Inwieweit dieses Vorhaben bereits zum damaligen Zeitpunkt realisiert wurde, ist allerdings nicht bekannt.

2 Vgl. BAMA Potsdam WF-01/9738, Bl. 331/2, Kriegstagebuch RüKdo Berlin II 25.8.39–31.5.42. Während es sich bei dem Schweden, den Schweizern und dem Italiener um Freiwillige gehandelt haben muß, ist unklar, ob der Tscheche und die polnischen Zivilarbeiter freiwillig oder als Zwangsverpflichtete zu Daimler-Benz kamen.

3 Vgl. Tabelle 9, S. 106.

4 Der Juni 1942 bildete, nicht nur bei Daimler-Benz, den Höhepunkt der Transporte sowjetischer Arbeitskräfte ins Deutsche Reich: Vgl. dazu Müller, Rekrutierung, S. 235.

5 MBA VS-Protokolle, Protokoll der Vorstandssitzung vom 4./ 5.11.1942, S. 30.

6 Vgl. MBA Kissel XIII, 1, Kissel an Griep, 14.4.1942.

Zu den letzten zwangsweise zu Daimler-Benz deportierten Arbeitskräften gehörte u.a. eine Gruppe von Italienern, die als Opfer der berüchtigten „Säuberungsaktionen" ab Mitte 1944 in Berlin-Marienfelde, Gaggenau, Mannheim und möglicherweise auch im Werk Sindelfingen eingesetzt wurden.[7]

Den höchsten Stand erreichte der Einsatz von ausländischen Zivilarbeitern im gesamten Daimler-Benz-Konzern erst Ende 1944 mit rund 27.000 Arbeitskräften, die sich folgendermaßen auf die Werke und Niederlassungen verteilten:

Tab. 9:   Anzahl der ausländischen Zivilarbeiter im Daimler-Benz-Konzern 1940 bis 1945

	1940	1941	1942	1943	1944	1945
Untertürkheim	0	1110	3655	3970	4785	4575
Sindelfingen	0	204	827	2159	1488	1223
Backnang	0	0	0	30	41	39
Mannheim	0	16	696	817	1249	1155
Gaggenau	0	47	927	751	602	601
Marienfelde 40/42	12	362	1568	2082	2550	2528
Marienfelde 90	0	375	813	772	1100	1005
Königsberg	0	5	22	133	175	175
Niederlassungen	0	502	1188	1430	1360	1360
AG gesamt	12	2621	9696	12144	13350	12661
Genshagen	0	1899	6011	5542	6631	3010
Colmar	0	605[a]	1206[a]	1419[a]	1449[a]	2850[a]
FOW Ostmark	0	5000	3800	0	0	0
Bruchsal	0	0	23	14	10	13
Rzeszów	0	2390	3372	3681	0	0
Nova Paka	0	0	0	0	4107	4131
K–Werke	0	741	1217	1001	1411	1411
Konzern gesamt	12	13256[a]	25325[a]	23801[a]	26958[a]	24076[a]

Stichtag jeweils 31.12. bzw. 28.2.1945
a Schätzwert

Quelle: Pohl/Habeth/Brüninghaus, Daimler-Benz , S. 136; BAMA Potsdam WF-01/9738 Bl. 331/2 und eigene Berechnungen der Autorin. Zahlen für Colmar und Marienfelde korrigiert. Da die elsässischen Arbeitskräfte in den Statistiken als deutsche Arbeitskräfte geführt wurden, aber hier wie ausländische Zivilarbeiter behandelt werden, wurde die Tabelle entsprechend korrigiert. Nach Zeitzeugenaussagen sollen in Colmar nur wenige Deutsche gearbeitet haben. Darüber hinaus muß darauf hingewiesen werden, daß die 1943 und 1944 in den Zivilarbeiterstatus überführten französischen und italienischen Kriegsgefangenen von diesem Zeitpunkt an in den Zivilarbeiterstatistiken geführt wurden.

7   Vgl. Kapitel 3.3.3.2.

Über das zahlenmäßige Verhältnis zwischen ausländischen und deutschen Belegschaftsmitgliedern äußerte Anfang November 1944 der Daimler-Benz Vorstandsvorsitzende, Wilhelm Haspel, daß

> *der Anteil der Ausländer an der Gefolgschaft der A.G. etwa 1/3 betrage, wovon die Mehrzahl Westarbeiter sind. Das an sich [...] günstige Verhältnis erklärt sich dadurch, dass [...] besonders bei den süddeutschen Stammwerken des Konzerns sehr viele ältere deutsche Mitarbeiter tätig sind, die für die Einstufung nicht in Frage kommen. In den Fabrikationsbetrieben selbst dagegen sei das Verhältnis zwischen Deutschen und Ausländern wesentlich ungünstiger.*[8]

Letzteres traf besonders auf die in den besetzten Gebieten liegenden Werke Colmar, Poznań, Rzeszów, Nova Paka und Riga sowie auf den „Frontreparaturbetrieb" Tomaszow und das Groß-K-Werk Minsk zu, in denen deutsche Arbeitskräfte nur einen ganz geringen Teil der Belegschaft stellten. In Rzeszów – so Haspel – gäbe es „lauter Polen und 1% Deutsche"[9]. Häufig griff Daimler-Benz in diesen Werken auf einheimische Arbeitskräfte zurück, die dort bereits vor der Besetzung durch die Deutschen tätig gewesen waren.

Wieviele der ausländischen Zivilarbeiter freiwillig zu Daimler-Benz kamen und wieviele dort gezwungenermaßen die Arbeit aufnahmen, läßt sich im einzelnen nicht mehr feststellen. Insgesamt gesehen waren jedoch freiwillige ausländische Arbeitskräfte mit Sicherheit den Zwangsverpflichteten gegenüber in der Minderzahl.

Größere Kontingente an Arbeitskräften, die freiwillig zu Daimler-Benz kamen, bildeten Italiener und Dänen, bei denen es sich hauptsächlich um Facharbeiter handelte. Sie wurden zum überwiegenden Teil in den Werken Untertürkheim, Sindelfingen und Berlin-Marienfelde beschäftigt – eine große Gruppe von Italienern arbeitete außerdem im Werk Genshagen.[10] Dem Einsatz der italienischen Arbeitskräfte stand der Daimler-Benz-Vorstand allerdings bereits nach relativ kurzer Zeit aufgrund der „bevorzugten Sonderstellung", die den italienischen Arbeitern gegenüber den Deutschen eingeräumt werden müßte und der dadurch befürchteten „Störung des Arbeitsfriedens" ablehnend gegenüber.[11]

Auch die Beschäftigung der dänischen Arbeitskräfte war von zahlreichen Schwierigkeiten begleitet, da die Dänen bei Daimler-Benz offenbar nicht die Arbeits- und Lebensbedingungen vorfanden, die ihnen bei der Anwerbung versprochen worden waren. Nicht nur in Untertürkheim, sondern auch in Sindelfingen und Berlin-

---

8   BA Potsdam 80 Ba 2/22923, Bl. 270f., Niederschrift über die Sitzung des Arbeitsausschusses am 6. November 1944, S. 1f.; vgl. auch BAMA Freiburg RL 3/36 Forts. I, Bericht über Entwicklungsbesprechung vom 26.2.1943.

9   Vgl. BAMA Freiburg RL 3/36 Forts. I, Bericht über Entwicklungsbesprechung vom 26.2.1943.

10 Aus der im dänischen Rigsarchivet in Kopenhagen verwahrten „Kartotek over Tysklandsarbejdere 1940–1945" geht hervor, daß mindestens 532 Dänen im Verlauf der Kriegsjahre in Daimler-Benz-Werken gearbeitet haben. Diese Zahl ist jedoch nur als Untergrenze anzusehen, da in der vom Udvandringskontor geführten „Kartotek" z.B. Dänen, die von anderen Arbeitsstellen zu Daimler-Benz wechselten, nicht erfaßt wurden.

11 Vgl. MBA Kissel XIII,1, Kissel/Hoppe an die Rüstungsinspektion des Wehrkreises V, 24.4.1941.

Marienfelde beschwerten sich dänische Arbeitskräfte über nicht eingehaltene Zusagen hinsichtlich Unterkunft, Entlohnung und Verpflegung.[12]

Neben Dänen und Italienern arbeiteten bei Daimler-Benz freiwillig Belgier, Franzosen, Niederländer, Ungarn, Kroaten, Spanier und Rumänen, darunter auch Frauen. In manchen Werken – wie beispielsweise Untertürkheim und Genshagen – waren zeitweise freiwillige und zwangsverpflichtete Zivilarbeiter aus 22 verschiedenen Nationen eingesetzt.[13]

Die folgenden Kapitel enthalten eine Analyse der Arbeits- und Lebensbedingungen der in den verschiedenen Daimler-Benz-Werken und Niederlassungen während des Zweiten Weltkriegs eingesetzten ausländischen Zivilarbeiter. Damit stellt sich jedoch gleichsam die Frage nach der rechtlichen Stellung dieser Arbeitskräfte im Rahmen des nationalsozialistischen Arbeitseinsatzes.

Kennzeichnend für die zahlreichen Vorschriften, die die Behandlung der verschiedenen Zivilarbeitergruppen von staatlicher Seite regelten, war die enge Anlehnung an die von den Nationalsozialisten etablierte, auf ideologischen Grundsätzen beruhende Nationalitätenskala. Bis zur Entscheidung für den Einsatz sowjetischer Arbeitskräfte Ende 1941 nahmen polnische Zivilarbeiter die unterste Stufe in der „Hierarchie des Rassismus" ein. Grundlage für ihre Behandlung bildeten die im März 1940 herausgegebenen „Polenerlasse", durch die das nationalsozialistische Regime ein diskriminierendes Sonderrecht für die polnischen Arbeitskräfte etablierte. Erstmals in der Geschichte des Dritten Reiches – noch vor der Einführung des Judensterns – wurden nun Menschen durch das Tragen eines Abzeichens öffentlich gekennzeichnet. Zuwiderhandlungen gegen das Tragen des Polen-Abzeichens („P"), das deutlich sichtbar an der Kleidung befestigt werden mußte, konnten nach den Bestimmungen der „Polenerlasse" mit hohen Geld- oder Haftstrafen geahndet werden.[14] Ferner enthielten die Erlasse ein Verbot zur Benutzung öffentlicher Verkehrsmittel, ein nächtliches Ausgehverbot sowie ein Verbot zum Besuch von Theatern, Kinos, Tanzveranstaltungen, Gaststätten und Kirchen. Polnischen Arbeitskräften, die sexuelle Kontakte zu Deutschen hatten, drohte die Todesstrafe.[15]

Auch die üblichen arbeitsrechtlichen Bestimmungen galten aufgrund der Erlasse vom 8. März 1940 für die polnischen Zivilarbeiter nicht. Ihre Löhne, die ohnehin nur für die „tatsächlich geleistete Arbeit" gezahlt werden sollten, wurden zusätzlich mit einer 15%igen „Sozialausgleichsabgabe" besteuert. Diese Sondersteuer mußte von den Unternehmen, die Polen einsetzten, an das Deutsche Reich abgeführt werden.[16] Der Pflicht zur Kranken- und Unfall- sowie zur Arbeitslosenversicherung unterlagen polnische Arbeitskräfte allerdings in gleicher Weise wie die deutschen; der Mutterschutz für schwangere polnische Zivilarbeiterinnen umfaßte jedoch le-

---

12 Vgl. Kapitel 3.3.3.2.
13 Vgl. GUG-Interview Stolzenwald/D, S. 1; MBA VS-Protokolle, Prot. 23.10.1941, S. 3.
14 Vgl. Documenta occupationis Bd. X, S. 17.
15 Vgl. Documenta occupationis Bd. X, S. 18f. Zu den sogenannten „GV-Verbrechen" vgl. auch Herbert, Fremdarbeiter, S. 79ff.
16 Vgl. BA Koblenz NSD 50/603, Der ausländische Arbeiter in Deutschland.

diglich das Mindestmaß von zwei Wochen vor und sechs Wochen nach der Niederkunft.[17]

Durch zahlreiche Einzelerlasse wurde das soziale Sonderrecht für Polen in der Folgezeit ständig verschärft. So sollten polnische Zivilarbeiter – unabhängig vom tatsächlichen Familienstand – stets den Lohn eines Ledigen erhalten, wobei sie von vornherein in die niedrigste Tarifordnung eingestuft wurden. Auch Zulagen, Gratifikationen und Feiertagszuschläge standen Polen nicht zu.[18] Lediglich ein Zuschlag für geleistete Sonntagsarbeit sollte ihnen gewährt werden.[19]

Der Anspruch polnischer Zivilarbeiter auf Urlaub und Familienheimfahrten wurde durch zahlreiche Anordnungen und Erlässe ebenfalls stark eingeschränkt, ja zeitweilig sogar ganz gestrichen.[20] Nur in besonders dringenden Fällen – wie Tod oder Krankheit enger Familienangehöriger – bestand für polnische Arbeitskräfte die Möglichkeit, einen kurzen Heimaturlaub zu erhalten.[21]

Im Gegensatz zu den polnischen Zivilarbeitern galt für zivile Arbeitskräfte aus den besetzten Ländern in Nord-, Südost- und Westeuropa und „befreundeten" oder verbündeten Staaten – wie Italien, Ungarn oder der Slowakei – der Grundsatz, sie im Hinblick auf Löhne, Gehälter und sonstige Arbeitsbedingungen den deutschen Arbeitskräften gleichzusetzen. Das bedeutete – neben identischer Entlohnung – die Gewährung von Zulagen, Beihilfen, Gratifikationen und Feiertagszuschlägen.[22] Italienischen Arbeitskräften wurden aufgrund zwischenstaatlicher Vereinbarungen zusätzliche Vergünstigungen eingeräumt, indem sie beispielsweise an landesüblichen Feiertagen besondere Zuschläge erhielten, in eigens für sie errichteten Lagern untergebracht und mit italienischer Küche verpflegt werden sollten.[23]

Nach den Bestimmungen der Reichstarifordnung stand diesen Zivilarbeitergruppen auch Urlaub unter den gleichen Bedingungen wie deutschen Arbeitskräften zu. Verheiratete hatten nach einem halben Jahr, Ledige nach einem Jahr Anspruch auf eine Familienheimfahrt.[24] Im Sommer 1943 trat jedoch eine Verschärfung der Urlaubsregelung ein, da der Generalbevollmächtigte für den Arbeitseinsatz, Fritz Sauckel, einzelne Betriebsleiter ermächtigte, Urlaubssperren zu verhängen, wenn „betriebliche Notwendigkeiten" es erforderten. Erst im Januar 1945 wurden jedoch die Urlaubsansprüche sämtlicher ausländischer Arbeitskräfte von staatlicher Seite vollständig gestrichen.[25]

Differenziert nach Nationalitäten waren die Mutterschutzbestimmungen: Während für Arbeiterinnen aus Bulgarien, Dänemark, Italien, Kroatien, den Niederlan-

---

17 Vgl. Documenta occupationis Bd. X; BA Koblenz NSD 50/603, Der ausländische Arbeiter in Deutschland.
18 Vgl. Documenta occupationis Bd. X, S. 51.
19 Vgl. BA Koblenz NSD 50/603, Der ausländische Arbeiter in Deutschland.
20 Vgl. Documenta occupationis Bd. IX, S. 217, Documenta occupationis Bd. X.
21 Vgl. Luczak in: Documenta occupationis Bd. IX, S. CI; BA Koblenz NSD 50/603, Der ausländische Arbeiter in Deutschland.
22 Vgl. BA Koblenz NSD 50/603, Der ausländische Arbeiter in Deutschland.
23 Vgl. Mantelli, Wanderarbeit, S. 67; BA Koblenz SD 50/603, Der ausländische Arbeiter in Deutschland.
24 Vgl. BA Koblenz NSD 50/603, Der ausländische Arbeiter in Deutschland.
25 Vgl. Herbert, Fremdarbeiter, S. 310.

den, Norwegen, Rumänien, Schweden, der Schweiz, der Slowakei, Spanien und Ungarn eine Schonfrist von sechs Wochen vor und acht Wochen nach der Geburt galt, wurde Angehörigen anderer Nationalitäten – ebenso wie den polnischen Zivilarbeiterinnen – lediglich der Mindestschutz von zwei Wochen vor und sechs Wochen nach der Geburt zugebilligt.[26]

Die Arbeits- und Lebensbedingungen der sowjetischen Zivilarbeiter wurden noch vor Eintreffen der ersten Massentransporte im Frühjahr 1942 durch umfangreiche Erlasse geregelt. Zwar lehnten sich die Bestimmungen der „Ostarbeitererlasse" eng an die der „Polenerlasse" an, stellten jedoch noch eine verschärfte Version diskriminierenden nationalen Sonderrechts dar.

Wie die Polen wurden auch die sowjetischen Zivilarbeiter zum Tragen eines speziellen Abzeichens – diesmal mit der Aufschrift „Ost" – verpflichtet. Die üblichen arbeitsrechtlichen Bestimmungen fanden auf „Ostarbeiter" ebenfalls keine Anwendung. So wurden beispielsweise durch die bereits im Januar 1942 etablierte „Ostarbeitersteuer" die Löhne der sowjetischen Zivilarbeiter soweit heruntergesteuert, daß den Betroffenen nie mehr als maximal 50 RM Verdienst im Monat verblieben. Davon mußten jedoch zusätzlich Unterkunft und Verpflegung gezahlt werden.[27]

Ende Juni 1942 erfolgte eine Neuregelung der „Ostarbeiter"-Entlohnung: Der Lohn für die sowjetischen Zivilarbeiter wurde nun mit Hilfe in Tabellen festgelegter Nettolöhne so gestaffelt, daß höhere Arbeitsleistungen entsprechende Berücksichtigung fanden. Ausgangspunkt war dabei der Lohn eines vergleichbaren deutschen Arbeiters.[28] Von seiten des Unternehmens, das „Ostarbeiterinnen" und „Ostarbeiter" einsetzte, mußte darüber hinaus eine sogenannte „Ostarbeiterabgabe" an den Staat abgeführt werden.[29] Wie bei den polnischen Zivilarbeitern umfaßte jedoch auch die Entlohnung der „Ostarbeiter" lediglich die tatsächlich geleisteten Arbeitsstunden. Ein Anrecht auf Zulagen bestand ebensowenig wie auf Gratifikationen und Zuschläge für Mehr-, Nacht- und Feiertagsarbeit. Im Unterschied zu den Polen sollten sowjetischen Arbeitskräften auch keine Zuschläge für Sonntagsarbeit gewährt werden.[30]

Für den Arbeitseinsatz von „Ostarbeiter"-Kindern galten besondere arbeitsrechtliche Bestimmungen: So durften Kinder unter 12 Jahren überhaupt nicht und Kinder unter 14 Jahren nur für leichte Arbeiten bis zu vier Stunden täglich eingesetzt werden.[31]

Die medizinische Versorgung der „Ostarbeiter" war durch mehrere Erlasse geregelt, wonach ihnen im Krankheitsfall „Krankenfürsorge", d.h. „ärztliche Behandlung, Arznei, Heilmittel und Krankenhauspflege", zustand. Der Mutterschutz wur-

---

26 Vgl. BA Koblenz NSD 50/603, Der ausländische Arbeiter in Deutschland.
27 Vgl. Herbert, Fremdarbeiter, S. 171f.
28 Vgl. ebda., S. 172f.
29 Vgl. BA Koblenz NSD 50/603, Der ausländische Arbeiter in Deutschland; MBA Forstmeier 22, Merkblatt Nr. 1 über den Einsatz von Ostarbeitern.
30 Vgl. BA Koblenz NSD 50/603, Der ausländische Arbeiter in Deutschland; MBA Forstmeier 22, Merkblatt Nr. 1 über den Einsatz von Ostarbeitern.
31 Vgl. Herbert, Fremdarbeiter, S. 280.

de, wie bei schwangeren Polinnen, auf das Mindestmaß – zwei Wochen vor und sechs Wochen nach der Geburt – begrenzt.[32]

Zahlreiche polizeiliche Vorschriften reglementierten die Lebensbedingungen der „Ostarbeiterinnen" und „Ostarbeiter". Zu erwähnen sind in diesem Zusammenhang die Unterbringung in geschlossenen, umzäunten Wohnlagern, das Verbot zum Verlassen des Lagers außerhalb der Arbeitszeit – nur „bewährte" Arbeitskräfte sollten Ausgang in geschlossenen Gruppen unter hinreichender Aufsicht erhalten –, die Etablierung eines gesonderten Strafsystems, das z.B. Lagerführern körperliche Züchtigungen sowjetischer Zivilarbeiter gestattete, sowie die Todesstrafe bei Geschlechtsverkehr mit Deutschen.[33]

Eine gewisse Lockerung der für „Ostarbeiter" geltenden Bestimmungen trat ab dem Frühjahr 1943, nach der deutschen Niederlage in Stalingrad, ein. So sollte beispielsweise eine Angleichung der Löhne der sowjetischen Zivilarbeiter an die der polnischen Arbeitskräfte erfolgen, wodurch auch die Möglichkeit für gewisse Prämien und Zulagen gegeben war.[34] Entgegen den bisherigen Verordnungen, wonach „Ostarbeiter" keinen Urlaubsanspruch hatten, konnte ihnen nun „bei Bewährung" im zweiten Jahr der Beschäftigung ein einwöchiger Deutschlandurlaub, ab dem dritten Jahr sogar ein Heimaturlaub gewährt werden.[35] Weitere Bestimmungen betrafen u.a. Lockerungen der Ausgehbeschränkungen und der Benutzung öffentlicher Verkehrsmittel.[36] Vor allem aber wurden im August 1944 die Verpflegungssätze für „Ostarbeiter" neu geregelt. So sollten sowjetische Zivilarbeiter – ebenso wie die sowjetischen Kriegsgefangenen – in Zukunft Verpflegung nach den für die übrigen Kriegsgefangenen geltenden Sätzen erhalten. Dies bedeutete eine Aufstockung der Rationen an Fleisch, Zucker, Fett, Käse, Quark, Brotaufstrich, Hülsenfrüchten und Kaffee-Ersatz.[37]

Die behördlichen Bestimmungen über die Behandlung der verschiedenen Zivilarbeitergruppen geben auch einen Einblick in die Kosten, die einem Unternehmen durch den Einsatz der ausländischen Arbeitskräfte entstanden. Dabei wird deutlich, daß „Ostarbeiter" die mit Abstand billigsten Arbeitskräfte darstellten. Für sie hatte das Unternehmen folgende Aufwendungen:
–   Die Kosten für die Anreise ab der Grenze
–   Die Kosten für Bau, Einrichtung, Unterhaltung und Bewachung von Unterkünften, gegebenenfalls Aufwendungen für Miete

---

32   Vgl. BA Koblenz NSD 50/603, Der ausländische Arbeiter in Deutschland.
33   Vgl. StaatsA Freiburg LRA Rastatt ZR 225, Anlage zu Brief Landrat Rastatt an DBAG Gaggenau, 27.5.1942. Weitere Bestimmungen u.a. bei Herbert, Fremdarbeiter, S. 177.
34   Vgl. Herbert, Fremdarbeiter, S. 267.
35   Vgl. BA Koblenz NSD 50/603, Der ausländische Arbeiter in Deutschland.
36   Vgl. Herbert, Fremdarbeiter S. 268.
37   Vgl. ebda., S. 267. Zuvor hatten die wöchentlichen Verpflegungssätze für in der Industrie eingesetzte „Ostarbeiterinnen" und „Ostarbeiter" bei 2.600g Brot, 250g Fleisch, 130g Fett, 5.250g Kartoffeln, 150g Nährmitteln, 110g Zucker und 14g Teersatz gelegen (Normalarbeiter). Gemüse gab es je „nach Aufkommen"; für Schwer- und Schwerstarbeiter waren die Rationen an Brot, Fleisch und Fett etwas höher: Vgl. MBA Forstmeier 22, Merkblatt Nr. 1 für den Einsatz von Ostarbeitern.

- Lohnkosten (aber nur für tatsächlich geleistete Arbeit)
- „Ostarbeiterabgabe"
- Gegebenenfalls Kosten für medizinische Behandlung
- Verpflegungskosten
- Gegebenenfalls Kosten für die Rückkehr.

Für polnische Zivilarbeiter entstanden dem Unternehmen zusätzlich Kosten durch die Gewährung der Zuschläge für Sonntagsarbeit; statt der „Ostarbeiterabgabe" war die 15%ige „Sozialausgleichsabgabe" zu entrichten. Die Verpflegung wurde durch die Ausgabe von wöchentlichen Lebensmittelkarten durch das Unternehmen geregelt.

Bei allen übrigen ausländischen Zivilarbeitern sind neben den Aufwendungen für die Anreise, die Bereitstellung von Unterkünften, die Verpflegung durch die Ausgabe von wöchentlichen Lebensmittelkarten und für eine mögliche Rückkehr, die höheren Lohnkosten sowie Zulagen, Gratifikationen und Zuschläge zu berücksichtigen.

Für die „Ausstattung" der ausländischen Zivilarbeiter mit Kleidung brauchte ein Unternehmen, sofern es sich an die geltenden Bestimmungen hielt, nur geringe Kosten anzusetzen. Während „Ostarbeiter" neue Kleidung nur als „werkseigene" gegen Zahlung einer Abnutzungsgebühr erhalten sollten, galt bei allen übrigen ausländischen Arbeitskräften der Grundsatz, daß sie Kleidung von zu Hause mitzubringen hatten. In „wirklich dringenden Fällen" und „soweit zur Erhaltung der Arbeitskraft notwendig" konnte das Unternehmen allerdings Bezugscheine für Ersatzkleidung beantragen.[38]

3.3.3.2 Die Situation in den einzelnen Werken

Untertürkheim

Ausländische Zivilarbeiter wurden im Werk Untertürkheim bereits im Januar 1941 eingesetzt[39]; Ende des Jahres arbeiteten 1.110 Ausländer (Zivilarbeiter) im Stammwerk der Daimler-Benz AG[40]. Einen besonders starken Zustrom ausländischer Arbeitskräfte erlebte Untertürkheim in der zweiten Hälfte des Jahres 1942 und den ersten sechs Monaten des Jahres 1944 mit insgesamt 3.900 neuen Arbeitskräften,

---

38 Vgl. BA Koblenz NSD 50/603, Der ausländische Arbeiter in Deutschland; MBA Forstmeier 22, Merkblatt Nr.1 für den Einsatz von Ostarbeitern.
39 Vgl. Dänisches KonsulatsA Stuttgart, Dänische Staatangehörige bei der Daimler-Benz AG, Werke Untertürkheim und Sindelfingen, Aktennotiz vom 6.1.1941: Demnach waren zu diesem Zeitpunkt in Untertürkheim und Sindelfingen jeweils etwa 200 dänische Arbeitskräfte eingesetzt. Somit ist die Aussage von Schmid, Überblick, in: Das Daimler-Benz-Buch, unrichtig, wonach erstmals im September 1941 ausländische Zivilarbeiter in Untertürkheim eingesetzt wurden.
40 Vgl. Tabelle 9, S. 106. In der Vorstandssitzung vom 3.12.1942 gab der Vorstandsvorsitzende Wilhelm Haspel den Anteil der Ausländer an der Untertürkheimer Gesamtbelegschaft mit 32,6% an: Vgl. MBA VS-Protokolle, Protokoll der Vorstandssitzung am 3.12.1942 in Untertürkheim, S. 3.

von denen alleine 1.200 Frauen waren.[41] Mit 4.895 Arbeitskräften erreichte der
Einsatz der ausländischen Zivilarbeiter im Werk Untertürkheim schließlich im
August 1944 den Höchststand.[42]

Zu den ersten ausländischen Arbeitskräften, die freiwillig nach Untertürkheim
gekommen waren, gehörte neben kroatischen und italienischen Facharbeitern[43] eine
Gruppe von dänischen Facharbeitern, die der Generalvertreter der Daimler-Benz
AG in den nordischen Ländern, Rudolf Oeser, auf Wunsch des Vorstandes in
Dänemark angeworben hatte[44]. Offenbar versprach sich der Daimler-Benz-Vorstand von den Dänen, die außer in Untertürkheim auch in Sindelfingen und Berlin-
Marienfelde eingesetzt wurden, eine starke Entlastung der angespannten Arbeitskräftesituation. Doch immer wieder kam es zu Auseinandersetzungen zwischen den
dänischen Arbeitskräften und Daimler-Benz über die in Untertürkheim vorgefundenen Bedingungen, die offenbar nicht mit dem übereinstimmten, was den Betroffenen in ihrer Heimat bei der Anwerbung versprochen worden war. Nicht nur in
Untertürkheim, sondern auch in Sindelfingen und Berlin-Marienfelde beschwerten
sich Dänen beispielsweise über durch Daimler-Benz nicht eingehaltene Versprechungen hinsichtlich Unterkunft, Entlohnung und Verpflegung.[45] Doch weder Daimler-Benz noch das Arbeitsamt sahen sich veranlaßt, den Ursachen der Beschwerden
nachzugehen und gegebenenfalls Veränderungen vorzunehmen; vielmehr gelangte
man in Untertürkheim zu der Überzeugung, daß die Dänen sich gegenüber den
Arbeitern aller anderer Nationen dadurch „auszeichneten", „dass sie bei möglichst
wenig Arbeit viel verdienen, viel essen und viel rauchen wollen".[46] Wie tief die
Unzufriedenheit bei den dänischen Arbeitskräften saß, zeigt die Tatsache, daß von
den ursprünglich rund 200 Facharbeitern, die im St. Antoniushaus in Wernau
untergebracht waren[47], bereits über die Weihnachtsfeiertage 1941/42 12 aus dem

41   Vgl. USSBS Munitions Division, January 1947, Daimler-Benz AG Untertürkheim, S. 8.
42   Vgl. USSBS, Daimler-Benz AG Untertürkheim, Exhibit C 1; vgl. auch MBA DBAG 31,
     Sonderbericht der Daimler-Benz Aktiengesellschaft Untertürkheim, 22.11.1945.
43   Vgl. MBA Kissel XIV, 1 Informationsbericht Nr. 2 für Dir. Huschke vom 5.8.1941.
44   Vgl. MBA VS-Protokolle, Protokoll der Vorstandssitzung am 23.10.1941, S. 3; Kissel XIV, 61
     Kissel an R. Oeser, 24.10.1941; Kissel XIII,1, Kissel an R. Oeser, 13.10.1941.
45   Vgl. Dänisches KonsulatsA Stuttgart, Dänische Staatsangehörige bei der Daimler-Benz AG,
     Werke Untertürkheim und Sindelfingen, Aktennotiz v. 1.4.1942 zur Beschwerde der dänischen
     Staatsangehörigen über die Unterkunftsverhältnisse in Wernau; BA Koblenz R 41/266, fol. 1,
     ABP Berlin an ZABP Berlin, 4.4.1942 betr.: Klagen eines dänischen Arbeiters über Nichtein-
     haltung der Arbeitsverträge der Dänen von Seiten Daimler-Benz Marienfelde.
46   Dänisches KonsulatsA Stuttgart, Dänische Staatsangehörige bei der Daimler-Benz AG, Werke
     Untertürkheim und Sindelfingen, Aktennotiz v. 1.4.1942 zur Beschwerde der dänischen Staats-
     angehörigen über die Unterkunftsverhältnisse in Wernau.
47   Vgl. KreisA Esslingen E 1 Bü 971, Bürgermeister Wernau (Neckar) an LRat Esslingen,
     7.11.1941: Demnach übernahm Daimler-Benz das Antoniushaus am 14.8.1941 und brachte
     dort 187 Dänen unter; bei den Dänen handelte es sich um Freiwillige: Vgl. KreisA Esslingen E
     1 Bü 971, DBAG Untertürkheim an Dr. Pesendorfer, 24.7.1941; ursprünglich soll Daimler-
     Benz das Antoniushaus 1941 als „Mannschaftslager" für 200 Tschechen eingerichtet haben:
     Vgl. Bischöfliches Jugendamt Wernau, Verwaltung St. Antoniushaus Wernau an Bischöfliches
     Ordinariat Rottenburg, 16.6.1945 betr. Bischöfliches Exerzitienhaus St. Antonius aus Wernau,
     Kündigung des Mietvertrages seitens Daimler-Benz AG. Unklar ist, wo die Dänen vor Über-

Urlaub nicht zurückkehrten, und auch die übrigen Dänen kaum ein Interesse daran hatten, den im Frühjahr 1942 auslaufenden Arbeitsvertrag zu verlängern, so daß im August 1942 lediglich noch 15 Dänen in Untertürkheim tätig waren.[48] Zwar beabsichtigte Daimler-Benz offenbar, in Kopenhagen eine erneute Werbeaktion durchzuführen; inwieweit dieses Vorhaben jedoch realisiert wurde, ist unklar.[49] In späteren Berichten werden dänische Facharbeiter in Untertürkheim jedenfalls nicht mehr erwähnt.[50]

Auch der Einsatz der italienischen Zivilarbeiter im Werk Untertürkheim gestaltete sich nicht problemlos. Im Mai 1941 entschlossen sich die Werke Untertürkheim und Sindelfingen, Anforderungen für 525 Italiener deshalb zurückzuziehen, „weil die Betriebe von der Einstellung schwerste Rückwirkungen auf den Arbeitsfrieden befürchten". In einem Schreiben an das Arbeitsamt Stuttgart legte der Vorstandsvorsitzende Wilhelm Kissel dar, daß neben den hohen Löhnen, die die Unzufriedenheit deutscher Arbeiter hervorrufen würden, erhebliches Hilfspersonal bereitgestellt werden müsse, um die italienischen Arbeiter beispielsweise mit ihrer heimischen Küche zu versorgen. Dazu käme, daß, obwohl ihre Arbeitsleistungen nicht eben befriedigend seien, die Verpflegungssätze der Italiener die der Deutschen bei weitem überschritten.[51] Selbst die Rüstungsinspektion Stuttgart sah sich nicht in der Lage, Daimler-Benz zur Beschäftigung zusätzlicher italienischer Arbeitskräfte zu bewegen.[52]

Dagegen waren französische Facharbeiter besonders gefragt. So beantragte das Werk Untertürkheim beispielsweise im April 1943 beim Landesarbeitsamt Südwestdeutschland anstelle von Tschechen die Zuweisung von 75 französischen Arbeitskräften, die für den Einsatz in der Entwicklungsabteilung vorgesehen waren, und unter denen sich deshalb ein Anteil von 60% Facharbeitern und 40% angelernten Industriearbeitern befinden sollte.[53]

---

nahme des Antoniushauses durch Daimler-Benz untergebracht waren, da sie, wie erwähnt, spätestens seit Januar 1941 in Untertürkheim arbeiteten.

48 Vgl. Dänisches KonsulatsA Stuttgart, Dänische Staatsangehörige bei der Daimler-Benz AG, Werke Untertürkheim und Sindelfingen, Vermerk ohne Datum. Zum Arbeitsvertragsbruch dänischer „Deutschland-Arbeiter" vgl. auch Straede, Dänen, S. 149f.

49 Vgl. Dänisches KonsulatsA Stuttgart, Dänische Staatsangehörige bei der Daimler-Benz AG, Werke Untertürkheim und Sindelfingen, Vermerk ohne Datum.

50 Schenkt man der im Rigsarchivet Kopenhagen aufbewahrten „Kartotek over Tysklandsarbejdere 1940–1945", in der für Untertürkheim insgesamt allerdings lediglich 126 Dänen aufgeführt sind, Glauben, so kamen 1942 nur noch ganz wenige dänische Arbeitskräfte ins Stuttgarter Daimler-Benz-Stammwerk. Für 1943 wird sogar nur ein einziger Däne aufgeführt. Da die „Kartotek" jedoch vom Dänischen Auswanderungskontor geführt wurde, erfaßt sie allerdings keine Namen von Dänen, die möglicherweise von anderen Arbeitsstellen zu Daimler-Benz wechselten.

51 Vgl. MBA Kissel XIII, 1, Kissel/Hoppe an Rüstungsinspektion des Wehrkreises V, 24.4.1941. Aufgrund der Vereinbarungen zwischen der italienischen und der deutschen Regierung sollten Italiener auf das gleiche Lohnniveau wie deutsche Arbeiter gestellt, in eigens für sie errichteten Lagern untergebracht und mit italienischer Küche verpflegt werden: Vgl. dazu Mantelli, Wanderarbeit, S. 66f.

52 Vgl. BAMA Freiburg RW 20–5/9, Lagebericht v. 14.5.1941.

53 Vgl. BA Koblenz R 41/236, Auszug aus Luftwaffen-Kontingent April 1943 (14.5.1943).

Dadurch, daß Daimler-Benz die Pariser Renault-Werke kommissarisch verwaltete, konnten die dringend benötigten Arbeitskräfte auf direktem Wege rekrutiert werden – was, wie geschildert, zunächst auf freiwilliger Basis geschah und schließlich mit Anwendung von Zwangsmaßnahmen endete. Wie hoch die Zahl der französischen Arbeitskräfte war, die von Renault zu Daimler-Benz ins Werk Untertürkheim kamen, ist nicht mehr genau festzustellen. Daß es sich jedoch um eine nicht zu unterschätzende Anzahl von Fachkräften gehandelt haben muß, läßt sich daraus schließen, daß sich viele der befragten ehemaligen Untertürkheimer Zwangsarbeiter besonders an den Einsatz von Renault-Arbeitern im Werk erinnern.[54]

Doch nicht nur dänische, italienische, französische und kroatische Freiwillige, sondern auch freiwillige Belgier, Spanier, Ungarn und Rumänen sowie Zwangsarbeiter aus der Sowjetunion, Polen, Frankreich, Belgien, den Niederlanden, der Tschechoslowakei und Kroatien gehörten zur Gruppe der zivilen ausländischen Arbeitskräfte im Werk Untertürkheim. Im Oktober 1941 umfaßte allein die Belegschaft des Werks 60 Angehörige aus insgesamt 22 Nationen.[55]

Ein großer Teil der ausländischen Zivilarbeiter wurde in Untertürkheim in der Fertigung von Schnellbootsmotoren und von Ersatzteilen für Flugmotoren eingesetzt.[56] Nur wenige Ausländer arbeiteten dagegen als Angestellte wie der 18jährige niederländische Schüler Johan Könemann, der infolge einer Razzia in Rotterdam nach Deutschland deportiert worden war und im Untertürkheimer Lohnbüro für die Bearbeitung der „Ostarbeiter"-Zeitkarten eingesetzt wurde. Nach Angaben Könemanns sollen im Lohnbüro neben einem weiteren Niederländer auch zwei sowjetische Arbeitskräfte gearbeitet haben, darunter ein Mathematikprofessor, der mit seiner Familie privat untergebracht wurde.[57] Darüber hinaus war auch ein kroatischer Zwangsarbeiter im Lohnbüro eingesetzt.[58] Die Gehälter der als Angestellte eingestuften ausländischen Arbeitskräfte lagen verhältnismäßig hoch: Ein als Vorrichtungskonstrukteur eingesetzter französischer Zwangsarbeiter erhielt für seine Tätigkeit ein monatliches Gehalt von zunächst 135, dann 190 und zuletzt 215 RM. Abgezogen wurden von diesem Betrag Lohnsteuer, Sozialversicherungsbeiträge und Beiträge zur Deutschen Arbeitsfront.[59] Über die an die ausländischen Zivilarbeiter im Werk Untertürkheim gezahlten Löhne liegen keine einheitlichen Angaben vor: Sie schwanken zwischen ca. 30 und 50 RM wöchentlich, von denen die Unterkunft und Kantinenmarken sowie teilweise die Fahrkarten bezahlt werden mußten.[60] „Ostarbeiterinnen" und „Ostarbeiter" erhielten nach eigenen Angaben

---

54 Vgl. Erinnerungen 87/F, S. VIII; GUG-Interviews Tendil/F, S. 3, Marron/F, S. 3, Poelger/F, S. 3, Goffinet/B, S. 3.

55 MBA VS-Protokolle, Protokoll der Vorstandssitzung in Untertürkheim am 23.10.1941, S. 3.

56 Vgl. GUG-Interviews 234/F, S. 1, van der Gaag/NL, S. 1, Zandee/NL, S. 1, Hagenaars/NL, S. 1, Goffinet/B, S. 1, v.d. Kooy/NL, S. 2, van Oort/NL, S. 2, Sarrazin/F, S. 1, Brief Sery/CS an Daimler-Benz, 25.11.1990.

57 Vgl. GUG-Interview Könemann/NL, S. 3f. und S. 6. Zu Wissenschaftlern unter den „Ostarbeitern" vgl. Müller, Rekrutierung, S. 242.

58 Vgl. GUG-Interview Novosel/YU, S. 1.

59 Vgl. GUG-Interview Lecouey/F, Anlagen.

60 Zum Vergleich: 1943 lag der Bruttostundenverdienst für Facharbeiter in der metallverarbeitenden Industrie bei 120,8 Rpf., für Angelernte bei 103,0 Rpf., für Hilfsarbeiter bei 79,4 Rpf. und

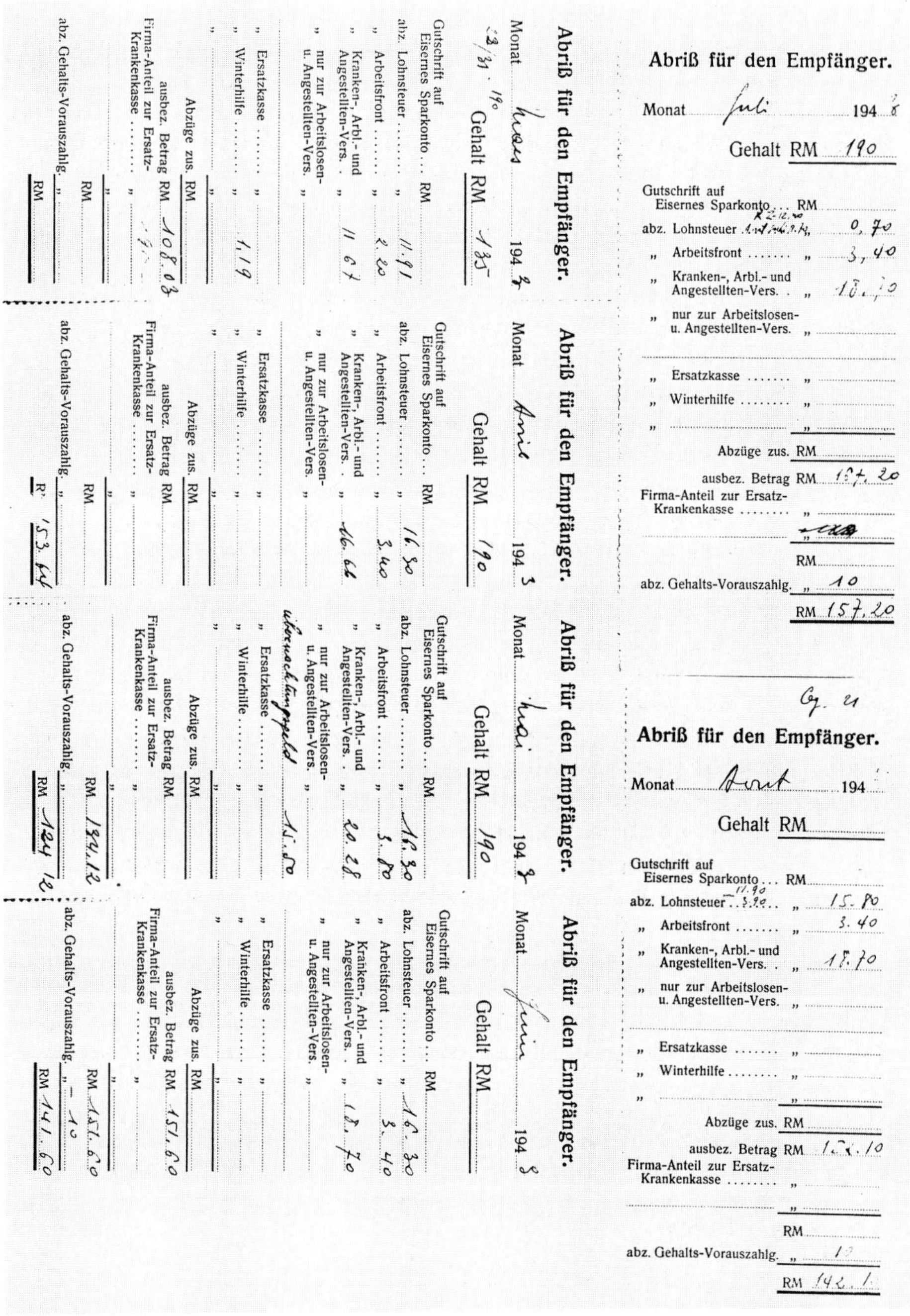

Abb. 12: Gehaltsstreifen eines französischen Zivilarbeiters des Werks Untertürkheim.

zwischen 2 RM pro Woche und 18 RM pro Monat.[61]

In manchen Abteilungen des Untertürkheimer Werkes, wie z. B. der mechanischen, erreichte der Anteil der Ausländer an der Belegschaft zeitweise fast 50%.[62] Insbesondere „Ostarbeiterinnen" und „Ostarbeiter" stellten unverzichtbare Arbeitskräfte für die Aufrechterhaltung der Rüstungsproduktion dar. Dem Werk Untertürkheim waren auf Anforderung bis Ende Juni 1942 bereits 400 männliche und 150 weibliche sowjetische Arbeitskräfte zugewiesen worden, weitere 350 „Ostarbeiter" und 400 „Ostarbeiterinnen" erwartete man für Anfang Juli.[63] Unter welchen Umständen diese Menschen aus ihrer Heimat verschleppt wurden, zeigt der Fall der damals 17jährigen Sofia Minajewa, die gemeinsam mit ihrer jüngeren Schwester nach Untertürkheim gelangte. In ihrer russischen Heimatstadt hatte man die Bewohner zu einer vorgetäuschten Lebensmittelausgabe zusammengerufen. Als alle eingetroffen waren, wurden die jungen Leute von den älteren abgesondert, mit der Begründung, man würde sie „evakuieren". Am Bahnhof trieb die mit Gewehren bewaffnete Polizei die jungen Leute mit Hilfe von Hunden in bereitstehende Viehwaggons. Nach tagelanger Fahrt, ohne ausreichende Versorgung mit Wasser und Lebensmitteln, erreichte der Transport mit den beiden Schwestern das Durchgangslager Bietigheim, wo sie von einem Daimler-Benz-Ingenieur für die Arbeit im Werk Untertürkheim ausgesucht wurden.[64]

Auch Kinder, die gemeinsam mit ihren Eltern zum „Arbeitseinsatz" ins Deutsche Reich deportiert worden waren, befanden sich unter den Untertürkheimer „Ostarbeiterinnen" und „Ostarbeitern". Sie wurden zur Arbeit im Werk eingesetzt, mußten Werkshallen fegen oder Handlangerdienste für Westarbeiter verrichten.[65] Einem niederländischen Zwangsarbeiter, der in der Elektroabteilung des Werkes Untertürkheim arbeitete, waren beispielsweise zwei neunjährige russische Jungen als Zuarbeiter zugeteilt.[66] Daimler-Benz verstieß mit dieser Vorgehensweise gegen die „Anordnung über den Arbeitsschutz ausländischer Arbeitskräfte und Ostarbeiter", nach der „Ostarbeiter"-Kinder unter zwölf Jahren nicht zur Arbeit eingesetzt werden durften.[67]

---

für Frauen bei 59,6 Rpf.: Vgl. Hachtmann, Industriearbeit, S. 104f. Geht man von einer wöchentlichen Arbeitszeit von 66 Stunden aus, so hätte der Lohn bei einem Facharbeiter wöchentlich rund 79 RM, bei einem Angelernten rund 66 RM, bei einem Hilfsarbeiter rund 52 RM und bei einer weiblichen Arbeiterin rund 38 RM betragen.

61 Vgl. GUG-Interviews Defrance-Szelest/SU, S. 4, 330/S. 4 Baranow/SU, S. 2. Nimmt man die für die Entlohnung von „Ostarbeitern" maßgebliche Entgelttabelle als Grundlage, so bewegte sich die Entlohnung der zitierten Zeitzeugen im unteren Drittel der Tabelle: Vgl. MBA Forstmeier 22, Merkblatt Nr. 1 über den Einsatz von Ostarbeitern.

62 Vgl. MBA VS-Protokolle, Vorstandssitzung am 4./5.11.1942, S. 29.

63 Vgl. HStA Stuttgart E 397 Bü 65, DBAG Untertürkheim an Landes-Ernährungsamt Stuttgart, 30.6.1942.

64 Vgl. GUG-Interviews Minajewa/SU, S. I und 330/SU, S. I.

65 Vgl. GUG-Interview Guédon/F, S. 3.

66 Vgl. GUG-Interview Zonjee/NL, S. I.

67 Vgl. Herbert, Fremdarbeiter, S. 280 (Anm. 38). Auch aus anderen deutschen Unternehmen, wie z.B. Krupp, sind Verstöße gegen diese Anordnung bekannt: Vgl. dazu Herbert, Fremdarbeiter, S. 280f.

Die Behandlung der „Ostarbeiterinnen" und „Ostarbeiter" stand häufig in krassem Widerspruch zu der ihnen vom Unternehmen beigemessenen Bedeutung als Arbeitskräfte. Am Arbeitsplatz wurden sie durch zahlreiche Verhaltensmaßregeln stark reglementiert. Ihnen war nicht nur das Sprechen mit Deutschen außerhalb der Arbeit verboten, sondern auch jeglicher Kontakt zu den anderen ausländischen Arbeitskräften.[68] Auch „Disziplinarvergehen" wurden schwer bestraft:

> Einmal hatte ich meine Arbeit beendet und saß bei der Stempeluhr. Ich wartete erschöpft darauf, daß die Zeit ablief. Ein Deutscher forderte uns auf, aufzustehen. Aber ich blieb sitzen, ich war so müde, und schließlich hatte ich meine Arbeit doch beendet. Am nächsten Tag wurde ich bestraft: Ein Polizist holte mich ab, ich wurde mit einem großen Hund in ein Büro eingesperrt. Danach wurde ich verwarnt: Beim nächsten Ungehorsam hieße es ‚Schwarzwald' für mich. Im Schwarzwald war ein Bestrafungslager.[69]

Wie wenig der einzelne „Ostarbeiter" zählte, zeigt sich auch daran, daß die sowjetischen Arbeitskräfte im Normalfall lediglich mit der Nummer, die sie beim Eintritt in Untertürkheim erhielten und unter der sie in der Personalkartei geführt wurden, angesprochen wurden.[70] Diese Mißachtung der eigenen Person weckt auch heute noch bei den Betroffenen besonders schmerzliche Gefühle, und so erinnert sich die ehemalige sowjetische Zwangsarbeiterin Sofia Minajewa um so dankbarer an die Ingenieure, Vorarbeiter und Meister, die sie mit Namen anredeten oder sie „meine kleine Sofia" oder „mein kleines Kind" nannten und ihr durch diese Geste das Gefühl vermittelten, doch noch ein Mensch zu sein.[71] Auch eine andere sowjetische Zwangsarbeiterin berichtet über einen ihr gegenüber verständnisvollen Meister:

> Wissen Sie, ich habe meinem Meister so viel verdorben – schlimm. Ich mußte diese Ringe ausschneiden, meine waren nie genau. Da hat er es oft selbst zu Ende gemacht, ich war dazu nicht besonders geeignet – aber von ihm kam nie ein böses Wort.[72]

Für einige deutsche Arbeitskräfte im Werk Untertürkheim stellten die „Ostarbeiterinnen" und „Ostarbeiter" jedoch eine Art „Freiwild" dar, mit dem sie nach Belieben verfahren konnten. Manche schreckten deshalb selbst vor Mißhandlungen nicht zurück, auch wenn die Werksleitung solche Vorgehensweisen offenbar mißbilligte. So verhielt es sich zumindest im Fall einer jungen sowjetischen Zwangsarbeiterin, die von ihrem Meister geschlagen wurde, weil sie vor Müdigkeit und Hunger während der Nachtschicht eingeschlafen war:

> Silberhorn hat mich einmal geschlagen, weil ich um Mitternacht eingenickt war. Er schickte mich in den Keller, um ein Werkzeug zu holen und schlug mich dort. Aber irgendein Deutscher hat ihn dabei gesehen und hat ihn denunziert. Er und ich wurden zur Direktion vorgeladen und mußten erzählen, was vorgefallen war. Ob er bestraft worden ist, weiß ich nicht, jedenfalls schlug er mich nicht mehr.[73]

---

68   Vgl. GUG-Interviews Minajewa/SU, S. 3, 213/SU, S. 3.
69   GUG-Interview 213/SU, S. 4.
70   Vgl. GUG-Interview Minajewa/SU, S. I.
71   Vgl. ebda., S. I.
72   GUG-Interview Lomakina/SU, S. 10.
73   GUG-Interview Defrance-Szelest/SU, S. 3.

Abb. 13: Ankunft der ersten für das Werk Sindelfingen bestimmten „Ostarbeiter" am Stuttgarter Hauptbahnhof.

Abb. 14: Brotausgabe für „Ostarbeiterinnen" im Lager am Sportplatz Wangen.

Auch „Westarbeiter" wurden in Untertürkheim Zeugen von Mißhandlungen von „Ostarbeiterinnen" und „Ostarbeitern" durch deutsche Arbeitskräfte oder den Werkschutz.[74] So beobachtete ein französischer Zwangsarbeiter, wie ein Ukrainer, der auf der Toilette von einem Werkschutzmann rauchend entdeckt worden war, von diesem mit Stiefeln getreten und mit einer Eisenstange geschlagen wurde.[75] Ein Niederländer berichtet, daß einige Daimler-Benz-Mitarbeiter sowjetische Zwangsarbeiterinnen vergewaltigt hätten.[76] Nach Aussagen einer ehemaligen Untertürkheimer „Ostarbeiterin" soll ein Russe sogar vor den Augen der anderen sowjetischen Arbeitskräfte gehängt worden sein, weil er einem deutschen Arbeiter ein Paar Schuhe gestohlen hatte.[77]

Ab Januar 1944 konnten Klagen von „Ostarbeiterinnen" und „Ostarbeitern", die diese bis dahin während ihrer Arbeitszeit bei der Ausländerabteilung hatten vorbringen können, durch die Verlegung der Ausländerabteilung nur noch außerhalb der Arbeitszeit dem Lagerführer oder den im Lager zeitweise anwesenden Mitarbeitern der Ausländerabteilung mitgeteilt werden. Die sowjetischen Arbeitskräfte wurden außerdem auf die Möglichkeit hingewiesen, betriebliche Klagen über ihren Meister vorzubringen.[78] Alle „Ostarbeiterinnen" und „Ostarbeiter", die trotzdem während der Arbeitszeit bei der Ausländerabteilung vorsprachen, sollten dem Werksleiter, Hans Huschke, gemeldet werden.[79]

Die Geringschätzung der „Ostarbeiterinnen" und „Ostarbeiter" zeigt sich nicht zuletzt auch an den für sie während der Arbeitszeit vorgesehenen Schutzvorkehrungen, die teilweise völlig unzureichend waren. So erhielten beispielsweise sowjetische Zwangsarbeiterinnen, die Maschinenteile polieren mußten, im Gegensatz zu den deutschen Arbeitskräften keine Schutzbrillen, was zur Folge hatte, daß ihnen häufig Metallstaub und -splitter in die Augen gelangten.[80] Daher zählten Augenverletzungen – neben Schnittwunden – zu den häufigsten Verletzungen bei den Untertürkheimer „Ostarbeiterinnen" und „Ostarbeitern". Das „Unfall-Meldebuch für ,Ostarbeiter'" weist alleine für August 1944 48 Verletzungen durch Schnittwunden, 38 Augenverletzungen, 19 Verletzungen durch Rißwunden, 15 durch Quetschwunden, 9 durch Schleifwunden, 6 durch Brandwunden, je 5 durch Stoß- und Stichwunden, 4 durch Schürfwunden, 3 durch Prellungen, je 1 Splitter- und Gliedverletzung sowie 5 sonstige Verletzungen auf.[81]

---

74 Vgl. GUG-Interviews van Let/NL, S. 6, Lubin/F, S. 3, Jarrige/F, S. 3, Mondejar-Esteve/F, S. 3.
75 Vgl. GUG-Interview 234/F, S. 3.
76 Vgl. GUG-Interview van Oort/NL, S. 3.
77 Vgl. GUG-Interview 330/SU, S. 3. Über diesen Vorfall gibt es keine anderen Zeitzeugenaussagen, und es ist auch nicht klar, ob sich dieser Vorfall bei Daimler-Benz selbst abspielte.
78 Fraglich ist allerdings, ob ein Meister, der möglicherweise selber „Ostarbeiterinnen" und „Ostarbeiter" mißhandelte, die richtige Ansprechperson für die sowjetischen Zwangsarbeiter darstellte.
79 Vgl. MBA Haspel 1, 2 Betriebsführer an sämtliche Abteilungsleiter und Meister des Betriebes, 27.1.44.
80 Vgl. GUG-Interview 213/SU, S. 3.
81 MBA Unfall-Meldebuch für Ostarbeiter vom 26.11.1943–17.4.45, Liste mit Verletzungen August 1944 – Ostarbeiter.

Im Unterschied zu den sowjetischen Arbeitskräften litten viele der übrigen ausländischen Zivilarbeiter weniger unter den Arbeitsbedingungen als unter der für sie
ungewohnten Arbeit. Dies gilt insbesondere für diejenigen, die zuvor eine berufliche Tätigkeit ausgeübt hatten, die nicht mit extremer körperlicher Anstrengung
verbunden war[82]: Ein niederländischer Zwangsarbeiter hatte in seiner Heimat als
Büroangestellter gearbeitet und war das ganztägige Stehen an den Maschinen nicht
gewohnt. Nachdem er mehrfach von seinem Meister beim Anlehnen bzw. Aufsit-
zen erwischt worden war, erhielt er Prügel, schlug aber zurück. Daraufhin wurde er
angezeigt und sollte nach Oberndorf in die Mauser-Werke strafversetzt werden. Er
wurde zum „Obermeister" gebracht, der sich als menschlich erwies und dem Niederländer riet, diplomatischer zu sein, um durch den Krieg zu kommen; wenn er
sich nicht mehr anlehnen würde, geschehe ihm nichts. So entging der niederländische Zwangsarbeiter im letzten Moment der Einweisung in das Arbeitserziehungslager (AEL) Oberndorf.[83]

Andere westeuropäische Zivilarbeiter, vor allem aus akademischen Berufen,
konnten sich nur schwer damit abfinden, einem anstrengenden Fabrikalltag nachgehen zu müssen und außerdem durch ihre Tätigkeit den Feind bei der Kriegsführung
gegen die eigene Heimat zu unterstützen.[84] Bei einem niederländischen Zwangsarbeiter führten das Herausgerissensein aus der gewohnten Umgebung und die ungewohnten, schweren Arbeitsbedingungen zu einem völligen körperlichen Zusammenbruch.[85]

Als besondere Belastung empfanden viele ausländische Arbeitskräfte die extrem langen Arbeitszeiten. Mit Wirkung vom 1. September 1944 wurde für das
Werk Untertürkheim und die zahlreichen Verlagerungsbetriebe die 72stündige Wo-
chenarbeitszeit angeordnet[86]; die meisten ausländischen Arbeitskräfte hatten zuvor
offenbar 66 Stunden pro Woche gearbeitet.[87] Eine Ausnahme bildeten erneut die
sowjetischen Zwangsarbeiter, die bereits im Juni 1942 bis zu 80 Stunden (Männer)
bzw. 60 Stunden (Frauen) pro Woche arbeiten mußten.[88]

Eine Unterbrechung der langen Arbeitszeiten stellten lediglich die 15minütige
Frühstückspause und eine halbstündige Mittagspause gegen 12 oder 13 Uhr dar.[89]
Ein vergleichbarer Rhythmus galt für die in Nachtschicht arbeitenden Arbeits-
kräfte.

Zusätzlich verlängerte sich der Arbeitstag oft durch die weiten Anfahrt- oder
Anmarschwege zwischen Lager und Werk, da die Untertürkheimer Werksleitung
für die Unterbringung der ausländischen Belegschaftsmitglieder neben Baracken-

---

82   Vgl. GUG-Interview v.d. Hoeven/NL, S. 6, und Brief Sarrazin/F an Eltern, 28. 3.1943.
83   Vgl. GUG-Interview v.d. Gaag/NL, S. 3b.
84   Vgl. Erinnerungen 87/F, S. VIIIf.; GUG-Interviews Misson/B, S. 3, Sarrazin/F, S. 3.
85   Vgl. GUG-Interview v.d. Hoeven/NL, S. I u. 6f.
86   Vgl. HStA Stuttgart 347 Bü 89, DBAG Untertürkheim an Landesernährungsamt Schorndorf,
     31.10.1944 betr. Lebensmittelsonderzuteilung aufgrund der 72stündigen Wochenarbeitszeit.
87   Vgl. Erinnerungen 87/F, S. IX.
88   Vgl. HStA Stuttgart E 397 Bü 65, DBAG Untertürkheim an Landesernährungsamt Stuttgart,
     30. Juni 1942.
89   Vgl. GUG-Interviews Sarrazin/F, S. 2, Amory/F, S. 2, 60/F, S. 2, Gelly/F, S. 2, Goffinet/B,
     S. 2; Brief Sarrazin an Eltern, 28.3.1943.

lagern, zahlreiche Gasthöfe, Kinos Theatersäle oder vergleichbare Unterkünfte in der Umgebung Stuttgarts errichtet bzw. angemietet hatte.[90]

Das Nichteinhalten der Arbeitszeiten oder die Weigerung, sonntags zu arbeiten, hatten fast immer Bestrafungen zur Folge. Eine der häufigsten Strafen für Verspätungen waren der Entzug der Lebensmittelkarte[91] oder Lohnabzüge[92]. Einige Franzosen, die in der Nachtschicht während der Arbeit aßen, um dann in der mitternächtlichen Pause schlafen zu können, wurden mit einem halben Tag Lohnabzug bestraft.[93] Wesentlich schlimmer traf es einen französischen Zwangsarbeiter, der, weil er unregelmäßig zur Arbeit erschien, für mehrere Wochen in ein Arbeitserziehungslager eingeliefert wurde.[94] Einer der Daimler-Benz-Meister drohte den in seiner Abteilung eingesetzten niederländischen und französischen Zwangsarbeitern sogar mit Erschießung, weil sie absichtlich langsam arbeiteten.[95] Andere erhielten von ihren Meistern Schläge oder wurden mit Fußtritten traktiert.[96] Ein niederländischer Zwangsarbeiter, der während der Arbeitszeit versuchte, aus einer abgenutzten Feile ein Messer herzustellen, wurde denunziert, der Gestapo übergeben und für zwei Wochen ins Polizeigefängnis eingeliefert.[97] Glück hatte dagegen ein belgischer Zwangsarbeiter, der nicht bereit war, sonntags zu arbeiten und deshalb der Gestapo gemeldet, aber nicht bestraft wurde.[98] Häufig kontrollierten der Werkschutz, aber auch Meister und Ingenieure, die Toiletten, die ein beliebter Aufenthaltsort und Treffpunkt deutscher und ausländischer Arbeitskräfte waren.[99]

Besonders gefährlich konnte für die oft nur angelernten ausländischen Arbeitskräfte ein Fehler bei der Arbeit werden, der schnell als Sabotage ausgelegt wurde. Ein Franzose, dem beim Bohren mehrerer Löcher die Bohrspitzen abbrachen, wurde von der Gestapo vorgeladen und hatte große Schwierigkeiten, seine Unschuld zu beweisen. Zwar erhielt er schließlich keine Strafe, jedoch drohte man ihm bei einem erneuten Vorfall mit der Einweisung in das Arbeitserziehungslager Oberndorf.[100] Schlimmer erging es dagegen einer sowjetischen Zwangsarbeiterin, die ein nicht fertiggestelltes Teil unachtsam einfach weggeworfen hatte und deshalb in ein Konzentrationslager eingeliefert wurde.[101]

Die Unzufriedenheit mit den Arbeitsbedingungen und der Unwillen, die deutsche Rüstungsproduktion zu unterstützen, veranlaßten viele ausländische Zivilarbeiter, die Produktion in Untertürkheim durch Maßnahmen zu stören, die im nationalsozialistischen Jargon mit dem Terminus „Arbeitsvertragsbruch" bezeichnet

90 Vgl. GUG-Interviews Evers/NL, S. 5, v.d. Gaag/NL, S. 5a, Gelly/F, S. 3.
91 Vgl. GUG-Interviews Gay/F, S. 4, v.d. Hoeven/NL, S. 5, Sarrazin/F, S. 4.
92 Vgl. GUG-Interviews van Looy/NL, S. 4, Lubin/F, S. 4, van Oort/NL, S. 5, Sarrazin/F, S. 4.
93 Vgl. GUG-Interviews Amory/F, S. 4, Ducellier/F, S. 4.
94 Vgl. GUG-Interview 60/F, S. 4.
95 Vgl. GUG-Interview v.d. Gaag/NL, S. 4.
96 Vgl. GUG-Interviews van Looy/NL, S. 3, Hartkoorn/NL, S. 4f.
97 Vgl. GUG-Interview König/NL, S. 6.
98 Vgl. GUG-Interview Hermans/B, S. 4.
99 Vgl. Erinnerungen 87/F, S. 3f.; GUG-Interviews Lomakina/SU, S. 7, Misson/B, S. 3.
100 Vgl. GUG-Interview Guédon/F, S. 3. Ähnlich erging es einem niederländischen Zwangsarbeiter: Vgl. GUG-Interview v.d. Kooy/NL, S. 3.
101 Vgl. GUG-Interview 330/SU, S. 4.

wurden. Im September 1944 weigerten sich beispielsweise mehrere tschechische Arbeitskräfte, ihr Lager zu verlassen, um zur Arbeit nach Untertürkheim zu fahren. Die Untertürkheimer Werksleitung schaltete daraufhin die Gestapo ein und ließ vier Tschechen für sechs Monate in ein Konzentrationslager einweisen. Mit viermonatiger Konzentrationslagerhaft wurden elf französische Arbeitskräfte bestraft, die sich unerlaubt von ihrem Arbeitsplatz entfernt hatten bzw. nicht bereit waren, eine für sie vorgesehene Unterkunft selbst einzurichten.[102]

Daß die Untertürkheimer Werksleitung, die zur Abschreckung im Werk Plakate hatte aufhängen lassen, die einen Gehängten als Strafe für Sabotage zeigten[103], bei der Verteilung drastischer Strafen für den „Arbeitsvertragsbruch" nicht zimperlich war, zeigen auch die Erlebnisse eines ehemaligen französischen Zwangsarbeiters:

> *Im Winter 44/45 brachte einer unserer französischen Kameraden jeden Morgen eine Landkarte mit zur Arbeit, die er vor sich ausbreitete. Darauf war immer die russische Front auf dem neuesten Stand eingezeichnet. Er hatte seine Informationen von Radio London, das er heimlich jeden Abend abhörte. Herr Scheuermann, unser Bürochef, nahm ihm die Karte ab, gab sie der Gestapo, der Kamerad wurde nach Dachau geschickt, wo er umkam. [...] Eine Zeitlang durften wir während der Arbeitszeit Briefe nach Hause schreiben. Dann wurde uns dieses Privileg entzogen, aber ein Franzose schrieb trotzdem weiter. Herr Petzold, der Abteilungsleiter, hatte ihn schon einmal aufgefordert, aufzuhören. Als er sah, daß unser Kamerad wieder schrieb, nahm er ihm die Postkarte weg und ließ sie übersetzen. Darauf stand wörtlich: „Wenn ich die Sirenen höre, die von den amerikanischen Flugzeugen, erfreue ich mich an dem Anblick ihrer dicken, erbleichenden Fressen!" [...] Er wurde für drei Monate ins Arbeitslager geschickt. Als er zurückkam, war er in einem traurigen Zustand.*[104]

Dennoch ersannen viele ausländische Arbeitskräfte immer neue Wege, um der oktroyierten Arbeit zu entgehen. Neben einigen, die bewußt langsam arbeiteten oder mehr Ausschuß produzierten, als notwendig[105], gab es andere, die zum verzweifelten Mittel der Selbstverstümmelung griffen. So schnitt sich ein französischer Zwangsarbeiter in Untertürkheim in den Arm und goß anschließend eine Flüssigkeit, die zum Schweißen verwendet wird, in die Wunde. Es entstand eine so schwere Entzündung, daß der Arm amputiert werden mußte, aber der Franzose konnte nach Hause zurückkehren.[106] Mehrere Zeitzeugen berichten auch von regelrechter Sabotage durch Zerstörung von Motoren, indem z. B. Sand in das Getriebeöl geschüttet wurde; auch sollen Motoren in einem der Löschteiche versenkt worden sein.[107] Nicht eindeutig zu belegen sind die Angaben eines ehemaligen belgischen Zwangsarbeiters, wonach ausländische Arbeitskräfte Informationen über die Produktion an die Widerstandsorganisation „Rote Kapelle" weitergegeben haben sollen.[108]

---

102 Vgl. MBA Haspel 1, 2, Bekanntmachung vom 10.11.1944, betr. ausländische Arbeitskräfte.
103 Vgl. GUG-Interviews Ducellier/F, S. 4 u. Amory/F, S. 4.
104 GUG-Interview Deuil/F, S. I.
105 Vgl. GUG-Interviews Zandee/NL, S. 4, Evers/NL, S. 8, v.d. Gaag/NL, S. 4, Lubin/F, S. 4, Jarrige/F, S. 4, Mondejar-Esteve/F, S. 4, van Oort/NL, S. 4.
106 Vgl. GUG-Interview 234/F, S. 6.
107 Vgl. GUG-Interviews Sarrazin/F, S. 4, van Let/NL, S. 4, Vermijs/NL, S. 4.
108 Vgl. GUG-Interview Burgelman/B, S. 4.

Groß war die Zahl der ausländischen Zivilarbeiter, die nicht aus dem Urlaub zurückkehrten.[109] Ursprünglich sollten Verheiratete zweimal im Jahr Urlaub erhalten und ledige Arbeitskräfte einmal im Jahr nach Hause fahren können – eine Regelung, von der Polen und „Ostarbeiterinnen" und „Ostarbeiter" – wie erwähnt – ausgenommen waren, und die auch für viele andere ausländische Arbeitskräfte nur Theorie blieb.[110] Nur einige erhielten aus familiären Gründen Urlaub: bei der Geburt eines Kindes[111], der Krankheit enger Familienangehöriger[112] oder bei Fliegerschäden in der Wohnung der Eltern[113]. Ein ehemaliger belgischer Zwangsarbeiter berichtet:

> *Verheiratete sollten nach sechs Monaten 12 Tage Heimaturlaub bekommen, Ledige nach 12 Monaten 12 Tage Heimaturlaub. Zuerst wollte der Meister mir keinen Urlaub geben, aber ein belgischer Lehrer aus Brüssel schrieb für mich einen Brief, in dem die ‚Verdienste' der Nazis aufgeführt waren, ich schickte ihn direkt an die Direktion. Der Meister bekam eine Anweisung und mußte meinen Urlaubsschein unterschreiben. Ich war entschlossen, nicht nach Deutschland zurückzukehren. Ich brauchte zwei Personen, die mit ihrem Urlaub für meine Rückkehr bürgten – mein Freund Lardinois und ein Franzose unterschrieben.[114]*

Da der Belgier, wie beabsichtigt, nicht aus dem Urlaub zurückkehrte, wurde seinen Freunden, die für ihn gebürgt hatten, der Urlaubsanspruch gestrichen:

> *Ich wußte, daß meine Eltern mich nicht hätten verstecken und ernähren können, also unterschrieb ich für meinen Freund Misson, der in Belgien bleiben wollte. Als er, wie geplant, nicht zurück kam, wurde mein Urlaubsanspruch gestrichen. Ich protestierte bei unserem Meister, der sehr menschlich zu uns war: ‚Aber ich kann doch nichts dafür, daß Misson nicht zurückgekommen ist, das wußte ich doch nicht!' Er drückte ein Auge zu und gab mir zwei Wochen bezahlten Urlaub, den ich in Wannweil verbrachte.[115]*

Schwere Strafen erwarteten ausländische Zivilarbeiter, die bei Fluchtversuchen wieder aufgegriffen wurden – so lieferte die Gestapo einen französischen Zwangsarbeiter, der versucht hatte, aus Untertürkheim zu fliehen, für acht Wochen in das Konzentrationslager Dachau ein.[116]

Wie bereits erwähnt, waren die in Untertürkheim eingesetzten ausländischen Arbeitskräfte auf zahlreiche Lager und Gemeinschaftsunterkünfte in Stuttgart und Umgebung verteilt. Allein im November 1942 plante Daimler-Benz Investitionen für Barackenlager in Höhe von 3,8 Mio. RM.[117] Folgende Unterkünfte existierten für im Werk Untertürkheim eingesetzte ausländische Zivilarbeiter:

---

109 Vgl. GUG-Interview Mondejar-Esteve/F, S. 3: Nach seinen Schätzungen kehrten 60% der verheirateten Männer, denen Urlaub gewährt worden war, nicht zurück. Deshalb wurde schließlich kein Urlaub mehr gewährt; vgl. dazu auch GUG-Interviews Ducellier/F, S. 3, 60/F, S. 3; Briefe Sarrazin/F an Eltern, 6. und 22.8.1943.

110 Vgl. GUG-Interviews 234/F, S. 3, Hagenaars/NL, S. 3.

111 Vgl. GUG-Interview Guédon/F, S. 3.

112 Vgl. GUG-Interviews Ducellier/F, S. 3, Vybiral/CS, S. 4.

113 Vgl. GUG-Interviews v.d. Laar/NL, S. 3, 60/F, S. 3.

114 GUG-Interview Misson/B, S. 3.

115 GUG-Interview Lardinois/B, S. 3.

116 Vgl. Erinnerungen 87/F, S. 2; vgl. auch GUG-Interviews Gay/F, S. 4, Jarrige/F, S. I, Misson/B, S. 4.

117 Vgl. MBA VS-Protokolle, Protokoll der Vorstandssitzung am 4./5.11.1942, S. 38.

Tab. 10: Unterkünfte ausländischer Zivilarbeiter des Werks Untertürkheim

Bad Cannstatt
– Barackenlager   Franzosen
– Lager Seilerwasser   Franzosen
Bietigheim
– Grünwiese   „Ostarbeiter"
– Post   60 Franzosen
– Stern   50 Franzosen
Brühl
– Lager   ?
Deizisau
– Adler   ?
– Ochse   Niederländer,   Franzosen
Denkendorf
– Hirsch   Niederländer
– Krone   86 Niederländer
Ebingen
– Buchenwald   „Ostarbeiter"
– Goldener Becher   63 „Ostarbeiter"
– Tricotwaren   ?
– Weissenburg   80 Franzosen
Eislingen
– Rose   ?
– Turnhalle   120 „Ostarbeiter"
– Weinberg   Polen, Franzosen, Niederländer
Esslingen
– Georgihaus   86 Slowenen
– Paradies, Parkstr. 11 Franzosen, 58 Slowenen
– Schulhaus   80 „Ostarbeiter"
– Theater   Franzosen
– Turnhalle   150 „Ostarbeiter"
Esslingen-Mettingen
– Kino   Niederländer
Fellbach
– Barackenlager   Franzosen
– Hans-Schemm-Schule   502 Franzosen, Niederländer, Belgier
Gaisburg
– Schlachthof   Franzosen
Heilbronn
– Knoch   96 „Ostarbeiter"
Kirchheim
– Fuchsen   102 Tschechen
– Kino   Franzosen
– Wilhelmshöhe   65 Tschechen
Kochendorf
– Barackenlager   Niederländer
Köngen
– Adler   40 „Ostarbeiter"
– Ochsen   50 „Ostarbeiter"
– Wiesengrund   Polen, Italiener
Ludwigsburg
– Bismarckstr. 24   Franzosen
– Kino   Franzosen
– Kreispflege   116 Slowenen
– Lager   Niederländer
– Mathildenstr. 10a   Niederländer, Belgier, Franzosen

Lustnau
– Rose   ?
Metterzimmern
– Krone   ?
– Schwan   ?
Mühlen
– Lamm, Möbellager   Polen
– Löwe   ?
Neckartenzlingen
– Baracke   Niederländer
– Melchiorfabrik (Keller)   Niederländer
Plochingen
– Blaues Haus   224 Franzosen, Serben, Niederländer
Rohracker
– Hirsch   60 Tschechen
Rotenberg
– Krone   32 Belgier
– Liederkranz   ?
– Ochsen   50 Franzosen, Niederländer, Belgier
– Turnhalle   40 Franzosen, Niederländer, Belgier
Sillenbuch
– Puppenspiele   149 Franzosen
– Krankenlager   „Westarbeiter"
– SA-Erholungsheim Silberwald   Tschechen
Strümpfelbach
– Ochsen   82 Tschechen, Niederländer
Stuttgart
– Englischer Garten   106 Slowenen
– Kino   Franzosen
– Marienanstalt   12 Dänen, Franzosen
– Nordbahnhofstr.   Franzosen
– Rosensteinpark   300 Polen, Niederländer
– Schetzler Turnhalle   100 „Ostarbeiter"
– Schlachthofstr. 4   „Ostarbeiterinnen"
– Stuttgarter Hofbräu   Tschechen
– Zentral-Lustnau   Franzosen
– Wulle   195 Tschechen
Stuttgart-Hedelfingen
– Im Kies   1060 „Ostarbeiter"
– Lager Kreislen   „Ostarbeiterinnen"
Stuttgart-Zuffenhausen
– Gasthaus Mark-Gröninger Str.   Niederländer, Franzosen
– Kirchtal   106 Franzosen, Niederländer, Belgier
– Schule   Niederländer
Sulzgries
– Traube   50 Tschechen, Slowenen, Niederländer
Tailfingen
– Annestr.   40 „Ostarbeiter"
– Sportclubhaus   40 „Ostarbeiter", Niederländer
Tübingen-Lustnau
– Alte Krone   Franzosen
– Dorfackerstr.   Franzosen, Polen, „Ostarbeiter"
– Reutlinger Wiesen   57 Franzosen, 3 Niederländer, 7 Belgier,
                                         30 Italiener, 9 Polen, „Ostarbeiter"
Untertürkheim
– Alte Krone   75 Belgier
– Bayrischer Hof   60 „Ostarbeiter"

– Flaschenhals	140 Armenier
– Lindenschulstr.	29 „Ostarbeiterinnen"
– Luginsland	78 Franzosen
– Sängerhalle (Kino)	242 Franzosen, Belgier, „Ostarbeiterinnen"
Wangen	
– Adler, Wasenstr. 3	80 Franzosen
– Fleckenried	400 Franzosen, „Ostarbeiterinnen"
– Hirsch	Belgier
Wendlingen	
– Festhalle	Niederländer
– Hirsch	92 Franzosen
Wernau	
– Antoniushaus	200 Dänen, Tschechen
– Holzbaracke	Niederländer
– Löwe	80 Niederländer, Franzosen
Wiesensteig	
– Baracke	„Ostarbeiterinnen" und „Ostarbeiter"

Quellen: Vgl. Zapf, Mercedes-Stern; StadtA Ludwigsburg L 32/160, Liste der bei der Daimler-Benz AG beschäftigten Ausländer; LRA Göppingen 3101 Gemeinde Wiesensteig, Lämmerbuckel, DBAG Bauverz. Nr. 21/1945, Einbau von Arbeitsräumen und Erstellung einer Unterkunftsbaracke der Fa. Daimler-Benz AG Untertürkheim in Wiesensteig; StadtA Tübingen A 150/8399a, Lager Reutlinger Wiesen; StadtA Albstadt HR-E 000.03/66, Besatzungsangelegenheiten; König, Kriegsgefangene, S. 366f.; GUG-Interviews Gay/F, S. 5, Favelier/F, S. 5, v.D. Gaag/NL, S. 5, van Let/NL, S. 5, Gelly/F, S. 5, Marron/F, S. 5, Poelger/F, S. 5, van Looy/NL, S. 5, Jarrige/F, S. 5, Amory/F, S. 5, König/NL, S. 7, Braat, A./NL, S. 5, v.d. Laar/NL, S. 5, Goffinet/B, S. 5, Burgelman/B, S. 5, Spiegelhalter/F, S. 5, Evers/NL, S. 10, van Dongen/NL, S. 5, Guédon/F, S. 5, Hartkoorn/NL, S. 5, 213/SU, S. 5, Minajewa/SU, S. 5, Defrance-Szelest/SU, S. 5, Hermans/B, S. 5, Lomakina/SU, S. 3, v.d. Hoeven/NL, S. 5; Erinnerungen 87/F, S. V; Brief Janke/CS an Daimler-Benz, 20.7.1988, Brief Stelmatschuk/SU an Daimler-Benz, 6.7.1988, Brief Sery/CS an Daimler-Benz, 25.11.1990. In der Übersicht sind auch die zu den Untertürkheimer Verlagerungsbetrieben gehörenden Lager enthalten, sofern diese Verlagerungsbetriebe nicht in einem gesonderten Kapitel behandelt werden.

Bei der Belegung der für die Unterbringung der ausländischen Arbeitskräfte benötigten Räumlichkeiten agierte Daimler-Benz mitunter recht eigenmächtig, ohne sich beispielsweise an bestimmte behördliche Vorschriften zu halten. So beschwerte sich der Esslinger Oberbürgermeister darüber, daß das Werk Untertürkheim entgegen den Anordnungen des Württembergischen Innenministeriums beabsichtige, drei Esslinger Turnhallen statt 14 Tage mindestens zwei bis drei Monate mit Ausländern zu belegen.[118] Im Zuge der Verlagerung von Untertürkheimer Werksteilen in die Umgebung Stuttgarts gab es bei der Unterbringung ausländischer Zivilarbeiter ähnliche Vorkommnisse. So berichtete der Esslinger Landrat dem Württembergischen Innenminister im Juni 1944:

> *Die Kreisleitung (der NSDAP) hat erklärt, daß sie in Anbetracht der besonders gelagerten Verhältnisse der Firma Daimler-Benz gegen die ohne vorherige behördliche Genehmigung durchgeführte Belegung der Räume nachträglich keine Einwände erheben will. Der Bürgermeister von Deizisau hat ursprünglich gegen die eigenmächtige Belegung der Räume im „Löwen“ und „Ochsen“ entschiedenen Einspruch erhoben und sich insbesondere gegen die von Vertretern der Firma angeblich beliebte Verhandlungsmethode, die Eigentümer durch Androhung von Zwangsmaßnahmen gefügig zu machen, scharf verwahrt [...].[119]*

Während Aufbau und Infrastruktur der kleineren Lager meist ähnlich waren, gestalteten sich die Lebensbedingungen dort sehr unterschiedlich. Oft handelte es sich um Gasthäuser, Kinos oder Theater, in denen – wie im Gasthaus „Ochsen“ in Rotenberg – der Festsaal zu einem Schlafsaal umgebaut worden war. Manchmal gab es außerdem einen Aufenthaltsraum und eine Kantine, jedoch existierte keine Krankenstation.[120] Für die Reinigung einiger „Westarbeiterlager“ wurden – wie in vielen anderen zu Daimler-Benz-Werken gehörenden Lagern auch – sowjetische Zwangsarbeiterinnen eingesetzt.[121]

Manche der Unterkünfte befanden sich in völlig desolatem Zustand, wie die Hans-Schemm-Schule in Fellbach, die beim Einzug niederländischer Arbeitskräfte erst im Rohbau fertiggestellt war:

> *Die Unterbringung war hunds-, hundsmiserabel. Ich habe in Fellbach gewohnt. Da war eine Schule in Bau, Hans-Schemm-Schule, das war wohl irgendwie eine berühmte Person der Nazizeit. Nach der war die Schule benannt, und diese Schule war in Bau. Also die Konsequenz: Es gab weder Fenster, noch gab es Türen, es gab keinen Platz, also gar nichts. Nur kaltes Wasser, drei Betten übereinander, Strohsäcke, Läuse und morgens natürlich waschen bei 20 Grad unter Null. Es war ja Winter. Ich bin ja angekommen am 15. November.[122]*

Ungeziefer, gegen das keine Desinfizierungsmaßnahmen ergriffen wurden, breitete sich in vielen Lagern aus – nicht zuletzt, weil keine Duschen vorhanden waren.[123]

118 Vgl. KreisA Esslingen E 1 Bü 974, Oberbürgermeister Esslingen an Württembergischen Innenminister, 30.3.1944.
119 Ebda. E 1 Bü 975, Landrat Esslingen an Württembergischen Innenminister, 26.6.1944.
120 Vgl. GUG-Interviews Goffinet/B, S. 5f., van Dongen/NL, S. 6, Guédon/F, S. 5, Lubin/F, S. 6.
121 Vgl. Erinnerungen 87/F, S. VI; GUG-Interview v.d. Andel/NL, S. 5.
122 GUG-Interview Könemann/NL, S. 9; vgl. auch GUG-Interviews v.d. Gaag/NL, S. 5a, van Looy/NL, S. 5, v.d. Kooy/NL, S. 5.
123 Vgl. GUG-Interviews Braat, A./NL, S. 5, v.d. Andel/NL, S. 5, Amory/F, S. 5, Braat, M./NL, S. 5, Favelier/F, S. 5, v.d. Gaag/NL, S. 5, Gay/F, S. 5, van Let/NL, S. 5, van Looy/NL, S. 5,

Besonders hart traf viele Lagerbewohner der Winter 1944/45, als aufgrund fehlenden Heizmaterials das Mobiliar verbrannt werden mußte.[124] Negative Erfahrungen machten französische Zivilarbeiter, die in einem Barackenlager in Fellbach untergebracht waren, darüber hinaus mit dem dortigen Lagerführer: Als sie die Landung der Alliierten in der Normandie feierten, benachrichtigte der Lagerführer den Volkssturm, der die Franzosen verprügelte und ihnen weitere Strafen androhte.[125] Vor Gewaltanwendung schreckte auch der Lagerführer des Lagers „Fuchsen" in Kirchheim/Teck nicht zurück, um die dort untergebrachten tschechischen Arbeitskräfte morgens zum Aufstehen zu bewegen.[126]

Doch es gab auch Lager, in denen die Bedingungen besser waren, so in einem für die Unterbringung französischer Arbeitskräfte angemieteten Haus in Sillenbuch. Lediglich vier Franzosen wurden dort in einem Zimmer untergebracht, darüber hinaus waren Duschen vorhanden.[127] Positiv beurteilt auch ein ehemaliger französischer Zwangsarbeiter die Unterkunftsbedingungen in einem Gasthaus in Wangen.[128] Duschen mit warmem Wasser sollen auch in einem Ludwigsburger Lager, in dem Niederländer, Franzosen, und Belgier untergebracht waren, vorhanden gewesen sein.[129]

Eine Reihe in Untertürkheim eingesetzter ausländischer Arbeitskräfte, darunter Niederländer, Franzosen, Tschechen und Kroaten, zog eine private Unterkunft der Unterbringung in einem Lager vor[130]; es gab auch französische Arbeitskräfte, die heimlich mit deutschen Frauen zusammenlebten[131]. Mitte 1944 verbot das Reichssicherheitshauptamt ausländischen Arbeitskräften jedoch aufgrund „sicherheits- und volkstumspolitischer Gefahren" und wegen des Wohnraummangels das Wohnen in Privatquartieren – vor allem dort, „wo genügend Barackenraum verfügbar war".[132]

Ausnahmslos schlecht waren die hygienischen Verhältnisse in den Lagern der in Untertürkheim eingesetzten sowjetischen Arbeitskräfte. So erinnert sich eine der Betroffenen:

Wir wuschen uns mit kaltem Wasser, wir hatten Läuse und Flöhe. Manchmal machten wir alles sauber, aber Sie können sich vorstellen, wie das ist mit 12 in einem Zimmer. [...] Die Baracken waren anfangs neu, aber diese Sanitäranlagen waren schlecht gebaut, aus Holz, wie in den KZs

---

Hartkoorn/NL, S. 5, v.d. Hoeven/NL, S. 5, Jarrige/F, S. 5, König/NL, S. 7; Erinnerungen 87/F, S. VII.
124 Vgl. GUG-Interview v.d.Gaag/NL, S. 5; Erinnerungen 87/F, S. VI.
125 Vgl. GUG-Interview Jarrige/F, S. 5.
126 Vgl. GUG-Interview Vybiral/CS, S. 3.
127 Vgl. GUG-Interview 60/F, S. 5.
128 Vgl. GUG-Interview Deuil/F, S. 5.
129 Vgl. GUG-Interview Gelly/F, S. 5.
130 Vgl. GUG-Interviews Zandee/NL, S. , van der Gaag/NL, S. 5a, Sarrazin/F, S. 5, Evers/NL, S. 9, Gelly/F, S. 5, König/NL, S. 6f., Marron/F, S. 5, Novosel/YU, S. 8, Roovers/NL, S. 5, Tvaruzek/CS, S. 5; Tagebuch Denkers/NL, S. 25.
131 Vgl. Erinnerungen 87/F, S. VI. Zu möglichen Konsequenzen des „Verbotenen Umgangs" vgl. Herbert, Fremdarbeiter, S. 122–129.
132 Vgl. Pfahlmann, Fremdarbeiter, S. 205.

Abb. 15: Schlafsaal französischer Zivilarbeiter im „Blauen Haus" in Plochingen.

Abb. 16: Eintrittskarte eines belgischen Zivilarbeiters für eine DAF-Veranstal-
tung.

Abb. 17: Das Tragen dieses Abzeichens
war Pflicht für im Deutschen
Reich eingesetzte polnische
Zwangsarbeiter.

mit tiefen Löchern. Dann gab es ein Zimmer, wo man sich waschen konnte; und dann so ein großer Saal mit lauter Kaltwasserhähnen – anfangs gingen wir manchmal getrennt ins Bad im Werk. Im Werk ging das mit Eimern kaltem Wasser, Seife gab es nicht, nur so einen Sand [...].[133]

Dazu kam, daß die Lager der sowjetischen Zwangsarbeiterinnen und Zwangsarbeiter bewacht und mit Stacheldraht umgeben waren. Verlassen konnten sie die Lager nur, um – allerdings ebenfalls unter Bewachung – zur Arbeit zu gehen.[134] Dabei verzögerte sich der Abmarsch häufig, weil die Gruppen immer wieder durchgezählt wurden, was insbesondere bei winterlicher Kälte unerträglich war.[135] „Freien Ausgang" erhielten „Ostarbeiterinnen" und „Ostarbeiter" lediglich sonntags, wenn es ihnen ein Ausweis ermöglichte, in Zehnergruppen von 14 bis 19 Uhr spazieren zu gehen. Unerläßlich war jedoch das Tragen des „Ostarbeiterabzeichens".[136] Manche der sowjetischen Frauen, die mit Zivilarbeitern aus westeuropäischen Ländern befreundet waren, riskierten es allerdings, mit diesen ohne das „Ostarbeiterzeichen" auszugehen und sich als Angehörige einer anderen Nationalität auszugeben.[137]

Einem Kontakt zwischen „Ostarbeitern" und der deutschen Bevölkerung waren enge Grenzen gesetzt. Denn entsprechend der nationalsozialistischen Propaganda war in der Bevölkerung die Meinung weit verbreitet, bei den sowjetischen Zwangsarbeitern handele es sich um „Untermenschen". So kam es vor, daß Untertürkheimer „Ostarbeiterinnen" auf dem Weg vom Lager zum Werk von Kindern mit Steinen beworfen wurden.[138] Gebrauchen konnte man sie jedoch, „wenn Not am Mann war" – wie z.B. beim Einbringen der Ernte.[139]

Im Unterschied zu den sowjetischen Zwangsarbeitern gab es für Arbeitskräfte aus den übrigen Ländern – mit Ausnahme von Polen, für die die gleichen Bedingungen wie für „Ostarbeiter" galten – keine Beschränkungen hinsichtlich des Verlassens des Lagers. Auch den Weg zur Arbeit legten sie ohne Bewachung zurück, wobei sie entweder öffentliche Verkehrsmittel benutzten oder zu Fuß gingen. Jedoch galt die Aufenthaltserlaubnis stets nur für einen bestimmten Kreis, der aus dem Fremdenpaß ersichtlich war. Das unerlaubte Verlassen dieses Kreises konnte schwere Strafen zur Folge haben. Ein niederländischer Zwangsarbeiter, der in einem Verlagerungsbetrieb des Werks Untertürkheim in Tailfingen eingesetzt war und über die Weihnachtstage seinen Cousin in Untertürkheim besuchen wollte, wurde vom dortigen Lagerführer entdeckt und für eine Woche in ein Gefängnis eingeliefert:

---

133 GUG-Interview Lomakina/SU, S. 13. Ähnlich auch: GUG-Interview Hermans-Komieniewa/SU, S. 5.
134 Vgl. GUG-Interviews Hermans-Komieniewa/SU, S. 5, Defrance-Szelest/SU, S. 5, Lomakina/SU, S. 9.
135 Vgl. GUG-Interview Defrance-Szelest/SU, S. 5.
136 Vgl. GUG-Interviews Lomakina/SU, S. 8, 330/SU, S. 5. 213/SU, S. 5.
137 Vgl. GUG-Interviews Lomakina/SU, S. 8, Marron/F, S. 6.
138 Vgl. GUG-Interview Lomakina/SU, S. 15.
139 Vgl. KreisA Esslingen E 1 Bü 975, Landratsamt Esslingen an Kreisleitung NSDAP Esslingen, 16.8.1944.

Der Aufenthalt war ja nur in einem bestimmten Bezirk gestattet. Mein Vetter mußte, während ich in Tailfingen war, in Untertürkheim bleiben. [...] Und in Untertürkheim wollte ich ihn Weihnachten 1944 besuchen. Also der Lagerführer war ein einbeiniger, vierschrötiger Kerl, der morgens mit einem Stück Gasrohr die Leute geweckt hat, und der hat uns dann erwischt. Der hat gesagt: ,Du gehörst doch gar nicht hierher, zeig mal Deinen Paß.' Ich hatte einen Fremdenpaß. Und da stand drin: Bezirk Tailfingen/Schwäbische Alb, und bums war ich eine Woche im Gefängnis. Ich habe also eine Woche in Fellbach im Polizeigefängnis gesessen, eine Woche lang. Ausgerechnet die Weihnachtszeit und Silvester. Nur, weil sie mich da erwischt haben... Aber das war eben nicht erlaubt.[140]

Dennoch ermöglichte die relative Bewegungsfreiheit vielen Ausländern in ihrer Freizeit Aktivitäten, von denen polnische und sowjetische Zwangsarbeiter völlig ausgeschlossen waren. So konnten sie an Fußballspielen gegen andere ausländische Mannschaften teilnehmen oder in Gasthäusern essen gehen.[141] Eine Gruppe von französischen Kriegsgefangenen organisierte in den Lagern Musikabende, Theateraufführungen oder Fußballspiele.[142]

Darüber hinaus gab es offizielle Veranstaltungen der Deutschen Arbeitsfront (DAF), die Theater- und Variétéaufführungen oder Fußballspiele für französische und niederländische Arbeitskräfte anbot.[143] Auch Daimler-Benz organisierte Veranstaltungen für die „Betriebsgemeinschaft", an der ausländische Arbeitskräfte teilnehmen konnten.[144] Darüber hinaus gab es im Werk Untertürkheim eine Werksbücherei, die auch fremdsprachliche Titel enthielt und zumindest von den westeuropäischen Zivilarbeitern genutzt werden konnte.[145]

Einige „Westarbeiter", knüpften in ihrer Freizeit auch Kontakte zu Deutschen – wie ein belgischer Zwangsarbeiter, der von Beruf Fotograf war und in Ludwigsburg einen deutschen Fotografen kennenlernte, als er Paßfotos für die Daimler-Benz-Ausweiskarte anfertigen ließ. Der Deutsche, der mit einer Französin verheiratet war, erlaubte dem Belgier daraufhin, samstagsnachmittags in seinem Labor Fotos zu retuschieren.[146] Ein niederländischer Zwangsarbeiter hatte guten Kontakt zu mehreren Mitgliedern einer Stuttgarter Gemeinde, deren Gottedienste er sonntags besuchte.[147] Manche Deutsche steckten den ausländischen Arbeitskräften auch heimlich Lebensmittel zu.[148]

Da viele der Lager, in denen die ausländischen Zivilarbeiter untergebracht wurden, relativ klein waren und über keine eigene Kantine verfügten, beruhte das Versorgungssystem für die in Untertürkheim eingesetzten ausländischen Arbeitskräfte größtenteils auf Selbstverpflegung. Mit Ausnahme der sowjetischen Zwangsarbeiter erhielten alle ausländischen Zivilarbeiter wöchentlich Lebensmittelkarten,

---

140 GUG-Interview Könemann/NL, S. 10.
141 Vgl. GUG-Interviews Mondejar-Esteve, S. 6, Poelger/F, S. 6, van Dongen/NL, S. 6, Zandee/NL, S. 6.
142 Vgl. GUG-Interviews Sarrazin/F, S. 6, Tendil/F, S. 6.
143 Vgl. Erinnerungen 87/F, S. XI; GUG-Interview Zonjee/NL, Anlagen.
144 Vgl. GUG-Interviews Lardinois/B, Anlagen, Sarrazin/F, S. 6.
145 Vgl. Erinnerungen 87/F, S. XI; Brief Sarrazin/F an Eltern, 16.5.1943.
146 Vgl. GUG-Interview Misson/B, S. 6.
147 Vgl. Tagebuch Denkers/NL, v.a. S. 156–164 und 173–185.
148 Vgl. GUG-Interview Vybiral/CS, S. 5.

mit denen sie die notwendige Verpflegung kaufen konnten. Nach Angaben eines Zeitzeugen entsprachen die Lebensmittelrationen der „Westarbeiter" im wesentlichen denen der deutschen Bevölkerung. Eine Wochenration bestand bei einem französischen Zwangsarbeiter im Juli 1943 aus 1750 g Schwarzbrot, 500 g Weißbrot, 150 g Gerste- oder Haferflocken, 125 g Butter, 80 g Margarine, 60 g Käse, 250 g Wurst, 225 g Zucker oder Honig, 175 g Marmelade, 62,5 g Kaffee-Ersatz, 2 kg Kartoffeln und einem Ei.[149]

Darüber hinaus gab es Zulagekarten für Schwer- oder Sonntagsarbeit, die bei dem bereits erwähnten Franzosen im Mai 1943 Marken für 600 g Brot, 200 g Aufschnitt und 20 g Margarine pro Woche enthielten.[100] Daß die Lebensmittelmarken auch in Gaststätten eingelöst werden konnten, nutzten viele „Westarbeiter" vor allem an den Wochenenden, manchmal aber auch in der Woche, da nur in den wenigsten Lagern Kochmöglichkeiten bestanden.[151] Mit gesonderten Marken mußte das Mittagessen bezahlt werden, das alle in Untertürkheim eingesetzten Arbeitskräfte im Werk erhielten.[152]

Während die Zivilarbeiter aus westeuropäischen und „befreundeten" Staaten in Untertürkheim also verhältnismäßig gut versorgt wurden, war die Verpflegung der „Ostarbeiterinnen" und „Ostarbeiter", für die ausschließlich Daimler-Benz zuständig war, dagegen quantitativ und qualitativ völlig unzureichend. So erhielten die sowjetischen Zwangsarbeiter morgens im Lager lediglich eine Tasse Kaffeersatz und 150 g Brot und abends eine dünne Wassersuppe.[153] Besonders schwer waren die Arbeitspausen zu ertragen, wenn die deutschen Daimler-Benz-Arbeitskräfte ihre von zu Hause mitgebrachten Lebensmittel verzehrten und die sowjetischen Arbeitskräfte hungrig zusehen mußten. Das an die „Ostarbeiterinnen" und „Ostarbeiter" in Untertürkheim ausgegebene Mittagessen war von extrem schlechter Qualität. So schildert eine der betroffenen Frauen:

Es gab eine Vesperpause, aber da wir nichts zu essen hatten, gingen wir auf die Toilette, um die Deutschen nicht essen sehen zu müssen. [...] Mittags aßen wir in der Fabrik, aber das Essen wurde im Lager gekocht und mit einem Lastwagen hergebracht. Die Suppe war aus Gemüse, niemals Fleisch oder Eier. Wir hatten solchen Hunger![154]

Häufig war das an die „Ostarbeiterinnen" und „Ostarbeiter" verteilte Essen verfault oder sogar mit Würmern durchsetzt.[155]

---

149 Vgl. Brief Sarrazin/F an Eltern, 5.7.1943. Ähnliche Angaben machte ein anderer ehemaliger „Westarbeiter": Vgl. GUG-Interview Lardinois/B, S. I.

150 Vgl. GUG-Interview Sarrazin/F, S. 2.

151 Vgl. Brief Sarrazin/F an Eltern, 18.4.1943.

152 Vgl. Briefe Sarrazin an Eltern v. 28.3.1943 u. 5.7.1943; Erinnerungen 87/F, S. IV; GUG-Interview Amory/F, S. 2.

153 Vgl. GUG-Interviews Defrance-Szelest/SU, S. 5, 213/SU, S. 5, Hermans-Komieniewa/SU, S. 5, Minajewa/SU, S. 2; vgl. auch HStA Stuttgart E 397 Bü 65, DBAG Untertürkheim an Landesernährungsamt Stuttgart, 30. Juni 1942.

154 GUG-Interview 330/SU, S. 2. Die schlechte Qualität des an die sowjetischen Zwangsarbeiter ausgegebenen Essens wird auch von westeuropäischen Zivilarbeitern bestätigt: Vgl. Erinnerungen 87/F, S. III; GUG-Interviews Amory/F, S. 2, Ducellier/F, S. 2, Mondejar-Esteve/F, S. 6, Misson/B, S. 6, Zandee/NL, S. 3.

155 Vgl. GUG-Interview Defrance-Szelest/SU, S. 2.

Die mengenmäßig völlig unzureichende und zudem schlechte Verpflegung löste bei den Untertürkheimer „Ostarbeiterinnen" – trotz zu befürchtender Bestrafung durch die Werksleitung – einen zweitägigen Streik aus. Die Tatsache, daß sie der Arbeit zwei Tage lang fernblieben, wurde mit völligem Essensentzug bestraft. Danach ließ die Werksleitung Spinat austeilen. Da dieses Gemüse den sowjetischen Zwangsarbeiterinnen jedoch unbekannt war, kam es zu folgendem Vorfall:

> *Dann sollten wir Spinat essen, aber wir dachten, nun gäben sie uns schon ungenießbares Kraut zu essen, und wir weigerten uns, das zu essen. Es kam dann ein großer Direktor von Daimler-Benz ins Lager und aß vor unseren Augen den Spinat, um zu beweisen, daß er eßbar war. Aber wir weigerten uns trotzdem, Spinat zu essen. Unsere Aufseher beschimpften uns: „Russenschweine! Der große Direktor ißt Spinat, und Ihr wollt ihn nicht essen!*[156]

Auch die in Untertürkheim eingesetzten männlichen sowjetischen Zivilarbeiter streikten aufgrund ihrer schlechten Versorgungslage. Dies hatte für einige von ihnen harte Strafen zur Folge:

> *Im Jahr 1942, ungefähr im Juni, kam eine zweite Gruppe aus Dnjepropetrowsk zu uns, und wir waren nun 180 Personen. Und diese Leute aus Dnjepropetrowsk organisierten einen allgemeinen Streik, damit man uns einen Laib Brot von 900 Gramm für zwei Personen gäbe, denn man gab uns diesen Brotlaib für drei Personen (zweimal in der Woche, Anm. d. Verf.). Abends, als wir zum Abendessen gingen, wurde uns das Kommando gegeben, uns zu dritt aufzustellen, und sofort gab man je drei Personen einen Laib Brot. Als wir uns dann zu zweit aufstellten, gab man uns das Brot nicht. Am Morgen gingen wir alle nicht zur Arbeit, und gegen Mittag kam die Gendarmerie und führte die Anführer, acht Personen, ab [...] und unser Dolmetscher sagte uns, daß diese Männer um 12 Uhr mittags gehängt würden. Aber vier wurden in ein Auto geladen, und uns trieb man in Reih und Glied zur Arbeit. Diese vier wurden nicht aufgehängt, sondern in ein Konzentrationslager gebracht.*[157]

Immerhin veranlaßte der Streik die Untertürkheimer Werksleitung, das Landesernährungsamt Stuttgart um erhöhte Brotzuteilungen für „Ostarbeiterinnen" und „Ostarbeiter" zu bitten. Zwar habe man die Arbeitsaufnahme erzwungen, jedoch nicht erreicht, „dass die Leute zufrieden sind".[158] Doch der Reichsminister für Ernährung und Landwirtschaft ließ Daimler-Benz mitteilen:

> *Im Interesse der Arbeitsmoral geht es aber nicht an, daß für einzelne Betriebe eine unterschiedliche Regelung getroffen wird. Der Antrag der Daimler-Benz ist daher abzulehnen.*[159]

Obwohl der Betriebsleiter des Werkes Untertürkheim, Hans Huschke, im April 1944 deutschen Belegschaftsmitgliedern unter Androhung der Gestapo verbot, „Ostarbeitern" Lebensmittel zuzustecken[160], gab es Deutsche, die sich dieser Anordnung trotz der damit für sie verbundenen Gefahr widersetzten. In besonders dankbarer Erinnerung blieb einigen sowjetischen Zwangsarbeiterinnen der Inge-

---

156 GUG-Interview 213/SU, S. 4.
157 GUG-Interview Baranow/SU, S. 2. Nach den für „Ostarbeiter" geltenden Verpflegungssätzen hätten einem „Normalarbeiter" 2.600g pro Woche an Brot zugestanden! Vgl. Kap. 3.3.3.1.
158 HStA Stuttgart E 397 Bü 65, Daimler-Benz AG Untertürkheim an Landesernährungsamt Stuttgart, 30.6.1942.
159 Ebda., Reichsminister für Ernährung und Landwirtschaft an Württembergisches Wirtschaftsministerium, Landesernährungsamt, 17.Juli 1942.
160 Vgl. MBA Haspel 1,2, Rundschreiben Huschke an Abteilungsleiter und Meister, 22.4.1944.

nieur Alfred Kürrle, der täglich für eine der Frauen ein in einen alten Lappen ge-
wickeltes Butterbrot in einem der Abfalleimer versteckte.[161]

In der Hoffnung, dadurch ihre eigene Situation erträglicher gestalten zu können, suchten viele der „Ostarbeiterinnen" in Untertürkheim auch engen Kontakt zu
den verpflegungsmäßig wesentlich besser gestellten Zivilarbeitern aus Belgien,
Frankreich oder den Niederlanden:

> *Wir hatten großen Hunger, wenn wir nicht vor Hunger sterben wollten, mußten wir uns*
> *zusätzlich Nahrung beschaffen. Das war durch Freundschaft mit einem STO möglich oder,*
> *wenn uns ein freundlicher Deutscher etwas zu essen zusteckte. Ich habe [...] aus Hunger*
> *geheiratet.*[162]

Die Reaktionen der „Westarbeiter" waren sehr unterschiedlich. Während einige
bemüht waren, zu helfen, gab es andere, die die Situation dieser Frauen schamlos
ausnutzten. So erinnert sich ein niederländischer Zwangsarbeiter:

> *Mit den Russen habe ich immer viel Mitleid gehabt, die haben wenig zu essen bekommen, viel*
> *weniger, als wir hatten. Die Mädchen hatten sich nachts bei uns angemeldet, wir durften*
> *mal ..., wenn wir etwas Brot gaben. Ich habe den Russen abgegeben, was ich konnte, aber die*
> *Franzosen haben das ins Lächerliche gezogen.*[163]

Infolge intimer Kontakte zwischen sowjetischen Zwangsarbeiterinnen und Zivilarbeitern aus anderen Ländern kam es bei einigen der Frauen zu Schwangerschaften.
Während einige Betroffene unter Zwang Abtreibungen vorgenommen haben sollen[164], gab es auch Geburten. Insgesamt sollen allein im Krankenhaus Wangen 15
Kinder sowjetischer Daimler-Benz-Zwangsarbeiterinnen geboren worden sein, die
– während die Mütter arbeiteten – von anderen „Ostarbeiterinnen" im Lager betreut
wurden. Bis auf wenige Ausnahmen starben die Kinder jedoch kurz nach der
Geburt infolge von Unterernährung und wurden auf dem Friedhof in Wangen be-
erdigt. So auch das kleine Mädchen einer sowjetischen Zwangsarbeiterin, die mit
einem Belgier befreundet war, der ebenfalls im Untertürkheimer Werk arbeitete,
und den sie nach Kriegsende heiratete:

> *Ich hatte ein Kind in Deutschland, eine Tochter. Sie wurde im Februar 1944 geboren. Sie lebte*
> *nur bis Mai, sie ist gestorben. Dort waren 32 Frauen, die Kinder hatten, und fast alle sind*
> *gestorben. Es blieben nur zwei Kinder – wir hatten nie einen Arzt, keinerlei Hilfe, überhaupt*
> *nichts.[...] Mein Mann war zum Werksdirektor gegangen und bat um Erlaubnis, mich zu*
> *heiraten, aber wir durften nicht, weil ich Ostarbeiterin war. Mein Mann half mir, wie es ging.*
> *Als ich schon ziemlich hochschwanger war, hörte ich auf zu arbeiten und blieb zu Hause in der*
> *Baracke. Dort gab es keine Hilfe, und bei mir fingen die Wehen an. Als die Wehen anfingen,*
> *riefen sie im Krankenhaus an, und ich durfte ins Krankenhaus in die Stadt Stuttgart – und das*
> *war für mich ein großes Glück. Da waren nur Deutsche und ich zwischen ihnen. Ich blieb da*
> *zwei Monate, dann wurde mein Kind geboren. Da pflegten sie mich, da war ein Arzt und eine*
> *Schwester, da gab es gutes Essen, und ich arbeitete ein bißchen in der Küche, half überall,*
> *nähte Kinderkleidung. Man war dort sehr gut zu uns. Meine Tochter war gesund, hatte ein*
> *gutes Gewicht; als sie starb, sagte man mir, sie hätte Kindhusten gehabt. Ich kam aus dem*

---

161 Vgl. GUG-Interviews Defrance-Szelest/SU, S. 3
162 GUG-Interview Minajewa/SU, S. I.
163 GUG-Interview Evers/NL, S. 12.
164 Vgl. GUG-Interview Sarrazin/F, S. I.

Krankenhaus in ein anderes Lager, weil unseres bombardiert und völlig ausgebrannt war; das war in Obertürkheim. Da konnte mich mein Mann jede Woche besuchen, sonntags konnte er mich mitnehmen. Wenn schönes Wetter war, gingen wir mit dem Kind in den Park, dann wurde es krank: Mein Mann rief an, und man brachte es ins Krankenhaus. Ich konnte es jeden Tag besuchen – ich gab ihm noch die Brust. Mein Mann war zwischendurch nach Belgien gefahren und hatte alles mitgebracht, was für das Kind nötig war: Kinderwagen etc. [...] Ja, er war 44 in Urlaub in Belgien [...] Als mein Kind starb, mußte ich wieder arbeiten gehen. [...] Ja, als mein Kind gestorben war, erlaubte man mir, es zu begraben. Es kam sogar eine Frau mit mir auf den Friedhof, eine Deutsche. Ich war sehr froh, daß man mir das erlaubte, aber ich glaube, es war wegen meines Mannes.[165]

Wie bereits erwähnt, gab es innerhalb der Lager offenbar keinerlei medizinische Betreuung für die dort untergebrachten ausländischen Arbeitskräfte. Über die medizinische Versorgung der ausländischen Zivilarbeiter innerhalb des Werkes liegen widersprüchliche Aussagen vor. Offenbar gab es in der Fabrik eine Krankenstation, die von einem Arzt betreut wurde, dessen Staatsangehörigkeit jedoch unklar ist. Nach Angaben einiger Zeitzeugen soll es sich um einen französischen Arzt gehandelt haben[166], andere erinnern sich an einen linientreuen deutschen Nationalsozialisten, der auf dem Standpunkt stand, daß Ausländer nicht krank, sondern faul seien[167]. Darüber hinaus existierte in Sillenbuch ein Krankenlager für „Westarbeiter", in dem ein französischer Kriegsgefangener, der Arzt war, praktizierte.[168] Schwer erkrankte oder bei Arbeitsunfällen verletzte Zivilarbeiter – auch „Ostarbeiter" – wurden in Krankenhäusern behandelt.[169] Von einem deutschen Arzt behandeln ließ der Lagerführer des „Ostarbeiterlagers" in Hedelfingen auch eine junge sowjetische Zwangsarbeiterin, die auf dem Weg vom Werk Untertürkheim zum Lager von einem Hund in den Arm gebissen worden war. Darüber hinaus erstattete er Anzeige gegen den Besitzer des Hundes.[170]

Im Verlauf des Krieges wurden die Arbeits- und Lebensbedingungen der in Untertürkheim eingesetzten ausländischen Arbeitskräfte durch die zunehmenden Luftangriffe stark beeinträchtigt. Die stets über dem Werk aufgespannten Tarnnetze[171] konnten nicht verhindern, daß das Werk Untertürkheim mehrfach Ziel von Luftangriffen wurde[172].

---

165 GUG-Interview Lomakina/SU, S. 4; im Unterschied zu Frau Lomakina berichtete eine andere ehemalige sowjetische Zwangsarbeiterin, Frau Hermans-Komieniewa, daß alle in Untertürkheim geborenen Kinder sowjetischer Zwangsarbeiterinnen starben: Vgl. GUG-Interview Hermans-Komieniewa/SU, S. 6.

166 Vgl. GUG-Interviews van Dongen/NL, S. 4, Deuil/F, S. 4, Burgelmann/B, S. 4, Lecouey/F, S. 4, v.d. Hoeven/NL, S. 4, Minajewa/SU, S. 4, van Oort/NL, S. 4, Zonjee/NL, S. 4.

167 Vgl. GUG-Interviews v.d. Gaag/NL, S. 4.

168 Vgl. GUG-Interviews v.d. Gaag/NL, S. 6, Hagenaars/NL, S. 6.

169 Vgl. GUG-Interviews Lardinois/B, S. 4, 213/SU, S. 4, Gay/F, S. 4, Lubin/F, S. 4, Hermans/B, S. 6, Hermans-Komieniewa/SU, S. 6, Jarrige/F, S. 4, Pauporté-Croquet/B, S. 6, Poelger/F, S. 4, Sarrazin/F, S. I, Tvaruzek/CS, S. 4.

170 Vgl. MBA Unfall-Meldebuch für ‚Ostarbeiter', Bericht Lagerführer Ramminger, 21.6.1944.

171 Vgl. GUG-Interviews Evers/NL, S. 13, Mondejar-Esteve/F, S. 6, van Oort/NL, S. 4, Brief Favelier/F an Daimler-Benz, 27.1.1986.

172 Zu den Daten der Angriffe vgl. Tabelle 6, Seite 76.

Obwohl unter dem Werk Luftschutzräume vorhanden waren, die von Deutschen und allen Ausländern benutzt werden durften[173], gab es insbesondere bei der
Bombardierung des Werks am 5. September 1944 zahlreiche Todesopfer unter den
ausländischen Zivilarbeitern[174]. Einer der Gründe dafür könnte gewesen sein, daß
die Schutzräume im Werk offenbar dreigeteilt waren: Die unterste Ebene war den
deutschen Arbeitskräften vorbehalten und die mittlere Niederländern, Belgiern,
Franzosen und Tschechen, während „Ostarbeiter" nur zur obersten Ebene Zutritt
hatten.[175] Dazu kam, daß auch einer der Waschräume unter dem Werk als Luft-
schutzraum fungierte, in dem schon bei einem Treffer in der Nähe Überflutungsge-
fahr drohte.[176] Tatsächlich sollen einige ausländische Arbeitskräfte bei einem Bombenangriff in diesem unterirdischen Waschraum ertrunken sein.[177] Ein sicherer
Luftschutzstollen in der Nähe des Werks wurde möglicherweise erst relativ spät
gebaut.[178] Doch oft reichte die Zeit zwischen Alarm und Bombardement kaum aus,
um den rettenden Stollen zu erreichen:

> *Für den Luftschutz war alles sehr gut organisiert. Man mußte nur sehr schnell laufen können.
> Es waren normale Holztische im Büro, und dann gab es da eine große Kiste. Und in dieser
> Kiste waren die Karten der Fremdarbeiter einsortiert. Von A bis Z. Und die Luftangriffe waren
> teilweise so intensiv, daß manchmal sechs-, siebenmal am Tag Alarm war. Zum Schluß hat man
> den Mantel gar nicht mehr ausgezogen, sondern ich habe die Karten auf dem Deckel der Kiste
> beschrieben. Wenn dann die Sirenen draußen gingen, klappte man den Deckel der Kiste zu,
> steckte den Bleistift in die Tasche, stürzte zwei Treppen runter, denn die Kiste mußte ja in den
> Keller gebracht werden. Und dann mußte man aus dem Keller wieder raus, und vor der Tür
> standen eine ganze Reihe von Lastwagen mit Hühnerleitern, und da stürmte man drauf auf die
> Ladeflächen, und der Lastwagen fuhr dann im schnellsten Tempo in den Stollen ca. einen
> Kilometer entfernt. Das war schon sehr sicher, aber wer natürlich nicht so schnell war und den
> Lastwagen verpaßte, der konnte ja nur in den Keller gehen und der war also nicht so sicher.[179]*

Einige Arbeitskräfte sollen ums Leben gekommen sein, weil so spät Luftalarm
gegeben wurde, daß sie den Bunker nicht mehr rechtzeitig erreichen konnten.[180]

Auch einige der Lager, in denen ausländische Arbeitskräfte lebten, wurden bei
den Luftangriffen in Mitleidenschaft gezogen: so u.a. das Lager „Im Kies" in
Hedelfingen, in dem zahlreiche „Ostarbeiterinnen" und „Ostarbeiter" untergebracht
waren[181], das Lager „Rosensteinpark"[182], das Gasthaus „Ochsen" in Rotenberg, das

---

173 Vgl. GUG-Interviews Lomakina/SU, S. 19, Guédon/F, S. 6, Minajewa/SU, S. 6.

174 Vgl. GUG-Interviews Deuil/F, S. 6, Goffinet/B, S. 6, Gelly/F, S. 6, Guédon/F, S. 6, Lecouey/F,
    S. 6, Lesage/F, S. 6, van Looy/NL, S. 6, Hermans-Komieniewa/SU, S. 6, Jarrige/F, S. 6, v.d.
    Kooy/NL, S. 6, Minajewa/SU, S.6.

175 Vgl. GUG-Interviews Roovers/NL, S. 6, Goffinet/B, S. 6, Gay/F, S. 6, Guédon/F, S.6.

176 Vgl. GUG-Interview Vermijs/NL, S. 6.

177 Vgl. GUG-Interviews van Dongen/NL, S. 6, Hartkoorn/NL, S. 6.

178 Vgl. GUG-Interview Zandee/NL, S. 6.

179 GUG-Interview Könemann/NL, S. 6f.

180 Vgl. Brief van Let/NL an DBAG, 11.4.1986.

181 Vgl. MBA Gaggenau, Fliegerschäden, DBAG Untertürkheim an Oberbürgermeister Stuttgart,
    15.7.1944.

182 Vgl. ebda.; GUG-Interview van Dongen/NL, S. I.

als Unterkunft für belgische, niederländische und französische Arbeitskräfte genutzt wurde[183], das Stuttgarter Hofbräu, das als Unterkunft für Tschechen diente[184], eine Schule in Zuffenhausen[185] und ein Lager in Ludwigsburg, in dem Belgier, Niederländer und Franzosen untergebracht waren[186]. Noch heute erinnert sich ein ehemaliger tschechischer Zwangsarbeiter mit Schrecken an die Bombardierung seiner Unterkunft im Zentrum von Stuttgart:

> *Diese Nacht werde ich mein Leben lang nicht vergessen. Wir waren in einem tiefen Keller gemeinsam mit anderen deutschen Bürgern, alte Leute, Kinder, geborgen. Weil das Energienetz ausgeschaltet war, mussten wir ein Fahhrad treten, um das Luftventilator in Betrieb zu halten. Es hat aber doch nicht genügt, alle im Keller waren vom Ersticken bedroht, alle mußten heraus aus dem Keller. Auf dem Hof war alles in Brand, brennende Balken sind vom Dach heruntergefallen, in der Umgebung krachten mit Pausen weitere Explosionen, es ging um das Leben. Ich habe nur mit etlichen Effekten, welche ich an hatte, mein Leben gerettet. Wenn wir endlich auf die Straße kamen, es war der Fliegeralarm beendet, dann haben wir uns eingesetzt und angeschlossen an eine Rettungsgruppe, welche aus brennenden Häusern die Möbel und andere Effekten hat herausgeholt, um noch etwas für die betroffenen Bürger zu retten. Um uns herum in der Verwirrung war lautes Jammergeschrei der Frauen und Kinder zu hören.*[187]

In den Lagern der „Ostarbeiterinnen" gab es offenbar überhaupt keine Vorkehrungen für Luftangriffe. So erinnert sich eine Zeitzeugin:

> *Es gab viele Tote durch Luftangriffe. Ich habe Mädchen gesehen, die brannten wie Fackeln, es war schrecklich. Wenn wir bei Alarm in den Baracken waren, durften wir nicht in den Luftschutzkeller. Es hieß: ‚Licht ausmachen!' und wir wurden eingeschlossen.*[188]

Eine ehemalige sowjetische Zwangsarbeiterin erinnert sich auch, daß sie manchmal zu müde gewesen sei, um bei Alarm die Schutzräume aufzusuchen und einfach weiterschlief.[189]

Obwohl schließlich ein großer Teil des Werkes Untertürkheim durch Luftangriffe zerstört war, versuchte Daimler-Benz, die Belegschaftsmitglieder mit „Durchhalteparolen" zur Weiterarbeit zu motivieren:

> *Und ich bin dann mit der Straßenbahn zu Daimler nach Untertürkheim gefahren, und da hatten sie ein großes Spanntuch aufgehangen, die Nazis. Auf einem stand drauf: ‚Wer jetzt schwach wird, hilft dem Feind.' Und auf dem anderen, 20 bis 50 Meter weiter: ‚Jetzt sind wir unerschütterlich, fest entschlossen, siegesgewiß.' Das sind Dinge, die vergißt man sein ganzes Leben nicht.*[190]

---

183 Vgl. Centre de Recherches Enquête Verpflichte Tewerkstelling H/489–559/S, Incourt, Camille.

184 Vgl. Brief Sery/CS an Daimler-Benz, 25.11.1990.

185 Vgl. GUG-Interview Hartkoorn/NL, S. 5.

186 Vgl. GUG-Interviews Gelly/F, S. 5, Marron/F, S. 5, Poelger/F, S. 5, Tendil/F, S. 5.

187 Brief Sery/CS an Daimler-Benz, 25.11.1990. Bis auf die Zeichensetzung wurde das Zitat unkorrigiert übernommen.

188 GUG-Interview Minajewa/SU, S. 6. Auch andere Interviewpartner bestätigten, daß es bei den Luftangriffen zahlreiche Tote in Zwangsarbeiterlagern gab: Vgl. GUG-Interviews Mondejar-Esteve/F, S. 6, Zandee/NL, S. 6.

189 Vgl. GUG-Interview Defrance-Szelest/SU, S. 6.

190 GUG-Interview Evers/NL, S. 6.

Mit zunehmender Kriegsdauer verschlechterte sich auch die kleidungsmäßige Situation der ausländischen Arbeitskräfte. Zwar hatten alle ausländischen Zivilarbeiter von Daimler-Benz einen Arbeitsoverall oder -kittel erhalten, doch die aus der Heimat mitgebrachten Kleidungsstücke waren häufig verschlissen. So erinnert sich ein ehemaliger französischer Zwangsarbeiter:

> *Ich hatte ein zerschlissenes Hemd, ich zog es unter dem Pullover an, so sah man nur den Kragen und die Manschetten, und es sah doch nach was aus.*[191]

In Ermangelung von Strümpfen wickelten sich einige ausländische Arbeitskräfte alte Lappen um die Füße[192] – ein Zeitzeuge empfand seinen eigenen Anblick als den eines Landstreichers[193]. Durch die Luftangriffe verloren schließlich viele Ausländer auch noch das wenige, was sie besaßen:

> *Eines Nachts wurde ich aus dem Bett geholt und habe draußen vor der Wirtschaft gestanden, bloß mit ein paar Decken auf dem Kopf, und da sind Bomben auf die Lager gefallen. Die anderen hatten wenigstens einen Anzug behalten. [...] Wir sind zu Fuß von Zuffenhausen nach Untertürkheim gegangen, und da ist uns eine Kolonne Soldaten entgegengekommen. Als sie mich gesehen haben, haben sie mich ausgelacht: ‚Läufst Du im Schnee nackt herum, Du Scheiß-Ausländer?!‘ Und ich bin wütend geworden, weil ich ja alles gut verstanden hatte, und sie haben die Gewehre angelegt und haben das gleich gemeldet. Ich mußte zur Betriebspolizei von Daimler-Benz, und da habe ich ein paar hinter die Ohren gekriegt.*[194]

Wannweil

Anfang 1943 begann die Untertürkheimer Werksleitung mit der Verlagerung von Betriebsteilen zum Schutz vor Luftangriffen in verschiedene Orte in der näheren und weiteren Umgebung Stuttgarts.[195]

Einer der größten Untertürkheimer Verlagerungsbetriebe befand sich in einer ehemaligen Spinnerei und Weberei in Wannweil bei Reutlingen. Zwischen November 1943 und Kriegsende waren dort – neben einigen wenigen Deutschen – neun niederländische, drei tschechische, sieben italienische, elf belgische, ein Pole, 106 sowjetische und 85 französische Arbeitskräfte eingesetzt.[196] Dazu kamen die Arbeitskräfte, die bereits vor der Beschlagnahme der Spinnerei und Weberei durch Daimler-Benz dort gearbeitet hatten, wobei es sich um hauptsächlich polnische, belgische, französische und jugoslawische Zwangsarbeiterinnen und Zwangsarbeiter handelte.[197] Unter den Polinnen befand sich auch eine Jüdin, die einen polni-

---

191 GUG-Interview Sarrazin/F, S. 5.
192 Vgl. GUG-Interviews Defrance-Szelest/SU, S. 5, 60/F, S. 5, Pauporté-Croquet/B, S. 5.
193 Vgl. Erinnerungen 87/F, S. 6.
194 GUG-Interview Evers/NL, S. 13. Vgl. auch GUG-Interviews Lardinois/B, S. 5, Defrance-Szelest/SU, S. 5.
195 Vgl. oben Tabelle 5, S. 68.
196 Vgl. StadtA Reutlingen 1348, Aufstellung über die beim Verlagerungsbetrieb der Daimler-Benz AG in Wannweil zeitweilig oder dauernd beschäftigt und wohnhaft gewesenen Ausländer, 13.4.1946.
197 Vgl. GemeindeA Wannweil XIII/116, Spinnerei und Weberei Wannweil, Aufstellung über die am 20. April 1945 bei uns beschäftigt gewesenen Ausländer.

schen Namen angenommen hatte und der es gelang, die Kriegsjahre über ihre wahre Identität zu verheimlichen.[198]

Über die Veränderungen in der Spinnerei und Weberei (Firma Burkhardt), die der Einzug von Daimler-Benz gegenüber den vorherigen Verhältnissen mit sich brachte, berichtet sie:

> *Aber die Firma Burkhardt war schon etwas besonderes. Ihr Besitzer war ein edler Mann. Ein Deutscher im Alter von ca. 70 Jahren. [...]. Dort waren die Verhältnisse, bevor Daimler-Benz einzog, anständig und korrekt. Am Sonntag war die Kantine geschlossen, da bekamen wir Coupons, um in der einzigen Gaststätte im Ort zu essen. Gewöhnlich gab es dort Kartoffeln, Sauerkraut und noch was, Würstchen oder so... Am Sonntag wurde bei Burkhardt überhaupt nicht gearbeitet. Ich habe überhaupt ein Problem, die Dinge in der Erinnerung nach so vielen Jahren auseinanderzuhalten. Aber allgemein bleibt der Unterschied zwischen der Arbeit bei Burkhardt und Daimler-Benz doch dominierend. So z.B. habe ich mir eine Zeitlang bei einem deutschen Angestellten, dessen Wohnung auf dem Betriebsgelände war, am Sonntag Bücher ausgeliehen. Die Beziehungen waren zwar distanziert, aber es gab keine Schikanen. Auch im Dorf liebte man uns, die mit dem „P“ gekennzeichneten polnischen Arbeiter zwar nicht, aber das Verhältnis war allgemein korrekt. Von einem Bauern, ein älterer Mann, bekam ich manchmal ein Stück Brot zugesteckt. Aber nachher hatten die Leute selbst Angst vor den Daimler-Benz Leuten. Damals befürchteten die deutschen Arbeiter und auch die Vorarbeiter oder das leitende Personal von Daimler-Benz, daß man sie an die Front nach Rußland schicken würde.*[199]

Auch auf die Arbeitsbedingungen hatte die Ankunft von Daimler-Benz erhebliche Auswirkungen. So litten die ausländischen Arbeitskräfte unter der permanenten Kontrolle und dem durch viele Vorarbeiter ausgeübten Druck:

> *Bei Daimler-Benz gab es überhaupt kein Verhältnis [zu den deutschen Arbeitskräften, Anm. d. Verf.]. Nur Arbeitsanweisungen. Immer grob und böse: ‚Mach dies! Mach das! Warum warst Du so lange auf der Toilette?‘ Die Deutschen waren ja zumeist Vorarbeiter. Ich muß allerdings sagen, daß das vielleicht darum so war, weil auch sie Angst hatten. Dann noch etwas wichtiges: Bei der Arbeit trugen wir alle, auch die deutschen Arbeiter, Overalls. Gegen Kriegsende erhielten die Deutschen, die Parteimitglieder waren, Befehl, ihre Abzeichen auch auf dem Overall zu tragen. Dies liebten sie nicht. Als sie schon den Kriegsverlust voraussahen, so Anfang 1945, sollte dadurch die Zusammengehörigkeit sozusagen demonstriert werden: Wir alle verlieren gemeinsam den Krieg! Nicht nur Hitler und die Nazis! Da waren die Dinge ja schon anders. Anfang 1945 wurde ich wieder mal vom Vorarbeiter angeschnauzt, warum ich zulange auf der Toilette gewesen sei. Und da sagte ich ihm: ‚Halte den Mund! Siehst Du denn nicht, wohin das führt? Glaubst Du wirklich, wir werden diese Arbeit noch fertigkriegen? Was schreist Du hier herum?‘ Und da blieb er still, denn er lief auch mit dem Abzeichen herum. Und sie arbeiteten alle schwer, um nicht nach Rußland oder später an die Front eingezogen zu werden. Daß der Krieg verloren war, sagten sie uns zwar nie, aber sie mußten es ja damals schon wissen.*[200]

Manchmal erhielten die polnischen Zwangsarbeiterinnen von den Vorarbeitern auch Schläge – allerdings waren davon noch stärker die im Betrieb eingesetzten „Ostarbeiterinnen“ betroffen.[201] Ein polnischer Zivilarbeiter, der die Arbeit verwei-

---

198 Vgl. GUG-Interview Bar-Niv/PL, S. 2.
199 Ebda., S. 5f.
200 Ebda., S. 6f.
201 Vgl. ebda., S. 7.

gert hatte, wurde von der Daimler-Benz-Betriebsleitung in ein Arbeitserziehungslager eingewiesen.[202]

Im Gegensatz zu den von der Spinnerei und Weberei übernommenen Polinnen,
die weiterhin in einem Haus auf dem Werksgelände lebten, in dem vier junge
Frauen pro Zimmer untergebracht waren[203], befanden sich die Unterkünfte der
sowjetischen Daimler-Benz-Zwangsarbeiterinnen in wesentlich schlechterem Zustand. So erinnert sich eine der Betroffenen:

> In Wannweil waren wir mit 18 Mädchen in einem Raum, wir bekamen 18 Briketts zum Heizen,
> es war sehr kalt, die Fensterscheiben waren teilweise kaputt. Wir hatten eine Decke – wenn
> meine Schwester arbeitete, während ich schlief, nahm ich noch ihre Decke und umgekehrt, weil
> es so kalt war. Wir bekamen ein kleines Stück Brot für drei Tage, mittags und abends eine
> Suppe aus der Fabrik. Nach der Arbeit wurden wir in die Kantine geführt, bekamen das Essen,
> und dann ging's ins Lager, morgens gab's Ersatzkaffee. Es gab nur fließendes kaltes Wasser,
> manchmal konnten wir uns Wasser heizen, wir wuschen uns alle 18 in dem Wasser, und
> anschließend wuschen wir unsere Wäsche in dem Wasser. Es gab Wanzen und Läuse, aber wir
> versuchten, sauber zu bleiben. Die Wäsche legten wir gefaltet unter unsere Matraze, damit sie
> glatt wurde. Wenn wir unsere Monatsregel hatten, gab es große hygienische Probleme, denn
> wir hatten nichts, keine Watte o.ä. Wir mußten alte Lappen aus der Fabrik, ölverschmiert, als
> Ersatz für Binden nehmen.[204]

Als Vorteil gegenüber ihrer Untertürkheimer Unterkunft empfanden die „Ostarbeiterinnen" allerdings, daß das Lager in Wannweil, das insgesamt aus drei Baracken
bestand und direkt gegenüber der ehemaligen Spinnerei lag, nicht umzäunt und
bewacht war; auch den kurzen Weg zur Fabrik konnten die Frauen ohne Bewachung zurücklegen.[205]

Schlechter als die übrigen in Wannweil eingesetzten ausländischen Arbeitskräfte waren die „Ostarbeiterinnen" allerdings in bezug auf die Verpflegung gestellt. Denn die Essensausgabe in der Werkskantine war streng nach Nationalitäten
gestaffelt. Während die westeuropäischen Arbeitskräfte gemeinsam mit den Deutschen aßen und dieselben Gerichte bekamen[206], erhielten polnische Zwangsarbeiter
kleinere und schlechtere Rationen; die schlechteste und unzureichendste Verpflegung erhielten jedoch die „Ostarbeiterinnen" und „Ostarbeiter", die außerdem ab-
seits von den übrigen Arbeitskräften essen mußten.[207]

Die bei Daimler-Benz eingesetzten italienischen, tschechischen, niederländischen, belgischen sowie einige französische Zivilarbeiter wurden im gleichen Lager wie die sowjetischen Zwangsarbeiterinnen untergebracht. Zur Unterbringung
eines polnischen Zwangsarbeiters sowie einiger weiterer Franzosen dienten darüber hinaus der Wannweiler Bahnhof und ein Lager namens „Linde".[208] Zwei der im

---

202 Vgl. GemeindeA Wannweil XIII/116, Aussage Walter, 4.6.1945 betr. Beschwerde eines Polen.
203 Vgl. GUG-Interview Bar-Niv/PL, S. 3.
204 GUG-Interview Minajewa/SU, S. 5; vgl. auch GUG-Interview 330/SU, S. 5.
205 Vgl. GUG-Interviews Minajewa/SU, S. 4f., Hermans-Komieniewa/SU, S. 5.
206 Vgl. GUG-Interview Lardinois/B, S. 2.
207 Vgl. GUG-Interviews Favart/PL, S. 5, Hermans-Komieniewa/SU, S. 2.
208 Vgl. GemeindeA Wannweil XIII/116, Aufstellung über die in der Gemeinde Wannweil zwi-
     schen September 1939 und April 1945 befindlichen Kommandos oder Lager von Ausländern,
     12.4.1946.

Lager Linde untergebrachten französischen Zivilarbeiter und ein Belgier starben kurz vor bzw. nach Kriegsende.[209] Die Todesursachen sind, mit Ausnahme des Belgiers, der schwer krank gewesen sein soll[210], unbekannt.

Die Einstellung der Wannweiler Bevölkerung gegenüber den in der Daimler-Benz-Verlagerung eingesetzten ausländischen Arbeitskräften, vor allem den Zwangsarbeitern aus Polen und der Sowjetunion, scheint zwiespältig gewesen zu sein. Positive Erfahrungen machte eine junge „Ostarbeiterin", der Kinder ab und zu ein paar Lebensmittel zusteckten.[211] Andere verhielten sich dagegen unverschämt, wie eine polnische Zwangsarbeiterin erfahren mußte, die von einem Jungen auf der Straße angespuckt wurde.[212] Als besonders diskriminierend empfanden einige sowjetische Zwangsarbeiterinnen, daß sie – im Gegensatz zu den mit ihnen befreundeten französischen oder belgischen Arbeitskräften – keine Straßenbahn benutzen durften und, wenn sie es doch taten, ein Bußgeld zahlen mußten.[213]

Trotz drohender Strafen versuchten manche der polnischen oder sowjetischen Frauen die Bestimmungen zu umgehen, die ihr Leben so stark reglementierten – wie eine polnische Zwangsarbeiterin, die trotz Verbot mit anderen Ausländern eine Gaststätte aufsuchte:

> Sonntags ging man überallhin spazieren, das „P" in der Tasche. Sobald man Polizei von weitem sah, steckte man das „P" schnell an. In der Fabrik mußte man das „P" unbedingt tragen [...] Eines Tage waren wir zu sechst. Wir hatten uns verabredet und waren in Reutlingen, um dort etwas zu kaufen. Wir hatten Marken. Es war sehr schön, und schließlich kamen wir an einer Wirtschaft vorbei, in der auch Musik gemacht wurde. Ich war mit einem Italiener, zwei Polinnen, einem Polen und einem Tschechen. Wir sind in die Wirtschaft gegangen und haben Most bestellt. Man tanzte, und dann kam ein Polizist zur Ausweiskontrolle. Damals hatte ich, glaube ich, schon einen Ausweis von Daimler. Der Polizist betonte immer wieder, daß das doch verboten sei und fragte, warum wir da seien. Ich habe dann die Wahrheit gesagt, ich verstand ganz gut Deutsch und konnte es auch besser sprechen als die anderen, da ich ja in Polen schon in dem Soldatenheim gearbeitet hatte. Ich habe erzählt, daß wir zuerst in einem Geschäft gewesen seien und dann in die Wirtschaft gegangen seien, um ein Glas zu trinken. Wir mußten schließlich nichts bezahlen, weil dies die Wahrheit war.[214]

Sindelfingen

Zu den ersten zivilen ausländischen Arbeitskräften im Werk Sindelfingen gehörten, ebenso wie in Untertürkheim, dänische Zivilarbeiter, die dort bereits im Januar 1941 arbeiteten.[215] Es handelte sich bei ihnen um freiwillige dänische Facharbeiter

209 Vgl. ebda., Außenstelle Wannweil an Bezirksnotar Geiger, 22.3.1946 betr. Todesfall Hermann Culthaux; ebda. Verzeichnis der Gegenstände, die den verstorbenen Personen gehören, 12.3. 1946.
210 Vgl. GUG-Interviews Defrance-Szelest/SU, S. 6, 330/SU, S. 6, Lardinois/B, S. 6.
211 Vgl. GUG-Interview Minajewa/SU, S. 3.
212 Vgl. GUG-Interview Favart/PL, S. 12.
213 Vgl. GUG-Interview Defrance-Szelest/SU, S. 4.
214 GUG-Interview Favart/PL, S. 11f.
215 Vgl. Dänisches KonsulatsA Stuttgart, Dänische Staatsangehörige bei der Daimler-Benz AG, Werke Untertürkheim und Sindelfingen, Aktennotiz v. 6.1.1941: Dort wird die Zahl der im

– auch einige Frauen befanden sich darunter. Ab Oktober 1941 wurden sie in einem eigens erstellten Lager „Am Daimlerweg" in Sindelfingen untergebracht, das aus insgesamt sieben Baracken mit 48 Zimmern bestand.[216] Jedes Zimmer war mit vier Mann belegt und mit einer Dampfheizung ausgestattet. Für die Unterbringung der Kleidung gab es pro Person einen dreiteiligen Schrank. Darüber hinaus verfügten die Baracken über einen ebenfalls mit Dampfheizung ausgestatteten Aufenthaltsraum mit 114 Sitzplätzen. Die sanitären Anlagen umfaßten einen Waschraum für je 32 Männer, eine Waschstelle für jeweils 3 Personen sowie ein WC für je 14 Personen.[217]

Obwohl die Lebens- und Arbeitsbedingungen der Dänen nach Meinung der Sindelfinger Werkleitung außerordentlich gut waren[218], empfanden die Betroffenen selber ihre Situation ganz anders. So beschwerte sich beispielsweise ein in Sindelfingen eingesetzter Schlosser beim Arbeitsamt Stuttgart über zu geringe Lohnzahlungen.[219] Das Arbeitsamt wies die Forderungen des Dänen jedoch als „unberechtigt" zurück, da Daimler-Benz bisher den Verpflichtungen gegenüber ausländischen Arbeitskräften „genauestens" nachgekommen und dies die erste Anschuldigung dieser Art sei.[220] In einem Brief an seine Familie klagte ein anderer in Sindelfingen eingesetzter Däne:

Hier ist zur Zeit großer Unfrieden, alle diejenigen, die als Versorger hierher gekommen sind und geschieden sind, denen haben sie die Versorgungszulage und Lohnsteuer genommen, sie sind ganz wild und wollen alle wieder nach Hause, wenn sie nicht das bekommen, was in ihrem Kontrakt steht.[221]

Die Unzufriedenheit der dänischen Arbeitskräfte steigerte sich schließlich so sehr, daß 87 Dänen, die über die Weihnachtsfeiertage 1941/42 Urlaub erhalten hatten, nicht wieder nach Sindelfingen zurückkehrten. Und die Übriggebliebenen zeigten sich überwiegend nicht gewillt, ihre Arbeitsverträge bei Daimler-Benz zu verlängern, so daß schließlich im August 1942 nur noch 13 dänische Arbeitskräfte in

---

Januar 1941 in Sindelfingen eingesetzten Dänen mit 200 angegeben; die mit Sicherheit unvollständige im Kopenhagener Rigsarchivet aufbewahrte „Kartotek over Tysklandsarbejdere 1940–1945" enthält rund 180 Namen von Dänen, die in den Kriegsjahren im Werk Sindelfingen arbeiteten. Möglich ist, daß bereits 1940 Dänen in Sindelfingen gearbeitet haben – so wird in der „Kartotek" ein Däne erwähnt, der am 4. Juni 1940 zu Daimler-Benz nach Sindelfingen als Hilfsdolmetscher ging. – Zum Einsatz von Zwangsarbeitern in Sindelfingen vgl. auch die beiden von Schülergruppen des Sindelfinger Goldberggymnasiums verfaßten Publikationen: Krieg und Wiederaufbau in Sindelfingen 1939–1949 und Zwangsarbeiter in Sindelfingen 1940–1945.

216 Vgl. StadtA Sifi 9421 Suchverfahren über Ausländer; MBA Sifi/Huppenbauer 34/04, Lagermäßige Unterbringung von ausländischen Arbeitern, 16.2.1942.
217 Vgl. MBA Sindelfingen/Huppenbauer 400, Lagermäßige Unterbringung von ausländischen Arbeitern, 16.2.1942.
218 Vgl. BA Koblenz R 41/267, fol. 58, Daimler-Benz AG Sindelfingen an Arbeitsamt Stuttgart, 28.8.1942 betr. Einsatz, Entlohnung usw. dänischer Arbeiter.
219 Vgl. ebda.
220 BA Koblenz R 41/267, fol. 57, Präsident Landesarbeitsamt Südwestdeutschland an Beauftragten für den Vierjahresplan, 11.9.1942 betr. Auswertung von Auslandsbriefen.
221 Ebda. R 41/264, fol. 184, Auslandsbriefprüfstelle im Wehrkreis X, 21.2.1942.

Sindelfingen tätig waren.[222] Ein Mitglied der Sindelfinger Werksleitung beurteilte den Einsatz der Dänen für das Unternehmen daraufhin als „Enttäuschung".[223]

Ebenfalls ab dem Frühjahr 1941 setzte Daimler-Benz in Sindelfingen auch italienische Zivilarbeiter ein, deren bevorzugte Behandlung gegenüber den Angehörigen anderer Nationalitäten die Werksleitung jedoch dazu veranlaßte, die Zuweisung weiterer Italiener durch das Arbeitsamt abzulehnen.[224] Im Februar 1944 arbeiteten allerdings erneut italienische Zivilarbeiter in Sindelfingen, bei denen es sich jedoch – im Unterschied zu der bereits erwähnten Gruppe von Italienern – offensichtlich nicht um freiwillige, sondern um deportierte Arbeitskräfte handelte.[225]

Die größte Gruppe der in Sindelfingen eingesetzten westeuropäischen Zivilarbeiter bildeten vermutlich französische Arbeitskräfte, unter denen sich, wie in vielen anderen Daimler-Benz-Werken, zahlreiche Renault-Arbeiter und auch Arbeitskräfte von Peugeot befanden[226]. Aber auch Niederländer und Belgier gehörten der Gruppe der „Westarbeiter" im Werk Sindelfingen an, von denen einige sogar mit Aufsichtsfunktionen im Werk betraut wurden oder deutsche Arbeitskräfte anlernten.[227] Im Dezember 1943 waren insgesamt 614 Franzosen – darunter zwei Frauen – 405 männliche und drei weibliche niederländische und 130 belgische Zivilarbeiter, darunter auch Ehepaare und Familien, im Werk Sindelfingen eingesetzt.[228] Unter den Belgiern befand sich u.a. eine Gruppe von 52 Arbeitern und Angestellten von Gevaert Antwerpen, die am 21. März 1943 für den „Arbeitseinsatz" in Deutschland verpflichtet worden waren.[229]

"Ostarbeiterinnen" und „Ostarbeiter" setzte das Werk Sindelfingen ab Juni 1942 in verschiedenen Abteilungen ein[230], darunter zahlreiche Frauen, aber auch Kinder[231]. Alleine am 28. Juli 1943 erhielt Daimler-Benz neben 53 männlichen und 116 weiblichen sowjetischen Arbeitskräften 49 Kinder aus der Sowjetunion über

222 Vgl. Dänisches KonsulatsA Stuttgart, Dänische Staatsangehörige bei der Daimler-Benz AG, Vermerk o. D.
223 Vgl. BA Koblenz R 41/267, fol. 58, Daimler-Benz AG Sindelfingen an Arbeitsamt Stuttgart, 28.8.1942. Aus der im Kopenhagener Rigsarchivet verwahrten „Kartotek over Tysklandsarbejdere 1940–1945" geht hervor, daß auch im Herbst 1942 noch dänische Arbeitskräfte zu Daimler-Benz nach Sindelfingen gingen. Auch ein ehemaliger niederländischer Zwangsarbeiter, der im Februar 1943 ins Werk Sindelfingen kam, erinnert sich an dänische Arbeitskräfte: Vgl. GUG-Interview Wijnbeek/NL, S. 5.
224 Vgl. MBA Kissel XIII, 1, Kissel/Hoppe an Rüstungsinspektion des Wehrkreises V, 24.4.1941.
225 Vgl. Tagebücher Grobbenhaar/NL, 9.2.1944 und d'Elfant, 8.2.1944.
226 Vgl. Tagebuch Grobbenhaar/NL, 8.1.1944; GUG-Interviews Dervieux/F, S. 2, van Essel/NL, S. 3.
227 Vgl. GUG-Interview van Turnhout/NL, S. 4; Tagebuch d'Elfant/NL, 28.10.1943.
228 Vgl. MBA Sifi/Huppenbauer 34/06, Aufstellung über wohnliche Unterbringung der Westarbeiter nach dem Stand vom 13.12.1943; GUG-Interview Peeters, E./B, StadtA Sindelfingen Sterbebuch 1943.
229 Vgl. GUG-Interview Voet/B, Anlagen.
230 Vgl. MBA Sindelfingen/Huppenbauer 233, Mitteilung betreffend Verpflegungssätze für Arbeitskräfte aus dem Osten, 1.6.1942.
231 Vgl. GUG-Interviews Bezemer/NL, Bruyninckx/B, S. 3, S. 6, Dervieux/F, S. I, d'Elfant/NL, S. I, Michiels/B, S. I, Smeets/NL, S. 3, Wijnbeek/NL, S. 5; Tagebuch Grobbenhaar/NL, 1.9.1944, Tagebuch Binnendijk/NL, März 1943.

das Stuttgarter Arbeitsamt zugewiesen.[232] Welches Schicksal manche der „Ostarbeiterinnen" und „Ostarbeiter" bei ihrer Ankunft in Sindelfingen bereits hinter sich hatten, schildert einer der Betroffenen:

> Nachts um vier, fünf Uhr morgens [...] ein Klopfen an der Tür des Hauses. Die Eltern öffnen die Tür, und in das Haus drängen vier bis fünf Polizisten (Ukrainer) in Begleitung von ein oder zwei deutschen Soldaten. Sie ergreifen Halbwüchsige und einzelne Ältere und führen sie in Begleitung der Polizei ins Zentrum. Bei einer dieser Treibjagden im Juni 1942 wurde auch ich unter den Halbwüchsigen zur Arbeit nach Deutschland getrieben. Sie verluden uns in abgeschlossene Güterwagen, und 10 Tage lang dauerte der Transport aus Charkow nach Stuttgart, wo wir aus den Waggons geladen wurden. In den Waggons gab es während der Fahrt 500 g Brot, eine Schüssel Suppe und Wasser. Als sie uns an einer der Stationen von Stuttgart ausluden, war dort ein großes Lager, unter Bewachung von Hunden und Soldaten. Hier wurden wir zuerst mit einer Suppe aus Kartoffelabfällen und ein bißchen Hirse gefüttert. Hier erst begriffen wir unser Schicksal. Weinen, Schreien, Hysterie. Hier führten sie uns einer medizinischen Kommission vor. Zwei aus unserem Dorf schickte man nach Hause. Tatsächlich war auch ein Teil freiwillig nach Deutschland gefahren, auf ein angemessenes Leben hoffend, doch hier haben alle begriffen, was uns erwartete. Spät am Abend verluden sie uns in überdachte Autos und um 10 Uhr abends zwischen dem 1. und 8. Juni 1942 erreichten wir das Autowerk Daimler-Benz AG in Sindelfingen.[233]

Außer den bisher erwähnten Gruppen ausländischer Zivilarbeiter, gehörten der Belegschaft im Werk Sindelfingen auch Tschechen an, die in einer Turnhalle untergebracht wurden, die Daimler-Benz vom VfL Sindelfingen angemietet hatte. Da diese Räumlichkeiten auf die Dauer jedoch nicht ausreichten, erhielt die Sindelfinger Werksleitung im März 1944 von der Stadt die Genehmigung, unterhalb der Turnhalle eine weitere Unterkunftsbaracke zu erstellen.[234]

Auch eine Gruppe ungarischer Juden soll in Sindelfingen eingesetzt gewesen sein, die in Baracken außerhalb der Fabrik untergebracht und von ungarischen Soldaten bewacht wurde.[235] Nach den Aufzeichnungen eines Zeitzeugen arbeiteten im Mai 1944 schließlich Angehörige zwölf verschiedener Nationalitäten im Werk.[236]

Den zahlenmäßigen Höhepunkt erreichte der Einsatz ausländischer Zivilarbeiter Ende 1943 mit insgesamt 2.159 Arbeitskräften – das entsprach einem Anteil von 29,6% gemessen an der Sindelfinger Gesamtbelegschaft.[237] In manchen Abteilungen, wie beispielsweise dem Preßwerk, wo während des gesamten Krieges mit 350–400 Leuten in zwei Schichten im 24-Stunden-Rhythmus gearbeitet wurde, betrug der Ausländeranteil sogar bis zu 75%. Unter den dort eingesetzten Zwangsarbeitern befanden sich kriegsgefangene Franzosen, „Ostarbeiterinnen" und „Ostarbeiter", Tschechen, Belgier, Niederländer und Dänen.[238] Sowjetische Zwangsarbeiterinnen wurden im Preßwerk u.a. zum „Entgraten", d.h. dem Entfernen der

---

232 Vgl. MBA Sindelfingen/Huppenbauer 402, Bescheinigung Arbeitsamt Stuttgart, 9.8.1943.
233 Brief Rekuta/SU an GUG, 27. 11.1990.
234 Vgl. StadtA Sindelfingen Gemeinderatsprotokolle, Protokoll vom 9.3.1944.
235 Vgl. GUG-Interview Popescu/ROM, S. 1 und 5f. Das Interview mit Herrn Popescu ist bisher die einzige Quelle über den Einsatz jüdischer Zwangsarbeiter im Werk Sindelfingen.
236 Vgl. Tagebuch Grobbenhaar/NL, 2.5.1944.
237 Vgl. Tabelle 8, S. 100.
238 Vgl. MBA Werke und Werksangehörige, Presswerk-Chronik, 14.1.1971.

scharfen Kanten von gestanzten Blechen, eingesetzt.[239] „Ostarbeiterinnen" wurden aber beispielsweise auch im Schweißen von Tragflächen des Jagdflugzeuges Me 109 angelernt.[240] Nach Aussagen eines Zeitzeugen sollen ukrainische Zwangsarbeiterinnen später sogar selbst „Westarbeiter" im Schweißen unterwiesen haben.[241]

Andererseits mußten „Ostarbeiterinnen" und „Ostarbeiter" in Sindelfingen jedoch auch die primitivsten Arbeiten verrichten. So setzten sich beispielsweise die für die Reinigung der „Westarbeiterunterkünfte" zuständigen Putzkolonnen ausschließlich aus sowjetischen Arbeitskräften zusammen. Im Juli 1942 bestand die Reinigungskolonne in Sindelfingen aus 9 sowjetischen Frauen[242], bis August 1942 kamen noch sechs „Ostarbeiter" hinzu[243]. Die Aufsicht über die als Putzfrauen eingesetzten „Ostarbeiterinnen" führte eine Deutsche, die sehr streng war und auch vor Schlägen nicht zurückschreckte.[244]

Im Hinblick auf den Lohn waren sowjetische Zwangsarbeiter gegenüber den übrigen ausländischen Arbeitskräften besonders stark benachteiligt: Während die westeuropäischen Arbeitskräfte zwischen 0,80 und 1,20 RM in der Stunde verdienten[245] und monatlich – je nach Familienstand – bis zu 200 RM nach Hause überweisen konnten[246], erhielten „Ostarbeiter" lediglich zwei bis drei Mark pro Woche, was zu Protesten bei den Betroffenen führte:

> Aber auf die Frage in der Verwaltung, warum man uns nicht genauso viel bezahle wie anderen, antwortete man uns, daß wir unseren ganzen Lohn nach Beendigung der Arbeit in Deutschland erhielten. Aber das hat nicht stattgefunden.[247]

Auch bei der zum 1. Mai von der Sindelfinger Werksleitung gewährten Gratifikation blieben die sowjetischen Zwangsarbeiter unberücksichtigt – im Unterschied zu deutschen Arbeitskräften und Niederländern, die eine Vergütung von 7 bzw. 3 RM erhielten.[248]

Das Verhältnis zwischen deutschen und sowjetischen Arbeitskräften am Arbeitsplatz war strikten Regeln unterworfen. Dazu gehörte vor allem das Verbot jeglichen persönlichen Kontaktes zu Deutschen, wovor die sowjetischen Arbeitskräfte direkt bei ihrer Ankunft in Sindelfingen gewarnt wurden.[249] Wesentlich stärker als die übrigen ausländischen Arbeitskräfte bekamen die „Ostarbeiterinnen" und „Ost-

---

239 Vgl. MBA-Interview Nr. 72, S. 4f.
240 Vgl. MBA-Interview Nr. 71, S. 14
241 Vgl. GUG-Interview Bonthond/NL, S. 3. Auch ein anderer ehemaliger belgischer Zwangsarbeiter berichtet von einer jungen sowjetischen Zwangsarbeiterin, die „Spezialistin" in Aluminiumschweißen gewesen sein soll: Vgl. GUG-Interview Cuypers/B, S. I.
242 Vgl. MBA Sindelfingen/Huppenbauer 233, Einsatzplan für Russen am 8.7.1942.
243 Vgl. MBA Sindelfingen/Huppenbauer 233, Aktennotiz, 19.8.1942 betr. Einsatz russischer Zivilarbeiter im Allg. Betrieb.
244 Vgl. GUG-Interviews Wijnbeek/NL, S. 8, de Laet, J./B, S. 6.
245 Vgl. GUG-Interviews Bruyninckx/B, S. 4, Florus/B, S. 4, Hougardy/B, S. 4, Depooter/B, S. 4, Goossens/B, S. 4, Steijnen/B, S. 4, Tillie/NL, S. 4.
246 Vgl. GUG-Interview Knegtel/B, Anlagen.
247 Brief Rekuta/SU, 12.11.1990; vgl. auch GUG-Interview 516/SU, S. 4.
248 Vgl. Tagebuch Grobbenhaar/NL, 28.4.1944.
249 Vgl. GUG-Interview 516/SU, S. 3.

arbeiter" außerdem den Unmut der Deutschen darüber zu spüren, daß die Ausländer ihre Arbeitsplätze einnahmen, während sie selber an die Front geschickt wurden.[250]

Äußeres Merkmal der „Sonderstellung" der sowjetischen Zwangsarbeiter am Arbeitsplatz war das Abzeichen „Ost", das stets deutlich sichtbar an der Kleidung getragen werden mußte. Die Betroffenen selber empfanden diese Kennzeichnung wie ein Stigma. Als im Oktober 1943 das Tragen des Abzeichens durch den Reichsführer SS neu geregelt wurde, und „Ostarbeiterinnen" und „Ostarbeiter", die sich durch gute Führung und Leistung hervorgetan hatten, damit „belohnt" werden konnten, daß sie das „Ost"-Abzeichen nicht, wie bisher, auf der rechten Brustseite, sondern auf dem linken Oberärmel tragen mußten[251], ließ auch die Leitung des Werkes Sindelfingen durch den Leiter des Werkschutzes, Fritz Karl, überprüfen, welchen sowjetischen Zwangsarbeiterinnen und Zwangsarbeitern diese „Belohnung" zuzugestehen sei.[252] Erschien ein „Ostarbeiter" jedoch ohne Abzeichen, so hatte dies körperliche Bestrafungen zur Folge.[253]

Einige Male kam es zu Mißhandlungen sowjetischer Zwangsarbeiter, von denen auch die Sindelfinger Werksleitung Kenntnis hatte.[254] Nach Aussagen eines ehemaligen niederländischen Zwangsarbeiters soll ein „Ostarbeiter" sogar von einem Deutschen mit einer Eisenstange erschlagen worden sein.[255]

Dagegen kamen nach Zeitzeugenaussagen Mißhandlungen von „Westarbeitern" am Arbeitsplatz in Sindelfingen verhältnismäßig selten vor.[256] Ein ehemaliger niederländischer Zwangsarbeiter erinnert sich jedoch:

> *Einmal haben sie mir die Zähne aus dem Mund geschlagen, aber das wurde durch den Ingenieur oder den Chef der Halle gut aufgeklärt. [...] Wahrscheinlich hatte ich den Deutschen etwas schlechtes gesagt, ich weiß es nicht genau, was ich gesagt habe. Und ein deutscher Arbeiter, ein Meister in der Press-Abteilung, hat mir daraufhin die Zähne ausgeschlagen. In dieser Abteilung waren ungefähr 50–60 Maschinen, und ich mußte diese Maschinen-Unterteile abtransportieren. Und dieser deutsche Arbeiter sagte zu mir, ich bräuchte nur mal dieses und jenes zu erledigen. Aber ich habe ihm gesagt, daß er warten müsse, ich müsse noch viele andere Dinge erledigen. Und da ist der Mann böse geworden und hat mich geschlagen, und ich bin auch böse geworden und bin zu meinem Chef gegangen. Mein Chef war ein alter Mann. Er wurde böse und sagte: ‚Meine Leute, die dürfen nicht geschlagen werden!' Er ist dann zum Ingenieur gegangen und hat ihm das erzählt, und da mußten alle Meister zusammenkommen. Es hieß: ‚Das darf nie mehr vorkommen!'*[257]

---

250 Vgl. Brief Rekuta/SU an GUG, 12.11.1990.

251 Vgl. MBA Sindelfingen/Huppenbauer 233, Arbeitsamt Stuttgart an Daimler-Benz Sifi, 8.10.1943 betr. Kennzeichnung der Ostarbeiter.

252 Vgl. ebda., Vermerk Heim für Karl, 15.10.1943 betr.: Kennzeichnung der Ostarbeiter.

253 Vgl. Brief Rekuta/SU an GUG, 12.11.1990.

254 Vgl. MBA Haspel 4, 40, Heim an Kaufmann, 3.7.1945 betr. Ingenieur Franz Maier: „Wir können ihm bezeugen, dass er auf keinen Fall zu demjenigen Kreis von Leuten gehört, die trotz meinen ständigen nachdrücklichen Ermahnungen sich Ungerechtigkeiten, ja sogar Misshandlungen von ausländischen Arbeitern haben zu Schulden kommen lassen." Vgl. auch GUG-Interviews Daems/B, S. 3, Mortelmans/B, S. 3.

255 Vgl. GUG-Interview Tenthof van Noorden/NL, S. 3.

256 Vgl. GUG-Interview Valgaeren/B, S. 3.

257 GUG-Interview Kool/NL, S. 5.

Auseinandersetzungen zwischen Deutschen und ausländischen Arbeitskräften gab es häufig. So geriet beispielsweise ein niederländischer Zwangsarbeiter mit einem der Meister wegen der Versetzung in eine andere Abteilung aneinander. Die Konsequenz waren die Streichung der Schwerarbeiterzulage und drei Stunden Lohnabzug.[258] Oft versuchte der als Dolmetscher eingesetzte Niederländer Jan Wijnbeek in solchen Situationen, durch diplomatische Übersetzungen zwischen den Ausländern und den Deutschen zu vermitteln. Dies war jedoch nicht leicht, da die Äußerungen der ausländischen Arbeitskräfte oft von unmißverständlichen Gesten begleitet waren.[259]

Nach dem Krieg entlasteten deutsche Zeugen den Leiter des Daimler-Benz-Werkes Sindelfingen Paul Heim, indem sie ihm positives Verhalten gegenüber Zwangsarbeitern bescheinigten. So habe:

> [...] der Betroffene in vorbildlicher Weise – jedoch [...] entgegen den Anordnungen der zuständigen Nazi-Behörden – für die Betreuung der in seinem Werk tätigen Kriegsgefangenen und zwangsverschleppten ausländischen Zivilarbeiter gesorgt, indem er tadellose, mit Dampfheizung versehene Baracken errichten liess und, unter Verletzung kriegswirtschaftlicher Vorschriften, deren Übertretung mit schweren Strafen bedroht war, für ausreichende Bekleidung, Nahrung und Schlafstätten gesorgt hat. Er liess ferner ein Krankenrevier, ein Entbindungsheim, eine Kinderkrippe und ein Kinderspielheim für die Ausländer und ihre Familien errichten.[260]

Tatsächlich bemühte sich die Sindelfinger Werksleitung, die Situation der ausländischen Arbeitskräfte, auch der sowjetischen Zwangsarbeiter, durch verschiedene Maßnahmen erträglicher zu gestalten. So wurde beispielsweise im August 1942 die Versorgung der sowjetischen Arbeitskräfte mit ausreichender Kleidung und Schuhwerk für die Wintermonate sowie die Errichtung eines Verkaufsstandes im Lager erörtert. Dabei erwog die Werksleitung sogar, dem Beispiel eines anderes Unternehmens zu folgen und durch eine Aktion unter den Betriebsangehörigen oder eine Ausschreibung in der Zeitung, gebrauchte Kleidung für „Ostarbeiter" zu beschaffen.[261] Und im Fall eines 16jährigen belgischen Zivilarbeiters bemühte sich die Sindelfinger Direktion um eine Krankenunterstützung für die erwerbsunfähigen und kranken Eltern des Jungen, da den Eltern die Rente mit dem Hinweis gestrichen worden war, „dass ihr Sohn jetzt in Deutschland arbeite und sie deshalb unterstützen müsse".[262]

Doch alles in allem bleibt der Eindruck vorherrschend, daß die geschilderten Maßnahmen eher vereinzelt waren und in keiner Weise zu einer durchgreifenden Verbesserung der Situation der ausländischen Arbeitskräfte, vor allem der der zahlreichen „Ostarbeiterinnen" und „Ostarbeiter", beitrugen. Dies beweist nicht zuletzt die miserable Versorgungslage der sowjetischen Arbeitskräfte. Während die

---

258 Vgl. Tagebuch Grobbenhaar/NL, 5.7.1944.
259 Vgl. GUG-Interview Wijnbeek/NL, S. 4.
260 MBA Korrespondenz Haspel, Spruch gegen Paul Heim, 30.5.1947.
261 Vgl. MBA Sindelfingen/Huppenbauer 233, Sitzung am 5.8.1942 betreffend Ostarbeiter-Einsatz.
262 Vgl. MSPF Brüssel, DBAG Sindelfingen an Allg. Ortskrankenkasse Düren, 27.8.1941 betr. Unser belgisches Gefolgschaftsmitglied Alfons Hennion.

Sindelfinger „Westarbeiter" sich – ähnlich wie in Untertürkheim – mit Hilfe ihrer Lebensmittelkarten selbst verpflegen konnten, erhielten „Ostarbeiterinnen" und „Ostarbeiter" morgens lediglich ein Weißbrot für den ganzen Tag, das sie sich zu Dritt teilen mußten, und Tee oder dünnen Kaffee. Mittags bestand die Verpflegung aus einer Schüssel Brot- oder Kartoffelsuppe bzw. Spinat sowie Tee oder Kaffee. Abends gab es die gleiche Suppe wie mittags.[263] Das Mittagessen erhielten die sowjetischen Zwangsarbeiter – ebenso wie die im Lager „Riedmühle" unterge-brachten westeuropäischen Arbeitskräfte[264] – nicht im Werk, sondern in der Kanti-ne ihres Lagers[265].

Über den Zustand der sowjetischen Arbeitskräfte berichtete ein ehemaliger Daimler-Benz-Mitarbeiter:

> Ich habe auch Russen gekriegt; hab' denen laufend zu Essen gegeben, habe ihnen mal ein Hemd gegeben, habe ihnen mal Tabak gegeben, Äpfel, was man so gehabt hat. Schaffen haben sie müssen. Hunger haben sie gehabt, weil im Lager nicht viel gewesen ist.[266]

Und eine der betroffenen sowjetischen Zwangsarbeiterinnen erinnert sich:

> Wir mußten zum Essen immer ins Lager zurück. Zu Anfang gab es eine Suppe mit Kartoffeln, später dann hauptsächlich rote Rüben. Ich habe in der Zeit 18 kg verloren, ich hatte immer Hunger![267]

Außerdem berichtet sie, daß das deutsche Kantinenpersonal einen Teil der für die „Ostarbeiterinnen" und „Ostarbeiter" bestimmten Lebensmittel unterschlagen habe.[268]

Die schlechte Versorgungslage führte dazu, daß die im Bau 6 des Werkes ein-gesetzten sowjetischen Zwangsarbeiter am 14. Dezember 1943 wegen des unge-nießbaren und unzureichenden Essens streikten.[269] Ob sich ihre Situation aufgrund dieser Aktion besserte, ist allerdings nicht bekannt. Daß das Essen in Sindelfingen insgesamt von sehr schlechter Qualität gewesen sein muß, beweist auch die Essens-verweigerung von 730 „Westarbeitern", die sich bereits am 5. Dezember 1943 ge-weigert hatten, das Mittagessen, bestehend aus Wasser mit ein paar Stückchen Kartoffeln und Fleisch, zu akzeptieren und beschlossen, sich deshalb mit der Werksleitung in Verbindung zu setzen.[270]

Einige „Westarbeiter", die zum Teil zusätzlich zu den Lebensmittelkarten Pakete von ihren Angehörigen erhielten, versuchten, die Situation der sowjetischen Zwangsarbeiter zu verbessern, indem sie ihnen heimlich Lebensmittel zusteck-

263 Vgl. Brief Rekuta/SU an GUG, 27.11.1990 und GUG-Interview 516/SU, S. 2.

264 Vgl. MBA-Interview 80, Tagebuch Grobbenhaar/NL, 7.12.1943, GUG-Interviews Bezemer/NL, S. 2, Smeets/NL, S. 2, Zuidgeest/NL, S. 2.

265 Vgl. Brief Rekuta/SU an GUG, 27.11.1990 und GUG-Interview 516/SU, S. 2.

266 Vgl. MBA-Interview 81, S. 4

267 Vgl. GUG-Interview 516/SU, S. 2.

268 Vgl. ebda., S. 5.

269 Vgl. Tagebuch Grobbenhaar/NL, 14.12.1943.

270 Vgl. ebda., 5.12.1943; GUG-Interviews Bonthond/NL, S. 4, Bosman/B, S. 5. Die schlechte Qualität des Essens wird von mehreren ehemaligen Zwangsarbeitern bestätigt: Vgl. GUG-Interviews Dhondt/B, S. 5, v. Essel/NL, S. 2, Fierens/B, S. 5, Glimmerveen/NL, S. 3, Gulden-tops/B, S. 2, Kool/NL, S. 4, Thielen/NL, S. 2, v.d. Welk/B, S. 5.

ten.[271] Doch die Sindelfinger Werksleitung begegnete solchen Bemühungen mit rigorosen Maßnahmen. Weil er einem „Ostarbeiter" Brot gegeben hatte, wurde ein niederländischer Zwangsarbeiter fünf Stunden vom Sindelfinger Werkschutzleiter Karl verhört; der betroffene „Ostarbeiter" verriet den Niederländer nicht, obwohl er mit Holzknüppeln geschlagen wurde, um ein Geständnis zu erzwingen.[272] Besonders drastische Strafen erwarteten deutsche Belegschaftsmitglieder, die versuchten, sowjetischen Arbeitskräften zu helfen. So wurde der Daimler-Benz-Mitarbeiter Erwin Zimmermann im Oktober 1942 wegen der Versorgung von „Ostarbeiterinnen" und „Ostarbeitern" mit Lebensmitteln und der Zugehörigkeit zu einer betrieblichen kommunistischen Widerstandsgruppe verhaftet und von einem Stuttgarter Gericht zu zehn Jahren Zuchthaus verurteilt:

> *Als ich 1942 verhaftet wurde, im Oktober, kam ich auf die Feuerwache. Dort standen in der Ecke drei Russen mit dem Kopf zur Wand. Die sind geschlagen worden vom Gestapo-Karle. Die haben bei mir geschafft. Und die haben einen Spitzel gehabt, angeblich ein Russe, der hat mich eigentlich verraten. [...] Die haben die erpreßt, was ich ihnen gegeben habe, verhört, was ich ihnen gegeben habe. Ich meine, das war doch schon ein Verbrechen, einem Menschen ein Stück Brot zu geben. Das war Feindbegünstigung. So war es doch. Also: Mensch durftest Du im Dritten Reich nicht sein. ‚Herrenmensch' mußtest Du sein. Und alle anderen, die Sklaven sind, das sind alles ‚Untermenschen'.*[273]

Dieser Fall zeigt auch, daß das „Überwachungssystem" im Hinblick auf deutsche und ausländische Arbeitskräfte in Sindelfingen gut ausgebaut war. Eine „herausragende" Rolle spielt dabei der Leiter des Sindelfinger Werkschutzes, Fritz Karl, der im Juni 1942 von der Werksleitung als Lagerleiter für sämtliche „Ausländerlager" bestellt worden war und im Werk selber – nach eigenen Aussagen – für die Unterbringung, Verpflegung, Bekleidung, soziale und sanitäre Betreuung der ausländischen Arbeitskräfte zu sorgen hatte.[274] Der Leiter des Werkes Sindelfingen, Paul Heim, war darüber hinaus im Dezember 1940 durch die Gestapo zum Abwehrbeauftragten für Sindelfingen ernannt worden.[275]

Karl, der nicht nur mit der Sindelfinger Werksleitung, sondern auch eng mit dem Lagerführer des Westarbeiterlagers „Riedmühle", Herbert Askani, zusammenarbeitete, muß u.a. als Verantwortlicher für die Einweisung zahlreicher Sindelfinger Zwangsarbeiter in das Arbeitserziehungslager „Aistaig" bei Oberndorf am Neckar gesehen werden. Dieses Lager, das von Herbst 1941 bis April 1945 existierte, und dessen Insassen teilweise in den in Oberndorf ansässigen Mauser-Werken

---

271 Vgl. Brief Rekuta/SU an GUG, 27.11.1990; GUG-Interviews Dervieux/F, S. I, Kool/NL, S. 6, Wijnbeek/NL, S. 3; Brief d'Elfant/NL an GUG, 27.8.1987; Tagebuch d'Elfant/NL, u. a. 20.1.1944, 24.1.1944, 8.2.1944, 13.3.1944.

272 Vgl. GUG-Interview Dolleman/NL, S. 4.

273 MBA-Interview Nr. 81, S. 6. Zum Schicksal des Daimler-Benz-Mitarbeiters Erwin Zimmermann vgl. auch Krieg und Wiederaufbau in Sindelfingen, S. 42f. und Zwangsarbeiter in Sindelfingen, S. 97f.

274 Vgl. MBA Haspel 2,13, Erklärung Fritz Karl, 8.12.1943; vgl. auch GUG-Interview Wijnbeek/NL, S. 6.

275 Vgl. MBA Kissel VI,1, Kissel/Haspel an Heim, 20.12.1940.

arbeiten mußten[276], ist in der Erinnerung der überlebenden Zwangsarbeiter auch heute noch als Schreckensbild präsent.

Daß die Arbeits- und Lebensbedingungen für die Insassen der Arbeitserziehungslager nach den Vorstellungen des Chefs der Sicherheitspolizei, Kaltenbrunner, „härter als in einem Konzentrationslager" sein sollten[277], bekamen die nach „Aistaig" eingewiesenen Daimler-Benz-Zwangsarbeiter besonders zu spüren. Alle, die nach dem Aufenthalt in Oberndorf ins Werk Sindelfingen zurückkehrten, befanden sich in extrem schlechter körperlicher Verfassung oder litten an schweren Krankheiten.[278] Ein belgischer Zwangsarbeiter, der bei einem Fluchtversuch gefaßt und anschließend nach Oberndorf eingeliefert worden war, wog bei seiner Rückkehr ins Werk Sindelfingen nur noch 45 kg; außerdem hatte man ihn so mißhandelt, daß zwei Finger steif blieben.[279]

Anlaß für die Einweisung in das Arbeitserziehungslager in Oberndorf stellten beispielsweise Fluchtversuche dar, wobei die Zahl der Sindelfinger Zwangsarbeiter, die flüchteten, offenbar relativ hoch war. So wurden alleine im Dezember 1943 zehn Franzosen, acht Niederländer und vier Belgier als flüchtig gemeldet.[280] Auch einige der im Werk Sindelfingen eingesetzten „Ostarbeiter" versuchten, aus dem Lager zu fliehen. Die meisten wurden jedoch wieder aufgegriffen, ins Lager zurückgebracht, dort mit 25 bis 50 Riemenschlägen bestraft und anschließend in ein Arbeitserziehungs- oder Konzentrationslager transportiert.[281] Drei Russen, die bei einem Fluchtversuch erwischt worden waren, kehrten nie wieder zu den übrigen sowjetischen Arbeitskräften zurück – Gerüchten zufolge sollen sie gehängt worden sein.[282]

Besonders groß war die Zahl der westeuropäischen Arbeitskräfte, die versuchten, während des ihnen gewährten Urlaubs in der Heimat unterzutauchen und nicht wieder nach Sindelfingen zurückzukehren.[283] Ein in der Verwaltung des Lagers Riedmühle eingesetzter Niederländer erinnert sich, daß anfangs etwa 10% der beurlaubten ausländischen Zivilarbeiter nicht zurückkamen und die Zahl immer mehr zunahm, so daß 1944 nur noch ungefähr 25% zurückkehrten.[284] Ein niederländischer Zwangsarbeiter vermerkte am 12. Dezember 1943 in seinem Tagebuch, daß an diesem Tag von 19 beurlaubten Niederländern sieben, von 15 Belgiern vier und von 65 Franzosen nur ein einziger zurückgekommen seien.[285]

---

276 Vgl. Gedenkstätten, S. 48.
277 Vgl. dazu Verzeichnis der Haftstätten, S. XXXV.
278 Vgl. GUG-Interviews v. Essel/NL, S. 4, Dervieux/F, S. 4, Kool/NL, S. 5, de Laet, A./B, S. 4, Lecoq/F, S. 3, Oppedijk/NL, S. 4, Ottes/NL, S. 4, v.d. Reiden/NL, S. 4, Wijnbeek/NL, S. 7; Tagebuch Grobbenhaar/NL, 10.3.1944.
279 Vgl. Tagebuch Grobbenhaar/NL, 2.12.1943.
280 Vgl. MBA Sindelfingen/Huppenbauer 406, Lager Riedmühle: Stärkemeldung vom 13.12.1943.
281 Vgl. Brief Rekuta/SU an GUG, 12.11.1990.
282 Vgl. GUG-Interview 516/SU, S. 4.
283 Vgl. GUG-Interviews Bruneel/B, S. 3, Dervieux/F, S. 3, Dhondt/B, S. 3, v.d. Reiden/NL, S. 3, v.d. Velde/B, S. I.
284 Vgl. MBA-Interview 88, S. 8.
285 Vgl. Tagebuch Grobbenhaar/NL, 12.12.1943.

DAIMLER-BENZ AKTIENGESELLSCHAFT
SINDELFINGEN
Reichs-Firmen-Nummer 0/0752/0001
Drahtwort: Daimlerbenz — Fernruf: Amt Böblingen 741—42, Amt Stuttgart SA. 911 56—57 — Fernschreiber 06 941

B e s c h e i n i g u n g

BANKEN:
Deutsche Bank Berlin,
Stuttgart, Mannheim
Commerzbank A.-G.,
Filiale Stuttgart
Dresdner Bank,
Filiale Stuttgart
Bank der Deutschen Ar-
beit A.-G., Nieder-
lassung Stuttgart
Reichsbank-Giro-Konto
Stuttgart Nr 6/88
Städt. Girokasse Stuttgart
POSTSCHECK:
Stuttgart Nr 470

Ihr Zeichen   Ihre Nachricht vom   Unser Zeichen   **Sindelfingen (Württbg.)**

Betrifft: Ausländerbetr. Den 17.4.43
                                                 Lb/He.

Die Direktion der Firma Daimler-Benz A.G.
Werk Sindelfingen bescheinigt hiermit,
dass der im Werk beschäftigte belgische
Staatsangehörige Herr

F i e r e n s , Emiel, geb. 26.6.23

in Antwerpen - Mortsel (Belgien)

vom 17.4.43 bis 28.4.43 nach Antwerpen
beurlaubt wurde. Seine Mutter wurde anläss-
lich des letzten Fliegerangriffs auf diese
Stadt getötet.

Die deutschen Behörden in Belgien werden
gebeten, Herrn Fierens entsprechend zu unte
stützen, falls dies nötig sein sollte.

                    Heil Hitler!
          Daimler-Benz Aktiengesellschaft
                 Sindelfingen
                      i

Nr 12120 c / 50. A 5. 20. 7. 42: 10000. K.-Nr 0/1467.

Abb. 18: Die meisten ausländischen Arbeitskräfte erhielten Urlaub nur in Ausnahmefällen – wie
ein belgischer Zwangsarbeiter, dessen Mutter bei einem Luftangriff ums Leben gekommen war.

Die Sindelfinger Werksleitung begegnete dieser Entwicklung zum einen mit zunächst vorübergehender, schließlich, im März 1944, mit endgültiger Urlaubssperre.[286] Zum anderen versuchte man auch hier, durch abschreckende Maßnahmen ein Exempel zu statuieren: So wurde ein niederländischer Zwangsarbeiter, der versucht hatte, während seines Urlaubs unterzutauchen, aber wieder aufgegriffen worden war, vom Sindelfinger Werkschutzleiter Fritz Karl für sechs Wochen nach Oberndorf eingewiesen und mußte dort einen großen Teil der Zeit mit unsinnigen und unmenschlichen „Disziplinübungen" verbringen, wie sie auch aus Konzentrationslagern bekannt sind. U.a. wurden die Häftlinge nachts brutal aus dem Schlaf gerissen, um dann stundenlang mit nacktem Oberkörper im Freien zum Appell anzutreten.[287]

Trotz drohender Strafen versuchten zahlreiche, vor allem westeuropäische Zivilarbeiter, die Produktion im Werk Sindelfingen in irgendeiner Form zu stören, beispielsweise, indem sie absichtlich langsam arbeiteten, sich der Arbeit durch „Krankfeiern" entzogen oder sie schlichtweg verweigerten. Einige Male gab es im „Westarbeiterlager Riedmühle" Durchsuchungen nach Arbeitsverweigerern.[288] Am 26. November 1943 wurden alleine 15 Niederländer wegen Arbeitsverweigerung verhaftet.[289] Auch den belgischen Zwangsarbeiter Felix Mortelmans wies Fritz Karl wegen Arbeitsverweigerung ins Arbeitserziehungslager Oberndorf ein.[290] Er erinnert sich:

> *Eines Morgens wurde ich mit einigen anderen im Lager Riedmühle abgeholt und mit einem Bus, dessen Scheiben schwarz angestrichen waren, nach Stuttgart gebracht. Dort saß ich mit Dick Binnendijk im Gefängnis (14 Tage lang, Anm. d. Verf.), bevor ich nach Oberndorf ins Arbeitserziehungslager gebracht wurde. Dort wurden mir zuerst die Haare geschnitten, wobei ich mit gefalteten Händen niederknien mußte. Dann bekam ich einen gestreiften Anzug mit runder Mütze und Holzsandalen. Wir waren mit 42 Mann in einer Holzbaracke mit vergitterten Fenstern. Die Türe war verschlossen und wurde nur geöffnet, wenn wir morgens um 6 Uhr zur Arbeit in die Mauser-Werke gingen, bzw. um 19 Uhr von dort zurückkamen. Der Fußweg war ca. 7 Kilometer lang. Bei den Mauser-Werken mußten wir Holz für Gewehrkolben transportieren.*
> *Das Essen im Lager bestand aus einer Wassersuppe mit Kartoffel- und Gemüseabfällen. Morgens gab es ein kleines Stück Brot. Im Lager waren auch Holländer, Russen, Franzosen und Deutsche. Ein Russe wurde – weil er angeblich nicht genug gearbeitet hatte – gefesselt und von vier SS-Bewachern zu Tode getrampelt. Nach zwei Monaten kam ich zurück ins Lager Riedmühle. In Sindelfingen mußte ich dann im Preßwerk arbeiten.[291]*

286 Vgl. Tagebuch Grobbenhaar/NL. 12.12.1943 und 8.3.1944 sowie MBA-Interview 88, S. 8.
287 Vgl. GUG-Interview Tenthof van Noorden/NL, S. 3.
288 Vgl. GUG-Interviews Bruyninckx/B, S. 5, Wassen/NL, S. 7.
289 Vgl. Tagebuch Grobbenhaar/NL, 26.11.1943.
290 Vgl. GUG-Interviews Boeckaerts/B, S. 4, Bruyninckx/B, S. 4, van Ham/B, S. 4.
291 GUG-Interview Mortelmans/B, S. I. Nach der Bombardierung Sindelfingens im September 1944 wurde Felix Mortelmans auf dem Flughafen Göppingen eingesetzt. Da er mehrmals ins Lager Riedmühle zurückkehrte, obwohl ihm dies verboten worden war, wurde er erneut in das AEL Oberndorf eingeliefert. Dort entging er bei Kriegsende nur durch Zufall der Erschießung sämtlicher Lagerinsassen durch die SS-Wachmannschaften: Vgl. GUG-Interview Mortelmans/B, S. IIf.

Glück hatten dagegen einige niederländische Zivilarbeiter, die sich geweigert hatten, sonntags zu arbeiten:

> *Einmal, das war das erste Mal, daß wir sonntagsmorgens arbeiten mußten. Da war die erste Schicht nicht zur Arbeit gegangen. Wir mußten dann zur Fabrikpolizei kommen, und wir mußten erzählen, warum wir sonntags nicht gearbeitet hätten. Wir erzählten, daß wir katholisch seien und zur Kirche gegangen seien. Aber die von der Fabrikpolizei sagten: ‚In Zukunft gehen Sie sonntags arbeiten!' Das war alles. Andere waren viel schlimmer dran. Sechs Wochen Arbeitslager für jeden. Wir haben damals großes Glück gehabt.*[292]

Manche der Zwangsarbeiter wurden wegen Arbeitsverweigerung auch innerhalb des Werks strafversetzt – z. B. ins Preßwerk, wo die Arbeitsbedingungen besonders hart waren.[293] Erfolglos blieben Versuche Karls, die Schuldigen eines Sabotageversuchs ausfindig zu machen – französische Zwangsarbeiter hatten die Schweißnähte an Flugzeugteilen verdorben.[294] Nach Aussagen von Zeitzeugen soll es weitere Sabotageversuche gegeben haben.[295]

Einige der ausländischen Arbeitskräfte – auch „Ostarbeiter" – fügten sich absichtlich selbst Verletzungen zu, um nicht arbeiten zu müssen.[296] Erwähnenswert ist in diesem Zusammenhang der Fall des Niederländers Dick Binnendijk. Binnendijk, der gemeinsam mit seinem Bruder Piet zur Arbeit bei Daimler-Benz zwangsverpflichtet worden war, war vor und nach dem Krieg in den Niederlanden ein bekannter Entertainer. Ende Januar 1945 wurde er in einem Verlagerungsbetrieb der Daimler-Benz AG in Göppingen gemeinsam mit einem weiteren Niederländer verhaftet und in das Polizeigefängnis Welzheim gebracht. Ursache für die Verhaftung beider war der Vorwurf, sich durch absichtlich zugefügte Verletzungen der Arbeit entzogen zu haben.[297] In einem Brief schilderte die Stuttgarter Leitstelle der Gestapo dem Kriminaltechnischen Institut der Sicherheitspolizei (Sipo) in Berlin den „Fall Binnendijk" folgendermaßen:

> *Binnendijk [...] hat im Verlaufe des Jahres 1944, solange er noch bei der Firma Daimler-Benz A.G., in Sindelfingen, beschäftigt war, zweimal den linken Unterarm derart an der Bettkante aufgeschlagen, dass er seiner Absicht gemäss von dem behandelnden Arzt einmal 1 Woche und einmal 2 Wochen krank geschrieben wurde. Als Grund für dieses Verhalten gibt B. an, dass er, da er von Beruf Künstler sei, ihm die Arbeit in einer Fabrik wegen ihrer Eintönigkeit nicht zugesagt habe. Infolgedessen habe er manchmal einige Tage mit der Arbeit aussetzen müssen um ausruhen zu können. Anhaltspunkte dafür, dass als Motiv zur Tat Feindpropaganda vorliegt, haben sich nicht ergeben. [...] Binnendijk wird in Schutzhaft genommen.*[298]

---

292 GUG-Interview Hoofs/NL, S. 6. Ähnliche Erfahrungen machte ein anderer niederländischer Zwangsarbeiter: Vgl. Erinnerungen A. Blans/NL, Teil 3.
293 Vgl. GUG-Interview Voet/B, S. 4.
294 Vgl. GUG-Interview Dolleman/NL, S. 4.
295 Vgl. GUG-Interviews Glimmerveen/NL, S. 4, Wijnbeek/NL, S. 7.
296 Vgl. GUG-Interviews Coolen/NL, S. 4, Meuldermans/B, S. 4, Tenthof van Noorden/NL, S. 4; Erinnerungen Blans/NL, Teil 3.
297 Vgl. Tagebuch Grobbenhaar/NL, 30.1.1945.
298 BA Koblenz R 58/1058, fol. 30, GeStapoleitstelle Stuttgart an Kriminaltechnisches Institut Sicherheitspolizei Berlin, 28.2.1945 betr.: Vortäuschung von Krankheiten. Rechtschreib- und Zeichensetzungsfehler wurden unkorrigiert übernommen.

„Renitentes Verhalten" zeigten ausländische Daimler-Benz-Arbeitskräfte auch bei Arbeiten, für die sie von Daimler-Benz an die Stadt Sindelfingen ausgeliehen wurden, wie z.B. Aufräumarbeiten nach Bombenangriffen. So beschwerte sich der Landrat in Böblingen über die zugeteilten ausländischen Arbeitskräfte der Firma Daimler-Benz:

> *Es ist offensichtlich, dass ein Grossteil der ausländischen Arbeitskräfte versucht, sich um eine unangenehme Arbeit herumzudrücken. [...] So mussten in einer Gemeinde 2 Flaschner samstagsnachmittags die im Zusammenhang mit einem Wasserrohrbruch notwendigen zeitraubenden Grabarbeiten selbst ausführen. Die dazu verpflichteten ausländischen Hilfskräfte blieben nach der Mittagspause einfach von der Arbeitsstelle weg, weil ihnen die Arbeit nicht zusagte. Es konnte nicht festgestellt werden, ob die fraglichen Ausländer an dem Samstagnachmittag überhaupt gearbeitet haben, höchstwahrscheinlich haben sie sich beschäftigungslos im Ort herumgetrieben.*[299]

Es folgte eine Auflistung verschiedener Maßnahmen, die gegen die „arbeitsscheuen" Ausländer ergriffen werden könnten mit der abschließenden Feststellung:

> *Im übrigen wird von den örtlichen Stellen zu Gunsten der Arbeitswilligen nach dem Grundsatz zu verfahren sein: Wer nicht arbeitet, der soll auch nicht essen. Durch diese Maßnahmen, die im Einvernehmen mit der Fa. Daimler Benz getroffen werden, ist eine angemessene Arbeitsleistung ermöglicht und werden die Arbeitswilligen nicht durch das Beispiel der Unlustigen und Arbeitsverweigerer angesteckt.*[300]

Im Unterschied zu Untertürkheim war der größte Teil der im Werk Sindelfingen eingesetzten ausländischen Arbeitskräfte in Barackenlagern untergebracht, die in unmittelbarer Umgebung des Werkes lagen. Verhältnismäßig wenige Zivilarbeiter wohnten dagegen in Privatunterkünften, wie beispielsweise ein belgisches Ehepaar.[301]

Für die Unterbringung von rund 1.000 „Westarbeitern" war das Lager „Riedmühle" konzipiert, das aus 19 Wohnbaracken, sowie einer Wirtschafts-, einer Kranken- und einer Handwerkerbaracke bestand.[302] Die einzelnen Wohnbaracken waren zweigeteilt, und auf jeder Seite wurden 26 Männer untergebracht, dazwischen lagen Waschraum und Toilette.[303] Die Belegung der Baracken erfolgte getrennt nach Nationalitäten, wobei die belgischen Zwangsarbeiter geschlossen in der Baracke 15 des „Riedmühlelagers" lebten.[304]

Da das Lager erst unmittelbar vor der Ankunft eines großen Teils der „Westarbeiter" fertiggestellt worden war, befanden sich die Baracken und die dazugehören-

---

299 StadtA Sindelfingen 4733 Ausländische Arbeiter (Ost- und Westarbeiter) bei der Stadt, Landrat Böblingen an Bauleitung Sindelfingen, 25.9.1944, betr. Überwachung der dem Leiter der Sofortmassnahmen zugeteilten ausländischen Gefolgschaftsmitglieder der Fa. Daimler-Benz.
300 Ebda.
301 Vgl. GUG-Interviews Peeters, G./B, S. I, Peeters, E./B, S. I.
302 StadtA Sindelfingen DB Bauakten 1942/14, Werkluftschutz-Bereichstelle Württemberg-Hohenzollern der Reichsgruppe Industrie an Daimler-Benz AG Stuttgart-Untertürkheim, 14.1.1943, betr.: Barackenlager Riedmühle.
303 Vgl. StadtA Sindelfingen, DB Bauakten 1942/14; GUG-Interviews Binnendijk/NL, S. 5.
304 Vgl. Rede Voet/B in Sindelfingen, 17.4.1989.

den sanitären Anlagen – zumindest anfangs – offenbar in gutem Zustand.[305] Später gab es jedoch Ungeziefer, weswegen die Baracken einige Male desinfiziert wurden.[306] Viele der Lagerbewohner litten unter Kälte, da die Baracken nicht geheizt wurden und Brennmaterial fehlte.[307]

Nach Aussagen eines Zeitzeugen soll das Lager „Riedmühle" zweimal von einer Delegation des Internationalen Roten Kreuzes besichtigt und als „Musterlager" vorgeführt worden sein. Vor diesen Besuchen wurde das Lager nicht nur von Grund auf geputzt, sondern es wurden auch neue Kopfkissen und Stroh-Unterbetten ausgegeben.[308]

Lagerführer des Lagers „Riedmühle" war bis ungefähr Mitte 1944 Herbert Askani, der allen interviewten Zeitzeugen in Erinnerung geblieben ist und dessen Verhalten zwiespältig beurteilt wird. Fest steht, daß er vor Mißhandlungen von ausländischen Arbeitskräften nicht zurückschreckte.[309] So schlug er einen sowjetischen Jungen, der heimlich ins Lager „Riedmühle" gekommen war, um dort Tabak zu kaufen[310] und beteiligte sich auch an Schikanen in den „Ostarbeiterlagern"[311]. Ein ehemaliger niederländischer Zwangsarbeiter erinnert sich:

> Einmal bin ich von ihm geschlagen worden, weil ich meine Matraze in Brand gesteckt hatte. Ich glaubte nämlich, daß in meiner Matraze viele Läuse seien. Aber die waren nicht in der Matraze, sondern im Holz, und da ist der Lagerführer böse geworden und hat mich geschlagen.[312]

Nach Angaben eines anderen Zeitzeugen soll Askani sogar auf eine Gruppe von „Riedmühlebewohnern" geschossen haben, als sie nachts heimlich Brennholz ins Lager brachten.[313]

Als sich eines Tages alle im Lager „Riedmühle" untergebrachten Niederländer weigerten, zur Arbeit zu gehen, holte Askani den bereits erwähnten niederländischen Dolmetscher, Jan Wijnbeek, herbei, schoß einmal in die Luft und drohte schließlich mit der Erschießung des Dolmetschers, indem er ihm den Revolver in den Rücken drückte. Nachdem sich weder Wijnbeek noch die übrigen Niederländer von Askani einschüchtern ließen, ließ der Lagerführer dann jedoch von seinem Vorhaben ab.[314]

---

305 Vgl. GUG-Interviews Bruneel/B, S. 5, Bussing/NL, S. 5, de Laet, A./B, S. 5, v.d. Velde/B, S. 5; Erinnerungen Blans/NL, Teil 3.
306 Vgl. GUG-Interviews Delicaat/NL, S. 5, Coolen/NL, S. 5, Depooter/B, S. 5, Dervieux/F, S. 5, Dhondt/B, S. 5 v. Gemert/NL, S. 5 van Haaren/NL, S. 5, Hoofs/NL, S. 7, Lucas/NL, S. 8, Michels/NL, S. 5, Richter/NL, S. 5, van Turnhout/NL, S. 5.
307 Vgl. GUG-Interviews v.d. Reiden/NL, S. 5, Voet/B, S. 5, de Witte/NL, S. 5; Tagebuch Valgaeren/B, 1.1.1945, Tagebuch d'Elfant/NL, 7.12.1943.
308 Vgl. GUG-Interview Coolen/NL, S. I. Über die Einstufung des Lagers „Riedmühle" als „Musterlager" berichtet auch ein anderer interviewte ehemalige Zwangsarbeiter: Vgl. GUG-Interview Smeets/NL, S. 5.
309 Vgl. GUG-Interviews Richter/NL, S. 3 und 5, Tillie/NL, S. 5, Wijnbeek/NL, S. 10.
310 Vgl. GUG-Interview Dhondt/B, S. 5.
311 Vgl. unten S. 162.
312 GUG-Interview Kool/NL, S. 8.
313 Vgl. GUG-Interview Meuldermans/B, S. 5.
314 Vgl. GUG-Interview Wijnbeek/NL, S. 7.

Mehrfach führten Gestapo-Leute Razzien im Lager „Riedmühle" durch, was ebenfalls nicht ohne Wissen der Lagerleitung geschehen sein kann.[315] Und bei der Bombardierung des Lagers „Riedmühle" im Oktober 1943 kam es zu folgendem Vorfall:

> *Um 12 Uhr gingen die Sirenen, gleich darauf fielen die ersten Bomben. Die Baracken 17 und 18 standen in Flammen. Wir warfen uns flach auf den Boden, und dann kam es: Eine Bombe fiel 15 m von unserer Baracke entfernt, genau in dem Moment, wo wir in den Schutzkeller gehen wollten. Die ganze Baracke stürzte zusammen. An meiner Hand hatte ich den Koffer, während ich vom Holz verschüttet wurde. Daß ich das ziemlich gut überlebt habe, grenzt an ein Wunder; nur meine rechte Hand tat weh. Dann sind wir gerannt; immer, wenn wir etwas hörten, warfen wir uns auf die Erde. Wir liefen weiter, bis unsere Beine uns nicht mehr trugen. Wir krochen durch ein Tor direkt hinter dem Ausländerbureau, aber dann kam Askani und stoppte die Jungens; wir mußten unseren Ausweis abgeben. Ein Franzose wollte weitergehen, dann schoß Askani; die Franzosen standen bereit, um Askani kalt zu machen, wenn dem Franzosen etwas passiert wäre.*[316]

Die Person Askanis stand auch im Mittelpunkt einiger Beiträge der Kabarettgruppe „De Lanterfanters" (Die Faulenzer), die der bereits erwähnte niederländische Zwangsarbeiter Dick Binnendijk im Lager „Riedmühle" gründete. Das Programm der Bunten Abende, die die „Lanterfanters" in der Kantine des Lagers veranstalteten, setzte sich aus Sketchen und Musikdarbietungen niederländischer und belgischer Lagerbewohner zusammen. Viele Beiträge enthielten unterschwellige Kritik an den in Sindelfingen herrschenden Zuständen und offenbarten den versteckten Unmut der Zwangsarbeiter über ihre Situation. Auch Lagerleitung und -personal wurden zu den Aufführungen eingeladen:

> *Zugeschaut habe ich den ‚Lanterfanters'. Das waren Profis. Die hatten ein Sketch gemacht über den Lagerführer und die Oberschwester, denn in der Krankenbaracke war eine Oberschwester. In dem Sketch saßen der Lagerführer und die Oberschwester zusammen im Bad. Der Lagerführer und die Oberschwester waren beide bei dem Sketch anwesend, aber es ist nichts passiert. Er lachte, aber sie zog ein langes Gesicht.*[317]

Obwohl viele Mitwirkende der „Lanterfanters" Sindelfingen im Zuge der Verlagerungen des Werkes verließen, existierte die Kabarettgruppe bis gegen Kriegsende.

Neben der Gründung des Lagerkabaretts gab es unterschiedlichste Bemühungen der „Riedmühlebewohner", das Leben in der Fremde erträglicher zu gestalten. Einige unternahmen Ausflüge in die Umgebung Sindelfingens – auch nach Stuttgart, wofür allerdings eine besondere polizeiliche Genehmigung erforderlich war – oder organisierten Sportwettkämpfe.[318] Darüber hinaus existierte im Lager „Riedmühle" eine Vereinigung französischer Zivilarbeiter, die u.a. 1943 die Weihnachtsfeier gestaltete.[319]

---

315 Vgl. Tagebuch Grobbenhaar/NL, 15.2.1944 und 6.5.1944.
316 Tagebuch d'Elfant/NL, 7.10.1943.
317 GUG-Interview Hoofs/NL, S. 8f.; vgl. auch GUG-Interviews Bezemer/NL, S. 6, Coolen/NL, S. 6, v.d. Steen/NL, S. I; MBA-Interviews 80 und 88.
318 Vgl. GUG-Interviews Hoofs/NL, S. 8, Huysmans/B, S. 6, Martens/B, S. 6, Meyer/NL, S. 6, Smeets/NL, S. 6, Voet/B, S. I.
319 Vgl. GUG-Interview Smeets/NL, S. 6.

Prolooglied

De Lanterfanters brengen U
Een beetje gijn en vrolijkheid!
Zij brengen U een lach-revue: ·
Een·medicijn voor deze tijd!
Leuke liedjes, melodietjes,
Met een vlot refrein.
Wij brengen U amusement
En daarmee ook wat zonneschijn!

Neemt het niet zo nauw
in het leven!

refrein :

Neemt het niet zo nauw in het leven,
Ziet wat door de vingers heen!
Maak je toch niet kwaad
Zolang je hart nog slaat.
Want als je wekker still blijft staan
Dan is het reeds te laat!
Neemt het niet zo nauw in het leven
Bewaar je opgeruimd gemoed;
Dan pas kan het verlof je vreugde geven:
Zo gaat-ie goed-Zo gaat-ie goed !!!

Kameraden !

17 JUNI a. s.: Cabaret " De Onbekende "
gepresenteerd door " De Lanterfanters "
en......" onbekenben " uit ons lager !

DE LANTERFANTERS

presenteren op

ZATERDAG, 27 MEI 1944

in het

RIEDMÜHLE-THEATER

de MUSIKALE LACH-REVUE

VEEL PLEZIER

in 1 proloog, 18 taferelen.

Regie : Dick BINNENDIJK
Teksten : Jan FREID
Decors : Bobby DE-GROOT
Grime : Bruno J. DUIN

een 100 % KNAL Programma !

PROGPAMMA

1. PROLOOG : n' Zomeriddylle
   met alle Lanterfanters

2. EEN KWESTIE OM 10 MARK...
   uitgevochten door : Jan Freid,
   J. Wijnbeek en Dick Binnendijk.

3. VRIJGEZELLENZORGEN.
   De vrijgezel : Jan Mens
   Het "paartje" : Karel Schreuder,
   Dick Binnendijk

4. DE 2 JOHNNIES, mondaccordeon-virtuozen.

5. DE YSCOMAN...monoloog van Jan Wijnbeek

6. WEES MAAR GERUST !
   Dick Binnendijk zingt onze zorgen weg !

7. VERZEKER UW WEDUWE ! J.Freid en J.Mens

8. JOHNNY, JACK en PEDRO,
   3 vrolijke jongens met een guitaar.

9. DE PARADELLI'S, parterre-acrobatiek v. d.
   bovenste plank.

10. DICK BINNENDIJK in zijn succès-répertoire.

11. IN EEN "WIRTSCHAFT" 1944,
    met Jan Freid, Jan Mens, K. Granetia.

12. BIJ HET LICHT VAN DE STERREN...
    gezongen door Dick Binnendijk.

13. V & D... (voorheen Jean en Jean) parodisten.

14. ACCORDEON-SOLO, Wim Koene.

15. AMOR OP REIS..., (Karel Schreuder,
    J. Mens, J. Freid en Wim v. d. Steen.

16. NAAR NAPELS IN DE LENTETIJD !
    reisleider : Dick Binnendijk.

17. DE JAS, drama in één bedrijf,
    Karel Schreuder, J. Wijnbeek,
    K. Granetia, Wim Rous.

18. **IN HET CABARET "NIKSLOOS"**
    Optreden van :

    het dansorkest "de Mixers" olv Peter Haye
    met refreinzang van Dick Binnendijk.
    Johnny, Jack en Pedro — De Johnnies.
    V & D als "zangers van het levenslied"
    en voorts...de "rest" van de Lanterfanters.

Abb. 19: Programm der Kabarettgruppe „De Lanterfanters".

Manche „Westarbeiter" hatten außerdem Kontakt zu Sindelfinger Bürgern und halfen diesen in ihrer Freizeit.[320] Auch von deutschen „Kollegen" wurden einige zum Essen eingeladen.[321] Besonders beliebt bei den niederländischen Zivilarbeitern war Maria Buchmaier, die ein Lebensmittelgeschäft in Sindelfingen besaß und Lebensmittel manchmal ohne Marken oder in größeren Mengen, als auf der Lebensmittelkarte vorgesehen, abgab. Darüber hinaus luden sie und ihr Mann häufiger niederländische Zwangsarbeiter nach Hause zum Essen ein, wodurch sich zu einigen der Niederländer ein freundschaftlicher Kontakt entwickelte.[322]

Der damalige Zusammenhalt unter den niederländischen Bewohnern des Lagers „Riedmühle" kommt im „Riedmühle"-Lied zum Ausdruck:

1. Die Daimler-Benz-Fabriken liegen in Deutschlands Süden.
   Da mußten wir arbeiten, so war es uns beschieden.
   Schon viele lange Tage besteht hier unser Sein.
   Der Mut, der wird nicht sinken, uns kriegen sie nicht klein!

2. Und sind wir auch geschieden, von Eltern, die uns lieb,
   so sind wir doch zufrieden, wenn uns ein Brief noch blieb.
   Auch sind in dieser Lage Pakete gern geseh'n.
   Wenn es das nicht mehr gäbe, dann würden wir vergeh'n.

3. Wir leben hier im Lager und schlafen auf dem Stroh.
   Das Essen ist sehr mager, die Suppe macht nicht froh.
   Liegen wir krank danieder, gibt's eine Medizin:
   von Doktor oder Schwester, es gibt nur ASPIRIN!

Refrain: Ja, ja, wir sind das Elend leid
          und für die Rückkehr stets bereit!
          Ja, einmal kommt bestimmt der Tag,
          daß ich zurück nach Holland mag.[323]

Das Lagerleben endete im September 1944, als das Lager „Riedmühle" bei schweren Luftangriffen auf Sindelfingen völlig zerstört wurde. Die Sindelfinger Werksleitung verteilte die verbliebenen Lagerinsassen daraufhin auf verschiedene Unterkünfte und brachte sie u.a. in einer ehemaligen Ziegelei und einer Turnhalle in Sindelfingen unter.[324]

Rund 200 „Ostarbeiterinnen" lebten im Lager „Am Daimlerweg" – auch „Lager am Ring" genannt –, das ungefähr 300 bis 400 m vom Werk Sindelfingen

---

320 Vgl. GUG-Interviews Hoofs/NL, S. 9, Michels/NL, S. 6, Richter/NL, S. 6, Smeets/NL, S. 6.
321 Vgl. GUG-Interviews Smeets/NL, S. I, Tenthof van Noorden/NL, S. 3, Thielen/NL, S. 6, Valgaeren/B, S. 6, v. Zwieteren/NL, S. 3.
322 Vgl. Erinnerungen Blans/NL, Teil 3; Zwangsarbeiter in Sindelfingen, S. 94, 114f., 119–124.
323 Tagebuch d'Elfant/NL.
324 Vgl. GUG-Interviews Wijnbeek/NL, S. 8, Valgaeren/B, S. 5; Brief Smeets/NL an GUG, 19.8.1988; Tagebuch Binnendijk/NL, September 1944; Erinnerungen Blans/NL, Teil 3.

Abb. 20–22: Niederländische und sowjetische Zwangsarbeiter des Werks Sindelfingen.

entfernt lag.[325] Wesentlich größer war das Lager „Böblinger Allee", in dem zwischen Juni 1942 und April 1945 rund 930 männliche und weibliche sowjetische Arbeitskräfte mit ihren Familien untergebracht waren.[326] Das Lager in der „Böblinger Allee" bestand aus acht Wohnbaracken mit jeweils acht Schlafräumen, in denen je 16 Personen wohnen sollten.[327] Ein weiteres Lager für rund 200 „Ostarbeiterinnen" richtete Daimler-Benz in den Räumen der Sindelfinger Schürzenfabrik Leibfried ein.[328] Nach der Ankunft von Familien, die als Vergeltungsmaßnahme für sowjetische Widerstandsaktionen nach Deutschland verschleppt worden waren, wurden dort Frauen aus dem Lager „Böblinger Allee" einquartiert.[329] Darüber hinaus diente die Leibfried-Fabrik zur Aufnahme von „Ostarbeiterinnen" des Lagers „Am Daimlerweg", das bei einem Luftangriff im August 1944 völlig zerstört wurde.[330]

Pläne für die Errichtung des Lagers „Am Daimlerweg", das zunächst zur Unterbringung der dänischen Arbeitskräfte genutzt wurde, entstanden bereits im Oktober 1940.[331] Ursprünglich sollten sich die Kosten für sechs Wohn- und eine Wirtschaftsbaracke auf insgesamt 198.850 RM belaufen. Da das Lager für die Unterbringung von 200 Menschen konzipiert war, entfielen somit auf einen Bewohner rund 1.000 RM.[332] Durch verschiedene Einsparungsmaßnahmen versuchte die Sindelfinger Werksleitung jedoch, diese Summe zu drücken. So sollte u.a. auf das Verputzen der Barackensockel, auf den Einbau von Fensterläden und Schränken sowie auf den Innenanstrich verzichtet werden. Zusätzliche Einsparungen in Höhe von 10.000 RM versprach man sich von der Reduzierung der Zahl der zu installierenden Toiletten und Handwaschbecken, einer vereinfachten Ausführung der Küchenspüle und einem Verzicht auf Trennwände.[333]

In welcher Form die Einsparungen schließlich realisiert wurden, ist nicht bekannt. Fest steht jedoch, daß die hygienischen Bedingungen in den Lagern der „Ostarbeiterinnen" und „Ostarbeiter" sehr schlecht waren – nicht nur, weil es vor Wanzen und Läuse in den Baracken wimmelte[334], sondern auch, weil die Lager

325 Vgl. Henkies, Kleine Chronik.
326 Vgl. StadtA Sindelfingen 9425, Stadt Sindelfingen an Landrat Böblingen, 21.7.1972 betr. Zwangsarbeiterlager im Kreisgebiet; ebda. 9425, Liste aller Kriegsgefangenen, Arbeits- und anderer Einheiten, die bei der Stadt und Daimler-Benz beschäftigt waren. Nach diesen Aufstellungen sollen das Lager „Böblinger Allee" insgesamt 1600 „Ostarbeiterinnen" und „Ostarbeiter" passiert haben.
327 Ebda. DB-Bauakte 1942/4, Bl. 2, Errichtung eines Wohnlagers an der Böblinger Allee.
328 Vgl. ebda. 4733, DBAG Sindelfingen an Bürgermeister der Stadt Sindelfingen, 16.9.1943 betr. J.C. Leibfried, Sindelfingen, Bahnhofstraße – Lager für ausländische Arbeitskräfte – Luftschutzunterkunft.
329 Vgl. GUG-Interview 516/SU, S. 4.
330 Vgl. Zwangsarbeiter in Sindelfingen, S. 92.
331 Vgl. MBA Sindelfingen/Huppenbauer 400, Aktennotiz 18.10.1940 betr. Aufstellung von Baracken für Wohnzwecke auf dem Gelände Daimlerweg.
332 Vgl. ebda., Aktennotiz 16.11.1940 betr. Zusammenstellung der Kosten für 6 Wohnbaracken und 1 Wirtschaftsbaracke, auf dem Gelände Daimlerweg, eingerichtet für 200 Leute.
333 Vgl. MBA Haspel I/5 Nr. 181, Zusammenstellung der Kosten für 6 Wohnbaracken und 1 Wirtschaftsbaracke, nach Ausführung A (ursprünglich vorgesehene Ausführung) und nach Ausführung B, vereinfachte Ausführung, 21.11.1940.
334 Vgl.GUG-Interview 516/SU, S. 5 und Brief Rekuta/SU an GUG, 27.11.1990.

überbelegt waren. Insbesondere die Aufnahmekapazität des Lagers „Böblinger Allee" war Ende 1943 derart erschöpft, daß weder ein Aufenthalts- und Unterrichtsraum für die „Ostarbeiterkinder" eingerichtet wurde, noch der Speisesaal ausreichend Platz für die Versorgung aller sowjetischer Zwangsarbeiter bot. Doch obwohl die Sindelfinger Betriebsleitung selbst zu der Erkenntnis gelangte, daß eine zusätzliche Belegung des Lagers mit neuen „Ostarbeitern" unterbleiben müsse, „da auch die sonstigen Voraussetzungen für die weitere Belegung des Lagers an der Allee restlos fehlen", erwog sie, in zwei Baracken je 30 Männer als Überbelegung hineinzunehmen, – „ein Zustand, der auch von Gesetzes wegen noch zu vertreten wäre".[335]

Darüber hinaus waren die verschiedenen „Ostarbeiterlager" mit einem Stacheldrahtzaun umgeben und standen unter Bewachung.[336] Um Fluchtversuche sowjetischer Arbeitskräfte zu verhindern, ergriff die Lagerleitung zusätzliche Vorsichtsmaßnahmen:

Außerdem, nach dem Signal zum Schlafen um 10 Uhr abends, gingen Polizisten durch die Zimmer und zählten nach, ob alle auf ihren Plätzen waren. Anschließend verschlossen sie die Türen der Baracken.[337]

Auch vor Mißhandlungen, an denen sich außerdem Herbert Askani und der Sindelfinger Werkschutzleiter, Fritz Karl, beteiligten, schreckte der Lagerführer der „Ostarbeiterlager", Fischer, nicht zurück: Als sich beispielsweise auch hier die Lagerbewohner weigerten, den ihnen unbekannten Spinat zu essen, bestrafte Fischer sie mit Schlägen.[338] Weil er drei leere Weinflaschen aus einem Kantinenlager entwendet hatte, wurde ein sowjetischer Zwangsarbeiter für drei Tage ohne Nahrung in einen Keller in Sindelfingen gesperrt.[339] Außerdem versuchte die Lagerleitung, „Ostarbeiter" zur Bespitzelung ihrer Landsleute zu animieren oder verlangte, daß die sowjetischen Zwangsarbeiter selbst die Bestrafung anderer Lagerinsassen vornahmen.[340]

Erst ab September 1943 erhielten die Sindelfinger Daimler-Benz-"Ostarbeiterinnen" und „Ostarbeiter" die Erlaubnis, sonntags die Lager in Gruppen von 10 Personen zu verlassen[341], allerdings war auch dies – zumindest zunächst – offenbar

---

335 MBA Sindelfingen/Huppenbauer 402, Aktennotiz Betriebsverwaltung Sindelfingen, 8.12.1943 betr. Unterkunft der Ostarbeiter.
336 Vgl. Brief Rekuta/SU an GUG, 27.11.1990; GUG-Interview 516/SU, S. 5; MBA-Interview 80, S. 5.
337 Brief Rekuta/SU an GUG, 12.11.1990.
338 Vgl. GUG-Interview 516/SU, S. 5. und Brief Rekuta/SU an GUG, 12.11.1990. Daß „Ostarbeiter" im Lager geschlagen wurden, wird auch von anderen ehemaligen Zwangsarbeitern bestätigt: Vgl. Brief Tillie/NL an GUG, 16.8.1987.
339 Vgl. Brief Rekuta/SU an GUG, 8.4.1991. Wo sich der Keller in Sindelfingen befand, ist unklar. Nach Aussagen eines ehemaligen niederländischen Zwangsarbeiters sollen sowjetische Zwangsarbeiter von Fritz Karl zur Strafe in einem Keller unter dem Rathaus eingesperrt worden sein: Vgl. GUG-Interview Kool/NL, S. 5. Zu Bestrafungen von „Ostarbeitern" durch Fritz Karl wegen Lebensmitteldiebstählen vgl. auch MBA-Interview 80, S. 44f.
340 Vgl. Brief Rekuta/SU an GUG, 8.4.1991. Zum Einsatz von „Ostarbeitern" als Spitzel vgl. auch die Aussagen von Erwin Zimmermann.
341 Vgl. GUG-Interview 516/SU, S. 6.

nicht ohne Bewachung möglich[342]. Lange konnten die sowjetischen Zwangsarbeiter ihre vermeintliche „Freiheit" ohnehin nicht genießen, denn – ähnlich wie einige der in Untertürkheim eingesetzten „Ostarbeiter" – wurden auch sie sonntags zu Erntearbeiten in der Umgebung Sindelfingens herangezogen.[343]

Bei den schweren Luftangriffen auf das Werk Sindelfingen und die umliegenden Zwangsarbeiterlager kamen insgesamt 25 ausländische Daimler-Benz-Arbeitskräfte ums Leben. Aufgrund der Lage zwischen dem Werk und einem Militärflugplatz war das Lager „Riedmühle" besonders gefährdet. Trotz luftschutztechnischer Bedenken hatte die Werkluftschutz-Bereichstelle Württemberg-Hohenzollern dem Werk Sindelfingen die Errichtung des Lagers „Riedmühle" auf dem von Daimler-Benz ausgewählten Grundstück genehmigt

> *mit Rücksicht auf die schwierigen räumlichen Verhältnisse und die dringenden Ihrem Werk*
> *gestellten Fertigungsaufgaben, sowie im Hinblick auf die von Ihnen getroffenen besonderen*
> *Werkluftschutzmassnahmen...*[344]

Doch die im Lager „Riedmühle" aufgeworfenen Splitterschutzgräben boten nur unzureichenden Schutz gegen die sich ab 1943 häufenden Luftangriffe. In der Nacht vom 7. auf den 8. Oktober 1943 wurde das Lager „Riedmühle" zum ersten Mal durch ein Bombardement schwer in Mitleidenschaft gezogen. Dabei kamen elf französische und fünf niederländische Daimler-Benz-Zwangsarbeiter ums Leben.[345]

Die getöteten Zwangsarbeiter wurden am 12. Oktober in einem feierlichen Begräbnis auf dem Sindelfinger Friedhof beigesetzt, an dem auch eine Abordnung der Sindelfinger Werkleitung und der französischen Kriegsgefangenen teilnahm und bei dem einer der Daimler-Benz-Direktoren eine Ansprache hielt.[346] Um den Hinterbliebenen der Bombenopfer finanziell zu helfen, organisierte die Kabarettgruppe „De Lanterfanters" eine Benefizveranstaltung[347]; darüber hinaus wurde unter den ausländischen Arbeitskräften eine Sammelaktion durchgeführt, bei der insgesamt 2.084,87 RM zusammenkamen[348].

---

342 Vgl. Briefe Rekuta/SU an GUG, 27.11.1990 und 8.4.1991; GUG-Interview Snijders/NL, S. 5. Nach Angaben von Rekuta erhielten die „Ostarbeiter" allerdings erstmals Mitte 1944 die Erlaubnis, das Lager sonntags zu verlassen.

343 Vgl. Brief Rekuta/SU an GUG, 12.11.1990.

344 StadtA Sindelfingen Daimler-Benz Bau. Ges. 1939–1942, Werkluftschutz-Bereichsstelle Württemberg-Hohenzollern an DBAG Untertürkheim, 14.1.1943 betr. Barackenlager Riedmühle.

345 Vgl. ebda. 9425/17, Liste der bei Daimler-Benz beschäftigten und verstorbenen Ausländer; ebda. 9445 Fliegerangriffe, Schadensmeldung vom Luftangriff am 7./8. Oktober 1943; Henkies, Kleine Chronik; Tagebuch Binnendijk/NL, 8.10.1943. Infolge der teilweisen Zerstörung des Lagers „Riedmühle" wurden 35 französische, 45 niederländische und 15 belgische Zivilarbeiter privat untergebracht: Vgl. MBA Sindelfingen/Huppenbauer 406, Vermerk für Dir. Langheck betr. Aufstellung über wohnliche Unterbringung der Westarbeiter nach dem Stand vom 13.12.1943. Auch eine der Werkshallen diente nach diesem Bombardement als Unterkunft für rund 300 „Westarbeiter": Vgl. MBA Sindelfingen/Huppenbauer 406, Vermerk für Dir. Langheck betr. Aufstellung über wohnliche Unterbringung der Westarbeiter, Stand 13.12.1943; GUG-Interviews Bruyninckx/B, S. 5, Lambourg/F, S. I, Lecoq/F, S. 5; Tagebuch Binnendijk/NL, Oktober 1943; Erinnerungen Blans/NL, Teil 3.

346 Vgl. Tagebuch Grobbenhaar/NL, 12.10.1943.

347 Vgl. GUG-Interview v. Essel/NL, Anlagen.

348 Vgl. Tagebuch d'Elfant/NL, 25.10.1943.

Erst Anfang 1944 wurde – nachdem Daimler-Benz entsprechende Auflagen vom Luftgaukommando München erhalten hatte – ein für alle Belegschaftsmitglieder des Werkes Sindelfingen geplanter Luftschutzstollen im nahegelegenen Goldberg fertiggestellt, zu dessen Ausbau ein Teil der in Sindelfingen eingesetzten ausländischen Arbeitskräfte im Anschluß an die tägliche Arbeit im Werk herangezogen wurde:

> *Es kam ein Befehl, daß jeder Deutsche, der nicht zum Militär einberufen wurde und alle ausländischen Arbeitskräfte eine Anzahl von Stunden pro Woche abends zusätzlich arbeiten mußten, nicht in der Fabrik, sondern im Schutzkeller. Diese Arbeit wurde nicht bezahlt, auch den Deutschen nicht. [...] Der Name des Schutzkellers war ‚Goldberg-Stollen‘.*[349]

Zwar war der Goldbergstollen nach der Fertigstellung Deutschen und Ausländern – auch „Ostarbeitern" – gleichermaßen zugänglich[350], erwies sich jedoch als zu klein, um alle Belegschaftsmitglieder aufzunehmen. Ein großer Teil der ausländischen Arbeitskräfte blieb deshalb weiterhin auf die Deckungsgräben in den Lagern und auf den Kantinenstollen angewiesen, der ebenfalls nicht bombensicher war.[351]

So forderten weitere Luftangriffe immer wieder Todesopfer unter den in Sindelfingen eingesetzten ausländischen Zivilarbeitern. Am 14. August 1944 wurde das Lager „Am Daimlerweg" bei einem Bombardement schwer getroffen und brannte völlig aus, wobei eine der dort untergebrachten „Ostarbeiterinnen" ums Leben kam.[352] Die übrigen Frauen verloren bei diesem Angriff fast ihre gesamte Kleidung. Je 40 RM mußten die sowjetischen Zwangsarbeiterinnen daraufhin an die Sindelfinger Werksleitung zahlen, die ihnen dafür einige Kleidungsstücke aus ihrem Bestand zukommen ließ. Der Versuch der „Ostarbeiterinnen", eine Entschädigung für den ihnen entstandenen Verlust zu erhalten, scheiterte dagegen: Die Feststellungsbehörde gewährte lediglich eine Summe von 20 RM pro Person und teilte Daimler-Benz als Begründung mit:

> *Unter Berücksichtigung des Umstands, daß die zerstörten Sachen schon alt waren und daher den Ostarbeiterinnen aus Ihrem Lager seinerzeit unentgeltlich überlassen wurden, erscheint eine Entschädigung von 20.- RM für jede Arbeiterin als angemessen.*[353]

349 Erinnerungen Blans/NL, Teil 3 (Eigene Übersetzung der Autorin) und GUG-Interview Lucas/ NL, S. 3.

350 Vgl. GUG-Interview v.d. Steen/NL, S. 6; Erinnerungen Blans/NL, Teil 3; vgl. auch MBA Sindelfingen/Huppenbauer 433, Vermerk für Held, 12.8.1944 betr. Neue Schutzraumzuteilung für Ausländer laut Besprechung.

351 Vgl. MBA Sindelfingen/Huppenbauer 433, Vermerk für Held, 12.8.1944 betr. Neue Schutzraumzuteilung für Ausländer laut Besprechung; MBA Sindelfingen/Huppenbauer 419, Aktennotiz Werk Sindelfingen, 30.4.1946 betr. Auszug aus den noch vorhandenen Unterlagen über Genehmigung und Bau der LS-Deckungsgräben und Stollen.

352 Vgl. StadtA Sindelfingen 9425/17, Liste der bei Daimler-Benz beschäftigten und verstorbenen Ausländer; ebda. 9445 Fliegerangriffe, DBAG Sindelfingen an Ortspolizeibehörde Sindelfingen, 21.8.1944; Henkies, Kleine Chronik.

353 StadtA Sindelfingen 9445 Fliegerangriffe, Feststellungsbehörde an Daimler-Benz AG Sindelfingen, 29.1.1945 betr. Kriegssachschaden der Ostarbeiterinnen am 18.8.1944.

Abb. 23: „Andenken" eines niederländischen Zwangsarbeiters aus der Zeit bei Daimler-Benz.

Abb. 24–25: Bau 2 im Werk Sindelfingen vor und nach der Zerstörung. Dort wurden Flammen-
              vernichtungsanlagen und Ladeluftleitungen gefertigt.

Der schwerste Luftangriff auf Sindelfingen ereignete sich knapp einen Monat später, am 10. September 1944. Diesmal starben im Lager „Riedmühle" sieben Niederländer[354], vier wurden schwer verletzt. Ein Zeitzeuge erinnert sich:

Um 10.40 kriegten wir Alarm. Prächtiger blauer Himmel mit hier und da einer kleinen Wolke. [...] Flugs meinen Koffer gepackt und in den Schutzlaufgraben gebracht. Gegen 11 Uhr überflogen sie uns in Formationen von 36 Stück. Einer nach dem anderen. [...] Plötzlich warfen sie zwei Raketenbomben ab und dazwischen andere Bomben. Wir sahen sie fallen und mitten im Dorf einschlagen. Überall schossen die Flammen hoch. Wieder eine große Formation, wieder kamen die weißen Streifen, aber nun auf die Fabrik gerichtet. [...] Noch keine 10 Sekunden später fiel ein schwerer Bombenteppich auf den linken Mittelteil der Fabrik. Gewaltige Flammen schossen hoch. Wieder gab es einen Angriff und wieder traf eine große Anzahl von Bomben die Fabrik. Nun folgte eine Bombe nach der anderen. Ein neuer Teppich schlug mitten im alten Teil des Dorfes ein. Das ganze Lager lag im Rauch. [...] Ich hatte das Gefühl, daß nun noch etwas geschehen würde. Einer der Bomber, der wie die anderen bei dem Angriff auf das Dorf und die Fabrik einen weißen Streifen hinter sich ließ, kam regelrecht auf das Lager zugeflogen. Ich war direkt im Bunker und kroch auf die Bank, meine Hände über meinen Kopf haltend. Nun folgten gut eine Minute lang Bomben auf das Lager. Beim ersten Einschlag hörte ich, daß es ziemlich dicht war. Die folgenden fielen alle mit entsetzlichen Schlägen näher. Einen Teil unseres Gangs hörte ich einstürzen. Über mir verzog sich der ganze Laufgraben. Ich bekam eine ganze Ladung Sand auf den Kopf. Alles war stockdunkel. Ich spürte den Staub in meinem Mund. Wir standen zu siebt im Gang aber hielten uns alle gut. Kein Geschrei. Ich band einen Lappen vor meinen Mund und sah einen kleinen Lichtspalt. [...] Der Eingang war teilweise eingestürzt und lag voller Sand. Mit meiner Schulter deute ich die Tür ein Stück auf und konnte durch das Dach des Eingangs kriechen. Keiner von uns hatte etwas abgekriegt. Mein Schutzengel hatte mich zum zweiten Mal gerettet. Der Anblick war entsetzlich. Das Lager war durch eine Vielzahl von Bomben umgepflügt und zu Dreiviertel völlig zerstört.[...] Sieben Tote, alles Holländer, wurden aus den Trümmern geholt.[355]

Unter großer Anteilnahme der ausländischen Arbeitskräfte fand am 14. September die Beerdigung der Niederländer statt.[356] Anders als im Vorjahr erschien jedoch kein Vertreter der Sindelfinger Werksleitung und auch die Gräber mußten von einigen niederländischen Zwangsarbeitern selbst ausgehoben werden.[357] Bitter notierte der niederländische Zwangsarbeiter Herman Grobbenhaar in seinem Tagebuch: „Die Direktion glänzte durch Abwesenheit."[358]

Noch in den letzten Kriegstagen fand schließlich ein sowjetischer Daimler-Benz-Arbeiter bei einem Luftangriff auf Sindelfingen den Tod.[359]

Die Gräber der in Sindelfingen ums Leben gekommenen und auf dem dortigen Friedhof beigesetzten Daimler-Benz-Zwangsarbeiter gerieten nach dem Krieg bei der Sindelfinger Werksleitung rasch in Vergessenheit. Im April 1946 machte das Sindelfinger Bürgermeisteramt das Werk darauf aufmerksam, daß die Gräber der

354 Vgl. StadtA Sindelfingen 9425/17, Liste der bei Daimler-Benz beschäftigten und verstorbenen Ausländer.
355 Tagebuch Grobbenhaar/NL, 10.9.1944 (Eigene Übersetzung der Autorin).
356 Vgl. Brief Bosman/B an GUG, 18.8.1987.
357 Vgl. Brief Binnendijk/NL an Daimler-Benz, 3.6.1986 und Tagebuch Binnendijk/NL, September 1944.
358 Tagebuch Grobbenhaar/NL, 14.9.1944.
359 Vgl. StadtA Sindelfingen 9425/17, Liste der bei Daimler-Benz beschäftigten und verstorbenen Ausländer.

Abb. 26–27: Beisetzung der bei dem Luftangriff im Oktober 1943 ums Leben gekommenen französischen und niederländischen Zwangsarbeiter.

ausländischen Arbeiter vernachlässigt würden.[360] Die Sindelfinger Werksleitung antwortete prompt: Da die Sindelfinger Werksgärtnerei infolge dringender Wieder-aufbauarbeiten nur schwach besetzt sei, sähe man sich nicht in der Lage, die Gräber herzurichten und bäte deshalb das Bürgermeisteramt, eine ortsansässige Gärtnerei mit dieser Aufgabe zu betreuen.[361] Nach Aussagen einiger Zeitzeugen wurden die in Sindelfingen ums Leben gekommenen westeuropäischen Zwangsarbeiter in den Jahren nach dem Krieg in ihre Heimatländer überführt. Die Gräber der „Ostarbeite-rinnen" und „Ostarbeiter" dagegen gerieten mit der Zeit völlig in Vergessenheit.[362] Erst Mitte der 80er Jahre entschloß sich Daimler-Benz auf Drängen der Öffentlich-keit dazu, zwei Grabsteine mit Bronzeplatten für die Gräber zu stiften.[363]

Zu Todesfällen unter den in Sindelfingen bei Daimler-Benz eingesetzten Zwangs-arbeitern kam es jedoch nicht nur durch Luftangriffe auf das Werk und die umlie-genden Lager, sondern auch aufgrund von Krankheiten. Für die ärztliche Betreuung der im Lager Riedmühle untergebrachten „Westarbeiter" war der auf dem benach-barten Flugplatz stationierte Militärarzt Dr. Bissinger zuständig, dem eine deutsche Krankenschwester zur Seite stand.[364] Nach Angaben mehrerer Zeitzeugen soll es darüber hinaus einen sowjetischen Arzt gegeben haben, der unter der Aufsicht Bissingers arbeitete und offenbar nicht nur die sowjetischen Arbeitskräfte, sondern auch „Westarbeiter" betreute.[365] Außerdem war in einem der „Ostarbeiterlager" eine sowjetische Krankenschwester für die medizinische Versorgung der dort un-tergebrachten Arbeitskräfte eingesetzt. Die ihr zur Verfügung stehenden Medika-mente waren jedoch völlig unzureichend[366], zudem wurde das von Daimler-Benz errichtete Krankenrevier für „Ostarbeiter" Anfang 1943 durch Luftangriffe schwer beschädigt und – zumindest zunächst – nur behelfsmäßig wieder aufgebaut[367].

Schwer erkrankte ausländische Arbeitskräfte wurden in Krankenhäuser in Sin-delfingen oder der Umgebung eingeliefert. Während die Betreuung dort gut war, waren der Zustand der zum Lager „Riedmühle" gehörenden Krankenbaracken ebenso wie die medikamentöse Behandlung unzureichend.[368] Ein niederländischer Zwangsarbeiter, dem im Städtischen Krankenhaus Sindelfingen der Blinddarm entfernt worden war, schildert seine Verlegung in die Krankenbaracke:

360 Vgl. StadtA Sindelfingen 8450 Gräber ausländischer Soldaten und Zivilarbeiter, Bürgermei-steramt Sindelfingen an Daimler-Benz AG Sindelfingen, 16.4.1946 betr. Friedhofspflege – Ausländergräber.
361 Vgl. ebda., DBAG Sindelfingen an Bürgermeisteramt Sindelfingen, 17.4.1946 betr. Friedhofs-pflege – Ausländergräber.
362 Vgl. GUG-Interview Wijnbeek/NL, S. I.
363 Vgl. Zwangsarbeiter in Sindelfingen, S. 140ff.
364 Vgl. GUG-Interviews v. Essel/NL, S. 4, Guldentops/B, S. 6, Goossens/B, S. 6, Knegtel/B, S. 6, Kool/NL, S. 6, v.d. Parre/B, S. 6.
365 Vgl. Brief Rekuta/SU, an GUG, 12.11.1990; GUG-Interviews Peeters, L./B, S. 6, Wassen/NL, S. 8.
366 Vgl. GUG-Interview 516/SU, S. 6.
367 Vgl. StadtA Sindelfingen 4733 Krankenbaracken für Ausländer, Landrat Böblingen an Kreis-baumeister Herrenberg und Reichsbauamt Stuttgart, 24.3.1943 betr. Krankenbaracken für Ausländer.
368 Vgl. GUG-Interviews Wijnbeek/NL, S. 11, v.d. Steen/NL, S. 6, Zuidgeest/NL, S. 6.

*Heute bin ich aus dem Krankenhaus entlassen worden. Um 12 Uhr habe ich noch gut gegessen.
Leckere Suppe, Nudeln mit Fleisch. Um halb fünf wurde ich mit einem Auto abgeholt und zur
Krankenbaracke transportiert. Kaum daß ich dort ankam, begann das Theater. Keine Marken
und keine Decken. Dann wollten sie mich ausgerechnet auf das Bett legen, das an dem Platz
stand, wo es durchregnete. Das ganze Bett war naß. Ich habe mich dann aber angezogen und
bin zu einer anderen Krankenbaracke gegangen. Ich erhielt drei Decken. Ich liege nun in
einem Zimmer mit acht Betten und einem kleinen Ofen. Dasselbe Bett wie vorhin, nur habe ich
jetzt ein Laken und eine Decke mehr bekommen. [...] Mein Bett muß ich selbst machen.*[369]

Während Daimler-Benz einige „Westarbeiter", die aufgrund von Krankheiten nicht
mehr arbeitsfähig waren, in die Heimat zurückkehren ließ[370], gestand man sowjetischen Arbeitskräften diese Möglichkeit nicht zu. Nach Zeitzeugenaussagen sollen
einige nicht mehr einsetzbare „Ostarbeiter" in das Durchgangslager Bietigheim
abgeschoben worden sein.[371]

Insgesamt starben von den im Werk Sindelfingen eingesetzten ausländischen
Zivilarbeitern zwischen 1941 und 1945 mindestens 13 an Krankheiten wie Tuber-
kulose, Meningitis, Lungenentzündung, Grippe oder Wundstarrkrampf. Drei der
Verstorbenen, zwei „Ostarbeiterinnen" und eine Belgierin, waren erst 14 bzw. 16
Jahre alt.[372] Zwei ausländische Arbeitskräfte, darunter ein Tscheche, begingen
Selbstmord[373]; auch ein Niederländer versuchte, sich das Leben zu nehmen, indem
er sich die Pulsadern durchtrennte[374].

Vermutlich Ende 1942, Anfang 1943 richtete die Sindelfinger Werksleitung in
dem zum Werk gehörenden „Ostarbeiterlager" „Böblinger Allee" ein Entbindungs-
zimmer ein, das als zentrale Aufnahmestation für schwangere Zwangsarbeiterinnen
im gesamten Sindelfinger Raum diente. 1943 wurden dort insgesamt 28 Kinder
geboren. Zwei der Kinder kamen tot zur Welt, sechs andere starben innerhalb der
folgenden zwei Jahre. Bei den verstorbenen Kindern handelte es sich ausnahmslos
um Kinder sowjetischer Zwangsarbeiterinnen, die bei Daimler-Benz eingesetzt
waren.[375] 1944 wurden 33 Kinder im Sindelfinger „Ostarbeiterlager" geboren. Drei
der Kinder waren bei der Geburt bereits tot, sieben weitere starben im Verlauf des
Jahres bzw. Anfang 1945.[376] Auch hierbei handelte es sich um Kinder von Daimler-
Benz-„Ostarbeiterinnen". Todesursachen waren vor allem Erkrankungen der Atemwege und unzureichende oder falsche Ernährung, ein Säugling starb an Hirnhaut-

---

369 Tagebuch Grobbenhaar/NL, 26.11.1943 (Eigene Übersetzung der Autorin).
370 Vgl. GUG-Interviews Cuypers/B, S. I, de Laet, J./B, S. I.
371 Vgl. GUG-Interview 516/SU, S. 6.
372 Vgl. StadtA Sindelfingen Geburten- und Sterbebuch 1942 bis 1945; ebda. 9425/17, Liste der
     bei Daimler-Benz beschäftigten und verstorbenen Ausländer. Es muß jedoch davon ausgegan-
     gen werden, daß es weitere Todesfälle unter den bei Daimler-Benz eingesetzten ausländischen
     Zivilarbeitern gegeben hat. So erwähnt ein ehemaliger niederländischer Zwangsarbeiter in
     seinem Tagebuch beispielsweise zwei an Blinddarmdurchbruch gestorbene Ausländer, darun-
     ter einen Belgier: Vgl. Tagebuch Grobbenhaar/NL, 27.8.1944.
373 Vgl. Tagebuch Grobbenhaar/NL, 21.3.1944; StadtA Sindelfingen 9425/17, Liste der bei Daim-
     ler-Benz beschäftigten und verstorbenen Ausländer; ebda. 8450/3, Gräber von Ausländern.
374 Vgl. Erinnerungen Blans/NL, Teil 3; MBA-Interview 88, S. 24.
375 Vgl. StadtA Sindelfingen, Geburten- und Sterbebuch 1943.
376 Vgl. ebda., Geburten- und Sterbebuch 1944. Ab Herbst 1944 sind dort keine Geburten von
     Kindern von Daimler-Benz-Zwangsarbeiterinnen mehr registriert.

entzündung. Auch der kleine Sohn einer belgischen Arbeiterin, die ihrem zwangsverpflichteten Mann nach Deutschland gefolgt war und mit ihm gemeinsam bei
Daimler-Benz arbeitete, starb Anfang 1945 in Böblingen. Ein Arzt, an den die Frau
sich hilfesuchend gewandt hatte, war nicht bereit, dem an Lungenentzündung
leidenden Kind zu helfen.[377]

Nach dem Krieg erklärte der ehemalige Daimler-Benz-Werkschutzleiter, Fritz
Karl, für die in Sindelfingen eingesetzten ausländischen Frauen hätten die gleichen
Mutterschutzbestimmungen gegolten wie für die deutschen.[378] Schenkt man den
Aussagen von Zeitzeugen Glauben, hielt sich Daimler-Benz jedoch noch nicht
einmal an die von Sauckel erlassenen Bestimmungen, wonach schwangere „Ostarbeiterinnen" zwei Wochen vor und sechs Wochen nach der Geburt Anspruch auf
Mutterschutz hatten[379]; so erinnert sich ein ehemaliger niederländischer Zwangsarbeiter an eine schwangere „Ostarbeiterin", die morgens unmittelbar vor der Niederkunft weggebracht wurde, nachmittags jedoch bereits wieder an ihrem Arbeitsplatz
war.[380]

Die Frage, ob in Sindelfingen Abtreibungen vorgenommen wurden, ließ sich
nicht eindeutig klären. Eine Verfügung des Reichsgesundheitsführers vom 11.
März 1943 ermöglichte Abtreibungen bei schwangeren „Ostarbeiterinnen", wenn
diese es „wünschten". Ungefähr gleichzeitig wies das Amt für Gesundheitswesen
Daimler-Benz an, in einem der „Ostarbeiterlager" eine zentrale „Abtreibungssta-
tion" für den gesamten Kreis einzurichten.[381] Wie die standesamtlichen Eintragungen zeigen, wurden jedoch auch weiterhin Kinder sowjetischer Zwangsarbeiterinnen bei Daimler-Benz geboren. Auch die nach Kriegsende gegen den Vorstandsvorsitzenden der Daimler-Benz AG, Haspel, erhobenen Vorwürfe, er habe Schwan-
gerschaftsunterbrechungen ausdrücklich angeordnet, erwiesen sich als haltlos. Zeitzeugen erwähnen allerdings, daß bei den sowjetischen Zwangsarbeiterinnen Kinder
abgetrieben worden seien[382]; nach Aussagen eines ehemaligen „Ostarbeiters" wurden in zwei Fällen sowjetische Familien aufgefordert, ihre neugeborenen Kinder in
ein Heim oder zur Adoption freizugeben[383].

Bereits nach dem ersten schweren Angriff auf Sindelfingen im Oktober 1943
hatte die Sindelfinger Werksleitung mit Vorbereitungen zur Verlagerung von Teilen des Betriebs begonnen, die nach den Bombardements im September 1944
forciert wurden. Auch die meisten ausländischen Arbeitskräfte waren davon betroffen, da sie entweder „mitverlagert" oder an andere Unternehmen – wie beispielsweise Messerschmitt in Regensburg – abgegeben wurden.[384] Die in Sindelfingen

---

377 Vgl. GUG-Interview Peeters, E./B, S. I.
378 Vgl. MBA Haspel 2,13, Erklärung Fritz Karl, 8.12.1946.
379 Für deutsche Frauen umfaßte der Mutterschutz sechs Wochen vor und acht Wochen nach der
    Geburt, außerdem war die wöchentliche Arbeitszeit auf 48 Stunden beschränkt: Vgl. Daimler-
    Benz AG Sindelfingen, Unser Werk in den Kriegsjahren, S. 41.
380 Vgl. GUG-Interview van Essel/NL, S. 3.
381 Vgl. MBA Haspel 26,13, Vernehmung Paul Heim 1946, S. 2f.
382 Vgl. GUG-Interview Dhondt/B, S. I; MBA-Interview 80, S. 23.
383 Vgl. Brief Rekuta/SU an GUG, 8.4.1991.
384 Vgl. GUG-Interview Hoofs/NL, S. 2. Zu den Sindelfinger Verlagerungsbetrieben vgl. Tabelle
    5, S. 68.

verbleibenden ausländischen Zivilarbeiter stellte Daimler-Benz der Stadt für Aufräumarbeiten nach Luftangriffen zur Verfügung.[385] Nachdem die wöchentliche Arbeitszeit für diese Arbeitskräfte zunächst 66 Stunden betragen hatte[386], legte die für
die Fliegerschäden zuständige Bauleitung sie im November 1944 auf 56 Stunden
fest[387].

„Schwarzwald I" (Nagold-Iselshausen)

Der größte Sindelfinger Verlagerungsbetrieb, der den Tarnnamen „Schwarzwald I"
erhielt, befand sich seit Oktober 1943 in Nagold-Iselshausen in einer ehemaligen
Deckenfabrik. Im August 1944 waren dort 311 ausländische Arbeitskräfte – darunter fünf Frauen – und 179 Deutsche eingesetzt.[388] Darüber hinaus gelangte eine
größere Anzahl von Ausländern – vermutlich Niederländer und Franzosen – nach
dem Bombardement Sindelfingens im September 1944 nach Nagold.
    Ein Teil der Niederländer wurde in einer Etage eines zu einem Sägewerk gehö-
renden Gebäudes in Nagold untergebracht, in dem auch italienische Kriegsgefangene einquartiert waren, die sich bereits seit Herbst 1943 in dem Sindelfinger Verlagerungsbetrieb befanden.[389] Nach der Umwandlung der IMI im Oktober 1944 in
Zivilarbeiter arbeiteten diese im Betrieb mit Niederländern zusammen.[390] Eine weitere Unterkunft für niederländische Zivilarbeiter befand sich in der Gaststätte
„Lamm" in Iselshausen.[391]
    Während die Gegend um Nagold bis September 1944 noch von Luftangriffen
weitgehend verschont geblieben war, häuften sich von diesem Zeitpunkt an die
Bombardements. Mehrmals täglich unterbrach Alarm die Arbeit im Verlagerungsbetrieb.
    Da es auch durch mangelnde Stromversorgung zu Störungen der Produktion
kam, wurde ein Teil der ausländischen Arbeitskräfte nicht nur im Nagolder Betrieb
selbst, sondern auch außerhalb – zum Schneeräumdienst, für Luftschutzarbeiten
oder für Arbeiten in einem Steinbruch, in dessen Nähe ein Flugplatz entstehen
sollte – eingesetzt.[392]

---

385 Vgl. StadtA Sindelfingen 4733 Ausländische Arbeiter (Ost- und Westarbeiter) bei der Stadt,
      DBAG Sindelfingen an Stadtgemeinde Sindelfingen, 3.2.1945.
386 Vgl. ebda., Landrat Böblingen an Bauleitung Sindelfingen, 23.9.1944 betr. Vorübergehender
      Einsatz der von der Firma Daimler-Benz zur Verfügung gestellten ausländischen Arbeitskräfte.
387 Vgl. ebda., Vermerk der Bauleitung Fliegerschäden, 16.11.1944.
388 Vgl. MBA Sindelfingen/Huppenbauer 161, Werk Sindelfingen und Verlagerungsbetriebe:
      Arbeiter- und Angestelltenstand am 31.8.1944.
389 Vgl. ebda. 432, Daimler-Benz AG Sindelfingen an Werkluftschutz-Bereichsstelle Stuttgart,
      6.10.1943 betr. Zweigwerk Iselshausen bei Nagold; vgl. auch GUG-Interviews v. Haaren/NL,
      S. 5, v. Essel/NL, S. 5; Tagebuch Grobbenhaar/NL, 21.9.1944. Zum Einsatz der IMI in Nagold
      vgl. S. 316f.
390 Vgl. Tagebuch Grobbenhaar/NL, 18.10.1944 und Tagebuch d'Elfant/NL, 15.10.1944.
391 Vgl. GUG-Interview Dolleman/NL, S. 5.
392 Vgl. GUG-Interview v. Haaren/NL, S. 5; Tagebuch d'Elfant/NL, u.a. 14.11.1944; Erinnerun-
      gen Blans/NL, Teil 3.

Das Verhalten der Nagolder Bevölkerung gegenüber den im Sindelfinger Verlagerungsbetrieb eingesetzten ausländischen Arbeitskräften war – wie überall – zwiespältig. Während einige der Niederländer bei Deutschen zum Essen eingeladen wurden oder zu Weihnachten ein kleines Geschenk erhielten[393], mußte ein niederländischer Zwangsarbeiter in einer Buchhandlung die Erfahrung machen, daß Ansichtskarten nicht an Ausländer verkauft würden[394].

Backnang

Unter den in Backnang eingesetzten Arbeitskräften, die im Zuge der Verlagerung von Teilen der Untertürkheimer und Sindelfinger Produktion nach Backnang kamen, befanden sich mehrere Niederländer. Für die Unterbringung dieser Arbeitskräfte mietete Daimler-Benz Privatzimmer an[395] oder brachte sie in Gasthäusern unter[396], ein Teil der aus Sindelfingen kommenden Niederländer wurde aber auch im Verlagerungsbetrieb selbst einquartiert, der sich in einer ehemaligen Lederfabrik befand[397]. Die Verpflegung in Backnang wurde in einer Kantine des Werks ausgegeben, war aber nach Angaben eines Zeitzeugen praktisch „nicht mehr existent".[398]

Mannheim

Im Mannheimer Werk der Daimler-Benz AG erreichte der Anteil der ausländischen Zivilarbeiter an der Gesamtbelegschaft 1944 mit 1.249 (27,1%) den höchsten Jahresendstand.[399] Unter den ausländischen Arbeitskräften befanden sich Franzosen, Niederländer, Belgier, Italiener, polnische und sowjetische Zwangsarbeiterinnen und Zwangsarbeiter sowie Tschechen und vermutlich einige Dänen, Kroaten, Griechen, Litauer, Luxemburger, Serben, Spanier und Ungarn.[400] Auch freiwillige Französinnen, die gemeinsam mit ihren Männern in Lampertheim in einem Kinosaal untergebracht waren, sollen im Werk gearbeitet haben.[401]

393 Vgl. Tagebuch d'Elfant/NL, 24.12.1944.
394 Vgl. Tagebuch Grobbenhaar/NL, 28.10.1944.
395 Vgl. GUG-Interview Zuidgeest/NL, S. 5.
396 Vgl. GUG-Interview van Oort/NL, S. 5; MBA Sindelfingen/Huppenbbauer 469, Aktennotiz Werk Sindelfingen, 5.12.1944 betr. Unterbringung unserer Gefolgschaftsmitglieder in Backnang.
397 Vgl. GUG-Interview Thielen/NL, S. 5; MBA Sindelfingen/Huppenbauer 469, Aktennotiz Werk Sindelfingen, 5.12.1944 betr. Unterbringung unserer Gefolgschaftsmitglieder in Backnang.
398 Vgl. GUG-Interview Smeets/NL, S. 2.
399 Vgl. Tabelle 8, S. 98.
400 Vgl. StadtA Mannheim Ernährungs- und Wirtschaftsamt, Zugang-/1958 Nr. 228, Liste: Ausländische Arbeiter, die in Mannheim arbeiten und AZ/Karten erhalten, 19.2.1943 und ebda., Nr. 865, Liste der Ausländer in Mannheim, die seit 3.9.1943 dort waren.
401 Vgl. GUG-Interviews White/F, S. 3, Thievin/F, S. 3.

Vor allem unter den Franzosen war der Anteil der Facharbeiter offenbar recht hoch, denn ebenso wie in den übrigen Stammwerken der Daimler-Benz AG befand sich unter ihnen eine größere Anzahl ehemaliger Renault-Arbeitskräfte.[402] Auch eine Gruppe von Mechanikern der in Calais ansässigen und von den Deutschen okkupierten Firma Brampton-Renold, die Fahrrad- und Industrieketten herstellte, wurde geschlossen für die Arbeit im Werk Mannheim zwangsverpflichtet.[403] Einige französische Arbeitskräfte waren vor ihrer Rekrutierung für Mannheim in der von Daimler-Benz in Paris-Puteaux eingerichteten Reparaturwerkstatt tätig.[404]

Bevor man sie in den verschiedenen Abteilungen des Werkes einsetzte, wurden die Fähigkeiten der ausländischen Arbeitskräfte einem Test unterzogen:

> *Von meiner Qualifikation her konnte ich mich als Technischer Zeichner oder als Modellierer empfehlen. Einer Intuition zufolge sagte ich, ich sei Modellierer. Während der Befragung bemerkte ich sofort das Interesse, das meine berufliche Bezeichnung bei den Verantwortlichen des Personalbüros von Daimler-Benz weckte. Wir waren zwei in der Renault-Gruppe, die diesen Beruf ausübten. Wir wurden von einem Deutschen in das Modelliergebäude gebracht. Wir warteten einige Zeit im Büro des Verantwortlichen der Modellschreinerei. [...] Wenig später sah ich zusammen mit meinem Freund Bulteel einen kräftigen Mann in einem braunen Kittel kommen, der einen Helm mit geschlossenem Visier trug. Unsere französische Erziehung ließ uns sogleich an Bismarck denken. Er sprach einige Worte zu uns mit lauter Stimme, die zu seinem übrigen Aussehen paßte. Wir hatten nichts verstanden, spürten aber, daß er uns mit Höflichkeit empfing. Dieser Obermeister der Modellschreinerei war sicherlich um die 60. Er hieß Herr Wolf. Sein Untergebener ließ uns eine Prüfung im Industriezeichnen machen, ein mechanisches Teil. Wir mußten die verschiedenen Pläne und Paare und Ableitungen definieren. Ich wurde als Erster gefragt und hatte keinerlei Schwierigkeiten zu antworten. Es war auch ein französischer Kriegsgefangener anwesend, der Deutsch wie seine Muttersprache sprach. [...] Ich wurde zur Modellschreinerei zugeteilt [...].*[405]

Außer in der Modellschreinerei waren ausländische Arbeitskräfte u.a. in den Abteilungen für Werkzeugbau, Lastwagenmontage, in der Gießerei oder in der Kurbelwellenabteilung eingesetzt.[406] Für Tätigkeiten, die keine speziellen Vorkenntnisse erforderten, wurden insbesondere sowjetische und polnische Zwangsarbeiterinnen herangezogen.[407] Einer jungen Polin, die der ihr zugewiesenen Arbeit körperlich nicht gewachsen war, gelang es, eine Tätigkeit in der Werksküche zu erhalten.[408] Für Handlangerdienste, aber auch Aufräumarbeiten nach Bombenangriffen, setzte Daimler-Benz italienische Deportierte ein, die im Herbst 1944 über Gaggenau ins Werk Mannheim kamen.[409]

Viele der ausländischen Arbeitskräfte staunten über die Modernität der Maschinen und die komfortable Ausstattung einzelner Werkstätten[410]; selbst Fachar-

---

402 Vgl. GUG-Interviews Mauguy/F, S. 4, Bulteel/F, S. 2, Schutz/F, S. 1.
403 Vgl. GUG-Interviews Baert/F, S. 2, White/F, S. 2 und Brief Maréchal/F an Prof. Pohl, 6.1.1988.
404 Vgl. GUG-Interview Thievin/F, S. 2.
405 GUG-Interview Mauguy/F, S. 5; vgl. auch Brief Maréchal/F an Daimler-Benz, 30.3.1986 und GUG-Interview Maréchal/F, S. I.
406 Vgl. GUG-Interviews White/F, S. 1, Bulteel/F, S. 1, Maréchal/F, S. 1, Ponti/I, S. 1.
407 Vgl. Erinnerungen Mauguy/F, S. 35.
408 Vgl. GUG-Interview Warszynska/PL, S. 2.
409 Vgl. GUG-Interview Ponti/I, S. 2.
410 Vgl. GUG-Interview Mauguy/F, S. 5 und Erinnerungen Mauguy/F, S. 20.

beiter mußten sich jedoch an die Arbeitsbedingungen im Werk Mannheim – beispielsweise an die Geschwindigkeit der Montagebänder, an denen laut Aussagen von Zeitzeugen pro Tag 105 Lastwagen von 25 Arbeitern montiert wurden – gewöhnen[411]. Das Nichterreichen der geforderten Stückzahlen oder Disziplinarvergehen wie beispielsweise Zuspätkommen wurden teilweise mit Lohnentzug oder Schlägen bestraft.[412] Eine zusätzliche Belastung stellten die langen Arbeitszeiten von 12 Stunden täglich dar, die sich zum Teil durch den An- und Abmarsch zu den Lagern erheblich verlängerten.[413]

Das anfängliche Mißtrauen der deutschen Arbeitskräfte gegenüber den ausländischen Zivilarbeitern wich in vielen Fällen – zumindest im Hinblick auf die westeuropäischen Zwangsarbeiter – allmählich einem Gefühl der Verbundenheit, wofür nicht zuletzt die gemeinsamen beruflichen Erfahrungen ausschlaggebend waren.[414] Einer der deutschen Daimler-Benz-Arbeiter bot einem französischen Zwangsarbeiter schließlich sogar an, bei ihm zu Hause zu wohnen.[415] Einige Deutsche versuchten auch, den im Werk eingesetzten sowjetischen und polnischen Zwangsarbeitern zu helfen, indem sie ihnen beispielsweise Nahrungsmittel zusteckten.[416]

Nicht nur mangelnde Sprachkenntnisse hatten jedoch zunächst eine Barriere dargestellt – die meisten Daimler-Benz-Arbeitskräfte in Mannheim glaubten, daß die Ausländer freiwillig nach Deutschland gekommen seien und nun die Arbeitsplätze der Deutschen einnähmen, damit diese an die Front geschickt werden könnten:

> *Wir konnten schließlich ein wenig Deutsch reden, wir waren zwei Franzosen (in der Abteilung, Anm. d. Verf.) zwischen lauter Deutschen. Wir machten klar, daß wir gezwungenermaßen gekommen waren. Das änderte einiges. Einige wußten es, aber nicht viele. Für die anderen hatten wir in Frankreich nichts zu essen und kamen deshalb nach Deutschland. Außerdem gab es das Problem, daß viele wußten, daß wenn die Ausländer kamen, sie an die russische Front mußten.[417]*

Ein Teil der deutschen Arbeitskräfte in Mannheim blieb allerdings unbelehrbar. Ihr Haß gegen die ausländischen Arbeitskräfte entlud sich in Schikanen, denen vor allem „Ostarbeiterinnen" und „Ostarbeiter" sowie Polen ausgesetzt waren. So erhielt ein Pole von seinem Meister Schläge, weil er ein Werkzeug zerbrochen hatte[418]; andere wurden mit Gewehrkolben malträtiert[419]. Als besonders schrecklich empfanden viele der ausländischen Zivilarbeiter die Mißhandlungen der im Werk

---

411 Vgl. GUG-Interviews Thievin/F, S. 3 und Maréchal/F, S. I.
412 Vgl. GUG-Interviews van Staalduinen/NL, S. 4, Baert/F, S. 3, Maréchal/F, S. 3. Andere ehemalige Zwangsarbeiter geben an, daß z.B. das Zuspätkommen zur Arbeit keine weiteren Folgen für sie hatte – bis auf einen Wutausbruch des Meisters: Vgl. GUG-Interview White/F, S. 4.
413 Vgl. GUG-Interviews Warszynska/PL, S. 3, Warszynski/PL, S. 4, Mauguy/F, S. 6 und Brief Baert/F an Maréchal/F, 28.6.1987, S. I.
414 Vgl. GUG-Interviews Mauguy/F, S. 7, Maréchal/F, S. 3f., White/F, S. 3 und Erinnerungen Mauguy/F, S. 18.
415 Vgl. GUG-Interview Schutz/F, S. 2.
416 Vgl. GUG-Interviews Warszynska/PL, S. 4, Warszynski/PL, S. 5; MBA-Interview 55, S. 1.
417 GUG-Interview Mauguy/F, S. 6.
418 Vgl. GUG-Interview Warszynski/PL, S. 5.
419 Vgl. GUG-Interviews White/F, S. 3 und Maréchal/F, S. I.

Mannheim eingesetzten polnischen KZ-Häftlinge und IMI, die sich ohnehin in erbarmungswürdigem Zustand befanden:

> *So mußten sie (die polnischen KZ-Häftlinge, Anm. d. Verf.) im Sommer im Mantel schwitzen, im Winter froren sie in ihrer dünnen Häftlingskleidung. Sie mußten täglich zu Fuß nach Sandhofen gehen, manche konnten kaum laufen, sie waren völlig geschwächt und unterernährt. In der Kantine stürzten sie sich auf unsere Kartoffelschalen, wurden dafür aber von den Wehrmachtssoldaten geschlagen. Die Polen kamen aus Warschau, von dem Aufstand. Sie hatten gestreifte Häftlingskleidung (,Zebras') an.*[420]

Doch auch westeuropäische Zivilarbeiter hatten unter Schikanen zu leiden. Nach Aussagen eines Zeitzeugen prügelte ein Meister namens Weiß häufig auf die Franzosen ein.[421]

Darüber hinaus gab es unter den deutschen Arbeitskräften auch Anhänger der NSDAP, die versuchten, die ausländischen Arbeitskräfte über ihre Einstellung zum nationalsozialistischen Deutschland und ihre Meinung über die Kriegsereignisse auszufragen.[422] Zwar erwies sich in solchen Fällen die tatsächliche oder vermeintliche Unfähigkeit, deutsch zu sprechen, als gutes Mittel, diesen Befragungen aus dem Weg zu gehen. Doch der Druck, daß eine unachtsame Äußerung oder falsches Verhalten, Konsequenzen von Seiten der Deutschen nach sich ziehen konnten, blieb.

Besonders groß war für die ausländischen Arbeitskräfte die Gefahr, wegen eines Fehlers bei der Arbeit der Sabotage bezichtigt zu werden. Ein italienischer Deportierter, der durch eine Unachtsamkeit eine Maschine zerstört hatte, sollte zur Strafe erschossen werden – es gelang ihm nur mit großer Mühe, seine Unschuld zu beweisen.[423]

Insbesondere die Bestrafung durch Einweisung in ein Arbeitserziehungs- oder Konzentrationslager stand in Mannheim offenbar stets als Drohung im Raum. So erinnert sich ein ehemaliger polnischer Zwangsarbeiter:

> *Der Lagerpolizist Schubert hielt einmal eine kleine Versammlung ab, auf der er sagte: ,Wenn Ihr gut arbeitet, dann wird alles gut, wenn Ihr Euch nicht anpaßt und nicht gut arbeitet, dann kommt Ihr ins KZ, wo Ihr nur eine hohle Handvoll Essen bekommt.' Wir waren also ständig vom KZ bedroht.*[424]

Da diese Drohungen eine große abschreckende Wirkung hatten, ist es in Mannheim zu systematischer Sabotage durch zivile ausländische Arbeitskräfte vermutlich nicht gekommen.[425] Außerdem trug vor allem ein Ereignis dazu bei, daß allein der Gedanke an Sabotage bei vielen ausländischen Arbeitskräften beiseite geschoben wurde: die Erhängung des im Werk Mannheim eingesetzten polnischen KZ-Häftlings Marian Krainski auf dem Hof der Friedrich-Schule in Mannheim-Sandhofen

---

420 GUG-Interview White/F, S. 3; vgl. auch GUG-Interviews Schutz/F, S. 2, Thievin/F, S. 3, Maréchal/F, S. I und Brief Baert/F an Maréchal/F, 28.6.1987, S. II.
421 Vgl. GUG-Interview Bulteel/F, S. 3; MBA-Interview 57. Weiß wurde nach dem Krieg verhaftet, weil er Ausländer mißhandelt hatte: Vgl. Koppenhöfer, Buchenwald, S. 530.
422 Vgl. Erinnerungen Mauguy/F, S. 27.
423 Vgl. GUG-Interview Ponti/I, S. 3.
424 GUG-Interview Warszynski/PL, S. 7; vgl. auch GUG-Interview Schutz/F, S. 4.
425 Vgl. z.B. GUG-Interview Schutz/F, S. 3: „Wir hatten zu große Angst für Sabotage."

aufgrund eines Sabotagevorwurfs.[426] Dieser Vorfall war zumindest einem Teil der französischen Zwangsarbeiter bekannt; einige sollen sogar Fotos von der Erhängung gemacht haben.[427]

Wenn nicht durch Sabotage, so versuchten doch einige der ausländischen Arbeitskräfte, die Produktion in Mannheim auf andere Weise zu stören. Bekannt sind Fälle von Arbeitsverweigerung; manche Franzosen sollen absichtlich langsam gearbeitet und Ausschuß produziert haben.[428] Andere nutzten den ihnen gewährten Urlaub zum Untertauchen in ihrer Heimat – wie ein französischer Zwangsarbeiter, der den Rest des Krieges mit gefälschten Papieren in Frankreich lebte.[429]

Es gab auch Fluchtversuche, die jedoch, wenn sie mißlangen, schwer bestraft wurden. Ein aus Mannheim geflohener französischer Zwangsarbeiter wurde in Rastatt von der Gestapo verhaftet, nach Mannheim zurücktransportiert und, nachdem ihn der Lagerführer des Lagers Blumenau verprügelt hatte, in ein Gefängnis gebracht. Dort unternahm der Franzose einen Selbstmordversuch; bei seiner Rückkehr ins Werk Mannheim erhielt er dann eine leichtere Tätigkeit. Er bekam jedoch nicht die Genehmigung, in seine Heimat zurückzukehren, da ihn die Mannheimer Ärzte als Simulanten einstuften.[430]

Mehr als die harten Arbeitsbedingungen machten vielen ausländischen Zivilarbeitern die Lebensbedingungen in Mannheim zu schaffen. Bereits der Anblick der für sie vorgesehenen Unterkünfte versetzte vielen bei ihrer Ankunft einen Schock. So erging es beispielsweise den französischen Zivilarbeitern, die in Blumenau, einem kleinen Ort in der Umgebung Mannheims in einem ehemaligen Kriegsgefangenenlager untergebracht wurden, das in unmittelbarer Nähe eines kleinen Flugplatzes lag. Das Lager war mit Stacheldraht und Wachtürmen umgeben und befand sich in sehr schlechtem Zustand.[431] Nach Aussagen von Zeitzeugen sollen die französischen Zivilarbeiter dort anfangs gemeinsam mit französischen Kriegsgefangenen untergebracht gewesen sein, die später den Zivilarbeiterstatus erhielten.[432] Auch belgischen, niederländischen, jugoslawischen, spanischen und ungarischen Zivilarbeitern diente das Lager Blumenau als Unterkunft.[433]

In den rund 20 Baracken, aus denen das Lager Blumenau bestand, waren jeweils ungefähr 20 Personen untergebracht.[434] Die hygienischen Bedingungen waren schlecht, vor allem hatten die Bewohner unter dem Ungeziefer zu leiden.[435]

---

426 Zu dem Vorgang im einzelnen vgl. Kapitel 3.3.5.2.
427 Vgl. GUG-Interviews Maréchal/F, S. II u. 4, Thievin/F, S. 3, Schutz/F, S. 3.
428 Vgl. MSPF Brüssel, Rap. 547/Tr. 115.345, Aussage Ernest Dupont; 10.8.1953; MBA-Interview 55, S. 2; GUG-Interviews Baert/F, S. 4, Thievin/F, S. 3, Ponti/I, S. 4.
429 Vgl. Erinnerungen Mauguy/F, S. 42.
430 Vgl. GUG-Interview Bulteel/F, S. I.
431 Vgl. GUG-Interviews White/F, S. 5, Mauguy/F, S. 9, Schutz/F, S. 4, Bulteel/F, S. 5 und Erinnerungen Mauguy/F, S. 10f.
432 Vgl. Brief Maréchal/F an Daimler-Benz, 30.3.1986 und GUG-Interview Maréchal/F, S. 5.
433 Vgl. StadtA Mannheim Ernährungs- und Wirtschaftsamt Zugang-/1958 Nr. 865, Liste der Ausländer in Mannheim, die seit 3.9.1943 dort waren.
434 Vgl. GUG-Interviews White/F, S. 5, Thievin/F, S. 5, Schutz/F, S. 4; Erinnerungen Mauguy/F, S. 11.
435 Vgl. GUG-Interviews Bulteel/F, S. 5, Thievin/F, S. 5, Maréchal/F, S. II und 5, White/F, S. 5.

Desinfektionsmaßnahmen wurden, wenn überhaupt, offenbar selten durchgeführt.[436] Auch die sanitären Anlagen befanden sich in miserablem Zustand.[437]

Die Leitung des Lagers oblag einem Lagerführer namens Zimmer, der bei den französischen Zwangsarbeitern sehr unbeliebt war.[438] Einen der französischen Lagerinsassen verprügelte er nach dessen Fluchtversuch, auch andere Franzosen erhielten von Zimmer Schläge.[439]

Da das Lager Blumenau, ebenso wie andere „Westarbeiterlager", unbewacht war, konnten die französischen Zivilarbeiter frei ein- und ausgehen.[440] Um von Blumenau nach Mannheim-Luzenberg zu gelangen, wo sich das Daimler-Benz-Werk befand, benutzten sie die Eisenbahn:

> *Um von unserem Lager zur Firma Daimler-Benz zu kommen, mußte man vom Bahnhof Blumenau aus den Zug nach Luzenberg nehmen. Um zum Bahnhof zu gelangen, mußten wir einen kleinen Wald und einen Feldweg durchqueren bis zu einem kleinen Bahnhof, in dem der Zug passend zur Zeit unseres Arbeitsbeginns ankam. Auf der Fahrt traf man weitere Ausländer und deutsche Arbeiter. Die Hinfahrt verlief meistens in einer sehr stillen und traurigen Atmospäre. Wir hatten eine Wochenkarte gekauft. Wenn der Zug in Blumenau ankam, war er schon so voll, daß wir die Türen mit Gewalt öffnen mußten, um einsteigen zu können. Es gab lebhafte Proteste der deutschen Reisenden, die alle Sitzplätze blockierten, beim Anblick unseres Eintretens. Wir spürten, daß unsere Reisebegleitung keineswegs erwünscht war. Unsere Sorge war groß, was die zukünftigen Kontakte mit den Deutschen anbelangte. Im Verlauf dieser kurzen Reise standen wir alle gequetscht.[441]*

Organisierte Freizeitveranstaltungen innerhalb des Blumenauer Lagers fanden offenbar nicht statt. Zwei Franzosen hatten jedoch Musikinstrumente mit nach Deutschland gebracht, mit denen sie nicht nur innerhalb des Lagers, sondern auch in Cafés in der Umgebung musizierten:

> *Während unseres Aufenthaltes haben Arthur und ich einige Wochenenden Akkordeon und Klarinette in einem Café gegenüber des Bahnhofs in Lampertheim gespielt. Das dauerte so lange, bis auf die Beschwerde eines anderen, neidischen Cafébesitzers und eine Polizeikontrolle hin alles verboten und mein Akkordeon konfisziert wurde.[442]*

Außer dem Lager Blumenau soll ein weiteres bewachtes Lager zur Unterbringung von im Werk Mannheim eingesetzten westeuropäischen Zivilarbeitern existiert haben, das sich auf dem Werksgelände selbst befand. Nähere Angaben zu diesem Lager sind jedoch aufgrund mangelnder Unterlagen nicht möglich.[443] Einige frei-

---

436 Vgl. GUG-Interviews Bulteel/F, S. 5 und Maréchal/F, S. 5. Nach Aussagen zweier anderer Zeitzeugen wurden überhaupt keine Desinfektionsmaßnahmen durchgeführt: Vgl. GUG-Interviews White/F, S. 5 und Thievin/F, S. 5.

437 Vgl. GUG-Interviews White/F, S. 5, Mauguy/F, S. 10, Maréchal/F, S. 5.

438 Vgl. GUG-Interviews Maréchal/F, S. 6, White/F, S. 5, Thievin/F, S. 5.

439 Vgl. GUG-Interview Bulteel/F, S. 5.

440 Vgl. GUG-Interviews Thievin/F, S. 5, White/F, S. 5, Baert/F, S. 5. Dem widersprechen die Aussagen eines anderen ehemaligen französischen Zwangsarbeiters, wonach es anfangs nur sonntags Ausgang gegeben haben soll: Vgl. GUG-Interview Schutz/F, S. 4.

441 GUG-Interview Mauguy/F, S. 4f.

442 Brief White/F an Baert/F, 26.7.1987.

443 Vgl. GUG-Interview van Staalduinen/NL, S. 5 und MSPF Brüssel, Rap. 547/Tr. 115.345, Aussage Ernest Dupont, 10.8.1953.

willig zu Daimler-Benz gekommene Franzosen waren, zum Teil gemeinsam mit ihren Frauen, die ebenfalls im Werk Mannheim arbeiteten, in einem umgebauten Kinosaal in Lampertheim untergebracht.[444]

Die Unterkunftsbaracke der italienischen Deportierten befand sich in Mannheim-Sandhofen, wo auch die im Werk Mannheim eingesetzten IMI und polnischen KZ-Häftlinge untergebracht waren. Die dort herrschenden hygienischen Zustände müssen katastrophal gewesen sein:

> *Die Bettdecken, die völlig verlaust waren, konnte man nur im Sommer waschen, weil sie sonst nicht trockneten. Wichtiger als das Waschen war das Abkochen, um die Nissen zu vernichten. – Wir wuschen uns – oder ließen es bleiben – draußen, mit kaltem Wasser, auch im Winter. Es gab Klos – aber wieviele, weiß ich nicht – das sind die schlimmen Dinge, die man am liebsten sofort wieder vergißt. Unser Hauptproblem waren die Läuse.*[445]

Den sechs Kilometer langen Weg von Mannheim-Sandhofen zum Werk mußten die italienischen Deportierten zu Fuß zurücklegen. Dabei wurden sie von fünf bis sechs älteren, offenbar frontuntauglichen Soldaten bewacht. Manchmal gelang es einigen, sich unbemerkt aus der Gruppe zu lösen und die Straßenbahn zu benutzen. Wurden sie dabei erwischt, erhielten sie Schläge durch die Bewacher.[446]

Die im Werk Mannheim eingesetzten polnischen und sowjetischen Zwangsarbeiter wurden gemeinsam in einem in Werksnähe liegenden Lager in der Oberen Riedstraße untergebracht. Auch in diesem Lager müssen die hygienischen Zustände sehr schlecht gewesen sein und führten zur Ausbreitung von Ungeziefer.[447] Eine ehemalige polnische Zwangsarbeiterin berichtet:

> *Die sanitären Bedingungen waren fatal, es gab zwar etwas graue Seife und einmal in der Woche wurden wir zwangsweise zum Duschen geschickt, aber die allgemeinen Bedingungen (Kleidung, Räumlichkeiten etc.) waren so, daß einfach keine normalen hygienischen Zustände dort sein konnten.*[448]

Noch schrecklicher empfand die polnische Zwangsarbeiterin die Lebensbedingungen in Mannheim, nachdem sie für kurze Zeit in einer Plätzchenfabrik eingesetzt worden war und die Situation der dortigen Polinnen kennengelernt hatte:

> *1943 vor Weihnachten hat mich mein Chef nach Neckarsheim (?) geschickt, in eine kleine Fabrik, die Kuchen und Plätzchen für Päckchen für die Frontsoldaten buk. Mein Chef hat mich also dorthin geschickt, damit ich nach meiner Rückkehr für die anderen Plätzchen mitbringe. Ich habe dort also Pakete gepackt und am Ofen gearbeitet. Dort arbeiteten auch 30 Polinnen aus Gnezno, die waren wirklich gut untergebracht, in richtigen Zimmern, mit richtigen Betten und normalem Bettzeug. Und die Verpflegung dort war gut.*[449]

Den Weg vom Lager in der Oberen Riedstraße zum Werk legten die polnischen und sowjetischen Zwangsarbeiter unter Bewachung zurück. Daß sie – im Gegensatz zu den westlichen Zwangsarbeitern – das Lager außerhalb der Arbeitszeit nur sonntags verlassen konnten, empfanden sie als besonders schmerzlich:

444 Vgl. GUG-Interviews White/F, S. 3 und Thievin/F, S. 3.
445 GUG-Interview Ponti/I, S. 5.
446 Vgl. ebda., S. 4f.
447 Vgl. GUG-Interview Warszynski/PL, S. 8, MBA-Interview 58, S. 32.
448 GUG-Interview Warszynska/PL, S. 7.
449 Ebda.

Abb. 28: Das Lager Blumenau, in dem im Werk Mannheim eingesetzte französische Zwangsarbeiter untergebracht waren.

Abb. 29: Gruppe französischer Zwangsarbeiter im Lager Blumenau.

Die Arbeiter aus dem Westen wurden viel besser behandelt. Die Holländer waren wohl auch nicht hinter Stacheldraht, ich glaube, sie konnten sich frei bewegen. Bei uns war ein Holländer, der zog sich elegant an und ging in die Stadt, er konnte sich ganz frei bewegen. Bei uns gab es das nicht, wir konnten uns nur hinter dem Stacheldraht bewegen. Nur am Sonntag hatten wir ‚Ausgang', aber wo hätten wir hingehen können, ins Kino durften wir nicht, der einzige Weg war in die Kirche. Und das Geld, das wir bekamen, haben wir in der Kirche gespendet; erstens, weil man ohne Karten nichts kaufen konnte, zweitens war es auch zu wenig […].[450]

In der wenigen Freizeit, über die Polen und „Ostarbeiter" verfügten, kam es auch zu Kontakten zwischen ihnen und den Zivilarbeitern aus den westeuropäischen Ländern:

Einer meiner französischen Freunde ging mit seiner jungen russischen Freundin aus. Es gab russische Frauen, Ukrainerinnen, die in Lagern waren und jeden Abend von Daimler-Benz zum Lager gingen. Aber samstags und sonntags konnten sie ausgehen. Es waren Frauen, die ein russisches Aussehen hatten, mit einem großen Kopftuch. Und in den Lagern war es entsetzlich. Sie hatten z.B. sehr wenig Wasser. Dennoch konnten sie manchmal das Lager verlassen. Einer meiner Freunde, der jung war und sehr gut aussah, hatte eine junge Russin gesehen. Sie war eine Schönheit. Es war ihm gelungen, durch Pakete, die man damals noch empfangen durfte, Kleider, Strümpfe und Schuhe aus Frankreich zu bekommen. Und das hat sie angezogen. Und dieses Mädchen war wirklich eine Schönheit! So ging er mit ihr am Wochenende aus. Sonntagsabends zog sie wieder ihre russischen Sachen an.[451]

Laut Aussagen zweier ehemaliger französischer Zwangsarbeiter sollen im „Ostarbeiterlager" auch Kinder geboren worden sein, die jedoch nach der Geburt verschwanden.[452]

Neben der schlechten Unterbringung war, wie alle Zeitzeugen unabhängig von der Nationalität berichteten, insbesondere die miserable Versorgungslage ein großes Problem für die in Mannheim eingesetzten ausländischen Zivilarbeiter. Das Mittagessen, das in der Kantine des Werkes ausgegeben wurde, bestand überwiegend aus Kohl und Kartoffeln[453]; bei den polnischen und italienischen Zwangsarbeitern wurden diese Zutaten zu einer dünnen Suppe verarbeitet, manchmal gab es auch nur getrocknete Kartoffelschalen[454]. In den Lagern erhielten die ausländischen Arbeitskräfte Frühstück und Abendessen, wobei das Früstück meistens aus Ersatzkaffee, ein wenig Brot und – bei den „Westarbeitern" – Margarine und Marmelade und das Abendessen erneut aus Kohl, Rüben und/oder Kartoffeln bestand.[455]

Auf welche Weise die italienischen Deportierten versuchten, ihren Hunger zu stillen, schildert einer der Zeitzeugen:

Hinter dem Lager gab es so ein Mülldepot. Dort ging man hin, um Kartoffeln zu suchen. Oft waren sie gefroren – das schmeckt wirklich ekelhaft. Wenn ich Glück hatte, gelang es mir, für ein paar Märker von einem Polen oder Franzosen ein Stück Brot kaufen zu lassen.[456]

450 Ebda., S. 9.
451 GUG-Interview Mauguy/F, S. 7f.
452 Vgl. GUG-Interviews Bulteel/F, S. 3, Maréchal/F, S. II.
453 Vgl. GUG-Interviews Maréchal/F, S. I, Thievin/F, S. 2, White/F, S. 2, Schutz/F, S. 2.
454 Vgl. GUG-Interviews Warszynski/PL, S. 5, Warszynska/PL, S. 4, Ponti/I, S. 2.
455 Vgl. GUG-Interviews Baert/F, S. 5, Thievin/F, S. 5, Mauguy/F, S. 10.
456 GUG-Interview Ponti/I, S. 5.

Über den Zustand der im Werk eingesetzten sowjetischen Zwangsarbeiter berichtet ein ehemaliger deutscher Daimler-Benz-Mitarbeiter:

> *Ich habe nicht reingeguckt und weiß auch nicht, wie man die Leute behandelt hat. Aber sehr gut kann es nicht gewesen sein, weil, was man da und dort mal gesehen hat, wenn die an den Fresskübeln vorbei sind, da drüben in der Küche, und die haben dann die Deckel aufgemacht und da rein, und dann hat es da halt auf die Ohren gegeben und so. Aber wie es dann direkt im Lager zugegangen ist, das haben wir nicht mitbekommen. Halt nur das, was wir hier gesehen haben. Also, daß sie einen Mordshunger hatten, das hat man gesehen. Wenn halt einer ein bissel aus der Reihe getanzt ist, dann hat es auf die Ohren gegeben... Und man hat es auch gesehen an der Kleidung, wie sie ankamen, außer Holzgaloschen nichts, also den Russen ist es schon mies gegangen.*[457]

Franzosen, Belgier und Niederländer sowie einige wenige Angehörige anderer Nationalitäten verfügten über Lebensmittelkarten für Ausländer sowie – je nach Tätigkeit – Zulagekarten.[458] Allerdings erhielten sie samstags und sonntags keine Verpflegung im Lager und mußten sich deshalb an den Wochenenden selber um ihre Versorgung kümmern. Ende Februar 1945 plädierte das städtische Ernährungs- und Wirtschaftsamt Mannheim dafür, die Abgabe von Stammessen – die ohne Lebensmittelmarken erhältlich waren – an Ausländer in Gaststätten gänzlich zu verbieten und Daimler-Benz dazu zu bewegen, die Verpflegung ausschließlich über die Lager abzuwickeln.[459]

Ein junger französischer Zwangsarbeiter, der im Werk Mannheim als Technischer Zeichner eingesetzt war, wurde nach längerer Observierung durch die Sicherheitspolizei (Sipo) festgenommen, weil er Zigaretten und Kartoffelmarken gegen Fleisch- und Fettmarken von Deutschen eingetauscht hatte. Obwohl die Sipo den Franzosen eines Verstoßes gegen die Verbrauchsregelung für schuldig befand, wurde er freigelassen, da ihn Daimler-Benz als Technischen Zeichner benötigte.[460]

Ebenso schlecht wie die Ernährungssituation war die Ausstattung der ausländischen Arbeitskräfte mit Kleidung:

> *Was uns am meisten zusetzte im Lager war, daß wir keine richtige Kleidung hatten. Wir hatten Holzschuhe und leichte Arbeitshosen, nur das, was ich von Zuhause mitgenommen hatte, hatte ich noch, eine Bluse. Ansonsten arbeitete und schlief man in den Hosen. Später gab man uns einheitliche Kleider, das war schon gut, weil man die Kleider wechseln und waschen konnte. Aber es war kalt. Zum Glück bin ich klein, insofern konnte ich die Decke doppelt legen, außerdem hatte ich noch einen Mantel mit. Aber wenn jemand groß war, dann mußte er entweder auf dem nackten Strohsack schlafen oder hatte keine Zudecke. Auch im Winter gab es keine zusätzlichen Decken oder andere Kleidung, es war entsetzlich kalt. Die Kleider hatten*

457 MBA-Interview 57, S.21.
458 Vgl. StadtA Mannheim Ernährungs- und Wirtschaftsamt, Zugang-/1958 Nr. 228, Liste: Ausländische Arbeiter, die in Mannheim arbeiten und AZ/Karten erhalten, 19.2.1943. Demnach erhielten zu diesem Zeitpunkt bei Daimler-Benz Mannheim ingesamt 505 Ausländer eine Lebensmittekarte nämlich 465 Franzosen, 14 Belgier, 3 Niederländer, 1 Däne, 9 Italiener, 1 Kroate, 1 Tscheche, 1 Pole, 7 Weißrussen und 3 Jugoslawen; vgl. auch GUG-Interviews Thievin/F, S. 2, Baert/F, S. 2, Bulteel/F, S. 2.
459 Vgl. StadtA Mannheim Ernährungs- und Wirtschafsamt, Zugang-/1958 Nr. 226, Städtisches Ernährungs- und Wirtschaftsamt an DAF, 27.2.1945.
460 Vgl. ebda., Zugang-/1958 Nr. 183.

nur ein dünnes Oberteil und keine langen Ärmel. Als ich in der Küche arbeitete, mußten wir auch fahren, um Kartoffeln abzuholen und aufzuladen, und dann haben wir sehr gefroren. Aber wir waren ja noch jung, die Energie hat uns irgendwie auf den Beinen gehalten, heute fühle ich das allerdings, meine Knochen taugen überhaupt nichts, außerdem habe ich Rheuma und bin in die 2. Gruppe der Invalidität eingestuft.[461]

Zwar bemühte sich das Werk Mannheim um eine bessere Versorgung mit Kleidungsstücken[462] – doch scheinen diese Bemühungen nur wenig erfolgreich gewesen zu sein. Viele der ausländischen Arbeitskräfte trugen die von zu Hause mitgebrachte Kleidung bis zum völligen Verschleiß. Manche Franzosen versuchten sich im Winter gegen die Kälte zu schützen, indem sie in ihren Anzügen schliefen. Einige erhielten von Daimler-Benz Fußlappen, die sie sich zum Schutz vor Verletzungen durch die Holzschuhe, die sie auf dem Weg zum Werk trugen, um die Füße wickelten.[463] Die Bekleidung der italienischen Deportierten hielt sogar die Mannheimer Betriebsleitung für „zigeunerhaft".[464]

Über die medizinische Versorgung der in Mannheim eingesetzten ausländischen Arbeitskräfte liegen widersprüchliche Angaben vor. Im Werk selbst existierte eine Erste-Hilfe-Stelle, in der vor allem Arbeitsunfälle behandelt wurden.[465] Ob jedoch in den Lagern eigene Krankenstationen eingerichtet wurden oder diese durch den Sanitätsdienst des Werkes mitbetreut wurden, ist unklar.[466] Die Insassen des „Ostarbeiterlagers" scheinen jedoch ausschließlich im Werk selbst behandelt worden zu sein.[467] Schwer erkrankte ausländische Arbeitskräfte – zumindest „Westarbeiter" – wurden in ein Krankenhaus eingeliefert.[468] Wohin die italienischen Deportierten gebracht wurden, von denen viele aufgrund der schlechten Ernährung erkrankten, ist unklar.[469]

Über Todesfälle unter den ausländischen Arbeitskräften aufgrund von Krankheiten ist nur wenig bekannt. So soll ein französischer Zwangsarbeiter an Hirnhaut-

---

461 GUG-Interview Warszynska/Pl, S. 7.
462 Vgl. StadtA Mannheim Ernährungs- und Wirtschaftsamt, Zugang-/1958 Nr. 1255, Liste: Bedarf an Altkleidern für die Arbeiter der Betriebe in Mannheim (ohne Datum), Liste: Dringende Bezugsscheine für Wäschestücke für Ostarbeiter, DBAG Mannheim an Ernährungs- und Wirtschaftsamt, 27.1.1943 betr. Versorgung der ausländischen Zivilarbeiter mit Spinnstoff und Schuhwaren.
463 Vgl. GUG-Interviews Thievin/F, S. 5, Maréchal/F, S. 5, White/F, S. 5 und StadtA Mannheim Ernährungs- und Wirtschaftsamt, Zugang-/1958 Nr. 1256, DBAG Mannheim an Badisches Finanz- und Wirtschaftsministerium, 24.10.1944.
464 Vgl. MBA Werk Mannheim 25, Vermerk Decker, 22.9.1944.
465 Vgl. GUG-Interviews Baert/F, S. 4, White/F, S. 4, Warszynski/PL, S. 6, Maréchal/F, S. 4, Thievin/F, S. 4, Warszynska/PL, S. 5, Bulteel/F, S. 4, Staalduinen/NL, S. 4.
466 Nach Aussagen einiger ehemaliger französischer Zwangsarbeiter gab es im Lager Blumenau eine Krankenstation bzw. war dort eine deutsche Krankenschwester für die medizinische Betreuung zuständig: Vgl. GUG-Interviews Bulteel/F, S. 4, Schutz/F, S. 5, Baert/S. 6, Mauguy/F, S. 10, Maréchal/F, S. 6; vgl. jedoch GUG-Interview Thievin/F, S. 6, wonach es im Lager Blumenau keine medizinische Betreuung gab.
467 Vgl. GUG-Interviews Warszynski/Pl, S. 8 und Warszynska/PL, S. 8.
468 Vgl. GUG-Interviews White/F, S. 4, Thievin/F, S. 4, Maréchal/F, S. 6.
469 Vgl. GUG-Interview Ponti/I, S. 3 und 6.

entzündung gestorben sein.[470] Mehrere Todesopfer forderten verschiedene Unfälle. Eine junge Russin kam bei einem Arbeitsunfall ums Leben[471], ein Franzose wurde von einer einstürzenden Schutzmauer erschlagen[472]. Beim Transport kranker „Ostarbeiter" von Mannheim zur Daimler-Benz-Verlagerung Ville/Weiler im Elsaß auf der Ladefläche eines beladenen LKWs wurde einer der „Ostarbeiter" beim Umkippen der Fracht von der Ladefläche getötet. Ein Daimler-Benz-Techniker hatte den Transport der sowjetischen Zwangsarbeiter gegen den Widerstand des Lastwagenfahrers, der ihn als zu gefährlich ansah, durchgesetzt.[473]

Häufiger als andere Werke des Daimler-Benz-Konzerns war das Werk Mannheim Ziel alliierter Luftangriffe, die mehrere Todesopfer unter den ausländischen Zivilarbeitern forderten. Bei einem der Bombardements starben sieben französische Arbeiter, die vom Automobilunternehmen Terrot zu Daimler-Benz nach Mannheim gekommen waren.[474] Auch ein Bunker, in dem sowjetische Zwangsarbeiter Schutz gesucht hatten, wurde getroffen, wobei drei „Ostarbeiter" den Tod fanden[475]. Am 5. September 1944 starb ein junger italienischer Zivilarbeiter bei Abladearbeiten durch einen Luftangriff.[476] Daß im „Ostarbeiterlager" selbst offenbar keine Luftschutzeinrichtungen existierten, wurde einer sowjetischen Zwangsarbeiterin zum Verhängnis. Sie versuchte, bei einem Bombenalarm den Daimler-Benz-Bunker zu erreichen und wurde beim Überqueren der Schienen von einer Lokomotive erfaßt.[477]

Aufgrund der zunehmenden Bombardierungen und der Zerstörung eines Teils des Mannheimer Werks wurden einige der Abteilungen mit den dort tätigen Arbeitskräften, darunter auch vielen ausländischen Zivilarbeitern, in unzerstörte Gebäude oder vermeintlich weniger gefährdete Gegenden verlagert. Diese Verlagerungen wirkten sich auch auf die Arbeits- und Lebensbedingungen der ausländischen Arbeitskräfte aus.

So hatte beispielsweise die Verlegung der Modellschreinerei von Mannheim nach Ludwigshafen nach dem Bombardement vom 19. November 1943 zur Folge, daß die dort eingesetzten Arbeitskräfte längere Anmarschwege zurücklegen mußten und bereits so müde und erschöpft eintrafen, daß keine volle Arbeitsleistung mehr erbracht werden konnte.[478]

Gute Erfahrungen machte ein polnischer Zwangsarbeiter, der im Zuge der Verlagerungsaktivitäten des Werks Mannheim nach Ville (Weiler) im Elsaß gelangte.

470 Vgl. GUG-Interview Baert/F, S. 6.
471 Vgl. GUG-Interview Bulteel/F, S. 6.
472 Vgl. GUG-Interviews White/F, S. 6 und Thievin/F, S. 6.
473 Vgl. StadtA Mannheim Zugang 9/1985 (Staatsanwaltschaft Mannheim „Gewaltsame Todesfälle 1940–1945), 19.9.1944.
474 Vgl. Archives Générales du Département de la Côte-d'Or 40–M–538, Intendance Régionale de Police, collaborateurs et miliciens, enquêtes individuelles, R, mai-juillet 1945.
475 Vgl. GUG-Interview Warszynska/Pl, S. 9.
476 Vgl. StadtA Mannheim Zugang 9/1985 (Staatsanwaltschaft Mannheim „Gewaltsame Todesfälle 1940–1945").
477 Vgl. ebda., 31.10.1944.
478 Vgl. Erinnerungen Mauguy/F, S. 41.

Die einheimische Bevölkerung half den dort eingesetzten ausländischen Arbeitskräften vor allem, indem sie ihnen Nahrungsmittel zukommen ließ.[479]

Noch in den letzten Kriegstagen erfolgte die überstürzte Verlagerung eines Teils der französischen Zwangsarbeiter in ein Teilefertigungswerk nach Eberbach, in der Nähe von Heidelberg. Bereits kurz nach ihrem Eintreffen wurden die Franzosen jedoch ihrem Schicksal überlassen und versteckten sich bis zum Eintreffen amerikanischer Truppen in einem Hühnerstall.[480]

Die folgende Schilderung eines ehemaligen polnischen Zwangsarbeiters läßt das Chaos dieser letzten Kriegstage erahnen:

> *Als die Front näherrückte, wir waren etwa 120 Personen, führte man uns. Man gab uns je einen halben Laib Brot, 150 g Wurst mit auf den Weg, und Schubert, der Chef der Polizei, sagte, wir gingen zu einem anderen Fabrikgelände, wo wir weiter arbeiten würden. Wir gingen die ganze Nacht hindurch, morgens machten wir eine kurze Pause, dann gingen wir weiter und kamen an einen Kreuzweg, und er wußte nicht, wohin wir gehen sollten, er hatte sich ein bißchen verlaufen. Schließlich gingen wir einen Weg weiter, und nach einigen Kilometern trafen wir auf die deutsche Wehrmacht, die sich gerade zurückzog. Ein Wehrmachtsoffizier brüllte Schubert an, er sei ein Verräter, wohin er denn gehe. Daraufhin sagte Schubert, der damals schon etwa 70 Jahre alt war, zu dem Dolmetscher Alex: ‚Hört zu, ich gebe Euch die Papiere, und Du bringst die Leute zu diesem Ort.' Und er setzte sich auf sein Fahrrad, rief seinen Hund und fuhr los. Wir gingen einen Kilometer zurück, und dann sagten die Russen zu dem Dolmetscher: ‚Hör zu, jeder geht seinen eigenen Weg, man hört ja schon den Waffenlärm, wir gehen auseinander.' Und der Dolmetscher war einverstanden, und so gingen wir in kleinen Gruppen in die Wälder. Dort saßen wir die ganze Nacht hindurch, und am nächsten Tag gegen Mittag sahen wir von einem Hügel aus die amerikanischen Panzer. Das war in Buchen/Odenwald. Wir warteten noch eine Weile ab und gingen dann auf die Straße, und dort fuhren schon die Armeekolonnen, und uns brachte man zurück zu unserer Fabrik, und die Armee kümmerte sich um uns, man gab uns zu Essen usw. Wir blieben noch eine Woche da, und dann brachte man uns von einem Durchgangslager ins nächste, da waren wir schon nach Nationalitäten verteilt. Erst 1947 konnten wir wieder nach Polen zurück.*[481]

Die schlechte Versorgungslage der in Mannheim eingesetzten ausländischen Arbeitskräfte sowie ständige Mißhandlungen durch deutsche Arbeiter oder Vorgesetzte waren 1946 Gegenstand eines Gerichtsverfahrens gegen den kaufmännischen Direktor des Werks, Carl Werner. Werner wurde zur Last gelegt, nichts gegen diese Mißstände unternommen zu haben. Obwohl das Gericht aufgrund der Zeugenaussagen zu dem Ergebnis kam, daß tatsächlich Mißhandlungen ausländischer Arbeitskräfte im Werk Mannheim vorgekommen waren, sprach es Werner jegliche Verantwortung für solche Vorfälle ab.[482]

---

479 Vgl. GUG-Interview Warszynski/PL, S. 5.
480 Vgl. Brief White an Baert, 26.7.1987.
481 GUG-Interview Warszynski/PL, S. 3.
482 Vgl. MBA Haspel, Korrespondenz DB-Intern V–Z 37.

Gaggenau

Das Werk Gaggenau setzte erstmals im Jahr 1941 eine Gruppe von 47 zivilen ausländischen Arbeitskräften ein. Bis Ende 1942 stieg die Zahl der zivilen Ausländer auf 927 an und erreichte damit den höchsten Jahresendstand während der Kriegsjahre.[483]

Neben Arbeitskräften aus Belgien, Polen, Frankreich, Italien, Ungarn, Jugoslawien, der Tschechoslowakei und den Niederlanden gehörten der Belegschaft des Werkes Gaggenau insbesondere zahlreiche sowjetische Zwangsarbeiter, darunter auch einige Kinder, an. Bereits Ende März 1942 hatte der Vorstandsvorsitzende der Daimler-Benz AG, Wilhelm Kissel, der Gaggenauer Werkleitung die Zuweisung von 375 sowjetischen Facharbeitern angekündigt.[484] Von Mitte Mai bis Ende Juli 1942 trafen dann auf Anforderung der Werkleitung immer mehr Transporte mit „Ostarbeiterinnen" und „Ostarbeitern", bei denen es sich allerdings entgegen den Erwartungen überwiegend um ungelernte Arbeitskräfte handelte, in Gaggenau ein:

Tab. 11: Ankunft von „Ostarbeiter"-Transporten im Daimler-Benz-Werk Gaggenau

15.5.1942	100 „Ostarbeiter"
20.5.1942	50 „Ostarbeiterinnen" und 49 „Ostarbeiter"
1.6.1942	58 „Ostarbeiterinnen" und 51 „Ostarbeiter"
3.6.1942	47 „Ostarbeiterinnen"
7.6.1942	9 „Ostarbeiter"
27.6.1942	? „Ostarbeiter"
8.7.1942	? „Ostarbeiter"
24.7.1942	? „Ostarbeiter"

Quellen: StA Freiburg LRA Rastatt ZR 225, Korrespondenz MdI Karlsruhe, Arbeitsamt Rastatt, LRA Rastatt, Bürgermeister Gaggenau, DBAG Gaggenau Mai bis Juli 1942.

Auch im Juni und Juli 1943 gelangten noch einmal einige „Ostarbeiterinnen" zum Arbeitseinsatz ins Werk Gaggenau.[485] Im September 1944 betrug die Zahl der im Werk Gaggenau eingesetzten „Ostarbeiterinnen" und „Ostarbeiter" schließlich insgesamt 461.[486]

Auch eine Gruppe ehemaliger Fremdenlegionäre unterschiedlicher Nationalität befand sich unter den zivilen ausländischen Arbeitskräften in Gaggenau. Sie wur-

---

483 Vgl. Tabelle 8, S. 98.
484 Vgl. MBA Kissel XIV, 9, Ki/Ha an Leitung Gaggenau, 28.3.1942. Im Werk Gaggenau waren somit früher sowjetische Zwangsarbeiter eingesetzt als in anderen Werken des Daimler-Benz-Konzerns, die „Ostarbeiterinnen" und „Ostarbeiter" meist erst ab Juni 1942 zur Arbeit heranzogen.
485 Vgl. StA Freiburg LRA Rastatt ZR 225, Arbeitsamt Rastatt an LRA Rastatt, 3. und 15.7.1943.
486 Vgl. ebda., DBAG Gaggenau an LRA Rastatt, 2.9.1944.

den in einem der Gestapo Karlsruhe unterstehenden Lager in Sandweier untergebracht.[487]

Bei vermutlich rund 70% der in Gaggenau eingesetzten ausländischen Zivilarbeiter handelte es sich um ungelernte Arbeitskräfte[488], die zum Teil von ausländischen Facharbeitern angelernt wurden[489]. Aufgrund der mangelnden Erfahrung
vieler ausländischer Arbeitskräfte kam es jedoch häufig zu Arbeitsunfällen. So
wurde ein neunzehnjähriger sowjetischer Zwangsarbeiter bei dem Versuch, eine
Matrize auszuwechseln, von einer Presse erfaßt und getötet.[490]

Die wöchentliche Arbeitszeit betrug offiziell für alle Gaggenauer Belegschaftsmitglieder, Deutsche und Ausländer, seit dem 12. Juni 1944 62 Stunden.[491] Doch
zumindest die italienischen Deportierten mußten täglich 12 Stunden arbeiten und
wurden darüber hinaus samstagsnachmittags und sonntags zur Trümmerbeseitigung in der Umgebung herangezogen.[492] Bei einem im Büro des Werkes eingesetzten niederländischen Zwangsarbeiter betrug die tägliche Arbeitszeit dagegen nur
zehn Stunden.[493]

Arbeitskleidung für die ausländischen Arbeitskräfte stellte die Gaggenauer
Werksleitung – im Gegensatz zu einigen anderen Daimler-Benz-Werken – zur Verfügung[494] – auch „Ostarbeiter" erhielten einen blauen Overall[495]. Nach Aussagen
eines ehemaligen polnischen Zwangsarbeiters mußten die Arbeitsanzüge allerdings
auf Raten abbezahlt werden – der entsprechende Betrag wurde vom Lohn abgezogen.[496]

Der Kontakt zwischen ausländischen und deutschen Arbeitskräften war in Gag-
genau offenbar relativ gut. Einige der Ausländer, darunter auch ein polnischer
Zwangsarbeiter, wurden sogar von ihren deutschen „Kollegen" zum Essen nach
Hause eingeladen.[497]

Auch Schikanen gegenüber ausländischen Arbeitskräften scheinen im Vergleich zu anderen Daimler-Benz-Werken in Gaggenau seltener vorgekommen zu
sein – nach Aussagen von Zeitzeugen waren davon vor allem die sowjetischen
Zwangsarbeiter betroffen.[498] Sie standen während der Arbeit im Werk Gaggenau

---

487 Vgl. ebda. LRA Rastatt ZR 195, Gend. Posten Gaggenau an Amtsgericht Rastatt, 29.3.1943
     betr. Tod des Arbeiters Jan Dudek; GLA Karlsruhe 465 e 2b/144 U 4–7, Beschäftigungslisten
     von Fremdenlegionären bei der Daimler-Benz AG Gaggenau 1942.
488 Vgl. Vortrag Peter, 26.10.1990 (Stuttgart).
489 Vgl. GUG-Interview Pregno/I, S. 3.
490 Vgl. StA Freiburg LRA Rastatt ZR 225, Gend.-Posten Gaggenau an Amtsgericht Rastatt,
     9.10.1942 betr. Tod des russ. Zivilarbeiters Hunja Michajil.
491 Vgl. ebda. Gewerbeaufsichtsamt Karlsruhe/4. Bezirk/Schwarzwald, Nr. 240, DBAG Gaggenau
     an Gewerbeaufsichtsamt Baden, 6.6.1944 betr. Erhöhung der Arbeitszeit; ebda. Gewerbeauf-
     sichtsamt Baden an DBAG Gaggenau, 13.6.1944 betr. Erhöhung der Arbeitszeit.
492 Vgl. GUG-Interview Pregno/I, S. 3.
493 Vgl. GUG-Interview Kramer/NL, S. 3.
494 Vgl. GUG-Interviews Kramer/NL, S. 6, Pregno/I, S. 7.
495 Vgl. StA Freiburg LRA Rastatt ZR 225, DBAG Gaggenau an Bürgermeister Gaggenau,
     18.5.1942 betr. Arbeitseinsatz – männliche Russen.
496 Vgl. GUG-Interview Purc/PL, S. 7.
497 Vgl. GUG-Interviews Kramer/NL, S. 3, Purc/PL, S. 4.
498 Vgl. GUG-Interviews Kramer/NL, S. 3, Purc/PL, S. 4, Labrigat/PL, S. 6.

unter ständiger Bewachung durch den Werkschutz, der, so Daimler-Benz, „eingehend von unserem Abwehrbeauftragten unterwiesen worden ist".[499]

Bestraft wurden in Gaggenau – unabhängig von der Nationalität – Versuche, den Produktionsablauf in irgendeiner Weise zu beeinträchtigen. So erhielt ein Niederländer Schläge von einem Angehörigen des Werkschutzes, weil er eine zu lange Pause auf der Toilette gemacht hatte, wobei allerdings viele der deutschen Arbeitskräfte die Vorgehensweise des Werkschutzmannes mißbilligten.[500] Trotz allem behielten jedoch viele der ausländischen Zivilarbeiter ihre prinzipielle Einstellung bei, so wenig wie möglich für die Deutschen zu arbeiten.[501] Ein ehemaliger italienischer Zwangsarbeiter beklagt allerdings die seiner Ansicht nach mangelnde Solidarität unter den Italienern im Gegensatz zu den Angehörigen anderer Nationalitäten:

> Wir Italiener untereinander machten uns nur das Leben schwer. Während die anderen Nationalitäten sich sehr solidarisch verhielten, gab es unter uns keinen Zusammenhalt. Jeder versuchte nur für sich das herauszuholen, was herauszuholen war.[502]

Untergebracht wurden die im Werk Gaggenau eingesetzten ausländischen Zivilarbeiter in verschiedenen Lagern in der Nähe des Werkes und in der Umgebung von Gaggenau. Zur Unterbringung sowjetischer Zwangsarbeiter dienten die Turnhalle in Selbach[503], ein Gebäude der Eisenwerke Gaggenau[504], das Gasthaus „Löwe" in Ottenau[505] und – zumindest einige Zeit – ein Barackenlager in Rotenfels, genannt „Olga", in dem außerdem Polen, Franzosen, italienische Deportierte und Militärinternierte (IMI) sowie ab September 1944 auch Häftlinge des Sicherungslagers Schirmeck-Vorbruck untergebracht waren, die ebenfalls im Werk Gaggenau eingesetzt wurden[506].

499 StA Freiburg LRA Rastatt ZR 225, DBAG Gaggenau an Bürgermeister Gaggenau, 18.5.1942 betr. Arbeitseinsatz – männliche Russen.
500 Vgl. GUG-Interview Kramer/NL, S. 3 und 5.
501 Vgl. GUG-Interviews Pregno/I, S. 5, Kramer/NL, S. 5.
502 GUG-Interview Pregno/I, S. 4.
503 Vgl. StA Freiburg LRA Rastatt ZR 225, Auskunft Arbeitsamt Rastatt, 22.5.1942; ebda., DBAG Gaggenau an Bürgermeister Gaggenau, 21.5.1942 betr. Russische Zivilarbeiter; ebda., Daimler-Benzwerke Gaggenau, Weibliche sowjetrussische Arbeitskräfte, Zugang 27.5.1942. .
504 Vgl. ebda. LRA Rastatt ZR 225, DBAG Gaggenau an Bürgermeister Gaggenau, 18.5.1942 betr. Arbeitseinsatz männliche Russen; ebda., Bürgermeister Gaggenau an Landrat Rastatt, 21.5.1942 betr. Beschäftigung ausländischer Zivilarbeiter; ebda., DBAG Gaggenau an Bürgermeister Gaggenau, 21.5.1942 betr. Russische Zivilarbeiter; ebda., Daimler-Benzwerke Gaggenau, Weibliche sowjetrussische Arbeitskräfte, Zugang 3.6.1942.
505 Vgl. ebda. LRA Rastatt ZR 225, Daimler-Benzwerke Gaggenau, Weibliche sowjetische Arbeitskräfte, Zugang 1.6.1942. Über die Bedingungen in der Turnhalle in Selbach und im „Löwen" in Ottenau, in dem kurzzeitig auch einige der ehemaligen Fremdenlegionäre einquartiert wurden (vgl. GUG-Interview Labrigat/PL, S. 5), sind aufgrund fehlender Unterlagen keine weiteren Angaben möglich.
506 Vgl. StadtA Gaggenau A 1240, Verzeichnis der sich im Lager Olga der Daimler-Benzwerke befindlichen Russinnen und Russen; ebda., Daimler-Benzwerke Gaggenau, Männliche sowjetrussische Arbeitskräfte, Zugang 18.5., 22.5., 1.6.1942; vgl. auch GUG-Interviews Ponti/I, S. 5, Pregno/I, S. 6, Ricchiardone/I, S. 5, Ferrier/I, S. 5. Zur Geschichte des Lagers Rotenfels vgl. Böhm u.a., Sicherungslager Rotenfels. Ein Konzentrationslager in Deutschland, Ludwigsburg 1989 und Puvogel (Hrsg.), Gedenkstätten, S. 27.

Das Lager Rotenfels bestand aus mehreren Holzbaracken, die bereits vor dem Krieg errichtet und mit einem Stacheldraht umzäunt worden waren.[507] Die italienischen Deportierten durften das Lager nicht verlassen.[508] Über die Ausstattung der Unterkunftsbaracken berichtet einer der Italiener:

> *Wir schliefen in Etagenbetten [...] auf Strohsäcken. Decken gab es auch, Kissen nicht. Im Innern der Baracke war in der Mitte ein langer Flur, rechts und links davon befanden sich die Etagenbetten.*[509]

In einer Baracke sollen zwischen 40 und 50 Personen untergebracht gewesen sein.[510]

Nach der Ankunft der Sicherungshäftlinge im Lager Rotenfels teilte die Gaggenauer Werksleitung die italienischen Deportierten in zwei Gruppen von jeweils ungefähr 60 Mann ein, von denen die eine in der Nähe der Eisenwerke, die andere im Lager „Post" untergebracht wurde.[511] Die im Lager „Post" einquartierten Italiener, an deren Arbeitsanzügen bereits das Abzeichen „I" befestigt war, wurden nun zur Unterscheidung von den freien Arbeitskräften mit drei weiteren „I"-Abzeichen gekennzeichnet: zweien auf den Beinen und einem auf dem Rücken.[512]

Wie bereits erwähnt, waren die im Werk Gaggenau eingesetzten ehemaligen Fremdenlegionäre in einem Lager in Sandweier untergebracht. Möglicherweise handelte es sich bei diesem Lager um ein Durchgangslager, das zur „Überprüfung" der Fremdenlegionäre diente.[513] Einer der Lagerinsassen, ein Pole, wurde im März 1943 beim Überqueren eines beschrankten Bahnübergangs von einem Zug erfaßt und starb an den dabei erlittenen Verletzungen.[514]

Normalerweise durften die in Sandweier untergebrachten Arbeitskräfte das Lager nur zur Arbeit verlassen, wohin sie täglich in einem Lastwagen transportiert wurden.[515] Auch die Verpflegung dieser Arbeitskräfte erfolgte ausschließlich durch das Lager, war aber außerordentlich schlecht und bestand überwiegend aus Steckrüben.[516]

Im Unterschied dazu erhielten italienische und polnische Zwangsarbeiter mittags eine Suppe im Werk, morgens und abends erfolgte dagegen die Verpflegung ebenfalls durch das jeweilige Lager.[517] Doch auch sie litten ständig unter Hunger, weil die Portionen völlig unzureichend waren:

---

507 Vgl. Böhm u.a., Sicherungslager, S. 31; GUG-Interviews Pregno/I, S. 6, Ponti/I, S. 5. Die Angaben über die Zahl der Baracken schwanken dabei zwischen drei und sechs.
508 Vgl. GUG-Interview Pregno/I, S. 6.
509 Ebda.
510 Vgl. GUG-Interview Ponti/I, S. 5.
511 Vgl. GUG-Interview Pregno/I, S. 7.
512 Vgl. ebda.
513 Vgl. StA Freiburg LRA Rastatt ZR 195, Gend. Posten Gaggenau an Amtsgericht, 29.3.1943 betr. Tod des Arbeiters Jan Dudek.
514 Vgl. ebda.
515 Vgl. GUG-Interview Labrigat/PL, S. 4f.; Brief Desmet/B an DBAG, 11.11.1986.
516 Vgl. GUG-Interviews Labrigat/PL, S. 2, Desmet/B, S. 5.
517 Vgl. GUG-Interviews Pregno/I, S. 3f., Purc/PL, S. 4.

Abb. 30–35: Unterkünfte für ausländische Zivilarbeiter des Werks Gaggenau.

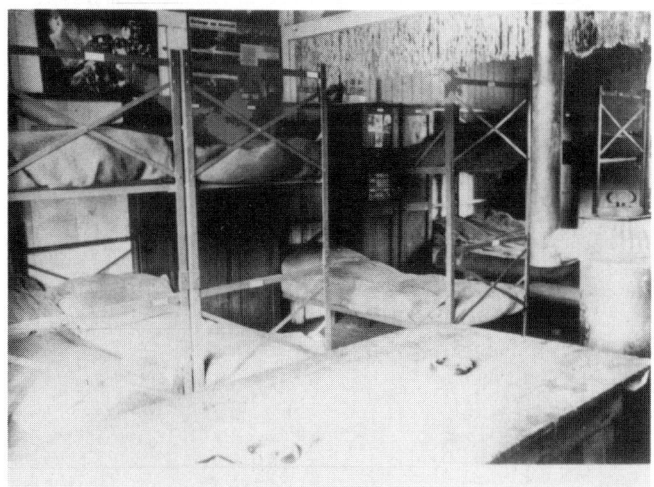

> *Die Verpflegung war sehr mager: Um 12 Uhr gab es eine Suppe, die fast nur aus Wasser bestand, um 18.30 Uhr eine Suppe und anschließend ein Hauptgericht: Es gab jeden Abend entweder Salami, Käse, Butter, Marmelade oder Zucker. Die Rationen waren aber sehr knapp bemessen: Die wöchentliche Brotration bestand aus 2,5 Kilo pro Woche, wovon ein Pfund Weißbrot war. [...] Wenn wir von der Fabrik zurückkamen, gingen wir meist bald schlafen, schon um den Hunger zu vergessen.*[518]

Selbst Arbeitskräfte aus den westeuropäischen Ländern waren stets hungrig, obwohl sie über Lebensmittelkarten und teilweise auch Zulagekarten, verfügten.[519] Am schlechtesten erging es aber wiederum den sowjetischen Zwangsarbeitern, für deren Verpflegung die Küche des Werkes Gaggenau zuständig war.[520] Viele der ausländischen Zivilarbeiter erkrankten, weil sie zu wenig zu essen erhielten.[521]

Aufgrund der schlechten Versorgungslage versuchten viele der ausländischen Arbeitskräfte, ihre Verpflegung aufzubessern, indem sie den Bauern in der Umgebung oder deutschen Frauen, deren Männer als Soldaten an der Front waren, bei der Arbeit halfen.[522] Einer der italienischen Deportierten tauschte mit einem Lagerkoch Zigaretten und Kleidungsstücke gegen Lebensmittel.[523]

Darüber hinaus erwies es sich als günstig, daß Gaggenau in einer recht ländlichen Gegend lag und die Bevölkerung – zumindest zum Teil – den bei Daimler-Benz eingesetzten ausländischen Arbeitskräften mit wesentlich weniger Vorbehalten begegnete, als es bei den in Großstädten gelegenen Werken der Fall war. Nicht nur die in vielerlei Hinsicht privilegierten „Westarbeiter", sondern auch Angehörige anderer Nationalitäten erinnern sich an positive Erlebnisse mit Deutschen:

> *Bei dem zweiten Bombardement Gaggenaus wurde auch der Rest der Fabrik, die nach dem ersten Bombardement immerhin noch zur Hälfte erhalten geblieben war, zerstört. Wir Gefangene – es handelte sich noch um etwa 130 – wurden auf einen Platz in Gaggenau gebracht. Deutsche, Privatpersonen, kamen dorthin, nahmen zwei oder drei von uns mit, um sich im Garten helfen zu lassen, Möbel umzustellen, das Dach zu reparieren, etc. Unter ihnen befanden sich sehr freundliche Leute, die mir gut zu essen gaben, ja interessanterweise schenkten uns fast alle etwas. Daher ging es mir in dieser Zeit sehr gut – aber es handelte sich nur um etwa 14 Tage. Unmittelbar nach der ersten Bombardierung, ehe wir wieder gezwungen wurden, im Lager zu übernachten, nahm uns auch eine sehr freundliche Familie über Nacht auf: Sie brachten uns auf dem Heuboden unter, gaben uns viele Decken, außerdem Milchkaffee, Brot und Butter.*[524]

Die Bereitschaft, Fremde zu integrieren, hatte allerdings ihre Grenzen: So wurde einem niederländischen Zwangsarbeiter, nachdem er zweimal in einem Gaggenau-

---

518 GUG-Interview Pregno/I, S. 6f.; vgl. auch GUG-Interview Purc/PL, S. 7.
519 Vgl. GUG-Interview Kramer/NL, S. 6.
520 Vgl. StA Freiburg LRA Rastatt ZR 225, DBAG Gaggenau an Bürgermeister Gaggenau, 18.5.1942, betr. Arbeitseinsatz – männliche Russen. Die schlechte Verpflegung der „Ostarbeiterinnen" und „Ostarbeiter" bestätigte auch ein ehemaliger niederländischer Zwangsarbeiter: Vgl. GUG-Interview Kramer/NL, S. 3.
521 Vgl. GUG-Interview Pregno/I, S. 5.
522 Vgl. GUG-Interviews Kramer/NL, S. 6, Labrigat/PL, S. II.
523 Vgl. GUG-Interview Pregno/I, S. 6f.
524 Ebda., S. 8.

er Kirchenchor mitgesungen hatte, bedeutet, daß seine weitere Teilnahme unerwünscht sei.[525]

Für polnische und sowjetische Zwangsarbeiter gab es praktisch keine Möglichkeit, Kontakt zur einheimischen Bevölkerung aufzunehmen. Zum einen war ihnen das Verlassen des Lagers – wenn überhaupt – nur sonntags gestattet, zum anderen war ihre Bewegungsfreiheit durch zahlreiche Vorschriften stark eingeschränkt. Einer der bei Daimler-Benz eingesetzten Polen erhielt eine zehntägige Gefängnisstrafe, nur weil er sonntags mit zum Tanzen gegangen war.[526] Dies war jedoch nach den Bestimmungen der „Polenerlasse" untersagt.[527]

Zweimal, am 10. September und am 3. Oktober 1944, wurde das Werk Gaggenau Ziel von Luftangriffen, die verheerende Auswirkungen hatten: Durch die 80%ige Zerstörung des Werks kam es zu einem fast völligen Produktionsstillstand.[528] Auch in den Lagern „Rotenfels" und „Eisenwerk" entstand schwerer Sachschaden, ein großer Teil der Einrichtungsgegenstände wurde zerstört.[529]

Über die Opfer, die die Bombardierung am 10. September unter den Gaggenauer Belegschaftsmitgliedern forderte, teilte der Gaggenauer Werksleiter, von Jungenfeld, dem Daimler-Benz-Aufsichtsratsvorsitzenden Rummel mit:

> Durch den Schutz im Stollen und weil es Sonntag war, haben wir im Werk nur 2 Tote, einen Deutschen und einen Ausländer. Dagegen sind 21 Werksangehörige im Ort Gaggenau ums Leben gekommen, ferner 6 Ausländer in unseren Lagern.[530]

Nach Angaben eines ehemaligen niederländischen Zwangsarbeiters war der Luftschutzbunker für die Werksangehörigen erst relativ spät entstanden und durfte außerdem von den sowjetischen Zwangsarbeitern nur getrennt von den Deutschen und den übrigen Ausländern benutzt werden.[531]

Nach der Bombardierung und Zerstörung des Werks Gaggenau wurde ein Teil der ausländischen Arbeitskräfte an andere Arbeitsorte verlegt.[532] Einige italienische Deportierte gelangten ins Daimler-Benz-Werk Mannheim.[533]

Berlin-Marienfelde

Die Daimler-Benz AG setzte im Werk Marienfelde vermutlich erstmals Ende September 1940 ausländische Zivilarbeiter ein – in den Quellen werden zu diesem Zeitpunkt ein Schwede, ein Tscheche, drei Schweizer, drei Polen, ein Italiener und

---

525 Vgl. GUG-Interview Kramer/NL, S. 7.
526 Vgl. GUG-Interview Purc/PL, S. 6.
527 Vgl. oben S. 38, 108f.
528 Vgl. USSBS Daimler-Benz Gaggenau Works.
529 Vgl. MBA Gaggenau, Berichte über Fliegerschäden, Fliegerschaden am 10. September und
     3. Oktober 1944 Werk 30 Gaggenau, Bd. 4.
530 BA Potsdam 80 Ba 2/16391, von Jungenfeld an Rummel, 15.9.1944.
531 Vgl. GUG-Interview Kramer/NL, S. 7.
532 Vgl. GUG-Interview Pregno/I, S. 2.
533 Vgl. GUG-Interview Ponti/I, S. 1.

drei Staatenlose erwähnt.[534] In den folgenden Jahren stieg die Zahl der ausländischen Arbeitskräfte in Marienfelde rasch an und erreichte schließlich Ende 1944 mit 2.550 in den Werken 40 und 42 und 1.100 im Werk 90 ihren Höhepunkt.[535] Nach der Verlegung der Bootsmotorenfertigung von Marienfelde nach Untertürkheim wurde ein großer Teil der ausländischen Zivilarbeiter in der Montage des „Panther"-Panzers eingesetzt. Mitunter übernahmen ausländische Facharbeiter auch das Anlernen branchenfremder ausländischer Zivilarbeiter.[536]

Neben Angehörigen der bereits genannten Nationalitäten befanden sich unter der ausländischen Belegschaft in den beiden Marienfelder Teilwerken Belgier, Niederländer, Franzosen, freiwillige Italiener, Dänen, Ungarn, Serben, Griechen und zahlreiche „Ostarbeiterinnen" und „Ostarbeiter", darunter auch Kinder. Im Juli 1944 traf außerdem eine Gruppe italienischer Deportierter in Marienfelde ein – Opfer der berüchtigten „Säuberungsaktionen" nach dem Kriegsaustritt Italiens[537]:

> *Ich war Deportierter, aus einer Fabrik hier in Genua, der Fabrik San Giorgio. Wir waren politische Deportierte. Es wurden Streiks durchgeführt. Unser Vorgesetzter, der damals Faschist war, drohte uns, so gehe es nicht weiter mit den Streiks. Am 16. Juni wurden Razzien durchgeführt, bei denen 2.000 Arbeiter aus zwei oder drei Fabriken weggebracht wurden. Wir wurden in Viehwagen gesteckt, sie bildeten zwei Züge, dann brachte man uns nach Mauthausen. Dort blieben wir ca. 15–16 Tage, dann wurden wir in die verschiedenen Teile Deutschlands in Fabriken verteilt. Ich kam nach Marienfelde, zusammen mit Herrn Molinari und vielen anderen Freunden.*[538]

Die italienischen Deportierten, die in Marienfelde den Status von Zivilarbeitern erhielten, waren für Daimler-Benz willkommene Arbeitskräfte, da es sich bei ihnen um Facharbeiter handelte, die ohne Anlernphase direkt in der Fertigung eingesetzt werden konnten. Vermutlich wurde der überwiegende Teil der Italiener zur Arbeit im Werk 40 eingeteilt.

Über die zahlenmäßige Zusammensetzung der verschiedenen Nationalitätengruppen liegen vereinzelte Angaben vor. So müssen im Verlauf der Kriegsjahre mindestens 72 Belgier, darunter zwei Frauen, in Marienfelde eingesetzt gewesen sein.[539] Hauptsächlich aus Facharbeitern bestand die Gruppe der Dänen, von denen ab 1941 ungefähr 220 nach Marienfelde gelangten. Auch einige Frauen befanden sich unter ihnen, die als Küchen- oder Kantinenhilfe, aber auch als kaufmännische Angestellte arbeiteten.[540] Am 31. März 1943 setzte sich die ausländische Beleg-

---

534 Vgl. BAMA Potsdam WF–01/9738, Bl. 331/2, KTB Rükdo Berlin II 25.8.1939–31.5.1942.
535 Vgl. Tabelle 8; S. 98.
536 Vgl. GUG-Interview Fidder/NL, S. 3.
537 Zu diesen Aktionen vgl. Mantelli, Wanderarbeit, S. 55; Schminck-Gustavus, Herrenmenschen, S. 63f.
538 GUG-Interview Amari/I, S. 2; vgl. auch GUG-Interview Molinari/I, S. 2f.
539 Vgl. MSPF Brüssel Rap. 149/Tr. 61.448, DB Marienfelde an Repatriement belge, 20.11.1950: Papiere der in unserem Werk beschäftigt gewesenen belgischen Werksangehörigen. Mit Sicherheit sind diese Unterlagen jedoch unvollständig – so werden z.B. die von der GUG interviewten Zeitzeugen dort nicht erwähnt. – Laut Zeitzeugenaussagen wurden belgische Frauen für die Reinigung der Ausländerlager, in der Kantine und im Materiallager des Werks 90 eingesetzt: Vgl. GUG-Interviews Poptie/NL, S. 5, v.d. Hoek/NL, S. 5.
540 Vgl. Rigsarchivet, Kartotek over Tysklandsarbejdere 1940–1945.

schaft des Marienfelder Teilwerks 42 aus 142 Italienern, 14 Dänen, 32 Franzosen und 68 „Ostarbeitern" zusammen.[541]

Ähnlich wie in andere Werke des Daimler-Benz-Konzerns wurden auch nach Marienfelde größere Belegschaftsgruppen ausländischer Firmen überführt. So befanden sich unter den französischen Zivilarbeitern zahlreiche Arbeitskräfte von Renault sowie eine Gruppe von Facharbeitern der Société Générale de Constructions Mécaniques (SGCM) aus der Umgebung von Paris.[542]

Unter den Arbeitskräften der SGCM machte sich schon bald Unzufriedenheit breit, nachdem die Verheirateten – entgegen den in Frankreich erfolgten Zusicherungen – von Daimler-Benz keine Trennungsentschädigung erhalten hatten. Schuld waren die deutschen Anwerbebehörden in Paris, die verhindert hatten, daß auf den dem Werk ausgehändigten Papieren der Familienstand eingetragen worden war.[543]

Klagen über Nichteinhaltung der Arbeitsverträge durch das Werk Marienfelde gab es auch von dänischen Arbeitskräften. So beschwerte sich ein Däne darüber, daß er – entgegen sämtlicher Versprechungen – keine volle Verpflegung in der Fabrik erhalte, sondern die Mahlzeiten samstags und sonntags im Restaurant einnehmen müsse, daß ihm, der privat wohne, kein Geld erstattet worden und die nach zwei Wochen zugesicherte Lohnerhöhung auch nach zwei Monaten noch nicht erfolgt sei.[544] Erst die Unterredung eines Attachés des Dänischen Generalkonsulats in Hamburg mit dem zuständigen Daimler-Benz-Ingenieur führte zu einer für die Dänen zufriedenstellenden Lösung.[545]

Unzufriedenheit mit den Arbeitsbedingungen muß auch unter den freiwilligen italienischen Arbeitskräften im Werk Marienfelde geherrscht haben, denn bereits Ende Oktober 1941 wies der Marienfelder Werksleiter, von Hentig, auf Schwierigkeiten mit den Italienern hin und vertrat die Auffassung, daß diese nach Ablaufen ihrer Arbeitsverträge wieder in ihre Heimat zurückkehren würden.[546]

Die Leitung des Werks Marienfelde sah ihre vordringliche Aufgabe jedoch offenbar nicht darin, vorhandene Mißstände zu beseitigen, sondern vielmehr in einer permanenten Erhöhung der Arbeitsleistung der ausländischen Arbeitskräfte. Bei einer Besichtigung des Werks 40 im April 1944 hatte das Rüstungskommando Berlin nämlich festgestellt, daß die durchschnittliche Leistung der westlichen Ausländer im Verhältnis zu der der deutschen Arbeitskräfte bei 80%, die der „Ostarbeiterinnen" und „Ostarbeiter" bei 50% und die der in Marienfelde eingesetzten Italienischen Militärinternierten (IMI) noch darunter liege. Das abschließende Fazit der Besichtigung lautete:

541 Vgl. MBA Haspel 1, 2, Belegschaft der Marinemotorenfertigung in Marienfelde, 31.3.1943.

542 Vgl. Picard, Epopée, S. 182f.; GUG-Interview Scheidecker/F, S. 9; AN Paris 2 AG 81, SP 8, de B, Rapport au sujet des ouvriers de la SGCM travaillant à la Daimler-Benz Werk 40, Berlin Marienfelde.

543 Vgl. AN Paris 2 AG 81, SP 8, de B, Rapport au sujet des ouvriers de la SGCM travaillant à la Daimler-Benz Werk 40, Berlin Marienfelde.

544 Vgl. BA Koblenz R 41/266, fol. 1, ABP Berlin an ZABP Berlin, 4.4.1942.

545 Vgl. Rigsarchivet Statens Udvandringskontor 40–A–3, Bericht Erik Lund, 24.7.1942.

546 Vgl. MBA VS-Protokolle, Protokoll der Vorstandssitzung vom 23.10.1941.

In dieser Minderleistung der ausländischen Arbeiter liegt eine erhebliche Leistungsreserve, die es mobilzumachen gilt. Die Firma hat diesem Problem ihr besonderes Augenmerk zugewandt und veranlasst, dass für den Arbeitseinsatz besonders geschultes Personal sich mit dieser Frage eingehend befasst. Dabei sollen die Zeitnehmer genau die einzelnen Arbeitsgänge verfolgen, um den Grund der Minderleistungen festzustellen und daraus die entsprechenden Lehren zu ziehen. Wenn es gelingt, diese Leistungssteigerung bei den Ausländern zu erzielen, würde der Betrieb dadurch mit einer geringeren Zahl neu zuzuweisender Arbeitskräfte aus-kommen.[547]

Eine der von der Marienfelder Werksleitung ergriffenen Maßnahmen zur Erhöhung der Arbeitsleistung bestand seit dem Frühjahr 1944 in der Anhebung der wöchent-lichen Arbeitszeit auf 72 Stunden.[548] Zeitweise lag die wöchentliche Arbeitszeit aber noch höher: Nach Angaben eines Zeitzeugen wurde im Werk 90 in Marienfel-de ab Juni 1944 montags, mittwochs und donnerstags von 6.30 bis 18.30 Uhr, dienstags und freitags von 6.30 bis 19.30 Uhr und samstags von 6.30 bis 14.15 Uhr gearbeitet, dazu kamen zwei- oder dreimal Sonntagsarbeit im Monat.[549] Die italieni-schen Deportierten wurden darüber hinaus sonntags zu Aufräumarbeiten nach Luft-angriffen oder zum Ausheben von Panzerabwehrgräben eingesetzt:

Sonntags hätten wir eigentlich frei haben sollen. Aber morgens um 5.00 Uhr kam jemand zum Lager, warf uns aus dem Bett, und wir wurden weggebracht, um Schutt und Trümmer wegzu-räumen, z.B. nach Bombardierungen. Außerdem mußten wir Gräben zur Panzerabwehr aushe-ben. Das geschah nicht direkt zu Anfang meines Aufenthaltes bei Daimler, sondern erst von September oder Oktober (1944, Anm. d. Verf.) an. Es war furchtbar kalt, und an solchen Sonntagen war man zwölf Stunden und mehr im Freien, um zu arbeiten. Manchmal mußten wir das auch schon am Samstag tun. Sie warteten, bis wir aus der Fabrik zurückkamen und brachten uns dann weg. An ein Mal erinnere ich mich besonders gut. Es war eiskalt und nebelig. Man brachte uns in die Nähe von Küstrin, dort mußten wir den ganzen Samstag graben. Wir sind wohl so gegen 16.00 Uhr dort angekommen und mußten den ganzen Rest des Tages graben. Dann wurden wir – wir waren etwa 50 Leute – in einen leeren Eisenbahnwag-gon gebracht, der auf einem toten Gleis stand. Decken, Strohlager o.ä. gab es nicht. Am nächsten Morgen kamen sie uns dort wieder holen, ließen uns den ganzen Tag arbeiten, ehe sie uns abends wieder zum Lager zurückbrachten. Diejenigen, die uns dorthin brachten, abholten und überwachten, waren Soldaten des Heeres, keine Angehörigen der Fabrik.[550]

Der auf die ausländischen Arbeitskräfte ausgeübte Druck bewirkte eine starke Zunahme der Arbeitsunfälle, insbesondere von Augenverletzungen[551], und führte dazu, daß einige der nun auch zur Sonntagsarbeit herangezogenen Arbeitskräfte an einem anderen Wochentag der Arbeit fernblieben[552].

547 BAMA Potsdam WF–01/18603, Besuch bei DB Marienfelde Werk 40 durch Oberstlt. Wol-from.
548 Vgl. ebda.
549 Vgl. Brief Poptie/NL an GUG, 5.3.1990 und GUG-Interview Fidder/NL, S. 3; vgl. auch Tage-buch Maucourant/F, 11./12.4.1944 und 16.4.1944.
550 GUG-Interview Molinari/I, S. 3.
551 Vgl. GUG-Interview Strobos/NL, S. 6.
552 Vgl. BAMA Potsdam WF–01/18603, Besuch bei DB Marienfelde Werk 40 durch Oberstlt. Wolfrom.

Durch das Simulieren von Krankheiten versuchten ausländische und deutsche Arbeitskräfte außerdem, sich der Arbeit bei Daimler-Benz zu entziehen.[553] Die Werksleitung beauftragte deswegen den Werkschutz, kranke Belegschaftsmitglieder aufzusuchen, um sich an Ort und Stelle von der Krankheit zu überzeugen und auf diese Weise das „Bummelantenwesen" einzudämmen.[554] Ausländische Zivilarbeiter, die sich weigerten, sonntags zu arbeiten, wurden u.a. mit dem Entzug von Essensmarken bestraft – diejenigen, die die Arbeitszeiten nicht einhielten, erhielten Lohnabzug.[555] Die SS, die ein Büro im Werk unterhielt, scheute auch vor körperlichen Mißhandlungen nicht zurück.[556] In einigen Fällen sind Arbeitsverweigerer – zumindest teilweise auf Drängen deutscher Meister – mit der Einweisung in ein Arbeitserziehungslager bestraft worden.[557]

Daß der auf die ausländischen Zivilarbeiter ausgeübte Druck zu einer aktiven Mitwirkung in der in Marienfelde tätigen Widerstandsgruppe deutscher Arbeitskräfte unter Leitung von Erich Krause führte, ließ sich bisher nicht nachweisen.[558] Auch systematische Sabotage scheint nicht vorgekommen zu sein. Viele ausländische Arbeitskräfte versuchten allerdings, die Produktion durch absichtliches Langsamarbeiten zu beeinträchtigen.[559]

Eine Widerstandsgruppe vermutete die Gestapo hinter den Aktivitäten eines belgischen Zwangsarbeiters, der unter den Belgiern in Marienfelde eine Pfadfinderorganisation aufgebaut hatte. Die Fürsprache seines Meisters bewirkte jedoch, daß der Belgier von den Verfolgungen der Gestapo verschont blieb.[560]

Insgesamt gesehen wurde das Verhältnis zwischen deutschen und ausländischen Arbeitskräften in Marienfelde – ähnlich wie in anderen Werken des Daimler-Benz-Konzerns – hauptsächlich von zwei Faktoren beeinflußt: der jeweiligen persönlichen Einstellung der Deutschen den Ausländern gegenüber und der Staatsangehörigkeit der ausländischen Zivilarbeiter. Die Zusammenarbeit zwischen deutschen und niederländischen, französischen oder belgischen Arbeitskräften war nach Zeitzeugenaussagen bis auf wenige Ausnahmen relativ gut.[561] So schenkte beispielsweise ein deutscher Meister einem französischen Zwangsarbeiter ein Kleid und eine Kette seiner verstorbenen Frau, damit der Franzose seiner sowjetischen

---

553 Vgl. GUG-Interviews Maucourant/F, S. 4, Duchet/F, S. 9.
554 Vgl. BAMA Potsdam WF-01/18603, Besuch bei DB Marienfelde Werk 40 durch Oberstlt. Wolfrom.
555 Vgl. GUG-Interview Tholenaars/NL, S. 4, Nivault/F, S. 4.
556 Vgl. Tagebuch Maucourant/F, 24.6.1944.
557 Vgl. GUG-Interviews Braeken/B, S. 4, Broos-Jordens/B, S. 4, Roland/F, S. 7, Maucourant/F, S. 3.
558 Krause und 19 seiner engsten Mitstreiter, die auch Kontakt zu der Genshagener Widerstandsgruppe um Arthur Ladwig hatten, wurden im März 1944 zum Tode verurteilt und im Juli und August des gleichen Jahres in Brandenburg hingerichtet: Vgl. MBA DBAG 97, Rußlandbericht Künkele; Naziterror und Widerstand: Aus der Tempelhofer Geschichte, S. 27f.; Schilde, Columbia-Haus, S. 121ff.
559 Vgl. GUG-Interviews Poptie/NL, S. 7, Nowee/NL, S. 7, Strobos/NL, S. 9, Maucourant/F, S. 4.
560 Vgl. GUG-Interview Braeken/B, S. I.
561 Vgl. GUG-Interviews Pradel/F, S. 3, Roland/F, S. 5, Nowee/NL, S. 6, v.d.Hoek/NL, S. 3, Braeken/B, S. 3, Broos-Jordens/B, S. 3.

R.B.Nr. 0/0257/0003

DAIMLER-BENZ AKTIENGESELLSCHAFT
WERK 40, BERLIN-MARIENFELDE

Drahtwort: Daimlerbenz — Fernruf: 75 65 46, Ortsru 75 63 81 — Fernschreiber 01 1231 — RB-Nr. 0/0257/0003

Gfm.Nivault Maurie
K.-Nr. 21o 75

im Hause

BANKEN:
Deutsche Bank Berlin,
Stuttgart, Mannheim
Commerzbank A.-G.,
Filiale Stuttgart
Dresdner Bank,
Filiale Stuttgart
Bank der Deutschen Ar-
beit A.-G., Nieder-
lassung Stuttgart
Reichsbank-Giro-Konto
Stuttgart Nr 8/88
Städt.Girokasse Stuttgart
POSTSCHECK:
Stuttgart Nr 470

Ihr Zeichen   Ihre Nachricht vom   Unser Zeichen   Berlin-Marienfelde

Betrifft: Betr.Lg.Sb/Hk.   Den   8.1o.1943

Wegen vorzeitiger Beendigung der Arbeit am
6.d.M. belegen wir Sie mit einer Buße in Höhe
von RM 5,—. Das Lohnbüro wird diesen Betrag
einbehalten und an die NSV.-Marienfelde ab-
liefern.

Daimler-Benz Aktiengesellschaft

der Betriebsobmann:

Nr 12120 e/40. A 5. 26. 10. 42: 50000. K.-Nr 0/1467.

Abb. 36: Benachrichtigung eines französischen Zwangsarbeiters über Lohnabzug.

Freundin damit ein Weihnachtsgeschenk machen konnte; auch erhielt der Franzose von diesem Meister und einem anderen Deutschen für sich selbst Nahrungsmittel und Kleidung.[562] Gute Erfahrungen machte auch ein anderer französischer Zivilarbeiter:

Ich hatte einen französischen Kameraden in der Firma, in der ich in Paris arbeitete, der einen Film gedreht hatte in Frankreich. Eines Tages, sonntags, habe ich gehört, daß dieser Film in Berlin gezeigt werden sollte. Es war also sonntagsmorgens. Ich kam in die Halle, meine Teile waren fertig, ich hatte nichts anderes mehr zu tun. Wir arbeiteten jeden zweiten Sonntag. Samstags sagte der Meister dann immer: ,Morgen müßt Ihr arbeiten!' Eines Samstags hat der Vorarbeiter nichts gesagt, und ich habe ,vergessen' hinzugehen. Montagsmorgens hat der Vorarbeiter gesagt: ,Gestern waren Sie nicht zur Arbeit hier!' Und ich habe gesagt: ,Aber Sie haben mir nichts gesagt!' Und er sagte: ,Dann arbeiten Sie nächsten Sonntag!' Am folgenden Sonntag arbeitete ich, aber es passierte, daß mein Kamerad, der mich normalerweise ablöste, gleichzeitig da war. Es war auch der nette Justierer da, der genau gesehen hatte, was passiert war. Ich sagte zu ihm: ,Heute morgen läuft ein Film, den ein Freund von mir gedreht hat." Und der Justierer fragte mich: ,Bist Du zur Werksfeuerwehr eingeteilt?' Ich sagte: ,Nein.' Er sagte: ,Du gehst den Film angucken und kommst nicht wieder. Ich stempele Dir Deine Stechkarte ab.' Ich guckte mir also meinen Film an, der von einem Alarm unterbrochen wurde. Das muß man sich jetzt mal überlegen! Es war wirklich toll, was er gemacht hat. Er war sehr nett. Er wurde in den letzten Monaten des Krieges mobilisiert. Er ist nach Dänemark gegangen, und ich wünschte ihm alles Gute, denn er war wirklich nett.[563]

Völlig anders erging es dagegen den italienischen Deportierten und den sowjetischen Zwangsarbeitern, die oftmals Schikanen ausgesetzt waren. Einer der Italiener erinnert sich:

Einmal, es war Winter und eiskalt, ging ich zu einem Freund, der in der Umkleidekabine für die Deutschen arbeitete. Er mußte dort putzen. Dort drinnen war es schön warm. Ich ging dorthin und, da ich müde war, bin ich eingeschlafen. Da kam ein Deutscher vorbei, der in meiner Abteilung arbeitete. Er ging zum Abteilungsleiter und sagte ihm, daß ich dort war. Dieser war immer schwarz gekleidet und trug eine Reitpeitsche im Stiefelschaft. Er kam mich holen, wir gingen in unsere Abteilung, stiegen eine Treppe hinunter, wo sich die Zentrale für die elektrische Umspannung befand. Das war alles unterirdisch, schon im Hinblick auf den Krieg. Er stieg die Treppe nicht ganz hinunter, blieb auf der vorletzten Stufe stehen, bedrohte mich mit der Pistole und schlug auf mich ein. – Ich glaube, daß die Franzosen beispielsweise eine bessere Behandlung erfahren haben, wir Italiener waren schlecht dran, den Russen ging es noch schlechter. Sie waren diejenigen, die am schlechtesten behandelt wurden.[564]

Ein sowjetischer Zwangsarbeiter wurde blutig geschlagen und in eine Arrestzelle im Keller des Werkes geworfen, nur, weil er sich während der Arbeit angelehnt hatte.[565] Solche Vorfälle gab es offenbar öfter:

Der Leiter der Arbeitsgruppe, in der ich war, ein Deutscher, hat mich schlagen lassen, nachdem ich drei Tage dort war. Er hatte mir einen Befehl gegeben, und ich hatte ihn nicht verstanden. Er hatte mich beauftragt, einen Eimer Wasser holen zu gehen, um irgendwelche Teile zu kühlen. Ich hatte ihn nicht verstanden. Er hatte einen Notizblock in der Hand und

---

562 Vgl. GUG-Interview Nivault/F, S. 3.
563 GUG-Interview Duchet/F, S. 10f.
564 GUG-Interview Amari/I, S. 5.
565 Vgl. GUG-Interview Molinari/I, S. 8.

schlug ihn mir ins Gesicht. Ich reagierte instinktiv mit einer Geste, es gab ein kleines Herumge-
stoße. Unter dem Dach des Holzhauses gab es eine Kabine, in der sich der Direktor und die
Ingenieure befanden. Einer, der ,Obermeister' genannt wurde, kam heraus und versetzte mir
einen Faustschlag, der mir eine Platzwunde verursachte. Die Direktion reagierte überhaupt
nicht darauf; man sagte mir, ich sei noch gut davon gekommen, sie ließen die Sache auf sich
beruhen, es werde keine weiteren Folgen mehr für mich haben.[566]

Aber auch das Verhältnis der im Werk Marienfelde eingesetzten ausländischen
Zivilarbeiter untereinander gestaltete sich nicht frei von Spannungen. Besonders
unbeliebt bei allen zwangsweise nach Deutschland transportierten Arbeitskräften
waren die Freiwilligen. So protestierten beispielsweise die Arbeitskräfte der SGCM
dagegen, gemeinsam mit freiwilligen Franzosen in einer Baracke untergebracht zu
werden.[567]

Schwierigkeiten gab es auch zwischen verschiedenen Nationalitätengruppen.
Während Franzosen ein gutes Verhältnis zu den niederländischen, tschechischen
oder wallonischen Arbeitskräften hatten, hegten sie eine starke Abneigung gegen
Flamen.[568] Ein italienischer Deportierter beurteilt insbesondere das Verhalten der
französischen Kriegsgefangenen negativ.[569]

Solidarität untereinander entwickelten französische Zwangsarbeiter, die einen
Hilfsfonds für Kameraden einrichteten, die keine Angehörigen hatten und an die
z.B. an Weihnachten ein Teil des gesammelten Geldes verteilt wurde. Für Franzosen, die aus einem Arbeitserziehungslager zurückkehrten, wurden Lebensmittel
gekauft, um sie wieder aufzupäppeln.[570]

Die im Werk Marienfelde eingesetzten ausländischen Zivilarbeiter waren hauptsächlich in Barackenlagern untergebracht, die sich in der Nähe des Werkes befanden. Wie auch in Sindelfingen oder Untertürkheim bestanden die für die Reinigung
der Lager zuständigen Putzkolonnen zum Teil aus „Ostarbeiterinnen".[571] Außerdem wurden belgische Frauen, die gemeinsam mit ihren Männern bei Daimler-
Benz arbeiteten, für die Barackenreinigung eingesetzt.[572]

Anfangs erfolgte die Unterbringung eines großen Teils der ausländischen Zivilarbeiter in einem an der Buckower Chaussee in Marienfelde gelegenen Lager, das
aus 14 Holz- und Steinbaracken bestand.[573] Das Lager, auch D 4 genannt, war
unterteilt in ein Lager „West", „Süd" und „Ost", und jedes der Lager war von dem
anderen durch Stacheldraht abgetrennt.[574] Im Lager „West" wurden Franzosen,
Italiener und einige Niederländer, im Lager „Süd" französische, italienische, belgi-

566 GUG-Interview Molinari/I, S. 5f. Vgl. auch GUG-Interviews 335/SU, S. 3, Nivault/F, S. 3.
567 Vgl. AN Paris 2 AG 81, SP 8, de B, Rapport au sujet des ouvriers de la SGCM travaillant à la
     Daimler-Benz Werk 40, Berlin Marienfelde.
568 Vgl. GUG-Interviews Duchet/F, S. 7, Scheidecker/F, S. 11.
569 GUG-Interview Amari/I, S. 5.
570 Vgl. GUG-Interview Duchet/F, S. 14f.
571 Vgl. GUG-Interviews Strobos/NL, S. 6, Duchet/F, S. 16, Braeken/B, S. 5, Tholenaars/NL, S. 5,
     Scheidecker/F, S. 6.
572 Vgl. GUG-Interview v.d. Hoek/NL, S. 5
573 Vgl. MSPF Brüssel Rap. 149/Tr. 37.856, Enquêtes sur les prisons et les camps douteux:
     Arbeitslager Daimler.
574 Vgl. ebda.; GUG-Interview 335/SU, S. I.

sche und niederländische Zivilarbeiter, später auch Italienische Militärinternierte (IMI) untergebracht. Das Lager D4 „Ost" war auschließlich mit „Ostarbeiterinnen" und „Ostarbeitern" belegt.[575] Nachdem das Lager D 4 Ende 1943 infolge zweier Bombardements größtenteils zerstört worden war[576], wurden die meisten Insassen im Lager Mariendorf untergebracht[577].

Zur Unterbringung sowjetischer Zwangsarbeiter, die im Werk Marienfelde eingesetzt waren, dienten neben dem Lager D4 „Ost" ein Lager in der Daimlerstraße und in der Säntisstraße in Marienfelde. Das Lager in der Säntisstraße wurde durch Luftangriffe am 16. Januar, 23. August und 2. Dezember 1943 schwer beschädigt.[578] Dabei kamen mehrere „Ostarbeiterinnen" und „Ostarbeiter" ums Leben.[579]

Die Lebensbedingungen der sowjetischen Lagerinsassen waren sehr schlecht, es gab viel Ungeziefer, und Desinfizierungsversuche blieben meist erfolglos.[580] Ein ehemaliger französischer Zwangsarbeiter erinnert sich:

> *Es gab ein russisches Lager, das waren Ukrainer. Die Frauen trugen ein Kopftuch. Ich hätte nicht gerne, daß meine Frau so etwas trüge, denn es würde mich immer wieder daran erinnern. Das waren Menschen, die deportiert worden waren, als die Deutschen in Rußland einmarschierten. Ihre Lebensbedingungen waren furchtbar. Sie hausten in einem Verschlag. Das ließ keinerlei Hygiene zu. Ich sah es, wenn man sie traf, denn sie waren immer wie in einer Herde zusammen. Ich wagte dann nicht, einzuatmen, denn sie stanken entsetzlich. Es waren aber liebe Leute. Abends hörte man sie singen. Die Russen singen sehr gerne, und ihre Lieder waren sehr melancholisch. Es waren sehr schöne Lieder, aber für die Stimmung nicht gerade förderlich, weil man so traurig wurde. Später besserten sich ihre Bedingungen vielleicht ein wenig. Es gab russische Frauen, die bei uns putzten.[581]*

Einige der sowjetischen Zwangsarbeiterinnen waren mit Zivilarbeitern aus westeuropäischen Ländern befreundet.[582] Die infolge intimer Beziehungen gezeugten Kinder wurden nach Aussagen eines Augenzeugen, der als Sanitäter im Werk 40 und in den Lagern arbeitete, fast immer durch den russischen Arzt im Lager D4 „Ost" abgetrieben.[583]

Hilflos waren die „Ostarbeiterinnen" der Willkür von SS-Männern ausgeliefert, die eines Nachts in eines der „Ostarbeiterlager" eindrangen, alle Mädchen und Frauen zwangen, sich nackt auszuziehen, und anschließend einige von ihnen mitnahmen, um sie zu vergewaltigen.[584]

---

575 Vgl. GUG-Interviews Strobos/NL, S. 11, Verteurve/B, S. 5.
576 Vgl. LA Berlin, Rep. 239 Acc. 2517 r. 59–60, Hauptluftschutzstelle: Berichte über Luftangriffe auf die Reichshauptstadt Berlin, 3.12.1943 und BAMA Potsdam WF–01/19011, Bl. 210, KTB Rükdo Berlin II 1.1.–31.12.1943: Demnach wurden durch den beim zweiten Bombenangriff am 29.12.1943 entfachten Brand im Lager 300 „Ostarbeiter", 300 IMI und 300 „Westarbeiter" obdachlos.
577 Vgl. MSPF Brüssel Rap. 547/Tr. 69.313, Aussage André Peyskens, 8.9.1950.
578 Vgl. Demps, Zwangsarbeiter, S. 112.
579 Vgl. oben Tab. 6, S. 76.
580 Vgl. GUG-Interview 335/SU, S. 5.
581 GUG-Interview Duchet/F, S. 16.
582 Vgl. GUG-Interview Nivault/F, S. I.
583 Vgl. GUG-Interview Strobos/NL, S. 14.
584 Vgl. GUG-Interview Nivault/F, S. 6.

Weitere Barackenlager für die Unterbringung ausländischer Zivilarbeiter existierten in Marienfelde in der Albanstraße[585], in der Benzstraße[586] und in Mahlow/ Kreis Teltow[587]. Weibliche westeuropäische Arbeitskräfte sollen in einem Lager in Berlin-Lichtenrade untergebracht gewesen sein.[588]

Das Lager in der Albanstraße, das vermutlich für die Unterbringung von rund 1.000 Franzosen, Niederländern und Tschechen vorgesehen war[589], wurde bei einem Luftangriff am 23./24. August 1943 schwer beschädigt[590]. Die hygienischen Bedingungen in der Albanstraße waren schlecht – mehrere Zeitzeugen berichteten, daß sie unter dem dort vorhandenen Ungeziefer gelitten hätten.[591]

Das wohl größte Lager zur Unterbringung ausländischer Zivilarbeiter lag in Mariendorf, in unmittelbarer Nähe der Pferderennbahn. Es entstand vermutlich infolge des Luftangriffs auf das Werk Marienfelde am 23./24. August 1943, bei dem zahlreiche ausländische Arbeitskräfte obdachlos wurden.[592] In dem aus ca. 23 Steingebäuden bestehenden Lager sollen insgesamt 6.000 bis 7.000 ausländische Arbeitskräfte untergebracht gewesen sein.[593] Bei der Mehrzahl der Arbeitskräfte, die offenbar nicht nur bei Daimler-Benz, sondern auch in den Fritz-Werner-Werken und bei Siemens eingesetzt waren, handelte es sich vermutlich um Niederländer.[594] Nach Angaben von Zeitzeugen waren dort aber auch Belgier, Franzosen, „Ostarbeiter", Polen und Italienische Militärinternierte (IMI) sowie italienische Deportierte und Freiwillige untergebracht.[595]

Zumindest in den Baracken der italienischen Deportierten herrschten im Lager Mariendorf katastrophale hygienische Bedingungen, nicht zuletzt aufgrund des vielen Ungeziefers und fehlender sanitärer Anlagen:

Waschen konnten wir uns nicht, da wir nie Seife hatten. Unsere Kleidung war voller Läuse. An freien Sonntagen oder an Samstagen, wenn sie halb frei waren, kochte ich meine Kleider, um die Läuse zu töten. In der Zeit, in der meine Kleider trockneten, wickelte ich mich in Decken

---

585 Vgl. MSPF Brüssel Rap. 497/Tr. 135.327, Liste de 6 Belges provenant de la Société d' Angleur-Athus und ebda. Rap. 149/Tr. 14.036 : Liste de 268 Belges passés par Wilmersdorf; Schilde, Columbia-Haus, S. 255.

586 Vgl. Demps, Zwangsarbeiter, S. 108: Demnach diente das Lager zur Unterbringung belgischer Zwangsarbeiter.

587 Vgl. GUG-Interviews Maucourant/F, S. 5, Duchet/F, S. 12, Fidder/NL, S. 6, Scheidecker/F, S. 9.

588 Vgl. Brief Fidder/NL an Daimler-Benz, 12.2.1987.

589 Vgl. GUG-Interviews Duchet/F, S. 12, Tholenaars/NL, S. 5, Fidder/NL, S. 6. Nach Angaben von Demps, Zwangsarbeiter, S. 108 und Schilde, Columbia-Haus, S. 255 waren in der Albanstraße außerdem belgische Arbeiter untergebracht.

590 Vgl. Demps, Zwangsarbeiter, S. 108; Schilde, Columbia-Haus, S. 255; LA Berlin Rep. 20/Nr. 7245, Lagebericht des Polizeipräsidenten, 27.8.1943; ebda. Rep. 239 Acc. 2517/Nr. 59–60, Hauptluftschutzstelle: Berichte über Luftangriffe auf die Reichshauptstadt, 30.8.1943.

591 Vgl. GUG-Interviews Tholenaars/NL, S. 5, Poptie/NL, S. 8.

592 Vgl. GUG-Interviews Braeken/B, S. 5, Broos-Jordens/B, S. I

593 Vgl. MSPF Brüssel Rap. 149/Tr. 37.856, Enquêtes sur les prisons et les camps douteux: Lager „Mariendorf Süd".

594 Vgl. ebda.; Demps, Zwangsarbeiter, S. 113.

595 Vgl. MSPF Brüssel Rap. 547/Tr. 69.313, Aussage André Peyskens, 8.9.1950; GUG-Interviews Braeken/B, S. 5, Poptie/NL, S. 8, Amari/I, S. 8, Molinari/I, S. 8f.

ein. Wir waren immer voller Ungeziefer: Flöhe und furchtbar viel Wanzen. Ich hatte mir etwas Watte besorgt, diese steckte ich mir in die Ohren, aus Angst, es könnten mir Parasiten hineinkriechen. Wenn man das Licht einschaltete, sah man, daß sie die Mauer herabgelaufen kamen. (...) Duschen hatten wir nicht. Toiletten befanden sich draußen. Man mußte in die Kälte, in Schnee und Eis hinaus. Es war immer sehr dringend, weil wir ja hauptsächlich Flüssiges zu uns nahmen. Duschen gab es in der Fabrik. Man brauchte aber die Erlaubnis eines Vorgesetzten, um duschen zu dürfen. Das war vielleicht einmal monatlich möglich. Im Lager gab es nur Waschbecken. Das Wasser war eiskalt.[596]

Viele der ausländischen Arbeitskräfte versuchten, sich der tristen Lageratmosphäre zumindest in ihrer Freizeit zu entziehen. Zwar wurden die Lager bewacht, doch konnten Zivilarbeiter aus westeuropäischen Ländern sie jederzeit verlassen. So nutzten sie insbesondere die Wochenenden, um in einem der Berliner Seen baden zu gehen oder sich auf dem Alexanderplatz oder am Bahnhof Friedrichstraße mit anderen Ausländern zu treffen.[597] Besonders beliebt waren Kinobesuche[598] – viele sahen sich auch eines der zahlreichen Fußballspiele von Ausländermannschaften an[599].

Die Marienfelder Werksleitung organisierte darüber hinaus für die Belegschaftsmitglieder Ausflüge oder Theater- und Operettenbesuche, an denen auch die westeuropäischen Arbeitskräfte teilnehmen konnten. Allerdings wurde deren Teilnahme offenbar kontrolliert.[600]

Manche der ausländischen Arbeitskräfte übernahmen in Marienfelde auch selber die Organisation von Freizeitveranstaltungen. So existierte eine Vereinigung französischer Zwangsarbeiter, die sich „reflet de France" nannte und Bunte Abende mit Zauberern, Hypnotiseuren und Karikaturisten veranstaltete. Auch ein Tanzorchester wurde aus den Reihen der Zwangsarbeiter gebildet.[601] Außerdem trat eine Theatergruppe, die französische Kriegsgefangene gegründet hatten, in den zum Werk Marienfelde gehörenden Lagern auf.[602]

Für die in Marienfelde eingesetzten „Ostarbeiterinnen" und „Ostarbeiter" gab es dagegen so gut wie keine Freizeitmöglichkeiten. Da sie lediglich sonntags die Lager ohne Bewachung verlassen konnten und ihnen darüber hinaus u.a. der Besuch von Kinos verboten war, trafen sie sich, um miteinander zu singen oder zu tanzen oder versuchten, auf dem Schwarzmarkt Lebensmittel zu erwerben, um ihre Verpflegung aufzubessern.[603]

Bis Ende 1943 erhielten die in den zwei Teilwerken in Marienfelde eingesetzten westeuropäischen Zivilarbeiter Lebensmittelkarten, mit deren Hilfe sie sich selbst verpflegen konnten. Zu Beginn des folgenden Jahres wurde die Ausgabe

---

596 GUG-Interview Molinari/I, S. 9, vgl. auch GUG-Interview Amari/I, S. 8.
597 Vgl. GUG-Interviews Duchet/F, S. 15, Poptie/NL, S. 10f., Strobos/NL, S. 15, Pradel/F, S. 6.
598 Vgl. GUG-Interviews Duchet/F, S. 15, Fidder/NL, S. 7, Strobos/NL, S. 15, Nivault/F, S. 6, Pradel/F, S. 6.
599 Vgl. Tagebuch Pradel/F, S. 14.
600 Vgl. GUG-Interviews Pradel/F, S. 6, Maucourant/F, S. 6.
601 Vgl. Tagebuch Pradel/F, S. 16f. und S. 26.
602 Vgl. GUG-Interview Roland/F, S. 9.
603 Vgl. GUG-Interview 335/SU, S. 5.

jedoch gestoppt; auch die Zulagekarten, die manche Ausländer erhielten, wurden gekürzt oder sogar ganz gestrichen.[604] Besonders hart war diese Maßnahme für französische Zwangsarbeiter, die zuvor mit den deutschen Arbeitskräften gemeinsam in einer Kantine gegessen hatten und nun ihr Mittagessen, das sich zudem qualitativ sehr verschlechtert hatte, in einer separaten Ausländerkantine einnehmen mußten:

> *Anfangs, als wir dort waren, die ersten sechs Monate, ging es uns sehr gut. Wir hatten Arbeitskarten, wie die deutschen Arbeiter, man aß mittags und abends in der deutschen Kantine. Da ging es uns gut. Später aßen wir in der Ausländerkantine nur noch einmal am Tag. Als wir noch Arbeitskarten hatten, ging es uns gut, aber später... Die Ausländerkantine wurde von einem Franzosen geleitet. Für 24 Stunden hatten wir ein Stück Margarine, ein Stück Wurst, Suppe, das war alles.[605]*

Im Oktober 1944 weigerten sich schließlich französische Zwangsarbeiter, die mittags in der Kantine ausgegebene Verpflegung zu essen, weil sie lediglich aus einer dünnen Wassersuppe bestand.[606]

Die Verpflegung ausländischer Zivilarbeiter, die im Lager Mariendorf untergebracht waren, wurde, nachdem die Ausgabe der Lebensmittelkarten eingestellt worden war, offenbar ganz auf Lagerverpflegung umgestellt. Da das Lager jedoch über keine eigene Kantine verfügte, wurde das Essen aus dem Werk angeliefert.[607] Es bestand morgens und abends aus einer Suppe, außerdem gab es etwas Wurst und Butter und an einigen Tagen Brot.[608] Von den Sonderzuteilungen wie Fleisch, Brot und Zigaretten, die ab 1944 nach den Bombardements im Werk für Deutsche ausgegeben wurden, erhielten ausländische Arbeitskräfte lediglich ab und zu ein paar Zigaretten.[609]

Vergleichbar war die Situation im Lager D4 „Süd". Nach Aussagen eines ehemaligen niederländischen Zwangsarbeiters war die dort ausgegebene Lagerverpflegung „zuviel, um zu sterben, und zu wenig, um zu leben".[610]

Vor allem in der Endphase des Krieges, als die Versorgungssituation sich nochmals drastisch verschlechterte, versuchten einige der ausländischen Arbeitskräfte, ihre Verpflegung aufzustocken, indem sie abgeerntete Kartoffelfelder in der Umgebung nach übriggebliebenen Kartoffeln absuchten. Ein französischer Zwangsarbeiter wurde dabei eines Tages gemeinsam mit fünf weiteren Franzosen von der SA entdeckt. Die SA-Leute führten die Franzosen zur Strafe mit einem Schild um den Hals mit der Aufschrift „Wir haben gestohlen" durch Berlin und nahmen ihnen anschließend eine „Spende" für die „Nationale Front" ab.[611] Einem niederländi-

604 Vgl. Tagebuch Pradel/F, S. 11f.; GUG-Interviews Braeken/B, S. 2, v.d. Hoek/B, S. 5, Tholenaars/NL, S. 5, Roland/F, S. 4, Pradel/F, S. 2; AN Paris 2 AG 81, SP 8, de B, Rapport au sujet des ouvriers de la SGCM travaillant à la Daimler-Benz Werk 40, Berlin Marienfelde.
605 GUG-Interview Roland/F, S. 4; vgl. auch GUG-Interview Nivault/F, S. 2.
606 Vgl. Tagebuch Pradel/F, S. 21.
607 Vgl. GUG-Interviews Poptie/NL, S. 9, Tholenaars/NL, S. 5.
608 Vgl. GUG-Interviews Poptie/NL, S. 9, Fidder/NL, S. 6.
609 Vgl. GUG-Interview Strobos/NL, S. 5.
610 Ebda.
611 Vgl. GUG-Interview Pradel/F, S. I.

schen Zwangsarbeiter, der nachts beim Kartoffelstehlen vom Volkssturm aufgegriffen wurde, entzog man den Werksausweis.[612]

Doch der ständige Hunger trieb einige der ausländischen Arbeitskräfte immer
wieder zu riskanten Unternehmungen:

> *In der letzten Zeit, 1945, gab es sehr häufig Bombardements. Wenn es Alarm gab, konnte man*
> *davon ausgehen, daß alle Leute in den Luftschutzkeller unter der Fabrik rannten. Und nun*
> *können Sie sehen, was es heißt, Hunger zu haben bzw. einem zukünftigen Hunger vorzubeugen.*
> *Also die Deutschen verschwanden, und mein Freund und ich rannten nicht in den Luftschutz-*
> *keller, sondern in die Kantine. Wenn das während des Mittagessens passierte, rannten wir also*
> *in die Kantine, guckten uns die Gerichte an und fingen an zu essen und rannten erst dann in den*
> *Luftschutzkeller. Manchmal war das ziemlich knapp. Kaum waren wir im Luftschutzkeller, da*
> *ging das Bombardement los.[613]*

Die Versorgungssituation der in Marienfelde eingesetzten sowjetischen Zwangsarbeiter war von Anfang an wesentlich schlechter als die der westeuropäischen
Arbeitskräfte. So erhielten „Ostarbeiterinnen" und „Ostarbeiter" mittags im Werk
überhaupt keine Verpflegung.[614] Die Lagerverpflegung bestand aus einer Suppe,
die morgens und abends ausgegeben wurde, sowie einem Laib Brot pro Woche.[615]
Auch unter den „Ostarbeitern" gab es deshalb einige, die versuchten, ihre völlig
unzureichende Verpflegung durch nächtliche Kartoffeldiebstähle aufzubessern.
Verhältnismäßig glimpflich kam ein junger „Ostarbeiter" davon, der dabei erwischt
wurde: Er erhielt drei Ohrfeigen und mußte eine Nacht in der Arrestzelle verbringen. Viel härter traf es einige seiner Freunde, die zum zweiten Mal beim Kartoffelstehlen entdeckt worden waren: Sie wurden ins KZ Buchenwald eingeliefert.[616]

Die italienischen Deportierten erhielten mittags eine Mahlzeit in der gegenüber
der Fabrik gelegenen Ausländerkantine, für deren Leitung ein Franzose zuständig
war.[617] Doch sowohl Qualität als auch Quantität des ausgegebenen Essens wurden
im Laufe der Zeit immer schlechter und unzureichender:

> *Als es kalt wurde, verschlechterte sich die Situation erheblich. Die Wurststückchen, die wir*
> *vorher erhalten hatten, die Fleischstückchen, die man hin und wieder in der Suppe gefunden*
> *hatte, verschwanden. Ich erinnere mich, daß ich mit anderen in den Abfällen der Kantine, in*
> *der die Ingenieure, Abteilungsleiter aßen, wühlen gegangen bin auf der Suche nach etwas*
> *Eßbarem. Hunger haben wir jedoch immer gehabt, auch schon vorher, denn wir bekamen*
> *einfach zu wenig zu essen. Hinzu kam die Belastung durch die Arbeit. (...) Auf dem Weg zur*
> *Fabrik und zurück sah ich immer auf den Boden, in der Hoffnung, dort eine Kartoffelschale, ein*
> *Stück Karotte oder eine Rübe zu finden. Wir nahmen aber auch Gras und Kräuter vom*
> *Wegrand, von Hecken, um es zu essen. Wir steckten es in die Taschen und kochten es im Lager.*
> *(...) Einmal haben wir alle zu der Suppe [in der Kantine, Anm. d.Verf.] ein Würstchen*
> *bekommen. Das war etwas Außerordentliches. Als ich die Suppe aufgegessen hatte, zerschnitt*
> *ich das Würstchen und sah, daß es voller Würmer war. Ich hörte, wie andere in meiner Nähe*

---

612 Vgl. GUG-Interview Poptie/NL, S. 9.
613 GUG-Interview Duchet/F, S. 6; vgl. auch GUG-Interview Nivault/F, S. 2.
614 Vgl. GUG-Interviews Braeken/B, S. 3, 335/SU, S. 2, Nivault/F, S. 3, Maucourant/F, S. 3.
615 Vgl. GUG-Interview 335/SU, S. 5.
616 Vgl. ebda., S. I.
617 Vgl. GUG-Interviews Amari/I, S. 3f., Molinari/I, S. 5.

sagten: ‚Aber da ist ja alles voll Würmer!' Ich sagte, obgleich ich die Würmer in meinem Würstchen herumkriechen sah: ‚In meinem sind keine Würmer!' Dann habe ich das Würstchen gegessen. So groß war der Hunger.[618]

Mit zunehmender Kriegsdauer verschlechterte sich auch die Ausstattung der ausländischen Arbeitskräfte mit Kleidungsstücken. Viele verfügten schon bei ihrer Ankunft im Werk Marienfelde nur über das, was sie am Leibe trugen – wie zwei italienische Arbeitskräfte, die bei einer Razzia verhaftet und direkt abtransportiert worden waren.[619] Da Daimler-Benz Arbeitsanzüge offenbar nur in Einzelfällen zur Verfügung stellte[620], trug ein großer Teil der ausländischen Zivilarbeiter am Arbeitsplatz die private Kleidung, was natürlich dazu führte, daß sie schon bald völlig zerschlissen war:

In bezug auf die Kleidung war es das Gleiche wie mit dem Essen. Wir hatten schließlich keine Kleidung mehr, wir hatten nichts mehr. Das bißchen, was wir mitgebracht hatten, war bald abgenutzt. Wir liefen in Holzschuhen umher und hatten Lumpen um die Füße gewickelt, weil wir keine Strümpfe hatten. Es gab keinen Arbeitsanzug von Daimler. Es war unser eigener. Wir mußten ihn selbst waschen und in Ordnung halten.[621]

Die unzureichenden hygienischen Bedingungen in den Lagern und der Mangel an Waschpulver hatten jedoch zur Folge, daß sich auch in der Kleidung Ungeziefer einnistete.[622]

Da die Marienfelder Werksleitung aber normalerweise keine Ersatzkleidung beschaffte[623], versuchten einige der ausländischen Arbeitskräfte, sich auf andere Weise Kleidung zu besorgen:

Ich habe mir selbst ein wenig geholfen, indem ich mein Ührchen verkauft habe; dafür bekam ich eine Art Hemd, das nach einem Monat zerschlissen war. Es gab dort Holländer, bei denen man so etwas auf einer Art Schwarzmarkt kaufen konnte. Außerdem habe ich ein rundes Stück aus einer Decke herausgeschnitten, etwa in der Mitte, so daß ich die Decke über den Kopf ziehen konnte und eine Art Umhang besaß, der mir Rücken und Brust bedeckte und den ich mit einem Stück Bindfaden befestigte. – Einmal fiel mir bei einer Verlosung im Lager eine lange, gebrauchte Unterhose zu. Wo die Sachen herkamen, die verlost wurden, weiß ich nicht. Es handelte sich um gebrauchte Sachen. Als ich die Unterhose wusch, ist sie so lang geworden, daß sie gleichzeitig auch als Strümpfe diente, da sie auch die Füße zum Teil bedeckte. Außerdem reichte sie mir bis unter die Achseln, so daß ich sie mir mit zwei Bindfäden befestigen mußte. Nach einer Woche, zehn Tagen, ist sie, weil sie so dünn war, ganz auseinandergegangen wie die anderen Sachen auch, weil alles altes Zeug war.[624]

---

618 GUG-Interview Molinari/I, S. 4.
619 Vgl. GUG-Interviews Molinari/I, S. 10, Amari/I, S. 9.
620 Einige der Zeitzeugen gaben an, Arbeitskleidung von Daimler-Benz erhalten zu haben: Vgl. GUG-Interviews Molinari/I, S. 10, Nowee/NL, S. 8, Braeken/B, S. 5, Broos-Jordens/B, S. 5, v.d. Hoek/NL, S. 5, Fidder/NL, S. 6, Pradel/F, S. 5, Maucourant/F, S. 5. Andere dagegen erhielten keine: Vgl. GUG-Interviews Nivault/F, S. 5, Roland/F, S. 8, Poptie/NL, S. 9, Tholenaars/NL, S. 5, Verteurve/B, S. 5, Strobos/NL, S. 12, Amari/I, S. 9.
621 GUG-Interview Pradel/F, S. 8.
622 Vgl. GUG-Interviews Molinari/I, S. 9, Amari/I, S. 8.
623 Vgl. BAMA Potsdam WF–01/18603, Bl. 14, DB Marienfelde an Rüstungskommando Berlin II, 13.4.1944, Anlage.
624 Vgl. GUG-Interview Molinari/I, S. 10.

Bei den zahlreichen Luftangriffen auf das Werk Marienfelde und die umliegenden Lager verloren viele ausländische Arbeitskräfte auch noch den Rest ihrer Kleidung.[625] Zumindest einigen der Betroffenen ließ die Marienfelder Werksleitung daraufhin Ersatz zukommen – so erhielt ein belgischer Zwangsarbeiter ein Paar Schuhe und ein Franzose einen Anzug; ein niederländischer Zwangsarbeiter bekam – vermutlich mit Hilfe von Kleidermarken – neue Kleidung über das Arbeitsamt.[626]

Für die medizinische Betreuung der ausländischen Zivilarbeiter in Marienfelde war im Werk 40 die Sanitätsstelle zuständig, die von dem Werksarzt Dr. Speck geleitet wurde.[627] Im Werk 90 gab es vermutlich keinen eigenen Arzt, sondern lediglich eine Erste-Hilfe-Station. Selbst Arbeitsunfälle wurden dort nicht behandelt – ein französischer Zwangsarbeiter, dem durch eine Drehbank der kleine Finger abgetrennt worden war, wurde von einer spanischen Ärztin versorgt, deren Praxis in der Stadt lag.[628]

Dr. Speck betreute nicht nur das Werk 40, sondern auch die Lager D4 „West" und „Süd" – gelegentlich hielt er sich auch im Lager D4 „Ost" auf. Neben zwei deutschen Pflegern und drei deutschen Krankenschwestern gehörte – als einziger Ausländer – ein niederländischer Zwangsarbeiter der Sanitätsstelle an, der, bevor er nach Deutschland deportiert worden war, Medizin studiert hatte.[629] Darüber hinaus waren im Lager D4 „Süd" ein französischer, ein niederländischer und ein oder zwei italienische Sanitäter und im Lager D4 „Ost" ein russischer Arzt für die Betreuung erkrankter ausländischer Arbeitskräfte zuständig.[630] Im Lager Mariendorf soll es keine medizinische Betreuung gegeben haben – die Insassen des Lagers mußten im Krankheitsfall offenbar die Sanitäter im Lager D4 aufsuchen.[631]

Simulanten unter den ausländischen Arbeitskräften ließ der Marienfelder Werksarzt keine Chance – allerdings erwies er sich auch ernsthaft Erkrankten gegenüber als sehr hart, indem er sie nicht krankschrieb, sondern einfach weiterarbeiten ließ.[632] Der Dr. Speck zugeteilte niederländische Zwangsarbeiter geriet eines Tages in den Verdacht, den Werksarzt zum Krankschreiben zu vieler ausländischer Arbeitskräfte gedrängt zu haben, um auf diese Weise ihre Rückführung in die Heimat zu erreichen. Obwohl dieser Verdacht völlig unbegründet war, wurde der Niederländer

625 Vgl. AN Paris 2 AG 81, SP 8, de B, Rapport au sujet des ouvriers de la SGCM travaillant à la Daimler Benz Werk 40 Berlin Marienfelde.

626 Vgl. GUG-Interviews Braeken/B, S. 5, Nowee/NL, S. 8, Scheidecker/F, S. 10.

627 Vgl. GUG-Interview Strobos/NL, S. 7.

628 Vgl. GUG-Interview Scheidecker/F, S. 7. Auch andere ehemalige französische Zwangsarbeiter bestätigten, daß die Behandlung von Arbeitsunfällen bei Ärzten in der Stadt erfolgte: Vgl. GUG-Interviews Maucourant/F, S. 4, Duchet/F, S. 14.

629 Vgl. GUG-Interview Strobos/NL, S. 7f.

630 Vgl. ebda., S. 13. Während Strobos nur einen italienischen Sanitäter erwähnt, gab es laut Aussagen zweier ehemaliger italienischer Zwangsarbeiter einen weiteren Italiener, der als Sanitäter im Lager D4 Süd eingesetzt war: Vgl. GUG-Interviews Molinari/I, S. 6, Amari/I, S. 9.

631 Vgl. GUG-Interview Amari/I, S. 9.

632 Vgl. GUG-Interview Strobos/NL, S. 8. Nach Aussagen eines ehemaligen italienischen Zwangsarbeiters war Dr. Speck so unbarmherzig, daß einige ausländische Arbeitskräfte es ihm nach dem Krieg „heimzahlen" wollten: Vgl. GUG-Interview Molinari/I, S. 6.

Abb. 37–38: Eingang zum Werk Marienfelde (Werk 90) vor und nach der Zerstörung.

vom Sicherheits-Dienst (SD), der im Werk Marienfelde ein eigenes Büro unterhielt, verhaftet und in ein Straflager bei Potsdam überstellt.[633]

Den Gesundheitszustand der im Werk Marienfelde eingesetzten ausländischen Arbeitskräfte beschreibt der ehemalige niederländische Zwangsarbeiter folgendermaßen:

> *Der war schlechter, wie eigentlich notwendig war. Das Essen war schlecht, die Arbeitsstunden waren viel, Schlaf gab's wenig, weil es jeden Tag Bombenangriffe gab. Es gab Bombenangriff auf Bombenangriff und die Leute wurden müde, und immer müde, müde, müde, müde, aber wenn Sie das gesehen haben, die Leute hatten fast alle Holzschuhe an, keine Strümpfe mehr... Und die Leute hatten kleine Verwundungen und man konnte duschen da, aber sie taten es nicht. Man konnte duschen. Aber der Duschraum, das war ein größerer Duschraum mit vielen (Duschen), also wenn man da duschen wollte, mußte man sich draußen ausziehen, und da mag keiner gerne duschen. Das haben die Leute nicht gemacht, die waren schmutzig.*[634]

Viele der ausländischen Arbeitskräfte litten an Entzündungen an Füßen und Beinen, die durch das Tragen der Holzschuhe und die fehlenden Strümpfe entstanden.[635]

Es traten aber auch schwerwiegendere Erkrankungen wie Tuberkulose und – bei Italienern und Franzosen – Fälle von Flecktyphus auf.[636] Bekannt ist, daß mehrere der bei Daimler-Benz in Marienfelde eingesetzten belgischen Arbeitskräfte an Tuberkulose, Meningitis oder Blutsturz starben.[637] Mindestens drei Belgier kamen bei Unfällen ums Leben.[638]

Im Werk 90 sind einige ausländische Arbeitskräfte verbrannt, weil sich Material, das für die Herstellung von Flugmotoren verwendet wurde, beim Bearbeiten entzündete.[639]

Mehrere Todesopfer unter den im Werk Marienfelde eingesetzten ausländischen Zivilarbeitern forderten jedoch insbesondere die schweren Luftangriffe auf Berlin.[640] Im Januar 1943 wurde ein sowjetischer Zwangsarbeiter, der sich außerhalb des Luftschutzraums befand, bei einem Bombenangriff im „Ostarbeiterlager" der Daimler-Benz AG in der Säntisstraße getötet. An mehreren Wohnbaracken des Lagers entstanden schwere Schäden, vier brannten völlig ab.[641]

---

633 Vgl. GUG-Interview Strobos/NL, S. 9f.
634 GUG-Interview Strobos/NL, S. 13f. Auch ein ehemaliger französischer Zwangsarbeiter bestätigte, daß es Franzosen gab, die nichts in puncto Hygiene unternahmen: Vgl. GUG-Interview Roland/F, S. 8.
635 Vgl. GUG-Interviews Molinari/I, S. 10, Amari/I, S. 9.
636 Vgl. GUG-Interview Strobos/NL, S. 14.
637 Vgl. MSPF Brüssel, télégrammes de décès, und ebda. Rap. 149/Tr. 2406, Liste der Gräber der während des Krieges gefallenen oder verstorbenen Soldaten und Zivilpersonen, Bezirksamt Berlin-Weißensee.
638 Vgl. MSPF Brüssel, télégrammes de décès.
639 Vgl. GUG-Interviews Scheidecker/F, S. 12, Duchet/F, S. 16.
640 In den Unterlagen des MSPF Brüssel werden außer den im folgenden beschriebenen Todesfällen drei im Werk Marienfelde eingesetzte Belgier erwähnt, die bei Luftangriffen ums Leben kamen: Vgl. MSPF Brüssel, télégrammes de décès,
641 Vgl. LA Berlin Rep. 20/Nr. 7425, Lagebericht des Polizeipräsidenten über die Luftangriffe auf

Besonders schwerwiegende Folgen hatte der amerikanische Nachtangriff vom 23. auf den 24. August 1943. Im Werk 40 brannten mehrere Werkshallen und Verwaltungsgebäude ab[642], und im „Ostarbeiterlager" in der Säntisstraße kamen bei der Explosion einer Sprengbombe im Deckungsgraben zwischen 45 und 50 „Ostarbeiterinnen" ums Leben.[643] Nach Aussagen eines ehemaligen niederländischen Zwangsarbeiters waren die Splittergräben oft nur mit ca. 2–5 cm dicken Betondeckeln geschützt, die selbst von Brandbomben leicht durchschlagen werden konnten.[644]

Der Angriff vom 23. auf den 24. August verursachte im Werk 40 in Marienfelde chaotische Zustände. So wurden an Gestapo und Polizei rund 300 Westarbeiter sowie ca. 200 „Ostarbeiter" als flüchtig gemeldet; ungefähr 1.000 ausländische Arbeitskräfte verloren ihre Unterkunft und mußten in Zelten untergebracht werden.[645] Lobend hob das Rüstungskommando Berlin 60 Franzosen hervor, „die während des Angriffs im Werk anwesend waren (und) hervorragende Hilfsarbeit bei der Schadensbekämpfung leisteten".[646]

Da sie aufgrund der im Werk 90 entstandenen Schäden nicht mehr in Marienfelde arbeiten konnten, wurde ein Teil der ausländischen Arbeitskräfte vorübergehend zu den Pommerschen Motorenwerken (PoMo) nach Stettin verlegt, wo in Lizenz ebenfalls Daimler-Benz-Motoren gefertigt wurden.[647]

Berlin, 19.1.1943; ebda. Rep. 239 Acc. 2517 Nr. 59–60, Hauptluftschutzstelle: Berichte über Luftangriffe auf die Reichshauptstadt Berlin, 16.1.1943.

642 Vgl. LA Berlin Rep. 20/Nr. 7245, Lagebericht des Polizeipräsidenten, 27.8.1943; ebda. Rep. 239 Acc. 2517 Nr. 59–60, Hauptluftschutzstelle: Berichte über Luftangriffe auf die Reichshauptstadt, 30.8.1943; BAMA Potsdam WF–01/826, Bl. 71–74, Meldung über Feindeinwirkungen, 23./24.8.1943.

643 Vgl. LA Berlin Rep. 20/Nr. 7245, Lagebericht des Polizeipräsidenten, 27.8.1943; ebda. Rep. 239 Acc. 2517 Nr. 59–60, Hauptluftschutzstelle: Berichte über Luftangriffe auf die Reichshauptstadt, 30.8.1943; BAMA Potsdam WF–01/826, Bl. 71–74, Meldung über Feindeinwirkungen 23./24.8.1943; vgl. auch GUG-Interviews Braeken/B, S. 6, Poptie/NL, S. 12, 335/SU, S. 6, Nivault/F, S. 6, Pradel/F, S. 6, Duchet/F, S. 16.

644 Vgl. GUG-Interview Strobos/NL, S. 1.

645 Vgl. BAMA Potsdam WF–01/826, Bl. 86f., Meldung über Feindeinwirkungen 23./24.8.1943 (Erfahrungsbericht Oberstleutnant Wolfrom); GUG-Interviews Braeken/B, S. 5, Broos-Jordens/B, S. I; Tagebuch Pradel/F, S. 9.

646 BAMA Potsdam WF–01/826, Bl. 71–76 und 86f., Meldungen über Feindeinwirkungen 23./24.8.1943 (Erfahrungsbericht Oberstleutnant Wolfrom).

647 Vgl. GUG-Interviews Fidder/NL, S. 2, Scheidecker/F, S. 2, Duchet/F, S. 2.

Schachtelhalm II

Ab September 1944 wurden Teile der Marienfelder Flugmotorenfertigung in die Nähe der polnischen Grenze nach Meseritz bei Frankfurt an der Oder verlegt. Dorthin hatte auch das Werk Genshagen Teile der Produktion verlagert.[648] Neben Franzosen, Belgiern und Niederländern sollen in „Schachtelhalm" auch Tschechen, Russinnen, Polinnen sowie Italienerinnen und Französinnen eingesetzt gewesen sein.[649] Das zum Verlagerungsbetrieb gehörende Lager befand sich – vor Luftangriffen relativ gut geschützt – in einem Kornfeld.[650]

Die Arbeitsbedingungen im unterirdischen Verlagerungsbetrieb „Schachtelhalm" waren hart. Wochenlang mußten die dort eingesetzten Arbeitskräfte ausschließlich unter der Erde in den nur 2 bis 2,50 m breiten Gängen arbeiten, dazu kam ein extrem kalter Winter.[651]

Einige der ausländischen Arbeitskräfte hatten darüber hinaus unter den Schikanen des Werkschutzes zu leiden. So notierte ein französischer Zwangsarbeiter am 8. November 1944 in seinem Tagebuch: „Ein Kamerad wird schwer verprügelt von drei Werkschutzangehörigen."[652]

Noch schlechter als die Arbeitsbedingungen waren die Lebensbedingungen in „Schachtelhalm". Die Verpflegung erwies sich als so unzureichend, daß sich selbst die deutschen Arbeitskräfte darüber beschwerten.[653] Aufgrund der Kälte brach an Weihnachten 1944 darüber hinaus die Wasserversorgung zusammen.[654]

Überstürzt wurde Ende Januar/Anfang Februar 1945 beim Herannahen der sowjetischen Armee die Rückverlagerung von „Schachtelhalm" nach Marienfelde durchgeführt:

Eines Tages haben wir gearbeitet, und mittags sagte man uns: ‚Säubern Sie die Maschinen, reiben Sie sie mit Öl ein.' Nachts waren wir dabei, uns zu unterhalten, und entfernt hörten wir Kanonendonner und Artilleriefeuer. Wir beschlossen, noch einen Tag dazubleiben und zu warten, bis die Russen kämen, dann wäre für uns alles beendet. Aber dann kam der Lagerführer – so gegen sechs abends – und brüllte: ‚Raus, raus!' Und wir haben unsere Koffer genommen und sind zum Bahnhof gegangen, ich glaube, es war Starpel. Da gab es keinen Zug, und wir sind die ganze Nacht zu Fuß gelaufen. Wir hatten kleine Karren, die die Deutschen liegengelassen hatten. Wir haben unsere Sachen daraufgelegt und haben den Karren gezogen. Es war noch ein Freund dabei und eine junge Italienerin. So sind wir zu einem Bahnhof gekommen, und dort haben wir einen Zug genommen, der uns nach Berlin gebracht hat.[655]

648 Vgl. oben Tab. 5, S. 69.
649 Vgl. GUG-Interviews Duchet/F, S. 7 und 12, Fidder/NL, S. 4, Maucourant/F, S. 3.
650 Vgl. GUG-Interviews Duchet/F, S. 12 und Fidder/NL, S. 6.
651 Vgl. Tagebuch Maucourant/F, 9.10.1944; GUG-Interviews Fidder/NL, S. 1, Nowee/NL, S. 4.
652 Tagebuch Maucourant/F, 8.11.1944.
653 Vgl. GUG-Interview Maucourant/F, S. I und 5 und Tagebuch Maucourant/F, 20. und 25.10.1944.
654 Vgl. Tagebuch Maucourant/F, 27.12.1944.
655 GUG-Interview Duchet/F, S. 17; vgl. auch GUG-Interview Nowee/NL, S. 4.

Königsberg

Über die Lebens- und Arbeitsbedingungen ziviler ausländischer Arbeitskräfte im
Werk Königsberg ist – im Gegensatz zu denen der Kriegsgefangenen[656] – so gut
wie nichts bekannt.

Ende 1941 waren zunächst fünf Zivilarbeiter im Werk Königsberg eingesetzt.[657] Für Juni 1942 hoffte die Werksleitung auf die Zuweisung von 60 sowjetischen Facharbeitern, die für die Herstellung von Ersatzteilen für Personenwagen,
Lastwagen und Zugkraftwagen eingesetzt werden sollten. Doch die Ankunft der
„Ostarbeiter" verzögerte sich, da die Unterbringungsmöglichkeiten noch nicht gesi-
chert waren.[658]

Bis Ende 1944 stieg die Zahl der ausländischen Zivilarbeiter im Werk Königsberg auf 175, was einem Anteil von 48,1% gemessen an der Gesamtbeschäftigten-
zahl entsprach.[659] Der Anstieg der Zahl der Zivilarbeiter ist in erster Linie auf die
Überführung französischer Kriegsgefangener in den Zivilarbeiterstatus zurückzuführen.[660]

Genshagen

Im Werk Genshagen, das 1936 als eines der modernsten Flugmotorenwerke Europas errichtet wurde, lag der Anteil ausländischer Arbeitskräfte wesentlich höher als
in anderen Werken des Daimler-Benz-Konzerns. Bereits im September 1941 waren
in Genshagen rund 1.900 ausländische Zivilarbeiter und 359 französische Kriegsgefangene eingesetzt[661], und zwischen dem 31. Dezember 1941 und dem 31. Dezember 1942 stieg allein die Zahl der zivilen ausländischen Arbeitskräfte von 1.899
auf 6.011.[662] Das entsprach einem Anteil von rund 42,6 % gemessen an der Gesamtbelegschaft des Werks.[663] Zum 15. April 1943 erhöhte sich die Zahl der ausländischen Zivilarbeiter erneut: Von insgesamt 15.071 Arbeitskräften waren 7.493
Deutsche, 4.099 Ausländer aus unterschiedlichsten Ländern und 2.721 „Ostarbeiterinnen" und „Ostarbeiter" – dazu kamen 758 französische Kriegsgefangene, was
einem Anteil von knapp über 50% ausländischen Arbeitskräften und Kriegsgefangenen entsprach.[664]

656 Vgl. Kapitel 3.3.4.4.
657 Vgl. Tabelle 8, S. 98.
658 Vgl. MBA Kissel IX, 3, Kissel an Daimler-Benz Königsberg, 22.6.1942; BAMA Freiburg RW
     20–1/11, fol. 91, Bericht der Prüfungskommission vom 1.–30.6.1942.
659 Vgl. Tabelle 8, S. 98.
660 Vgl. unten S. 326.
661 Vgl. BA Potsdam 80 Ba 2/16348, Daimler-Benz Motoren GmbH GB 1940, S. 17; vgl. dazu
     auch ebda. 80 Ba 2/16365, Bl. 95, Geschäftsführung der Daimler-Benz Motoren GmbH an die
     Mitglieder des Beirats, 10.10.1941.
662 Vgl. Tabelle 8, S. 98; auch MBA Forstmeier 16, Gefolgschaft der DBAG Genshagen Jahres-
     ende 1942.
663 Vgl. MBA Forstmeier 16, Gefolgschaft der DBAG Genshagen Jahresende 1942.
664 Vgl. BA Potsdam 80 Ba 2/16348, Bericht der Geschäftsleitung Genshagen für das Geschäfts-
     jahr 1942, S. 1.

Entsprechend zahlreich waren auch die in Genshagen vertretenen Nationalitäten: Allein die Gruppe der ausländischen Zivilarbeiter setzte sich aus Angehörigen aus 20 bis 22 verschiedenen Nationen zusammen, darunter Franzosen, Belgier, Niederländer, Österreicher, Italiener, Ungarn, Jugoslawen, Slowenen, Dänen, Schweden, Norweger, Ukrainer, Litauer, Tschechen, Spanier und Bulgaren.[665]

Bereits im Oktober/November 1938 hatte die mit den Kriegsvorbereitungen verbundene Produktionssteigerung dazu geführt, daß die Genshagener Geschäftsleitung Facharbeiter aus den ehemaligen österreichischen Gebieten und aus dem Sudetenland in Genshagen einsetzte.[666] Allerdings blieben zumindest die in Wien angeworbenen Arbeitskräfte nicht lange bei der Daimler-Motoren GmbH. So klagte die Leitung des Werks Genshagen bereits im März/April 1939:

> *Außerdem sind die s. Zt. von Wien geholten Facharbeiter unter irgendeinem Vorwand fast alle wieder nach Wien zurückgefahren, während die Arbeiter aus den übrigen Gauen der Ostmark treu und brav weiter ihre Pflicht tun.*[667]

Im März 1940 erwog die Genshagener Geschäftsführung unter K.C. Müller auch den Einsatz polnischer Facharbeiter.[668] Ob dieses Vorhaben jedoch schon zum damaligen Zeitpunkt realisiert wurde, ist unbekannt.

Fest steht dagegen, daß zu den ersten ausländischen Zivilarbeitern in Genshagen 1.400 italienische Arbeitskräfte gehörten, für deren Unterbringung Daimler-Benz ein Lager in Werksnähe errichten ließ, und die nach Meinung des Aufsichtsratsvorsitzenden der Daimler-Benz AG, Emil Georg von Stauß, besonders gut verpflegt wurden.[669] Doch gerade die Versorgungssituation sorgte für große Unzufriedenheit unter den italienischen Arbeitskräften. Nachdem es unter ihnen offenbar schon mehrfach Unruhen aufgrund schlechter Verpflegung gegeben hatte, kam es Anfang Juni 1941 zu einem erneuten Zwischenfall im Lager. Dabei weigerten sich die Italiener, ihnen zugeteilte, nach ihrer Auffassung verdorbene Lebensmittel zu essen. Nachdem der Lagerführer die Ludwigsfelder Polizei und einige Daimler-Benz-Werkschutzleute zur Hilfe gerufen hatte, weil er sich von den italienischen

---

665 Vgl. MBA VS-Protokolle, Protokoll der Vorstandssitzung 23.10.1941, S. 3; BA Potsdam 80 Ba 2/16348, Geschäftsbericht Daimler-Benz Motoren GmbH Genshagen 1941, S. 4; GUG-Interview Stolzenwald/D, S. 1 und 19; MBA Forstmeier 16, Bericht von E. Stolzenwald, S. 6; GUG-Interviews Beekaert/B, S. 3, Merks/NL, S. 5. Nach Angaben eines ehemaligen belgischen Zwangsarbeiters (GUG-Interview Mervielde/B, S. 3) waren in Genshagen auch Griechen und Letten eingesetzt.

666 Vgl. BA Potsdam 80 Ba 2/16354, Bl. 85, Bericht der Daimler-Benz Motoren GmbH über das 4. Quartal 1938; vgl. auch GUG-Interview Stolzenwald/D, S. 1 und MBA Forstmeier 16, Bericht von E. Stolzenwald, S. 1. Erich Stolzenwald, Abteilungsleiter der Abteilung Personal-Lohnempfänger im Werk Genshagen, führte selber Anwerbeaktionen, u.a. in Österreich, durch.

667 BA Potsdam 80 Ba 2/16354, Bl. 114, Bericht März/April 1939; vgl. auch GUG-Interview Stolzenwald/D, S. 20: Demnach war der Einsatz der Österreicher problematisch, weil diese zu viel tranken und dann nicht die erwarteten Arbeitsleistungen erbrachten.

668 Vgl. MBA Kissel IX, 3, Müller (Genshagen) an Kissel, 14.3.1940 und ebda. Forstmeier 22, Aktennotiz Müller über die Besprechung mit Herrn Oberregierungsrat Dr. Hildebrandt vom RAM, 14.3.1940.

669 BA Potsdam 80 Ba 2/16348 Daimler-Benz Motoren GmbH GB 1940, S. 15; ebda. 80 Ba 2/16378, von Stauß an Rummel, 5.8.1941 Bl. 61.

Arbeitskräften bedroht fühlte, wurden 14 Italiener festgenommen, die als „Rädels-
führer" der Aktion galten. Sie sollten zunächst für einige Tage bei der Gestapo
Potsdam „untergebracht" und anschließend an Arbeitsplätze in einem anderen
Bezirk vermittelt werden. Innerhalb des Lagers wurden mehrere Polizisten statio-
niert; außerdem wurde eine Durchsuchung nach Schußwaffen durchgeführt.[670]

Für Aufregung bei der Genshagener Werksleitung sorgte offenbar auch der Besuch des bulgarischen Ministerpräsidenten, der sich aufgrund zahlreicher Beschwer-
debriefe seiner in Genshagen arbeitenden Landsleute dazu veranlaßt sah, sich vor
Ort über deren Arbeitsbedingungen zu informieren.[671]

Im März 1941 entschied der Daimler-Benz-Vorstand in Untertürkheim über die
Aufnahme von 2.000 Arbeitern der ungarischen Firma Manfred Weiss. Sie sollten
innerhalb eines Jahres im Werk Genshagen in der Produktion von Daimler-Benz-
Motoren geschult werden, um anschließend bei der Firma Weiss die Lizenzferti-
gung der Motoren aufnehmen zu können. Für die Unterbringung dieser Arbeitskräfte wurde eine Barackenstadt in Trebbin errichtet, deren Baukosten insgesamt
2,9 Mio. RM betrugen.[672] Im Unterschied zu den ursprünglichen Planungen oblag
die Verwaltung des Lagers jedoch offenbar nicht der Deutschen Arbeitsfront,
sondern dem Werk Genshagen selbst, das somit auch das entsprechende Personal
zur Verfügung stellte.[673] Eingesetzt wurden die ungarischen Arbeitskräfte im gesamten Werk – teils als Facharbeiter, teils als angelernte Arbeitskräfte.[674]

Rege Aktivitäten entwickelte die Leitung der Daimler-Benz Motoren GmbH
zur Anwerbung von Arbeitskräften in verschiedenen Ländern, denn der Arbeitskräftebedarf in Genshagen war groß. Im Februar 1941 hatte K.C. Müller die Be-
fürchtung geäußert, eine Programmsteigerung sei ohne die Zuweisung neuer Arbeitskräfte nicht möglich.[675] Dazu kam, daß eine größere Anzahl ausländischer Arbeitskräfte nach Auslaufen der Arbeitsverträge in die Heimat zurückkehrte – im
Sommer 1942 drohte dem Werk Genshagen nach Angaben der Geschäftsführung
dadurch sogar ein Verlust von 20% der Gefolgschaftsmitglieder.[676] Nach Aussagen

---

670 Vgl. zu diesem Vorfall StA Potsdam Rep 2A I Pol. Nr. 2893, Bl. 43, Vermerk des Regierungs-
     präsidenten Potsdam, 4.6.1941; Bl. 44, Bericht des Gendarmerieposten Ludwigsfelde, 2.6.1941;
     Bl. 44 R Gendarmerie-Kreisführer Teltow an Gendarmerie-Kreisführer Berlin, 3.6.1941; Bl. 45
     u. 45 R, Landrat des Kreises Teltow an Regierungspräsidenten Potsdam, 4.6.1941, betr.:
     Unruhen unter den italienischen Arbeitern im Lager Genshagen.
671 Vgl. GUG-Interview Stolzenwald/D, S. 19. Nach Meinung von Stolzenwald war der Besuch
     des Ministerpräsidenten völlig überflüssig, da die bulgarischen Arbeitskräfte während dieses
     Aufenthaltes gar keine Beschwerden mehr äußerten. Wahrscheinlich befürchteten sie jedoch
     zukünftige Repressionen von Daimler-Benz. Wann der Besuch des bulgarischen Ministerpräsi-
     denten stattfand, ist unklar.
672 MBA VS-Protokolle, Protokoll der Vorstandssitzung in Untertürkheim am 25./26.3.1941,
     S. 2f.
673 Vgl. ebda. Forstmeier 16, Stolzenwald an Forstmeier (10.3.1983), S. 1.
674 Vgl. ebda.
675 Vgl. ebda. Forstmeier 14, Aktennotiz betr. Besprechung Müller bei Generalingenieur Tscher-
     sich, 25.2.1941.
676 Vgl. BAMA Freiburg RL 3/15 Forts. II, Bericht über GL-Besprechung, 26.8.1942 betr.:
     Auslaufen der Arbeitsverträge ausländischer Arbeitskräfte.

eines ehemaligen Abteilungsleiters der Personalabteilung des Genshagener Werkes warb das Unternehmen deshalb selber Arbeitskräfte in Belgien, Frankreich, Österreich, Ungarn, Jugoslawien und den Niederlanden an, darunter auch Frauen.[677] So wurde z.B. im Februar 1942 eine Werbeaktion in Frankreich gestartet, von der sich die Genshagener Geschäftsführung „einigen Erfolg" versprach.[678]

Die erhofften Arbeitskräfte kamen tatsächlich nach Genshagen – „geködert" mit zahlreichen Versprechungen seitens ihres neuen Arbeitgebers, der Daimler-Benz Motoren GmbH. Ein ehemaliger französischer Zwangsarbeiter erinnert sich:

Bei uns bildete ohne Zweifel die Gruppe der Arbeitskräfte von Hispano die wichtigste Gruppe. [...] Bois-Colombes war seit dem Waffenstillstand eine Filiale von Daimler-Benz geworden. Deshalb glaubten sich unsere jungen Freunde in Genshagen ein wenig wie bei sich zu Hause. Um sie in diesem Glauben zu wägen, besaßen sie die ihnen vor ihrer Abfahrt gemachten förmlichen Versprechungen ihres neuen Arbeitgebers: Sie gingen nach Deutschland, nur um sich dort für einige Monate zu spezialisieren. Sie erhielten eine bevorzugte Behandlung: direkte Briefverbindung mit der Heimat, gesonderte Küche, selbstgewählten Arbeitsplatz, besondere Löhne. [...] Leider dauerte es nicht lange, bis sie ihre Hoffnungen aufgeben mußten. Wie viele andere waren sie auf's Schwerste getäuscht worden.[679]

Auch einige Arbeitskräfte von Renault waren in Genshagen eingesetzt; allerdings handelte es sich offenbar um eine viel geringere Anzahl als beispielsweise in Untertürkheim oder Mannheim.[680] Im Unterschied zu vielen anderen französischen Zivilarbeitern, wie z.B. aus den Unternehmen Dewoitine und Latécoère, die in der unbesetzten Zone Frankreichs lagen, profitierten die Renault-Arbeitskräfte sehr von der Unterstützung durch die in Frankreich zurückgebliebenen Kollegen, die sie mit Lebensmittelpaketen versorgten.[681]

Ab dem Frühjahr 1942 trafen in Genshagen, wie in den anderen Daimler-Benz-Werken, große Transporte mit „Ostarbeiterinnen" und „Ostarbeitern" ein, darunter ganze Familien.[682] Alleine im Juni 1942 erhielt die Daimler-Benz Motoren GmbH 2.500 sowjetische Arbeitskräfte zugewiesen, darunter ca. 650 Frauen.[683] Die „Ostarbeiter" bildeten von diesem Zeitpunkt an die größte Gruppe unter den ausländi-

---

677 Vgl. GUG-Interview Stolzenwald/D, S. 1ff. und S. 20 und MBA Forstmeier 16, Bericht von E. Stolzenwald, S.3.

678 BA Potsdam 80 Ba 2/16354, Bl. 276f., Geschäftsführung Daimler-Benz Motoren GmbH an Mitglieder des Beirats, 16.2.1942. In diesem Zusammenhang muß darauf hingewiesen werden, daß bereits im Juli 1940 das Reichsarbeitsministerium (RAM) per Erlaß private Werbeaktionen von Firmen im Ausland untersagt und nur noch Beamten des RAM gestattet hatte. Vgl. dazu auch Kapitel 2.1.

679 Bousquet, Barbelés, S. 43 (Eigene Übersetzung der Autorin).

680 Vgl. ebda., S. 43f. und GUG-Interview Stolzenwald, S. 3.

681 Vgl. Bousquet, Barbelés, S. 44.

682 Vgl. GUG-Interview Stolzenwald/D, S. 1.

683 Vgl. BA Potsdam 80 Ba 2/16348, Daimler-Benz Motoren GmbH GB 1941, S. 15; ebda. 80 Ba 2/16354, Bl. 298; s. auch BA Potsdam 80 Ba 2/16365, Bl. 120: Daimler-Benz Motoren GmbH an die Mitglieder des Beirats: „... Unseren Bemühungen auf Einstellung weiterer Gefolgschaftsmitglieder ist es nunmehr gelungen, rd. 2.500 Zivil-Russen und Russinnen zugewiesen zu erhalten...". In einer Gefolgschaftsaufstellung des Werkes Genshagen (MBA Forstmeier 16) sind bereits am Jahresende 1941 einige „Ostarbeiter" aufgeführt, die großen Transporte trafen jedoch erst im Juni 1942 ein.

schen Zivilarbeitern: Zum Jahresende 1942 waren von den 6.011 ausländischen Arbeitskräften 2.778 „Ostarbeiterinnen" und „Ostarbeiter".[684] Zum Einsatz der sowjetischen Zwangsarbeiter äußerte sich die Genshagener Geschäftsführung folgendermaßen:

> *Die Ostarbeiter sind in zwei geschlossenen Barackenlagern untergebracht. Die Unterkünfte stehen vorschriftsmäßig unter ständiger Bewachung und dürfen nur auf dem Gange von und zur Arbeitsstätte verlassen werden. Die Lager werden mit Hilfe einer strengen Lagerdisziplin sauber gehalten ... Wir sind bemüht, der Ostarbeiterfrage unsere größte Aufmerksamkeit zu schenken, da wir in Zukunft in unserer Produktion stark auf diese Arbeitskräfte angewiesen sein werden.*[685]

Trotz der Bedeutung, die den sowjetischen Zwangsarbeitern also offensichtlich bei der Aufrechterhaltung der Produktion zukam, weigerte sich die Werksleitung in einem Fall zunächst, ungelernte Russen zu übernehmen – vermutlich, weil sie die Zuweisung von Facharbeitern beantragt hatte. Erst nach Eingreifen des Inspekteurs des Rüstungskommandos Potsdam erklärte sich die Daimler-Benz Motoren GmbH dann doch zur Übernahme der ungelernten „Ostarbeiter" bereit, da bei Ablehnung von Arbeitskräften geprüft wurde, ob eine „die Fertigung sabotierende Haltung" des Betriebs vorlag.[686] Außerdem benötigte das Werk Genshagen auch eine große Anzahl von „Ostarbeiterinnen" und „Ostarbeitern" für Hilfstätigkeiten wie dem Putzen von Werkshallen und Büroräumen:

> *Und dann brauchten wir ja eine Putzkolonne: Büroreinigung, Toilettenreinigung, bei den Menschenmassen! Da haben wir natürlich nachher auch Ostarbeiter eingesetzt. Ganze Ostarbeiterkorps. Täglich zogen die von einer Halle in die andere, und das hatten die bis dann und dann fertig zu machen. Und das ging manchmal so, daß die das bis in die Nacht rein machen mußten.*[687]

Obwohl die Genshagener Leitung noch im Februar 1942 über die Einberufung der besten Facharbeiter zur Wehrmacht klagte, weil als Ersatz nur Ausländer zur Verfügung stünden, „die erst nach längerer Einarbeitung für eine einfache Maschinenarbeit verwendet werden können"[688], erzielte das Werk Genshagen beträchtliche Umsatz- und Gewinnsteigerungen. So ergab der Bilanzprüfungsbericht der Deutschen Treuhand-Gesellschaft für das Jahr 1942 eine Umsatzsteigerung von 46% und einen Anstieg des Rohgewinns sogar um 63%.[689]

---

684 Vgl. MBA Forstmeier 16, Gefolgschaft per Jahresende (1937–)1942.
685 BA Potsdam 80 Ba 2/16348, GB der Daimler-Benz Motoren GmbH 1941, S. 15.
686 Vgl. BAMA Potsdam WF–01/371, Bl. 661, 665, 730, 731; vgl. dazu auch ebda. WF–01/9739, Bl. 500, KTB Rükdo Berlin II, 1.10.–31.12.1942.
687 GUG-Interview Stolzenwald/D, S. 21; vgl. auch GUG-Interview Stolzenwald/D, S. 3 und GUG-Interviews Lippens/B, S. I und de Baets/B, S. I, nach deren Angaben die sowjetischen Zwangsarbeiter die minderwertigsten Arbeiten verrichten mußten und auch Kinder zur Arbeit eingesetzt wurden.
688 BA Potsdam 80 Ba 2/16365, Bl. 108, Geschäftsführung der Daimler-Benz Motoren GmbH an die Mitglieder des Beirats, 16.2.1942.
689 Vgl. ebda. 80 Ba 2/16331, Bl. 194, Niederschrift über Beiratssitzung am 12.8.1943 in Genshagen und ebda. 80 Ba 2/16354, Bl. 365, Aktennotiz Rummel (?) betr. Daimler-Benz Motoren GmbH/Bilanz per 31. Dezember 1942.

Im Dezember 1942 lag die Arbeitsleistung der in Genshagen eingesetzten „Ost-arbeiter" im Vergleich zu deutschen Belegschaftsmitgliedern bei 60–65%, die der „Ostarbeiterinnen" bei 65–70%.[690] Ein ehemaliger leitender Daimler-Benz Mitarbeiter bestätigte, daß sich „Ostarbeiterinnen" nach der Anlernzeit als sehr geschickt erwiesen und sogar schneller als die Arbeitskräfte, die vorher die Maschinen bedienten, gearbeitet hätten.[691]

Trotzdem machte der Betriebsführer des Werks Genshagen, K.C. Müller, immer wieder die ausländischen Arbeitskräfte für in der Produktion auftauchende Schwierigkeiten verantwortlich. So klagte er in einer Beiratssitzung im August 1943 über Probleme bei der Fabrikation der Motoren DB 605 und 610 und wies einen wesentlichen Teil der Schuld den ausländischen Arbeitskräften zu, die „ohne jegliches Interesse" arbeiteten. Müller hoffte, diesem „Übelstand" durch weitestgehende Aufteilung der Arbeit in Fließbandarbeit begegnen zu können.[692] Auch im Jägerstab unterstrich Müller im März 1944, daß es unmöglich sei, mit den vorhandenen Arbeitskräften das Produktionssoll zu erfüllen:

Für das Motorenprogramm sind die Voraussetzungen, die seinerzeit von uns gestellt wurden und die uns auch zugebilligt wurden, nicht erfüllt worden. Wir stehen in Genshagen z.B. im Motorenprogramm für März mit 1200 Motoren. Seit einem halben Jahr fehlen dort aber je nach Fluktuation 1100 bis 1300 Mann. Erst jetzt haben wir die Möglichkeit, durch Einführung der 72-Stunden-Woche mit der vorhandenen Gefolgschaft mehr herauszuholen. Wir haben aber einen sehr hohen Prozentsatz Ausländer, die einfach nicht gewillt sind, mehr zu arbeiten, junge Tschechen z.B., die nach einem Angriff in Berlin herumfahren, um Aufnahmen und Berichte für die Spionage usw. zu machen oder Schleichhandel zu treiben. Wir haben ein grosses Ausländerlager in Trebbin, wo die Leute jeden Morgen pünktlich herausgeworfen und auf die Bahn gebracht werden. Die Kerls bleiben dann aber in den Vorortzügen sitzen und fahren bis Berlin.[693]

Diese Schilderung Müllers zum Verhalten einiger ausländischer Arbeitskräfte mag stellenweise überspitzt sein, traf jedoch im großen und ganzen zu. Doch stellte dieses Verhalten lediglich eine Reaktion auf die im Werk Genshagen und den dazugehörenden Ausländerlagern vorherrschenden Arbeits- und Lebensbedingungen dar, die noch härter und schlechter waren als in anderen Werken des Daimler-Benz-Konzerns.

Dabei hatte das Werk Genshagen, als eine überwältigend moderne Fabrik, auf eine Reihe von ausländischen Zivilarbeitern zunächst nicht unbedingt abschreckend gewirkt. So erinnert sich ein ehemaliger französischer Zwangsarbeiter:

Im Hinblick auf die Ausstattung konnte man sich nichts Moderneres vorstellen. In jeder Halle die technisch vollkommensten Maschinen, Toiletten, Umkleideräume, Duschen, ein Speise-

690 Vgl. BAMA Potsdam WF–01/18169, Bl. 462, Kriegstagebuch Rükdo Potsdam 1.10.–31.12. 1942.

691 MBA, Interview Koch, 19.6.1986, S. 3; auch Stolzenwald erwähnt, daß die Arbeitsleistung der „Ostarbeiter" von den Hallenleitern außerordentlich gelobt wurde: Vgl. GUG-Interview Stolzenwald/D, S.9f.

692 Vgl. BA Potsdam 80 Ba 2/16331, Bl. 194, Niederschrift über Beiratssitzung am 12.8.1943 in Genshagen.

693 BA Koblenz R 3/1673 Anlage 4, Jägerstab-Protokoll v. 25.3.1944.

> *raum, alles von einer bemerkenswerten Sauberkeit. Es wäre ein Geschenk gewesen, bei uns in Frankreich unter solchen Bedingungen arbeiten zu können.*[694]

Gleichzeitig eilte dem Werk Genshagen vor allem bei den französischen Arbeitskräften aber auch ein negativer Ruf voraus:

> *Wir kannten das Haus Daimler-Benz bereits vom Hörensagen: Eine echte Kaserne mit seinen 15.000 Arbeitern, seiner Armee von Polizisten und einer beachtlichen Anzahl von einflußreichsten und entschlossensten Mitgliedern der Partei, die, obwohl noch jung, zurückgehalten wurden, um das ‚heilige Feuer‘, nicht nur in der Fabrik, sondern auch in der Zivilbevölkerung aufrechtzuerhalten.*[695]

Für viele ausländische Arbeitskräfte war oft bereits die erste Begegnung mit den deutschen „Kollegen" und Vorgesetzten äußerst ernüchternd. Denn auch unter den deutschen Arbeitskräften in Genshagen waren viele der Meinung, bei den ausländischen Arbeitskräften handele es sich durchweg um Freiwillige, die in ihrer Heimat arbeitslos seien und nun den deutschen Arbeitskräften den Arbeitsplatz wegnähmen, damit diese an die Front geschickt werden könnten.[696] So erlebte ein niederländischer Zwangsarbeiter, daß ein deutscher Meister einen anderen Niederländer, der alle zwei Tage bei der Arbeit fehlte, aufforderte, doch wieder nach Hause zurückzukehren. Der Niederländer gab dem Deutschen zu verstehen, daß er dies auch gerne täte, jedoch nicht freiwillig in Genshagen sei. Daraufhin wandte sich der Meister erstaunt an den Hallenleiter, der ihm bestätigte, daß tatsächlich keiner der Ausländer freiwillig da sei.[697]

Ein ehemaliger französischer Zwangsarbeiter erinnert sich, daß es insbesondere Lehrlinge waren, die den ausländischen Arbeitskräften nur allzu deutlich ihre Abneigung zeigten.[698] Am härtesten traf diese Einstellung die sowjetischen Zwangsarbeiter:

> *Sie (die jungen Deutschen) hatten eine sehr ausgeprägte ‚Vorliebe‘ für die Russen. Diese armen Unglücklichen, mit Fetzen bekleidet, hatten seit einigen Jahren nichts mehr bekommen. Außer einer aus Rübenschalen gekochten Suppe erhielten sie nichts – keine Kartoffeln, kein Gemüse. Dagegen sparte man ihnen gegenüber nicht mit Schlägen. Es gab kein Mitleid, nicht mit den Alten, nicht mit den Frauen, nicht mit den Kindern. Sie steckten alles ein, ohne ein Wort zu sagen.*[699]

Aber auch Hallenleiter, Meister und Vorarbeiter schikanierten die sowjetischen Zwangsarbeiter, ohne daß die Werksleitung dagegen vorging.[700] Ständig drohten deutsche Arbeiter den „Ostarbeiterinnen" und „Ostarbeitern" mit der Einweisung in das Gestapo-Gefängnis Potsdam.[701] Als in der Halle 13 einmal ein Instrument

---

694 Bousquet, Barbelés, S. 56 (Eigene Übersetzung der Autorin); vgl. auch GUG-Interviews Hoppema/NL, S. 4, Merks/NL, S. 5, van Hootegem/B, S. 3.
695 Bousquet, Barbelés, S. 55 (Eigene Übersetzung der Autorin).
696 Vgl. ebda.
697 Vgl. GUG-Interview Merks/NL, S. 4.
698 Vgl. Bousquet, Barbelés, S. 58; vgl. auch GUG-Interview Anteunis/B, S. 3.
699 Bousquet, Barbelés, S. 58f. (Eigene Übersetzung der Autorin); vgl. auch GUG-Interviews Waepenaere/B, S. 3, Balikova/CS, S. 4, de Baets/B, S. 3, Lippens/B, S. I.
700 Vgl. GUG-Interviews Guljakin/SU, S. 3, de Baets/B, S. 3, Moureau/B, S. 3.
701 Vgl. GUG-Interview Guljakin/SU, S. 4.

fehlte, wurden alle dort eingesetzten „Ostarbeiter" zum Appell zusammengerufen –
jeder 5. sollte zur Strafe für den Vorfall erschossen werden. Schließlich meldete
sich ein deutscher Arbeiter, der das betreffende Instrument gefunden hatte.[702] Auch
Arbeitskräfte aus westeuropäischen Ländern bekamen die Einstellung mancher
ihrer deutschen „Kollegen" gegenüber Ausländern zu spüren. Ein Franzose, der
von einem deutschen Vorarbeiter grundlos getreten wurde und den Deutschen
daraufhin zurückschlug, wurde für drei Monate in ein Arbeitserziehungslager eingeliefert. Nach Ablauf der Zeit kam er kahlgeschoren und abgemagert zurück.[703]
Ein Belgier, der sich mit einem Meister prügelte, weil dieser die ukrainische
Freundin des Belgiers geschlagen hatte, wurde für drei Wochen in ein Arbeitserziehungslager eingeliefert.[704]

Andererseits gab es aber auch Deutsche, die das harte Vorgehen gegenüber den
ausländischen Arbeitskräften mißbilligten, sich für diese einsetzten und ihnen –
auch den „Ostarbeitern" – heimlich Kleidung oder Lebensmittel zusteckten.[705]
Denn vor allem bei den sowjetischen Arbeitskräften war nicht nur die Verpflegungssituation katastrophal, sondern auch die Ausstattung mit Kleidung. Obwohl
die Leitung der Daimler-Benz Motoren GmbH selbst festgestellt hatte, daß viele
„Ostarbeiterinnen" und „Ostarbeiter" mit „mangelhafter Bekleidung" in Genshagen eingetroffen waren und angeblich Schritte eingeleitet hatte, um diesen Miß-
stand zu beseitigen[706], liefen viele der sowjetischen Arbeitskräfte im Werk in Lumpen herum[707]. Der erbärmliche Zustand der „Ostarbeiter", vor allem aber der der
zahlreichen sowjetischen Zwangsarbeiterinnen, von denen viele außerordentlich
hübsch waren, führte bei einer Reihe von deutschen Arbeitskräften zu einer Revision des ihnen bis dahin indoktrinierten Bildes vom „russischen Untermenschen".
Hilfsbereitschaft und Mitgefühl waren die Folge.[708]

Nur selten ging allerdings der Kontakt zwischen deutschen und ausländischen
Arbeitskräften über ein rein arbeitsmäßiges Verhältnis hinaus, wozu neben ideologischen Vorbehalten sicherlich auch die sprachlichen Verständigungsschwierigkeiten beitrugen. Ein französischer Zwangsarbeiter, der ein wenig Deutsch sprach,
bekam jedoch Kontakt zu einem in Genshagen arbeitenden deutschen Kontrolleur:

> *In das kleine Dorf in der Nähe der Fabrik, ich glaube es war Ludwigsfelde, hatte ich Kontakte,*
> *und manchmal war ich bei Deutschen eingeladen, insbesondere bei Herrn Kuhring (dem*
> *deutschen Kontrolleur, Anm. d. Verf.). Ich sehe ihn noch mit seiner Familie, die sehr häufig*
> *scherzte. Er hatte schon fast erwachsene Töchter, die damals ungefähr 18 Jahre alt gewesen*
> *sein müssen. Wir hatten eine gute Verbindung. Seine Frau und seine Töchter waren wirklich*
> *sehr nett.*[709]

---

702 Vgl. GUG-Interview Guljakin/SU, S. 6. Wer die Verantwortung für die geschilderten Maßnah-
     me hatte, ließ sich anhand der Zeitzeugenaussage nicht feststellen.
703 Vgl. GUG-Interview Mervielde/B, S. 4.
704 Vgl. GUG-Interview Moureau/B, S. 4.
705 Vgl. GUG-Interviews Wensveen/NL, S. 8, Merks/NL, S. 4.
706 Vgl. BA Potsdam 80 Ba 2/16348, Geschäftsbericht Daimler-Benz Motoren GmbH 1941, S. 15.
707 Vgl. GUG-Interview Lippens/B, S. I.
708 Vgl. GUG-Interview Merks/NL, S. 4.
709 GUG-Interview Pinning/F, S. 5.

In Anbetracht der großen Zahl von Ausländern und den von den deutschen Behörden in den besetzten Ländern angewandten Rekrutierungsmethoden befanden sich unter den ausländischen Arbeitskräften bei der Daimler-Benz Motoren GmbH viele, die in ihrer Heimat in völlig branchenfremden Berufen gearbeitet hatten. Sie konnten erst nach einer gewissen Anlernzeit in Genshagen eingesetzt werden.[710] 1942 entstand für das Anlernen von rund 3.500 ausländischen Zivilarbeitern für die Daimler-Benz Motoren GmbH ein Mehraufwand von rund 845.000 RM.[711] Doch während die Rüstungsinspektion Potsdam die „sorgfältige Anlernung" – insbesondere der „Ostarbeiterinnen" und „Ostarbeiter" – durch Daimler-Benz hervorhob[712], berichtet ein ehemaliger französischer Zwangsarbeiter, daß unzureichende Anlernzeiten von ein, zwei Wochen zu einem Anstieg der Arbeitsunfälle geführt hätte.[713] Für ausländische Arbeitskräfte, die aufgrund solcher Unfälle arbeitsunfähig geworden waren, beantragte die Genshagener Werksleitung beim Arbeitsamt die Rückführung in die Heimat.[714] Manche, wie ein belgischer Zwangsarbeiter, der sich bei einem Arbeitsunfall zwei Finger verletzt hatte, wurden aber auch über Monate hinweg im Krankenhaus behandelt und anschließend wieder in Genshagen eingesetzt.[715]

Der Arbeitsalltag der ausländischen Arbeitskräfte in Genshagen schwankte offenbar stark zwischen Arbeitsdruck und Beschäftigungslosigkeit. Die tägliche Arbeitszeit betrug spätestens ab Anfang 1944 12 Stunden, abwechselnd Tag- und Nachtschicht, und auch sonntags wurden die Ausländer zur Arbeit im Werk eingesetzt.[716] Schwangere „Ostarbeiterinnen" mußten sogar bis kurz vor der Geburt der Kinder arbeiten und kehrten sehr bald nach der Geburt wieder an ihren Arbeitsplatz zurück.[717] In manchen Abteilungen wurde das zeitliche Soll für die zu produzierenden Flugmotorenteile mehrmals hochgesetzt, wodurch sich die Löhne der im Akkord arbeitenden ausländischen Arbeitskräfte verringerten.[718] Andererseits berichteten ehemalige Zwangsarbeiter, daß an Maschinen, für deren Bedienung ein Arbeiter völlig ausgereicht hätte, stets drei oder vier Arbeitskräfte eingesetzt worden seien, und sie deshalb genügend Zeit gehabt hätten, sich mit anderen Dingen, wie beispielsweise der Herstellung von Gegenständen für den Verkauf auf dem Schwarzmarkt, zu beschäftigen. Einige Zwangsarbeiter, die im Werk als technische Zeichner eingesetzt waren, rühmten sich damit, seit Monaten keinen Stift mehr angefaßt zu haben.[719]

710 Vgl. GUG-Interview Stolzenwald/D, S. 3.
711 Vgl. MBA, Prüfungsbericht Jahresabschluß Genshagen 1942, S. 8.
712 Vgl. BAMA Potsdam WF–01/18169, Bl. 462, Kriegstagebuch des Rükdos Potsdam 1.10.–31.12.1942, Übersicht über die Arbeitsleistung der Ostarbeiter.
713 Vgl. Bousquet, Barbelés, S. 39.
714 Vgl. GUG-Interview Stolzenwald/D, S. 14. Daß arbeitsunfähige Ausländer in die Heimat zurückgeschickt wurden, bestätigt auch der ehemalige belgische Zwangsarbeiter Waepenaere: vgl. GUG-Interview Waepenaere/B, S. 6.
715 Vgl. GUG-Interview Lippens/B, S. 4.
716 Vgl. BA Koblenz R3/1673, Anlage 4, Jägerstabprotokoll v. 35.3.1944; Bousquet, Barbelés, S. 60f.; GUG-Interview Stolzenwald/D, S. 15.
717 Vgl. GUG-Interview Stolzenwald/D, S. 9.
718 Vgl. GUG-Interview Merks/NL, S. 6f.
719 Vgl. Bousquet, Barbelés, S. 57 und 59f.

Gleichzeitig entwickelten die ausländischen Arbeitskräfte zahlreiche „Techniken", um sich der Arbeit möglichst oft zu entziehen. Ein verhältnismäßig sicherer Zufluchtsort für Arbeitsverweigerer war offenbar das neben dem Werk liegende Krankenlager, das viele Simulanten beherbergte.[720] Im Werk selbst waren ausgedehnte Treffen auf der Toilette, bei denen Neuigkeiten ausgetauscht oder Zigaretten geraucht wurden, besonders beliebt.[721] Die deutschen Vorgesetzten reagierten auf dieses Verhalten mit verschärften Kontrollen und der Verhängung von Geldstrafen. Ausländische Arbeitskräfte, die absichtlich langsam arbeiteten, mußten mit radikalen Lohnkürzungen rechnen, wie ein niederländischer Zwangsarbeiter, bei dem der Stundenlohn von 1,50 RM auf 72 Pfennige zusammengestrichen wurde.[722] Außerdem schaltete die Genshagener Werksleitung den Werkschutz ein, der die Lager nach Arbeitsverweigerern durchsuchte und auch vor Schlägen nicht zurückschreckte.[723] Ein niederländischer Zwangsarbeiter, der sich, nachdem er bei einem Bombenangriff auf Ludwigsfelde fast ums Leben gekommen war, weigerte, weiterzuarbeiten, wurde verhaftet und für mehrere Wochen in ein Arbeitserziehungslager eingeliefert.[724]

"Ostarbeiterinnen" und „Ostarbeiter" hatten besonders unter den Schikanen des Genshagener Werkschutzes zu leiden, einige sollen an den Mißhandlungen gestorben sein.[725] Leiter des Genshagener Werkschutzes war SS-Sturmbannführer Knoll, der wohl eine ähnlich dominierende Rolle spielte wie der Leiter des Werkschutzes im Daimler-Benz-Werk Sindelfingen, Fritz Karl.[726] Knoll soll auch für die Bewachung der ab September 1944 in Genshagen eingesetzten weiblichen KZ-Häftlinge zuständig gewesen sein.[727] Zwangsarbeiter, die versuchten, den Frauen zu helfen, indem sie ihnen beispielsweise Nahrungsmittel zusteckten, wurden mit Schlägen bestraft.[728] Als eine der Frauen bei einem Fluchtversuch in dem das Lager der KZ-Häftlinge umgebenden elektrischen Zaun starb, mußten alle Zwangsarbeiter anschließend an der Toten vorbeimarschieren.[729]

Vermutlich stellte Knoll auch das Bindeglied zur Gestapo dar, die häufig im Werk Genshagen anwesend war und sich vor allem mit dem Aufspüren von Sabotagefällen befaßte. Die meist nur kurze Zeit angelernten ausländischen Arbeitskräfte mußten bei jedem noch so kleinen Fehler mit dem Vorwurf der Sabotage rechnen.

---

720 Vgl. GUG-Interviews Merks/NL, S. 6, Wensveen/NL, S. 9f.
721 Vgl. Bousquet, Barbelés, S. 60; GUG-Interview Wensveen/NL, S. 7.
722 Vgl. GUG-Interview Wensveen/NL, S. 5.
723 Vgl. Bousquet, Barbelés, S. 33 u. 60. Nach Angaben von Bousquet, ebda., S. 45, gelang es einigen französischen Studenten, der Arbeit in Genshagen wochenlang fernzubleiben.
724 Vgl. GUG-Interview Hoppema/NL, S. 5.
725 Vgl. GUG-Interview Wensveen/NL, S. 7 und 17.
726 Vgl. MBA Forstmeier 16, Bericht von E. Stolzenwald, S. 2 u. 5 sowie GUG-Interview Stolzenwald/D, S. 11 und 19. Vgl. dazu auch MBA Haspel Korrespondenz K-L 8, Künkele an Haspel, 30.10.1947, betr.: Herrn Knoll, Genshagen. Laut Künkele kam Knoll 1940 als Werkschutzleiter nach Genshagen: „Herr Knoll war SS-Sturmbannführer und trug am Ärmel stets das Abzeichen des SD. Die Einstellung des Herrn Knoll war streng nationalsozialistisch."
727 Vgl. GUG-Interview Stolzenwald/D, S. 6.
728 Vgl. GUG-Interview Vergauwen/B, S. I.
729 Vgl. GUG-Interviews Vergauwen/B, S. 6 und Smet/B, S. 6 sowie unten S. 393.

So verhaftete die Gestapo im Mai 1943 in der Halle 11 des Werkes einen niederländischen Zwangsarbeiter, weil er durch zu hohe Drehzahlen absichtlich den Brand
mehrerer Motorengehäuse verursacht haben sollte. Da die Motorengehäuse zu
diesem Zeitpunkt jedoch aus einer minderwertigen Aluminium-Legierung bestanden, konnte es passieren, daß sie auch schon bei normalen Drehzahlen in Brand
gerieten.[730] Im Oktober 1943 wurde auf Plakaten im Werk bekanntgegeben, daß der
verhaftete niederländische Zwangsarbeiter zum Tode verurteilt und in Plötzensee
hingerichtet worden sei.[731] Auch die Hinrichtung eines polnischen Zwangsarbeiters
wurde auf Anschlagtafeln im Werk bekanntgegeben.[732] Unentdeckt blieben dagegen einige „Ostarbeiterinnen", die über einen längeren Zeitraum hinweg während
der Nachtschicht Sabotage an Maschinen verübt haben sollen. Nach Angaben eines
niederländischen Zeitzeugen wurden die Sabotagemaßnahmen von einem sowjetischen Zivilarbeiter im Werk koordiniert.[733]

Ob und in welchem Ausmaß Kontakte zwischen ausländischen Arbeitskräften
und einer in Genshagen tätigen Widerstandsgruppe vor der Verhaftung ihrer beiden
führenden Köpfe, Arthur Ladwig und Ernst Kühn, im Mai 1943 bestanden, läßt sich
nicht mehr genau feststellen.[734] Der Nachfolger Ladwigs, Kurt Schneider, nahm
jedenfalls Verbindung zu den in Genshagen eingesetzten KZ-Häftlingen und einzelnen ausländischen Zivilarbeitern auf.[735] Vor allem die deutsche Niederlage in
Stalingrad bewirkte unter vielen Zwangsarbeitern einen stärkeren Zusammenhalt
und weckte die Bereitschaft, gegen die schlechten Arbeits- und Lebensbedingungen vorzugehen.[736]

Nicht unbeträchtlich war die Zahl der ausländischen Arbeitskräfte, die versuchten, sich der Arbeit für Daimler-Benz durch Flucht zu entziehen. Bereits im September 1942 teilte die Genshagener Geschäftsführung den Beiratsmitgliedern mit,
daß die „Verringerung des Gefolgschaftsstandes um 600 Köpfe" vorwiegend auf
die „Abwanderung von Ausländern" zurückzuführen sei.[737] Offenbar kehrten viele
ausländische Arbeitskräfte beispielsweise nicht aus dem Urlaub zurück, sondern

---

730 Vgl. Brief Plock an Daimler-Benz, 18.8.1987.
731 Vgl. Erinnerungen Plock, S. 25.
732 Vgl. Birk, Kapitel, S. 31. Zwischen dem 22. November und dem 18. Dezember 1943 sollen
     insgesamt 43 sowjetische und polnische Zwangsarbeiter der Daimler-Benz Motoren GmbH
     wegen angeblicher Sabotage festgenommen und hingerichtet worden sein: Vgl. DWI-Berichte
     11 (1960), S. 23. Da die Angaben des Deutschen Wirtschafts-Instituts quellenmäßig nicht
     belegt sind, und auch die von uns interviewten Zeitzeugen diese Vorgänge nicht erwähnen, ist
     der Inhalt des DWI-Berichts zumindest kritisch zu bewerten.
733 Vgl. GUG-Interview Wensveen/NL, S. 11f.
734 Zur Widerstandsgruppe um Arthur Ladwig vgl. Birk, Kapitel, S. 25ff. Die Ladwig-Gruppe
     hatte auch Kontakt zur im Daimler-Benz-Werk Marienfelde aktiven Widerstandsgruppe um
     Erich Krause : Vgl. Naziterror und Widerstand: Aus der Tempelhofer Geschichte, S. 27f.
735 Vgl. Birk, Kapitel, S. 27.
736 Vgl. Brief Plock an Daimler-Benz, September 1987.
737 BA Potsdam 80 Ba 2/16354, Bl. 316, Geschäftsführung Genshagen an Mitglieder des Beirats,
     21.9.1942. Allerdings ist auch möglich, daß es sich bei den „abgewanderten" Ausländern um
     solche handelte, die ursprünglich freiwillig gekommen waren und dann ihre Arbeitsverträge
     nicht verlängerten.

tauchten in ihren Heimatländern unter.[738] Mitte April 1943 betrug das Guthaben aus nicht mehr ausbezahlten Löhnen von geflüchteten ausländischen Arbeitskräften beim Werk Genshagen rund 63.000 RM.[739] Zwischen Juni und Juli 1943 verringerte sich die Zahl der als beschäftigt gemeldeten Arbeitskräfte im Werk Genshagen um 1.100 Personen, was „besonders auf die Bereinigung der Gefolgschaftszahlen von allen im letzten Jahr geflüchteten und nicht eingetretenen Ausländern sowie die Rückgabe von Umschülern an die Flugmotorenwerke Ostmark und andere Stammfirmen" zurückzuführen war.[740] Im Februar 1944 betrug der Anteil der aus Genshagen geflüchteten Franzosen 4,1%, der der Belgier 3,3% und der der Niederländer 1,6%.[741] Die Behauptung der Wehrwirtschaftsinspektion Potsdam im Anschluß an eine Besichtigung des Werks Genshagen im Sommer 1942, „daß von den dort vorhandenen 1000 Zivilrussen täglich ca. 30 fliehen", ist allerdings mit Sicherheit übertrieben.[742] Ein sowjetischer Zwangsarbeiter, der gemeinsam mit einem Freund geflohen war, jedoch wieder gefaßt wurde, erhielt zur Strafe 25 Schläge und wurde für einige Tage in eine Arrestzelle gesperrt. Die Bestrafung fiel verhältnismäßig „milde" aus, weil der betreffende Zwangsarbeiter als „guter Arbeiter" galt.[743]

Den Aufbau einer Fluchtorganisation vermutete der Lagerführer des Lagers Trebbin, Datow, hinter den Aktivitäten des französischen Geistlichen Hadrien Bousquet.[744] Bousquet war – unter Verheimlichung seiner wahren Identität – nach Deutschland gekommen, um den dort als Zwangsarbeitern eingesetzten Franzosen als Seelsorger beizustehen. Im Durchgangslager Rehbrücke wurde er für die Arbeit im Werk Genshagen ausgewählt. Es gelang Bousquet, in den Lagern Genshagen und Trebbin eine seelsorgerische Betreuung aufzubauen und u.a. Kontakt zu einem bei den französischen Daimler-Benz-Kriegsgefangenen tätigen Priester aufzunehmen. Nachdem seine wahre Identität durch unter den französischen Arbeitskräften tätige Gestapo-Spitzel bekannt geworden war, wurde Bousquet verhaftet und in das Potsdamer Gestapo-Gefängnis eingeliefert. Nach seiner Freilassung mußte Bous-

---

738 Vgl. BA Potsdam 80 Ba 2/16348, Geschäftsbericht der Daimler-Benz Motoren GmbH 1942, S. 11.

739 MBA, Bericht der Deutschen Treuhand-Gesellschaft über die Prüfung des Jahresabschlusses zum 31.12.1942 der Daimler-Benz Motoren GmbH, Genshagen, S. 37.

740 BA Potsdam 80 Ba 2/16354, Bl. 381, Geschäftsführung Genshagen an Beiratsmitglieder, 23.8.1943.

741 Vgl. StA Potsdam Rep. 2 A I Pol Nr. 2894, Bl. 275 u. 275 R, Geheime Staatspolizei Potsdam an Regierungspräsidenten Potsdam, 2.3.1944 betr. Flucht westländischer Arbeiter. Der Anteil der von der Daimler-Benz Motoren GmbH geflohenen Westarbeiter lag allerdings wesentlich niedriger als bei den anderen in dem Schreiben erwähnten Firmen wie z.B. den Arado-Flugzeugwerken in Brandenburg-Neuendorf, wo alleine der Anteil der geflüchteten Franzosen 30,5% betrug.

742 BAMA Freiburg RW 20–3/1, Kriegstagebuch der Wehrwirtschafts-Inspektion im Wehrkreis III 1.6.–30.9.1942.

743 Vgl. GUG-Interview Guljakin/SU, S. 4. Von wem die Bestrafung des „Ostarbeiters" ausging, ließ sich anhand seiner Aussagen nicht feststellen.

744 Vgl. BAMA Freiburg RH 49/28, Kommandeur der Kriegsgefangenen im Wehrkreis III an Mannschafts-Stammlager III A, 24.6.1944 sowie ebda. Kriegsgef.- Mannschafts-Stammlager III A an Kommandeur der Kriegsgefangenen im Wehrkreis III, 4.7.1944 betr. Fluchtorganisation in Trebbin.

quet erneut für kurze Zeit im Werk Genshagen arbeiten, bevor man ihn schließlich nach Frankreich abschob.[745]

Die große Zahl der im Werk Genshagen eingesetzten ausländischen Arbeitskräfte erforderte die Bereitstellung umfangreicher Unterkunftsmöglichkeiten. Bis September 1940 investierte die Daimler-Benz Motoren GmbH 250.000 RM in Baracken zur Unterbringung ausländischer Arbeiter und Kriegsgefangener und sah 250.000 RM für weitere Investitionen in den Barackenbau vor.[746] 1942 betrugen die Kosten für die Unterhaltung aller zum Werk Genshagen gehörenden Lager mehr als 3 Mio. RM.[747]

Im September 1941 existierten für die Unterbringung neuangeworbener deutscher und ausländischer Arbeitskräfte bereits 21 Gemeinschaftslager – außerdem hatte die Genshagener Werksleitung zahlreiche kleinere Hotels und Pensionen als Unterkünfte angemietet.[748] Im April 1943 waren die auswärtigen Arbeitskräfte in 21 Saallagern, vier großen Barackenlagern, einem Frauenwohnheim und einem Frauenbarackenlager untergebracht.[749] Für die Verwaltung der Lager war der Abteilungsleiter der Personalabteilung, Melzer, zuständig.[750]

Insgesamt sechs Lager für die Unterbringung im Werk eingesetzter ausländischer Zivilarbeiter sowie ein Kriegsgefangenenlager befanden sich in dem unmittelbar beim Werk Genshagen gelegenen Ort Ludwigsfelde und in dem einige Kilometer entfernten Trebbin.

Eines der Lager war das 500 Meter ostwärts des Werkes gelegene Gemeinschaftslager Genshagen, das auch Lager „Ostwache", „Ost" oder „Birkengrund" genannt wurde und in dem hauptsächlich Zwangsarbeiter aus westeuropäischen Ländern untergebracht waren.[751] Es befand sich im Besitz der Deutschen Arbeitsfront (DAF), die auch für die Verpflegung der dort untergebrachten Arbeitskräfte zuständig war.[752] 1941 bestand dieses Lager aus 22 Unterkunftsbaracken, je einer Wirtschafts-, Sanitäts- und Revierbaracke, einer Baracke für den Lagerführer, acht Wachbaracken, drei Magazinbaracken und einem Heizhaus. Konzipiert war das Lager für die Unterbringung von 2.000 Personen.

Ein weiteres Lager, „Bahnhof" genannt, befand sich an der Potsdamer Straße in Ludwigsfelde unmittelbar neben dem Kriegsgefangenenlager. Es war für die Unterbringung von 1.200 Personen vorgesehen und bestand aus zehn Wohn- und einer

745 Vgl. Bousquet, Barbelés.
746 Vgl. BA Potsdam 80 Ba 2/16339, Bl. 077, Niederschrift über die Beiratssitzung der Daimler-Benz Motoren G.m.b.H. am 11. September 1940.
747 Vgl. ebda. 80 Ba 2/16348, Geschäftsbericht Genshagen 1942 und MBA, Prüfungsbericht Jahresabschluß Genshagen 1942, S. 10f.
748 BA Potsdam 80 Ba 2/16365, Bl. 95, Geschäftsführung der DBMGmbH an die Mitglieder des Beirats, 10.10.1941.
749 Vgl. ebda. 80 Ba 2/16348, Geschäftsbericht DBMGmbH 1942, S. 10.
750 Vgl. GUG-Interview Stolzenwald/D, S. 12.
751 Vgl. GUG-Interview Marc/F, S. 5 und StA Potsdam Pr. Br. Rep. 2A, Regierung Potsdam I S Nr. 1412, Anzeige der Daimler-Benz Motoren GmbH an den Regierungspräsidenten Potsdam betreffs Errichtung von Lagern.
752 Vgl. MBA Forstmeier 13, Bericht Sommer, S. 18.

Küchenbaracke sowie drei Speisesälen und je vier Wasch- und Abortbaracken. Ab Sommer 1942 wurde dieses Lager für die Unterbringung sowjetischer Zwangsarbeiter, vermutlich überwiegend Frauen, genutzt.[753]

Ausschließlich mit weiblichen ausländischen Arbeitskräften belegt war ein weiteres, an der Potsdamer Straße gelegenes Lager. Im Mai 1943 waren dort 59 Französinnen, 15 Belgierinnen, zwei Holländerinnen, eine Dänin, zwei Kroatinnen und drei Serbinnen untergebracht.[754]

Das zweite für die Unterbringung von „Ostarbeiterinnen" und „Ostarbeitern" genutzte Lager war das Lager „Ostmark", gelegen in einem Winkel zwischen Reichsautobahn und Potsdamer Straße. Es bestand aus 21 Wohn-, zwei Wirtschafts-, einer Magazin-, einer Verwaltungs-, einer Revier-, einer Sanitäts-, einer Dusch- und einer Entlausungsbaracke sowie drei Kohleschuppen.[755] Errichtet wurde das Lager für rund 3,2 Mio. RM von den Flugmotorenwerken Ostmark, um dort Arbeitskräfte, die auf die Produktion von Daimler-Benz-Motoren umgeschult werden sollten, unterzubringen. Nachdem das Lager jedoch für diesen Zweck nicht in Anspruch genommen wurde, übernahm das Genshagener Werk das Lager.[756] Im Mai 1943 waren im Lager „Ostmark" 1507 „Ostarbeiter" und 860 „Ostarbeiterinnen" untergebracht.[757]

Ein weiteres großes Lager wurde 1941 für die Arbeiter der ungarischen Firma Manfred Weiss in Trebbin errichtet. Das Lager, das für die Unterbringung von 2.100 ausländischen Arbeitskräften vorgesehen war, lag zwölf Kilometer vom Werk Genshagen entfernt. Zum Trebbiner Lager gehörten 18 Wohn-, drei Wirtschafts-, zwei Verwaltungs-, drei Magazin- und drei Lagerführerbaracken sowie eine Revier- und eine Sanitätsbaracke; dazu kamen eine Transformatorenstation und eine Heizzentrale.[758] Im Mai 1943 waren 764 Lagerinsassen Franzosen, 579 Niederländer und 464 Tschechen. Dazu kamen fünf Sowjetbürger, eine Französin, 31 Belgier, drei Kroaten, acht Italiener, vier Spanier, ein Pole, 78 Ungarn, zwei Serben, drei Ukrainer, ein Armenier, eine Finnin, ein Portugiese und drei Staaten-

---

753 Vgl. StA Potsdam Pr. Br. Rep. 2A, Regierung Potsdam I S Nr. 1412, Anzeige der Daimler-Benz Motoren GmbH an den Regierungspräsidenten Potsdam betreffs Errichtung von Lagern; BA Potsdam 80 Ba 2/16348, Geschäftsbericht der Daimler-Benz Motoren GmbH 1941, S. 13.

754 Vgl. StA Potsdam Pr. Br. Rep. 2A, Regierung Potsdam, I. Pol., Nr. 2895, Bl. 130/131 und Rep. 2A IS, Nr. 1412.

755 Vgl. ebda. Pr. Br. Rep. 2A, Regierung Potsdam I S Nr. 1412, Anzeige der Daimler-Benz Motoren GmbH an den Regierungspräsidenten Potsdam betreffs Errichtung von Lagern.

756 Vgl. BA Potsdam 80 Ba 2/16348, Geschäftsbericht Daimler-Benz Motoren GmbH 1941, S. 13 und ebda. 80 Ba 2/22914, Bl. 187, Niederschrift über die Beiratssitzung in Genshagen am 12.8.1943, S. 9. Die Zahl der Arbeitskräfte, die in Genshagen umgeschult werden sollten, betrug laut Protokoll der Beiratssitzung der Flugmotorenwerke Ostmark vom 16.12.1941 2000 Mann: vgl. IWM London FD 725/46.

757 Vgl. StA Potsdam Pr. Br. Rep. 2A, Regierung Potsdam, I. Pol., Nr. 2895, Bl. 130/131 und Rep. 2A I S, Nr. 1412.

758 Vgl. ebda. Pr. Br. Rep. 2A, Regierung Potsdam I S Nr. 1412, Anzeige der Daimler-Benz Motoren GmbH an den Regierungspräsidenten Potsdam betreffs Errichtung von Lagern und GUG-Interview Stolzenwald/D, S. 4.

lose.[759] Auch Bulgaren sollen in Trebbin untergebracht gewesen sein.[760] Vom Lager Trebbin fuhren die ausländischen Arbeitskräfte täglich mit der betriebseigenen Daimler-Benz-Bahn zur Arbeit ins Werk Genshagen.[761]

Neben den Lagern in Ludwigsfelde und Trebbin existierten weitere Lager zur Unterbringung der im Werk Genshagen eingesetzten ausländischen Arbeitskräfte in Luckenwalde[762], Großbeeren[763], Berlin-Lichterfelde-Ost[764] und Berlin-Tiergarten[765]. Einige ausländische Arbeitskräfte, darunter angestellte Ausländer und ausländische Ehepaare, waren in angemieteten Hotels und Pensionen, aber auch in Privatzimmern untergebracht, die sich in der Umgebung des Anhalter Bahnhofs befanden.[766]

Bei der Unterbringung der im Werk Genshagen eingesetzten „Ostarbeiterinnen" und „Ostarbeiter" orientierte sich die Daimler-Benz-Motoren GmbH offenbar an vom Rüstungskommando Berlin verfaßten Richtlinien, in denen den Betrieben die „weitestmögliche Durchführung der Eigenverantwortlichkeit der Ostarbeiter" nahegelegt wurde.[767] Jedenfalls stellte die Genshagener Geschäftsleitung Anfang 1943 fest:

> In der Lagerführung der Ostarbeiter wurde der Grundsatz der Selbstverantwortung mit Erfolg durchgeführt. Die Wahrung der Ordnung und Disziplin, die Regelung der Essensausgabe, des Ausgangs, der Lagerwache besorgen die Ostarbeiter grundsätzlich selbst.[768]

Vergleichbare „liberale" Regelungen aus anderen zu Daimler-Benz-Werken gehörenden „Ostarbeiterlagern" sind unbekannt. Im Gegenteil: Andere Werksleitungen – wie beispielsweise die Sindelfinger – reglementierten die Unterbringung der sowjetischen Zwangsarbeiter in immer stärkerem Maße.[769]

---

759 Vgl. StA Potsdam Pr. Br. Rep. 2A, Regierung Potsdam, I. Pol., Nr. 2895, Bl. 130/131 und Rep. 2A IS, Nr. 1412.

760 Vgl. GUG-Interview Merks/NL, S. 5.

761 Vgl. Birk, Kapitel, S. 18.

762 Vgl. MBA Forstmeier 16, Stolzenwald an Forstmeier (10.3.1983).

763 Vgl. ebda.: Nach Angaben von Stolzenwald gab es in Großbeeren zwei „Saallager", in denen Niederländer und Belgier untergebracht waren. Vgl. auch GUG-Interviews Wensveen/NL, S. 13 und Bos/NL, S. 5: Demnach handelte es sich um zwei kleinere Lager, die mit jeweils ca. 50 Personen belegt und unmittelbar nebeneinander lagen.

764 Vgl. MBA Forstmeier 16, Stolzenwald an Forstmeier (10.3.1983) und GUG-Interview Wensveen/NL, S. 13.

765 Vgl. MBA Forstmeier 16, Stolzenwald an Forstmeier (10.3.1983) und Brief Vergauwen/B an GUG, Januar 1987.

766 Vgl. MBA Forstmeier 16, Stolzenwald an Forstmeier (10.3.1983) sowie ebda., Bericht von E. Stolzenwald, S. 3: Demnach handelte es sich bei den Ehepaaren offenbar um Franzosen und Belgier. Nach Unterlagen des MSPF Brüssel Rap. 149–Tr. 15.550, Déclarations de décès-Kreuzberg, befand sich eines dieser Hotels in der Großbeerenstr. 94.

767 BAMA Potsdam WF–01/9739, Bl. 579–581, Rundschreiben Rükdo Berlin II an alle Betriebe, die Ostarbeiter beschäftigen, 6.11.1942.

768 BA Potsdam 80 Ba 2/16348, Bericht der Geschäftsleitung Genshagen für das Geschäftsjahr 1942.

769 Vgl. oben, S. 162.

Üblich war in allen Lagern, in denen ausländische Arbeitskräfte untergebracht waren, daß die Insassen jeder Baracke aus ihren Reihen einen „Barackenältesten" ernannten, der für Ordnung in der Baracke zu sorgen hatte und gleichzeitig den Verbindungsmann zum Lagerführer darstellte.[770]

Während in den zu Lagern umfunktionierten Gaststätten und Pensionen die jeweiligen Besitzer die Funktion des Lagerführers ausübten[771], stammten die Lagerführer der großen Barackenlager zumindest teilweise aus den Reihen der deutschen Belegschaft des Werks Genshagen[772]. Ihre Einstellung und ihr Verhalten gegenüber den ausländischen Arbeitskräften war äußerst unterschiedlich und oftmals von persönlichen Erfahrungen geprägt. So wurde das Lager Genshagen von einem Deutschen geleitet, der aufgrund seiner guten Behandlung als Kriegsgefangener in Frankreich während des Ersten Weltkriegs den Franzosen gegenüber wohlwollend eingestellt war. Bei Festivitäten, die ab und zu im Lager stattfanden, stellte er ihnen beispielsweise sein Klavier zur Verfügung oder steuerte Lebensmittel, Zigaretten oder Wein bei.[773] Auch wurde den Franzosen gestattet, den französischen Nationalfeiertag zu begehen.[774]

Anders dagegen verhielt sich der Trebbiner Lagerführer Datow, der die in „seinem" Lager untergebrachten ausländischen Zivilarbeiter häufig schikanierte. Einen französischen Zwangsarbeiter sperrte er 48 Stunden in einen Schrank, weil dieser die Arbeit verweigert hatte.[775] Mit seiner Zustimmung führte die SS im Lager Durchsuchungen nach Waffen durch.[776] Bei Kriegsende tötete Datow seine Frau und seine Kinder und beging anschließend Selbstmord.[777]

Schikanen von Seiten der Lagerleitung mußten auch die Genshagener „Ostarbeiterinnen" und „Ostarbeiter" erdulden. So ließ der Lagerführer eines der „Ostarbeiterlager" die Insassen nachts, auch bei eisiger Kälte, stundenlang Appell stehen oder kontrollierte, ob ihre Füße sauber waren. War dies nicht der Fall, so verteilte er Schläge.[778]

Beide in Ludwigsfelde existierenden „Ostarbeiterlager" waren im Sommer 1942 in die Verantwortung der Deutschen Arbeitsfront (DAF) übergegangen, die auch für „Verpflegung, kulturelle Betreuung und Freizeitgestaltung" der Lagerinsassen zuständig sein sollte.[779]

---

770 Vgl. GUG-Interview Stolzenwald/D, S. 12.
771 Vgl. MBA Forstmeier 16, Bericht von E. Stolzenwald, S. 3.
772 Vgl. GUG-Interview Stolzenwald/D, S. 17; vgl. dazu auch BA Potsdam 80 Ba 2/16348, Jahresabschluß der Daimler-Benz Motoren GmbH 1940, S. 18: „Die Lagerbetreuung wurde betrieblich gewährleistet, das Bauarbeiterlager der Regie der Deutschen Arbeitsfront überlassen.".
773 Vgl. Bousquet, Barbelés, S. 24f.
774 Vgl. ebda., S. 53f.
775 vgl. GUG-Interview Marc/F, S. I.
776 Vgl. GUG-Interviews Maenhout, A./B, S. 5, Marc/F, S. 5.
777 Vgl. GUG-Interviews Wensveen/NL, S. 15, Beekaert/B, S. 5, Abeillé/F, S. 5, Pinning/F, S. 11f., Goossens/B, S. 5, Maenhout, A./B, S. 5, Marc/F, S. I.
778 Vgl. GUG-Interview Guljakin/SU, S. 5.
779 BA Potsdam 80 Ba 2/16348, Geschäftsbericht der Daimler-Benz Motoren GmbH 1941, S. 15.

Der bereits mehrfach zitierte Genshagener Personalabteilungsleiter beurteilt die Lebensbedingungen der ausländischen Arbeitskräfte in den Lagern – rückblickend und beschönigend – als durchweg gut:

Auch die Baracken, die wir gebaut haben extra für die (ausländischen Arbeitskräfte, Anm. des Verf.), das war alles pico, pico-sauber. Und das wurde ja auch alles sehr überprüft, nicht nur hier von deutscher Seite, sondern die ausländische Seite, die Konsulate, kümmerten sich natürlich auch darum, und die wurden ja auch immer unterrichtet, wer kommt, was kommt, wann was kommt, und die waren immer zur Stelle: die Gauleitung, Kreisleitung usw. Die kümmerten sich da sehr, sehr rege drum, denn der Herr Sauckel war ja ein Mann, der damals oben anstand, und da hatten alle Angst vor dem – außer uns. Wir hatten keine Angst, wir haben auch nie Ärger mit ihm gehabt, weil wir ja immer alles sehr schön machten.[780]

Und auch eine im November 1942 vom Rüstungskommando Potsdam durchgeführte Besichtigung des zum Werk gehörenden „Ostarbeiterlagers" in Ludwigsfelde ergab dort „zufriedenstellende Verhältnisse".[781]

Doch aus der Sicht der Betroffenen stellte sich die Situation ganz anders dar. Eine besondere Plage war beispielsweise das in einigen Lagern reichlich vorhandene Ungeziefer. So erinnert sich ein ehemaliger französischer Zwangsarbeiter an die Zustände im Lager Genshagen:

In Genshagen waren wir mit Ungeziefer besonders gut versorgt. Alle Arten von Nagetieren, von schädlichen Insekten waren vorhanden: von Ratten, die unsere, in den Schränken ängstlich gehüteten Vorräte verzehrten, bis hin zu Läusen, Wanzen, die unsere Strohsäcke heimsuchten [...].[782]

Der Versuch, sich mit Hilfe von Insektengift von dem Ungeziefer zu befreien, endete für einen der französischen Zwangsarbeiter tödlich: Er hatte seinen Strohsack mit dem giftigen Mittel eingestäubt und erstickte daran in der darauffolgenden Nacht.[783]

Mitte 1942 streikten niederländische Arbeitskräfte vier Tage vor der Hauptverwaltung des Werks Genshagen wegen des vielen Ungeziefers im Lager Lichterfelde-Ost. Der eingeschaltete Werkschutz schlug die Streikenden; schließlich wurden sie auf verschiedene Lager verteilt.[784]

Auch der bauliche Zustand vieler Baracken war schlecht: Im Lager Genshagen regnete es derart durch die Dächer der Baracken, daß die Zimmer häufig eher einem Duschraum glichen, als einer Unterkunft. Franzosen, die die Mißstände beim Lagerführer monierten, wurden von diesem nur vertröstet.[785] Im Trebbiner Lager litten die dort untergebrachten ausländischen Arbeitskräfte außerdem an der Kälte, denn die Heizung funktionierte – zumindest in der Endphase des Krieges – nicht

---

780 Vgl. GUG-Interview Stolzenwald/D, S. 1.
781 BAMA Potsdam WF–01/18169, KTB Rükdo Potsdam 1.10.–31.12.1942, Bl. 380f.
782 Bousquet,Barbelés, S. 26 (Eigene Übersetzung der Autorin); vgl. auch GUG-Interviews de Baets/B, S. 5, van Hootegem/B, S. 5, Maenhout, A./B, S. 5, Maenhout, M./B, S. 5, Marc/F, S. 5.
783 Vgl. Bousquet,Barbelés, S. 122.
784 Vgl. GUG-Interview Wensveen/NL, S. 11 und 13.
785 Vgl. Bousquet,Barbelés, S. 27.

mehr.[786] Auch die sanitären Anlagen befanden sich in einigen Lagern in schlechtem Zustand.[787]

Mehr als unter diesen Zuständen litten die in Genshagen eingesetzten ausländischen Arbeitskräfte jedoch unter der Versorgungslage, die wesentlich schlechter als in vielen anderen Daimler-Benz-Werken war.

Zwar verfügte das Werk Genshagen über mehrere Kantinen, die von einer Großküche in Ludwigsfelde versorgt wurden und in denen mittags diejenigen essen konnten, die im Besitz von Essensmarken waren.[788] Die Aussagen darüber, ob die Kantinen von den ausländischen Arbeitskräften benutzt werden durften, sind allerdings widersprüchlich.[789] Die Mehrzahl der ausländischen Arbeitskräfte erhielt offenbar das Essen erst abends bei der Rückkehr aus dem Werk in der jeweiligen Lagerkantine.[790]

Ob die Genshagener Ausländer auch Lebensmittel- und Schwerarbeiterkarten erhielten, mit deren Hilfe sie selbst Lebensmittel kaufen konnten, ist unklar.[791] Fest steht jedoch, daß die Verpflegung schlecht war und fast alle in Genshagen eingesetzten ausländischen Arbeitskräfte unter Hunger litten.[792] Manche stürzten sich mittags auf die von den Deutschen in den Werkskantinen zurückgelassenen Essensreste.[793] In Briefen an ihre Familienangehörigen klagten im Lager Trebbin untergebrachte Ungarn im Sommer 1942 darüber, daß sie schon ganz schwach vor Hunger wären und Brot nur für viel Geld zu kaufen sei.[794] Ähnlich erging es den im Lager Genshagen untergebrachten Franzosen. Sie erhielten täglich eine Suppe bestehend aus Rotkohl und Rüben, ein Stück Brot, eine Scheibe Blutwurst und von Zeit zu Zeit ein Stück Margarine, etwas Marmelade und Quark. Zwar standen ihnen offiziell dieselben Rationen wie den deutschen Arbeitskräften zu, doch bediente sich

---

786 Vgl. GUG-Interviews Beekaert/B, S. 5, Waepenaere/B, S. 5, Pinning/F, S. 12, Vergauwen/B, S. 5.

787 Vgl. GUG-Interview Waepenaere/B, S. 5.

788 Vgl. GUG-Interview Stolzenwald/D, S. 12.

789 Vgl. Bousquet,Barbelés, S. 59, der behauptet, ausländische Arbeitskräfte hätten nicht in den Kantinen essen dürfen; ebenso GUG-Interview Waepenaere/B, S. 2; vgl. demgegenüber aber GUG-Interviews Wensveen/NL, S.6: Wensveen gibt an, ab und zu Marken für die Kantine gehabt zu haben, Merks/NL, S. 7: Bei ihm wurden pro Woche 7 RM für Essensmarken einbehalten, Mervielde/B, S. 2: Er hatte Essensmarken, mit denen er in der Kantine essen gehen und Lebensmittel kaufen konnte.

790 Vgl. GUG-Interviews Stolzenwald/D, S. 12, Wensveen/NL, S. 14, Waepenaere/B, S. 2, Guljakin/SU, S. 2, Marc/F, S. 2; vgl. auch Bousquet,Barbelés, S. 46.

791 Laut Stolzenwald (GUG-Interview Stolzenwald/D, S. 15) erhielten die ausländischen Arbeitskräfte in Genshagen Lebensmittelkarten und Zulagekarten für Schwerarbeit; vgl. aber GUG-Interview Pinning/F, S. 4: „Es gab keine Lebensmittelkarten. Wir hatten eine Karte für die Kantine, um eine Suppe u.ä. zu bekommen, die eher eine flüssige Brühe war." Ähnlich GUG-Interview 327/NL, S. 6.

792 Vgl. GUG-Interviews Wensveen/NL, S. 14, Waepenaere/B, S. 5, Mervielde/B, S. 5, Beekaert/B, S. 5, Pinning/F, S. 4, de Baets/B, S. 5, Goossens/B, S. 5, Lievens/B, S. 2, Maenhout, A./B, S. 5, Ryckaert/B, S. 5.

793 Vgl. Bousquet,Barbelés, S. 59.

794 Vgl. BA Koblenz R 41/266, fol. 196.

von diesen Lebensmitteln vor der Ausgabe an die Franzosen das deutsche Lager-
personal.[795]

Um ihre Verpflegung aufzubessern, halfen einige der im Werk Genshagen eingesetzten ausländischen Arbeitskräfte in ihrer Freizeit Bauern, die sie zum Lohn
mit Lebensmitteln versorgten, oder sie engagierten sich in der Werksfeuerwehr.[796]
Ein ehemaliger französischer Zwangsarbeiter erinnert sich:

> *Wir waren auch in Großbeeren, das war nicht weit von Genshagen. Ich hatte die Bekanntschaft
> eines deutschen Bauern gemacht, der uns das Kartoffeln verkaufte. Zu diesem Zeitpunkt waren
> Kartoffeln für uns eine wirklich königliche Mahlzeit. Das, was wir sonst bekamen, war wirklich
> etwas sehr dünn. Wir bekamen Wurststücke, und ich fragte mich häufig, was das wirklich sei.
> Wenn man Hunger hat, ißt man alles. Heute würde ich es nicht mehr essen. Um unsere
> Nahrung aufzubessern, gingen wir häufig abends Löwenzahn sammeln. [...] Einmal kamen wir
> zum Lager zurück. Wir hatten Kartoffeln gesammelt. [...] Das Feld befand sich nicht sehr weit
> entfernt von unserem Lager. Auf dem Feld fanden wir ein totes Kaninchen; wir fragten uns
> noch nicht einmal, auf welche Art es gestorben war, ob es vielleicht eine Krankheit gehabt
> hatte. Wir haben das Kaninchen genommen und in den Sack mit den Kartoffeln gesteckt.
> Schließlich kamen wir zum Eingang des Lagers. Dort war ein Wächter, der uns fragte, was wir
> in dem Sack hätten. Wir sagten: ,Kartoffeln.' An das Kaninchen hatten wir gar nicht mehr
> gedacht. Aber der Wächter hat in den Sack geguckt und das Kaninchen gesehen. Er hat uns in
> die Baracke von Datow, dem Lagerführer, gebracht und wir erhielten ein paar Ohrfeigen. [...]
> Er dachte wohl, wir hätten das Kaninchen getötet oder sonst irgendetwas, ich weiß es auch
> nicht. Schließlich hat er alles beschlagnahmt, und wir mußten eine Strafe zahlen.*[797]

Schlechter erging es einem belgischen Zwangsarbeiter, der gemeinsam mit einem
Freund von der Gestapo verhaftet und zu drei Monaten Gefängnis verurteilt wurde,
weil er 20 Brote in das Lager Trebbin geschmuggelt hatte.[798]

Vor allem die Verpflegungssituation der sowjetischen Zwangsarbeiter war katastrophal. Sie wurden im Werk nicht verpflegt und erhielten erst abends im Lager
250 g Brot, 18 g Margarine und einen Liter Wassersuppe mit undefinierbarem
Inhalt.[799] Viele „Ostarbeiter" versuchten deshalb, sich auf eigene Faust Nahrungsmittel zu beschaffen. Ziel der oft nächtlichen Ausflüge waren auch bei ihnen vor
allem die in der Umgebung von Genshagen und Ludwigsfelde liegenden Kartoffelfelder.[800] Ausländische Arbeitskräfte, die beim Kartoffeldiebstahl entdeckt wurden,
erhielten meist schwere Strafen. Polnische und sowjetische Zwangsarbeiter traf es
am schlimmsten: Bei ihnen zögerten die Verantwortlichen nicht, ein an sich gering-
fügiges Vergehen mit dem Tode zu bestrafen. Der 37 Jahre alte sowjetische Daimler-Benz-Zwangsarbeiter Wassili Rudenko wurde erschossen, weil er auf einem
Acker beim Kartoffeldiebstahl entdeckt worden war. Er hatte zunächst fliehen
können, wurde jedoch bei einer von Gendarmen und Landwachtmännern durchgeführten Suchaktion gefaßt und von einem der Landwachtmänner mit einem Schuß
in den Mund getötet, nachdem er ihn bereits durch zwei Schüsse in Bauch und

---

795 Vgl. Bousquet, Barbelés, S. 26.
796 Vgl. GUG-Interviews Wensveen/NL, S. 15, Waepenaere/B, S. 2.
797 GUG-Interview Pinning/F, S. 4 und 10.
798 Vgl. GUG-Interview Smet/B, S. I.
799 Vgl. GUG-Interview Guljakin/SU, S. 2 und 5.
800 Vgl. Bousquet, Barbelés, S. 34 und GUG-Interview Wensveen/NL, S. 17.

Brust schwer verletzt hatte.[801] Nach Aussagen eines ehemaligen niederländischen Zwangsarbeiters sollen jede Nacht mehrere sowjetische Daimler-Benz-Zwangsarbeiter auf den Feldern entdeckt und durch Schüsse zumindest verwundet worden sein.[802] Wahrscheinlich kam auch ein junger tschechischer Daimler-Benz-Arbeiter wegen Kartoffeldiebstahls oder bei einem Fluchtversuch ums Leben. Er starb am 12. April 1944 in Luckenwalde an den Folgen einer Schußverletzung in Magen, Darm und Milz.[803]

Ähnlich unzureichend wie die Verpflegung scheint auch die medizinische Versorgung der ausländischen Arbeitskräfte des Werks Genshagen gewesen zu sein. Leiter des Genshagener Sanitätsdienst war der Arzt Dr. Karl Stahlherm, dem mehrere Krankenschwestern und – für die gesundheitliche Betreuung von „Ostarbeiterinnen" und „Ostarbeitern" – zwei russische Ärzte zur Verfügung standen.[804]

Wegen seiner rücksichtslosen Umgangsweise mit den Patienten wurde Stalherm von Deutschen und Zwangsarbeitern „Knochenkarl" genannt.[805] So gab er kranken Zwangsarbeitern folgenden Spruch mit auf den Weg:

Reiß Deine Knochen zusammen Kerl (oder Frau), abkratzen müssen wir alle einmal![806]

Nur schwer erkrankte ausländische Zivilarbeiter aus westeuropäischen Ländern wurden in eines der in der Umgebung von Genshagen liegenden Krankenhäuser eingewiesen.[807] Die Behandlung leichterer Erkrankungen erfolgte in einer neben dem Werk Genshagen liegenden Krankenstation, in der eine Schwester namens Maria die Aufsicht führte.[808] Medikamente standen dort allerdings offenbar nicht oder nur in begrenztem Rahmen zur Verfügung, denn Erkrankungen wie Bronchitis, Angina oder Grippe wurden ausnahmslos mit Bestrahlungen „behandelt".[809] Zwölf Franzosen sollen aufgrund mangelnder ärztlicher Versorgung gestorben

801 Vgl. StA Potsdam Rep. 2A I Pol. Nr. 2894, Bl. 222 u. 222R, Gendarmerie Siethen an Geheime Staatspolizeistelle Potsdam, 8.7.1943 betr.: Erschießung des sowjetrussischen Arbeiters Wassili Rudenko, durch den Landwachtführer Kuhrmann und den Landwachtmann Otto.– Nach Berichten des Deutschen Wirtschafts-Instituts soll Daimler-Benz-Direktor Sommer veranlaßt haben, daß mehrere sowjetische Jugendliche gehängt wurden, weil sie während eines Luftalarms Kartoffeln gestohlen hatten: Vgl. DWI-Berichte 11(1960), S. 23. Allerdings erwähnt keiner der Zeitzeugen diesen Vorfall, so daß diese Quelle zumindest kritisch zu betrachten ist.
802 Vgl. GUG-Interviews Wensveen/NL, S. 17, Lippens/B, S. 6. Nach Angaben eines ehemaligen sowjetischen Zwangsarbeiters wurden weitere Erschießungen von Zwangsarbeitern wegen (Kartoffel)diebstahl vorgenommen: Vgl. GUG-Interview Guljakin/SU, S. 6.
803 Vgl. KreisA Luckenwalde, Nr. 175, Standesamtliche Eintragung vom 19.4.1944.
804 BA Potsdam 80 Ba 2/16348, Geschäftsbericht Daimler-Benz Motoren GmbH 1941, S. 15.
805 Vgl. GUG-Interview Stolzenwald/D, S. 9 und Brief Plock an Daimler-Benz, 18.8.1987.
806 Erinnerungen Plock, S. 28.
807 Vgl. GUG-Interviews Lippens/B, S. 4, Maenhout, M./B, S. 6, Ryckaert/B, S. 4.
808 Vgl. BA Potsdam 80 Ba 2/16348, GB Daimler-Benz Motoren GmbH 1940, S. 19; vgl. auch GUG-Interviews Abeillé/F, S. 4, Wensveen/NL, S. 9f., Beekaert/B, S. 4.
809 Vgl. Bousquet,Barbelés, S. 39 und GUG-Interview Wensveen/NL, S. 9f., der allerdings die Leiterin der Krankenstation, Schwester Maria, nicht so negativ beurteilt wie Bousquet. So soll sie im Krankenlager eine Reihe von ausländischen Arbeitskräften geduldet haben, die ihre Krankheiten lediglich simulierten.

sein; sie wurden auf dem Ludwigsfelder Friedhof begraben.[810] Auch zwei niederländische Zwangsarbeiter starben, weil man die Schwere ihrer Krankheiten unterschätzt und sie zu spät ins Krankenhaus transportiert hatte.[811] Bei zwei belgischen Daimler-Benz-Arbeitskräften, die am 4. Mai 1941 und 14. Juni 1942 im Urban-Krankenhaus in Berlin starben, wurden Magengeschwüre als Todesursache angegeben.[812] Unbekannt ist die Todesursache bei einem jungen Belgier, der im August 1943 im Krankenhaus Prenzlauer Berg starb.[813] Ein zwanzigjähriger Tscheche starb am 14. August 1944 im Krankenhaus Luckenwalde an toxischer Diphtherie[814], sechs weitere Ausländer starben an Magendurchbruch[815] bzw. an Tuberkulose[816]. Auch viele der von sowjetischen Zwangsarbeiterinnen geborenen Kinder sollen kurz nach der Geburt oder nach wenigen Monaten gestorben und auf dem Ludwigsfelder Friedhof begraben worden sein.[817]

Die schwierigen Lebensbedingungen der ausländischen Arbeitskräfte in Genshagen, verstärkt durch die Trennung von Familie und Heimat, führten dazu, daß sich viele der Betroffenen enger zusammenschlossen, um ihr Schicksal gemeinsam zu bewältigen. Im Lager Genshagen begründeten französische Zwangsarbeiter eine Selbsthilfeorganisation, deren Angehörige – ähnlich wie die der im Sindelfinger Lager „Riedmühle" existierenden Gruppe „Sterkt ons Streven" – Geld für die Hinterbliebenen von verstorbenen Zwangsarbeitern sammelten. Darüber hinaus teilten sie Lebensmittel miteinander, liehen sich gegenseitig Kleidung oder organisierten Feiern z.B. aus Anlaß von Geburtstagen.[818] Außerdem gründete die Gruppe eine Theatertruppe, einen Chor und mehrere Sportgruppen.[819] Die Solidarität der Genshagener Lagerinsassen reichte jedoch nicht über Nationalitätengrenzen hinweg. Obwohl im Lager u.a. auch belgische, italienische und tschechische Arbeitskräfte untergebracht waren, blieben die Franzosen unter sich. Die Äußerungen eines ehemaligen französischen Zwangsarbeiters lassen darauf schließen, daß die Franzosen den Tschechen aufgrund deren angeblich bevorzugter Behandlung durch die Lagerleitung ablehnend gegenüberstanden.[820]

Aber auch tschechische Arbeitskräfte engagierten sich für die Freizeitgestaltung ihrer Kameraden. So berichtete der Trebbiner Lagerführer Mertschig 1942:

> Wieder hatten sich die Genshagener Tschechen angeboten, im Lager Trebbin einen bunten
> Abend durchzuführen. Mit einem schneidigen Marsch wurde die Veranstaltung durch die
> Hauskapelle gestartet. Hierauf sprach ich den gastierenden Tschechen den Dank der Lager
> führung aus, daß sie sich in so uneigennütziger Weise immer zur Verfügung stellen und forderte

---

810 Vgl. Bousquet,Barbelés, S. 40.
811 Vgl. GUG-Interview Wensveen/NL, Teil 2, S. 1.
812 Vgl. MSPF Brüssel Rap. 149–Tr.15.150 déclarations de décès – Kreuzberg.
813 Vgl. ebda. Rap. 149 Tr. 13.211.
814 Vgl. KreisA Luckenwalde, Nr. 175, Standesamtliche Eintragung vom 16.8.1944.
815 Vgl. GUG-Interview Waepenaere/B, S. 6.
816 gl. GUG-Interview Lippens/B, S. 6.
817 Vgl. GUG-Interview Beekaert/B, S. I und Brief Beekaert an GUG, 22.12.1987.
818 Vgl. Bousquet,Barbelés, S. 46ff.
819 Vgl. ebda., S. 50f.
820 Vgl. ebda., S. 24.

auf, den Männern nachzueifern. Es sei noch kein Meister vom Himmel gefallen, nur in fleißiger Übung und in voller Würdigung des Gemeinschaftsgedankens könne der Erfolg zu sehen sein. Nun folgte der Marsch „Alte Kameraden" von Teike. In bunter Reihe folgten Musikdarbietungen, Gesang und artistische Leistungen. Das Programm war vielseitig, und es kann gesagt werden, es war sehr in Ordnung. Gern können die Tschechen wieder zu uns als Gäste kommen, denn sie verstehen es, gute Feierabendgestaltung zu bieten. Der reiche Beifall der Lagerbelegschaft zeigte, daß auch hier volles Verständnis für diese Darbietung vorherrschte.[821]

Im Lager Trebbin gab es auch eine Band – „Die Optimisten" –, in der niederländische Arbeitskräfte mitwirkten; darüber hinaus fanden mit Billigung der Lagerleitung Tanzabende mit den in der Lagerküche arbeitenden sowjetischen Zwangsarbeiterinnen statt.[822]

Vermutlich auf Veranlassung des für die Betreuung französischer Arbeitskräfte im Deutschen Reich zuständigen „Commissariat général à la main d'oeuvre française en Allemagne" gab eine Truppe der „Comédie Française" im Lager Genshagen ein Gastspiel mit einer Aufführung des „Malade Imaginaire" von Molière.[823]

Manche Zwangsarbeiter nutzten die aufgrund der langen Arbeitszeit sehr knapp bemessene Freizeit auch zum Baden in einem der zahlreichen Seen in Berlin und Umgebung. Andere besuchten in Berlin eines der Kabaretts, sahen sich Filme an oder gingen in den Lokalen essen, in denen keine Essensmarken benötigt wurden.[824] Zentraler Treffpunkt auch der Ausländer war in Berlin der Alexanderplatz, wo sich viele Gaststätten befanden, die „Stammessen" ausgaben, aber auch Prostituierte ihre Dienste anboten.[825] Solche Ausflüge waren jedoch lediglich Arbeitskräften aus befreundeten oder westeuropäischen Staaten möglich, während Polen und „Ostarbeiter" keinerlei Möglichkeiten hatten, ihre bewachten Lager zu verlassen. Sie verbrachten die arbeitsfreie Zeit mit dem Waschen und Ausbessern von Kleidung.[826]

Der Kontakt zur deutschen Bevölkerung war bei den meisten ausländischen Daimler-Benz-Arbeitskräften gering und beschränkte sich hauptsächlich auf Begegnungen beim Einkaufen.[827] Einige machten sehr unangenehme Erfahrungen, wie eine Gruppe niederländischer Zwangsarbeiter aus Genshagen, die an einem Wanderwettbewerb entlang der Spree teilgenommen und gewonnen hatte, aber disqualifiziert wurde, weil sie unterwegs unerwünschte Lieder gesungen hatte.[828]

Aufgrund der verstreuten Bauweise und der Lage in einem Wald- und Heidegelände blieb das Werk Genshagen relativ lange von schweren Luftangriffen verschont. Zum Schutz der Gefolgschaft waren im Verlauf des Krieges unterirdische

---

821 BA Koblenz NSD 50/417, Bericht des Lagerführers Mertschig über bunten Abend der Tschechen aus Genshagen im Lager Trebbin, in: Lagerführer-Sonderdienst 11 (1942), S. 28f.; vgl. auch GUG-Interview van Hootegem/B, S. 6.
822 Vgl. GUG-Interviews Wensveen/NL, S. 15 und 327/NL, S. 7.
823 Vgl. Bousquet, Barbelés, S. 54.
824 Vgl. GUG-Interviews Wensveen/NL, S. 14, Pinning/F, S. 10, 327/NL, S. 7.
825 Vgl. GUG-Interview Wensveen/NL, S. 15f.
826 Vgl. GUG-Interview Guljakin/SU, S. 4 und 6.
827 Vgl. GUG-Interviews Abeillé/F, S. 6, Waepenaere/B, S. 6.
828 Vgl. GUG-Interview Wensveen/NL, S. 16.

45	45	45	45	45	45	45
Montag	Dienstag	Mittwoch	Donnerstag	Freitag	Sonnabend	Sonntag
W	**W**	**W**	**W**	**W**	**W**	**W**
1.11.43	2.11.43	3.11.43	4.11.43	5.11.43	6.11.43	7.11.43

Daimler=Benz=Motoren G.m.b.H.
Gemeinschaftslager Trebbin

Verpflegungskarte / RM 7,70

vom 1. 11. 43 bis 7. 11. 43

für Gemeinschaftslager Trebbin

Die Ausgabe des Essens erfolgt nur gegen Rückgabe der richtigen Marke. Für Essen, das nicht abgeholt worden ist, besteht kein Anspruch auf Rückvergütung des Betrages außer bei Urlaub, Krankheit oder Beendigung des Arbeitsverhältnisses.

C 0907 **Für Verlust wird kein Ersatz geleistet.**

I 45 Morgenlüppe II 45 Morgenlüppe

45. Woche Sonder-Zuteilung

577 ✻

45. Woche

Stammkarte

Die Verpflegungskarte für die nächstfolgende Woche wird nur gegen Rückgabe dieser Stammkarte verabfolgt.

Daimler=Benz=Motoren Lager Trebbin

45	45	45	45	45	45	45
Montag	Dienstag	Mittwoch	Donnerstag	Freitag	Sonnabend	Sonntag
K	**K**	**K**	**K**	**K**	**K**	**K**
1.11.43	2.11.43	3.11.43	4.11.43	5.11.43	6.11.43	7.11.43

Abb. 39: Verpflegungskarte für das Lager Trebbin.

Abb. 40: Emblem des Lagers Trebbin.

Stollen und Bunker errichtet worden.[829] Auch die Lager der ausländischen Arbeitskräfte waren teilweise getarnt und mit Splittergräben versehen und verfügten über
eine zentrale Abschaltvorrichtung, um die Verdunkelung zu sichern.[830] Dennoch
brannte das in unmittelbarer Nähe des Werkes gelegene Lager Genshagen, in dem
1.500 Ausländer unterschiedlicher Nationalität untergebracht waren, infolge des
ersten Luftangriffs auf die Fabrik in der Nacht vom 31. August auf den 1. September 1943 fast vollständig ab.[831] Mindestens ein französischer Zwangsarbeiter kam
dabei ums Leben[832]; die Überlebenden wurden nach Trebbin verlegt[833]. Doch auch
das Lager Trebbin wäre im Fall eines Luftangriffs nicht sicher gewesen: Die
Daimler-Benz Motoren GmbH hatte es errichtet, obwohl der Landrat dem Vorhaben die baupolizeiliche Genehmigung aufgrund unzureichender baulicher Brand-
und Luftschutzmaßnahmen verweigert hatte.[834]

Am 6. August 1944 wurde schließlich das Werk Genshagen selbst bei einem
Luftangriff schwer getroffen. Dabei fanden vermutlich mehrere Hundert deutsche
und ausländische Arbeitskräfte den Tod.[835] Unter anderem soll eine Gruppe von ca.
300 tschechischen Frauen, die von der Schuhfabrik „Bata" zur Daimler-Benz Motoren GmbH gekommen war, ums Leben gekommen sein.[836] Nach der Identifizie-
rung wurden offenbar alle Toten in einem Massengrab auf dem Werksgelände im
Rahmen einer großen Beerdigung bestattet.[837]

Die Produktion in Genshagen wurde durch den Luftangriff vom 6. August 1944
stark beeinträchtigt. Einige der ausländischen Arbeitskräfte nutzten das Durchein-

829 Vgl. Birk, Kapitel, S. 7 und GUG-Interview Stolzenwald/D, S. 7f. Nach Aussagen von Stolzen-
     wald durften auch Ausländer die Luftschutzvorrichtungen ohne Einschränkung benutzen; vgl.
     aber GUG-Interview Wensveen/NL, S. 17: Demnach wurde den „Ostarbeiterinnen" und „Ost-
     arbeitern" der Zutritt zum Luftschutzstollen verweigert; vgl. auch GUG-Interview Pinning/F,
     S. 12: Bei dem Luftangriff im August 1944 gab es besonders viele Tote in den Hallen, die keine
     Luftschutzkeller hatten.
830 Vgl. StA Potsdam Pr. Br. Rep. 2A, Regierung Potsdam I S Nr. 1412, Anzeige der Daimler-
     Benz Motoren GmbH an den Regierungspräsidenten Potsdam betreffs Errichtung von Lagern
     und GUG-Interview Stolzenwald/D, S. 8.
831 Vgl. IWM London BIOS No. 35, Report on a visit to the Daimler-Benz AG; BAMA Potsdam
     WF–01/18179, Bl. 168, KTB Rükdo Potsdam 1.7.–30.9.1943 und BA Potsdam 80 Ba 2/16354,
     Bl. 389, Geschäftsführung Genshagen an Beiratsmitglieder, 19.10.1943; vgl. auch Bousquet,
     Barbelés, S. 63 und Brief Waepenaere/B an GUG, 8.3.1988.
832 Vgl. Bousquet, Barbelés, S. 126.
833 Vgl. ebda., S. 64 und GUG-Interviews Waepenaere/B, S. 5, Lippens/B, S. 5, van Hootegem/B,
     S. 5, Maenhout, A./B, S. I, Maenhout, M./B, S. 5.
834 Dies wird aus einem späteren Briefwechsel ersichtlich: Vgl. StA Potsdam, Landrat des Kreises
     Teltow an Bürgermeister in Trebbin, 18.10.1943 betr.: Barackenlager Trebbin.
835 Während der ehemalige Daimler-Benz-Mitarbeiter E. Stolzenwald die Zahl der Toten auf 130
     beziffert (vgl. GUG-Interview Stolzenwald/D, S. 7 und 10), geben die befragten ehemaligen
     Zwangsarbeiter die Zahl der Toten mit ca. 350 an: Vgl. GUG-Interviews Goossens/B, S. 6, de
     Baets/B, S. 6, Anteunis/B, S. 6.
836 Vgl. GUG-Interview Wensveen/NL, S. 17. Er gibt als Ursache einen Volltreffer auf eine der
     Hallen an. Nach Angaben eines anderen ehemaligen niederländischen Zwangsarbeiters, ertran-
     ken die Tschechinnen, weil ein Schutzraum überflutet wurde: Vgl. GUG-Interview 327/NL,
     S. 8.
837 Vgl. GUG-Interview Stolzenwald/D, S. 7 und 10.

ander, um der Arbeit längere Zeit fernzubleiben. So erinnert sich ein ehemaliger französischer Zwangsarbeiter:

> *Zwei Tage lang konnte gar keiner arbeiten, dann wurde die Arbeit aber wieder aufgenommen. Unser Meister dachte, wir seien an einen anderen Arbeitsplatz verlegt worden, die Fabrik war ja so groß. Wir aber verbrachten den Tag im nahen Wald, erschienen aber pünktlich in der Kantine zum Essen. Nach sechs Wochen kehrten wir wieder zu unserem alten Arbeitsplatz zurück, und der Meister sagte nur: ‚Ach, da seid Ihr ja wieder!' Keiner hatte bemerkt, daß wir die ganze Zeit nicht gearbeitet hatten.*[838]

Mit Planungen für die Verlagerung von Teilen der Produktion zum Schutz vor den alliierten Luftangriffen hatte die Genshagener Werksleitung bereits im März 1944 begonnen. Beabsichtigt war, komplette Werksabteilungen – d.h. Maschinen und Personal – zu verlagern.[839] Als mögliche Verlagerungsobjekte standen ein Stollen in Hochwalde bei Frankfurt/Oder für die Laderfertigung, eine Gipsgrube bei Obrigheim/Neckar für das Jägerpreßwerk, ein Stollen in Hochwald/Elsaß, ein Autobahntunnel in Wiesensteig und die Erzgrube „Rothe Erde" in Deutschoth (Luxemburg) zur Diskussion.[840] Schließlich beschloß das Reichsluftfahrtministerium (RLM) die Nutzung der Objekte in Obrigheim, Hochwalde und Hochwald; das Vorhaben in Deutschoth wurde fallengelassen, und den Autobahntunnel Wiesensteig belegte das Werk Untertürkheim.[841]

„Goldfisch"

Das größte der Genshagener Verlagerungsprojekte war die Verlagerung von Teilen der Produktion in die Gipsgrube „Friede" in Obrigheim, die den Tarnnamen „Goldfisch" erhielt und zu deren Betriebsführer der Genshagener Personalchef, Kurt Krumbiegel, ernannt wurde.[842] Den Ausbau der Obrigheimer Gipsgrube, in deren unmittelbarer Nachbarschaft sich die vom Werk Sindelfingen als Verlagerungsobjekt „Brasse" genutzte Gipsgrube „Ernst" befand[843] übernahm im März 1944 der SS-Sonderstab Kammler, der Tausende von KZ-Häftlingen einsetzte, um das Verlagerungswerk fertigzustellen.[844] In der ursprünglichen Zeitplanung der Daimler-Benz Motoren GmbH war der 1. Mai 1944 für den Beginn der Verlagerung vorgesehen – die Produktion in „Goldfisch" sollte zum 30. Mai 1944 aufgenommen werden.[845] Es war beabsichtigt, rund 6.600 aus Genshagen kommende Arbeitskräf-

---

838 GUG-Interview Abeillé/F, S. II.
839 Vgl. Fröbe, Ägyptern, S. 411.
840 Vgl. BA Koblenz R 7/1173, fol. 99f., Bericht über Besprechungen in Genshagen am 12.4.1944.
841 Vgl. oben Tab. 5, S. 70.
842 Zu Obrigheim vgl. auch den Beitrag von Rainer Fröbe, Wie bei den alten Ägyptern, in: Das Daimler-Benz-Buch, S. 392–470.
843 Vgl. MBA Sindelfingen/Huppenbauer 474, Daimler-Benz AG Sindelfingen an Rüstungskommando Stuttgart II, 13.12.1944 betr. U-Verlagerung „Brasse".
844 Zu Lebens- und Arbeitsbedingungen der in Obrigheim für Bauarbeiten und Produktion eingesetzten KZ-Häftlinge siehe Kapitel 3.3.5.2.
845 BA Koblenz R 7/1173, fol. 99, Bericht über Besprechung in Genshagen am 12.4.1944.

te in Obrigheim einzusetzen, darunter 1.624 männliche und 132 weibliche Arbeitskräfte unterschiedlicher Nationalität sowie 1.245 „Ostarbeiter".[846]

Zahlreiche beim Ausbau des Obrigheimer Stollens auftretende Schwierigkeiten, wie beispielsweise die Bekämpfung der extrem hohen Luftfeuchtigkeit, führten dazu, daß schließlich erst Ende Juni 1944 die ersten Maschinen aus Genshagen nach Obrigheim transportiert und dort aufgebaut werden konnten. Gleichzeitig mit den Maschinen trafen auch die ersten Arbeitskräfte in „Goldfisch" ein. In der Zeit zwischen dem 25. Juni und dem 17. September 1944 gingen dann fast täglich Maschinen- und Arbeitskräftetransporte von Genshagen nach Obrigheim.[847]

Unter den aus Genshagen kommenden Arbeitskräften befand sich – entsprechend der dortigen Arbeitskräftesituation – stets eine größere Anzahl ausländischer Arbeitskräfte; so wurden beispielsweise am 16. August eine Deutsche, 62 Ausländer und zwei Ausländerinnen sowie 57 „Ostarbeiter", 14 „Ostarbeiterinnen" und 191 Italienische Militärinternierte (IMI) von Genshagen nach „Goldfisch" gebracht[848], am 22. August waren es 66 Deutsche, 86 Ausländer, darunter drei „Ostarbeiterinnen", und 96 IMI[849], und am 28. August gab Genshagen elf deutsche und 86 ausländische Arbeitskräfte sowie 50 SS-Häftlinge an „Goldfisch" ab[850].

Minutiös wurden die Verlagerung der Arbeitskräfte von Genshagen nach Obrigheim geplant und die damit zusammenhängenden Einzelheiten in gesonderten „Richtlinien" festgelegt. So sollten ausländische Arbeitskräfte beispielsweise vor dem Verlassen Genshagens mitsamt ihren Habseligkeiten noch einmal gründlich „entlaust" werden – für deutsche Belegschaftsangehörige entfiel diese Prozedur. Außerdem mußten die für die Verlagerung vorgesehenen Arbeitskräfte – Deutsche und Ausländer – Gegenstände des täglichen Bedarfs mit nach Obrigheim nehmen, wie z.B. Handtücher, Besteck, Kaffeegeschirr, Decken und Bettwäsche.[851]

Doch die Zahl der insgesamt von Genshagen nach Obrigheim verlagerten Arbeitskräfte lag wesentlich unter der von der Daimler-Benz Motoren GmbH ursprünglich anvisierten Zahl von fast 7.000. Ende August 1944 teilte der Leiter der Genshagener Personalabteilung und Technische Werkleiter, Sommer, dem Betriebsführer von Goldfisch, Krumbiegel, mit, daß mit Stand vom 30. August 3.000 Arbeitskräfte verlagert worden seien, „… d.i. genau die Hälfte der Zahl, die Herr Dir. Müller als Richtzahl bis zum 31. August s. Zt. angab."[852] Wenige Tage zuvor hatte Sommer Krumbiegel bereits darüber informiert, daß die gesamte Verlagerung auf vier Wochen wegen der schlechten Verhältnisse im Obrigheimer Stollen auszusetzen sei.[853]

---

846 Vgl. IWM London FD 2228/45 No. 75, Belegschafts-Übersicht A8, 3.5.1944.
847 Vgl. ebda. FD 2228/45, G 31, Gefolgschaftsverlagerung Goldfisch.
848 Ebda. FD 2228/45, G 15, Fernschreiben Genshagen an Goldfisch, 15.8.1944.
849 Vgl. ebda. FD 2228/45, G 31, Fernschreiben Genshagen an Krumbiegel, 23.8.1944.
850 Vgl. ebda. FD 2228/45, G 15, Fernschreiben Genshagen an Krumbiegel, 29.8.1944.
851 Vgl. ebda. FD 2228/45, G 33, Aktenvermerk Sommer, 9.7.1944 betr. Richtlinien für die Verlagerung sowie Besprechungsbericht Sommer, 14.7.1944 betr.: Goldfisch.
852 Ebda. FD 2228/45, G 15, Fernschreiben Sommer an Krumbiegel, 31.8.1944; vgl. dazu auch IWM London FD 2228/45, G 31, Gefolgschaftsverlagerung Goldfisch.
853 Vgl. ebda., Fernschreiben Sommer an Krumbiegel, 26.8.1944.

Marschbefehl

für **Lippens, Medard**   Halle Werkzeugausgabe Halle 13

Reisetag: **6. 11.1944** Transp. Gr.:   Führer: **Weiss**

Reiseziel: **Büro Melzer, Mosbach/Baden,** Landgerichtsgebäude

Treffpunkt, ~~vor~~ der Halle 85   Zeit: **17°⁰** Uhr

Dieser Marschbefehl ist geheim zu behandeln. Er dar nur dem zuständigen Vorgesetzten, dem Transportführer und dem Beauftragten der Pers.-Abteilung zugänglich gemacht werden. Reisetag und Reiseziel dürfen nur Behörden nach Aufforderung genannt werden.

Über die Verlagerung darf kein überflüssiges Wort gesprochen werden!

1. Vor der Abreise:

a) Verheiratete und Ledige mit eigener Wohnung oder Ledige, die bei Eltern oder Verwandten wohnen, müssen eine polizeiliche **Ummeldung** vornehmen mit 2. Wohnsitz nach Mosbach/Baden, Büro Melzer.

b) Alleinstehende, möbliert wohnende Gfm. müssen eine polizeiliche **Abmeldung** nach Mosbach/Baden, Büro Melzer, vornehmen. Auskunft über Abordnungs- bzw. Versetzungsgelder sind beim Stützpunktleiter einzuholen.

c) Jeder muß sich bei der örtlichen Kartenstelle seines Wohnbezirkes **abmelden,** und zwar zum jeweiligen Periodenschluß, denn er benötigt dort noch sämtliche Karten bis zur neuen Kartenperiode.

d) Arbeitsbücher sind dem Hallenleiter **abzugeben** und werden durch diesen der Pers.-Abtlg. zugeleitet. **Sämtliche Deutschen sind im Besitz dieser Bücher.**

e) Dauerpassierscheine und Kennmarken sind gleichfalls dem Hallenleiter abzugeben und werden von dort geschlossen der Ausweisstelle zugeführt.

f) An persönlichem Gut ist u. a. folgendes mitzunehmen: Handtücher, Messer, Gabel, Löffel, Kaffeetopf u. ä., Decken und Bettwäsche. Desgl. Arbeitskleidung, da am Verlagerungsort vorläufig noch keine Kleiderkammer eingerichtet ist. Lagerinsassen müssen ihre Decken beim Lagerführer abgeben bzw. hat derselbe die Decken einzuziehen und sicherzustellen. Das Planungsbüro veranlaßt Abholung der Decken oder Fehlmeldescheine rechtzeitig vor Abgang des Transportes und vermittelt Übergabe an den Transportführer, der am Ankunftsort die Decken an dortige Lagerführung übergeben muß. **Warme Unterkleidung nicht vergessen!**

g) Über Änderungen betr. Abreisetag, Treffpunkt und Transportführer gibt der zuständige Hallenleiter Auskunft. Fahrspesen entstehen nicht.

h) Marschverpflegung für   Stunden ist mitzubringen, auch von Lagerinsassen, letztere müssen außerdem Urlaubermarken für weitere 2 Tage erhalten.

i) Bei Verlagerungen werden Abordnungs- bzw. Versetzungsgelder gezahlt. Wegen der Auszahlung muß sich jedes Gfm. vor Antritt der Reise bei seinem Hallenleiter wegen Höhe und der Verrechnung erkundigen.

Abb. 41: Marschbefehl für einen in Genshagen eingesetzten belgischen Zwangsarbeiter nach Obrigheim.

Tatsächlich erwies sich die Situation in Obrigheim als katastrophal. Ein Teil der bereits an „Goldfisch" zugewiesenen Arbeitskräfte konnte wegen Materialmangels überhaupt nicht beschäftigt werden.[854] Und diejenigen Arbeitskräfte, die in der Produktion eingesetzt waren, litten unter den extremen Arbeitsbedingungen. Über den Zustand der in Obrigheim eingesetzten „Ostarbeiterinnen" berichtet ein ehemaliger KZ-Häftling:

Der Einrichter dieser Bohrreihe mußte die Ostarbeiterinnen erst mit dem veränderten Fertigungslauf vertraut machen und sie neu anlernen. Das führte zum erheblichen Zeitaufwand und erst, etwa Ende September, Anfang Oktober lief diese Fertigungsreihe einigermaßen, die vorgegebenen Stückzahlen wurden aber, soviel mir bekannt wurde, nie mehr erreicht.[...] Das war allerdings nicht nur auf den veränderten Fertigungsprozeß zurückzuführen, sondern diese Verfassung, der körperliche Zustand dieser Mädchen und Frauen hatte sich in erschreckender Weise verschlechtert. Blasse, ausgehungerte Gesichter, einige taumelten beim Gehen, andere mußten an der Maschine ihre Arbeit in kurzen Zeitabständen unterbrechen und sich hinsetzen. Ihre Bekleidung bestand fast ausnahmslos aus schmutzigen, zerrissenen Fetzen. Viele banden sich ihre Kopftücher um die Hüften, vielleicht aus Scham vor den Männern oder weil sie in ihrem Zustand froren. Der Einrichter besorgte für die ausgezehrten Frauen Holzkisten, damit sie einen Teil der Arbeit an der Maschine im Sitzen verrichten konnten. Dasselbe traf auch für die Ostarbeiterinnen an der nie richtig in Gang kommenden Läppreihe zu. Fast keine der Frauen und Mädchen hatten noch Schuhe an den Füßen, einige trugen Holzpantinen, andere Stoffreste um die Füße gewickelt, es war unbeschreiblich, in welchem Zustand diese Frauen noch arbeiten mußten.[855]

Die tägliche Arbeitszeit in Obrigheim betrug 12 Stunden (montags bis samstags) und verlängerte sich morgens und abends teilweise um bis zu anderthalb Stunden Fahrzeit.[856] Verschiedene Betriebsstörungen führten außerdem dazu, daß mitunter auch sonntags gearbeitet werden mußte. So ordnete der Leiter des Obrigheimer Betriebes, Krumbiegel, am 11. November 1944 an:

Im Hinblick auf die verschiedenen Betriebsstörungen in der vergangenen Woche muss der Betrieb am Sonntag, dem 12.11.1944 arbeiten, und zwar von 7.00 bis 12.00 Uhr.[857]

Die Verhältnisse im Inneren des Obrigheimer Stollens waren jedoch nahezu unerträglich. Ein ehemaliger niederländischer Zwangsarbeiter erinnert sich:

In Obrigheim war es heiß und feucht. Die Arbeit war schwer und ungesund. Die Hitze wurde durch die Maschinen erzeugt, man mußte mit kurzer Hose arbeiten. Das war angesichts der Kälte im Freien bei der Hin- und Rückfahrt besonders unangenehm, vor allem, wenn die Bahn ausfiel und die Arbeiter mit offenen Lkws nach Hause gefahren wurden. Insbesondere bei Regen war es schwierig, weil das Wasser in den Stollen lief.[858]

Mehrmals führten die schwierigen geologischen Verhältnisse im Stollen zu Schlammeinbrüchen. Am 3. September 1944 forderten Bergeinbrüche insgesamt 28 Todesopfer, darunter auch mehrere Zwangsarbeiter.[859] Zwei Tschechinnen und eine Polin

---

854 Vgl. IWM London FD 2228/45 Box 75, Fernschreiben Melzer an Sommer, 30.8.1944.
855 Erinnerungen Plock, S. 35.
856 Vgl. IWM London FD 2228/45, G 33, Bekanntmachung Krumbiegel vom 3.3.1945.
857 Vgl. ebda., Bekanntmachung Krumbiegel 11.11.1945.
858 GUG-Interview Merks/NL, S. 5.
859 Vgl. IWM London FD 2228/45 G 8, Mitteilung vom 5./6.9.1944; BA Koblenz R 3/1749,

sollen bei einem weiteren Einsturz im November ums Leben gekommen sein.[860] Die Nachricht über die Unglücksfälle in Obrigheim drang bis zu den in Genshagen verbliebenen ausländischen Arbeitskräften vor.[861]

Außerhalb des Stollens war das Leben der in „Goldfisch" eingesetzten Arbeitskräfte durch die in der Endphase des Krieges immer mehr zunehmenden Tieffliegerangriffe gefährdet. Besonders betroffen waren davon die im Freien arbeitenden KZ-Häftlinge, die sich ohnehin in einem katastrophalen gesundheitlichen Zustand befanden.[862] Nachdem Ende Dezember 1944 bereits mehrere Häftlinge durch einen Tieffliegerangriff ums Leben gekommen waren[863], forderte Ende Januar 1945 ein erneuter Angriff neun Todesopfer unter den Häftlingen und zwei unter den zivilen ausländischen Arbeitskräften.[864]

Die hektische, teils überstürzte Verlagerung von Teilen der Genshagener Produktion nach Obrigheim hatte nicht nur verheerende Arbeitsbedingungen zur Folge, sondern wirkte sich auch auf die Unterbringung der in „Goldfisch" eingesetzten Arbeitskräfte aus. Ende April 1944 hatte der von der Daimler-Benz Motoren GmbH mit der Durchführung des Verlagerungsprojektes beauftragte Architekt, Kiemle, die SS aufgefordert, „Erhebungen" über die Unterbringungsmöglichkeiten von Arbeitskräften in der Umgebung Obrigheims anzustellen – nach den Vorstellungen Kiemles sollten die Unterkünfte maximal 30 Kilometer vom Werk entfernt liegen.[865]

In den darauffolgenden Monaten gab es ständig neue Planungen für die Unterbringung der zukünftigen Obrigheimer Belegschaft. Als Unterkunftsmöglichkeiten für ausländische Arbeitskräfte wurden im Mai ein RAD-Lager in Neckargerach – zur Unterbringung von 800 „Ostarbeitern" – und die Errichtung von zwei neuen Lagern für die Unterbringung von „Ostarbeiterinnen" und Ausländern unterschiedlicher Nationalitäten in Asbach und Dallau oder Aglasterhausen in Erwägung gezogen.[866] Nachdem die RAD-Bezirksfrauenführerin gegen die Belegung des RAD-Lagers in Neckargerach mit Ausländern Einspruch erhoben hatte, wurde im Juli 1944 Neckarelz für die Errichtung eines Lagers zur Unterbringung von 1.400 „Ostarbeiterinnen" und „Ostarbeitern" ausgewählt.[867] Arbeitskräfte aus westeuropäischen Ländern waren u.a. in der „Heimschule" Mosbach, einer ehemaligen

Protokoll über Rüstab-Besprechung am 4.9.1944, S. 51ff.; ebda. R 3/3034, S. 15; Bürgermeisteramt Obrigheim, Sterbebuch 1938–1946.

860 Vgl. Erinnerungen Plock, S. 38f.
861 Vgl. GUG-Interview Wensveen, S. 17.
862 Vgl. GUG-Interviews Merks/NL, S. 3, 5 und 10, van Gemert/NL, S. 3.
863 Vgl. Erinnerungen Plock, S. 40.
864 Vgl. IWM London FD 2228/45, G 32, Bautagebuch A 8, 5.2.1945; Bürgermeisteramt Obrigheim, Sterbebuch 1938–1946: Demnach kamen bei Tieffliegerangriffen in Obrigheim ein niederländischer, ein sowjetischer und ein kroatischer Zivilarbeiter ums Leben. Zu den Tieffliegerangriffen vgl. auch GUG-Interviews Merks/NL, S. 3 u. 5, van Gemert/NL, S. 6.
865 Vgl. IWM London FD 2228/45 box 75, Kiemle an Glaser, 41.4.1944 betr.: A 8.
866 Vgl. ebda. FD 2228/45, G 29 Vermerk Glaser, 16.5.1944 betr.: Terminmeldung für Bauvorhaben A 8.
867 Vgl. ebda. FD 2228/45, G 14, Aktennotiz über die Besprechung von Unterkunfts- und Personen-Transport-Fragen beim SS-Führungsstab in Goldfisch am 17.6.1944.

Anstalt für geistig Behinderte, untergebracht.[868] Für die Unterbringung von im Sindelfinger Verlagerungsprojekt „Brasse" eingesetzten „Westarbeitern" diente eine ehemalige Schule in Dallau.[869]

Doch die Schaffung von Unterkunftsmöglichkeiten in Obrigheim und Umgebung ging nur langsam voran. So schrieb der Genshagener Werksleiter K.C. Müller Mitte Juli 1944:

Es hat aber mit dem Innenausbau der Grube die Fertigstellung der Baracken leider nicht Schritt gehalten. Infolgedessen können wir jetzt wohl mit unseren Maschinen umziehen, aber die dazu gehörigen Arbeiter nicht unterbringen.[870]

Auch bis Ende August hatte sich die Situation nicht wesentlich gebessert. Einer Erhöhung der Zahl der Arbeitsplätze im Obrigheimer Stollen standen nach wie vor fehlende Unterbringungsmöglichkeiten für die Arbeitskräfte entgegen.[871]

Schließlich wurden die Unterkünfte belegt, obwohl ihre Fertigstellung noch nicht endgültig abgeschlossen war. So fehlten beispielsweise im Lager Neckarelz, in dem „Ostarbeiterinnen" und „Ostarbeiter" untergebracht wurden, sanitäre Einrichtungen und Öfen sowie der vorgesehene Luftschutzstollen. Auch im Lager Asbach waren teilweise keine Öfen vorhanden, darüber hinaus fehlte an einigen Baracken das Fensterglas, und Wasch- und Abortbaracken waren noch nicht fertiggestellt.[872]

Aufgrund der unzumutbaren Unterbringung machte sich unter den in „Goldfisch" eingesetzten Arbeitskräften zunehmend Unzufriedenheit breit. Nicht nur die Bedingungen innerhalb der Lager, sondern auch die Behandlung durch die verschiedenen Lagerführer steigerten den Unmut derart, daß K.C. Müller schließlich Anfang Februar 1945 den Ausbruch einer „offenen Revolte" befürchtete.[873]

Die katastrophalen Arbeitsbedingungen im Stollen, die miserable Unterbringung sowie unzureichende und schlechte Verpflegung begünstigten auch den Ausbruch von Krankheiten unter den in Obrigheim eingesetzten Arbeitskräften. Im Winter 1944/45 befanden sich alleine 200 an Ruhr erkrankte Arbeitskräfte in dem für die Daimler-Benz Motoren GmbH zum Krankenhaus umfunktionierten „Schwarzacher Hof", einer ehemaligen Anstalt für geistig Behinderte.[874] Zwischen 400 und 500 Arbeitskräfte litten darüber hinaus an schweren Erkältungen, deren Entstehung durch die extremen klimatischen Schwankungen im Stollen (im vorderen Teil −2 Grad und im hinteren Teil +32 Grad, dazu ständige Zugluft) begünstigt wurde.

---

868 Vgl. GUG-Interviews van Hootegem/B, S. 5, Lippens/B, S. 5, Lievens/B, S. 5.

869 Vgl. GUG-Interviews van Gemert/NL, S. 5, van Ham/B, S. 5, van Essel/NL, S. 5.

870 IWM London FD 2228/45 No. 77, Müller an Werlin, 14.7.1944.

871 Vgl. ebda. FD 2228/45, G 2, Müller/Krumbiegel an Rüstungsinspektion Oberrhein, 22.8.1944 betr.: Bauvorhaben „Goldfisch".

872 Vgl. ebda. FD 2228/45 No. 77, Bericht Kiemle über den Stand der Bauarbeiten und Fertigstellung der Unterkünfte, 27.1.1945 betr.: A 8.

873 Ebda. FD 2228/45, G 15 Müller an Sommer/Portner, 1.2.1945 betr. Betreuung der Gefolgschaft in Goldfisch.

874 Vgl. ebda. FD 2228/45, G 14, Aktennotiz über die Besprechung von Unterkunfts- und Personen-Transport-Fragen beim SS-Führungsstab in Goldfisch am 17.6.44.

Mitunter fehlte fast ein Fünftel der Arbeitskräfte in einer Abteilung.[875] Bei einer anläßlich des hohen Krankenstandes unter den Arbeitskräften anberaumten Besprechung führte Krumbiegel die schlechten Unterkünfte, die langen Arbeitszeiten, die Sonntagsarbeit, die Kälte und die Verpflegung als Hauptursachen dieser Entwicklung an. Der ebenfalls an der Besprechung teilnehmende Vorstandsvorsitzende der Daimler-Benz AG, Wilhelm Haspel, versprach daraufhin, sich für den Erhalt einer Sondergenehmigung zur Herabsetzung der Arbeitszeit auf 62 Stunden sowie für zusätzliche Verpflegung einzusetzen.[876]

Doch eine durchgreifende Änderung der Arbeits- und Lebensbedingungen in Obrigheim scheint Haspel nicht bewirkt zu haben. Die offenbar tatsächlich vorübergehend herabgesetzte Arbeitszeit wurde ab 5. März 1945 wieder auf 12 Stunden täglich angehoben.[877] Und der schlechte körperliche Zustand vieler Arbeitskräfte führte zum Ausbruch von Tuberkulose, die in den letzten Kriegsmonaten mehrere Todesopfer forderte. So erlebte ein ehemaliger niederländischer Zwangsarbeiter, daß von 32 wie er an TBC erkrankten und gemeinsam mit ihm ins Krankenlager eingewiesenen „Westarbeitern", „Ostarbeitern", IMIs und Litauern nur 18 überlebten.[878]

Unter den Schikanen der SS hatten von den ausländischen Zivilarbeitern besonders die Obrigheimer „Ostarbeiterinnen" zu leiden. Nachdem ein großer Teil der deutschen Arbeitskräfte, unter deren Aufsicht die sowjetischen Zwangsarbeiterinnen ursprünglich gestanden hatten, aus dem Weihnachtsurlaub 1944/45 nicht zurückgekehrt war, überwachte die SS die Arbeit der Frauen und mißhandelte sie durch Schläge mit schweren Weidenknüppeln. Zwei „Ostarbeiterinnen" wurden – so die Erinnerung eines ehemaligen KZ-Häftlings – durch Angehörige des Sicherheits-Dienstes (SD) umgebracht.[879]

Unbeirrbar blieb auch K.C. Müller, Leiter des Werkes Genshagen und Daimler-Benz-Vorstandsmitglied, der bis zuletzt für Obrigheim ein ebenso hartes Durchgreifen gegenüber arbeitsunwilligen Arbeitskräften forderte wie in Genshagen. So legte er im März 1945 in einer Aktennotiz dar:

> *Nach den Beobachtungen, die ich in letzter Zeit gemacht habe, haben wir an beiden Orten [Genshagen und „Goldfisch", Anm. d. Verf.] eine ganze Anzahl Ausländer, die sich nur bewegen, wenn sie dauernd angetrieben werden und die sich sogar noch über die sie anfeuernden Vorgesetzten lustig machen. In einer Zeit, in der wir Sorge haben müssen, daß die Lebensmittel, welche wir mühsam aufgespeichert haben, infolge zu geringer Zufuhren rapide abnehmen, wäre es absurd, wenn wir diese Leute genau so verpflegen würden wie die fleißig arbeitende Gefolgschaft oder unsere deutschen Volksgenossen. [...] Wir müssen sehen, daß wir diese arbeitsunlustigen Leute anders behandeln als die arbeitswilligen.*[880]

---

875 Vgl. IWM London 2228/45, Aktenvermerk Jaenecke, 9.10.1944.

876 Vgl. ebda. FD 3200/45 U, Besprechungsprotokoll o.D.

877 Vgl. ebda. FD 2228/45 G 33, Bekanntmachung Krumbiegel, 3.3.1945.

878 Vgl. GUG-Interview Merks/NL, S. 10.

879 Vgl. Erinnerungen Plock, S. 40f.

880 IWM London FD 2228/45 Box 75, Aktennotiz Müller, 2.3.1945 betr.: Beschäftigung der ausländischen Arbeiter in Genshagen und Goldfisch.

Nach den Vorstellungen Müllers sollte deshalb jeder Ausländer von einer Kommission, bestehend aus dem jeweiligen Hallenleiter, Meister und Lagerführer, gemäß seines Leistungsstandes beurteilt werden. Arbeitskräfte, die den Anforderungen nicht gerecht würden, beabsichtigte Müller, bei „nächster Gelegenheit" an Partei- oder sonstige Dienststellen für „Schanz- und ähnliche Arbeiten" abzugeben.[881]

„Schachtelhalm I"

Das zweitgrößte Verlagerungsprojekt des Genshagener Werkes, „Schachtelhalm I", befand sich in einem Waldgebiet in der Nähe von Meseritz bei Frankfurt/Oder. In den Ostbefestigungsanlagen, die bereits vor der Inanspruchnahme durch das Werk Genshagen ausgebaut worden waren, wurden Laderfertigung und Härterei untergebracht.[882]

> *Wir hatten dann ja noch ein Werk: „Schachtelhalm". [...] Das war im Raum Frankfurt/Oder. Das war ein absoluter Untertagebetrieb, und da haben wir nur alle Arbeiten erledigt, die unter Tage zu machen waren. Dreherei, Revolverdreherei, ja, das war ein nasser Stollen – also gesund war der nicht.*[883]

Ein großes Problem stellte offenbar die Be- und Entlüftung der Stollen dar; immer wieder kam es vor, daß bei der Bearbeitung von Aluminium Späne in Brand gerieten und dies zu einer starken Rauchentwicklung führte.[884]

Poznań (Posen)

Im Werk Poznań, dem ersten Werk des Daimler-Benz-Konzerns im besetzten Europa, gab es vermutlich rund 500 Beschäftigte, darunter überwiegend zwangsverpflichtete polnische Zivilarbeiter. Außerdem waren dort auch englische Kriegsgefangene eingesetzt. Das leitende Personal, Ingenieure und Meister, setzte sich aus Deutschen zusammen; zeitweise sollen auch einige deutsche Lehrlinge in Poznań gearbeitet haben, die später zur Wehrmacht eingezogen wurden.[885]

Die meisten polnischen Zwangsarbeiter mußten für die Arbeit im Werk Poznań, in dem ausschließlich Kraftfahrzeuge für den Heimat-Kraftfahrtpark Posen repariert wurden, angelernt werden. Unter ihnen befanden sich Jugendliche von 14, 15 Jahren, die bis zu ihrer Zwangsverpflichtung durch die Deutschen noch die Schule besucht hatten und über keinerlei berufliche Erfahrung verfügten. Manche

---

881 Vgl. ebda.
882 Vgl. MBA, Bericht über Genshagen-Schachtelhalm und Protokoll des Gespräches mit Richard Koch, S. 2.
883 GUG-Interview Stolzenwald/D, S. 4.
884 MBA, Bericht über Genshagen-Schachtelhalm. Zu den Arbeits- und Lebensbedingungen der in „Schachtelhalm" eingesetzten zivilen ausländischen Arbeitskräfte vgl. oben S. 211.
885 Vgl. GUG-Interview Meysner/PL, S. 8.

BRZESKIAUTO AG. POSEN
Kommissarische Verwaltung durch

DAIMLER-BENZ AKTIENGESELLSCHAFT
STUTTGART-UNTERTÜRKHEIM

Bankverbindung:
Deutsche Bank, Filiale Posen,
Ostbank AG., Posen
Drahtanschrift: Brzeskiauto Posen
Fernsprecher: 63-35, 73-35

An den

Kraftfahrzeugschlosserlehrling
Marian MEYSNER

im Hause

Ihr Zeichen: Unser Zeichen: Gauhauptstadt Posen, Saarlandstrasse 29
                         Sgr/JJ   den 17. September 1940.

Wir bestätigen nachträglich, Dich ab 16. September 1940 als
Kraftfahrzeugschlosserlehrling eingestellt zu haben.

Die Lehrzeit erstreckt sich auf 3½ Jahre. Aufgrund der der
Tarifordnung für das Metallhandwerk im Reichsgau Wartheland
vom 8.3.1940 angegliederten Lohnordnung beträgt die Erziehungsbeihilfe für Lehrlinge ohne Kost und Wohnung im
            1. Lehrjahr wöchentlich RM 3.-,
            2.   "   "   RM 6.--,
            3.   "   "   RM10.--.
Der Urlaub für Jugendliche, zu welchen Du rechnest, beträgt
unter Fortgewährung der Erziehungsbeihilfe für
            Jugendliche unter 16 Jahren - 15 Werktage,
            "   über   16 Jahre   - 12 Werktage.
Der Urlaubsanspruch entfällt, wenn Du durch eigenes Verschulden
aus einem Grunde entlassen wirst, der eine vorzeitige Lösung
des Arbeitsverhältnisses rechtfertigt, oder wenn Du das Lehr-
oder Arbeitsverhältnis vorzeitig lösest. Massgebend für die Ur-
laubsdauer ist das Alter bei Beginn des Kalenderjahres. Während
des Urlaubs darf keine dem Urlaubszweck widersprechende Erwerbs-
arbeit geleistet werden.
Wir machen ausdrücklich darauf aufmerksam, dass aufgrund der
jetzigen Bestimmungen mit Lehrlingen polnischer Volkszugehörig-
keit ein Lehrvertrag nicht abgeschlossen wird und dieselben in-

Abb. 42: Lehrlingsvertrag für einen polnischen Zivilarbeiter.

dieser jungen Polen wurden jedoch zunächst für Tätigkeiten eingesetzt, die sie, vor allem körperlich, völlig überforderten – wie ein damals 14jähriger polnischer Zwangsarbeiter, der zunächst in der Schmiede arbeiten mußte, berichtet:

In dieser Schmiede war das eine tragische Geschichte, denn weil ich schwach war, ich war damals 14, und wenn ich mit dem Hammer schlug, dann war das so: Ich weiß nicht, ob Sie wissen, wie ein Schmied arbeitet. Also der Meister hält einen Hammer, einen etwas kleineren, und mit einem großen Hammer muß man auf diesen Hammer hauen. Nach einer gewissen Zeit gelang mir das auch. Aber eines Tages habe ich nicht den Hammer, sondern den Stiel getroffen, alles krachte auseinander und der Hammer flog weit weg, und dann konstatierte man, daß ich dafür nicht geeignet bin und gab mich in den Kundendienst. Dort war ich eine Zeitlang, aber dann gelang es mir, zu den Elektrikern zu kommen, denn dafür interessierte ich mich mehr, und eines Tages brauchten sie dort einen Lehrling. Damals wußte ich nicht, daß dort, wo ich auf dem Plan Akku geschrieben habe, die Ladestation für Batterien war. Und diese Batterien mußte man laden, nur nicht unten, sondern recht weit oben auf einem Regal. Sie brachten mir das bei, so daß ich sogar bei meinen geringen Kräften eine solche ziemlich große Batterie auf meine Knie heben und mit Schwung nach oben stemmen konnte. Allerdings hatte das doch Auswirkungen auf mein Rückgrat, das merkte ich schon damals, und das ist mir nach dem Krieg geblieben. [...] Drei Jahre war ich Lehrling, und nach diesen drei Jahren habe ich eine Prüfung abgelegt, das war keine offizielle Gesellenprüfung, sondern eine interne Prüfung des Werks. Danach wurde ich Elektrikergeselle.[886]

Später wurde in Poznán auch eine Lehrwerkstatt zur Ausbildung von Lehrlingen eingerichtet. Doch der zuständige Meister, ein NSDAP-Mitglied namens Schlauf, soll die Lehrlinge schikaniert und mißhandelt haben.[887]

Insgesamt gesehen war die Behandlung der polnischen Zwangsarbeiter durch die deutschen Meister und Ingenieure sehr unterschiedlich. So urteilt der Zeitzeuge:

Die einen verhielten sich gegenüber den Polen ordentlich, die anderen waren ausgesprochen mies. Ein gewisser Albrecht war dort, der war leitender Ingenieur; er war – muß ich zugeben – ziemlich gerecht, aber wenn irgendetwas nicht funktionierte oder irgendwer sich etwas zuschulden kommen ließ, dann verprügelte er ihn wie einen Hund, ohne lange zu reden. Zum Beispiel, wenn jemand sagte, er habe Zahnschmerzen, dann sagte er: ,Mach die Schnauze auf!' und sah nach. Und wenn dort ein Loch war, hattest Du Glück, dann konntest Du zum Zahnarzt gehen, aber wenn er den Grund nicht fand, dann war derjenige arm dran.[888]

Ein anderer Ingenieur, Müller, ließ sich während der Arbeitszeit von einigen polnischen Arbeitskräften seine Wohnung aufräumen und reinigen.[889]

Die langen Arbeitszeiten waren eine ziemliche Belastung für die polnischen Zwangsarbeiter, denn normalerweise betrug die tägliche Arbeitszeit in Poznań von montags bis samstags 12 Stunden, auch sonntags mußte gearbeitet werden. Lediglich jeder dritte, später jeder vierte Sonntag waren frei. Mitunter verlängerte sich der Arbeitstag der Polen zusätzlich dadurch, daß sie zum Luftschutzdienst eingeteilt wurden. Einige mußten im Rahmen ihrer Ausbildung eine Zeitlang einen Abendkurs in Technischem Zeichnen absolvieren.[890] Zur „Einstimmung" auf die

886 GUG-Interview Meysner/PL, S. 3.
887 Vgl. ebda., S. 7.
888 Ebda., S. 6.
889 Vgl. ebda.
890 Vgl. ebda., S. 5f.

Arbeit ließen die Meister die polnischen Arbeitskräfte allmorgendlich zur Gymnastik antreten:

> *Jeden Morgen mußten wir Gymnastik machen, es gab eine obligatorische Gymnastik 10–15 Minuten lang. Wir stellten uns auf diesem Platz in Reihen auf, dann kam der Meister heraus: ,Augen rechts! Stillgestanden!' Bei ,Augen' sahen schon alle nach rechts, denn wenn man nach links sehen sollte, sagte er: ,Augen links!'. Damit man das nicht verwechselte. Und dann liefen wir auf den Platz, denn dort war ein sehr großer Luftschutzraum, aber ein unterirdischer, so daß wir auf diesem Luftschutzraum Gymnastik machten, dann ging es ,mit Volldampf' im Laufschritt zurück und an die Arbeit.*[891]

Schlimmer als die langen Arbeitszeiten war jedoch vermutlich der Druck, dem die Polen während der Arbeit dadurch ausgesetzt waren, daß jede Unachtsamkeit, jeder Fehler ihnen als Sabotage ausgelegt werden konnte:

> *Da gab es einen Jungen, der ging auf die Toilette, zog ab, und kam wieder heraus. Und in diesem Moment ging ein deutscher Meister hinein und bemerkte, daß das Wasser nicht abfloß. Er rief einen Klempner herbei und befahl ihm, nachzusehen, was dort ist. Und da war so ein Lappen, mit dem man sich die ölverschmierten Hände abwischt. Und weil man meinte, dieser Junge hätte ihn da hineingeworfen – er stritt das ab, ich weiß nicht, ob er es war, ich nehme eigentlich an, daß nicht –, brachte man ihn zur Gestapo. Und solche Leute versammelte man alle am Samstag und brachte sie zur Gestapo in der Ratajczak-Straße, und das, was sich dort tat, das brauche ich Ihnen ja wohl nicht zu erzählen, das wissen Sie ja. Und von dort fuhren sie nach Lubon, das ist ein Vorort von Poznań, wo sich ein kleineres KZ befand, ein Durchgangslager. Und dort mußten sie entweder Erbsen aushülsen oder Sand schleppen. Von einem Haufen wurde der Sand in Eimer gefüllt, dann ging es im Laufschritt zu einem anderen Haufen hundert Meter weiter, dort wurde er ausgeschüttet, und die anderen trugen den Sand von dort wieder zurück. Und am Montag wurden sie entlassen, gegen 5 oder 6 Uhr früh. Sie bekamen noch eine Tracht Prügel auf den Weg und wurden zur Arbeit geschickt. Am schlimmsten war es mit den Händen, denn wenn sie die Eimer trugen, wurden sie auf die Hände geschlagen. Und wenn jemand den Eimer losließ, wurde er völlig fertiggemacht, also versuchte jeder, den Eimer bloß festzuhalten. Also solche ,Wochenendfälle' gab es zwei bis drei pro Woche.*[892]

Gerüchten zufolge soll im Werk Poznań eine „Geheime polnische Zelle" entstanden sein. Drei bis vier der vermeintlichen Mitglieder wurden jedenfalls von der Gestapo festgenommen und ebenfalls in das KZ Lubin transportiert, wo man sie ermordete.[893]

In krassem Mißverhältnis zur geforderten Arbeitsleistung stand die an die polnischen Zwangsarbeiter in Poznań ausgegebene Verpflegung:

> *Das Mittagessen wurde uns zur Speisekammer gebracht, das war so eine Art Eintopf, der aus einer anderen Kantine dorthin gebracht wurde. Bei dem Eintopf handelte es sich um eine Suppe mit Schnecken mit schwarzen Augen oder aus irgendeinem Kohl oder Kohlrüben. Kohlrüben waren unsere ,Lieblingsspeise'. Man hat uns sehr kurzgehalten. […] Es gab nur diese Suppe, in der Kantine wurde sie ausgegeben, in Schüsseln, alle bekamen das Gleiche. Ob die Engländer auch diese Suppe bekamen, weiß ich nicht, weil sie in ihrer Werkstatt aßen. Die Deutschen aßen natürlich auch woanders. Manchmal gab uns dieser Pelzer ein Stück Brot, aber sonst gab es keinen Kontakt. Im Grunde waren wir immer hungrig, natürlich nicht so wie die KZ-Häftlinge, weil wir etwas von zu Hause mitnehmen konnten, wenn es dort etwas gab.*[894]

---

891 Ebda., S. 9.
892 Ebda., S. 10.
893 Vgl. ebda., S. 10f.
894 Ebda., S. 5. Der Vergleich mit den KZ-Häftlingen erfolgt aus heutiger Sicht; der Einsatz von

Colmar

Die Fabrikation von Flugmotorenteilen, auf die das Daimler-Benz-Werk Colmar spezialisiert war, wurde am 15. März 1941 in einer von der Firma A. Kiener & Co. gemieteten Fabrikanlage aufgenommen. Von Beginn an litt die Produktion jedoch unter Arbeitskräftemangel, da 600 für Colmar vorgesehene Arbeitskräfte nicht aus dem Reichsgebiet dorthin umgesetzt werden konnten. Die Geschäftsführung des Werkes unter Stefan Oser, einem Schwager des Gauleiters Wagner[895], griff deshalb zunächst auf ortsansässige, branchenfremde Arbeitskräfte zurück, die entsprechend umgeschult wurden[896]. Da jedoch die Zahl der Arbeitskräfte nach wie vor nicht ausreichte, um die erforderlichen Produktionsleistungen zu erbringen, beantragte die Geschäftsführung des Werkes Colmar den Einsatz einer Auskämmkommission, mit deren Hilfe weitere Arbeitskräfte für Colmar herangezogen werden sollten.[897] Offenbar verwirklichte die Colmarer Geschäftsführung ihre Pläne, denn ein Zeitzeuge erinnert sich:

> Wir wurden von der Gestapo in unserer ehemaligen Fabrik ausgesucht und zu Daimler-Benz geschickt. Wir hatten keine Wahl.[898]

Mit Ausnahme einiger Meister und Vorarbeiter gehörten der Belegschaft des Colmarer Werkes bis zuletzt keine deutschen Arbeitskräfte an.[899]

Mit dem Verhalten eines Teils der von Daimler-Benz in Colmar eingesetzten elsässischen Arbeitskräfte war die Werksleitung äußerst unzufrieden. So beschwerte sie sich beispielsweise im Mai 1942 beim Rüstungskommando Straßburg darüber,

> dass der Leistungsstand durch unbotmässige und arbeitsscheue Gefolgschaftsmitglieder stark gedrückt wird. Besonders die neu-hinzukommenden Arbeitskräfte stören den Aufbau. (Deutschfeindliche Einstellung und kommunistische Gesinnung). Die guten Elemente wagen zum größten Teil den Einsatz ihrer Persönlichkeit nicht, um auf die anderen einzuwirken, weil sie im Grunde am deutschen Sieg zweifeln und sich nicht blossstellen wollen.[900]

Um die Arbeitskräfte einzuschüchtern, veranlaßte die Colmarer Leitung, daß der deutsche Werkschutz und die Gestapo mit der Einweisung in das Sicherungslager

---

KZ-Häftlingen im Werk Poznań läßt sich aus den vorhandenen schriftlichen Quellen nicht ersehen.

895 Vgl. BA Potsdam 80 Ba 2/16371, Kissel/Haspel an von Stauß, 14.1.1941 betr.: Fabrikationsstätte in Colmar.

896 Vgl. ebda. 80 Ba 6/703, Bl. 293f., GB und Bilanz Daimler-Benz GmbH Kolmar zum 31.12. 1941.

897 Vgl. ebda.

898 GUG-Interview Dussourd/F, S. 1.

899 Vgl. GUG-Interviews Dussourd/F, S. 2, Fritsch/F, S. 2 und Spiegelhalter/F, S. 3. In den Belegschaftsstatistiken des Werkes Colmar wurden die elsässischen Arbeitskräfte als Deutsche geführt: Vgl. oben Tab. 9, S. 106. Das erklärt die dort angegebene hohe Zahl deutscher Arbeitskräfte im Verhältnis zur geringen Zahl von Ausländern.

900 BAMA Freiburg RW 20–5/52a, Rüstungskommando Strassburg: Stimmung der Bevölkerung, Strassburg 15.5.1942.

Schirmeck als Strafe für Arbeitsverweigerung drohen sollten.[901] Es gab aber auch Schikanen durch deutsche Vorgesetzte: Weil er nicht damit einverstanden war, daß eine Elsässerin einen Tag Sonderurlaub wegen ihres gefallenen Bruders erhielt, schickte ein Meister die Frau für drei Monate in den Colmarer Verlagerungsbetrieb „Kranich" bei Wesserling im Elsaß, wo sie unter schwierigen Bedingungen arbeiten mußte.[902]

Neben elsässischen Arbeitskräften wurden ab Mitte 1942 zahlreiche „Ostarbeiterinnen" und „Ostarbeiter" im Werk Colmar eingesetzt.[903] Im September 1942 meldete Daimler-Benz dem Arbeitsamt einen Bedarf von 100 männlichen und 150 weiblichen sowjetischen Arbeitskräften.[904]

Anders als die elsässischen Arbeitskräfte, bei denen es sich um Facharbeiter oder um angelernte Kräfte handelte[905], waren die „Ostarbeiterinnen" und „Ostarbeiter" im Werk Colmar „Mädchen für alles". Sie arbeiteten teilweise in der Produktion, mußten aber auch putzen, aufräumen oder in der Küche helfen.[906] Auch hinsichtlich der Arbeitszeit gab es Unterschiede: Während die sowjetischen Zivilarbeiter zwölf Stunden täglich arbeiten mußten – abwechselnd eine Woche in Tag- und eine Woche in Nachtschicht[907], waren die elsässischen Arbeitskräfte auf drei Schichten à acht Stunden verteilt, wobei sich ebenfalls Tag- und Nachtschichten abwechselten[908].

Während die in Colmar eingesetzten einheimischen Arbeitskräfte zu Hause wohnen konnten[909], hatte Daimler-Benz für die Unterbringung eines Teils der „Ostarbeiterinnen" und „Ostarbeiter" Barackenlager errichten lassen[910]. 20 sowjetische Zwangsarbeiterinnen waren darüber hinaus in einem Eckhaus an der heutigen Place Jeanne d'Arc in Colmar untergebracht. Zwischen vier und sechs Mädchen und Frauen lebten dort in mit Doppelstockbetten ausgestatteten Zimmern.[911] Die hygienischen Verhältnisse in dieser Unterkunft waren schlecht, nicht zuletzt, weil der vorhandene Waschraum nicht von den „Ostarbeiterinnen" genutzt werden durfte:

> *Es gab einen Waschraum, aber wir durften nie hinein! Aber einmal war die Tür auf, wir gingen rein, wuschen uns die Haare und den Körper. Plötzlich kam ein Bewacher rein: er hat all unsere Sachen (Handtücher, Seife etc.) auf den Flur geworfen. Da sind wir so wütend geworden über ihn, daß wir rausgelaufen sind und ihn eingeschlossen haben! Wir haben uns dann unter unseren Betten versteckt. Der Mann hat laut geschrien, und jemand hat ihn rausgelassen.*

---

901 Vgl. GUG-Interview Dussourd/F, S. 3.
902 Vgl. Brief 434/F an M. Brüninghaus, 6.10.1988.
903 Während die beiden Elsässer Fritsch und Dussourd berichteten, daß im Werk Colmar außer Elsässern nur sowjetische Frauen eingesetzt waren (Vgl. GUG-Interviews Fritsch/F, S. 3 und Dussourd/F, S. 3), gibt die ehemalige sowjetische Zwangsarbeiterin Sonia Grob an, es hätten auch Italiener, Polen und Rumänen im Werk gearbeitet (Vgl. GUG-Interview Grob/SU, S. 3).
904 Vgl. BA Koblenz R 41/ 230, Bedarf an Ostarbeitern im Elsaß, Stand 26.9.1942.
905 Vgl. GUG-Interviews Dussourd/F, S. 2 und Fritsch/F, S. I und S. 2.
906 Vgl. GUG-Interview Grob/SU, S. 1f.
907 Vgl. ebda., S. 2.
908 Vgl. GUG-Interviews Dussourd/F, S. 2 und Fritsch/F, S. 2.
909 Vgl. GUG-Interview Dussourd/F, S. 5.
910 Vgl. MBA VS-Protokolle, Protokoll der Vorstandssitzung vom 4./5.11. 1942, S. 38.
911 Vgl. GUG-Interview Grob/SU, S. 5.

Abends kam dann der für uns zuständige Direktor aus der Fabrik und wollte wissen, was vorgefallen sei. Er lachte nur und meinte, daß diesmal nichts passiere, daß das aber nicht mehr vorkommen dürfe. Wir durften auch später nicht in den Waschraum. Es gab auch Wanzen und Läuse, aber nicht so viel. Wir bekamen dann ein Desinfektionsmittel für die Haare.[912]

Zu den schlechten hygienischen Bedingungen kamen Schikanen durch den Lagerführer. Neben Essensentzug und Ausgangssperre quälte er die Frauen, indem er ihnen die Zuteilung von Kohle zum Heizen ihrer Zimmer verweigerte:

Eine beliebte Strafe war auch, uns keine Briketts zum Heizen zu geben für unser Zimmer – es war doch so kalt! Wenn wir uns beschwerten, gab es erst recht keine Kohlen oder wir wurden eingesperrt.[913]

Die Verpflegung der sowjetischen Zwangsarbeiterinnen war sowohl qualitativ als auch quantitativ miserabel. Morgens erhielten die Frauen im Lager eine dünne Scheibe Brot und schwarzen Kaffee, mittags eine dünne Suppe mit Rüben und abends gab es wiederum eine Suppe, diesmal mit Kartoffeln, sowie Rüben mit magerem Frischkäse. Das Abendessen mußte von einer „Ostarbeiterin" aus der Fabrik geholt werden, bevor es im Lager ausgegeben wurde.[914] Die schlechte Verpflegung führte im Zusammenwirken mit der schweren körperlichen, von den „Ostarbeiterinnen" zu leistenden Arbeit dazu, daß viele der Frauen krank wurden und ihre monatliche Regelblutung ausblieb.[915] Drei der sowjetischen Zwangsarbeiterinnen, die sich über die mangelhafte Qualität des Essens in der Fabrik beschwert hatten, wurden verhaftet und für eine Woche in ein Polizeigefängnis eingewiesen. Von dort aus gingen sie täglich unter Bewachung zur Arbeit ins Colmarer Werk und kehrten abends in das Gefängnis zurück, wo sie, ohne Essen erhalten zu haben, wieder in ihre Zellen eingesperrt wurden. Die drei „Ostarbeiterinnen" bewirkten allerdings mit ihrer Beschwerde, daß sich das Essen im Werk nach ihrer Entlassung aus dem Gefängnis etwas besserte.[916]

Kontakte zwischen den elsässischen und den sowjetischen Arbeitskräften gab es lediglich in begrenztem Umfang, da es „Ostarbeiterinnen" und „Ostarbeitern" nicht erlaubt war, mit den Elsässern zu sprechen. Doch bemühten sich einige der einheimischen Arbeitskräfte zu helfen, beispielsweise indem sie den sowjetischen Zivilarbeitern heimlich Lebensmittel zusteckten.[917] Als im Mai 1944 Teile des Colmarer Werkes nach Wesserling (Elsaß) verlagert werden sollten, gelang es einigen sowjetischen Zwangsarbeiterinnen, mit Hilfe einheimischer Arbeitskräfte aus der Fabrik zu fliehen und bis Kriegsende in Colmar unterzutauchen.[918] Sehr hilfsbereit zeigte sich dabei auch die Colmarer Bevölkerung, die den Frauen Unterschlupf gewährte.[919]

---

912 Ebda.
913 Ebda., S. II.
914 Vgl. ebda., S. 5.
915 Vgl. ebda., S. 6.
916 Vgl. ebda., S. II.
917 Vgl. ebda., S. II u. S. 2.
918 Vgl. ebda., S. II.
919 Frau Grob (vgl. GUG-Interview Grob/SU, S. 6) berichtete, daß die sowjetischen Zwangsarbei-

„Kranich"

Für den Ausbau des für die Verlagerung von Teilen der Produktion der Werke Colmar, Sindelfingen und Rzeszów vorgesehenen Reichsbahntunnels Wesserling im Elsaß, der den Tarnnamen „Kranich" erhielt, wurden ab März 1944 zahlreiche KZ-Häftlinge eingesetzt, die in dem eigens für den Tunnelausbau eingerichteten Außenkommando „Wesserling" des KZ-Natzweiler zusammengefaßt wurden.[920] In der nur für kurze Zeit aufgenommenen Produktion[921] mußten neben KZ-Häftlingen auch Italienische Militärinternierte (IMI)[922] sowie sowjetische und polnische Zivilarbeiter, die in Baracken neben dem Lager der KZ-Häftlinge untergebracht waren, arbeiten[923]. Dazu kamen einige elsässische Frauen, die aus Colmar „mitverlagert" worden waren.[924]

„Elster"

Im September 1944 wurde die Flugmotorenteilefertigung des Daimler-Benz-Werks Colmar auf Anordnung des Reichsluftfahrtministeriums nach Kamenz/Sachsen verlegt. Bereits wenige Monate später, im Februar 1945, ordnete das RLM jedoch die Weiterverlagerung über Rosswein nach Penig, ebenfalls in Sachsen, an. In welchem Umfang die Produktion in Kamenz aufgenommen wurde, ist unbekannt.[925]

Aus den vorhandenen Quellen geht hervor, daß die „Elster GmbH" – wie der Colmarer Verlagerungsbetrieb offiziell hieß – in Kamenz ein Italienerlager und ein KZ-Lager „Herrenmühle" unterhielt.[926] Einige der mitverlagerten elsässischen Arbeitskräfte wurden in Privatunterkünften untergebracht, die sehr karg ausgestattet waren und zunächst nicht beheizt wurden.[927]

---

terinnen, wenn sie die Erlaubnis erhielten, in Gruppen das Lager zu verlassen, von den Colmarer Geschäftsleuten schon einmal Lebensmittel geschenkt bekamen. Diese wurden ihnen allerdings bei der Rückkehr ins Lager von der Lagerleitung abgenommen.
920 Zur Herkunft der Häftlinge sowie ihren Arbeits- und Lebensbedingungen vgl. Kapitel 3.3.5.2.
921 Vgl. oben Tab. 5, S. 70.
922 Zu Arbeits- und Lebensbedingungen der IMI vgl. S. 328.
923 Vgl. Pawlak, Häftling, S. 207; MSPF Brüssel Rap. 184–Tr. 67.849, Ministère de la Reconstruction an Ministère de la Reconstruction, 21.11.1950, betr. Camp d'Urbès – Camp douteux de Wesserling; GUG-Interview Gillen/L, S. 9.
924 Vgl. GUG-Interview Gillen/L, S. 9 und Brief 434/F an M. Brüninghaus, 6.10.1988.
925 Vgl. MBA Verlagerungen, DBAG Untertürkheim an Karl Schreiner, 13.6.1946 betr. Unterlagen für Verlagerung Kolmar, Wesserling und Kamenz i, Sa.; ebda. Hoppe 6,26, Daimler-Benz GmbH, Kolmar, 27.6.1945; vgl. auch Tabelle 5, S. 70.
926 Vgl. MBA Gaggenau, Gläubiger Gaggenau-Kolmar S–St/U, Städtisches Elektrizitätswerk Kamenz, Rechnung für Elster GmbH, 12.4.1945.
927 Vgl. Brief 434/F an M. Brüninghaus, 6.10.1988.

Flugmotorenwerke Ostmark

Im September 1941 übertrug das Reichsluftfahrtministerium (RLM) der Daimler-Benz AG die Geschäftsführung der Anfang 1941 gemeinsam von der Bank der Deutschen Luftfahrt und der Junkers Flugzeug- und Motorenwerke AG gegründeten Flugmotorenwerke Ostmark.[928] Der Hauptsitz der Flugmotorenwerke befand sich in Wiener Neudorf, darüber hinaus existierten Zweigwerke in Brünn (Brno) und Marburg/Drau (Maribor).

Für den Ausbau der Flugmotorenwerke Ostmark, der zu diesem Zeitpunkt noch nicht abgeschlossen war, wurden zahlreiche Kriegsgefangene und ausländische Zivilarbeiter eingesetzt. Ende November 1941 betrug die Zahl der Bauarbeiter ingesamt rd. 10.800, darunter befanden sich allein 2.200 Kriegsgefangene (1.900 in Wien und 300 in Marburg). Die in Brünn eingesetzten zivilen Arbeitskräfte waren überwiegend Tschechen, in Marburg handelte es sich hauptsächlich um slowenische Zwangsarbeiter. Zum Ausbau des Wiener Hauptwerks wurden rund 3.000 Deutsche und ca. 5.000 Ausländer, darunter 700 Tschechen und 1000 Kroaten sowie Angehörige verschiedener anderer Nationen herangezogen.[929] Ab Frühjahr 1942 kam eine große Anzahl sowjetischer Zwangsarbeiterinnen und Zwangsarbeiter hinzu.[930]

Während die Betreuung der in Wien eingesetzten Arbeiter ausschließlich durch die Deutsche Arbeitsfront (DAF) erfolgte, übernahmen in Brünn und Marburg die Flugmotorenwerke Ostmark gemeinsam mit verschiedenen Organisationen – wie dem „Bund für Volkstum" – diese Aufgabe.[931]

Mit der Aufnahme der Produktion in den Flugmotorenwerken Ostmark im Jahr 1942, setzte ein erneuter Zustrom ziviler ausländischer Arbeitskräfte ein, vor allem nach Wiener Neudorf. Unter den neu hinzugekommenen Arbeitskräften befanden sich zahlreiche Franzosen – aber auch Belgier, Niederländer, Tschechen, Jugoslawen, Polen und „Ostarbeiter" wurden in Wiener Neudorf und den Zweigwerken Brünn und Marburg eingesetzt.[932] Alleine in Mödling, wo sich ein großes Lager für die in den Flugmotorenwerken Ostmark eingesetzten ausländischen Zivilarbeiter befand, sollen 4.000 Menschen untergebracht gewesen sein. In einem unmittelbar daneben liegenden Lager waren sowjetische Zwangsarbeiter einquartiert.[933] Ein

---

928 Vgl. BAMA Freiburg RL 3/50, fol. 564; RL 3/904, Tschersich an Hoppenberg, 21.10.1941. Vgl. auch MBA Kissel IX,2, Protokoll Beiratssitzung Flugmotorenwerke Ostmark 16.12.1941, S. 2 und VS-Protokolle DBAG 23.10.1941, S. 7f. und 11.12.1941, S. 3. Zu den Flugmotorenwerken Ostmark vgl. auch Kapitel 2.2.

929 Vgl. IWM London FD 725/46, Niederschrift über die 3. Beiratssitzung der Flugmotorenwerke Ostmark, 16.12.1941, S. 15f.

930 Vgl. Perz, Errichtung, S. 98.

931 Vgl. IWM London FD 725/46, Niederschrift über die 3. Beiratssitzung der Flugmotorenwerke Ostmark, 16.12.1941, S. 16.

932 Vgl. GUG-Interviews Depauw/F, S. 3 und Abeillé/F, S. 3. Vgl. auch BA Potsdam 80 Ba 2/16384, Haspel an von Stauß, 29.9.1942 betr. Reise Haspels gemeinsam mit Müller zu Flumo Ostmark: „... Gefolgschaftssorgen bestehen in Brünn keine, da man mit tschechischen Facharbeitern rechnen kann."

933 Vgl. GUG-Interview Depauw/F, S. 5.

weiteres, kleineres Lager existierte in Brunnmariaenzerdorf.[934] Im Frühjahr 1942 betrug der Ausländeranteil beim Aufbau und in der Produktion des Werks Wiener Neudorf fast 80%.[935]

Da es sich bei einem großen Teil der ausländischen Zivilarbeiter um branchen-fremde Arbeitskräfte handelte, mußten sie entsprechend angelernt werden. Obwohl das Flugmotorenwerk in Wiener Neudorf von Anfang an auf die Beschäftigung ungelernter Arbeitskräfte hin geplant worden war, verzögerte gerade das Fehlen von Fachkräften den Produktionsbeginn und hatte erhebliche Auswirkungen auf die Arbeitseffektivität. So erinnert sich ein ehemaliger französischer Zwangsarbeiter:

> Ich habe bei Daimler-Benz nie viel gearbeitet, ich habe ungeheures Glück gehabt. Nach den zwei bis drei Monaten Ausbildungszeit – denn ich hatte ja von technischen Dingen keine Ahnung, kam ich an eine Maschine, an der die richtige Einstellung für Propellerwellen ausprobiert wurde. Wir machten 19 bis 20 Teile pro Tag, pro Teil brauchten wir zwei Minuten! Dazwischen wurde dann die Maschine wieder neu eingestellt, und wir versteckten uns irgend-wo und lasen.[936]

Ein Teil der Arbeitskräfte der Flugmotorenwerke Ostmark wurde zeitweise in Genshagen und Untertürkheim auf Daimler-Benz-Motoren umgeschult.[937]

Die Verpflegung der bei den Flugmotorenwerken Ostmark eingesetzten zivilen ausländischen Arbeitskräfte war schlecht und völlig unzureichend. Nach Angaben eines ehemaligen französischen Zwangsarbeiters erhielten die Arbeitskräfte mor-gens im Lager Ersatzkaffee und ein kleines Stück Brot, mittags in der Werkskantine eine warme Mahlzeit und abends im Lager einen Kohleintopf. Viele versuchten, ihre Verpflegung mit gesammelten Schnecken oder eingefangenen Fröschen und Katzen aufzubessern.[938]

„Ostarbeiterinnen" und „Ostarbeiter" wurden besonders schlecht verpflegt und häufig schikaniert.[939] Zwangsarbeiter, die sich über die schlechte Verpflegung im Werk beschwerten, erhielten vom Werkschutz Schläge oder wurden in ein Arbeits-erziehungslager eingeliefert.[940]

Bruchsal

Die Zahl der in der Holzindustrie Bruchsal GmbH, einer Tochtergesellschaft der Daimler-Benz AG, eingesetzten ausländischen Arbeitskräfte war im Vergleich zu den übrigen Daimler-Benz-Werken sehr gering. 1942 gehörten der Belegschaft

934 Vgl. GUG-Interviews Depauw/F, S. 5 und Abeillé/F, S. 5.
935 Vgl. Freund/Perz, Fremdarbeiter, S. 325.
936 GUG-Interview Abeillé/F, S. I. Zu einem ähnlichen Urteil kommt der in Wiener Neudorf eingesetzte KZ-Häftling Pierre Weydert in: Bernadac, Jours, S. 129. Vgl. zu dieser Problematik auch Freund/Perz, Fremdarbeiter, S. 325 f. und Perz, Errichtung, S. 100–103.
937 Vgl. BA Potsdam 80 Ba 2/16354, DB Genshagen an Mitglieder des Beirats, 23.8.1943; GUG-Interviews Tvaruzek/CS, S. 2, Vybiral/CS, S. 2.
938 Vgl. GUG-Interview Depauw/F, S. 5; vgl. dazu auch GUG-Interview Abeillé/F, S. 2.
939 Vgl. GUG-Interviews Depauw/F, S. 5f. und Abeillé/F, S. 3.
940 Vgl. GUG-Interview Depauw/F, S. 3.

erstmals 23 ausländische Arbeitskräfte an, doch bis 1944 verringerte sich ihre Zahl auf zehn.[941]

Über die Lebens- und Arbeitsbedingungen der in Bruchsal eingesetzten ausländischen Arbeitskräfte liegen keinerlei Erkenntnisse vor.

Backnang

Mit der Entwicklung der Holzindustrie Bruchsal GmbH vergleichbar ist die des Triebwerkentwicklungswerks Backnang, wo der Einsatz von ausländischen Zivilarbeitern 1944 mit 41 Arbeitskräften den Höchststand erreichte.[942] Die geringe Zahl der im Entwicklungsbereich eingesetzten Ausländer ist einerseits auf die fehlende Qualifikation dieser Arbeitskräfte, vor allem aber auf Geheimhaltungsgründe zurückzuführen.

Über die Lebens- und Arbeitsbedingungen der in Backnang eingesetzten ausländischen Zivilarbeiter liegen ebenfalls keinerlei Erkenntnisse vor.

Rzeszów

Am 1. November 1941 übernahm die Daimler-Benz AG von der Firma Henschel die Treuhänderschaft über das knapp 200 km östlich von Krakau gelegene Flugmotorenwerk Rzeszów (Reichshof), den ehemaligen Staatlichen Polnischen Flugzeugwerken. Die ersten dort von Daimler-Benz eingesetzten Geschäftsführer, Thiel und Ruprecht, wurden Mitte Januar 1943 von Werner Romstedt als alleinvertretungsberechtigtem Geschäfts- und Betriebsführer abgelöst.[943] Neben der Produktion von Ersatzteilen für Flugmotoren wurden in Rzeszów auch Reparaturen an Motorenteilen vorgenommen.[944]

Mit Ausnahme der ab August 1942 bzw. Ende 1943 eingesetzten jüdischen Zwangsarbeiter und Kriegsgefangenen bestand die Belegschaft des Werkes Rzeszów fast ausschließlich aus zwangsverpflichteten polnischen Arbeitskräften.[945] Unter ihnen befand sich eine große Anzahl von Facharbeitern und Angestellten, die bereits vor Beginn des Krieges in Rzeszów gearbeitet hatten und nach der Besetzung Polens für die dortige Arbeit zwangsverpflichtet worden waren.[946]

Aus den Unterlagen einer im Juni 1943 vorgenommenen „Betriebsinventur" ist ersichtlich, daß zu diesem Zeitpunkt außerdem 40 Ukrainer in Rzeszów eingesetzt

---

941 Vgl. Tabelle 8, S. 98.
942 Vgl. ebda.
943 Zur Person Romstedts vgl. Kap. 2.2.
944 Vgl. BA Potsdam 80 Re 1/4054, Bl. 4f., Bericht Deutsche Revisions- und Treuhand AG Berlin über die bei der Flugmotorenwerk Reichshof GmbH, Reichshof (Gg.), vorgenommene Prüfung des Rumpfgeschäftsjahres 1941 und des Geschäftsjahres 1942 (Datum: 8.3.1944).
945 Zum Einsatz der jüdischen Zwangsarbeiter und der Kriegsgefangenen in Rzeszów vgl. Kapitel 3.3.5.2. und 3.3.4.4.
946 Vgl. GUG-Interviews Krzywiec/PL, S. 2, Brodowicz/PL, S. 2.

waren.[947] Die wenigen im Werk tätigen Deutschen stellten vor allem das leitende Personal. Ab Mitte 1943 wurden zusätzlich einige Volksdeutsche aus Rumänien, Angehörige der Waffen-SS, nach Rzeszów abgestellt.[948]

Alle polnischen Arbeitskräfte waren während der Arbeitszeit der Aufsicht des deutschen Personals unterstellt, das die Polen häufig brutal behandelte, sie mit Schlägen oder Fußtritten traktierte.[949] Die Rzeszówer Werksleitung billigte diese individuelle Vorgehensweise zunächst, schaffte sie dann jedoch zugunsten eines zentral gelenkten, ausgeklügelteren Strafsystems ab:

> *Das willkürliche Strafsystem, nach dem jeder Meister und Abteilungsleiter eine Strafe verhängen konnte, habe ich jetzt abgeschafft, und es werden jetzt nur noch von einer Stelle aus Strafen verhängt, um dadurch eine bessere Gleichmässigkeit und Gerechtigkeit zu gewährleisten. Darüber hinaus unterscheiden wir jetzt zwischen Bußen und Strafen. Bußen sind kleine Verfehlungen, wie Überqueren der Rasenanlagen etc.; diese werden in Zlotys gesühnt. Alles andere, was unter den Begriff der Strafe fällt, wird mit dem Entzug von Wodka und Zigaretten geahndet.[950]*

Auch deutscher Werkschutz war präsent, bei manchen Vorfällen wurden darüber hinaus Schutzpolizei oder Gestapo eingeschaltet.[951] Laut Aussagen eines Zeitzeugen drohte den polnischen Zwangsarbeitern bei Disziplinarvergehen ausschließlich die Todesstrafe.[952] Im Frühjahr 1943 ordnete Romstedt schließlich eine Auskämmaktion an, um „Arbeitsscheue" unter den in Rzeszów eingesetzten Polen dem Arbeitsamt zum „Einsatz im Reich, wo sie unter noch besserer Aufsicht sein werden", zur Verfügung zu stellen.[953]

Der Verdienst der polnischen Arbeitskräfte reichte kaum aus, um die benötigten Lebensmittelkarten zu kaufen.[954] Auch die den Polen gezahlten Trennungsgelder lagen wesentlich unter denen der deutschen Arbeitskräfte: So erhielten Verheiratete für eine „einfache" Tätigkeit 7 und Ledige 2,50 Zloty (gegenüber 18 bzw. 12 Zloty bei Deutschen), für eine „gehobene" Tätigkeit gab es 8 bzw. 3 Zloty (gegenüber 20 bzw. 14 Zloty) und für eine leitende Tätigkeit 9 bzw. 4 Zloty täglich (gegenüber 28 bzw. 20 Zloty).[955]

Zu den in Rzeszów zeitweise eingesetzten polnischen Juden und sowjetischen Kriegsgefangenen hatten nur wenige der polnischen Arbeitskräfte Kontakt.[956] Zwei Polen, die den jüdischen Zwangsarbeitern Brot zugesteckt hatten, wurden von der Direktion des Werkes Rzeszów zur Strafe zwei Wochen in einem Straflager inhaftiert.[957]

---

947 Vgl. MBA VO 175/24, Betriebsinventur im Generalgouvernement, Flugmotorenwerk Reichshof, 19.7.1943 (mit Stichtag 30.6.1943).
948 Vgl. ebda. VO 175/20, Romstedt an Sicherheitspolizei Reichshof, 27.10.1943.
949 Vgl. GUG-Interview Krzywiec/PL, S. 3.
950 MBA VO 175/18, Romstedt an Rüstungsinspektion Krakau, 8.3.1943.
951 Vgl. GUG-Interview Krzywiec/PL, S. 4.
952 Vgl. GUG-Interview Brodowicz/PL, S. 4.
953 Vgl. MBA VO 175/18, Romstedt an Rüstungsinspektion Krakau, 8.3.1943.
954 Vgl. GUG-Interviews Brodowicz/PL, S. 4, Krzywiec/PL, S. 4, Zienkiewicz/PL, S. 4.
955 Vgl. BA Potsdam 80 Re 1/4054, Bl. 52, Prüfungsbericht Reichshof Geschäftsjahre 1941 und 1942.
956 Vgl. GUG-Interview Brodowicz/PL, Anhang und GUG-Interview Zienkiewicz/PL, S. 4.
957 Vgl. GUG-Interview Kajzer/PL, S. 5.

Die polnischen Arbeitskräfte, die bereits vor der deutschen Besetzung in Rzeszów gearbeitet hatten, lebten weiterhin in Werkswohnungen, doch mußten die Wohnungen, die sich in gutem Zustand befanden, an die deutschen Angestellten abgetreten werden, während die Polen gezwungen wurden, in schlechtere Werks-wohnungen umzuziehen.[958] Unter welchen Bedingungen sie dort lebten, schildert einer der Betroffenen:

> *Mein Sohn wurde im Block geboren, ohne Licht, denn die Deutschen haben uns die Elektrizität abgedreht. Da hatten wir eben keinen Strom mehr – in den deutschen Wohnungen gab es welchen. [...] Wir schliefen mit der ganzen Familie in einer kleinen Küche, denn die Winter waren streng, und um nicht zu erfrieren, schliefen wir alle zusammen in der Küche, meine Frau, meine Kinder und ich.*[959]

Rund 450 ebenfalls in Rzeszów eingesetzte polnische „Baudienstler" waren dage-gen in Baracken auf dem Werksgelände untergebracht.[960] Im August 1943 bemühte sich die Rzeszówer Geschäftsführung um Zuteilung von Bettwäsche für diese Arbeitskräfte mit der Begründung:

> *Die Bettwäsche ist eine der Voraussetzungen, um die in den Lagern untergebrachten Polen auch körperlich zur Sauberkeit zu erziehen. Da sie sich nachts ausziehen müssen, ist ein Liegen auf den rauhen Papierstrohsäcken auf die Dauer gesehen unmöglich.*[961]

Schlecht war auch die Versorgungslage der in Rzeszów eingesetzten polnischen Zivilarbeiter. Zwar hatten sie die Möglichkeit, morgens und abends zu Hause essen, konnten jedoch, wie bereits erwähnt, von ihrem kärglichen Lohn nur wenige Lebensmittel kaufen. Das Mittagessen, das die Polen im Werk in einer von der der Deutschen getrennten Kantine erhielten, muß von so schlechter Qualität gewesen sein, daß schließlich einige Polen mit der Bitte an die Geschäftsführung herantra-ten, „ob es nicht möglich ist, öfters einmal Gemüse in das Essen zu geben".[962] Nach welchen Kriterien die Lebensmittelsonderzuteilung für polnische Belegschaftsmit-glieder erfolgen sollte, für die die Rzeszówer Leitung sich rühmte, „laufend" einzutreten[963], wird aus einem Bericht Romstedts an die Rüstungsinspektion Kra-kau deutlich:

> *Von der gesamten polnischen Belegschaft habe ich für die letzten 5 Wochen die Leistungsgrade feststellen lassen und verteile jetzt Lebensmittel, die wir erhalten, ausschließlich nach diesen Leistungsgraden. Dabei sind wir auch dazu übergegangen, den schlechten Polen Wodka und Zigaretten, an denen sie außerordentlich hängen, zu kürzen, um dadurch den Leistungsguten die Rationen zu erhöhen. [...] Während die Polen mit guter und bester Leistung entsprechende Bezugsscheine für die angekündigten Waren ausgehändigt erhalten, bekommen die übrigen, die ausgeschlossen werden mussten, Zettel in die Hand gedrückt z.B. mit folgendem Inhalt:*
> *,Von der Sonderzuteilung an Lebensmitteln mußten wir die ausnehmen, die in den letzten Wochen unpünktlich waren, unentschuldigt fehlten, geringe Leistungen hatten, oder schlechte Arbeit lieferten und die, die aus irgendeinem Grunde bestraft wurden.*

---

958 Vgl. GUG-Interviews Krzywiec/PL, S. 4, Brodowicz/PL, Anhang, Kajzer/PL, S. 8.
959 GUG-Interview Brodowicz/PL, S. 4.
960 Vgl. MBA VO 175/24, Flugmotorenwerk Reichshof an Rüstungskommando Krakau, 18.11.1942.
961 Ebda. VO 175/18, Flugmotorenwerk Reichshof an Rüstungsinspektion Krakau, 6.8.1943.
962 Vgl. ebda. VO 175/28, Aktennotiz Romstedt, 11.2.1944.
963 Vgl. ebda. VO 175/15, Bericht über die Flugmotorenwerke Reichshof, 22.4.1943.

Einer dieser Gründe trifft leider auch auf Sie zu, so dass wir Sie bei der heutigen und der nächsten Lebensmittelzuteilung nicht berücksichtigen können.
Wir hoffen, dass Sie sich anstrengen, künftig auch zu den Leistungstüchtigen unseres Werkes zu zählen, damit Sie dann möglichst schon an den Sonderzuteilungen nach dem 10. März teilnehmen können.' [964]

Nach den Plänen des Rzeszówer Geschäftsführers sollte auch die Zuteilung der normalen Zusatzkarten von der jeweiligen Arbeitsleistung der polnischen Arbeitskräfte abhängig gemacht werden.[965]

Wie die Betroffenen selber ihre Situation in dem unter der Kontrolle von Daimler-Benz stehenden Flugmotorenwerk Rzeszów empfanden, zeigt folgende Äußerung eines ehemaligen polnischen Zwangsarbeiters:

Wir wurden ganz anders behandelt, wie Sklaven, Sklaven, die gebraucht werden. Und wenn irgendetwas nicht glatt lief, kam derjenige zur Gestapo oder ins Lager. Viele sind so umgekommen. Also mußte man sich so verhalten, daß auch nicht der geringste Anlaß zu Klagen da war, nicht der Schimmer eines Verdachts. Es ist schwer, von Schikanen zu reden, wenn man es darauf angelegt hat, jemanden zu vernichten. [966]

Nach Schätzungen eines anderen Zeitzeugen sind von den leitenden polnischen Angestellten der Flugmotorenwerke Reichshof in der Zeit der deutschen Besetzung über 60 bei der Gestapo verschwunden und umgekommen.[967]

Nova Paka

Die Daimler-Benz GmbH Neupaka (Nova Paka, „Protektorat Böhmen und Mähren") wurde am 11. Januar 1943 als „Kriegsausweichwerk" gegründet und befand sich zunächst in zwei Gebäuden der „Webwarenfabrik G.A. Fröhlich & Sohn" in Neupaka.[968] Im Sommer 1944 kamen zwei weitere Betriebe in Altpaka und Jitschin (Stara Paka und Jicin, beide Protektorat) hinzu.[969] Gefertigt wurden in allen vier Teilwerken Einzelteile für DB-Flugmotoren.[970]

Ähnlich wie in Colmar oder Rzeszów bestand der größte Teil der Belegschaft des Werks Nova Paka aus einheimischen Arbeitskräften. Daimler-Benz übernahm einige vorwiegend ältere ehemalige Mitarbeiter der Textilfabrik, doch überwiegend wurden Arbeitskräfte aus der näheren und weiteren Umgebung Nova Pakas zwangsverpflichtet.[971] 1944 betrug der Anteil der Tschechen an der Gesamtbeschäftigten-

---

964 Ebda. VO 175/18, Romstedt an Rüstungsinspektion Krakau, 8.3.1943.
965 Vgl. ebda.
966 GUG-Interview Brodowicz/PL, S. 3.
967 Vgl. GUG-Interview Zienkiewicz/PL, S. 3.
968 Vgl. BA Potsdam 80 Ba 6/504, Bl. 54, Aktenvermerk Bank der deutschen Luftfahrt über Besuch bei Daimler-Benz in Untertürkheim, 27.4.1944 und ebda. Bl. 136, Aktennotiz Böhmische Union-Bank, 10.3.1944.
969 Vgl. hierzu auch Kap. 2.2.
970 Vgl. MBA Forstmeier 15 (ohne weitere Angaben).
971 Vgl. GUG-Interview Dufek/CS, S. 4 und 9.

zahl 97,5%, 1945 97,8%.[972] Deutsche stellten lediglich das leitende Personal des Werkes.

Während sich unter den tschechischen Arbeitskräften anfangs sehr viele junge Männer und Frauen befanden – mitunter wurden komplette Schulklassen, offenbar in Anwesenheit von Daimler-Benz-Mitarbeitern, rekrutiert –, kamen Ende 1944 und Anfang 1945 zahlreiche ältere zwangsverpflichtete Akademiker nach Nova Paka.[973] Insbesondere sie hatten unter Schikanen des deutschen Aufsichtspersonals zu leiden:

> Und da waren alle diese Professoren, Doktoren und Juristen und Notabeln, [...] da waren unzählige Werkbänke, und da hat man angefangen mit der Umschulung – idiotisch: Man fängt immer mit Feilen an. Und jeder mußte ein Werkstück feilen. Ich weiß nicht, wer sich diesen Unsinn in den Kopf gesetzt hat, weil an einer automatischen Drehbank oder einer Revolverdrehbank, da braucht man nicht gelernter Schlosser oder gelernter Maschinist zu sein. Da sind Werkzeugmacher, aber die brauchen drei Jahre, bis sie etwas können. Da war ziemlich viel – wie sagt man das auf deutsch – Dehumiliation [engl.: Erniedrigung, Anm. d. Verf.], ausgerechnet von diesen akademischen Leuten, das waren Leute, 50, 60 Jahre alt! Und stellen Sie sich vor: Nach einer erfolgreichen akademischen Laufbahn, und plötzlich stehen sie da. Die Deutschen waren sehr großzügig: ,Arschloch' hat man geschrieen, und wenn man sich melden mußte, sagen wir: ,Dr. Kraus': ,Ja, was für ein Doktor bist Du, Du bist a Arschloch und kein Doktor'. Das waren traurige Szenen. Und ich war vielmals Zeuge von diesen Szenen.[974]

Eine menschlichere Behandlung erfuhr dagegen der Zeitzeuge selbst, ein junger Tscheche:

> Ich hatte freien Zugang zu all diesen Werkstätten. Zum Beispiel als man diese Umschulungswerkstatt eingerichtet hat, mußte ich Pläne vorbereiten für die Verlegung von elektrischen Leitungen. Das war alles Aufgabe vom ,Allgemeinen Betrieb'. Der Chef war ein gewisser Herr Rausch, er war ursprünglich bei der Daimler-Benz Lastwagenfabrik Gaggenau in Baden gewesen. Er wurde dann versetzt nach Nova Paka. Das war der Leiter von diesem ,Allgemeinen Betrieb'. Dazu haben auch noch zwei Kraftwerke gehört. Sämtliche Telefonleitungen, sämtliche Heizungsleitungen, elektrische Leitungen wurden von uns verlegt. Zum Beispiel, wenn man neue Maschinen von den Raubzügen im Osten gebracht hat, dann war unsere Abteilung verantwortlich für die Aufstellung der Maschinen. Wir haben auch dann später Pläne gemacht, z.B. eine Revolverdrehbank oder eine Radialbohrmaschine [...].[975]

Gearbeitet wurde in Nova Paka von montags bis samstags in zwei Schichten à zwölf Stunden. Häufige Engpässe zwangen den Betrieb jedoch oft, nur eine Schicht zu fahren.[976] Darüber hinaus verursachten Sabotageversuche Einbrüche in der Produktion. Ein besonders schwerer Vorfall ereignete sich in dem zur Daimler-Benz GmbH Neupaka gehörenden Teilwerk in Altpaka:

> Und zwar man hat die Anlagen vergrößert in dem Nachbarstädtchen. [...] Altpaka war ein Dorf mit 3.000 Einwohnern, das war ein Nachbardorf, ein wichtiger Eisenbahnknotenpunkt. Und da war auch eine Textilfabrik, die einem gewissen Herrn Stern, auch ein Jude – der hat's Kriegsende nicht mehr gesehen –, gehört hat. Und die Fabrik hat man dann evakuiert, die war

---

972 Vgl. oben Tab. 8, S. 98.
973 Vgl. GUG-Interviews Dufek/CS, S. 4 und 10f. und Voboril/CS, S. 3.
974 GUG-Interview Dufek/CS, S. 9.
975 Ebda., S. 5.
976 Vgl. GUG-Interviews Dufek/CS, S. 5f. und Voboril/CS, S. 3.

aber sehr schwach mit elektrischem Strom versorgt. In dem Werk 1 in Nova Paka hat man von einer Textilfabrik in Novo Kostolec, das war ein tschechischer Betrieb, den man zugemacht hat, und von dort hat man eine fast neue Dampfturbine gestohlen und in Nova Paka aufgestellt. Und nach Altpaka hat man ein Kabel geführt, das dort die elektrische Versorgung sicherstellte. [...] auf jeden Fall man hat von irgendwo aus Ostdeutschland einen Transformator gebracht, der aus irgendeiner ausgebombten Anlage stammte. Man war nicht sicher, ob der Transformator noch intakt war oder nicht. Und man hat eine Ölprobe – also der Transformator ist gekühlt durch eine Ölflüssigkeit oder ölähnliche Flüssigkeit – nach Prag geschickt in irgendein Laboratorium, ob die Isolationsfähigkeit noch vorhanden sei. Es ist ein Brief angekommen, daß diese Kühlflüssigkeit ersetzt werden mußte. Der Brief ist mysteriöserweise verschwunden, und die Betriebsleitung war so unter Zeitnot und hat gesagt: ,Jetzt fangen wir an, schalten wir ein'. Natürlich, als man den eingeschaltet hat, ist der Transformator verbrannt. Damals war über sechs Wochen Produktionsausfall in dieser neuen Anlage im sogenannten Werk 3 in Altpaka. [...] Und natürlich, nach diesem sechswöchigen Produktionsausfall war wieder eine Gestapo-Aktion, es wurden mehrere Leute verhaftet. Man hat die natürlich zuerst verhört, da hab' ich ein paar Verhöre selber mitgemacht, auch an meinem eigenen Leib. Angenehm war das gewiß nicht. [...] Diese elektrische Kabelverbindung und -installation war wiederum im Bereich vom ,Allgemeinen Betrieb' (wo der Zeitzeuge arbeitete, Anm. d. Verf.). Und natürlich ist noch der Produktionsausfall dazugekommen, das wurde alles in Stücken gezählt, soundsoviel Motoren sind verloren gegangen. Damals waren auch so, schätze ich, 15 oder 20 Verhaftungen, ich wurde ja auch zum Verhör verhaftet. Wer sich irgendwie rausreden konnte, wurde entlassen (von der Gestapo, Anm. d. Verf.), ungefähr 20 Leute sind in Haft geblieben. Da war in Jicin, wo das Gestapo-Hauptquartier war, in der Nähe eine Strafanstalt, die hat geheißen Katsoi, also Kartause. Das war früher im österreichischen Königreich ein Kloster, und ich glaube, in der tschechischen Republik hat man es zur Strafanstalt umfunktioniert, und die Gestapo hat das dann für eigene Sachen benutzt. Und die meisten Leute sind dort untergebracht und umgebracht worden.[977]

Auch in unbegründeten Fällen war der Vorwurf „Sabotage" offenbar schnell bei der Hand. Im Werk Nova Paka sollen über 20 tschechische Arbeitskräfte verhaftet worden sein, nachdem bei der Bedienung einer Nitrieranlage ständig Schwierigkeiten aufgetreten waren. Doch war wohl nicht sabotierendes Verhalten der Tschechen, sondern die technische Unfähigkeit des zuständigen deutschen Abteilungsleiters die Ursache für die Produktionsstörungen.[978]

Die Verpflegung der tschechischen Arbeitskräfte, die in einer von den Deutschen abgesonderten Kantine auf dem Werksgelände ausgegeben wurde, war nach Aussagen des Zeitzeugen schlecht: Meist gab es Eintopf, Kraut und Kartoffeln. In den letzten Kriegswochen kümmerte sich niemand mehr um die Versorgung der Arbeitskräfte.[979]

Ebenso wie in Rzeszów wurden viele der ehemals von Tschechen bewohnten Wohnungen und Häuser in Nova Paka und Umgebung für die Unterbringung des deutschen Personals beschlagnahmt:

Am Anfang sind nur Männer gekommen aus Stuttgart oder Gaggenau oder so, und die wurden in verschiedenen Familien untergebracht. [...] Später sind die Familienangehörigen gekommen, da hat man unbequeme Tschechen aus den Wohnungen rausgeschmissen, wie in unserem

---

977 GUG-Interview Dufek/CS, S. 15f.
978 Vgl. ebda., S. 15.
979 Vgl. ebda., S. 6.

Fall, und da sind die Villen oder Wohnungen oder Häuser dem deutschen Personal zur Verfügung gestellt worden.[980]

Der tschechische Zeitzeuge mußte daraufhin in eines der bewachten Lager umziehen, die Daimler-Benz in der Umgebung des Werkes eingerichtet hatte:

> *Damals durfte ich nicht zu Hause wohnen, weil mich die Gestapo zu dieser Arbeit zugeteilt hat. Damals hat man gleich in einer Schule ein kleines Lager angelegt, mit Bewachung. Wir waren damals 20 oder 30, das war eine kleine Gruppe. [...] Und dann hat man angefangen, da hatte man das Realgymnasium inzwischen zugemacht, das war ein ziemlich großes Gebäude, und das wurde umfunktioniert für ein Lager. In den Klassenzimmern hat man Strohsack- oder Matrazenlager eingerichtet. Das war sehr interessant. Manche Zimmer waren unter Bewachung, da waren welche, irgendwie, ob die verdächtig waren, oder daß sie Komplizen waren... Die Bewachung wurde besorgt durch Familienangehörige von den deutschen Angestellten von Daimler-Benz.*[981]

Groß-K-Werk Minsk

In dem im Rahmen der „Werlin-Aktion" errichteten und im Sommer 1942 unter Leitung von Daimler-Benz in Betrieb genommenen Groß-K-Werk in Minsk wurden neben deutschen Arbeitskräften auch Zivilarbeiter aus den besetzten westeuropäischen Ländern, Polen, Angehörige der baltischen Staaten und sowjetische Arbeitskräfte eingesetzt.[982] Angaben über die genaue Zahl der ausländischen Belegschaftsmitglieder liegen nicht vor – nach Schätzungen von Zeitzeugen sollen in Minsk jedoch rund 4.000 Arbeitskräfte (inkl. Deutsche und sowjetische Kriegsgefangene) gearbeitet haben, unter denen sich 350 bis 400 westeuropäische Zivilarbeiter befanden.[983]

Über die Arbeits- und Lebensbedingungen der in Minsk eingesetzten ausländischen Zivilarbeiter ist nur wenig bekannt. In den Augen des Daimler-Benz-Direktors Hoppe war die Arbeitsleistung der ukrainischen Arbeitskräfte in Minsk noch „viel schlechter" als die der sowjetischen Kriegsgefangenen – darüber hinaus beurteilte er die Ukrainer als „faul und auch nicht besonders willig".[984] Wie üblich standen die sowjetischen Arbeitskräfte im Hinblick auf die Behandlung an letzter Stelle der Rangfolge der verschiedenen im Groß-K-Werk eingesetzten Ausländergruppen. Das beweist nicht zuletzt die Tatsache, daß sie, im Unterschied zu den „Westarbeitern" und Polen nicht krankenversichert wurden.[985]

---

980 Ebda., S. 8. Vgl. auch ebda., S. 4: Nachdem der Vater von Herrn Dufek schon im September 1939 verhaftet und ins KZ Buchenwald deportiert worden war, erfolgte die Verhaftung der Mutter Mitte 1943. Die Wohnung der Dufeks wurde anschließend beschlagnahmt und dem Daimler-Benz-Werksdirektor Anton Wychodil zur Verfügung gestellt.

981 GUG-Interview Dufek/CS, S. 18.

982 Vgl. MBA GKW 7, DBAG Untertürkheim an Gross-K-Werk Minsk, 16.7.1942.

983 Vgl. MBA-Interview Nr. 78, S. 4; GUG-Interview Burger/ROM, S. 2; MBA, Notiz Pighi über Unterredung mit Siller, 26.5.1987.

984 Vgl. BA Potsdam RWM 9088, Bl. 162, Niederschrift über Beiratssitzung der WiGru Fahrzeugindustrie v. 18.11.1942.

985 Vgl. MBA GKW 7, DBAG Untertürkheim an Gross-K-Werk Minsk, 16.7.1942.

Im Juni 1943 ordnete der zuständige Gebietskommissar die Dienstverpflichtung sämtlicher im Groß-K-Werk tätigen Ausländer an und drohte mit Gefängnis oder der Einweisung in ein Arbeitserziehungslager bei Nichteinhaltung dieser Bestimmung durch die betroffenen Arbeitskräfte.[986]

Nach Aussagen eines Zeitzeugen waren die in Minsk eingesetzten westeuropäischen Arbeitskräfte in Holzbaracken auf dem Werksgelände untergebracht; auch die Verpflegung dieser Arbeitskräfte erfolgte durch das Groß-K-Werk.[987]

Groß-K-Werk Gleiwitz

Anfang Juli 1944 mußte das Groß-K-Werk Minsk fluchtartig vor den Truppen der Roten Armee geräumt werden. Als Verlagerungsobjekt diente zunächst eine Kaserne in Gleiwitz. Ende September betrug die Zahl der dort eingesetzten zivilen Arbeitskräfte insgesamt 1.322, darunter Deutsche, Volksdeutsche, Niederländer, Belgier, Franzosen, Italiener, Ungarn, Letten, Russen, Polen und ein Rumäne. Auch mehrere Frauen befanden sich unter den Gleiwitzer Belegschaftmitgliedern, bei den zivilen sowjetischen Arbeitskräften waren sie sogar in der Überzahl.[988] Bis Ende Oktober 1944 stieg die Zahl der in Gleiwitz eingesetzten zivilen Arbeitskräfte nur geringfügig auf 1.375 an.[989]

Ein großer Teil der ausländischen Arbeitskräfte wurden in einem aus acht Baracken bestehenden Lager einquartiert.[990] Da sich das Lager bei der Ankunft der Arbeitskräfte jedoch erst im Aufbau befand, waren die Unterkunftsbedingungen dort sehr schlecht – wie auch die Betriebsführung des Werkes Gleiwitz zugab:

> Die Bauausführung der Baracken-Wohnstätten muß als mangelhaft angesprochen werden. Zahlreiche Dächer sind undicht. Bei starkem Regenfall gibt es kaum eine Stube, in welcher das Regenwasser nicht durch das Dach eindringt. Die Seitenwände sind durchlässig, während Türen und Fenster nur mangelhaft schließen. Es ist dringend erforderlich, die Bauten abzudichten und winterfest zu machen.[...] Die Wege und Barackenzugänge sind bei Regenwetter infolge des total aufgeweichten Baugrundes fast unpassierbar. Die Befestigung der Wege und Zugänge ist dringend geboten. Obwohl die Winterfestmachung der Baracken und die Aufstellung der Öfen in den Stuben rechtzeitig zugesagt wurde, war bis zum 30.9. mit den hierzu erforderlichen Vorarbeiten noch nicht einmal begonnen worden.[991]

Ein Problem stellten auch die nur in unzureichenden Mengen zur Verfügung stehenden Lebensmittel für alle Belegschaftmitglieder, insbesondere aber der schlechte Bekleidungszustand der ausländischen Arbeitskräfte dar. Über die Organisation Todt konnten schließlich Kleidungstücke für einige der Ausländer be-

---

986 Vgl. ebda., Gebietskommissar Minsk an Groß-K-Werk Minsk, 24.6.1943 betr. Dienstverpflichtung.
987 Vgl. MBA, Notiz Pighi über Unterredung mit Siller, 26.5.1987.
988 Vgl. ebda. GKW 7, Groß-K-Werk Mitte an Paul Schmaltz, 9.10.1944 betr. Sozialbericht.
989 Vgl. ebda., Personaleinsatz Groß-K-Werk Gleiwitz, 31.10.1944.
990 Vgl. ebda., Sozialbericht Groß-K-Werk Gleiwitz 10.7.–30.9.44, S. 2f.
991 Ebda., S. 3.

schafft werden; außerdem erhielten 84 „besonders bewährte ukrainische Hilfskräfte" und die weißruthenischen Putzfrauen Sonderzuteilungen an Kleidung.[992]

Ende Januar 1945 wurde das Groß-K-Werk erneut verlagert und gelangte über zahlreiche Zwischenstationen im März 1945 ins bayerische Deggendorf.[993] Ende April waren dort noch 292 Arbeitskräfte eingesetzt, darunter 86 Ausländer. Bei einem großen Teil der ausländischen Arbeitskräfte handelte es sich um sowjetische Zwangsarbeiter, zehn davon waren Kinder.[994]

K-Werk Riga

Ende 1941 richtete die Daimler-Benz AG in einer ehemaligen Fahrrad- und Kinderwagenfabrik in Riga (Lettland) ein K-Werk ein. Bei den dort in der Folgezeit eingesetzten Arbeitskräften handelte es sich ausschließlich um dienstverpflichtete Letten (Frauen und Männer), die zum Teil bereits in der Fahrradfabrik gearbeitet hatten und entsprechend umgeschult wurden. Während zum Zeitpunkt der Eröffnung des K-Werks 68 lettische Arbeitskräfte in Riga eingesetzt waren[995], stieg deren Zahl bis Juli 1944 auf 163 Letten an; sie wurden der Aufsicht von acht Deutschen unterstellt.[996]

Als seinen Beitrag zum Entstehen einer „wirklich einsatzbereiten Betriebsgemeinschaft" sah der Rigaer Betriebsführer, Wolff, neben der fachlichen die weltanschauliche Schulung der lettischen Arbeitskräfte, die, wie er rückblickend in einem Bericht über das K-Werk Riga ausführte, zum Zeitpunkt der Übernahme des Betriebes durch Daimler-Benz immerhin ein Jahr „Bolschewistenherrschaft" hinter sich hatten[997] und den Deutschen ablehnend gegenüberstanden:

> *So war die Betriebsführung genötigt, immer wieder unermüdlich diesem Misstrauen entgegenzutreten, die Gefolgschaft über den Sinn des Krieges und des Weltgeschehens, über die Zielsetzung des Nationalsozialismus und über die Gestaltungsideen einer nationalsozialistischen Betriebsgemeinschaft aufzuklären, um die inneren Voraussetzungen zu erfolgreicher Arbeit zu schaffen. [...] Manchmal mußte tastend versucht werden, auf welche Maßnahmen die lettische Arbeiterschaft am besten reagierte. Die Mentalität der Ostvölker ist so anders geartet, dass nur im Laufe der Monate aus der steigenden Erfahrung heraus eine Einstellung zu ihr und damit die Voraussetzung für eine wirkungsvolle Menschenführung gewonnen werden konnte. Der ostische Mensch zeigt durchweg eine Sturheit, die richtig erkannt und genutzt werden muß.[998]*

Insbesondere die jüngeren lettischen Belegschaftsmitglieder widersetzten sich jedoch dem Ansinnen der Rigaer Betriebsführung, indem sie der Arbeit fernblieben, sich krank meldeten oder absichtlich langsam arbeiteten. Die Leitung des K-

---

992 Vgl. ebda., S. 5f.
993 Vgl. ebda. GKW 8, Auflösung des Groß-K-Werks.
994 Vgl. ebda. GKW 7, Groß-K-Werk Deggendorf, 20.4.1945.
995 Vgl. ebda. VO 175/8, Aktennotiz, ca. Ende 1943.
996 Vgl. ebda., Bericht Leiter K-Werk Riga, ca. August 1944.
997 Die baltischen Staaten waren im Juni 1940 von der Roten Armee besetzt worden.
998 MBA VO 175/8, Bericht Leiter K-Werk Riga, ca. August 1944.

Werkes Riga reagierte darauf mit der Einführung eines leistungsbezogenen Lohn- und Prämiensystems, dem Entzug von Sonderzuteilungen, der Verhängung von Haftstrafen und schließlich der Einweisung in Arbeitserziehungslager „unter erschwerten Verhältnissen".[999]

Vor der Verlagerung bzw. Eingliederung des K-Werks Riga in das Gross-K-Werk Gleiwitz im August 1944 führte die Betriebsleitung „Einzelbefragungen" durch, um die Bereitschaft der Letten zu einem Einsatz im Deutschen Reich festzustellen. Nachdem zunächst nur 10 lettische Arbeitskräfte dazu bereit waren, sollen schließlich 50% der Letten ihr Einverständnis erklärt haben – unter der Voraussetzung, Familienangehörige mitnehmen zu können.[1000] Rund einen Monat vor Beginn der Verlagerung weigerte sich dann jedoch die Mehrzahl der lettischen Belegschaftsmitglieder infolge der Kriegsereignisse, mit nach Gleiwitz zu gehen und wurde stattdessen dem Kraftfahrzeuginstandsetzungspark Riga überstellt.[1001] Aus den vorhandenen Unterlagen geht hervor, daß ein Teil der schließlich nach Gleiwitz „verlagerten" 28 Arbeitskräfte tatsächlich Familienangehörige mitnahm.[1002]

Tomaszow (Tomaschow)

Der überwiegende Teil der Belegschaftsmitglieder in dem Anfang 1943 von Daimler-Benz eingerichteten Frontreparaturbetrieb für Flugmotoren in Tomaszow waren Polen, die für die dortige Arbeit zwangsverpflichtet worden waren – darunter auch Frauen, die u.a. für Reinigungsarbeiten eingesetzt wurden.[1003] Darüber hinaus gab es einige Dutzend Deutsche , die – ebenso wie in den anderen in den besetzten Gebieten errichteten Daimler-Benz-Werken – lediglich das leitende Personal stellten.[1004] Im Mai 1944 waren insgesamt 1.400 Arbeitskräfte in Tomaszow beschäftigt.[1005]

Die Aussagen von Zeitzeugen lassen darauf schließen, daß die Arbeitsbedingungen in Tomaszow erträglicher waren, als in vergleichbaren Betrieben wie beispielsweise in Rzeszów:

> *Man hat uns nicht malträtiert, man hat uns menschlich behandelt, aber das war eben auch Rüstungsindustrie, wahrscheinlich haben sie sich gedacht, daß wir, wenn man uns zu scharf behandelt, nicht aus Bosheit, sondern aus Angst die Arbeit nicht so machen, wie wir sollten. Schließlich waren das Flugmotoren, diese Arbeit konnte man nur dann sorgfältig verrichten, wenn man nicht verschreckt war. Das hat uns gerettet. Die Bedingungen waren erträglich, kann man sagen.[1006]*

---

 999 Vgl. ebda.
1000 Vgl. ebda., Bericht K-Werk Riga, 30.11.1944 betr. Überleitung des K-Werks Riga in das Gross-K-Werk Gleiwitz, Anlage A.
1001 Vgl. ebda.
1002 Vgl. ebda., Aktennotiz betr. Personal-Übergabe des K-Werks Daimler-Benz AG Riga an Gross-K-Werk Gleiwitz, 28.8.1944.
1003 Vgl. GUG-Interview Kolodziejski/PL, S. 6.
1004 Vgl. GUG-Interview Pilitowski 1/PL, S. 13.
1005 Vgl. BA Koblenz R 70/Polen-78, RüIn GG, 17.5.1944.
1006 GUG-Interview Kolodziejski/PL, S. 7.

Zumindest einige polnische Zwangsarbeiter wurden von dem deutschen Personal mit verantwortungsvollen Aufgaben betraut. So war ein junger polnischer Elektriker für die technische Betriebsbereitschaft der sechs Motorenprüfstände verantwortlich.[1007]

In der Abteilung, in der Kurbelwellen justiert wurden, waren die polnischen Arbeitskräfte in drei „Leistungsgruppen" eingeteilt:

> *Bei uns waren die Polen bei der Arbeit in drei Gruppen aufgeteilt: Gruppe A, Gruppe B, Gruppe C. Die Gruppe A waren normale Arbeiter, Hilfsarbeiter, Reinigungspersonal usw. Die Gruppe B waren etwas bessere Arbeiter, und in der Gruppe C waren diejenigen, die deutsche Monteure ersetzten. Ich gehörte zur Gruppe C. Nach der Anlernzeit von einem halben Jahr bekam ich sogar einen weißen Arbeitsanzug wie mein Meister.[1008]*

Durch die ihnen von deutscher Seite zugebilligte Verantwortung sahen sich die polnischen Arbeitskräfte aber auch einem permanenten Druck ausgesetzt, denn sie waren es, die für Mißerfolge in der Produktion zur Rechenschaft gezogen wurden:

> *Die Arbeit war nicht so schwer, aber sehr verantwortungsvoll, und jeder wußte, wenn er irgendetwas nicht genau ausführt, wird er wegen Sabotage verurteilt. Ich muß sagen, ich hatte es nicht schlecht, abgesehen von dieser Nervenanspannung jeden Tag, denn jeden Tag mußten wir 10–15 dieser Kurbelwellen für die Montage vorbereiten.[1009]*

In einigen Fällen soll es in Tomaszow wegen Produktionsschwierigkeiten zu Schikanen gegenüber polnischen Zwangsarbeitern gekommen sein.[1010] Zwei wurden wegen vermeintlicher Sabotage verhaftet:

> *Dreimal hatten wir sogenannte ‚heiße Tage', weil sich auf dem Prüfstand die Motoren festfraßen. Also vermutete man Sabotage. Da wurden wir dann verhört; ein Direktor Peters reiste an, ein sehr großgewachsener, gutaussehender Mann, und alle, die direkt bei der Montage beschäftigt waren, wurden zur ‚Beichte' gerufen. Aber in unserer Abteilung war es insofern gut, als daß unser Meister Gress immer sagte: ‚Heinrich, keine Angst, hier ist noch keine Montage, Sabotage gibt es immer bei der Montage.' Er erklärte mir, daß wir erst die Teile für die Montage vorbereiten, von uns geht das Teil in gutem Zustand weiter, denn es wird ja kontrolliert. Etwas tun kann man erst bei der Montage, etwa wenn die Kurbelwelle in den Korpus montiert wird. Es gab drei solcher Fälle, nach einem dieser Vorfälle wurden zwei Arbeiter mitgenommen, aber was mit ihnen passierte, weiß ich nicht.[1011]*

Die tägliche Arbeitszeit der Polen, die nur von einer kurzen Mittagspause unterbrochen wurde, betrug in Tomaszow zwischen acht und 12 Stunden.[1012] In der Mittagspause erhielten sie in einer von den Deutschen abgetrennten Kantine ein Essen, das lediglich aus einer Suppe bestand, manchmal gab es zusätzlich Brot.[1013] Arbeitskräfte, die in die oben erwähnte Leistungsgruppe C eingeteilt waren, sollen zusätzlich alle drei Monate einen Liter Wodka und 300 Zigaretten erhalten haben.[1014]

1007 GUG-Interview Pilitowski 1/PL, S. 2.
1008 GUG-Interview Kolodziejski/PL, S. 5.
1009 Ebda., vgl. auch GUG-Interview Pilitowski 1/PL, S. 5.
1010 Vgl. GUG-Interview Pilitowski 1/PL, S. 4.
1011 GUG-Interview Kolodziejski/PL, S. 8.
1012 Vgl. ebda., S. 5 und GUG-Interview Pilitowski 1/PL, S. 3.
1013 Vgl. GUG-Interviews Kolodziejski/PL, S. 5 und Pilitowski 1/PL, S. 4.
1014 Vgl. GUG-Interview Kolodziejski/PL, S. 5.

Da die in Tomaszow eingesetzten polnischen Arbeitskräfte offenbar ausnahmslos aus der unmittelbaren Umgebung des Betriebes stammten, wurden sie nicht in Lagern untergebracht, sondern konnten zu Hause wohnen.[1015]

Kotzenau

Im August 1944 erfolgte die Verlagerung des Reparaturbetriebes Tomaszow nach Kotzenau (Schlesien) in die Gebäude der beschlagnahmten Fahrzeugwerke Wilhelm Schrottke. „Mitverlagert" wurde auch ein Teil der in Tomaszow eingesetzten polnischen Arbeitskräfte. Unter welchen Bedingungen die Betroffenen „ausgewählt" wurden, schildert einer der beiden Zeitzeugen, dem es gelang, kurz vor dem Abtransport unterzutauchen:

Ich schlief zu Hause, wußte, daß die Firma liquidiert wird, und überlegte mir, was ich tun sollte, denn ich wollte nicht fahren. Und eines Nachts klopft es laut an der Tür: ‚Aufmachen!' usw., mein Vater öffnet die Tür, zwei Gendarme und ein Ziviler kommen herein: ‚Wohnt hier Heinrich Kolodziejski?' ‚Ja.' ‚Wo ist er?' ‚Er schläft.' ‚Aufstehen!' Ich stand auf, nahm gleich meinen Passierschein und sagte, daß ich bei Daimler gearbeitet habe. ‚Eben, deshalb fährst Du mit der Firma.' Ich fragte, warum, und sie sagten, ich stehe auf der Liste derjenigen, die mit den deutschen Monteuren fahren müßten. Also zog ich mich an, packte einen kleinen Handkoffer, und wir fuhren mit einem LKW, in dem schon über ein Dutzend Kollegen saßen, zu Daimler. Der LKW fuhr gleich wieder los, um die nächsten zu holen. Etwa einhundert Leute hatten sie so geholt. Wir wollten wissen, was mit uns wird, und unsere Meister lachten: ‚Habt keine Angst, Ihr fahrt mit uns ins Reich.' ‚Wann?' ‚Morgen früh.' ‚Womit?' ‚Mit dem Zug.' Meine Eltern kamen am nächsten Morgen zur Firma, und ich sagte ihnen, sie sollten zum Bahnhof gehen, weil man uns dorthin brächte. Sie weinten natürlich, denn ich war ihr einziger Sohn und erst 20. Man brachte uns zum Bahnhof, und dort sollten wir auf dem Bahnsteig warten, bis der Zug kommt. Unser Bahnhof ist bis heute mit einem Gitterzaun umgeben, der etwa 1,20 m hoch ist. Hinter dem Zaun standen die Eltern und weinten, und wir standen mit den Koffern auf dem Bahnsteig. Und ich sagte zu meinem Kollegen, der Mirek Nowak hieß: ‚Mirek, fährst Du?' und er sagte: ‚Henek, ich fahre nicht.' ‚Ich fahre auch nicht, denn was erwartet uns da? Bombardierung und Schluß.' Denn das war im August 1944, Sie wissen ja, was da los war. ‚Also, was machen wir?' Und er sagte: ‚Wir reißen aus.' Wir gingen zu dem Zaun, da standen die Monteure und die Eisenbahnwärter und paßten auf uns auf. Und wir sagten zu den Eltern: ‚Paßt auf, wir werfen die Koffer rüber, Ihr geht weg, und dann reißen wir aus.' Sie hatten große Angst, daß wir erschossen würden. Mein Kollege Mirek und ich paßten einen günstigen Augenblick ab, und dann ist zuerst er über den Zaun geklettert, danach ich, und dann nichts wie weg. Es war uns also gelungen, nicht zu fahren, aber jetzt mußten wir uns verstecken. Nach einer Woche kamen zwei vom Arbeitsamt und fragten nach mir. Meine Eltern sagten, ich sei doch mit Daimler weggefahren, aber sie glaubten ihnen nicht. Ich war in einer Kammer auf dem Boden versteckt, jetzt mußte ich mich bei Bekannten verstecken, bei denen ich bis zum Schluß blieb. Später erfuhren wir, daß die Firma Daimler mit einer Liste zur Gendarmerie gegangen war, damit die alle, die fahren sollten, zusammenholte.[1016]

Neben den aus Tomaszow mitverlagerten polnischen Arbeitskräften wurden in Kotzenau auch Angehörige anderer Nationalitäten wie Tschechen, Ukrainer, Franzosen, Belgier und Niederländer eingesetzt. Darüber hinaus sollen sich auch sowje-

1015 Vgl. GUG-Interviews Pilitowski 1/PL, S. 8 und Kolodziejski/PL, S. 9.
1016 GUG-Interview Kolodziejski/PL, S. 3f.

tische Kriegsgefangene und Teilnehmer des Warschauer Aufstandes unter den Zwangsarbeitern befunden haben.[1017]

Die Arbeitsbedingungen im Verlagerungsbetrieb Kotzenau, zu dem offenbar noch ein Ausweichwerk in Persel gehörte, in dem Flugmotorenuntersuchungen durchgeführt wurden, waren laut Aussagen eines Zeitzeugen vergleichbar mit denen in Tomaszow. Anscheinend wurden die aus Tomaszow kommenden Polen in Kotzenau in der Funktion eingesetzt, die sie auch vorher ausgeübt hatten – so jedenfalls der polnische Elektriker, der in Tomaszow für die Betriebsbereitschaft der Flugmotorenprüfstände zuständig war. Die tägliche Arbeitszeit betrug zwischen acht und zehn Stunden.[1018]

Die Lebensbedingungen der in Kotzenau eingesetzten polnischen Arbeitskräfte waren dagegen ungleich schlechter als in Tomaszow. In den einige hundert Meter vom Betrieb entfernt liegenden Unterkunftsbaracken, wurden sie zu ca. 30 Personen in einem 40 qm großen Raum eingepfercht. Das Lager war eingezäunt und wurde von bewaffneten Posten bewacht, die auf jeden schossen, der versuchte, das Lager außerhalb der Arbeitszeiten zu verlassen. Der Weg zur Arbeit und die Rückkehr zum Lager erfolgten ebenfalls unter Bewachung.[1019]

Auch die Verpflegung der polnischen Zwangsarbeiter war miserabel. Frühstück und Abendessen bestanden aus einer Scheibe Brot, einer Portion Margarine und Kohlrübenmarmelade. Zum Mittagessen, das im Betrieb eingenommen wurde, gab es eine Kohlrübensuppe, die oft mit Schnecken durchsetzt war. Im Winter 1944/45 verschlechterte sich die Situation der Polen zusätzlich durch fehlende warme Kleidung und Schuhe.[1020] Wie die polnischen Arbeitskräfte, bei denen es sich ja fast überwiegend um Facharbeiter handelte, ihre Lage in Kotzenau empfanden, beschreibt ein Zeitzeuge:

Die Arbeitsverhältnisse in beiden Betrieben [d.i. Tomaszow und Kotzenau, Anm. d. Verf.] waren ähnlich, die Lebensbedingungen aber unvergleichbar. In Tomaszow kehrte man nach der Arbeit nach Hause, zur Familie zurück. In Kotzenau waren wir vom Rest der Welt abgeschnitten. Wir wurden wie Sklaven behandelt, die eine strikte Aufgabe zu erfüllen haben. Es war wie im Sprichwort: ‚Hungrig und kalt'.[1021]

Wesentlich besser waren dagegen offenbar die Lebensbedingungen der in Kotzenau eingesetzten belgischen, französischen und niederländischen Zwangsarbeiter. Nicht nur, daß ihre Unterkünfte geräumiger waren, sie erhielten auch Lebensmittelpakete vom Roten Kreuz und hatten darüber hinaus die Möglichkeit, in ihrer Freizeit in der Stadt bei Bäckereien, Metzgereien oder Milchläden auszuhelfen und auf diese Weise an zusätzliche Lebensmittel zu gelangen.[1022]

Im Februar 1945 erfolgte die Weiterverlagerung des Kotzenauer Betriebes in das ca. 80 Kilometer entfernte Bunzlau, wo jedoch vermutlich keine Produktion

---

1017 Vgl. GUG-Interview Pilitowski 2/PL, S. 5. Pilitowski gibt die Zahl der eingesetzten Zwangs-
      arbeiter mit „einigen Hundert" an.
1018 Vgl. GUG-Interview Pilitowski 2/PL, S. 2f.
1019 Vgl. ebda., S. 8f.
1020 Vgl. ebda., S. 5.
1021 Ebda., S. 15.
1022 Vgl. ebda., S. 10.

mehr zustande gekommen ist. Welche Konsequenzen die Verlagerung für die polnischen Zwangsarbeiter hätte haben können, schildert einer der Betroffenen:

> *Eines Tages, im Februar 1945, bekamen die Bewohner des Lagers von der Leitung des Betriebes den Befehl zur sofortigen Evakuierung zu Fuß in unbekannte Richtung. Erst später zeigte sich, daß das Ziel des ersten Abschnitts des Fußmarsches mit ganzer Habe, wenn jemand etwas hatte, der Ort Bunzlau war, der ca. 80 km von Kotzenau entfernt war. Von einem Betriebsleitungsmitglied (Mitglied der NSDAP) erfuhr ich (unter strengster Geheimhaltung), daß aufgrund der nachkommenden Frontlinie man zwei Alternativen überlegte:*
> *– Evakuierung des Lagers*
> *– Physische Liquidierung der Bewohner*
> *Glücklicherweise gewann die erste Alternative. Der Chef des Betriebes, Oberst (?) Stumpf, war angeblich ein Fürsprecher der zweiten Alternative.*[1023]

Niederlassungen

Zivile ausländische Arbeitskräfte wurden auch in den Niederlassungen des Daimler-Benz-Konzerns eingesetzt. Während es sich bei den westeuropäischen Arbeitskräften meist um Facharbeiter handelte, wurden die Hilfsarbeiten von polnischen oder sowjetischen Zwangsarbeitern und oft auch von italienischen Militärinternierten (IMI) verrichtet. Aufgrund der vorhandenen Unterlagen können Lebens- und Arbeitsbedingungen dieser ausländischen Arbeitskräfte nur anhand einzelner Beispiele dargestellt werden. Es ist jedoch zu vermuten, daß sich die Situation in den Niederlassungen, die unerwähnt bleiben müssen, in vielerlei Hinsicht ähnlich darstellte.

In der **Hamburger Niederlassung** der Daimler-Benz AG am Adolf-Hitler-Damm lag die Zahl der Beschäftigten im Juli 1942 bei 340 Arbeitern und Angestellten. Darunter befanden sich belgische und französische Kriegsgefangene sowie zivile ausländische Arbeitskräfte, von denen vermutlich ein großer Teil Niederländer und in den Zivilarbeiterstatus überführte ehemalige polnische Kriegsgefangene waren.[1024]

Zumindest ein Teil der niederländischen Arbeitskräfte scheint mit den Arbeits- und Lebensbedingungen in Hamburg sehr unzufrieden gewesen zu sein. So beklagte sich einer der Niederländer in einem Brief über die unzulängliche Urlaubsregelung: „Je schlechter mit dem Krieg, je schlechter mit dem Urlaub" und das ablehnende Verhalten der Deutschen gegenüber den Ausländern:

> *Man werfe ihnen vor, daß sie in Deutschland alles wegessen und wenn sie um etwas fragen oder verlangen, bekommen sie zur Antwort: ,Sie hätten in Holland bleiben sollen.'*[1025]

Im Juli 1942 wurde die Hamburger Niederlassung durch einen Bombenangriff schwer in Mitleidenschaft gezogen. So brannten ein großer Teil der Betriebsbüros und einer neu errichteten Lastwagenhalle fast völlig aus. Während sich der Leiter

---

1023 Ebda., S. 15.
1024 Vgl. BA Potsdam 80 Ba 2/16375, Bl. 08, Steinkopf an von Stauß, 28.7.1942 und MSPF Brüssel Rap. 151–Tr. 61.531, Enquêtes sur les prisons et camps douteux.
1025 BA Koblenz R 41/264, fol. 111, Auslandsbriefprüfstelle Köln, 3.2.1942.

der Hamburger Niederlassung, Julius Steinkopf, sehr lobend über das Verhalten der französischen Kriegsgefangenen bei der Brandbekämpfung äußerte, kritisierte er die niederländischen Arbeitskräfte, die sich nicht sonderlich eingesetzt hätten.[1026]

Auch die Unterkünfte der ausländischen Arbeitskräfte, die sich offenbar ebenfalls auf dem Gelände der Niederlassung befanden, wurden bei dem Luftangriff schwer beschädigt:

> *Die Holzbaracken, in welchen die gefangenen Franzosen, die Holländer, Polen, sowie unsere eigenen Wachmannschaften untergebracht waren, haben durch die Wirkung einer Sprengbombe schwer gelitten. Fenster wurden fast restlos vernichtet, die Holzhäuser sind schief gedrückt, zum Teil sind sie auseinandergegangen, die Dächer sind verbogen usw. Da es sich aber um verhältnismässig leichte und zusammensetzbare Bauten handelt, lassen sich diese Baracken wieder vorrichten und bald wieder verwenden.*[1027]

Auch in der **Bremer Niederlassung** setzte die Daimler-Benz AG neben Kriegsgefangenen ausländische Zivilarbeiter ein. Dabei handelte es sich um ca. 50 Niederländer, Franzosen und Polen, darunter eine große Anzahl von Facharbeitern, die zur Reparatur von Motoren eingesetzt wurden.[1028]

Während die polnischen Zivilarbeiter ein gespanntes Verhältnis zu den deutschen Arbeitskräften hatten[1029], entwickelte sich zwischen Niederländern und Deutschen guter Kontakt, nachdem die Niederländer den Deutschen klar gemacht hatten, daß sie nicht freiwillig nach Deutschland gekommen seien[1030]. Im Unterschied zu anderen Daimler-Benz-Werken oder Niederlassungen soll es vor allem zu den jüngeren Deutschen gute Kontakte gegeben haben, weil die Niederländer als zuverlässige Facharbeiter anerkannt wurden und, weil sie ein paar Jahre älter waren, für die Lehrlinge eine Art Vorbild darstellten.[1031]

Auf die Einhaltung der Arbeitszeit wurde allerdings sehr genau geachtet: Ein niederländischer Zwangsarbeiter, den ein Prokurist kurz vor Arbeitsschluß rauchend im Waschraum entdeckte, erhielt einen Lohnabzug in Höhe von 30 RM und wurde nur deshalb nicht der Polizei gemeldet, weil er sich bis dahin nie etwas hatte zuschulden kommen lassen.[1032] Ein anderer, den man der Sabotage verdächtigte, mußte mehrere Monate lang unangenehme Arbeiten, wie z.B. die Reinigung der Toiletten, übernehmen.[1033]

Verhaßt war der Bremer Betriebsobmann Knüppel. Er versuchte nicht nur, einige der Niederländer für die Waffen-SS anzuwerben[1034], sondern war auch für

---

1026 Vgl. BA Potsdam 80 Ba 2/16375, Bl. 05, Steinkopf an von Stauß, 28.7.1942 und 80 Ba 2/ 16363, Bl. 400, von Stauß an Rummel, 28.7.1942.

1027 BA Potsdam 80 Ba 2/16375, Bl. 07, Steinkopf an von Stauß, 28.7.1942.

1028 Vgl. MSPF Brüssel Rap.451/Tr. 54.374, Enquêtes sur les prisons et les camps douteux: Gem. Lager Daimler-Benz Bremen; GUG-Interviews Kelderman/NL, S. 4, Szymanski/PL, S. 3.

1029 Vgl. GUG-Interview Szymanski/PL, S. 4: „[...] Wir mußten arbeiten und den Mund halten. Man hatte Angst etwas zu sagen. Sie wissen ja, wie das damals war."

1030 Vgl. GUG-Interviews Kelderman/NL, S. 3, Taal/NL, S. 5, Goud/NL, S. 3.

1031 Vgl. GUG-Interviews Kelderman/NL, S. 3f., Goud/NL, S. 3.

1032 Vgl. GUG-Interview Taal/NL, S. 8.

1033 Vgl. GUG-Interview Goud/NL, S. 4.

1034 Vgl. GUG-Interview Taal/NL, S. 1.

die Einweisung mehrer niederländischer Arbeitskräfte in Gefängnisse und Arbeitserziehungslager verantwortlich[1035]. Einer der Betroffenen erinnert sich:

> Ich war zu spät vom Urlaub zurückgekommen, aber ich hatte in Holland beim Arbeitsamt, [...]
> eine Bestätigung, daß ich einige Wochen bleiben dürfte, auf Anregung des Arztes meiner
> Mutter, [die] war schwer krank. Das Arbeitsamt in Den Haag hat [das] Daimler-Benz in
> Bremen bestätigt. Ich habe auch geschrieben; ich bin nicht einfach weggeblieben. Ich habe die
> Leute verständigt, daß sich [wegen] dieser Ursache der Urlaubstermin verschieben wird, und
> dann habe ich einen Brief von Knüppel zurückbekommen, ich sollte mich sofort nach Bremen
> begeben. Mit diesem Brief bin ich zum Arbeitsamt gegangen, die haben geraten, natürlich dem
> sofort Folge zu leisten. Und als ich [nach] Bremen zurückkam, [...] von Knüppel kriegte ich
> einen Zettel, ich solle mich bei der Gestapo melden. Und dann habe ich da einen Tag gefangen
> gesessen in Bremen und bin [anschließend] nach Straflager Farge versetzt [worden]. Ich habe
> drei Wochen nur da gearbeitet.[1036]

Die Insassen des Arbeitserziehungslagers Farge wurden fortwährend mißhandelt,
so daß es jede Woche mehrere Tote gab. Eine bei den Aufsehern beliebte Strafe
bestand darin, die Gefangenen im Carré antreten und stundenlang singen zu lassen.[1037]

Der betroffene niederländische Zwangsarbeiter befand sich nach seiner Rückkehr aus Farge in extrem schlechtem körperlichem Zustand. Die Leitung der Bremer Niederlassung zeigte sich schockiert über die Folgen des Straflageraufenthal-
tes. Sie ließ den Niederländer zunächst ins Krankenhaus einliefern und schickte ihn
dann für ein halbes Jahr in eine Filiale nach Vechta, wo vor allem die Versorgungslage besser war als in Bremen.[1038]

Untergebracht waren die in der Niederlassung Bremen eingesetzten niederländischen Arbeitskräfte in einem ehemaligen Ausstellungsraum auf dem Werksgelände, in den nach ihrer Umwandlung in Zivilarbeiter auch ehemalige französische
Kriegsgefangene einquartiert wurden. Die hygienischen Bedingungen dort müssen
verhältnismäßig gut gewesen sein. Es gab Duschen, Seife und warmes Wasser, und
auftauchendes Ungeziefer wurde sofort bekämpft.[1039]

Anders dagegen die Situation der polnischen Arbeitskräfte:

> Wir schliefen alle in einer Halle. Wir schliefen in Klappbetten. Es gab eine Strohmatratze und
> eine Decke, weiter nichts. Die Schlafstätten waren sehr dreckig.[...] Es ist mir unangenehm,
> das zu sagen, aber die Halle, in der wir schliefen, war völlig verlaust. Es gab viel Ungeziefer.
> Seife gab es überhaupt nicht, eigentlich gab es überhaupt keine Hygiene.[1040]

Die Verpflegung der in Bremen eingesetzten ausländischen Zivilarbeiter war knapp
bemessen und auch von der Qualität her nicht besonders·gut. Bei den Niederländern, die anfangs Essensmarken erhalten hatten, übernahmen nach kurzer Zeit

---

1035 Vgl. GUG-Interviews Taal/NL, S. 8f., Goud/NL, S. 4.
1036 GUG-Interview Kelderman/NL, S. 9f.
1037 Vgl. ebda., S. 5f. Zu den schrecklichen Bedingungen im Arbeitserziehungslager Farge, das
      auch „Männervernichtungslager" genannt wurde, vgl. u.a. Gedenkstätten, S. 244.
1038 Vgl. GUG-Interview Kelderman/NL, S. 6.
1039 Vgl. GUG-Interviews Kelderman/NL, S. 6, Taal/NL, S. 9, Goud/NL, S. 5.
1040 GUG-Interview Szymanski/PL, S. 6f.

Abb. 43: Niederländische Zivilarbeiter auf dem Hof der Daimler-Benz-Niederlassung in Bremen.

Betrieb und Lager die Ausgabe des Essens, das morgens aus Kaffeeersatz und – alle zwei Tage – aus Brot mit Butter, Wurst und Marmelade, mittags aus einer Suppe und abends einem weiteren warmen Essen bestand.[1041] Den polnischen Zivilarbeitern erging es noch schlechter:

> Das Essen wurde von einer sehr schmutzigen Frau ausgegeben, wir aßen dort, wo wir auch schliefen. Morgens bekamen wir einen schwarzen Kaffee und ein Stück Brot, zum Mittagessen ein bißchen Suppe und Schluß. Das Essen war sehr erbärmlich. Der Hunger war so groß, daß einige abgehauen sind und auf dem Markt gehandelt haben und dann wieder zurückkamen ...[1042]

Um ihre Versorgungslage zu verbessern, arbeiteten einige der niederländischen Zwangsarbeiter in ihrer Freizeit gegen Bezahlung oder Essensmarken bei Deutschen; manche erhielten auch ab und zu von den in der Bremer Niederlassung eingesetzten dienstverpflichteten deutschen Frauen Brot zugesteckt.[1043]

Im Oktober/November 1944 erfolgte die Verlagerung eines Teils der Maschinen aus der Bremer Niederlassung in die Filiale nach Vechta. Sechs bis dahin in Bremen eingesetzte Niederländer und zehn deutsche Arbeiter und Angestellte wurden daraufhin für die Arbeit in dem Verlagerungsbetrieb abgestellt.[1044]

Unter den in der **Breslauer Niederlassung** der Daimler-Benz AG eingesetzten ausländischen Zivilarbeitern befanden sich neben einer größeren Anzahl französischer Arbeitskräfte auch Belgier, Tschechen, Italiener, Polinnen und „Ostarbeiter".[1045] Die noch vorhandenen Unterlagen lassen darauf schließen, daß der Breslauer Niederlassung – zumindest zeitweise – mindestens 50 ausländische Arbeitskräfte angehörten, darunter ein hoher Prozentsatz von Facharbeitern. Der ausgezahlte Stundenlohn schwankte zwischen 45 Pf. für Hilfsarbeiterinnen und 90 Pf. für Facharbeiter.[1046] Im Zuge der Verlagerung des Breslauer Betriebs über Chemnitz nach Hohenstein-Ernstthal wurden einige der Franzosen und Belgier an die Daimler-Benz-Niederlassungen in Zwickau und Plauen abgegeben.[1047] Die polnischen Zwangsarbeiterinnen blieben offenbar in Chemnitz zurück.[1048]

Im Vergleich zu anderen Daimler-Benz-Niederlassungen scheint die Leitung des Breslauer Reparaturbetriebs sehr interessiert an dem Schicksal der ausländischen Arbeitskräfte gewesen zu sein. So erkundigte sie sich beispielsweise nach dem Verbleib zweier französischer Zivilarbeiter, die nach der Verlagerung nach

---

1041 Vgl. GUG-Interviews Kelderman/NL, S. 3, Taal/NL, S. 5, Goud/NL, S. 3.

1042 GUG-Interview Szymanski/PL, S. 6f.

1043 Vgl. GUG-Interviews Taal/NL, S. 6, Kelderman/NL, S. 7.

1044 Vgl. GUG-Interview Taal/NL, S. 1f.

1045 Auffallend ist der hohe Anteil älterer Arbeitskräfte. Manche der Polinnen waren zu dem Zeitpunkt, als sie in Breslau eingesetzt wurden, bereits fast 60 Jahre: Vgl. MBA Abwicklungsakten Breslau, Lohnsteuer-Nachweiskarten.

1046 Vgl. ebda. Bei der Lohnabstufung wurden offenbar keine Unterschiede zwischen den verschiedenen Nationalitäten gemacht.

1047 Vgl. ebda., DBAG Chemnitz an DBAG Zwickau, 14.2.1945; ebda., DBAG Chemnitz an DBAG Plauen, 14.2.1945.

1048 Vgl. ebda., DBAG Breslau an Lagerführerin Hofmann, 24.3.1945 betr. Polinnen, ehemalige Gefolgschaftsmitglieder.

Hohenstein spurlos verschwunden waren[1049], und bat um Auskunft über die Situation der in Chemnitz zurückgebliebenen Polinnen nach den schweren Luftangriffen auf die Stadt[1050]. Im Hinblick auf die langen wöchentlichen Arbeitszeiten war die Leitung der Breslauer Niederlassung bestrebt, die an einige „Ostarbeiter" mittags ausgegebene Verpflegung aus der Werksküche auf das Niveau der übrigen ausländischen Arbeitskräfte anzuheben.[1051]

Über die Unterbringung der in der Breslauer Niederlassung eingesetzten Arbeitskräfte ist so gut wie nichts bekannt. Ein Lager für französische Zivilarbeiter muß in der Ofener Str. 63 in Breslau existiert haben.[1052] Einige der „Ostarbeiter" waren in einem Lager einquartiert, das der Arbeitslager-Genossenschaft Breslau gehörte, die sich bei der Leitung der Breslauer Daimler-Benz-Niederlassung über mangelnde Disziplin der ausländischen Arbeitskräfte beschwerte:

Wir haben immer wieder die Beobachtung machen müssen, dass die ausländischen Arbeiter, die an den Tagen der ärztlichen Untersuchung für denselben Tag arbeitsfähig geschrieben werden, den Betrieb nicht mehr aufsuchen, sondern den Rest des Tages zum Bummeln benutzen. Um die Lager- und Arbeitsdisziplin zu erhalten, müssen wir Sie dringend ersuchen, dafür zu sorgen, dass Ihre Arbeiter an den genannten Tagen sofort wieder zur Arbeit herangezogen werden. Sollten sich noch einzelne Arbeiter weigern, dieser Aufforderung nachzukommen, so müssen wir Sie bitten, von der Berechtigung Gebrauch zu machen, die Lebensmittelzusatzkarten zu entziehen.[1053]

In der **Frankfurter Daimler-Benz-Niederlassung** wurden sowjetische, niederländische, französische und flämische Zivilarbeiter eingesetzt, die in zwei Lagern in Frankfurt untergebracht waren. Das Lager der sowjetischen Zivilarbeiter befand sich auf dem Gelände der Niederlassung und war im Oktober 1942 mit 35 und im April 1943 mit 32 männlichen Russen belegt.[1054] Ab 23. März 1944 sind außerdem 12 Russen erwähnt, die möglicherweise in der Niederlassung selbst untergebracht waren, und zu deren Bewachung bewaffnete Polizeikräfte abgestellt wurden.[1055]

Das Lager für die in der Frankfurter Niederlassung eingesetzten „Westarbeiter" befand sich in der Frankenallee 131. Im Oktober 1942 waren dort fünf Niederländer und vier Flamen untergebracht, im April 1943 sechs Niederländer, sechs Flamen

---

1049 Vgl. ebda., DBAG Breslau an DBAG Zwickau, 24.3.1945 betr. Unsere ehemaligen Gefolgschaftsmitglieder französischer Nationalität.

1050 Vgl. ebda., DBAG Breslau an Lagerführerin Hofmann, 24.3.1945 betr. Polinnen, ehemalige Gefolgschaftsmitglieder.

1051 Vgl. ebda., DBAG Breslau an Arbeitslagergenossenschaft Breslau, 13.11.1944 betr. Lebensmittelmarken für unsere Werksküche.

1052 Vgl. ebda., DBAG Breslau an Arbeitsamt Chemnitz, 27.3.1945 betr. Französischen Zivilarbeiter Roger Boutonnier.

1053 Ebda., Arbeitslager-Genossenschaft Breslau an DBAG Breslau, 20.10.1944.

1054 Vgl. HStA Wiesbaden Abt. 483/Nr. 853, Bl. 3, Polizeipräsidium Frankfurt a.M. zum Lager der Daimler-Benz AG für ausländische Zivilarbeiter in Frankfurt und ebda. Abt. 483/Nr. 7328, DAF-Gauwaltung Hessen-Nassau in den Lagern der Daimler-Benz AG für ausländische Zivilarbeiter in Frankfurt und Mainz.

1055 Vgl. HStA Wiesbaden Abt. 483/Nr. 853, Bl. 7, Polizeipräsidium Frankfurt a.M. zum Lager der Daimler-Benz AG für ausländische Zivilarbeiter in Frankfurt.

und 29 Franzosen.[1056] Über die Lebens- und Arbeitsbedingungen der ausländischen Arbeitskräfte sind aufgrund fehlender Unterlagen keine näheren Angaben möglich.

In **Mainz** verfügte die Daimler-Benz AG über eine Verkaufsniederlassung und Instandsetzungswerkstatt von Lastkraftwagen. Für Oktober 1942 läßt sich dort der Einsatz von 18 sowjetischen, zwei französischen und einem Zivilarbeiter unbekannter Herkunft nachweisen, die offenbar alle in einem Lager auf dem Betriebsgelände untergebracht waren. Im April 1943 werden zwölf Ukrainer, sieben Flamen, ein Franzose und ein Tscheche erwähnt.[1057]

In der **Daimler-Benz-Niederlassung Landsberg/Lech** wurden zwischen September 1944 und April 1945 23 belgische Zwangsarbeiter eingesetzt, von denen vier offenbar zuvor als Angestellte in Krakau tätig gewesen waren.[1058]

Unter den in der **Rostocker Daimler-Benz-Niederlassung** eingesetzten ausländischen Arbeitskräften befanden sich neben französischen Kriegsgefangenen und Niederländern zwei Dänen, ein Dutzend Italienische Militärinternierte (IMI) und „Ostarbeiter".[1059] Die größte Gruppe unter den Zivilarbeitern bildeten die Niederländer. Im Vergleich zu anderen Niederlassungen scheint es allerdings unter den ausländischen Arbeitskräften in Rostock nur verhältnismäßig wenige Facharbeiter gegeben haben:

> *Bei der Arbeit waren die Russen und Kriegsgefangenen als Gehilfen da, denn es waren nicht alle Autoschlosser. Auch die Holländer waren nicht alle Autoschlosser. Da war ein Gemüsehändler, da war ein Junge aus Den Haag, der mit der Ziehharmonika durch die Stadt ging, so ein Straßenmusikant, ein Scherenschleifer war da, der hatte in seinem Personalausweis vermerkt: ‚Metallarbeiter' und deswegen hatte man ihn zu Mercedes geschickt. Allen diesen Jungen mußte man immer helfen, denn wenn der Meister kam und sagte: ‚Bei diesem Wagen muß die Wasserpumpe raus, da muß der Anlasser raus', da kamen sie zu uns und fragten: ‚Wo sitzt das Ding? Was muß ich rausholen? Wie sollen wir das tun?' – Nach dem Bombenangriff mußten die Italiener und Franzosen Aufräumarbeiten verrichten. Wir machten nur die Reparaturen, und sie waren nur Hilfsarbeiter, die nicht selbständig arbeiten konnten.*[1060]

Nach Aussagen eines Zeitzeugen soll vor allem einer der deutschen Meister die in der Rostocker Niederlassung eingesetzten ausländischen Zivilarbeiter sehr schlecht behandelt haben. Nicht nur Niederländer, sondern auch französische Kriegsgefangene erhielten von ihm, der mit seinem Schäferhund den Betrieb kontrollierte, Schläge und Tritte.[1061] Ein Franzose, der beim Abladen durch einen herunterfallenden Generator schwer verletzt wurde, soll sogar gestorben sein, weil dieser Meister die notwendigen Hilfsmaßnahmen untersagte.[1062]

1056 Vgl. HStA Wiesbaden Abt. 483/Nr. 7328, DAF-Gauwaltung Hessen-Nassau, Liste vom 21.9. 1942 (berichtigt und ergänzt am 26.10.1942) und Liste vom 1.4.1943.

1057 Vgl. ebda.

1058 Vgl. MSPF Brüssel, Liste der in der Niederlassung Landsberg der Daimler-Benz AG eingesetzten Belgier, 4.11.1947.

1059 Vgl. GUG-Interview Lienaerts/NL, S. 6.

1060 Ebda., S. 4.

1061 Vgl. GUG-Interview Grootveld/NL, S. 3.

1062 Vgl. ebda., S. 6.

Im Unterschied zu anderen Niederlassungen, wie beispielsweise der Bremer, war die Verpflegung – zumindest der niederländischen Arbeitskräfte – in Rostock offenbar relativ gut und ausreichend.[1063] Anders erging es dagegen den in einem benachbarten Lager untergebrachten sowjetischen Zwangsarbeitern, die sehr schlecht verpflegt wurden und vor Hunger u.a. Kaninchenfutter gegessen haben sollen.[1064]

Zwischen 15 und 30 belgische, niederländische und französische Arbeitskräfte waren in der **Dresdner Niederlassung** der Daimler-Benz AG eingesetzt.[1065] Während die französischen und belgischen Zivilarbeiter im Keller der Niederlassung untergebracht waren, erfolgte die Unterbringung der niederländischen Arbeitskräfte im Tanzsaal eines Gasthauses, dem „Ratskeller Laubegast", in dem auch Niederländer wohnten, die bei anderen Dresdner Betrieben arbeiteten. Für die Reinigung der Unterkunft mußten die Niederländer selber sorgen, Duschgelegenheiten gab es in der Niederlassung.[1066]

Die Kosten für die Unterbringung wurden ebenso wie die für die Verpflegung vom Lohn einbehalten. Bei einem niederländischen Zwangsarbeiter, der 83 Pf. pro Stunde verdiente, betrugen die Abzüge für die Unterkunft 3,50 RM, für die Verpflegung 1,80 RM pro Woche.[1067] Dazu kamen ein Sparanteil für einen Volkswagen und der Beitrag für das Winterhilfswerk.[1068] Für Aufruhr sorgte das Vorhaben des für die Niederländer zuständigen Lagerführers, die Selbstverpflegung der niederländischen Arbeitskräfte durch Lagerverpflegung zu ersetzen:

> Im Lager gab es einen Lagerführer, mit dem habe ich mal großen Krach gehabt. Der wollte uns verpflichten, Lagerverpflegung zu nehmen, und Daimler hatte mit uns abgemacht, daß wir Selbstverpflegung hatten. Und dann hat er mich sonnabendsnachmittags gezwungen, meine Gemüsekarte und Lebensmittelkarte abzugeben. Das habe ich verweigert. Da hat er mich zur Polizei geschleppt in Laubegast. Dank meiner Sprachkenntnisse habe ich gefragt, was der Lagerführer der Polizei erzählt hätte. Und da hat er dumm geguckt, daß ich in perfektem Deutsch vortragen konnte. Er hat gesagt, daß ich mich weigerte, die Gemüse- und Lebensmittelkarte abzugeben. Da habe ich gesagt, daß ich mit Daimler eine Absprache habe, daß ich die Verpflegungskarte selber behalten darf. Und das ist dann ein großer Streit geworden. Montag bin ich sofort zum Kassierer gegangen und habe den Vorfall bei Daimler gemeldet. Dann ist der Lagerführer gekommen, und danach habe ich ihn nie mehr gesehen. Er war abgesetzt worden. Der Lagerführer, Herr Winkler, war ein Kriegsversehrter und wollte militärische Zucht und Ordnung einführen. Wir durften nicht rauchen. Nach seiner Absetzung sind wir längere Zeit ohne Lagerführer gewesen.[1069]

Schlechter als den niederländischen Zivilarbeitern scheint es den in Dresden eingesetzten Franzosen und Belgiern gegangen zu sein. Wie bereits erwähnt, waren sie in einem Keller der Niederlassung untergebracht, durften aber darüber hinaus auch

---

1063 Vgl. GUG-Interviews Lienaerts/NL, S. 5, Grootveld/NL, S. 2.
1064 Vgl. GUG-Interview Grootveld/NL, S. I und 6.
1065 Vgl. GUG-Interviews den Dunnen/NL, S. 5, de Jong/NL, S. 3.
1066 Vgl. GUG-Interviews den Dunnen/NL, S. 7, de Jong/NL, S. 5.
1067 Vgl. Anlagen GUG-Interview den Dunnen/NL.
1068 Vgl. GUG-Interview de Jong/NL, S. 4.
1069 GUG-Interview den Dunnen/NL, S. 8.

das Mittagessen – im Unterschied zu den Niederländern – nicht gemeinsam mit den Deutschen in der Kantine einnehmen.[1070]

Den in der Daimler-Benz Niederlassung in **Halle** neben niederländischen, tschechischen und französischen Arbeitskräften eingesetzten sowjetischen Zwangsarbeitern erging es ähnlich. Auch sie durften die Kantine nicht benutzen, sondern mußten im Lager essen, wobei die Verpflegung sehr schlecht gewesen sein soll.[1071]

Keine Unterschiede hinsichtlich der Nationalität soll der Leiter der **Düsseldorfer Daimler-Benz-Niederlassung**, in der Franzosen, Belgier und Niederländer sowie italienische und sowjetische Kriegsgefangene eingesetzt waren, gemacht haben:

> *Der Direktor war ein feiner Kerl. Ob man Russe war oder ein anderer – für ihn war jeder gleich. Er hieß Funkenhoff. Wir hatten guten Kontakt zu deutschen Arbeitern. Es gab keine Schwierigkeiten.*[1072]

Probleme gab es dann aber doch, als einige niederländische Zwangsarbeiter verdächtigt wurden, Lebensmittel aus einem Wehrmachtsfahrzeug gestohlen zu haben:

> *Einmal kam ein Wehrmachtswagen samstags, der war ganz beladen mit Lebensmitteln. Wir wurden gefragt, ob wir mittags arbeiten wollten, weil etwas an dem Wagen kaputt war, und das haben wir gemacht. Wir waren zu drei Holländern. Der Soldat, der das Auto gebracht hatte, hat uns gesagt, wenn wir den Wagen reparierten, bekämen wir etwas aus dem Wagen. Haben wir auch gekriegt. Aber montagsmorgens kam plötzlich die Polizei und durchsuchte unser Zimmer. Wir wußten gar nicht, was los war. Und dann haben sie uns erzählt, daß der Wehrmachtswagen aufgebrochen worden war, und allerhand geklaut worden war. Und da haben sie uns verdächtigt, weil wir da wohnten. Sie haben alles durchsucht. Ich hatte in meinem Koffer etwas drin, denn ich hatte ja an dem Wagen gearbeitet und hatte dafür etwas gekriegt. Das haben die auch akzeptiert. Und dann kam heraus, daß der Pförtner den Wagen aufgebrochen hatte, und die Sachen haben sie bei ihm im Schrank gefunden.*[1073]

Mehrfach wurde die Düsseldorfer Daimler-Benz-Niederlassung bei Luftangriffen schwer beschädigt und gegen Kriegsende schließlich ganz zerstört. Da sich das Gebäude, in dem die niederländischen Zivilarbeiter untergebracht waren, ebenfalls auf dem Werksgelände befand, wurde es bei einem Bombardement so stark in Mitleidenschaft gezogen, daß die Niederländer in den Keller unter den Waschräumen ziehen mußten.[1074]

Zum Schutz vor Luftangriffen beschloß Daimler-Benz Ende 1944, die **Koblenzer Niederlassung** nach Ransbach, im Westerwald, zu verlagern. Ebenso wie in Koblenz wurden auch in Ransbach Reparaturen an Wehrmachtsfahrzeugen durchgeführt. Mitverlagert wurden auch die ausländischen Arbeitskräfte, bei denen es sich um sechs Niederländer, einige Belgier und „Ostarbeiter" handelte.[1075]

1070 Vgl. ebda., S. 4.
1071 Vgl. GUG-Interview Zweers/NL, S. 6.
1072 GUG-Interview Sanders/NL, S. 4. Wahrscheinlich wurden allerdings die sowjetischen und die italienischen Kriegsgefangenen nur zu Aufräumarbeiten nach Bombardements und nicht im Betrieb selbst eingesetzt: Vgl. GUG-Interview Sanders/NL, S. 9.
1073 Ebda., S. 6.
1074 Vgl. ebda., S. 7.
1075 Vgl. GUG-Interview Glas/NL, S. 3.

Ein sowohl in Koblenz als auch in Ransbach eingesetzter ehemaliger niederländischer Zwangsarbeiter beurteilt die Arbeits- und Lebensbedingungen in beiden Betrieben als schlecht: Es gab Schikanen von den Aufsehern, und auch die Verpflegung war unzureichend. Darüber hinaus erhielt der Niederländer, der von Daimler-Benz in der Verlagerung Ransbach als Lkw-Fahrer eingesetzt wurde, in den letzten Kriegsmonaten keinen Lohn mehr.[1076]

In einer privilegierten Lage befand sich dagegen offenbar ein in der **Münchner Daimler-Benz-Niederlassung** eingesetzter Slowake, der dort u.a. für den Verkauf eingeteilt wurde, während sowjetische, französische und italienische Kriegsgefangene minderwertige und gefährliche Arbeiten wie die Beseitigung von Trümmern verrichten mußten. In der Niederlassung München sollen auch Tschechen, Polen, Ungarn, Bulgaren, Rumänen, Jugoslawen, „Ostarbeiter", Niederländer, Belgier und Luxemburger eingesetzt gewesen sein.[1077]

Wesentlich kleiner als die bisher dargestellten Niederlassungen war die Niederlassung der Daimler-Benz AG in **Ravensburg**: Die dortige Belegschaft bestand aus einem deutschen Meister, zwei deutschen Facharbeitern, zwei französischen Kriegsgefangenen sowie einem niederländischen und einem französischen Zivilarbeiter. Ende 1943 kam noch ein russischer Facharbeiter hinzu.[1078]

Obwohl die Deutschen bei der geringen Größe der Niederlassung sehr auf die ausländischen Arbeitskräfte angewiesen gewesen sein müssen, gestaltete sich das gegenseitige Verhältnis offenbar nicht allzu gut. Besonders wütend war der deutsche Meister, als ihm der in Ravensburg eingesetzte niederländische Zwangsarbeiter offenbarte, daß er nicht nur kein Facharbeiter sei, sondern überhaupt nichts vom Fach verstünde. Als der Meister allerdings einmal vor Wut über eine mißlungene Arbeit ein Werkstück durch die Gegend warf und den Niederländer dabei so am Kopf traf, daß dieser eine Gehirnerschütterung erlitt, transportierte er den Verletzten sofort ins Krankenhaus.[1079]

Untereinander hatten die in Ravensburg eingesetzten Zwangsarbeiter guten Kontakt. Besonders erfreut reagierte einer der französischen Kriegsgefangenen, als er erfuhr, daß der neuhinzugekommene Niederländer Französisch sprach:

Als Edmond, der französische Kriegsgefangene, merkte, daß ich Französisch verstand und sprach, küßte er mich und sagte laut und deutlich: „Jetzt rede ich kein Wort Deutsch mehr!"[1080]

Im Unterschied zu vielen in anderen Daimler-Benz-Niederlassungen eingesetzten westeuropäischen Arbeitskräften, erhielten die in Ravensburg arbeitenden Franzosen und Niederländer keinen Urlaub – vermutlich, weil einer der dort ursprünglich eingesetzten Ausländer nicht aus dem Urlaub zurückgekehrt war.[1081]

1076 Vgl. ebda., S. 3f.
1077 Vgl. GUG-Interview Havetta/CS, S. 3 und 5.
1078 Vgl. GUG-Interview Eichholtz/NL, S. 5.
1079 Vgl. ebda., S. 3ff.
1080 Ebda., S. 5.
1081 Vgl. ebda., S. 6.

3.3.3.3 Zusammenfassung

So unterschiedlich das jeweilige Schicksal der vielen Tausenden von ausländischen Zivilarbeitern, die während des Krieges bei Daimler-Benz eingesetzt waren, auch gewesen sein mag – bei den meisten der Betroffenen ist die Erinnerung an die Lebens- und Arbeitsbedingungen geprägt von erlittenen Demütigungen und Schikanen, dem Hunger, der Angst vor Luftangriffen und der Trennung von Familie, Freunden und Heimat.

Arbeitsbedingungen

Wesentlichen Einfluß auf die Situation der ausländischen Zivilarbeiter am Arbeitsplatz hatte das Verhalten der deutschen Arbeiter und Angestellten. Wie in anderen Unternehmen, so war auch die Einstellung eines großen Teils der Daimler-Benz-Arbeitskräfte gegenüber den ab 1941 immer zahlreicher in den Werken, Niederlassungen und Reparaturwerkstätten eingesetzten Ausländern zunächst von Mißtrauen und Abneigung geprägt. Viele Deutsche glaubten, die Ausländer seien freiwillig auf der Suche nach Arbeit ins Deutsche Reich gekommen und nähmen jetzt ihre Arbeitsplätze ein, damit sie selbst an die Front geschickt werden könnten.

Erst wenn es den ausländischen Arbeitskräften gelang, dieses Mißverständnis richtigzustellen, wurde ein Kontakt zu deutschen „Kollegen" möglich. Dabei befanden sich diejenigen Ausländer, die über Kenntnisse der deutschen Sprache und eine hohe berufliche Qualifikation verfügten, in der Regel in einer besseren Ausgangsposition. Vor allem in einigen Niederlassungen, wie z.B. Bremen, entstand im Laufe der Zeit offenbar ein gutes Verhältnis zwischen deutschen und westeuropäischen Arbeitskräften. In den meisten Fällen blieb der Kontakt jedoch auf den Umgang am Arbeitsplatz beschränkt – nur selten entwickelte sich eine persönliche Beziehung zwischen deutschen Belegschaftsmitgliedern und Ausländern.

Besonders schwierig gestaltete sich die Situation am Arbeitsplatz für die Zwangsarbeiterinnen und Zwangsarbeiter aus Polen und der Sowjetunion. Selbst manche Vorarbeiter und Meister, die „Westarbeitern" freundlich gesonnen waren, sahen in Polen und „Ostarbeitern" lediglich „Untermenschen". Diese Einstellung entsprach der von den Nationalsozialisten propagierten Rassenideologie, nach der die Angehörigen aus westeuropäischen Ländern und „befreundeten" Staaten mehr oder weniger korrekt, Polen und sowjetische Zwangsarbeiter jedoch wie Untermenschen behandelt werden sollten. Dies führte dazu, daß bei einigen deutschen Arbeitskräften die Hemmschwelle im Hinblick auf Tätlichkeiten gegenüber polnischen und sowjetischen Arbeitskräften recht niedrig lag. So sind Mißhandlungen von Polen und „Ostarbeitern" durch Deutsche bei Daimler-Benz keine Ausnahmeerscheinung gewesen. Nicht nur die Betroffenen selbst, sondern auch fast alle der interviewten ehemaligen „Westarbeiter" berichten, daß polnische und sowjetische Zivilarbeiter sowohl vom Werkschutz als auch von deutschen Daimler-Benz-Mitarbeitern geschlagen wurden. Nur selten wurden die Verantwortlichen zur Rechenschaft gezogen. In Rzeszów, wo die polnischen Zivilarbeiter besonders unter Schikanen des deutschen Personals zu leiden hatten, erfolgten willkürliche Strafmaßnahmen durch Meister und Abteilungsleiter zunächst sogar mit Billigung der Geschäftsführung. Um eine menschliche Behandlung der polnischen Zivilarbeiter bemühte sich dagegen nach Aussagen von Zeitzeugen die Leitung des Frontreparaturbetriebs Tomaszow. Und auch in einigen Niederlassungen, wie z.B. in Düsseldorf, soll die Direktion für eine gute Behandlung der dort eingesetzten ausländischen Zivilarbeiter am Arbeitsplatz gesorgt haben – unabhängig von ihrer Nationalität.

Kontakten zwischen deutschen Arbeitskräften und osteuropäischen Zwangsarbeitern standen jedoch oft sprachliche Verständigungsschwierigkeiten, ein ausgefeiltes Überwachungssystem sowie die drohende Haltung einiger Werksleitungen entgegen. In einem an sämtliche Abteilungsleiter und Meister gerichteten Rundschreiben machte beispielsweise der Betriebsführer des Werkes Untertürkheim, Hans Huschke, darauf aufmerksam, daß es verboten sei, „Ostarbeitern" Lebensmittel oder -karten, Schnaps, Kleidungsstücke oder ähnliches zu überlassen und drohte bei Zuwiderhandlung mit der Meldung des Betreffenden an die Gestapo.[1082] Deutsche, die den Mut aufbrachten, sich über solche Verbote hinwegzusetzen, blieben den betroffenen Zwangsarbeitern bis heute in dankbarer Erinnerung.

Da die osteuropäischen Arbeitskräfte auch bei Daimler-Benz auf der untersten Stufe der „Nationalitätenskala" rangierten, mußten sie häufig besonders minderwertige Arbeiten verrichten. So setzten sich die in verschiedenen Daimler-Benz-Werken vorhandenen Putzkolonnen, die oft auch für die Reinigung der „Westarbeiterlager" zuständig waren, fast ausschließlich aus „Ostarbeiterinnen" und einigen wenigen „Ostarbeitern" zusammen. Auch in den Niederlassungen, in denen sich unter den westeuropäischen Arbeitskräften ein hoher Facharbeiteranteil befand, wurden sowjetische Zwangsarbeiter, ähnlich wie die Italienischen Militärinternierten (IMI), überwiegend zu Hilfstätigkeiten herangezogen.[1083] Ein besonders trauriges Kapitel ist der Einsatz von „Ostarbeiter–Kindern" für Handlangerdienste und Hilfsarbeiten, der für mehrere Werke, wie z.B. Untertürkheim, vor allem aber für Sindelfingen, belegt ist. Daimler-Benz verstieß mit dem Kindereinsatz gegen die „Anordnung über den Arbeitsschutz ausländischer Arbeitskräfte und Ostarbeiter", nach der „Ostarbeiter-Kinder" unter 12 Jahren nicht zur Arbeit herangezogen werden durften.

Extrem lange Arbeitszeiten und völlig unzureichende Sicherheitsvorkehrungen kennzeichneten die Arbeitsbedingungen vieler osteuropäischer Zivilarbeiter. Zu erwähnen ist in diesem Zusammenhang das Werk Untertürkheim, wo die wöchentliche Arbeitszeit der „Ostarbeiter" bereits im Juni 1942 bis zu 80 Stunden betrug. Einige der sowjetischen Zwangsarbeiter wurden darüber hinaus verpflichtet, in ihrer Freizeit bei Erntearbeiten zu helfen. Außerdem ist für Untertürkheim belegt, daß die Schutzkleidung der „Ostarbeiterinnen" und „Ostarbeiter" völlig unzureichend war. Die Zahl der bei Arbeitsunfällen verletzten sowjetischen Zivilarbeiter lag dort deshalb besonders hoch.

1082 Vgl. MBA Haspel 1, 2, Rundschreiben an sämtliche Abteilungsleiter und Meister, 22.4.1944.
1083 Vgl. GUG-Interviews Lienaerts/NL, S. 4, Sanders/NL, S. 9.

Wieso sich Daimler-Benz in einigen Werken so wenig um eine Verbesserung der Arbeitsbedingungen der osteuropäischen Arbeitskräfte bemühte ist umso unverständlicher, als daß die Arbeitsleistung der „Ostarbeiterinnen" manchmal sogar über der der eingesetzten „Westarbeiter" lag. Aufgrund der vorliegenden Aussagen ehemaliger sowjetischer Zwangsarbeiter muß auch davon ausgegangen werden, daß die Arbeitsleistung bei der Entlohnung durch Daimler-Benz – mit Ausnahme der Niederlassung Breslau, wo offenbar keine Unterschiede hinsichtlich der Nationalität gemacht wurden – entgegen den geltenden Verordnungen keine Berücksichtigung fand. So erhielten „Ostarbeiterinnen" und „Ostarbeiter" in Untertürkheim und Sindelfingen nach eigenen Angaben lediglich einen wöchentlichen Lohn von zwei bis vier Reichsmark. In Sindelfingen schreckte die Verwaltung des Werks angesichts von Protesten von „Ostarbeitern" sogar vor einer Lüge nicht zurück, indem sie versicherte, die noch ausstehenden Lohnzahlungen würden nach Beendigung des Krieges erfolgen.

Im Unterschied zu Polen und „Ostarbeitern", aber auch zu den gegen Ende des Krieges in einigen Daimler-Benz-Werken eingesetzten italienischen Deportierten, die ebenso schlecht behandelt wurden, litten viele der westeuropäischen Zivilarbeiter weniger unter Schikanen und Mißhandlungen am Arbeitsplatz – obwohl auch diese vorgekommen sind –, als unter den für sie ungewohnten Arbeitsbedingungen. Denn ein Großteil der zwangsverpflichteten ausländischen Arbeitskräfte hatte zuvor in branchenfremden Berufen gearbeitet. Als besonders belastend empfanden viele unter ihnen die ungewohnten körperlichen Anstrengungen und die extrem lange Arbeitszeit von oft 72 Stunden pro Woche. Zwar lag ihre Arbeitszeit damit nicht höher als die der deutschen Daimler-Benz-Arbeitskräfte, verlängerte sich jedoch oft erheblich durch die langen An- und Abmarschwege zu den Unterkünften. Andere „Westarbeiter", vor allem aus akademischen Berufen, konnten sich nur schwer damit abfinden, einem anstrengenden Fabrikalltag nachgehen zu müssen. Es gab Fälle, in denen die ungewohnten, schweren Arbeitsbedingungen in Verbindung mit dem Herausgerissensein aus der gewohnten Umgebung zu einem völligen körperlichen Zusammenbruch führten.

Andererseits betrauten einige Werke, wie Gaggenau, Marienfelde und Genshagen, Facharbeiter unter den westeuropäischen Zivilarbeitern mit verhältnismäßig verantwortungsvollen Aufgaben, indem sie ihnen beispielsweise das Anlernen anderer ausländischer Zivilarbeiter übertrugen. Viele der befragten Zeitzeugen gaben außerdem an, den deutschen Arbeitskräften in der Entlohnung gleichgestellt gewesen zu sein. Vergleicht man diese Angaben jedoch mit zeitgenössischen Lohnstatistiken der metallverarbeitenden Industrie, so lagen auch die den westeuropäischen Zivilarbeitern von Daimler-Benz gezahlten Löhne teilweise erheblich niedriger. Außerdem wurde in einigen Verlagerungen gegen Kriegsende überhaupt kein Lohn mehr ausgezahlt. Und obwohl es – mit Ausnahme von Polen und „Ostarbeitern" – für ausländische Zivilarbeiter auch bei der Gewährung von Gratifikationen keine Unterschiede zu den Deutschen geben sollte, fand diese Bestimmung – zumindest im Werk Sindelfingen – keine Beachtung: Dort erhielten niederländische Zivilarbeiter am „Tag der Arbeit" eine wesentlich niedrigere Summe ausgezahlt als die deutschen Daimler-Benz-Arbeitskräfte.

Auseinandersetzungen über die Entlohnung, die offenbar weniger hoch war, als bei der Anwerbung versprochen, gab es zwischen den Leitungen der Werke Unter-türkheim, Sindelfingen, Berlin-Marienfelde und Genshagen und dänischen Freiwil-ligen, die dort arbeiteten. Die Sindelfinger Werksleitung verweigerte den Dänen außerdem die Zahlung einer Familienzulage, wozu sie nach den geltenden Verord-nungen verpflichtet gewesen wäre. Insgesamt gesehen zeigte Daimler-Benz nur wenig Bereitschaft, auf die Forderungen dieser Arbeitskräfte einzugehen – und wenn, erst nach Eingreifen durch die Behörden. Bei den zwangsverpflichteten ausländischen Zivilarbeitern waren Freiwillige übrigens – unabhängig von ihrer Nationalität – besonders unbeliebt. So gab es z.B in Marienfelde energische Prote-ste französischer Zwangsarbeiter gegen eine gemeinsame Unterbringung mit frei-willig dort arbeitenden Landsleuten.

Der Unmut über schlechte Behandlung und Verpflegung, vor allem aber über die Tatsache, durch die zu leistende Arbeit das nationalsozialistische Regime in der Kriegführung gegen die eigene Heimat zu unterstützen, äußerte sich bei den in den verschiedenen Daimler-Benz-Betrieben eingesetzten ausländischen Zivilarbeitern verhältnismäßig selten in systematischer Sabotage. Besonders die sowjetischen Zwangsarbeiter wagten es wegen der damit verbundenen Gefahr in der Regel nicht, die Produktion durch Sabotagemaßnahmen zu stören. Unmißverständlich wies beispielsweise die Untertürkheimer Betriebsführung die im Werk eingesetzten Arbeitskräfte auf mögliche Folgen hin: Auf im Werk verteilten Plakaten war ein wegen Sabotage Gehängter abgebildet.

Weit verbreitet waren bei Daimler-Benz jedoch Delikte, die das nationalsozia-listische Regime unter dem Begriff „Arbeitsvertragsbruch" zusammenfaßte – wie Zuspätkommen, Krankfeiern, Langsamarbeiten und Arbeitsflucht, und die die Pro-duktion empfindlich gestört haben müssen. Häufig klagten einzelne Werksleiter, wie beispielsweise der Geschäftsführer von Genshagen, K. C. Müller, über das renitente Verhalten eines Teils der ausländischen Belegschaft. Relativ oft kamen Fluchtversuche vor – auch bei den sowjetischen Zwangsarbeitern –, die jedoch häufig mißlangen. Mit Hilfe der Gestapo wurde der größte Teil der Geflüchteten spätestens an den Grenzen gefaßt und an den Arbeitsplatz oder in ein Arbeitserzie-hungslager zurücktransportiert.

Für viele „Westarbeiter" boten auch Urlaubsheimfahrten, die Polen und „Ostar-beitern" nicht bzw. nur „in dringenden Fällen" zustanden, eine willkommene Ge-legenheit, sich dem „Arbeitseinsatz" bei Daimler-Benz zu entziehen. Der enormen Zunahme der Zahl derjenigen, die nicht aus dem Urlaub zurückkehrten, versuchte Daimler-Benz zunächst dadurch entgegenzuwirken, daß jeweils zwei ausländische Zivilarbeiter für einen Urlauber bürgen mußten. Kehrte der beurlaubte Arbeiter nicht wieder aus dem Urlaub zurück, wurde seinen Bürgen die Urlaubsmöglichkeit gestrichen. Doch diese Maßnahme hatte keinerlei Wirkung, da fortan viele Urlau-ber in Absprache mit den Bürgen nicht zu Daimler-Benz zurückkamen. Viele Werksleitungen gingen deshalb dazu über, zunächst nur zeitweise, dann jedoch für den Rest des Krieges, Urlaubsheimfahrten zu streichen. Die Mehrzahl der befragten Zeitzeugen aus Belgien, Frankreich oder den Niederlanden hat bei Daimler-Benz nie Urlaub erhalten, obwohl er ihnen laut Bestimmungen der Reichstarifordnung und im Rahmen der Gleichbehandlung mit den deutschen Arbeitskräften zustand. Am ehesten wurde noch den in den Niederlassungen eingesetzten westeuropäischen Arbeitskräften das Recht auf Familienheimfahrten gewährt.

Eine weitere, verzweifelte Möglichkeit, sich der Arbeit zu entziehen, stellte die Selbstverstümmelung dar. Mehrere Fälle dieser Art sind bei Daimler-Benz vorgekommen – doch nicht immer erfüllte sich die Hoffnung der Betroffenen, deshalb in die Heimat zurückkehren zu können.

Neben Verwarnungen, dem Entzug der Lebensmittelkarten, Lohnabzügen, der Einführung leistungsbezogener Verpflegung sowie Geldstrafen stellte bei Daimler-Benz die Einweisung in ein Arbeitserziehungs- oder Konzentrationslager die bei weitem häufigste Bestrafung für „Arbeitsvertragsbruch" dar. Die Folgen für die betroffenen Arbeitskräfte waren schrecklich: Einige starben in den Lagern an erlittenen Mißhandlungen; die, die zurückkehrten, befanden sich ausnahmslos in erbarmungswürdigem Zustand, waren abgemagert oder schwer krank. Nur ein Fall ist bekannt, in dem Daimler-Benz-Verantwortliche sich erschrocken über die Folgen der Bestrafung für den Betroffenen zeigten und versuchten, ihn durch bessere Verpflegung und leichtere Arbeit wieder „aufzupäppeln".

Lebensbedingungen

Die Erinnerung an die schlechte Versorgungslage bildet einen der wichtigsten Punkte in den Schilderungen vieler Zeitzeugen. Bei den osteuropäischen Arbeitskräften nimmt der permanente Hunger eine zentrale Stellung ein, denn ihre Verpflegung war nicht nur von der Qualität, sondern auch von der Quantität her gesehen katastrophal. Oft bestand die mittags von der Werks- oder Lagerküche an sie ausgegebene Suppe überwiegend aus Wasser, durchsetzt mit verfaultem Gemüse und Würmern. In manchen Werken, wie z.B. dem Untertürkheimer Verlagerungsbetrieb Wannweil, erfolgte die Essensausgabe ausschließlich nach nationalen Kriterien: Während die westeuropäischen Arbeitskräfte die gleichen Gerichte wie die deutschen erhielten, waren für die polnischen Zivilarbeiter kleinere und schlechtere Rationen vorgesehen – die miserabelste Verpflegung erhielten jedoch „Ostarbeiterinnen" und „Ostarbeiter". In Rzeszów und ansatzweise auch in Tomaszow wurde die Gewährung von Lebensmittelsonderzuteilungen von der erbrachten Arbeitsleistung abhängig gemacht. Welche Folgen ein solches System für geschwächte oder kranke Arbeitskräfte hatte, braucht nicht erläutert zu werden, zumal schon die normalerweise geltenden Verpflegungssätze kaum ausreichend waren.

Ähnlich wie die sowjetischen und italienischen Kriegsgefangenen durchsuchten deshalb auch manche der bei Daimler-Benz eingesetzten „Ostarbeiter" in ihrer Verzweiflung die Kantinenabfälle der Deutschen nach Eßbarem. Viele polnische und sowjetische Frauen sahen keinen anderen Ausweg, als ihre Versorgungslage durch intime Kontakte zu den besser verpflegten Arbeitskräften aus Frankreich, Belgien oder den Niederlanden erträglicher zu gestalten. Einige deutsche Daimler-Benz-Arbeitskräfte, die Mitleid mit Polen und „Ostarbeitern", vor allem mit Frauen und Kindern hatten, steckten diesen ab und zu Nahrungsmittel zu, wobei sie sich von ihrem Verhalten auch nicht durch die Androhung schwerer Strafen abbringen ließen.

Für mehrere in Genshagen eingesetzte sowjetische Zwangsarbeiter endete der Versuch, sich auf eigene Faust Nahrungsmittel zu beschaffen, tödlich. Sie wurden erschossen, als sie nachts heimlich die Felder in der Umgebung ihres Lagers nach Kartoffeln absuchten.

In den Werken Untertürkheim, Sindelfingen und Colmar streikten „Ostarbeiterinnen" und „Ostarbeiter" wegen der miserablen Versorgungslage, doch eine durchgreifende Änderung bewirkten die Streiks nicht. Im Gegenteil: Die Untertürkheimer Werksleitung bestrafte die streikenden „Ostarbeiterinnen" mit völligem Essensentzug und ließ einige der „Ostarbeiter" in ein Konzentrationslager einweisen, in Colmar wurden drei sowjetische Zwangsarbeiterinnen zur Strafe für eine Woche in ein Gefängnis eingeliefert.

Nur selten gab es Bemühungen von Werksleitungen, die Versorgungslage der sowjetischen Arbeitskräfte zu verbessern. Eine Ausnahme bildet die Niederlassung Breslau, die sich nachhaltig dafür einsetzte, die Versorgung der „Ostarbeiterinnen" und „Ostarbeiter" dem Niveau der übrigen ausländischen Zivilarbeiter anzupassen. Geht man von den offiziell geltenden Verpflegungssätzen aus, so hätte seit Sommer 1944 eine spürbare Verbesserung in der Versorgungslage der „Ostarbeiterinnen" und „Ostarbeiter" eintreten müssen. Diese läßt sich für Daimler-Benz in keinem Fall feststellen – aufgrund der Aussagen der Zeitzeugen ist sogar fraglich, ob die verabreichte Verpflegung jemals den zuvor geltenden, niedrigeren Verpflegungssätzen entsprochen hat.

Zu Streiks wegen der schlechten Qualität des Kantinenessens kam es auch bei westeuropäischen Arbeitskräften und italienischen Freiwilligen. Obwohl die Verpflegung dieser Arbeitskräfte im Unterschied zu der der „Ostarbeiter" in allen Daimler-Benz-Werken durch Lebensmittel- und Zulagekarten geregelt war, erwies sich diese auch bei vielen von ihnen im Vergleich zur erwarteten Arbeitsleistung als unzureichend. Nur widerwillig kam Daimler-Benz der aufgrund der deutsch-italienischen Vereinbarungen bestehenden Verpflichtung nach, die freiwilligen italienischen Arbeitskräfte mit italienischer Küche zu versorgen. Als sich in Genshagen mehrere Italiener weigerten, Fleisch- und Jagdwurst als Verpflegung zu akzeptieren, wurden einige von ihnen umgehend der Gestapo gemeldet und verhaftet.

Außerdem wurde die Austeilung der Zulagekarten und der Umfang der Lebensmittelkarten im Verlauf des Krieges in einigen Werken stark eingeschränkt oder – wie im Werk Marienfelde – sogar ganz gestrichen und durch Lagerverpflegung ersetzt, obwohl das Unternehmen nach den für den Einsatz von Ausländern geltenden Vorschriften zur Stellung von Lebensmittelkarten verpflichtet war. Viele „Westarbeiter" versuchten deshalb, ihre Verpflegung aufzubessern, indem sie in ihrer knapp bemessenen Freizeit für Lebensmittel bei Deutschen arbeiteten oder sich an Tauschgeschäften auf dem Schwarzmarkt beteiligten. Dabei kam ihnen zugute, daß sie ihre Unterkünfte ohne nennenswerte Einschränkung verlassen konnten. Diese Möglichkeit bestand für die zahlreichen „Ostarbeiter" nicht. Die strengen Vorschriften, wonach sowjetische Zivilarbeiter in geschlossenen, umzäunten Wohnlagern untergebracht und nur „bewährten" Arbeitskräften gruppenweise unter Bewachung Ausgang gewährt werden sollte, wurden lediglich durch das Werk Genshagen durchbrochen. Dort übertrug die Geschäftsleitung den „Ostarbeitern" die Regelung des Ausgangs in Eigenverantwortung. In Wannweil machte sich die Lockerung der Ausgehbeschränkungen für sowjetische Zivilarbeiter ab August 1944 bemerkbar. So waren dort sowjetische Arbeitskräfte nicht nur gemeinsam mit anderen ausländischen Zivilarbeitern untergebracht, sondern konnten auch den kurzen Weg zum Werk ohne Bewachung zurücklegen. Anders dagegen im Werk Sindelfingen: Entgegen den Bestimmungen der „Ostarbeitererlasse" waren die dortigen „Ostarbeiterlager" mit Stacheldraht umzäunt. Nach Aussagen von Zeitzeugen sollen die dort untergebrachten sowjetischen Zwangsarbeiter erstmals im Herbst 1943 bzw. Sommer 1944 gruppenweise Ausgang erhalten haben.

Ähnlich unzureichend wie die Verpflegung war, vor allem mit zunehmender Kriegsdauer, die Ausstattung vieler ausländischer Zivilarbeiter mit Kleidung. Nur in Ausnahmefällen, wie im K-Werk Gleiwitz, besorgte Daimler-Benz Ersatz für zerschlissene oder bei Fliegerangriffen verbrannte Kleidung. Andere Werke – wie Marienfelde – unternahmen überhaupt keine Anstrengungen, die Bekleidungssituation der ausländischen Zivilarbeiter zu verbessern oder auch nur einigermaßen erträglich zu gestalten; in Sindelfingen und Mannheim blieben die Bemühungen in den Anfängen stecken. Nicht in allen Werken stellte Daimler-Benz außerdem Arbeitsanzüge. Deshalb trugen viele Ausländer schließlich nur noch Lumpen am Leib. Vor allem die Fotos von vermeintlich perfekt gekleideten „Westarbeitern" täuschen darüber hinweg, daß die unter Anzügen oder Pullovern getragenen Hemden oft nur noch aus dem Kragen bestanden. Ein besonderes Problem war auch das Fehlen von Strümpfen, denn die stattdessen um die Füße gewickelten alten Lappen stellten nur dürftigen Ersatz dar. Dazu kam, daß sich die Füße in den Holzgaloschen, die die meisten Ausländer trugen, wundscheuerten und entzündeten.

Nicht nur die Tatsache, daß viele Arbeitskräfte über Jahre hinweg die gleiche Kleidung trugen, sondern auch die unzureichenden sanitären Anlagen – in vielen Lagern gab es keine Duschen –, der schlechte bauliche Zustand zahlreicher Baracken und die Überbelegung von Lagern hatten die Ausbreitung von Ungeziefer zur Folge. Da Desinfizierungsmaßnahmen von Daimler-Benz in den Unterkünften der ausländischen Zivilarbeiter – wenn überhaupt – nur unregelmäßig durchgeführt wurden, blieben sie ohne durchgreifende Wirkung.

Als besondere Bedrohung erwiesen sich für alle bei Daimler-Benz eingesetzten ausländischen Zivilarbeiter die ab 1943 zunehmenden Luftangriffe. Immer wieder taucht in den Schilderungen der Zeitzeugen die Angst vor Bombardements auf, zumal viele Lager unmittelbar neben den Werken gelegen waren und bei einem Angriff auf das Werk stets ebenfalls in Mitleidenschaft gezogen wurden. In Sindelfingen hatte die Werksleitung sogar ein großes „Westarbeiterlager" zwischen dem Werk und einem Militärflugplatz errichtet – trotz erheblicher luftschutztechnischer Bedenken der Behörden. Dies hatte zur Folge, daß insgesamt 23 Lagerinsassen Opfer von Luftangriffen wurden.

Die in vielen Lagern aufgeworfenen Splitterschutzgräben boten nur unzulänglichen Schutz; dazu kam, daß Bunker oder Luftschutzstollen entweder gar nicht existierten oder zu weit vom Lager entfernt waren. In einigen Werken, wie z.B. in

Untertürkheim und Gaggenau, wurde die Benutzung der im Werk vorhandenen Luftschutzkeller nach Nationalitäten gestaffelt: Während der unterste, sicherste Keller den deutschen Arbeitskräften vorbehalten war, konnten westeuropäische Arbeitskräfte den mittleren benutzen – Polen und „Ostarbeiter" war dagegen lediglich der Zutritt zum obersten, am meisten gefährdeten Keller gestattet.

Tote unter den ausländischen Zivilarbeitern gab es nicht nur durch Luftangriffe, sondern auch durch die oft mangelhafte medizinische Versorgung. Viele der in den Werken für die gesundheitliche Betreuung der Ausländer eingesetzten Sanitäter oder Ärzte wurden von den Zeitzeugen als zynisch und hart beschrieben, weil sie diejenigen, die sich krankmeldeten, prinzipiell als Arbeitsverweigerer einstuften. Völlig unzureichend muß außerdem die Ausstattung der in einigen Lagern existierenden Krankenbaracken gewesen sein, die teilweise ebenfalls vom Sanitätsdienst der Werke mitbetreut wurden.

Mangelnde ärztliche Betreuung, Unternährung und die dadurch erhöhte Anfälligkeit für Erkrankungen sind die Ursachen für den Tod mehrerer Kinder, die bei Daimler-Benz von ausländischen Zivilarbeiterinnen, vor allem „Ostarbeiterinnen", geboren wurden. Einige „Ostarbeiter-Kinder" kamen tot zur Welt, was nicht nur auf den schlechten körperlichen Zustand der Frauen, sondern auch darauf zurückzuführen ist, daß die für sowjetische Zwangsarbeiterinnen geltenden Mutterschutzbestimmungen – zumindest von einigen Werken wie z.B. Sindelfingen und Genshagen – offenbar nicht eingehalten wurden. Darüber hinaus bestätigten Zeitzeugen, daß es in den Werke Untertürkheim, Sindelfingen, Marienfelde und Genshagen auch zu Abtreibungen von Kindern sowjetischer Zwangsarbeiterinnen gekommen ist.

Je länger sich der Krieg hinzog, desto schmerzhafter empfanden viele der bei Daimler-Benz eingesetzten ausländischen Arbeitskräfte die Trennung von ihrer Heimat, ihrer Familie und ihren Freunden. In zahlreichen Schilderungen, aber auch in den überlieferten Liedern und Gedichten kommt das Heimweh zum Ausdruck. Zwar beklagten mehrere Zeitzeugen die mangelnde Solidarität unter den ausländischen Zivilarbeitern; doch bewirkte in einigen Lagern das gemeinsame Schicksal die Entstehung enger Gemeinschaften, die durch gegenseitige Hilfe oder eine, soweit unter den gegebenen Umständen möglich, ansprechende Freizeitgestaltung versuchten, das gemeinsame Los zu erleichtern. Doch die Zerstörung vieler Lager und die Verlagerungen der Werke setzten solchen Aktivitäten ein Ende. Einige der ausländischen Arbeitskräfte ertrugen die erneute Zerstörung menschlicher Bindungen nicht und setzten ihrem Leben durch Selbstmord ein Ende.

Obwohl ohne den Einsatz der ausländischen Zivilarbeiter eine Aufrechterhaltung, geschweige denn Steigerung der Produktion, unmöglich gewesen wäre, hatten die meisten Werksleitungen von Daimler-Benz kein besonderes Verantwortungsgefühl gegenüber diesen Arbeitskräften. Selbst aus der Sicht des Unternehmens ist unverständlich, weshalb es kaum Bemühungen um eine Verbesserung der schlechten Arbeits- und Lebensbedingungen der osteuropäischen, vor allem der sowjetischen Arbeitskräfte gab, von deren Einsatz Daimler-Benz nicht zuletzt aufgrund der geringen Entlohnung finanziell erheblich profitierte. Nur wenige Werke und Niederlassungen, wie Tomaszow oder Breslau, nutzten existierende

Spielräume und ließen den dort eingesetzten Polen und „Ostarbeitern" eine humane
Behandlung und soziale Fürsorge zukommen. Insgesamt gesehen läßt die Behandlung der ausländischen Zivilarbeiter jedoch nur den Schluß zu, daß auch bei
Daimler-Benz die ökonomische Verwertung der Arbeitskraft Vorrang vor menschlichen Erwägungen hatte.

3.3.4 KRIEGSGEFANGENE

Als im Mai und Juni 1942 mit dem groß angelegten „Ostarbeiter-Einsatz" in verschiedenen Daimler-Benz-Werken die Beschäftigung ausländischer Zivilarbeiter den Charakter der Freiwilligkeit verlor, arbeitete eine andere Zwangsarbeitergruppe bereits seit zwei Jahren für den Konzern: Seit Juni/Juli 1940 setzten die Werke Sindelfingen, Königsberg und Genshagen Kriegsgefangene in der Produktion ein.[1]

Die Analyse der Arbeits- und Lebensbedingungen der Kriegsgefangenen erfordert zunächst eine Darstellung der unterschiedlichen rechtlichen Stellung der drei wichtigsten Gruppen: Kriegsgefangene, die nach deutscher Auffassung dem Schutz der Genfer Konvention oder zumindest der Haager Landkriegsordnung unterlagen, und solche, denen kein völkerrechtlicher Schutz zugestanden wurde. Zur letzten Gruppe zählten sowjetische Kriegsgefangene und „italienische Militärinternierte"[2] (IMI).

Die nachfolgende Tabelle verdeutlicht den Umfang des Arbeitseinsatzes von Kriegsgefangenen in der deutschen Wirtschaft. Dabei ist zu beachten, daß Mitte August 1944 fast alle polnischen Kriegsgefangenen und viele französische in den Zivilstatus überführt worden waren und deswegen in der rechten Spalte nicht auftauchen.

Tab. 12: Kriegsgefangene der deutschen Wehrmacht und im Arbeitseinsatz

Herkunftsland	insgesamt gefangengenommen	Mitte August 1944 im Arbeitseinsatz
Polen	ca. 420.000	28.316
Belgien	n.v.	50.386
Frankreich	ca. 1.800.000	599.967
Großbritannien	n.v.	80.725
Jugoslawien	n.v.	89.359
Sowjetunion	5.734.528	631.559
Italien	ca. 725.000	427.238
sonstige	n.v.	22.537 [a]
Summe	n.v.	1.930.087

n.v.: keine Angaben verfügbar
[a] Differenzbetrag

Quellen: Herbert, Einleitung, S. 8; August, Arbeitsmarkt, S. 331; Billig, Le rôle, S. 55; Cajani, Militär-Internierte, S. 296; Durand, La vie, S. 34; Streit, Keine Kameraden, S. 244.

---

1   Vgl. Schülerarbeitsgruppe, Zwangsarbeiter in Sindelfingen, S. 13 (DB AG Sindelfingen); BAMA Freiburg RW 20–1/3, Bl. 24f., RW 20–1/4, Bl. 3, RW 20–1/6, Bl. 15 (DB AG Königsberg); BAMA Potsdam WF–01/18460, Bl. 41, 43, 51 (DB GmbH Genshagen).

2   Der vermutlich von Hitler mit Rücksicht auf Mussolini geprägte Begriff wird hier übernommen, ohne daß damit eine Anerkennung dieses angeblichen Sonderstatus verbunden ist.

3.3.4.1 Rechtliche Grundlagen und institutionelle Ausgestaltung des Kriegsgefangenenwesens

Maßgeblich für die Behandlung der meisten Kriegsgefangenen war auch für das nationalsozialistische Regime die völkerrechtlich verbindliche „Genfer Konvention" von 1929, die von der damaligen Reichsregierung unterzeichnet worden war. In diesem „Abkommen über die Behandlung der Kriegsgefangenen" vom 27. Juli 1929[3] hatten die Unterzeichnerstaaten festgelegt, wie Kriegsgefangene der Vertragsparteien zu behandeln seien. Die Richtlinien galten nicht für Kriegsgefangene aus Staaten, die der Konvention nicht beigetreten waren, also z.B. der Sowjetunion.

Die im Zusammenhang mit dem Arbeitseinsatz von Kriegsgefangenen wichtigsten Bestimmungen der Genfer Konvention besagten:

– Die Kriegsgefangenen „müssen jederzeit mit Menschlichkeit behandelt und insbesondere gegen Gewalttätigkeiten, Beleidigungen und öffentliche Neugier geschützt werden" (Artikel 2).
– Sie „haben Anspruch auf Achtung ihrer Person und ihrer Ehre" (Art. 3).
– „Unterschiede in der Behandlung der Kriegsgefangenen sind nur insoweit zulässig, als es sich um Vergünstigungen handelt, die auf dem militärischen Dienstgrad, dem körperlichen oder seelischen Gesundheitszustand, der beruflichen Eignung oder dem Geschlecht beruhen" (Art. 4).
– „Die Kriegsgefangenen sind in Häusern oder Baracken unterzubringen, die jede mögliche Gewähr für Reinlichkeit und Zuträglichkeit bieten" (Art. 10).
– Die Verpflegung hatte derjenigen der eigenen Truppenreserve zu entsprechen. „Alle kollektiven Disziplinarmaßregeln hinsichtlich der Ernährung sind verboten" (Art. 11).
– „Die Kriegführenden können die gesunden Kriegsgefangenen, ausgenommen Offiziere und Gleichgestellte, je nach Dienstgrad und Fähigkeiten als Arbeiter verwenden (…). Die kriegsgefangenen Unteroffiziere können nur zum Aufsichtsdienst herangezogen werden, es sei denn, sie verlangten ausdrücklich eine entgeltliche Beschäftigung" (Art. 27).
– „Der Gewahrsamsstaat übernimmt die volle Verantwortung für Unterhalt, Versorgung, Behandlung und Entlohnung der Kriegsgefangenen, wenn sie für Rechnung von Privatpersonen arbeiten" (Art. 28).
– „Kein Kriegsgefangener darf zu Arbeiten verwendet werden, zu denen er körperlich nicht tauglich ist" (Art. 29).
– „Die tägliche Arbeitsdauer der Kriegsgefangenen, einschließlich des Hin- und Rückmarsches, hat nicht übermäßig zu sein und keinesfalls diejenige zu übersteigen, die für die Zivilarbeiter der betreffenden Gegend bei der gleichen Arbeit zulässig ist. Jedem Kriegsgefangenen ist wöchentlich eine Ruhe von vierundzwanzig aufeinanderfolgenden Stunden, vorzugsweise Sonntags, zu gewähren" (Art. 30).
– „Die von den Kriegsgefangenen zu leistenden Arbeiten werden in keiner unmittelbaren Beziehung zu den Kriegshandlungen stehen. Insbesondere ist verboten, Gefangene zur Herstellung und zum Transport von Waffen oder Munition aller Art sowie zum Transport von Material zu verwenden, das für kämpfende Truppen bestimmt ist." Bei Zuwiderhandlung stand den Kriegsgefangenen ein Beschwerderecht zu (Art. 31).
– „Es ist verboten, Kriegsgefangene zu unzuträglichen oder gefährlichen Arbeiten zu verwenden. Jede Erschwerung der Arbeitsbedingungen als disziplinarische Maßnahme ist verboten" (Art. 32).

---

3   Vgl. Reichsgesetzblatt 1934/II, S. 227–257.

- Für Dritte arbeitenden Kriegsgefangenen stand Lohn zu, der von der Militärbehörde festzu-
  setzen war, wenn keine gesonderte Vereinbarung zwischen den kriegführenden Staaten
  bestand (Art. 34).
- Der Wortlaut der Konvention mußte den Kriegsgefangenen durch Aushang mitgeteilt werden (Art. 84).[4]

Sowjetische Kriegsgefangene unterstanden nach herrschender Meinung völkerrechtlich immerhin dem Schutz der Haager Landkriegsordnung (HLKO) von 1907.[5]
Die Sowjetunion bestätigte im Juli 1941 ausdrücklich den 1907 vom Zaren vollzo-
genen Beitritt zur Haager Konvention. Dies wurde jedoch vom Deutschen Reich
bewußt ignoriert.[6]

Die Bestimmungen der Haager Landkriegsordnung von 1907 waren wesentlich
allgemeiner gehalten als die der Genfer Konvention von 1929:

- Die Kriegsgefangenen sollten „mit Menschlichkeit behandelt werden" (Artikel 4),
- Mit Ausnahme der Offiziere durften sie zu Arbeiten herangezogen werden, jedoch nur zu
  solchen, die „in keiner Beziehung zu den Kriegsunternehmungen stehen". Den arbeitenden
  Kriegsgefangenen stand Lohn zu, den sie teilweise „zur Besserung ihrer Lage" verwenden
  dürfen sollten. Der Rest sollte bei der Freilassung ausgezahlt werden (Artikel 6).
- Fluchtversuche unterlagen disziplinarischer Bestrafung (Artikel 8).[7]

Nach ihrer Gefangennahme kamen die Soldaten zunächst aus den Front-Stammla-
gern des Operationsgebiets, die dem Oberkommando des Heeres (OKH) unterstanden, in Durchgangslager (Dulags) hinter der Front, die in den Zuständigkeitsbereich des Allgemeinen Wehrmachtsamts im Oberkommando der Wehrmacht (OKW)
fielen. Von dort erfolgte die Überstellung der gefangenen Offiziere in Offiziersla-
ger (Oflags) und der Unteroffiziere und Mannschaften in Mannschaftsstammlager
(Stalags).[8]

Die als arbeitsfähig klassifizierten Insassen der Stammlager wurden verschiedenen Arbeitskommandos im Zuständigkeitsbereich des Stalags zugeteilt. War die
räumliche Entfernung zwischen Stammlager und Einsatzort zu groß, erhielt das
Arbeitskommando ein eigenes Lager, das wie das Stammlager aufgebaut und
organisiert war.[9]

Obwohl die Wehrmacht die Genfer Konvention offiziell als verbindliche Hand-
lungsrichtlinie betrachtete[10], hielt sie sich in der Praxis keineswegs an alle Bestimmungen. Die Verletzungen der Schutzbestimmungen waren keineswegs inoffiziell,

---

4 Vgl. Reichsgesetzblatt 1934/II, S. 233–252.
5 Vgl. Reichs-Gesetzblatt 1910, S. 107–151; ausführlich dazu: Betz, OKW, S. 64–69. Betz sieht
   zwar die Gültigkeit der HLKO im Verhältnis Deutschland–UdSSR als umstritten an, tendiert
   allerdings eher dazu, sie als verbindlich anerkennen. Vgl. ebenso Streim, Behandlung, S. 33f.,
   und (sehr ausführlich) Streit, Keine Kameraden, S. 224–237.
6 Vgl. Betz, OKW, S. 65. Die Sowjetunion behielt sich vor, vom Zarenreich ratifizierte völkerrechtliche Verträge einzuhalten.
7 Vgl. Reichs-Gesetzblatt 1910, S. 134–140.
8 Vgl. Datner, Crimes, S. 2; Hüser/Otto, Stammlager 326, S. 15.
9 Vgl. Streim, Behandlung, S. 12.
10 Vgl. Heeresdienstvorschrift 38/2, siehe Streit, Keine Kameraden, S. 68.

sondern ergaben sich implizit schon aus den Bestimmungen des Oberkommandos der Wehrmacht, der das Kriegsgefangenenwesen unterstand.

Hinsichtlich des Arbeitseinsatzes hielt sich die Wehrmachtsführung jedoch zunächst noch an die Genfer Konvention. Noch im August 1940 – als Daimler-Benz schon die ersten Erfahrungen mit Kriegsgefangenen machte – schrieb die Rüstungsinspektion V (Stuttgart) bedauernd:

> *Kriegsgefangene dürfen nach dem Abkommen über die Behandlung der Kriegsgefangenen v. 27.7.29 im Metallsektor der Rü[stungs]-Industrie nicht eingesetzt werden, bringen also keine nennenswerte Entlastung.*[11]

Die Wehrmacht unterlief jedoch die Genfer Konvention immer mehr: Polnische und jugoslawische Kriegsgefangene wurden entsprechend der nationalsozialistischen Rassenideologie von Beginn an unter eindeutiger Verletzung der Genfer Konvention weitaus schlechter behandelt als Kriegsgefangene aus den westlichen Ländern.[12]

Die Behandlung der Franzosen wich ebenfalls von der Genfer Konvention ab, da die Vichy-Regierung unter deutschem Druck Mitte November 1940 offiziell darauf verzichtet hatte, von ihrer Schutzmacht im Sinne der Genfer Konvention betreut zu werden. Die Schutzfunktion für die französischen Kriegsgefangenen, die bis dahin von den Vereinigten Staaten wahrgenommen worden war, ging nun an die sogenannte Scapini-Mission (Service Diplomatique des Prisonniers de Guerre) über. Das bedeutete, daß das Reich mit Frankreich bilaterale Verträge schließen konnte, die das Genfer Abkommen unterliefen.[13] So ließ z.B. Scapini seine deutschen Verhandlungspartner im März 1942 wissen, daß die französische Regierung nicht gegen den Einsatz französischer Kriegsgefangener in der Rüstungsindustrie protestieren würde.[14] Diese Zusicherung erfolgte allerdings zu einem Zeitpunkt, als Zwangsarbeit französischer Kriegsgefangener in der deutschen Rüstungsindustrie schon lange die Regel war[15], auch bei Daimler-Benz. So hatte z.B. Göring bereits im August 1941 den Einsatz von 100.000 französischen Kriegsgefangenen in der Luftfahrtindustrie verfügt.[16]

Am ehesten entsprach die Behandlung der britischen und US-amerikanischen Soldaten den Bestimmungen der Genfer Konvention. Da die Konvention den Arbeitseinsatz von Kriegsgefangenen in kriegswichtigen Bereichen untersagte, wurden verhältnismäßig wenig britische Kriegsgefangene direkt in der Rüstungs-

---

11 BAMA Freiburg RW 20–5/7, RüIn V an OKH 14.8.1940. In den DB-Werken Genshagen und Königsberg wurden zu diesem Zeitpunkt schon Kriegsgefangene eingesetzt. In Sindelfingen, das zum Gebiet der RüIn V gehörte, waren die um Juni/Juli bei Daimler-Benz eingesetzten Kriegsgefangenen wohl schon wieder abgezogen worden.

12 Vgl. Streit, Keine Kameraden, S. 69f. Polen und Jugoslawien hatten das Genfer Abkommen ratifiziert, existierten jedoch nach der militärischen Niederlage nicht mehr als Staaten; vgl. Favez, Das Internationale Rote Kreuz, S. 280.

13 Vgl. Billig, Le rôle, S. 61; Chabord, Organismes français, S. 5; Durand, La captivité, S. 315f.; ders., Vichy und der „Reichseinsatz", S. 186; Scapini, Mission, S. 31, 51.

14 Vgl. Durand, La vie quotidienne, S. 196f.; ders., Vichy und der „Reichseinsatz", S. 188.

15 Vgl. Durand, Vichy und der „Reichseinsatz", S. 187; Scapini, Mission, S. 152.

16 Vgl. Billig, Le rôle, S. 65.

industrie eingesetzt.[17] Bei Daimler-Benz ist nur der Einsatz von Gruppen englischer Kriegsgefangener in Genshagen und Posen sowie einer Gruppe indischer Kriegsgefangener in Gaggenau bekannt. Nach den Berichten anderer ehemaliger Daimler-Benz-Zwangsarbeiter hatten sie eine verhältnismäßig privilegierte Stellung inne und mußten auch nicht direkt in der Rüstungsfertigung arbeiten.[18]

Die Tatsache, daß die Sowjetunion der Genfer Konvention nicht beigetreten war, nahm die Wehrmacht unter bewußter Mißachtung der Haager Landkriegsordnung als Vorwand, sowjetische Kriegsgefangene besonders grausam zu behandeln: Durch minimale Essensrationen wurden allein im Jahr 1941 ca. 1,5 Mio. sowjetische Kriegsgefangene dem Hungertod preisgegeben.[19] Erst im Oktober 1941, als der Druck des erhöhten Arbeitskräftebedarfs der deutschen Wirtschaft stärker wurde als die ideologische Komponente, wurde der Arbeitseinsatz sowjetischer Kriegsgefangener in der Industrie durch Führererlaß verfügt. Die daraufhin durchgeführten „Aufpäppelungsaktionen" dienten jedoch lediglich der Erhaltung der physischen Arbeitskraft.[20] Die Anwendung der Haager Landkriegsordnung stand offensichtlich zu keiner Zeit ernsthaft zur Debatte.[21] Die sowjetischen Kriegsgefangenen wurden daher als Gefangene zweiter Klasse behandelt, denen grundsätzlich die härtesten und gefährlichsten Tätigkeiten zugewiesen wurden. Sie unterstanden den gleichen Dienststellen wie die anderen Kriegsgefangenen und waren in denselben Lagern, allerdings separat und unter verschärften Bedingungen, untergebracht. Von den insgesamt über 5,7 Millionen sowjetischen Kriegsgefangenen kamen etwa 3,3 Millionen (57,8%) in deutscher Gefangenschaft um.[22]

Die dritte große Kriegsgefangenengruppe nach den Franzosen und Sowjetbürgern stellten die „italienischen Militärinternierten" (IMI) dar, die ab dem September 1943 der deutschen Wirtschaft zugeführt wurden. Bei ihnen handelte es sich um italienische Soldaten, die nach dem Waffenstillstand Italiens mit den Alliierten im September 1943 von den bis dahin an ihrer Seite kämpfenden deutschen Verbänden eingekesselt und gefangengenommen worden waren. Die Italiener wurden zwar in Kriegsgefangenenlagern untergebracht und unterstanden dem Kriegsgefangenenwesen, wurden aber nur kurze Zeit als Kriegsgefangene und dann aus außenpolitischen Gründen[23] als „Militärinternierte" bezeichnet. Nach Ansicht der Wehrmacht galten die Italiener nicht als normale Kriegsgefangene, da zum Zeitpunkt der Gefangennahme kein Kriegszustand zwischen den ehemaligen Partnern bestanden hatte. Insofern sah sie weder die Bestimmungen der Haager Landkriegsordnung noch die der Genfer Konvention als Rechtsgrundlage für die Behandlung der Militärinternierten an.[24] Formal wurden die IMI den gleichen Behandlungs- und

---

17   Vgl. Billig, Le rôle, S. 58.

18   Großbritannien setzte auch in Europa Truppenkontingente aus dem Commonwealth ein, darunter Inder.

19   Vgl. Das Deutsche Reich und der Zweite Weltkrieg, Bd. 4, S. 435–440, S. 1015–1019.

20   Vgl. Herbert, Fremdarbeiter, S. 139–142, 148f.

21   Vgl. ausführlich dazu: Streit, Keine Kameraden, S. 224–237.

22   Vgl. Streit, Keine Kameraden, S. 244, 246.

23   Vgl. Klinkhammer, Leben im Lager, S. 496f.

24   Vgl. Cajani, Die italienischen Militär-Internierten, S. 297; Herrenmenschen und Badoglio-Schweine, S. 68f.

Abb. 44: Sowjetischer Kriegsgefangener im Groß-K-Werk Pleskau (Werlin-Werk Nord). Dieses
       Werk unterstand nicht Daimler-Benz.

Abb. 45: Arbeitspause sowjetischer Kriegsgefangener (Groß-K-Werk Pleskau).

Ernährungsrichtlinien wie die westlichen Kriegsgefangenen unterworfen, faktisch war die Behandlung jedoch ungleich härter.[25] Sie wurden allgemein als Verräter angesehen, nach dem neuen italienischen Ministerpräsidenten abschätzig als „Badoglios" bezeichnet und ähnlich den „Ostarbeitern" und sowjetischen Kriegsgefangenen mit den unangenehmsten und gefährlichsten Arbeiten betraut. Im Februar 1944 stellte die Wehrmacht die Verpflegung der IMI auf „Leistungsernährung" um, d.h. sie kürzte schlecht arbeitenden IMI die Rationen.[26]

Der rechtliche Status der sowjetischen Kriegsgefangenen und der italienischen Militärinternierten war also aus Sicht des nationalsozialistischen Regimes nicht an das Völkerrecht gebunden, sondern konnte nach Gutdünken festgelegt werden. Mit zunehmender Kriegsdauer mußten allerdings in Hinblick auf die angespannte Arbeitslage in der Wirtschaft ideologische Ziele hinter pragmatische Erwägungen zurücktreten. Zur Schaffung von Leistungsanreizen wurden – jedenfalls auf dem Papier – die Verpflegungssätze der im Sinne der Deutschen zufriedenstellend arbeitenden sowjetischen Kriegsgefangenen, „Ostarbeiter" und IMI denen der nichtsowjetischen Kriegsgefangenen (Juli 1944)[27] bzw. der deutschen Bevölkerung (August/Oktober 1944) angeglichen. Damit wurde nun auch die Verpflegung der sowjetischen Kriegsgefangenen auf „Leistungsernährung" umgestellt. Ein gut arbeitender Kriegsgefangener erhielt den Satz eines Deutschen in vergleichbarer Position, ein schlecht arbeitender dagegen deutlich weniger.[28] Allerdings fand auch unter Berücksichtigung der sich allmählich verschlechternden Ernährungslage der deutschen Bevölkerung in der Praxis eine Gleichstellung nicht statt, insbesondere, wenn man den erhöhten Kalorienbedarf der zum Teil sehr schwer arbeitenden Kriegsgefangenen miteinbezieht.

Mit Wirkung vom 1. Oktober 1944 übertrug Hitler dem Reichsführer SS, Heinrich Himmler, das Kriegsgefangenenwesen. Als Grund wurde angegeben, die Wehrmacht ginge zu nachsichtig mit den Kriegsgefangenen um. Zu diesem Zeitpunkt waren die meisten der Kriegsgefangenen Sowjetbürger, da viele Franzosen und fast alle Italiener bereits in den Zivilstatus überführt worden waren.[29] Streit, der die Situation der sowjetischen Kriegsgefangenen eingehend untersucht hat, vermutet aber, daß sich durch die Unterstellung des Kriegsgefangenenwesens an die SS die Lage der Kriegsgefangenen nicht mehr wesentlich verschlechtert habe.[30]

---

25 Vgl. Billig, Le rôle, S. 72; Herbert, Fremdarbeiter, S. 259.

26 Vgl. Cajani, Die italienischen Militär-Internierten, S. 299. Das Schicksal der italienischen Militärinternierten ist ausführlich beschrieben in Schreiber, Die italienischen Militärinternierten.

27 Vgl. Eichholtz, Krautaktion, S. 280.

28 Vgl. Streit, Keine Kameraden, S. 250, 268. Leistungsabhängige – und damit völkerrechtswidrige – Entlohnung französischer Kriegsgefangener gab es z.B. bei der Adam Opel AG in Rüsselsheim schon um Oktober 1942; vgl. BAMA Freiburg RW 20–12/12, Bl. 164.

29 Vgl. das nachfolgende Kapitel.

30 Vgl. Streit, Keine Kameraden, S. 291. Ähnlich Datner, Crimes, S. 14, der zwar eine Verschärfung nach der Übernahme durch die SS feststellt, aber darauf hinweist, daß der Apparat durch die näherrückende Front mit immer mehr Schwierigkeiten zu kämpfen hatte, so daß sich der Machtwechsel letztlich nicht stark auswirkte. Angeblich soll sich der ab 1.10.1944 zuständige SS-General Berger für die Kriegsgefangenen eingesetzt haben, vgl. dazu Kübler, Chef KGW.

Beim Arbeitseinsatz von Kriegsgefangenen waren das Unternehmen und das Reich die Vertragspartner, nicht also etwa die Firma und der einzelne Kriegsgefangene. Dennoch zählten die Firmen – auch Daimler-Benz – die Kriegsgefangenen meistens zu ihrer Belegschaft, wenngleich ihre Zahl separat ausgewiesen wurde. Interessanterweise wurden dagegen KZ-Häftlinge nie zur Belegschaft gezählt, obwohl das Abrechnungsverfahren im Prinzip identisch war. Der einzige substantielle Unterschied in der Abrechnung war der, daß beim Einsatz von Kriegsgefangenen die Wehrmacht eine sogenannte Entschädigung erhielt, von der sie einen Teil an die Kriegsgefangenen in Form von Lagergeld weitergab; beim Einsatz von KZ-Häftlingen erhielt dagegen die SS eine Zahlung, die sie vollständig einbehielt.

Ein Unternehmen, das Kriegsgefangene einsetzte, hatte insgesamt folgende Aufwendungen:[31]
– Die Abführung der oben erwähnten „Entschädigung" an die Zahlmeistereien bzw. Zahlstellen der entsprechenden Wachkompanie. Der Berechnung dieses Betrags wurde der Verdienst „gleichartiger" deutscher Arbeitskräfte zugrunde gelegt. Damit sollte offenbar vermieden werden, daß die Wirtschaft an der Arbeitsleistung der Kriegsgefangenen mehr verdiente als an der von in- und ausländischen Zivilarbeitern. Einen Teil der Summe hielt das Stammlager für seinen Verwaltungsaufwand zurück, den Rest gab es dann als Lohn in Form von Lagergeld an die Kriegsgefangenen weiter.
– Lohnsteuer und eine Pauschalsteuer für den Einsatz von Kriegsgefangenen, die an das zuständige Finanzamt, später an das Stalag abzuführen war.
– Die Kosten für die Unterbringung, d.h. Bau, Einrichtung und Unterhaltung von Baracken, bzw. Mietpacht an Gasthöfe, in denen Kriegsgefangene einquartiert wurden.
– Die Verpflegung der Kriegsgefangenen, wobei zumindest 1943 die Kosten von der „Entschädigung" abgezogen werden konnten.
– Zivile Arbeitskleidung (meist Schutzanzüge), wenn dies bei bestimmten Tätigkeiten unerläßlich (und erlaubt) war.
– Teilweise auch den Transport der Kriegsgefangenen.

Weitere Aufwendungen entstanden dem Unternehmen durch organisatorische Tätigkeiten: Erstellung und Ausstattung der Unterkünfte, Verpflegung und gegebenenfalls erforderliche Arbeitskleidung mußten nicht nur vom Unternehmen beantragt und gezahlt, sondern auch in eigener Regie organisiert werden.

Die Kriegsgefangenen erhielten vom Stammlager zum Teil nichts für ihre Arbeit, zum Teil bis zu etwa 75% des Nettolohns vergleichbarer deutscher Arbeiter.[32] Ob und wieviel Lohn sie erhielten, hing von ihrer Staatszugehörigkeit und der

Das Buch ist allerdings apologetisch und in einem der Neonazi-Szene nahestehenden Verlag erschienen.
31   Vgl. MBA VO 175/15, Rundschreiben an sämtliche Werke betr. Einsatz von Kriegsgefangenen 30.10.1940, und „Der ausländische Arbeiter in Deutschland" [ca. Mai 1943], in: BA Koblenz NSD 50/603. Zitierte Begriffe ebenda. Vgl. auch BA Koblenz R 97II/121, „Merkblatt über die Bezahlung der Kriegsgefangenenarbeit" (April 1942). Im Laufe der Zeit änderten sich die Bestimmungen, vgl. Moret-Bailly, Les Kommandos, S. 33.
32   Die Zahlenangaben schwanken in den Quellen. Im Oktober 1941 ordnete die Luftwaffe an, daß Kriegsgefangene aus ihren Kontingenten 75% des Nettolohns der Deutschen erhalten sollten

rüstungswirtschaftlichen Bedeutung ihrer Arbeit ab. Um Fluchtversuche zu erschweren, wurde der Lohn nicht in Reichsmark, sondern in Form von Lagergeld ausgezahlt, das nur im Lager Gültigkeit hatte. Mit ihrem Lohn konnten sich die Kriegsgefangenen dort angebotene Gegenstände kaufen.

3.3.4.2 „Relève" und „Umwandlung"

Neben dem bereits erwähnten Übergang der Schutzfunktion für französische Kriegsgefangene an die Scapini-Mission waren zwei weitere Vereinbarungen zwischen dem NS-Regime und der Vichy-Regierung von großer Bedeutung für den Arbeitseinsatz französischer Kriegsgefangener im Dritten Reich.

Im Bestreben, zusätzliche Fachkräfte für die deutsche Wirtschaft zu erhalten, vereinbarte Fritz Sauckel, der Generalbevollmächtigte für den Arbeitseinsatz, mit der Vichy-Regierung Laval 1942 den Austausch von zunächst 150.000 zivilen französischen Fachkräften, die zum Arbeitseinsatz nach Deutschland kamen, gegen 50.000 französische Kriegsgefangene, die „beurlaubt" wurden und nach Frankreich zurückkehren durften. Insgesamt kamen 1942/43 im Zuge der Relève für etwa 240.000[33] französische Zivilarbeiter ungefähr 90.000 französische Kriegsgefangene in ihre Heimat zurück. Es verblieben damit jedoch weiterhin über eine Million französische Kriegsgefangene in deutschen Lagern.[34]

Ein weiterer Vertrag zwischen Sauckel und Laval betraf die sogenannte „Umwandlung" oder „Transformation", die wie die „Relève" auf einen Vorschlag von Scapini zurückging[35]. Um die Arbeitsleistung französischer Kriegsgefangener zu steigern, handelte Sauckel mit der Vichy-Regierung im April 1943 ein für die deutsche Seite sehr günstiges Abkommen aus, nach dem für jeden Franzosen, den Frankreich im Rahmen des Service du Travail obligatoire (STO) nach Deutschland schickte, ein französischer Kriegsgefangener „beurlaubt" wurde und den Status eines Zivilarbeiters annehmen „durfte". Er war dann den anderen französischen zivilen Zwangsarbeitern ungefähr gleichgestellt und erhielt für vergleichbare Arbeit den gleichen Lohn wie ein Deutscher. Äußerlich zeigte sich der Statuswechsel an einem weißen dreieckigen Stoffteil, daß die Gefangenen zusätzlich zu dem großen „KG"-Zeichen auf ihrem Rücken trugen.[36] Diese Regelung brachte dem

---

(vgl. BAMA Potsdam WF–01/11208, Bl. 153f.). In einer allgemeinen Richtlinie vom 30.4.1942 ordnete dagegen das OKW an, daß Unternehmen für die bei ihnen eingesetzten westeuropäischen Kriegsgefangenen 60% der vergleichbaren deutschen Tariflöhne, bei Akkordarbeit 80% der tariflichen Akkordlöhne abzuführen hätten. Die polnischen Kriegsgefangenen erhielten für die gleiche Arbeit deutlich weniger, die sowjetischen Kriegsgefangenen – wenn sie überhaupt Lohn erhielten – sogar nur ein Viertel dessen, was die westeuropäischen verdienten (vgl. BA Koblenz 97II/121, OKH an WiGru Fahrzeugindustrie vom 2.7.1942).

33 Vgl. Frankenstein, Arbeitskräfteaushebungen, S. 220.
34 Vgl. Durand, La vie quotidienne, S. 197–199 (1987). Abweichende Zahlenangaben bei Billig, Le rôle, S. 71 (1960).
35 Vgl. Durand, Vichy und der „Reichseinsatz", S. 186.
36 Vgl. GUG-Interviews Lienaerts/NL, S. 11, Oppedijk/NL, S. 3, Pauporte-Croquet/B, S. 3, Wassen/NL, S. 4.

einzelnen Kriegsgefangenen also individuelle Vorteile, wenn er für den Kriegsgegner als „Freiwilliger" arbeitete. Allerdings lief er dann Gefahr, von seinen Landsleuten als Kollaborateur angesehen zu werden. Außerdem verlor er dadurch endgültig den Schutz der Genfer Konvention und des Internationalen Roten Kreuzes, das die Kriegsgefangenen betreute.[37] Bis Mitte 1944 machten daher von 956.000 französischen Kriegsgefangenen nur 221.000 von dem Angebot Gebrauch (23%), und dies keineswegs immer freiwillig.[38]

Um Leistungsanreize gewähren zu können, wurde dieses Verfahren auch auf die italienischen Militärinternierten angewandt. Im Juli 1944 setzte Sauckel bei Hitler durch, daß die IMI auf freiwilliger Basis in den Zivilstatus wechseln durften. Da dies auf wenig Gegenliebe der Betroffenen stieß, wurden – wie schon im Mai 1940 der überwiegende Teil der polnischen Kriegsgefangenen[39] – im September 1944 mit wenigen Ausnahmen fast alle IMI kurzerhand geschlossen in den Status von Zivilarbeitern überführt und ihre Verpflegungssätze erhöht.[40] Dadurch erhielten die italienischen Militärinternierten – wie die „umgewandelten" Franzosen – auch freien Ausgang[41], der insbesondere für das Organisieren von Lebensmitteln von großer Bedeutung für die Betroffenen war. Ende Januar 1945 wurden auch die italienischen Offiziere in Zivilarbeiter umgewandelt.[42]

Die Umwandlungsaktionen waren durchaus im Interesse der Industrie: Beim Einsatz von Kriegsgefangenen mußte eine Vielzahl von Sicherheitsvorschriften beachtet werden, die einen im Sinne der Unternehmen effizienten Einsatz der Gefangenen in der Produktion verhinderten. So konnten z.B. Kriegsgefangene in den ersten Kriegsjahren aus Gründen der Bewachung nur kolonnenweise eingesetzt werden, wodurch die wenigen Facharbeiter nicht ihren Fähigkeiten entsprechend beschäftigt und entlohnt werden konnten. Durch den Übergang in den Zivilstatus entfielen diese Beschränkungen. Da die ehemaligen Kriegsgefangenen unmittelbar nach der Umwandlung vom Arbeitsamt dienstverpflichtet wurden, blieben sie dem Unternehmen erhalten. Das Unternehmen mußte zwar nun in der Regel Lohn zahlen[43], hatte aber über ein differenzierteres Anreiz- und Bestrafungssystem

37 Vgl. Gatterbauer, Arbeitseinsatz, S. 116f.
38 Vgl. Billig, Le rôle, S. 71; Durand, La captivité, S. 331f.; ders., La vie quotidienne, S. 201f.; Scapini, Mission, S. 97f. Die für Kapitel 3.3.4 ausgewerteten Quellen und Interviews deuten übrigens darauf hin, daß der Prozentsatz der wirklich freiwillig transformierten französischen Kriegsgefangenen ziemlich gering gewesen sein dürfte. Viele Arbeitskommandos wurden nicht auf eigenen Wunsch, sondern auf Befehl des zuständigen Gefangenenkommandeurs umgewandelt, vgl. dazu unten S. 302 und 326.
39 Vgl. August, Arbeitsmarkt, S. 332; Luczak, Polnische Arbeiter, S. 98.
40 Vgl. Cajani, Die italienischen Militär-Internierten, S. 304f.; Herbert, Fremdarbeiter, S. 262, Tab. 42, S. 271, und S. 427, Anm. 151; Herrenmenschen und Badoglioschweine, S. 73; Schreiber, Die italienischen Militärinternierten, S. 425–431.
41 Vgl. BAMA Freiburg RH 49/28, Stalag IIIA an Kommandeur der Kriegsgefangenen im Wehrkreis III 20.10.1944.
42 Vgl. Cajani, Die italienischen Militär-Internierten, S. 307.
43 Je ein ehemaliger französischer und ein italienischer Kriegsgefangener berichten allerdings, daß sie nach der Umwandlung keinen Lohn mehr erhielten, vgl. GUG-Interviews Barberi/F, S. I, und Mazzoni/I, S. 5f.

– Kürzung der Essensrationen oder des Lohns, Wegfall gewährter Privilegien –
mehr Einfluß auf die Leistung des Zwangsarbeiters als vorher.

3.3.4.3 Anzahl und Herkunft

Die Anzahl der im Daimler-Benz-Konzern an bestimmtem Stichtagen eingesetzten
Kriegsgefangenen kann anhand der erhaltenen Firmenunterlagen nicht mehr präzise festgestellt werden. Zwar sind Angaben vorhanden, diese sind jedoch in einigen
Fällen offensichtlich nicht korrekt. Für mehrere Werke mußte die Anzahl daher
aufgrund von Unterlagen in öffentlichen Archiven oder zuverlässiger Interviewbe-
richte korrigiert werden, meistens nach oben. Die Anzahl der Kriegsgefangenen für
das Werk Gaggenau muß für Ende 1944 und Februar 1945 um 240 erhöht werden.
Dieses Kontingent arbeitete nachgewiesenermaßen bis Kriegsende im Gaggenauer
Verlagerungswerk „Dachsbau".[44] Entsprechend werden für das Werk 90 in Marienfelde für 1941 und 1942 je 100 französische Kriegsgefangene, für 1943 bis 1945
200 sowjetische Kriegsgefangene und für 1943 16 IMI dazugezählt.[45] Es ist unklar,
wieso diese Gefangenen nicht in den Werksstatistiken auftauchen. Im Werk Mannheim wurden dagegen 1944 und 1945 die KZ-Häftlinge fälschlicherweise zur
Rubrik Kriegsgefangene gezählt.[46] Insbesondere die Stichtagszahlen zu den K-
Werken scheinen viel zu gering zu sein: Übereinstimmend erwähnen Zeitzeugen
und schriftliche Quellen eine große Anzahl sowjetischer Kriegsgefangener im
Groß-K-Werk Minsk. Diese Gefangenen wurden auch in der Produktion, also nicht
etwa nur beim Bau des Werks, eingesetzt. Insofern wurden die offiziellen Angaben
zu den K-Werken für die Stichtage 31. Dezember 1942 und 31. Dezember 1943 um
2.000 nach oben korrigiert. Für den 31. Dezember 1944 und 28. Februar 1945
wurden die offiziellen Angaben nur noch um 1.000 sowjetische Kriegsgefangene
erhöht.[47]

---

44 Vgl. MBA Gaggenau 2 und unten S. 320.
45 Vgl. unten S. 323f.
46 Vgl. Schmitt, Geschichte des KZ Mannheim-Sandhofen, S. 34.
47 Vgl. MBA-Interview Nr. 78, S. 4 (2.000 sowj. Kriegsgef., der Zeitzeuge war Assistent des
    Technischen Leiters); Brief Weschew/SU an DB 5.9.1989. Die oben durchgeführten Schätzun-
    gen beruhen nicht nur auf den Zeitzeugenaussagen, in denen Zahlenangaben oft zu hoch sind,
    sondern auch aus den Beschäftigtenzahlen des Groß-K-Werks Gleiwitz, das Verlagerungswerk
    von Minsk war: Am 17.9.1944 (frühestverfügbare Zahl) waren dort 1.731 Kriegsgefangene
    eingesetzt, am 21.10.1944 (letztverfügbare Zahl) nur noch 580 Kriegsgefangene (vgl. MBA
    GKW 7, vgl. auch unten S. 331f.). Diese Kriegsgefangenen waren sicherlich schon in Minsk
    bei Daimler-Benz, da kaum anzunehmen ist, daß ein mittelgroßes Werk wie Gleiwitz unter nor-
    malen Umständen so viele Kriegsgefangene einsetzte. Die Aufrundung auf den nächsten vollen
    Tausender erfolgte unter der Annahme, daß Daimler-Benz wahrscheinlich auch in den anderen
    – viel kleineren – K-Werken nicht alle Kriegsgefangenen mitgezählt hat. So wurden z.B. im K-
    Werk Gumbinnen (oder Züllichau) 500 sowjetische Kriegsgefangene eingesetzt (MBA GKW
    9/7, Akte Bernhard Wagner), die ebenfalls nicht in der Statistik auftauchen. Gleiches gilt für
    die sowjetischen Kriegsgefangenen im K-Werk Riga (vgl. unten S. 332).

Die Vielzahl der Verlagerungsorte stellt kein größeres Problem für die Ermittlung der Gesamtzahl der Kriegsgefangenen an einem Stichtag dar, da die dort Beschäftigten damals – unabhängig von ihrem Status – zum jeweiligen Stammwerk gezählt und entsprechend in der Werksstatistik ausgewiesen wurden. Dadurch ist aber heute nicht mehr ohne weiteres nachzuvollziehen, ob sich nun Kriegsgefangene im Stammwerk oder in einem der Verlagerungswerke befanden. Nicht mehr festzustellen ist außerdem die kumulierte Gesamtzahl der Kriegsgefangenen, da keine Angaben über die Fluktuation verfügbar sind.

Tab. 13: Anzahl der Kriegsgefangenen im Daimler-Benz-Konzern 1940 bis 1945

	1940	1941	1942	1943	1944	1945
Untertürkheim	0	341	479	374	260	260
Mannheim	0	98	189	309	0	0
Gaggenau	0	97	120	357	298	298
Sindelfingen	0	333	294	415	246	245
Marienfelde 40	190	104	199	288	0	0
Marienfelde 90	0	100 [a]	100 [a]	216 [a]	200 [a]	200 [a]
Königsberg	28	68	127	46	12	12
Backnang	-	-	-	14	32	32
Verkaufsstellen	147	344	486	522	313	313
AG insgesamt	365	1.485 [a]	1.994 [a]	2.541 [a]	1.361 [a]	1.360 [a]
Auslandsfilialen	0	0	0	0	0	0
Genshagen	267	428	793	799	2.146	1.137
FOW Ostmark	-	2.200 [b]	1.900 [c]	-	-	-
Colmar	0	0	0	250	290	0
Rzeszów	-	0	0	48	0	0
Nova Paka	-	-	-	0	0	0
K-Werke	-	0	2.037 [a]	2.000 [a]	1.090 [a]	1.090 [a]
Bruchsal	0	0	0	0	0	0
Konzern gesamt	632	4.113 [a]	6.724 [a]	5.638 [a]	4.887 [a]	3.587 [a]

Stichtag jeweils 31.12. bzw. 28.2.1945

[a]   aus Angaben geschätzt bzw. Schätzung enthaltend
[b]   November 1941
[c]   Oktober 1942, geschätzt

Quelle: Pohl/Habeth/Brüninghaus, Daimler-Benz, S. 136. Zahlen für Mannheim, Gaggenau, Marienfelde 90 und K-Werke korrigiert (siehe Text). Zahlen für die Flugmotorenwerke Ostmark: MBA Kissel IX,2, FOW-Beiratssitzung 16.12.1941, S. 15; IWM London FD 778/46, FOW-Beiratssitzung 16.10.1942.

Bei den Zahlen ist zu beachten, daß 1943 und 1944 viele französische und fast alle italienischen Kriegsgefangenen in den Zivilstatus überführt wurden und deswegen nicht mehr in der Kriegsgefangenen-, sondern in der Zivilarbeiterstatistik erfaßt sind. Allerdings lassen die hohen Werte für Genshagen vermuten, daß dort die umgewandelten IMI weiter zu den Kriegsgefangenen gezählt wurden. Würde man alle „umgewandelten" ehemaligen Kriegsgefangenen zu den obigen Zahlen hinzurechnen, läge das Maximum nicht bei Ende 1943, sondern bei Ende 1944. Da die Umwandlungen im Prinzip Etikettenschwindel waren und als solche auch von den Betroffenen, die sich überwiegend nach wie vor als Kriegsgefangene fühlten, erkannt wurden, müßten hier eigentlich die Transformierten weiter zu den Kriegsgefangenen gezählt werden. Das ist aber nicht möglich, da in den Quellen nicht zwischen „normalen" Zivilarbeitern und transformierten ehemaligen Kriegsgefangenen unterschieden wird.

Für die Zusammensetzung der Kriegsgefangenen nach Nationalitäten liegen keine einheitlichen Stichtagszahlen vor. Es gibt aber relativ viele Zahlen für verschiedene, über das Jahr verteilte Stichtage, aufgrund derer das Verhältnis zum Jahresende prozentual geschätzt werden kann.

Tab. 14: Nationale Zusammensetzung der Kriegsgefangenen im Daimler-Benz-Konzern 1940 bis
1945 in % (Schätzung)

Werk	Jahr	gesamt [a]	in %	PL	B	F	SU	I	son.
Untertürkheim	1941	341	8	0	5	95	0	0	0
	1942	479	7	0	5	95	0	0	0
	1943	374	7	0	5	65	0	30	0
	1944	260	5	0	10	90	0	0	0
	1945	260	7	0	10	90	0	0	0
Mannheim	1941	98	2	0	5	95	0	0	0
	1942	189	3	5	5	90	0	0	0
	1943	309	5	3	3	30	14	50	0
Gaggenau	1941	97	2	0	0	100	0	0	0
	1942	120	2	0	0	100	0	0	0
	1943	357	6	0	0	0	47	53	0
	1944	298	6	0	0	0	100	0	0
	1945	298	8	0	0	0	100	0	0
Sindelfingen	1941	333	8	0	5	95	0	0	0
	1942	294	4	0	5	95	0	0	0
	1943	415	7	0	3	57	0	40	0
	1944	246	5	0	8	92	0	0	0
	1945	245	7	0	8	92	0	0	0
Marienfelde	1940	190	30	0	0	100	0	0	0
Werk 40	1941	104	3	0	0	100	0	0	0
	1942	199	3	0	0	100	0	0	0
	1943	288	5	0	0	0	0	100	0
Marienfelde	1941	100	2	0	0	100	0	0	0
Werk 90	1942	100	1	0	0	100	0	0	0
	1943	216	4	0	0	0	93	7	0
	1944	200	4	0	0	0	100	0	0
	1945	200	6	0	0	0	100	0	0
Königsberg	1940	28	4	0	10	90	0	0	0
	1941	68	2	0	0	100	0	0	0
	1942	127	2	0	0	100	0	0	0
	1943	46	1	0	0	0	0	100	0
	1944	12	0	0	0	0	100	0	0
	1945	12	0	0	0	0	100	0	0
Backnang	1943	14	0	0	0	100	0	0	0
	1944	32	1	0	0	100	0	0	0
	1945	32	1	0	0	100	0	0	0
Verkaufsstellen	1940	147	23	0	10	90	0	0	0
	1941	344	8	0	5	85	0	0	10
	1942	486	7	0	3	77	10	0	10
	1943	522	9	0	3	52	25	10	10
	1944	313	6	0	5	50	30	0	15
	1945	313	9	0	5	50	30	0	15

AG gesamt	1940	365	100	0,0	4,8	95,2	0,0	0,0	0,0
	1941	1485	100	0,0	3,8	93,9	0,0	0,0	2,3
	1942	1994	100	0,5	3,1	91,5	2,4	0,0	2,4
	1943	2541	100	0,4	2,2	33,8	21,3	40,3	2,1
	1944	1361	100	0,0	4,5	47,7	44,4	0,0	3,4
	1945	1360	100	0,0	4,5	47,6	44,4	0,0	3,5
AG (bezogen auf Konzern)	1940	365	58	0,0	2,8	55,0	0,0	0,0	0,0
	1941	1485	36	0,0	1,4	33,9	0,0	0,0	0,8
	1942	1994	30	0,1	0,9	27,1	0,7	0,0	0,7
	1943	2541	45	0,2	1,0	15,2	9,6	18,1	0,9
	1944	1361	28	0,0	1,3	13,3	12,4	0,0	1,0
	1945	1360	38	0,0	1,7	18,1	16,8	0,0	1,3
Genshagen	1940	267	42	0	0,0	100	0	0	0
	1941	428	10	10	0	90	0	0	0
	1942	793	12	5	0	95	0	0	0
	1943	799	14	5	0	0	0	95	0
	1944	2146	44	2	0	0	98	0	0
	1945	1137	32	3	0	0	97	0	0
Wien, Brno, Maribor, Colmar	1941	2200	53	0	41	0	0	0	59
	1942	1900	28	0	47	0	0	0	53
	1943	250	4	0	0	0	0	100	0
	1944	290	6	0	0	0	100	0	0
Rzeszów	1943	48	1	0	0	0	100	0	0
Kriegswerke	1942	2037	30	0	0	2	98	0	0
	1943	2000	35	0	0	0	100	0	0
	1944	1090	22	0	0	10	90	0	0
	1945	1090	30	0	0	10	90	0	0
Konzern	1940	632	100	0,0	2,8	97,2	0,0	0,0	0,0
	1941	4113	100	1,0	23,3	43,3	0,0	0,0	32,4
	1942	6724	100	0,7	14,2	38,9	30,4	0,0	15,7
	1943	5638	100	0,9	1,0	15,2	45,9	36,0	0,9
	1944	4887	100	0,9	1,3	15,5	81,4	0,0	1,0
	1945	3587	100	1,0	1,7	21,1	74,9	0,0	1,3

[a] absoluter Wert

Quellen: NA Washington RG 243, 78A15-79A1, Box 27, Nr. 79; IWM London FD 778/46, FOW-Beiratssitzung 16.10.1942; AN Paris F⁹2713, Inspektionen 21.11.1941, 13.3.1943. F⁹2913, Inspektion 22.7.1942; Archives de la région Lorraine et du Département de la Moselle, ohne Signatur; MSPF Brüssel, ohne Signatur; BA Potsdam 80 Ba 2/16363, 16375; BAMA Freiburg RH 49/32, Tagesbefehle 12.10.1943, 18.10.1943; RW 20-1/4, Bl. 58-60, 20-1/5, Bl. 66f., 20-1/9, Bl. 90, 20-1/11, Bl. 48, 20-5/29, 20-5/36, 20-5/39, 20-5/57, RW 30/29, Bl. 9; BAMA Potsdam WF-01/371, Bl. 47; WF-01/19011, Bl. 210; GLA Karlsruhe 237/24379, Arbeitsausschußsitzung RüKom 7.7.1944; StA FR, Bestand LRA Rastatt, DBAG Gaggenau an LRA Rastatt 7.2.1945; StadtA Mannheim, Ausgleichsamt Zug. 1/1982, vorl. Nr. Karton 43, Ern.- & Wirtschaftsamt Zug. -/1958, Nr. 489, 521; StadtA Sindelfingen 9421, Ausländersuchverfahren, 9425 Ausländersuchverfahren; MBA allg. Briefwechsel, aufgelöste Niederlassungen 2, Gaggenau 2, GB Genshagen 1942, GKW 7, 9/7, Akte Bernhard Wagner, Kissel IX,2, FOW-Beiratssitzung 16.12.1941, S. 15, XII/1, Müller/Krumbiegel an Kissel 25.4.1941, Sifi 35/03, 37/02, 38/21, USSBS Untertuerkheim, VO 175/8, 175/10; Birk, Geschichten, S. 15, 25; Boberach, Meldungen, S. 6425.

3.3.4.4 Die Situation in den einzelnen Werken

Die Lebens- und Arbeitsbedingungen der Kriegsgefangenen bei Daimler-Benz waren je nach Werk und Nationalität unterschiedlich. Daher wird zunächst die Situation in den einzelnen Werken untersucht, ehe in einem zusammenfassenden Kapitel die charakteristischen Merkmale des Kriegsgefangeneneinsatzes bei Daimler-Benz herausgestellt werden.

Genshagen

Im Werk Genshagen, nach Belegschaftszahl seit 1943 das größte Werk des Daimler-Benz-Konzerns, wurden mehrere Tausend Kriegsgefangene eingesetzt, darunter Polen[48], Franzosen, Sowjetbürger und Italiener, die vier zahlenmäßig bedeutendsten Kriegsgefangenengruppen in Deutschland. Mehrere ehemalige Westarbeiter berichten sogar von englischsprachigen Kriegsgefangenen, die im Werk arbeiteten[49]. Der relativ hohe Anteil der Kriegsgefangenen an der gesamten Belegschaft in Genshagen (Ende 1944 11,5%, im DB-Konzern ohne Genshagen dagegen nur 4,9%[50]) läßt sich überwiegend auf vier Gründe zurückführen: Erstens stieß der Einsatz von Kriegsgefangenen mit seinen spezifischen Problemen (ungleiches Ausbildungsniveau innerhalb eines Arbeitskommandos, Bewachung, Kontaktverbot) in einem Großserien-Produktionswerk wie Genshagen auf relativ geringe Schwierigkeiten. Ungelernte wurden kolonnenweise zu Transportzwecken eingesetzt oder angelernt und an die Fließbänder gestellt. Den begehrten – aber seltenen – Facharbeitern wurden anspruchsvollere Aufgaben zugeteilt, sofern dies mit den Bewachungsvorschriften vereinbar war. Zweitens wurde Genshagen, ebenso wie das Flugmotoren-Entwicklungswerk in Untertürkheim und das Werk 90 in Berlin-Marienfelde, von der Luftwaffe als besonders wichtiges Werk angesehen. Alle drei Werke wurden daher im Herbst 1941 bei der Zuteilung von französischen Kriegsgefangenen aus luftwaffeneigenen Kontingenten[51] in die oberste Prioritätsstufe eingeordnet.[52] Drittens waren die deutschen Arbeiter im neu errichteten Werk Genshagen im Schnitt deutlich jünger als in den Stammwerken und wurden daher in größerem Umfang von der Wehrmacht eingezogen, so daß ein besonders starker Arbeitskräftebedarf bestand. Viertens schließlich hatte die Geschäftsleitung von Genshagen, vor allem der ehrgeizige Geschäftsführer K.C. Müller, seit 1935 zugleich Vorstandsmitglied bei der Daimler-Benz AG, keinerlei Bedenken beim

---

48 Polnische Kriegsgefangene wurden im Gegensatz zu den anderen drei großen Kriegsgefangenengruppen vorwiegend in der Landwirtschaft eingesetzt; vgl. Herbert, Fremdarbeiter, S. 88. Bei Daimler-Benz waren daher nur sehr wenige polnische Kriegsgefangene beschäftigt, vgl. Tab. 14, S. 298f.

49 Vgl. GUG-Interviews Anteunis/B, S. 3, Pinning/F, S. 6, (Engländer), Beekaert/B, S. 3 (US-Amerikaner).

50 Errechnet nach Tab. 13, S. 296, durch Herausrechnung von Genshagen.

51 Vgl. BAMA Potsdam WF–01/11208, Bl. 153f.; Billig, Le rôle, S. 55, und Streim, Behandlung, S. 5.

52 Vgl. BAMA Potsdam WF–02/4288, Bl. 539, 545.

Einsatz von Gefangenen, seien es nun SS-Häftlinge, KZ-Häftlinge oder Kriegsgefangene.

Die ersten Kriegsgefangenen – Franzosen – kamen im Juli oder August 1940, also bereits sehr früh, nach Genshagen.[53] Das Arbeitskommando 483c des Stalag IIIA (Luckenwalde) wurde in Ludwigsfelde[54] eingerichtet und umfaßte im November 1940 268[55] und Ende 1942 758 französische Kriegsgefangene[56], war also sehr groß. Die Gefangenen lebten in Holzbaracken mit 12 bis 18 Männern pro Zimmer und schliefen in zweistöckigen Eisenbetten. Morgens gab es Brot, Margarine und Wurst für den ganzen Tag, im Werk erhielten die Gefangenen keine weitere Verpflegung. Für eine Aufbesserung der kärglichen Kost sorgten nur die gelegentlichen Pakete aus Frankreich. Im Lager gab es lediglich Duschen mit kaltem Wasser; manchmal durften die Gefangenen im Werk warm duschen.[57] Das Rote Kreuz beurteilte anläßlich eines Besuchs 1943[58] das Lager als sauber und die hygienischen Einrichtungen als ordentlich („convenable"), obwohl die Gefangenen über Wanzen klagten.[59]

Für Freizeitaktivitäten gab es eine Theaterbaracke, die auch vom Gefangenenorchester genutzt wurde und sonntags als Kapelle diente. Außerdem fanden Sportveranstaltungen statt. Dem französischen Arzt stand ein Krankenzimmer mit 14 Betten zur Verfügung.[60]

Nur ein kleiner Teil der Kriegsgefangenen bestand aus Facharbeitern, die direkt in der Flugmotorenfertigung arbeiteten[61]. Die meisten Kriegsgefangenen wurden als Hilfsarbeiter, z.B. im Lager[62], eingesetzt. Als die Geschäftsführung in Genshagen im April 1941 vom Vorstandsvorsitzenden Kissel aufgefordert wurde, der Untertürkheimer Zentrale über die Erfahrungen mit französischen Kriegsgefangenen zu berichten, erwiderten die Direktoren Müller und Krumbiegel, daß die französischen Kriegsgefangenen auch in ihrer Funktion als Hilfsarbeiter „unentbehrlich" für das Werk waren. Und weiter:

Die französischen Kriegsgefangenen sind im allgemeinen fleissig und halten gute Ordnung. Einige wenige Widerspenstige wurden auf unseren Antrag von dem Kommandoführer sofort abgelöst.[63]

---

53 Vgl. BAMA Potsdam WF–01/18460, Bl. 41, 43, 51; BAMA Freiburg RL 3/902, GB DBMG 1939; BA Potsdam 80 Ba 2/16339; GUG-Interview Fain/F, S. 4, und Demps, Zwangsarbeiter in Berlin, S. 13.

54 Zeitweilig existierte wahrscheinlich auch ein Lager in Trebbin, vgl. BA Potsdam 80 Ba 2/16348, GB DBMG 1939, S. 14, GB DBMG 1940, S. 18. Es wird aus den Quellen aber nicht eindeutig ersichtlich, ob diese Lager auch bezogen waren.

55 Vgl. BA Potsdam 80 Ba 2/16365, Bl. 54.

56 Vgl. BA Potsdam 80 Ba 2/16348.

57 Vgl. AN Paris F⁹ 2711; GUG-Interviews Ballard/F, S. 2, 5, Fain/F, S. 2.

58 Die Quelle (AN Paris F⁹ 2711) ist undatiert, das Jahr kann aus der dort genannten Gefangenenanzahl (781) geschlossen werden. Denkbar wäre auch Ende 1942.

59 Vgl. AN Paris F⁹ 2711, Zitat ebenda.

60 Vgl. AN Paris F⁹ 2711; GUG-Interview Fain/F, S. 6.

61 Vgl. Brief Nr. 6/F an DBAG 25.3.1986.

62 Vgl. GUG-Interview Ballard/F, S. 2.

63 MBA Kissel XIII/1, Müller/Krumbiegel an Kissel 25.4.1941.

Auch einige interviewte Zivilarbeiter hatten den Eindruck, daß die Deutschen mit den französischen Kriegsgefangenen in der Regel recht gut auskamen.[64] Konflikte kamen nur anfangs häufiger vor, später verhältnismäßig selten.[65]

Die dann angeordneten Disziplinarmaßnahmen reichten von Schlägen des Lagerführers, eines „verrückten Feldwebels"[66] der Wehrmacht, bis zur Einweisung in eine Strafkompanie. In einem Interview wird ein Kriegsgefangener erwähnt, der in eine Strafkompanie eingewiesen wurde und danach nicht mehr zurückkam.[67] „Aufsässige" französische und belgische Kriegsgefangene wurden im allgemeinen aus ihren Stalags oder Arbeitskommandos in das berüchtigte Straflager Rawa Ruska (Generalgouvernement) versetzt.[68] Nach Abbüßung der Strafe sollten die – sichtlich gezeichneten – Gefangenen aus Gründen der Abschreckung wieder an ihren ursprünglichen Arbeitsplatz zurückkehren.[69] Der im Interview erwähnte Kriegsgefangene wird also zumindest arbeitsunfähig gewesen sein.

Mindestens zwölf französische Kriegsgefangene durften im Januar 1943 legal nach Frankreich zurückkehren: Das Werk Genshagen mußte sie im Zuge der Relève „abgeben".[70] Nach welchen Kriterien diese Gefangenen bestimmt wurden, ist nicht bekannt. Sehr wahrscheinlich lag die Auswahl in den Händen des Vertrauensmanns. In der Regel ließen die französischen Vertrauensleute vor allem ältere Gefangene, Väter mit vielen Kindern und schwer Heimwehkranke als erste nach Hause schicken.[71]

Trotz aller Propaganda brachte die „Umwandlung" französischer Kriegsgefangener in Zivilarbeiter, die ursprünglich auf freiwilliger Basis erfolgen sollte, im Stalag Luckenwalde nicht das erhoffte Ergebnis. Da das Kriegsgefangenenlager des Daimler-Benz-Arbeitskommandos in Ludwigsfelde zur Unterbringung neu hinzukommender italienischer Militärinternierter vorgesehen war[72], verfügte der Lagerkommandant völkerrechtswidrigerweise Mitte Oktober 1943 die Überführung aller französischen Kriegsgefangenen in das Zivilverhältnis.[73] Dadurch konnten sie in ein anderes, unbewachtes Lager umquartiert werden. Auch die materielle Situation der Franzosen verbesserte sich: Sie hatten nun den Status französischer Zivilarbeiter und durften mittags in der Werkskantine essen. Abends gab es außerdem Suppe. Außerhalb der Arbeitszeit durften sich die ehemaligen Gefangenen jetzt frei bewegen. Die Freizeit konnte z.B. zu einer Fahrt nach Berlin genutzt werden, wo der Lohn, der nun in Reichsmark statt Lagergeld ausgezahlt wurde, für zusätzliche Nahrungsmittel oder Freizeitaktivitäten ausgeben wurde.[74]

---

64 Vgl. GUG-Interviews Merks/NL, S. 4, Nr. 327/NL, S. 4.
65 Vgl. GUG-Interview Fain/F, S. 2f. Herr Fain war Kommandoältester.
66 GUG-Interview Ballard/F, S. 5.
67 Vgl. GUG-Interview Ballard/F, S. 4.
68 Vgl. BAMA Potsdam WF–01/371, Bl. 155; Durand, La vie quotidienne, S. 117–119.
69 Vgl. BAMA Potsdam WF–01/18169, Bl. 384.
70 Vgl. BAMA Potsdam WF–01/18437, Bl. 10.
71 Vgl. Durand, La captivité, S. 328. Der Vertrauensmann war ebenfalls Kriegsgefangener und wurde von den anderen gewählt.
72 Vgl. BA Potsdam 80 Ba 2/16354, Bl. 394; GUG-Interview Ballini/I, S. 6.
73 Vgl. BAMA Freiburg RH 49/32, Tagesbefehl 12.10.1943.
74 Vgl. GUG-Interview Ballard/F, S. 2–6.

Fast nichts bekannt ist über die polnischen Kriegsgefangenen, die zumindest von 1941 bis 1943 im Genshagener Daimler-Benz-Werk eingesetzt worden sein müssen.[75] Ihre Anzahl kann nur einige Dutzend betragen haben, Ende 1942 waren es wahrscheinlich 35 Männer.[76]

Die zweite größere Kriegsgefangenengruppe in Genshagen stellten die sowjetischen Gefangenen dar. Im Herbst 1941 bestand in den Rüstungsunternehmen, die von der Luftwaffe betreut wurden, ein großer Überhang an Arbeitskräfteanforderungen (v.a. französische Kriegsgefangene), die nicht gedeckt werden konnten. Nachdem durch den Führererlaß vom 31. Oktober 1941 auch sowjetische Kriegsgefangene in der Rüstungsindustrie eingesetzt werden konnten[77], erklärte sich Daimler-Benz – im Gegensatz zu allen anderen Luftwaffenfirmen in der Umgebung, wie das Rüstungskommando lobend vermerkte – bereit, statt französischen versuchsweise 100 sowjetische Kriegsgefangene einzusetzen.[78] Die schnell fertiggestellten Baracken blieben jedoch zunächst leer: Die Daimler-Benz zugedachten sowjetischen Kriegsgefangenen waren in einem so schlechten gesundheitlichen Zustand, daß auf sie verzichtet werden mußte. Das einzige Unternehmen, das im Bereich des Rüstungskommandos Potsdam bereits sowjetische Kriegsgefangene erhalten hatte, mußte diese wegen einer Fleckfieberepidemie zurückgeben.[79]

Der Einsatz sowjetischer Kriegsgefangener in Genshagen läßt sich erst für 1944 nachweisen. In diesem Jahr wurden 110 sowjetische Offiziere – die als Angehörige der russischen Intelligenz prinzipiell besonders scharf bewacht wurden[80] – in Genshagen angelernt und dann bis Kriegsende in der Flugmotorenmontage und im Bunkerbau eingesetzt. Gearbeitet wurde 12 bis 14 Stunden, ohne Ruhetag. Als Tagesrationen erhielten die Gefangenen von Daimler-Benz 300 g Kastenbrot (sonntags 500 g) mit etwas Margarine oder Kunsthonig. Die hygienischen Bedingungen waren völlig unzureichend; die ärztliche Versorgung oblag einem italienischen Militärarzt, dem nur wenige Medikamente und Hilfsmittel zur Verfügung standen. Die Unterbringung erfolgte zusammen mit den italienischen Militärinternierten in demselben Lager, in dem die Franzosen bis zu ihrer Umwandlung gelebt hatten[81]. Die Bewachung der sowjetischen Offiziere leitete ein deut-

75 Vgl. GUG-Interview Ballard/F, S. 3; Birk u.a., Ludwigsfelder Geschichte, S. 15. Vgl. für 1942 auch BA Potsdam 80 Ba 2/16365, Bl. 115.

76 Die Abschätzung ergibt sich aus den Gesamtzahlen eingesetzter Kriegsgefangener in Genshagen aus der Betriebsstatistik (vgl. Pohl/Habeth/Brüninghaus, Daimler-Benz, S. 136) und den punktuell überlieferten Zahlenangaben für die Gruppe der französischen Kriegsgefangenen. Die Differenz müßte die Anzahl der polnischen Kriegsgefangenen ergeben. Z.B. wurden Ende 1942 793 Kriegsgefangene in Genshagen eingesetzt, von denen 758 Franzosen waren (vgl. BA Potsdam 80 Ba 2/16348, GB DBMG 1942, S. 1). Sehr wahrscheinlich waren also die restlichen 35 die polnischen Kriegsgefangenen. Ein weiterer Hinweis auf die Beschäftigung polnischer Kriegsgefangener in Genshagen findet sich in BA Potsdam 80 Ba 2/16354, Bl. 286.

77 Vgl. Herbert, Fremdarbeiter, S. 141.

78 Vgl. BAMA Potsdam WF–01/11208, Bl. 204, 208, 224, 245.

79 Vgl. BAMA Potsdam WF–01/11208, Bl. 255. Der Name des Unternehmens ist in der Quelle nicht genannt.

80 Vgl. Streit, Sozialpolitische Aspekte, S. 184.

81 Vgl. GUG-Interview Mazzoni/I, S. 7.

scher Unteroffizier, auch dies war als Demütigung gedacht.[82]

Gut dokumentiert sind die unmenschlichen Lebensbedingungen der italienischen Militärinternierten (IMI)[83], von denen ab Mitte Oktober 1943 800 in Genshagen eingesetzt wurden.[84] Schon im März 1944 scheinen aus dieser Gruppe bereits über 1.000 in Genshagen gearbeitet zu haben.[85] Der Höchststand bei Daimler-Benz Genshagen muß etwa 1.200 IMI betragen haben.[86]

Die IMI wurden von den Deutschen als Verräter angesehen und sahen sich daher sowohl von den Wachmannschaften (Wehrmacht) als auch von Daimler-Benz-Vorarbeitern besonderer Schikanen ausgesetzt.[87] Insbesondere die Wachmannschaften nutzten ihre Stellung rücksichtslos aus: Bei geringsten Vergehen wurde geschlagen, bei Kleinigkeiten mußten die völlig unterernährten Gefangenen stundenlang mit Steinen gefüllte Rucksäcke Erdhügel hinauf- und hinuntertragen. Schwerere angebliche Vergehen wurden mit Einweisung in eine Strafkompanie im Stalag Luckenwalde geahndet.[88] Ein Italiener soll wegen eines Diebstahls erschossen worden sein[89].

Die Ernährungslage war katastrophal: Morgens gab es einen undefinierbaren Kaffee. Mittags wurde im Werk eine ekelerregende Suppe aus ungewaschenen Rüben und Kartoffeln eingenommen, die sich die Gefangenen in Henkelmännern aus dem Lager mitbrachten. Abends gab es 200 g Schwarzbrot, 20 g Würstchen und 10 g Margarine.[90] Die Gefangenen magerten daher durchweg binnen weniger Monate auf 40 bis 50 kg ab.[91] Um nicht zu verhungern, stürzten sie sich in unbewachten Momenten auf den Futtertrog der Gänse des Lagerkommandanten.[92]

Die hygienischen Einrichtungen waren offenbar ausreichend.[93] Da die IMI ihre (einzige) Uniform aber bis Kriegsende tragen mußten und nur in ganz dringenden

---

82 Vgl. Birk u.a., Ludwigsfelder Geschichte, S. 22–30, basierend auf einem Interview mit Nikolai Shujkow. An dieser Stelle möchten wir Herrn Dr. Gerhard Birk, Ludwigsfelde, für seine Unterstützung und Überlassung dieses Interviews danken. Sowjetische Offiziere in Genshagen werden auch in BAMA Freiburg RH 49/28 erwähnt.
   Ein ehemaliger deutscher KZ-Häftling erwähnt außerdem eine Gruppe von 300 sowjetischen Kriegsgefangenen, die für Bau- und Reinigungsarbeiten im Werk eingesetzt wurden; vgl. Erlebnisbericht Plock/D, S. 14. Möglicherweise handelt es sich bei dieser Gruppe um die oben erwähnten sowjetischen Offiziere.

83 Vgl. GUG-Interviews Ballini/I, Bini/I, Mazzoni/I und Viezzoli/I.

84 Vgl. BAMA Freiburg RH 49/32, Tagesbefehl 18.10.1943; BA Potsdam 80 Ba 2/16354, Bl. 394, und GUG-Interview Ballini/I, S. 3.

85 Vgl. IWM London FD 2228/45 G29, Belegschaftsübersicht DBMG [31.3.1944].

86 Vgl. IWM London FD 2228/45 G29, Belegschaftsübersicht DBMG [31.3.1944] (1.013 IMI); GUG-Interviews Ballini/I, S. 5 (1.200), Bini/I, S. 4 (1.150), Mazzoni/I, S. 5 (1.200). Ein Dokument (IWM London FD 2228/45 No. 75) weist allein 954 IMI im Genshagener Verlagerungswerk „Goldfisch" aus (3.5.1944).

87 Vgl. GUG-Interviews Abeillé/F, S. 6, Ballini/I, S. 5.

88 Vgl. GUG-Interviews Bini/I, S. 5–8, Mazzoni/I, S. 4f., Viezzoli/I, S. 6f.

89 Vgl. GUG-Interview Guljakin/SU, S. 6. Im Interview ist von einem „Italiener" die Rede, es könnte also auch ein Zivilarbeiter gewesen sein.

90 Vgl. GUG-Interviews Ballini/I, S. 6f., Bini/I, S. 3, 6.

91 Vgl. GUG-Interviews Ballini/I, S. 5, 8, Bini/I, S. 10.

92 Vgl. GUG-Interview Ballini/I, S. 8.

93 Vgl. GUG-Interviews Ballini/I, S. 8, Bini/I, S. 7, Mazzoni/I, S. 6.

Fällen Ersatzkleidung vom Werk bekamen, verlausten sie. Ein ehemaliger IMI aus Genshagen berichtet:

> *Es gab Waschgelegenheiten, Waschbecken, Duschen. Sie reichten auch aus. Jeden Samstag mußte man duschen. Das war eine Tortur wegen des schlechten Zustandes, in dem wir uns befanden. Denn eine heiße Dusche ist auch eine Belastung für den Körper. Ja, wir hatten [im Werk] warmes Wasser, die Heizung funktionierte. In den Baracken gab es Wanzen, Läuse [...]. Die Wanzen kamen nicht direkt in unsere Betten, weil wir an den Beinen der Betten Gefäße mit Petroleum angebracht hatten. So kletterten sie die Wände hoch und ließen sich von der Decke herabfallen [...]. Wanzen bemerkt man nicht, außer, wenn sie stechen. Läuse spürt man aber ständig, wenn sie krabbeln. Wenn es mir möglich war, kochte ich jede Woche mein Hemd, meine Unterwäsche, aber es half nichts. Man ließ uns duschen, hin und wieder brachte man uns zur Entlausung, nachts.*[94]

Unter diesen Umständen wuchs die Anfälligkeit der Gefangenen für Krankheiten enorm. Von den ca. 1.200 IMI erkrankten in den 20 Monaten Arbeitseinsatz bei Daimler-Benz etwa 400[95] an Tuberkulose. Nach Zeitzeugenaussagen starben wahrscheinlich rund 100 IMI des Arbeitskommandos in Ludwigsfelde[96], also etwa 8 %. Dies erscheint keineswegs übertrieben: Nach den Aufzeichnungen der Kommandantur starben von Januar bis ca. Oktober 1944 im Stalag IIIA und seinen Außenkommandos mehrere IMI pro Tag an Lungentuberkulose[97].

Ärztliche Betreuung war zwar im Außenkommando 483c vorhanden, der (italienische) Arzt fühlte sich aber offensichtlich eher den Interessen der Bewacher und des Unternehmens als der Gesundheit der ihm anvertrauten Gefangenen verpflichtet. Er unterstützte die Lagerverwaltung, als diese den ihrer Auffassung nach zu hohen Krankenstand reduzieren wollte, indem er eine Liste angeblicher Simulanten aufstellte. Diese wurden dann durch das oben erwähnte Rucksacktragen bestraft und anschließend noch geschlagen.[98] Nachdem einer der IMI wegen des Hungers eine der Gänse des Lagerkommandanten gestohlen hatte, schlugen ihn die Bewacher zunächst ohnmächtig und übergossen ihn dann mit einem Eimer kalten Wassers, so daß er wieder zu sich kam. Die Wachsoldaten fragten nun den Arzt, ob der Gefangene weitere Schläge vertragen konnte, was dieser bejahte. Daraufhin wurde der Gefangene weiter geschlagen.[99] Infolge dieser Vorgänge trauten sich viele Gefangene nicht, den Arzt aufzusuchen, auch wenn sie wirklich schwer erkrankt waren.[100]

Die katastrophalen Umstände änderten sich im Lager des Arbeitskommandos erst, nachdem Anfang 1944 Militärgeistliche aus dem Stalag in das Lager kamen. Bis dahin hatten die gefangenen Italiener keine religiöse Betreuung gehabt; nun

---

94 GUG-Interview Mazzoni/I, S. 8f.
95 Vgl. GUG-Interviews Ballini/I, S. 11 (450 Erkrankte), Mazzoni/I, S. 8 (350 Erkrankte).
96 Vgl. GUG-Interviews Bini/I, S. 9 (mehr als hundert Tote), Ballini/I, S. 7f., 11 (94, 95 Tote). Dazu ist zu bemerken, daß arbeitsunfähige IMI vom Arbeitskommando in das Lazarett des Stalag Luckenwalde kamen und dort gegebenenfalls verstarben. Insofern ist es für die Zeitzeugen schwierig, die Anzahl zu schätzen.
97 Vgl. BAMA Freiburg RH 49/32.
98 Vgl. GUG-Interview Ballini/I, S. 9f.
99 Vgl. GUG-Interviews Mazzoni/I, S. 7, Ballini/I, S. 7.
100 Vgl. GUG-Interview Ballini/I, S. 10.

wurde die Messe gelesen und die Beichte abgenommen. Noch viel wichtiger war, daß diese Geistlichen ihren Vorgesetzten Bericht erstatteten, was im Arbeitskommando 483c vorging, und vermutlich sogar den Erzbischof von Berlin um Ostern 1944 zu einer Intervention veranlaßten: Die IMI wurden geröntgt, mittags gab es im Werk einen zusätzlichen Liter Suppe, der Feldwebel wurde verwarnt, der Lagerdolmetscher, ein Südtiroler, und der Arzt wurden versetzt.[101]

Im Werk wurden die Gefangenen in 12-Stunden-Schichten eingesetzt, entweder von 7 bis 19 oder von 19 bis 7 Uhr. Die Behandlung dort war ebenfalls sehr schlecht, aber nicht so brutal wie im Lager. Mehrfach wurden IMI auch im Werk geschlagen. Normalerweise aber schilderte der deutsche Vorarbeiter das angebliche Vergehen dem Wachpersonal, das dann die Bestrafung nach eigenem Ermessen durchführte.[102] Es gab aber auch einige beherzte Arbeiter – Deutsche wie Ausländer –, die den IMI heimlich Nahrungsmittel zusteckten.[103] Einige IMI hatten den Mut, zu sabotieren. In harmloseren Fällen erfolgte die Bestrafung durch die Wachmannschaften (Rucksackmarsch), in schwereren Fällen wurde vermutlich die Todesstrafe durch die Gestapo vollstreckt.[104]

In einem Fall forderte ein Daimler-Benz-Vorarbeiter eine Gruppe IMI unmittelbar nach einem Luftangriff auf, ein Werksgebäude vor den Flammen zu schützen, was selbst der Wachmannschaft zu riskant erschien. Der Vorarbeiter setzte sich jedoch durch. Bei der Aktion wurden sechs oder sieben IMI durch die Explosion einer Splitterbombe verletzt.[105]

Dem Leiter des Werkschutzes in Genshagen, ein überzeugter Nationalsozialist und Mitglied der SS und des SD[106], wurde nach dem Krieg u.a. vorgeworfen, von Mißhandlungen an Kriegsgefangenen in Genshagen gewußt und diese zumindest toleriert zu haben.[107] Ob er verurteilt wurde, ist aus den Quellen nicht zu ersehen.

Anfang September 1944 wurde den IMI angeboten, sich in den Zivilstatus versetzen zu lassen, worin die meisten einwilligten.[108] Einige Tage später wurden auch die verbliebenen IMI durch einen zentralen Erlaß zwangsweise in den Zivilstatus überführt.[109] Weil die IMI im Kriegsgefangenenlager wohnen blieben, in dem auch die sowjetischen Kriegsgefangenen untergebracht waren, standen sie weiter unter Bewachung. Mit dem neuen Status entfielen aber immerhin die Schikanen der Bewacher, die IMI mußten sich nur am Tor als Italiener ausweisen. Allerdings gab es nun nach Aussage eines Betroffenen überhaupt keinen Lohn mehr, zuvor hatten die Gefangenen immerhin monatlich 30 Lagermark bekommen.[110]

---

101 Vgl. GUG-Interviews Ballini/I, S. 7–9, Mazzoni/I, S. 6.
102 Vgl. GUG-Interviews Bini/I, S. 4f., Mazzoni/I, S. 3f.
103 Vgl. GUG-Interviews Ballini/I, S. 4, Mazzoni/I, S. 3.
104 Vgl. GUG-Interview Bini/I, S. 5.
105 Vgl. GUG-Interview Ballini/I, S. 4.
106 Vgl. oben S. 221.
107 Vgl. MBA Haspel, Korrespondenz K–L 8.
108 Vgl. GUG-Interview Bini/I, S. 5.
109 Vgl. Schreiber, Die italienischen Militärinternierten, S. 431.
110 Vgl. GUG-Interview Mazzoni/I, S. 5–7.

Im Zuge der Verlagerung des Werks Genshagen wurden auch viele IMI in andere Orte verschickt. Geplant, aber aus unbekannten Gründen sehr wahrscheinlich nicht realisiert, war die Verlegung von 452 IMI in das Verlagerungswerk „Schachtelhalm I" östlich von Berlin.[111] Zivilarbeiter, die in „Schachtelhalm I" arbeiten mußten, erinnern sich jedenfalls nicht an IMI.[112]

Eine ganz besondere Gruppe von Zwangsarbeitern waren die Soldaten von zwei SS-Strafkompanien, die von Februar bis Juni 1944 in Genshagen eingesetzt wurden. Bei den insgesamt etwa 280 Strafgefangenen handelte es sich um SS-Soldaten, die wegen verschiedener Vergehen in ein SS-Strafbataillon eingewiesen worden waren.[113] Sie waren zunächst im Straflager Danzig-Matzkau untergebracht, das organisatorisch vom KZ Sachsenhausen verwaltet wurde[114]. Von dort kamen sie ins Daimler-Benz-Werk Genshagen, wo sie an Fräsmaschinen arbeiten, aber auch nach Bombenangriffen aufräumen und verladen mußten. Die Arbeit erfolgte im Zweischichtdienst (10 bis 12 Stunden), wobei eine der beiden Kompanien tagsüber, die andere nachts arbeitete.

Bewacht und verpflegt wurden die Strafgefangenen von Soldaten des Sicherheitsdienstes (SD). Die Verpflegung war sehr schlecht: morgens Brot mit Marmelade, abends eine dünne Suppe mit Kraut, Kartoffeln oder seltener auch mit Erbsen. Während der Arbeit im Werk fielen einige Strafgefangene wegen des ständigen Hungers ohnmächtig um.

Die Behandlung der Strafgefangenen durch die Wachmannschaften wich jedoch von denen anderer Zwangsarbeitergruppen ab: Zwar wurden sie in dem mit Stacheldraht und Wachtürmen umgebenen Lager scharf bewacht, mußten Militärlieder singen und wurden schikaniert. Körperlich mißhandelt wurden sie jedoch offenbar nicht, vermutlich, weil sie nach wie vor als deutsche Soldaten angesehen wurden und nicht vor den Augen der Ausländer mißhandelt werden sollten:

Uns selbst durfte [der SD-Unteroffizier] nichts machen, uns hat keiner anrühren dürfen. Wenn uns einer anrühren wollte von der Bewachung, hat er fragen müssen: »Darf ich Sie anfassen?«[115]

Die Disziplinierung der SS-Strafgefangenen wurde stattdessen durch Essensentzug erreicht. Einige Strafgefangene schafften es, trotz der scharfen Bewachung zu fliehen. Die Lagerleitung verkündete dann den anderen Gefangenen später, die Flüchtigen seien gefangen und erschossen worden.

Soweit bekannt, waren die Genshagener SS-Strafgefangenen auch die einzige Zwangsarbeitergruppe, für deren Hygiene Sorge getragen wurde:

Abends, wenn wir schlafen gegangen sind, wurden wir vom Sani [Sanitäter] kontrolliert, ob die Füße sauber sind. Daß einer verludert und verdreckt ist, das ist nicht vorgekommen. Da war

---

111 Vgl. IWM London FD 2228/45 G 29, Belegschaftsübersicht DBMG, [31.3.1944].

112 Vgl. GUG-Interviews Duchet/F, S. 8, Fidder/NL, S. 4, Maucourant/F, S. 3, Nowee/NL, S. 7f.

113 Diese Zwangsarbeitergruppe wird unter der Gruppe Kriegsgefangene geführt, weil es sich um – wenn auch deutsche – internierte Soldaten handelte.

114 Vgl. Erklärung von SS-Obersturmführer Karl Sommer, abgedruckt in Ferencz, Lohn des Grauens, S. 266–274, hier S. 270.

115 GUG-Interview Backes/D, S. 8.

ein Sanitäter da, jeden zweiten, dritten Abend war der da, und wenn er dann einen verwischt hat, wo dreckige Fingernägel oder sonstwas hatte, dann ist der gleich geschrubbt worden. Der ist dann in die Waschbaracke in so einen Kübel, da waren oben Wasserhähne, ist der dann reingelegt worden, eingeseift... Der Sanitäter war dabei, und von uns sind welche zum Schrubben bestimmt worden.[116]

In den Waschräumen gab es zwar nur kaltes Wasser, aber immerhin Seife und saubere Handtücher.

Kontakt mit anderen Arbeitern gab es nach Aussage des einzigen Interviewpartners aus dieser Gruppe wegen der strengen Bewachung nicht.[117]

„Goldfisch"

Im unterirdischen Verlagerungsobjekt „Goldfisch" bei Obrigheim/Neckar, in das seit März 1944 ein Großteil der Produktion aus Genshagen verlegt wurde, mußten neben Tausenden von Zivilarbeitern und KZ-Häftlingen auch mindestens 954 IMI arbeiten[118]. Daimler-Benz brachte die IMI zusammen mit „Ostarbeitern" in einem Barackenlager in Neckarelz unter.[119] Bewachung war nicht mehr notwendig, nachdem die IMI im September 1944 per Erlaß in den Zivilarbeiterstatus überführt worden waren. Nach Aussage eines ehemaligen IMI erhielten die Italiener auch in „Goldfisch" nach der Überführung keinen Lohn mehr.[120]

Die Arbeitsbedingungen in „Goldfisch" waren sehr hart. Zwar entfiel die Gefahr durch Bombenangriffe, dafür ereigneten sich aber in der überhastet aufgezogenen unterirdischen Fabrik mehrere Stolleneinbrüche, denen mindestens vier IMI zum Opfer fielen.[121] Die hohe Luftfeuchtigkeit, die starken Temperaturunterschiede, der Lärm und der Gestank in den Stollen machten die Arbeit zur Qual. Immerhin war die Verpflegung nicht ganz so schlecht wie im Genshagener Stammwerk: Es gab zwei warme Mahlzeiten am Tag, mittags im Werk und abends im Lager[122].

Auch die SS-Strafhäftlinge wurden im Juni 1944 nach „Goldfisch" überführt, wo sie bis Kriegsende wiederum an Fräsmaschinen arbeiteten. Mindestens ein Häftling wurde wegen Sabotage gehängt:

Ich weiß bloß, daß bei uns im Lager ein Fall war, der ist zum Tode verurteilt worden durch Erhängen. Aber wo sie den aufgehängt haben, weiß ich nicht, nicht bei uns im Lager... Dem hat man auch Sabotage nachgewiesen. Sie müssen das so verstehen, wie ich, der an der Maschine

116 GUG-Interview Backes/D, S. 13.
117 Vgl. GUG-Interview Backes/D.
118 Vgl. IWM London FD 2228/45 No. 75 (3.5.1944). Ende Januar 1945 waren allein 620 IMI im
       Lager Neckarelz untergebracht, vgl. IWM FD 2228/45.
119 Vgl. IWM London FD 2228/45; GUG-Interview Mazzoni/I, S. 5–8. Geplant war die Unterbrin-
       gung von 1.150 IMI in der Neckarelzer Schule, vgl. IWM London FD 2228/45 No. 75.
120 Vgl. GUG-Interview Mazzoni/I, S. 5–7.
121 Am 3.9.1944 starben insgesamt 19 Arbeiter und eine Arbeiterin (darunter auch insgesamt vier
       deutsche Zivilarbeiter) durch Steinschlag; vgl. IWM London FD 2228/45, G8; Bürgermeister-
       amt Obrigheim, Sterbebuch 1938–1946; Fröbe, Verlagerung, S. 434.
122 Vgl. GUG-Interview Mazzoni/I, S. 6.

stand, das war Präzisionsarbeit auf den Tausendstel Millimeter, und wenn der Bub nicht aufgepaßt hat, und hat da ein Ausschuß gemacht [...], und wenn ihnen das zwei-, dreimal passiert ist, dann wurde das als Sabotage ausgelegt, und dann war der Strick schon da. Wenn man nicht höllisch aufgepaßt hat, hat man Ausschuß gemacht, und dann war's vorbei.[123]

Die Verpflegung der SS-Strafgefangenen war in Neckarelz genauso kärglich wie in Genshagen. Die deutschen Daimler-Benz-Arbeiter erhielten dagegen ein warmes Mittagessen mit Fleisch, Kartoffeln und Gemüse, von dem sie manchmal heimlich den SS-Gefangenen abgaben.

Die SS-Strafhäftlinge trugen beige SS-Uniformen aus der Vorkriegszeit und wurden daher vermutlich von anderen Zwangsarbeitergruppen nicht als Mitglieder der SS identifiziert.[124] Dies führte zu heute aberwitzig anmutenden Gesten menschlicher Solidarität zwischen KZ-Häftlingen und SS-Soldaten:

Und die Juden [KZ-Häftlinge], die sind dann raus aus dem Stollen [von der Nachtschicht kommend], und das war oft, wo einer was fallen ließ, in Papier eingewickelt, und einer von unserer Kompanie hat das aufgehoben. Das war so ausgeklügelt, daß der Wachtposten das gar nicht gemerkt hat. Und ich nehm an, daß da Brot drin war, das war in Zeitung eingewickelt. Da hab ich gedacht, guck' mal da, die haben scheinbar mehr zu essen wie wir. Die Juden haben meistens die Transportgeschäfte gemacht, die haben das Material gebracht und geholt, die haben mehr Möglichkeiten gehabt wie wir.[125]

Angesichts der minimalen Rationen, die KZ-Häftlinge erhielten, ist es allerdings eher unwahrscheinlich, daß die Päckchen tatsächlich Nahrungsmittel enthielten.

Untertürkheim

Ende Juli 1941 meldete Daimler-Benz einen „Arbeitskräftesofortbedarf" von 560 Arbeitern für das Werk Untertürkheim und 370 für das Werk Sindelfingen. Das an der Produktion dieser Betriebe stark interessierte RLM bot Daimler-Benz daraufhin insgesamt 850 Kriegsgefangene an. Als Bedingungen wurden genannt: Der Einsatz mußte ab spätestens 1. Oktober gewährleistet sein, ebenso Unterbringung und Verpflegung. Zugleich kündigte das RLM eine Lockerung der bestehenden Geheimhaltungs- und Sabotagebestimmungen an, so daß Kriegsgefangene auch in Werkstätten und in der Endmontage eingesetzt werden könnten. Daimler-Benz prüfte daraufhin die vorhandenen Unterkünfte und deren Erweiterungsmöglichkeiten. Die Annahme des Angebots wurde bei der Daimler-Benz AG, die sicherlich lieber Zivilarbeiter bekommen hätte, auch unter dem Aspekt gesehen, daß eine Ablehnung der Kriegsgefangenen dazu führen könnte, daß das RLM dem Unternehmen dann keine weiteren Arbeitskräfte mehr zur Verfügung stellen würde.[126]

Während in Sindelfingen der Einsatz der Kriegsgefangenen tatsächlich im Oktober 1941 begann, verzögerte sich die Arbeitsaufnahme in Untertürkheim,

123 GUG-Interview Backes/D, S. 10.
124 Vgl. GUG-Interview Backes/D, S. 14.
125 GUG-Interview Backes/D, S. 21. Vgl. zur desolaten Ernährungslage der KZ-Häftlinge unten S. 405.
126 Vgl. MBA Kissel XIII/1 (1.9.1941).

vermutlich wegen Problemen mit der Errichtung von Unterkünften[127]. Ab dem Jahreswechsel 1941/42 erfolgte dann auch in Untertürkheim der Einsatz des neugebildeten Arbeitskommandos 3070, das überwiegend aus französischen und einigen belgischen Kriegsgefangenen aus dem Stalag VA bestand[128]. Im Februar 1943 bestand das Kommando aus 520 französischen und 26 belgischen Kriegsgefangenen.[129] Die Kommandostärke schwankte zwischen Januar 1942 und September 1944, dem Monat des vernichtenden Angriffs auf das Werk, um 400, danach um 260[130]. Vermutlich waren Kriegsgefangene, die durch die Bombenschäden „arbeitslos" geworden waren, vom Stalag abgezogen worden um an einer anderen Arbeitsstelle eingesetzt zu werden.

Das größte Problem war neben der mangelhaften Beheizung der Baracken[131] wiederum die Nahrungsmittelversorgung. Im Dezember 1942 beschwerte sich der Vertrauensmann der französischen Kriegsgefangenen unter anderem über die geringen Verpflegungssätze.[132] Die Scapini-Mission stellte im Februar 1943 fest, daß die – vermutlich ohnehin geringen – Fleischrationen bis zu einem Drittel aus Abfall bestünden.[133] Den Kriegsgefangenen wurden außerdem Nahrungsmittel gegeben, die man den Zivilarbeitern nicht mehr zumuten mochte: Als Daimler-Benz im November 1944 eine Ladung mit verdorbenem Frischkäse erhielt, wurde dieser an die Kriegsgefangenen ausgegeben.[134]

In ihrer Freizeit übten die französischen Kriegsgefangenen eine Vielzahl von Aktivitäten aus. Neben französischen Lektürestunden wurden Englisch-, Spanisch-, Buchhaltungs- und andere Kurse angeboten, Deutsch allerdings – ganz bewußt – nicht. Es wurde musiziert und Theater gespielt, außerdem gab es eine Bibliothek. Das Sportangebot umfaßte Fußball, Leichtathletik, Tischtennis und Boxen. Die Freizeitaktivitäten verringerten sich allerdings im Oktober 1943, als sich ein Drittel der Kriegsgefangenen in den Zivilstatus versetzen ließ und in ein anderes Lager wechselte.[135]

Die „Umwandlung" löste erhebliche Differenzen unter den ca. 450 Kriegsgefangenen aus. Die meisten Kriegsgefangenen weigerten sich, das Antragsformular zur Versetzung in den Zivilstatus zu unterschreiben und drohten denjenigen, die es doch taten, mit Vergeltung nach Kriegsende. Dennoch machten 152 Kriegsgefan-

---

127 Vgl. z.B. BA Potsdam 80 Ba 2/16379.
128 Vgl. AN Paris F⁹ 2713 und Tab. 14, S. 298; GUG-Interview Nr. 87/F, S. 8.
129 Vgl. AN Paris F⁹ 2713, anläßlich eines Besuchs der Scapini-Mission. Nach einer anderen Quelle betrug die höchste Belegungsstärke des Kommandos 482 Kriegsgefangene – ebenfalls im Februar 1943 (vgl. MBA UT 98). Wahrscheinlich zählten die Scapini-Offiziere die Kranken und im Lager beschäftigten Kriegsgefangenen mit, Daimler-Benz dagegen nur die im Werk arbeitenden.
130 Vgl. MBA UT 98.
131 Vgl. AN Paris 72 AJ 297, Aussage Rouhier 1958.
132 Vgl. StadtA Stuttgart, Gemeinderatsprotokolle Bd. 75, Technische Beiräte 1942.
133 Vgl. AN Paris F⁹ 2713.
134 Vgl. HStA Stuttgart E397 Bü 106.
135 Vgl. AN Paris 72 AJ 297, Aussage Rouhier 1958; GUG-Interview Sarrazin/F, Brief an seine Eltern 27.10.1943.

gene vom Angebot der Umwandlung Gebrauch.[136] Eine kollektive Zwangsum-
wandlung, wie in Genshagen, fand nicht statt.

Das Verhältnis zu den deutschen Meistern und Arbeitern beschrieb der ehemalige Vertrauensmann des Kriegsgefangenenlagers wie folgt:

> Ich lernte anständige Leute kennen, die das Nazi-Regime fast ebenso ablehnten wie wir. Ich
> lernte aber auch wahre Bestien kennen, 100prozentige Nazis, die sich immer auf die Schwa-
> chen stürzten und die man mit Worten, Gesten und Sabotage bekämpfen mußte.[137]

Kontakte zu anderen Zwangsarbeitergruppen waren zwar streng verboten[138], fanden
aber dennoch statt, z.B. auf dem Schwarzmarkt. So tauschten die Franzosen beispielsweise Kuchen, den sie in Lebensmittelpaketen von ihren Angehörigen fanden, gegen Kartoffeln der besser verpflegten westlichen Zivilarbeiter.[139] Das Verhältnis zu den anderen Zwangsarbeitergruppen war unterschiedlich: Während sich
die französischen Kriegsgefangenen gut mit den Polen und überwiegend auch mit
den Russen verstanden, gab es Spannungen mit den Italienern, Kroaten und Niederländern. Besonders schlecht angesehen waren verständlicherweise die französischen Freiwilligen und „Umgewandelten".[140]

Ab Oktober 1943 wurden auch IMI in Untertürkheim eingesetzt.[141] Die Stärke
des Kontingents betrug wahrscheinlich ca. 110 Männer.[142] Die IMI wurden im
„Rosensteinpark" in Bad Cannstatt einquartiert, mußten aber schon bald umziehen,
da das Lager bei einem Bombenangriff zerstört wurde.[143] Im Werk standen sie auf
der untersten Stufe der Hierarchie.[144] Wohin die IMI kamen und welche Arbeit sie
im Werk oder möglicherweise in einem Verlagerungswerk verrichten mußten, ist
nicht bekannt.

Sindelfingen

Schon im Juni 1940 setzte Daimler-Benz für kurze Zeit einige Dutzend französische Kriegsgefangene in Sindelfingen ein.[145] Der Kriegsgefangeneneinsatz im großen Umfang begann aber erst im Herbst 1941. Das Stalag VC Villingen richtete für
Daimler-Benz das Arbeitskommando 8234[146] ein, das in Baracken zwischen dem

---

136 Vgl. GUG-Interview Sarrazin/F, Brief an seine Eltern 27.10.1943.
137 AN Paris 72 AJ 297, Aussage Rouhier 1958, eigene Übersetzung.
138 Vgl. GUG-Interview v. Let/NL, Bekendmaking aan onze buitenlandsche arbeidskrachten.
139 Vgl. GUG-Interview Lardinois/B, S. 5.
140 Vgl. AN Paris 72 AJ 297, Aussage Rouhier 1958.
141 Vgl. Interviews Amory/F, S. 3, Burgelman/NL, S. 3, v. Dongen/NL, S. I, Ducellier/F, S. 3,
    Hartkoorn/NL, S. 6, Jarrige/F, S. 3.
142 Vgl. oben Tab. 14, S. 298: Da die Transformation Ende 1943 weitgehend abgeschlossen und es
    nach der Umwandlung aller IMI im September 1944 nur noch französische Kriegsgefangene in
    Untertürkheim gab, müßte sich die ungefähre Anzahl der IMI Ende 1943 aus der Differenz der
    Gesamtzahl für Ende 1943 und Ende 1944 ergeben.
143 Vgl. GUG-Interview v. Dongen/NL, S. I.
144 Vgl. GUG-Interview Hartkoorn/NL, S. 6.
145 Vgl. Schülerarbeitsgruppe, Zwangsarbeiter in Sindelfingen, S. 13.
146 Vgl. AN Paris F⁹ 2713, Bericht einer Gruppe französischer Offiziere über ihren Besuch im

Werk und dem angrenzenden Flughafen Böblingen untergebracht wurde[147]. Daimler-Benz errichtete dieses Lager neben diesen strategisch wichtigen Objekten, obwohl die für den Luftschutz zuständigen Behörden schwere Bedenken äußerten.[148] Die Kriegsgefangenen vermuteten, daß sie als lebende Schutzschilde benutzt werden sollten, um Angriffe auf das Werk und den Flughafen zu verhindern.[149] Insgesamt arbeiteten von Anfang Oktober 1941 bis Ende März 1945 ca. 530 Kriegsgefangene im Werk Sindelfingen, überwiegend Franzosen und einige Wallonen[150], wobei die durchschnittliche Belegung des Lagers zwischen 250 und 300 schwankte.[151]

Für Ende August 1943 ist auch der Einsatz von sowjetischen Kriegsgefangenen belegt. Sehr wahrscheinlich ist diese Gruppe aber schon nach kurzer Zeit wieder abgezogen worden.[152]

Das Lager der Franzosen war zwar mit Stacheldraht umgeben und wurde von Wehrmachtssoldaten bewacht, dennoch gelang mindestens 63[153] Kriegsgefangenen, also immerhin fast 12%, die Flucht.[154] Die Fluchten wurden ab Herbst 1942 von einem deutschen Ehepaar in Zusammenarbeit mit einem französischen Kriegsgefangenen, der zu Einkäufen regulär in den Ort gehen durfte, organisiert. Sie besorg-

---

Stalag VC am 21.11.1941. In einer anderen Quelle (vgl. StadtA Sindelfingen 9425, Liste aller Kgf. (…), 1946) wird das Arbeitskommando mit der Nummer 3131a als zum Stalag VA (Ludwigsburg) gehörig bezeichnet. Da beide Quellen zuverlässig sind und es nur ein Kriegsgefangenenlager bei Daimler-Benz in Sindelfingen gegeben hat, liegt die Vermutung nahe, daß das Kommando vom Stalag VC eingerichtet und später vom Stalag VA übernommen wurde.

147 Vgl. AN Paris F⁹ 2713, Bericht einer Gruppe französischer Offiziere über ihren Besuch im Stalag VC am 21.11.1941. Die Baracken standen noch auf werkseigenem Gelände, vgl. StadtA Sindelfingen 9425.

148 Vgl. StadtA Sindelfingen, Daimler-Benz Bau-Gesuche 1939–1942: *Nach* dem Bau des Lagers Riedmühle, das neben dem Kriegsgefangenenlager errichtet wurde, erteilte das Luftgaukommando seine nachträgliche Zustimmung nur „trotz schwerer luftschutztechnischer Bedenken" (Brief Luftgaukommando VII an DBAG Sindelfingen 28.11.1942). Vgl. weiterhin StadtA Sindelfingen 9425, Luftangriffsmeldung DBAG Sifi 18.9.1944. Der Werkluftschutzleiter schreibt: „Weiter hat sich wiederum gezeigt, dass in der Nähe von Werken erstell[t]e Ausländerlager unbedingt mit in den Angriff einbezogen werden". Von ähnlichen Fällen berichtet Datner (Crimes, S. 244–248).

149 Vgl. GUG-Interview Terreaux/F, S. 6.

150 Vgl. GUG-Interview Terreaux/F, S. 5. Wahrscheinlich wurden die Wallonen vom Einwohnermeldeamt als Franzosen geführt, denn die ansonsten vollständigen Akten im Bestand StadtA Sindelfingen 9425, Ausländersuchverfahren, geben nur französische und italienische Kriegsgefangene an, keine Belgier.

151 Vgl. StadtA Sindelfingen 9425, Ausländersuchverfahren. Die genaue Anzahl beträgt entweder 526 oder 535.

152 Vgl. Tagebuch Grobbenhaar/NL, S. 28. In dem ansonsten sehr ausführlichen Tagebuch werden später keine sowjetischen Kriegsgefangenen mehr erwähnt. Vgl. ferner zu sowjetischen Kriegsgefangenen in Sindelfingen einen US-Geheimdienstbericht in NA Washington RG 165, G-2 Division, MIS-Y-Branch, ADI(K) 136/1945, S. 3, Appendix, und GUG-Interview Bussing/NL, S. 3.

153 Laut Schülerarbeitsgruppe, Krieg und Wiederaufbau, S. 27f., und dies., Zwangsarbeiter, S. 99, flüchteten 72 Kriegsgefangene.

154 Vgl. StadtA Sindelfingen 9425, Ausländersuchverfahren.

ten Zivilkleidung und Geld; Papiere wurden von Daimler-Benz-Sekretärinnen, die zum Teil sogar in der Chefetage arbeiteten, zur Verfügung gestellt.[155] Mindestens zwei deutsche Daimler-Benz-Arbeiter, die im Widerstand tätig waren, gaben französischen Kriegsgefangenen Gelegenheit, bei ihnen im Hause ausländische Radiosender zu hören.[156] Später bauten sich die Franzosen aus Einzelteilen, die sie auf dem Schwarzmarkt erstanden hatten, einen eigenen Empfänger.[157]

Einige französische Kriegsgefangene, darunter zwei Juden, sollen angeblich nach Auschwitz geschickt worden sein.[158] Wahrscheinlicher ist jedoch, daß sie in ein Gefangenenstraflager kamen, da die jüdischen französischen Kriegsgefangenen zwar von den Deutschen schikaniert, prinzipiell jedoch nicht in KZs überwiesen wurden und somit dem Holocaust ausgerechnet in deutschen Kriegsgefangenenlagern entkamen.[159] Todesfälle unter den Kriegsgefangenen im Werk Sindelfingen sind nicht bekannt, auch nicht durch Luftangriffe[160].

Die Unterbringung in den Baracken war sehr notdürftig: 30 bis 50 Kriegsgefangene mußten sich einen Raum teilen, als Schlafgelegenheit dienten dreistöckige Etagenbetten mit Strohmatratzen. Es gab zwar Waschbecken und Duschen, jedoch nur mit kaltem Wasser. Einmal in der Woche durften die Gefangenen nach Arbeitsschluß im Werk warm duschen. Trotz gelegentlicher Desinfektionsmaßnahmen gab es Flöhe und Wanzen im Lager. Auch Schuhwerk und Kleidung der Gefangenen waren in schlechtem Zustand.[161]

Die Verpflegung, für die das Werk zuständig war, bestand in der Regel aus einem kargen Frühstück im Lager und einem Eintopfgericht, das zusammen mit den deutschen Arbeitern in der Werkskantine eingenommen wurde. Auch die Qualität des Essens gab zu Beschwerden Anlaß. Ein Interviewpartner, der vor und nach dem Arbeitseinsatz bei Daimler-Benz bei Dornier in Lübeck arbeitete, sagte jedoch, das Essen in Lübeck sei noch schlechter gewesen und habe dort sogar zu einer „Revolte" geführt[162]. In Sindelfingen verteilte die Lagerleitung zusätzlich zum regulären Essen Rotkreuzpakete. Aufgrund der ungenügenden Bewachung des Lagers hatten die Kriegsgefangenen Gelegenheit, abends für einige Stunden aus dem Lager zu entweichen, um sich im Schwarzhandel mit zusätzlichen Nahrungs-

155 Ausführlich beschrieben in Schülerarbeitsgruppe, Krieg und Wiederaufbau, S. 27, 122, und dies., Zwangsarbeiter, S. 99–102.
156 Vgl. Schülerarbeitsgruppe, Zwangsarbeiter in Sindelfingen , S. 98–101.
157 Vgl. GUG-Interview Terreaux/F, S. II.
158 Vgl. GUG-Interview Nr. 350/F, S. 4.
159 Vgl. Durand, La captivité, S. 354f.; Favez, Das Internationale Rote Kreuz, S. 283f. Die Einweisung von Kriegsgefangenen aus Sindelfingen in ein KZ oder Straflager könnte mit der oben genannten Fluchtorganisation zusammenhängen.
160 Bei den elf Franzosen, die beim ersten schweren Luftangriff auf Sindelfingen (7./8.10.1943) ums Leben kamen, handelte es sich um Zivilarbeiter; vgl. StadtA Sindelfingen 9445 Fliegerangriffe. Im Mai 1943 und November 1944 starben zwei weitere Franzosen, deren Status in der Quelle (vgl. StadtA Sindelfingen 9425/17, Liste der verstorbenen Ausländer bei DB) nicht angegeben ist.
161 Vgl. GUG-Interview Terreaux/F, S. 5; AN Paris F^9 2713, Bericht einer Gruppe französischer Offiziere über ihren Besuch im Stalag VC am 21.11.1941, S. 14f., F^9 2913, ebenso 22.7.1942.
162 Vgl. GUG-Interview Terreaux/F, S. 1, 5, Zitat ebenda.

mitteln zu versorgen.[163] Doch konnten sie diese Möglichkeit nicht zur Flucht nutzen, da sie dafür Zivilkleidung, Papiere und Geld benötigt hätten.

Für ihre Freizeitaktivitäten (Theater, Musik, Diskussionsrunden) konnten die Gefangenen einen dafür vom Werk vorgesehenen Saal benutzen. Daimler-Benz stellte außerdem einen Sportplatz zur Verfügung. Einige Kriegsgefangene meldeten sich in ihrer Freizeit freiwillig zu unbezahlter Sonntagsarbeit: Deutsche Frauen, deren Männer an der Front waren, konnten sonntags gegen Verpflegung Kriegsgefangene zur Arbeit anfordern. Dadurch entkamen die Kriegsgefangenen für einige Stunden dem Lageralltag; außerdem war das Essen weitaus besser als im Lager und im Werk. Trotz strikten Verbots und der Gefahr einer harten Bestrafung entstanden dabei auch intime Beziehungen zu deutschen Frauen.[164]

Im Werk wurden die französischen Kriegsgefangenen nicht nur im Transportwesen[165] und in der Fertigung von Feuerwehrfahrzeugen, sondern auch in der Herstellung von Flugzeugzellenteilen[166] und damit völkerrechtswidrig eingesetzt. Die Arbeitszeit betrug zunächst zehn[167], später zwölf Stunden. Der Schichtwechsel von Tag- zu Nachtarbeit erfolgte wöchentlich. Im November 1941 variierte der vom Stammlager ausgezahlte Tageslohn zwischen 87 und 97 Pf., entsprach also dem Stundenlohn eines deutschen Facharbeiters. Im Juli 1942 erhielten die Gefangenen 1,20 RM.[168]

Im Laufe der Jahre – die französischen Kriegsgefangenen waren die erste Zwangsarbeitergruppe in Sindelfingen – kam es teilweise zu freundschaftlichen Verhältnissen mit den deutschen Kollegen. Es gab aber auch einige deutsche Vorarbeiter, die die Kriegsgefangenen schlugen.[169] Mehrere interviewte ehemalige Westarbeiter betonen, daß es den Kriegsgefangenen insgesamt viel schlechter ging als ihnen.[170]

Französische Kriegsgefangene wurden nicht nur in der Produktion, sondern auch in der Entwicklung eingesetzt, wo sie als technische Zeichner arbeiteten. Dies soll vom französischen Widerstand ausgenutzt worden sein: Aus dem Stalag sollen speziell ausgebildete Kriegsgefangene von den Franzosen in das Arbeitskommando bei Daimler-Benz eingeschleust worden sein, um aus dem Werk militärische Ge-

---

163 Vgl. GUG-Interview Terreaux/F, S. 2f., 5; AN Paris F⁹ 2713, Bericht einer Gruppe französischer Offiziere über ihren Besuch im Stalag VC am 21.11.1941, S. 14f., F⁹ 2913, ebenso 22.7.1942.

164 Vgl. GUG-Interview Terreaux/F, S. 1f., 5; AN Paris F⁹ 2713, Bericht einer Gruppe französischer Offiziere über ihren Besuch im Stalag VC am 21.11.1941, S. 14f., F⁹ 2913, ebenso 22.7.1942.

165 Vgl. GUG-Interview Wijnbeek/NL, S. 5.

166 Vgl. GUG-Interview Terreaux/F, S. 1.

167 Vgl. AN Paris F⁹ 2713, Bericht einer Gruppe französischer Offiziere über ihren Besuch im Stalag VC am 21.11.1941, S. 14 (9h 40 min.); StadtA Sindelfingen 9425, Akten betr. Ausleihe von Kriegsgefangenen, Daimler-Benz an Bürgermeister Sindelfingen vom 10.6.1942 (10h).

168 Vgl. AN Paris F⁹ 2713, Bericht einer Gruppe französischer Offiziere über ihren Besuch im Stalag VC am 21.11.1941, S. 14f., F⁹ 2913, ebenso 22.7.1942.

169 Vgl. GUG-Interviews Daems/B, S. 3, Wijnbeek/NL, S. 4f. Herr Wijnbeek war einer der Dolmetscher für die Niederländer, Belgier und Franzosen.

170 Vgl. GUG-Interviews Daems/B, S. 3, Florus/B, S. 6, Hougardy/B, S. 6, Knegtel/B, S. 6, Michiels/B, S. 6.

Abb. 46 und 47: Das Kriegsgefangenenlager des Werks Sindelfingen.

heimnisse, vor allem Konstruktionsunterlagen, zu beschaffen. Ein als technischer Zeichner eingesetzter Kriegsgefangener entdeckte einen kleinen Konstruktionsfehler in den Plänen für Tragflächen von Nachtjägern und baute diesen aus.[171]

Insgesamt vermitteln die beiden Inspektionsberichte der Scapini-Mission vom November 1941 und Juli 1942 den Eindruck, daß die materiellen Zustände zwar zu vielfältigen Klagen Anlaß boten, sich Daimler-Benz aber zumindest in Sindelfingen einigermaßen um die Kriegsgefangenen bemühte. Die Kooperationsbereitschaft der Geschäftsleitung wurde jedenfalls im Juli 1942 von der Scapini-Mission gelobt.[172] Auffallend ist auch, daß offenbar kein Kriegsgefangener von der Wehrmacht zur „Transformation" gezwungen wurde, denn bis Anfang Januar 1944 wurden nur 18 Kriegsgefangene in Zivilarbeiter umgewandelt[173].

Die größte Gefahr für die Kriegsgefangenen ging, schon wegen der exponierten Lage des Lagers, von den alliierten Luftangriffen aus. Mitte August 1944, nach zwei Luftangriffen auf Sindelfingen, beschwerte sich der für die Bewachung der 240 französischen Kriegsgefangenen zuständige Feldwebel bei der Werksleitung Sindelfingen darüber, daß seinen Gefangenen – und damit auch ihm und seinen Soldaten – bei Luftangriffen nur Deckungsgräben zur Verfügung ständen. Daraufhin schlug Daimler-Benz vor, daß sich die Kriegsgefangenen in ihrer Freizeit am Bau des Luftschutzstollens im Goldbergtunnel beteiligen könnten, Material stelle die Firma bereit. Tatsächlich arbeiteten daraufhin täglich von 19 bis 24 Uhr jeweils 25 Kriegsgefangene am Stollen mit.[174]

Im Oktober 1943 erhielt Daimler-Benz über das Stalag VC (Offenburg) ca. 150 italienische Militärinternierte[175] aus dem Stalag VA (Ludwigsburg)[176], die zwar in Sindelfingen registriert, aber größtenteils direkt in das im Aufbau befindliche Verlagerungswerk „Schwarzwald I" in Nagold-Iselshausen gebracht wurden. Einige IMI blieben im Werk Sindelfingen und wurden in Baracken hinter dem Lager Riedmühle untergebracht[177].

„Schwarzwald I"

Die IMI wurden in Iselshausen in einem dreistöckigen Holzhaus untergebracht. In den ersten Monaten gab es noch keine Toiletten und Waschgelegenheiten, so daß

---

171 Vgl. Schülerarbeitsgruppe, Krieg und Wiederaufbau, S. 27.
172 AN Paris F⁹ 2713, Bericht einer Gruppe französischer Offiziere über ihren Besuch im Stalag VC am 21.11.1941, S. 14f., F⁹ 2913, ebenso 22.7.1942.
173 Vgl. StadtA Sindelfingen, 9425 Ausländersuchverfahren, und Daimler-Benz-Baugesuche 1939–1942; GUG-Interview Terreaux/F, S. 5.
174 Vgl. MBA Sifi 37/02.
175 Vgl. StadtA Sindelfingen 9425. Die in der Quelle angegebene Zahl von 186 ist die kumulierte Gesamtzahl der IMI von 1943 bis 1945, nicht die Zahl der am 20.10.1943 tatsächlich aus dem Stalag überstellten IMI; vgl. dazu Schülerarbeitsgruppe, Zwangsarbeiter in Sindelfingen, S. 16a.
176 Vgl. GUG-Interview Siffredi/I, S. 2.
177 Vgl. Tagebuch Grobbenhaar/NL, S. 69, 85; GUG-Interviews Bruyninckx/B, S. 3, Kool/NL, S. 6, Smeets/NL, S. 3, Terreaux/F, S. 5.

sich schnell Ungeziefer einstellte. Erst Anfang 1944 wurden die sanitären Einrichtungen gebaut und schnellwirkendes Pulver gegen die Läuse verteilt.[178]

Ebenso wie für die Unterbringung war Daimler-Benz auch für die Verpflegung in Iselshausen verantwortlich, wobei allerdings Unzulänglichkeiten auftraten: Im August 1944 beschwerten sich die IMI, daß sie schon seit einem Monat keine Teigwaren mehr bekommen hätten. Daraufhin wurde eine Untersuchung eingeleitet, bei der man feststellte, daß der (deutsche) Koch Lebensmittel unterschlug. Er wurde versetzt und bestraft, das Essen wurde daraufhin besser.[179]

Die Wachmannschaften waren teilweise relativ freundlich, einige sollen sogar wegen Fraternisierung versetzt worden sein. Eine zeitlang befand sich allerdings unter ihnen ein Feldwebel, der die Italiener schikanierte.[180]

In Iselshausen wurden die IMI zunächst für den Umbau des Verlagerungswerks, einer Spinnerei, in eine Fabrik für Flugmotorenteile herangezogen. Anschließend kamen sie in die Produktion.[181]

Anfang Juli 1944 verließ ein Teil der IMI das Werk. Nach einer Desinfizierung in der Sindelfinger „Entlausungsbaracke" mußten die IMI nackt an „Ostarbeiterinnen" vorbeigehen, die kontrollierten, ob sie noch Läuse hatten.[182] Anschließend wurde der 166 Männer umfassende Trupp mit Arbeitsanzügen, Unterwäsche, Schuhwerk und frischen Strohsäcken versehen[183] und in das Verlagerungswerk „Kranich" im Elsaß gebracht, wo sie bis Oktober 1944 arbeiten mußten.[184] Dann wurden sie nach Iselshausen zurückverlegt.[185]

Zeitgleich mit der Rückverlagerung erhielten die Italiener den Zivilstatus, womit sich die Ernährung wesentlich besserte. Auch Lohn wurde nun ausbezahlt:[186]

> *Nach dem ersten schlimmen Jahr, als wir in den Zivilstatus versetzt worden waren, wurde es besser: Statt Suppe aus Rüben bekamen wir eine aus Hirse oder Spaghetti gekochte. Als zweiten Gang ein bißchen Fleisch, fast täglich. Wenn es kein Fleisch gab, bekamen wir ein Ei. Wieviel Brot und Margarine wir zu dieser Zeit bekamen, weiß ich nicht mehr. Die Ernährungssituation war jedenfalls ziemlich gut [...]. Wir gingen in die gleiche Kantine wie die Deutschen, die sich nun im Erdgeschoß der Baracke, in der wir schliefen, befand. Wir konnten an freien Tagen auch in Restaurants essen gehen, wo wir problemlos etwas bekamen, weil wir ja Geld hatten.*[187]

Insgesamt waren von Oktober 1943 bis Kriegsende etwa 190 IMI im Arbeitskommando 9011 eingesetzt.[188]

---

178 Vgl. GUG-Interview Siffredi/I, S. 9f.
179 Vgl. MBA Sifi 38/21; außerdem GUG-Interview Siffredi/I, S. 4.
180 Vgl. GUG-Interview Siffredi/I, S. 6, 11f.
181 Vgl. GUG-Interview Siffredi/I, S. 3.
182 Vgl. GUG-Interview Siffredi/I, S. 10.
183 Vgl. MBA Sifi 38/21; StadtA Sindelfingen 9421, Ausländersuchverfahren; GUG-Interview Siffredi/I, S. 10.
184 Vgl. unten S. 328.
185 Vgl. GUG-Interviews Depauw/F, S. 3, v. Haaren/NL, S. 5, Siffredi/I, S. 2.
186 Vgl. GUG-Interview Siffredi/I, S. 4, 8.
187 GUG-Interview Siffredi/I, S. 4f.
188 Vgl. StadtA Sindelfingen 9425, Ausländersuchverfahren. Die Anzahl 166 ist eine Stichtagszahl (20.10.1943), die Gesamtbestandszahl variiert in den Quellen zwischen 186 und 195.

Gaggenau

Auch in Gaggenau begann 1941 der Einsatz von Kriegsgefangenen. Welcher Nationalität die 97 Kriegsgefangenen waren, die Ende 1941 dort arbeiteten[189], ist unbekannt. Vermutlich waren es Franzosen. Noch im August 1942 setzte das Werk nur 96 Kriegsgefangene ein. Dies war aber zu diesem Zeitpunkt immerhin das siebtgrößte Kriegsgefangenenkontingent im Raum Elsaß/Baden.[190] Einen Monat später betrug die Anzahl der Kriegsgefangenen im Werk Gaggenau 127.[191] Spätestens seit Ende Januar 1943 mußten bei Daimler-Benz Gaggenau die ersten sowjetischen Kriegsgefangenen (119 Männer) arbeiten.[192] Im September 1943 wurden aus dem Lager Malschbach 40 weitere sowjetische Kriegsgefangene an Daimler-Benz Gaggenau überstellt.[193] Im November 1944 müssen insgesamt mindestens 240 sowjetische Kriegsgefangene in Gaggenau beschäftigt gewesen sein.[194]

Ebenfalls im September 1943 erhielt Daimler-Benz mindestens 180 IMI[195], die wie die französischen Kriegsgefangenen[196] in einem Barackenlager im benachbarten Rotenfels einquartiert wurden. Diese Baracken waren besonders primitiv eingerichtet: Als Schlafgelegenheit dienten zweistöckige Doppelbetten. Die sanitären Anlagen bestanden lediglich aus einer Reihe von Waschbecken und einer Abortreihe, die nicht ausreichte und vom Schlafraum nur durch eine Holzwand mit Tür getrennt war. Duschen, Bäder oder warmes Wasser gab es nicht. Insofern war es nicht verwunderlich, daß im Inneren der Baracken schon bald Läuse, Wanzen und Flöhe auftauchten. Eine Desinfektion wurde trotz der katastrophalen Zustände nie durchgeführt.[197]

Die Ernährung war äußerst dürftig: Für die Tagesschicht (6–18 Uhr) gab es täglich zweimal eine dünne Gemüsesuppe, für die Nachtschicht (18–6 Uhr) eine zusätzliche Portion um Mitternacht. Das Essen wurde im Werk in einem dafür vorgesehenen Gefangenenraum eingenommen. Über das Essen berichtet ein ehemaliger IMI:

---

189 Vgl. Tab. 13, S. 296.
190 Vgl. BAMA Freiburg RW 20–5/38, „Anzahl der Kriegsgefangenen in Rü[stungs]-Betrieben August 1942".
191 Vgl. BAMA Freiburg RW 20–5/36, RüKdo Mannheim, Personalmeldung 30.9.1942.
192 Vgl. BAMA Freiburg RW 20–5/39, 20–5/57.
193 Vgl. StA Freiburg, Bestand LRA Rastatt, Brief DBAG-Gaggenau an LRA Rastatt 7.2.1945; GUG-Interview Labrigat/F, S. 3.
194 Vgl. MBA Gaggenau 2. Ein Interviewpartner erwähnt außerdem polnische Kriegsgefangene; vgl. GUG-Interview Rauber/F, S. 3.
195 Vgl. BAMA Freiburg RW 20–5/39, 20–5/57; GUG-Interviews Ferrier/I, S. 5, Richiardone/I, S. 5. Eine ungefähre Abschätzung des IMI-Kontingents ist schwierig: Ein Zeitzeuge schätzt es auf 800 Italiener (vgl. GUG-Interview Richiardone/I, S. 5), dagegen vermerkt das RüKdo nur einen Zugang von (netto) 229 Männern, von denen 40 (oder 41) die bereits genannten sowjetischen Kriegsgefangenen waren.
196 Vgl. GUG-Interview Pregno/I, S. 6.
197 Vgl. GUG-Interviews Ferrier/I, 5, 8f., Richiardone/I, 5, 8.

Morgens um 5³⁰ Wecken, um 6⁰⁰ gab es etwas Kaffee, d.h. schwarzes, gekochtes Wasser, dazu Brot. Ein Brot von etwa einem Kilo wurde nach Belieben des Lagerführers unter vier, sechs oder acht Leute aufgeteilt.
Mittags gab es einen Teller Suppe, die aus Kartoffeln, Kohl, Rüben, Karotten gemacht war. Nach einiger Zeit, als sie keine Kartoffeln mehr hatten, taten sie so kleine, süße Kartoffeln hinein, die man auch roh essen kann. Gekocht waren sie fürchterlich, weil sie so schwer im Magen lagen. Manchmal dickten sie die Suppe auch mit Mehl an, manchmal waren Würmer drin. Teller hatten wir nicht, nur ein kleines, emailliertes Töpfchen mit Griff.
Abends, nach der Rückkehr, gab es wieder einen Teller Suppe. Außerdem hatten wir das, was uns von zu Hause geschickt wurde.[198]

Als „Anerkennnung" für ihre Arbeit erhielten die IMI täglich lediglich einen Bon im Wert von einer Reichsmark, für den sie sich im Werk bei einer jungen „Ostarbeiterin" Lebensmittel oder Getränke kaufen konnten. Da das Restgeld in normaler Währung ausgegeben wurde, und die „Ostarbeiterin" heimlich Bons gegen Reichsmark tauschte, bestand zudem die Möglichkeit, sich von anderen Arbeitern Nahrungsmittel auf dem Schwarzmarkt zu kaufen. Eine gewisse Erleichterung brachten außerdem Essenspakete von zu Hause und Lebensmittel, die die Italiener von ihren deutschen Vorarbeitern heimlich zugesteckt bekamen. Sonntags mußten die IMI entweder in Karlsruhe Bombentrümmer räumen, oder sie wurden von Bauern angefordert, für die sie dann gegen Naturalien arbeiteten.[199]

Trotz der beschriebenen miserablen hygienischen Verhältnisse und der völlig unzureichenden Lebensmittelversorgung kam es nicht zu Epidemien. Allerdings traten einige Fälle von Tuberkulose auf[200].

Im Frühjahr 1944 baute Daimler-Benz das Gefangenenlager in Rotenfels aus[201], um weitere Kriegsgefangene aufnehmen zu können. Anfang Juli wurde Daimler-Benz-Gaggenau ein sehr großes Kontingent von 720 weiteren IMI zugewiesen[202]. Ob Daimler-Benz tatsächlich so viele Kriegsgefangene erhielt, ist zwar zweifelhaft, da sich interviewte ehemalige IMI nicht an einen so auffällig großen Zugang weiterer Kameraden erinnern können, aber nicht ausgeschlossen[203].

Die Umwandlung in den Zivilstatus, die in Gaggenau im September 1944 erfolgte, brachte den IMI spürbare Erleichterungen: Die Ernährung wurde besser, es wurde – im Gegensatz zu Sindelfingen – Lohn ausbezahlt, und die Bewachung fiel weg.[204]

Über eine vergleichsweise exotische Kriegsgefangenengruppe ist bedauerlicherweise fast nichts bekannt: Im Werk Gaggenau waren zumindest im April 1944 auch 50 bis 60 Inder (britische Kriegsgefangene aus dem Commonwealth) eingesetzt, die im Lager Rotenfels untergebracht waren und Luftschutzgräben ausheben

198 GUG-Interview Richiardone/I, S. 8.
199 Vgl. GUG-Interviews Ferrier/I, S. 4, Richiardone/I, S. 3, 5f.
200 Vgl. GUG-Interview Richiardone/I, S. 6.
201 Vgl. StA Freiburg, Gewerbeaufsichtsamt Karlsruhe/4. Bezirk/Schwarzwald Nr. 240.
202 Vgl. GLA Karlsruhe 237/24379, Arbeitsausschußsitzung des RüKdo 7.7.1944, Notiz 10.7.1944.
203 Ein Zeitzeuge schätzt die Anzahl der IMI auf 800; vgl. GUG-Interview Richiardone/I, S. 5. Nach der Lahmlegung des Werks im September/Oktober 1944 wurden viele IMI abgezogen; vgl. GUG-Interviews Ferrier/I, S. 1, Richiardone/I, S. I, 1.
204 Vgl. GUG-Interview Richiardone/I, S. I.

mußten[205]. Sie erhielten regelmäßig Pakete vom Roten Kreuz und waren auch sonst privilegiert. Ein italienischer Militärinternierter berichtet:

> *[Den Indern] ging es gut, sie wurden bezahlt, hatten Uniformen aus Tuch und ein Paket pro Monat. Von ihrem Essen blieben immer Reste übrig. Wenn die Sonne unterging, hörten sie auf zu arbeiten, bildeten einen Kreis und beteten auf den Knieen. Die Deutschen warteten, bis sie aufhörten.*[206]

„Dachsbau"

Nachdem das Werk Gaggenau durch zwei Luftangriffe im September und Oktober 1944 so stark beschädigt wurde, daß dort keine nennenswerte Produktion mehr stattfinden konnte, wurden die Verlagerungsanstrengungen verstärkt. Ab November 1944 arbeiteten 350 Männer am Verlagerungsobjekt „Dachsbau" bei Höfen/ Enz, darunter auch 240 sowjetische Kriegsgefangene, die aus Gaggenau abgezogen wurden. Über ihre Behandlung ist nichts bekannt.[207]

Mannheim

Im Daimler-Benz-Werk Mannheim wurden französische, sowjetische, italienische, polnische[208] sowie möglicherweise auch belgische[209] und südosteuropäische[210] Kriegsgefangene eingesetzt. Die ersten französischen Kriegsgefangenen kamen wahrscheinlich 1941 ins Mannheimer Werk. Sie waren gemeinsam mit den französischen Zivilarbeitern in einem mit Stacheldraht und Wachtürmen versehenen Barackenlager in Blumenau untergebracht, das nur einige hundert Meter von einem Flugplatz entfernt war.[211] Aus welchem Stammlager die Kriegsgefangenen kamen, ist nicht ganz klar, entweder, wie ein ehemaliger französischer Zivilarbeiter vermutet, aus dem (ziem-

---

205 Vgl. Boberach, Meldungen, S. 6425; GUG-Interviews Kramer/NL, S. 4, Pregno/I, S. 6, Richiardone/I, S. 3.
206 GUG-Interview Ferrier/I, S. 3.
207 Vgl. MBA Gaggenau 2.
208 Vgl. Brief Maréchal/F an GUG 30.3.1990, S. 27; MBA-Interview Nr. 58, S. 32. Ein deutscher Interviewpartner sagte aus, daß polnische Kriegsgefangene zur Bewachung der Franzosen eingesetzt worden seien; vgl. MBA-Interview Nr. 57 (Doppelinterview), S. 20. Dies wäre aber ausgesprochen ungewöhnlich gewesen und kann so gut wie ausgeschlossen werden.
209 Im Verlagerungswerk Weinheim, vgl. MBA-Interview Nr. 53, S. 2.
210 In einem Zeitzeugenbericht werden neben den französischen Kriegsgefangenen solche aus der UdSSR, Polen und „d'Europe Centrale" erwähnt (Brief Maréchal/F an GUG 30.3.1990, S. 27). Damit können eigentlich nur südosteuropäische Kriegsgefangene (Serben, Kroaten, Griechen) gemeint sein. Ein ehemaliger polnischer KZ-Häftling erinnert sich an „Jugoslawen", vgl. GUG-Interview Zbrzeski/PL, S. 3.
211 Vgl. GUG-Interview Maréchal/F, S. 5; Brief Maréchal/F an GUG 30.3.1990, S. 12; MBA-Interview Nr. 57 (Doppelinterview), S. 20; StadtA Mannheim Ern.- & Wirtschaftsamt Zugang -/1958 Nr. 521. Zu den Lebensbedingungen im Lager liegen ausführliche Berichte der französischen Zivilarbeiter vor, vgl. S. 177f.

lich weit entfernten) Stalag XIIA in Limburg[212] oder aus dem nähergelegenen Stalag XIIB in Frankenthal.

Auch in Mannheim fehlte es den Gefangenen an Kleidung. Einem Antrag des Werks beim städtischen Ernährungs- und Wirtschaftsamt auf Arbeitskleidung für die Kriegsgefangenen wurde nur zum Teil entsprochen. Daimler-Benz versuchte daher, über das zuständige Stammlager eine höhere Zuteilung an Arbeitskleidung zu erhalten. Das Stammlager verbot nun allerdings Daimler-Benz die Ausgabe der bereits bewilligten Anzüge mit der Begründung, dies sei Beihilfe zur Flucht.[213] Im Arbeitsalltag war die Fürsorge für die Gefangenen nicht so ausgeprägt: Im Werk wurden sie jedenfalls öfters geohrfeigt.[214]

Die französischen Kriegsgefangenen verfügten über mehrere geheime Radio-empfänger im Lager und erhielten über Kontakte zu deutschen Arbeitern weitere Informationen. Von den Kriegsgefangenen informiert, verbreiteten die französischen Zivilarbeiter die Neuigkeiten dann unter den anderen Zwangsarbeitergruppen weiter.[215]

Über die sowjetischen und polnischen Kriegsgefangenen im Mannheimer Daimler-Benz-Werk ist fast nichts bekannt. Die sowjetischen Kriegsgefangenen waren vorwiegend im Bunkerbau eingesetzt.[216] Nach Aussage eines polnischen ehemaligen KZ-Häftlings wurden die sowjetischen Kriegsgefangenen genauso brutal und rücksichtslos behandelt wie die KZ-Häftlinge.[217]

Im Oktober 1943 kamen etwa 150 IMI ins Werk Mannheim. Bis Mitte März 1945 erhöhte sich ihre Zahl auf 323. Die IMI schliefen in zwei Schulgebäuden und einer Turnhalle im Stadtteil Sandhofen[218]. Von ihren Lagern kamen sie unter Bewachung mit der Straßenbahn ins Werk. Aus einer Rechnung der Verkehrsbetriebe wird die Zeitspanne ersichtlich, in der die IMI im Juli 1944 arbeiten bzw. zum An- und Abtransport in der Straßenbahn zubringen mußten: montags bis freitags 13 Stunden, samstags zehn Stunden, sonntags sechseinhalb Stunden.[219]

Die Ernährung dieser Gefangenengruppe war so schlecht, daß sie – wie die KZ-Häftlinge im Werk[220] – allen Verboten zum Trotz in Abfalltonnen nach Essensresten der deutschen Arbeiter suchten[221]. Den stets quälenden Hunger konnten die Gefangenen außerdem etwas lindern, wenn sie samstagnachmittags in deutschen Haushalten Haus- oder Gartenarbeit verrichteten, da sie dort in Naturalien bezahlt wurden[222]. Als das Mannheimer Ernährungs- und Wirtschaftsamt im März 1944

---

212 Vgl. GUG-Interview Maréchal/F, S. 5; Brief Maréchal/F an GUG vom 6.1.1988.
213 Vgl. StadtA Mannheim Ern.- & Wirtschaftsamt Zugang -/1958 Nr. 1247.
214 Vgl. MBA-Interview Nr. 57 (Doppelinterview), S. 21, 23.
215 Vgl. Brief Maréchal/F an GUG 30.3.1990, S. 30.
216 Vgl. GUG-Interview Warszynski/PL, S. 6.
217 Vgl. GUG-Interview Chmielowski/PL, Anhang S. 1.
218 Vgl. Dagenbach/Koppenhöfer, Schule, S. 119.
219 Vgl. StadtA Mannheim Ern.- & Wirtschaftsamt Zug. -/1958, Nr. 489, Stadtwerke Mannheim Zug. -/1954 Nr. 109; BAMA Freiburg RW 20–5/39, 20–5/57.
220 Vgl. Koppenhöfer, KZ-Häftlinge, S. 526.
221 Vgl. MBA-Interviews Nr. 53, S. 3, Nr. 55, S. 3f.; Koppenhöfer, KZ-Häftlinge, S. 520f.
222 Vgl. Koppenhöfer, KZ-Häftlinge, S. 521.

allen Ernstes die Rationen noch weiter kürzen wollte, protestierten mehrere Firmen, darunter auch Daimler-Benz. Wie in solchen Fällen üblich, argumentierte Daimler-Benz nicht mit humanitären Erwägungen, die wohl kaum akzeptiert worden wären, sondern mit dem Hinweis, daß die IMI in Akkordgemeinschaften mit deutschen Arbeitern arbeiteten und eine noch schlechtere Ernährung nicht nur die Leistungen der Italiener verringern würde, sondern auch die Akkordlöhne der Deutschen. Somit würde also eine Kürzung der Rationen der IMI Unruhe im Betrieb hervorrufen, die die Rüstungsfertigung beeinträchtigen würde.[223]

Die IMI litten nicht nur unter den Schikanen der Wachmannschaften, sondern auch unter denen ihres in SS-Uniform auftretenden Daimler-Benz-Abteilungsleiters: Er ließ sie sinnlose Exerzierübungen machen und schlug sie mit einem Stock.[224] Unter diesen Umständen ist es nicht verwunderlich, daß die Arbeitslust der IMI gering war. Ein ehemaliger französischer Zivilarbeiter erinnert sich:

> Wir erlebten die Ankunft der »Badoglio-Italiener« [...]. Aber sie wollten nicht arbeiten. Die Deutschen konnten sie niemals richtig zum Arbeiten bewegen. Sie waren sehr widerspenstig [...]. Die Deutschen haben sich ab und zu über die Italiener aufgeregt. Sie schlugen sie manchmal, aber nicht schlimm. Sie spürten, daß sie nichts ausrichten konnten.[225]

Weinheim an der Bergstraße

Im Verlagerungswerk Weinheim des Werks Mannheim wurden „im letzten Kriegsjahr" nach der Aussage eines ehemaligen deutschen Daimler-Benz-Arbeiters französische und belgische Kriegsgefangene eingesetzt, vermutlich in der Kfz-Reparatur.[226] Wahrscheinlich handelte es sich aber zumindest bei den Franzosen um „Umgewandelte". Nach der Transformation trugen die ehemaligen Kriegsgefangenen in Ermangelung neuer Kleidung immer noch ihre Uniform und waren daher für ihre deutschen Kollegen nicht als „Umgewandelte" zu erkennen.

Berlin-Marienfelde

Sehr widersprüchlich sind die Informationen über den Einsatz von Kriegsgefangenen in den beiden großen Berliner Daimler-Benz-Werken. Für das Werk 40 (Produktion von Panzern und Lkw) weist die Beschäftigtenstatistik schon zum 31.

---

223 Vgl. StadtA Mannheim Ern.- & Wirtschaftsamt Zug. -/1958, Nr. 521. Schmid, Arbeitskräfte, S. 570f., behauptet irrtümlich, die IMI seien im Herbst 1944 abgezogen und durch – noch billigere – KZ-Häftlinge ersetzt worden. Grundlage dieser Behauptung ist die Tatsache, daß die IMI im Herbst nicht mehr in der Kriegsgefangenenstatistik auftauchen. Das konnten sie auch nicht, da sie im September in den Zivilstatus überführt worden waren. Tatsächlich stieg die Anzahl der im Werk eingesetzten zivilen Ausländer von Ende 1943 auf Ende 1944 sprunghaft um über 400 an (vgl. Tab. 8, S. 98).
224 Vgl. Koppenhöfer, KZ-Häftlinge, S. 520; ferner GUG-Interview Schutz/F, S. 2.
225 Vgl. GUG-Interview Maréchal/F, S. 7, 9.
226 Vgl. MBA-Interview Nr. 53, S. 2, Zitat ebenda.

Dezember 1940 190 Kriegsgefangene aus[227], sicherlich überwiegend oder ausschließlich Franzosen[228] aus dem Stalag IIID (Berlin). Wie aus einem Dokument indirekt hervorgeht, scheint – wie in Genshagen – das ganze Kontingent 1943 in das zivile Arbeitsverhältnis überführt worden zu sein[229]. Im Zuge weiterer Arbeitskräfteanforderungen erhielt das Werk im März 1944 eine Gruppe von 50 kriegsgefangenen Franzosen zugeteilt, die sich offensichtlich geweigert hatte, den Zivilarbeiterstatus anzunehmen. Diese Gruppe verweigerte auch die Arbeit im Rüstungsbetrieb bei Daimler-Benz. Dies nahm Werksleiter von Hentig, der auch Vorstandsmitglied war, zum Anlaß, einer hohen Rüstungsdienststelle die Einweisung in eine Strafkompanie zu empfehlen.[230]

Wie die meisten anderen Daimler-Benz-Betriebe erhielt auch Werk 40 Ende 1943 italienische Militärinternierte. Das knapp 300 Mann starke Kontingent wurde im Dezember 1943 im „Lager D4 Süd" untergebracht[231] und kam wahrscheinlich später in das Lager Rennbahn in Berlin-Mariendorf[232]. Die Arbeitsleistung der unterernährten und schikanierten[233] IMI wurde im April 1944 vom Werk mit weniger als 50% der eines vergleichbaren deutschen Arbeiters angegeben[234]; ein Erfahrungswert, um den auch die Schätzungen anderer deutscher Firmen schwankten.[235]

Nach der Daimler-Benz-Beschäftigtenstatistik dürfte das Werk 90 (Flugmotorenproduktion) gar keine Kriegsgefangenen eingesetzt haben.[236] Anfang November 1941 zählte das Werk allerdings zu denjenigen Rüstungsbetrieben, die bevorzugt mit französischen Kriegsgefangenen aus Kontingenten der Luftwaffe versorgt werden sollten. Für das Werk waren 100 Kriegsgefangene vorgesehen[237], die vermutlich auch zum Einsatz kamen[238].

Auf jeden Fall waren sowjetische Kriegsgefangene und ab Ende 1943 auch mindestens 16 IMI im Werk 90 beschäftigt, vielleicht auch polnische Kriegsgefangene[239]. Über die Situation der IMI berichtet ein französischer Zivilarbeiter:

---

227 Vgl. Pohl/Habeth/Brüninghaus, Daimler-Benz, S. 136.

228 Vgl. GUG-Interview Roland/F, S. 5.

229 Abgedruckt in Pohl/Habeth/Brüninghaus, Daimler-Benz, S. 326f. Vgl. auch GUG-Interview Roland/F, S. 5. Dafür spricht auch die Tatsache, daß die Werksstatistik Ende 1943 nur 288 Kriegsgefangene ausweist. Dabei muß es sich um das IMI-Kontingent gehandelt haben, vgl. unten.

230 Der Vorgang ist ausführlich dokumentiert in Pohl/Habeth/Brüninghaus, Daimler-Benz, S. 323–327.

231 Vgl. BAMA Potsdam WF–01/19011, Bl. 210; GUG-Interview Strobos/NL, S. 11.

232 Vgl. MSPF Brüssel, ohne Signatur.

233 Vgl. GUG-Interview Nivault/F, S. 3, Poptie/NL, S. 11.

234 Vgl. BAMA Potsdam WF-01/18603, Anlage: Besuch bei DB Werk 40, 20.4.1944.

235 Vgl. Cajani, Die italienischen Militär-Internierten, S. 298 (30–60%).

236 Vgl. Pohl/Habeth/Brüninghaus, Daimler-Benz, S. 136.

237 Vgl. BAMA Potsdam WF–02/4288, Bl. 539.

238 An den Einsatz französischer Kriegsgefangener im Werk 90 erinnern sich jedenfalls zwei ehemalige Zivilarbeiter, vgl. GUG-Interviews Duchet/F, S. 8, und Nowee/NL, S. 6.

239 Vgl. GUG-Interviews Amari/I, S. 3, 5f., Duchet/F, S. 8, Molinari/I, S. 3, Nowee/NL, S. 6, Poptie/NL, S. 4–6, 8, Scheidecker/F, S. 4.

Italienische Kriegsgefangene waren [im Verlagerungswerk] Schachtelhalm nicht, aber in Berlin [Werk 90] habe ich welche gesehen. Mit einem habe ich in der Fabrik gesprochen. Er war in Frankreich festgenommen worden und gehörte der Badoglio-Armee an. Er war nicht allzu schlimm dran. Aber ich habe eine Ecke in der Fabrik gesehen, in der ein Italiener Papierkörbe durchwühlte. Und ein Deutscher, ich glaube, er hieß Hans-Peter, hat ihn geschlagen. Und ich habe Deutsche gesehen, die dagegen protestierten. Es gab Italiener, die nicht weit von unserem Lager entfernt waren. Es gab einige, die schlimm dran waren, und wir haben dann etwas gekauft und es ihnen gegeben.[240]

Die sowjetischen Kriegsgefangenen wurden in beiden Berliner Daimler-Benz-Werken vor allem für Aufräumarbeiten eingesetzt[241]. Die Wachmannschaft (Wehrmacht) schlug die Gefangenen[242]. Auch für das Verlagerungswerk „Schachtelhalm II" war der Einsatz von 200 sowjetischen Kriegsgefangenen vorgesehen. Die Gefangenen sollten im Werk selbst, einem alten Befestigungsstollen, und im dazugehörigen Ostarbeiterlager untergebracht werden.[243] Dazu kam es jedoch sehr wahrscheinlich nicht, denn westliche Zivilarbeiter, die in Schachtelhalm waren, können sich nicht an sowjetische Kriegsgefangene erinnern.[244]

Königsberg (Werk 70 und Niederlassung)

In Königsberg lagen sich das erst 1938 erbaute Werk 70 und die ältere Niederlassung auf den beiden Seiten einer Straße gegenüber. Das Werk 70 setzte schon Anfang Juli 1940 die ersten Kriegsgefangenen ein. Vertreter von Daimler-Benz suchten sich im Stalag IB (Hohenstein) unter denjenigen Kriegsgefangenen, die sich aufgrund der miserablen Ernährung im Stalag mehr oder weniger freiwillig zum Arbeitseinsatz gemeldet hatten, 30 Facharbeiter aus Frankreich und Belgien aus.[245]

Das Werk machte offensichtlich gute Erfahrungen mit ihnen, denn ihre Anzahl stieg noch in demselben Jahr auf 99 (Oktober 1940) und erreichte 1942 127 Gefangene (34,5% der Gesamtbelegschaft)[246]. Zumindest in den ersten Monaten achtete Daimler-Benz offensichtlich sehr darauf, nur Facharbeiter zu rekrutieren[247].

Die Unterbringung der Gefangenen erfolgte zunächst in Holzbaracken auf dem Werksgelände, die von der Zentralheizung des Werks geheizt wurden. Später, als sich die Zahl der Kriegsgefangenen erhöhte, wurden neue Baracken errichtet, die zwar auch auf dem Werksgelände standen, jedoch nicht mehr der Zentralheizung angeschlossen und stattdessen nur notdürftig von einem Kohleofen beheizt waren. Das Essen – Frühstück, Mittagessen und Abendessen – kam aus der Kantine und

---

240   GUG-Interview Duchet/F, S. 8. Vgl. auch GUG-Interview Poptie/NL, S. 4, 11 (anstrengende Fußmärsche, schlechte Ernährung).
241   Vgl. GUG-Interview Poptie/NL, S. 5.
242   Vgl. GUG-Interview Amari/I, S. 5.
243   Vgl. BAMA Potsdam SF–02/15937, Bl. 913.
244   Vgl. GUG-Interviews Duchet/F, S. 7f., Fidder/NL, S. 4, Maucourant/F, S. 3.
245   Vgl. GUG-Interview Cordier/F, S. 2; BAMA Freiburg RW 20–1/3, Bl. 24, 46.
246   Vgl. Tab. 8, S. 100.
247   Vgl. BAMA Freiburg RW 20–1/4, Bl. 58–60, RW 20–1/5, Bl. 66f.

war in den ersten Jahren „sehr korrekt", wurde aber seit 1944 wegen der allgemeinen Lebensmittelknappheit immer schlechter. Die hygienischen Bedingungen waren, verglichen mit den anderen Lagern, erträglich: Wanzen tauchten erst gegen Kriegsende auf. Dies lag wohl auch daran, daß der Betrieb im Unterschied zu den anderen Daimler-Benz-Werken den Gefangenen einen Arbeitsanzug pro Jahr und Freizeitkleidung (deutsche Uniformen aus dem Ersten Weltkrieg) zur Verfügung stellte.[248]

Die Gefangenen wurden in der Produktion von Panzerteilen und damit eindeutig entgegen den Bestimmungen der Genfer Konvention eingesetzt. Wohl aus diesem Grund sah sich die für Königsberg zuständige Rüstungsinspektion I veranlaßt, ab Ende Januar 1941 Daimler-Benz und anderen Rüstungsbetrieben die belgischen Kriegsgefangenen zu entziehen, da eine US-amerikanische Kommission[249] ankündigte, die Beschäftigung der britischen und belgischen Kriegsgefangenen zu überprüfen.[250] Die französischen Kriegsgefangenen wurden nicht nur in der Fertigung eingesetzt:

> *In unserer Fabrik gab es keine Sabotage, obwohl es einfach gewesen wäre. Es gab wohl Selbstverstümmlung, um nicht an die Front geschickt zu werden. Sie hielten die Hand unter die Maschine, verloren einen Finger oder zwei. Das waren die Franzosen, die die fertigen Panzer zur Front fahren mußten. Nach Ausheilung der Wunden mußten sie weiterarbeiten. Manche versuchten, zu den Russen zu flüchten. Wurde man bei einem Fluchtversuch gefaßt, kam man sofort in ein Straflager. Man wurde zur Gestapo geschickt und dann ins Straflager. Nur die Stärksten kamen zurück.[251]*

Auch in der gegenüberliegenden Daimler-Benz-Niederlassung Königsberg, die etwa genausoviele Menschen beschäftigte wie das Werk 70 (jeweils ca. 300–400), wurden ab 1941 Kriegsgefangene eingesetzt[252]. Aus dem Stalag IA (Stablack) wurde im Juni 1942 ein Arbeitskommando von ca. 80 französischen Kriegsgefangenen zur Arbeit in das Werk 70 abkommandiert. Auch diese Gefangenen hatten sich „freiwillig" zur Arbeit gemeldet, da sie im Stammlager nur dann Pakete erhalten durften, wenn sie arbeiteten. Die Franzosen weigerten sich jedoch unter Berufung auf die Genfer Konvention, in der Panzerfertigung von Daimler-Benz zu arbeiten. Dies wurde akzeptiert und das Gefangenenkontingent der gegenüberliegenden Daimler-Benz-Niederlassung Königsberg zugeteilt – wo die Franzosen dann allerdings ebenfalls für die Wehrmacht Kraftfahrzeuge zu reparieren hatten. Auf weniger Verständnis stießen die Gefangenen im Juni 1944, als sie sich geschlossen weigerten, Panzergräben auszuheben, und sich dabei erneut auf die Genfer Konvention beriefen: Ihr Vertrauensmann kam auf Veranlassung der Wehr-

---

248 Vgl. GUG-Interview Cordier/F, S. 2, 5. Zitat ebenda.
249 Die Vereinigten Staaten waren sogenannte Schutzmacht im Sinne der Genfer Konvention für Großbritannien und Belgien, d.h. sie überwachten die Einhaltung der Vertragsbestimmungen.
250 Vgl. BAMA Freiburg RW 20–1/6, Bl. 15, 55, 68.
251 GUG-Interview Cordier/F, S. 4. Dem Interview ist nicht eindeutig zu entnehmen, ob es sich um französische Zivilarbeiter oder Kriegsgefangene gehandelt hat. Es gab aber nur sehr wenige ausländische Zivilarbeiter im Werk Königsberg. Die in Tab. 8, S. 98, aufgeführten zivilen Zwangsarbeiter sind ab 1943 ganz überwiegend transformierte Kriegsgefangene.
252 Vgl. BAMA Freiburg RW 20–1/9, Bl. 89.

macht in ein Straflager, und das Kommando wurde zum Ausheben der Gräben gezwungen.[253]

Das Arbeitskommando wurde anfangs in einem Keller unter der Werkstatt der Niederlassung und später wahrscheinlich ebenfalls in den oben erwähnten Barakken des Werks 70 untergebracht.[254]

Die Umwandlung französischer Kriegsgefangener in Zivilarbeiter erwies sich auch in Königsberg als totaler Fehlschlag: Von den insgesamt 3.000 in Königsberg eingesetzten Franzosen meldeten sich ganze 95 (3%). Da die Franzosen jedoch als überwiegend gute Facharbeiter angesehen waren[255] und man ihre Leistung durch Lohnanreize steigern wollte, wurden im Juni und Juli 1943 1.500 von ihnen, darunter auch die Kriegsgefangenen von Daimler-Benz, kurzerhand zwangsweise in den Zivilstatus überführt.[256]

Über die Auswirkungen des Statuswechsels gehen die Erinnerungen der interviewten ehemaligen Kriegsgefangenen auseinander. Nach der Aussage eines im Werk 70 beschäftigten Franzosen änderte sich durchaus eine ganze Menge im täglichen Alltag: Die Franzosen erhielten fast soviel Lohn wie die Deutschen; vor der Umwandlung hatte es nur etwas Lagergeld gegeben. Der Lohn konnte nach Hause geschickt oder in Königsberger Cafés und Kinos ausgegeben werden.[257] Ein anderer Franzose, der in der Niederlassung arbeitete, erinnert sich, daß zwar Bewachung und Stacheldraht entfielen, es habe jedoch weiterhin keinen Lohn gegeben.[258] Möglicherweise waren also die direkt in der Rüstungsendfertigung arbeitenden „umgewandelten" Kriegsgefangenen im Vorteil.

Insgesamt beschäftigten das Werk 70 und die Niederlassung Ende 1942 zusammen 290 Kriegsgefangene, darunter 42 Sowjetbürger[259], die vermutlich im April oder Mai 1942 in die Niederlassung kamen[260]. Bei den anderen wird es sich ausnahmslos um Franzosen gehandelt haben. Damit lag der Anteil der Kriegsgefangenen an der Gesamtbelegschaft der beiden Königsberger Daimler-Benz-Betriebe bei 43%. Ende 1943 kam noch ein Dutzend italienischer Militärinternierter in die Niederlassung, ebenso eine Gruppe von vermutlich 46 IMI in das Werk.[261]

Gegen Kriegsende starben im Werk 70 etwa fünf Menschen durch Tagesangriffe der US-Luftwaffe. In der Niederlassung soll eine Bombe den Keller getroffen

253 Vgl. GUG-Interview Barberi/F, S. I, VI. Herr Barberi war der Vertrauensmann des Arbeitskommandos.
254 Vgl. GUG-Interviews Barberi/F, S. 5, Cordier/F, S. 6.
255 Vgl. BAMA Freiburg RW 20–1/9, Bl. 21.
256 Vgl. BAMA Freiburg RW 20–1/14, Bl. 17; GUG-Interviews Barberi/F, S. I, Cordier/F, S. 4.
257 Vgl. GUG-Interview Cordier/F, S. 4, 4a.
258 Vgl. GUG-Interview Barberi/F, S. I.
259 Vgl. BAMA Freiburg RW 20–1/12, Bl. 59. 127 Kriegsgefangene im Werk 70, 163 in der Niederlassung.
260 Vgl. BAMA Freiburg RW 20–1/21, Bl. 51.
261 Vgl. GUG-Interviews Barberi/F, S. 3, Cordier/F, S. 3, 6. Da das Werk 70 am 31.12.1943 46 Kriegsgefangene meldete (Pohl/Habeth/Brüninghaus, Daimler-Benz, S. 136), jedoch alle französischen Kriegsgefangenen zu diesem Zeitpunkt schon „umgewandelt" waren, müßte es sich bei diesen 46 um die 1943 hinzugekommenen IMI gehandelt haben.

haben, in dem die Kriegsgefangenen untergebracht waren. Die Anzahl der Toten habe dort etwa 30 betragen.[262]

Poznań (Posen)

Als neben Genshagen einziger größerer Betrieb im Daimler-Benz-Konzern setzte die Posener Werkstatt englische Kriegsgefangene ein, die vermutlich im nur drei Kilometer entfernten Stalag XXID (Posen) untergebracht waren. Die etwa 100 Engländer (20% der Gesamtbelegschaft) arbeiteten überwiegend in der Pkw-Abteilung als Mechaniker und Fahrer. Sie genossen eine Reihe von Privilegien, z.B. besseres Essen, Pakete vom Roten Kreuz und eine kürzere Arbeitszeit als die zivilen polnischen Arbeitskräfte. Während letztere oft als „Untermenschen" angesehen und entsprechend behandelt wurden, brachten die Deutschen den Engländern einen gewissen Respekt entgegen. Obwohl Kontakte verboten waren, kam es zu vielen Tauschgeschäften zwischen den britischen Kriegsgefangenen und den polnischen Zwangsarbeitern.[263]

Colmar

Im Werk Colmar wurden bis Herbst 1943 keine Kriegsgefangenen eingesetzt.[264] Als Daimler-Benz zur Ausweitung der Nachtschicht weitere Arbeitskräfte benötigte, erhielt Colmar 221 IMI, die zunächst angelernt wurden und dann nachts arbeiten mußten.[265] Auch nach der Räumung des Werks beschäftigte die Daimler-Benz GmbH Kolmar laut Statistik noch 290 Kriegsgefangene in Verlagerungswerken.[266] Da die IMI zu diesem Zeitpunkt (Ende Dezember 1944) schon in den Zivilarbeiterstatus überführt worden waren und französische Kriegsgefangene in der Regel nicht auf ehemals französischem Gebiet eingesetzt wurden, müßte es sich um sowjetische Kriegsgefangene gehandelt haben.[267] Möglich ist aber auch, daß die Personalabteilung die IMI 1944/45 fälschlicherweise noch als Kriegsgefangene in der Betriebsstatistik führte.

---

262 Vgl. GUG-Interview Cordier/F, S. 6.
263 Vgl. GUG-Interview Meysner/PL, S. 8.
264 Vgl. BAMA Freiburg RW 20–5/36, RW 20–5/39, Bl. 3, RW 20–5/57.
265 Vgl. BAMA Freiburg RW 20–5/29, Halbmonatsbericht der Gruppe Luftwaffe des RüKdo Straßburg 16.10.1943.
266 Vgl. Pohl/Habeth/Brüninghaus, Daimler-Benz, S. 136.
267 Vgl. GUG-Interview Grob/SU, S. 3, die sich erinnert, sowjetische Kriegsgefangene seien für kurze Zeit eingesetzt worden. Die anderen Interviewpartner, die in Colmar waren, erinnern sich nicht an sowjetische Kriegsgefangene.

„Kranich"

Zunächst kamen die IMI aus Colmar zusammen mit den IMI aus „Schwarzwald I"[268] als Arbeitskommando 12902[269] in das Verlagerungswerk „Kranich" im elsässischen Urbès bei Wesserling, das Verlagerungswerk für die Werke Colmar, Rzeszów und Sindelfingen war (Anfang August 1944[270]). Dort hatten KZ-Häftlinge ein unterirdisches Werk errichten müssen[271], das nun mit Maschinen bestückt wurde, die von den daran eingearbeiteten IMI aus Iselshausen bedient wurden[272].

Obwohl sich die KZ-Häftlinge und die IMI häufig bei der Arbeit sahen, sprachen sie kaum miteinander. Ein Grund dafür war die Vermutung der KZ-Häftlinge, unter den Italienern befänden sich Spitzel. Kontakte im Lager wurden rigoros von den SS-Wachmannschaften der Häftlinge unterbunden:

> Wir waren [im Lager] von [den politischen Gefangenen] abgeschnitten und so eingezäunt in unserem Lager, daß wir weder mit den Politischen noch mit den Juden sprechen konnten. Uns wurde [...] Bier verkauft. Wir gaben es an sie [die KZ-Häftlinge] weiter, da sie nichts bekommen konnten. Die Wachen bemerkten es. Um zu verhindern, daß wir den Politischen und den Juden das Bier weitergaben – sehen Sie, wie bösartig sie waren! – zogen sie einen elektrisch geladenen Draht. So konnten wir uns nicht mehr der Umzäunung nähern: Denn um an die Umzäunung heranzukommen, mußte man den Draht überspringen. Und wenn man das tat, wurde man von einem der Wachtürme erschossen. Wir warfen dann das Bier durch die Luft, damit die anderen es auffangen konnten. Viele Flaschen gingen zu Bruch. Die Wachen schossen dann einfach auf die Flaschen.[273]

Die (mindestens 360, wahrscheinlich sogar 1.000) Italiener wurden im Gegensatz zu den KZ-Häftlingen von der Wehrmacht bewacht. Sie mußten zehn bis zwölf Stunden an den Maschinen im Tunnel arbeiten. Die Arbeitsbedingungen waren angesichts der Hitze, die im Tunnel herrschte, nahezu unerträglich.[274]

Wegen der näherrückenden Front verließen die IMI gemeinsam mit den jüdischen Häftlingen aus Rzeszów und den „Ostarbeitern" und „Ostarbeiterinnen" Mitte Oktober 1944 das Werk.[275] Die dem Werk Sindelfingen zugeordneten IMI kehrten nach Iselshausen in das Verlagerungswerk „Schwarzwald I" zurück.[276] Wohin die IMI aus Colmar transportiert wurden, ist nicht bekannt.

---

268 Vgl. oben S. 317.
269 Vgl. StadtA Sindelfingen 9425.
270 Vgl. GUG-Interview Gillen/L, S. 28.
271 Vgl. unten S. 412–421.
272 Vgl. GUG-Interview Siffredi/I, S. 3.
273 GUG-Interview Siffredi/I, S. 9. Tatsächlich erschossen wurde aber nach Erinnerung des Zeitzeugen niemand, vgl. ebenda S. 9, 13.
274 Vgl. GUG-Interview Siffredi/I. Ein ehemaliger KZ-Häftling, der als Gehilfe in der Planung der Lagerbelegung arbeitete und daher sehr präzise Aussagen machen konnte, vermutet, es habe etwa 1.000 IMI in „Kranich" gegeben, vgl. GUG-Interview Gillen/L, S. 28.
275 Vgl. GUG-Interview Gillen/L, S. 30; StadtA Sindelfingen 9425.
276 Vgl. GUG-Interview Siffredi/I, S. 2.

Rzeszów (Reichshof)

Ende August 1942 verhandelte die Werksleitung in Rzeszów mit dem Rüstungskommando Krakau und dem Arbeitsamt Rzeszów über den Einsatz französischer
und belgischer Kriegsgefangener im Werk. Das zuständige Stalag 315 (Przemysl)[277]
nannte eine Reihe von Auflagen, die erfüllt sein müßten, vor allem fertige Unterkünfte. Wahrscheinlich kam kein Einsatz zustande; jedenfalls weist die Werksstatistik für Ende 1942 keine Kriegsgefangenen aus[278]. Auch bei der Betriebsinventur
am 30. Juni 1943 waren noch keine Kriegsgefangenen im Werk Rzeszów eingesetzt.[279]
Erst Ende 1943 kamen etwa 300[280] sowjetische Kriegsgefangene nach Rzeszów. Das Unterkunftsproblem war offensichtlich noch nicht gelöst: Während einige der Gefangenen neben den jüdischen Zwangsarbeitern in einer neu erbauten
Baracke unterkamen, mußten andere in Güterwaggons übernachten, die auf einem
Nebengleis abgestellt waren. Eine dritte Gruppe schließlich mußte unter freiem
Himmel schlafen. Die Bewachung erfolgte von Ukrainern der Wlassow-Armee,
also Soldaten, die die Front gewechselt hatten und nun mit der Wehrmacht gegen
die Rote Armee kämpften. Ihr Verhalten gegenüber den sowjetischen Kriegsgefangenen muß „schrecklich"[281] gewesen sein. Die Ernährung war offenbar so unzureichend, daß die schlecht ernährten polnischen Arbeiter und selbst die KZ-Häftlinge
ihnen ab und zu Nahrungsmittel gaben[282]. Insgesamt wurde diese Gruppe noch
schlechter behandelt als die jüdischen Zwangsarbeiter. Die Gefangenen wurden
überwiegend im Bunkerbau und im Transport von Flugmotoren eingesetzt.[283] Unter
ihnen befanden sich aber auch Spezialisten von der Krim-Halbinsel, die in der
Flugzeugmotorenreparatur eingesetzt waren.[284] Es gibt keinen Hinweis darauf, daß
Daimler-Benz die Kriegsgefangenen wie die jüdischen KZ-Häftlinge zusammen
mit den Maschinen in das Verlagerungswerk „Kranich" im Elsaß transportierte. Ein
Teil der Gefangenen konnte während der Evakuierung des Werks Ende Juli 1944
fliehen[285].

277 Vgl. MBA VO 175/24, Brief DB Reichshof an RüKdo Krakau 27.8.1942; Streim, Behandlung,
     S. 235.
278 Vgl. Pohl/Habeth/Brüninghaus, Daimler-Benz, S. 136.
279 Vgl. MBA VO 175/24.
280 Vgl. Kowalski, Obozy, S. 160. Ein ehemaliger polnischer Zwangsarbeiter schätzt „200 bis 300,
     etwas weniger", GUG-Interview Kajzer/PL, S. 5. Zum Stichtag 31.12.1943 meldete die Werk-
     sleitung jedoch nur 48 Kriegsgefangene an die Zentrale in Untertürkheim; vgl. Pohl/Habeth/
     Brüninghaus, Daimler-Benz, S. 136. Möglicherweise waren die anderen schon wieder abgezo-
     gen worden.
281 GUG-Interview Kajzer/PL, S. 5.
282 Vgl. GUG-Interviews Zienkiewicz/PL, S. 9, Krakowski/PL, S. 3.
283 Vgl. Kowalski, Obozy, S. 160.
284 Vgl. GUG-Interviews Brodowicz/PL, S. 3, 8, Kajzer/PL, S. 5, Krzywiec/PL, S. 3, Zienkiewicz/
     PL, S. 3, sowie StA Nürnberg, KV-Anklage, Interrogations, H–146.
285 Kowalski, Obozy, S. 160f.

Abb. 48: Im Groß-K-Werk Minsk eingesetzte sowjetische Kriegsgefangene auf dem Weg zur
Arbeit.

Abb. 49: Ein sowjetischer
Kriegsgefangener bei
Dacharbeiten im
Groß-K-Werk Minsk.

Minsk (Panzerinstandsetzungswerkstätte und Groß-K-Werk)

Über die in der Minsker Panzerinstandsetzungswerkstätte eingesetzte Gruppe sowjetischer Kriegsgefangener ist außer der Tatsache, daß ihre Behandlung sehr schlimm gewesen sein muß, nichts bekannt.[286] In dem ab Frühjahr 1942 hochgezogenen Groß-K-Werk in Minsk mußten etwa 2.000 sowjetische Kriegsgefangene arbeiten. Daimler-Benz setzte in der Produktion zunächst nur einige wenige Kriegsgefangene ein, dagegen beschäftigte die Wehrmacht beim Bau von Anfang an sehr viele.[287] Nach und nach scheinen die beim Bau eingesetzten Kriegsgefangenen dann in die Produktion übernommen worden zu sein. Die für Daimler-Benz arbeitenden Kriegsgefangenen wurden teils in Gebäuden der Panzerkaserne und teils im sogenannten Waldlager neben dem Werk untergebracht.[288] Ab und an gab es zwar bei besonderen Anforderungen auf Anordnung des Werksleiters – eigentlich unzulässige – Sonderrationen für die Kriegsgefangenen (Zigaretten bzw. Fleisch), insgesamt muß die Situation der Gefangenen jedoch sehr schlecht gewesen sein. Neben Durchfall als Folge von Streckmitteln in der Nahrung gab es auch eine Flecktyphusepidemie, die sicherlich viele Todesopfer forderte. Drei oder vier sowjetische Kriegsgefangene starben nach dem Genuß eines Alkohol enthaltenden Reinigungsmittels.[289] Über die Arbeitsleistung der unterernährten Gefangenen in Minsk urteilte der Daimler-Benz-Direktor Otto Hoppe lakonisch:

> *Der Wert der russischen Kriegsgefangenen werde zurzeit etwa wie 2 zu 1 beurteilt. Nach einer gewissen Zeit der Einarbeitung könne man die Leistung vielleicht bis auf zwei Drittel steigern – darüber hinaus gehe es aber nicht. Sehr schlecht seien die Urteile über die russischen Zivilarbeiter, die Ukrainer. Sie seien wesentlich schlechter als die Kriegsgefangenen, faul und auch nicht besonders willig.*[290]

Groß-K-Werk Gleiwitz

Neben den Maschinen wurden offenbar auch die meisten sowjetischen Kriegsgefangenen vom Groß-K-Werk Minsk in den Verlagerungsbetrieb Gleiwitz mitgeführt. Am 17. September 1944 waren in Gleiwitz 1.731 Kriegsgefangene eingesetzt, davon 1.215 im technischen und 403 im kaufmännischen Bereich, wozu auch Lager- und Transportarbeiten gezählt wurden. Kurz darauf müssen etwa 1.100

---

286 Vgl. oben S. 57.
287 Vgl. Brief Weschew/SU an Daimler-Benz 5.9.1989; BAMA Freiburg RW 30/39, Bl. 9 (16 sowjetische Kriegsgefangene bis Dezember 1942).
288 Vgl. MBA-Interview Nr. 78, S. 3, 5. Die Schätzung, es habe in Minsk ca. 2.000 Kriegsgefangene gegeben, scheint insofern nicht zu hoch gegriffen zu sein, als das Verlagerungswerk für Minsk, das Groß-K-Werk Gleiwitz, im September 1944 1.731 Kriegsgefangene aufwies (vgl. MBA GKW 7) und oben S. 295, Fußnote 47.
289 Vgl. MBA-Interview Nr. 78, S. 23, 49, 51.
290 BA Potsdam RWM 9088, Bl. 161f., Niederschrift über Beiratssitzung der WiGru Fahrzeugindustrie 18.11.1942. Rechtschreibfehler wurden aus der Quelle unkorrigiert übernommen.

Kriegsgefangene von der Wehrmacht abgezogen worden sein, denn zehn Tage
später wurden nur noch 628 Kriegsgefangene gemeldet (30,8% der Gesamtbelegschaft).[291]

K-Werk Riga

Im K-Werk Riga mußten erstmals im Februar 1944 70 sowjetische Kriegsgefangene aus dem Stalag 350 (Riga) arbeiten. Bis April erhöhte sich ihre Zahl auf 90. Sie
wurden in der Kfz-Reparatur eingesetzt und erhielten für ihre Arbeit RM 0,50/h –
ziemlich viel für Kriegsgefangene.[292] Bei der Evakuierung des Werks nach Gleiwitz im Juli 1944 wurden alle 90 Kriegsgefangenen ebenfalls dorthin verschleppt.

Über die Behandlung der sowjetischen Kriegsgefangenen schrieb im Spätsommer 1944 rückblickend der Daimler-Benz-Werksleiter Martin Wolff, ein überzeugter Nationalsozialist:

> *Nicht leicht war es, die durch scharfe Verordnungen unter Strafe gestellte Verbindung zwi-*
> *schen russischen Kriegsgefangenen und Einheimischen [lettischen Dienstverpflichteten] zu*
> *verhindern. Doch gelang es durch scharfe Überwachung und notfalls rücksichtsloses Auftreten*
> *der deutschen Führungskräfte, alle Auswüchse zu verhindern und in Gegensatz zu anderen K-*
> *Werken vor allem jedem Fluchtversuch von Kriegsgefangenen mit Erfolg entgegenzutreten.*
> *Für die Betreuung und Überwachung der russischen Kriegsgefangenen war jeweils ein »Pro-*
> *pagandist« zu der Kolonne eingeteilt, d.h. ein russischer Gefangener, der in seiner Einstellung*
> *antikommunistisch war und nach besonderer Schulung durch die betr. Dienststelle für diese*
> *Aufgabe eingesetzt war. Aufsässigkeiten bei den Kriegsgefangenen wurden, soweit sie über-*
> *haupt auftraten, sofort mit den gebotenen Mitteln unterdrückt, andererseits aber auch besonde-*
> *re Arbeitsleistungen und gute Führung belohnt. Schwierigkeiten ergaben sich nur in der letzten*
> *Zeit, als der Abbau des Werks bereits begonnen wurde. Doch genügte scharfes Durchgreifen*
> *des Leiters unter Androhung des Gebrauches der Schusswaffe und zeitweises Einsperren*
> *renitenter Elemente, um die Situation zu klären. Ganz allgemein betrachtet, verlangte die*
> *Beschäftigung von russ. Kriegsgefangenen zwar eine erhöhte Aufsichtsaufgabe für die deut-*
> *schen Führungskräfte, führte aber dank der durchschnittlich guten Arbeitsleistung der Kgf.*
> *auch zu einer erfreulichen Leistungssteigerung des Werkes.*[293]

Kotzenau (Verlagerung Tomaszow)

Im Frontreparaturbetrieb Tomaszow wurden keine Kriegsgefangenen eingesetzt,
wohl aber in dessen Verlagerungswerk Kotzenau (Niederschlesien). Dort waren
sowjetische Kriegsgefangene auf dem Betriebsgelände untergebracht, wo sie nach
Aussage eines polnischen Zeitzeugen „dahinvegetierten".[294]

---

291 Vgl. MBA GKW 7.
292 Vgl. MBA VO 175/8 und 175/10, dort insbesondere Bericht Leiter K-Werk Riga [ca. 8/1944],
   S. 10.
293 MBA VO 175/10, Bericht Leiter K-Werk Riga [ca. 8/1944], S. 10. Zeichensetzungsfehler des
   Originals wurden korrigiert.
294 Vgl. GUG-Interviews Pilitowski 1/PL, S. 3, Pilitowski 2/PL, S. 2, 5 (Zitat).

Flugmotorenwerke Ostmark

Im Hauptwerk Wiener Neudorf der Flugmotorenwerke Ostmark, deren Leitung
Daimler-Benz vom Herbst 1941 bis Mitte 1943 inne hatte, waren mehrere tausend
Kriegsgefangene eingesetzt, die in Baracken untergebracht wurden. Unmittelbar
neben dem Werksgelände befand sich von September 1941 bis Mitte 1943 ein
großes Kriegsgefangenenlager, dessen Insassen zu Bauarbeiten herangezogen wurden. Ende November 1941 betrug die Anzahl der Kriegsgefangenen bereits 1.900 in
Wiener Neudorf, darunter 1.000 Franzosen, und 300 in Brünn.[295]

Niederlassungen

Um die Lebens- und Arbeitsbedingungen der Kriegsgefangenen in den Werken,
also überwiegend großen Produktionseinheiten, besser einschätzen zu können, ist
der Vergleich mit den Daimler-Benz-Niederlassungen, also eher kleinen Reparaturwerkstätten, durchaus aufschlußreich. Es liegen Interviews und Archivmaterial zu
Kriegsgefangenen in den Niederlassungen in Allenstein, Bremen, Gleiwitz, Hamburg, Königsberg[296], Metz, Ravensburg, Rostock und Vechta vor.

Am Beispiel der Daimler-Benz-Niederlassung Bremen soll kurz der Alltag der
Kriegsgefangenen in einer größeren Niederlassung gezeigt werden. Von den etwa
130 Beschäftigten der Bremer Niederlassung waren 15 französische Kriegsgefangene, die in einer Steinbaracke auf dem Gelände der Werkstatt untergebracht
waren[297]. Sie waren als Facharbeiter in der Werkstatt eingesetzt, wo sie mit deutschen Vorarbeitern und Lehrlingen sowie mit niederländischen Facharbeitern zu-
sammenarbeiteten. Bei der Arbeit war der Umgang mit den Deutschen und Niederländern überwiegend kollegial. Als ein deutscher Arbeiter einen der Franzosen
während der Arbeit schlug, wurde er von der Filialleitung verwarnt. Andererseits
wurden die Franzosen von einem eigens zu ihrer „Betreuung" eingesetzten Daimler-Benz-Mitarbeiter und den Wachmannschaften öfters geschlagen; dort herrschte
nach Meinung der Niederländer „ein strenges Regiment". Zuweilen sollen die französischen Kriegsgefangenen – von Daimler-Benz unbemerkt – Sabotage betrieben
haben.[298]

Auch in der Ravensburger Niederlassung, einer kleinen Filiale mit nur acht
Mitarbeitern im technischen Betrieb, wurde sabotiert. Die beiden dort eingesetzten
französischen Kriegsgefangenen versuchten, dem Kriegsgegner mit Kleinigkeiten
soviel wie möglich zu schaden. Weil sie eine bestimmte Grenze nicht überschritten,

---

295 Vgl. BAMA Freiburg RW 20–17/3, Bl. 39, 54, RW 20–17/14 (13.8.1941); IWM London FD
      725/46; MBA Kissel IX,2, Protokoll Beiratssitzung Flumo Ostmark 16.12.1941, S. 15; Roth,
      Weg, S. 348.
296 Die Niederlassung Königsberg ist zusammen mit dem gegenüberliegenden Werk Königsberg
      beschrieben, vgl. oben S. 324–327.
297 Vgl. MSPF Rap. 451/Tr. 98841/19.
298 Soweit nicht anders vermerkt: Vgl. GUG-Interviews Goud/NL, Kelderman/NL (Zitat S. 6),
      Taal/NL.

scheinen sie nicht zur Rechenschaft gezogen worden zu sein. Da Sabotage an der
Lenkung der in Ravensburg reparierten Fahrzeuge besonders beliebt war, mußten
die Zwangsarbeiter die von ihnen reparierten Wagen selbst Probe fahren.[299]

In Rostock mußten vier französische Kriegsgefangene und 12 IMI für die dort
ansässige Niederlassung arbeiten. Während die Franzosen morgens und abends
unter Bewachung ins bzw. aus dem Werk gingen, waren die IMI zusammen mit den
holländischen Zivilarbeitern in Baracken auf dem Gelände der Werkstatt untergebracht. In der Freizeit versuchten die Italiener und Niederländer, der anderen
Gruppe ihre Sprache beizubringen. Die Kriegsgefangenen wurden nur als Hilfsarbeiter und zum Aufräumen nach Bombenangriffen eingesetzt.[300] Über die Behandlung der Franzosen wird berichtet, daß sie von den deutschen Daimler-Benz-
Arbeitern „ständig geschlagen und getreten"[301] worden seien.

In der Niederlassung Gleiwitz war das Verhältnis zu den dort eingesetzten
serbischen Kriegsgefangenen, unter denen sich möglicherweise auch jüdische Gefangene befanden[302], offenbar den Umständen entsprechend gut. Im Februar 1945
schrieb der Filialleiter an die Zentrale in Untertürkheim:

> Unsere serbischen Kriegsgefangenen hatten am Montag abend noch den Befehl erhalten,
> sofort zu Fuß abzurücken. Trotzdem das Wachkommando auf Abmarsch drängte, haben diese
> Leute bis nachts um ein Uhr gearbeitet und sich dann von mir mit vielen guten Wünschen für
> den Betrieb verabschiedet.[303]

Der Leiter der Niederlassung in Hamburg, wo 310 deutsche und ausländische Zivilarbeiter und Angestellte sowie 30 französische Kriegsgefangene eingesetzt wurden,
äußerte sich ebenfalls lobend über die Kriegsgefangenen, da sie sich nach einem
Luftangriff im Juli 1942 bei der Rettung von Werksgegenständen vor dem Brand
„ganz hervorragend benommen" hätten.[304] In der Hamburger Filiale mußten bis
Kriegsende auch italienische Offiziere arbeiten. Ihre Unterbringung erfolgte in
einer völlig verschmutzten Baracke, wie im Mai 1945 deutsche Flüchtlinge aus
dem Daimler-Benz-Werk Genshagen feststellten, als sie von der britischen Militär-
regierung dort einquartiert und zum Saubermachen aufgefordert wurden.[305]

Die Bezahlung des Kriegsgefangeneneinsatzes war für die Niederlassungen,
zumindest für deren Reparaturwerkstätten, ganz anders geregelt als in den großen
Werken. Auf den ersten Blick erscheint es merkwürdig, wenn sich die Niederlassung Königsberg bei der Wirtschaftsgruppe Fahrzeugindustrie im Juni 1941 darüber beschwerte, daß sie ihren Kriegsgefangenen infolge einer neuen Verordnung
auf einmal geringere Stundenlöhne zahlen sollte. Eine möglichst hohe Entlohnung
der Kriegsgefangenen war jedoch im Eigeninteresse der Werkstätten, da sie ihre
Reparaturleistungen mit der Wehrmacht abrechneten, indem sie ihr die an ihre

299 Vgl. GUG-Interview Eichholtz/NL.
300 Vgl. GUG-Interview Lienaerts/NL, S. 4, 6f., 9, 11.
301 GUG-Interview Grootveld/NL, S. 3 (Zitat), 6.
302 Vgl. Brief Nr. 307/YU an Daimler-Benz vom 19.11.1987.
303 MBA allg. Briefwechsel, aufgelöste Niederlassungen 2. Rechtschreibung und Zeichensetzung
     angeglichen.
304 Vgl. BA Potsdam 80 Ba 2/16363, 16375 (Juli 1942), Zitat ebenda.
305 Vgl. MBA Bericht Dr. Sommer, S. 41, 43, 46.

deutschen und ausländischen Arbeiter gezahlten Stundenlöhne multipliziert mit einem „Regiezuschlag" in Rechnung stellten.[306] Nahm also der Stundenlohn des Kriegsgefangenen ab, so sank zwar auch die Lohnsumme, aber der Gesamtrechnungsbetrag verringerte sich durch den Zuschlag noch mehr, so daß für die Niederlassung unter dem Strich weniger übrigblieb.

Im allgemeinen scheinen die Lebens- und Arbeitsbedingungen der Kriegsgefangenen – wie auch der anderen Zwangsarbeiter – in den Niederlassungen nicht so schlecht gewesen zu sein wie in den großen Werken. Der Hauptgrund dürfte darin liegen, daß sich bei der geringen Zahl[307] der Kriegsgefangenen ein persönliches Verhältnis zu den Deutschen bildete, das das Los der Gefangenen zumindest in der Werkstatt erträglicher machte.

Insgesamt dürften die Franzosen auch in den Niederlassungen bis zu ihrer Umwandlung die mit Abstand größte Kriegsgefangenengruppe gebildet haben, gefolgt von Sowjetsoldaten, die neben den bereits genannten Werkstätten mindestens auch in Allenstein (Kommando von 21 Mann)[308], Metz (8 Mann)[309] und München[310] (Anzahl unbekannt) eingesetzt wurden. IMI lassen sich in den Niederlassungen Hamburg, Königsberg, München und Rostock nachweisen.

306 Vgl. BA Koblenz R 97II/121, 122. Zitierter Begriff ebenda.
307 Relativ war der Umfang der Beschäftigung von Kriegsgefangenen in den Niederlassungen größer als in den großen Werken, vgl. dazu Tab. 8, S. 98. Konkrete Zahlen: Allenstein 25% (1942), Hamburg 9% (1942) und Ravensburg 25% (vgl. BAMA Freiburg RW 20–1/9, Bl. 90, 20–1/11, Bl. 48; BA Potsdam 80 Ba 2/16363, 16375; GUG-Interview Eichholtz/NL, S. 5).
308 Vgl. BAMA Freiburg RW 20–1/9, Bl. 90, RW 20–1/11, Bl. 48; MBA allg. Briefwechsel, aufgelöste Niederlassungen 2.
309 Vgl. Archives de la région Lorraine et du Dép. de la Moselle, ohne Signatur.
310 Vgl. GUG-Interview Havetta/CS, S. 4, 8. In der Niederlassung München sollen sehr viele Kriegsgefangene und angeblich sogar Soldaten des geschlagenen Afrika-Korps gearbeitet haben; vgl. ebenda, S. 4–6.

3.3.4.5 Zusammenfassung

Die Lebens- und Arbeitsbedingungen der Kriegsgefangenen in den Werken des Daimler-Benz-Konzerns waren in erster Linie geprägt durch Hunger, Heimweh, Demütigung und die Angst vor Luftangriffen.

Lebensbedingungen

In allen Interviews mit ehemaligen Kriegsgefangenen bei Daimler-Benz nehmen die Schilderungen des Hungers und der Versuche, sich über die kärglichen Rationen hinaus Lebensmittel zu organisieren, breiten Raum ein. Dies ist auch bei den französischen Kriegsgefangenen der Fall, die nicht so schlecht gestellt waren wie etwa Polen, Sowjetbürger und Italiener. Die Ernährung der beiden letztgenannten Gruppen war so unzureichend, daß z.B. die IMI trotz Verboten und harter Strafen in den Abfällen der deutschen Arbeiter und Lehrlinge nach Eßbarem suchten. Bei sowjetischen Kriegsgefangenen wird dies nicht anders gewesen sein. Die französischen, belgischen, englischen und indischen Kriegsgefangenen dagegen hatten nicht nur etwas höhere Rationen, sondern durften auch Pakete aus der Heimat oder vom Roten Kreuz empfangen.

Es gab einige Möglichkeiten, die Ernährungssituation zu verbessern. Die naheliegendste war, daß sich Daimler-Benz um zusätzliche Lebensmittel bemühte. Die reguläre Verpflegung wurde über ein Bezugsscheinsystem geregelt, auf das das Unternehmen keinen Einfluß hatte. Es konnte allenfalls Spielraum in Auslegungsfragen nutzen, also z.B. bei der Frage, ob eine Kriegsgefangenenkolonne Schwer-, Schwerst-, Lang- oder Nachtarbeit verrichtete oder im Rahmen einer der vielen „Sonderaktionen" arbeitete, bei denen Zusatzrationen verteilt wurden. In diesen Fällen standen auch den Kriegsgefangenen Nahrungsmittelzulagen zu, allerdings (1941) nur zwei Drittel von denen eines Zivilarbeiters[311]. Außerdem konnte Daimler-Benz zusätzliche bezugsscheinfreie Lieferungen auf den wenigen noch freien Märkten für Lebensmittel einkaufen. Dabei handelte es sich oft um minderwertige Nahrungsmittel, die Deutschen nicht mehr zugemutet wurden, z.B. Freibankfleisch[312]. Inwieweit die verschiedenen Werke diese beiden Möglichkeiten nutzten, ist den Akten nicht zu entnehmen. Auffällige Aktivitäten in dieser Richtung sind jedenfalls nicht zu erkennen.

Allen Interviewpartnern ist besonders stark im Gedächtnis haften geblieben, daß sie von Zivilarbeitern – Deutschen wie Ausländern –, Wachsoldaten und in einigen Fällen sogar KZ-Häftlingen heimlich Nahrungsmittel zugesteckt bekamen.[313] Diese Geste menschlicher Solidarität half ihnen über den materiellen Aspekt hin-

---

311 Vgl. HStA Stuttgart E 397 Bü 54, Bl. 21, 197, 486 und Bü 89. Die gesetzlichen Bestimmungen wurden laufend geändert.
312 Belegt für Mannheim 1942 und 1943, vgl. StadtA Mannheim Ern.- & Wirtschaftsamt Zug. -/ 1958, Nr. 518.
313 Zahlreiche Beispiele finden sich in den GUG-Interviews Ballini/I, S. 4, 8, 11, Bini/I, S. 3, Mazzoni/I, S. 3, Richiardone/I, S. 3, 8, Siffredi/I, S. 5.

aus, die vielfachen Demütigungen im Lager und im Werk besser zu ertragen. Dabei war den Kriegsgefangenen meistens bewußt, daß auch die ausländischen Zivilarbeiter nicht viel zu Essen hatten und ebenso wie die deutschen Arbeiter wegen des Kontaktverbots ein hohes Risiko eingingen.

Drittens hatten die nicht-sowjetischen Kriegsgefangenen nach der Lockerung einiger Bewachungsvorschriften die Möglichkeit, in ihrer knapp bemessenen Freizeit (meistens sonntags und in den ersten Jahren auch samstagnachmittags) gegen eine kräftige Mahlzeit oder Naturalien in deutschen Haushalten oder bei Bauern zu arbeiten.

Schließlich bot der Schwarzmarkt im Werk und nach der „Umwandlung" auch außerhalb Möglichkeiten, an weitere Lebensmittel zu gelangen. Voraussetzung dafür war aber „richtiges" Geld, das sich Kriegsgefangene nur im illegalen Tausch mit Zivilarbeitern oder sogar Bewachern[314] verschaffen konnten, oder Tauschwaren. Letztere bekamen die französischen und britischen Kriegsgefangenen in Paketen vom Roten Kreuz, die Franzosen außerdem von ihren Angehörigen oder der Regierung Vichy.[315]

In der Literatur wird häufig behauptet, die „Umwandlung" französischer und italienischer Kriegsgefangener hätte den Betroffenen insgesamt keine Vorteile gebracht.[316] Dieses Urteil wird von den meisten interviewten ehemaligen Daimler-Benz-Kriegsgefangenen nicht geteilt: Wie auch immer man die „Umwandlungen" bewerten mag, sie boten den ehemaligen Kriegsgefangenen, die nun – meistens – Lohn erhielten und sich (in einem bestimmten Umkreis) frei bewegen durften, eine wichtige Möglichkeit, an Eßbares zu kommen und waren daher aus Sicht der Betroffenen mehr als nur eine abstrakte Statusänderung.[317]

Noch ausgeprägter als bei den „Westarbeitern", die in den ersten Kriegsjahren Heimaturlaub bekommen konnten, war bei den Kriegsgefangenen das Heimweh. Im Gegensatz zu den zivilen Daimler-Benz-Zwangsarbeitern ist jedoch von Suiziden nichts bekannt. Dies liegt allerdings sicherlich auch an der Quellenlage, die hierüber keine Auskunft gibt. Angesichts ihrer katastrophalen Lebensbedingungen könnte dies vor allem bei sowjetischen Kriegsgefangenen und italienischen Militärinternierten durchaus vorgekommen sein.

Die den staatlichen Erlassen zugrundeliegende nationalsozialistische Rassenhierarchie entsprach durchaus der unterschiedlichen Ausprägung von Ausländerfeindlichkeit, die die Bewacher und Werksangehörigen den verschiedenen Kriegs-

---

314 Vgl. GUG-Interview Mazzoni/I, S. 6.

315 Vgl. GUG-Interviews Lardinois/B, S. 5, Thiévin/F, S. 2.

316 Vgl. für französische Kriegsgefangene: Herrenmenschen und Badoglioschweine, S. 72, für IMI: Cajani, Die italienischen Militär-Internierten, S. 305, und Schreiber, Die italienischen Militärinternierten, S. 504. Dabei unterschätzen diese Autoren möglicherweise, wie wichtig eine auch nur geringfügige Verbesserung der Ernährungssituation für die Betroffenen war.

317 In den sieben GUG-Interviews mit IMI wird der Statuswechsel von den Betroffenen durchweg positiv beurteilt. Von den vier interviewten französischen Kriegsgefangenen sagte nur einer, er habe keine Verbesserung empfunden. Ein Interviewpartner, der selbst nicht umgewandelt wurde, aber Kontakt zu Umgewandelten hatte, sah darin nur eine unerhebliche Verbesserung, zwei weitere, die zwangsweise umgewandelt wurden, spürten eine erhebliche Verbesserung. Vgl. GUG-Interviews Barberi/F, S. I, Terreaux/F, S. II, Ballard/F, S. 2, 4f., und Cordier/F, S. I.

gefangenengruppen entgegenbrachten: Billigte man den westlichen Kriegsgefangenen, insbesondere den Engländern und Franzosen, noch eine kulturelle Identität
und entsprechende Freiheiten zu, so wurden osteuropäische Kriegsgefangene wie
Rechtlose behandelt. Bei den Italienern waren wohl weniger rassische Gründe
ausschlaggebend, als vielmehr der Vorwurf des Verrats. Die westeuropäischen
Kriegsgefangenen wurden des öfteren beschimpft und bedroht, aber selten körperlich mißhandelt. Die Sowjetbürger und Italiener dagegen wurden häufig geschlagen
und mit stundenlangen Appellen oder völlig sinnlosen, demütigenden Strafarbeiten
schikaniert. Verantwortlich dafür waren in erster Linie die Wachmannschaften –
Wehrmacht, SS oder Daimler-Benz-Werkschutz –, aber auch Arbeiter und Angestellte von Daimler-Benz, vor allem Meister und Vorarbeiter, die direkt mit den
Gefangenen zu tun hatten.

Die Bewachung der Kriegsgefangenen war uneinheitlich geregelt. Befand sich
das Lager auf dem Werksgelände, so wurde die Bewachung offenbar ganz oder
teilweise an den Werkschutz, der seit Oktober 1943 der Gestapo unterstand[318],
delegiert. Außerhalb liegende Lager wurden von Wehrmachtseinheiten bewacht,
die sich aus Kriegsversehrten und älteren Soldaten zusammensetzten.

Die Unterkünfte der Kriegsgefangenen waren spartanisch: Die Baracken waren
fast immer aus Holz und boten im Winter keinen hinreichenden Schutz vor der
Kälte. Die Kriegsgefangenen schliefen in Holzbetten mit Strohsäcken. Obwohl die
französischen Kriegsgefangenen noch einigermaßen erträgliche hygienische Bedingungen antrafen, hatten sie schon bald mit Ungeziefer – Läusen, Flöhen und
Wanzen – zu kämpfen. Den sowjetischen Kriegsgefangenen und den italienischen
Militärinternierten mutete man von Beginn an noch unwürdigere Unterkünfte zu:
Sie hatten noch weniger Raum, keine Freizeitbaracken, weniger und noch primiti-
vere sanitäre Einrichtungen.

Die Anfälligkeit für Ungeziefer war auch auf den Umstand zurückzuführen,
daß die Kriegsgefangenen in der Regel bis Kriegsende, auch als „Umgewandelte",
dieselbe Uniform trugen, in der sie gefangengenommen worden waren. Ersatzkleidung erhielten sie normalerweise nur, wenn ihre Kleidung nur noch aus Lumpen
bestand. Lediglich im Werk Königsberg war die Versorgung mit Kleidung – und
damit auch die hygienische Situation – zufriedenstellend. Waren die Schuhe durch-
gelaufen, stellten die Werke Holzschuhe, die äußerst unbequem waren, und in
seltenen Fällen auch Lederschuhe[319]. Eine weitere Ursache für das Auftreten von
Ungeziefer lag – dies wird in den Interviews freimütig eingeräumt – auch bei den
Gefangenen selbst: Es erforderte viel Selbstdisziplin, Kleidung und Körper sauber
zu halten, wenn man nur einen Satz Kleidung hatte. Wenn sich dann auch nur ein
Gefangener nicht wusch, bekam er Ungeziefer und mit ihm alle anderen Bewohner
einer Baracke. Um dies zu verhindern, kam es vor, daß Kriegsgefangene ihre
Kameraden unter die Dusche zwangen.[320]

---

318 Vgl. BAMA Freiburg RW 21–59/2, Bl. 87, RW 22/51, Bl. 70. Leicht abweichend dazu findet
     sich in RW 23/11, Bl. 79, die Aussage, daß der Werkschutz von Rüstungsbetrieben, die für die
     Luftwaffe fertigten, nicht an die Sicherheitspolizei überging.
319 Im Juli 1944 erhielten sogar einmal IMI Lederschuhe, vgl. MBA Sifi 38/21.
320 Vgl. GUG-Interview Bini/I, S. 7, Backes/D, S. 13.

Der Hunger und die miserablen hygienischen Bedingungen, denen die Kriegsgefangenen ausgeliefert waren, erhöhten die Anfälligkeit für Krankheiten und Verletzungen. Die medizinische Versorgung war für die westlichen Kriegsgefangenen offensichtlich gerade noch ausreichend, jedenfalls ist keine Epidemie oder Häufung von Todesfällen bekannt. Die sowjetischen Kriegsgefangenen und die IMI litten dagegen unter einer erheblich höheren Sterblichkeit; für Minsk ist eine Flecktyphusepidemie belegt, für ein Drittel der IMI in Genshagen Lungentuberkulose. Während im Lazarett des Stammlagers Luckenwalde vermutlich mindestens 94 IMI aus dem Arbeitskommando Ludwigsfelde (Werk Genshagen) starben, ist über die Zahl der Todesopfer in Minsk nichts bekannt. Mehrere hundert waren bei einer derartigen Epidemie durchaus wahrscheinlich[321].

Eine weitere ständige Bedrohung waren die Luftangriffe, denen die Kriegsgefangenen genauso ausgesetzt waren wie alle anderen freiwillig oder unfreiwillig Beschäftigten eines Rüstungsbetriebs. Zumindest im Fall Sindelfingen ist nicht auszuschließen, daß die Kriegsgefangenen als lebender Schutzschild für das Werk mißbraucht werden sollten, in der (irrigen) Annahme, die Alliierten würden Werke nicht bombardieren, wenn sie eigene Soldaten treffen könnten.

Angesichts dieser Lebensumstände ist es nicht verwunderlich, daß Kriegsgefangene Fluchtversuche unternahmen. Dies wurde, wie für Sindelfingen belegt, sogar von Teilen der deutschen Belegschaft unterstützt. Wertvolle Hilfe fanden fluchtwillige französische Kriegsgefangene auch bei Landsleuten, die als Zivilarbeiter im gleichen Werk waren. Wichtig waren vor allem Zivilkleidung – ohne Anzug fiel man damals in der Eisenbahn auf –, gefälschte Papiere und etwas Bargeld.[322]

Um vor Nachahmung abzuschrecken, war die Bestrafung bei Fluchtversuchen ziemlich hart: Ein französischer Kriegsgefangener, der, bevor er zu Daimler-Benz kam, von einer anderen Arbeitsstelle geflohen war, wurde für einige Wochen ins Straflager eingeliefert. Wäre seine Flucht mit Diebstahl oder sogar Körperverletzung verbunden gewesen, wäre die Bestrafung noch härter ausgefallen.[323] Ein sowjetischer kriegsgefangener Offizier, der aus Genshagen geflohen war, wurde nach seiner Ergreifung in ein KZ eingewiesen.[324]

Arbeitsbedingungen

Bezogen auf die technische Ausstattung wurden die Arbeitsbedingungen in den Daimler-Benz-Betrieben von Interviewpartnern, die schon vorher in Industriebetrieben gearbeitet hatten, überwiegend positiv beurteilt: Die Maschinen waren neu

---

321 Bei einer geschätzten Anzahl von 2.000 Gefangenen ist dies keine übertrieben hohe Schätzung; Flecktyphusepidemien hatten in der Regel verheerende Folgen in Lagern, vgl. dazu auch Streim, Behandlung, S. 166; GUG-Interview Strobos/NL, S. 14 (Arzt).

322 Vgl. zu Fluchtversuchen von französischen DB-Kriegsgefangenen: Schülerarbeitsgruppe, Krieg und Wiederaufbau, S. 27; dies., Zwangsarbeiter, S. 99–102, und zwei Fälle in Kreis A Esslingen E1 Bü 984.

323 Vgl. GUG-Interview Terreaux/F, S. I.

324 Vgl. Birk u.a., Ludwigsfelder Geschichte, S. 29f.

und die Arbeitshallen verhältnismäßig sauber. Die sanitären Einrichtungen im
Werk waren – wenn sie sauber gehalten wurden – meistens besser, als es die
ausländischen Industriearbeiter von den Fabriken zu Hause gewohnt waren. Nicht
ganz ohne Grund waren viele Daimler-Benz-Werke „Nationalsozialistischer Mu-
sterbetrieb".

Entscheidend für das seelische Befinden am Arbeitsplatz – und damit für die
Bewertung der Arbeitsbedingungen 45 Jahre später – war jedoch der Kontakt zu
den Vorgesetzten, den Meistern und Vorarbeitern, und zu den Kollegen. Dabei
handelte es sich überwiegend um ältere Deutsche, die (noch) nicht zur Wehrmacht
eingezogen waren. Vereinzelt waren dies auch westeuropäische Facharbeiter. Es
gab offensichtlich eine ganze Reihe von deutschen Vorgesetzten, die menschlich
mit den ihnen unterstellten Kriegsgefangenen umgingen. Es ist nur ein Fall bekannt, wo dies zu negativen Konsequenzen für den Deutschen geführt hat[325].

Überwiegend scheint das Arbeitsklima jedoch unangemessen rauh gewesen zu
sein. Die meisten Kriegsgefangenen berichten von Beschimpfungen, Drohungen
und Tätlichkeiten. Offensichtlich herrschte das Prinzip, daß jeder deutsche Vorgesetzte in einem bestimmten Rahmen mit „seinen" Gefangenen umgehen konnte,
wie er wollte, solange nur die Leistung stimmte. Scheute der Deutsche die direkte
Konfrontation mit einem Kriegsgefangenen, so bediente er sich des Wachpersonals
zu dessen Disziplinierung. Nur selten zog die Werksleitung die Verantwortlichen
zur Rechenschaft. Offensichtlich wurde dieses Mittel der Arbeitsdisziplinierung
mindestens toleriert, wenn nicht sogar erwünscht.

Umgekehrt kam es nur sehr selten vor, daß ein Kriegsgefangener einen Deutschen schlug bzw. zurückschlug. In den vier in den Interviews erwähnten Fällen
fand keine Bestrafung statt, entweder, weil die Deutschen den Täter nicht ausfindig
machen konnten[326], oder aus anderen, unbekannten Gründen[327].

Der Druck auf die Kriegsgefangenen ist sicherlich in Einzelfällen auf reine
Schikane zurückzuführen. Vermutlich ist jedoch eine Kombination von allgemeiner Ausländerfeindlichkeit, vor allem Osteuropäern und Italienern gegenüber, und
Leistungsdruck ausschlaggebend gewesen: Ein Meister, in dessen Abteilung nicht
genügend „geschafft" wurde, hatte Angst, an die Front versetzt zu werden. Jedes
Unternehmen erstellte Listen von Schlüsselkräften, d.h. deutschen Arbeitnehmern,
die für die Produktion unbedingt erforderlich waren und deswegen nicht eingezogen werden konnten („uk-Stellung"). Ob man sich auf einer solchen Liste befand,
hing nicht nur von sachlichen Gründen ab, sondern auch vom innerbetrieblichen
Wohlverhalten.

Außerdem arbeiteten Kriegsgefangene nach Aufhebung einiger Bewachungsvorschriften mit deutschen Arbeitern in Akkordgemeinschaften. Dadurch war der
Lohn des Deutschen direkt abhängig von der Arbeitsleistung der ihm zugeteilten
Kriegsgefangenen. Der Deutsche hatte also einen ökonomischen Anreiz, die Gefangenen zur Arbeit anzutreiben. Insofern gab der deutsche Arbeiter den Druck nur an

---

325 Vgl. unten S. 342.
326 Vgl. GUG-Interview Ferrier/I, S. 3.
327 Vgl. GUG-Interview Siffredi/I, S. 11.

diejenigen weiter, die am unteren Ende der betrieblichen Hierarchie standen.[328] Zudem hatte er Bewacherfunktion: Nach wiederholt geglückten Fluchtversuchen gab die Zentrale in Untertürkheim Anfang Juli 1944 eine vertrauliche Mitteilung an alle Abteilungsleiter und Meister heraus, nach der sie für geeignete Bewachung der französischen Kriegsgefangenen und IMI zu sorgen hätten[329]. Die Abrechnung der Akkordarbeit wurde auch zur Disziplinierung herangezogen. Im Werk Königsberg beispielsweise benachrichtigte die Werksleitung die Gestapo, wenn der (von der Akkordleistung abhängige) Stundenlohn eines „umgewandelten" Kriegsgefangenen 0,40 RM nicht überschritt.[330]

Das Bewußtsein, für den Kriegsgegner zu arbeiten, machte vor allem den französischen Kriegsgefangenen, die ein besonders ausgeprägtes Nationalgefühl hatten, zu schaffen. Es kam daher mehrfach zu Fällen von Arbeitsverweigerung und sogar Selbstverstümmelung.[331] Dabei ist zu beachten, daß französische Kriegsgefangene einen größeren Spielraum hatten als etwa sowjetische Kriegsgefangene oder IMI, die stets von der Todesstrafe bedroht waren.

In den Fällen kollektiver Arbeitsverweigerung ging es den Gefangenen meistens um bessere Ernährung oder Unterkunft. Daimler-Benz scheint in mehreren derartigen Fällen auf die Beschwerden eingegangen zu sein und benachrichtigte nicht die Gestapo, wie es eigentlich vorgeschrieben war. War jedoch der Grund für die Arbeitsverweigerung prinzipieller Natur, d.h. wurde die Arbeit zum Beispiel unter Hinweis auf die Genfer Konvention rundweg abgelehnt, kam es zu ernsthaften Konflikten. Anfangs scheint Daimler-Benz zu Kompromissen bereit gewesen zu sein, in den letzten Kriegsjahren wurde dagegen offenbar auch gegenüber französischen Kriegsgefangenen eine härtere Linie verfolgt, wie der besonders drastische Fall in Berlin-Marienfelde zeigt[332].

Sabotage kam bei französischen und belgischen Kriegsgefangenen zuweilen vor, aber wohl selten so systematisch wie in Sindelfingen. Wichtig war gerade im Falle des Sabotagevorwurfs das Verhältnis zum deutschen Vorgesetzten[333]. Kriegsgefangene aus Ost- und Südeuropa hatten mit der Todesstrafe zu rechnen, wenn auch nur Sabotageverdacht bestand. Es ist allerdings kein Fall bekannt, wo es zweifelsfrei zur Vollstreckung eines Todesurteils an einem ausländischen Kriegsgefangenen[334] bei Daimler-Benz kam, was an der Quellenlage liegen mag. Eine ganze Reihe von Kriegsgefangenen wurde jedoch – oft auf Veranlassung der Werksleitung – in Straflager eingewiesen, wo eine hohe Sterblichkeit herrschte. Auch nachdem allgemein bekannt wurde, in welchem Zustand Kriegsgefangene aus Straflagern zurückkamen, behielt Daimler-Benz Einweisungen von Gefangenen weiterhin als Disziplinarmaßnahme bei. Neben Sabotage waren langsames Arbeiten und ausgedehnte Aufenthalte auf der Toilette andere Formen des Widerstands.

328 Vgl. Schmid, Arbeitskräfte, S. 570.
329 Vgl. MBA Haspel 12, Vertrauliche Mitteilung 10.7.1944.
330 Vgl. GUG-Interview Cordier/F, S. 4.
331 Vgl. GUG-Interview Cordier/F, S. 4. Allgemein dazu: Durand, La vie quotidienne, S. 224–235.
332 Vgl. oben S. 323.
333 Vgl. GUG-Interview Ballini/I, S. 5f.
334 Ein deutscher SS-Strafgefangener wurde in „Goldfisch" hingerichtet, vgl. oben S. 308.

Trotz strikten Verbots hatten vor allem die nicht immer streng bewachten französischen Kriegsgefangenen Kontakt mit anderen Zwangsarbeitergruppen im Werk, mit denen man Informationen, Geld, Nahrungsmittel, Tabak, etc. tauschte. Diese Treffen fanden am Arbeitsplatz und in den Toiletten statt, in die man sich häufig zurückzog, um auszuruhen.[335] Die französischen Kriegsgefangenen hatten naturgemäß viele Kontakte mit französischen Zivilarbeitern und -arbeiterinnen, aber auch mit „Ostarbeiterinnen". Die Beziehungen der Kriegsgefangenen zu französischen Freiwilligen waren naturgemäß sehr gespannt.

Kontakte mit Deutschen waren dagegen offenbar seltener, nicht nur, weil sie über das für die Arbeit notwendige hinaus für beide Seiten verboten waren, sondern wahrscheinlich eher, weil sie in der betrieblichen Hierarchie höher standen. Es ist daher um so erstaunlicher, daß eine Reihe von Daimler-Benz-Angehörigen Kriegsgefangenen, mit denen sie nie ein Wort wechselten, heimlich Lebensmittel zukommen ließen. Die Strafen für verbotene Kontakte mit Kriegsgefangenen standen nicht nur auf dem Papier: Im Werk Genshagen hörte ein IMI während einer Arbeitspause, daß im Radio seine Heimatstadt Florenz erwähnt wurde. Da er kaum Deutsch sprach, veranlaßte er seinen deutschen Vorarbeiter, ihm das Wichtigste auf ein Blatt Papier zu schreiben, so daß er seinen Lagerdolmetscher fragen konnte. Der Dolmetscher aber drohte dem IMI, er würde unverzüglich erschossen, wenn er nicht den Namen des deutschen Kollegen, der ihm die Worte aufgeschrieben hatte, preisgeben würde. Der Deutsche wurde von seinem Arbeitsplatz entfernt und bestraft, der IMI kam für einen Monat in die Strafkompanie des Stalag IIIA.[336]

Verhältnisse zwischen französischen Kriegsgefangenen und deutschen Frauen oder „Ostarbeiterinnen" kamen offensichtlich öfters vor. Als Strafe für Kontakte mit deutschen Frauen wurde Arbeitslager angedroht. War der Franzose verheiratet, sollte zudem sein Ehering an seine Frau geschickt werden.[337] Dennoch scheinen derartige Beziehungen zuweilen toleriert worden zu sein, solange die Beteiligten unverheiratet waren.[338] Manchmal wurden die Bestimmungen allerdings streng gehandhabt, so wurde ein französischer Kriegsgefangener mit drei Wochen Ausgehverbot bestraft, nur weil er mit einer französischen Zivilarbeiterin „in vertraulicher Unterhaltung" angetroffen wurde.[339]

Die Frage, inwieweit Daimler-Benz am Einsatz von Kriegsgefangenen profitierte, ist quantitativ nicht zu beantworten: Zu unterschiedlich waren die Entlohnungsrichtlinien, die im Zeitablauf und nach Dringlichkeit der Fertigung variierten. Es läßt sich aber eindeutig feststellen, daß niemand Daimler-Benz Kriegsgefangene aufdrängte. Im Gegenteil, das Unternehmen, das mit vielen anderen Rüstungsbetrieben um die wegen der Einberufung deutscher Arbeiter knappe Ressource Arbeitskraft konkurrierte, bemühte sich intensiv um die Zuteilung weiterer Kriegsge-

335 Vgl. Brief Maréchal/F an GUG 30.3.1990, S. 27f.

336 Vgl. GUG-Interviews Bini/I, S. 6f., Ballini/I, S. 8.

337 Vgl. GUG-Interview Terreaux/F, S. 1.

338 Vgl. MBA Zapf-Bericht, S. 48, Haspel 36, Spruch der Spruchkammer im Fall Paul Heim, 30.5.1947; GUG-Interview Mauguy/F, S. 7.

339 Vgl. BAMA Freiburg RH 49/34, Tagesbefehl 30.12.1942, Zitat ebenda. Vgl. z.B. auch GUG-Interview Misson/B, S. 3.

fangenenkontingente. Insofern kann kein Zweifel daran bestehen, daß sich Daimler-Benz vom Kriegsgefangeneneinsatz Vorteile versprach.

Theoretisch hätten die Daimler-Benz-Werke indifferent zwischen dem Einsatz von deutschen Arbeitern und Kriegsgefangenen sein müssen, da ja die sogenannte „Entschädigung", die sie den Stalags für die Kriegsgefangenen zahlten, so hoch bemessen war, daß das Unternehmen im einen wie im anderen Fall die gleichen Kosten hatte.[340] Die Praxis sah allerdings anders aus: Einerseits leisteten die Kriegsgefangenen zwar weniger als die besser ernährten, entsprechend ausgebildeten und eingearbeiteten deutschen Arbeiter, andererseits entfielen jedoch für das Unternehmen die freiwilligen sozialen Leistungen, mit denen man die deutsche Arbeiterschaft hatte binden müssen. Zudem konnte sich die Unternehmensleitung den Kriegsgefangenen gegenüber rücksichtsloser verhalten als gegenüber Deutschen, z.B. in Hinsicht auf Arbeitszeiten, Zusatzernährung bei Nacht-, Lang- und Schwerstarbeit sowie den Akkordvorgaben. Absentismus, eine typische Ausweichreaktion auf eine derartige Verschärfung von Arbeitsbedingungen, gab es bei den Kriegsgefangenen nicht: Sie wurden unter Bewachung zum Arbeitsplatz geführt. Wer sich krank meldete, hatte mit Schikanen zu rechnen.

Die Genfer Konvention, selbst wenn man sie gemäß der Auffassung des Auswärtigen Amts und des OKW nicht auf die sowjetischen und italienischen Kriegsgefangenen anwendet, wurde, wie die obigen Ausführungen zeigen, ständig verletzt, insbesondere der Artikel 31, der Rüstungsarbeit für Kriegsgefangene verbietet. Französische und belgische Kriegsgefangene wurden auch schon vor dem offiziellen Verzicht Vichys, auf Einhaltung des Artikels 31 zu bestehen[341], in allen großen Daimler-Benz-Stammwerken in der Rüstungsfertigung eingesetzt. Die Verantwortlichkeit dafür ist allerdings nicht der Rüstungsfirma, sondern dem Reich anzulasten, das die Ausführungsbestimmungen erließ. So konnte das Daimler-Benz-Werk Mannheim im September 1943 ganz offen schreiben, daß die dortigen französischen Kriegsgefangenen „für kriegswichtige Arbeiten bei uns eingesetzt sind"[342].

Aus heutiger Sicht schwer verständlich ist, daß Daimler-Benz damals diese Tatsache viel zu wenig als Argument benutzte, um materielle Verbesserungen für die Kriegsgefangenen durchzusetzen. Zur Beschaffung von Nahrung, Kleidung, Einrichtungsgegenständen, Öfen, etc. war Daimler-Benz wegen der Kontingentierung der Waren auf die Zusammenarbeit mit den Ernährungs- und Wirtschaftsämtern angewiesen. Es finden sich aber nur vereinzelt Hinweise, daß Daimler-Benz hier vorhandene Spielräume genutzt hat. Dafür, daß Spielräume vorhanden waren, spricht auch die Tatsache, daß die Kriegsgefangenen in den Werken Sindelfingen und Königsberg sowie in den Niederlassungen einigermaßen erträgliche Bedingungen vorfanden, wogegen die Behandlung in Genshagen und Gaggenau ausgesprochen schlecht war.

---

340 Faktisch gab es natürlich diese Alternative nicht. Die Kriegsgefangenen waren ja gerade Ersatz für die eingezogenen deutschen Arbeiter. Vgl. zur „Entschädigung" oben S. 292.

341 Vgl. oben S. 288. Auf die Frage, ob dieser Verzicht überhaupt völkerrechtliche Geltung hatte, kann hier nicht eingegangen werden.

342 Vgl. StadtA Mannheim Ausgleichsamt Zug. 1/1982, vorl. Nr. Karton 43.

Der Vollständigkeit halber darf nicht unerwähnt bleiben, daß sich Scapini – der übrigens kriegsblind war[343] – selbst im Januar 1942 schriftlich bei dem Daimler-Benz-Vorstandsvorsitzenden Kissel für das Verständnis bedankte, daß dieser den freiwilligen französischen Zivilarbeitern und den französischen Kriegsgefangenen entgegenbrächte. Allerdings leitete dieser Dank eine Bitte an Kissel ein, die den eigentlichen Anlaß des Briefs ausmachte, war also vielleicht auch nur eine Höflichkeitsfloskel.[344] Insofern ist dieses Lob zu relativieren. Der Brief kann allenfalls als Indiz dafür gewertet werden, daß die Zustände bei einigen anderen deutschen Firmen, die Kriegsgefangene einsetzten, noch schlechter waren als bei Daimler-Benz.

Unverständlich ist weiterhin der Umstand, daß sich nicht ein Hinweis dafür findet, daß Daimler-Benz die offensichtlichen Schikanen der Wachmannschaften, vor allem im Arbeitskommando Ludwigsfelde bei Genshagen, beanstandet hätte. Hier wäre das Argument, daß durch Strafexerzieren geschwächte Kriegsgefangene keine guten Rüstungsarbeiter sein können, mit einiger Sicherheit zumindest bei den Rüstungsdienststellen der Wehrmacht auf offene Ohren gestoßen.

Die Größe der Spielräume, die Daimler-Benz hatte, wäre vielleicht besser abzuschätzen gewesen, wenn mehr Interviews mit ehemaligen Kriegsgefangenen bei Daimler-Benz vorgelegen hätten. So läßt sich nur feststellen, daß die Situation für die Franzosen noch einigermaßen erträglich war, wogegen den sowjetischen Kriegsgefangenen und den IMI ständig der Tod durch Hunger, Erschöpfung und Mißhandlung drohte und in Minsk und Genshagen auch massenhaft eintrat. Wenigstens für das Werk Genshagen der Daimler-Benz Motoren GmbH läßt sich feststellen, daß die Werksleitung nicht das geringste Interesse an einer durchgreifenden Verbesserung der Umstände der Kriegsgefangenen zeigte. Für das Werk Mannheim ist sogar belegt, daß selbst ein Abteilungsleiter seine Machtposition gegenüber den Kriegsgefangenen ausnutzte, indem er sie exerzieren ließ und schlug.

Zusammenfassend läßt sich daher festhalten, daß sich im Gegensatz zu den Behauptungen des Unternehmens unmittelbar nach Kriegsende[345] ein besonderes Verantwortungsgefühl des Unternehmens Daimler-Benz den Kriegsgefangenen gegenüber nicht feststellen läßt. Während die Lage für französische, belgische und britische Kriegsgefangene durch deren rechtliche Besserstellung noch erträglich war, wurden die sowjetischen und italienischen Kriegsgefangenen ihrem Schicksal überlassen. Die vorherrschende Einstellung der Verantwortlichen bei Daimler-Benz war offensichtlich Indifferenz: Die Gefangenen waren zum Arbeiten da, die Verantwortung für ihr Wohlergehen lag letztlich bei der Wehrmacht, also dem Staat. Deutsche Facharbeiter waren wegen der vielen Einberufungen knapp, und die zuständigen leitenden Angestellten der Personalabteilung hatten vermeintlich wichtigere Aufgaben, als sich wegen Ernährungs-, Bekleidungs-, Unterkunfts-, Hygiene- oder Behandlungsfragen mit den zuständigen Dienststellen herumzuschlagen. Das Nachsehen hatten die Kriegsgefangenen.

343 Vgl. Durand, Vichy und der „Reichseinsatz", S. 186.
344 Vgl. MBA Kissel XIII,1.
345 Vgl. MBA Haspel 25 und 26, Spruchkammerakten und Zapf-Bericht.

3.3.5 KZ-HÄFTLINGE

3.3.5.1 Der Einsatz von KZ-Häftlingen in der deutschen Rüstungsindustrie

KZ-Häftlinge wurden seit 1941 in der deutschen Rüstungsindustrie eingesetzt.

Doch nicht erst seit dieser Zeit spielte der Faktor „Arbeit" eine wichtige Rolle im Häftlingsalltag. Allerdings veränderten sich Bedeutung und Stellenwert der Arbeit während der einzelnen Entwicklungsphasen der Konzentrationslager.[1] In der ersten Periode (1933–1936) wurde Arbeit in erster Linie als „Erziehungs"- und Strafmittel eingesetzt. Die Verfolgung und Bekämpfung potentieller und tatsächlicher Gegner des Nationalsozialismus standen eindeutig im Vordergrund. Arbeit war prinzipiell mit Schikane gleichzusetzen. Lediglich in Dachau wurden auf Betreiben Himmlers schon früh Häftlinge für lagereigene Bau- und Produktionsaufgaben eingesetzt. In jedem Fall aber blieb die Arbeit auf das Lager beschränkt.[2] Vor Kriegsbeginn wurden keine Häftlinge in der Rüstungsindustrie eingesetzt.

Mit der zweiten Periode (1936/37–1942) trat zwar eine Änderung hinsichtlich der Einstellung zur KZ-Arbeit ein, jedoch spielten die KZ-Häftlinge in der Kriegswirtschaft bis 1942 kaum eine Rolle. Arbeit behielt weiterhin den Charakter der Strafe, der Arbeitseinsatz blieb gleichfalls von ideologischen und nicht von kriegswirtschaftlichen Kriterien bestimmt.[3] Angesichts der notwendigen Mobilisierung von Arbeitskräften für die deutsche Wirtschaft gelang es Himmler, die Konzentrationslager in verstärktem Maße für die Wirtschaft zu nutzen. Aus diesem Grunde wurden neue Häftlingskategorien erschlossen (Gewohnheits- und Berufsverbrecher, Landstreicher etc., Zeugen Jehovas, Juden).[4] Der Erlaß des Chefs der Sicherheitspolizei und der Geheimen Staatspolizei, Reinhard Heydrich, vom 1. Juni 1938 zur Erfassung der sogenannten „Asozialen" (Landstreicher, Bettler, „Zigeuner", Zuhälter, wegen Widerstand, Körperverletzung und dergleichen vorbestrafte Personen[5]) verdeutlicht, daß der Häftlingseinsatz mehr in den Vordergrund getreten war. Zur Deckung des Arbeitskräftebedarfs war es notwendig, die Zahl der KZ-Insassen zu erhöhen. Der entsprechende Erlaß begründete diese Maßnahme:

---

1 Während Pingel analog der drei Perioden der nationalsozialistischen Arbeitsmarktpolitik (1. Periode 1933–1936; Periode 1936/37–1942; 3. Periode 1942–1945) drei Entwicklungsphasen in der Geschichte der Konzentrationslager unterscheidet (vgl. Pingel, Häftlinge, S. 14f.; ders., KZ-Häftlinge im Arbeitseinsatz, S. 151; ders., KZ-Häftlinge zwischen Vernichtung und Arbeitseinsatz, S. 785; ders., System, S. 17–28), kommt Klingel auf vier Phasen (1. Phase 1933–1935/36; 2. Phase 1935/36–1939; 3. Phase 1939–1942; 4. Phase 1942–1945) (vgl. Klingel, Funktion, S. 23). Doch ist darin kein Widerspruch zu sehen, da Pingel für die 2. Periode eine Zäsur in das Jahr des Kriegsbeginns, 1939, setzt (vgl. Pingel, Häftlinge, S. 15; vgl. Broszat, Konzentrationslager, S. 97f.). Ich beziehe mich im folgenden auf die Einteilung Pingels.

2 Vgl. Pingel, KZ-Häftlinge im Arbeitseinsatz, S. 153–155; ders., KZ-Häftlinge zwischen Vernichtung und Arbeitseinsatz, S. 786; Fröbe, KZ in Hannover, S. 17; Herbert, Arbeit, S. 390; Billig, L'Hitlérisme, S. 236; Klingel, Funktion, S. 31; Langbein, Arbeit, S. 6.

3 Vgl. Herbert, Arbeit, S. 390f.; Kaienburg, „Vernichtung durch Arbeit", S. 54; ders., Beispiel Neuengamme, S. 198f.; Freund/Perz, Industrialisierung, S. 108.

4 Vgl. Pingel, Häftlinge, S. 69; Broszat, Konzentrationslager, S. 78–87.

5 Vgl. Broszat, Konzentrationslager, S. 91.

Die straffe Durchführung des Vierjahresplanes erfordert den Einsatz aller arbeitsfähigen Kräfte und läßt es nicht zu, daß asoziale Menschen sich der Arbeit entziehen und somit den Vierjahresplan sabotieren.[6]

Ansatzweise wird bereits hier der Widerspruch, durch den die Häftlingsarbeit insbesondere seit 1941/42 gekennzeichnet war, evident: Einerseits hatten die Konzentrationslager die Funktion der Gegnerausschaltung, andererseits sollten sie nun auch für die Bereitstellung von Arbeitskräften und für eine Produktionssteigerung sorgen. Auf eine Formel gebracht, heißt dies „nationalsozialistische Ideologie versus Ökonomie". Im Prinzip der „Vernichtung durch Arbeit" wurde lange Zeit eine Kompromißlösung gesehen. Festzuhalten bleibt, daß im Erlaß vom 1. Juni 1938 zum erstenmal der „Zwangsarbeitseinsatz als wesentlicher Zweck der KL"[7] formuliert worden ist. Dieser Aspekt manifestierte sich auch in den zahlreichen Gründungen SS-eigener Wirtschaftsbetriebe, in denen KZ-Häftlinge beschäftigt wurden.[8] Da es sich bei diesen Betrieben in der Regel um Erd- und Steinbetriebe handelte, waren die Arbeitsbedingungen dort besonders unmenschlich und die Arbeitskraft der Häftlinge wurde rücksichtslos ausgebeutet, so daß die Sterberaten in den Konzentrationslagern zu Beginn der zweiten Periode sprunghaft anstiegen.[9]

Ferner wurden zu Beginn der zweiten Periode alle frühen Konzentrationslager bis auf das „Modell-KZ" Dachau geschlossen, parallel dazu erfolgte die Gründung neuer Lager. 1938 existierten vier Konzentrationslager: Dachau, Sachsenhausen, Buchenwald und Lichtenburg, das seit 1937 als Frauen-KZ fungierte und dessen Insassen nach seiner Auflösung in das im Mai 1939 neu eingerichtete Frauen-KZ Ravensbrück überstellt wurden. In der folgenden Zeit wurden im Reichsgebiet und in den eingegliederten „Ostgebieten" weitere Konzentrationslager eingerichtet: Flossenbürg (Mai 1938), Mauthausen/Gusen (Dezember 1938), Stutthof (September 1939), Neuengamme (Juni 1940), Auschwitz (Juni 1940), Groß-Rosen (August 1940) und Natzweiler-Struthof (1940).[10] Im April 1942 bestanden schließlich 15 Konzentrationslager, ferner das SS-Sonderlager Hinzert sowie drei Jugendschutzlager.[11] Für die Standortbestimmung der neuen Konzentrationslager waren häufig die Nähe zu Steinbrüchen oder Gesteinsvorkommen ausschlaggebend gewesen. Ein wichtiger Faktor war außerdem das unter Albert Speer begonnene Programm der „Führerbauten" zur Neugestaltung der Reichshauptstadt und anderer Großstädte, das nach den Plänen der Nationalsozialisten nach Beendigung des Krieges zu seiner vollen Ausgestaltung kommen sollte. Diese Vorstellungen bewegten sich noch alle

---

6   Erlaßsammlung „Vorbeugende Verbrechensbekämpfung", Schriftenreihe des Reichskriminalpolizeiamtes/Berlin, Nr. 15/Dez. 1941, Bl. 81, zit. nach Broszat, Konzentrationslager, S. 91.

7   Broszat, Konzentrationslager, S. 91.

8   Vgl. hierzu ausführlich Georg, Enno: Die wirtschaftlichen Unternehmen der SS, Stuttgart 1963.

9   Vgl. Pingel, KZ-Häftlinge im Arbeitseinsatz, S. 156.

10 Vgl. Broszat, Konzentrationslager, S. 76, 93, 116, 120f.; Pingel, Häftlinge, S. 61–64; ders., KZ-Häftlinge im Arbeitseinsatz, S. 155; Klingel, Funktion, S. 29; Gedenkstätten; S. 100f.; Billig, Camps, S. 28f., 77, 80; Heigl, KZ Flossenbürg, S. 12. Offiziell wurde das KZ Natzweiler erst am 1. Mai 1941 eröffnet. Vgl. Ziegler, Mitten unter uns, S. 15.

11 Vgl. Schreiben Pohls an Himmler vom 30. April 1942, in: SS im Einsatz, S. 215–217. Vgl. zum Sicherungslager Schirmeck-Vorbruck unten S. 365f.

im Rahmen der Blitzkriegsstrategie, d.h. der Planung und der Hoffnung, durch kurze Feldzüge, „Blitzkriege", den Krieg innerhalb kurzer Zeit siegreich zu beenden.[12]

Herbert konstatiert, daß der Arbeitseinsatz von KZ-Häftlingen bis zum Sommer 1941 nicht unter dem Vorzeichen der ökonomischen Effektivität stand, sondern weiterhin von den Aspekten „Erziehung", Strafe und Vernichtung geleitet wurde.[13]

Seit sich Ende 1941 das Scheitern des Blitzkriegskonzepts und somit die Umstellung auf einen länger dauernden Krieg abzeichnete, ergriff das NS-Regime diverse Maßnahmen, um der Kriegswirtschaft genügend Arbeitskräfte zuzuführen. Da es nicht möglich war, die notwendigen Arbeitskräfte aus der deutschen Bevölkerung zu erhalten, sahen sich die Nationalsozialisten trotz größter ideologischer Bedenken dazu genötigt, sowjetische Kriegsgefangene in der Rüstung einzusetzen.[14] Dennoch konnte dadurch das Problem des Arbeitskräftemangels nicht gelöst werden, da von den nahezu 3,5 Mio. sowjetischen Kriegsgefangenen des Jahres 1941 bis Februar 1942 fast 60% umkamen[15], teils wurden sie sofort getötet, teils waren sie infolge mangelnder Versorgung und Unterbringung dem Hungertod überlassen worden. Letztlich konnte nur ein geringer Prozentsatz der sowjetischen Kriegsgefangenen wegen ihres erbärmlichen Gesundheitszustandes eingesetzt werden. Somit wurde der Arbeitermangel zu einem akuten und bedrohlichen Problem für die NS-Führung.[16] Durch den Einsatz ziviler sowjetischer Zwangsarbeiter, den sogenannten „Ostarbeitern", sollte die Arbeitsmarktlage entspannt werden. Doch auch die brutale Verschleppung von 1,4 Mio. sowjetischen Männern, Frauen und Kindern von April bis Dezember 1942 löste die Arbeitsmarktkrise nicht. Daher rückten gleichzeitig Überlegungen zum Einsatz von Juden und KZ-Häftlingen in den Vordergrund. Zu Beginn des Jahres 1942 teilte Himmler SS-Brigadeführer Glücks mit:

> *Nachdem russische Kriegsgefangene in der nächsten Zeit nicht zu erwarten sind, werde ich von den Juden und Jüdinnen, die aus Deutschland ausgewandert werden, eine große Anzahl in die Lager schicken. Richten Sie sich darauf ein, in den nächsten Wochen 100.000 männliche Juden und bis zu 50.000 Jüdinnen in die KL. aufzunehmen. Große wirtschaftliche Aufträge und Aufgaben werden in den nächsten Wochen an die Konzentrationslager herantreten.*[17]

Diese Pläne zum Arbeitseinsatz von Juden und KZ-Häftlingen in der Rüstungsindustrie leiteten die dritte Periode der Geschichte der Konzentrationslager (1942–1945)

---

12 Vgl. Broszat, Konzentrationslager, S. 92f.; Kaienburg, „Vernichtung durch Arbeit", S. 74/90f; Kárný, SS-Wirtschaftsverwaltungshauptamt, S. 155.

13 Vgl. Herbert, Arbeit, S. 391, vgl. auch S. 397; vgl. Pingel, KZ-Häftlinge im Einsatz, S. 156; vgl. ders., System, S. 22f; Freund/Perz, Industrialisierung, S. 109.

14 Vgl. Klingel, Funktion, S. 44; Kühnrich, KZ-Staat, S. 57–60; Herbert, Arbeit, S. 397f.; Freund/ Perz, Industrialisierung, S. 101f. Vgl. ausführlich zum Einsatz der sowjetischen Kriegsgefangenen Streit, Kameraden, S. 191–216, 238–288; Herbert, Fremdarbeiter, S. 137–149.

15 Vgl. Streit, Kameraden, S. 128–190, hier S. 136.

16 Vgl. Herbert, Arbeit, S. 399.

17 Fernschreiben Himmlers an Glücks vom 25. Januar 1942, zit. nach: Buchenwald. Mahnung und Verpflichtung, S. 248 (ebenfalls abgedr. in: SS im Einsatz, S. 214); vgl. Herbert, Arbeit, S. 399–402.

ein. Die Häftlinge stellten für das nationalsozialistische Regime eine der letzten verfügbaren Kraftreserven dar.[18] Im März 1942 hatte eine Besprechung im Führerhauptquartier stattgefunden, bei der unter anderem auch der Einsatz von KZ-Häftlingen in der Rüstungsindustrie erörtert worden war. Himmler übertrug SS-Obergruppenführer Oswald Pohl daraufhin die Reorganisation der Konzentrationslager mit dem Ziel der stärkeren Einbindung der Lager in die Kriegswirtschaft.[19] Die Rekrutierung von Arbeitskräften für die Rüstungsindustrie wurde fortan neben dem Hauptzweck der Bekämpfung der inneren Gegner des Regimes zu einer wichtigen Aufgabe der Konzentrationslager.[20] Die bisherigen Funktionen der Gegnerbekämpfung und -ausschaltung wurden keineswegs aufgegeben, vielmehr erfolgte eine Verknüpfung der verschiedenen Funktionen, wie sie am offenkundigsten im Prinzip der „Vernichtung durch Arbeit" zum Ausdruck kommt. Ein Schreiben Pohls an Himmler vom 30. April 1942 gibt die veränderte Einstellung hinsichtlich des Arbeitseinsatzes von KZ-Häftlingen wieder:

1. Der Krieg hat eine sichtbare Strukturveränderung der Konzentrationslager gebracht und ihre Aufgaben hinsichtlich des Häftlingseinsatzes grundlegend geändert.
Die Verwahrung von Häftlingen nur aus Sicherheits-, erzieherischen oder vorbeugenden Gründen allein steht nicht mehr im Vordergrund. Das Schwergewicht hat sich nach der wirtschaftlichen Seite hin verlagert. Die Mobilisierung aller Häftlingskräfte zunächst für die Kriegsaufgaben (Rüstungssteigerung) und später für Friedensaufgaben schiebt sich immer mehr in den Vordergrund.
2. Aus dieser Erkenntnis ergeben sich notwendige Maßnahmen, welche eine allmähliche Überführung der Konzentrationslager aus ihrer früheren einseitigen politischen Form in eine den wirtschaftlichen Aufgaben entsprechende Organisation erfordern.[21]

Um Leitung und Verwaltung der Konzentrationslager auch organisatorisch effektiver in die Kriegswirtschaft einbinden zu können, wurde die Inspektion der Konzentrationslager am 16. März 1942 als Amtsgruppe D dem im Februar 1942 aus den früheren Hauptämtern „Finanzen und Bauten" und „Verwaltung und Wirtschaft" errichteten „Wirtschaftsverwaltungshauptamt" (WVHA) unterstellt. Bis zu diesem Zeitpunkt war die Inspektion der Konzentrationslager dem SS-Führungshauptamt angegliedert. Leiter der Amtsgruppe D wurde SS-Obergruppenführer Oswald Pohl. Das Amt D II war von nun an zuständig für den Arbeitseinsatz der KZ-Häftlinge.[22] Die Umstellung und Konzentration der gesamten Wirtschaft auf die Kriegsproduktion manifestierte sich ferner in der Kompetenzerweiterung des Ministers für Bewaffnung und Munition – Albert Speer hatte am 9. Februar 1942 die Nachfolge Todts angetreten – sowie in der Ernennung des thüringischen Gauleiters Fritz Sauckel zum „Generalbevollmächtigten für den Arbeitseinsatz" (GBA).[23]

---

18 Vgl. Freund/Perz, Industrialisierung, S. 109.
19 Vgl. Pingel, Häftlinge, S. 123; Broszat, Konzentrationslager, S. 132f.
20 Klingel, Funktion, S. 37.
21 Schreiben Pohls an Himmler vom 30. April 1942, zit. nach SS im Einsatz, S. 216.
22 Vgl. Pingel, Häftlinge, S. 123; Broszat, Konzentrationslager, S. 133f. Vgl. zur Person und zur Rolle Pohls: Koch, Peter Ferdinand: Himmlers Graue Eminenz – Oswald Pohl und das Wirtschaftsverwaltungshauptamt der SS, Hamburg 1988; Höhne, Orden, S. 372.
23 Vgl. Herbert, Arbeit, S. 402f.; Kaienburg, „Vernichtung durch Arbeit", S. 228. Weitreichende

Übersicht: Aufbau des Wirtschaftsverwaltungshauptamtes (WVHA)[24]

Amtsgruppenchef D
– Konzentrationslager –
Amtsgruppe D: Konzentrationslager
(Chef: Brif. Glücks)

Amt D I: Zentralamt
(Ostubaf. Liebehenschel)
D I/1: Häftlingsangelegenheiten
D I/2: Nachrichtenwesen, Lagerschutz und Wachhunde
D I/3: Kraftfahrwesen
D I/4: Waffen und Geräte
D I/5: Schulung der Truppe

Amt D II: Arbeitseinsatz der Häftlinge
(Staf. Maurer)
D II/1: Häftlingseinsatz
D II/2: Häftlingsausbildung
D II/3: Statistik und Verrechnung

Amt D III: Sanitätswesen und Lagerhygiene
(Staf. Dr. Lolling)
D III/1: Ärztliche und zahnärztliche Versorgung der SS
D III/2: Ärztliche und zahnärztliche Versorgung der Häftlinge
D III/3: Hygienische und sanitäre Maßnahmen in den KZ

Amt D IV: KZ-Verwaltung
(Stbf. Burger)
D IV/1: Haushalt, Kassen und Besoldungswesen
D IV/2: Verpflegung
D IV/3: Bekleidung
D IV/4: Unterkunft
D IV/5: Rechts-, Steuer- und Vertragsangelegenheiten

Der ursprüngliche Plan der SS, ein eigenes Wirtschaftsimperium aufzubauen, war kläglich gescheitert. Die SS hatte zunächst beabsichtigt, nicht nur ihre eigenen Produktionen, sondern auch die der privaten Rüstungsindustrie in die Lager zu verlegen. Modellversuche dazu sollten in Buchenwald und Neuengamme durchgeführt werden. Rüstungsminister Speer und die private Industrie konnten jedoch die

---

Befugnisse im Bereich der Rüstungsproduktion erhielt Speer als „Generalbevollmächtigter für Rüstungsaufgaben im Vierjahresplan".

24 Vgl. Broszat, Konzentrationslager, S. 133f. Die Rangstufen der SS-Angehörigen entsprachen meistens Rängen der Wehrmacht: Sturmbannführer-Major, Obersturmbannführer-Oberstleutnant, Standartenführer-Oberst, Brigadeführer-Generalmajor. Vgl. hierzu Kogon, SS-Staat, S. 63f.

drohende Konkurrenz durch die SS-Betriebe erfolgreich abwehren. Statt Rüstungs-
produktionen in großem Umfang in die Konzentrationslager zu verlegen, wurden
nun in der Nähe von Rüstungswerken KZ-Nebenlager, die sogenannten Außen- und
Unterkommandos, angelegt. In der Führerbesprechung vom 20. bis 22. September
1942 wurde das Prinzip der Ausleihe von KZ-Häftlingen an die private Industrie
beschlossen. Dieses Prinzip war von nun an für den Arbeitseinsatz der KZ-Häftlinge bestimmend.[25]

Das bürokratische Verfahren der Verleihung von KZ-Häftlingen an die deutsche Rüstungsindustrie ist durch die Aussagen von Karl Sommer, SS-Hauptsturmführer und Hauptabteilungsleiter der Amtsgruppe D, und durch die Aufzeichnungen und Aussagen von Rudolf Höß, zunächst Kommandant des KZ Auschwitz,
anschließend als Leiter der Amtsgruppe D I für die Überwachung des Arbeitseinsatzes der KZ-Häftlinge zuständig, ausführlich dokumentiert. Den Aufzeichnungen
von Höß ist folgendes zu entnehmen:

*Der gesamte Arbeitseinsatz der Häftlinge an einem K.L. unterstand dem Arbeits-Einsatz-
Führer. Dieser war wiederum dem Amt D II des WVHA verantwortlich für den richtigen
Einsatz aller Häftlinge nach berufsmäßigem Können und Leistungsfähigkeit. Alle Häftlinge
eines Lagers waren in einer sogen. Berufskartei vom Arbeits-Einsatzführer erfaßt. Der Stand
der einzelnen Berufe war zahlenmäßig monatlich D II zu melden. Häftlinge wichtiger, aber nur
vereinzelt vorkommender Berufe mußten namentlich genannt werden, wie Diamantenschleifer,
Schleifer optischer Geräte, Feinmechaniker, Uhrmacher, Werkzeugmacher u.ä. Diese Häftlinge standen unter <Denkmalschutz>. Ihr Einsatz wurde ausschließlich durch D II verfügt. –
Jedes Arbeitsvorhaben – also jeglicher Häftlings-Arbeits-Einsatz – bedurfte der schriftlichen
Genehmigung durch D II. Außenstehende Unternehmen wie Rüstungs-Firmen, Bergbau o.a.
kriegswichtige Betriebe, die an das K.L. herantraten, um Häftlinge als Arbeitskräfte zu erhalten, mußten über das zuständige Rüstungskommando an D II verwiesen werden. D II stellte
durch das Rüstungs-Ministerium die Dringlichkeit des vorliegenden Arbeitsvorhabens fest.
Der Lagerkommandant und der Arbeitseinsatzführer hatten inzwischen an Ort und Stelle die
Art des Arbeitseinsatzes der Häftlinge, die Unterbringung und Verpflegung und die Bewa-
chungsnotwendigkeiten zu überprüfen und an D II zu berichten. Bei größeren Vorhaben
überprüfte dies der Amtschef D II persönlich. Nach Vortrag von D II entschied der Haupt-
amtschef Pohl nach der Dringlichkeit, nach Maßgabe der zur Verfügung stehenden Häftlinge
und nach dem Überprüfungsergebnis bei dem antragstellenden Betrieb durch den Lagerkommandanten und Arbeitseinsatzführer bzw. durch D II über die Genehmigung oder Ablehnung. – Es ist aber auch zu wiederholten Malen vorgekommen, daß der RFSS den Einsatz von
Häftlingen aus kriegswichtigen oder siegentscheidenden Gründen befahl, obwohl Lagerkommandant, Arbeitseinsatzführer und D II abgelehnt hatten, weil entweder die Unterbringung
oder die Verpflegungsmöglichkeit nicht annähernd dem Geforderten entsprach.*[26]

25   Vgl. Herbert, Arbeit, S. 406f.; Fröbe, KZ in Hannover, S. 22–26; Pingel, Häftlinge, S. 125f.;
     ders., System, S. 24; ders., KZ-Häftlinge zwischen Vernichtung und Arbeitseinsatz, S. 791f.;
     Piper, Industrieunternehmen, S. 97; Speer, Erinnerungen, S. 378f. Vgl. zu den wirtschaftlichen
     Bestrebungen der SS neben Georg, Unternehmen, auch den Aufsatz Miroslav Kárnýs, Das SS-
     Wirtschaftsverwaltungshauptamt. Verwalter der KZ-Häftlingsarbeitskräfte und Zentrale des
     SS-Wirtschaftskonzerns, in: »Deutsche Wirtschaft«. Zwangsarbeit von KZ-Häftlingen für In-
     dustrie und Behörden. Symposion »Wirtschaft und Konzentrationslager«, hrsg. von der Ham-
     burger Stiftung zur Förderung von Wissenschaft und Kultur, Hamburg 1991, S. 153–169;
     Pingel, Häftlingszwangsarbeit, S. 142f.
26   Vgl. Handschriftliche Aufzeichnung von Rudolf Höß über den Arbeitseinsatz der Häftlinge,
     Krakau 1946, zit. nach Broszat, Konzentrationslager, S. 137f.

In der im Rahmen der Nürnberger Prozesse 1946 abgegebenen eidesstattlichen Erklärung Karl Sommers heißt es:

> *Die betreffenden Firmen wurden aufgefordert, von dem vorhandenen [Menschen-]Material in dem betreffenden KZ-Lager oder wenn nötig aus mehreren KZ-Lagern die für sie am besten geeigneten Arbeitskräfte herauszunehmen. Die Vertreter derselben betraten zu diesem Zweck das Innere des Lagers bzw. das Lager in Begleitung des Lagerkommandanten oder seines Beauftragten und hatten dadurch Einblick in die Bedingungen, die in dem betreffenden KZ-Lager herrschten.*[27]

Die Bedingungen, die die Firmen erfüllen mußten, um KZ-Häftlinge zugeteilt zu bekommen, und die Aufgaben, die das WVHA übernahm, nannte Hermann Pister, SS-Oberführer und ehemaliger Kommandant von Buchenwald:

> *Als Bedingungen wurden [sic!], unter Zugrundelegung, daß der Häftling für die Firma als Arbeitskraft anzusehen ist, folgendes verlangt:*
> *Gute, gesunde Unterbringung der Häftlinge, Betten mit Einlagen, wollene Decken, gute Wasch- und Badegelegenheiten, Gestellung von Küchenanlagen, getrennt für Häftlinge und Wachmannschaften. Wenn irgend möglich, von Zivilarbeitern getrennte Arbeitsstätten. Von den Firmen wurde vielfach betont, daß die Unterbringungsbedingungen höher seien als bei den ausländischen Arbeitern.*
> *Von unserer Seite wurde zugesagt: Kostenlose Gestellung des Kommandoführers, Wachmannschaften, Verwaltungsunterführer, Koch und Schreiber, Schneider, Schuhmacher. Sanitätspersonal getrennt für SS und Häftlinge.*
> *Berechnung der Häftlinge: Facharbeiter pro Tag, bei 11stündiger Arbeit gleichviel ob bei Tag oder Nacht: RM 6,00*
> *Hilfsarbeiter: RM 4,00*
> *SS-Personal wurde nicht berechnet, dagegen mußte freie Unterkunft gestellt werden.*[28]

Doch entsprachen die hier beschriebenen Verhältnisse keineswegs den tatsächlichen Zuständen in den Lagern. Der Häftlingsalltag sah völlig anders aus. Insbesondere die Behauptungen von einer „gute[n], gesunde[n] Unterbringung" und den „gute[n] Wasch- und Badegelegenheiten" entbehrten jeglicher Grundlage. Bei den hier zitierten Passagen wie bei der Erklärung Karl Sommers muß berücksichtigt werden, daß sie auch der Verteidigung und Rechtfertigung der Angeklagten dienen sollten. Von der Verleihgebühr, die die Rüstungsbetriebe an das WVHA abführen mußten, erhielten die Häftlinge nichts. Sie bekamen keinen Lohn, allenfalls Ernährungszulagen.

Die Zuständigkeit für den Häftlingseinsatz änderte sich am 9. Oktober 1944. Von nun an waren die Anträge für den Arbeitseinsatz von KZ-Häftlingen zunächst an das Reichsministerium für Rüstungs und Kriegsproduktion (RMfRuK) zu stellen, das die Anträge an das WVHA weiterleitete.[29]

Der forcierte Einsatz von KZ-Häftlingen in der deutschen Rüstungsindustrie setzte ein ausreichendes Reservoir von Häftlingen in den Lagern voraus. Von 1942

---

27 StA Nürnberg Dok. NI 1065: Eidesstattliche Erklärung Karl Sommers vom 4. Oktober 1946.
28 StA Nürnberg Dok. NO–254, S. 7–9; zit. nach Broszat, Konzentrationslager, S. 136.
29 Vgl. Pingel, Häftlinge, S. 127; Obenaus, Konzentrationslager, S. 166f.; Fröbe, KZ in Hannover, S. 26f.; ders., Arbeitseinsatz, S. 357. Im Herbst 1943 war das „Reichsministerium für Bewaffnung und Munition" zum „Reichsministerium für Rüstung und Kriegsproduktion" erweitert worden.

bis 1945 stiegen die Häftlingszahlen kontinuierlich an, wobei 1943/44 der größte Zuwachs zu verzeichnen war. Betrug die Gesamtbelegstärke der Konzentrationslager im Dezember 1942 noch rund 88.000 Personen, so erhöhte sich die Zahl bis August 1943 bereits auf 224.000 Häftlinge. Am 15. August 1944 betrug sie 524.286 und erreichte am 15. Januar 1945 714.211 registrierte Häftlinge.[30] Im April 1944 existierten auf deutschem Reichsgebiet und in den besetzten Gebieten 20 Konzentrationslager mit 165 Außenlagern. Vom Frühjahr 1944 bis zum Kriegsende entstanden, bedingt durch die große Zahl der Verlagerungen von Rüstungsprojekten, noch weitere zahlreiche Außen- und Unterkommandos.[31] Rund 1.000 Außenkommandos sollen gegen Ende des Krieges existiert haben.[32]

Die Zahl der in der Kriegswirtschaft eingesetzten Häftlinge ist kaum exakt zu bestimmen, da die Angaben der SS und des Rüstungsministeriums häufig differierten. Aus einer Mitteilung Himmlers an Speer geht hervor, daß am 31. März 1943 63% aller KZ-Häftlinge, also etwa 100.000, in der Rüstungsindustrie eingesetzt waren.[33] Das Rüstungsministerium selbst ging im Frühjahr 1944 von 32.000 in der Rüstungsindustrie beschäftigten Häftlingen aus.[34] Im Grunde genommen hatte also bis zu Beginn des Jahres 1944 der Einsatz der KZ-Häftlinge in rüstungswirtschaftlicher Hinsicht eine geringe Bedeutung. Zahlenmäßig größere Ausmaße – unter ökonomischen Aspekten betrachtet jedoch kaum erheblich größere Bedeutung – erlangte er, als 1944 kaum noch weitere ausländische Zivilarbeiter und Kriegsgefangene nach Deutschland kamen und die durch die alliierten Luftangriffe notwendig gewordenen Verlagerungen von kriegswichtigen Produktionen nur noch mit Hilfe des massiven Einsatzes von KZ-Häftlingen möglich waren. Als 1944 die Luftangriffe der Alliierten auf deutsche Industrieanlagen und Rüstungsbetriebe immer massiver wurden, versuchte man, durch Untertageverlagerungen (U-Verlagerung) kriegswichtiger Betriebe die Rüstungsproduktion aufrechtzuerhalten.

Insbesondere die Produktionsstätten der Flugzeugindustrie galt es zu schützen. Dieser Industriezweig hatte bereits früher und in größerem Umfang als andere Bereiche der Wirtschaft auf KZ-Häftlinge zurückgegriffen. Rund 36.000 Häftlinge arbeiteten Anfang 1944 in 45 Betrieben der Luftfahrtindustrie.[35] Zur Steigerung der

---

30 Vgl. Broszat, Konzentrationslager, S. 158f.; Pingel, Häftlinge, S. 129f.; Klingel, Funktion, S. 45; Herbert, Arbeit, S. 387, 409.

31 Vgl. Klingel, Funktion, S. 45.

32 Vgl. Bundesgesetzblatt Nr. 64, 24.09.1977. Vgl. Piper, Industrieunternehmen, S. 97. Piper gibt eine Zahl von 900 Außenlagern an.

33 Vgl. Kaienburg, „Vernichtung durch Arbeit", S. 289; Hilberg, Vernichtung, S. 621.

34 Vgl. BA Koblenz R 3/1631, Schieber an Speer, 7.5.1944; Speer, Sklavenstaat, S. 46; Herbert, Arbeit, S. 412.

35 Vgl. Herbert, Arbeit, S. 412. Der eklatante Unterschied zwischen der Angabe des Rüstungsministeriums von 32.000 in der gesamten Rüstungsindustrie eingesetzten Häftlingen und der von Pohl errechneten Zahl von 36.000 in der Luftfahrtindustrie beschäftigten Häftlingen basiert nach Herbert auf dem Faktum, daß das Rüstungsministerium nur die in der Fertigung eingesetzten Häftlinge zählte, während Pohl offensichtlich alle der Luftfahrtindustrie zur Verfügung gestellten Häftlinge in seine Aufstellung einbezog. Vgl. ders., Arbeit, Anm. 425 (S. 412). Insgesamt zeigen diese Unstimmigkeiten, wie vage und ungenau die zeitgenössischen Zahlenangaben zum Häftlingseinsatz sind.

Produktion in der Flugzeugindustrie wurde mit dem Erlaß vom 1. März 1944 die Bildung des sogenannten Jägerstabs beschlossen, ein Zusammenschluß von Reichs- und Firmenvertretern. Der Jägerstab sah in der Durchführung von ober- und unterirdischen Verlagerungen sowie im Neubau unterirdischer Fabrikationsstätten die Möglichkeit, die Rüstungsindustrie wirksam vor alliierten Bombenangriffen zu schützen. Die hohe Zahl der zu Projekten solcher Größenordnung notwendigen Arbeitskräfte sollte aus den Konzentrationslagern geschöpft werden. Mit dem Erlaß vom 4. März 1944 hatte Göring die Bereitstellung von KZ-Häftlingen zugesichert.[36] Organisation und Durchführung dieser Vorhaben lagen im Zuständigkeitsbereich der neu eingerichteten Sonderstäbe. Der „Sonderstab Kammler" unter der Leitung von SS-Gruppenführer Dr.-Ing. Hans Kammler war für den Ausbau der Untertageverlagerungen zuständig. Die zu diesen Zwecken eingesetzten Häftlinge hatten unter den menschenunwürdigsten Lebens- und Arbeitsbedingungen zu leiden. Katastrophale Unterbringung und Versorgung – z.T. sahen die Häftlinge monatelang, sofern sie unter diesen Bedingungen so lange lebten, kein Tageslicht – sowie eine 72-Stunden-Woche waren die Regel.[37]

Ende 1944 betrug die Gesamtzahl der KZ-Insassen etwa 600.000. Pohl schätzte, daß zu diesem Zeitpunkt 170.000 Häftlinge bei Arbeiten des „Sonderstabs Kammler" und 230.000 in der Privatindustrie eingesetzt waren. Zur Jahreswende dürften nach den Schätzungen Kaienburgs maximal 500.000 KZ-Häftlinge in der Rüstungsindustrie eingesetzt gewesen sein. Einer Angabe Himmlers vom März 1945 zufolge waren von der Gesamtzahl der Häftlinge 480.000 einsatzfähig, knapp 140.000 davon sollen bei Projekten der Organisation Todt (OT) im Einsatz gewesen sein.[38] Die von einem solchen Häftlingseinsatz erhofften Arbeitsleistungen blieben jedoch weit hinter den Erwartungen zurück. In den letzten beiden Kriegsjahren schwankte die Arbeitsleistung eines KZ-Häftlings zwischen 5 und 50% der Leistung eines deutschen oder ausländischen Zivilarbeiters.

Auch in der Frage der Häftlingsbehandlung trat der Widerspruch zwischen Ideologie und Ökonomie in aller Deutlichkeit zutage. Gemäß der nationalsozialistischen Ideologie der Gegnerbekämpfung und in Anbetracht der Ersetzbarkeit einer jeden Arbeitskraft galt das Leben eines Häftlings nichts.

Der Lagerkommandant allein ist verantwortlich für den Einsatz der Arbeitskräfte. Dieser Einsatz muß im wahrsten Sinne des Wortes erschöpfend sein [...]. Die Arbeitszeit ist an keine Grenzen gebunden.[39]

---

36   Vgl. BA Koblenz R 7/1173, Erlaß Görings vom 4.3.1944, zit. nach Fröbe, Verlegung, S. 399; vgl. auch S. 398.

37   Vgl. Herbert, Arbeit, S. 403, 411–413; Kaienburg, „Vernichtung durch Arbeit", S. 290–292; Fröbe, Verlegung, S. 398f.; Obenaus, Konzentrationslager, S. 28–36; Demps, Ausbau, S. 237f.

38   Vgl. Aussage Pohls vom 25. August 1947, in: Trials of War Criminals, Bd. 5, Washington 1950, S. 455; Kaienburg, „Vernichtung durch Arbeit", S. 295; Speer, Sklavenstaat, S. 334. Daß es sich hier um keine absoluten Zahlenangaben handelt, zeigt die Addition der Angaben.

39   Befehl Pohls an die Lagerkommandanten vom 30. April 1942, zit. nach SS im Einsatz, S. 218; vgl. Langbein, Arbeit, S. 8.

Infolge der unmenschlichen Häftlingsbehandlung und der durch Überfüllung der Lager bedingten miserablen Lebensbedingungen stieg die Sterberate 1942 sprunghaft an. Sie lag im zweiten Halbjahr bei ca. 60%. Von rund 95.000 Häftlingen starben mehr als 57.000.[40] Ende des Jahres 1942 wies Glücks die Lagerärzte an, die Todesrate in den Lagern zu senken.

> *Die 1. Lagerärzte haben sich mit allen ihnen zur Verfügung stehenden Mitteln dafür einzusetzen, daß die Sterblichkeitsziffern in den einzelnen Lagern wesentlich herabgehen. Nicht derjenige ist der beste Arzt in einem Konz.-Lager, der glaubt, daß er durch unangebrachte Härte auffallen muß, sondern derjenige, der die Arbeitsfähigkeit durch Überwachung und Austausch an den Arbeitsstellen möglichst hoch hält.*[41]

Damit wird deutlich, daß nicht das Leben des Häftlings im Mittelpunkt stand, sondern seine Arbeitskraft. Dies hatte Glücks im Sommer 1942 schon einmal betont:

> *An erster Stelle steht selbstverständlich der hundertprozentige wirtschaftliche Einsatz der Häftlinge für die den Konzentrationslagern gestellten Aufgaben.*[42]

In einer weiteren Anordnung vom Januar 1943 wurden die Lagerkommandanten für die Erhaltung der Häftlingsarbeitskraft verantwortlich gemacht.[43] Stand ursprünglich die „Erschöpfung" der Arbeitskraft im Vordergrund, war man jetzt am Erhalt derselben interessiert. Diese veränderte Haltung machte sich jedoch nur ansatzweise in der Häftlingsbehandlung bemerkbar. Am 2. Dezember 1942 wies Himmler die Lagerkommandanten in einem Runderlaß an, die Prügelstrafe nur als letztes Mittel einzusetzen.[44] Die Schikanen im Lager (stundenlange Appelle, Mißhandlungen durch die Wachmannschaften) sollten auch reduziert werden. Doch ob tatsächlich ein bemerkbarer Rückgang der täglichen Schikanen eintrat, ist mehr als zweifelhaft.

Seit 1942/43 gab es zur Steigerung der Arbeitsproduktivität Leistungsprämien für die Häftlinge, die von Pohl am 15. Mai 1943 in einer „Dienstvorschrift für die Gewährung von Vergünstigungen an Häftlinge (Prämien-Vorschrift)" einheitlich geregelt wurden. Vergünstigungen bestanden „in Gewährung von 1. Hafterleichterung, 2. Verpflegungszulagen, 3. Geldprämien, 4. Tabakwarenbezug, 5. Bordellbesuch"[45]. Unter Punkt 2, Verpflegungszulagen, wurde vorausgesetzt, daß die Verpflegung der Häftlinge so beschaffen war, „daß die Arbeitskraft erhalten bleibt"[46]. Trotz dieser partiellen Erleichterungen des Häftlingsalltags wäre es falsch, auf eine allgemeine Verbesserung der Lebensbedingungen zu schließen. Der Arbeitseinsatz

40 Vgl. Broszat, Konzentrationslager, S. 150; Herbert, Arbeit, S. 403.
41 Schreiben Glücks an die Lagerärzte vom 28. Dez. 1942, zit. nach Buchenwald. Mahnung und Verpflichtung, S. 258.
42 Anordnung Glücks an die Lagerkommandanten vom 24. Juni 1942, zit. nach Kühnrich, KZ-Staat, S. 64.
43 Vgl. Broszat, Konzentrationslager, S. 152; Pingel, Häftlinge, S. 133.
44 Vgl. Broszat, Konzentrationslager, S. 126f.
45 Zit. nach Pick/Siemsen, Lagergeld, S. 51. Dort ist die Dienstvorschrift vollständig abgedruckt. Vgl. Broszat, Konzentrationslager, S. 127; Pingel, Häftlinge, S. 132.
46 Zit. nach Pick/Siemsen, Lagergeld, S. 51.

war für die Häftlinge mit zahlreichen Erschwernissen verbunden. Lange Arbeitszeiten, lange An- und Abmarschwege zu und von den Werken, schwere körperliche Arbeit, dazu schlechte Ernährung und Bekleidung sowie mangelnde Hygiene und ärztliche Versorgung kosteten vielen Häftlingen das Leben. So starben, trotz der Anordnungen zum Erhalt der Arbeitskraft der Häftlinge, von Januar bis August 1943 über 60.000 Häftlinge.[47]

Besonders schlecht waren die Lebens- und Arbeitsbedingungen in der Endphase des Krieges, als Zehntausende von Häftlingen bei den Verlagerungen von Rüstungsprojekten eingesetzt waren. Die These vom gestiegenen Wert der Häftlingsarbeitskraft[48] zeigt sich hier in ihrer ganzen zynischen Relativität. Insbesondere die stark angestiegenen Häftlingszahlen im zweiten Halbjahr 1944 und in den ersten Monaten des Jahres 1945 sowie der Anstieg der Todesrate verdeutlichen die bedingte Geltung dieser These.[49] Die beim Ausbau der Verlagerungen eingesetzten „Bauhäftlinge", für deren Kosten im Unterschied zu den „Produktionshäftlingen" die SS aufkam[50], konnten jederzeit aus dem schier unerschöpflichen Reservoir der Konzentrationslager ersetzt werden. Lediglich qualifizierte Facharbeiter unter den „Produktionshäftlingen" hatten aufgrund des Facharbeitermangels größere Überlebenschancen.

Bis zum Kriegsende blieben die Lebens- und Arbeitsbedingungen der in der deutschen Rüstungsindustrie eingesetzten KZ-Häftlinge vom Primat der Ideologie bestimmt, das Primat der Ökonomie konnte sich letztlich zu keiner Zeit spürbar durchsetzen. Das war auch keineswegs das Ziel der Nationalsozialisten. Alles in allem gilt Broszats Urteil über die Häftlingsarbeit in der ersten Kriegshälfte auch für die Zeit von 1942 bis 1945: „Nichtsdestoweniger lief im ganzen gesehen der Masseneinsatz von Zwangsarbeitern aus den KL [...] auf den Verschleiß der Häftlinge hinaus"[51].

---

47 Vgl. Broszat, Konzentrationslager, S. 152.
48 Vgl. Pingel, Häftlinge, S. 132f.; ders., System, S. 31.
49 Vgl. Herbert, Arbeit, S. 410.
50 Vgl. Demps, Ausbau, S. 246.
51 Broszat, Konzentrationslager, S. 128.

3.3.5.2 Die Situation in den einzelnen Werken

Rzeszów

Ende 1941 wurden erstmals in einem Daimler-Benz-Werk Häftlinge eingesetzt. Es handelte sich hierbei um jüdische Zwangsarbeiter aus dem Generalgouvernement (GG)[52], sogenannte „Arbeitsjuden". In diesem Jahr hielt die „Rüstungsinspektion im Generalgouvernement" mehrere Besprechungen über den Judeneinsatz im Generalgouvernement ab. Man beabsichtigte, alle arbeitsfähigen Juden in „Juden-Konzentrationslagern zusammenzuziehen, um sie für die Kriegsindustrie verwendbar zu machen."[53] Die Juden waren aus zwei Gründen wichtige Arbeitskräfte. Zum einen sollten sie die polnischen Arbeitskräfte, die ins Reich abgeführt werden sollten, ersetzen. Zum anderen stellten die Juden im Generalgouvernement fast alle Facharbeiter, so daß sie für die Industrie „die einzige grössere Arbeiterreserve"[54] darstellten. Daher setzte sich bei den für den Arbeitseinsatz zuständigen Dienststellen des Generalgouvernements die Auffassung durch: „Wenn ein Jude einsatzfähig ist, müsse er dem Arbeitseinsatz erhalten bleiben."[55] Im Mai 1942 mußten ca. 340.000 Juden im Generalgouvernement in der Wirtschaft arbeiten, davon 170.000 in kriegswirtschaftlich wichtigen Betrieben. Weitere 74.000 Juden sollten als Facharbeiter und Handwerker der Rüstungswirtschaft zur Verfügung gestellt werden. Die zum Arbeitseinsatz ausgesuchten Juden

> werden in Konzentrationslagern, die bei den Werken errichtet werden, gesammelt. Ihren Aufbau und ihre Verwaltung übernehmen die im GG. befindlichen Dienststellen des SS.-W.V.-Hauptamtes. Diesen Dienststellen steht auch die Aufsicht und Betreuung der Juden zu. Sie ernähren die Juden, führen sie zur Arbeit und holen sie wieder vom Arbeitsplatz ab. Das Werk kauft der Lagerführung die Arbeitskraft des Juden ab und verrechnet mit dem Lager. Es besteht zwischen dem Werk und den bei ihm eingesetzten Juden kein Gefolgschaftsverhältnis.[56]

De jure waren die Juden der Zwangsarbeitslager keine KZ-Häftlinge – die Ghettos hatten keinen KZ-Status und auch die für die Juden neben den Fabriken errichteten Barackenlager waren keinem Konzentrationslager unterstellt. De facto glichen aber die Lebensbedingungen in den jüdischen Zwangsarbeitslagern denen in den Konzentrationslagern. Bei Auflösung der Ghettos wurden die „Arbeitsjuden" automatisch in Konzentrationslager überstellt. Die jüdischen Zwangsarbeitslager hatten aufgrund der Besatzungspolitik lediglich eine andere Entstehungsgeschichte als die Konzentrationslager, sie waren ihnen jedoch im Prinzip völlig gleichgeteilt. Da auch im nationalsozialistischen Sprachgebrauch die Lager als „Juden-Konzentra-

---

52   Das sogenannte „Generalgouvernement" (GG) war der zum deutschen Hoheitsgebiet erklärte Teil Polens, der die Distrikte Warschau, Krakau, Radom und Lublin umfaßte, und nach dem Überfall auf die Sowjetunion um den Distrikt Galizien erweitert wurde.
53   MBA Vertriebsorganisation (VO) 175/18, Besprechung betr. Judeneinsatz im Generalgouvernement, 8.5.1942.
54   MBA VO 175/18, Besprechung betr. Judeneinsatz im Generalgouvernement, 5.6. 1942; vgl. Hilberg, Vernichtung, S. 179–184.
55   MBA VO 175/18, Besprechung betr. Judeneinsatz im Generalgouvernement, 5.6.1942.
56   MBA VO 175/18, Besprechung betr. Judeneinsatz im Generalgouvernement, 5.6.1942.

Schon der Eingang zum Flugmotorenwerk deutet auf deutsche Sauberkeit
und Ordnung hin. - Die Durchfahrt für Fahrzeuge.

Abb. 50: Eingang zum Flugmotorenwerk Rzeszów (Reichshof).

tionslager" bezeichnet wurden und die jüdischen Zwangsarbeiter die Lager als
Konzentrationslager empfanden, rechtfertigt dies die Behandlung der Lebens- und
Arbeitsbedingungen der Juden im Rahmen dieses Kapitels.[57]

Offenbar arbeiteten bereits Ende 1941 Juden im Flugmotorenwerk Reichshof.
Das Rzeszówer Ghetto stellte mehrere Arbeitskommandos, die zu diversen Arbeitseinsätzen abkommandiert wurden, unter anderem auch für das Flugmotorenwerk.
Ein Jude erinnerte sich daran, zu dieser Zeit mit 150 anderen Juden dort gearbeitet
zu haben. „Nach der Arbeit gingen wir in einer Kolonne in das Ghetto. Bewacht
wurden wir damals vom Werkschutz."[58]

Im Sommer 1942 bemühte sich Daimler-Benz um jüdische Arbeitskräfte, die
die für das Reich dienstverpflichteten polnischen Arbeitskräfte ersetzen sollten,
sowie um die Errichtung eines Barackenlagers für die Juden. Am 30. Juni 1942
stellte das Flugmotorenwerk einen Antrag an das Arbeitsamt in Rzeszów mit der
Bitte um Zuweisung von 400 Juden.

> *In Ermangelung geeigneter Facharbeiter bitten wir deshalb um Zuweisung von etwa 400*
> *Juden, die wir aus den zu Verfügung stehenden jüdischen Metall-Handwerkern herauszusu-*
> *chen bitten.*[59]

Dem Werk wurden sogar 450 jüdische Arbeitskräfte bewilligt. Zu ihrer Unterbringung erhielt man vom Luftgaukommando VIII sechs Baracken, von denen fünf als
Unterkunftsbaracken und eine als Waschbaracke eingerichtet wurden.[60] In einem
Telefongespräch zwischen Personalchef Rahmig und einem Vertreter des Rüstungskommandos Krakau wurden Einzelheiten des Judeneinsatzes besprochen. Es
wurde unter anderem folgendes vereinbart:

> *6) Diese Juden sollen nach Möglichkeit, mindestens aber nach der Anlernzeit, getrennt von den*
> *anderen Arbeitenden beschäftigt werden.*
> *7) Die Beköstigung muß grundsätzlich unabhängig und neben den anderen Beschäftigten*
> *erfolgen.*
> *8) Die Verrechnung der Beköstigung muß das Werk mit der Polizei durchführen.*
> *9) [Die, Anm. d. Verf.] Kommunalverwaltung muß die erforderlichen Lebensmittel zur Durch-*
> *führung der Beköstigung zur Verfügung stellen.*
> *10) Solange die Unterbringung der eingesetzten Juden durch die Polizei nicht geregelt ist, soll*
> *das jetzige Judenghetto dazu herangezogen werden.*
> *11) Der Marsch von der Unterbringung zur Arbeitsstätte muß geschlossen und unter polizeili-*
> *cher oder Aufsicht des Werkschutzes erfolgen.*
> *12) Die Juden erhalten 80% der Löhne, die an die polnischen Belegschaftsmitglieder gezahlt*
> *werden.*
> *13) Die Löhne sind an die Polizei abzuführen.*[61]

---

57 Vgl. StA Nürnberg Interrogations Nr. H–146, Vernehmung des Bernhard Hirschfeld. Aus den
    oben genannten Gründen halte ich es auch für zulässig, diese Juden als „Häftlinge" zu bezeich-
    nen.
58 ZStL Ludwigsburg II 206 AR–Z 46/62, Bl. 209, Abschrift der Zeugenvernehmung des Juden
    R.
59 MBA VO 175/26, Flumo Rzeszów an Arbeitsamt Rzeszów, 30.6.1942 (Abschrift).
60 Vgl. MBA VO 175/24, Flumo Rzeszów an GB für das Bauwesen im GG, 6.7.1942; VO 175/24,
    Kostenvoranschlag, 6.8.1942; BAMA Freiburg RW 23/10, Bl. 17.
61 MBA VO 175/24, Aktennotiz über Telefongespräch Rahmigs mit Major Mathes, 17.7.1942;
    vgl. VO 175/24, Aktennotiz betr. Arbeiter-Einsatz, 20.7.1942.

Da aus dem Gebiet von Rzeszów keine geeigneten Arbeiter zu erwarten waren, hatte man unterdessen dem Werk angeboten, sich bei der nächsten „Auskämm-aktion" im benachbarten Kreis Debica die erforderlichen Arbeitskräfte auszusu-chen.[62] Daraufhin beauftragte die Werksleitung den Betriebsleiter Gustav Zwicker, in Debica 100 geeignete Arbeitskräfte auszuwählen.

Etwas ausserhalb von Debnica [sic!] waren auf einer Wiese 5000 Juden jeglichen Alters und Geschlechts zusammengetrieben worden. Sie waren in Blocks zu je 1000 Menschen aufgestellt. Das und auch die Bewachung dieser Juden besorgten SS-Angehörige. Diese Menschen stamm-ten meiner Meinung nach aus dem dortigen Ghetto [...]. Gleichzeitig mit mir haben noch weitere Angehörige anderer Werke Arbeitskräfte abgeholt. Es war an diesem Tage ein regel-rechter Menschenmarkt auf dieser Wiese. [...] Ich brachte mein Anliegen vor, dass ich also 100 Juden zu bekommen hätte. Er [Ein SS-Angehöriger] sagte, dass ich die von ihm haben könne. Daraufhin ging ich zu einem der Menschenblöcke und suchte mir 100 Juden heraus. [...] Diese Juden habe ich mir nach ihrem körperlichen Zustand ausgesucht. [...] So kam es vor, dass ich Familienangehörige zwangsläufig trennte. Hierbei spielten sich erschütternde [sic!] Szenen [sic!] ab. Ich hatte Weisung, nur Männer zu holen und so mussten die Ehefrauen und Kinder zurückbleiben.[63]

Vier Wochen später suchte sich ein anderer Vertreter von Daimler-Benz weitere 300 jüdische Arbeitskräfte in Debica aus.[64] Ende des Jahres arbeiteten zwischen 500 und 700 Juden im Werk Rzeszów.[65] Die Kosten für den Judeneinsatz beliefen sich im Jahr 1942 nach Angaben des Flugmotorenwerkes auf 150.042,34 Zl.

In diesem Aufwand sind neben Verpflegung, Bekleidung, ärztlicher Betreuung u.a. in der Hauptsache die Zahlungen an den Reichsführer SS enthalten. Zum Teil sind die entstandenen Kosten als Anlaufkosten anzusehen.[66]

Im Juni 1943 arbeiteten in Rzeszów noch 334 Juden, davon 327 in „produktiver Arbeit und in produktiven Abteilungen" und 7 bei „minder wichtigen Arbeiten"[67]. Bestrebungen des Werkes, die jüdischen Arbeitskräfte auszutauschen, gab es im September 1943, was jedoch vom Rüstungskommando Krakau abgelehnt wurde.[68] Am 31. Mai 1944 müssen noch mindestens 260 Juden im Werk, nämlich in der Zwischenbüchsenfertigung, gearbeitet haben.[69] Diese 260 Juden erhielten für eine 30%ige Leistungssteigerung im Monat April eine Belohnung von jeweils 20 Ziga-retten, die Vorarbeiter bekamen das doppelte Quantum. Es kann nicht ausgeschlos-sen werden, daß noch weitere Juden in anderen Abteilungen eingesetzt waren.

---

62   Vgl. MBA VO 175/24, Aktennotiz betr. Arbeiter-Einsatz, 20.7.1942.

63   ZStL Ludwigsburg II 206 AR–Z 46/62, Bl. 99f.

64   Vgl. ZStL Ludwigsburg II 206 AR–Z 46/62, Bl. 101.

65   Das Werk selbst gibt „etwas über 500" jüdische Arbeitskräfte an (MBA VO 175/24, Flumo Rzeszów an Rükdo Krakau, 23.10.1942). Eine Vierteljahres-Übersicht nennt für das letzte Quartal 1942 „über 700" im Rzeszówer Zwangsarbeiterlager inhaftierte Juden (BAMA Frei-burg RW 23/10, Bl. 39). Ob sie ausschließlich im Flugmotorenwerk eingesetzt wurden oder auch in anderen Rzeszówer Firmen arbeiten mußten, geht aus der Übersicht nicht hervor.

66   BA Potsdam 80 Re Nr. 4054, Bl. 54; vgl. BA Potsdam 80 Re Nr. 4054, Bl. 52, 54.

67   MBA VO 175/24, Flumo Rzeszów an Rükdo Krakau, 9.6.1943.

68   Vgl. MBA VO 175/24, Rükdo Krakau an Flumo Rzeszów, 29.9.1943.

69   Vgl. MBA VO 175/28, Notiz von Direktor Romstedt für Schulz, 31.5.1944.

Die noch im Werk verbliebenen Juden wurden im Zuge der Räumung des Flugmotorenwerkes im Juli 1944 über das Konzentrationslager Auschwitz dem Konzentrationslager Natzweiler überstellt[70] und kamen fortan im Verlagerungsbetrieb von Rzeszów, „Kranich" bei Wesserling-Urbès im Elsaß, zum Einsatz. Sie erreichten nach einer wahren Odyssee über die Lager Plaszów, Wielicska, Flossenbürg und Colmar im September ihren Bestimmungsort Wesserling-Urbès.[71]

In Rzeszów waren nur polnische Juden bzw. polnische Juden mit deutscher Abstammung eingesetzt. Außer ihnen arbeiteten dort polnische Zivilarbeiter und eine geringe Zahl Deutscher, die in leitenden Positionen tätig waren.[72] Ende 1943 wurden rund 300 sowjetische Kriegsgefangene zum Flugmotorenwerk gebracht. Ihre Lebensbedingungen waren noch schlechter als die der jüdischen Häftlinge.[73]

Die Häftlinge arbeiteten in den verschiedenen Bereichen der Flugmotorenproduktion.[74] Der interviewte Adam Krakowski war zusammen mit zwei anderen KZ-Häftlingen zu Maler- und Anstreicharbeiten eingeteilt.[75] Während die zivilen Arbeitskräfte in drei Schichten zu je 8 Stunden arbeiteten, hatten die Häftlinge einen zwölfstündigen Arbeitstag, von 7 Uhr morgens bis 19 Uhr abends. Auch samstags wurde gearbeitet, der Sonntag war bis auf einige Ausnahmen arbeitsfrei.[76] Mittags gab es eine halbstündige Pause. In dieser Pause wurde das Essen ausgeteilt, eine Suppe aus Steckrüben oder Kartoffeln, die, wie sich ein ehemaliger Häftling erinnert, „Hundefraß" war[77]. Dennoch empfanden die Häftlinge das Essen besser als in anderen Lagern. „Damals erschien uns das Essen sehr schlecht, aber im Verhältnis zu dem, was wir später bekamen, war es besser."[78] Zusatzverpflegung teilte das Werk für gute Arbeiten, d.h. für das Übertreffen des Tagessolls aus. Die Zulagen bestanden aus Marmelade oder Zigaretten. Von einem angenehmen Erlebnis berichtet Adam Krakowski: Als er einmal die Bürotüren des Direktors Romstedt neu anstreichen mußte, wurde er von ihm für die gute Arbeit gelobt und mit einem Gutschein, der ihn berechtigte, zwei Wochen lang mittags in der Werkskantine zu essen, belohnt.[79] Ebenso wurde aber schlechte Arbeit mit Kürzung oder Streichung der Essensrationen sowie mit Strafestehen bestraft.[80] Im März 1943 führte die Werksleitung auch für die Juden eine Leistungsüberwachung ein,

---

70 Vgl. Verzeichnis der Haftstätten, S. 565.

71 Vgl. Rosenberg, Jahre, S. 102–117.

72 Vgl. GUG-Interview Krakowski/PL, S. 2f.

73 Vgl. Kowalski, Obozy, S. 160; GUG-Interviews Zienkiewicz/PL, S. 3; Krakowski/PL, S. III; StA Nürnberg Interrogations Nr. H–146: Vernehmung Bernhard Hirschtals; vgl. oben S. 329.

74 Vgl. GUG-Interviews Besserglick/PL, S. 1; Kempler/D, S. 1; Robertson/D, S. 1.

75 Vgl. GUG-Interview Krakowski/PL, S. 2.

76 Vgl. GUG-Interviews Robertson/D, S. 2; Krakowski/PL, S. 2; Kempler/D, S. 3.

77 GUG-Interview Kempler/D, S. 3. Vgl. ferner GUG-Interviews Robertson/D, S. 2; Krakowski/PL, S. 2; Besserglick/PL, S. 3.; Krakowski gab an, daß die Mittagspause eine Stunde betragen habe.

78 GUG-Interview Krakowski/PL, S. 2.

79 Vgl. GUG-Interview Krakowski/PL, S. II.

80 Vgl. GUG-Interview Robertson/D, S. 2; Rosenberg, Jahre, S. 100. Heinz Rosenberg änderte nach dem Krieg seinen Namen in Henry Robertson.

mit dem hinweis [sic!], dass künftig die, die faul sind oder schlecht arbeiten der Behörde
wieder zur Verfügung gestellt werden; die Leistungsguten erhalten dagegen die uns über das
Rüstungskommando zugeteilten Kleidungsstücke und sonstige Vorzüge der Behandlung gegen-
über den anderen.[81]

Die Arbeitsbedingungen im Werk wurden als verhältnismäßig erträglich geschildert, was natürlich immer in Relation zu den damals üblichen Lebens- und Arbeitsbedingungen der KZ-Häftlinge gesehen werden muß.

Im Verhältnis zu dem, was sich in dieser Epoche abspielte, waren die Arbeitsbedingungen
relativ korrekt. Wir hatten helle, beheizte Arbeitsräume. Die Fabrik war sehr modern, direkt
vor dem Krieg erbaut.[82]

Auch die Behandlung der Häftlinge am Arbeitsplatz war im Vergleich zu anderen
Arbeitsstätten weniger schikanös. Im Werk selbst gab es offenbar keine Ausschrei-
tungen gegen die jüdischen Häftlinge.[83] Da jedoch bei ungenügender Arbeitsleistung die Nummern der Häftlinge notiert und an die Lagerleitung, die die Bestrafung der Häftlinge übernahm, weitergeleitet wurden, erklärt dies vermutlich die
Tatsache, daß die Juden am Arbeitsplatz nicht mißhandelt wurden.[84]

Allerdings sollen zu Beginn des Jahres 1943 drei jüdische Häftlinge von einem
leitenden Angestellten des Personalbüros namens Lafferenz erschossen worden
sein. Dieser Fall war Gegenstand einer zweijährigen gerichtlichen Untersuchung in
der ersten Hälfte der 60er Jahre. Der einzige Belastungszeuge, Adam Krakowski,
sagte damals aus, daß Lafferenz vor 300 angetretenen Häftlingen eigenhändig drei
jüdische Brüder erschossen habe, weil diese eine ihnen vom jüdischen Lagerältesten aufgetragene Arbeit nicht hatten verrichten wollen.[85] Weitere 50 zu diesem
Sachverhalt vernommene Zeugen machten äußerst widersprüchliche Angaben, sie
konnten oder wollten die Aussagen Adam Krakowskis nicht bestätigen. Fest stand
nur, daß drei jüdische Zwangsarbeiter erschossen worden waren. Doch letztlich
konnten weder der Schuldige, noch der genaue Ort des Geschehens (Werksgelände,
Lagergelände), noch der eigentliche Grund für die Erschießungen ermittelt werden.
Es gab zu viele sich widersprechende Aussagen. Das Verfahren gegen den Beschul-
digten wurde eingestellt.[86]

Während der Arbeitszeit unterstanden die jüdischen Arbeiter der Aufsicht der
jeweiligen Meister und des Werkschutzes.[87] Der Werkschutz war für die Bewachung des Werkgeländes innerhalb der Umzäunung zuständig. Er war in drei
Gruppen zu je sechs Leuten eingeteilt und arbeitete in drei Schichten. Zwei Männer

81 MBA VO 175/18, Flumo Rzeszów an Rüstungsinspektion Krakau, 8.3.1943.
82 GUG-Interview Krakowski/PL, S. 3; vgl. Besserglick/PL, S. 5; Zienkiewicz/PL, S. 3; Brodo-
    wicz/PL, S. 3. Vgl. dagegen Kempler/D, S. 5; Robertson/D, S. 3.
83 Vgl. GUG-Interview Besserglick/PL, S. 4; Rosenberg, Jahre, S. 100.
84 Vgl. GUG-Interviews Robertson/D, S. 3; Besserglick/PL, S. 4.
85 Vgl. ZStL Ludwigsburg II 206 AR–Z 46/62, Bl. 219; GUG-Interview Krakowski/PL, S. IIf., 3.
86 Vgl. ZStL Ludwigsburg II 206 AR–Z 46/62, Bl. 267f. Vgl. zu dem Fall Lafferenz allgemein
    den Bestand II 206 AR–Z 46/62.
87 Vgl. GUG-Interviews Robertson/D, S. 4; Krakowski/PL, S. 4; Kempler/D, S. 6; Besserglick/
    PL, S. 6.

übernahmen die Torwache, zwei hatten Streifendienst im Werk selbst und die beiden übrigen Männer hatten Bereitschaftsdienst. Die Angehörigen des Werkschutzes trugen dunkelblaue Uniformen, die denen der Feuerwehr ähnelten. Der Werkschutz hatte ferner die Aufgabe, die jüdischen Zwangsarbeiter vom Lager zur Arbeit abzuholen und sie nach der Schicht wieder ins Lager zurückzubegleiten, was später die SS übernahm.[88] Bis zum Herbst 1943 unterstand auch das Zwangsarbeitslager der Juden der Aufsicht des zivilen Werkschutzes. Im September 1943 wurde SS-Obergruppenführer Oester Lagerleiter in Rzeszów, und das Lager kam in den Zuständigkeitsbereich der SS.[89] Mit Sicherheit verschlechterte sich dadurch die Lage der jüdischen Häftlinge, wie aus der Zunahme der Mißhandlungen ersichtlich wird.[90]

Die jüdischen Zwangsarbeiter waren seit August 1942 in dem eigens für sie errichteten Barackenlager „Lysia Góra"[91] neben dem Fabrikgelände untergebracht. Aus der Baubeschreibung läßt sich das Lager gut rekonstruieren:

> Die fünf Unterkunftsbaracken haben wir wie folgt ausgebaut:
>
> Die Schlafstellen sind als lange doppelseitige und übereinanderliegende Pritschen ausgebaut, sodaß in einer 30 Mann-Baracke 100 Juden unterkommen.
>
> Als Beleuchtung sind zwei einfache Brennstellen vorgesehen.
>
> Zur Beheizung der U-Baracken werden in jede Baracke zwei einfache, aus Ziegelsteine gemauerte Öfen aufgestellt.
>
> In der Waschbaracke werden längs der Außenwände sowie doppelseitig in der Mitte der Waschbaracke aus Bretter gezimmerte Holzrinnen zum Waschen aufgestellt, über diese eine Art Berieselungsrohr befestigt wird.
>
> Der Fußboden in der Waschbaracke wird mit einer leichten Betonschicht überzogen.
>
> Außerdem haben wir zwei transportable Aborte aufgestellt, die über einem Erdloch stehen.
>
> Das ganze Barackenlager wird aus Sicherheitsgründen mit einem Stacheldrahtzaun sowie mit einem Stacheldrahtgestrüppe, das zwei Meter vom Stacheldraht entfernt liegt, umzäunt.[92]

Die Unterbringungsbedingungen wurden von den Häftlingen unterschiedlich beurteilt. Während Henry Robertson und Adam Krakowski, die beide die Lebensbedingungen in mehreren Lagern kennengelernt hatten, die Umstände als nicht so schlimm empfanden, beschrieben Irving Kempler und Zyle Besserglick sie als äußerst bedrückend.[93] Die Schlafpritschen, von denen jeweils drei übereinandergestellt waren, waren mit Stroh und einer Decke ausgelegt, Laken oder gar Matratzen waren nicht vorhanden.[94] Henry Robertson charakterisierte das Lager insgesamt als „gutes Lager". Die hygienischen Verhältnisse bezeichnete er zwar als schlecht, hielt sie jedoch für besser als in anderen Lagern. Er erinnert sich, daß die Häftlinge sonntags

88 Vgl. ZStL Ludwigsburg II 206 AR–Z 46/62, Bl. 37, 81.
89 Vgl. ZStL Ludwigsburg II 206 AR–Z 288/60, Bl. 1311, 1629, 2038, 2270.
90 Vgl. unten, S. 364f.
91 Vgl. GUG-Interview Kajzer/PL, S. 5.
92 MBA VO 175/24, Baubeschreibung, 6.8.1942.
93 Vgl. GUG-Interviews Robertson/D, S. 4f.; Krakowski/PL, S. 5; Kempler/D, S. 8; Besserglick/PL, S. 8.
94 Vgl. GUG-Interviews Robertson/D, S. 4; Krakowski/PL, S. 5.

ins öffentliche Bad geführt wurden.[95] Ähnlich äußerte sich Krakowski, der es als Erleichterung empfand, daß es eine Waschbaracke mit heißem Wasser gab. Zudem habe es, was in Konzentrationslagern selten der Fall war, keine Läuse und Wanzen gegeben.[96]

Die Ernährung war qualitativ wie quantitativ unzulänglich. Morgens wurde ein Ersatzkaffee ausgeteilt, „wenn der Appell nicht zu lange dauerte"[97], abends gab es die gleiche Suppe wie mittags, dazu ein Stück Brot. An Zusatzverpflegung konnte sich nur ein ehemaliger Häftling erinnern.[98] Zwei Polen, die den Juden verbotenerweise Brot zusteckten und dabei erwischt wurden, wurden auf Anordnung des Werksdirektors nicht der Gestapo gemeldet, sondern „nur" für zwei Wochen im Lager „Lysia Góra" eingesperrt.[99]

Die medizinische Versorgung der jüdischen Häftlinge war keineswegs sichergestellt. Die Werksleitung kümmerte sich nur in geringem Maße darum. Während Zyle Besserglick sich an eine medizinische Versorgung nicht erinnern konnte, erwähnte Henry Robertson Erste-Hilfe-Kästen, die in den Werkshallen hingen und zu denen die Meister Zugang hatten.[100] Im Lager kümmerten sich Häftlinge, die Ärzte oder Apotheker waren, um ihre Mithäftlinge. Doch da keine Medikamente vorhanden waren, waren ihrem Wirken enge Grenzen gesetzt.[101] Ein Krankenrevier existierte offenbar auch, doch wurde es, wie auch in anderen Lagern, nach Möglichkeit gemieden. „Wenn man ins Krankenrevier kam, kam man nicht zurück."[102] So beschränkte sich die medizinische Versorgung der jüdischen Zwangsarbeiter letztlich auf die Medikamentenpakete der jüdischen Weltorganisation, die alle paar Monate zusammen mit Lebensmittelpaketen das Flugmotorenwerk erreichten. Es war die Aufgabe des stellvertretenden Einkaufsleiters, Medikamente und Lebensmittel direkt dem Lager zu übergeben. Bei der Übergabe waren der jüdische Lagerarzt und der jüdische Lagerälteste zugegen.[103] In welchem Umfang diese Pakete tatsächlich an die Häftlinge weiterverteilt wurden, kann nicht mehr festgestellt werden. Vermutlich wird die SS, wie es in den Lagern allgemein die Praxis war, zuerst einen Großteil davon für sich selbst abgezweigt haben.

Die Frage nach der Bekleidung der jüdischen Zwangsarbeiter stellte von Anfang an ein Problem dar. Zwar erteilte das Rüstungskommando Krakau die Anweisung,

---

95 Vgl. GUG-Interview Robertson/D, S. 4f.

96 Vgl. GUG-Interview Krakowski/PL, S. 5.

97 GUG-Interview Robertson/D, S. 5.

98 Vgl. GUG-Interviews Robertson/D, S. 5. Er glaubt, daß die gelegentlichen Extrarationen, bestehend aus Rübenmarmelade oder, seltener, Margarine, vom Werk zur Verfügung gestellt wurden. Vgl. Krakowski/PL, S.5; Besserglick/PL, S. 8; Kempler/D, S. 8.

99 Vgl. GUG-Interview Kajzer/PL, S. 5.

100 Vgl. GUG-Interviews Besserglick/PL, S. 6; Robertson/D, S. 3.

101 Vgl. GUG-Interviews Robertson/D,S. 5; Kempler/D, S. 10; Krakowski/PL, S. 6; Besserglick/PL, S. 10. Besserglick nennt Dr. Rosenzweig und Dr. Heller als zuständige Ärzte im Lager (S. 6).

102 GUG-Interview Robertson/D, S. 5, vgl. auch S. 6.

103 Vgl. ZStL Ludwigsburg II 206 AR–Z 46/62, Bl. 36f.

den für den Einsatz in Rzeszów bestimmten Juden die Mitnahme ausreichender Arbeitsklei-
dung, Wäsche, Material für die Unterbringung, wie Strohsäcke und Decken, ferner Essgerät
und sonstige für den persönlichen Bedarf bestimmte Gebrauchsgegenstände[104]

zu gestatten, doch den in Debica und Przemysl rund 400 ausgesuchten Juden war
dies nicht erlaubt. Daher geriet das Werk bei der Versorgung dieser Häftlinge mit
Decken und Wäsche in erhebliche Schwierigkeiten. Die Werksleitung beschwerte
sich:

Uns stehen weder Decken noch Strohsäcke zur Verfügung; außerdem fehlt es an Leibwäsche,
die wir dringend benötigen, wenn die Judenkolonne nicht vollständig verdrecken soll.[105]

Aus diesem Grunde bat die Werksleitung um Zuweisung von 800 Decken und
jeweils 400 Strohsäcken, Männerhemden, Unterhosen, Handtücher und 400 Paar
Socken.[106] Anfang 1943 war das Kleidungsproblem aber immer noch nicht gelöst.
Adam Krakowski, der im Januar diesen Jahres nach Rzeszów kam, berichtete
folgendes:

Als wir ankamen, hatten wir einen Koffer mit ein paar Kleidungsstücken mitgebracht. Wir
mußten alles abgeben und bekamen Kleidung ausgeteilt. Wir hatten keine Kleidung zum
Wechseln, wenn wir Wäsche wuschen, und wenn sie bis zum nächsten Tag nicht trocken war,
mußten wir sie nass anziehen. Bei Zerschleiß konnten wir ein anderes Kleidungstück aus dem
Bestand eintauschen. Wir hatten keine Strümpfe, wir versuchten, uns mit Lappen („russische
Strümpfe") zu behelfen. Wir hatten keine Arbeitskleidung. Bei den Schuhen war es das Gleiche:
Wir hatten die mitgebrachten.[107]

Schikanen gegen jüdische Zwangsarbeiter wurden, seitdem die SS im Herbst 1943
die Bewachung des Lagers übernommen hatte, häufiger. Ein heute in den USA
lebender ehemaliger jüdischer Zwangsarbeiter erinnert sich:

Menschen wurden erschossen – grundlos
Menschen wurden gequält – grundlos
Menschen wurden geschlagen – grundlos.[108]

Der neue Lagerkommandant Oester, der sich als „Herr über Leben und Tod der
rechtlosen Juden"[109] betrachtete, wurde 1969 in drei Fällen des Mordes an Juden für
schuldig befunden und zu lebenslanger Gefängnisstrafe verurteilt. Alle drei Morde
ereigneten sich im Jahre 1943. Im ersten Fall war ein Jude aus dem Lager geflüchtet, jedoch von Wachposten gefaßt und erschossen worden. Sein Leichnam wurde
ins Lager zurückgebracht, und für die Häftlinge wurde ein Appell angeordnet.
Oester befahl einem willkürlich ausgesuchten Juden, sich neben die Leiche zu
legen. Dann erschoß er diesen Juden durch Genickschuß. Ein anderer, Ende des
Jahres 1943 geflüchteter Häftling, wurde ebenfalls ergriffen und ins Lager gebracht. Nachdem der Lagerkommandant ihn im Waschraum schwer mißhandelt

---

104 MBA VO 175/24, Rükdo Krakau an Flumo Rzeszów, 7.8.1942.
105 MBA VO 175/24, Flumo Rzeszów an Rükdo Krakau, 14.8.1942.
106 Vgl. MBA VO 175/24, Flumo Rzeszów an Rükdo Krakau, 14.8.1942.
107 GUG-Interview Krakowski/PL, S. 5.
108 GUG-Interview Besserglick/PL, S. 9.
109 ZStL Ludwigsburg II 206 AR–Z 288/60, Bl. 2283, vgl. auch Bl. 2234.

hatte, erschoß er ihn. Erschossen wurde von Oester ein weiterer Jude, den er beim Urinieren bei den Tomatenstauden beobachtet hatte.[110]

Als das Flugmotorenwerk im Juni 1944 wegen der heranrückenden sowjetischen Truppen aufgegeben werden mußte, sollten nach den Angaben des ehemaligen Lagerkommandanten Oesters die noch im Werk befindlichen jüdischen Zwangsarbeiter auf Befehl des SS- und Polizeiführers (SSPF) Thier ermordet werden, falls es nicht mehr möglich sei, sie innerhalb kürzester Zeit nach Krakau-Plaszów zu transportieren. Er gab ferner an, daß sich die Werksleitung, Direktor Romstedt oder Lafferenz, gegen die Deportation der Juden gesperrt hätte, da die Juden erst noch für den Abtransport der Maschinen nach Wesserling gebraucht würden. Anschließend hätten sie nach den Vorstellungen der Werksleitung getötet werden sollen. Das Flugmotorenwerk hätte sich direkt an den SSPF gewandt, und die Zustimmung für die Zurückbehaltung und anschließende Liquidierung der Juden erhalten. Er, Oester, habe gegen das eigenmächtige Vorgehen von Daimler-Benz beim SSPF interveniert und von dort den Befehl erhalten, die Juden entweder sofort abzutransportieren oder sie zu liquidieren.[111] Inwieweit die Darstellung Oesters der Wahrheit entspricht, kann heute nicht mit Sicherheit festgestellt werden. Seine Äußerungen müssen aber insofern in Zweifel gezogen werden, als daß Direktor Romstedt und die deutsche Belegschaft das Werk zu diesem Zeitpunkt bereits vorzeitig verlassen hatten.[112] Der ehemalige Häftling Henry Robertson schildert das Ende des Lagers anders: Das Lager sei schon von SS-Leuten umstellt gewesen, um die Häftlinge zu erschießen. Doch dann sei in letzter Sekunde der Befehl gekommen, die Häftlinge weiterzutransportieren, da Daimler-Benz die Häftlinge als Facharbeiter benötigte. So wurden die Häftlinge in Viehwagen verladen und in Richtung Wesserling abtransportiert. „Wenn sie [die SS, Anm. d. Verf.] uns nicht hätten transportieren können, würden sie uns erschossen haben. So waren die Viehwagen unsere Rettung."[113]

Gaggenau und Verlagerungswerke

Sowohl im Werk Gaggenau der Daimler-Benz AG als auch in seinen Verlagerungsbetrieben kamen KZ-Häftlinge zum Einsatz. In den Verlagerungswerken wurden sogar viel früher als im Stammwerk KZ-Häftlinge in der Produktion eingesetzt. Der Großteil der Häftlinge kam aus dem Sicherungslager Schirmeck-Vorbruck, der kleinere Teil wurde vom Konzentrationslager Natzweiler-Struthof gestellt.

Das Sicherungslager Schirmeck-Vorbruck existierte von Juli 1940 bis November 1944. Zweck des Lagers war die Umerziehung „politisch unzuverlässiger" Lothringer und Elsässer. Es unterstand dem Befehlshaber der Sicherheitspolizei und des Sicherheitsdienstes Straßburg für das Elsaß. Kommandant des Lagers war

110 Vgl. ZStL Ludwigsburg II AR–Z 288/60, Bl. 1629f., 2202–2206, 2233–2236, 2315–2326.
111 Vgl. ZStL Ludwigsburg II 206 AR–Z 288/60, Bl. 1116f.
112 Vgl. Schmid, Arbeitskräfte, S. 586.
113 Rosenberg, Jahre, S. 102; vgl. GUG-Interview Robertson/D, S. I.

der gefürchtete SS-Hauptsturmführer Karl Buck.[114] Der Chef der Zivilverwaltung Straßburg schreibt zur Aufgabe des Sicherungslagers:

> *Es sollte die Aufgabe übernehmen, schwer erziehbaren Elementen des Elsaß die richtige Einstellung zur Arbeit und zur politischen Ordnung des Großdeutschen Reiches beizubringen [...]. Die Bevölkerung des Elsaß hat durch die französische Demokratie eine Haltung zur Arbeit und zum Leben überhaupt angenommen, die von der unseren weit entfernt ist. Es war daher von Anfang an eine besondere Erziehung der Bevölkerung notwendig. Diese Erziehung hat die Partei übernommen.[115]*

Wie zahlreiche andere Lager war auch Schirmeck-Vorbruck ein sogenanntes Selbsterhaltungslager, das sich durch den Verleih von Häftlingen zu Arbeitseinsätzen finanzierte. Die monatlichen Gewinne aus dem Häftlingsverleih wurden auf 150.000 RM geschätzt[116], dabei kostete ein Häftling die SS lediglich 46 Pf. pro Tag.

Die für ein Sicherungslager festgesetzte Inhaftierungshöchstdauer von 56 Tagen wurde in Vorbruck „aus erzieherischen Gründen [...] in leichten Fällen bis zu 2–3 Monate[n], in schweren Fällen bis zu einem Jahr und darüber"[117] ausgedehnt.

In Schirmeck unterhielt das Werk Gaggenau seit 1943 zwei Verlagerungsbetriebe, die auf Anordnung der Rüstungsinspektion Oberrhein errichtet wurden, „um dort Arbeitskräfte aus dem Sicherungslager zum Einsatz bringen zu können."[118] Der erste Verlagerungsbetrieb entstand im Schirmecker Ortsteil Wackenbach in den Räumen der Firma Weberei Marschall-Klakett, nachdem der ursprüngliche Plan, die Hallen der in Schirmeck ansässigen Firma Sincotex zu nutzen, vorerst zurückgestellt werden mußte. Die Rüstungskommission genehmigte erst später, am 22. Dezember 1943, die Verlagerung von Teilen des Werkes Gaggenau in die Räume der Firma Sincotex, Weberei Papiermühle.[119] Gleichzeitig hat vermutlich in Struthof eine weitere Verlagerungsstätte des Werkes Gaggenau existiert, in der ebenfalls Häftlinge aus Schirmeck eingesetzt wurden.[120] Nach Angaben von Daim-

---

114 Vgl. Public Record Office WO 235/188; Verzeichnis der Haftstätten, S. XCIII–XCVI, 715; Böhm, Sicherungslager Rotenfels, S. 12, 14.

115 BA Koblenz R 83 Elsaß/1, Bl. 58.

116 Vgl. Böhm, Sicherungslager Rotenfels, S. 14.

117 BAMA Freiburg R 83 Elsaß/1, Bl. 57, vgl. Bl. 58. Der Zusatz „und darüber" ist eine handschriftliche Ergänzung.

118 MBA Haspel 7,64, Beschäftigung von Häftlingen aus dem Sicherungslager Schirmeck bei der DBAG, Werk Gaggenau (24.4.1945); vgl. GLA Karlsruhe 237/24379, Sitzung des Arbeitsausschusses der Rüstungskommission am 20.5.1943, Aktennotiz, 24.5.1943.

119 Vgl. BAMA Freiburg RW 21–57/18, Aktennotiz, 12. 7.1943. Noch in den Industrieplanungen der Rüstungskommission Oberrhein für das 1. Quartal 1943 war vorgesehen, daß Daimler-Benz Gaggenau zur Ersatzteilfertigung die Räume der Firma Sincotex in Schirmeck übernehmen sollte. Die „Gefolgschaft im Endausbau" wurde mit 300 angegeben. Vgl. ferner BAMA Freiburg RW 20–5/13, Anlage 12; GLA Karlsruhe 237/24379, Arbeitstagung der Rüstungskommission am 22.12.1943, Bericht, 28.12.1943.

120 Vgl. MBA Bestand Gaggenau, DBAG Gaggenau an DBAG Untertürkheim, 28.7.1964: „Gleichzeitig sollte aber zu jenem Zeitpunkt in Struthof eine zweite Verlagerungsstätte unterhalten worden sein. Damit können wir Ihnen heute sagen, daß Lagerinsassen des Häftlingslagers Schirmeck teilweise in der Verlagerungsstätte Wackenbach und teilweise in der Verlagerungsstätte Struthof beschäftigt worden sind."

ler-Benz soll die Rüstungsinspektion den Einsatz von Häftlingen aus dem Sicherungslager zur Auflage gemacht haben:

> *Die Rüstungsinspektion Oberrhein hat uns zur Auflage gemacht, 2 Betriebe in Schirmeck zum
> Anlauf zu bringen, um dort Arbeitskräfte aus dem Sicherungslager zum Einsatz bringen zu kön-
> nen.*[121]

Daimler-Benz wollte offensichtlich die Verantwortung für den Einsatz von Häftlingen des Sicherungslagers Schirmeck-Vorbruck in den Verlagerungsstätten in Schirmeck, Haslach sowie im Stammwerk Gaggenau von sich weisen:

> *Das Werk hatte also mit dem dortigen [Haslach, Anm. d. Verf.] Arbeitseinsatz nichts zu tun
> und kann auch hierfür keine Verantwortung tragen.*[122]

Alle in Wackenbach eingesetzten Häftlinge waren in der Baracke 3 des Sicherungslagers untergebracht. „Sie war seit 1943 den Häftlingen vorbehalten, die im Daimler-Benz-Werk in Wackenbach arbeiteten."[123] Während der ehemalige Häftling Robert Miesch die in Wackenbach eingesetzten Häftlinge auf „130 aller Nationen"
schätzte, bezifferte Roger Schaeffer sein Arbeitskommando mit rund 50 Häftlingen: „im Lager Schirmeck waren insgesamt 1.000 Personen, hauptsächlich Elsässer
und Lothringer, ein Russe, alles politische Häftlinge"[124]. Exakte Zahlen kann man
aus diesen Angaben nicht gewinnen. Die beiden Verlagerungsbetriebe in Schirmeck bestanden bis zum Oktober 1944, ehe sie Ende des Monats nach Weisenbach
im Murgtal zurückverlagert wurden, wo bis zum April 1945 ein Unterkommando
des seit September 1944 existierenden Außenkommandos Gaggenau des Sicherungslagers Schirmeck-Vorbruck bestand.[125] Wiederum soll Daimler-Benz der Einsatz von Häftlingen von der Rüstungsinspektion angeordnet worden sein.[126]

Die Häftlinge des Außenkommandos Gaggenau, die ebenfalls bei Daimler-
Benz eingesetzt waren, waren in Militärbaracken in Rotenfels untergebracht. Gab
es in Rotenfels zunächst nur ein Lager für Männer (Lager Rotenfels I), so kamen
am 24. Oktober 1944 im Zuge der Auflösung und Evakuierung des Sicherungslagers Vorbruck auch ca. 200–400 Frauen nach Rotenfels, für die ein Frauenlager
eingerichtet wurde (Lager Rotenfels II).[127] Bereits am 25. August hatte die Verlegung des Lagers Schirmeck begonnen. Ausgesuchte Häftlingstransporte kamen
nach Rotenfels, um bei Daimler-Benz Gaggenau zum Arbeitseinsatz zu kommen.
Als am 19. November das Sicherungslager Schirmeck bombardiert wurde, beschloß die Lagerkommandantur die vollständige Aufgabe des Lagers.[128] Bedingt

---

121 Vgl. MBA Haspel 7,64, Beschäftigung von Häftlingen aus dem Sicherungslager Schirmeck bei
     der DBAG, Werk Gaggenau (24.4.1945).
122 MBA Haspel 7,64, Beschäftigung von Häftlingen aus dem Sicherungslager Schirmeck bei der
     DBAG, Werk Gaggenau (24.4.1945).
123 Granier, Schirmeck, S. 110; vgl. auch GUG-Interview Schaeffer/F, S. 6.
124 GUG-Interviews Miesch/F, S. 3; Schaeffer/F, S. 3.
125 Vgl. Verzeichnis der Haftstätten, S. 716; Böhm, Sicherungslager Rotenfels, S. 21.
126 Vgl. MBA Haspel 7,64, Beschäftigung von Häftlingen aus dem Sicherungslager Schirmeck bei
     der DBAG, Werk Gaggenau (24.4.1945).
127 Vgl. Verzeichnis der Haftstätten, S. 715; Böhm, Sicherungslager Rotenfels, S. 35.
128 Vgl. Böhm, Sicherungslager Rotenfels, S. 20.

durch die Evakuierung des Schirmecker Lagers fand man in Rotenfels bzw. im Außenkommando Gaggenau Häftlinge aller Kategorien und Nationen vor, hauptsächlich stammten sie aus Frankreich, aus Polen, der Tschechoslowakei, der Sowjetunion oder aus Deutschland.[129] Zur Entlastung des Sicherungslagers Rotenfels
wurden, viel früher als ursprünglich geplant, die für die Untertage-Verlagerung des
Werkes Gaggenau vorgesehenen Häftlinge im November 1944 nach Haslach im
Kinzigtal transportiert, und dies „ohne Rücksicht auf Raum- und sanitäre Verhältnisse".[130]

Im April 1944 plante man, die Stollen der „Hartsteinwerke Vulkan, Gebrüder
Leferenz Haslach" für eine Untertageverlagerung zu nutzen.[131] Das Betriebsgelän-
de wurde vom Reichsministerium für Rüstung und Kriegsproduktion beschlag-
nahmt, auf Anordnung des Reichsluftfahrtministeriums sollte die Produktion von
V-Waffen-Teilen der Firma Mannesmann AG in die Stollen verlagert werden. Das
Projekt erhielt den Tarnnamen „Barbe". Den Ausbau der Stollen übernahmen die
Baufirmen Wayss & Freitag und Dohrmann unter der Leitung der Organisation
Todt. Die Baufirmen erhielten zur zügigen Durchführung der Bauarbeiten KZ-
Häftlinge zur Verfügung gestellt.

Im September wurden 399 Häftlinge für das Projekt „Barbe" abgestellt.[132] Sie
waren in einem Lager in der Nähe des Haslacher Sportplatzes, einem ehemaligen
Lagerschuppen der Wehrmacht, auf engstem Raum untergebracht.[133] Das Lager war
als Außenkommando dem KZ Natzweiler-Struthof unterstellt und ist sowohl unter
der Bezeichnung „Lager Kinzigdamm" als auch unter dem Namen „Lager am
Sportplatz", als auch als „Arbeitslager Barbe" bekannt gewesen. Das Außenkommando bestand durchschnittlich aus 600 Häftlingen, die aus den Konzentrationslagern Natzweiler-Struthof und Dachau nach Haslach überstellt worden waren. Die
Häftlinge setzten sich überwiegend aus Franzosen zusammen, doch befanden sich
darunter auch Deutsche, Belgier, Luxemburger und Holländer. Fast alle hatten den
Status eines politischen Häftlings.[134] Bewacht wurde das Lager von einem Wach-

---

129 Vgl. GUG-Interviews Lagarde/F, S. 3; Strauss/D, S. 6; Schaeffer/F, S. 3.
130 MBA Haspel 7,64, Beschäftigung von Häftlingen aus dem Sicherungslager Schirmeck bei der
     DBAG, Werk Gaggenau (24.4.1945); vgl. Verzeichnis der Haftstätten, S. 716.
131 Vgl., auch für das folgende: Hildenbrand, „Vulkan", S. 316, 326–332; ders. Kinzigtal, S. 7–11.
132 Vgl. ZStL Ludwigsburg USA Film 4 Ordner 15 Bild Nr. 483/484 (Schutzhaftlager-Rapport,
     30.9.1944). Ursprünglich waren 400 Häftlinge, die bis dahin im Arbeitslager Allach eingesetzt
     waren, vom KZ Dachau nach Haslach überstellt worden. Während des Marsches ins Kinzigtal
     gelang einem Häftling die Flucht. Vgl. BA Koblenz NS 4 Kl Na 84, Arbeitslager „Barbe", betr.
     Wochenbericht, 16.9.1944–23.9.1944, Bericht, 25.9.1944.
133 Vgl. MSPF Brüssel Rap. 184 Tr. 47664/2. Ende November beantragte die Daimler-Benz
     Motoren GmbH, Genshagen neben 8 Baracken für das Verlagerungprojekt „Brasse" (Verlage-
     rung Sindelfingen in die Gipsgrube „Ernst" bei Obrigheim) auch 8 Baracken für „Barbe". Vgl.
     IWM London FD 2228/45, G 14 Bau, Daimler-Benz Motoren GmbH an Rüstungslieferungs-
     amt, 25.11.1944.
134 Vgl. ZStL Ludwigsburg IV 419 AR 1834/67, Bd. II, Bl. 263; Neuer Prozeß beim Rastatter
     Hohen Gericht, in: Ortenauer Zeitung, 25. Februar 1947; Amicale Natzweiler, Liste der in
     Daimler-Benz-Werken beschäftigten Luxemburger Häftlinge der Außenkommandos des KZ
     Naztweiler, 5.2.1988; Bosch, Freiheit, S. 187.

kommando aus Kochendorf, bestehend aus SS-Angehörigen sowie Angehörigen der Luftwaffe und des Heeres. Der Arbeitseinsatz der Häftlinge konnte erst nach dem Eintreffen des Wachkommandos erfolgen, da die bis dahin für die Bewachung zuständigen sowjetischen Posten des Häftlingskommandos unzuverlässig gewesen sein sollen. Während der Arbeitszeit lag die Aufsicht bei Vertretern der Organisation Todt, die auch für die Verpflegung der Häftlinge zuständig war.[135] Die Arbeitsbedingungen waren sehr hart, zumal selbst Schwerkranke zur Arbeitsstelle gebracht wurden, „obwohl sie nicht arbeiten konnten und dort nur herumlagen und so verstarben."[136]

Nachdem am 10. September und 3. Oktober 1944 das Werk Gaggenau durch Bombardements zu 80% zerstört worden war, beschloß das Rüstungsministerium, nun nicht mehr die Mannesmann AG oder die Messerschmidt-Werke, die auch Interesse an den Haslacher Stollen bekundet hatten, nach Haslach zu verlagern, sondern einen Fertigungsbereich von Daimler-Benz Gaggenau. Aus diesem Grunde wurden die Stollen der Hartsteinwerke Vulkan am 12. Oktober 1944 für die bevorstehende Verlagerung des Werkes Gaggenau gesperrt.[137] Am 11. Januar 1945 erhielt Daimler-Benz den Verlegungsbescheid. Danach standen zur Verlagerung 18.488 m² zur Verfügung.[138]

Da hierzu allerdings nicht genügend Arbeitskräfte vorhanden waren – rund 400 Bauarbeiter befanden sich zu dieser Zeit im Einsatz –, ordnete Ewald, Diplom-Ingenieur des Rüstungsstabes, an, beim SS-Standartenführer Maurer eine größere Zahl von Häftlingen zu beantragen.[139] So wurden auf Anordnung des Chefs der Sicherheitspolizei Straßburg, Ingelhorst, im November 650 Häftlinge des Sicherungslagers Schirmeck-Vorbruck, die zu dieser Zeit bereits in Rotenfels untergebracht waren, nach Haslach überstellt. Da eine Ruhrepidemie im Lager „Barbe" eine Unterbringung dort unmöglich machte, pferchte man auf Befehl des Schirmecker Lagerkommandanten Buck die Häftlinge untertage in einem Stollengang zusammen.[140] Die dort eingesperrten Häftlinge bildeten das Außenkommando „Haslach-Vulkan" des Sicherungslagers Schirmeck-Vorbruck. Wegen der menschenunwürdigen Bedingungen erhielt der „Vulkan" in Haslach den unrühmlichen Namen „Hölle von Haslach". Während das Natzweiler Außenkommando am Haslacher Sportplatz bereits im Januar 1945 aufgelöst wurde[141], vegetierten die Häftlinge des Außenkommandos „Vulkan" bis Ende März in der unterirdischen Höhle, ehe sie in das freigewordene Lager am Sportplatz verlegt und schließlich am 21. April 1945

135 Vgl. ZStL Ludwigsburg IV 419 AR 1834/67, Bd. I, Bl. 27f., 30; Bd. II, Bl. 264f.; BA Koblenz NS 4 Kl Na 84, Arbeitslager „Barbe", betr. Wochenbericht, 16.9.44–23.9.44, Bericht, 25.9.1944.
136 ZStL Ludwigsburg IV 419 AR 1834/67, Bd. I, Bl. 30; vgl. Hildenbrand, Kinzigdamm, S. 8.
137 Vgl. BA Koblenz R 3/3010 Bl. 36.
138 Vgl. Firmenarchiv Leferenz, Brief des OKH an DB-Untertürkheim, Dr. Haspel, 11. 1.1945.
139 Vgl. MBA Haspel 8,82, Aktennotiz betr. Besprechung bei Dipl.Ing. Ewald, 24.11.1944.
140 Vgl. Neuer Prozeß beim Rastatter Hohen Gericht, in: Ortenauer Zeitung, 25. Februar 1947.
141 Die kranken Häftlinge kamen in das „Krankenlager" Vaihingen/Enz, die Gesunden wurden mit der Bahn in die Lager Schönberg und Dautmergen bei Balingen gebracht, wo sie im Rahmen des „Unternehmens Wüste" zur Schieferölgewinnung eingesetzt wurden. Vgl. ZStL Ludwigsburg IV 419 AR 1834/67, Bd. I, Bl. 70; Bd. II, Bl. 265.

von französischen Truppen befreit wurden.[142] Die Produktion konnte übrigens nie von Daimler-Benz aufgenommen werden, da alliierte Luftangriffe die Stromversorgung des gerade aufgestellten Maschinenparks lahmlegten.[143]

Anfang November 1944 war eine weitere Verlagerung des Werkes Gaggenau geplant. Unter dem Decknamen „Dachsbau" sollte in Neuenbürg ein Außenkommando des KZ Natzweiler-Struthof mit 90 Häftlingen errichtet werden. In einer Besprechung zwischen dem SS-Hauptscharführer Seuß, dem Gaggenauer Firmendirektor Kappler und dem Rüstungsbeauftragten von Ilsemann besprach man die organisatorischen Fragen der geplanten Verlagerung.[144] Danach war vorgesehen, die 90 Facharbeiter in 16 Wohnwagen à 6 Personen unterzubringen. Für Verpflegung und Unterkunft sollte die Organisation Todt aufkommen. Nach der Aussage Seuß' sollte das Lager nur provisorischen Charakter haben und zum 15. November 1944 bezugsfertig sein. Die endgültige Standortwahl für ein ständiges Lager in Neuenbürg war zu diesem Zeitpunkt noch nicht getroffen. Dem Bericht des ehemaligen Betriebsingenieurs für „Dachsbau", Franz Braun, zufolge sollten rechts und links der Eyach bei Höfen/Enz insgesamt 10 Fertigungshallen, ein Bürobau, eine Versandhalle, 2 Wohnlager, eine Bade- und Desinfektionsanlage mit Kranken- und Sanitätsraum sowie eine Küche errichtet werden.[145] Ferner habe die Organisation Todt den Auftrag gehabt, die Verlagerung sowie die erforderlichen Zufahrtswege und die Stromnetzanlage schlüsselfertig zu erstellen. Daimler-Benz habe lediglich für die Aufstellung und den Anschluß der Maschinen zu sorgen gehabt. Eine Aktennotiz vom 21. April 1945[146] belegt, daß die Verlagerung durchgeführt worden ist, die Produktion konnte jedoch wegen der herannahenden Front nicht mehr aufgenommen werden. Über den Einsatz von KZ-Häftlingen wird weder in der Aktennotiz noch in dem Bericht Brauns etwas ausgesagt. In der Aktennotiz ist lediglich vom Abtransport der „Zivilausländer" sowie von den verbliebenen deutschen Gefolgschaftsmitgliedern und den „ca. 100 Zivilrussen" die Rede. Braun erwähnt einige hundert russische Kriegsgefangene, „ca. 100 Mann russische Zivilinternierte" sowie „85 Zivilinternierte", die bei den für die Organisation Todt arbeitenden Firmen beschäftigt waren.[147] Es läßt sich jedoch nicht ausschließen, daß KZ-Häftlinge bei den Verlagerungsarbeiten eingesetzt waren, zumal die Organisation Todt hauptsächlich KZ-Häftlinge einsetzte.

Eine weitere Verlagerung von Teilen des Werkes Gaggenau mit dem Codenamen „Esche" beabsichtigte Daimler-Benz im November 1944 in der Nähe von

142 Vgl. Hildenbrand, „Vulkan", S. 330f.; Peter, Der Tod, der Müll und die Stadt, in: Badische Zeitung, 7. Januar 1993; MSPF Brüssel Rap. 184 Tr. 47664/2.

143 Vgl. Hildenbrand, „Vulkan", S. 329; ZStL Ludwigsburg IV 419 AR 1834/67, Bd. I, Bl. 42; Bd. II, Bl. 264.

144 Vgl. BA Koblenz NS 4 NA/85 Seuß an die Kommandantur des KZ Natzweiler, 10.11.1944.

145 Vgl., auch für das folgende, MBA Bestand Gaggenau 2, „Dachsbau". Beitrag zur Geschichte der Firma Daimler-Benz AG, Werk Gaggenau aus den Jahren 1944 und 1945 von Franz Braun (16.12.1950).

146 Vgl. MBA Haspel 7,64, Aktennotiz Gäblers über die Vorgänge vom 6.4.–11.4.1945 im Verlagerungsbetrieb „Dachsbau", 21.4.1945.

147 Vgl. MBA Bestand Gaggenau 2. „Dachsbau", Beitrag von Franz Braun, S. 2.

Happurg zu errichten.[148] Die für die Bauarbeiten notwendigen Arbeitskräfte sollten aus dem drei Kilometer entfernten KZ Hersbruck, dem zweitgrößten Außenkommando des KZ Flossenbürg, kommen.[149] Unter der Beteiligung von 17 Firmen sollte in der „Houbirg", einem Höhenzug jenseits der Pegnitz bei Happurg, das unterirdische Flugzeugmotorenwerk „Doggerwerk" entstehen, für das KZ-Häftlinge aus Hersbruck die Stollen bauen mußten.[150] Die Lagerstärke betrug im Winter 1944/45 rund 6.000 Häftlinge, von denen tagsüber zwischen 1.000 und 3.000 Häftlinge auf der Baustelle arbeiten mußten, nachts waren es weniger.[151] Wie viele Häftlinge davon für die Gaggenauer Verlagerung eingesetzt waren, ist nicht bekannt. Die Arbeits- und Lebensbedingungen waren sehr hart. 3.513 Häftlinge fanden in der Zeit von Juni 1944 bis zum März 1945 den Tod. Im April 1945 wurde das Lager nach Dachau evakuiert, wobei von den 3.800 zu Fuß nach Dachau geschickten Häftlingen nur 2.103 das Lager erreichten.[152]

Die interviewten ehemaligen KZ-Häftlinge sind häufig nicht nur im Werk Gaggenau selbst eingesetzt worden, sondern auch in seinen diversen Verlagerungsbetrieben. Das erschwert bisweilen die exakte Zuordnung von Ereignissen, zumal die Interviewten in ihren Schilderungen diese Unterscheidung nicht immer vornehmen können. Die Lebens- und Arbeitsbedingungen waren überall schlecht bis katastrophal. Je weiter der Kriegsverlauf sich dem Ende zuneigte, desto unerträglicher wurden insbesondere die Lebensbedingungen in den Lagern.

Im Verlagerungswerk Wackenbach waren spätestens seit November 1943 Häftlinge in der Motorblockbearbeitung eingesetzt, wo sie beschädigte Motoren reparierten. Dabei war offenbar nicht allen Häftlingen bekannt, daß Wackenbach ein Verlagerungsbetrieb von Daimler-Benz war. Bis 1944 stellte das Werk Ölpumpenköpfe her, „ausschließlich mit Häftlingen aus dem Lager Schirmeck."[153] Bis zur Bombardierung der Stadt Gaggenau waren die Häftlinge im Werk Gaggenau für kurze Zeit in der Produktion eingesetzt, anschließend wurden sie zu Aufräumarbeiten, zur Trümmerbeseitigung, zu Aushilfsarbeiten in der Montagehalle und zum

---

148 Vgl. Pohl/Habeth/Brüninghaus, Daimler-Benz, S. 159.

149 Vgl. MBA Haspel 8,82, Aktennotiz, 27.11.1944 betr. Besichtigung des Werkes B7 „Esche" bei Happurg; Verzeichnis der Haftstätten, S. 107; Brenner, Rolle, S. 167,169; Heigl, KZ Flossenbürg, S. 14. Den beschwerlichen Anmarschweg auf den hohen Bergstock der Houbirg mußten die Häftlinge im Eiltempo zu Fuß zurücklegen, obwohl offenbar eine Bahnlinie zwischen Hersbruck und der Arbeitsstelle existierte. Vgl. Brenner, Rolle, S. 247.

150 Vgl. Vanselow, KZ Hersbruck, S. 17f.; Eichmann, Versteinert, S. 142; Gedenkstätten, S. 111; Minstère de la Santé Publique: Note au Service de la Documentation. Flossenbürg – Kdo. Hersbruck (7.3.1953).

151 Vgl. Vanselow, KZ Hersbruck, S. 19; Gedenkstätten, S. 111.

152 Vgl. Lenz, „Sagen Sie, Herr Pfarrer", S. 123; Gedenkstätten, S. 111; Siegert, KZ Flossenbürg, S. 484. Heigl nennt sogar die Zahl von 2001 in Dachau angekommenen Häftlingen, vgl. Heigl, KZ Flossenbürg, S. 46. – Die genannten 3.800 Häftlinge waren als gesund befunden worden und mußten daher den Weg nach Dachau zu Fuß zurücklegen. 1660 kranke Häftlinge wurden in offenen (!) Güterwagen nach Dachau geschickt, wo allerdings nur 1530 Häftlinge ankamen. Vgl. Brenner, Rolle, S. 221.

153 Böhm, Sicherungslager Rotenfels, S. 17; vgl. GUG-Interviews Miesch/F, S. 1; Schaeffer/F, S. 1f.

Stollenbau herangezogen.[154] Im Verlagerungsbetrieb in Weisenbach mußten die Häftlinge bei der Produktion von Lastwagenmotoren arbeiten.[155]

Arbeitsbeginn war in der Regel um 7 Uhr morgens, Arbeitsende um 18 Uhr. Mittags gab es eine halb- bis einstündige Mittagspause, so daß die tägliche Arbeitszeit im Werk 10 bis 10,5 Stunden betrug. Hinzu kommen die Zeiten für die An- und Abmärsche. Ein ehemaliger Häftling berichtete, er habe es vorgezogen, nachts zu arbeiten, da die Verpflegung dann etwas besser war. Seine tägliche Arbeitszeit betrug 8 Stunden.[156] Maguerite Nass, die in der Polizeiküche des Sicherungslagers Rotenfels arbeiten mußte, war zumeist 16 Stunden am Tag in der Küche tätig.[157] Es wurde 6 Tage in der Woche gearbeitet, von Montag bis Samstag, wobei die Häftlinge sonntags aber keinesfalls frei hatten, sondern auf dem Straßburger Flughafen oder in den Lagern selbst zu Arbeiten eingeteilt und dabei den Schikanen der SS ausgesetzt waren. Bekannt ist ein Fall, daß die Wackenbacher Werksleitung sich, nachdem montags die Häftlinge von der Sonntagsarbeit völlig erschöpft im Werk ankamen, beim Schirmecker Lagerkommandanten Buck für die Einstellung der aufreibenden Sonntagsarbeit einsetzte, „mit der Begründung, sie zahle ja dem Kommandanten Buck schließlich Geld für arbeitsfähige Arbeiter."[158] Obwohl es der Werksleitung hier offenbar weniger um den Menschen als um seine Arbeitskraft zu gehen schien, erklärte die Mehrzahl der Interviewten, daß sie bei Daimler-Benz, so lange sie die von ihnen erwartete Arbeitsleistung erfüllten, besser behandelt wurden als im Lager.

Da die Häftlinge während ihrer Arbeitszeit der Aufsicht von Werksangehörigen, zumeist Meistern oder Vorarbeitern, unterstanden, waren sie im Werk vor Schikanen der SS relativ sicher. „Am Arbeitsplatz wurde man nicht mißhandelt; wenn man Leistung erbrachte, wurde man doch noch als Mensch angesehen."[159] Letztlich waren die Häftlinge vom Gutdünken der Meister und Vorarbeiter abhängig. Man konnte sowohl auf einen guten Vorarbeiter treffen, der den Häftling, der sonst nur mit seiner Häftlingsnummer angeredet wurde, mit seinem Namen ansprach und ihm bisweilen heimlich Lebensmittel zusteckte, als auch einem Meister begegnen, der die SS über die Arbeitsverweigerung eines Häftlings benachrichtigte, obwohl er wissen mußte, welche Folgen das für den Betroffenen haben konnte.[160] Die in Wackenbach eingesetzten KZ-Facharbeiter aus Schirmeck waren „als Handwerker privilegiert, denn DB zahlte für uns an den Kommandanten Buck. Deshalb wurden wir in den Lagern besser behandelt. Baracke 3 in Schirmeck wurde weniger schikaniert."[161] Trotz dieser gewissen Besserstellung waren die Häftlinge vor Mißhandlungen von SS-Angehörigen nicht sicher. Mißhandlungen durch Schlä-

---

154 Vgl. Böhm, Sicherungslager Rotenfels, S. 38; GUG-Interviews Rauber/F, S. 1f.; Lagarde/F, S. 1f.; Strauss/D, S. 4.
155 Vgl. GUG-Interviews Lagarde/F, S. 1f.; Schaeffer/F, S. 1f.
156 Vgl. GUG-Interview Lagarde/F, S. 2.
157 Vgl. GUG-Interview Nass/F, S. 2.
158 GUG-Interview Schaeffer/F, S. 3.
159 GUG-Interview Schaeffer/F, S. 3f.; vgl. GUG-Interviews Miesch/F, S. 3; Rauber/F, S. 4.
160 Vgl. GUG-Interviews Schaeffer/F, S. 3; Lagarde/F, S. 3.
161 GUG-Interview Schaeffer/F, S. 6.

ge waren an der Tagesordnung. Robert Miesch, seinerzeit als Vorarbeiter in Wakkenbach eingesetzt, wurde von SS-Leuten häufig durch Fußtritte malträtiert, wodurch sich eine entzündete Fistel am Steißbein bildete, die nach dem Krieg eine Operation nötig werden ließ.[162] Die Werksleitung, der die schikanösen Behandlungsmethoden der SS eigentlich nicht verborgen bleiben konnten, zeigte mit Ausnahme des Einschreitens gegen die Sonntagsarbeit keinerlei Reaktion.[163] An einen besonders schrecklichen Vorfall erinnern sich zwei ehemalige Häftlinge aus Schirmeck. Zwei junge Männer versuchten aus dem Sicherungslager zu flüchten, was jedoch scheiterte. Sie wurden wieder ergriffen und ins Lager zurückgebracht, wo SS-Männer sie an einen Kessel festbanden und Wachhunde auf sie hetzten, die die jungen Männer buchstäblich zerfleischten. Blutüberströmt wurden die beiden weggebracht und anschließend erschossen. Ihre Familien erhielten die Nachricht, sie seien auf der Flucht erschossen worden.[164]

Unterbringung und Verpflegung der Häftlinge fielen in den Zuständigkeitsbereich des jeweiligen Lagers.[165] Roger Schaeffer, der die Verhältnisse in Schirmeck, Rotenfels und Weisenbach kennengelernt hatte, schildert die Unterbringungssituation in den drei Lagern folgendermaßen:

In Schirmeck war ich kurz in Baracke 7, dann aber mit den anderen DB-Handwerkern in Baracke 3. [...] In Schirmeck waren erst zwei Betten übereinander, dann wurde noch ein Bett dazwischengeschoben. In Gaggenau war es am vollsten, fünf Betten übereinander, es war ein Notlager und völlig überfüllt. Es war kein Boden in den Baracken und manche mußten auf dem Tisch schlafen. In Weisenbach waren drei Betten übereinander.[166]

Der ehemalige Häftling Jean Lagarde schätzte, daß jede Baracke in Rotenfels mit 150 bis 200 Personen belegt war. Und Maguerite Nass erinnerte sich, daß ihre Baracke des Frauenlagers, die für rund 80 Personen bestimmt war, mit 182 Frauen besetzt war. Bis zu vier Frauen mußten sich ein Bett teilen.[167] Im Winter muß es in den Baracken des Sicherungslagers Schirmeck sehr kalt gewesen sein, denn Robert Miesch berichtet von polnischen Häftlingen, die die Lattenroste ihrer Betten im Winter verheizt hatten.[168] Etwas besser war die Situation in Weisenbach, wo Daimler-Benz Unterkünfte für die Häftlinge über der Fabrik einrichtete, wodurch es dort im Winter nicht so kalt wurde. Für den Bau der Häftlingsunterkünfte war allerdings weniger das Wohl der Häftlinge ausschlaggebend, als vielmehr die häufige Verspätung der Busse, mit denen die Häftlinge von Rotenfels nach Weisenbach transportiert wurden.[169]

Unzulänglich war die Ernährung der KZ-Häftlinge. „Zu essen gab es wenig, morgens verschimmeltes Weißbrot, mittags eine Wassersuppe vom Lager, abends

162 Vgl. GUG-Interview Miesch/F, S. 3.
163 Vgl. GUG-Interview Miesch/F, S. 3.
164 Vgl. GUG-Interviews Schaeffer/F, S. IIf.; Rauber/F, S. 3.
165 Vgl. MBA Haspel 7,64, Beschäftigung von Häftlingen aus dem Sicherungslager Schirmeck bei der DBAG, Werk Gaggenau (24.4.1945).
166 GUG-Interview Schaeffer/F, S. 5; vgl. Miesch/F, S. 5.
167 Vgl. GUG-Interview Lagarde/F, S. 5; Tagebuchaufzeichnungen von M. Nass, S. 10.
168 Vgl. GUG-Interview Miesch/F, S. 5.
169 Vgl. GUG-Interview Lagarde/F, S. 5.

zwei Teller Suppe, die wir in der Baracke aßen."[170] Die sogenannte Suppe bestand hauptsächlich aus Wasser, Kraut, etwas Gemüse und Kartoffeln. Eier oder Fleisch haben die Häftlinge nie gesehen. Während Roger Schaeffer sich erinnerte, daß das Wackenbacher Werk eine Zusatzverpflegung in Form einer Leistungsprämie, bestehend aus einem „Stück Kommißbrot mit Mainzer Käse oder einem Stück Wurst"[171], zur Verfügung stellte, konnte sich Robert Miesch allerdings nicht an eine vom Werk gestellte Zusatzverpflegung entsinnen. Er erwähnt nur ein vom Lager gestelltes zusätzliches Gericht an Weihnachten, das aus Sauerkraut und Kartoffeln bestand, was die Häftlinge nicht vertrugen, weil sie solches Essen nicht mehr gewohnt waren. Die meisten erkrankten an Durchfall.[172] Die Verpflegung in Weisenbach war besser als in Gaggenau, da es dort manchmal etwas Fleisch gab und auch eine höhere Brotration als in Gaggenau.[173] Trotzdem kann die Ernährung keinesfalls als ausreichend bezeichnet werden. „Es gab so wenig zu essen wie in den KZ-Lagern. Wenn der Krieg noch sechs Monate länger gedauert hätte, wären wir verhungert."[174] Um so wertvoller waren die kleinen Nahrungszugaben, die die Häftlinge bisweilen von Vorgesetzten oder anderen zivilen Arbeitskräften heimlich zugesteckt bekamen.[175]

Die hygienischen Zustände waren wie in fast allen Konzentrationslagern, völlig unzureichend. Überall gab es Flöhe, Läuse und Wanzen und die „Toiletten waren in einem unvorstellbar dreckigen Zustand!"[176] Besonders schlecht waren die hygienischen und sanitären Verhältnisse in Gaggenau-Rotenfels nach der Evakuierung des Sicherungslagers Schirmeck-Vorbruck. Für die Häftlinge in Rotenfels hatte diese Evakuierung verheerende Bedeutung, da das Lager, ursprünglich mit 600 Häftlingen belegt, mit ca. 1500 Häftlingen vollkommen überfüllt war. So starben in der Folgezeit etwa 500 Häftlinge.[177] Das Lager war dreckig und verlaust. Es herrschten chaotische Zustände.

> Bald schon war den Häftlingen irgend ein [sic!] Arbeitseinsatz außerhalb des Lagers auch im Winter lieber als das Zurückbleiben im völlig verlausten Lager."[178]

Zudem bot sich den Häftlingen im Daimler-Werk eine Waschgelegenheit, was angesichts der Tatsache, daß das Lager ohne Wasseranschluß geblieben war, für die Häftlinge eine willkommene Erleichterung darstellte.[179]

Die Anfälligkeit für Krankheiten wurde durch mangelnde Ernährung und Hygiene beträchtlich erhöht, zumal die medizinische Betreuung der Häftlinge sowohl auf Werks- als auch auf Lagerseite entweder überhaupt nicht gegeben war oder mehr als zu wünschen übrig ließ. Da die Arbeitskraft der Häftlinge für ihr Recht auf

---

170 GUG-Interview Miesch/F, S. 5.
171 GUG-Interview Schaeffer/F, S. 2.
172 Vgl. GUG-Interview Miesch/F, S. 2, 5.
173 Vgl. GUG-Interview Lagarde/F, S. 2.
174 GUG-Interview Lagarde/F, S. 2.
175 Vgl. GUG-Interviews Schaeffer/F, S. 3; Lagarde/F, S. 2; Strauss/D, S. 5.
176 GUG-Interview Rauber/F, S. 5.
177 Vgl. Gedenkstätten, S. 27.
178 Böhm, Sicherungslager Rotenfels, S. 31.
179 Vgl. Böhm, Sicherungslager Rotenfels, S. 31.

Leben ausschlaggebend war, hatte man Angst, sich krank zu melden oder gar das Krankenrevier aufzusuchen. In Wackenbach und Gaggenau gab es keine medizinische Versorgung der Häftlinge durch das Werk[180], in Weisenbach soll eine Krankenstation in der Fabrik existiert haben. Man vermied es aber, diese aufzusuchen; „sie war nur für Todkranke, man hatte uns übrigens gewarnt, in die Krankenstation zu gehen."[181] Die Krankenreviere in den Lagern waren noch mehr gefürchtet. Robert Miesch schildert die Situation der Krankenstation im Sicherungslager Schirmeck folgendermaßen:

> *Es gab eine Krankenstation, aber keiner wollte dahin, denn es hieß, wer zu krank zum Arbeiten sei, käme nach Struthof. Von Struthof gab es aber keine Entlassungen, da kam keiner lebend wieder raus. Also vermieden alle, in die Krankenstation zu kommen.*[182]

In Schirmeck wurden zudem medizinische Experimente zur Erprobung eines Fleckfieberimpfstoffes an Häftlingen durchgeführt.[183] Das Lager Rotenfels hatte weder eine Krankenstation noch eine andere medizinische Versorgungseinrichtung.[184] Die hohe Zahl der Toten war in Rotenfels erheblich durch die katastrophalen hygienischen Zustände bedingt. Für den Winter 1944/45 schwanken die Angaben zwischen 200 und 700 Toten.[185] Übereinstimmend äußerten sich die Interviewten zum Schicksal arbeitsunfähig gewordener KZ-Häftlinge. In Schirmeck wurden sie ausgesondert und nach Natzweiler-Struthof überstellt[186], wo sie mit größter Wahrscheinlichkeit umgebracht wurden. Über das Lager Rotenfels berichtet Maguerite Nass, daß den Arbeitsunfähigen ihre Essensrationen gekürzt wurden, was einem Todesurteil gleichkam.[187] Über die medizinische Versorgung der Häftlinge im Lager „Barbe" in Haslach sind unterschiedliche Angaben zu finden. Ein Zeuge, der als Sprengmeister in den Haslacher Stollen tätig war, berichtete, nie einen Arzt gesehen zu haben.[188] Allerdings nennt ein ehemaliger Sanitäter der Organisation Todt, der in Haslach arbeitete, einen in Haslach ansässigen Arzt namens Dr. Pfeiffer als Lagerarzt. Dieser kümmerte sich offenbar aus Mitleid um die Häftlinge. Medikamente besorgte er sich aus den Beständen der Organisation Todt, deren Angehörige auch von ihm betreut wurden. Der ehemalige Sanitäter erinnerte sich auch daran, daß hin und wieder Dr. Kreuz, der Arzt des Lazaretts der Organisation Todt in St. Georgen, sich um die Aufnahme kranker Häftlinge bemühte. Der Zeuge räumte allerdings

---

180 Vgl. GUG-Interviews Miesch/F, S. 4; Rauber/F, S. 4.
181 GUG-Interview Lagarde/F, S. 4.
182 GUG-Interview Miesch/F, S. 6; vgl. GUG-Interview Schaeffer/F, S. 6.
183 Vgl. StA Nürnberg NO 885, KV-Anklage Interrogations S 147, Eidesstattliche Erklärung Victor Eugène Schuhs vom 18.11.1946.
184 Vgl. GUG-Interviews Rauber/F, S. 6; Nass/F, S. 6; vgl. Tagebuchaufzeichnungen von M. Nass, S. 11. Pfarrer Charles Papst erinnerte sich an eine „Krankenabteilung", die in einem Teil einer Baracke hergerichtet worden war und aus sechs Betten bestand. Es gab allerdings weder einen Arzt, noch eine Krankenschwester noch Medikamente, so daß letztlich eine medizinische Versorgung der Häftlinge nicht gegeben war. Vgl. Böhm, Sicherungslager Rotenfels, S. 32.
185 Vgl. Böhm, Sicherungslager Rotenfels, S. 33.
186 Vgl. GUG-Interviews Rauber/F, S. 6; Miesch/F, S. 6.
187 Vgl. GUG-Interview Nass/F, S. 6; Tagebuchaufzeichnungen von M. Nass, S. 16.
188 Vgl. ZStL Ludwigsburg IV 419 AR 1834/67, Bd. I, Bl. 28.

ein, daß es den Häftlingen ohne Dr. Pfeiffers und seiner Hilfe an der primitivsten medizinischen Versorgung gefehlt hätte.[189] Auch im Wochenbericht vom 25. September 1944 wird Dr. Pfeiffer als Lagerarzt genannt, allerdings sei er von der Bauleitung als solcher verpflichtet worden.[190] Daneben kümmerte sich der ehemalige katholische Stadtpfarrer von Haslach, August Vetter, um die Häftlinge. Er erreichte, daß elsässische Geistliche, die in den beiden Außenkommandos in Haslach inhaftiert waren, Zugang zum Pfarrhaus bekamen und von dort Medikamente und Lebensmittel mit in die Lager nehmen durften. Ferner sorgte er dafür, daß nach Abzug der SS-Wachmannschaften am 13. April 1945 die schwerkranken Häftlinge ins städtische Krankenhaus aufgenommen wurden. Andere Schwerstkranke wurden von Ordensschwestern im Kindergarten gepflegt.[191]

Die Kleidung der Häftlinge war von Schmutz und Verfall gekennzeichnet. Man trug alte Wehrmachtskleidung oder die graue Arbeitskleidung des Lagers. Unterwäsche konnte man sich in Schirmeck von zu Hause schicken lassen.[192] Um sich Kleidung zu besorgen oder verschlissene Kleidungsstücke auszubessern, ließen sich die Häftlinge einiges einfallen. Maguerite Nass schneiderte heimlich aus einer Tischdecke Unterwäsche für ihre Freundin und sich. Andere fertigten sich aus den Decken verstorbener Häftlinge Strümpfe und tauschten, wenn jemand starb, die eigene, abgetragene und teilweise schon zerfetzte Kleidung gegen eventuell besser erhaltene Stücke ein.[193] Als Schuhwerk besaßen die Häftlinge zumeist Holzschuhe, in denen sehr schlecht zu laufen war. Es war auch keine Seltenheit, daß Häftlinge, die nicht zum Arbeitseinsatz mußten, keine Schuhe besaßen.[194] Gut dokumentiert ist die Bekleidungssituation für das Lager „Barbe" in Haslach. In einem Wochenbericht vom September 1944 heißt es:

> Die Häftlinge sind nur mit einer Wäschegarnitur ausgestattet. Handtücher fehlen gänzlich. Es wäre dringend erforderlich, den Häftlingen eine 2. Garnitur Wäsche zu geben, zumal die Witterungsverhältnisse hier denkbar schlecht sind. Weiterhin müssen warme Unterkleider beschafft werden. Aus hygienischen Gründen müssten auch baldmöglichst Handtücher geliefert werden. Seitens der Bauleitung sind keine zu beschaffen. Ferner sind die Häftlinge mit äusserst mangelhaftem Schuhzeug ausgestattet. Da der Anmarschweg zum Arbeitsplatz sehr weit ist und ständig steigt – ca. 1 Stunde Fussweg – werden dringend Schuhe benötigt.[195]

Am schlimmsten waren die Lebens- und Arbeitsbedingungen im Außenkommando Haslach-Vulkan, das im Rastatter KZ-Prozeß im Februar 1947 als „un véritable enfer"[196] bezeichnet wurde. Der ehemalige elsässische Häftling Dr. Schwarz berichtete in diesem Prozeß von den menschenunwürdigen Verhältnissen in Haslach:

189 Vgl. ZStL Ludwigsburg IV 419 AR 1834/67, Bd. I, Bl. 31–34.
190 Vgl. BA Koblenz NS 4 Kl Na 84, Arbeitslager „Barbe", betr. Wochenbericht, 16.9.44–23.9.44, Bericht, 25.9.1944.
191 Vgl. Hildenbrand, Kinzigdamm, S. 9f.
192 Vgl. GUG-Interviews Miesch/F, S. 5; Schaeffer/F, S. 5; Rauber/F, S. 5; Lagarde/F, S. 5; Nass/F, S. 5.
193 Vgl. GUG-Interviews Nass/F, S. 5; Schaeffer/F, S. 5.
194 Vgl. GUG-Interview Schaeffer/F, S. 5.
195 BA Koblenz NS 4 Kl Na 84, Arbeitslager „Barbe", betr. Wochenbericht, 16.9.44–23.9.44, Bericht, 25.9.1944.
196 MSPF Brüssel Rap. 184 Tr. 47664/2.

„Es ist fast nicht möglich zu beschreiben, wie es in Haslach-Vulkan ausgesehen hat. […] Menschen hätten niemals so handeln können. Niemals hätten auch die Verantwortlichen Hunde so behandelt, wie man uns behandelt hat."[197] 650 Häftlinge lebten fünf Monate lang zusammengepfercht im Stollen, „wochenlang auf verfaultem Stroh liegend, ohne ärztliche Behandlung, von Läusen buchstäblich zerfressen, ohne Abort, ohne ausreichende Luftzufuhr und fast ohne Licht."[198] Dementsprechend hoch war die Zahl der Kranken und Toten. In kürzester Zeit starben 65 Häftlinge, 10 wurden erschossen und 350 waren ständig krank.[199] Eine Flecktyphusepidemie ließ die Zahl der Toten im Stollen nochmals stark ansteigen.[200] 1945 wurden drei Wochen vor Ostern 90 Häftlinge von Haslach nach Rotenfels rücküberstellt. Von ihnen lebten Ostern noch 30 Häftlinge.[201] Im Außenkommando Haslach-Sportplatz hatte bereits im November 1944 eine Ruhrepidemie 192 Opfer gefordert. Im Januar 1945 waren dort noch 150 völlig entkräftete und arbeitsunfähige Häftlinge, die nach Dachau überführt wurden.[202] Angesichts dieser Aussagen sind die Äußerungen des ehemaligen Lagerführers des Außenkommandos am Sportplatz, der die Leitung im Dezember 1944 übernahm, völlig unglaubwürdig. Seinen Worten zufolge sei die Verpflegung der Häftlinge unter seiner Kommandantur besser gewesen als die der Zivilbevölkerung. Ferner habe zwischen ihm und den Häftlingen „ein äußerst warmes menschliches Verhältnis bestanden"[203].

Berlin-Marienfelde

In Berlin-Marienfelde existierte vom 23. September 1943 bis zum 20. April 1944 ein Außenkommando des KZ Sachsenhausen, dessen Häftlinge zur Errichtung bzw. Instandhaltung von Luftschutzbauten und zum Anlegen von Löschteichen eingesetzt wurden.[204]

Ob Häftlinge dieses Kommandos auch im Daimler-Benz-Werk in Marienfelde zum Einsatz kamen, läßt sich nicht mit Sicherheit feststellen. Den Aussagen eines ehemaligen „Ostarbeiters" zufolge sollen KZ-Häftlinge bisweilen eingesetzt worden sein. Er berichtet, daß sie nicht permanent im Werk gearbeitet hätten, sondern zu Sondereinsätzen zum Werk gebracht worden seien. So hätten z.B. KZ-Häftlinge einmal eine Bombe auf dem Werksgelände ausgraben müssen. Er hielt es für ausgeschlossen, daß die Häftlinge Löschteiche angelegt haben könnten, da auf dem Werksgelände kein Platz dafür vorhanden war.[205]

Letztlich bleibt es weiterhin unklar, inwieweit KZ-Häftlinge im Werk in Marienfelde eingesetzt wurden.

197 Neuer Prozeß beim Rastatter Hohen Gericht, in: Ortenauer Zeitung, 25. Februar 1947.
198 Neuer Prozeß beim Rastatter Hohen Gericht, in: Ortenauer Zeitung, 25. Februar 1947.
199 Vgl. Hildenbrand, „Vulkan", S. 330.
200 Vgl. Hildenbrand, „Vulkan", S. 330.
201 Vgl. Böhm, Sicherungslager Rotenfels, S. 32.
202 Vgl. Hildenbrand, „Vulkan", S. 329, 331.
203 ZStL Ludwigsburg IV 419 AR 1834/67, Bd. I, Bl. 72f.
204 Vgl. Verzeichnis der Haftstätten, S. 260; Schmid, Arbeitskräfte, S. 578.
205 Vgl. GUG-Interview Nr. 335, Anhang, S. 2.

Riga

Über die Lebens- und Arbeitsbedingungen der Zwangsarbeiter im zu Beginn des
Jahres 1942 errichteten K-Werkes Riga ist aufgrund der lückenhaften Quellenlage
bislang nicht allzuviel bekannt. Mit großer Wahrscheinlichkeit waren dort sowohl
Juden des Rigaer Ghettos, sogenannte „Arbeitsjuden", als auch jüdische KZ-Häftlinge des Außenkommandos Lenta des Konzentrationslagers Riga-Kaiserwald eingesetzt.[206] Der ehemalige jüdische KZ-Häftling David Katz, der 1943 vier Monate
im K-Werk Riga arbeiten mußte, schätzte die Gesamtstärke des Außenkommandos
auf 250 bis 300 männliche deutsche, lettische und litauische Juden. Personalstands-
meldungen des Werkes ist zu entnehmen, daß auch jüdische Frauen in dem Betrieb
arbeiten mußten. Im Februar 1943 waren unter den 153 Arbeitern 13 Jüdinnen. Die
Zahl der eingesetzten Jüdinnen blieb von März 1943 bis zum Januar des folgenden
Jahres fast konstant und belief sich seit Mai 1943 auf 11 Frauen. Im Februar 1944
wurden sie durch sowjetische Kriegsgefangene ersetzt. Die Zahl der sowjetischen
Kriegsgefangenen läßt vermuten, daß alle jüdischen Zwangsarbeiter aus dem Werk
entfernt wurden.[207]

Bei einem Appell im KZ Riga-Kaiserwald hatte die SS verkündet, Daimler-
Benz suche Mechaniker. Die jüdischen KZ-Häftlinge wurden zur Reparatur von
Militärfahrzeugen (Lkw) eingesetzt. Während der 12stündigen Arbeitszeit beauf-
sichtigten und bewachten die deutschen Meister und Arbeiter die Häftlinge, für die
Bewachung auf den An- und Abmärschen zu Lager und Werk war die SS zuständig.

Die jüdischen Häftlinge waren im Lager Lenta unter engen räumlichen Verhältnissen untergebracht. Acht Männer teilten sich ein Zimmer von ca. 16 m². Die
sanitären und hygienischen Bedingungen waren ähnlich entsetzlich wie der Bekleidungszustand und die Verpflegung, die lediglich aus einer Rübensuppe und etwas
Brot bestand. Wer krank wurde, hatte mit dem Abtransport aus dem Außenkommando zu rechnen.[208]

Für den Einsatz und die Verpflegung der „Arbeitsjuden" zahlte Daimler-Benz
offenbar keine regelmäßigen Abgaben, denn der Kommandant des Rigaer Ghettos
erhielt von der Treuhandstelle des Reichskommissars Ostland, durch die das Werk
die jüdischen Arbeitskräfte und Einrichtungsgegenstände bezog, nur hin und wieder einen Scheck über 1.000 RM „als Beitrag für die Judenverpflegung und als Zur-
verfügungstellung von Juden für Arbeitszwecke"[209].

Minsk

Zum Einsatz von Zwangsarbeitern in der Panzerinstandsetzungswerkstatt in Minsk
läßt sich bedingt durch bislang fehlende Quellen lediglich sagen, daß dort neben

206 Vgl. Roth, Weg, S. 240; GUG-Interview Katz/CS, S. 3.
207 Vgl. GUG-Interview Katz/CS, S. 3; MBA VO 175/8, K-Werk Riga I 1944/45, Personalstands-
     meldungen.
208 Vgl. GUG-Interview Katz/CS, S. 1–6.
209 Zit. nach Roth, Weg, S. 240.

sowjetischen Kriegsgefangenen jüdische KZ-Häftlinge unter schlimmsten Bedingungen eingesetzt waren. Inwiefern die Verantwortung für die Mißhandlungen der jüdischen KZ-Häftlinge bei den militärischen Dienststellen, in deren Händen die Gesamtleitung des Werkes lag, oder bei Daimler-Benz, das zeitweise die technische Leitung innehatte, liegt, ist nicht klar. Daimler-Benz wies nach dem Krieg jegliche Verantwortung für die Zustände in Minsk mit der Begründung zurück, von Daimler-Benz seien lediglich ca. 30 Facharbeiter und Angestellte in das Panzerinstandsetzungswerk einberufen worden.[210]

In dem von Daimler-Benz geleiteten Groß-K-Werk Minsk waren offenbar keine KZ-Häftlinge eingesetzt.[211]

Genshagen

Die Daimler-Benz Motoren GmbH in Genshagen südlich von Berlin beschäftigte im Vergleich zu anderen Daimler-Benz-Werken einen hohen Anteil von Zwangsarbeitern.[212]

Nach den Angaben des ehemaligen KZ-Häftlings Arno Plock traf am Neujahrstag 1943 eine Gruppe von KZ-Häftlingen in Genshagen ein. Einen Tag später mußten die aus dem Konzentrationslager Sachsenhausen stammenden Häftlinge die Arbeit im Daimler-Benz-Werk in Genshagen aufnehmen.[213]

Am 31. Dezember 1942 hatten drei Vertreter der Daimler-Benz Motoren GmbH unter etwa 500 Häftlingen, die sich zu Schlosser-, Dreher- und Mechanikerarbeiten hatten melden können, ca. 180 Häftlinge ausgesucht, die in fünf Arbeitskommandos unterschiedlicher Stärke eingeteilt wurden.[214] Arno Plock hatte seine Auswahl als Glück empfunden:

---

210 Vgl. MBA Bestand Hoppe 8, Zeitungsartikel im „Vorwärts", 30.12.1946; Schreiben DBAG Berlin-Marienfelde an Hoppe, 7.1.1947; Revisionsberichte 37 und 38. Die politischen Ereignisse in Osteuropa geben Anlaß zur Hoffnung, daß in absehbarer Zeit die dortigen Archive der Öffentlichkeit zugänglich gemacht werden.

211 Vgl. GUG-Interview Burger/ROM, S. 2.

212 Vgl. oben S. 52f., 212.

213 Vgl. GUG-Interview Plock/D, S. I, 1; Plock, Erlebnisbericht, S. 13. Außer den Aussagen Plocks, die er im GUG-Interview, in zwei Kurzberichten und einem ausführlichen Erlebnisbericht darlegte, sind bisher mit Ausnahme eines Hinweises in den Akten der ZStL (vgl. hierzu S. 389) keine Quellen bekannt, die belegen, daß das von Plock genannte Außenkommando existierte, und daß männliche KZ-Häftlinge aus dem KZ Sachsenhausen im Werk Genshagen eingesetzt waren. Da Plock sich jedoch überaus genau an die Verhältnisse im Genshagener Werk erinnert und seine Erinnerungen durch detaillierte Zeichnungen des Werkes, des Halleninnern der Halle 11, in der Plock arbeiten mußte, und des Lagers, ergänzte, sind seine Aussagen glaubwürdig. Außerdem erinnert er sich an Vorfälle, die aus der Literatur zu Genshagen bekannt sind, wie etwa die Verhaftung des deutschen Arbeiters Arthur Ladwig (vgl. S. 222). Plock beurteilt die Verhältnisse in Genshagen und in Obrigheim sehr sachlich. Seine unterschiedliche Beurteilung der Verhältnisse unterstreicht seine Glaubwürdigkeit.

214 Vgl. GUG-Interview Plock/D, S. 2; Plock, Erlebnisbericht, S. 2–4; ders., Kurzbericht, S. 1.

Menschenskind, hast du ein Schwein, hast du ein Glück, der hat mich genommen, nicht zu glauben, raus aus diesem furchtbaren Lager![215]

Noch in der Nacht waren die Häftlinge auf fünf LKW von Sachsenhausen nach Genshagen transportiert worden, wo sie im KZ-Außenlager Ludwigsfelde untergebracht wurden.

Am 2. Januar marschierte die Tagschicht, das aus 130 Häftlingen bestehende Arbeitskommando „FLUMOLU II", unter der Bewachung von ca. 20 SS-Angehörigen zum erstenmal in die Fabrik.[216] Arno Plock war mit neun weiteren Häftlingen zur Arbeit in Halle 11 eingeteilt. Dort begrüßte sie der Hallenleiter Merkel in einer kleinen Ansprache als neue Mitarbeiter und wünschte ihnen viel Glück bei der Arbeit, worüber der Kommandoführer, SS-Unterscharführer Thomas, verärgert den Kopf schüttelte. Der Obermeister, „Schleicher" genannt, war unfreundlicher zu den Häftlingen und drohte ihnen bei ungenügender Arbeitsleistung mit der Rückführung nach Sachsenhausen. Der Meister der mechanischen Abteilung, Gerke, wies Arno Plock seinen Arbeitsplatz, eine VDF-Spitzendrehbank, an und erläuterte ihm den Arbeitsvorgang. Er mußte unter anderem Spezialgewinde und Propellerhülsen herstellen und maßgerecht zuschneiden. Nach ca. drei Monaten wurde Arno Plock, der gelernter Werkzeugmacher war, in die Werkzeugmacherei versetzt, so daß er in seinem erlernten Beruf arbeiten konnte, was sicherlich ein Grund dafür war, daß er sich an seinem Arbeitsplatz verhältnismäßig wohl fühlte.[217]

Doch die Lebens- und Arbeitsbedingungen der Häftlinge im Werk Genshagen verschlechterten sich im Laufe der Zeit. Während Arno Plock die Zeit bis zu den Monaten November und Dezember 1943 als recht erträglich schilderte[218], durchlebten die Häftlinge danach sehr harte Zeiten. Es wurde in jeweils zwölfstündigen Tag- und Nachtschichten, die die Bezeichnung „FLUMOLU I" bzw. „FLUMOLU II" trugen, von Montag bis Samstag gearbeitet. Im Mai 1944 führte man die Sonntagsarbeit ein. Die Tagschicht hatte um 8.30 eine viertelstündige Pause, mittags dauerte die Pause 30 Minuten.

Die Bewachung der KZ-Häftlinge auf den drei bis vier Kilometer langen Märschen zum Werk bzw. zum Lager übernahm, wie bereits erwähnt, die SS. Die Arbeitsgruppe der Halle 11 wurde von 4 SS-Männern begleitet, dem SS-Rottenführer Gorgas als Kommando-Gruppenführer, dem SS-Sturmmann Winters und den SS-Männern Herget und Fender. Bis auf den SS-Rottenführer verhielten sich die SS-Leute, abgesehen von den üblichen verbalen Attacken, wenig auffällig. Gorgas nutzte seine Position als Kommando-Gruppenführer aus, um die Häftlinge und andere Zwangsarbeiter anzuschreien. Häftlinge meldete er grundlos oder wegen Nichtigkeiten dem Lagerkommandanten, was für die Häftlinge zumeist einige Tage

---

215 Plock, Erlebnisbericht, S. 3.
216 Das Kommando setzte sich aus 123 Häftlingen, 6 Kapos und 1 Oberkapo zusammen. Vgl. Plock, Erlebnisbericht, S. 13. Im chronologischen Kurzbericht beziffert Plock die Stärke des Arbeitskommandos mit 158 Häftlingen. Vgl. Plock, Kurzbericht, S. 2.
217 Vgl. GUG-Interview Plock, S. 2, 3b; Plock, Erlebnisbericht, S. 14–16, 18.
218 Plock, Erlebnisbericht, S. 16: „Alles in allem, mit den aus dieser Sicht betrachteten Arbeitsbedingungen, konnte man zufrieden sein!"

Arrest bedeutete. Der schon erwähnte Hallenführer Merkel bewirkte schließlich, daß der SS-Rottenführer die Halle 11 nicht mehr betrat.[219] Während der Arbeitszeit unterstanden die Häftlinge dem Obermeister und dem Kapo Stachowitz.[220]

Den Obermeister ausgenommen, war das Verhältnis zwischen den deutschen Arbeitern und den Häftlingen, zumindest gilt dies für Arno Plock, nach anfänglicher Zurückhaltung durchaus freundlich. Gerade in der Werkzeugmacherei, in der Arno Plock mit drei deutschen Arbeitern und einem französischen Zwangsarbeiter zusammen arbeitete, entwickelte sich ein engerer Kontakt zwischen dem Häftling, der vor allem wegen seiner beruflichen Qualifikationen geschätzt wurde, und den Arbeitern als das für KZ-Häftlinge üblich und erlaubt war. Die Arbeiter hielten den SS-Rottenführer, der Plock auch in der Werkzeugmacherei kontrollieren wollte, aus diesem Bereich des Werkes fern.[221]

Abb. 51: Kleinteile-Fertigung in Genshagen.

219 Vgl. Plock, Erlebnisbericht, S. 17.
220 Vgl. GUG-Interview Plock/D, S. 4. „Kapos" („Kapo"=„Kameradschaftspolizei") wurden Häftlinge genannt, die den Befehl über die Arbeitskommandos hatten und den SS-Kommandoführern verantwortlich waren. Sie waren Aufsichtspersonen, die in der Regel selbst nicht arbeiten mußten. Vgl. Kogon, SS-Staat, S. 89; Weinmann, Lagersystem, S. IL.
221 Vgl. Plock, Erlebnisbericht, S. 18f.

Der Obermeister der Halle kontrollierte die Arbeit der Häftlinge und der Zwangsarbeiter sehr scharf, wobei er sich Notizen machte und Meldungen an die betreffenden Stellen weiterleitete und die Häftlinge und Zwangsarbeiter somit Strafen und Repressalien aussetzte. Beispielsweise denunzierte er Häftlinge wegen der Annahme von Brot oder wegen Rauchens. Seinetwegen mußten einige Häftlinge sogar ins Stammlager zurück.[222] Auch Arno Plock bekam die Härte dieses Werksangehörigen zu spüren. Er wurde von ihm beobachtet, als er sich aus einem verbrauchten Stahlsägeblatt ein Messer schliff – die Häftlinge besaßen als Eßbesteck nur Gabel und Löffel. Der inzwischen herbeigeeilte SS-Rottenführer schlug Arno Plock brutal zusammen und auch der dazugerufene Oberkapo malträtierte ihn mit Faustschlägen. Der Lagerkommandant bestrafte Arno Plock mit 14 Tagen „verschärftem Arrest", von denen er nur 4 Tage absitzen mußte, weil der Hallenleiter Merkel sich beim Lagerkommandanten für den Häftling eingesetzt hatte, auf dessen qualifizierte Arbeitskraft man nicht verzichten wollte.[223]

Eine wertvolle Stütze hatte Arno Plock in der Gütekontrolleurin aus der Zwischenkontrolle, Helene Klose. Sie informierte Plocks Mutter über das Schicksal ihres Sohnes und übergab dem Häftling heimlich einen Brief seiner Mutter. Ferner ermöglichte sie Plocks Mutter die Reise nach Ludwigsfelde, ließ sie zwei Tage bei sich wohnen und zeigte ihr eine Stelle, von wo aus sie ihren Sohn während eines Rückmarschs vom Werk sehen konnte. In der folgenden Zeit steckte sie Arno Plock nach und nach den Inhalt der von Plocks Mutter geschickten Pakete zu.[224] Wie gefährlich diese Aktionen für die Frau waren, muß nicht betont werden.

Der für seine brutalen Behandlungsmethoden berüchtigte Genshagener Werksarzt Dr. Karl Stahlherm („Knochenkarl")[225] war auch für die medizinische Betreuung der KZ-Häftlinge zuständig. Zwar behandelte Stahlherm Erkältungskrankheiten mit Aspirin, Durchfall mit Kohletabletten, und Ichthyolsalbe verwandte er für Verletzungen aller Art. Hungerödeme wurden jedoch von ihm grundsätzlich nicht behandelt, obwohl sich in den Schränken Traubenzuckerpäckchen stapelten.[226]

Die Lebensbedingungen im Lager Ludwigsfelde waren nach der Beurteilung Plocks für KZ-Verhältnisse überdurchschnittlich gut. Er erklärt sich die „völlig anderen Haftbedingungen"[227] mit der Entstehungs- und Entwicklungsgeschichte dieses Lagers. Es war ursprünglich ein Lager des Reichsarbeitsdienstes (RAD) gewesen, das bis zum Juni 1942 Arbeitsdienstmänner beherbergte, die nach Polen versetzt wurden. Daimler-Benz bemühte sich um den Erwerb dieses Lagers, um dort ausländische Zwangsarbeiter unterzubringen. Als Lager des RAD war es natürlich mit einer gut ausgestatteten Lagerküche und sanitären Anlagen versehen worden. Plock vermutete aufgrund von Äußerungen ehemaliger dienstverpflichteter Frauen, darunter auch Helene Klose, daß Daimler-Benz für den anstehenden

---

222 Plock, Kurzbericht, S. 3. Plock vermutet, daß der Obermeister ein Spitzel oder Zuträger der SS gewesen sei. Vgl. Plock, Darstellung, S. 3.
223 Vgl. Plock, Erlebnisbericht, S. 20f.
224 Vgl. Plock, Erlebnisbericht, S. 22.
225 Vgl. oben, S. 231.
226 GUG-Interview Plock/D, S. 4; Plock, Erlebnisbericht, S. 28; ders., Kurzbericht, S. 4.
227 Plock, Erlebnisbericht, S. 7.

Einsatz von KZ-Häftlingen im Genshagener Werk eine Unterbringung gesucht und auf das RAD-Lager zurückgegriffen hatte. Bereits im August 1942 sei ein Vorkommando von KZ-Häftlingen ins Lager gekommen, um es zum KZ-Außenlager auszubauen. Anfang Oktober seien 150 Häftlinge im Lager eingetroffen, die in der Folgezeit im Werk eingesetzt worden seien.[228] Die militärisch-strenge, aber keineswegs so brutale Behandlungsweise der Häftlinge durch die SS wie im KZ Sachsenhausen sieht Arno Plock im Standort des Lagers begründet. Die in unmittelbarer Nähe liegenden Wohnsiedlungen, die öffentlichen Straßen um das Lager herum und die Unterbringung der SS-Angehörigen in Privatquartieren trugen dazu bei, daß man sich die in Konzentrationslagern übliche Behandlung der Häftlinge nicht in dem gewohnten Maße leisten konnte. Dennoch gab es auch im Lager Ludwigsfelde Strafexzerzieren, Prügelstrafe und andere Schikanen seitens der SS-Wachmannschaften.[229]

Es mußte meines Erachtens nach der Schein gewahrt werden, daß nur durch Strenge und Arbeit die Häftlinge umerzogen wurden.[230]

Die Stuben der Wohnblocks waren mit je 10 Häftlingen belegt. Das Inventar der Wohnblocks erinnerte an die Ausstattung von Wehrmachtskasernen.

Fünf Doppelstockbetten mit gut gefüllten Strohsäcken, doppelteilige Holzspinde, zwei Tische, zehn Holzschemel, sowie für jeden Häftling eine grau-weiß emaillierte Waschschüssel. Einige Wassereimer mit Scheuertüchern, Besen, Handfeger, Kehrblech. Ein rechteckiger, ein Meter hoher, gekachelter Ofen vervollständigte diese Einrichtung der Stuben. Blauweiß karierte Bettwäsche, die 14 tägig getauscht wurde, zwei Grubenhandtücher für jeden Häftling, Kochgeschirr, Eßbesteck (ohne Messer) vervollständigten das Bild einer kasernenmäßigen Unterbringung.[231]

Das Wasch- und Badehaus enthielt 10 Doppelduschen und eine Waschanlage mit 20 Wasserhähnen. Die Toiletten hatten eine Wasserspülung. Ungeziefer gab es nirgends.[232] Die Versorgung der Häftlinge, die aus einer Kalt- und einer Warmverpflegung bestand, war ausreichend. Die Morgenration der Kaltverpflegung bestand aus ca. 250 g Brot, 30 g Marmelade oder Kunsthonig, für abends waren ca. 200 g Brot, 30 g Wurst oder Quark und 20 g Margarine pro Häftling vorgesehen. Als Warmverpflegung gab es an drei Tagen in der Woche im Wechsel 3/4 l Erbsen-, Bohnen- oder Gemüsesuppe, an drei weiteren Tagen Salz- oder Pellkartoffeln, dazu 1/4 l Gemüse und Bratlingssoße. Thermoskübel mit Ersatzkaffee oder Tee standen in den Fluren der Wohnblöcke. Da die Häftlinge eine solche Verpflegung gar nicht mehr gewohnt waren, litten einige in der ersten Zeit unter Durchfall.[233] Die abendliche Kaltverpflegung erhielt die Tagschicht zusammen mit der Ration für den nächsten Morgen nach der Rückkehr ins Lager, gegen 19.30 Uhr. Die Nachtschicht erhielt beide

---

228 Vgl. Plock, Erlebnisbericht, S. 8.
229 Vgl. Plock, Kurzbericht, S. 6.
230 Plock, Erlebnisbericht, S. 10.
231 Plock, Erlebnisbericht, S. 8.
232 Vgl. Plock, Erlebnisbericht, S. 8.
233 Vgl. Plock, Erlebnisbericht, S. 9.

Rationen vor dem Abmarsch ins Werk, gegen 17.30 Uhr. Die Warmverpflegung brachte ein LKW zu den verschiedenen Werkshallen, so daß die Häftlinge der Tagschicht ihr Essen zwischen 12 und 13 Uhr bekamen, die der Nachtschicht zwischen 23.30 und 0.30 Uhr. Arno Plock ist davon überzeugt, daß die Verpflegung von Daimler-Benz gestellt wurde.

> *Besonders erwähnen möchte ich, daß die an die Häftlinge verausgabte Verpflegung, nicht nur, oder auch gar nicht, aus den Beständen der SS-Versorgungslager stammte. Während dieser ganzen Zeit des Lagerküchenbetriebes konnte man beobachten, wie zweimal wöchentlich, dienstags und freitags ein LKW mit dem Daimler-Benz Stern an den Türen und der Aufschrift Motorenwerk Genshagen, in das Lager einfuhr und an der Laderampe des Lebensmittellagers Gemüse, Kartoffelsäcke, Fleisch- u. Wurstkisten, Margarinekartons und Konservenbüchsen entladen und ins Vorratslager gebracht worden sind. [...] Mit hoher Wahrscheinlichkeit kann behauptet werden, daß die Versorgung des Außenlagers Ludwigsfelde-Weinberg bis Ende des Jahres 1943 in vollem Umfang durch das Motorenwerk Genshagen gewährleistet wurde.[234]*

Jeder Häftling hatte im Lager eine khakifarbene Uniform erhalten, dazu gab es olivgrüne Overalls vom Werk als Arbeitskleidung. Auf diese Kleidungsstücke mußten sich die Häftlinge entsprechend ihrer Häftlingskategorisierung rote („Politischer") oder grüne („Krimineller") Stoffteile aufnähen. Auf den Erkennungsmarken wurden im Werk die Häftlingsnummern eingraviert. Darüber hinaus teilte man jedem Häftling Kochgeschirr, Eßbesteck, einen Militärbrotbeutel, eine Feldflasche, Unterwäsche (ein Hemd, eine Hose), zwei Paar Socken, zwei Paar Fußlappen und eine Mütze aus. Die Häftlinge trugen die üblichen Kunstlederschuhe mit Holzsohlen. Bei Verschleiß wurden keine neuen Kleidungsstücke oder Schuhe gestellt.[235]

Diese für die Häftlinge verhältnismäßig günstigen Bedingungen kehrten sich Ende 1943 schlagartig ins Gegenteil um. In der ersten Dezemberwoche erfolgte der von der Werksleitung wegen der zunehmenden Gefährdung durch Bombenangriffe der Alliierten angeordnete Umzug der Häftlinge vom Lager Ludwigsfelde in die Luftschutzkeller des Werkes. Alle Häftlinge mußten auf dem Appellplatz antreten, es ergab sich eine Gesamtzahl von 312 Häftlingen. Sie durften alles, bis auf Feldflasche und Brotbeutel, mitnehmen. Die Tag- und Nachtschicht der Arbeitsgruppe, der Arno Plock angehörte, 20 Häftlinge und ein Kapo, wurden in zwei durch eine Tür miteinander verbundenen Räumen einquartiert. Sie mußten vorerst auf ihren Strohsäcken auf dem eisigen Boden schlafen. Einzige Waschgelegenheit stellte das Waschbecken auf der Toilette dar. Geheizt wurden die Räume nicht. Das Essen erhielten die Häftlinge nun aus der Werksküche. Es war offensichtlich, daß für die Häftlinge extra schlechtes Essen gekocht wurde, um die Verpflegung der deutschen Arbeiter aufzubessern. „Ein Essen, das mit wenigen Ausnahmen, dem von Sachsenhausen geglichen hat."[236] Die Häftlinge litten abermals Hunger. Die SS-Wachmannschaften führten wieder Sachsenhausener Praktiken ein, brutales Schlagen, „Luftschöpfen" an Sonntagen um die Halle herum etc. Als im Mai 1944

---

234 Plock, Erlebnisbericht, S. 9f.
235 Vgl. Plock, Erlebnisbericht, S. 13; GUG-Interview Plock/D, S. 5.
236 Plock, Erlebnisbericht, S. 27.

Tafel 1: Außenansicht einer Halle des Flugmotorenwerks Genshagen

Bemerkungen des ehemaligen KZ–Häftlings Arno Plock zu seiner nebenstehenden Zeichnung

1 = SS-Wachbaracke
2 = SS-Hundezwinger
3 = Appellplatz
4 = Häftlingswohnbaracken
5 = Häftlings-Wasch- u. Latrinenbaracken
6 = Wachturm m. Alarmsirene u. Suchscheinwerfern
7 = Häftlings-Arrestbaracke, der sog. „Bunker"
8 = Küchen- u. Versorgungsbaracke

Bemerkungen zum Bewachungssystem

Die Bewachung des Kz.-Außenlagers wurde nur von SS-Männern in der feld-grauen Uniform der Waffen-SS durchgeführt, auch die Begleitmannschaft zur und von der Arbeit im Werk waren Angehörige der Waffen-SS, identisch mit der Bewachung im Werk, in den Werkhallen, d.h. am Arbeitsplatz. Die alters-mäßige Struktur der SS-Wachkräfte lag zwischen 19 bis 40 Jahren.

Die SS-Wachmannschaft wurde jeweils vor Beginn der Tag- bzw. Nacht-schicht im Lager gewechselt. Die SS-Männer der Ablösung verließen das Lager in Richtung Ludwigsfelde und auf der Straße nach Genshagen, vorbei am Zwangsarbeiterlager, Nr. 2 der Zeichnung. Sie gingen einzeln oder in kleinen Gruppen, in den Händen Taschen oder Armeewäschebeutel. Das ließ darauf schließen, daß sie in Privatquartieren untergebracht waren, was sich dann durch Äußerungen Ludwigsfelder Zivilarbeiter im Werk auch bestätigte. Es wurden auch Bemerkungen gemacht, daß die verheirateten Unterführer in einer SS-Siedlung in Rangsdorf wohnen würden.

Der Wachtturm war während des Tages nur mit einem Posten besetzt, nach Einbruch der Dunkelheit waren Doppelposten auszumachen.
Die Sperrzone war durch beschriftete, rote Schilder markiert. Auf dem Schild, nahe der Straße, die zum Werktor Ludwigsfelde führte, konnte man beim Vorbeimarschieren in Richtung Lager die Aufschrift deutlich lesen:

A c h t u n g !
S p e r r z o n e
Betreten verboten!
Der Lagerkommandant

Die anderen Schilder werden gleiche Aufschriften gehabt haben.
Die Sperrzone wurde am Tage, entlang der Feldmark, von zwei Posten be-wacht, bei Anbruch der Dunkelheit wurden Doppelposten eingesetzt.
Der Lagerzaun war mit Stacheldraht verspannt und nicht mit Starkstrom gela-den. Des Nachts wurden zwei Wachhunde innerhalb des Lagers an langen Laufketten an der Küchen- u. Versorgungsbaracke und am rückwärtigen Zaun, hinter den Häftlings-Wohnbaracken zusätzlich eingesetzt.

Die Begleitkommandos auf dem Marsch zum und vom Werk waren von unter-schiedlicher, zahlenmäßiger Stärke. Bei der Tagschicht ca. 18 – 20 Begleitpo-sten u. 2 Unterscharführer, bei der Nachtschicht bis zu 30 SS-Männer, 4 Hundeführer m. Hund und 2 Unterscharführer.

Tafel 2: Plan des KZ-Außenlagers Ludwigsfelde-Weinberg, in dem die im Werk Genshagen eingesetzte männliche KZ-Häftlinge untergebracht waren (Zeichnung Plock)

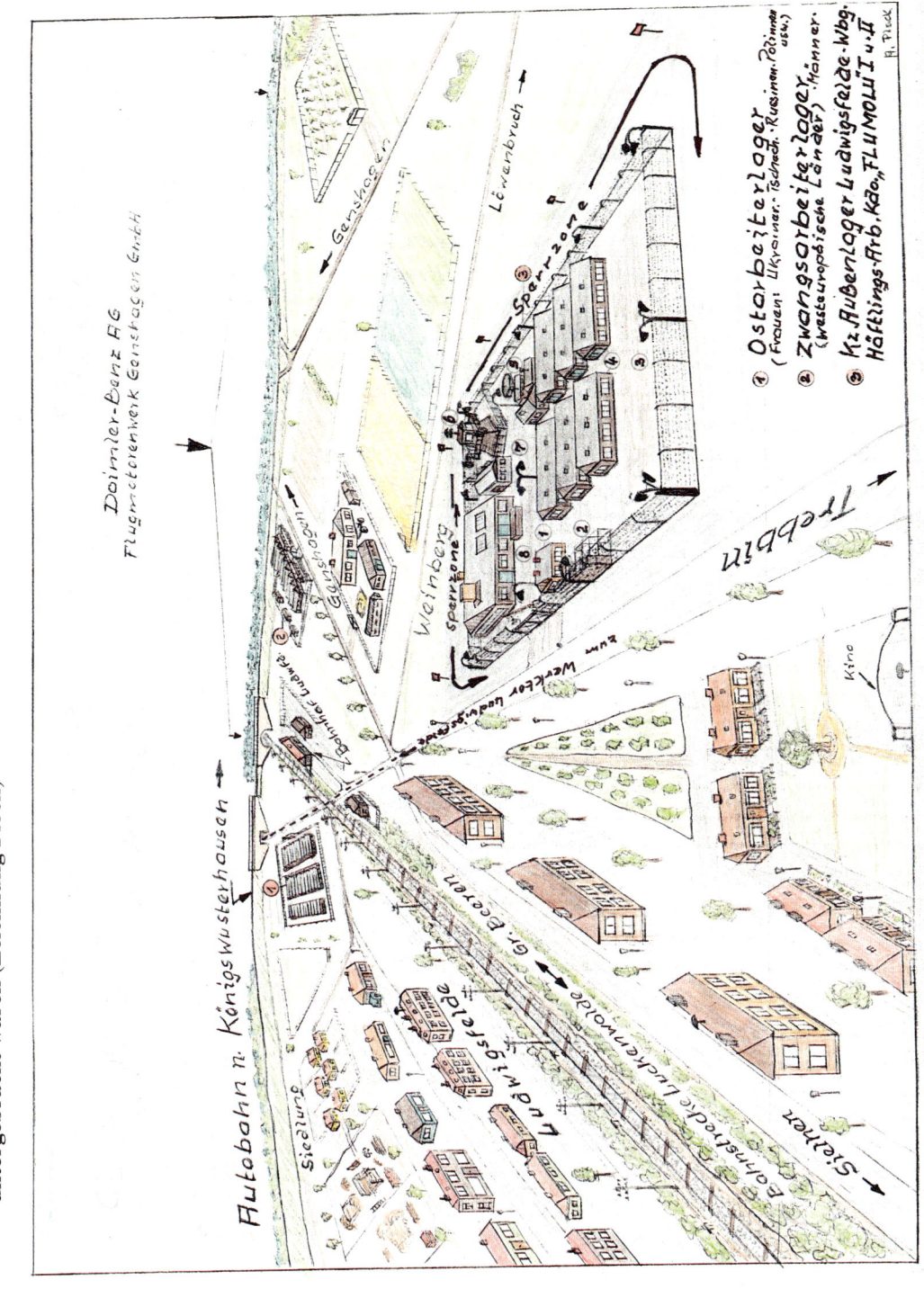

Tafel 3: Außenansicht einer Halle des Flugmotorenwerks Genshagen

Tafel 4: Außenansicht der Halle 11 des Flugmotorenwerks Genshagen (Zeichnung Plock)

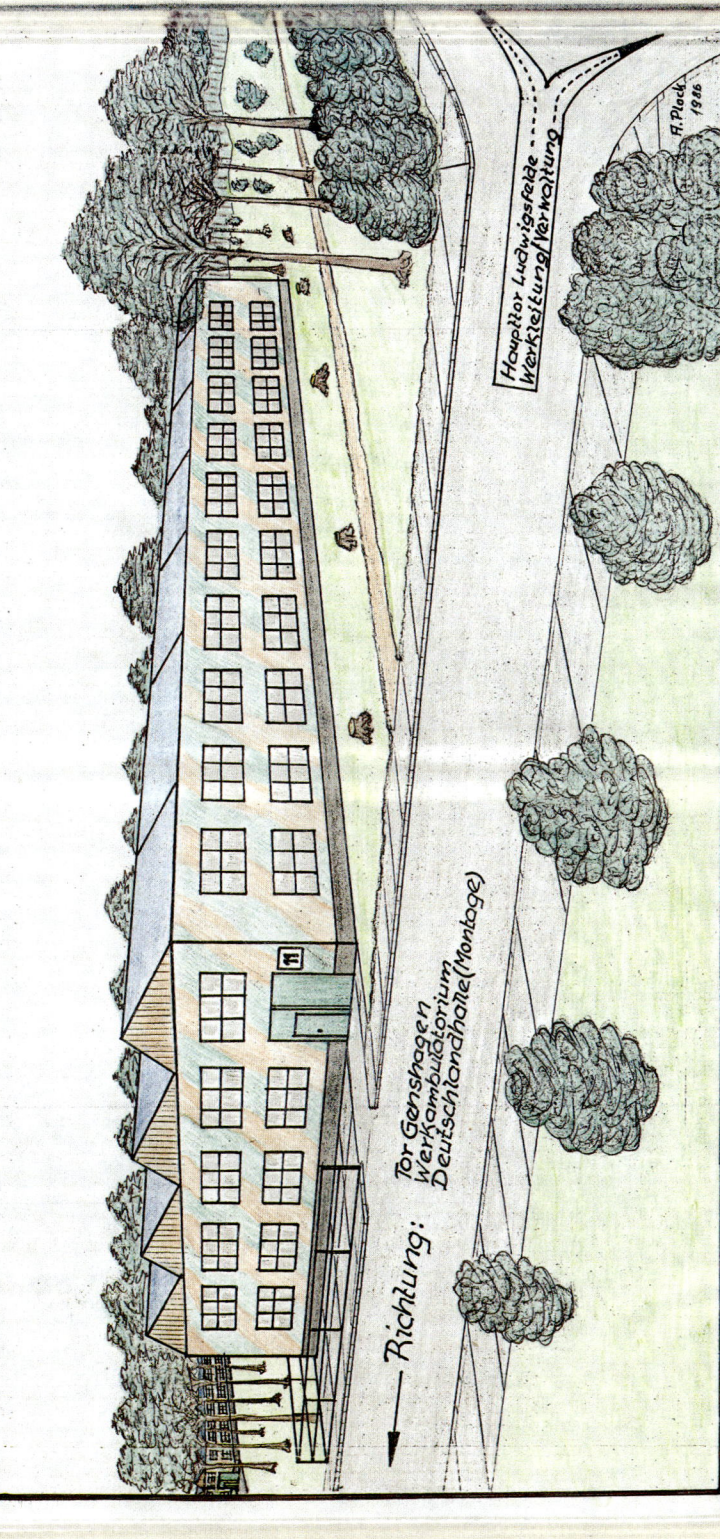

Daimler Benz Flugmotorenwerke
Ludwigsfelde, Halle 11 bis Aug. 1944

Richtung:

Tor Genshagen
Werkkambulatorium
Deutschlandhalle (Montage)

Haupttor Ludwigsfelde
Werkleitung/Verwaltung

A.Plock
1986

Kop. Nr. 1
Bl. 2

In dieser Halle arbeiteten bis Ende Juli 1944 cirka 100 Personen. Etwa 25 deutsche Männer und Frauen, wie: UK-gestellte Facharbeiter und dienstverpflichtete Angelernte, 2 Meister, 1 Obermeister und der Hallenleiter. Die Mehrzahl der Arbeitskräfte waren: Zwangsarbeiterinnen aus Rußland, Ukraine, Polen und der Tschechoslowakei, Zwangsdeportierte aus Holland und Frankreich und 20 KZ-Häftlinge vom Außenkommando "Daimler-Benz" des KZ Sachsenhausen. Es wurde in 2 Schichten von je 12 Stunden gearbeitet.

Tafel 5: Innenansicht einer Halle des Flugmotorenwerks Genshagen

Daimler - Benz
Flugmotorenwerk GmbH
Ludwigsfelde 1943/44

Halle 11 Teilefertigung

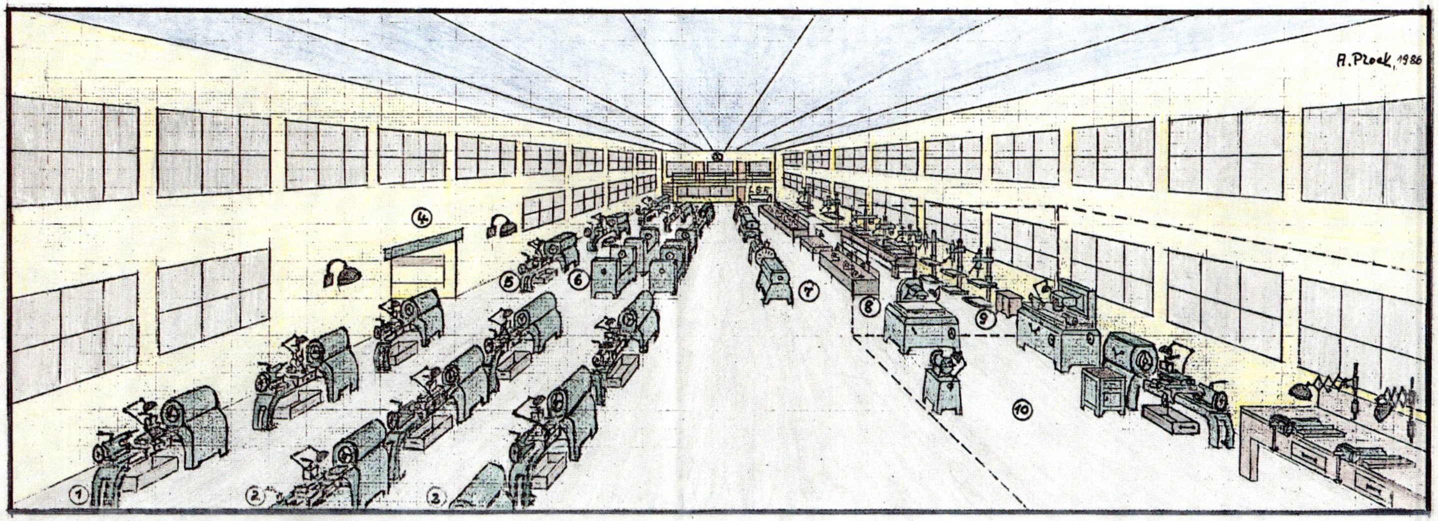

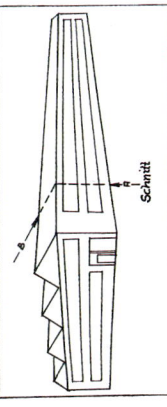

R. Plock, 1986

Kop. Nr. 3 / Bl. 2

1 Bearbeitung von Zahnkranzwellen für Öleinspritzpumpen
2 Fertigung von Lagerbuchsen für Öleinspritzpumpen
3 Vordrehen von Zahnradsätzen für Öleinspritzpumpen
4 Werkzeugausgabe, Zeichnungsausgabe und Scharfschleiferei
5 Propellerhülsenfertigung, Gewindeschneiden m. Hartmetall (Widia)
6 Gewindefräsmaschine
7 Bearbeitung von Flugmotorengehäusen und -deckel
8 Bearbeitung von gebohrten Öleinspritzpumpengehäusen
9 Bohrfleßreihe für Öleinspritzpumpengehäuse
10 Werkzeugmacherei der Halle

die Sonntagsarbeit eingeführt wurde, kamen die Häftlinge überhaupt nicht mehr aus der Halle. Die schlechte Ernährung, die unhaltbaren sanitären Verhältnisse, die schikanöse Behandlung durch die SS und schließlich die harte Arbeit entkräfteten die Häftlinge zusehends. „Es gibt die ersten Toten unter uns KZ-Häftlingen."[237]

Anfang August 1944 wurde Arno Plock zusammen mit weiteren Häftlingen ins Konzentrationslager Dachau transportiert, um von dort nach Obrigheim überstellt zu werden, wo die Häftlinge im Verlagerungsbetrieb „Goldfisch" eingesetzt wurden. Dort sollten die Häftlinge noch weitaus schlimmere Zustände kennenlernen.[238]

Seit dem 1. Oktober 1944 wurden im Werk Genshagen „1.000 KZ-Frauen in der Montage eingesetzt"[239]. Es handelte sich um insgesamt 1.000 bis 1.100 Frauen aus dem Konzentrationslager Ravensbrück, die seit September 1944 das Außenkommando Genshagen des Konzentrationslagers Ravensbrück bildeten.[240] 500 Frauen waren bereits im Sommer in Genshagen eingetroffen. Einem Gerücht zufolge sollen schon einige Wochen vorher KZ-Frauen in Ludwigsfelde angekommen sein. Es heißt, sie wären in einer Feldscheune zusammengepfercht gewesen, in der es außer Stroh weder Licht noch Wasser gegeben haben soll. In der Fabrik habe die Unterbringung dieser Frauen eine Welle der Empörung unter den deutschen Zivilarbeiterinnen ausgelöst. Näheres ist über diesen Sachverhalt nicht bekannt. Den Zustand der Frauen schildert Arno Plock als äußerst erbärmlich:

In Fetzen gehüllte Elendsgestalten, einige humpelnd, gebeugt gehend, ausgezehrte, blasse und graue Gesichter, verschiedene mit kurzgeschorenen Haaren, schlichen sie förmlich dahin, da nutzte auch das Antreiben durch die SS-Posten nichts mehr, sie konnten nur noch schleichen, ein erschütterndes Bild, unvergeßlich.[241]

Die Frauen kamen aus verschiedenen Nationen:

Polinnen, Ukrainerinnen, ein paar französische Häftlinge, belgische, jugoslawische, tschecho-slowakische. Der Großteil bestand aus polnischen Häftlingen, von den anderen Nationen gab es nicht viele. An deutschen Häftlingen gab es nicht sehr viele. Das waren diejenigen, die nicht zur Arbeit in die Kriegsfabrik gegangen waren oder etwas Unvorsichtiges gesagt hatten, das waren politische. Sie waren durch rote Dreiecke gekennzeichnet. Wir trugen gelbe Dreiecke, die die rassisch Verfolgten kennzeichneten, dann gab es noch schwarze Dreiecke für die

---

237 Plock, Kurzbericht, S. 4; vgl. ders., Erlebnisbericht, S. 27f.
238 Vgl. Plock, Erlebnisbericht, S. 28; ders. Kurzbericht, S. 4.
239 IWM London FD 2228/45, G 7, Mitteilung Dir. Sommers, 20.10.1944.
240 Vgl. BA Koblenz R 3/3034, S. 95; Verzeichnis der Haftstätten, S.264. Die Gesamtzahl der Häftlinge des Außenkommandos ergibt nach den Ermittlungen der Zentralen Stelle der Landesjustizverwaltungen ca. 1.100 Häftlinge. In den Vernehmungen wurden Zahlen zwischen 1.000 und 1.100 Frauen genannt. Vgl. ZStL Ludwigsburg IV 406 AR–Z 21/1971, Bl. 43, 341, 345, 442. Während die Zahl der Häftlinge in der „DDR-Literatur" zumeist mit 1.100 Frauen beziffert wird (vgl. Damals in Sachsenhausen, S. 67; Frauen-KZ Ravensbrück, S. 91; Birk, Kapitel, S. 22), nannte der ehemalige Kommandant von Sachsenhausen, Anton Kaindl, in seiner eidesstattlichen Erklärung die Zahl 1.000 (vgl. BA Potsdam NP Fall IV Dok. NI–280, Bl. 290). Der Großteil der interviewten Frauen gab auch eine Zahl zwischen 1.000 und 1.100 Häftlingen an (vgl. GUG-Interviews Figaszewska/PL, S. 3; Nr. 110/CS, S. 7; Telkes/H, S. 7; Zapotoczna/PL, S. 5; Vadász/H, S. 7; Fejer, Dolmetscherin, S. 323). Vgl. ferner Sachso, S. 250.
241 Plock, Erlebnisbericht, S. 28.

Asozialen. Ein Teil der Deutschen waren Asoziale mit schwarzen Dreiecken. Auch die Zahl der ukrainischen Häftlinge war nicht so groß, aber es waren mehr als wir Ungarn. Die Franzosen, Belgier und Jugoslawen waren vielleicht noch weniger als wir.[242]

Unter den Häftlingen befanden sich Teilnehmerinnen des Warschauer Aufstandes sowie Überlebende des Massakers in dem tschechischen Ort Lidice, der im Zuge der Vergeltungsmaßnahmen nach der Ermordung des ehemaligen Chefs des RSHA, Reinhard Heydrich, dem Erdboden gleichgemacht worden war.[243] Einen Hinweis darauf, daß Verwandte der Beteiligten am Attentat Stauffenbergs auf Hitler vom 20. Juli 1944 zur Zwangsarbeit nach Genshagen gebracht wurden, liefert Erich Stolzenwald, ehemaliger Leiter der Abteilung Personal-Lohnempfänger des Daimler-Benz-Werkes in Genshagen:

Die Frauen der Angehörigen des Stauffenbergputsches wurden uns aus dem KZ Ravensbrück zugeteilt, da dort diese Menschen nicht hinpassten – so ähnlich sprach man darüber. Die ganze Angelegenheit lief unter strengster Geheimhaltung, so streng, das [sic!] es jeder wusste. [...] Ich kann mich noch an Namen wie z.B. Frau von Höppner [sic!] und Töchter, und Frau von Witzleben und Tochter, und die Frau des Leipziger Bürgermeisters Goerdeler [...] entsinnen.[244]

Obwohl mit einiger Sicherheit auszuschließen ist, daß Angehörige der Familien Goerdeler und von Witzleben in Genshagen bei Daimler-Benz waren, kann doch nicht behauptet werden, daß keine Familienangehörigen der Männer des 20. Juli für Daimler-Benz arbeiten mußten, da Stolzenwald einräumt, er könne sich an die Namen nicht mehr genau erinnern. Eventuell erinnerte er sich nur an die bekanntesten Namen der Attentäter, jedoch nicht an die Namen der Frauen, die möglicherweise in Genshagen waren.

---

242 GUG-Interview Vadász/H, S. 6; vgl. GUG-Interviews Kovàcs/CS, S. 6; Telkes/H, S. 6; Nr. 110/CS, S. 7; Fejer, Dolmetscherin, S. 323; MSPF Brüssel Rap. 492 Tr. 24143; Ballière, Sachsenhausen, S. 225; Birk, Kapitel, S. 22.

243 Vgl. GUG-Interviews Zapotoczna/PL, S. 3; Chajlo/PL, S. 3; Vadász/H, S. 6; Fejer, Dolmetscherin, Anm. 9 (S. 442); Deutsches Wirtschaftsinstitut (Hrsg.), Daimler-Benz-Konzern, S. 23; Birk, Kapitel, S. 22.

244 MBA Forstmeier 16, Stolzenwald an Forstmeier, 25.11.1981; vgl. GUG-Interview Stolzenwald/D, S. 6: „Ja, und ich habe mir das dann mal angesehen und da waren ja Leute drin, von denen man heute noch spricht, Angehörige derer vom 20. Juli vorwiegend: Frau von Höppner [sic!] und wie die alle hießen, ich kann diese Namen heute nicht mehr aufzählen, und diese Menschen waren da drin." – Die Aussagen von Stolzenwald müssen insofern in Zweifel gezogen werden, als daß Anneliese Goerdeler, die Ehefrau des Leipziger Oberbürgermeisters Carl Friedrich Goerdeler, und ihre Töchter zwar in den Konzentrationslagern Stutthof, Buchenwald und Dachau, jedoch nicht in Ravensbrück inhaftiert waren. Die Ehefrau des Widerstandskämpfers Erwin von Witzleben verstarb bereits 1942. Mit „Frau von Höppner" könnte Frau Hoepner, die Frau von Erich Hoepner, die im Juli 1944 ins KZ Ravensbrück kam, gemeint sein. Vorliegen könnte auch eine Verwechslung mit dem Namen Hoeffner. Oberst i.G. Hans Hoeffner wurde nach dem 20. Juli 1944 denunziert und verhaftet. Über seine Frau, die Jüdin war, ist nichts bekannt. Vgl. Ritter, Goerdeler, S. 434; Leber, Gewissen, S. 237–239; Lill/Oberreuter (Hrsg.), 20. Juli, S. 359; Hoffmann, Widerstand, S. 619, 632–634; von Hassell, Niemals sich beugen, S. 138f., 150, 169; Militärgeschichtliches Forschungsamt (Hrsg.), Aufstand, S. 479f.; Kogon, SS-Staat, S. 134, 213f.

Zu den ab 1. Oktober in der Montage eingesetzten Frauen kamen am 6. Dezember 1944 ungarische Jüdinnen[245], von denen bis auf zwei Ausnahmen alle befragten Frauen von Vertretern von Daimler-Benz ausgesucht wurden:

> *Ja, wir wurden ausgesucht wie Vieh, wir waren alle nackt, und die Herren prüften uns genau, sie sahen sich die Hände an, sahen in den Mund. [...] Sie suchten junge Mädchen aus, die gesund aussahen, wir mußten unsere Hände zeigen und die Zunge und die Zähne, so, wie wenn man Kühe kauft.*[246]

Alle Häftlinge arbeiteten in der großen Montagehalle, der sogenannten Deutschlandhalle, die sich in drei Abteilungen – Neumontage, Rückmontage und Fertigmontage – gliederte.[247] Sie wurden dort zur Fließbandarbeit in den verschiedenen Bereichen der Flugmotorenmontage eingesetzt. Aufgrund der körperlich sehr schweren Arbeit ereigneten sich etliche Arbeitsunfälle, dennoch urteilte der ehemalige Häftling Mireille Mallet, „die Zahl der Arbeitsunfälle in diesem Werk war relativ niedrig"[248]. Als besonders schikanös empfanden die Frauen die mühevollen Aufräumarbeiten im Freien, zu denen sie im Februar 1945, als die Arbeit im Werk aufgrund der ständigen Stromausfälle erheblich behindert wurde, herangezogen wurden. Eine Tschechoslowakin erinnert sich:

> *Am schlimmsten war es, wenn wir nach draußen auf den Hof gehen mußten, um das Eisen zu sammeln, es war bitterkalt, denn es war Februar. [...] Jedenfalls wurden wir auf den Hof gejagt, nicht wir alle, sondern nur diejenigen, die keine Arbeit hatten. Bei minus 18–20°C mußten wir ohne Strümpfe, ohne Unterhosen mit bloßen Händen Eisenstangen zusammenklauben und an einer Stelle zusammentragen.*[249]

---

245 Vgl. GUG-Interview Vadász/H, S. 2, 6; Fejer, Dolmetscherin, S. 323. Bei beiden findet sich die übereinstimmende Angabe von rund 60 ausgesuchten Frauen. – Zur Deckung des Arbeitskräftebedarfs der deutschen Kriegswirtschaft, und hier vor allem der der Rüstungsverlagerungen, wurden nach der Besetzung Ungarns im Frühjahr 1944 rund 108.000 Juden aus den insgesamt 458.000 zur Vergasung bestimmten ungarischen Juden selektiert und der Rüstungsindustrie als Arbeitskräfte zur Verfügung gestellt. 350.000 Juden wurden nach Auschwitz transportiert und dort vergast. Am Beispiel der ungarischen Juden zeigt sich der Widerspruch zwischen Ideologie und Ökonomie sehr deutlich. Vgl. zum Schicksal der ungarischen Juden Varga, Ungarn, S. 340–348; Herbert, Arbeit, S. 413–415; Pingel, KZ-Häftlinge im Arbeitseinsatz, S. 161; Broszat, Konzentrationslager, S. 158f.; Klingel, Funktion, S. 44; Kühnrich, KZ-Staat, S. 68–71; Lichtenstein, Auschwitz, S. 25–27; Rosh/Jäckel, Tod, S. 279.
246 GUG-Interview Nr. 110/CS, S. 5; vgl. GUG-Interviews Kovàcs/CS, S. 4; Nòtàs/H, S. 2; Lászlóné/H, S. 2; Telkes/H, S. 5; Kabacinska/PL, S. 3; Chajlo/PL, S. 4. Vgl. dagegen GUG-Interview Vadász/H, S. 3. Vadász glaubt, von SS-Männern ausgesucht worden zu sein. GUG-Interview Figaszewska/PL, S. 2. Zofia Figaszewska wurde nicht von Vertretern von Daimler-Benz ausgesucht, da ihre Häftlingsnummer während eines Appells aufgerufen wurde, obwohl sie sich gar nicht auf dem Appellplatz befand.
247 Vgl. Fejer, Dolmetscherin, S. 324; GUG-Interview Chajlo/PL, S. 2; Birk, Kapitel, S. 23.
248 Mallet, Signe, S. 75.
249 GUG-Interview Kovács/CS, S. 4; vgl. GUG-Interview Lászlóné/H, S. 3; Chajlo/PL, S. 7; Fejer, Dolmetscherin, S. 325; Mallet, Signe, S. 86: „Diese Arbeit war die furchtbarste, die ich in Deutschland verrichten mußte."

Die Kälte war neben dem Hunger eine der schlimmsten Qualen für die Häftlinge. Die Kälte in der Fabrikhalle und die unzureichende Bekleidung führten dazu, daß die Frauen, obwohl es verboten war, stets versuchten, sich an den in der Halle aufgestellten Kohleöfen zu wärmen oder sich durch Wellpappe oder Papiersäcke, die unter die Kleidung gestopft wurden, gegen die Kälte zu schützen.[250]

Die Arbeitsbedingungen wurden im Laufe der Zeit immer härter. Längere Arbeitszeiten, geringere Essensrationen, zunehmende Kälte aufgrund der Jahreszeit und des Ausbleibens von Kohlelieferungen, dazu Mißhandlungen von den SS-Aufseherinnen im Werk, gelegentlich auch von seiten einiger Werksangehöriger, dies alles machte die Arbeit im Werk zu einer unerträglichen Belastung:

> *Man mußte immer arbeiten, durfte nicht sprechen, es gab nichts zu essen, wir hatten keine frische Luft, keine Sonne – wir haben ja vom 6. Dezember bis Ende April unter der Erde gelebt.*[251]

Die Länge der Arbeitszeit variierte von Woche zu Woche. Während in den ersten beiden Wochen eines Monats 12 Stunden gearbeitet wurde, von 7 bis 19 Uhr, erhöhte sich die Arbeitszeit in der dritten Woche auf 14 (7 bis 21 Uhr) und in der vierten Woche auf 16 Stunden (7 bis 23 Uhr). Am Monatsende gab es in der Regel zwei Tage, an denen von 7 Uhr morgens bis 12 mittags des darauffolgenden Tages gearbeitet wurde.[252] In den letzten Kriegsmonaten mußten sie noch länger arbeiten:

> *[...] in den letzten Monaten mußten wir auch 36 Stunden hintereinander arbeiten. In diese Woche fielen dann – wegen der 36-Stunden-Arbeitstage – drei oder vier Arbeitstage. Nach 24 Stunden Arbeit hatten wir zwölf Stunden Pause [...] Nach 36 Stunden Arbeit hatten wir 24 Stunden frei.*[253]

Eine Frau erzählte, daß es durchaus vorgekommen sei, daß 48 Stunden gearbeitet wurde.[254] Natürlich stellte allein die Arbeitsdauer für die Frauen eine enorme Belastung dar. Zur Länge der Pausen während der Arbeitszeit gibt es widersprüchliche Aussagen. Während sich ein Teil der Frauen nur an eine 15 bis 20minütige, allerhöchstens eine halbe Stunde dauernde Mittagspause, die lediglich dazu gedacht war, das Essen in aller Eile zu verschlingen, erinnern konnten, entsann sich Eva Fejer einer einstündigen Pause am Mittag und einer viertelstündigen Pause gegen 16 Uhr.[255] Je nach Länge der Arbeitszeit wurden zusätzliche Pausen gewährt. Während der 16-Stunden-Schicht wurde zur Einnahme des Abendessens um 19.30 Uhr die Arbeit für eine halbe Stunde unterbrochen. Für die Schichten, in denen

---

250 Vgl. Mallet, Signe, S. 71–74; GUG-Interviews Figaszewska/PL, S. 3; Chajlo/PL, S. 10.

251 GUG-Interview Vadász/H, S. 7; vgl. GUG-Interviews Kovács/CS, S. 6; Lászlóné/H, S. 4; Nòtàs/H, S. 4; Nr. 110/CS, S. 7; Kabacinska/PL, S. 6.

252 Vgl. Fejer, Dolmetscherin, S. 323f.

253 GUG-Interview Telkes/H, S. 4.

254 Vgl. GUG-Interview Chajlo/PL, S. 7. Während der überlangen Schichten versuchte man, die vollkommen erschöpften Frauen durch Akkordeonmusik am Einschlafen zu hindern. Vgl. GUG-Interview Chajlo/H, S. 5.

255 Vgl. GUG-Interviews Nòtàs/H, S. 3; Telkes/H, S. 4; Lászlóné/H, S. 3; Vadász/H, S. 4; Nr. 110/ CS, S. 6; Kabacinska/PL, S. 4; Figaszewska/PL, S. 2; ZStL Ludwigsburg IV 406 AR–Z 21/ 1971 Bl. 340. Vgl. dagegen Fejer, Dolmetscherin, S. 323.

auch die Nacht hindurch gearbeitet wurde, war eine einstündige Nachtpause und eine Frühstückspause vorgesehen.[256]

Arbeits- und Lageralltag waren in Genshagen eng miteinander verknüpft, da die weiblichen KZ-Häftlinge alle in Werksräumen untergebracht waren. Einige Frauen waren in den Räumen des ersten Stocks der Montagehalle einquartiert worden, die überwiegende Mehrzahl hatte man im Bunker unter der Montagehalle untergebracht.[257] Nur kurze Zeit verbrachten die Frauen in einem Lager in Ludwigsfelde, das als „Nebenlager Ludwigsfelde" des KZ Sachsenhausen bekannt war.[258] Das Barackenlager war rund drei Kilometer vom Werk entfernt, so daß die Häftlinge täglich einen jeweils halbstündigen Marsch zurückzulegen hatten. Die Verhältnisse dort waren unerträglich, wofür eine SS-Aufseherin namens Emmy verantwortlich war. Sie dachte sich immer neue Schikanen für die Frauen aus, so daß die Arbeit in der Fabrik – so die Erinnerung der Frauen – für sie ein Entkommen aus dem Lageralltag bedeutete.

> *Ich bin überzeugt, wir wären wahnsinnig geworden, wenn diese Zustände auch nur eine Woche länger angedauert hätten. Am nächsten Morgen gingen wir glücklicherweise in die Fabrik. [...] Der Morgenappell war unsere Erlösung und der Abmarsch zum Werk ein Entkommen.*[259]

Ferner wurde Ende August 1944 ein mit SS-Häftlingen belegtes Lager geräumt, „da wir in dem SS-Lager Platz schaffen müssen zur Aufnahme der Kz.-Frauen."[260] Dort war die Unterbringung von 100 weiblichen Häftlingen vorgesehen. Etwa Mitte November erfolgte der Umzug vom Barackenlager in die Fabrik.[261] Danach sahen die Frauen, abgesehen von denjenigen, die zu Aufräumarbeiten auf das Werkgelände geschickt wurden, bis zu ihrer Evakuierung im April 1945 kein Tageslicht mehr.

Wie eng Lager- und Arbeitsleben miteinander verbunden waren, zeigt sich besonders evident in der Bewachung der KZ-Häftlinge. Die SS-Aufseherinnen waren nicht nur für die Begleitung der Häftlinge von den Bunkerräumen in die Werkshalle zuständig, sondern auch während der Arbeitszeit stets präsent:[262]

> *SS-Aufseherinnen, im Prinzip bewachten die unsere Arbeit, nicht die Ausführung der Arbeit, aber wie wir arbeiteten. Man durfte nicht aufstehen, sich nicht an den Teeröfen wärmen usw.*[263]

Die Arbeit an sich wurde von den Meistern und Vorarbeitern kontrolliert, doch die Erinnerung an die SS-Aufseherinnen, an einen SS-Unterscharführer namens Erich und an die Kapos blieb den Frauen im Gedächtnis haften, da die Anwesenheit

---

256 Vgl. Fejer, Dolmetscherin, S. 324. Inwieweit diese Angaben stimmen, ließ sich anhand des Quellenmaterials nicht überprüfen.

257 Vgl. Fejer, Dolmetscherin, S. 323.

258 Vgl. ZStL Ludwigsburg IV 406 AR-Z 21/1971, Bl. 190, 442. Es wäre möglich, daß das „Nebenlager Ludwigsfelde" mit dem KZ-Außenlager Ludwigsfelde-Weinberg identisch ist.

259 Mallet, Signe, S. 56, 62; vgl. GUG-Interview Chajlo/PL, S. 4.

260 IWM London FD 2228/45, G 31, Sommer an Krumbiegel, 24.8.1944; vgl. G 15, Fernschreiben Sommers an Krumbiegel, 24.8.1944.

261 Vgl. ZStL Ludwigsburg IV 406 AR-Z 21/1971, Bl. 443.

262 Lediglich ein ehemaliger Häftling konnte sich an die Präsenz der SS in der Montagehalle nicht mehr erinnern. Vgl. GUG-Interview Telkes/H, S. 6.

263 GUG-Interview Figaszewska/PL, S. 4.

dieser Personen eine zusätzliche psychische Belastung bedeutete.[264] Vermutlich hatten die SS-Aufseherinnen ihr Quartier außerhalb der Fabrik. Im Lager hatten sie anscheinend nur eine Wachstube, in der die wachhabenden SS-Frauen sich aufhalten konnten. In den Bunkerräumen ließen sich die Aufseherinnen nur selten sehen.[265] Nach den Angaben einer ehemaligen Insassin existierten auf dem Fabrikgelände Wohnungen für die Angehörigen der SS.[266]

Zur Unterbringung der Frauen in den Räumen des Luftschutzbunkers unter der Montagehalle existieren widersprüchliche Aussagen, vor allem bezüglich der Sauberkeit der Zimmer und der hygienischen Verhältnisse. Die voneinander abweichenden Beurteilungen der Zustände schließen sich jedoch nicht aus, da die Frauen in zahlreichen Zimmern untergebracht waren und daher Unterschiede denkbar sind. Eingerichtet waren die Zimmer alle ähnlich:

> *Der Bunker sah folgendermaßen aus: Auf einer Seite eines sehr langen Korridors lagen ganz kleine Räume, sechs oder sieben, die schrecklich häßlich waren. Darin befanden sich zweistöckige Etagenbetten aus Holz, sogenannte Betten. In Wahrheit war das alles, nur kein Bett. Wir hatten Strohmatratzen, eine Decke [...]. Wir mußten manchmal auch zu zweit auf einer Pritsche schlafen, wenn wir zu viele waren. [...] Ich glaube, als Kissen hatten wir auch so Strohsäcke. In einer Stube waren wir etwa 14–25 Leute. Das heißt, insgesamt werden in diesem Lager etwa 80 Personen gewesen sein. Ich denke, daß es mehrere solcher Bunker gab. Gesehen haben wir sie aber nicht.*[267]

„Die Verpflegung war erbärmlich."[268] Die Häftlinge erhielten lagertypisches Essen, d.h. morgens wurden im Lager Ersatzkaffee, ein wenig Brot, das man sich für den ganzen Tag einteilen mußte, Margarine und Marmelade ausgeteilt. Die Frauen bekamen erst abends im Lager eine Suppe, bestehend aus Wasser, Steckrüben und teilweise verdorbenem Dörrgemüse. Manchmal schwammen darin auch Würmer und Maden. In der Mittagspause aßen die Frauen von dem Brot, das sie morgens bekommen hatten. Dazu gab es wieder Margarine und Marmelade, selten eine dünne Scheibe Wurst.[269] Es ist jedoch nicht sicher, ob die Häftlinge täglich zur Mittagszeit etwas zu essen bekamen, oder ob sie sich lediglich etwas von ihrem Frühstück aufgehoben haben.[270] Ebenso offen bleiben muß die Frage, ob die Le-

---

264 Vgl. GUG-Interviews Lászlóné/H, S. 4; Kovács/CS, S. 6; Vadász/H, S. 7; Kabacinska/PL, S. 7; Nòtàs/H, S. 4; Chajlo/PL, S. 10; ZStL Ludwigsburg IV 406 AR–Z 21/1971, Bl. 43, 340, 341.

265 Vgl. GUG-Interviews Lászlóné/H, S. 6; Telkes/H, S. 8; Kovács/CS, S. 8f.; Vadász/H, S. 9.

266 Vgl. GUG-Interview Kovács/CS, S. 6. Durch die Ermittlungen der Zentralen Stelle der Landesjustizverwaltungen konnten sowohl der Lagerführer als auch sieben der aus acht Männern bestehenden Wachmannschaft sowie 27 SS-Aufseherinnen ausfindig gemacht werden. Vgl. ZStL Ludwigsburg IV 406 AR–Z 21/1971, Bl. 444–448.

267 GUG-Interview Lászlóné/H, S. 5. Es waren sowohl Zimmer mit zwei- als auch mit dreistöckigen Pritschen vorhanden. Vgl. GUG-Interviews Telkes/H, S. 7; Kabacinska/PL, S. 8; Vadász/H, S. 8; Figaszewska/PL, S. 5; Zapotoczna/PL, S. 7; Nr. 110/CS, S. 9; ZStL Ludwigsburg IV 406 AR–Z 21/1971, Bl. 340.

268 GUG-Interview Zapotoczna/PL, S. 5.

269 Vgl. GUG-Interviews Lászlóné/H, S. 3, 5; Vadász/H, S. 5; Telkes/H, S. 4; Kabacinska/PL, S. 4f.; Zapotoczna/PL, S. 4f., 7; Figaszewska/PL, S. 2; Nòtàs/H, S. 3, 5; Nr. 110/CS, S. 6; ZStL Ludwigsburg IV 406 AR–Z 21/1971, Bl. 340.

270 Vgl. GUG-Interview Kovács/CS, S. 5: „Wir bekamen alles unten im Lager, die Lagerälteste hat uns alles gegeben. In der Fabrik haben wir nie etwas zu essen bekommen."

bensmittel von Daimler-Benz oder von der SS zur Verfügung gestellt wurden.[271] Fest steht, daß die Ernährung unzureichend war und die KZ-Frauen unter permanentem Hunger zu leiden hatten:

> *Anfangs haben wir das Essen stehenlassen, später haben wir es saubergemacht – und am Schluß haben wir es im Dunkeln gegessen. Zu diesem Zeitpunkt haben wir vor Hunger alles gegessen.*[272]

Um so lebenswichtiger war es für die Häftlinge, sich auf andere Weise etwas Eßbares zu besorgen. Diejenigen Frauen, die auch zur Küchenarbeit herangezogen wurden, versuchten, für sich und für andere Mithäftlinge Nahrungsmittel aus der Küche zu stehlen, was selbstverständlich ein gefährliches Unternehmen war.[273] Die übrigen bemühten sich, sich auf anderen Wegen Zusatznahrung zu beschaffen. „Jede versuchte, sich durch irgendwelche Gefälligkeiten eine Scheibe Brot zu organisieren."[274] Man tauschte zum Beispiel die selten gewordenen Kämme gegen Brot. Wer über künstlerische Fähigkeiten und Material verfügte, bastelte kleine Geschenke oder malte Bilder, die den deutschen Werksangehörigen heimlich verkauft wurden.[275] Nur die wenigsten hatten aber die Möglichkeit, ihre Nahrung durch solche Beschäftigungen aufzubessern.

Unzumutbar waren auch Austeilung und Einnahme des Essens. Nicht nur, daß den Frauen kein Besteck zur Verfügung gestellt wurde – dies fertigten sie sich selbst aus Aluminium an –, im Laufe der Zeit gab es immer weniger Eßgeschirr, so daß mehrere Frauen aus einer Schüssel essen mußten.[276] Seitens der SS gab es für die Frauen keine Zusatzrationen, an eine zusätzliche Verpflegung durch das Werk konnten sich nur zwei Frauen erinnern. Sie erwähnten übereinstimmend, daß es an Weihnachten 1944 einen Becher Bier für jede gegeben habe.[277]

Aufgrund der schlechten Versorgungslage hatten die Kleinigkeiten, die die deutschen Arbeiter und Arbeiterinnen den KZ-Häftlingen heimlich zusteckten, erhebliche Bedeutung. Nicht alle Frauen hatten das Glück, auf diese Weise an zusätzliche Nahrung zu kommen, denn jeglicher Kontakt zu den Häftlingen war verboten. Andere hatten es besser und bekamen Brot, gekochte Kartoffeln oder getrocknetes Obst zugesteckt. Einer Polin überließ ein Meister einmal den Rest seiner Grießsuppe. Ferner hinterließen andere Zwangsarbeiter den KZ-Häftlingen

---

271 Während J. Telkes den Eindruck hatte, daß das Essen vom Werk gestellt wurde, berichtete Z. Figaszewska, das Essen sei vom Lager gekommen. Vgl. GUG-Interviews Telkes/H, S. 4; Figaszewska/PL, S. 2.

272 GUG-Interview Vadász/H, S. 5; vgl. Chajlo/PL, S. 8; Telkes/H, S. 4.

273 Vgl. GUG-Interview Kovács/CS, S. 8.

274 Mallet, Signe, S. 71.

275 Vgl. GUG-Interview Telkes/H, S. 5.

276 Vgl. Mallet, Signe, S. 313f.; GUG-Interview Vadász/H, S. 5.

277 Vgl. GUG-Interview Telkes/H, S. 4; Mallet, Signe, S. 85. Während Telkes sagte, daß das Bier im Lager ausgegeben worden sei, erhielten die Häftlinge das Getränk nach Angaben von Mallet in der Fabrikhalle. Letztlich bleibt auch hier unklar, ob dieses „Geschenk" vom Werk oder vom Lager stammte. Ferner haben offenbar nicht alle Bier bekommen. Vgl. GUG-Interviews Kovács/CSR, S. 5; Nòtàs/H, S. 5.

bisweilen etwas von ihrem Essen. Wer jedoch dabei erwischt wurde, wurde mit Schlägen betraft.[278]

Das Verhältnis der deutschen Arbeiterschaft zu den KZ-Frauen war von unterschiedlicher Natur. Persönliche Kontakte gab es über die arbeitsbedingten Beziehungen hinaus recht wenige, da sie einerseits generell verboten waren und andererseits den Werksangehörigen der Eindruck vermittelt wurde, bei den Häftlingen handele es sich um Kriminelle.[279] So war die Einstellung der deutschen Werksangehörigen von Ablehnung und Feindseligkeit über Distanz und Zurückhaltung bis hin zu Freundlichkeit und Mitleid geprägt. Auf die Frage nach dem Verhältnis zu den deutschen Arbeitern antwortete eine ehemalige Insassin:

> Sehr gemischt, teilweise waren sie nur auf Distanz, andere waren sehr brutal. Mein Meister zum Beispiel war schlimm, da mag ich gar nicht daran denken, aber es gab auch einen Arbeiter, der mir einige Male ein Stück Brot hingelegt hat, außerdem flüsterte er uns manchmal zu, wo die Front gerade verlief.[280]

Als besonders hilfsbereit schilderte eine Polin einen „Direktor", der nur kurze Zeit im Werk war. Dieser sorgte dafür, daß die Frauen einen zusätzlichen Teller Suppe erhielten, ferner besorgte er ihnen Drillichjacken. Die Frauen schätzten diesen Mann vor allem deshalb, weil er nicht, wie es sonst häufig der Fall war, brüllte und niemals schlug.[281] Eine Ungarin wurde von den deutschen Arbeitern „so anständig und so nett" behandelt, „daß ich sagen kann, ich verdanke ihnen mein Leben."[282] Kleine Zeichen von Solidarität bekundeten die Arbeiter, indem sie Zeitungsausschnitte über den Verlauf des Krieges auf der Toilette hinterlegten.[283] Von einem selten vorkommenden Fall von Hilfsbereitschaft berichtet die Ungarin Judith Telkes:

> Einer von ihnen [den Arbeitern, Anm. d. Verf.] hat mir gesagt, er werde mich und meine Mutter verstecken, wenn es uns gelänge, fortzulaufen. Sein Name war Viktor Dragon, und er wohnte in der Waldstraße 73 in Ludwigsfelde. Diese Adresse habe ich nie vergessen. Er hat aufgezeichnet, wie wir dorthin kommen können, wenn wir vielleicht fliehen könnten und sagte uns, er und seine Familie könnten uns ein paar Tage verstecken. [...] Nach dem Krieg habe ich versucht, ihn ausfindig zu machen, was mir aber nicht gelungen ist.[284]

Andererseits schikanierten deutsche Arbeiter, in der Regel waren es die Meister, die Häftlinge durch Tritte und Schläge.[285] Überwiegend kamen die Schikanen aber von der SS und den Kapos. Die Werksleitung hat auf solche Vorkommnisse niemals Reaktionen gezeigt. In den Interviews erinnerten sich die Frauen an Einzelpersonen, die ihnen als besonders brutal im Gedächtnis haften geblieben sind, so zum

---

278 Vgl. GUG-Interviews Kovács/CS, S. 5; Nòtàs/H, S. 3; Nr. 110/CS, S. 6; Telkes/H, S. 5; Figaszewska/PL, S. 3; Chajlo/PL, S. 9; Zapotoczna/Pl, S. 5; Vergauwen/B, S. I.
279 Vgl. GUG-Interview Telkes/H, S. 5.
280 GUG-Interview Nr. 110/CS, S. 6.
281 Vgl. GUG-Interview Chajlo/PL, S. 9.
282 GUG-Interview Telkes/H, S. 5; vgl. Fejer, Dolmetscherin, S. 323.
283 Vgl. GUG-Interview Vadász/H, S. 5.
284 GUG-Interview Telkes/H, S. 5.
285 Vgl. GUG-Interviews Figaszewska/PL, S. 3; Nr. 110/CS, S. 6; Zapotoczna/PL, S. 5.

Beispiel die beiden Kapos „Bubi" und „Leo", SS-Männer namens Erich und Adolf, der SS-Unterscharführer Wolf und die Aufseherin Harkle.[286] Einen schrecklichen Vorfall schilderte eine ehemalige Insassin:

> *Einmal hat eine SS-Frau eine polnische Frau so geschlagen, daß sie in eine Maschine fiel und von der Maschine zermalmt wurde. Die beiden Töchter der Polin standen daneben und mußten zusehen, wie ihre Mutter ums Leben kam. Das ist in meiner Reihe geschehen. Das war schrecklich.*[287]

Einen Tag nach dem Umzug in die Fabrikräume mußten die Häftlinge eine erschütternde Szene miterleben. Nach dem morgendlichen Appell wurden sie geschlossen zur Einzäunung des Fabrikgeländes geführt. Dort bot sich ihnen ein schauerliches Bild: Eine junge Sowjetrussin hing, die Metallschere noch in der Hand, im elektrisch geladenen Stacheldraht. Ob es sich dabei um einen Fluchtversuch, einen Selbstmord oder eine von der SS inszenierte Szene gehandelt hat, ist nicht ganz klar.[288] Den Frauen wurde erzählt, daß die Frau einen Fluchtversuch unternommen habe. Alle Häftlinge mußten an der Toten vorbeigehen und zuschauen, wie ein Mithäftling sie aus dem Zaun – der Strom war für einen Augenblick abgeschaltet worden – herausholte. Sogar die zivilen Zwangsarbeiter des Werkes mußten sich die Szene anschauen. „Wir mußten alle vorbeimarschieren."[289] Einen Fluchtversuch wird man wohl nicht annehmen können, denn es war allgemein bekannt, daß der Zaun unter Starkstrom stand.[290] Während Mallet davon ausgeht, daß die junge Sowjetrussin von der SS in den Zaun getrieben wurde, um den anderen Häftlingen auf makabre Weise zu zeigen, daß der Stacheldraht elektrisch geladen ist, interpretierte eine ehemalige polnische KZ-Insassin die Szene als Selbstmord:

> *Eines der Mädchen, ich weiß nicht mehr von welcher Montage, beging Selbstmord. Sie ging in den Draht.*[291]

Da es in den Konzentrationslagern nicht selten geschah, daß Häftlinge willentlich „in den Zaun gingen", weil sie das Leben im Lager und die ständigen Schikanen nicht mehr aushielten, ist es durchaus möglich, ja sogar wahrscheinlich, daß die Frau Selbstmord beging. In Genshagen gab es nach Angaben von Erich Stolzenwald mehrere Tote, die im Zaun umgekommen sind.[292]

Obwohl die hygienischen Verhältnisse eine unterschiedliche Beurteilung erfuhren, waren sie im allgemeinen besser als im Konzentrationslager. Sanitäre Anlagen, warmes Wasser, Seife und Waschmittel waren ausreichend vorhanden:

---

286 Vgl. GUG-Interviews Kabacinska/PL, S. 6, 10; Vadász/H, S. 9; Telkes/H, S. 5; Figaszewska/PL, S. 3; Chajlo/PL, S. 9.

287 GUG-Interview Kovács/CS, S. 5.

288 Vgl. Mallet, Signe, S. 62f.; GUG-Interviews Chajlo/PL, S. 15; Kabacinska/PL, S. 10.

289 GUG-Interview Vergauwen/B, S. 6; vgl. GUG-Interview Smet/B, S. 6; ZStL Ludwigsburg IV 406 AR–Z 21/1971, Bl. 342.

290 Mallet, Signe, S. 63: „[...] wir wußten alle, daß der Zaun unter Strom stand, und es konnte wirklich niemandem in den Sinn kommen, den Zaun mit einer Metallschere durchzuschneiden."

291 GUG-Interview Chajlo/PL, S. 15.

292 Vgl. GUG-Interview Stolzenwald/D, S. 6; MBA Forstmeier 16, Stolzenwald an Forstmeier, 25.11.1981.

> *Dadurch, daß die hygienischen Verhältnisse relativ gut waren, konnten wir alles besser ertragen. Es gab große runde Waschbecken mit einem Rohr in der Mitte, das senkrecht nach oben ragte, und von dem dann oben ringsum mehrere Wasserhähne hervorkamen. Es gab warmes und kaltes Wasser, und wir hatten jeden Tag, morgens und abends, die Möglichkeit, uns zu waschen, die Haare zu waschen. [...] Wer sich nicht wusch, wurde von der Lagerältesten bestraft. [...] Auch Toiletten gab es in ausreichender Zahl. Wir bekamen von der Fabrik auch Waschpulver. Wer sauber sein wollte, der konnte es sein. [...] In unserem Zimmer war es jedenfalls sauber, es gab dort kein Ungeziefer. Aber in vielen anderen Zimmern gab es Ungeziefer.*[293]

In ähnlicher Weise bewertete eine andere Frau die Verhältnisse:

> *In einer einzigen Beziehung ging es uns dort gut: Wir konnten uns waschen, reinigen. Das hat uns das Leben gerettet.*[294]

Ungeziefer und Läuse gab es vereinzelt, doch bei weitem nicht in dem Maße wie in anderen Lagern. Die Lagerälteste achtete darauf, daß die Frauen keine Läuse bekamen. Wer welche hatte, bekam die Haare abgeschnitten.[295] Dazu berichtete eine der Frauen:

> *In der letzten Zeit gab es Ungeziefer, anfangs gar nicht. Ich kann es mir nur so erklären, daß ein oder zwei sich nicht gut gewaschen haben, und dann werden die Läuse natürlich vom einen zum anderen übertragen. Vor März oder April hatten wir keine Probleme mit Ungeziefer.*[296]

Weniger gute Erinnerungen an die sanitären Anlagen hatten vier der interviewten Frauen, die die Verhältnisse als untragbar schilderten. Als besonders erniedrigend empfanden zwei Frauen das Verhalten der Männer, die die Duschen bedienten und entweder sehr kaltes oder sehr heißes Wasser laufen ließen.[297]

Zur medizinischen Versorgung liegen konträre Aussagen vor. Während Eva Fejer in ihrem Bericht eine von SS-Ärzten allmonatlich durchgeführte Untersuchung der Frauen und eine einmalige gynäkologische Untersuchung erwähnt, war nach den Angaben der interviewten Frauen weder im Werk noch im Lager eine regelmäßige medizinische Betreuung gewährleistet.[298] Unter den Häftlingen befand sich eine polnische Ärztin, die im November 1944 von einer sowjetischen „Ärztin" abgelöst wurde, deren Ausbildung aber offenbar nur in einem Erste-Hilfe-Kurs

---

293 GUG-Interview Telkes/H, S. 8.
294 GUG-Interview Kovács/CSR, S. 8; vgl. GUG-Interviews Lászlóné/H, S. 5; Vadász/H, S. 8; Nòtàs/H, S. 5; Kabacinska/PL, S. 8.
295 Vgl. GUG-Interview Telkes/H, S. 8.
296 GUG-Interview Vadász/H, S. 8.
297 Vgl. GUG-Interviews Zapotoczna/PL, S. 8; Chajlo/PL, S. 12f.; Figaszewska/PL, S. 5; Nr. 110/ CS, S. 9.
298 Vgl. Fejer, Dolmetscherin, S. 325; vgl. dagegen GUG-Interviews Nr. 110/CS, S. 10; Zapotoczna/PL, S. 6, 9; Vadász/H, S. 7, 9; Telkes/H, S. 6, 9; Figaszewska/PL, S. 4, 6; Lászlóné/H, S. 6; Kovács/CS, S. 9; Lászlóné/H, S. 6. Eine gynäkologische Untersuchung erwähnte auch Lászlóné, „weil der Verdacht auf Rassenschande mit den Meistern vorlag." Die Untersuchung wurde wahrscheinlich von einer SS-Ärztin durchgeführt, und zwar auf korrekte Weise. Sie erinnerte sich ferner an eine von der Fabrik angeordnete röntgenologische („Wir wurden, glaube ich, durchleuchtet.") Untersuchung der Häftlinge im Februar 1945. Vgl. GUG-Interview Lászlóné/ H, S. 3f.

bestanden hatte.[299] Nur Häftlinge mit über 39°C Fieber wurden als krank angesehen. Mit Sicherheit standen der „Ärztin" und der Lagerältesten, die sich auch um kranke Häftlinge kümmerte, nicht die notwendigen Medikamente in ausreichender Menge zur Verfügung.

> *Wenn jemand Probleme mit dem Bauch oder Fieber hatte, konnte er ein, zwei Tage im Lager liegenbleiben, und die Lagerälteste verabreichte ihm dann einfache Medizin. An schwere Krankheitsfälle kann ich mich nicht erinnern.*[300]

Es existerte auch ein Krankenrevier, das von einem SS-Arzt geleitet worden sein soll.[301] Eine Polin, die sich an einer Maschine die Hand verletzt hatte, wurde in dieses Revier geführt. Als man dort hörte, daß die Frau Polin war, „gab es natürlich keinen Platz für mich dort."[302] Ihr wurde die Hand aufgeschnitten, die eitrige Wunde wurde mit einer Salbe eingerieben und mit Toilettenpapier verbunden. Wegen des hohen Fiebers sollte die Polin die Nacht im Revier verbringen. Am Morgen mußte sie wieder zur Arbeit. Ein seltenes Glück widerfuhr einer jüdischen Frau, die wegen eines Geschwürs und einer Knieverletzung in ein Krankenhaus gebracht wurde.

> *Aufgrund des Vitaminmangels und der Bromgaben [...] bekam ich ein Geschwür auf dem Bauch. Daraufhin wurde ich in ein Krankenhaus gebracht. Wo sich das Krankenhaus befand, weiß ich nicht. Es war wunderschön und rein. Ich wurde mit dem Auto dorthin gefahren. Dort bekam ich Injektionen für mein krankes Knie, das man aber nicht weiter behandeln konnte. Das Geschwür wurde aufgeschnitten; als ich wieder gesund war, wurde ich zurückgebracht. Das war korrekt, diese Behandlung war korrekt. In dem Hospital befanden sich nur Zivile.*[303]

Einem anderen Häftling wurde in einem „Ordinationszimmer" in der Fabrik von einem Mann ein Span aus dem Auge entfernt. Ob es sich bei diesem Mann um einen Arzt gehandelt hat, ist unklar.[304] In einem anderen Fall leistete eine SS-Aufseherin medizinische Hilfe. Sie besorgte einer Frau, die eine Bißwunde am Bein hatte, Papierbandagen und ein Desinfektionsmittel. Ferner gab sie ihr Vitaminpräparate gegen ihren Vitaminmangel.[305]

Arbeitsunfähige Häftlinge wurden nach Aussagen der ehemaligen Häftlinge zurück ins Konzentrationslager Ravensbrück deportiert. Frauen, bei denen von deutschen Arbeitern zugestecktes Brot gefunden worden war, sollen vom Werksdirektor Max Wolf dem SS-Kommandoführer gemeldet, und anschließend zur Strafe zurück nach Ravensbrück transportiert worden sein.[306]

---

299 Vgl. ZStL Ludwigsburg IV 406 AR–Z 21/1971, Bl. 443; Fejer, Dolmetscherin, S. 324.
300 GUG-Interview Vadász/H, S. 9. Vgl. Fejer, Dolmetscherin, S. 324; GUG-Interviews Telkes/H, S. 9: Figaszewska/PL, S. 4.
301 Vgl. GUG-Interviews Nòtàs/H, S. 6.
302 GUG-Interview Chajlo/PL, S. 5.
303 GUG-Interview Kovács/CS, S. 6.
304 Vgl. GUG-Interview Nòtàs/H, S. 4.
305 Vgl. GUG-Interview Kabacinska/PL, S. 7.
306 Vgl. Salm, Schatten, S. 208. Salm belegt seine Aussage allerdings nicht.

> *Einmal wurden, glaube ich, einige Frauen nach Ravensbrück zurückgebracht, und dafür kamen neue.*[307]

Probleme gab es in Genshagen mit der Bekleidung der Häftlinge. Zwar erhielten die Jüdinnen bei ihrer Ankunft in Genshagen „eine zweiteilige gestreifte Häftlings-uniform aus dünnem Stoff, [...] die aus Rock und Oberteil bestand. Sie war grau mit dunkelblauen Streifen."[308], doch befanden sich die Frauen in einem kläglichen Zustand. Sie hatten keine Wäsche zum Wechseln, und die Kleider, die sie am Leib trugen, zeigten bereits deutliche Verfallserscheinungen.[309] Offenbar trugen einige Häftlinge auch Privatkleidung.[310] Wie die Kleidungsstücke befanden sich auch die Schuhe in mangelhaftem und abgenutztem Zustand.[311] Das Schuhwerk reichte von den unbequemen Holzpantinen bis hin zu den von zu Hause mitgebrachten Schuhen, wobei letzteres aber seltener anzutreffen war. Wenn die Schuhe vollständig unbrauchbar waren, mußte man barfuß laufen, es sei denn, man hatte das Glück, neue zu bekommen. Daher versuchten die Häftlinge, sich Lappen, Lumpen o.ä. zu organisieren, um daraus Kleidungsstücke zu nähen. Einmal im Monat brachte ein LKW Lumpen in das Werk, die für die Säuberung der Maschinen gedacht waren. Die Frauen versuchten, einige Lumpen zu stehlen, um daraus Unterwäsche zu machen. Einmal schenkte ein Meister einer Polin Lumpen, die daraus für sich und ihre Freundin Unterwäsche nähte.[312]

Im April 1945 hörte Eva Fejer zufällig eine Unterhaltung einiger Aufseherinnen mit, die über das Schicksal der Häftlinge debattierten.

> *Man erwog drei Möglichkeiten:*
> *1.) Die Fabrik mit den Häftlingen sprengen,*
> *2.) Sprengen und die Häftlinge nach Ravensbrück evakuieren,*
> *3.) die Fabrik stehen lassen und die Häftlinge vernichten.*[313]

Halina Chajlo machte in einem Waschraum eine grausige Entdeckung:

> *[...] und dort stand Zyklon [B], das sehe ich noch heute vor mir, zwei große Büchsen Zyklon. Ich weiß nicht, wofür es gebraucht wurde, aber zu der Zeit, kurz vor der Kapitulation, hatte der Meister, der nette Meister, einmal zu meiner Kollegin Maria gesagt: «Paßt auf, man will euch in die Luft jagen.»*[314]

---

307 GUG-Interview Kabacinska/PL, S. 10; vgl. GUG-Interviews Zapotoczna/PL, S. 9; Figaszews-ka/PL, S. 6; Chajlo/PL, S. 15; Birk, Kapitel, S. 23.

308 GUG-Interview Telkes/H, S. 8; vgl. GUG-Interviews Vadász/H, S. 8; Kovács/CS, S. 8. Aus den Interviews geht nicht eindeutig hervor, ob die Frauen die Kleidung vom Werk oder vom Lager erhielten. Nòtàs sagt als einzige explizit, daß sie in der Fabrik keine Kleidung erhalten hat. Vgl. GUG-Interview Nòtàs/H, S. 5.

309 Vgl. GUG-Interviews Zapotoczna/PL, S. 8; Vadász/H, S. 8; Kovács/CS, S. 8.

310 Vgl. GUG-Interviews Nr. 110/CSR, S. 9.

311 Vgl. GUG-Interviews Nòtàs/H, S. 5; Lászlóné/H, S. 6; Kabacinska/PL, S. 9; Nr. 110/CS, S. 9; Zapotoczna/PL, S. 8; Figaszewska/PL, S. 5; Kovács/CS, S. 8; Vadász/H, S. 9; Telkes/H, S. 8.

312 Vgl. GUG-Interview Chajlo/PL, S. 13; Mallet, Signe, S. 81.

313 Fejer, Dolmetscherin, S. 325.

314 GUG-Interview Chajlo/PL, S. 7. Was mit den Häftlingen ursprünglich geschehen sollte, ist nicht klar. Zyklon B diente bekanntlich nicht als Sprengstoff. Ob man allerdings plante, die

Die Häftlinge erhielten einheitlich neue Häftlingskleidung, vermutlich, um Flucht-versuche bei der bevorstehenden Evakuierung zu erschweren.[315] Um den 15. April wurden die Häftlinge aus Genshagen evakuiert. Sie liefen bis zum Bahnhof Berlin-Zehlendorf, von wo sie mit der U-Bahn in Richtung Sachsenhausen fuhren. Im KZ-Sachsenhausen sollten die Frauen eigentlich getötet werden. Doch sie nahmen an dem Evakuierungsmarsch des Hauptlagers Sachsenhausen in Richtung Schwerin teil. Sie bekamen für diesen Marsch je zwei Decken, Brot und etwas Margarine ausgehändigt. Anfang Mai wurden sie südlich von Schwerin befreit.[316] Während des Evakuierungsmarsches sollen erschöpfte Häftlinge am Straßenrand erschossen worden sein.[317] Ein Teil der Häftlinge wurde offenbar in Güterwaggons gesperrt und auf diese Weise nach Ravensbrück transportiert, wo sie am 28. April 1945 von der Roten Armee befreit wurden.[318]

„Goldfisch"

Nachdem das Werk Genshagen, obwohl es durch Standort und Anlage verhältnis-mäßig gut getarnt war, am 6. März 1944 Ziel eines Bombenangriffs geworden war, begannen die Pläne zur Verlagerung von Teilen der Produktion. Bereits einen Tag später besichtigte Direktor Müller eine in Frage kommende Gipsgrube in Obrig-heim am Neckar. Am 11. März 1944 beschloß das Reichsluftfahrtministerium die Verlagerung des Flugmotorenwerkes Genshagen in die Gipsgrube „Friede" nach Obrigheim. Dabei sollten jeweils vollständige Abteilungen mit den dazugehörigen Arbeitern und Maschinen nach Obrigheim verlegt werden.[319] Im Mai wurde auf Veranlassung des Jägerstabes auch die benachbarte Grube „Ernst" in Obrigheim für das Werk Genshagen sichergestellt und im Juli schließlich durch einen Erlaß des Reichsministers für Rüstung und Kriegsproduktion für die Verlagerung gesperrt.[320]

Jedoch wurde die Grube „Ernst" nicht für eine weitere Teilverlagerung des Genshagener Werkes genutzt. Statt dessen wurde dort eine Teilverlagerung des Sindelfinger Werkes, das den Tarnnamen „Brasse" trug, untergebracht. In welchem Ausmaß und unter welchen Bedingungen KZ-Häftlinge dort zum Einsatz kamen, läßt sich aufgrund der bruchstückhaften Quellenlage nicht ermitteln. Vermutlich wurden Häftlinge zum Ausbau des Stollens sowie zum Barackenbau für die Gefolg-schaftsmitglieder herangezogen. Ebenso wahrscheinlich ist es, daß sie unter ähnlich

---

Häftlinge zu vergasen, bleibt ebenso unklar. Halina Chajlo war sich jedenfalls sicher, Dosen mit der Aufschrift „Zyklon B" gesehen zu haben.

315 Vgl. GUG-Interviews Chajlo/PL, S. 13; Vadász/H, S. 8f.; Fejer, Dolmetscherin, S. 325.
316 Vgl. ZStL Ludwigsburg IV 406 AR–Z 21/1971, Bl. 45, 191, 342, 343, 449; GUG-Interview Chajlo/PL, S. 3.
317 Vgl. ZStL Ludwigsburg IV 406 AR–Z 21/1971 Bl. 343.
318 Vgl. Fejer, Dolmetscherin, S. 325f.
319 Vgl. Fröbe, Verlegung, S. 399–402, 411; Pohl/Habeth/Brüninghaus, Daimler-Benz, S. 91f.
320 Vgl. BA Koblenz R 7/1185, Bl. 51, RMfRuK an Rüstungsinspektion Oberrhein, 16.5.1944; R 7/1185, Bl. 83, Reichswirtschaftsminister an Oberbergamt Karlsruhe, 21.7.1944. Die beiden Gruben wurden vorher von den Heidelberger Zementwerken betrieben.

menschenunwürdigen Bedingungen zu leiden hatten wie die in der „Goldfisch-
Verlagerung" eingesetzten Häftlinge.[321]

Bei Daimler-Benz hatte man zwar wegen der enorm hohen Feuchtigkeit, die in
dem Stollen „Friede" herrschte, Bedenken gegen eine Verlagerung nach Obrigheim, doch der Jägerstab drohte: „Wir zwingen sie da hinein, das hilft nichts."[322]

Dem Erlaß des Reichsministers für Rüstung und Kriegsproduktion vom 15. April
1944 entsprechend, demzufolge für unterirdische Verlagerungen in Stollenanlagen
Fischnamen als Tarnnamen zu wählen waren, erhielt die Verlagerung in die Gipsgrube „Friede" den Namen „Goldfisch", die Grube „Ernst" die Bezeichnung „Brasse". Seitens der SS legte man für „Goldfisch" als Codebezeichnung „A 8" bzw. „A
8a", für „Brasse" „A 8b" fest.[323] Die Verlagerung lief unter größter Geheimhaltung.

> Sämtliche Unterlagen dürfen keine Daimler-Benz-Aufschrift tragen. Es sind möglichst neutrale
> Unterlagen zu verwenden, wo dies nicht möglich, ist der Firmenaufdruck unkenntlich zu
> machen.[324]

Der SS-Führungsstab A 8 unter der Leitung von SS-Untersturmführer Glaser hatte
die Aufgabe, die zur Verlagerung der Flugmotorenwerke Genshagen notwendigen
Bauvorhaben zu leiten und zu beaufsichtigen.[325]

Im Rahmen der Verlagerung wurden KZ-Häftlinge in großem Umfang eingesetzt. Der Ausbau der Verlagerungsstätte erfolgte durch KZ-Häftlinge der SS-
Bausonderinspektionen III und IV[326], sogenannte „Bauhäftlinge". Als die Produktion Ende Juni 1944 teilweise aufgenommen werden konnte, kamen auch dort
Häftlinge zum Einsatz, sogenannte „Produktionshäftlinge". Verschiedentlich wurden Häftlinge aus dem Baubereich in die Produktion übernommen. Alle Häftlinge
stammten ausnahmslos aus dem Natzweiler Außenkommando Neckarelz I und
seinen Unterkommandos Neckarelz II, Neckargerach, Neckarbischofsheim und
Asbach.[327]

---

321 Vgl. zu „Brasse" IWM London FD 2228/45, G 3, Aktennotiz, 25.11.1944; G 3, Glaser an SS-
    Führungsstab Mosbach, 21.11.1944; G 14, Müller an Rüstungslieferungsamt, 25.11.1944;
    G 14, Müller an Kiemle, 18.11.1944; G 14, Kiemle an Müller, 25.11.1944. Denkbar wäre auch,
    daß die für die Verlagerung „Goldfisch" eingesetzten Häftlinge auch in der Grube „Ernst"
    arbeiten mußten.
322 BA Koblenz RL 3/8, Stenographischer Bericht des Jägerstabes, 14.6.44.
323 Vgl. BA Koblenz R 65/37, Erlaß des RMfRuK, 15.4.1944; R 121/784, Kiemle über die
    Bauvorhaben „A 8" Golfisch, 15.2.1945; Fröbe, Verlegung, S. 403. Vgl. zu Einzelheiten der
    „Goldfisch-Verlagerung" den Aufsatz von Rainer Fröbe, „Wie bei den alten Ägyptern". Die
    Verlegung des Daimler-Benz-Flugmotorenwerks Genshagen nach Obrigheim am Neckar 1944/
    45, in: Das Daimler-Benz-Buch. Ein Rüstungskonzern im >Tausendjährigen Reich<, hrsg. von
    der Hamburger Stiftung für Sozialgeschichte des 20. Jahrhunderts, Nördlingen 1987 (= Schrif-
    ten der Hamburger Stiftung für Sozialgeschichte des 20. Jahrhunderts), S. 392–470.
324 IWM London FD 2228/45, G 33, Richtlinien für Verlagerung, 9.7.1944.
325 ZStL Ludwigsburg IV 419 AR–Z 1831/67, Bl. 55, 122.
326 Vgl. BA Koblenz R 3/1756a, S. 106.
327 Während im Verzeichnis der Haftstätten (S. 207) und bei Ziegler (Natzweiler-Struthof, S. 183)
    Neckarelz I und II als Außenkommandos des KZ Natzweiler genannt werden, zählt Roth (Weg,
    Tab. 22, S. 347) Neckarelz II zu den Unterkommandos des Außenkommando Neckarelz I.
    Beide Zuordnungen sind begründbar. Da Neckarelz II ein reines Arbeitslager war und organi-

Sah der Geschäftsführer der Daimler-Benz Motoren GmbH, Genshagen, Karl C. Müller, im März 1944 noch eine Zahl von 320 KZ-Häftlingen für die Verlagerung in Obrigheim vor, nannte der Betriebsleiter von „Goldfisch", Dr. Krumbiegel, im Juni bereits eine Zahl von 850 Häftlingen einschließlich der Wachmannschaften. Der Anteil der KZ-Häftlinge an der Gesamtbelegschaft in „Goldfisch" betrug zu diesem Zeitpunkt über 11%.[328]

Anhand des Bautagebuchs des Architekten August Haag lassen sich die Zahlen der beim Ausbau des Stollens eingesetzten KZ-Häftlinge zumindest bis Juli 1944 rekonstruieren.[329] Haag war im Frühjahr 1944 für Daimler-Benz dienstverpflichtet worden und mit Diplom-Ingenieur Kiemle, der als Daimler-Benz-Ingenieur die Verlagerung wesentlich mitgestaltete und für die Häftlingsanforderungen verantwortlich war, von Stuttgart nach Obrigheim gekommen. Die Häftlinge wurden verschiedenen Baufirmen, die man für die Verlagerungsarbeiten heranzog, zugewiesen und in zahlreiche Kommandos unterteilt, die in der Regel entweder nach den entsprechenden Baufirmen oder dem jeweiligen Einsatzort benannt wurden. An den Bauarbeiten beteiligt waren u.a. die Firmen Wagner Straßenbau, Straßburg, Vatter, Mannheim, Wayss & Freitag, Stuttgart, Harsch, Bruchsal, Olbricht, Freiburg, Dyckerhoff & Widman, Stuttgart, Käufer, Mannheim und Trautwein, Stuttgart.[330]

Am 21. März 1944 trafen aus dem Konzentrationslager Dachau die ersten 500 Häftlinge in Obrigheim ein, von denen 459 zu Bauarbeiten eingesetzt wurden. Bereits im April reichte die Zahl der vorhandenen Häftlinge nicht mehr aus. Die Nachtschicht konnte wegen Häftlingsmangels nicht gefahren werden. Im April waren 437 Häftlinge im Arbeitseinsatz.[331] Doch Diplom-Ingenieur Kiemle beschwerte sich, daß man in Obrigheim seit drei Wochen auf weitere 1.000 Häftlinge

---

satorisch und verwaltungsmäßig von Neckarelz I mitgeleitet wurde, gewissermaßen eine „Filiale" von Neckarelz I war, ist es durchaus sinnvoll, es als Unterkommando des Außenkommandos Neckarelz zu betrachten. – Von der Existenz eines weiteren, bislang unbekannten Arbeitskommandos, berichtet Arno Plock. Vgl. unten, S. 402.

328 Vgl. IWM London FD 2228/45, G 29, Fernschreiben Müllers an Kiemle, 31.3.1944 und Belegschafts-Übersichtstafel DBMG; G 14, Aktennotiz Kiemles, 17.6.1944 über die Besprechung von Unterkunfts- und Personen-Transport-Fragen. Sowohl Müller als auch Kiemle verwenden den Terminus „SS-Häftlinge". Aus der Übersichtstafel geht hervor, daß „Häftlinge" allgemein, also KZ-Häftlinge gemeint sind. Nimmt man als Bewachung 50 SS-Angehörige an, bleiben 800 KZ-Häftlinge, die einen Anteil von 11,4% ausmachen. Der ursprüngliche Befehl der SS-Sonderinspektion III in Bad Wimpfen, die übergeordnete Dienststelle des SS-Führungsstabes A 8, lautete sogar, die Bauarbeiten zunächst mit 150, dann mit 500 Häftlingen in 8 Wochen durchzuführen (vgl. Schlüsseldokumente, Nr. 122, S. 334).

329 Haag war örtlicher Bauleiter für den Bauabschnitt „Fertigung im Stollen". Er führte das Tagebuch täglich, vom 16.3.1944 bis zum 31.7.1944. Es folgen Monatsbauberichte, in denen die Monate März bis Dezember 1944 zusammengefaßt sind. Daran schließen sich wieder tägliche Eintragungen vom 1.1.1945 bis zum 31.3.1945 an. Vgl. ZStL Ludwigsburg IV 419 AR–Z 1831/67, Bl. 62.

330 Vgl. ZStL Ludwigsburg IV 419 AR–Z 1831/67, Bl. 231f.; Schmid, Goldfisch, S. 496; Wegweiser, S. 101.

331 Vgl. ZStL Ludwigsburg IV 419 AR–Z 1831/67, Bl. 69.

warte.[332] Ein Häftlingstransport von 900 Häftlingen aus dem Konzentrationslager Groß-Rosen erreichte im April Neckarelz, dennoch fehlten „immer noch 400–500 Häftlinge."[333] Die 900 Häftlinge brachte man im Lager Neckargerach unter. Neben 134 Zivilarbeitern waren im Mai 1.346 Häftlinge eingesetzt, d.h. sie stellten 90,9% der auf der Baustelle tätigen Arbeitskräfte. Am 15. Mai erreichten weitere 600 Häftlinge die Baustelle – es handelte sich um einen Transport aus dem Konzentrationslager Oranienburg –, so daß bei den Stollenbauten in drei Schichten gearbeitet werden konnte. Bis zum Monatsende waren ständig zwischen 1.100 und 1.300 Häftlinge in der Tagschicht und zwischen 500 und 600 Häftlinge in der Nachtschicht im Arbeitseinsatz. Im Juni 1944 wurden 1.821 Häftlinge eingesetzt, im Juli sank ihre Zahl auf 1.501 Häftlinge.[334] Die Häftlinge wurden auch für den Bau von Baracken gebraucht. In den Monaten Mai und Juli waren für den Barackenbau jeweils 500–700 bzw. 720 KZ-Häftlinge angefordert worden. Eine Aufstellung Kiemles vom 24. Juli nennt 1.360 fehlende Häftlinge für die „Barackenaktion"[335]. 900 zusätzliche Häftlinge waren für die Bauarbeiten außerhalb der Grube (Kesselhaus I und II, Lagerhalle, Umschlaglager) notwendig und der „SS-Führungsstab ist ausser Stand diese beizubringen."[336] Am 23. Juli kamen zwischen 600 und 1.000 französische Häftlinge aus Dachau in Neckarelz an. 300 aus dem Natzweiler Außenkommando Wesserling-Urbès evakuierte Häftlinge sollen am 10. August Obrigheim erreicht haben.[337] Ende August 1944 waren rund 3.000 KZ-Häftlinge für das Verlagerungsprojekt „Goldfisch" eingesetzt, sei es beim Stollenausbau, beim Gleis- oder Straßenbau, bei den diversen Außenarbeiten auf dem Grubengelände, beim Barackenbau oder bei sonstigen Entlade- und Transportkommandos.[338] Im März 1945 sollen nach den Angaben von Rainer Fröbe fast 1.000 „Produktionshäftlinge" in „Goldfisch" im Einsatz gewesen sein.[339]

Das Außenkommando Neckarelz bestand seit dem Eintreffen der ersten Häftlinge, also seit dem 21. März 1944.[340] Abweichend von der allgemeinen Praxis des Häftlingseinsatzes mußte in diesem Fall nicht die Firma, Daimler-Benz, für die

---

332 Vgl. Fröbe, Verlegung, S. 405.
333 ZStL Ludwigsburg IV 419 AR–Z 1831/67, Bl. 70.
334 Vgl. ZStL Ludwigsburg IV 419 AR–Z 1831/67, Bl. 62, 65f., 71.
335 Vgl. IWM London FD 2228/45, G 29, Kiemle an GB-Bau Straßburg, 6.5.1944; G 14, Kiemle an Müller, 24.7.1944; Fröbe, Verlegung, S. 427.
336 ZStL Ludwigsburg IV 419 AR–Z 1831/67, Bl. 71.
337 Vgl. Schmid, Goldfisch, S. 492f.; Masset, L'Ombre, S. 96. Schmid nennt die Zahl 1.000, während Masset von 600 zum Abtransport angetretenen Häftlingen berichtet.
338 Vgl. Fröbe, Verlegung, S. 430; Schlüsseldokumente, Nr. 135 (Monatsrapport des Außenkommandos Neckarelz für Oktober 1944), S. 358. Danach bestand das Außenkommando auch im Oktober aus fast 3.000 Häftlingen.
339 Er bezieht sich allerdings auf ein Schreiben Krumbiegels an Müller vom 8. März 1945, in dem Krumbiegel sich über die seiner Meinung nach arbeitsscheuen SS-Häftlinge beschwert. Von 1.000 SS-Häftlingen seien nur 200 einsatzfähig. Daß zweifelsfrei SS-Häftlinge gemeint sind, geht eindeutig aus dem Antwortschreiben Müllers hervor, der das SS-Lager Mosbach erwähnt, das bei Abschiebung der SS-Häftlinge anderweitig genutzt werden könne. Vgl. Fröbe, Verlegung, S. 419; Pohl/Habeth/Brüninghaus, Daimler-Benz, Dokumente 72 u. 73, S. 335f.
340 Vgl. Verzeichnis der Haftstätten, S. 207; Ziegler, Natzweiler-Struthof, S. 183.

Beschaffung von Häftlingsunterkünften sorgen, sondern der SS-Führungsstab. Leiter des Außenkommandos wurde SS-Obersturmführer Franz Hössler, der bis zu diesem Zeitpunkt Lagerführer des Frauenlagers in Auschwitz gewesen war. Nach seiner Rückberufung nach Auschwitz zur Leitung des Birkenauer Lagers wurde SS-Hauptsturmführer Franz Hofmann sein Nachfolger. Im Oktober schließlich übernahm der Leiter der Wachmannschaften, Wilhelm Streit, die Leitung des Außenkommandos Neckarelz.[341]

Das Lager Neckarelz I wurde in der Volksschule in Neckarelz eingerichtet. Die am 21. März in Neckarelz angekommenen Häftlinge mußten die Schule zum KZ-Außenlager umbauen. Ein doppelter Stacheldrahtzaun wurde um die Schule gezogen, eine Küchenbaracke errichtet, in die als Schlafsäle dienenden Klassenzimmer wurden dreistöckige Pritschen gestellt, und die Fenster der Schule wurden mit Holzbrettern zugenagelt. Alle arbeitsfähigen Häftlinge waren im Obrigheimer Stollen eingesetzt.[342]

Im Juli entstand in der Nähe des alten Neckarelzer Bahnhofs, ca. einen Kilometer vom Stollen entfernt, das Lager Neckarelz II. Als reines Arbeitslager konzipiert, unterstand es dem Lager Neckarelz I und wurde auch von dessen Lagerküche mitversorgt. Es bestand aus einer Waschbaracke und zwei Wohnbaracken. Alle Häftlinge arbeiteten ausnahmslos auf den Baustellen in der Gipsgrube oder auf dem Grubengelände.[343]

Die leerstehenden Baracken eines Reichsarbeitsdienstlagers in Neckargerach wurden von einem Neckarelzer Häftlingskommando zum Unterkommando Neckargerach ausgebaut. Am 27. April wurde das Lager mit den 900 aus dem KZ Groß-Rosen nach Neckarelz überstellten Häftlingen belegt. Ab Spätherbst 1944 diente es als Krankenlager.[344]

Zwei weitere Unterkommandos wurden im Herbst 1944 in der weiteren Umgebung von Neckarelz errichtet: Das Lager Neckarbischofsheim, ca. 20 Kilometer südwestlich von Neckarelz, bestand aus zwei Baracken, in denen zwischen 80 und 120 Häftlinge einquartiert waren, die beim SS-Führungsstab A 8, beim Hauptwirtschaftslager der Waffen-SS und bei der Baufirma Hoch-Tief, zum Stollenbau in Obrigheim, zu Barackenbauten und zu Arbeiten in der Landwirtschaft eingesetzt wurden.[345] Das Lager Asbach, ursprünglich als „Ostarbeiter"-Lager geplant, dann aber als „Westarbeiter"-Lager und Unterkommando des Außenkommandos Neckarelz realisiert, wurde von 60 Häftlingen des Außenkommandos im September 1944 errichtet. Die dort ca. 120 bis 200 untergebrachten Häftlinge wurden zu Bau- und Produktionsarbeiten im Obrigheimer Stollen herangezogen.[346]

341 Vgl. ZStL Ludwigsburg IV 419 AR–Z 1831/67, Bl. 177, 231; Schmid, Goldfisch, S. 487.
342 Vgl. ZStL Ludwigsburg IV 419 AR–Z 1831/67, Bl. 178; Schmid, Goldfisch, S. 488; Ziegler, Natzweiler-Struthof, S. 186; GUG-Interview Trzebinsky/PL, S. 7.
343 Vgl. ZStL Ludwigsburg IV 419 AR–Z 1831/67, Bl. 179f.; Schmid, Goldfisch, S. 489; Ziegler, Natzweiler-Struthof, S. 187; Gedenkstätten, S. 46.
344 Vgl. ZStL Ludwigsburg USA Film 4 Ordner 15 Bild Nr. 495, Anlage zum Schutzhaftlager-Rapport, 15.5.1944; Verzeichnis der Haftstätten, S. 208.
345 Vgl. Verzeichnis der Haftstätten, S. 207; Ziegler, Natzweiler-Struthof, S. 261; Schmid, Goldfisch, S. 490.
346 Vgl. Schmid, Goldfisch, S. 490; Ziegler, Natzweiler-Struthof, S. 250.

Ein fünftes Unterkommando, ein Lager auf dem Salinengelände in Bad Rappenau, wurde nach den Angaben von Schmid und Ziegler von 50 ehemaligen Häftlingen des Natzweiler Außenkommandos Wesserling-Urbès, die nach der Evakuierung aus Wesserling nach Neckarelz kamen, aufgebaut. Insgesamt bestand das Unterkommando aus 100 Häftlingen. Der ehemalige Häftling Zacheusz Pawlak berichtet, sie seien zunächst mit Aufräumarbeiten in der alten Salinenhalle beschäftigt worden, später hätten sie die in Bad Rappenau ankommenden mit Maschinen beladenen Güterzüge entladen müssen. Auf dem Salinengelände soll sich ein Maschinenpark von Daimler-Benz befunden haben.[347]

Arno Plock, der bereits im Genshagener Stammwerk eingesetzt worden war und der zusammen mit seinem Kommando aus Halle 11 über das Konzentrationslager Dachau Mitte August 1944 nach Obrigheim gelangt war, nennt in seinem Erlebnisbericht ein weiteres Lager, das als sechstes Unterkommando des KZ-Außenkommandos Neckarelz zu betrachten ist. Er und seine 20 Mithäftlinge waren in einer Schule in Oberschefflenz, ca. 20 Kilometer nordöstlich von Neckarelz, einquartiert.[348]

Die Belegstärke der Lager war nie konstant. Es gab sowohl häufige Überstellungen innerhalb des Außen- und der Unterkommandos als auch zahlreiche Rücküberstellungen ins Stammlager Natzweiler oder nach Dachau. Im letzteren Fall handelte es sich um arbeitsunfähige und kranke Häftlinge, für die man in Obrigheim keine Verwendung mehr hatte und deren man sich auf diese Art bequem entledigen konnte.[349] Für die Lager Neckarelz I, Neckarelz II und Neckargerach versuchte man im Neckarlager-Prozeß, eine durchschnittliche Belegstärke der Lager zu ermitteln. Nach diesen Berechnungen waren in Neckarelz I im Durchschnitt 800, in Neckarelz II und in Neckargerach jeweils durchschnittlich 1.200 Häftlinge inhaftiert.[350] Das Arbeitstagebuch des Unterkommandos Neckargerach verzeichnet für den 4. Mai insgesamt 898, für den 16. Mai bereits 1.248 Häftlinge.[351] Neckarelz II hatte als niedrigste Belegung am 1. Januar 1945 902 Häftlinge, die höchste Belegung ist mit 1412 Häftlingen für den 8. März 1945 angegeben.[352] Die Gesamtstärke des Außenkommandos Neckarelz läßt sich anhand des „Schutzhaftlager-Rapports" des KZ Natzweiler rekonstruieren:

---

347 Vgl. Schmid, Goldfisch, S. 490; Ziegler, Natzweiler-Struthof, S. 251, 253; Pawlak, Ich habe überlebt, S. 228f.; Wegweiser, S. 206.

348 Vgl. Plock, Erlebnisbericht, S. 32f. Von der Existenz dieses Lagers bzw. dieses Unterkommandos war bisher noch nichts bekannt.

349 Vgl. z.B. BA Koblenz NS 4 Kl Na 93, Rücküberstellungen zum KZ Natzweiler, 19.5. und 20.5.1944; ZStL Ludwigsburg USA Film 4 Ordner 15 Bild Nr. 489, Anlage zum Schutzhaftlager-Rapport, 14.10.1944. Danach wurden am 10.10.1944 102 Häftlinge nach Dachau rücküberstellt.

350 Vgl. Ziegler, Natzweiler-Struthof, S. 197.

351 Vgl. Schlüsseldokumente Nr. 129 (Arbeitsdienstpläne und Beschäftigungsnachweise aus dem Unterkommando Neckargerach, 4., 16. und 31.5.1944), S. 345.

352 Vgl. GLA Karlsruhe 465 d/Nr. 1501, Rapportbuch des Lagers Neckarelz II. Die Höchstbelegung erklärt sich wahrscheinlich aus dem Umstand, daß im Zuge der Evakuierung des Außenkommandos bereits seit Anfang März mit der Zusammenziehung der Häftlinge in Neckarelz begonnen worden war.

Tab. 15:   KZ-Häftlinge im Außenkommando Neckarelz, März bis Oktober 1944

15. März	1944	500	Häftlinge
15. April	1944	500	"
15. Mai	1944	1.440	"
15. Juni	1944	2.129	"
30. Sept.	1944	2.944	"
31. Okt.	1944	2.841	"

Quellen: ZStL Ludwigsburg USA Film 4 Ordner 15 Bild Nr. 498, 495, 483, 479; Ordner 16 Bild
Nr. 501; Schlüsseldokumente, Nr. 133 (Schutzhaftlagerrapport des KZ Natzweiler,
31.10.1944), S. 356.

Addiert man die von Schmid aufgezählten Häftlingstransporte nach Neckarelz, so
ergibt sich eine Zahl von über 4.000 Häftlingen, die bis November 1944 im
Außenkommando Neckarelz arbeiten mußten.[353] Als mögliche Höchstbelegung
hatte man Ende September die Zahl 3.000 angegeben.[354] Schon allein diese Zahlen
geben Aufschluß darüber, unter welch beengten räumlichen Verhältnissen die
Häftlinge leben mußten. Dr. Krumbiegel erhielt einen Einblick in die in den Lagern
Neckarelz I und Neckargerach herrschenden Lebensverhältnisse und war nach der
Besichtigung der Lager sichtlich erschüttert. In Neckarelz I, wo Kiemle 750 Häft-
linge unterbringen wollte, sah Krumbiegel Platz für höchstens 180 Häftlinge. Zum
Lager Neckargerach notierte er sich:

In diesem Lager keine Plätze für Einrichtungsgegenstände (Tische, Stühle, Spinde), nur mehr-
stöckige Pritschen, nach dort erhaltener Angabe oft für 3 Mann 2 Strohsäcke, eng aneinander-
geschichtet, ohne Zwischengang. Zwischenwände in den Baracken zur Gewinnung von Raum
entfernt. Sanitäre Anlagen außerordentlich minderwertig und unzureichend. [...] Angeblich
sehr ungesundes Lager wegen kalter Nächte und Nebelbildung. Deshalb starker Krankheits-
ausfall.[355]

Für die Verbesserung der Lebensbedingungen tat der Betriebsleiter von „Goldfisch" allerdings nichts.

Die Häftlinge waren überwiegend polnischer, sowjetischer und französischer
Nationalität. Ferner befanden sich unter ihnen Reichsdeutsche, Italiener, Jugoslawen, Luxemburger, Griechen und Tschechen.[356] Von den am 18. April 1944 von

---

353 Vgl. Schmid, Goldfisch, S. 492f.
354 Vgl. ZStL Ludwigsburg USA Film 4 Ordner 15 Bild Nr. 483.
355 IWM London FD 2228/45, G 75, Reisebericht Dr. Krumbiegels betr. „Unterkünfte in A 8",
21.5.1944.
356 Vgl. GLA Karlsruhe 465 d/Nr. 1501, Rapportbuch Lager Neckarelz II; BA Koblenz NS 4 Kl
Na 93, Listen der Rücküberstellungen, 19. und 20.5.1944; Amicale Natzweiler, Liste der in
Daimler-Benz-Werken beschäftigten luxemburgischen Häftlinge der Außenkommandos des
KZ Natzweiler, 5.2.1988; Bürgermeisteramt Obrigheim, Sterbebuch 1938–1946; Ziegler,
Natzweiler-Struthof, S. 197.

Abb. 52: Die Schule in Oberschefflenz, KZ-Unterkommando von Neckarelz

Natzweiler nach Neckarelz überstellten 50 Häftlingen hatten 29 den Vermerk „Zigeuner". Durch grausame medizinische Experimente gefoltert, kamen die Sinti und Roma vollkommen entkräftet und krank in Neckarelz an. Da sie in diesem Zustand nicht arbeitsfähig waren, wurden sie innerhalb kurzer Zeit „aufgepäppelt" und anschließend zur Arbeit in den Stollen geschickt. Doch die Mehrzahl der Häftlinge war für die kräftezehrenden Arbeiten im Stollen immer noch zu schwach. Einige wurden wieder zurück ins Stammlager gebracht. Wahrscheinlich befanden sich im Außenkommando Neckarelz zwischen 150 und 200 Sinti und Roma.[357]

Die Lebens- und Arbeitsbedingungen im Verlagerungsbetrieb „Goldfisch" waren nicht nur hart, sondern unmenschlich. Über diese Zustände berichtet der ehemalige Häftling Arno Plock in seinem Erlebnisbericht. Die Häftlinge des Unterkommandos Oberschefflenz schliefen in den Kellerräumen der Schule in Oberschefflenz auf Strohsäcken auf dem Zementfußboden. Jeder Raum hatte eine Schulbank, einen

357 Vgl. BA Koblenz NS 4 Kl Na 93, Liste der Häftlingsüberstellungen von Natzweiler nach Neckarelz, 18.4.1944; Rose/Weiss, Sinti und Roma, S. 160–164; Ziegler, Natzweiler-Struthof, S. 97. Der ehemalige Häftling Robert Stein nahm auch eine Zahl von 200 Sinti und Roma an. Vgl. Stein, Wehrmachtslager, S. 40; vgl. GUG-Interview Rejmer/PL, S. 6.

kleinen Tisch und zwei kleine vergitterte Fenster. Waschgelegenheit hatten die
Häftlinge im Toilettenraum im Erdgeschoß. In den ersten Wochen brachte ein
LKW die Warm- und Kaltverpflegung aus der Küche des Lagers Mosbach. Arno
Plock erinnert sich:

> *Für uns 21 Häftlinge im Nebenlager Oberschefflenz bekamen wir für den Tag: Einen halben,*
> *sehr selten dreiviertel Ltr. Kohlrüben oder Hafermehlsuppe ohne Fleisch und Fett. Sonntags*
> *gab es Hafermehlpampe mit grob geschroteten Körnern, vier zweieinhalb Pfundbrote, feucht*
> *und glasig aus minderwertigem Mehl, dazu einen Eßlöffel wässerigen Quarkkäse oder dünn-*
> *flüssige Marmelade, Margarine oder Wurst gab es nicht mehr für uns!*[358]

Die zur Bewachung der Häftlinge abgestellten sechs SS-Männer erhielten dagegen
Fleisch, Gemüse, Kartoffeln, Wurst, Butter in mehr als ausreichender Menge. Die
Kosten für die Verpflegung trug das Konzentrationslager Natzweiler. Seit dem
Eintreffen des ersten Häftlingstransportes am 21. März 1944 hatte Daimler-Benz
bis zum 11. April 4.500 RM für die Häftlingsverpflegung ausgelegt, die es dem KZ
Natzweiler in Rechnung stellte.[359] Mitte April hatte sich das Werk bereit erklärt,
monatlich 2.000 RM für eine zusätzliche Verpflegung der Häftlinge zur Verfügung
zu stellen.[360] In Anbetracht der stets steigenden Häftlingszahlen war dieser Betrag
jedoch viel zu gering, um eine spürbare Verbesserung der Ernährung der Häftlinge
zu erzielen. Es war Daimler-Benz also offenbar durchaus möglich, den Häftlingen
zusätzliche Lebensmittel zu verschaffen. Mitte April bestand das Außenkommando
Neckarelz aus rund 500 Häftlingen, so daß auf jeden Häftling eine monatliche
Zusatzverpflegung von 4 RM entfiel, was sich in der Quantität und Qualität der
Nahrung nicht niedergeschlagen haben kann. Obgleich das Außenkommando sich
ständig vergrößerte, wurde der Betrag für die Zusatzverpflegung nicht angehoben.
Rein rechnerisch ergibt dies bei einer Zahl von 3.000 Häftlingen eine monatliche
Zusatzverpflegung von 67 Pfennigen oder eine tägliche von 2,2 Pfennigen! Die
Häftlinge litten permanent Hunger. Sie waren stets auf der Suche nach etwas
Eßbarem. Beispielsweise durchsuchten sie Mülltonnen nach Essensresten, wobei
sie auch angefaulte Lebensmittel aßen. Wer erwischt wurde, erhielt Prügelstrafe.[361]
Andere Häftlinge bekamen von ausländischen oder deutschen Zivilarbeitern heim-
lich Lebensmittel zugesteckt. Hilfe von niederländischen Zwangsarbeitern erhielten KZ-Häftlinge, die auf dem Mosbacher Bahnhof zu Be- und Entladearbeiten
eingesetzt waren:

> *Sie stellten ihre leeren Henkelmänner in der Nähe des Raumes auf, wo die Holländer arbeite-*
> *ten. Diese füllten die Henkelmänner im Laufe des Tages mit Eßbarem. Abends nahmen die KZ-*
> *Häftlinge ihre Henkelmänner wieder mit.*[362]

Das Arbeitskommando der Oberschefflenzer Schule trug die Bezeichnung „Nek-
karelz F I" (Außenkommando Neckarelz, Schacht „Friede", Arbeitsgruppe I).[363] Zu

---

358 Plock, Erlebnisbericht, S. 33.
359 Vgl. IWM London FD 2228/45, Kiemle an Haag, 10.5.1944.
360 Vgl. ZStL Ludwigsburg IV 419 AR-Z 1831/67, Bl. 59.
361 Vgl. ZStL Ludwigsburg IV 419 AR-Z 1831/67, Bl. 130.
362 GUG-Interview Nr. 327/NL, S. 4.
363 Vgl. Plock, Kurzbericht, S. 5.

den Tag- und Nachtschichten wurden die Häftlinge mit dem Zug vom Bahnhof Oberschefflenz nach Obrigheim gebracht. Unterwegs stiegen noch andere deutsche Arbeiter und Arbeiterinnnen sowie „Ostarbeiterinnen" zu. Der Zug hielt auf offener Strecke einige hundert Meter vor der Steinbrücke, die die Häftlinge überqueren und den Weg zum Stolleneingang hinaufgehen mußten. Im Stollen erhielt jeder Häftling den Arbeitsplatz, den er in Halle 11 in Genshagen gehabt hatte. Fast die gesamte Abteilung der Halle 11 war in den Stollen verlegt worden. Die Maschinen waren etwa so angeordnet, wie es in Genshagen der Fall gewesen war.

Als Arno Plock Mitte August 1944 zum erstenmal den Stollen betrat, war man noch dabei, die Maschinen zu installieren, „die produktive Arbeit war noch nicht angelaufen."[364] Auch ansonsten lief die Produktion recht schleppend an, da die Bedingungen im Stollen für alle Arbeiter unerträglich waren und auch die Maschinen unter der Feuchtigkeit litten. So gab es ständig Bewetterungsprobleme. Es wurde versucht, den feuchten Stollen durch die Zufuhr warmer Luft zu trocknen. Da im Okober die für die Dampfversorgung vorgesehene Lokomotive ausfiel, wurde eine Woche lang kalte Luft in den Stollen geblasen, wodurch die Temperatur im vorderen Teil des Stollens tagsüber auf 10°C sank, nachts auf 5°C, so „dass der Aufenthalt in den Fabrikationsräumen kaum möglich war."[365]

Durch das Austrocknen der Stollengänge wurden die Wände porös. Die Folge waren Stolleneinbrüche und Steinschläge, bei denen etliche Häftlinge verletzt wurden oder umkamen. Am 27. Mai 1944 war bereits ein Häftling bei einem Steinschlag tödlich verunglückt. Bei einem Stolleneinbruch am 26. Juni wurden zwei deutsche Bergarbeiter leicht, drei Häftlinge schwer verletzt. Durch einen Steinschlag wurde am gleichen Tag ein Häftling schwer, ein anderer leicht verletzt.[366] Am 3. September geschah ein schweres Grubenunglück, als im Stollen M Gang 13 Gesteinsmassen einbrachen. Man barg 11 Tote und mehrere Verletzte, 17 verschüttete Menschen vermutete man noch unter den rund 400 Kubikmetern Gestein.[367] Arbeitsunfälle ereigneten sich aber nicht nur durch Steinschläge, sie wurden begünstigt durch fehlende Schutzkleidung der Häftlinge und mangelnde Sicherheitsvorkehrungen. Der geschwächte körperliche Zustand der Häftlinge tat sein übriges.[368] Ansonsten herrschte im Stollen stickige und staubige Luft, die jede Arbeit zur Qual werden ließ, insbesondere für die „Bauhäftlinge", die schwerste körperliche Arbeit zu verrichten hatten. Die Arbeitszeit war bereits Anfang März festgelegt worden: Die zwölfstündigen Schichten gingen von 7 bis 19 Uhr bzw. von 19 bis 7 Uhr. Nur im Stollen wurde die Nachtschicht gefahren. Auf dem Grubengelände wurde wegen der erhöhten nächtlichen Fluchtgefahr nur tagsüber gearbeitet. Der Drei-Schichten-

---

364 Plock, Erlebnisbericht, S. 34; vgl. ders., Kurzbericht, S. 5.

365 IWM London FD 2228/45, Aktenvermerk betr. Bewetterungsschwierigkeiten in Goldfisch, 9.10.1944.

366 Vgl. ZStL Ludwigsburg IV 419 AR–Z 1831/67, Bl. 61, 66.

367 Vgl. IWM London FD 2228/45, G 8, Namensliste der durch den Stolleneinbruch am 3.9.1944 getöteten und verletzten Personen, 5. und 6.9.1944; Schlüsseldokumente, Nr. 130a–130e, S. 346–349.

368 Vgl. Plock, Erlebnisbericht, S. 35, 38f.; Rose/Weiss, Sinti und Roma, S. 167; ZStL Ludwigsburg IV 419 AR–Z 1831/67, Bl. 67.

Betrieb konnte aufgrund fehlender Häftlinge nur zeitweise realisiert werden. Halbstündige Pausen waren für die Tagschicht zwischen 12 und 12.30 Uhr und 18.30 und 19 Uhr vorgesehen, für die Nachtschicht zwischen 0 und 0.30 Uhr und 4 und 4.30 Uhr. Ob die Pausen auch für die KZ-Häftlinge galten, geht aus der Bekanntmachung nicht hervor. Ein ehemaliger Häftling erinnerte sich nicht an Pausen.[369]

Die Lagerführung und die Wachmannschaften bestanden aus einigen SS-Männern, hauptsächlich aber aus Angehörigen der Luftwaffe. Aus rund 300 bis 400 Männern setzte sich die Wachkompanie des Außenkommandos Neckarelz zusammen.[370] Sie begleiteten die Häftlinge auf dem Weg zum Stollen und zurück zu den Lagern. Während die Wachposten auch die Außenarbeiten der Häftlinge bewachten, waren sie niemals im Stollen anzutreffen. Dort unterstanden die Häftlinge der Aufsicht der Daimler-Benz-Vorarbeiter und den Kapos, was sie vor Mißhandlungen nicht schützte.[371]

Die menschenunwürdigen Lebens- und Arbeitsbedingungen in Obrigheim führte Arno Plock auf das Zusammentreffen mehrerer Faktoren zurück: mangelhafte Ernährung, fehlende ärztliche Betreuung, völlig unzureichende hygienische Einrichtungen, katastrophaler Bekleidungszustand, zunehmende Schikanen durch die Vorarbeiter und die SS sowie Naturkatastrophen wie Erdrutsche, Hochwasser und Stolleneinbrüche.[372]

Die Verpflegung erhielten die Häftlinge seit Mitte Oktober 1944 nur noch im Stollen. Zwei Häftlinge der Tagschicht mußten mittags die Verpflegung an der Haltestelle am Bahndamm abholen und den steilen Weg zur Grube hochschaffen. Für die ausgezehrten Häftlinge war dies eine ungeheure Kraftanstrengung. Nun gab es für jeden Häftling nur noch einen halben Liter der dünnen Suppe, deren ohnehin schon geringe Qualität noch weiter abgenommen hatte, ebenso wie das glasig feuchte Brot, „aber wir verschlangen alles vor Hunger."[373]

Ende Oktober 1944 führte der Neckar infolge starker und lang anhaltender Regenfälle Hochwasser, so daß das Gelände bis zur Brücke und sogar das Lager Neckarelz II überflutet waren. Die SS zwang die Häftlinge und auch alle anderen Zwangsarbeiter, Männer wie Frauen, sich den Weg durch die Wassermassen zu bahnen. Eine Woche lang mußten sie diesen „Weg" nehmen. Zwei „Ostarbeiterinnen" wurden vom Wasser abgetrieben und ertranken. Die Zahl der Erkrankungen stieg rapide an. Ein Mithäftling von Arno Plock starb an doppelseitiger Lungenentzündung. Er selbst hatte das Glück, daß ihm die Arbeiter in der Werkzeugmacherei eine Decke und Nahrungsmittel mitbrachten und ihn sich in einer Ecke der Grotte versteckt ausruhen ließen.[374]

369 Vgl. GUG-Interview Trzebinsky/PL, S. 3; IWM London FD 2228/45, G 33, Bekanntmachung des Betriebsführers Krumbiegel, 3.3.1945; National Archives Washington NND 750/40, 110393, Bericht des Office of Strategic Services, 18.12.1944.

370 Vgl. ZStL Ludwigsburg IV 419 AR-Z 1831/67, Bl. 9, 131, 231; IV 419 AR-Z 2190/67, Bl. 727; Ziegler, Natzweiler-Struthof, S. 187, 192.

371 Vgl. GUG-Interview Trzebinsky/PL, S. 6; Ziegler, Natzweiler-Struthof, S. 193, 207f.; Rose/Weiss, Sinti und Roma, S. 165; Stein, Wehrmachtslager, S. 39.

372 Vgl. Plock, Erlebnisbericht, S. 36.

373 Plock, Erlebnisbericht, S. 37.

374 Vgl. Plock, Erlebnisbericht, S. 37f.

Anfang Dezember wurde die Schule in Oberschefflenz geräumt und die Häftlinge bezogen einen Raum in der zweiten Baracke des „Außenlagers Brücke", das aller Wahrscheinlichkeit nach mit dem Lager Neckarelz II identisch war.[375] Arno Plock erinnert sich:

> Dreistöckige Schlafpritschen mit feuchtem, fauligem Stroh, ein Tisch, einige Hocker und ein Ofen ohne Brennmaterial war die ganze Einrichtung. Eine Waschanlage gab es im Lager nicht, in Begleitung eines Postens mußte das Wasser unten vom Neckar in Eimern geholt werden. Zwei Waschschüsseln für 20 Häftlinge, deshalb gab es oft Streitereien. Seife hatte es seit dem Sommer nicht mehr gegeben, ein Handtuch besaß keiner mehr, ein Kamm hatte Seltenheitswert.
>
> Seit Ludwigsfelde waren die Haare nicht mehr geschnitten und nicht mehr rasiert worden, wirre strubbelige Haare, stoppelige Bärte, in denen der grau-weißliche Staub aus der Grotte sich festgesetzt hatte, in vielen Gesichtern Hautausschlag und Furunkeln, wir sahen fürchterlich aus.
>
> Dazu noch die „Bekleidung", die mit einer zähen Schlammschicht bedeckt, buchstäblich auf der Haut verfaulte. Das Gewebe war so morsch geworden, daß es beim Ausziehen einriß, wir mußten in diesen dreckigen, fauligen „Kleidern" schlafen, arbeiten, essen u. auf die Latrine gehen, immer bemüht, nichts zu zerreißen. Mit der Fußbekleidung war es katastrophal. Unsere Kunstlederschuhe mit der Holzsohle waren brüchig geworden, die Nähte rissen auf, die Holzsohlen lösten sich, erst vorn an den Zehen, dann fielen sie ganz ab.
>
> Mit alten Putztüchern, mit Draht aus der Grotte, versuchten wir das alles irgendwie zusammenzuhalten, der Schlamm setzte sich daran und machte daraus unförmige Gebilde, die immer schwerer wurden u. auf denen man sich nur noch unsicher und humpelnd bewegen konnte.
>
> Jetzt sahen wir wirklich so aus, wie man auf den Propagandaplakaten die „Untermenschen" dargestellt hatte.[376]

Durch den einsetzenden Nachtfrost froren die Häftlinge in ihren unbeheizten Baracken entsetzlich. Die Brotzuteilung wurde weiter reduziert, die Suppe schmeckte noch erbärmlicher.

> Hier war es noch schlimmer als in Sachsenhausen, Läuse, Ratten, Wassersuppen, wenig Brot, dünnflüssige Kriegsmarmelade oder verwässerter Quark.[377]

Bisweilen geschah es, daß das Essen erst am Nachmittag im Stollen eintraf.[378]

Kurz vor Weihnachten 1944 war der Stollen Ziel eines Angriffs britischer und amerikanischer Tiefflieger. Die Flugzeuge hatten eine Häftlingskolonne und ihre SS-Bewacher auf der Brücke beschossen. Drei Häftlinge fanden den Tod, einige SS-Leute wurden verwundet. Für die Häftlinge war der Angriff unfaßbar, da die Piloten aus dieser geringen Flughöhe hätten erkennen müssen, daß es sich um KZ-Häftlinge handelte. „Zurück blieb in uns die Angst, daß die Gegner Deutschlands hier keinen Unterschied machen würden."[379] Am 30. Januar wurden bei einem

---

375 Plocks Beschreibung des Lagers (Unterbringung von Natzweiler Häftlingen, die die Baukolonnen bildeten) und insbesondere die Zeichnung des Lagers (2 Unterkunftsbaracken, zwei kleinere Baracken) entsprechen den Ausführungen Schmids und Zieglers zum Lager Neckarelz II. Vgl. Plock, Kurzbericht, S. 5; Schmid, Goldfisch, S. 489; Ziegler, Natzweiler-Struthof, S. 187.
376 Plock, Erlebnisbericht, S. 39.
377 Plock, Kurzbericht, S. 5.
378 Vgl. ZStL Ludwigsburg IV 419 AR–Z 1831/67, Bl. 72.
379 Plock, Erlebnisbericht, S. 40.

Tafel 7: Außenansicht der Grubenanlage des KZ-Außenkommandos Neckarelz (Zeichnung Plock)

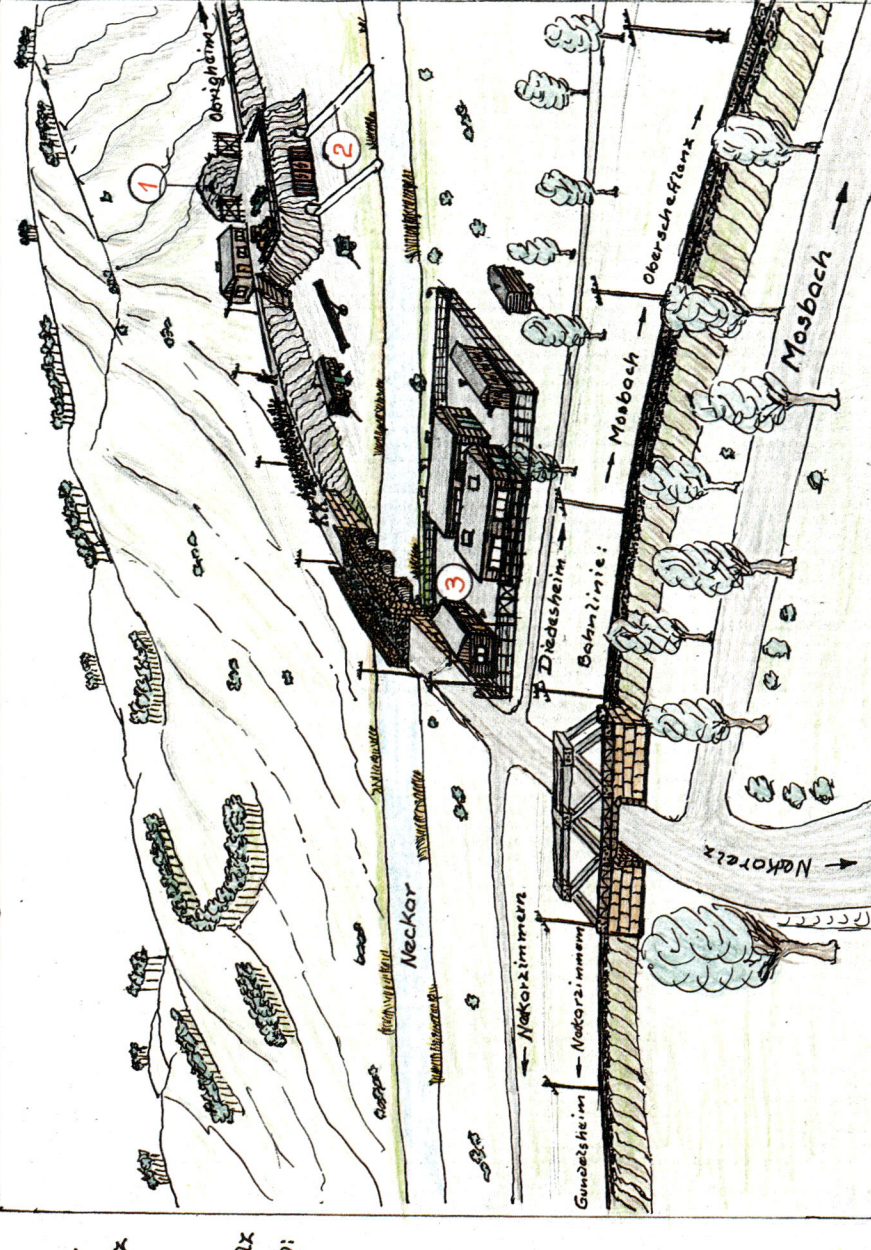

Daimler-Benz AG

Auslagerungsprojekt
Obrigheim – Neckarelz
1944 – 1945

Skizze:

Schachtanlage Neckarelz

Auslagerungsbetrieb:
Flugmotorenwerk
Genshagen GmbH

Halle 11

Teilefertigung

Erläuterungen: ① Stolleneingang
                ② Abwässerung
                ③ KZ-Außenlager „Brücke"

Tafel 8: Halle 11 nach U-Verlagerung nach Obrigheim (Zeichnung Plock)

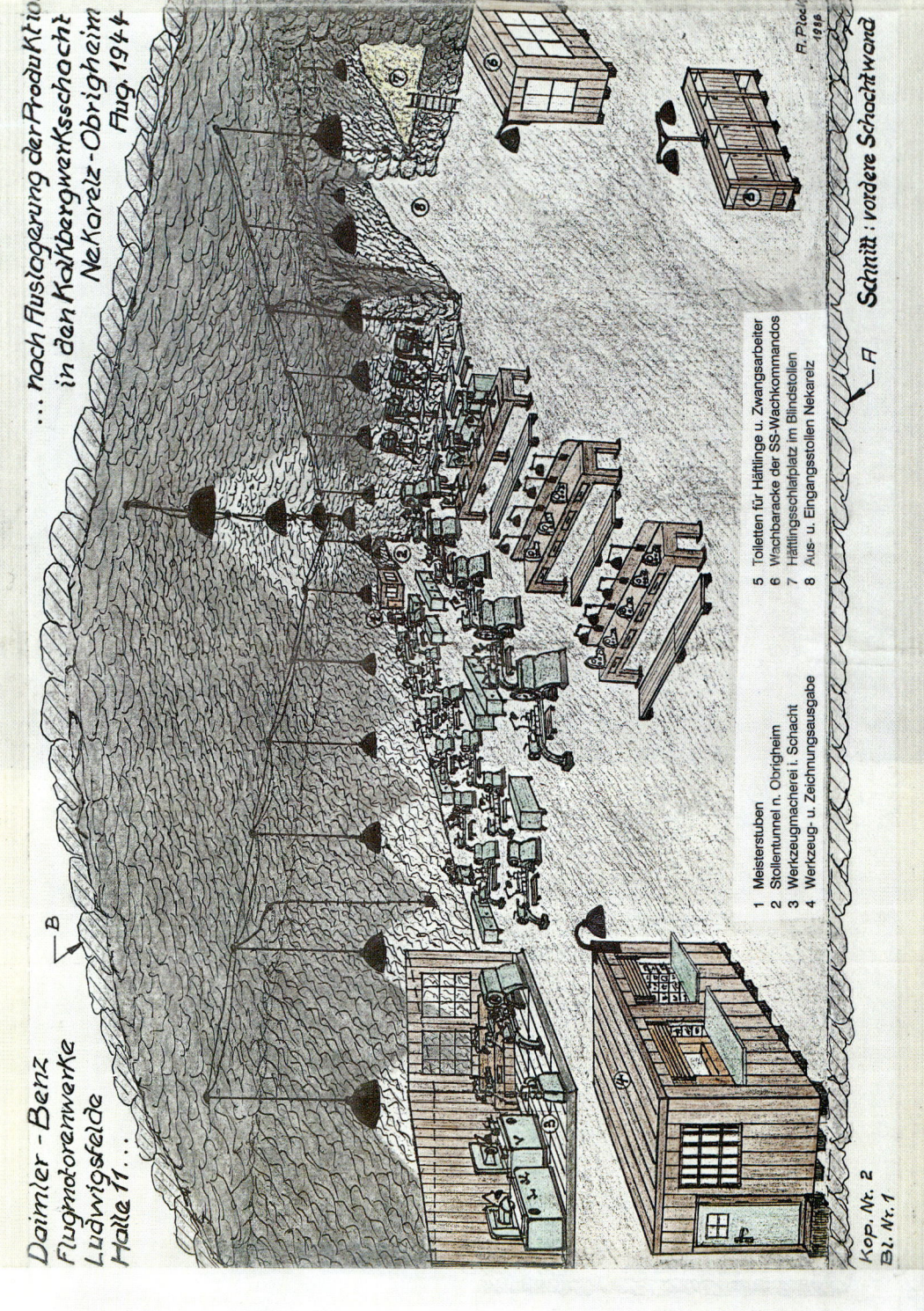

Daimler - Benz
Flugmotorenwerke
Ludwigsfelde
Halle 11...

... nach Auslagerung der Produktion
in den Kalkbergwerksschacht
Nekarelz-Obrigheim
Aug. 1944

R. Plock
1986

1 Meisterstuben
2 Stollentunnel n. Obrigheim
3 Werkzeugmacherei i. Schacht
4 Werkzeug- u. Zeichnungsausgabe

5 Toiletten für Häftlinge u. Zwangsarbeiter
6 Wachbaracke der SS-Wachkommandos
7 Häftlingsschlafplatz im Blindstollen
8 Aus- u. Eingangsstollen Nekarelz

Schnitt: vordere Schachtwand

Kop. Nr. 2
Bl. Nr. 1

erneuten Jagdfliegerangriff neun Häftlinge und ein Heizer getötet. Bis Ende Februar notierte der Architekt Haag sieben Tieffliegerangriffe auf die Obrigheimer Baustelle, die sich auch im März fortsetzten.[380]

Der 2. Januar 1945 brachte für die Häftlinge nochmals eine drastische Verschlimmerung ihrer ohnehin schon elenden Lage. Sie wurden vom Lager Neckarelz II in einen Blindstollen der Grube verlegt. Die Luft dort roch nach Kokereiabgasen und binnen kurzer Zeit litten alle Häftlinge unter einem chronischen Reizhusten. Im Stollen wurde kaum noch gearbeitet und Anfang Februar blieben selbst die deutschen Arbeiter der Arbeit fern. Ebenso erschienen die westeuropäischen Zivilarbeiter nicht mehr, und nach einiger Zeit waren auch die „Ostarbeiterinnen" nicht mehr da. Nur die Häftlinge verblieben im Blindstollen und vegetierten dort vor sich hin:[381]

> *Wir waren körperlich derart entkräftet, daß einige nicht einmal ihre Notdurft verrichten konnten. Das Atmen fiel schwer, der schwere Husten nahm ständig zu, warmes Essen wurde nicht mehr ausgegeben, nur ein paar Brote wurden uns von unten zugeworfen, die wir mit den Händen brechen und verteilen mußten, waschen war nicht mehr möglich, es gab in der Grotte kein Wasser mehr, die Anschlüsse waren trocken. Die SS stellte uns einen Bottich mit stinkendem Regenwasser unten vor die Leiter, wer noch die Kraft besaß, die Leiter runter und rauf zu klettern, holte für sich u. für einen anderen in der Eßschüssel von der stinkenden Brühe. Durchfall setzte bei einigen ein, sie konnten sich nicht mehr erheben und machten unter sich. Drei Kameraden starben in diesem Blindstollen der Grotte Neckarelz. [...] Wir lagen dort oben meistens in einem furchtbaren Dämmerzustand, der nur etwas nachließ, wenn das Brot heraufgeworfen wurde.*[382]

Nach mehr als zehn Wochen jämmerlichen Dahinvegetierens trieben SS-Leute die Häftlinge, es waren noch 17, Ende März aus dem Blindstollen heraus und führten sie zu den anderen Häftlingen nach Neckarelz, von wo aus sie zum Evakuierungsmarsch antreten mußten.[383]

Im Stollen gab es weder Toiletten noch Tragbahren noch Verbandszeug für die Häftlinge.[384] Für die medizinische Betreuung der Häftlinge der Lager Neckarelz I, Neckarelz II und Neckargerach war im wesentlichen der in Neckarelz praktizierende Arzt Dr. Hans Wey zuständig. Während er mit der Versorgung der Wachmannschaften hauptamtlich betraut war, kümmerte sich Dr. Wey auf Bitten der Häftlingsärzte, die die Behandlungsmethoden der SS-Ärzte fürchteten, ehrenamtlich um die Häftlinge. Im Keller des Schulgebäudes des Lagers Neckarelz I war ein Krankenrevier eingerichtet worden.[385] Dr. Wey oblag auch die Aufgabe, die Sterbescheine verstorbener Häftlinge zu unterschreiben. Sie wurden ihm bereits ausgefüllt vorgelegt. Als Todesursachen waren hin und wieder „Schußverletzung", gelegentlich auch „Tod durch Erhängen" angegeben. Dr. Wey hat nie eine Obduktion der Leichen vorgenommen.[386] Nach der Verlegung der Kommandantur des KZ

---

380 Vgl. ZStL Ludwigsburg IV 419 AR–Z 1831/67, Bl. 74–78.
381 Vgl. Plock, Erlebnisbericht, S. 40f.; ders., Kurzbericht, S. 5/6.
382 Plock, Erlebnisbericht, S. 41.
383 Vgl. Plock, Erlebnisbericht, S. 41f.
384 Vgl. ZStL Ludwigsburg IV 419 AR–Z 1831/67, Bl. 116; GUG-Interview Trzebinsky/PL, S. 5.
385 Vgl. ZStL Ludwigsburg IV 419 AR–Z 1831/67, Bl. 179.
386 Vgl. ZStL Ludwigsburg IV 419 AR–Z 2190/67, Bl. 111f.

Natzweiler nach Guttenbach übernahm der damalige Obersturmführer Rode die ärztliche Betreuung der Häftlinge in Neckarelz.[387] Obwohl das Wirken Dr. Weys eine Verbesserung der medizinischen Betreuung der Häftlinge bedeutete, war seine Hilfe in Anbetracht der hohen Häftlingszahlen und der ansonsten mangelhaften hygienischen und sanitären Bedingungen letztlich nur ein Tropfen auf den heißen Stein. Im Lager Neckarbischofsheim kümmerte sich ein in Neckarbischofsheim praktizierender Arzt um erkrankte Häftlinge.[388]

Ende Juni 1944 brach im Lager Neckargerach eine Ruhrepidemie aus. Nachdem in einer Besprechung des SS-Führungsstabs am 27. Juni, an der auch Architekt Haag teilnahm, „die grosse Gefahr die für unser Bauvorhaben entstehen kann" erkannt worden war, wurde die Desinfektion des Lagers, der Transportwaggons sowie der aufgestellten „Bauaborte und Kübel" angeordnet. Im Lager Neckarelz I traten Fälle von Typhuserkrankungen auf, die zahlreichen Häftlingen das Leben kostete.[389]

In der zweiten Septemberhälfte war ein SS-Arzt, Dr. Boogaerts, der zunächst Lagerarzt in Sachsenhausen, später in Natzweiler war, im Zuge der Evakuierung des KZ Natzweiler nach Neckarelz gekommen, wo er bis zum Januar 1945 blieb. Anschließend wurde er in das als „Krankenlager" bestimmte Natzweiler Außenkommando Vaihingen/Enz versetzt. Die dort herrschenden katastrophalen Zustände führte der SS-Arzt auf die völlig unzureichende Hygiene und das Fehlen von Medikamenten zurück. Infolge dieser Umstände war das Lager verlaust. Zudem mußten die kranken Häftlinge noch arbeiten, ihre Essensrationen wurden ihnen teilweise entzogen, teilweise reduziert. Da das Lager nicht als Krankenlager ausgestattet worden war und die Häftlinge unter unmöglichen Verhältnissen leben mußten, stieg die Sterberate seit dem Eintreffen der ersten Krankentransporte im November 1944 sprunghaft an. Die Überlebenschancen der Häftlinge waren von Anfang an gering, so daß das Lager eher als Sterbelager statt als Krankenlager zu bezeichnen ist.[390]

Auch aus den für Daimler-Benz eingesetzten Natzweiler Außenkommandos Neckarelz, Mannheim-Sandhofen und Haslach erreichten mehrere Krankentransporte Vaihingen. Am 20. Dezember trafen zwei Transporte aus Neckargerach und Neckarelz mit 120 bzw. 131 kranken Häftlingen im Lager ein. Drei Tage später kam ein aus 200 Häftlingen bestehender Krankentransport aus Mannheim-Sandhofen in Vaihingen an. Weitere Transporte erfolgten von Haslach (16.2.1945, 256 Häftlinge), Neckarelz (6.3.1945, 120 Häftlinge), Neckargerach (8.3.1945, 2 Häftlinge) und nochmals von Mannheim-Sandhofen (11.3.1945, 94 Häftlinge) aus.[391]

Zahlreiche Häftlingstötungen und -hinrichtungen sind für die Verlagerung „Goldfisch" dokumentiert. Auf der Baustelle in Obrigheim wurden von einem

387 Vgl. ZStL Ludwigsburg IV 419 AR–Z 1831/67, Bl. 183.
388 Vgl. ZStL Ludwigsburg IV 419 AR–Z 1831/67, Bl. 185.
389 Vgl. ZStL Ludwigsburg IV 419 AR–Z 1831/67, Bl. 68; IWM London FD 2228/45, Handschriftliche Notiz, 28.6.1944; GUG-Interview Trzebinsky/PL, S. 12.
390 Vgl. Böckle, Vaihingen, S. 207–218.
391 Vgl. Böckle, Vaihingen, S. 210f.

Angehörigen der Wachmannschaft zwei sowjetische Häftlinge, die unerlaubt ihr Geschirr im Neckar ausspülten, erschossen. Ein weiterer Häftling wurde von einem anderen Wachposten „auf der Flucht" erschossen. Der Schütze soll daraufhin Sonderurlaub erhalten haben.[392] Die Erschießung von vier Häftlingen im Stollen, von der ein ehemaliger Häftling berichtete, wurde von anderen zu diesem Sachverhalt befragten Zeugen nicht bestätigt.[393] Statt dessen sind etliche Hinrichtungen, die in den Lagern durchgeführt wurden, bezeugt. Am 12. August 1944 wurden im Lager Neckarelz I auf dem Schulhof auf Weisung des RSHA ein polnischer und ein sowjetischer Häftling, die angeblich geflüchtet waren, erhängt. Anfang 1945 wurde im Abort des Lagers Neckarelz I ein Häftling ebenfalls auf Anordnung des RSHA erhängt. Zwei weitere Exekutionen zu Beginn des Jahres 1945 sind nachweisbar.[394] Eine Gruppe von Häftlingen, die gerade am Lager Neckarelz I vorbeimarschierte, wurde von SS-Wachposten auf den Schulhof beordert. Alle Arbeitskommandos mußten sich auf dem Schulhof versammeln. Dort stand ein „Galgen in der Form eines Fußballtores. Unter dem Querbalken stand eine Waschbank und darauf eine Kiste. Am Querbalken waren zwei Seile befestigt."[395] Die beiden verurteilten Häftlinge wurden herbeigeführt, sie mußten sich auf die Kiste stellen und den Kopf durch die Schlinge stecken. Ein SS-Mann stieß die Kiste mit dem Fuß weg. Eine Schleife am Querbalken löste sich, so daß ein Häftling zu Boden fiel:

> Der Delinquent mußte nun, immer noch mit der Schlinge um den Hals, wieder auf die besagte Kiste steigen. Nachdem dies geschehen war, stieg „Bubi" [ein Mithäftling, Anm. d. Verf.] auf die Leiter und befestigte das andere Ende am Querbalken des Galgens. Hierauf wurde von einem SS-Mann ein zweitesmal die Kiste weggestoßen, und auch der 2. Häftling fand jetzt den Tod.[396]

Im Sterbebuch des Bürgermeisteramtes Obrigheim sind in der Zeit vom 18. Mai 1944 bis zum 23. März 1945 für die Baustelle Obrigheim 32 Sterbefälle registriert. Darunter befanden sich 16 Häftlinge, von denen allein 11 bei Fliegerangriffen starben. Als weitere Todesursachen wurden genannt: Selbstmord, Herzschlag (zweimal), Unglücksfall und Erschießung auf der Flucht.[397] Ob damit alle Todesfälle erfaßt sind, bleibt mehr als zweifelhaft, ebenso wie die tatsächlichen Todesursachen, die meistens fingiert wurden. Das Sterbebuch der Gemeinde Neckarelz verzeichnet für den Zeitraum vom 14. April 1944 bis zum 21. März 1945 97 Todesfäl-

---

392 Vgl. ZStL Ludwigsburg IV 419 AR–Z 1831/67, Bl. 133, 184, 232; IV AR–Z 2190/67, Bl. 113, 729.

393 Vgl. ZStL Ludwigsburg IV 419 AR–Z 1831/67, Bl. 49, 117, 134.

394 Vgl. ZStL Ludwigsburg IV 419 AR–Z 1831/67, Bl. 126, 179; IV 419 AR–Z 2190/67, Bl. 728; Bürgermeisteramt Mosbach, Verzeichnis über die im hiesigen K.Z.-Lager verstorbenen Häftlinge, 28.1.1949. Danach waren die am 12. August 1944 erhängten Häftlinge beide polnischer Staatsangehörigkeit. Der ehemalige Häftling M. Trzebinsky erinnerte sich an vier Erhängungen in Neckarelz. Er meinte auch, daß die Zivilbevölkerung die Exekutionen hatte beobachten können. Vgl. GUG-Interview Trzebinsky/PL, S. 12.

395 ZStL Ludwigsburg IV 419 AR–Z 2190/67, Bl. 164.

396 ZStL Ludwigsburg IV 419 AR–Z 2190/67, Bl. 164.

397 Vgl. Bürgermeisteramt Obrigheim, Sterbebuch 1938–1946.

le für das Lager Neckarelz I.[398] Für das Unterkommando Neckargerach sind 137 Todesfälle dokumentiert.[399]

Ende März wurden die Häftlinge aller Unterkommandos nach Neckarelz gebracht. Dort begann am 28. März der Evakuierungsmarsch zum Konzentrationslager Dachau, zu dem die Häftlinge in mehrere Gruppen eingeteilt wurden. Über Öhringen und Kupferzell kam eine Häftlingsgruppe am Karfreitag in Schwäbisch Hall an, von wo aus sie zwei Tage später in Viehwaggons nach Dachau weiter transportiert wurde und das Lager schließlich am 2. April, Ostermontag, erreichte. Eine andere Gruppe legte die gesamte Strecke zu Fuß zurück und traf am 27. April in Dachau ein. Die im Lager Neckarelz I zurückgebliebenen 887 kranken Häftlinge sollten ebenfalls mit der Bahn nach Dachau geschickt werden, doch kam der Zug wegen der zerstörten Gleise nur 30 km weit. Die Wachmannschaften nahmen alle Lebensmittel mit und setzten sich ab. Amerikanische Soldaten befreiten die Häftlinge vier Tage später. Die „Evakuierungsmärsche" und -fahrten forderten zahlreiche Todesopfer, daher werden sie zutreffender „Todesmärsche" genannt. Den Bahntransport überlebten 181 Häftlinge nicht. Während des Transportes der kranken Häftlinge starben 41 von ihnen. Von ca. 4.000 Häftlingen erreichten nur rund 3.400 Häftlinge Dachau.[400]

„Kranich"

Das elsässische Außenkommando Wesserling-Urbès des Konzentrationslagers Natzweiler-Struthof bestand von März bis Oktober 1944.[401] Am 31. März 1944 hatte die Daimler-Benz GmbH Colmar den Verlagerungsbescheid für eine Teilverlagerung ihrer Produktion erhalten. Danach sollte die Teilefertigung für den Daimler-Benz Motor 605 in einen Eisenbahntunnel bei Wesserling-Urbès verlagert werden. Eine Fläche von 12.000 m² stand hierzu zur Verfügung.[402]

Bei dem Tunnel handelte es sich um einen noch nicht fertiggestellten Tunnel, der vor dem Krieg geplant und begonnen worden war. Die Ortschaften Urbès und Bussang sollten durch einen Tunnel von 8 Kilometern Länge miteinander verbunden werden. Auf deutscher Seite wurde der Stollen 1,5 bis 2 Kilometer ausgebaut, die französische Seite wurde nicht ausgebaut. Die Deutschen nutzten den stillgelegten Tunnel, um dort die Fabrikationsstätte von Daimler-Benz unterzubringen.[403]

---

398 Vgl. ZStL Ludwigsburg IV 419 AR–Z 2190/67, Bl. 728; Bürgermeisteramt Mosbach, Verzeichnis über die im hiesigen K.Z.-Lager verstorbenen Häftlinge, 28.1.1949.

399 Vgl. BA Koblenz All. Prozesse 7, Frame 1813. Von den 137 toten Häftlingen waren allein 47 französischer Nationalität. Der Bestand enthält für das Außenkommando Neckarelz über 120 Sterbe- und Leichenscheine von verstorbenen Häftlingen.

400 Vgl. Schmid, Goldfisch, S. 508; Ziegler, Natzweiler-Struthof, S. 224f.; ZStL Ludwigsburg IV 419 AR–Z 2190/67, Bl. 728.

401 Vgl. MSPF Brüssel Rap. 184 Tr. 67.849, Camp d'Urbès – Camp douteux de Wesserling.

402 Vgl. MBA Bestand Gaggenau, RLM an DB Untertürkheim, 31.3.1944 und Rechnung Daimler-Benz Colmar an das RLM, 22. Juni 1946.

403 Vgl. MSPF Brüssel Rap. 184 Tr. 67.849, Camp d'Urbès – Camp douteux de Wesserling; ZStL Ludwigsburg IV 419 AR–Z 168/1969, Bl. 389f.

Der Tunnel war Verlagerungsstätte sowohl der Daimler-Benz GmbH Colmar als auch des Flugmotorenwerkes Reichshof, sowie des Werkes Sindelfingen.[404]

Für den Ausbau des Tunnels war der SS-Führungsstab Wesserling der Amtsgruppe C des WVHA zuständig. Zur Tarnung erhielt das Projekt den Namen „Kranich" bzw. „A 10".[405] KZ-Häftlinge sollten beim Ausbau des Tunnels eingesetzt werden.[406] Insgesamt erreichten in mehreren Transporten ca. 1.500 Häftlinge das Lager. Anhand der „Schutzhaftlager-Rapports" lassen sich die Häftlingstransporte in das Außenkommando Wesserling-Urbès rekonstruieren.[407] Danach erreichten in zwei Transporten Ende März 1944 insgesamt 500 Häftlinge, die über das KZ Dachau dem Außenkommando des KZ Natzweiler überstellt worden waren, das Arbeitslager. Am 6. April 1944 überstellte das KZ Lublin-Majdanek dem KZ Natzweiler 1.500 Häftlinge, von denen ca. 500 nach Wesserling deportiert worden sein müssen, da das Lager am 15. April mit 994 Häftlingen belegt war. Weitere 550 Häftlinge erhielt das Außenkommando Wesserling am 6. Mai 1944 vom KZ Auschwitz, so daß die Belegstärke am 15. Mai 1944 1.436 Häftlinge betrug. Die Zahl der Häftlinge sank im Juni auf 1.276 Inhaftierte. Da das Werk im Spätsommer fast fertiggestellt war, verringerte sich im folgenden die Belegstärke durch Deportationen in reichsdeutsche Lager weiter. Durch einen Transport von 465 jüdischen Häftlingen, die über das KZ Auschwitz Ende August bzw. Anfang September nach Wesserling kamen, wurde die Belegstärke jedoch noch einmal erhöht.[408] Am

---

404 Vgl. Pohl/Habeth/Brüninghaus, Daimler-Benz, S. 159; Schmid, Arbeitskräfte, S. 586; vgl. Tabelle 5, S. 68.

405 Vgl. BA Koblenz R 121/784, Kiemle an Rüstungskontor GmbH, 19.7.1947.

406 Vgl. MSPF Brüssel Rap. 184 Tr. 67.849, Camp d'Urbès – Camp douteux de Wesserling.

407 Vgl. ZStL Ludwigsburg USA Film 4 Ordner 15 Bild Nr. 501, Anlage zum Schutzhaftlager-Rapport, 31.3.1944; Bild Nr. 498, Anlage zum Schutzhaftlager-Rapport, 15.4.1944; Bild Nr. 495, Anlage zum Schutzhaftlager-Rapport, 15.5.1944; Bild Nr. 479, Anlage zum Schutzhaftlager-Rapport, 15.6.1944; Bild Nr. 483f., Anlage, 30.9.1944. – Zu Herkunft und Anzahl der Transporte liegen im übrigen unterschiedliche Aussagen vor. Während die Recherchen des belgischen Ministère de la Réconstruction drei Transporte ergaben (vgl. MSPF Brüssel Rap. 184 Tr. 67.849, Camp d'Urbès – Camp douteux de Wesserling) – aus Dachau, polnische Häftlinge aus Lublin-Majdanek und die polnischen Juden aus Colmar bzw. Rzeszów – vermutet Schmid, daß der erste Transport aus dem Konzentrationslager Buchenwald stammte, der zweite aus Majdanek und der dritte aus Auschwitz (vgl. Schmid, Arbeitskräfte, S. 583). Der ehemalige Häftling Zacheusz Pawlak, der mit dem Transport aus Lublin-Majdanek das Lager erreichte, erwähnt, daß die ersten Transporte nach Wesserling aus Buchenwalder Häftlingen bestanden habe (vgl. Pawlak, Ich habe überlebt, S. 206). Der ehemalige KZ-Häftling Ernest Gillen, der sich in den vergangenen Jahrzehnten intensiv mit der Geschichte des KZ Natzweiler befaßt und mit vielen ehemaligen Kameraden gesprochen hat, erinnert sich an vier Transporte. Die beiden ersten hätten aus Dachauer Häftlingen bestanden, der dritte aus Häftlingen aus dem KZ Lublin-Majdanek, der vierte wäre mit den jüdischen Häftlingen aus Colmar gekommen (vgl. GUG-Interview Gillen/L, S. 3,10; Aufzeichnungen Gillen „Urbès-Wesserling", S. 25f., 29).

408 Nach Schmid sollen all diese 465 Häftlinge vorher im Flugmotorenwerk Rzeszów gearbeitet haben. Während der ehemalige Häftling Henry Robertson angibt, daß aus Rzeszów insgesamt 200 jüdische Zwangsarbeiter nach Wesserling deportiert worden seien, hält Ernest Gillen die Zahl für falsch. Seiner Meinung nach sind 500 jüdische Häftlinge nach Wesserling gekommen. Denkbar ist die Vermutung, daß der Transport 200 Juden des Flugmotorenwerkes Rzeszów

10. Oktober 1944 wurden die jüdischen Häftlinge in das KZ Sachsenhausen weiter-
transportiert.[409] Am 30. September 1944 bestand das Außenkommando Wesserling-Urbès nur noch aus 100 Häftlingen.[410]

Die Häftlinge des Außenkommandos Wesserling-Urbès wurden nicht nur im
Daimler-Benz Verlagerungsprojekt „Kranich" im Eisenbahntunnel eingesetzt, einige von ihnen mußten im Schloß in Wesserling, das ca. 4 Kilometer vom Lager
entfernt in einem großen Park lag, arbeiten. Das Schloß diente der SS als Erho-
lungsheim für Rekonvaleszenten, später, als sich die Alliierten dem Elsaß näherten,
wurde im Schloß ein Stab des Frontabschnitts einquartiert. Die Häftlinge wurden
dort zu Küchen- und Garten-, später auch zu Aufräumarbeiten eingeteilt.[411] Insofern waren ihre Arbeitsbedingungen sicherlich um einiges besser als die derjenigen
Häftlinge, die im Eisenbahntunnel arbeiten mußten.

Die Sicherheitsvorkehrungen für den Tunnel waren umfangreich. Der Eingang
des Tunnels war mit Flak-Geschütz bestückt. Die Häftlinge wurden, bevor sie den
Stollen betraten, gezählt und durchsucht.[412] Sie waren bis September 1944 mit
Aufräum- und Bauarbeiten vor und in dem Tunnel befaßt. Zwei Straßen zum
Tunnel wurden von den Häftlingen angelegt. Ein ehemaliger Häftling erinnert sich:

> Im Tunnel gab es verschiedene Arbeiten. Ein Teil des Tunnels war bereits fertig, komplett fertig
> gebaut für die Verlegung der Gleise. Der Schotter lag bereits. Dieser Schotter wurde herausge-
> tragen. Ich weiß nicht genau wie weit, aber das waren ein paar hundert Meter. Auf der ganzen
> Breite vom Tunnel lag Schotter, das mußte alles herausgetragen werden. Und dann wurde eine
> Betonschicht gemacht. Die wurde dann auf die ganze Länge vom Tunnel gemacht. Der Tunnel
> war voll ausgebaut etwa 1.200 Meter.[413]

Da der Tunnel an einigen Stellen aber noch nicht breit und hoch genug für die
Aufstellung der Maschinen war, mußte er noch weiter ausgebaut werden. Ein
großes Problem während der gesamten Bauphase stellte die Feuchtigkeit im Tunnel
dar:

> Im Tunnel stand das Wasser 10, 20 cm, stellenweise. Die Leute mußten im Wasser arbeiten.
> Der Abtransport wurde mit einer Diesellok auf Schienen befördert. Da war eine Feldbahn in
> den Tunnel hineingelegt mit diesen kleinen Loren. Da war also kein Problem für den Transport
> von großen Massen. Das hatte auf der anderen Seite den Nachteil: Die Diesellok war ständig
> im Tunnel, keine Entlüftung. [...] der Tunnel war ständig mit Dieselabgas gefüllt. Es war naß
> und es tropfte von oben. [...] Das Wasser wurde aufgefangen mit einem Dach im Tunnel, um zu
> verhindern, daß das Wasser auf die Maschinen kam. [...] Dann wurde da eine Heizung gebaut,
> um den Tunnel zu beheizen und auszutrocknen.[414]

---

enthielt und die übrigen 300 Juden aus anderen Lagern kamen und zusammen mit den Rzeszówer Juden über Auschwitz nach Wesserling überstellt worden sind. Vgl. Schmid, Arbeitskräfte,
S. 583; Rosenberg, Jahre, S. 112, 116; GUG-Interview Gillen/L, S. 10.

409 Vgl. ZStL Ludwigsburg USA Film 4 Ordner 15 Bild Nr. 489, Anlage zum Schutzhaftlager-
Rapport, 14.10.1944.

410 Vgl. ZStL Ludwigsburg USA Film 4 Ordner 15 Bild Nr. 483.

411 Vgl. MSPF Brüssel Rap. 184 Tr. 67.849, Camp d'Urbès – Camp douteux de Wesserling;
Pawlak, Ich habe überlebt, S. 218f.

412 Vgl. Rosenberg, Jahre, S. 119.

413 GUG-Interview Gillen/L, S. 5, vgl. auch S. 4.

414 GUG-Interview Gillen/L, S. 6.

Der Leiter der Baustelle, Janisch, der SS-Unter- und später SS-Obersturmführer war, schikanierte die Häftlinge nach Belieben. Von seiten der zivilen Arbeitskräfte hatten die Häftlinge in der Regel keine Schikanen zu erdulden. Daß ein Teil der Vorarbeiter Elsässer, die nur widerwillig für die deutsche Industrie arbeiteten, war, wirkte sich auf die Arbeitsbedingungen der Häftlinge erleichternd aus, ebenso die Tatsache, daß der Oberkapo die Häftlinge menschlich behandelte.

> *Der hat die Baustelle in Urbès ertragbar gemacht, das lag in seinen Händen, ob es eine gute oder schlechte Baustelle war. Wenn wir einen Oberkapo bekommen hätten, der uns selbst zur Arbeit antreibt, dann wäre der Arbeitsrhythmus ganz anders geworden. Er hat sich wirklich gewehrt. Die einzige treibende Kraft war Janisch. Das war der einzige Mensch, der uns trieb.*[415]

Nach der Errichtung des Betonfußbodens und des Daches aus Eternit-Platten konnte mit dem eigentlichen Ausbau der Fabrikationsstätte begonnen werden. Die Maschinen aus Rzeszów kamen erst Mitte bis Ende August 1944 nach Wesserling.[416] Die Häftlinge mußten die schweren Maschinen – Drehbänke, Fräsen, Bohrmaschinen – in den Tunnel transportieren und anschließend installieren.

Als die Produktion schließlich aufgenommen werden konnte, wurden die Häftlinge den deutschen Arbeitern als Hilfsarbeiter zugewiesen, wobei die Häftlinge die Maschinen allerdings nicht selbst bedienten.[417] Der deutsche Vorarbeiter teilte die Häftlinge vor Schichtbeginn zum Teil ihren Berufen entsprechend in kleinere Gruppen ein. Eine Gruppe mußte die Maschinen mit Material beliefern, eine andere wurde für die Schwerarbeit, z.B. zum Schleppen von Eisenmaterial zu den Drehbänken oder Pressen, gebraucht. Nur rund ein Drittel der Häftlinge war den beruflichen Qualifikationen entsprechend eingesetzt.[418] Es wurde in zwei Schichten jeweils von 7 bis 19 bzw. 19 bis 7 Uhr gearbeitet.[419] Über die körperliche Schwerarbeit hinaus stellten die Witterungsverhältnisse im Stollen eine große Belastung für die Häftlinge dar. Wie bereits erwähnt, machte die fehlende Belüftung die Arbeit, insbesondere für die Häftlinge, die im hinteren Bereich des Tunnels zu arbeiten hatten, unerträglich, zumal die Häftlinge, im Gegensatz zum Großteil der deutschen Arbeiter, keine Schutzmasken besaßen. Außerdem war das Licht sehr schlecht. Während der Tagschicht gab es im Tunnel keine Wachen, nachts standen ein oder zwei Posten am Ausgang, und ein weiterer ging den Tunnel ab. Anfangs trieben die deutschen Vorarbeiter die Häftlinge durch Geschrei, Drohungen und teilweise durch Schläge an.[420] Henry Robertson resümiert: „Wir hatten nie vorher so schreckliche Arbeitsbedingungen gehabt."[421]

---

415 GUG-Interview Gillen/L, S. 11, 14; Aufzeichnungen Gillens „Camp d'Urbès", S. 6.
416 Vgl. GUG-Interview Gillen/L, S. 7; Aufzeichungen Gillens „Urbès-Wesserling", S. 28.
417 Vgl. Pawlak, Ich habe überlebt, S. 207f.; GUG-Interviews Robertson/D, S. 1; Krakowski/PL, S. III; ZStL Ludwigsburg IV 419 AR–Z 2190/67, Bl. 656.
418 Vgl. Rosenberg, Jahre, S. 119.
419 Vgl. GUG-Interview Robertson/D, S. 2; Rosenberg, Jahre, S. 118; Pawlak, Ich habe überlebt, S. 208.
420 Vgl. Rosenberg, Jahre, S. 119; GUG-Interview Gillen/L, S. 9.
421 Vgl. Rosenberg, Jahre, S. 119; GUG-Interview Gillen/L, S. 11.

Während der Arbeit unterstanden die Häftlinge den zivilen Vorarbeitern, Deutschen und Elsässern, sowie den Wachmannschaften, die sich aus Angehörigen des Heeres und der Luftwaffe zusammensetzten. Diesen oblag auch die Bewachung des Lagers – betreten durften die Posten das Lager allerdings nicht – sowie die Bewachung der Häftlinge auf dem Weg zur Arbeit. Sie hielten sich meist in einiger Entfernung der Häftlinge auf und ließen diese weitestgehend in Ruhe. Die Stärke der gesamten Wachmannschaft wurde auf 50 bis 80 Männer geschätzt.[422] Die Übernahme von Luftwaffen- und Heeresangehörigen in den KZ-Dienst war eine kriegsbedingte Notwendigkeit, da die SS zur Auffüllung ihrer eigenen Divisionen an der Front SS-Männer aus den Konzentrationslagern abgezogen hatte.[423]

Die Lagerleitung selbst lag in der Hand von SS-Vertretern. Brendler, der Lagerkommandant und ein weiterer SS-Mann, der Ende April 1944 vom KZ Natzweiler nach Urbès kam, waren ebenso wie der Baustellenleiter Janisch SS-Offiziere. Offensichtlich gab es zwischen Janisch und Brendler Konkurrenzstreitigkeiten wegen ihrer Machtbefugnisse im Lager und auf der Baustelle. Ein ehemaliger Häftling erinnert sich:

> *Der eine war bloß zuständig für das Lager, der hatte kein Wort am Tunnel zu sagen. Und der andere am Tunnel, der hatte kein Wort im Lager zu sagen, aber indirekt, er bestimmte die Arbeitszeit. Da waren zwei Charaktere, die gegeneinander spielten [...] davon profitierten wir. Der Lagerkommandant, der suchte, uns die Lage erträglich zu machen, während der andere bloß auf Arbeit aus war.*[424]

Das Lager der KZ-Häftlinge befand sich ca. einen Kilometer vom Tunnel entfernt. Dieses hatten die ersten Häftlinge, die Wesserling im März 1944 erreicht hatten, in ein oder zwei Wochen aufgebaut. Bis die ersten zwei Baracken standen, waren die Häftlinge in einem Vereins- bzw. Versammlungslokal einquartiert worden.[425]

> *Das Lager Wesserling-Urbis bestand aus etwa zwei Baracken für die Wachmannschaften und vier oder fünf Baracken für die Häftlinge. Das Lager war im freien Feld auf einer Fläche von etwa 200 x 200 m errichtet und mit einem ungefähr 2,5 m hohen Drahtzaun mit Stacheldraht umgeben. Die zwei Baracken der Wachmannschaften standen außerhalb der Umzäunung. Die Lagerleitung war in den Wachbaracken untergebracht. Im Lager Wesserling dürften etwa 300 Häftlinge untergebracht gewesen sein. Es waren Polen, Russen, Franzosen und Deutsche. Überwiegend waren es Polen und Russen.*[426]

Die jüdischen Zwangsarbeiter aus Rzeszów wurden, bevor sie nach Wesserling kamen, für kurze Zeit in Colmar untergebracht, weil im Lager Wesserling kein Platz für sie vorhanden war. Erst nach dem Abtransport von 500 Bauhäftlingen

---

422 Vgl. ZStL Ludwigsburg IV 419 AR–Z 2190/67, Bl. 658–660, 662; IV 419 AR–Z 168/1969, Bl. 389f.; GUG-Interviews Robertson/D, S. 5; Gillen/L, S. 12, 15.

423 Vgl. Ziegler, Natzweiler-Struthof, S. 187.

424 GUG-Interview Gillen/L, S. 15. Zwei ehemalige Angehörige der Wachmannschaften hatten den Lagerkommandanten Brendler in weniger guter Erinnerung behalten. Vgl. unten S. 419, Anm. 441.

425 Vgl. GUG-Interview Gillen/L, S. 13.

426 ZStL Ludwigsburg IV 419 AR–Z 168/1969, Bl. 389. Daneben gab es auch Häftlinge luxemburgischer Nationalität. Vgl. Amicale Natzweiler, Liste der in Daimler-Benz-Werken beschäftigten Luxemburger Häftlinge der Außenkommandos des KZ Natzweiler, 5.2. 1988.

nach Neckarelz wurden Baracken für die Rzeszówer Juden frei.[427] In Colmar, in dessen durch die Verlagerung des Werkes frei gewordenen Räumen die Verlagerung von Teilen des Werkes Rzeszów untergebracht werden sollte, haben die Häftlinge nicht arbeiten müssen.[428]

Als die jüdischen Häftlinge aus Rzeszów im September 1944 in Wesserling eintrafen, war das Lager in drei Abteilungen unterteilt, wobei jede Abteilung zwei bis drei Baracken umfaßte. In der ersten Abteilung befanden sich deutsche nichtjüdische Häftlinge, in der zweiten Italiener und die dritte war für die Rzeszówer Juden vorgesehen. Sie bekamen zwei sich in sehr schlechter Verfassung befindliche Baracken zugewiesen. „Es gab keine dreistöckigen Betten, sondern nur ein paar Bretter, die für die zweite Etage zusammengebaut waren."[429] Im übrigen waren die Juden von den anderen Häftlingen getrennt. Sie bildeten eine Randgruppe im Lager.

> Wir haben die Judenhäftlinge eigentlich nie zu unserem Lager gezählt. Das sind Polen gewesen. Wir waren von ihnen getrennt. Sie sind zwar in einen Teil unseres Lagers gekommen, der für sie abgeteilt wurde. Als die anderen [500 Bauhäftlinge] weggingen, wurde eine Trennung zwischen ihrem und unserem Block gemacht.[430]

Der ehemalige Häftling Ernest Gillen berichtet, daß die polnischen Juden anders, besser behandelt worden seien als die übrigen KZ-Häftlinge. Beispielsweise hätten sie sich ohne Bewachung zwischen dem Lager und der Arbeitsstelle bewegen dürfen.

> Wir hatten den Eindruck, das sind Leute, die zur Fabrik gehören. [...] Die, wie die Lage sich so ergibt, in ein Lager kommen, wo auch KZ-Häftlinge sind, aber die an sich keine KZ-Häftlinge sind. [...] Wir waren überzeugt, dadurch, daß sie anders behandelt wurden, daß sie zur Fabrik gehörten.[431]

Die Verpflegung der Häftlinge, die vom Werk gestellt wurde, war im Vergleich zu anderen Lagern in der ersten Zeit erträglich.

> Anfangs war die Verpflegung besser als in Majdanek. Zum Frühstück erhielten wir etwa 350 g Brot und etwa 50 g Margarine. Zum Mittagessen gab es 1 l Suppe, die mit Speck angerichtet war. Zum Abendessen gab es gleichfalls eine dicke Suppe. Ein- oder zweimal wöchentlich erhielten wir einen französischen Salat, der aus Rüben, Kartoffeln, Möhren, Schnecken und Froschschenkeln bestand. Manchmal gab es auch Heringssalat. Diese Verpflegung lieferte die Firma und nicht das Lager.[432]

---

427 Vgl. GUG-Interview Gillen/L, S. 10; Aufzeichungen Gillens „Urbès-Wesserling", S. 28f.
428 Vgl. MSPF Brüssel Rap. 184 Tr. 67.849, Camp d'Urbès – Camp douteux de Wesserling; BAMA Freiburg RW 21–57/18, Beschlüsse und Feststellungen der Arbeitsausschuss-Sitzung des Rükdos, 4.8.1944.
429 Rosenberg, Jahre, S. 118.
430 GUG-Interview Gillen/L, S. 14.
431 GUG-Interview Gillen/L, S. 20. Die bessere Behandlung der polnischen Juden, die im übrigen keiner der Betroffenen als solche empfunden hat, könnte auf ihre Qualifikation als Facharbeiter zurückzuführen sein.
432 Pawlak, Ich habe überlebt, S. 208.

Wie lange es diese Art der Verpflegung gab, ist nicht bekannt. Die Ernährung muß sich aber im Laufe der Zeit verschlechtert haben. Ernest Gillen bezeichnete sie als „mauvaise et insuffisante"[433]. So waren die Häftlinge für jede Unterstützung von der Zivilbevölkerung sowie für die Lebensmittelpakete, die jeder Häftlinge empfangen durfte, dankbar.[434]

Die hygienischen Verhältnisse waren derartig schlecht, daß das Lager ständig verlaust war. Der Kommandant versuchte der Läuseplage Abhilfe zu schaffen, indem die Häftlinge zum Baden zur nahe gelegenen Siedlung Rotau geführt und die Baracken währenddessen desinfiziert wurden. Ein eigens für die Beseitigung der Läuse gebildetes Waschkommando wusch tagelang die verdreckte Wäsche aus. Die Häftlinge erhielten einmal wöchentlich saubere Wäsche.[435]

Über die medizinische Versorgung der KZ-Häftlinge ist wenig bekannt. Wie in fast allen Lagern gab es kaum Medikamente, geschweige denn einen Arzt. So wurden in den ersten Wochen die Kranken überhaupt nicht behandelt. Provisorisch errichtete man eine Krankenstube, doch letztlich wurden alle kranken und arbeitsunfähigen Häftlinge ins KZ-Stammlager Natzweiler transportiert, was einem Todesurteil gleichkam.[436] Einmal gab es eine medizinische Untersuchung aller Häftlinge. Ein SS-Arzt kam aus diesem Anlaß ins Lager. Er kann aber kaum auch nur einen Häftling gründlich untersucht haben. „Nach zwei bis drei Stunden hatte der SS-Arzt das ganze Lager untersucht, d.h. 1.500 Menschen."[437] Im Sommer 1944 tauchten einige Fälle von Typhus im Lager auf. Alle Häftlinge sollten dagegen geimpft werden, doch man verfügte lediglich über zwei oder drei Ampullen des Impfstoffs. Die an Typhus Erkrankten wurden nach Natzweiler abgeschoben. Als das Lager von einer Diphterieepidemie befallen wurde, kümmerte man sich nicht um die kranken Häftlinge.[438] In Urbès ereigneten sich ferner zahlreiche Arbeitsunfälle, die auf die zu kurze Einarbeitungszeit der Häftlinge und die fehlende Schutzkleidung zurückzuführen sind.[439]

Für das Außenkommando Wesserling-Urbès sind etliche Fluchtversuche dokumentiert. Ernest Gillen zählt in seiner Chronologie des Lagers neun Fluchtversuche von Häftlingen auf.[440] Die Mehrzahl der Fluchtversuche scheiterte. Im April 1944 flüchteten vier sowjetische KZ-Häftlinge. Zweien gelang die Flucht, ein anderer wurde sehr schnell gefaßt. Janisch befahl diesem Häftling, die Flucht zu rekonstruieren. Als er dabei anweisungsgemäß zum Wald lief, schoß Janisch auf ihn und verletzte ihn lebensgefährlich. Der Häftling erlag in der folgenden Nacht seinen Schußverletzungen. Auch der vierte geflohene Häftling wurde ins Lager zurückgebracht. Was mit ihm geschah, ist nicht bekannt. Ende April oder Anfang Mai 1944

433 Aufzeichnungen Gillen „Camp d'Urbès", S. 5.
434 Vgl. Pawlak, Ich habe überlebt, S. 211; Aufzeichnungen Gillen „Urbès-Wesserling", S. 26.
435 Vgl. Pawlak, Ich habe überlebt, S. 223f.; Aufzeichnungen Gillen „Urbès-Wesserling", S. 26.
436 Vgl. ZStL Ludwigsburg IV 419 AR-Z 168/1969, Bl. 390f.; GUG-Interview Gillen/L, S. 21; Aufzeichnungen Gillen „Camp d'Urbès", S. 3f.; Pawlak, Ich habe überlebt, S. 221.
437 Aufzeichnungen Gillen „Camp d'Urbès", S. 4..
438 Vgl. Aufzeichnungen Gillen „Camp d'Urbès", S. 4f.; ders. „Urbès-Wesserling", S. 27.
439 Vgl. Schmid, Arbeitskräfte, S. 583.
440 Vgl. Aufzeichnungen Gillen „Urbès-Wesserling", S. 26–29.

flüchteten weitere vier sowjetische Häftlinge. Auch sie wurden ergriffen und zum Tunnel zurückgebracht, wo sie erhängt werden sollten. Aus diesem Anlaß mußten nicht nur alle Häftlinge vor dem Eingang des Tunnels antreten, sie mußten sogar das Balkengerüst für die Erhängungen errichten und die Exekution an ihren Mithäftlingen selber vornehmen. Der Lagerkommandant Brendler hatte den Vorfall wahrscheinlich dem Stammlager Natzweiler gemeldet, von wo der Befehl zur Exekution der Häftlinge kam. Von Natzweiler reisten eigens einige SS-Offiziere zur Hinrichtung nach Wesserling an.[441] In den folgenden Monaten gab es trotzdem immer wieder Fluchtversuche. Verwunderlich ist die äußerst unterschiedliche Behandlung von wiederergriffenen Häftlingen. Während einige Häftlinge sofort getötet oder nach Natzweiler geschickt wurden, hatte der Fluchtversuch für andere keinerlei oder nur geringe Konsequenzen.[442]

Die Gesamtzahl der durch Krankheit und Schikane o.ä. in Wesserling gestorbenen und getöteten Häftlinge schätzt Ernest Gillen auf 200 bis 250.[443]

> *Auf der Stelle [Urbès] selbst sind recht wenig gestorben. Im Lager und auf der Baustelle sind maximal 10 Personen gestorben oder erschossen worden. Bei den 10 sind zwei oder drei so gestorben, die anderen sind umgebracht worden.*[444]

Die geringe Zahl von Todesfällen im Lager und an der Arbeitsstätte erklärt sich aus der Tatsache, daß kranke und schwache Häftlinge unverzüglich nach Natzweiler transportiert wurden und dann oft dort starben oder umgebracht wurden.

Wegen der herannahenden Front mußten sowohl das Verlagerungsprojekt „Kranich" als auch das Außenkommando Wesserling im Herbst 1944 aufgegeben werden. Im September und Oktober 1944 wurden Lager und Tunnel vor den sich nähernden Alliierten nach und nach evakuiert. Der Plan, die Maschinen abzubauen und auszulagern, konnte wegen ihres Gewichts und der ständigen Luftangriffe zunächst nur bedingt realisiert werden. Bis Mitte Oktober war es schließlich gelungen, die Maschinen und die Baracken vollständig abzubauen und ins Reich zu verschicken.[445] Erst um den 20. August waren die Maschinen von Rzeszów nach Wesserling gelangt, so daß nach Angaben von Ernest Gillen die Produktion am 1. September aufgenommen werden konnte, allerdings nur für höchstens zwei Wochen, da am 10. September bereits wieder mit der Demontage der Maschinen begonnen wurde. „Die Fabrik hat meiner Ansicht nach nie voll gearbeitet."[446] Am

---

441   Vgl. ZStL Ludwigsburg IV 419 AR–Z 176/1969, Bl. 211; IV 419 AR–Z 168/1969, Bl. 390f. Brendler wurde von einem Zeitzeugen als „unangenehmer Typ" geschildert, der den Wachposten befahl, auf die Häftlinge zu schießen, falls diese sich an einer Feuerstelle zu wärmen suchten (IV 419 AR–Z 2190/67, Bl. 661). Vgl. ferner GUG-Interview Gillen/L, S. 16; Aufzeichnungen Gillen „Urbès Wesserling", S. 26f.; ders., „Camp d'Urbès", S. 7f.

442   Vgl. Aufzeichnungen Gillen „Urbès-Wesserling": „Ein am 15./16. oder 17./18.4.1944 entflohener Sträfling starb oder wurde getötet." (S.26); „Ein russischer Flüchtling kam ins Lager zurück; keine schwere Bestrafung" (S. 28).

443   Vgl. GUG-Interview Gillen/L, S. 23.

444   GUG-Interview Gillen/L, S. 21.

445   Vgl. Aufzeichnungen Gillen „Wesserling-Urbes", S. 30.

446   GUG-Interview Gillen/L, S. 7; vgl. Aufzeichnungen Gillen „Urbès-Wesserling", S. 29. Im Interview nannte Gillen als ungefähres Datum des ersten Abbaus von Maschinen den 10. September, in seiner Chronologie des Außenkommandos den 20. September.

1. September erfolgte der bereits erwähnte Abtransport der 500 „Bauhäftlinge" nach Neckarelz. Die Häftlinge des Außenkommandos Neckarelz des KZ Natzweiler wurden in der Verlagerung „Goldfisch" der Daimler-Benz Motoren GmbH, Genshagen, in Obrigheim eingesetzt. So kam es, daß das Außenkommando Neckarelz zu einem Teil aus Häftlingen des ehemaligen Außenkommandos Wesserling-Urbès bestand.[447] Eine Woche später ging erneut ein Transport von weiteren 500 Häftlingen nach Neckarelz. Ein dritter Zug mit 500 Häftlingen verließ Wesserling am 26. September ebenfalls in Richtung Neckarelz.[448] Nachdem die deutschen Arbeiter Wesserling bereits verlassen hatten und auch die deutschen Gefangenen und italienischen Militärinternierten (IMI) fortgebracht worden waren, wurden schließlich am 10. Oktober 1944 auch die jüdischen Häftlinge evakuiert. 462 Häftlinge wurden in drei Güterwaggons verladen und dem KZ Sachsenhausen überstellt.[449]

Direktor Haspel hatte bereits am 1. September 1944 die Verlagerung der Flugmotorenfertigung verlangt.[450] Den Verlagerungsbefehl für Wesserling erteilte die Rüstungsinspektion Oberrhein am 17. September 1944. Noch im September wurde der gesamte Betrieb nach Kamenz in Sachsen verlagert, wo er unter dem Tarnnamen „Elster GmbH, Kamenz" ins Handelsregister Kamenz als Zweigniederlassung der Daimler-Benz GmbH, Colmar, eingetragen werden sollte.[451]

Auch in Kamenz waren KZ-Häftlinge eingesetzt, die vermutlich im Konzentrationslager Herrenmühle inhaftiert waren.[452] Nach den Ermittlungen der Zentralen Stelle der Landesjustizverwaltungen bestand ein „Nebenlager Kamenz", das im Januar 1945 errichtet wurde und bis Mitte März 1945 bestanden hat. „In diesem Nebenlager waren etwa 750 Häftlinge verschiedener Nationalitäten untergebracht, die vorher im KL Flossenbürg inhaftiert gewesen waren und in der Mehrzahl in der örtlichen Metallindustrie arbeiten mußten."[453] Ob das KZ Herrenmühle mit dem „Nebenlager Kamenz" identisch ist, geht aus den Akten nicht hervor. Anfang 1945 sollen mehrere hundert kranke und erschöpfte KZ-Häftlinge, die nicht mehr arbeitsfähig waren, von SS-Ärzten durch Injektionen getötet worden sein.[454]

Gerüchteweise sollen von den etwa 900 Häftlingen fast die Hälfte auf Veranlassung des SS-Oberscharführers Willy Wirker durch Einspritzung getötet worden sein, als sie infolge Ernährungsmangel nicht mehr arbeitseinsatzfähig waren.[455]

---

447 Vgl. GUG-Interview Gillen/L, S. 8.
448 Vgl. Aufzeichnungen Gillen „Wesserling-Urbès", S. 29; GUG-Interview Gillen/L, S. 7f.; vgl. MSPF Brüssel Rap. 184 Tr. 67.849, Camp d'Urbès – Camp douteux de Wesserling.
449 Vgl. ZStL Ludwigsburg USA Film 4 Ordner 15 Bild Nr. 489, Anlage zum Schutzhaftlager-Rapport des KZ Natzweiler, 14.10.1944; Rosenberg, Jahre, S. 121f.
450 Vgl. BAMA Freiburg RW 21–57/9; Schmid, Arbeitskräfte, S. 584.
451 Vgl. BA Potsdam 80 Ba 2 Nr. 16371, Bl. 093; MBA Bestand Gaggenau, Rechnung DB-Colmar an das RLM, 22.6.1946; Brief DB-Colmar an RLM, 22.6.1946.
452 Vgl. MBA Bestand Gaggenau, Rechnung des Elektrizitätswerkes Kamenz an Elster GmbH, 12.4.1945.
453 ZStL Ludwigsburg 405 AR–Z 198/74, NL Kamenz des KL Groß-Rosen, Bd. III, Bl. 584.
454 Vgl. Bellon, Mercedes, S. 248.
455 MBA Bestand Aufgelöste Niederlassungen, Bericht Erich Friedrichs von der Niederlassung Chemnitz, 7.11.1945.

Im März 1945 machten die Kriegsereignisse eine erneute Verlagerung erforderlich. Während die Verwaltung der Elster GmbH ihren Sitz in Penig haben sollte, beabsichtigte man, die Fertigungsstätten an anderen Orten Sachsens unterzubringen.[456] Ob die Produktion in den Verlagerungswerken noch aufgenommen werden konnte, ist aus dem eingesehenen Material nicht ersichtlich und eher unwahrscheinlich.

Insgesamt wurden die Maschinen in Wesserling-Urbès in mehrere Verlagerungen aufgeteilt. Ein Teil der Maschinen wurde in den Reichsautobahntunnel „Wiesensteig" verlagert, der Rest gelangte zu verschiedenen Verlagerungsfirmen nach Kamenz in Sachsen.[457]

„Jaspis"

Unter dem Codenamen „549 Jaspis" wurde im Juli 1944 mit dem Ausbau einer U-Teilverlagerung des Sindelfinger Werkes der Daimler-Benz AG begonnen.[458] Es war vorgesehen, einen Teil der Flugmotorenfertigung, das Preßwerk und die Werkzeugmacherei in einen vom Stammwerk Sindelfingen ca. 30 km entfernt liegenden Steinbruch bei Rottenburg am Neckar zu verlagern.[459] Beim Ausbau des Stollens, und später auch in der Produktion, wurden Justizhäftlinge der Landesstrafanstalt Rottenburg eingesetzt.

Für die Standortwahl der Verlagerung spielte die Möglichkeit, Arbeitskräfte aus dem nahegelegenen Strafgefängnis zu erhalten, eine wesentliche Rolle. Der Steinbruch bei Rottenburg wurde als ideales Baugelände befunden,

> weil Gestein sehr günstig, und Arbeitskräfte aus dem Zuchthaus in genügender Zahl gestellt werden können.[460]

Das Projekt lief unter größter Geheimhaltung. Nicht nur, daß Briefumschläge mit Firmenaufdruck möglichst zu vermeiden waren[461], Daimler-Benz intervenierte auch gegen den Abzug von Strafgefangenen, die ihre Strafe verbüßt hatten. Zum einen wollte man auf die angelernten Arbeitskräfte nicht verzichten, zum anderen fürchtete man um die Geheimhaltung des Bauprojektes.[462] In „Jaspis" trug Daimler-Benz die Verantwortung für die Bauleitung:

---

456 Vgl. BA Potsdam 80 Ba 6 Nr. 703, Bl. 27; BAMA Freiburg RW 20–5/45, Auszug aus der Liste über Rückverlagerungen von Betrieben, Stand: November 1944.

457 Vgl. BAMA Freiburg RW 20–5/45, Liste über rückverlagerte Betriebe aus dem Elsass, Stand: 14.10.1944; Auszug aus der Liste über Rückverlagerungen von Betrieben, Stand: November 1944.

458 Vgl. MBA Bestand Sifi 38/19, Bericht über Besprechung in S2, 15.7.1944.

459 Vgl. MBA Bestand Sifi 38/19, DBAG Sifi an Haspel, 17.7.1944.

460 MBA Bestand Haspel 8,82, Aktennotiz, 24.11.1944.

461 Vgl. MBA Bestand Sifi 38/19, Schreiben an Langheck, 23.8.1944.

462 Vgl. MBA Bestand Sifi 38/19, DBAG Sifi an Kirmaier, 10.8.1944; Kirmaier an DBAG Sifi, 17.8.1944; Tagesnotiz, 29.7.1944.

Die Durchführung der Bauarbeiten liegt nicht in Händen der OT, sondern die Bauleitung liegt in eigener Regie. Bestimmend hierfür war der Einsatz von Zivilstrafgefangenen im Gegensatz zu KZ.-Häftlingen, die für Bauvorhaben der OT bzw. der SS eingesetzt werden.[463]

Über die Lebens- und Arbeitsbedingungen der in der Verlagerung „Jaspis" eingesetzten Strafgefangenen geben die untersuchten Quellen kaum Auskünfte. Lediglich in den Interviews erinnerte sich ein niederländischer Zivilarbeiter, in „Jaspis" Häftlinge gesehen zu haben, die er wegen der gestreiften Anzüge für KZ-Häftlinge hielt. Diese hätten sich in einem schlimmen Zustand befunden. Von ausländischen Zwangsarbeitern seien ihnen bisweilen Brot und Zigaretten zugesteckt worden.[464] Bei den eingesetzten Justizhäftlingen handelte es sich nicht nur um Deutsche, unter ihnen befanden sich auch Angehörige anderer Nationen, Franzosen, Niederländer und Belgier.[465]

Die Arbeit war sehr kräftezehrend. Fehlende Schutz- und Arbeitskleidung erhöhte die Unfallgefahr.[466] So ereigneten sich auf der Baustelle mehrere tödliche Unfälle. Am 30. September 1944 kamen ein Strafgefangener und der Sprengmeister der Baufirma Reuther ums Leben.[467] Beim Aufbau des Barackenlagers Hagenwörth wurden zwei Gefangene von einem umkippenden Strommast erschlagen, ein dritter trug schwere Verletzungen davon.[468]

Die Zahl der zum Ausbau der Verlagerung „Jaspis" eingesetzten Justizhäftlinge läßt sich vom Juli bis zum Dezember 1944 kontinuierlich verfolgen. Im Juli 1944 standen für die Bauarbeiten 500 Häftlinge zur Verfügung.[469] Im August waren zwischen 350 und 400 Strafgefangene im Einsatz.[470] In den folgenden Monaten lag die Zahl der eingesetzten Gefangenen immer über 200.[471] Der Anteil der Strafgefangenen an der Gesamtzahl der Arbeiter betrug am 17. November 1944 60,9%.[472] Am 7. Dezember schließlich waren 249 Strafgefangene bei den diversen Baufirmen eingesetzt.[473] Ob damit aber alle Justizhäftlinge, die in der Verlagerung „Jaspis" zum Einsatz kamen, erfaßt sind, ist zu bezweifeln. Geplant war auch ihr Einsatz in der Produktion.[474] Einer Besprechung vom 15. Juli zufolge hätten maximal „1800–

---

463 MBA Bestand Sifi 38/19, DBAG Sifi an Haspel, 14.7.1944.
464 Vgl. GUG-Interview Bezemer/NL, Anhang, S. 1. Adrian Bezemer war der Meinung, daß die Häftlinge nicht für DB arbeiteten, da sie im Steinbruch gearbeitet hätten. Da die Strafgefangenen aber beim Ausbau des Steinbruchs eingesetzt wurden, ist es sehr wahrscheinlich, daß es sich bei den von Bezemer geschilderten Häftlingen um für „Jaspis" arbeitende Strafgefangene des Rottenburger Gefängnisses handelte.
465 Vgl. MBA Bestand Sifi 38/19, DBAG Sifi an Kirmaier, 10.8.1944.
466 Offenbar war das Fehlen von Arbeitskleidung ein allgemeines Problem in „Jaspis". Vgl. MBA Bestand Sifi 38/19, Wochenbericht, 1.9.–7.9.1944; Aktennotiz, 7.10.1944.
467 Vgl. MBA Bestand Sifi 38/19, September-Abschluss-Bericht, 30.9.1944.
468 Vgl. MBA Bestand Sifi 38/19, Wochenbericht, 20.10.–27.10.1944.
469 Vgl. MBA Bestand Sifi 38/19, Bericht über Besprechung in S2, 15.7.1944.
470 Vgl. MBA Bestand Sifi 38/19, Strafgefängnis Rottenburg an Wehrkreisbeauftragten, 24.8.1944.
471 Vgl. MBA Bestand Sifi 38/19, Wochenberichte, 1.9.–7.9., 8.10.–13.10, 14.10.–20.10., 20.10.–27.10., 28.10.–3.11., 3.11.–10.11., 11.11.–17.11., 18.11.–8.12.1944.
472 Vgl. MBA Bestand Sifi 38/19, Wochenbericht, 11.11.–17.11.1944.
473 Vgl. MBA Bestand Sifi 38/19, Wochenbericht, 18.11.–8.12.1944.
474 Vgl. MBA Bestand Sifi 38/19, Tagesnotiz, 5.8.1944.

2000 Mann am Objekt eingesetzt werden"[475] können. Diese Zahl wurde aber wahrscheinlich nicht erreicht.

Obwohl bereits für August die Einführung des Zweischichtbetriebs vorgesehen war, scheiterte diese an fehlendem Wachpersonal.[476] Die Jusitzhäftlinge arbeiteten anfangs zwischen acht und zwölf Stunden täglich. Anfang Oktober heißt es in einer Aktennotiz:

> *Bemerkenswert ist, dass der Einsatz der Strafgefangenen bisher auf ca. 8 Stunden täglich sich belief. Dieser unmögliche Zustand wird für die Zukunft beseitigt.*[477]

Nachdem dann in der zweiten Oktoberhälfte der Schichtbetrieb schließlich doch eingeführt wurde, mußten die Justizhäftlinge der ersten Schicht von 7.30 bis 18 Uhr, mit einer einstündigen Pause von 12 bis 13, und die der zweiten Schicht von 17.30 bis 6 Uhr, mit einer einstündigen Pause um Mitternacht, arbeiten.[478] Im Vergleich zur Arbeitszeit der anderen Arbeiter war die Arbeitszeit der Justizhäftlinge der ersten Schicht um eine, die der zweiten Schicht sogar um drei Stunden länger. Es gab sowohl die Sechs-, als auch die Sieben-Tage-Woche, vermutlich im wöchentlichen Wechsel.

Bewacht wurden die Strafgefangenen vom Wachpersonal der Strafanstalt Rottenburg. Die Frage der Bewachung erwies sich als ständiges Problem. Im August z.B. beantragte das Sindelfinger Stammwerk die Bereitstellung einer Luftwaffeneinheit von 120 Mann zur Bewachung der Gefangenen, die allerdings nicht bewilligt wurde.[479] Nicht nur für die Einführung des Schichtbetriebs war eine Verstärkung der Wachmannschaften notwendig, auch vermehrte Fluchtversuche führte man auf die ungenügende Bewachung der Strafgefangenen zurück. Daher versuchte Dipl.Ing. Kiemle, der bereits in „Goldfisch" für die Verlagerung zuständig war, bewaffnete Wachmannschaften der Organisation Todt zu bekommen.[480]

Zur Unterbringung der deutschen Arbeiter, der Angehörigen der Organisation Todt, der Wachmannschaften sowie der ehemaligen Strafgefangenen, die nach ihrer Entlassung aus der Justizvollzugsanstalt von Daimler-Benz dienstverpflichtet worden waren, sollten zwei Barackenlager in der Nähe des Steinbruchs errichtet werden. Das Lager Hagenwörth auf der rechten Neckarseite bestand Ende Oktober 1944 nur aus zwei Baracken. Die Errichtung weiterer Baracken schien zu gefährlich, da Rottenburg zu diesem Zeitpunkt bereits häufig durch Luftangriffe gefährdet war. Für das geplante Lager Dölle, in einem Waldteil auf der Höhe westlich des Steinbruchs, war Ende Oktober Platz für drei Baracken abgeholzt.[481] Die Strafge-

475 MBA Bestand Sifi 38/19, Bericht über Besprechung in S2, 15.7.1944.
476 Vgl. MBA Bestand Sifi 38/19, Tagesnotiz, 5.8.1944; Wochenbericht, vom 15.8.–19.8.1944.
477 MBA Bestand Sifi 38/19, Aktennotiz, 7.10.1944. Dagegen heißt es in einer Tagesnotiz vom 29. Juli, daß die Strafgefangenen von sieben Uhr morgens bis 19 Uhr abends arbeiten müssen. Vgl. MBA Bestand Sifi 38/19, Tagesnotiz, 29.7.1944.
478 Vgl. MBA Bestand Sifi 38/19, Wochenbericht, 20.10.–27.10.1944.
479 Vgl. MBA Bestand Sifi 38/19, DBAG Sifi an Kirmaier, 10.8.1944; Kirmaier an DBAG Sifi, 17.8.1944.
480 Vgl. MBA Bestand Sifi 38/01, Aktennotiz, 7.9.1944.
481 Vgl. MBA Bestand Sifi 38/19, Wochenbericht, 20.10.–27.10.1944; September-Abschluss-Bericht, 30.9.1944.

fangenen waren vermutlich weiterhin in der Strafanstalt Rottenburg inhaftiert, obwohl die Leitung der Strafanstalt bereits im Juli 1944 Daimler-Benz gedrängt hatte, für Unterbringungsmöglichkeiten der angeforderten Strafgefangenen zu sorgen.[482]

Ein Teil der Fertigung wurde gegen Ende des Krieges noch von Backnang und Mosbach nach Rottenburg verlagert, „kam jedoch nicht mehr zum Tragen, weil Mitte April 1945 die Alliierten Streitkräfte bereits Rottenburg, Tübingen usw. besetzten."[483]

Mannheim

Die Transportliste des Konzentrationslagers Dachau verzeichnet für den 24. September 1944 die Überstellung von 1.060 Häftlingen in den Zuständigkeitsbereich des KZ Natzweiler-Struthof. Die Häftlinge bildeten als Außenkommando Mannheim-Sandhofen eines der 39 Außenkommandos des KZ Natzweiler.[484] Das Außenkommando ist auch unter dem Namen Mannheim-Waldhof, dem Mannheimer Ortsteil, wo sich das Daimler-Benz-Werk befand, bekannt. Bei den Häftlingen handelte es sich fast ausnahmslos um Polen – einige wenige Häftlinge, zumeist Funktionshäftlinge, waren französischer, tschechischer oder deutscher Nationalität –, die während des Aufstandes im Warschauer Ghetto festgenommen und über das Durchgangslager Pruszkow am 12. September 1944 ins Konzentrationslager Dachau gekommen waren.[485] Dort wurden ca. eine Woche später die 1.060 Häftlinge von zwei Vertretern der Daimler-Benz AG ausgesucht. Bei der Selektion achteten die Vertreter besonders auf die Berufe der Häftlinge und ihre physische Konstitution. Dazu einer der Häftlinge:

> *Wir standen auf dem Appellplatz, und außer den SS-Männern waren da zwei Ingenieure von Daimler Benz, der eine arbeitete in unserer späteren Abteilung, die besahen sich die Leute wie in „Onkel Toms Hütte", und wählten aus, soviele sie brauchten.*[486]

Daimler-Benz war nicht die einzige Firma, die sich aus den mehreren tausend Häftlingen Arbeitskräfte aussuchte. Es reisten auch Vertreter anderer Firmen an, um Häftlinge für den Arbeitseinsatz auszuwählen. Insgesamt stellte man in Dachau

---

482 Vgl. MBA Bestand Sifi 38/19, Tagesnotiz, 29.7.1944.

483 MBA Bestand Hoppe 4,23, Walter Ullrich, Werk Sindelfingen. Werden und Wachsen 1915–1960, S. 117.

484 Vgl. Archiv der Gedenkstätte Dachau, Transportliste vom 11.12.1944. Danach wurde am 21.10. ein weiterer Häftling nach Mannheim überstellt. Vgl. ferner Schlüsseldokumente, Nr. 133 (Schutzhaftlagerrapport des KZ Natzweiler, 31.10.1944), S. 356; MSPF Brüssel Rap. 429 Tr. 87.913/2, A-K'Kos des KL Natzweiler, 1.9.1944; Schätzle, Stationen, S. 65.

485 Vgl. GUG-Interview Chmielowski/PL, Anhang, S. 1; Dagenbach/Koppenhöfer, Schule, S. 18–22; Koppenhöfer, Buchenwald, S. 521f.; ders., Wahl, S. 7; Wegweiser, S. 82. Unter den Häftlingen befanden sich auch einige Juden, u.a. war ein Häftlingssanitäter Jude. Vgl. „Bemerkungen" eines ehemaligen Häftlings zum Buch „Die Daimler-Benz AG in den Jahren 1933 bis 1945", 25.11.1989, S. 2; GUG-Interview Gago/PL, Anhang, S. 6.

486 GUG-Interview Nowakowski/PL, S. 2.

vier Transporte zusammen. Der ehemalige Häftling Roman Chmielowski empfand die Selektion als „Sklavenmarkt":

> *Auf dem Appellplatz wurden Tische aufgestellt, die Häftlinge stellten sich in Reihen auf, und sie [die Firmenvertreter, Anm. d. Interv.] stellten Fragen, besahen sich die Häftlinge und schrieben sie auf. Oder nahmen sie nicht. Einer musterte, einer sah von der Seite zu, der dritte schrieb. Ein Transport ging nach Mannheim, der zweite direkt nach Stuttgart, und wohin die beiden übrigen gingen, weiß ich nicht.*[487]

Der Transport erfolgte in Viehwaggons. In Mannheim angekommen, wurden die Häftlinge unter der Aufsicht der SS unverzüglich in die Friedrich-Schule, die heutige Gustav-Wiederkehr-Schule, in der Kriegerstraße 28 im Mannheimer Ortsteil Sandhofen gebracht. Seit dem 26. oder 27. September waren diese Männer dort unter engsten räumlichen Verhältnissen untergebracht.[488]

Bewacht wurde das Lager von der 3. Kompanie des 1. Wachsturmbanns des KZ Natzweiler, die sich aus 40 bis 50 Wachleuten vornehmlich der Luftwaffe, aber auch der SS, zusammensetzte und deren Kompanieführer Bernhard Waldmann war. Der ehemalige Luftwaffenhauptmann Waldmann war nur für kurze Zeit Lagerführer, da er nicht hart genug mit den Häftlingen umging. Sein Nachfolger wurde vermutlich im Dezember der SS-Untersturmführer Heinrich Wicker, der in dem Sonderbefehl vom 26. September noch als Kompanieführer für die noch nicht gebildete 10. Kompanie vorgesehen war. Er leitete im April 1945 den sogenannten „Hessentaler Todesmarsch". Da Waldmann bzw. Wicker neben dem Mannheimer Außenkommando noch zwei weiteren Außenkommandos vorstanden und aus diesem Grund nicht allzu häufig in Mannheim waren, galt bei vielen Häftlingen der SS-Oberscharführer Christian Ahrens als Lagerführer. Tatsächlich übte er die Funktion eines Schutzhaftlagerführers aus, er nahm z.B. die täglichen Rapporte entgegen. Unter den Häftlingen wurde er mit dem Spitznamen „Faja" (poln. Pfeife) bedacht, da er den ganzen Tag eine Pfeife im Mund trug. Insgesamt lag die Lagerführung in der Hand von drei bis fünf SS-Angehörigen, der Rest der Kompanie setzte sich wie erwähnt aus ehemaligen Angehörigen der Luftwaffe zusammen.[489]

---

487 GUG-Interview Chmielowski/PL, Anhang, S. 1. Die Transportliste des KZ Dachau verzeichnet für den 24. und 25. September tatsächlich 4 Transporte, davon wurden dem KZ Natzweiler zwei, den KZs Buchenwald und Auschwitz je einer überstellt. Vgl. Archiv der Gedenkstätte Buchenwald, Transportliste des KZ Dachau, 11.12.1944.

488 In der Anlage zum Schutzhaftlagerrapport vom 14. Oktober 1944 wird als Überstellungstermin der 1.060 Häftlinge der 4. Oktober genannt, doch den Transportlisten und den Aussagen der ehemaligen Häftlinge zufolge ging der Transport bereits früher von Dachau nach Mannheim. Vgl. ZStL Ludwigsburg USA Film 4 Ordner 15 Bild Nr. 489, Anlage zum Schutzhaftlagerrapport, 14.10.1944; GUG-Interviews Kapuscinski/PL, S. 3; Mankus/PL, S. 1; Adamowski/PL, S. 1; Majewski, M./PL, S. 1; Nowakowski/PL, S. 1; Jarocki/PL, S. 1. Es liegt die Vermutung nahe, daß die Häftlinge offiziell erst Anfang Oktober überstellt wurden, der Transport aber bereits früher erfolgte, da die Fahrt nach Mannheim ein bis zwei Tage dauerte und die Häftlinge wahrscheinlich ab dem 1. Oktober im Daimler-Benz-Werk arbeiten sollten.

489 Vgl. zur Lagerleitung und zur Bewachung ZStL Ludwigsburg USA Film 4 Ordner 16 Bild Nr. 612–616, Sonderbefehl des KZ Natzweiler, 26.9.1944 (hier: 612); IV 419 AR–Z 176/1969, Bl. 56, 186f., 281, 298; GUG-Interview Chmielowski/PL, Anhang, S. 8f.; GUG-Interview Gago/PL, Anhang, S. 3; GUG-Interview Kapuscinski/PL, S. 9; Dagenbach/Koppenhöfer, Schule, S. 37; Koppenhöfer, Buchenwald, S. 522.

Wie im Stammlager Natzweiler-Struthof wurde auch im Außenkommando Mannheim-Sandhofen eine Häftlingsselbstverwaltung aufgebaut. Einen Tag nach der Ankunft im Lager bestimmte die Lagerleitung die sogenannten „Funktionshäftlinge". Offensichtlich lief die Häftlingsselbstverwaltung aber nicht reibungslos, denn am 7. Oktober forderte der Lagerführer Waldmann in Natzweiler neben der Überstellung des Häftlingsarztes Andreas Barhard die Übersendung des Häftlings Walter Karlus, der Lagerältester werden sollte, sowie die Überstellung von 5 deutschen Kapos, die der polnischen Sprache mächtig sein sollten, an.[490] Auch bei der Auswahl der Funktionshäftlinge unter den polnischen Männern war darauf geachtet worden, daß diese Deutschkenntnisse besaßen. Wer Deutsch sprechen konnte, wurde zum Kapo ernannt. Ein zum Kapo bestimmter Pole verweigerte den Posten mit der Begründung, er könne kein Deutsch, worauf ihm entgegnet wurde, daß es reiche, wenn er schlagen könne. Ein paar Tage später verlangte die Lagerleitung von ihm eine brutalere Umgangsform mit den Häftlingen, doch er weigerte sich abermals, er werde als Pole keine Polen schlagen. Daraufhin wurde er kurzerhand von SS-Leuten erschlagen.[491] Hingegen zeigte sich ein anderer polnischer Kapo, der eigens aus Buchenwald nach Mannheim beordert worden war, weniger menschenfreundlich. Offenbar konnte das KZ Natzweiler die Anforderungen aus Mannheim nicht ganz erfüllen, so daß auch andere Konzentrationslager wegen der Stellung von Funktionshäftlingen angeschrieben wurden. Nach den Angaben eines ehemaligen Häftlings, der selbst zweiter Lagerschreiber in Sandhofen war, bestand die Häftligsselbstverwaltung aus 15 Häftlingen: Lagerältester, 3 Schreiber, 1 Sanitäter, 3 Köche und die Stuben- und Wäschekommandos. Im Laufe seiner Geschichte hat das Außenkommando Mannheim-Sandhofen mehrere Lagerälteste gehabt: Vor Waclaw Sznajder war W. Kostrzenski Lagerältester, ihm folgte ein krimineller Deutscher, der letzte Lagerälteste war ein Tscheche mit schwarzem Winkel, der sogenannte „Asoziale" kennzeichnete.[492]

Am dritten Tag nach der Ankunft in Mannheim mußten die Häftlinge erstmals zum Arbeitseinsatz in die Fabrik. Den fünf bis sieben Kilometer langen Anmarschweg legten sie in der Folgezeit entweder zu Fuß oder, wenn es möglich war, mit der Bahn zurück. Die Häftlinge wurden verschiedenen Abteilungen zugeteilt, in denen sie Schlosser-, Dreher-, Schweißer-, Mechaniker-, Elektro- und Lackiererarbeiten verrichten mußten. Ein polnischer Häftling, der von Beruf Konstrukteur war, wurde aufgrund seiner Qualifikation von der Montage ins Konstruktionsbüro versetzt, wodurch er insofern bessere Arbeitsbedingungen hatte, als daß die Arbeit dort unter weniger großem Druck verrichtet werden konnte und die körperliche Belastung

---

490 Die Anforderung vom 7.10.1944 ist abgedruckt bei Dagenbach/Koppenhöfer, Schule, S. 40 (Dokument 2).

491 Vgl. GUG-Interview Jarocki/PL, Anhang, S. 1; GUG-Interview Chmielowski/PL, Anhang, S. 9f.

492 Vgl. zur Häftlingsselbstverwaltung ZStL Ludwigsburg IV 419 AR–Z 176/1969, Bl. 56, 131, 186f., 281, 298; GUG-Interview Chmielowski/PL, Anhang, S. 9f.; GUG-Interview Jarocki/PL, Anhang, S. 1f.; GUG-Interview Nowakowski/PL, Anhang, S. 1; „Bemerkungen" eines ehemaligen Häftlings zum Buch „Die Daimler-Benz AG in den Jahren 1933 bis 1945", 25.11.1989; Dagenbach/Koppenhöfer, Schule, S. 38–41.

weitaus geringer war als an den Maschinen.[493] Ansonsten war die Arbeit, bedingt durch die lange Arbeitszeit, die wenigen Pausen, die An- und Abmärsche sowie vor allem die unerträglichen Lebensbedingungen im Lager für die Häftlinge äußerst anstrengend und kräftezehrend. Die Mehrzahl der Interviewten sagte, daß die Arbeitsbedingungen, für sich allein betrachtet, erträglich und den Umständen entsprechend einigermaßen korrekt waren, solange eine gute Arbeitsleistung gezeigt wurde:

Insgesamt, was die reine Arbeitszeit betrifft, ging es mehr oder weniger korrekt zu, aber die Begleitumstände...[494]

Gearbeitet wurde in zwei Schichten, von 6 bis 18 Uhr bzw. von 18 bis 6 Uhr. Das entsprach nach den Aussagen einiger ehemaliger Häftlinge auch der Arbeitszeit der deutschen Arbeiter. Offenbar wurde an Samstagen generell, und oft auch an Sonntagen, gearbeitet, da in den Erinnerungen der Interviewten lediglich einige arbeitsfreie Sonntage auftauchten.[495]

In den Werkshallen wurde die Arbeit der Häftlinge von den Meistern oder anderen Werksangehörigen beaufsichtigt. Regelmäßig patrouillierten Wachposten durch die Hallen, in der Regel waren die Ein- und Ausgänge ständig mit Wachen besetzt. Eine Postenkette sicherte das gesamte Werksgelände. Auch der Kommandoführer machte seine Rundgänge durch die Hallen.[496]

Im Umgang mit den deutschen Arbeitern machten die Häftlinge unterschiedliche Erfahrungen. Während einige das Glück hatten, von den jeweiligen Meistern menschlich behandelt zu werden oder von anderen Arbeitern Lebensmittel zugesteckt zu bekommen, waren andere wiederum Schikanen oder Denunziationen ausgesetzt:

In verschiedenen Abteilungen wurde schikaniert, weil angeblich Sabotage verübt wurde, da gab es Verdächtigungen. Und es gab auch Abteilungen, wo man gut mit uns umging, das hing von den Deutschen ab, von den Menschen.[497]

Obwohl im allgemeinen Bestrafungen durch die Kapos und die Wachposten ausgeführt wurden und auch die Schikanen mehr von den Bewachern als von den Werksangehörigen ausgingen, wurden die Häftlinge durchaus auch von Daimler-Benz-Angehörigen geschlagen:

493 Vgl. GUG-Interview Miszkiewicz/PL, S. 1f., 8.
494 GUG-Interview Nowakowski/PL, S. 3; vgl. GUG-Interviews Adamowski/PL, S. 3; Mankus/PL, S. 3; vgl. dagegen GUG-Interview Przygoda/PL, S. 3, der die Arbeitsbedingungen als „sehr schlecht" beurteilte. Auch Koppenhöfer ist der Meinung, daß die Häftlinge die Monate der Zwangsarbeit hätten durchstehen können, wären die übrigen Bedingungen erträglicher gewesen. Vgl. Koppenhöfer, Buchenwald, S. 525.
495 Vgl. GUG-Interviews Chmielowski/PL, S. 2; Mankus/PL, S. 2; Adamowski/PL, S. 2; Krol/PL, S. 3; Majewski, M./PL, S. 2; Kapuscinski/PL, S. 4. Danach war jeder dritte oder vierte Sonntag im Monat arbeitsfrei.
496 Vgl. GUG-Interviews Chmielowski/PL, S. 4; Krol/PL, S. 5; Gago/PL, S. 4; Kapuscinski/PL, S. 6; Adamowski/PL, S. 6; Mankus/PL, S. 4; Majewski, M./PL, S. 4; Majewski, E./PL, S. 4; Przygoda/PL, S. 4; ZStL Ludwigsburg IV 419 AR–Z 176/1969, Bl. 291; Koppenhöfer, Buchenwald, S. 524.
497 GUG-Interview Brydak/PL, S. 5; vgl. GUG-Interview Zbrzeski/PL, S. 3.

Dieser Meister [...]. Bei jeder x-beliebigen Gelegenheit hat er uns geprügelt, und er hat selbst den Stock genommen, es nicht den SS-Leuten überlassen.[498]

Allgemein bekannt für ihren brutalen Umgang mit den Häftlingen waren die Vorarbeiter Weis und Schüssler sowie der Ingenieur Eckert.[499] Seitens der Werkleitung hat es niemals Einschreitungen gegen die Mißhandlung der Häftlinge gegeben:

Daimler-Benz hat sich überhaupt nicht eingemischt. Sie kümmerten sich nur darum, daß die Arbeit gemacht wurde, alles andere interessierte sie nicht.[500]

Die Räumlichkeiten in den Klassenräumen der damaligen Friedrich-Schule boten keinesfalls genügend Platz zur Einquartierung von 1.060 Menschen. Die 1909 errichtete Friedrich-Schule verfügte über insgesamt 24 Klassenräume, jeweils acht befanden sich in jedem Stockwerk. Da davon auszugehen ist, daß mehrere Zimmer für die Verwaltung und Unterbringung der Wachmannschaften genutzt wurden, blieben für die Häftlinge nach den Schätzungen Schmitts lediglich 16 Klassenräume mit je 60 m² übrig, was bedeuten würde, daß durchschnittlich jeweils 66 Häftlinge in einem Raum zusammengedrängt gewesen wären. Ein ehemaliger Häftling schätzte sogar, daß über 100 Menschen in ein Zimmer gezwängt waren. Da die Zimmer mit dreistöckigen Pritschen versehen worden waren, ist dies nicht unwahrscheinlich:

Die Klassen waren mit dreietagigen Pritschen vollgestellt, es gab nur einen ganz schmalen Durchgang zwischen ihnen, Stühle oder Tische gab es nicht. Einen Strohsack hatten wir als Matratze, wir mußten ihn sogar selbst stopfen, als wir ankamen, und eine Decke.[501]

Die Räume waren ungeheizt, doch war es in dem gemauerten Gebäude nicht so kalt wie in den Holzbaracken der Konzentrationslager. In der Turnhalle war die Häftlingsküche eingerichtet worden, und der Schulhof diente als Appellplatz.[502]

Ähnlich unzureichend waren die sanitären und hygienischen Bedingungen. Während üblicherweise Hunger und Kälte als schlimmste Geißeln im Gedächtnis der ehemaligen Häftlinge haften blieben, nannten zahlreiche Häftlinge des Außenkommandos Mannheim-Sandhofen hingegen das Fehlen von Seife.[503] Je eine Toilette und ein Waschraum waren zwar auf jeder Etage vorhanden, doch in Anbetracht der 1.060 Männer, die sich morgens in aller Eile dort waschen mußten, reichten die vorhandenen Kapazitäten keineswegs aus. Duschen befanden sich im Keller des Schulgebäudes, doch durften die Häftlinge sie höchstens einmal in der

---

498 GUG-Interview Przygoda/PL, S. 3.
499 Vgl. Archiv der Bürgervereinigung Sandhofen e.V., Vernehmungsprotokolle Horowicz, Kunz, Molfenter, Weber, Böhmer und Brüggemann.
500 GUG-Interviews Brydak/PL, S. 6; vgl. GUG-Interviews Przygoda/PL, S. 3; Zbrzeski/PL, S. 3; Jarocki/PL, S. 3.
501 GUG-Interview Kapuscinski/PL, S. 8; vgl. GUG-Interviews Chmielowski/PL, S. 5; Majewski, E./PL, S. 5; Gago/PL, S. 5; Przygoda/PL, S. 5; GUG-Interview Jarocki/PL, Anhang, S. 5.
502 Vgl. Schmitt, Geschichte, S. 26; GUG-Interview Gago/PL, S. 5; ZStL Ludwigsburg IV 419 AR–Z 176/1969, Bl. 89, 133, 280.
503 Vgl. GUG-Interviews Przygoda/PL, S. 5; Zbrzeski/PL, S. 5; Majewski, E./PL, S. 5; Kapuscinski/PL, S. 5; Jarocki/PL, S. 5.

Woche benutzen. Dann ließ das Bewachungspersonal, das die Duschen bediente, mal heißes, mal kaltes Wasser laufen. Ansonsten stand den Häftlingen nur kaltes Wasser zur Verfügung:

> *Wirklich schlimm war es mit dem Waschen, wir wollten uns unbedingt waschen, und wem es gelang, der verschaffte sich dazu die Gelegenheit; aber generell erforderte es große Anstrengungen, die Lagerleitung dazu zu bringen, daß wir uns alle richtig duschen konnten.*[504]

Im Daimler-Benz-Werk waren auch Duschen vorhanden, wie es scheint, durften die Häftlinge sie aber nicht benutzen.[505] Ein Pole resümiert: „Selbst in Dachau waren die sanitären Verhältnisse besser."[506]

Auch die Bekleidung der Häftlinge befand sich in einem katastrophalen Zustand. In Dachau war den Häftlingen die übliche „Sommerkleidung" (Unterwäsche, gestreifte Jacke und Hose, Holzschuhe) ausgeteilt worden. Offensichtlich waren nicht genügend Paare an Holzschuhen vorhanden, einige Polen durften nämlich ihre eigenen Schuhe behalten. Einige Häftlinge bekamen noch einen Pullover. Im Herbst besorgte Daimler-Benz aus einem Bekleidungslager in Heilbronn zwar Mäntel für die Häftlinge, doch wurden zu wenig Mäntel geliefert.[507] Letztlich war keiner der Häftlinge gegen die bittere Kälte hinreichend geschützt. Also organisierte man sich Papier, leere Zementsäcke o.ä., um es sich unter die Kleidung zu stecken. Diese Art von „Kälteschutz" war allerdings verboten, bei Übertritt drohte die Prügelstrafe.

Bereits vor dem Eintreffen der Häftlinge in Mannheim bemühte sich der Werksdirektor Ernst Decker um die Beschaffung von Schutzkleidung für die Häftlinge, auf der die Häftlingskategorie kenntlich gemacht werden sollte. Da kein ehemaliger Häftling eine Schutzbekleidung erwähnte, muß angenommen werden, daß die Häftlinge sie nicht erhalten haben.[508] In Mannheim haben die Häftlinge während der ganzen Zeit weder neue Wäsche bekommen noch die Möglichkeit gehabt, ihre Kleidung zu waschen. Folglich waren binnen kürzester Zeit Kleidung und Schlafstellen der Häftlinge verdreckt und verlaust. Daimler-Benz ordnete zwar eine im Werk durchgeführte Entlausung der Häftlingskleidung an, doch konnte der Läuseplage mit dieser Maßnahme keine Abhilfe geschaffen werden, da die Schlafräume in der Friedrich-Schule nicht desinfiziert wurden und die Häftlinge auch weiterhin nicht die notwendigen Mittel und Gelegenheiten hatten, sich sauber zu halten.[509]

---

504 GUG-Interview Gago/PL, S. 5; vgl. GUG-Interview Gago/PL, Anhang, S. 5f.
505 Vgl. GUG-Interview Kapuscinski/PL, S. 8. Koppenhöfer berichtet zwar von einer Waschmöglichkeit für die Häftlinge, doch scheint er damit keine Duschgelegenheit zu meinen. Vgl. Koppenhöfer, Buchenwald, S. 528. Im übrigen erwähnt keiner der Interviewten, daß sie sich im Werk geduscht hätten. Auf Initiative von Daimler-Benz wurde im Werk lediglich einmal eine Entlausung der Häftlingskleidung vorgenommen.
506 GUG-Interview Przygoda/PL, S. 5.
507 Vgl. GUG-Interview Brydak/PL, S. 8; Bemerkungen eines ehemaligen Häftlings zum Buch „Die Daimler-Benz AG in den Jahren 1933 bis 1945", 25.11.1989, S. 2.
508 Vgl. MBA Unternehmensarchiv Werke, Mannheim 25, Schreiben Deckers, 22.9.1944.
509 Vgl. GUG-Interviews Zbrzeski/PL, S. 5; Kapuscinski/PL, S. 8; Gago/PL, S. 5; Nowakowski/PL, S. 5; Majewski, M./PL, S. 5; Koppenhöfer, Buchenwald, S. 528.

Zuständig für die Häftlingsverpflegung war nach den Aussagen einiger ehemaliger Häftlinge die SS.[510] Sie erhielten eine äußerst erbärmliche Verpflegung. Morgens bekamen die Männer lediglich einen Viertelliter bitter schmeckenden Kaffeesatz. Die zur Mittagspause ausgeteilte Suppe bestand hauptsächlich aus Wasser, Rüben- und Kohlblättern. Gelegentlich schwammen darin einige Kartoffelstücke oder Graupen, seltener Möhren oder Makkaroni. Das Gemüse war häufig schon angefault. Nach der Rückkehr ins Lager gab es wieder schwarzen Getreidekaffee und 3/4 bis 1 Liter Suppe. Dazu verteilte man an jeden Häftling ca. 200 Gramm Brot, 18 Gramm Margarine, manchmal etwas Marmelade und ganz selten ein paar Gramm Leberwurst. An Zusatzverpflegung konnte sich keiner der Interviewten erinnern.

Unterschiedliche Aussagen machten die ehemaligen Häftlinge über die von Daimler-Benz organisierte Zusatzverpflegung. Während sich einige an keinerlei zusätzliche Lebensmittel erinnern konnten, nannten andere einen Milchzusatz in der Freitagssuppe, eine Extraration Suppe am Sonntag und eine einmalige Brotlieferung. Im Winter überließ das Werk dem Lager minderwertige Lebensmittel, z.B. angeschimmeltes Brot. Davon wurde dann eine Brotsuppe gekocht, die die Häftlinge schätzten, weil sie nahrhafter als die übliche Kohlsuppe war und wenigstens einigermaßen sättigte. Diese Brotsuppe erhielten die Häftlinge im übrigen auch am Heiligabend 1944.[511] Die in der Malereiabteilung im Werk eingesetzten drei oder vier Häftlinge bekamen Milchzuteilungen. Ob diese vom Werk oder vom Lager gestellt wurden, ließ sich nicht ermitteln, es ist aber zu vermuten, daß sie von Daimler-Benz kamen. Bisweilen kursierten Gerüchte, daß die Werksleitung den Häftlingen Kleinigkeiten, z.B. Zigaretten, bewilligt hätte. Doch die Häftlinge haben niemals etwas erhalten, weil wahrscheinlich die Wachposten alles unter sich aufteilten. Auch von den für die Häftlinge gedachten Rationen haben sie sich mitverpflegt.[512] Diese Art der Bereicherung war in allen Konzentrationslagern und Außenkommandos üblich.

Auch im Mannheimer Werk wagten es einige Meister oder Arbeiter, den ausgehungerten Häftlingen hin und wieder Brot, Kartoffeln oder andere Nahrungsmittel heimlich zuzustecken. Einige Häftlinge versuchten, sich auf eigene Faust Lebensmittel zu besorgen, indem sie sich beispielsweise zu Küchen- oder Gartenarbeiten meldeten. Wer dort einen Arbeitsplatz ergattern konnte, hatte weniger Hunger zu leiden.[513] Dennoch litten alle Häftlinge im Laufe der Zeit an Unterernährung.

---

510 Vgl. GUG-Interview Nowakowski/PL, Anhang, S. 1; GUG-Interview Jarocki/PL, Anhang, S. 2; GUG-Interviews Krol/PL, S. 4; Kapuscinski/PL, S. 4.

511 Vgl. Schlüsseldokumente, Nr. 118 (Auszug aus dem Tagebuch des KZ-Häftlings Jerzey Kubicki) S. 329.

512 Vgl. zur Verpflegung GUG-Interviews Mankus/PL, S. 2, 5; Nowakowski/PL, S. 2, 5; Brydak/PL, S. 4; Kapuscinski/PL, S. 4, 8; Chmielowski/PL, S. 2; Majewski, E./PL, S. 2, 5; Majewski, M./PL, S. 2; Miszkiewicz/PL, S. 2; Zbrzeski/PL, S. 2, 5; Adamowski/PL, S. 2, 5; Jarocki/PL, S. 2; Krol/PL, S. 4, 6; GUG-Interview Nowakowski/PL, Anhang, S. 1f.; GUG-Interview Gago, Anhang, S. 6; GUG-Interview Chmielowski/PL, Anhang, S. 5–7; GUG-Interview Jarocki/PL, Anhang, S. 2–4; Koppenhöfer, Buchenwald, S. 525f.

513 Vgl. GUG-Interviews Brydak/PL, S. 4; Miszkiewicz/PL, S. 2; Kapuscinski/PL, S. 5; Majewski,

Vom Werk wurden die Häftlinge nicht medizinisch betreut, so daß diese im Krankheitsfall auf die medizinische Versorgung in der Krankenstube des Lagers angewiesen waren. Aus dem Quellenmaterial geht nicht eindeutig hervor, ob sich das Krankenrevier in der Alten Schule, Kriegerstraße 15, oder im ersten Stock der Friedrich-Schule befunden hat. Da aufgrund der zunehmenden Typhusfälle in den ersten Monaten des Jahres 1945 eine eigene Stube für die Typhuskranken eingerichtet wurde, ist es durchaus möglich, daß zeitweilig zwei Krankenstuben existiert haben.[514]

Die Leitung des Krankenreviers lag jeweils in der Hand von französischen Häftlingsärzten, die von Buchenwald und Natzweiler nach Sandhofen überstellt worden waren. Namentlich bekannt ist der bereits erwähnte Andreas Barhard, der zwar irakischer Staatsangehöriger war, sich aber in französischer Sprache verständigte und daher bei den Häftlingen als Franzose galt. Den Häftlingsärzten standen Häftlingssanitäter zur Seite, die nach Aussage des Zeitzeugen Henryk Gago im wesentlichen die Versorgung der Häftlinge übernahmen.[515] Das Krankenrevier wurde von den Häftlingen nach Möglichkeit gemieden. Zum einen waren ohnehin zu wenig Medikamente vorhanden, zum anderen waren die Behandlungsmethoden der Lagerärzte als sadistisch und brutal bekannt und gefürchtet:

> Es gab das sog. Revier, der Arzt war Franzose, auch ein KZ-Häftling, ich war einmal dort, wartete in der Schlange und sah, wie er einen „behandelte", der schrie auf, und ich ging weg. Ein Sadist war das.[516]

Man konnte für höchstens zwei bis drei Tage ins Krankenrevier überwiesen werden. Zudem durfte das Revier auf Anordnung des Lagerkommandanten nie mit mehr als 100 Kranken belegt sein. „Lange krank sein konnte man nicht, das erlaubte weder der Arzt noch die Fabrik."[517]

Unter diesen Bedingungen stiegen Krankheits- und Sterberate rasch an. Die ehemaligen Häftlinge äußerten in den Interviews übereinstimmend, daß etliche ihrer Kameraden an Erschöpfung, Unterernährung, Typhus oder an den Folgen der Mißhandlungen starben.[518] Von 19 Fluchtversuchen glückten nur zwei, die wiederergriffenen 17 Häftlinge „hat man zu Tode gequält."[519] Insgesamt sind in den Sterbebüchern des Standesamtes Mannheim-Sandhofen 22 Todesfälle von Häftlingen

E./PL, S. 2; Majewski, M./PL, S. 3; Mankus/PL, S. 3; GUG-Interview Gago/PL, Anhang, S. 2f.; GUG-Interview Chmielowski/PL, Anhang, S. 6f.

514 Vgl. ZStL Ludwigsburg IV 419 AR–Z 176/1969, Bl. 132, 280; GUG-Interview Jarocki/PL, Anhang, S. 5; GUG-Interview Kapuscinski/PL, S. 9; Schmitt, Geschichte, S. 24; Koppenhöfer, Buchenwald, S. 536.

515 Vgl. Dagenbach/Koppenhöfer, Schule, S. 69; ZStL Ludwigsburg IV 419 AR–Z 176/1969, Bl. 57, 88f., 280; Schmitt, Geschichte, S. 21; Koppenhöfer, Buchenwald, S. 528.

516 GUG-Interview Miszkiewicz/PL, S. 6; vgl. GUG-Interviews Adamowski/PL, S. 6; Gago/PL, S. 6.

517 GUG-Interview Kapuscinski/PL, S. 10; Vgl. Dagenbach/Koppenhöfer, Schule, S. 69.

518 Vgl. GUG-Interviews Adamowski/PL, S. 6; Jarocki/PL, S. 6; Chmielowski/PL, S. 6; Przygoda/PL, S. 6; Majewski, M./PL, S. 6; Nowakowski/PL, S. 6; Zbrzeski/PL, S. 6; Mankus/PL, S. 6.

519 GUG-Interview Chmielowski/PL, Anhang, S. 3.

registriert, doch muß davon ausgegangen werden, daß die Zahl weitaus höher lag.[520] Außerdem ist zu bedenken, daß die schwächsten Häftlinge nach Vaihingen transportiert wurden, so daß deren Todesfälle nicht in der Mannheimer Statistik auftauchen. Unter den 22 beurkundeten Todesfällen befand sich auch der Pole Marian Krainski.

Der damals dreißigjährige Häftling Marian Krainski arbeitete zusammen mit einem anderen polnischen Häftling in einer Fertigungsstraße in Halle 12 in der Abteilung für Achsenherstellung. An der Drehbank wurden Hinterachsen ausgeschliffen, wozu Krainski, der von Beruf Friseur war, nach kurzer Anlernzeit als Hilfarbeiter eingesetzt war. Im Winter 1944, vermutlich im November, wurde an dieser Maschine eine erhöhte Ausschußproduktion festgestellt. Etwa 25 Achsen waren falsch ausgeschliffen worden. Der zuständige Vorarbeiter Karl Molfenter und der Kontrolleur Simon Weber überprüften Maschine und Werkzeuge und stellten fest, daß die Rechenlehre zu eng eingestellt war. Molfenter und der von ihm hinzugerufene Abteilungsleiter Karl Platzer, ein überzeugter Nazi, unterstellten Krainski, die Rechenlehre mutwillig beschädigt zu haben, während der andere Pole seinen Arbeitsplatz für kurze Zeit verlassen hatte. Zeugen sagten aus, daß das eingestellte Maß der Rechenlehre durch einen Fall zu Boden hätte verändert werden können und Krainski vielleicht die Folgen nicht hätte abschätzen können. Unter den Arbeitern im Werk war man der Meinung, daß dies jedem hätte passieren können und kein Fall von Sabotage sei. Molfenter und Platzer meldeten jedoch den Vorfall Direktor Decker, der sie an den Abwehrbeauftragten Robert Staffin verwies.

Ab hier kann der weitere Verlauf des Geschehens nicht mehr genau rekonstruiert werden, da Molfenter, Platzer und Staffin widersprüchliche Aussagen zur Sache machten. Während Molfenter und Platzer bestritten, in diesem Fall von Sabotage gesprochen zu haben, gab Staffin an, beide hätten zuerst Direktor Decker und dann auf dessen Weisung ihm einen Sabotagefall gemeldet. Mit dem Vorwurf der Sabotage war man auch in diesem Werk schnell zur Hand, wie einige Zeugen aussagten. Krainski war inzwischen in ein Häftlingskommando, das im Freien arbeiten mußte, strafversetzt worden. Ein Bericht über den Vorfall wurde zur Gestapo nach Berlin geschickt. Nach den Angaben des Abwehrbeauftragten Staffin hat er selbst kein Schreiben nach Berlin gesandt, sondern lediglich auf Weisung des Lagerkommandanten Waldmann für diesen einen kurzen Bericht über den Vorgang verfaßt, der ihn dann wahrscheinlich nach Berlin geschickt habe. Offenbar wurde auch die örtliche Gestapostelle, wie bei Sabotagefällen üblich, eingeschaltet. Aus Berlin kam jedenfalls der Befehl zur Exekution zurück, mit der dem Erlaß der Amtsgruppe D des WVHA vom 11. April 1944 zufolge Sabotage bestraft wurde.[521]

Am Abend des 3. Januar 1945, also Wochen nach dem Vorfall, wurde Krainski während des Abendappells aufgerufen, geschlagen und in Handschellen abgeführt. Den Häftlingen wurde später das Todesurteil Krainskis vorgelesen. Jedem, der Sabotage betriebe, würde gleiches widerfahren, wurde den Häftlingen mitgeteilt. Offensichtlich sollte mit dem Fall Krainski ein Exempel statuiert werden. In Anwe-

---

520 Vgl. ZStL Ludwigsburg IV 419 AR–Z 176/1969, Bl. 7.
521 Vgl. ZStL Ludwigsburg IV 419 AR–Z 176/1969, Bl. 284.

senheit von 10 bis 15 SS-Männern, 20 bis 30 Häftlingen sowie eines Häftlingsarztes wurde Krainski am 4. Januar vormittags hingerichtet. Neben zahlreichen Zaungästen aus der Mannheimer Bevölkerung waren fünf Vertreter von Daimler-Benz anwesend: Staffin, Platzer, Molfenter, der Leiter der Fremdarbeiterabteilung Brüggemann und der Feuerwehrleiter Krauth. Molfenter mußte Krainski identifizieren. Das Urteil wurde nochmals in deutscher und polnischer Sprache verlesen. Im Schulhof war an einem Baum ein Strick befestigt und ein Tisch unter den Baum gestellt worden. Krainski mußte sich auf den Tisch stellen und einige Mithäftlinge mußten den Tisch umstoßen.[522]

Molfenter und Platzer sagten aus, von dem Urteil völlig überrascht gewesen zu sein und auch Staffin gab an, von dem Geschehen bis zum Tag der Hinrichtung nichts mehr gehört zu haben.[523] Die überraschten Reaktionen von Molfenter, Platzer und Staffin muten etwas seltsam an, denn Sabotage wurde generell mit dem Tode bestraft. Platzer und Staffin wurden vom Bezirksgericht Warschau 1948 zu 5 bzw. 8 Jahren Haft verurteilt.

Am 15. Dezember 1944 wurde das Schulgebäude infolge eines Luftangriffs stark beschädigt. Mindestens vier Häftlinge fanden dabei den Tod, zahlreiche weitere Häftlinge wurden verletzt. Die Bombe war auf den Schulhof gefallen und hatte die als Lagerküche dienende Turnhalle völlig zerstört. Auch das Schulgebäude war derartig beschädigt worden, daß die Unterbringung der Häftlinge dort nicht mehr möglich war. Am folgenden Tag mußten alle Häftlinge, auch die vielen Verwundeten, zur Fabrik marschieren, wo sie in einem fensterlosen vierstöckigen Bunker zusammengepfercht wurden. Die Kolonne muß einen Mitleid erregenden Trauerzug dargestellt haben, denn die verletzten Häftlinge waren entweder überhaupt nicht oder nur notdürftig versorgt worden. Einige von ihnen hatten sich die Wunden mit ihren zerfetzten Kleidungsstücken verbunden, da kein Verbandszeug aufzutreiben war.[524]

Im Bunker waren keine Schlafpritschen vorhanden, und da die Häftlinge weder Strohsäcke noch Decken hatten mitnehmen dürfen, mußten sie auf dem nackten Betonfußboden schlafen. Ferner gab es im Bunker keinen Waschraum und auch kein fließendes Wasser. Andererseits war es im Bunker warm, der Schlaf wurde nicht durch Luftalarm unterbrochen, die Schikanen der SS nahmen ab, und, was für die Lage der Häftlinge besonders wichtig war, das Essen wurde besser. Da die Lagerküche der Friedrich-Schule beim Luftangriff völlig zerstört worden war, kam das Essen vermutlich vom Werk und entsprach dem Essen der ausländischen

522 Vgl. zum Fall Krainski: Archiv der Bürgervereinigung Sandhofen e.V., Vernehmungsprotokolle Staffin, Platzer, Molfenter, Kunz, Übfall, Weber, Horowicz, Böhmer und Brüggemann, Erklärung Platzers; Koppenhöfer, Buchenwald, S. 533–535; GUG-Interviews Chmielowski/PL, S. 4; Miszkiewicz/PL, S. 4; Brydak/PL, S. 7; Jarocki/PL, S. 4; Krol/PL, S. 6; Zbrzeski/PL, S. 4. Die Interviewten wußten nur vom Hörensagen von der Erhängung, genaue Angaben konnten sie nicht machen.
523 Vgl. Archiv der Bürgervereinigung Sandhofen e.V., Vernehmungsprotokolle Molfenter, Platzer und Staffin, Erklärung Platzers.
524 Vgl. GUG-Interview Nowakowski/PL, Anhang, S. 2; GUG-Interview Chmielowski/PL, Anhang, S. 2; GUG-Interviews Majewski, E./PL, S. 5; Miszkiewicz/PL, S. 5.

Zivilarbeiter. Bedauerlicherweise verschlechterte sich die Verpflegung wieder rasch.[525]

Gegen Jahresende 1944 reduzierte sich die Häftlingszahl des Außenkommandos Mannheim-Sandhofen beträchtlich. Bereits am 23. Dezember hatte ein Transport mit rund 200 kranken Häftlingen das sogenannte „Krankenlager" Vaihingen/Enz erreicht. An Heiligabend wurde auf dem Fabrikgelände unter der Anwesenheit von Werksangehörigen eine Selektion der Häftlinge durchgeführt. Fast 400 zumeist schwache und kranke Häftlinge stellte man zum Abtransport nach Buchenwald zusammen. Der Transport erreichte das Konzentrationslager Buchenwald am zweiten Weihnachtstag. Die Reduzierung der Häftlingszahl war notwendig geworden, weil für die 1.060 Männer nicht mehr genügend Arbeit vorhanden war. In einem Brief der Mannheimer Werksleitung an den Daimler-Benz Vorstandsvorsitzenden Haspel vom 22. Dezember heißt es:

> *Ich bin mir darüber im klaren, dass wenigstens fürs erste nicht damit gerechnet werden kann, dass wir das Sollprogramm mit den hohen Zahlen erreichen können, schon aus Material-Gründen. Auf die Dauer würde deshalb keine ausreichende Beschäftigung für die übernommenen 1060 Kz.-Häftlinge vorhanden sein. Ich habe deshalb, im Einvernehmen mit dem Kz.-Lager, verfügt, dass 400 dieser Häftlinge an ein Lager abgegeben werden für vorläufig einige Wochen, damit sie uns nicht unnötig belasten, die aber jederzeit auf Abruf zur Verfügung stehen. Weitere 200 Häftlinge sind abgestellt zum Arbeiten in der Galenit-Verlagerung.[526]*

Unter dem Codenamen „Galenit" wurde ein Teil des Mannheimer Werkes in den Stollen Groß-Sachsenheim in der Nähe von Vaihingen/Enz verlagert. Die dort eingesetzten Häftlinge gehörten dem Unterkommando Unterriexingen des Natzweiler Außenkommandos Vaihingen/Enz an, das u.a. Bauarbeiten im Stollen Groß-Sachsenheim verrichtete. Sie waren in einem Lager in der Umgebung von Unterriexingen inhaftiert. Im Lager waren nach den Angaben eines ehemaligen Häftlings rund 1.000 Menschen untergebracht. Die Zustände im Lager waren katastrophal.

> *Das war ein richtiges Vernichtungslager. Dort konnte niemand auf die Dauer überleben. [...] In Unterriexingen verschlechterte sich unser Zustand schnell. Wir mußten harte Arbeit ausführen. Wir bekamen nicht genug zu essen. Die Bedingungen waren schlecht. Jeden Tag gab es Tote. Sie starben an Hunger, Krankheit, Mißhandlungen und Schlägen.[527]*

Für die Häftlingsverpflegung war die Organisation Todt zuständig. Nähere Einzelheiten zum Einsatz der Häftlinge im Verlagerungsprojekt „Galenit" sind nicht bekannt. Die Arbeiten im Stollen wurden im Februar 1945 eingestellt, das Lager bestand offenbar noch bis zum April 1945, so daß die Häftlinge im Höchstfall zwischen zwei und vier Monaten dort gearbeitet haben können.[528]

---

525 Vgl. Koppenhöfer, Buchenwald, S. 531.
526 BA Potsdam Film 3380, Bl. 45796, Brief an Haspel, 22.12.1944.
527 ZStL Ludwigsburg IV 419 AR–Z 176/1969, Bl. 188.
528 Vgl. ZStL Ludwigsburg IV 419 AR–Z 176/1969, Bl. 186, 188; Pohl/Habeth/Brüninghaus, Daimler-Benz, S. 91; Verzeichnis der Haftstätten, S. 211; Roth, Weg, S. 348 (Tab. 22); Schlüsseldokumente, Nr. 137 (Inspektionsbericht des SS-Hauptscharführers Seuß über „Galenit", 7.11.1944), S. 360.

Am 2. Januar 1945 erfolgte in Mannheim erneut eine Selektion, bei der etwa 200 Häftlinge ausgesucht und nach Unterriexingen transportiert wurden. Sie waren augenscheinlich für das „Galenit"-Projekt vorgesehen.[529] Die in Mannheim verbliebenen rund 250 Häftlinge bezogen im Januar 1945 die Alte Schule in der Kriegerstraße.

In der Alten Schule, einer ehemaligen Mädchenschule, waren bis zu diesem Zeitpunkt italienische Militärinternierte (IMI) einquartiert gewesen. Die Schule besaß nur acht Klassenräume, von denen wahrscheinlich sechs als Schlafsäle für die Häftlinge eingerichtet waren. Ein Teil der Häftlinge schlief unter dem undichten Dach. Diese Häftlinge litten entsetzlich unter der dort herrschenden Kälte und Feuchtigkeit:

> Als man uns in das italienische Lager brachte, war ich in einem Raum direkt unter dem Dach. Und da das Dach lauter Löcher hatte, fiel der Schnee direkt auf uns, wenn es schneite. Darum haben wir uns zu zweit hingelegt, zwar jeder auf seiner Pritsche, mit dem Brett dazwischen, aber zugedeckt haben wir uns mit zwei Decken, denn so war es wärmer.[530]

Nachdem auch dieses Schulgebäude bei einem Bombenangriff zerstört worden war und die Häftlinge einige Nächte in Kellerräumen unter der Fabrik hatten zubringen müssen, wurden einige Zimmer der Friedrich-Schule von einem Häftlingskommando provisorisch wiederhergerichtet. Die Lebensbedingungen verschlechterten sich zusehends, die Zahl der an Tuberkulose Erkrankten nahm stetig zu. Für sie soll eine eigene Krankenstube errichtet worden sein. Unter den über 90 am 8. März 1945 für das „Krankenlager" Vaihingen/Enz selektierten Häftlinge befanden sich alle Tbc-Kranken. Schon auf der Fahrt nach Vaihingen starben vier von ihnen.

Die in Mannheim-Sandhofen verbliebenen Häftlinge mußten nach den Aussagen eines ehemaligen Häftlings noch bis zum 18. März im Daimler-Benz-Werk

529 Vgl. ZStL Ludwigsburg IV 419 AR–Z 176/1969, Bl. 186; GUG-Interview Chmielowski/PL, Anhang, S. 6; Koppenhöfer, Buchenwald, S. 532f. Während Koppenhöfer annimmt, daß es sich um eine zweite Selektion für die „Galenit-"Verlagerung handelte, ist es aufgrund der Quellenlage wahrscheinlicher, daß die am 2. Januar selektierten Häftlinge mit den im Schreiben vom 22. Dezember genannten Häftlingen identisch sind. Ein Blick auf die Häftlingszahlen belegt dies. Hätten insgesamt 800 Häftlinge in drei Transporten (400 Häftlinge nach Buchenwald, 200 zur „Galenit"-Verlagerung, 200 nach Vaihingen/Enz) Mannheim im Dezember 1944 verlassen, wären lediglich ca. 250 Häftlinge in Sandhofen geblieben. Abzüglich der 200 am 2. Januar ausgewählten Häftlinge hätte sich die Häftlingszahl im Januar 1945 auf etwa 50 Häftlinge verringert. Demnach hätten aber Mitte Januar keine 300 Häftlinge in die Alte Schule in der Kriegerstraße 15 umquartiert werden können, wie Koppenhöfer angibt. Diese Zahl nennt auch ein ehemaliger Häftling (vgl. GUG-Interview Chmielowski/PL, Anhang, S. 2). – Selektionen bzw. Häftlingstransporte sind für den 23. und 24. Dezember 1944, den 2. Januar und den 8. bzw. 11. März 1945 in den Quellen nachweisbar, wann jedoch die im Schreiben vom 22. Dezember 1944 genannten 200 für „Galenit" vorgesehenen Häftlinge zum Verlagerungsort gebracht wurden, ist in den Quellen bislang nicht belegt. Mithin liegt die Vermutung nahe, daß zwar die Abstellung von 200 Häftlingen, was den bürokratischen Weg betrifft, bereits im Dezember 1944 erfolgt war, die Selektion und der Transport aber erst im Januar 1945 erfolgten.
530 GUG-Interview Chmielowski/PL, Anhang, S. 8; vgl. GUG-Interviews Chmielowski/PL, S. 5; Majewski, M./PL, S. 5; Adamowski/PL, S. 5; Mankus/PL, S. 5; vgl. Koppenhöfer, Buchenwald, S. 535.

arbeiten, ehe das Lager schließlich am 22. März evakuiert wurde. Die Häftlinge marschierten zunächst nach Kochendorf, wo sie im dortigen Salzbergwerk arbeiten sollten. Am 30. März wurde auch dieses Lager evakuiert, und die Häftlinge nahmen am „Hessentaler Todesmarsch" teil.[531]

3.3.5.3 Zusammenfassung

Von 1941 bis zum Kriegsende setzte der Daimler-Benz-Konzern KZ-Häftlinge in seinen Werken und deren Verlagerungen ein. Die Gesamtzahl der eingesetzten Häftlinge läßt sich nicht exakt bestimmen, da nicht alle Häftlingstransporte aufgezeichnet sind und man somit auf Schätzungen angewiesen ist. Gerade die Schätzungen der Zeitzeugen unterliegen jedoch zum Teil beträchtlichen Schwankungen.

Aus acht Konzentrationslagern sowie dem Sicherungslager Schirmeck-Vorbruck wurden Transporte für die Daimler-Benz-Werke zusammengestellt: Auschwitz, Dachau, Flossenbürg, Groß-Rosen, Lublin-Majdanek, Natzweiler, Ravensbrück und Sachsenhausen. Vielfach suchten sich Daimler-Benz-Vertreter in den Konzentrationslagern persönlich die Häftlinge aus, so geschehen für die Werke Rzeszów, Genshagen und Mannheim. Die ehemaligen Häftlinge, vor allem die Frauen, empfanden den Vorgang der Selektion als besonders erniedrigend. In der Regel hatten die Häftlinge nackt auf dem Appellhof anzutreten, um von den Angehörigen der Daimler-Werke eingehend begutachtet zu werden. Die Häftlinge wurden mit dem Transport zum Bestimmungsort gleichzeitig der Zuständigkeit des jeweiligen Konzentrationslagers überstellt, in dessen Außenkommandos sie arbeiten mußten.

Die Lebens- und Arbeitsbedingungen der in den Werken und Verlagerungsbetrieben des Daimler-Benz-Konzerns eingesetzten KZ-Häftlinge sind, die absolut menschenunwürdigen Verhältnisse in den Außenkommandos Haslach-Vulkan und Neckarelz mit seinen Unterkommandos ausgenommen, vergleichbar. Doch ist es aus heutiger Sicht nahezu unmöglich, wenn nicht gar anmaßend, die damaligen Verhältnisse angemessen zu beurteilen. Es wird kaum möglich sein, etwaige Thesen wie „in Genshagen war es besser als in Mannheim" aufzustellen. Die Interviews zeigen, daß die Beurteilungen der Lebens- und Arbeitsbedingungen vom jeweiligen Erfahrungshorizont des Häftlings abhingen. Wer bereits „KZ-Erfahrung" hatte, konnte Vergleiche anstellen und beurteilen, wo es „besser" oder „schlechter" war.

---

531 Vgl. Koppenhöfer, Buchenwald, S. 535f.; Böckle, Vaihingen, S. 211; GUG-Interview Chmielowski/PL, Anhang, S. 4.

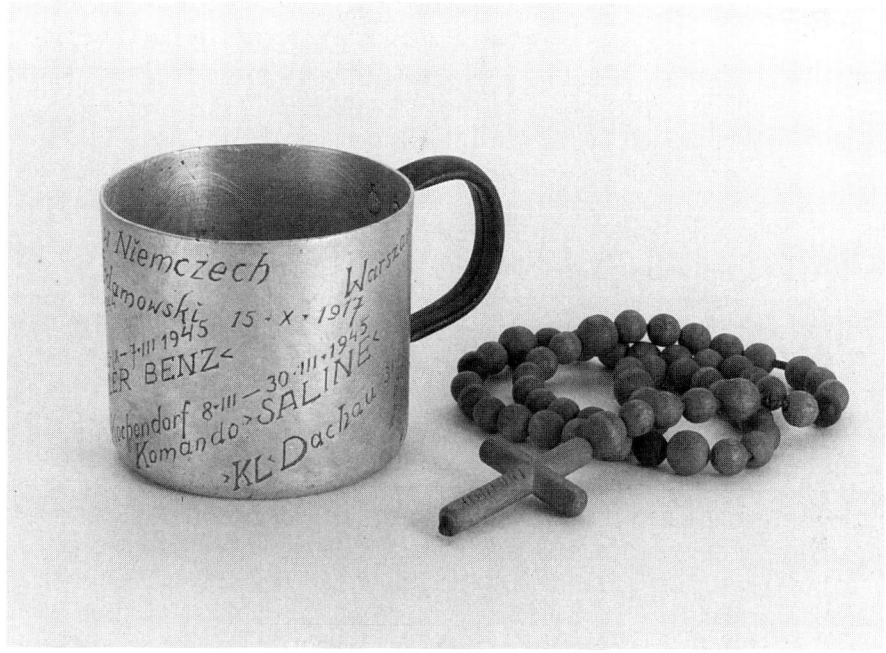

Abb. 53: Trinkbecher und Rosenkranz eines ehemaligen polnischen KZ-Häftlings des Werks Mannheim.

Lebensbedingungen

Die Lebensbedingungen in den Außen- und Unterkommandos waren überall schlecht
bis katastrophal, vor allem in den letzten Kriegsmonaten verschlimmerten sich die
Zustände in allen Kommandos. Das Leben der Häftlinge war vorwiegend von
Hunger und Kälte geprägt. Immer wieder werden diese beiden Faktoren als die
schlimmsten Qualen der Häftlingszeit genannt.

Die Verpflegung bestand in der Regel aus Ersatzkaffee, minderwertigem Brot,
der lagerüblichen Suppe aus Wasser, Kraut, Rüben und bisweilen einigen Kartof-
felstücken sowie ein wenig Margarine und Marmelade. Wurst oder gar Fleisch
haben die wenigsten bekommen. Die tägliche Ration belief sich durchschnittlich
auf 1/4 bis 1/2 l „Kaffee", 200 bis 250 g Brot und 3/4 bis 2 l Suppe, was davon
abhing, ob die Häftlinge ein- oder zweimal am Tag Suppe erhielten. Zusatzrationen
gab es so gut wie nie. Folglich waren die Häftlinge stets auf der Suche nach etwas
Eßbarem oder sie versuchten, sich durch Tauschhandel, Gefälligkeiten o.ä. Nahrungsmittel zu beschaffen. Einige Häftlinge bekamen von deutschen Arbeitern oder
anderen Zwangsarbeitern heimlich Lebensmittel – Brot, Kartoffeln, Obst, Zucker-
stücke – zugesteckt. Diese Solidaritätsbekundungen bedeuteten über die reine Lin-
derung des Hungers hinaus eine wertvolle moralische Unterstützung.

Fast überall herrschten unzureichende hygienische und sanitäre Bedingungen, am schlimmsten im Außenkommando Haslach-Vulkan, aber auch den im Daimler-Benz-Werk in Mannheim und insbesondere in der Verlagerung „Goldfisch" eingesetzten Häftlingen blieb dieser Umstand im Gedächtnis haften. Nur im Lager Ludwigsfelde waren die hygienischen Verhältnisse gut, da das Lager als ehemaliges RAD-Lager mit ausreichenden sanitären Anlagen versehen worden war und seine zentrale Lage inmitten eines Wohngebietes die sonst üblichen KZ-Verhältnisse nicht zuließ. Als relativ erträglich empfanden einige Frauen die sanitären Bedingungen im Genshagener Werksbunker.

Die Bekleidungsfrage war ein ständiges Problem. Nicht nur, daß nicht genügend Kleidungsstücke vorhanden waren und es den Häftlingen verboten war, sich Pappe, Zeitungen oder Lumpen unter ihre Häftlingskleidung zu stopfen, sie hatten in den seltensten Fällen Mittel und Möglichkeiten, ihre Kleidung zu reinigen. Üblich waren von Zeit zu Zeit durchgeführte Desinfektionen der Kleidung zur Eindämmung der in nahezu allen Lagern, abgesehen von Rzeszów, dem Lager Ludwigsfelde und dem Werksbunker in Genshagen, üblichen Läuseplage. Die Mehrzahl der Häftlinge trug Holzschuhe, in denen sie sich die Füße rasch wund liefen, wodurch vor allem die Märsche zwischen Lager und Werk zur Qual wurden.

Die unzureichenden Lebensbedingungen im Lager führten zu einer erhöhten Krankheitsanfälligkeit. Prinzipiell sind alle vorkommenden Krankheiten, und viele Arbeitsunfälle, Folgeerscheinungen von Unterernährung und mangelnder Hygiene. Häufig auftretende Krankheiten neben der Unterernährung, an der jeder Häftling litt, waren Mangelödeme, Magen- und Darmkrankheiten sowie Fälle von Tuberkulose- und Typhuserkrankungen.

Medizinisch wurden die Häftlinge so gut wie gar nicht versorgt. Die medizinische Betreuung lag entweder in der Hand von SS-Ärzten, Häftlingsärzten oder sonstigen Medizinern, die sich ehrenamtlich um die Häftlinge kümmerten, wie etwa der Neckarelzer Arzt Dr. Wey. Fortwährend herrschte ein Mangel an Medikamenten und Verbandsstoff. Darüber hinaus waren die Krankenreviere, wie in allen Konzentrationslagern, gefürchtet und wurden nach Möglichkeit gemieden. Kranke und arbeitsunfähige Häftlinge wurden im allgemeinen in die Stammlager rücküberstellt. Seit das Natzweiler Außenkommando Vaihingen/Enz im November 1944 zum „Krankenlager" deklariert wurde, trafen im Zeitraum von Dezember 1944 bis März 1945 insgesamt sieben Krankentransporte aus den für Daimler-Benz eingesetzten Natzweiler Außen- und Unterkommandos Neckarelz, Neckargerach, Haslach und Mannheim-Sandhofen in Vaihingen ein. Schon allein die Statistiken der zahlreichen großen Häftlingstransporte für die „Goldfisch"-Verlagerung in Obrigheim und der etlichen Krankentransporte aus den für Daimler-Benz arbeitenden Natzweiler Außenkommandos Neckarelz und Haslach in das „Krankenlager" Vaihingen/Enz geben Aufschluß über die unmenschlichen Bedingungen, unter denen die Häftlinge, „Bau-" wie „Produktionshäftlinge", zu leiden hatten.

Gegen Ende des Krieges verschlechterten sich die Lebensbedingungen in den Außen- und Unterkommandos, deutlich spürbar auch in Neckarelz und Mannheim, so daß die Situation zu diesem Zeitpunkt in den Stammlagern meist besser war als in den Außenkommandos.[532]

---

532 Vgl. Koppenhöfer, Buchenwald, S. 525; GUG-Interview Chmielowski/PL, Anhang, S. 8.

Tab. 16: Häftlingstransporte für Daimler-Benz-Werke

Werk	KZ	Anzahl	Datum	Bestandsmeldung	Arbeiten
Rzeszów	(Ghetto Rzeszów)	100	7/1942	334/09.06.1943	Produktion
		300	8/1942	260/31.05.1944	
Wackenbach	Schirmeck-Vorbruck	?	1943/44		Produktion
Gaggenau	Schirmeck-Vorbruck	?	9/1944		Produktion
Weisenbach	Schirmeck-Vorbruck	?	1944/45		Produktion
„Barbe"	Dachau	400	30.09.1944	399/30.09.1944	Bauarbeiten
	Schirmeck-Vorbruck	650	11/1944		Bauarbeiten
„Dachsbau"	Natzweiler	90 [a]			
„Esche"	Flossenbürg	?	11/1944		Bauarbeiten
Berlin-Marienfelde	Sachsenhausen	?	1943 [b]		Produktion
Riga	(Ghetto Riga)	250–300 [c]	1943		
Minsk	?	?			Produktion
Genshagen	Sachsenhausen	180 [c]	31.12.1942		Produktion
	Ravensbrück	1.000	10/1944		
	Ravensbrück	100 [c]	12/1944		
„Goldfisch"	Dachau	500	31.03.1944		Bauarbeiten und
	Groß-Rosen	900	27.04.1944		Produktion
	Sachsenhausen	600	15.05.1944	1.440/15.05.1944	
	?	600	7/1944	2.129/15.06.1944	
	Dachau	1.000	23.07.1944		
	Natzweiler	300	10.08.1944 [d]		
„Kranich"	Dachau	300	26.03.1944	2.944/30.09.1944	Bauarbeiten und
	Dachau	200	29.03.1944	2.841/31.10.1944	Produktion
	Majdanek	500	4/1944	500/31.03.1944	
	Auschwitz	550	06.05.1944	994/15.04.1944 [e]	
	Auschwitz	465	25.08.1944	1.436/15.05.1944	
				1.276/15.06.1944	
Mannheim	Dachau	1.060	04.10.1944	100/30.09.1944	Produktion

a   Für die Verlagerung waren 90 KZ-Häftlinge vorgesehen, ob sie eingesetzt wurden, ist aus dem Quellenmaterial nicht ersichtlich.
b   Unklar, aber nicht wahrscheinlich bleibt, ob Häftlinge in Berlin-Marienfelde eingesetzt wurden.
c   Laut Schätzungen von Zeitzeugen.
d   Es handelte sich um Häftlinge, die vom Außenkommando Wesserling-Urbès nach Neckarelz überstellt worden waren.
e   Am 6.4.1944 waren 1.500 Häftlinge von Majdanek nach Natzweiler überstellt worden, am 15.4.1944 war das Außenkommando Wesserling-Urbès mit 994 Häftlingen belegt, so daß anzunehmen ist, daß rund 500 Häftlinge dieses Transportes dem Außenkommando zugeteilt wurden.

Tab. 17: Die in Daimler-Benz-Werken/-Verlagerungen eingesetzten Außen- und Unterkommandos

Konzentrationslager	Außenkommando	Unterkommando	Verlagerung	Werk
Natzweiler-Struthof	Haslach-Sportplatz		„Barbe"	Gaggenau
	Mannheim-Sandhofen			Mannheim
	Vaihingen/Enz			Mannheim
	Neckarelz I	Unterriexingen	„Galenit"	Genshagen
		Neckarelz II	„Goldfisch"	Genshagen
		Neckargerach	„Goldfisch"	Genshagen
		Neckarbischofsheim	„Goldfisch"	Genshagen
		Asbach	„Goldfisch"	Genshagen
		Bad Rappenau	„Goldfisch"	Genshagen
		Oberschefflenz	„Goldfisch"	Genshagen
	Neuenbürg		„Dachsbau"[a]	Gaggenau
	Wesserling-Urbès		„Kranich"	Rzeszów
Ravensbrück	Genshagen			Genshagen
Sachsenhausen	Ludwigsfelde			Genshagen
	Marienfelde			Marienfelde[a]
Schirmeck-Vorbruck	Rotenfels I			Gaggenau
	Rotenfels II			Gaggenau
		Weisenbach		Gaggenau
	Haslach-Stollen		„Barbe"	Gaggenau
(Ghetto Riga)				Riga
Riga-Kaiserwald	Lenta			Riga
(Zwangsarbeitslager)				Minsk

a   Aus dem eingesehenen Quellenmaterial ist nicht ersichtlich, aber auch nicht unwahrscheinlich, ob KZ-Häftlinge in der Verlagerung
    „Dachsbau" und im Werk Berlin-Marienfelde eingesetzt worden sind.

Arbeitsbedingungen

Zahlreiche Häftlinge äußerten, sie hätten die Arbeit bei Daimler-Benz dem Leben im Konzentrationslager vorgezogen. Die Arbeitskraft der Häftlinge, wohlgemerkt nicht die Häftlinge selbst, hatten für die Firma bzw. für die Nationalsozialisten einen gewissen Wert. Insofern hatten diese Häftlinge mit Ausnahme der letzten Kriegsmonate in geringem Maße größere Überlebenschancen als die Häftlinge in den Stammlagern.

Die Arbeitsbedingungen im engeren Sinne schilderten die Häftlinge, die in der Produktion eingesetzt waren, als hart. Wenn auch die Arbeit der „Produktionshäftlinge" an sich einigermaßen erträglich war, so waren doch die übrigen Bedingungen – lange Arbeitszeiten, kurze Pausen, Temperatur, Luftfeuchtigkeit etc. – meist schlecht. Die in der Forschung häufig anzutreffende Feststellung, daß es den „Bauhäftlingen" weitaus schlechter gegangen sei als den „Produktionshäftlingen", ist für Daimler-Benz weniger zutreffend. Die beliebige Ersetzbarkeit der „Bauhäftlinge" trifft insofern auch für die „Produktionshäftlinge" zu, als daß sie meist nur kurz oder überhaupt nicht angelernt wurden. Bei den Arbeiten in den Stollen, sei es im Baubereich oder in der Produktion, waren alle Häftlinge extremen Bedingungen ausgesetzt. Neben den dort herrschenden klimatischen Verhältnissen und der körperlich harten Arbeit, war den Häftlingen keinerlei Schutzkleidung, weder Schutzmasken noch Schutzanzüge, zur Verfügung gestellt worden. Auch in den Werken haben die Häftlinge vermutlich keine Schutzkleidung getragen. Lediglich für das Mannheimer Werk ist bekannt, daß sich die Werksleitung um Schutzanzüge bemüht, diese aber offenbar nicht erhalten hatte.

Die Arbeitszeit betrug im allgemeinen 12 Stunden, wobei im Schichtbetrieb gearbeitet wurde. Bisweilen mußten die Häftlinge bis zu 36 oder gar 48 Stunden hintereinander arbeiten.

Körperliche Schwäche, fehlende Schutzkleidung und eine zu kurze oder gar nicht durchgeführte Anlernzeit der Häftlinge bedingten ein erhöhtes Unfallrisiko. Einige Häftlinge erzählten in den Interviews von Arbeitsunfällen.

Die Arbeitsbedingungen hingen in erster Linie von dem Verhalten der Meister und Vorarbeiter ab, auch die Kapos spielten eine nicht unwesentliche Rolle. Schikanen gab es auch am Arbeitsplatz, wenn auch in geringerem Maße als in den Lagern. Bis auf eine Ausnahme (Wackenbach) reagierten die Werksleitungen nicht auf die Mißhandlungen der Häftlinge. Eher setzten sich Werksangehörige für die Häftlinge ein, um sie vor Übergriffen während der Arbeitszeit zu schützen. Hierbei kann zwischen Werken, in denen auch deutsche Arbeiter beschäftigt waren, und Werken, in denen kaum deutsche Arbeiter, sondern nur deutsche Meister und Vorarbeiter arbeiteten, unterschieden werden. Während im ersten Fall menschliche Solidarität möglich war (Genshagen), waren die Häftlinge in den anderen Werken völlig auf sich allein gestellt (Rzeszów).

Nicht arbeitsbedingte Kontakte waren zwar strikt verboten, konnten jedoch nirgendwo gänzlich unterbunden werden. Sie waren weniger durch Sprache als durch Zeichen geprägt, etwa wenn den Häftlingen Essen zugesteckt wurde, Zeitungsausschnitte hinterlegt wurden oder durch ein Kopfnicken Solidarität bekundet wurde. Jedoch alles in allem funktionierte die Kontaktsperre.

Insgesamt gesehen waren sowohl die Arbeit als auch die Gesamtheit der Lebens- und Arbeitsbedingungen für den desolaten physischen und psychischen Zustand der Häftlinge verantwortlich. Hunger, Kälte, Schlafentzug, fehlende medizinische Versorgung, lange Anmarschwege und Arbeitszeiten, körperliche Belastung durch Arbeit, Schikanen im Lager und am Arbeitsplatz machten aus den Häftlingen ausgezehrte, abgemagerte und gedemütigte Wesen.

Auf ihren Zustand nach dem Krieg angesprochen, antworteten alle Häftlinge spontan mit der Schilderung ihres Gesundheitszustandes, insbesondere mit der Nennung ihres Körpergewichtes. Alle waren erbärmlich abgemagert und chronisch unterernährt.[533]

Daimler-Benz hätte etliche Möglichkeiten gehabt, Mißstände zu lindern oder abzuschaffen, sei es durch Nahrungsmittelzugaben, Kleiderspenden oder energisches Einschreiten gegen die Häftlingsbehandlung. Für Daimler-Benz war es relativ einfach, mit Geld zusätzliche Nahrungsmittel zu beschaffen, wie es der einmalige Fall in Genshagen zeigte, doch der Konzern hat die ihm zur Verfügung stehenden Möglichkeiten kaum genutzt. Letztlich war seine Haltung durch Nichteinmischung und Indifferenz gekennzeichnet.

---

533 Bei Kriegsende betrug das Durchschnittsgewicht der Frauen 38,3 kg, das der Männer 42 kg. Vgl. Tabelle 18, S. 454.

3.4 Ende und Folgen der Zwangsarbeit

3.4.1 BEFREIUNG UND RÜCKKEHR

Unter den Zwangsarbeitern bei Daimler-Benz machte sich seit der Vernichtung der 6. Armee in Stalingrad im Februar 1943 Optimismus breit, der sich auch in selbstbewußterem Auftreten den Deutschen gegenüber äußerte. Mitte 1944, nach der erfolgreichen Landung der Alliierten in Frankreich, erhielten ihre Hoffnungen neuen Auftrieb. Während die meisten Ausländer nun die deutsche Niederlage nur noch als Frage der Zeit ansahen, glaubte ein Teil ihrer deutschen Vorgesetzten und Kollegen immer noch an den Endsieg.

Die Einstellung der Deutschen den Ausländern gegenüber änderte sich in dieser Zeit. Ein Teil der interviewten ehemaligen Zwangsarbeiter erlebte ein Klima der Verschärfung bestehender Gegensätze und Vorurteile. Andere berichten, die Deutschen seien gegen Kriegsende freundlicher geworden, auch weil sie Racheakte nach der bevorstehenden Befreiung der Zwangsarbeiter befürchteten.[1]

Die letzten Tage unter deutscher Herrschaft

Für viele Zwangsarbeiter bedeutete die endgültige Außerbetriebsetzung des Daimler-Benz-Werks, in dem sie bis dahin arbeiten mußten, Anfang 1945 noch einmal eine Verschärfung ihrer Lebensumstände: Sie wurden nun, im besonders kalten Winter 1944/45, nicht mehr bei Daimler-Benz eingesetzt, sondern der Wehrmacht oder der SS übergeben und zum Räumen von Trümmern und Ausheben von Panzergräben gezwungen. Diese Phase wird von vielen Betroffenen als nochmalige Verschlechterung der Arbeits- und Lebensbedingungen gewertet.[2] Daß vielerorts auch die deutsche Bevölkerung sonntags zum Graben abkommandiert wurde, war nur ein schwacher Trost.

Nachdem beispielsweise die Daimler-Benz-Werke in Berlin-Marienfelde im März 1945 durch einen schweren Luftangriff weitgehend zerstört wurden, stellten sie die Produktion ein und überließen die Ausländer ihrem Schicksal. Viele wurden für den Ausbau von Verteidigungsstellungen rund um Berlin herangezogen:

Das härteste Bombardement, das ich erlebt habe, war das Anfang 1945 von den Amerikanern. Ich bin mit einem Kameraden losgezogen mit einem kleinen Koffer mit allen Papieren. Wir sind in die Löcher – am Straßenrand hatten sie Löcher gegraben für die Panzerfäuste. Nach zwei Stunden sind wir zunächst zurück zur Fabrik, aber wir haben sie nicht wiedergefunden. Es gab keine Straßen mehr. Wir wußten nicht, wo wir waren. Es gab nichts, nichts mehr. An diesem Tag gab es in Berlin Abertausende von Toten unter der Zivilbevölkerung. Wir wurden sechsmal bombardiert. Man produzierte trotzdem. Aber nach diesem Bombardement gab es nichts mehr. Jeder wurde zu Aufräumarbeiten herangezogen. Den Sonntag danach wurden wir requiriert. Wenn man sonntags etwas zu essen haben wollte, mußte man rund um Berlin herum Panzergräben bauen. Wir bauten Panzergräben, um die Russen aufzuhalten. Wir waren im Süden und

---

1   Vgl. dazu allgemein Jacobmeyer, Zwangsarbeiter, S. 36.
2   Vgl. GUG-Interviews Nivault/F, S. II, Roland/F, S. 11, Sanders/NL, S. 10.

hörten die Kanonen an der Oder. Es waren SS-Leute, die uns beaufsichtigten. Selbst die Deutschen wurden sonntags mobilisiert, um Essen zu bekommen.[3]

Ein leitender Angestellter der Genshagener Personalabteilung schildert die Ereignisse der letzten Kriegstage aus seiner Sicht. Für die Zwangsarbeiter fühlte man sich nach der Einstellung der Produktion nicht mehr zuständig:

> *Das war Ortsangelegenheit der örtlichen Behörden [...]. Wir konnten nicht mehr, denn wir haben ja unsere Küchen zumachen müssen, als es soweit war. Wir konnten ja nicht noch außerhalb des Werks jemanden bedienen. Das war ja in Ludwigsfelde auch nicht möglich. Wir mußten uns ja auch sofort wieder selbst um uns kümmern. Das war bei den Ausländern das gleiche. Die Ostarbeiter, um die brauchten wir uns nicht zu kümmern, die hat die Wehrmacht abgeholt. Die kamen alle nach Luckenwalde in das große Sammellager, und wie sie von da verteilt worden sind, weiß ich nicht. Wir hatten ja viele aus der Ukraine. Die sollen angeblich alle zurückgeführt worden sein. Denn von den einmarschierenden Russen, das weiß ich zum Beispiel, wurden die nicht besonders behandelt. Die nannten die ja Freiwillige.*[4]

Für die KZ-Häftlinge verschärfte sich die Situation noch weiter. Sie wurden aus den Werken abgezogen und verloren damit ihren Status als Sklavenarbeiter, der ihnen immerhin eine Überlebens*chance* gegeben hatte. Sie waren nun wieder vollständig der SS ausgeliefert. Mindestens vier Daimler-Benz-Kommandos drohte nach Aussagen der Betroffenen die sofortige Ermordung durch die SS. Im Lager Rotenfels bei Gaggenau verhinderte jedoch der kurz zuvor dorthin versetzte neue Lagerleiter den geplanten Massenmord[5]. Im elsässischen Verlagerungswerk „Kranich" sollten die etwa 500 jüdischen KZ-Häftlinge aus Rzeszów erschossen werden. Daimler-Benz bestand jedoch darauf, die mittlerweile seit drei Jahren eingearbeiteten KZ-Häftlinge als Facharbeiter in das sächsische Verlagerungswerk „Elster" bei Kamenz in Sachsen mitzunehmen und verhinderte damit – bewußt oder unbewußt – die Ermordung[6]. Für etwa 60 bis 70 Häftlinge dieser Gruppe bedeutete dies jedoch nur einen Aufschub: Ihre Odyssee durch Europa endete in einer Höhle bei Kamenz, wo sie vermutlich von SS-Ärzten mit tödlichen Injektionen ermordet wurden.[7]

Den meisten Kommandos, die die SS aus Daimler-Benz-Werken abzog, war ein ähnliches Schicksal zugedacht. In den berüchtigten „Todesmärschen" wurden die Häftlinge überwiegend zu Fuß, manchmal auch in Waggons, in die Konzentrationslager zurückgeführt oder an andere Stellen gebracht, wo sie unauffällig ermordet werden sollten, z.B. in den Alpen oder in der Ostsee. Wer auf den endlosen Fußmärschen entkräftet zurückblieb, wurde von den SS-Bewachern erschossen oder erschlagen.[8] Eine Überlebende des Frauenkommandos aus Genshagen berichtet:

---

3   GUG-Interview Roland/F, S. 11. Vgl. auch GUG-Interviews Amari/I, S. 6, Poptie/NL, S. 3, und Brief Nivault/F an DBAG 13.2.1986.
4   GUG-Interview Stolzenwald/D, S. 24.
5   Vgl. GUG-Interview Rauber/F, S. 5.
6   Vgl. GUG-Interview Rosenberg/D, S. I.
7   Vgl. Bellon, Mercedes, S. 248.
8   Vgl. GUG-Interviews Brydak/PL, S. 10, Krol/PL, S. 8f., Zapotoczna/PL, S. 3. Vgl. aus der Vielzahl der Literatur allgemein zu den Todesmärschen und Vernichtungsaktionen nach der Evakuierung der Lager: Böckle, Arbeits- und Krankenlager Vaihingen, S. 218f.; Hilberg, Vernichtung, S. 666; Kolb, Bergen-Belsen, S. 150f.; und Rabitsch, KL Mauthausen, S. 79–87.

Am 17. April [1945] frühmorgens jagten uns die Stubenältesten und SS-Männer hinaus. Sie gaben uns einen Laib Brot, ein kleines Stück Margarine und ein kleines Stück Wurst, und wir gingen los. Bis zum 2. Mai trieben sie uns 30 km am Tag. Die älteren Frauen brachen unterwegs zusammen, wer fiel, der war eben gefallen, und dem gab man den Rest. Wir schliefen in Scheunen, auf dem Feld. Einmal fand ich Zuckerrüben und bekam davon Ruhr. Wir wurden nach Norden geführt, später erfuhren wir, daß sie uns auf Schiffen im Meer ertränken wollten. Nur haben sie es nicht mehr geschafft, weil die alliierten Truppen am 3. Mai diese Gegend schon besetzten. Am 2. Mai wußten sie nicht mehr, wohin sie uns führen sollten, Berlin war bereits völlig eingekesselt, und in der Nacht ließen uns die Deutschen allein, die SS-Männer und Aufseherinnen flohen. Als wir aufwachten, sahen wir Soldaten, es waren wohl russische, und [die] sagten, der Krieg sei zu Ende und wir seien frei.[9]

Einigen Häftlingen gelang es, während des Fußmarsches zu entkommen und sich zu den alliierten Truppen durchzuschlagen.[10] Auch zivile Zwangsarbeiter nutzten die Verwirrung der letzten Kriegstage, um sich abzusetzen[11], teilweise mit Billigung der Lagerleiter und Wachmannschaften[12], die kein Interesse daran haben konnten, in ihrer Funktion als Bewacher den Alliierten in die Hände zu fallen.

Plünderungen und Racheakte

Das Machtvakuum, das kurz vor dem Einmarsch alliierter Truppen entstand, ermöglichte es den Zwangsarbeitern, dem schlimmsten Umstand der letzten Kriegswochen abzuhelfen: dem Hunger. Mit der Außerbetriebsetzung der Werke stellte Daimler-Benz oft auch die Ernährung der Zwangsarbeiter ein, auch wenn sie nicht von der Wehrmacht für Verteidigungsarbeiten herangezogen und ernährt wurden. In den meisten Stamm- und Verlagerungswerken kam es zu Plünderungen der Werkskantine.[13] In Marienfelde wurden bei dieser Gelegenheit große Nahrungsmittelvorräte entdeckt, die entweder von Daimler-Benz gehortet oder von deutschen Mitarbeitern der Kantine veruntreut worden waren[14]. Die ungewohnte Ernährung verursachte bei vielen Zwangsarbeitern, die oft jahrelang von Wassersuppe und Brot hatten leben müssen, schwere Durchfälle[15]. Besonders tragisch ist, daß eine Reihe von Zwangsarbeitern, vor allem KZ-Häftlinge, in diesen ersten Tagen der wiedergewonnenen Freiheit an Ernährungsstörungen starben.[16] Ein niederländischer Zwangsarbeiter aus Berlin-Marienfelde, damals Sanitäter, berichtet:

---

9 GUG-Interview Zapotoczna/PL, S. 3. Ähnliche Schilderung in GUG-Interview Vadász/H, S. 10. Frau Vadász war im selben Transport.
10 Vgl. GUG-Interviews Gillen/L, S. 23f., Telkes/H, S. 3.
11 Vgl. GUG-Interviews Grob/SU, S. II, Maucourant/F, S. I.
12 Vgl. GUG-Interview Warszynski, S. 3.
13 Vgl. GUG-Interviews Poptie/NL, S. 9, Roland/F, S. 11, Wijnbeek/NL, S. 12.
14 Vgl. GUG-Interview Strobos/NL, S. 5.
15 Vgl. GUG-Interview Poptie/NL, S. 9.
16 Vgl. GUG-Interviews Brydak/PL, S. 3, 10, Krol/PL, S. 9, Poptie/NL, S. 9, Rejmer/PL, S. 6, Schaeffer/F, S. 6. Vgl. allgemein dazu z.B. Bornemann/Broszat, KL Dora-Mittelbau, S. 196; Kolb, Bergen-Belsen, S. 151; und Rabitsch, KL Mauthausen, S. 85f.

Nach der Befreiung durch die Sowjets änderte sich die Lebensmittelversorgung schlagartig. Einige starben, weil der Körper das schnell und in großen Mengen aufgenommene Fett nicht vertrug. Das ganze Lager hatte einige Tage Durchfall.[17]

Vielerorts verschafften sich die Zwangsarbeiter auch gewaltsam Zugang zu Geschäften und Privathäusern, um ihre zumeist lumpenartige Kleidung durch neue Kleidungsstücke zu ersetzen. Vereinzelt kam es dabei auch zu Vergewaltigungen deutscher Frauen.[18]

Nach der Befriedigung der dringendsten Bedürfnisse an Nahrung und Kleidung dachten viele Zwangsarbeiter an Rache. Jahrelang waren insbesondere die „Ostarbeiter/innen" und die sowjetischen und italienischen Kriegsgefangenen Opfer zahlloser Demütigungen und Schikanen von Wachsoldaten, Werkschutzleuten und Daimler-Benz-Vorgesetzten gewesen. Die aufgestaute Wut richtete sich in erster Linie gegen Deutsche, deren Unterdrückungsmaßnahmen unmittelbar spürbar gewesen waren, also bestimmte Meister, Werksärzte, Lagerführer und Soldaten der Wehrmacht oder SS.

In Genshagen entlud sich nach dem Einmarsch der sowjetischen Truppen am 22. April 1945 bei vielen Zwangsarbeitern der gegen die Deutschen über Jahre hinweg angestaute Haß. Nicht nur im Werk Genshagen, sondern auch in den angrenzenden Siedlungen kam es zu exzessiven Plünderungen, Frauen wurden vergewaltigt, und in einem der beiden „Ostarbeiterlager" wurden die dort vom Werk Genshagen zur Bewachung eingesetzten Werkschutzmänner mißhandelt und erschlagen.[19] Ein Erlebnis, das vielen interviewten Zwangsarbeitern aus Genshagen in unauslöschlicher Erinnerung ist, war der Suizid des schon unmittelbar nach der Befreiung von den Sowjets gesuchten Lagerführers von Trebbin, das zum Werk Genshagen gehörte:

Wir waren nicht weit von der Gendarmerie entfernt, wo sie sich alle umgebracht haben. Unser Lagerführer, Herr Datow, hat seine ganze Familie, auch seine kleinen Töchter, umgebracht [...]. Seine sieben kleinen Mädchen, die entzückend waren, blond, er hatte sie umgebracht.[20]

Die Vergeltung scheint sich aber ansonsten auf das Zusammenschlagen verhaßter Deutscher beschränkt zu haben. Die betroffenen Deutschen hatten offensichtlich auch ein Schuldbewußtsein, denn viele hatten sich rechtzeitig abgesetzt oder versteckt.[21] Von Racheakten der Zwangsarbeiter gegen Daimler-Benz-Direktoren ist nichts bekannt.[22]

Bemerkenswert ist das offenbar ziemlich ausgeprägte Rechtsempfinden vieler Zwangsarbeiter in dieser Zeit. Viele erinnerten sich daran, daß ihnen einzelne

---

17 GUG-Interview Strobos/NL, S. 12.

18 Vgl. GUG-Interviews Evers/NL, S. 14, Kovács/CS, S. 3, Roland/F, S. 11.

19 Vgl. MBA Hoppe 9,35, Bericht über die Besetzung und Räumung des Werkes Genshagen durch die Rote Armee am 22.4.45, S. 1, und GUG-Interview Wensveen/NL, S. 18.

20 GUG-Interview Pinning/F, S. 11f. Vgl. zu Datow GUG-Interviews Nr. 327/NL, S. 6, Marc/F, S. I, Wensveen/NL, S. 15.

21 Vgl. GUG-Interviews Bar-Niv/PL, S. 16, Hartkoorn/NL, S. 3f., Molinari/I, S. 6, Siffredi/I, S. 11, Wensveen/NL, S. 8, 15, Nr. 516/SU, S. 5.

22 Insgesamt soll es damals relativ wenige Racheakte gegeben haben, vgl. Jacobmeyer, Zwangsarbeiter, S. 50.

Daimler-Benz-Mitarbeiter geholfen hatten, indem sie ihnen heimlich Nahrung zusteckten oder sie bei dem häufig erhobenen Sabotagevorwurf offen und gegebenenfalls auch gegenüber Gestapo-Mitarbeitern in Schutz genommen hatten. Daher bedankten sich viele Zwangsarbeiter persönlich und stellten aus eigenem Antrieb Schutzbriefe aus, um Daimler-Benz-Mitarbeiter in leitender Position vor Übergriffen der Alliierten zu bewahren.[23]

Vor allem die Niederländer hatten wegen ihres Aussehens und ihrer Sprache das Problem, den herannahenden alliierten Truppen klarzumachen, daß sie keine Deutschen, sondern verschleppte Ausländer waren. Daher gingen bei den südwestdeutschen Werken der französischen Armee französische Zwangsarbeiter und in den mittel- und ostdeutschen Werken der Roten Armee „Ostarbeiter" oder sowjetische Kriegsgefangene entgegen, um sie entsprechend zu informieren.[24]

Übergriffe der Besatzungsarmeen

Die lang ersehnte Befreiung durch alliierte Truppen verlief oft anders, als es sich die Zwangsarbeiter vorgestellt hatten.

> *Als wir befreit wurden, im Mai 1945, war Deutschland ein Land, in dem die Leute völlig haltlos waren. Es kamen Flüchtlinge aus Berlin, die schreckliche Mißhandlungen durch die Russen erlitten hatten – es war wahrscheinlich eine Art Rache. Man sagt, daß die Deutschen, als sie in Rußland einmarschiert sind, sich ähnlich verhalten haben. Aber es gibt ja Regeln der Menschlichkeit.*[25]

Sowohl von den sowjetischen als auch von den in französischen Diensten eingesetzten marokkanischen Truppen wurden die Zwangsarbeiter regelrecht ausgeplündert: Stiefel, Uhren, Schmuck, Fotoapparate wechselten schnell die Besitzer.[26]

Der Preis, den viele weibliche Zwangsarbeiter für die Freiheit zahlen mußten, war ungleich höher: Es war bekannt, daß die heranrückenden alliierten Truppen deutsche Frauen vergewaltigten. Sehr bald stellte sich jedoch heraus, daß auch Zwangsarbeiterinnen vor den Gewaltakten der Soldaten nicht sicher waren.[27]

In Sindelfingen, wo es fast keine deutschen Männer mehr gab, baten deutsche Frauen niederländische Daimler-Benz-Zwangsarbeiter auf Knien, sie vor den Marokkanern zu schützen. Nach kurzer Beratung, ob man die Frauen des Kriegsgegners vor den eigenen Verbündeten beschützen sollte, willigten die Niederländer ein. Die Frauen wurden in einem Stollen untergebracht und von den Zwangsarbeitern so lange geschützt, bis sich die Besatzungsmacht etabliert und die eigenen Soldaten unter Kontrolle hatte.[28]

---

23 Vgl. GUG-Interviews Abeillé/F, S. 5, Depauw/F, S. I, Favart/PL, S. 1, Zienkiewicz/PL, S. 8.
24 Vgi. z.B. GUG-Interview Poptie/NL, S. 8.
25 GUG-Interview Pinning/F, S. 12.
26 Vgl. GUG-Interviews Maucourant/F, S. I, Poptie/NL, S. 10, Verdonck/B, S. II, Wijnbeek/NL, S. 12. Die großen Daimler-Benz-Werke wurden von französischen bzw. sowjetischen Truppen besetzt, nur einige Niederlassungen von US-amerikanischen oder britischen Einheiten.
27 Vgl. GUG-Interviews Bar-Niv/PL, S. 15f., Duchet/F, S. 18, Lászlóné/H, S. 7, Wijnbeek/NL, S. 11f., Brief Nr. 434/F an Rasselet 6.10.1988, S. 4.
28 Vgl. GUG-Interview Wijnbeek/NL, S. 11f.

Eines der ersten Anliegen der Besatzer war die Bestrafung deutscher Daimler-Benz-Vorgesetzter, Werkschutzleute, Lagerführer und Wachsoldaten, soweit dies die Zwangsarbeiter noch nicht in eigener Regie übernommen hatten. In Poznań sollen leitende Daimler-Benz-Manager von der Roten Armee hingerichtet worden sein[29]. Ein Werkschutzmann des Werks Genshagen, der einen russischen Arbeiter getötet hatte, wurde drei Tage lang gesucht und soll anschließend von sowjetischen Panzern zermalmt worden sein[30]. Die französische Armee soll einen Daimler-Benz-Ingenieur, der im Werk Untertürkheim die Zwangsarbeiter jahrelang schikaniert und mißhandelt hatte, gehängt haben[31]. Ebenso erging es dem tschechischen Daimler-Benz-Werksarzt in Nova Paka, der als Kollaborateur hingerichtet wurde[32].

Leben in Sammellagern

Aus Mangel an Alternativen blieben die Zwangsarbeiter zunächst einmal in den Daimler-Benz-Lagern. Ihre Rückkehr in die Heimat (Repatriierung) konnte aus verschiedenen Gründen nicht sofort durchgeführt werden. Transportkapazität war knapp und die Ernährungslage in vielen Regionen Europas, z.B. Westholland, kritisch. Außerdem waren die Verkehrswege, vor allem viele Brücken, zerstört. Schließlich entstanden durch die Entwicklung des Kalten Krieges neue Probleme, die sich auf die Rückführung osteuropäischer Zwangsarbeiter auswirken sollte.

Nach und nach gelangten die Zwangsarbeiter nach Nationalitäten getrennt in Sammellager, wo sie auf die Repatriierung warteten. Nun waren sie nicht mehr zivile Zwangsarbeiter, Kriegsgefangene oder KZ-Häftlinge, sondern sogenannte DPs („displaced persons").[33] Dabei erfuhren einige französische Zwangsarbeiter aus Marienfelde, wie komfortabel Massenunterkünfte sein konnten:

> Wir wurden von den Russen evakuiert und ich fand mich in einem Lager mit dem Namen »Adolf Hitler« in Luckenwalde wieder. Das war ein Lager in der Nähe von Berlin. Ich habe davon noch Fotos. Das war eine ehemalige Kaserne für Artillerieoffiziere. Als wir die Kaserne sahen... Der Komfort, den es dort gab: Zentralheizung, Bäder, Duschen.[34]

Der Mangel an Einzelunterkünften führte dazu, daß auch die befreiten KZ-Häftlinge wiederum in Lager unterkamen. Die polnischen KZ-Häftlinge aus dem Daimler-Benz-Werk Mannheim, die in Dachau zurückgeblieben waren, wurden von den amerikanischen Truppen nach einer ersten medizinischen Versorgung desinfiziert und in einer Kaserne der SS in Freimarn untergebracht. Weil neue Kleidungsstücke fehlten, mußten sie zunächst auch noch weiter ihre zerlumpte gestreifte Häftlingskleidung tragen. Um das Lager zu verlassen, mußten sie sich sogar einen Passierschein ausstellen lassen. Erst nach vier Monaten konnten die ersten von ihnen in ihre polnische Heimat zurückkehren.[35]

29   Vgl. GUG-Interview Meysner/PL, S. 6.
30   Vgl. GUG-Interview Wensveen/NL, S. 8.
31   Vgl. GUG-Interview Misson/B, S. 3.
32   Vgl. GUG-Interview Dufek/CS, S. 12.
33   Grundlegend hierzu: Jacobmeyer, Zwangsarbeiter.
34   GUG-Interview Roland/F, S. 11.
35   Vgl. GUG-Interviews Brydak/PL, S. 10, Krol/PL, S. 9; Rejmer/PL, S. 3.

Im Zusammenhang mit der Repatriierung entstand für viele Zwangsarbeiter ein emotionales Problem: In den Jahren der Zwangsarbeit bei Daimler-Benz war eine Reihe von Beziehungen zwischen Männern und Frauen entstanden, vor allem zwischen „Westarbeitern" und „Ostarbeiterinnen". Diese Paare mußten nun entscheiden, ob sie zusammenbleiben, d.h. heiraten, oder sich trennen wollten. Für die meisten betroffenen Frauen bedeutete die Entscheidung zu heiraten den Verlust der Heimat, denn natürlich gingen die Paare nach Westeuropa und nicht in das vom Krieg viel stärker betroffene und von den Sowjets besetzte Osteuropa. Ein ähnliches Problem hatten viele „West-" und einige „Ostarbeiter", die Beziehungen zu deutschen Frauen hatten. Nach den vorliegenden Aussagen scheint sich eine Mehrzahl der Betroffenen für die Rückkehr in die Heimat entschieden zu haben, was in aller Regel der Trennung gleichkam.

Viele Paare, v.a. in der Kombination „Westarbeiter" mit „Ostarbeiterin", entschieden sich jedoch zusammenzubleiben, so daß in den ersten Tagen nach Etablierung der alliierten Besatzung eine ganze Reihe von Hochzeiten in den Lagern gefeiert werden konnten. Einige Paare mit gleicher Nationalität der Partner heirateten erst in ihrem Heimatland.[36] In einer Reihe von Fällen war die Entscheidung zu heiraten sicherlich auch mit dem Wunsch der Frau verbunden, der Armut in der Heimat zu entgehen und ein neues Leben im Westen anzufangen[37]. Für sowjetische DPs war die Heirat mit einem nichtsowjetischen Partner die einzige legale Möglichkeit, der in Jalta beschlossenen Zwangsrepatriierung aller sowjetischen Staatsbürger zu entgehen[38].

Die Unsicherheit und Entwurzelung vieler DPs aus Osteuropa gibt der Bericht eines polnischen Daimler-Benz-Zwangsarbeiters wieder, der aus einem ehemals polnischen, 1945 von der Sowjetunion annektierten Gebiet stammte:

Wir blieben noch eine Woche da, und dann brachte man uns von einem Durchgangslager ins nächste, da waren wir schon nach Nationalitäten verteilt. Erst 1947 konnten wir wieder nach Polen zurück. Zuerst schrieben wir Briefe, um in Erfahrung zu bringen, wo unsere Eltern sind, und erhielten lange Zeit überhaupt keine Antwort. Daraufhin wollten wir schon nach Australien ausreisen, unsere Heimat war ja verloren gegangen. Dann bekam meine Frau aber einen Brief von ihren Eltern, die inzwischen in Zielona Góra gelandet waren, und wir beschlossen sofort, auch dahin zu fahren.[39]

Anders entschied sich eine im Werk Colmar eingesetzte „Ostarbeiterin", der Elsässer zur Flucht verholfen hatten und die von einer Gastwirtin bis Kriegsende versteckt wurde:

Sie hatte eine Gastwirtschaft, und ich machte mich nützlich. Bei Kriegsende kam jedoch ihre Tochter zurück, die es nicht ertrug, eine Russin im Haus zu haben. Ich habe mir dann ein

---

36 Vgl. z.B. GUG-Interviews Defrance-Szelest/SU, S. I, Evers/NL, S. 14, Hermans/B, S. I, Komieniewa/SU, S. I, Lardinois/B, S. I, Lomakina/SU, S. 17, Michiels/B, S. 6, Nivault/F, S. I, Novosel/YU, S. 4, Pinning/F, S. 6, Taal/NL, S. 11, Nr. 213/SU, S. I; Briefe Rekuta/SU an GUG 8.4.1991, S. 1, Nr. 38/CS an DBAG 25.11.1990, S. 4.

37 Vgl. GUG-Interview Nr. 263/SU, S. If., 2.

38 Vgl. Jacobmeyer, Zwangsarbeiter, S. 141. Dort sind noch zwei weitere, hier nicht relevante Ausnahmen genannt.

39 GUG-Interview Warszynski/PL, S. 3.

Zimmer gesucht und bin in die Fabrik neben »Kiener Daimler-Benz« arbeiten gegangen. Es war schwer, mit dem wenigen Geld zurechtzukommen. Nach Kriegsende kamen russische Offiziere und haben alle russischen Mädchen zusammengeholt, sie sollten wieder in ein Sammellager nach Deutschland und von da dann zurück in die UdSSR. Aber ein Elsässer erklärte mir, daß ich nicht mitgehen bräuchte, sie könnten mich nicht zwingen, denn ich sei ja in Frankreich. Nina und viele andere sind zurückgegangen. Ich habe mir überlegt: Mein Bruder war verschleppt, meine Eltern waren vielleicht tot, meine Heimatstadt war total zerstört. Ich wollte nicht ins Ungewisse fahren, und habe mich geweigert zu fahren. Ich wollte auf eine Nachricht von zu Hause warten. Erst 1948 bekam ich den ersten Brief von meinen Eltern, aber da hatte ich schon meinen späteren Mann kennengelernt. Ich schrieb, ich wolle heiraten. Meine Eltern waren einverstanden, sie wollten, daß ich glücklich werde, ich solle nur immer viele Fotos schicken.[40]

Über Ausländerfeindlichkeit in ihrer neuen Heimat berichtet auch eine Polin, die ihrem frisch angetrauten Mann nach Frankreich folgte[41].

Um nicht tatenlos die Zeit bis zur Abreise in die Heimat in den Lagern abwarten zu müssen, arbeiteten viele DPs für die Alliierten. Sie übernahmen Funktionen in der Lagerverwaltung, arbeiteten als Dolmetscher oder organisierten die Transporte in die Heimat.[42]

Rückkehr nach Hause

Die Rückkehr nach Hause vollzog sich in vielen Fällen auf recht abenteuerliche Weise. Es erwies sich nun für einige DPs als vorteilhaft, daß sie für eine deutsche Automobilfirma hatten arbeiten müssen. Noch bevor sich die Alliierten etablieren konnten, requirierten einige Gruppen ehemaliger Zwangsarbeiter Daimler-Benz-Lkw oder -Busse und fuhren damit in Richtung Heimat. Meistens kamen sie aber nicht weit, da ihnen die Fahrzeuge von den Alliierten abgenommen wurden. Sie mußten dann, wie viele andere „Westarbeiter" und Italiener auch, entweder in Sammellagern auf reguläre Transporte im Rahmen der Repatriierung warten oder gingen einfach zu Fuß weiter. Während die Rückkehr der ehemaligen „West-" und „Ostarbeiter", Italiener, Tschechen und Ungarn im wesentlichen im Sommer 1945 abgeschlossen war, mußten viele Polen teilweise bis 1947 in deutschen Lagern ausharren.[43] Ein immer größer werdender Anteil der Polen wollte wegen der Zerstörung des Landes und der politischen Entwicklung gar nicht mehr in die Heimat zurück.[44] Polnische Juden waren zusätzlich mit dem in ihrer Heimat aufflackernden

---

40   GUG-Interview Grob/SU, S. II.
41   Vgl. GUG-Interview Favart/PL, S. 13.
42   Vgl. z.B. GUG-Interviews Bar-Niv/PL, S. 15, Kovács/CS, S. 10, Labrigat/F, S. II, 7, Lardinois/
     B, S. I, Nivault/F, S. II, Ponti/I, S. 7, Wijnbeek/NL, S. 12.
43   Vgl. z.B. GUG-Interviews Amari/I, S. 7f., Ballini/I, S. 11f., Barberi/F, S. I, Bini/I, S. 9f.,
     Duchet/F, S. 18, Hoofs/NL, S. 10, Lienaerts/NL, S. 12f., Nivault/F, S. II, Roland/F, S. 11,
     Sanders/NL, S. 10, Warszynski/PL, S. 3, Wensveen/NL, S. 18, Zonjee/NL, S. 7. Vgl. dazu auch
     Jacobmeyer, Zwangsarbeiter, S. 82–84.
44   Vgl. Jacobmeyer, Zwangsarbeiter, S. 87f.; Stepien, Displaced Persons, S. 2.

Antisemitismus (Pogrom von Kielce Anfang 1946) konfrontiert. Wie viele andere jüdische DPs entschieden sie sich daher für ein neues Leben in Palästina.[45]

An der Grenze wurde einigen zurückströmenden französischen DPs das Geld abgenommen, das sie sich bei Daimler-Benz erspart hatten. Andere Franzosen mußten in der Heimat feststellen, daß sie ihr mitgebrachtes deutsches, beim Kriegsgegner verdientes Geld nicht oder nur teilweise umtauschen durften.[46]

Viele jüdische DPs erfuhren nach ihrer Rückkehr, daß alle oder die meisten Familienmitglieder ermordet worden waren[47]. Eine ungarische Jüdin, die im Werk Genshagen eingesetzt war, berichtet:

> *Wir erhielten dann ein Papier, daß wir KZ-Leute sind, Passierscheine also. Dann kamen wir nach Stettin, haben ganz Polen durchquert. Wir waren vielleicht auf 15 Eisenbahnwagen verteilt, aßen zwischendurch rohe Kartoffeln oder brieten sie dort auf dem Feld. Wir durchquerten also Polen und die Tschechoslowakei und kamen endlich am 15. Juni [1945] in Budapest an, nach zweiwöchiger Fahrt [...]. Ich ging zu dem Haus, in dem meine Familie vorher gewesen war, und traf die Hausmeisterin, die mich von klein an kannte. Ich grüßte sie, sie grüßte mich zurück, aber ich sagte: »Sie erkennen mich nicht«. Da erkannte sie mich: »Gott im Himmel, Du bist nach Hause gekommen! Wir haben Dich nicht erwartet. Niemand anderes ist zurückgekommen, nur Du. Aber Dich haben wir nicht erwartet, weil wir ja wußten, wie krank Du warst, als Du aufgebrochen bist.« [...] Ich habe sehr lange gewartet, aber von meiner Familie ist niemand mehr aufgetaucht. Dann wurden mein Mann und meine Kinder meine neue Familie.*[48]

Noch wenig erforscht ist das Schicksal der sowjetischen DPs. Mindestens ein Teil von ihnen wurde von Stalin als Verräter angesehen und zur Zwangsarbeit nach Sibirien deportiert oder sogar ermordet. Von ehemaligen sowjetischen Daimler-Benz-Zwangsarbeitern ist zum Beispiel das Schicksal eines sowjetischen Offiziers bekannt. Nachdem er von seiner Befreiung bis Oktober 1945 wieder als Offizier in der Roten Armee tätig war, wurde er anschließend als vermeintlicher Kollaborateur in den Ural verbannt, obwohl er aus Genshagen geflohen und dafür nach seiner Wiederergreifung in ein KZ eingewiesen worden war[49].

Wenig zimperlich ging die Rote Armee auch mit Angehörigen der Westalliierten um: Einige französische und niederländische Zwangsarbeiter flohen bei der Evakuierung des Daimler-Benz-Verlagerungswerks „Schachtelhalm" hinter die sowjetischen Linien. Dort wurden sie von ihren Befreiern ausgeplündert und in einen Zug mit Viehwaggons gesetzt, der sie nach Moskau brachte. Während der Fahrt, die einen Monat brauchte, mußten sie trotz knappster Nahrungsmittelzuteilungen immer wieder schwere Arbeiten für die Rote Armee verrichten, z.B. Waggons entladen. In Moskau kamen sie in ein Gefangenensammellager, das vom Roten Kreuz versorgt wurde. Erst im August 1945 kamen sie in ihre Heimat zurück.[50]

---

45 Vgl. Jacobmeyer, Jüdische Überlebende, S. 434; außerdem GUG-Interview Bar-Niv/PL, S. 16f.
46 Vgl. GUG-Interviews Amory/F, S. I, Duchet/F, S. 18, Roland/F, S. 12, White/F, S. 4.
47 Vgl. GUG-Interviews Bar-Niv/PL, S. 17, Kabacinska/PL, S. 11.
48 GUG-Interview Vadász/H, S. 10f.
49 Vgl. Birk u.a., Ludwigsfelder Geschichte, S. 30.
50 Vgl. GUG-Interview Maucourant/F, 1f.

3.4.2 PHYSISCHE UND PSYCHISCHE VERFASSUNG

Mit der Befreiung durch alliierte Truppen und der Repatriierung war für die Zwangsarbeiter der Lebensabschnitt „Krieg" noch nicht abgeschlossen. Die meisten von ihnen hatten physische und psychische Schäden erlitten, die teils schnell geheilt werden konnten, sich teils aber auch als irreparabel erweisen sollten. Viele leiden bis heute unter körperlichen und seelischen Beschwerden, die ihren Ursprung im Arbeitseinsatz im Dritten Reich haben.[51]

Physische Folgen

Die im folgenden beschriebenen gesundheitlichen Schäden und Beschwerden sind fast ausnahmslos den Interviews mit ehemaligen Zwangsarbeitern entnommen, die vierzig Jahre nach der Befreiung entstanden. Sie sollen einen Eindruck vom körperlichen Zustand der Betroffenen Mitte 1945 vermitteln. Bei der Interpretation sind einige Punkte zu beachten.

Insbesondere bei den Zwangsarbeitergruppen, die besonders schlecht behandelt wurden – im wesentlichen Zivilarbeiter und Kriegsgefangene aus Polen, der Sowjetunion und Italien sowie vor allem KZ- und AEL-Häftlinge – ist zu beachten, daß es sich um Angaben von betroffenen Menschen handelt, die noch über 40 Jahre nach den Ereignissen lebten. Naheliegenderweise konnten nur wenige Interviewpartner z.B. von einem erlittenen Herzinfarkt berichten, so daß diese wichtige Spätfolge hier als erheblich unterrepräsentiert angesehen werden muß. Ein weiteres Problem sind Gewichtsangaben[52]. Die ehemaligen KZ-Häftlinge, die heute noch leben und Historikern Auskunft geben können, dürften bei Kriegsende tendenziell weniger abgemagert gewesen sein als der Durchschnitt. Insofern war die Realität noch schlimmer als das Bild, das hier von den Überlebenden dieser Gruppen gezeichnet wird. Für die zivilen Zwangsarbeiter aus den Niederlanden, Belgien und Frankreich dürfte die Abweichung vom Durchschnitt geringer sein. Bei Gewichtsangaben dieser Gruppe ist sogar denkbar, daß das Bild etwas zu drastisch ausfällt, weil die Interviewpartner ihr damaliges Gewicht im Gespräch nur dann für erwähnenswert gehalten haben dürften, wenn es besonders gering war.[53]

---

51 Eine sehr ausführliche Darstellung über die physischen und psychischen Folgen von Haft und Zwangsarbeit bei KZ-Häftlingen findet sich bei Vaupel, Einsatz, S. 184–206.
    Für Durchsicht und Korrekturen dieses Kapitels danke ich Frau Dr. med. Hilte Geerdes, Berlin.

52 Allgemein wogen nur wenige KZ-Häftlinge bei ihrer Befreiung mehr als 44 kg, vgl. Jacobmeyer, Zwangsarbeiter, S. 43.

53 Alle Gewichtsangaben in den Interviews wurden von den Befragten spontan genannt. Eine Frage nach dem Gewicht war im Standard-Fragebogen nicht vorgesehen, da wir uns bei der Ausarbeitung der Fragen nicht vorstellen konnten, daß die Betroffenen noch ihr Gewicht von vor 45 Jahren wußten. Es stand daher eher zu befürchten, daß eine solche Frage die Interviewpartner überfordern würde und unter Umständen Unmut hervorgerufen hätte, der den Gesprächsverlauf ungünstig beeinflußt hätte.

Ein direkter Zusammenhang zwischen Arbeitseinsatz bei Daimler-Benz und erlittener körperlicher Beeinträchtigung ist nur im Falle von Verletzungen und bestimmter körperlicher Schäden wie etwa Schäden an der Wirbelsäule wegen Hebens schwerer Teile möglich. Inwieweit langfristige körperliche Schäden, insbesondere Krankheiten des Magen-Darm-Trakts, Tuberkulose, andere Lungenkrankheiten oder Fußverletzungen durch langjähriges Tragen von Holzschuhen der Verantwortlichkeit von Daimler-Benz oder dem allgemeinen Mangel an Lebensmitteln, Kleidung und Schuhwerk zugerechnet werden können, ist bestenfalls in Einzelfällen zu bestimmen.[54] Drei Fälle sind bekannt, in denen Ärzte Krankheit und Tod ehemaliger Daimler-Benz-Zwangsarbeiter als Folge des Arbeitseinsatzes in Deutschland ansahen. Zwei von ihnen, die Niederländer F. Walraven und H. Grobbenhaar, waren von der Sindelfinger Werksleitung in das Arbeitserziehungslager Oberndorf geschickt worden.[55]

Viele ehemalige Zwangsarbeiter erkrankten erst Jahre oder Jahrzehnte nach ihrer Zeit bei Daimler-Benz. In diesen Fällen ist für die Betroffenen und ihre Ärzte die Einschätzung, ob es sich um Spätfolgen, anlagebedingte oder neu auftretende, altersbedingte Beschwerden und Krankheiten handelt, sehr schwierig. In dieser Hinsicht fiel in zahlreichen Interviews auf, daß die Gesprächspartner eher zu Understatement neigten, als unreflektiert Zwangsarbeit bei Daimler-Benz mit späteren körperlichen Beschwerden in Bezug zu setzen.

Nur wenige Interviewpartner bezeichneten ihren gesundheitlichen Zustand bei ihrer Befreiung als normal oder gut. Es handelt sich dabei mit Ausnahme eines – nur schriftlich befragten – „Ostarbeiters" ausschließlich um „Westarbeiter".[56]

Alle anderen Zwangsarbeiter litten an Hunger und Entkräftung als Folge der unzureichenden Ernährung. KZ-Häftlinge wurden nach der Befreiung grundsätzlich ärztlich untersucht und gewogen. Daher können viele ehemalige interviewte KZ-Häftlinge ihr damaliges Gewicht präzise angeben. Auch viele andere ehemalige Zwangsarbeiter können sich noch heute an ihr Gewicht erinnern, das sie während oder kurz nach der Befreiung hatten. Selbst wenn einige Angaben in der Erinnerung dramatisiert sein sollten, so zeigt die Fülle der Angaben in den Interviews ein erschreckendes Bild. Nicht nur die KZ-Häftlinge, die das Dritte Reich überlebten, sondern auch – weitgehend unabhängig von ihrem Status –,Polen, Sowjetbürger, Italiener und Zivilarbeiter, die in Arbeitserziehungslager eingewiesen worden waren, waren zu Skeletten abgemagert.

---

54 Vgl. zu dieser Problematik auch Niederland, Die verkannten Opfer, S. 359, und Vaupel, Einsatz, S. 185.
55 Vgl. Brief Nivault/F an DBAG 13.2.1986, S. 4; GUG-Interview Smeets/NL, S. 4.
56 Vgl. GUG-Interviews Baranov/SU, S. 3, Beekaert/B, S. 7, Bruyninckx/B, S. 7, Delicaat/NL, S. 7, Depooter/B, S. 7, Deuil/F, S. 7, Dhondt/B, S. 7, d'Elfant/NL, S. 7, Fidder/NL, S. 7, v. Gemert/NL, S. 7, v. Haaren/NL, S. 7, König/NL, S. 9, Lecouey/F, S. 7, Lesage/F, S. 7, Nr. 87/F, S. 6.

Tab. 18:   Gewicht ehemaliger Daimler-Benz-Zwangsarbeiter vor und nach dem Arbeitseinsatz im
           Dritten Reich

Name	Status	Natio-nalität	Körper-größe (m)	Gewicht (kg) vorher	nachher
KZ- und AEL-Häftlinge					
Frauen					
Chajlo	KZ	PL	1,50		37
Figaszewska	KZ	PL			36
Kabacinska	KZ	PL			32
Kovács	KZ	CS			36
Lászlóné	KZ	H			45
Nass	KZ	F	1,53	60	42
Telkes	KZ	H			<40
Männer					
Adamowski	KZ	PL			ca. 40
Besserglick	KZ	PL			50
Brydak	KZ	PL			35
Chmielowski	KZ	PL			36,7
Gillen	KZ	L			52
Janszen	Z/AEL	NL			40
Jarocki	KZ	PL			45–48
Katz	KZ	CS	1,68		45
Krakowski	KZ	PL	1,80		50
Krol	KZ	PL			40
Lagarde	KZ	F			39
E. Majewski	KZ	PL		78	34
Mankus	KZ	PL			36–37
Miesch	KZ	F	1,75	73	53
Miskiewicz	KZ	PL			41
Plock	KZ	D			45
Przygoda	KZ	PL			37,5
Rauber	KZ	F	1,62		35
Rejmer	KZ	PL			38
Rosenberg	KZ	D			37,5
Zbrzeski	KZ	PL			45
Nr. 483	Z/AEL	F			50
Nr. 446	Z/AEL	NL			40
Durchschnitt Frauen					38,3
Durchschnitt Männer					42,0

Sowjetbürger, Italiener, SS-Strafgefangene					
Frauen					
Defrance-Szelest	Z/Ost	SU	1,51	58	47
Grob	Z/Ost	SU	1,63	(noch 1949:)	49
Lomakina	Z/Ost	SU	1,50		35
Nr. 263	Z/Ost	SU	1,75		50
Nr. 213	Z/Ost	SU	1,53	62	43
Männer					
Amari	Z	I			35
Backes	KGF/SS	D	1,90		49
Ballini	KGF	I		83	(3/44) 41
					(5/45) 49
Ferrier	KGF	I			40
Molinari	Z	I		60	49
Ponti	Z	I			40
Richiardone	KGF	I		68–70	47
Durchschnitt Frauen					44,8
Durchschnitt Männer					44,1
„Westarbeiter" und französische Kriegsgefangene					
Anteunis	Z	B	1,89		ca. 60
Burgelman	Z	NL	1,92		48
Cordier	KGF	F	1,71		54
Jarrige	Z	F			55–60
Labrigat	Z	F	1,73		48
Marc	Z	F	1,80		46
Marron	Z	F	1,80		58
Maucourant	Z	F	1,72		58
Misson	Z	B	1,60	64	(8/44) 41
Mondejar-Esteve	Z	F	1,75	heute: 75	58
Sarrazin	Z	F		78	60
Verdonck	Z	B	1,80	94	72
Durchschnitt Männer					55,0

Status: KGF – Kriegsgefangener bzw. italienischer Militärinternierter, KZ – Konzentrations-
                bzw. Sicherungslagerhäftling, Z – Zivilarbeiter
                AEL – Aufenthalt in Arbeitserziehungslager, Ost – „Ostarbeiter" bzw. „Ostarbeiterin",
                SS – Angehöriger einer SS-Strafkompanie
Quellen: GUG-Interviews bzw. Briefe der Betroffenen an GUG (Nr. 446 und 483).

Wie schon oben beschrieben, starben viele der ausgemergelten Zwangsarbeiter in den ersten Tagen nach ihrer Befreiung, weil sie Menge oder Beschaffenheit des Essens nicht vertrugen. Dies traf insbesondere für KZ-Häftlinge zu. So starben z.B. noch nach der Befreiung viele Insassen des KZ-Außenkommandos Vaihingen/Enz, in dessen Krankenlager Häftlinge dahinsiechten, die vorher in den Daimler-Benz-Werken Mannheim, „Goldfisch", „Brasse" und „Barbe" hatten arbeiten müssen[57]. Auf die Frage, wie sein Gesundheitszustand bei der Befreiung war, antwortete ein polnischer KZ-Häftling, der vom Daimler-Benz-Werk Mannheim nach Dachau transportiert worden war:

> *Na, ein »Muselmann« war ich, vom Wasser in der Dusche bin ich umgefallen, in Dachau... Wir sind fast alle an Typhus erkrankt, als die Amerikaner kamen, sind sie in Masken herumgelaufen, dann wurden wir alle auf dem Appellplatz mit DDT abgespritzt. Die Menschen starben wie die Fliegen.*[58]

Ein anderer mußte beim Gehen nach maximal 15 Metern stehenbleiben, um sich zu erholen. Ein KZ-Häftling, der in Rzeszów und „Kranich" gewesen war, konnte ein Jahr lang nur Kartoffeln essen, weil sein Magen keine andere Nahrung vertrug.[59]

Aber auch Zivilarbeiter litten an Folgen der Unterernährung. In den Lagern griffen leichte Durchfallerkrankungen, aber auch Ruhr, Typhus und Paratyphus um sich.[60] Ein Franzose berichtet:

> *Ich war dünn und hatte Ruhr. Vor allem am Schluß hatten wir ja alles mögliche gegessen, Löwenzahn, oder egal, was wir bekommen konnten.*[61]

Auch die meisten anderen Westarbeiter berichten, daß sie ausgemergelt und unterernährt waren. Französische Kriegsgefangene, die ja fast fünf Jahre in Deutschland festgehalten worden waren, erhielten daher nach ihrer Rückkehr in die Heimat doppelte Nahrungsmittelzuteilungen[62].

Eine äußerlich auffällige Begleiterscheinung der Unterernährung waren Hungerödeme, d.h. durch Eiweißmangel hervorgerufene Ansammlungen von Gewebeflüssigkeit in den Beinen, im Bauch und im Gesicht, die den Betroffenen ein aufgedunsenes und aufgeschwemmtes Aussehen verliehen. Diese Erkrankung ging durch bessere Ernährung und ärztliche Behandlung zurück; direkte Folgeschäden wurden von den Interviewpartnern nicht genannt.[63]

---

57 Vgl. Böckle, Arbeits- und Krankenlager Vaihingen, S. 210f., 216, 220.
58 GUG-Interview M. Majewski/PL, S. 8. DDT wurde tatsächlich in großem Umfang zur Desinfizierung von Menschen eingesetzt, vgl. Jacobmeyer, Zwangsarbeiter, S. 43f.
59 Vgl. GUG-Interviews Adamowski/PL, S. 7, M. Majewski/PL, S. 8, Zbrzeski/PL, S. 7, Besserglick/PL, S. 12.
60 Vgl. GUG-Interviews Broos-Jordens/NL, S. 7, Cordier/F, S. 7, M. Majewski/PL, S. 8, Maucourant/F, S. 7, Miskiewicz/PL, S. 7.
61 GUG-Interview White/F, S. 7.
62 Vgl. GUG-Interview Terreaux/F, S. 14.
63 Vgl. GUG-Interviews M. Braat/NL, S. 6, Chajlo/PL, S. 7, Defrance-Szelest/SU, S. I (französischer späterer Ehemann, der auch bei Daimler-Benz war), Gago/PL, Anhang S. 7 (3,5 l „Wasser" im Krankenhaus entfernt, später noch einmal 1,6 l), Glas/NL, S. 3, Guljakin/SU, S. 7, Kabacinska/PL, S. 11, Miesch/F, S. 7, Minajewa/SU, S. 7, Plock/D, Anhang, Richiardone/I, S. 7, Strauss/D, S. 13, Tholenaars/NL, S. 7, de Waepenaere/NL, S. 7.

Ebenfalls äußerlich auffällig waren Hautkrankheiten. Viele Zwangsarbeiter litten unter offenen Entzündungen und Wunden, vor allem an den Extremitäten und im Gesicht. Dabei hatte es sich zunächst um alltägliche Hautverletzungen – bei KZ-Häftlingen kamen Wunden durch Schläge der Aufseher oder Hundebisse hinzu – gehandelt, die jedoch dann nicht verheilten. Ursache dafür waren einerseits der schlechte allgemeine Gesundheitszustand und andererseits die miserablen hygienischen Bedingungen, die zu Verunreinigungen der Wunden und damit zu Entzündungen führten. Die Hautkrankheiten konnten durch eine Verbesserung der Ernährung sowie der Hygiene und ärztliche Behandlung in einigen Wochen und meistens nachhaltig geheilt werden.[64] Ein ehemaliger niederländischer Zwangsarbeiter berichtet allerdings von Ekzemen, mit denen er bis 1957 zu kämpfen hatte und die von einem Holzleim hervorgerufen worden seien, mit dem er bei Daimler-Benz hatte arbeiten müssen[65]. Eine Polin, die über das KZ Ravensbrück in das Flugmotorenwerk Genshagen gekommen war, leidet noch heute unter Beschwerden am Bein als Folge ihrer Hautentzündungen[66]. Die Hauterkrankungen an den Füßen waren vor allem den verhaßten Holzschuhen zuzuschreiben. Ein interviewter Niederländer, der von Ende 1943 bis Mitte 1945 mit offenen Wunden an den Füßen gehen mußte, leidet noch heute an Entzündungen[67]; auch viele andere hatten noch lange Zeit Fußbeschwerden[68].

Andere Folgen der Mangelernährung führten zum Verlust der Zähne und Haare. Eine Reihe ehemaliger Daimler-Benz-Zwangsarbeiter verlor wegen Zahnfleischschwunds sämtliche Zähne; anderen mußten die erkrankten Zähne noch nach dem Krieg gezogen werden. Ein Franzose verlor sämtliche Haare wegen Vitaminmangels. Keiner der hier zitierten ehemaligen Daimler-Benz-Zwangsarbeiter hatte zum Zeitpunkt seiner Befreiung das 30. Lebensjahr erreicht.[69]

Zu den langfristigen Folgeerkrankungen, die durch die Unterernährung mitverursacht wurden, kann man Magengeschwüre und andere Erkrankungen des Magen-Darm-Trakts zählen, die teilweise ganz, teilweise vorübergehend, zum Teil aber auch bis heute nicht geheilt werden konnten. Nicht nur ehemalige KZ-Häftlinge, sondern auch viele ehemalige „Westarbeiter" leiden daher heute noch an Krankheiten des Magen-Darm-Trakts.[70]

64 Vgl. GUG-Interviews Burgelman/NL, S. 7, Chajlo/PL, S. 7, Fierens/B, S. 7, Kabacinska/PL, S. 11, Lecoq/B, S. I, Maucourant/F, S. 7, Pregno/I, S. 9, Richiardone/I, S. 7, Strobos, S. 13f., Tholenaars/NL, S. 7, Tillie/NL, S. 7, Vadász/H, S. 10f., Zweers/NL, S. 7.

65 Vgl. GUG-Interview Bussing/NL, S. 6f.

66 Vgl. GUG-Interview Chajlo/PL, S. 15.

67 Vgl. GUG-Interview v. Looy/NL, S. I.

68 Vgl. GUG-Interviews v. Essel/NL, S. 7, Tenthof/NL, S. 7.

69 Vgl. GUG-Interviews A. Braat, S. 6, Bar-Niv/PL, S. 15, Bulteel/F, S. I, Mondejar-Esteve/F, S. 7, Nowakowski/PL, S. 7, v. Oort/NL, S. 6, Przygoda/PL, S. I.

70 Vgl. GUG-Interviews Anteunis/B, S. 7 (heute magenkrank), Brydak/PL, S. 7 (heute Magenstörungen), Chmielowski/PL, S. 7 (Magengeschwüre), Cordier/F, S. 7 (chronische Blinddarmentzündung), Depauw/F, S. 7 (Magenschrumpfung, später Magenoperation), Gillen/L, S. 23 (noch einige Zeit Magenleiden), Guljakin/SU, S. 7 (sechs schwere Magenoperationen), Krakowski/PL, S. 7 (mehrere Bauchspeicheldrüsen- und Darmoperationen), Marc/F, S. 7 (benötigte einige Monate Bauchgurt, um Magen abzustützen), Ryckaert/B, S. 7 (Magengeschwüre), Viezzoli/I,

Die größte gesundheitliche Gefahr der ersten Nachkriegsjahre ging von der Tuberkulose aus, an der bis zu einem Viertel der kranken DP litt[71]. Die häufigste Form war die Lungentuberkulose („Schwindsucht"), die bei fehlender oder mangelhafter Behandlung meist den Tod des Betroffenen nach sich zog.

Von den interviewten ehemaligen Daimler-Benz-Zwangsarbeitern litten mindestens 13 an Tuberkulose, viele andere hatten Lungenentzündungen, Rippenfellentzündungen, Angina und andere Erkrankungen der Atemwege.[72] Die Erkrankung von 400 IMI in Genshagen, von denen ca. 100 starben, wurde bereits erwähnt[73]. Begünstigend für die verhältnismäßig schnelle Ausbreitung der Tuberkulose waren nicht nur die schlechte Ernährung, sondern auch die unzureichende Kleidung. In unterirdischen Verlagerungswerken wie beispielsweise „Goldfisch" waren die dort arbeitenden Männer und Frauen im Winter enormen Temperaturunterschieden ausgesetzt[74]. Die engen Räumlichkeiten in den Stollen begünstigten die Ansteckung. Insbesondere bei den KZ-Häftlingen in „Goldfisch" war die Zahl der Tbc-Fälle sehr hoch.[75] Eine Reihe von Zwangsarbeitern war noch jahrelang in Krankenhäusern und Sanatorien[76], einige von ihnen starben dennoch[77]. Ein polnischer Zivilarbeiter, der im Werk Reichshof gearbeitet hatte, war dort schon im November 1942 wegen Tbc entlassen worden. Bis 1946 war er arbeitsunfähig und konnte sich nie wieder ganz erholen.[78] Ein niederländischer Zivilarbeiter mußte sich noch

S. 7 (noch vier Jahre lang chronische Bauchfellentzündung), Warszynski/PL, S. 9 (Magen nie wieder richtig gesund geworden), Nr. 110/CS, S. 11 (noch lange nach Rückkehr Darmprobleme), Nr. 213/SU, S. 7 (Magenprobleme), Nr. 516/SU, S. 7 (Magengeschwür, Lebererkrankung), Briefe Balikova/CS an GUG 8.8.1989 (heute Gastroenteritis), Rekuta/SU an GUG 8.4.1991, S. 3 (heute Magengeschwür).

71 Vgl. Jacobmeyer, Zwangsarbeiter, S. 44.
72 Vgl. GUG-Interviews Ballard/F, S. 6 (Angina), Ballini/I, S. 10–12 (chronische Bronchitis), Braekens/B, S. 7 (Hals- und Ohrenentzündung), Broos-Jordens/NL, S. 7 (schwere Bronchitis), Dolleman/NL, S. 7 (Lungenerkrankung), v. Essel/NL, S. 7 (Lungenentzündung), Figaszewska/PL, S. 7 (Tbc), Gago/PL, Anhang S. 7 (Nieren-Tbc und beidseitige Lungenentzündung), Guljakin/SU, S. 7 (Tbc), Hoppema/NL, S. 7 (Tbc-Prozeß nach AEL-Aufenthalt), Kapuszinski/PL, S. 11 (Lungen-Tbc, 1969 Entfernung eines Lungenflügels), A. Maenhout/B, S. 7 (Tbc, Rippenfellentzündung), E. Majewski/PL, S. 7 (beidseitige Lungen-Tbc), Merks/NL, S. 10 (Lungen-Tbc), Nass/F, S. 7 (chronische Bronchitis), Nivault/F, S. 7 (2 Monate Rippenfellentzündung), Nowakowski/PL, S. 7 (schweres Asthma), Przygoda/PL, S. I (Tbc), Rauber/F, S. 7 ("„lungenkrank"), Rosenberg/D, S. 6 (Tbc), Strobos/NL, S. 2 (Tbc), Telkes/H, S. 9 (Tbc-ähnliche, schwere Lungenerkrankung), Trzebinski/PL, S. 13 (Erkrankung der Bronchien), de Waepenaere/NL, S. 7 (Lungenentzündung), Zbrzeski/PL, S. 7 (unbehandelte Lungenentzündung), Brief Nr. 155/NL an DBAG 9.11.1986 (Tbc, Sanatoriumsaufenthalt).
73 Vgl. oben S. 305.
74 Vgl. GUG-Interview Merks/NL, S. 10.
75 Vgl. Schmid, Goldfisch, S. 501f.
76 Vgl. GUG-Interviews v. Essel/NL, S. 7 (Lungenentzündung, bis Dezember 1946 krank), E. Majewski/PL, S. 7 (beidseitige Lungen-Tbc, 2 Jahre Sanatorium), Merks/NL, S. 10 (Lungen-Tbc, 2 Jahre Krankenhaus), Przygoda/PL, S. I (Tbc, ein Jahr Krankenhaus, ein Jahr Sanatorium),
77 Vgl. GUG-Interview Smeets/NL, S. 4. Herr Smeets berichtet von einem Niederländer, der sich im AEL Oberndorf Tbc holte und 1947 daran starb.
78 Vgl. GUG-Interview Krzywiec/PL, S. 7.

viereinhalb Jahre wegen Tuberkulose und Erschöpfung stationär behandeln lassen[79]. Einige Betroffene leiden noch heute unter den Folgen dieser oder anderer Erkrankungen der Atemwege[80].[81]

Mehrere Interviewpartner, bis auf einen niederländischen Zivilarbeiter alles KZ-Häftlinge, erkrankten an Rheuma oder anderen Gelenkkrankheiten.[82] Eine gebürtige Tschechin, die als KZ-Häftling im Werk Genshagen eingesetzt gewesen war, berichtet:

> *So kam ich nach Hause [Budapest]. Nach einem Monat wurde ich bettlägerig, krank, konnte nicht mehr gehen wegen des Rheumas. Es hat schrecklich wehgetan, mein Mann mußte mich aufnehmen, wenn ich aufstehen mußte, ich konnte überhaupt nicht gehen. Dann kam ich für ein Jahr in die Klinik von Debreczin. Sie taten mit mir, was in ihren Möglichkeiten stand. Ich habe einen Monat lang immer nur geweint, ununterbrochen geweint, weil jetzt die nervliche Belastung zum Ausbruch kam.*
>
> *Mein Knie war ganz steif, und sie haben es mir im Krankenhaus ein Stück eingebrochen, so daß die Beweglichkeit wenigstens ein bißchen größer wurde. Außerdem war ich sehr abgemagert, bis auf 36 Kilo, und im Hospital hat man mit allen Mitteln versucht, mir zu helfen. Aber sie hatten selber nichts, es war nach dem Krieg, sie hatten keine Medikamente und gar nichts. Ich habe noch eine Tante in Amerika, die 1923 in die Staaten gegangen ist. An sie habe ich geschrieben, und sie schickte mir die Medikamente, die ich brauchte.*
>
> *Nach meiner Entlassung aus dem Krankenhaus von Debreczin wurde ich von einer jüdischen Gemeinde von einem Bad zum anderen geschickt. Insgesamt drei Jahre lang mußte ich mich immer Behandlungen unterziehen, mußte an Krücken gehen. Ich meinte, daß ich immer Invalide bleiben würde, nie im Leben würde gehen können. Sie haben mit mir alles versucht. 1949 fing ich an, mich als Mensch zu fühlen: Ich schrieb mich an der Universität ein, beendete die Universität und fing danach an zu arbeiten.*[83]

Mehrfach werden in den Interviews Rückenbeschwerden genannt, die auf das Heben schwerer Gegenstände oder das Stehen am Arbeitsplatz zurückgeführt werden.[84] Erwähnt werden außerdem Gefäßerkrankungen[85], Nervenkrankheiten[86] und Sehstörungen[87].

---

79 Vgl. GUG-Interview v. Looy/NL, S. 7.
80 Vgl. GUG-Interview Figaszewska/PL, S. 7 (noch heute Tbc-Rückfälle), Nass/F, S. 7 (chronische Bronchitis), Nowakowski/PL, S. 7 (schweres Asthma), Strobos/NL, S. 2 (Zwerchfellverhärtung als Folge von Tbc).
81 Vgl. zu Spättuberkulosen und anderen Langzeitschäden bei Kriegsgefangenen: Confédération, Pathologie, S. 5f.
82 Vgl. GUG-Interviews Gago/PL, Anhang S. 7 („Lagerrheumatismus"), Huysmans/NL, S. 7 (Rheuma), Jarocki/PL, S. 7 (Gelenkentzündung im Bein), Kabacinska/PL, S. 11 (Rheuma in Beinen), Rejmer/PL, S. 1, 9 (M. Bechterew), Warszynska/PL, S. 8 (Rheuma), Zapotoczna/PL, S. 10 (Knieverletzung).
83 GUG-Interview Kovács/CS, S. 10.
84 Vgl. GUG-Interviews Bulteel/F, S. I (Wirbelsäulenverkrümmung), Kabacinska/PL, S. 11 (Beschwerden an Wirbelsäule), Meysner/PL, S. 3 (Beschwerden an Wirbelsäule), Vadász/H, S. 10f. (Beschwerden an Wirbelsäule, später Operation), Wijnbeek/NL, S. 12 (Wirbelsäulenverkrümmung), Nr. 516/SU, S. 7 (Beschwerden an Wirbelsäule).
85 Vgl. GUG-Interviews Rosenberg/D, S. 6, Zapotoczna/PL, S. 10.
86 Vgl. GUG-Interviews Nr. 516/SU, S. 7, Plock/D, Anhang. Vgl. allgemein dazu Gatterbauer, Arbeitseinsatz, S. 273.
87 Vgl. GUG-Interview Plock/D, Anhang.

In der Nachkriegszeit wurden von Ärzten Reihenuntersuchungen vorgenommen, um festzustellen, welche Krankheiten bei ehemaligen Kriegsgefangenen besonders häufig vorkamen. Sie stellten fest, daß Gefäßstörungen und Herzinfarkte bei Kriegsgefangenen eine „abnorme Häufigkeit"[88] aufwiesen. Weiterhin wurden psychosomatische Störungen zwei- bis dreimal häufiger als in der normalen Bevölkerung festgestellt. Vieles weist aus medizinischer Sicht darauf hin, daß Kriegsgefangene und KZ-Häftlinge umso schneller altern, je länger sie in Gefangenschaft waren.[89] Aufgrund der ähnlich gelagerten Lebensumstände wird man diese Erkenntnisse auch auf Zivilarbeiter aus Osteuropa und Italien übertragen können.

Häufig waren Krankheiten Folge von Verletzungen. Dazu gehörten einerseits Arbeitsunfälle, die vor allem zur Verletzung der Hände führten[90]. Andererseits handelte es sich um Verletzungen durch Mißhandlungen durch Aufsichtspersonal oder Vorgesetzte, denen vorwiegend KZ- und AEL-Häftlinge ausgesetzt waren. Neben den bereits angeführten Bißwunden durch Hunde erwähnen die ehemaligen Häftlinge in den Interviews als Folge von Schlägen: ausgeschlagene Zähne, eine gebrochene Nasenscheidewand, Gehörschäden, geplatzte Trommelfelle, Rippenbrüche, zerschlagene Hände und Knie, herausgeschlagene Rückenwirbel, andere Wirbelsäulen- und Steißbeinbeschwerden, einen Nierenschaden und einen Schädelbasisbruch.[91]

Wegen ihrer starken gesundheitlichen Schäden waren viele Betroffene arbeitsunfähig, einige für Monate oder Jahre, andere für den Rest ihres Lebens.[92] Eine polnische ehemalige KZ-Insassin berichtet:

> *Ich bestand nur noch aus Haut und Knochen, mein eigener Bruder hat mich nicht wiedererkannt. Es dauerte lange, bis ich mich wieder erholt hatte, daß ich arbeiten konnte. Erst nach zwei Jahren bekam ich wieder eine Periode, und nach drei Jahren ging ich dann arbeiten [...]. Zum Glück ging es mir psychisch relativ gut. Aber ich bekam Venenentzündungen und andere Komplikationen in den Beinen, auch ein Knie ist damals beschädigt worden.*[93]

Aufgrund der starken körperlichen und seelischen Überanstrengung blieb bei vielen Daimler-Benz-Zwangsarbeiterinnen – vor allem bei KZ-Häftlingen und „Ostarbeiterinnen" – die Periode vorübergehend aus.

> *Ich wog noch 50 kg (bei 1,75 m Körpergröße), aber ich hatte überall Wasseransammlungen im Körper. Ich war allgemein geschwächt. Ich mußte fünf Jahre warten, bis ich ein Kind ohne*

88   Confédération, Pathologie, S. 10.
89   Vgl. Confédération, Pathologie, S. 7–11; Lewin, Le retour, S. 55–59.
90   Vgl. GUG-Interviews Ballini/I, S. 10–12 (Handverletzung), Lippens/B, S. 7 (Zwei Finger an Fräsmaschine verletzt), Mortelmans/B, S. II (Fingerverletzung, nur dilatorisch behandelt, daher noch heute ärztliche Behandlung), Sanders/NL, S. 10 (Fingerverletzung), Sarrazin/F, S. 7 (Daumenverletzung, ausgerenkte Kniescheibe).
91   Vgl. GUG-Interviews Brydak/PL, S. 10, Chmielowski/PL, S. 7, Figaszewska/PL, S. 7, Janszen/NL, S. 7, Kapuscinski/PL, S. 9, Miesch/F, S. 7, Rosenberg/D, S. 6, Zbrzeski/PL, S. 7.
92   Vgl. GUG-Interviews Amory/F, S. 7, v.d. Brande/NL, S. 7, Bulteel/F, S. I, Kabacinska/PL, S. 11, Kajzer/PL, S. 10, Katz/CS, S. III, Krakowski/PL, S. 7, v. Looy/NL, S. I, E. Majewski/PL, S. 7, Maucourant/F, S. 7, Nass/F, S. 7, Plock/D, Anhang, v.d. Steen/NL, S. 7, Warszynska/PL, S. 8.
93   GUG-Interview Zapotoczna/PL, S. 10.

Gefahr bekommen konnte. Die Russinnen, die nicht solange gewartet hatten, hatten Früh- oder Totgeburten.[94]

Tatsächlich berichtet eine interviewte Frau davon, daß ihre kurz nach dem Krieg geborenen Kinder starben.[95] Mehrere Frauen des Kommandos aus Ravensbrück, die in Genshagen eingesetzt waren, erzählen, daß ihrem „Kaffee" Brom beigemischt war, der die meisten Frauen unfruchtbar machte. Eine der Interviewten dieser Gruppe hat dennoch ein gesundes Kind bekommen.[96]

Psychische Folgen

Wenig verwunderlich ist unter diesen Umständen, daß sich neben den vielfältigen physischen auch psychische Beschwerden einstellten. Die psychische Reaktion auf lang anhaltende lebensbedrohende Extremsituationen wird als KZ- oder Überlebenden-Syndrom, heute meist als Haftreaktion bezeichnet. Typische Symptome sind Depressionen, Angstzustände, Apathie oder auch aggressives Verhalten, Schuldgefühle, Konzentrationsschwierigkeiten, Unfähigkeit zur Freude und extremes Mißtrauen, zu denen oft auch noch somatische Beschwerden kommen.[97] Viele Zwangsarbeiter verfielen nach ihrer Befreiung in Depressionen: Zu den kaum zu verarbeitenden, oft traumatischen Erfahrungen traten Zukunftsängste und Perspektivlosigkeit. KZ-Häftlinge litten unter einem lang anhaltenden Schuldkomplex gegenüber ihren ermordeten Kameraden[98]. Viele, die Zwangsarbeit und Konzentrationslager überlebt hatten, mußten bei der Rückkehr feststellen, daß alle oder fast alle anderen Familienmitglieder ermordet worden waren. Neben Depressionen, Lustlosigkeit und Mattigkeit traten Schlafstörungen und Alpträume auf, die oft noch Jahre anhielten bzw. zum Teil bis heute anhalten.[99] Eine tschechische ehemalige KZ-Insassin erzählt, daß ihre Mutter, die ebenfalls bei Daimler-Benz gearbeitet und den Holocaust überlebt hatte, zunächst zwei Jahre geistig verwirrt und erst nach zwei weiteren Jahren wieder arbeitsfähig war[100]. Ein tschechischer früherer KZ-Häftling berichtet, er habe in den ersten zehn Jahren nach der Befreiung jede Nacht Alpträume gehabt, danach seien sie seltener geworden[101].

---

94 GUG-Interview Minajewa/SU, S. 7.
95 Vgl. GUG-Interview Defrance-Szelest/SU, S. I (verlor nach Kriegsende Drillinge, 8 Jahre nach Kriegsende gesunder Sohn).
96 Vgl. GUG-Interviews Kovács/CS, S. 10, Telkes/H, S. 4, Vadász/H, S. 10.
97 Vgl. Niederland, Die verkannten Opfer, S. 353f.
98 Jacobmeyer, Überlebende, S. 423–425.
99 Vgl. GUG-Interviews v.d. Brande/NL, S. 7, Bulteel/F, S. I, Chajlo/PL, S. 15, Fain/F, S. 6, Figaszewska/PL, S. 7, Gillen/L, S. 23, Hartkoorn/NL, S. 7, Janszen/NL, S. 7, Kabacinska/PL, S. 11, Kajzer/PL, S. 10, Kool/NL, S. 10, Kovács/CS, S. 10, Lecoq/B, S. 7, v. Looy/NL, S. I, E. Peeters/B, S. 7, Pilitowski 1/PL, S. 4, Plock/D, S. 7 und Anhang, Roovers/NL, S. 1, Tillie/NL, S. 7, Wassen/NL, S. 4, Zienkiewicz/PL, S. 7
100 Vgl. GUG-Interview Telkes/H, S. 3.
101 Vgl. GUG-Interview Nr. 110/CS, S. 11.

Verstärkt wurde die seelische Belastung durch die Tatsache, daß zurückkehren-
den Zivilarbeitern in ihrer Heimat Kollaboration mit dem Kriegsgegner Deutschland vorgeworfen wurde. Während in der Sowjetunion deshalb zahlreiche ehemalige Zwangsarbeiter deportiert oder sogar umgebracht wurden, blieb es in den westeuropäischen Ländern beim Vorwurf. Dies führte dazu, daß manche der Betroffenen ihr Schicksal selbst engsten Familienangehörigen verheimlichten. Erst die Diskussion um Zwangsarbeit und Entschädigung Mitte der achtziger Jahre brachte in
Frankreich, Belgien und insbesondere den Niederlanden den Zwangscharakter des
„Reichseinsatzes" ins öffentliche Bewußtsein. Die damit einhergehende Enttabui-
sierung des Themas erhöhte die Bereitschaft der Betroffenen, sich zur damaligen
Zeit befragen zu lassen. Die Diskussion in der Öffentlichkeit und das Interview
löste bei vielen Betroffenen einen Prozeß der Vergangenheitsaufarbeitung aus, der
bis heute anhält. Viele Befragte gaben an, daß ihnen das Interview ein Gefühl der
Anerkennung und Rehabilitierung gegeben habe. Ein holländischer ehemaliger
Daimler-Benz-Zwangsarbeiter schreibt, daß ihm das Interview und der persönliche
und briefliche Kontakt mit der Interviewerin mehr bei der Bewältigung seines
„Kriegssyndroms" geholfen habe als acht Jahre psychiatrische Behandlung.[102] Es
ist aus psychiatrischer Sicht vor allem diese Anerkennung ihres Leidens, die für die
Opfer mehr als alles andere zählt[103].

Wenn hier nur relativ knapp auf psychische Schäden eingegangen wird, so
nicht etwa deshalb, weil dieser Aspekt zweitrangig sei, sondern weil sich im
Gegenteil die Vielfalt der Probleme kaum angemessen wiedergeben läßt[104]. Selbst
solche ehemaligen „Westarbeiter", die kaum oder gar keine physischen Schäden
erlitten hatten, verfielen später oft in kriegsbedingte Depressionen. Für polnische in
Deutschland gebliebene DPs ist eine auffällig hohe Suizidrate festgestellt worden[105]. Die seelische Auseinandersetzung mit den Erfahrungen der Kriegsjahre hält
für viele Betroffene bis heute an und hat sich insbesondere seit dem Ausscheiden
aus dem Arbeitsleben noch intensiviert. Für diese Menschen wird das Kapitel
Zwangsarbeit bis an ihr Lebensende niemals ganz abgeschlossen sein.

102 Vgl. GUG-Interview v. Looy/NL, S. I, 7, und Briefe v. Looy an GUG 20.6., 6.7. und 7.8.1988.
103 Vgl. Niederland, Die verkannten Opfer, S. 359.
104 Außerdem geben verständlicherweise nicht alle Betroffenen bereitwillig in diesem Punkt
    Auskunft.
105 Vgl. Stepien, Displaced Persons, S. 5.

3.4.3 WIEDERGUTMACHUNG UND ANDERE RENTENLEISTUNGEN

Wiedergutmachung umfaßt drei Rechtsbegriffe:
- Rückerstattung
- Entschädigung
- Behandlung der NS-Verfolgten
    - in der Sozialversicherung
    - in der Kriegsopferversorgung[106]

Im Zusammenhang mit dieser Darstellung zur Zwangsarbeit bei Daimler-Benz soll untersucht werden, inwieweit Entschädigungsansprüche bestehen bzw. Entschädigungen bezahlt wurden, ob die ehemaligen Zwangsarbeiter als Kriegsopfer anerkannt wurden und ob und in welchem Umfang sie Leistungen aus der Sozialversicherung, insbesondere der Rentenversicherung, erhalten.

Entschädigung und Anerkennung als Kriegsopfer

Juristisch bestanden und bestehen aus mehreren Gründen keine Ansprüche ehemaliger Zwangsarbeiter mehr gegen Unternehmen oder gegen die Bundesrepublik Deutschland: Zum einen sind inzwischen alle individuellen Ansprüche verjährt.[107] Wegen der zu erwartenden Größenordnung wurden zum anderen die Ansprüche von der Bundesregierung nicht als individuelle Forderung von Privatpersonen eingestuft, sondern als Teil der Reparationsforderungen der ehemaligen Kriegsgegner. Nach internationalem Recht bestehen Ansprüche aus Kriegs- und Besatzungshandlungen nur von Staat zu Staat, aber nicht von Einzelpersonen gegen den ehemaligen Kriegsgegner. Die Lohnansprüche der ehemaligen Zwangsarbeiter hätten die deutsche Zahlungsfähigkeit unmittelbar nach dem Zweiten Weltkrieg wesentlich beeinträchtigt. Das Londoner Schuldenabkommen aus dem Jahre 1952 stellte auch deshalb alle Ansprüche ehemaliger Zwangsarbeiter als Reparationsforderungen bis zum Abschluß eines Friedensvertrages zurück. Während der Westen die Reparationszahlungen also aufschob, leistete der Osten Reparationsverzicht. Die Sowjetunion konnte allerdings ihre Reparationsansprüche durch Entnahmen vor allem aus der von ihr besetzten Zone befriedigen und sollte daraus auch die Ansprüche Polens zufriedenstellen, womit sich die polnische Regierung 1945 einverstanden erklärt

---

106 Ferner befaßt sich Wiedergutmachung mit den im Öffentlichen Dienst Verfolgten und mit den Opfern von Menschenversuchen, was aber für diese Untersuchung nicht relevant ist. Vgl. Féaux de la Croix, Unrecht, S. 1.

107 Vgl. zuletzt das inzwischen rechtskräftige Urteil des OLG München in einem Musterprozeß eines ehemaligen weiblichen KZ-Häftlings gegen die Siemens AG vom 3.7.1991, das das Urteil des LG München in erster Instanz aus dem Jahre 1990 bestätigte. Anders das LG Bremen, das 1992 dem BVerfG nach Art. 100 Abs. 1 GG die Frage vorlegte, ob Art. 5 des Londoner Schuldenabkommens mit dem Grundgesetz vereinbar sei. Vgl. Heß, Entschädigung, S. 606. Auch das Bonner LG argumentierte ähnlich und rief 1993 das BVerfG an. Vgl. Bonner Generalanzeiger 3./4.7.1993, Hoffnung auf späte Gerechtigkeit für Zwangsarbeiter.

hatte.[108] Die große Gruppe der Kriegsgefangenen ist nicht entschädigungsberechtigt, da deren Freiheitsentzug und Arbeitseinsatz nach geltendem Kriegsrecht erlaubt war.[109]

Im Zuge der Reparationsverhandlungen schloß die Bundesrepublik Deutschland zwischen 1959 und 1964 mit elf westeuropäischen Staaten globale Wiedergutmachungsabkommen ab, die Pauschalleistungen in Höhe von insgesamt 876 Mio. DM vereinbarten.[110] Die Verteilung der Gelder oblag den einzelnen Ländern. Sie sollten denjenigen Personen zugute kommen, die von der nationalsozialistischen Verfolgung betroffen waren. Obwohl Zwangsarbeiter eigentlich nach dem Willen der Bundesregierung von diesen Zahlungen ausgeschlossen sein sollten, erhielten einige dennoch, wenn auch nur geringe Beträge, da die Verteilung durch die jeweiligen Regierungen erfolgte.[111]

Die Entschädigung in der Bundesrepublik Deutschland regelte das Bundesentschädigungsgesetz (BEG). Die meisten ausländischen Zwangsarbeiter erfüllten aber die Voraussetzungen für eine Entschädigung nach diesem Gesetz nicht.[112] Sie bekamen nur dann eine Entschädigung, wenn sie aus rassischen, politischen oder religiösen Gründen verfolgt worden waren und die Wohnsitz- und Stichtagsvoraussetzungen des BEG erfüllten.[113] Das BEG sieht die Zwangsarbeiter nicht als Verfolgte an, so daß sie daraus keine Wiedergutmachungsansprüche ableiten können. Für die von Zwangsarbeitern geleistete Arbeit gibt es nach dem Gesetz ebenso keine Entschädigung wie für eventuell durch die Arbeit verursachte gesundheitliche Schäden. Eine Ausnahme bilden die KZ-Häftlinge: Bei ihnen, die im Sinne des BEG als Verfolgte gelten, wurde aber nicht die Zwangsarbeit entschädigt, sondern nur der mit ihr verbundene Freiheitsentzug in einem KZ mit monatlich 150 DM, unabhängig davon, ob sie gearbeitet hatten oder nicht.[114] So entfielen nur weniger als 10 % der Wiedergutmachungsleistungen auf Ausländer, wobei die Verfolgten-

---

108 Vgl. Herbert, Nicht entschädigungsfähig?, S. 276; Goschler, Streit, S. 178f.; Majer, Zwangsarbeiter, in einer juristischen Expertise für den Deutschen Bundestag. 1992 sagte die Bonner Regierung der Russischen Föderation, der Ukraine und Weißrußland für Opfer des Nationalsozialismus zur Wiedergutmachung von Härtefällen insgesamt 1 Mrd. DM zu. Vgl. Kohl: Die deutsch-russischen Beziehungen von ungelösten Problemen entlastet, in: FAZ 17.12.1992.

109 Vgl. Goschler, Streit, S. 176.

110 Luxemburg: 18 Mio. DM, Norwegen: 60 Mio. DM, Dänemark: 16 Mio. DM, Griechenland: 115 Mio. DM, Niederlande: 125 Mio. DM, Frankreich: 400 Mio. DM, Belgien: 80 Mio. DM, Italien: 40 Mio. DM, Schweiz: 10 Mio. DM, Großbritannien: 11 Mio DM und Schweden: 1 Mio. DM, vgl. Féaux de la Croix, Staatsvertragliche Ergänzungen, S. 275 f.

111 Vgl. ausführlich Féaux de la Croix, Staatsvertragliche Ergänzungen, S. 201–288; Herbert, Nicht entschädigungsfähig?, S. 286; Vaupel, Einsatz, S. 234f.

112 Vgl. GUG-Interview Nass/F, die Entschädigungskammer des LG Freiburg (O 616/59) lehnte am 10.10.1960 die Klage ab, da Frau Nass „weder am 31.12.1952 oder nachher ihren Wohnsitz oder dauernden Aufenthalt im Land Baden-Württemberg gehabt oder genommen habe".

113 Vgl. Pross, Wiedergutmachung, S. 103.

114 Vgl. GUG-Interview Nr.110/CS, S. 11. Die seit dem Krieg in Deutschland lebende Frau erhielt eine Entschädigung nur für den Freiheitsentzug während ihrer Zeit als KZ-Häftling; vgl. Düx, Wiedergutmachung, S. 5; Goschler, Streit, S. 176f.

gruppen mit dem höchsten Organisationsgrad und der öffentlichkeitswirksamsten Interessenvertretung am meisten durchsetzen konnten.[115]

Die sechs Unternehmen, die in den Jahren 1958 bis 1966 insgesamt rund 51,5 Mio. DM[116] vor allem an die Conference on Jewish Material Claims Against Germany (Claims Conference), die Interessenvertretung der nicht in Israel lebenden Juden, zur Entschädigung ehemals jüdischer Häftlinge[117] gezahlt haben, leisteten diese Zahlungen stets freiwillig, ohne Anerkennung einer Schuld oder Rechtspflicht. Bis 1973 erhielten rund 15.000 ehemalige KZ-Häftlinge über die Claims Conference umgerechnet insgesamt knapp 52 Mio. DM als Entschädigung ausbezahlt.[118] Doch dienten diese Überweisungen der Unternehmen lediglich „als Instrument der internationalen Reputationsgewinnung"[119]; ausschlaggebend waren Exportinteressen, so bei Rheinmetall die mehr oder weniger offen zugegebene Angst vor jüdischen Interventionen im amerikanischen Pentagon bei der Auftragsvergabe von Rüstungsgütern. Diese, für die Betroffenen geradezu unwürdigen Verhandlungen wurden jedoch in der Öffentlichkeit der 50er und 60er Jahre kaum wahrgenommen und kritisiert.[120] Die Zeit war noch nicht reif, die im Zweiten Weltkrieg aufgeladene Schuld anzuerkennen; vermutlich wäre die Berücksichtigung von Zwangsarbeitern bei Entschädigungszahlungen damals politisch auch kaum durchsetzbar gewesen.[121] Noch 1969 hat Daimler-Benz geleugnet, jemals KZ-Häftlinge beschäftigt zu haben.[122] Erst Ende der 60er Jahre „begann sich die westdeutsche Gesellschaft freiwillig und in größerem Stil mit ihrer Vergangenheit auseinanderzusetzen."[123]

1986 begann ein neues Kapitel der Entschädigung von Zwangsarbeitern durch deutsche Unternehmen. Anfang diesen Jahres verabschiedete das Europäische Parlament eine Entschließung, in der die deutsche Industrie aufgefordert wurde, die ehemaligen „Sklavenarbeiter" zu entschädigen.[124] Offenbar mit Blick auf die in der Frage der Zwangsarbeiterentschädigung zunehmend sensibilisierte öffentliche Meinung, aber dennoch überraschend, leisteten drei weitere Firmen Zahlungen.

---

115 Vgl. Herbst, Einleitung, S. 30f.

116 IG Farben 1958: rd. 30 Mio. DM; Krupp 1959: rd. 10 Mio. DM; AEG (für Telefunken) 1960: 4 Mio. DM; Siemens 1962: 7 Mio. DM; Rheinmetall Berlin 1966: 2,5 Mio. DM; vgl. Ferencz, Lohn, S. 76, 80, 118, 151, 164, 192.

117 Lediglich die IG Farben sah 3 Mio. DM für nichtjüdische Zwangsarbeiter vor; vgl. Ferencz, Lohn, S. 76, 80. Von diesem Geld wurden bis 1961 etwa 1,5 Mio. DM an 323 ehemalige Zwangsarbeiter ausbezahlt, 473 Anträge wurden abgelehnt. Vgl. Goschler, Streit, S. 185.

118 Vgl. Ferencz, Lohn, S. 264f.

119 Herbert, Nicht entschädigungsfähig?, S. 302.

120 Vgl. ausführlich Ferencz, Lohn, zu diesen Verhandlungen und Langbein, Entschädigung.

121 Vgl. Herbert, Nicht entschädigungsfähig?, S. 291.

122 „Da wir in unserer Firma keine Häftlinge aus Konzentrationslagern beschäftigt haben, stehen Ihrer Mandantschaft auch keine Ansprüche gegen uns zu." Dr. Osswald und Dr. Reuter, Daimler-Benz AG, am 18.2.1969 an den Anwalt des Comité International de Camps, zit. nach Langbein, Entschädigung, S. 338.

123 Meier, Vergangenheit.

124 Vgl. Deutscher Bundestag Drucksache 10/4996, Unterrichtung durch das Europäische Parlament; Amtsblatt der Europäischen Gemeinschaft, Nr. C 36 17.2.1986, S. 129f. Zitat ebenda.

Zunächst löste die Deutsche Bank am 8. Januar 1986 nach der Übernahme der Flick-Aktien eine von Flick mit der Claims Conference 1964 getroffene Vereinbarung ein[125] und zahlte 5 Mio. DM als Entschädigung für die ehemaligen jüdischen Zwangsarbeiter bei Dynamit Nobel. Das war zwar in erster Linie das längst überfällige Begleichen einer alten Schuld, offenbarte aber dennoch ein Umdenken, bei dem moralische Aspekte eine Rolle spielten.

Der Druck der Öffentlichkeit auf die deutsche Industrie und besonders auf deren inzwischen größtes Unternehmen, die Daimler-Benz AG, nahm zu. Trotzdem war die am 13. Juni 1988 verkündete Entscheidung von Daimler-Benz, mehr als 20 Mio. DM, davon 10 Mio. DM an die Claims Conference, als „humanitäre Geste" für die ehemaligen Zwangsarbeiter zu zahlen, unerwartet.[126] Im Oktober 1991 entschloß sich VW zur Zahlung von 12 Mio. DM, die an die Länder gehen sollen, aus denen Zwangsarbeiter kamen. Wie bei Daimler-Benz wurde neben der materiellen Leistung auch eine Gedenktafel enthüllt. Humanitäre Kategorien werden also zunehmend bei derartigen Entscheidungen mitberücksichtigt und stellen insofern eine Änderung gegenüber den Positionen der 50er und 60er Jahre dar.

Im Zusammenhang mit der Verabschiedung der Polen-Verträge beschloß die Bundesregierung im Oktober 1991 die Einrichtung einer Stiftung zur deutschpolnischen Aussöhnung, für die aus öffentlichen Mitteln 500 Mio. DM, verteilt auf drei Jahre, vorgesehen ist. Mit dem Geld dieser Stiftung sollen individuelle Schadensersatzansprüche ehemaliger polnischer Zwangsarbeiter befriedigt werden.[127] Alle polnischen Regierungen hatten nach dem Zweiten Weltkrieg Ansprüche auf individuelle Wiedergutmachung und auf zwischenstaatliche Reparationen gestellt.[128] Als nun deutlich wurde, daß der Friedensvertrag, durch den diese Reparationsforderungen geregelt werden sollten, für Polen durch den Polen-Vertrag ersetzt werden sollte, wurden dort erneut die Stimmen zur Entschädigung der ehemaligen Zwangsarbeiter laut.

Ein weiterer Grund für die Einrichtung eines derartigen Fonds war sicherlich auch die öffentliche Meinung in Polen: Noch 1991 vertraten 81 % der Polen die Überzeugung, daß den vom „Dritten Reich" ausgebeuteten Zwangsarbeitern noch eine Entschädigung zustehe.[129] Daß sich an dieser Stiftung private Stellen beteiligen, was sowohl die Bonner wie auch die Warschauer Regierung begrüßen würde[130], scheint ausgeschlossen. Auch im Deutschen Bundestag wurde von den Oppositionsparteien, aber auch von Vertretern der FDP, immer wieder eine Beteiligung

---

125 Vgl. Feldmühle Nobel leistet Entschädigung, in: FAZ 9.1.1986; vgl. zu den schwierigen Verhandlungen Ferencz, Lohn, 198–212; vgl. ausführlich zur Gesamtproblematik Vaupel, Einsatz.

126 Reuter, Statement, S. 2; vgl. dazu ausführlich Kap. 3.3.4 Entschädigung durch Daimler-Benz und Besuche ehemaliger Zwangsarbeiter.

127 Vgl. Verhandlungen mit Polen gehen weiter, in: FAZ 20.3.1991; Polnische Opfer des Nationalsozialismus werden entschädigt, in: FAZ 17.10.1991.

128 Vgl. Herbert, Nicht entschädigungsfähig?, S. 276f.

129 Vgl. Schon Freund oder noch Feind? In: FAZ 31.5.1991.

130 Vgl. Deutscher Bundestag, Drucksache 12/1973, 21.1.1992.

der Unternehmen an einer derartigen Stiftung gefordert.[131] Rechtliche Möglichkeiten, die Unternehmen dazu zu zwingen, gibt es nach Auffassung der Bundesregierung nicht.[132]

1993 unterzeichneten Vertreter der Bundesregierung die 1990 bereits zugesagte Vereinbarung zur Zahlung von 1 Mrd. DM zur Entschädigung von Opfern des Nationalsozialismus, vor allem ehemalige Zwangsarbeiter, aus der Russischen Föderation, der Ukraine und Weißrußland.[133]

Trotz der juristisch schwer durchzusetzenden individuellen Entschädigung der ehemaligen Zwangsarbeiter haben 31 (11 %) der interviewten früheren Daimler-Benz-Zwangsarbeiter eine geringe Entschädigung erhalten oder wurden in ihrem Land als Kriegsopfer anerkannt. Diese Fälle sollen kurz geschildert werden. Bei den Entschädigungen handelte es sich jedoch in keinem Fall um einen angemessenen Ausgleich für das erlittene Unrecht, zumal das mit Geld ohnehin nicht zu kompensieren ist. Auch hier kann weder von einer Repräsentativität noch von einer Vollständigkeit oder Verläßlichkeit der Angaben ausgegangen werden, da sich nicht alle der Befragten zu dieser Frage genau erinnern konnten.

Die meisten der Interviewten, die eine Entschädigung bekamen, leben heute in Frankreich. Bei diesen elf der befragten früheren Zwangsarbeiter aus Frankreich handelt es sich hauptsächlich um Elsässer, die zumeist kurz nach Kriegsende eine Entschädigung vom französischen Staat ausbezahlt bekamen.[134] Die größte Gruppe der nach Deutschland gekommenen französischen Zwangsarbeiter, die STO (Service de Travail Obligatoire), wurde jedoch trotz vielfältiger Proteste bis heute nicht vom französischen Staat als Deportierte anerkannt und erhielt somit keine Entschädigung.

Alle elf jüdischen ehemaligen Zwangsarbeiter, darunter fünf Ungarinnen, erhielten eine Entschädigung in Höhe von jeweils einigen Tausend DM bzw.

---

131 Vgl. Deutscher Bundestag, 39. Sitzung, 6.9.1991, Stenographische Berichte, S. 3252, 3259, 3261, 3267, 3268.

132 Vgl. Deutscher Bundestag, Drucksache 12/1973, 21.1.1992.

133 Vgl. FAZ 17.12.1992, Kohl: Die deutsch-russischen Beziehungen von ungelösten Problemen entlastet; 17.4.1993 Eine Milliarde für sowjetische Nazi-Opfer.

134 Vgl. GUG-Interviews Nr. 516/SU, S. 7, eine heute in Frankreich lebende Ukrainerin erstritt 1972 vom Bundesverwaltungsamt Köln 15.800 DM, da ihr infolge Kalziummangels alle Zähne ausgefallen sind; Ballard/F, S. 6, bekam von der französischen Regierung rund 700 DM und einen Anzug; Fain/F, S. 7, erhielt ebenfalls von der französischen Regierung eine Entschädigung; Miesch/F, S. 7, bekam von elsässischen Stellen als „Malgré nous" – die Elsässer mußten gegen ihren Willen für die Deutschen arbeiten – umgerechnet 2.500 DM; Dussourd/F, S. 7, erhielt ebenfalls als „Malgré nous" 1987 umgerechnet rund 2.300 DM; Fritsch/F, S. 7, umgerechnet rund 2.500 DM als „Malgré nous"; Nass/F, S. 7, bekam eine Entschädigung als Zivilopfer von der französischen Regierung in Höhe von 4.500 DM; Rauber/F, S. 7, erhielt dieselbe Summe als politischer Deportierter; Schaeffer/F, S. 7, wurde eine Wiedergutmachungszahlung in Höhe von umgerechnet rund 1.710 DM ausbezahlt; Favart/PL, S. 13, bekam einmalig umgerechnet rund 1.666 DM; Schutz/F, S. 5, erhielt 1945 als „Rapatrié" (Heimkehrer) umgerechnet etwa 100 DM, mußte aber 1945 – wie allgemein üblich – die 150 RM, die er an der Grenze noch hatte, ersatzlos abgeben.

13.000–20.500 Forint – was etwa einigen Hundert DM entspricht – für den Verlust ihrer Kleider und Wertgegenstände.[135]

Von den interviewten ehemaligen Zwangsarbeitern haben außerdem jeweils drei Belgier und drei Italiener eine Entschädigung erhalten.[136] Es fällt auf, daß von den insgesamt 80 interviewten Niederländern sich nur einer an eine Entschädigung erinnert. Diese hat er aufgrund seiner Kriegsinvalidität erhalten.[137]

Leistungen aus der Sozialversicherung

Oft wird übersehen, daß die Unternehmen für die zivilen westlichen Zwangsarbeiter ebenso wie bei normalen arbeitsrechtlichen Verhältnissen Sozialversicherungsbeiträge entrichtet haben. Wie bei den deutschen Arbeitern zahlten die Arbeitgeber jeweils die eine Hälfte der Abgaben, die andere Hälfte wurde vom Lohn einbehalten. So waren die zivilen westlichen Zwangsarbeiter bei der Allgemeinen Ortskrankenkasse krankenversichert. Aus der deutschen Rentenversicherung erhalten nur die Belgier unmittelbar eine Rente, mit den anderen westlichen Staaten wurden entsprechende Abkommen geschlossen und Pauschalleistungen vereinbart.[138]

Von den befragten Zeitzeugen erhalten 49 oder 18% eine Rente aus Deutschland oder zumindestens die Zeit der Zwangsarbeit auf ihre Rente angerechnet. Hierbei ist noch mehr als bei der Entschädigung zu berücksichtigen, daß nur sehr

---

135 Vgl. GUG-Interviews Bar-Niv/PL, S. 17, 9.000 DM nach Prozeß, den die URO führte; Popescu/ROM, S. 7, 5.000 DM auf Betreiben der URO; Besserglick/PL, S. 12: 8.680 Dollar,= pro Monat als KZ-Häftling 280 Dollar; Nr.110/CS, S. 11, erhielt nach dem BEG für den Freiheitsentzug eine Entschädigung, sie lebt seit dem Krieg in Deutschland; Robertson/D, S. 6, bekam vom deutschen Staat pro Tag KZ-Haft 1 US-Dollar, insgesamt ca. 42 Dollar; Katz/CS, S. 1, S. 7, heute in Deutschland lebend, erhielt Entschädigung als politisch-rassisch Verfolgter, seine Versuche, über die Claims Conference eine Entschädigung für seine Zeit beim Bochumer Verein und bei Daimler-Benz zu erhalten, wurden abgelehnt, da die Zeitdauer mit 9 Monaten zu kurz sei, bzw. das Geld bereits verteilt sei; Kovàcs/CS, S. 10, lebt seit Kriegsende in Ungarn; Lászlóné/H, S. 7; Nòtàs/H, S. 7; Telkes/H, S. 10; Vadász/H, S. 11.
136 Vgl. GUG-Interviews Lievens/B, S. 7, dem die Gemeinde 1.000 BF kurz nach dem Krieg ausbezahlte; Ryckaert/B, S. 7, der vom Ministerium für Volksgesundheit eine Entschädigung wegen des Verlusts eines Auges erhielt; Lippens/B, S. 7, hatte sich beim Fräsen 2 Finger der linken Hand verletzt, weshalb er vom Ministerium eine Entschädigung für Teilinvalidität bekam; Ferrier/I, S. 7, erhielt von der Marine die als Entschädigung für die Kriegsgefangenschaft vorgesehene Summe von insgesamt 5.750 Lire (für 23 Monate); Richiardone/I, S. 7, bekam 4.900 Lire oder 10 Lire pro Tag Kriegsgefangenschaft; Molinari/I, S. 12 f., erhielt vom Roten Kreuz ein paar Tausend Lire.
137 Vgl. GUG-Interview v. Staalduinen, S. 7.
138 Vgl. GUG-Interviews Barberi/F, S. 7, Anhang; Spiegelhalter/F, S. 7; Ballard/F, Anhang. Erst 1990 entschied das Bundessozialgericht in Kassel (AZ 5 RJ 29/90), daß ehemaligen Zwangsarbeitern, die jetzt als heimatlose Ausländer in der Bundesrepublik leben, auch für die Zeit ihrer Zwangsarbeit eine Rente zusteht. Osteuropäer erhalten deswegen keine Rente für die Zeit ihrer Zwangsarbeit, da sie nicht wegen ihrer Rasse verfolgt wurden. Gegen dieses Urteil des Landessozialgerichts Essen wurde Revision eingelegt. Vgl. FAZ 29.6.1993, Anfrage an Bundesregierung wegen Zwangsarbeit.

wenige genau wissen, wie sich ihre Rente berechnet. Außerdem hatten zum Zeitpunkt des Interviews noch nicht alle das Rentenalter erreicht. Unter den Rentenempfängern ist allerdings keiner, der in Osteuropa lebt; die meisten erhalten ihre Rente vom französischen, niederländischen[139] oder belgischen Staat, wobei in diesen Ländern aufgrund von Sozialversicherungsabkommen offensichtlich die Zeit der Zwangsarbeit in Deutschland berücksichtigt wird.

Eine Ausnahmeregelung haben die Belgier. Belgien erkannte als einziges westliches Land die Zwangsverpflichteten als „Deporté au Travail obligatoire" offiziell per Gesetz vom 7. Juli 1953 an, womit die Zahlung einer staatlichen Rente verbunden ist.[140] Außerdem bekommen die Belgier zusätzlich zu ihrer Rente in Belgien für die Monate der Zwangsarbeit in Deutschland bei Daimler-Benz eine Rente in DM ausbezahlt, die je nach Dauer der Zwangsarbeit zwischen 16,40 DM und 100 DM im Monat liegt. Zuständig ist die Landesversicherungsanstalt Rheinprovinz in Düsseldorf.[141] Auf diese Weise erhalten auch vier ehemalige ukrainische Zwangsarbeiterinnen, die heute mit Belgiern verheiratet sind und die belgische Staatsangehörigkeit besitzen, eine Rente aus Deutschland.[142] Die Rentenberechnung für einen Belgier kommt unter Berücksichtigung von 24 Monaten Beitragszeit und einer Ausfallzeit von zwei Monaten auf insgesamt 26 Monate, die 1987 eine monatliche Rente von 68,10 DM ergaben.[143]

Von den in Westeuropa lebenden ehemaligen KZ-Häftlingen erhalten alle fünf Interviewte eine geringe Rente, sie sind zumeist als Kriegsopfer oder Kriegsversehrte anerkannt.[144]

3.4.4 ENTSCHÄDIGUNG DURCH DAIMLER-BENZ UND BESUCHE EHEMALIGER ZWANGSARBEITER

Als Daimler-Benz im Januar 1986 die GUG bat, eine wissenschaftliche Untersuchung zur Zwangsarbeit bei Daimler-Benz anzufertigen, wurden sofort Stimmen laut, die von der Daimler-Benz AG Entschädigungsleistungen forderten. Nachdem dieses Thema jahrzehntelang von der Öffentlichkeit und selbst von den meisten Historikern ignoriert worden war, bekam es im Januar 1986 ungeahnte Aktualität: Einige Tage zuvor hatte die Deutsche Bank im Zuge der Übernahme des Flick-

139 Lediglich ein Niederländer behauptet, die Zeit als Zwangsarbeiter werde nicht auf seine Rente angerechnet, vgl. GUG-Interview Nr.100/NL, S. 7.
140 Vgl. GUG-Interview Goffinet/B.
141 Vgl. GUG-Interview Minajewa/SU, Anlage, Verordnungen EWG Nr.1408/71 und 574/72.
142 Eine dieser Frauen wurde durch das Interview auf diese Möglichkeit hingewiesen und stellte daraufhin den Rentenantrag.
143 Vgl. GUG-Interview Goffinet/B, S. 7.
144 Vgl. GUG-Interviews Besserglick/PL, S. 12, der monatlich 280 US-Dollar erhält; Rejmer/PL, S. 12, der 1989 monatlich 556 DM Rente bekam; Robertson/D, S. 6, bekommt für seine 25%ige Teilinvalidität eine Rente; Schaeffer/F, S. 7, erhält vom französischen Staat zu 100 % eine Kriegsversehrtenrente, da er politischer Häftling war; Katz/CS, S. 7, erhielt 1989 als politisch-rassisch Verfolgter 170 DM im Monat von deutschen Behörden; er lebt in der Bundesrepublik Deutschland.

Konzerns überraschend 5 Mio. DM als Entschädigung an ehemals jüdische KZ-Häftlinge über die Claims Conference gezahlt.

Die Daimler-Benz AG erklärte im Januar 1986, „daß sie die Frage nach materiellen Leistungen nicht allein nach rechtlichen Gesichtspunkten prüfen werde".[145] Es sei eine Lösung zu finden gewesen, bei der Daimler-Benz von Anfang an gewußt habe, „daß sie in keinem Fall alle denkbaren Fragen und Einwände würde auflösen können."[146] Entscheidend sei – so der Vorstandsvorsitzende Edzard Reuter – der „Mut zur Wahrhaftigkeit und Ehre für das Andenken der Opfer" gewesen. Dieser Verantwortung wolle sich Daimler-Benz stellen, „nicht, weil die heutige Generation verantwortlich sein könnte für das, was damals geschah, wohl aber, weil wir für das mitverantwortlich sind, was aus solchen Erbschaften in der Geschichte wird."[147]

Die Aussage, bei der Frage der Entschädigung ehemaliger Zwangsarbeiter nicht-justitiable Gesichtspunkte heranziehen zu wollen, weckte die Erwartung, Daimler-Benz wolle moralische Kategorien bei der Beurteilung zugrunde legen und somit von der bisherigen Praxis der Entschädigung durch deutsche Unternehmen abweichen.

Diese Hoffnung erfüllte sich zumindestens teilweise, allerdings nicht, was die Erwartung individueller Entschädigungsansprüche anbelangt:[148]

Der Vorstand der Daimler-Benz AG beschloß am 13. Juni 1988, über 20 Mio. DM zur Verfügung zu stellen, „um Einrichtungen zu fördern, die den Opfern des Nationalsozialismus, insbesondere ehemaligen Zwangsarbeitern, zugute kommen". Knapp die Hälfte dieser Summe ging an die Claims Conference, also an die zentrale jüdische Organisation, die auch den überwiegenden Teil der Entschädigungen der anderen Unternehmen erhalten hatte. Gemessen an dem Anteil der jüdischen Zwangsarbeiter war diese Summe überproportional groß. Mit diesem Geld sollten in verschiedenen Ländern Alten- und Pflegeheime unterstützt werden, „in denen ehemalige jüdische Zwangsarbeiter und andere jüdische Opfer des Nationalsozialismus leben".[149]

Mehr als die Hälfte des Geldes, und das war – nicht nur in dieser Größenordnung – ein deutliches Abweichen von der bisherigen Entschädigungspraxis bundesdeutscher Unternehmen, ging an nichtjüdische Organisationen, für die das Deut-

---

145 Presse-Information Daimler-Benz AG 13.6.1988, S. 1.

146 Reuter, Rede, S. 3.

147 Reuter, Statement, S. 3.

148 Vorstandsmitglied Manfred Gentz erklärte dazu in seinem Statement für die Pressekonferenz 13.6.1988, S. 1: „Je intensiver man sich mit den Tatsachen und den besonderen Verhältnissen der Zwangsarbeit beschäftigt, umso mehr ist man von Einzelschicksalen berührt und fühlt sich zu Maßnahmen gegenüber dem einzelnen Betroffenen aufgerufen. Und so haben wir, zunächst zögernd, dann immer intensiver geprüft, ob es nicht doch – bei aller Problematik – der überzeugendste Weg wäre, wenn wir individuelle Entschädigungen anböten. Allein, die Schwierigkeiten – das mußten wir lernen – sind nicht zu bewältigen". Er bezweifelte, „ob es überhaupt angemessen sein kann, individuelles Leid mit Geld entschädigen zu wollen, und wie die individuellen Lebensbedingungen in der damaligen Zeit und ihre Folgewirkungen heute zu berücksichtigen wären. Wir haben auch darauf keine Antwort gefunden, die nicht erneut den Keim der Ungerechtigkeit in sich trüge." (S. 3).

149 Presse-Information Daimler-Benz AG 13.6.1988, S. 2.

sche Rote Kreuz zusammen mit seinen Schwesterorganisationen in Belgien, Frankreich und den Niederlanden die Verteilung für 5 Mio. DM übernahm.[150] So erhält die niederländische Vereinigung ehemaliger Zwangsarbeiter z.B. aus diesem Fonds Mittel zur Veröffentlichung eines Informationsblatts für seine Mitglieder.[151] Diese Zahlungen waren ebenfalls nicht für individuelle Entschädigungen vorgesehen.

Weitere 5 Mio. DM gingen an die Deutsche Caritas und das Maximilian-Kolbe-Werk in Freiburg/Breisgau, die diese Mittel in Polen einsetzten. Gelegentlich versuchte Daimler-Benz, auch durch kleinere Gesten im menschlichen Bereich zu helfen. Beispielsweise erhalten ehemalige polnische Zwangsarbeiter von Daimler-Benz seit 1988 regelmäßig Medikamente zugesandt. Ein früherer Zwangsarbeiter aus Rußland bekam mehrere Pakete mit Kleidung und Lebensmitteln. Ein in Sindelfingen lebender ehemaliger Zwangsarbeiter, der wegen seiner durch die Zwangsarbeit erlittenen Behinderung seit Jahren nicht mehr seine Wohnung verlassen konnte, erhielt, nachdem Daimler-Benz durch das Interview auf seine Lage aufmerksam wurde, einen Rollstuhl. Zudem wurde 1991/92 ein Filmprojekt des Zentralrats Deutscher Sinti und Roma mit 500.000 DM gefördert. Außerdem stellte Daimler-Benz im Herbst 1990 in Aussicht, für das Dokumentations- und Kulturzentrum Deutscher Sinti und Roma eine Ausstellung über den nationalsozialistischen Völkermord an den Sinti und Roma in Europa zu fördern.[152] Ferner unterstützte Daimler-Benz die Veröffentlichung einer Schüler-Publikation zur Zwangsarbeit in Sindelfingen[153] und das Auschwitz-Kalendarium von Danuta Czech. 1991 beteiligte sich die Daimler-Benz AG mit einem Betrag von 350.000 DM am Stiftungskapital der AMCHA Deutschland. Diese Organisation unterstützt AMCHA in Israel, die psychosomatisch erkrankte Verfolgte des Nationalsozialismus, aber auch deren Nachfahren betreut.[154]

Neu war bei der Entscheidung zur Entschädigung von Daimler-Benz die Einbeziehung moralischer Kategorien. So wurde vor der damaligen Hauptverwaltung von Daimler-Benz in Stuttgart-Untertürkheim an einer für Mitarbeiter und Öffentlichkeit zugänglichen Stelle vor dem Museum eine Plastik mit einer Gedenktafel aufgestellt, die an die Zwangsarbeit während des Zweiten Weltkriegs erinnert. Es sollte ein sichtbares Zeichen gesetzt werden, das an den Teil von Verantwortlichkeit mahnt, „der als Erbe der Geschichte auch dann noch bleibt, wenn die unmittelbar Beteiligten nicht mehr leben." Zugleich sollte der Menschen gedacht werden, „die im Haus Daimler-Benz während des braunen Terrorregimes als Zwangsarbeiter festgehalten wurden."[155]

Nur wenige der ehemaligen Zwangsarbeiter haben die Entschädigungsregelung von Daimler-Benz schriftlich kommentiert.[156] Obwohl sie von Daimler-Benz be-

---

150 Vgl. Presse-Information Daimler-Benz AG 13.6.1988, S. 3.
151 Vgl. Oud-dwangarbeiders blijven streven naar erkenning als oorlogsslachtoffer, in: Nieuwe Apeldoornse Courant 25.1.1992.
152 Vgl. Rose/Weiss, Sinti, S. 10.
153 Vgl. Schülerarbeitsgruppe, Zwangsarbeiter, S. 2.
154 Vgl. Brief Gerd Woriescheck an Beate Brüninghaus vom 15.10.1992.
155 Reuter, Rede, S. 2.
156 Vgl. Briefe von Maréchal/F an GUG, 12.6.1988, 15.4.1991; Brief von Nivault/F, 27.10.1988.

Abb. 54: Vor dem Mercedes-Benz-Museum an der damaligen Hauptverwaltung erinnert eine
Plastik von Bernhard Heiliger mit dem Titel „Tag und Nacht" an die Zwangsarbeiter, die
während des Krieges bei Daimler-Benz arbeiten mußten.

Abb. 55: An einer Erinnerungstafel der heutigen Gustav-Wiederkehr-Schule, in der die polnischen
KZ-Häftlinge untergebracht waren, legten die Polen Kränze nieder und zündeten selbstge-
machte Kerzen an.

reits vor den Interviews darauf hingewiesen worden waren, daß sie keine individuelle Entschädigung erwarten könnten, hatten doch viele insgeheim darauf ge-
hofft. So überwog unter den früheren Zwangsarbeitern das Gefühl der Enttäuschung über die von Daimler-Benz getroffene Entscheidung.[157] Vor allem die zumeist in großer Armut lebenden Polen hätten eine Lohnnachzahlung nicht nur als
angemessen angesehen, sondern sie auch dringend benötigt, um ihre geringe Rente
aufzubessern.

In den Bereich der moralischen Geste fiel auch die Einladung der bis zu diesem
Zeitpunkt interviewten Zwangsarbeiter durch Daimler-Benz. Für uns und erst recht
für Daimler-Benz überraschend war der Wunsch der meisten befragten ehemaligen
Zwangsarbeiter, nach über 40 Jahren wieder einmal dorthin zu fahren, wo sie
während des Krieges arbeiten mußten.[158] Einige hatten es sogar schon in eigener
Regie versucht und waren an den Werkstoren von Daimler-Benz – je nachdem, an
wen sie gerieten – entweder abgewiesen oder hineingelassen worden.[159]

Daimler-Benz lud 1988 alle bis zu diesem Zeitpunkt befragten ehemaligen
Zwangsarbeiter zusammen mit ihren Ehepartnern ein. Die Zusagequote zu diesen
Einladungen war erstaunlich hoch: Obwohl die Termine für die einzelnen Gruppen
vorgegeben waren, nahmen rund 90% oder 167 ehemalige Zwangsarbeiter die
Einladung an. Wahrscheinlich ließen sich vor allem diejenigen ehemaligen Zwangsarbeiter einladen, deren Erinnerungen an Daimler-Benz relativ positiv waren. Diejenigen, die absagten, gaben gesundheitliche oder terminliche Schwierigkeiten an.
Nur ein ehemaliger polnischer KZ-Häftling lehnte expressis verbis ab, sich von
Daimler-Benz einladen zu lassen. Die Besuche erfolgten in sieben Gruppen, wobei
sie weitestgehend so aufgeteilt wurden, daß sie das Werk besichtigten, in dem sie
während des Krieges eingesetzt waren. Die Kosten für die rund dreitägige Reise
und den Aufenthalt übernahm Daimler-Benz. Als Dolmetscher und Betreuer fun-
gierten u.a. die Mitarbeiter der GUG, die die Interviews durchgeführt hatten.

Tab. 19: Besuche ehemaliger Zwangsarbeiter bei Daimler-Benz 1988 und 1989

Ort / Nationen	B	NL	F	PL	I	Gesamt
Berlin	2	7	6	0	0	15
Bremen	0	11	0	0	0	11
Mannheim	0	0	1	21	0	22
Sindelfingen 1	13	7	8	0	2	30
Sindelfingen 2	0	36	0	0	0	36
Sindelfingen 3	28	0	5	0	0	33
Untertürkheim	2	12	6	0	0	20
Gesamt	45	73	26	21	2	167

157 Vgl. Brief von Maréchal/F an GUG, 12.6.1988.
158 Derartige Besuche fanden vor allem in den letzten Jahren in vielen Städten und bei Unterneh-
    men statt, vgl. Kleinewefers, Fremdarbeiter, S. 24.
159 Vgl. GUG-Interviews Hoppema/NL, S. I; Merks/NL, S. I.

Die Besuche fanden zwischen November 1988 und April 1989 statt. Gerd Woriescheck von der Daimler-Benz AG bedauerte in seiner Begrüßungsrede, „daß das Unternehmen für die Menschen, die durch die Nazi-Diktatur im Zweiten Weltkrieg in Zwangsarbeit gepreßt wurden, bisher keine humanitäre Geste gefunden hatte. Uns war von Anfang an bewußt, daß es weder um Schuldanerkenntnisse gehen könnte, noch um eine Wiedergutmachung. Was geschehen ist, läßt sich nicht beseitigen und vom Bösen ins Gute wenden." Daimler-Benz wolle mit der Einladung „ein Zeichen setzen, das das Andenken der Opfer ehrt und die Verantwortung für unsere Geschichte anerkennt."[160]

Abb. 56: Bei einer Besichtigung des Werkes Mannheim wurden die deutschsprachigen Erläuterungen für die Besucher ins Polnische und Französische übersetzt.

Obwohl bei diesen Besuchen die Öffentlichkeit bewußt ausgeschlossen war, berichteten einige Zeitungen, die davon erfahren hatten.[161]

Die Gefühle waren bei den meisten Besuchern zunächst zurückhaltend und skeptisch und schließlich überwiegend offen und herzlich. Dabei spielte sicher der

160 Woriescheck, Rede, S. 4.
161 Vgl. Sindelfinger Zeitung 9.11.1988; Henk Kool, in: NRC 16.11.1988; Rob Gollin, in: Haagsche Courant 17.11.1988; Gerben Knitert, in: Trouw 19.11.1988; Hans Straus, in: De Limburger 24.11.1988; Joop Offringa, in: Nieuwe Apeldoornse Courant 29.11.1988; Koppenhöfer, Mannheim, S. 202–205; M.H., in: Dwangsarbeiders Nederland: Tweede Werldoorlog 3/1989.

Abstand zu den damaligen Ereignissen eine Rolle, der die Zeit in positiverem Licht erscheinen ließ. Viele sahen sich nach der langen Zeit zum ersten Mal wieder, sie erkannten sich und freuten sich, Erinnerungen austauschen zu können. Neben dem Werk, in dem einige sogar ihren alten Arbeitsplatz wiederfanden, wurden Friedhöfe, auf denen damals verstorbene Zwangsarbeiter begraben sind, und die alten Unterkünfte besucht. An der Gedenktafel der ehemaligen Friedrich-Schule, in der die KZ-Häftlinge während ihrer Zeit in Mannheim untergebracht waren, und bei den 21 Gräbern von den in dieser Zeit verstorbenen KZ-Häftlingen auf dem Mannheimer Hauptfriedhof wurden von den Polen mit großer Betroffenheit Ansprachen gehalten, mitgebrachte Kerzen angezündet und Kränze niedergelegt. Auch die KZ-Gedenkstätte in Dachau wurde besucht, wobei hier eine besonders bedrückende Atmosphäre herrschte.

Anderthalb Jahre später kamen z.T. dieselben Polen auf Einladung des Arbeitskreises Dokumentationsstätte für das KZ Mannheim-Sandhofen nochmals nach Mannheim und besuchten wieder das Werk von Daimler-Benz, das auch diesen Besuch finanziell unterstützte.

Die Einladungen wurden von den ehemaligen Zwangsarbeitern weitgehend positiv aufgenommen, und die Geste und der Wille zur Versöhnung wurden anerkannt. Ein Niederländer schrieb:

Was Daimler-Benz getan hat, nämlich Gruppen von ehemaligen Zwangsarbeitern nach der schmerzlichen Kriegszeit die Gelegenheit zu geben, soweit dies möglich war, ihre ehemaligen Arbeitsplätze und Wohnsitze wiederzusehen, ist u.a. großartig und in der Geschichte deutscher Unternehmen ein Phänomen! Mir persönlich hat dies sehr geholfen, das Kriegstrauma, das ich mit mir herumtrage, erträglicher zu machen, und schon allein aus diesem Grunde kann ich mit Genugtuung auf den Blitzbesuch in Stuttgart zurückblicken. Daß die Daimler-Benz AG diese Einladung nicht „mißbraucht" hat, um Public Relations zu betreiben und ihr Image noch mehr aufzupolieren, zeigt die große Klasse des Betriebes, für den Sie arbeiten.[162]

---

162 Van Looy an Gerd Woriescheck, Daimler-Benz, 10.12.1988.

3.5 Vergleich mit anderen Unternehmen

Viel zu häufig wird der Zwangsarbeitereinsatz für die deutsche Wirtschaft nur auf die deutsche Industrie beschränkt. Dabei wird vergessen, daß knapp ein Drittel der Zwangsarbeiter nicht in der Industrie, sondern in der Landwirtschaft eingesetzt wurde. In der Landwirtschaft war auch der Anteil der Zwangsarbeiter an den Gesamtbeschäftigten überproportional hoch: Fast die Hälfte der Mitarbeiter waren Ausländer.[1]

Sicherlich können quantitative Angaben zur Zwangsarbeiterbeschäftigung bei deutschen Unternehmen nur einen ersten Hinweis auf den Grad der Verstrickung geben. Gleichwohl gibt es signifikante Unterschiede. In der Industrie lag der Ausländeranteil unter den Arbeitern bei 40 %, in der engeren Rüstungsindustrie bei mehr als 50 % und in Betrieben mit geringer Stammbelegschaft noch höher. Die mit Abstand meisten Zwangsarbeiter beschäftigten die Reichswerke Hermann-Göring, bei denen 30 % aller in Deutschland eingesetzten Zwangsarbeiter und 25 % der russischen Kriegsgefangenen arbeiten mußten.[2]

Die Behauptung von Bellon[3], Daimler-Benz hätte mehr Zwangsarbeiter beschäftigt als andere Rüstungsfirmen, trifft zumindestens für 1942 zu. Sie bezieht sich auf eine Aufstellung, in der der Anteil der ausländischen Zivilarbeiter und Kriegsgefangenen von 22 maßgebenden Betrieben der Waffen-, Panzer-, Kraftfahrzeug-, Schienenfahrzeug- und Werkzeugmaschinenindustrie ermittelt wird. Am 1. September 1942 betrug der durchschnittliche Anteil dort 24 % – bei Daimler-Benz lag er Anfang des Jahres bei 24,6 %, Ende des Jahres sogar bei 40,6 %, so daß am 1. September 1942 mit ziemlicher Sicherheit der Anteil der ausländischen Zivilarbeiter, Kriegsgefangenen und KZ-Häftlinge beim Daimler-Benz-Konzern weit über 24 % gelegen hat. Der Anteil der Zwangsarbeit beim Daimler-Benz-Konzern stieg in jedem Kriegsjahr bis 1944 auf die Hälfte der Belegschaft; in absoluten Zahlen wurde der Höchststand auch 1944 mit rund 37.500 Zwangsarbeitern von 75.000 Belegschaftsangehörigen erreicht.[4]

Methodisch noch schwieriger als der quantitative Vergleich der Zwangsarbeit bei Daimler-Benz und der bei anderen Unternehmen ist der qualitative Vergleich, also die Frage: Wie waren die Arbeits- und Lebensbedingungen der Zwangsarbeiter bei Daimler-Benz im Vergleich zu den übrigen Firmen? Noch gibt es zu diesem Thema zu wenige Fallstudien, um zu eindeutigen und vergleichbaren Ergebnissen zu gelangen. Da jedoch besonders der Unternehmenshistoriker immer wieder zur Einordnung, Verallgemeinerung und Bewertung aufgefordert wird, sollen einige vergleichende Betrachtungen angestellt werden.[5] In der Literatur finden sich zuwei-

1 Vgl. Herbert, Fremdarbeiter, S. 11.
2 Vgl. Herbert, Einsicht.
3 Vgl. Bellon, Mercedes, S. 241.
4 Vgl. BA Koblenz R 41/228 fol. 54, 55, 59, 60, 61, 62, 63, 64; vgl. Tab. 8, S. 98–101.
5 Dabei werden nur Vergleiche zwischen verschiedenen Unternehmen herangezogen und nicht Vergleiche der Verhältnisse in einem KZ oder Arbeitserziehungslager mit denen bei Daimler-Benz. Es ist offensichtlich, daß die Arbeits- und Lebensbedingungen in einem KZ und in einem AEL schlechter waren, als in einem Unternehmen, das ein ökonomisches Interesse an der Er-

len deutliche Aussagen, die jedoch – z.T. mangels Quellen – nicht auf sorgfältigen Vergleichen beruhen.[6]

Da die schriftlichen Quellen und die Literatur zumeist nur die Verhältnisse in einem Betrieb schildern, lassen sich aus dieser Quellengruppe kaum Hinweise für eine unternehmensübergreifende vergleichende Betrachtung der Zwangsarbeit ableiten. Bei den Zeitzeugenbefragungen spielen subjektive Eindrücke naturgemäß eine große Rolle. Verhältnisse, die für den einen erträglich waren, waren für den anderen kaum auszuhalten. Wie wenig dabei die objektive Lage eine Rolle spielen kann, zeigt folgendes Beispiel: Freiwillig, hauptsächlich wegen der höheren Löhne nach Deutschland gekommene Dänen, Niederländer oder Italiener waren mit den vorgefundenen Verhältnissen häufig unzufrieden, da der Maßstab ihrer Beurteilung die normale Arbeitsmigration war. Die nach tagelangem Transport in Eisenbahnwaggons ohne Nahrung und mit katastrophalen hygienischen Verhältnissen nach Deutschland verschleppten Polen und Sowjetbürger konnten sich dagegen mit den danach tatsächlich vorgefundenen Bedingungen manchmal „leichter arrangieren".[7]

Bei unseren Zeitzeugenbefragungen waren 16 ehemalige Zwangsarbeiter nicht nur bei Daimler-Benz, sondern auch bei anderen Unternehmen beschäftigt. Sie können also einen unmittelbaren, wenn auch subjektiven Vergleich ziehen. Von den ehemaligen Zwangsarbeitern, die in mehreren Unternehmen arbeiten mußten, verglichen nur elf ihre Tätigkeit bei Daimler-Benz mit der in anderen Unternehmen. Vier berichteten über eine Verschlechterung, sechs über eine Verbesserung der Arbeits- und Lebensbedingungen bei Daimler-Benz und einer bezeichnete die Lage als gleichbleibend. Diese Eindrücke sind insofern zu relativieren, als sich allgemein die Verhältnisse gegen Kriegsende erheblich verschlechtert haben. Je nachdem, ob die Zwangsarbeiter zuerst oder zuletzt bei Daimler-Benz waren, überwiegt in der Erinnerung der positive bzw. negative Eindruck an diese Zeit. Berücksichtigt man dieses Zeitmoment, so waren von denen, die eine Verschlechterung bei Daimler-Benz konstatieren, zwei vorher, einer nachher und einer vorher wie nachher in anderen Unternehmen.

---

haltung der Arbeitskraft haben mußte. Ebenso unsinnig ist es, die Verhältnisse des Stammwerks mit denen in den Verlagerungen gegen Ende des Krieges zu vergleichen, da hier generell eine Verschlechterung zu konstatieren ist. Auch können nicht die Verhältnisse der ausländischen Unternehmen mit denen bei Daimler-Benz verglichen werden.

6 Buschak, Geschichte, S. 133, etwa urteilt: „Zumindest, was die Ernährung angeht, waren die Zwangsarbeiter bei der MAGGI besser gestellt, als ihre Leidensgenossen im Reich". Waibel, Unterdrückung, S. 24 f., bezweifelt diese Aussage aufgrund eigener Interviews. Mommsen, Geschichte, S. 76, meint zu den Anstrengungen zur Erhaltung der Arbeitsfähigkeit der Häftlinge: „In dieser Hinsicht unterschied sich das Management des Volkswagenwerks nicht von denjenigen anderer Großkonzerne." Dabei bezieht er sich nicht auf Literatur oder Quellen, die Auskunft über das Management anderer Unternehmen geben. Koppenhöfer, Buchenwald, S. 525, vermutet, im Vergleich zur Verpflegung der Sandhofer Häftlinge „dürfte die Nahrungsmittelversorgung in den großen Stammlagern in jener Zeit weitaus besser gewesen sein." Als Beweis zitiert er einen ehemaligen KZ-Häftling, der auf die offenbar entsprechend formulierte Frage antwortet: „Selbstverständlich, in Buchenwald war die Verpflegung besser". Methodisch ist das nicht einwandfrei, zumal eine genaue Beschreibung der Mannheimer Verpflegung folgt, über die Buchenwalder KZ-Verpflegung jedoch keine weitere Aussage gemacht wird.

7 Herbert, Einleitung, S. 16.

Diese Aussagen sollen an konkreten Beispielen verdeutlicht werden: Eine der vier Zwangsarbeiterinnen, die über eine deutliche Verschlechterung der Verhältnisse bei Daimler-Benz berichten, war die aus Polen stammende Kasimira Swierczynska[8], die dreieinhalb Jahre in Deutschland arbeitete. Knapp die Hälfte der Zeit war sie bei der Spinnerei und Weberei Burkhardt in Wannweil als Zwangsarbeitern eingesetzt. Danach, als Daimler-Benz die Produktion auf die Burkhardt-Werke ausdehnte, wurde der größte Teil der Burkhardt-Belegschaft zu Daimler-Benz abkommandiert.[9] Sie erinnert sich:

> *Mir ist es bei Daimler-Benz nie passiert, daß mir dort ein Deutscher eine Scheibe Brot gegeben hätte. Früher, als ich noch bei Burkhardt arbeitete, war das anders.*[10]

Bevor Daimler-Benz bei der Firma Burkhardt einzog, waren die Verhältnisse „anständig und korrekt", wobei sie die Firma Burkhardt, deren Inhaber ein siebzig-jähriger Mann war, als „schon etwas Besonderes" bezeichnet.

> *Außerdem waren die Leute von Daimler-Benz gewohnt, mit russischen Kriegsgefangenen oder KZ-Häftlingen zu arbeiten. Daher trat sofort eine große Verschlechterung ein. Bei Daimler-Benz kann ich mich an überhaupt keine Zusatzverpflegung oder Kupons für Sonntag erinnern.*[11]

Während sie bei Burkhardt Kontakte zu deutschen Arbeitern hatte, gab es diese bei Daimler-Benz nicht. Auch Holzschuhe gab es nur bei Burkhardt, nicht bei Daimler-Benz.[12] Frau Bar–Niv, eine gebildete, juristisch bewanderte und sehr glaubwürdige Zeitzeugin, sagt:

> *Wie es anderswo war, kann ich nicht sagen. Aber sicher ist, daß die Bedingungen und das Verhältnis bei Burkhardt viel besser waren. Im Vergleich zu Daimler-Benz war das ein Unterschied wie Tag und Nacht.*[13]

Der Kriegsgefangene Jean Ballard hat während des Krieges mehrere Stationen der Zwangsarbeit durchlaufen, wobei er im Vergleich zu Daimler-Benz sowohl bessere als auch schlechtere Erfahrungen gemacht hat: Die leichtesten Arbeiten hatte er bei einem Bauern zu verrichten, wo die Verpflegung naturgemäß reichhaltiger war. Von Ende 1942 bis Frühjahr 1945 mußte er bei Daimler-Benz in Genshagen arbeiten. Dort bezeichnet er die Arbeitsbedingungen für ihn persönlich als gut. Bevor er zu Daimler-Benz kam, hatte er in anderen Fabriken gearbeitet, wo er einmal 50 kg Kohlensäcke auf dem Rücken tragen sollte. Als er die Arbeit verweigerte, mußte er einen Monat in einer Strafkompanie arbeiten.[14]

Auch Romain Verdonck berichtet über schlechtere Bedingungen bei Daimler-Benz, doch stellt seine Arbeitssituation einen Sonderfall dar. Er war einen Monat, vom 26. März bis zum 22. April 1943, bei Daimler-Benz im Werk Genshagen

---

8   heute: Rena Bar–Niv.
9   Vgl.GUG-Interview Bar–Niv/PL, S. 2.
10 GUG-Interview Bar–Niv/PL, S. 4.
11 GUG-Interview Bar–Niv/PL, S. 5f.
12 Vgl.GUG-Interview Bar–Niv/PL, S. 6 und 10.
13 GUG-Interview Bar–Niv/PL, S. 13.
14 Vgl. GUG-Interview Ballard/F, S. 3.

eingesetzt, danach wurde er an das Maschinenbauunternehmen Martini-Hüneke ausgeliehen. Dieses Unternehmen mit Sitz in Salzkotten und Berlin arbeitete mit Daimler-Benz auf dem Werksgelände in Genshagen zusammen, wo die Firma eine Holzbude besaß. Außer Verdonck war dort nur ein weiterer Zwangsarbeiter aus Holland eingesetzt, die übrigen etwa vier Beschäftigten waren Deutsche. Verdonck konnte sich dort viel freier und selbständiger bewegen als bei Daimler-Benz, wo er allerdings auch die Arbeitsbedingungen als akzeptabel einstuft.[15]

Ein weiterer Zwangsarbeiter, der über eine schlechtere Zeit bei Daimler-Benz berichtet, ist der Belgier Eugène Lecoq, der von März 1943 bis April 1944 bei Dornier in Wismar arbeiten mußte. Da es dort nicht genug Arbeit gab, kam er danach mit etwa 50 Belgiern und Franzosen zu Daimler-Benz nach Sindelfingen, wo das Essen mittelmäßig, auf jeden Fall schlechter als in Wismar war.[16] Ähnliches berichtet Bernhard Lambourg, der zur gleichen Zeit bei Dornier war und ebenfalls die dortigen Verhältnisse mit Sindelfingen vergleichen konnte. Auch er meint, daß das Essen bei Dornier besser als das Kantinenessen bei Daimler-Benz war. Außerdem erinnert er sich an mehr Freiheit im kleineren Lager bei Dornier als im Daimler-Benz-Lager Riedmühle. Die Arbeitsbedingungen seien gleich gewesen. Seine Aussagen sind insofern besonders interessant, als er im Anschluß an Daimler-Benz nochmals zurück zu Dornier nach Wismar gekommen ist.[17]

Sechs ehemalige Zwangsarbeiter beurteilen die Arbeits- und Lebensbedingungen bei Daimler-Benz als besser als in den anderen Unternehmen, in denen sie arbeiten mußten: Der Niederländer Peter Hoofs arbeitete ab Oktober 1944 bei Messerschmitt in Regensburg, das viel größer als das Daimler-Benz-Werk Sindelfingen war und wo die Verhältnisse schlechter waren. Zwar war der Lohn bei beiden Unternehmen gleich, doch wurden nur bei Daimler-Benz Überstunden bezahlt. Auch sei der berüchtigte Lagerführer Askani in Sindelfingen „phantastisch" im Vergleich zu dem „Nazi-Lagerführer" in Regensburg gewesen.[18]

Johannes van Staalduinen mußte ebenfalls bei zwei Unternehmen derselben Branche arbeiten, nämlich vom 30. Oktober 1942 bis September 1944 bei der Adam Opel AG in Brandenburg, von wo er nach einem Bombenangriff bis März 1945 an das Mannheimer Werk von Daimler-Benz ausgeliehen wurde. Dort wurde in Lizenz der LKW Opel „Blitz" hergestellt, und van Staalduinen war in der Reparatur eingesetzt. Die unangenehmsten Erinnerungen hat er an Opel, wo er so mißhandelt wurde, daß er Teilinvalide wurde.[19]

Roger Abeillé war im März und April 1944 in Wiener Neudorf als Zwangsarbeiter eingesetzt und kam von dort nach Genshagen, wo er ein Jahr bis April 1945 arbeiten mußte. Er resümiert:

15 Vgl. GUG-Interview Verdonck/B, S. 1 und 3.
16 Vgl. GUG-Interview Lecoq/B, S. I, 2.
17 Vgl. GUG-Interview Lambourg/F, S. 1.
18 Vgl. Hoofs/NL, S. 1–3, 6, 8 (Zit.) und 10.
19 Vgl. GUG-Interview van Staalduinen/NL, S. 1; in einem Brief vom 10.3.1986 an Daimler-Benz schreibt er, er habe von Juni bis Dezember 1944 bei Daimler-Benz gearbeitet.

Meine persönliche Meinung, die natürlich nur relativ ist, ist, daß die Arbeitsbedingungen bei Daimler-Benz besser waren als in anderen Fabriken. Diesen Eindruck bekam ich bei Gesprächen mit Kameraden, die woanders arbeiteten und sich über die schlechten Arbeitsbedingungen beschwerten.[20]

Die hygienischen Verhältnisse waren nach seiner Erinnerung in Wien normal, in Genshagen relativ sauber. Zum Betriebsklima sagt er:

In Wien waren die Deutschen alles reine Nazis, so daß die Atmosphäre etwas gespannt war. (...) In Berlin war die Stimmung anders, wir hatten mehr Freiheit.[21]

Als französischer Kriegsgefangener kam Louis Terreaux bereits im August 1940 nach Deutschland, wo er zunächst drei Monate im Stammlager arbeiten mußte. Seine Erinnerungen sind vor allem von der Schwere der Arbeit bestimmt. Die erste Zeit im Stalag bezeichnet er als „schrecklich". Von dort kam er in den Lübecker Hafen und mußte Schiffe entladen und andere Schwerarbeit verrichten. Danach wurde er als LKW-Fahrer bei Dornier in Lübeck eingesetzt, später mußte er in diesem Unternehmen nach einer sechsmonatigen Ausbildung als Fräser in der Flugzeugproduktion arbeiten. Nach der Zerstörung des Dornier-Werkes durch Bombardierung wurde er im Mai 1943 an das Daimler-Benz-Werk in Sindelfingen verliehen, wo er 14 Monate arbeitete, bis er wieder zu Dornier zurück mußte. Die Arbeits- und Lebensbedingungen in Lübeck waren so schwer zu ertragen, daß er zweimal zu fliehen versuchte. Über seine Arbeit bei Daimler-Benz sagt er dagegen:

Es war keine Schwerarbeit, aber wir waren sehr überwacht, und die Arbeitszeit war lang. 1943 herrschte ein besseres Arbeitsklima als 1940.[22]

Einer der wenigen freiwillig nach Deutschland gekommenen Fremdarbeiter, der interviewt wurde, war ein Franzose, der 1942 zusammen mit Vater und Bruder sich für sechs Monate in Neuss zur Arbeit verpflichtete, da die kinderreiche Familie in Frankreich in wirtschaftlichen Schwierigkeiten lebte. Wegen der dort guten Erfahrungen schloß er vom 23. Februar 1943 bis 3. März 1945 bei Daimler-Benz einen Vertrag ab, bei dem es allerdings im Gegensatz zur Neusser Zeit keine Rückkehrmöglichkeiten gab. Danach arbeitete er bis Ende April 1945 bei der Firma Deutsche Oelschiefer in Schönberg, wo das Essen so ungenießbar war, daß er wieder in das Lager „Schlachthof Gaisburg", wo er bei Daimler-Benz untergebracht war, floh.[23]

David Katz mußte als KZ-Häftling für viele Unternehmen arbeiten; nicht immer war es den Häftlingen bekannt, für welche Firma sie gerade eingesetzt wurden.[24] Auch seine Erinnerungen sind in erster Linie von der Härte der Arbeit

20 GUG-Interview Abeillé/F, S. 1 und 3 (Zitat). Eine ähnliche Aussage macht Goffinet/B, S. 3, der bei Daimler-Benz in Untertürkheim arbeiten mußte. Französische Arbeiter erzählten ihm, daß sie „lieber bei Daimler-Benz als bei Renault am Fließband arbeiteten".
21 GUG-Interview Abeillé/F, S. 3 (Zit.), S. 5.
22 GUG-Interview Terreaux/F, S. I, 1, 3 (Zit.).
23 Vgl. GUG-Interview Nr. 234/F, S. I, 1.
24 Vgl. GUG-Interview Katz/CS, Anlage, Brief des Landesrats für Freiheit und Recht an Claims Conference vom 21.3.1986, wonach Katz 1944/45 bei der Firma Rheinmetall in Bochum und bei Feldmühle in Düsseldorf gearbeitet haben soll. Beide Firmen hatten für die jüdischen Zwangsarbeiter an die Claims Conference eine Entschädigung gezahlt.

bestimmt. 1942/43 mußte das Arbeitskommando einige Wochen in der Siemens-Niederlassung in Riga die elektrischen Einrichtungen von Kühlschränken herausmontieren und in Kisten zum Versand packen. Danach hatte er drei bis vier Monate bei Daimler-Benz in Riga LKW-Militärfahrzeuge zu reparieren. Ab Ende April 1944 wurde er neun Monate beim Bochumer Verein zum Bohren von Löchern in Granaten für Luftabwehrraketen eingesetzt, „eine sehr viel schwerere und schlimmere Arbeit als bei Siemens und Daimler-Benz". Nur drei des aus 120 bis 200 Juden bestehenden Außenkommandos des KZ-Riga-Kaiserwald sollen diese unmenschliche Tätigkeit beim Bochumer Verein überlebt haben.[25]

Eine klare Aussage läßt sich auf der Grundlage von so wenigen Interviews natürlich nicht treffen. Zwei Schlußfolgerungen lassen sich aber dennoch festhalten: Erstens waren die Arbeits- und Lebensbedingungen bei Daimler-Benz verglichen mit anderen Unternehmen offensichtlich weder eindeutig besser noch eindeutig schlechter. Sechs der Zeitzeugen, die sich dazu äußerten, empfanden die Zwangsarbeit bei Daimler-Benz als besser und vier als schlechter. Einer konnte keinen Unterschied feststellen. Diese Aussage ist zwar nicht besonders ergiebig, relativiert aber doch deutlich den Eindruck, den die Darstellungen von Roth und seinen Mitarbeitern sowie von Bellon vermitteln.[26]

Interessanter ist ein zweites Ergebnis: Wie die verschiedenen Erlebnisse bei unterschiedlichen Unternehmen zeigen, bewegten sich die Lebens- und Arbeitsbedingungen in einem Rahmen, dessen Ausgestaltung den einzelnen Unternehmens- bzw. Betriebsleitungen einen geringen Handlungsspielraum verschaffte.[27] Keineswegs nahmen behördliche Vorschriften ihnen jeglichen Spielraum. Innerhalb des behördlich gesteckten Rahmens – und manchmal auch darüber hinaus, wie der Vergleich mit der Firma Burkhardt in Wannweil zeigt, – besaßen die Unternehmen eine, wenn auch geringe Handlungsfreiheit.

---

25 GUG-Interview Katz/CS, S. 2; Katz kritisiert die Darstellung von Seebold, Bochumer Verein. Die Lebensbedingungen seien viel schlechter gewesen, als dort beschrieben, es habe keine Zusatzverpflegung von Brot gegeben, wie Seebold behauptet.

26 Vgl. Roth, Weg; Fröbe, Wie bei den alten Ägyptern; Koppenhöfer, Buchenwald; Bellon, Mercedes-Benz.

27 Vgl. Herbert, Einleitung, S. 12.

4. SCHLUSSBETRACHTUNG

Die vorangegangenen Kapitel dürften deutlich gezeigt haben, daß das Quellenmaterial lückenhaft ist, die Aussagen und Beurteilungen in den Interviews sehr stark vom Erinnerungsvermögen und Erfahrungshorizont der Zeitzeugen abhängen und schließlich die Zusammensetzung der Interviewpartner keineswegs der tatsächlichen Zusammensetzung der Zwangsarbeiter entspricht. Dennoch lassen sich Grundzüge herausarbeiten, die charakteristisch für den Einsatz von Zwangsarbeitern bei Daimler-Benz waren.

Lebensbedingungen

Die Gestaltung der Lebensbedingungen war in großem Umfang von gesetzlichen Bestimmungen geprägt. Diese nahmen eine Differenzierung unterschiedlicher Zwangsarbeitergruppen vor, die im wesentlichen der nationalsozialistischen Rassenhierarchie entsprachen. Diese Hierarchie wurde jedoch den Deutschen keineswegs aufgezwungen, vielmehr entsprach sie Vorurteilen, wie sie in der deutschen Bevölkerung durchaus gängig waren. Während Zwangsarbeiter aus Westeuropa von den Deutschen zumindest als wesensähnlich angesehen und in gewissem Rahmen akzeptiert wurden, schlug den Menschen aus Ost- und Südeuropa Verachtung entgegen, die sich nicht nur in der gesetzlichen Diskriminierung, sondern auch im alltäglichen Umgang widerspiegelte.

Hinsichtlich der Beurteilung der Lebensbedingungen kristallisieren sich daher fünf große Gruppen von Zwangsarbeitern heraus:
1) westeuropäische Zivilarbeiter
2) westeuropäische Kriegsgefangene
3) ost- und südeuropäische Zivilarbeiter
4) ost- und südeuropäische Kriegsgefangene
5) KZ- und andere Häftlinge

Mit Ausnahme einiger „Westarbeiter" mußten Zwangsarbeiter aller genannten Gruppen in Barackenlagern leben, KZ-Häftlinge manchmal sogar in Bunkern oder Stollen. Dem Leben in Baracken konnte man als Ausländer nur entgehen, wenn es gelang, über Kontakte zu Deutschen, meistens am Arbeitsplatz, ein Privatquartier zu mieten. In aller Regel erwiesen sich dafür deutsche Sprachkenntnisse, über die jedoch die wenigsten verfügten, als unabdingbar. Die meisten privat wohnenden Daimler-Benz-Zwangsarbeiter waren Niederländer und Flamen: Viele von ihnen sprachen etwas deutsch bzw. konnten es schneller erlernen als Zwangsarbeiter aus romanisch- oder slawischsprachigen Ländern, sie sahen „deutsch" aus und fielen daher weniger als Ausländer auf, und sie waren in der Lage, sich aufgrund ihrer relativ guten Bezahlung ein Privatquartier und die Dinge des Alltags zu leisten, die für gesellschaftliche Akzeptanz nötig sind (Kleidung, Schuhwerk, Hygieneartikel).

Die normale Unterkunft der Zwangsarbeiter war jedoch die Baracke. Vor allem diese Form der Unterbringung machte im subjektiven Empfinden der für Daimler-Benz arbeitenden Menschen den Zwangscharakter deutlich: Weder waren sie von ihnen vertrauten Personen umgeben, noch hatten sie eine Privatsphäre, in die sie sich wenigstens zeitweilig hätten zurückziehen können. Stattdessen waren sie jahrelang von etwa gleichaltrigen Personen desselben Geschlechts umgeben, mit denen sie sich arrangieren mußten. In dieser Situation entstand zwar oft eine Atmosphäre der Solidarität und Kameradschaft, aus der Freundschaften hervorgingen, die zum Teil bis heute anhalten. Aber eine Atmosphäre der Gemütlichkeit oder gar Geborgenheit konnte in keinem der Lager aufkommen, auch nicht bei den materiell besser gestellten „Westarbeitern" – zu eng waren die Wohnverhältnisse, vor allem gegen Ende des Krieges, und zu deutlich blieben die Lager mit dem Charakter des Provisoriums behaftet. Dieses vermeintliche Provisorium sollte zum Beispiel für die französischen und belgischen Kriegsgefangenen fast fünf Jahre dauern.

Urlaub wurde nur „Westarbeitern" gewährt, dann aber 1943/44 endgültig gestrichen, weil ihn viele nutzten, um in ihrer Heimat unterzutauchen. Für alle anderen Zwangsarbeiter reduzierte sich Freizeit auf die wenigen Tage, an denen sie nicht arbeiten mußten, also den Samstagnachmittag, den Sonntag und wichtige Feiertage. Gegen Kriegsende fiel die ohnehin knapp bemessene Freizeit jedoch den immer stärkeren Anforderungen zum Opfer: Die Arbeitszeit wurde weiter erhöht, durch Luftalarm ausgefallene Arbeitszeit wurde nachgeholt, und Ausländer wie Deutsche wurden sonntags zum Ausbau von Verteidigungsstellungen herangezogen.

Wie die Zwangsarbeiter die knappe Freizeit nutzten, hing von ihren Lebensumständen ab. KZ-Häftlinge und Kriegsgefangene aus Ost- und Südeuropa waren derart harten Bedingungen ausgesetzt, daß sie jede freie Minute zur Regenerierung ihres Körpers und zur Beschaffung von zusätzlichen Lebensmitteln benötigten, wollten sie überleben. Falls Zeit blieb, konnte man Wäsche waschen oder „auf Ungezieferjagd gehen". Lagergeld stand diesen Gruppen nicht bzw. nur in sehr geringem Umfang zur Verfügung.

Den besser behandelten westeuropäischen Kriegsgefangenen blieb mehr Freizeit übrig; zudem erhielten sie Lagergeld, mit dem sie im lagereigenen Magazin etwas kaufen konnten. Außerdem versuchten sie, im Lager oder am Arbeitsplatz Lagergeld schwarz gegen Reichsmark umzutauschen, um damit zusätzliche Nahrungsmittel, Kleidung oder andere Gebrauchsgegenstände zu erwerben. In den größeren Arbeitskommandos organisierten die westeuropäischen Kriegsgefangenen neben Sportveranstaltungen auch kulturelle Veranstaltungen bis hin zu volkshochschulähnlichem regelmäßigem Unterricht.

Mit dem Übergang in den Zivilstatus standen den französischen und italienischen Kriegsgefangenen die Freizeitmöglichkeiten der anderen ausländischen Zivilarbeiter offen, bei denen zwischen „West-" und „Ostarbeitern" unterschieden werden muß. „Ostarbeiter" erhielten, vor allem in den ersten Monaten ihres Aufenthalts im Reich, zunächst keinen Ausgang. War dieser später dann doch erlaubt bzw. toleriert, so hatten sie aufgrund ihrer erheblich schlechteren materiellen Situation weniger Möglichkeiten als die „Westarbeiter", die mehr Lohn bekamen und aufgrund ihrer besseren Versorgungssituation Waren auf dem Schwarzmarkt tauschen konnten. Zudem hing die Toleranz der Deutschen in Geschäften, Gaststätten, Kinos, Theatern und öffentlichen Verkehrsmitteln vom äußeren Erscheinungsbild der Ausländer ab. Schließlich waren polnische Zivilarbeiter durch das Tragen des „P"-Abzeichens und „Ostarbeiter" durch ihr „Ost"-Abzeichen stigmatisiert.

Den „Westarbeitern" stand im Prinzip ein vom materiellen Standpunkt fast normal zu nennendes Freizeitangebot offen. Sie konnten in der Regel öffentliche Verkehrsmittel benutzen und das Angebot in Geschäften, Gaststätten und kulturellen Einrichtungen nutzen sowie Bordellen besuchen. Außerdem war es ihnen möglich, auf dem Schwarzmarkt ihre Versorgung erheblich zu verbessern, insbesondere hinsichtlich Lebensmitteln, Kleidung und Schuhen. Kontakte zu deutschen Frauen wurden bei den „arischen" Niederländern und Flamen vielfach toleriert; Franzosen hatten dagegen mit Problemen zu rechnen. Häufig entstanden auch Beziehungen zu „Ostarbeiterinnen", aus denen in einigen Fällen nach dem Krieg Ehen hervorgingen. Vielfach handelte es sich aber auch nur um eine verzweifelte Art der Prostitution, bei der die „Ostarbeiterinnen" ihren Körper gegen lebensnotwendige zusätzliche Nahrungsmittel, Geld, Schmuck oder Gebrauchsgegenstände verkauften.

Das Ausländerrecht beschränkte allerdings die Freizügigkeit der „Westarbeiter", da es nur den Aufenthalt in einem Landkreis zuließ. Reisen darüber hinaus unterlagen einer behördlichen Genehmigungspflicht, die restriktiv gehandhabt wurde. Insbesondere die niederländischen Zwangsarbeiter, die in der Eisenbahn selten als Ausländer auffielen, unternahmen trotzdem größere Ausflüge. Wurden sie bei einer Ausweiskontrolle ohne gültige Papiere gefaßt, drohte ihnen beim ersten Mal in aller Regel nur ein Verweis, wenn keine weiteren Delikte vorlagen.

Die Barackenlager der „Westarbeiter" unterlagen keiner Bewachung. „Ostarbeiter" dagegen wurden zunächst wie Gefangene gehalten: Sie gingen vor dem Schichtbeginn geschlossen ins Werk; Ausgang hatten sie nur in Gruppen und unter Aufsicht. Später lockerten sich die Bewachungsvorschriften, allerdings trauten sich viele „Ostarbeiter" wegen ihres zerlumpten Aussehens nicht unter die deutsche Bevölkerung. Ihre anfängliche Bewachung im Lager erfolgte durch Angehörige des Werkschutzes. Kriegsgefangene und KZ-Häftlinge wurden dagegen von Wehrmacht bzw. SS und Luftwaffe bewacht. Im Werk war der Werkschutz zuständig, teilweise auch für KZ-Häftlinge.

War die Behandlung der westlichen Kriegsgefangenen durch die Wachmannschaften zwar nicht gerade korrekt, aber im Großen und Ganzen doch halbwegs erträglich, so waren Schikanen bei der Behandlung sowjetischer und italienischer Kriegsgefangener sowie Häftlingen an der Tagesordnung. Während bei den italienischen und vermutlich auch bei den sowjetischen Kriegsgefangenen, zu denen nur sehr wenige Informationen vorliegen, Todesfälle durch direkte Einwirkung der Wachmannschaften selten vorkamen, wurden KZ-Häftlinge bedenkenlos mißhandelt und manchmal auch getötet.

Die meisten der insgesamt mehreren hundert Todesfälle von Zwangsarbeitern bei Daimler-Benz sind jedoch im Zusammenhang mit der unzureichenden Ernährung zu sehen, die die körperliche Verfassung aller Zwangsarbeiter schwächte. Die Ernährungslage der deutschen Bevölkerung war bis Sommer 1944 zufriedenstel-

lend. Dagegen erwähnen fast alle Interviewpartner – auch fast alle „Westarbeiter" –
den Hunger, der sie über alle oder doch zumindest die meisten Jahre, die sie in
Deutschland verbrachten, quälte. Die „Westarbeiter" konnten sich aufgrund ihrer
relativ privilegierten Situation einigermaßen Abhilfe verschaffen, indem sie sich
mit ihrem Lohn zusätzliche Nahrungsmittel kauften oder in deutschen Gaststätten
aßen. Dies war dann nach ihrer mehr oder weniger freiwilligen Umwandlung in den
Zivilstatus auch den ehemaligen französischen und italienischen Kriegsgefangenen
möglich, nicht jedoch den praktisch gar nicht bezahlten „Ostarbeitern" und den
anderen Kriegsgefangenen und natürlich auch nicht den Häftlingen. Die Ernährung
der drei letztgenannten Gruppen bestand in aller Regel jahrelang aus einer kaum
genießbaren Suppe und schlechtem Brot, zu dem eine geringe Ration Fett und Kaffeeersatz gereicht wurde. Insbesondere die Rationen der KZ-Häftlinge reichten bei
weitem nicht aus, den täglichen Kalorien- und Vitaminbedarf auch nur annähernd
zu decken. Sie magerten zum Skelett ab und wurden immer anfälliger für Krankheiten.

Ähnlich verhielt es sich mit der Kleidung. Während sich „Westarbeiter" auf
dem freien bzw. Schwarzmarkt gegebenenfalls neue Kleidungsstücke besorgen
konnten, war dies Zwangsarbeitern aus den anderen Gruppen nur in eingeschränk-
tem Maß oder gar nicht möglich. Daher war die Kleidung der „Ostarbeiter" und
Kriegsgefangenen schon nach einigen Monaten verschlissen. Schuhe erwiesen sich
für alle Zwangsarbeiter als Problem. Hier waren zwar wiederum die „Westarbeiter"
tendenziell besser gestellt, aber die Zuteilungen bzw. das Angebot auf dem Schwarzmarkt waren so knapp, daß nach einigen Monaten auch sie die ungeliebten Holzschuhe tragen mußten.

Die Versorgung der KZ-Häftlinge mit Kleidung war katastrophal schlecht.
Besonders grausam war, daß den Häftlingen von den Wachmannschaften meistens
verboten wurde, ihren Körper mit Lappen, Papier, Sackleinen oder anderen textil-
ähnlichen Materialien zu schützen. Die Kälte stellte daher im Winter für die KZ-
Häftlinge ein ähnlich großes Problem dar wie der Hunger.

Es ist wenig verwunderlich, daß die hygienischen Bedingungen unter diesen
Umständen nur in wenigen Fällen akzeptabel genannt werden können. Der Befall
der Baracken und der darin lebenden Zwangsarbeiter mit Ungeziefer war die Regel.
Verantwortlich dafür waren in erster Linie die engen Wohnverhältnisse und die
schlechte Versorgung mit Kleidung, Schuhwerk, Seife bzw. Seifenpulver und
Waschmittel. Zudem hatten gerade die jüngeren, unverheirateten Zwangsarbeiter
vor ihrer Deportation noch bei den Eltern gewohnt und waren es nicht gewohnt,
eigenverantwortlich zu leben. Wenn auch nur ein Insasse Läuse hatte, war schon
bald die ganze Baracke befallen. Von den Kameraden erzwungene hygienische
Maßnahmen sowie die sporadisch vom Werk vorgenommenen Entlausungsaktionen konnten das Problem nur selten auf Dauer lösen. Die Ausstattung mit sanitären
Anlagen war, auch wenn man zu der des Lagers noch diejenige des Werks hinzu-
rechnet, lediglich für einige Zwangsarbeitergruppen ausreichend, und dies auch nur
in den Stammwerken. In den Verlagerungsorten dagegen waren die sanitären Bedingungen durchweg schlecht: Die Baracken waren vom einfachsten Typ und
hastig errichtet worden; in den unterirdischen Werken machten sich die Verantwortlichen keine Mühe, auch nur für die notwendigsten Anlagen zu sorgen.

Etwas besser geregelt war die medizinische Versorgung. Hier scheinen die Beschwerden auch westeuropäischer Kriegsgefangener und sogar der von den Deutschen verachteten „Ostarbeiter" bei wirklich gefährlichen Erkrankungen oder Verletzungen ernst genommen worden zu sein. Auch hier läßt sich zwar eine Abstufung erkennen, aber die Mängel und Versäumnisse scheinen in anderen Gebieten größer gewesen zu sein als bei der medizinischen Betreuung. Für die italienischen und vermutlich auch für die sowjetischen Kriegsgefangenen sah die Lage anders aus: Die ärztliche Versorgung war völlig unzureichend und die Sterblichkeit entsprechend höher. KZ-Häftlinge waren schlecht beraten, wenn sie sich im Krankenrevier meldeten. Sie nahmen lieber das Risiko in Kauf, bis zum Umfallen zu arbeiten, als vom Krankenrevier ins Stammlager oder gar in das als „Krankenlager" bezeichnete Todeslager in Vaihingen/Enz gebracht zu werden, wo sie nicht zu Unrecht befürchteten, noch geringere Überlebenschancen zu haben.

Neben Krankheiten und Unfällen stellten die im Kriegsverlauf immer stärker werdenden Luftangriffe eine große Gefahr dar. Insgesamt starben zwischen 200 und 300 Daimler-Benz-Arbeiter – ganz überwiegend Ausländer – bei Treffern auf Werke, Lager oder werkseigene Bunker. Auch in den ländlich gelegenen Verlagerungswerken lebten die Menschen vor allem in den letzten Monaten und Wochen des Krieges in ständiger Angst vor Tieffliegern, die nicht nur auf kriegswichtige Anlagen und Züge, sondern auch auf einzelne Menschen zielten. Die existentiellen Ängste, die die Menschen bei Luftangriffen in Bunkern, Schutzräumen oder an der Oberfläche ausstehen mußten, nehmen daher großen Stellenwert in den Interviews ein.

Arbeitsbedingungen

Übereinstimmend berichten Interviewpartner, die vor oder nach ihrem Aufenthalt in Deutschland bei Industrieunternehmen in der Heimat arbeiteten, daß die maschinelle Ausstattung bei Daimler-Benz durchweg modern und die sanitären Einrichtungen in den Stammwerken überall überdurchschnittlich gut waren. Allerdings standen die sanitären Anlagen nicht immer den Ausländern offen, oder lediglich den „Westarbeitern". Dies wurde offenbar nicht nur je nach Werk, sondern sogar je nach Werkshalle unterschiedlich gehandhabt.

Das Befinden am Arbeitsplatz hing ganz überwiegend vom Verhalten der deutschen Kollegen und insbesondere von dem der Vorgesetzten ab. In diesem Punkt haben die Befragten die unterschiedlichsten Erlebnisse gehabt, die von unbarmherziger Schikane bis zu menschlicher Solidarität ging, die auch Deutsche in Gefahr brachte.

Die Vergehen deutscher Arbeiter und Angestellten von Daimler-Benz reichten von Beschimpfungen über Ohrfeigen bis hin zu schweren Schlägen und sexueller Nötigung. Tötungsdelikte durch direktes Einwirken deutscher Daimler-Benz-Angestellter sind nur für Rzeszów zweifelsfrei nachgewiesen, wo ein leitender Angestellter der Personalabteilung drei jüdische Zwangsarbeiter erschoß, und stellten ansonsten, sollten sie auch in anderen Werken vorgekommen sein, sicherlich „nur"

Einzelfälle dar. Denn wenn auch ein Motiv für Mißhandlungen Haß und Verachtung gegenüber Ausländern, insbesondere solchen aus Osteuropa, war, so standen doch im Grunde die Erfordernisse der Produktion im Vordergrund. Dies konnte zwar einerseits bedeuten, daß Zwangsarbeiter mit allen zur Verfügung stehenden Mitteln bis zur Erschöpfung zur Arbeit angetrieben wurden, andererseits bestand aber in aller Regel ein ökonomisches Interesse am Erhalt der Arbeitskraft.

Der Leistungsdruck am Arbeitsplatz war in denjenigen Werken bzw. Werksabteilungen am größten, wo nur noch wenige Deutsche arbeiteten, wo also das Arbeitsklima weit entfernt von betrieblicher Normalität war. Die wenigen Zwangsarbeiter, die als Angestellte und daher mit vielen deutschen Kollegen arbeiten konnten, fanden erträgliche Bedingungen vor. Wer dagegen in einer Halle, in der nur der Meister Deutscher war, am Fließband arbeiten mußte, war völlig abhängig von dessen Einstellung und Verhalten den Ausländern gegenüber. Daher waren die Verhältnisse in den osteuropäischen Daimler-Benz-Werken, in denen nur ein paar Dutzend Deutsche mehrere hundert oder tausend Zwangsarbeiter kommandierten, kaum erträglich.

Beim Einsatz von sowjetischen und italienischen Kriegsgefangenen und insbesondere von KZ-Häftlingen scheint das Interesse des Unternehmens am Erhalt der Arbeitskraft weniger ausgeprägt gewesen zu sein. So war die Sterblichkeit unter den KZ-Häftlingen im Werk Mannheim und in den unterirdischen Verlagerungswerken „Barbe" bei Haslach und „Goldfisch" bei Obrigheim erschreckend hoch. Die in der Literatur insgesamt wohl zu Recht getroffene Unterscheidung von „Bau-" und „Produktionshäftlingen" erweist sich für das Fallbeispiel Daimler-Benz als nicht besonders konstruktiv, denn die wenigsten „Produktionshäftlinge" waren gelernte Facharbeiter; sie wurden daher in kürzester Zeit für anspruchslose Tätigkeiten angelernt und waren im Grunde fast genausogut ersetzbar wie „Bauhäftlinge". Nur im Falle der Juden aus Rzeszów läßt sich für Daimler-Benz ein ökonomisches Interesse vermuten – allerdings nicht nachweisen –, das so weit ging, sich sowohl bei der Räumung von Rzeszów als auch bei der Räumung des Rzeszówer Verlagerungswerkes „Kranich" gegen die SS und für die betroffenen, mittlerweile gut eingearbeiteten „Produktionshäftlinge" einzusetzen. In den anderen Werken ist kein deutlicher Unterschied in der Behandlung von „Bau-" und „Produktionshäftlingen" auszumachen.

Die meisten Todesfälle ereigneten sich in den Lagern der unterirdischen Verlagerungswerke. Der Arbeitseinsatz hatte zwar auch schon in oberirdischen Werken zu Todesfällen, insbesondere von KZ-Häftlingen geführt; zu Epidemien weiteten sich die Krankheiten jedoch erst in den Lagern außerhalb der bzw. in den Verlagerungswerken aus. Außerdem kam hier eine erhöhte Unfallgefahr hinzu. Alleine im Untertagewerk „Goldfisch" starben bei zwei Deckeneinstürzen 29 Menschen im Stollen, darunter vermutlich 26 Ausländer und KZ-Häftlinge. Aber auch in Kriegsgefangenenlagern kam es zu Epidemien, so starben sehr wahrscheinlich knapp 100 Italienische Militärinternierte in Ludwigsfelde und mehrere hundert sowjetische Kriegsgefangene in Minsk.

Nicht nur den KZ-Häftlingen, sondern fast allen interviewten ehemaligen Daimler-Benz-Zwangsarbeitern sind Erniedrigungen und Demütigungen im Gedächtnis geblieben. Zweifellos wurden die sowjetischen und italienischen Kriegsgefangenen sowie die KZ-Häftlinge in ihren Lagern stärker schikaniert als im Werk. Aber selbst wenn die Zwangsarbeiter im Werk nicht mißhandelt wurden, so schwebte doch immer die Angst vor Sabotageverdacht über ihnen. War dieser Verdacht einmal ausgesprochen, so war sehr schnell der SD zur Stelle. In solchen Fällen erwies es sich für den betroffenen Ausländer als sehr wichtig, entweder etwas deutsch sprechen zu können oder einen deutschen Vorgesetzten zu haben, der ihm half. Dies war aber nicht oft der Fall. Viele interviewte „Westarbeiter" betonen, daß sie wegen des schnell erhobenen Sabotagevorwurfs in ständiger Sorge, wenn nicht Angst, arbeiteten. Daher waren auch „Westarbeiter", die nie mißhandelt wurden, Arbeitsbedingungen ausgesetzt, die weit entfernt von einem normalen Arbeitsalltag oder auch nur des Kriegsalltags der deutschen Kollegen waren.

Zur Verantwortlichkeit von Daimler-Benz

Fragt man ehemalige Zwangsarbeiter nach den prägendsten Eindrücken der Jahre, die sie für Daimler-Benz arbeiten mußten, so erhält man überraschend ähnliche Antworten. Die einzelnen Punkte werden naturgemäß unterschiedlich betont; so waren für einen KZ-Häftling Hunger und Kälte weitaus dominantere Erfahrungen als etwa Luftangriffe, die viele „Westarbeiter" als größte Bedrohung ansahen. Genannt werden vor allem
- der ständige Hunger,
- Kälte (KZ-Häftlinge),
- die Trennung von Familie, Freunden, Freund(in),
- die Demütigungen im Lager, am Arbeitsplatz, in der Öffentlichkeit und
- die Angst vor Luftangriffen.

Zudem betonen viele Interviewte, daß ihnen durch diese Zeit die Jugend genommen wurde. KZ-Häftlinge, aber auch viele Zwangsarbeiter anderer Gruppen, erlitten gesundheitliche Schäden, die ihr späteres Leben erheblich beeinträchtigten und die vielfach bis heute anhalten. Vielen Interviewpartnern ist anzumerken, daß die Zeit in Deutschland einen Lebensabschnitt darstellt, der bis heute nicht bewältigt ist.

Fragt man dagegen weiter, inwieweit das Unternehmen Daimler-Benz verantwortlich für die damaligen Zustände gewesen sei, so erhält man von den ehemaligen Zwangsarbeitern die unterschiedlichsten Antworten. Das Spektrum reicht von wohlwollendem Verständnis für die Deutschen, die ja auch nur irgendwie den Krieg überstehen wollten und nicht anders gekonnt hätten, bis zu Vorwürfen, Daimler-Benz habe sich der Zwangsarbeiter als Sklaven bedient und aus ihnen an Arbeitsleistung herausgeholt, was nur möglich war. Insgesamt überwiegt bei den Befragten deutlich die Ansicht, daß Daimler-Benz ihnen mehr genommen als gegeben hat.

Eine Beurteilung der Verantwortlichkeit aus historischer Sicht ist zweifellos schwierig. Unbestritten ist, daß Daimler-Benz infolge der nationalsozialistischen Aufrüstung die Produktion erheblich ausweitete und hohe Gewinne erzielte. Eindeutig ist weiterhin, daß Daimler-Benz Zwangsarbeiter aus eigenem Antrieb anfor-

derte. Schließlich dürften die vorangegangenen Ausführungen auch deutlich gemacht haben, daß die Situation aller ausländischen Arbeiter bei Daimler-Benz
eindeutig und wesentlich schlechter war als die der deutschen Kollegen. Es bleibt
die Frage, ob denn Daimler-Benz wenigstens vorhandene rechtliche und faktische
Spielräume genutzt hat, um die Situation der vom Unternehmen angeforderten
ausländischen Arbeitskräfte zu erleichtern.

Zunächst einmal ist klarzustellen, daß eine solche Fürsorgepflicht existierte. In
einem marktwirtschaftlichen System kann einem Unternehmen nicht der Vorwurf
gemacht werden, daß es sich am Gewinnerzielungsprinzip orientiert, solange es
kein geltendes Recht verletzt. Dies setzt aber normale, durch den Staat garantierte
Rechtsverhältnisse voraus, insbesondere solche, die garantieren, daß ein Arbeitsverhältnis aus freien Stücken entsteht und gelöst werden kann. Davon konnte aber
im Nationalsozialismus nicht die Rede sein. Die arbeitsrechtliche und faktische
Gestaltung des Zwangsarbeitereinsatzes verletzte dieses Gebot der beidseitigen
Freiwilligkeit. Daimler-Benz auf der einen Seite zog ganz offensichtlich aus dem
Arbeitseinsatz Nutzen. Da die miserable Situation der meisten Zwangsarbeiter auf
der anderen Seite unübersehbar war, wäre vom Unternehmen ein hohes Maß an
Fürsorge über das gesetzlich vorgegebene Minimum hinaus – im Rahmen des
rechtlich und faktisch Möglichen – zu erwarten gewesen.

Dieser Handlungsspielraum war je nach Zwangsarbeitergruppe ganz unterschiedlich, weswegen die Zwangsarbeiter in den vorangegangenen Kapiteln nach
Status getrennt untersucht wurden. In den Zusammenfassungen dieser drei Kapitel
wird deutlich, daß durchaus Handlungsspielräume existierten. Selbst den KZ-Häftlingen, die von der SS straff geführt wurden, konnte von einem Großunternehmen
außerhalb des Werks geholfen werden, wie einige Einzelfälle belegen. Dies war
insbesondere dann der Fall, wenn die Häftlinge im Werk untergebracht waren, wie
beispielsweise in Mannheim und Genshagen. In jedem Falle waren Erleichterungen
möglich, wenn sich die Häftlinge im Werk befanden, z.B. durch Ausgabe von
zusätzlichen Nahrungsmitteln und Kleidungsstücken oder die Erlaubnis, sanitäre
und medizinische Einrichtungen des Werks zu nutzen. Dies gilt auch für die
Kriegsgefangenen, für deren Unterkunft Daimler-Benz mitverantwortlich war, und
dies gilt vor allem für die vielen tausend zivilen ausländischen Arbeitskräfte des
Konzerns, für die Daimler-Benz alleinverantwortlich zeichnete. Hier überschritt
das Unternehmen mit dem Arbeitseinsatz von „Ostarbeiter"-Kindern sogar eindeutig den rechtlichen Rahmen.

Hinsichtlich aller drei Gruppen wurde in den einzelnen Kapiteln eine Grund-
haltung des Unternehmens deutlich, die am besten mit Indifferenz zu bezeichnen
ist. Es gab klare Produktionsvorgaben, deren Einhaltung Sache der Werksleiter, der
Hallenmeister und der Meister war. Wie diese die Zwangsarbeiter behandelten,
blieb ihnen überlassen. Viele von ihnen gaben den Leistungsdruck einfach nach
unten weiter, wobei Verdacht auf Sabotage ein willkommenes Druckmittel war.
Nur wenn ein Meister die Schikanen übertrieb, *konnte* es vorkommen, daß er zu-
rechtgewiesen wurde.

In den Werken und Werksabteilungen mit relativ vielen deutschen Arbeitern
war das Klima in aller Regel besser, da die Vorgesetzten mit Protesten der deut-

schen Arbeiter rechnen mußten, wenn die Zwangsarbeiter zu hart behandelt wurden. Hier sind auch viele Fälle bekannt, in denen sich nicht nur die deutschen Kollegen, sondern auch die Vorgesetzten den Zwangsarbeitern gegenüber fair, zuweilen sogar solidarisch verhielten. Dieses Verhalten war aber individuell, es war nicht von der Unternehmensleitung gefordert.

Die Werksleitungen konzentrierten ihre Anstrengungen vielmehr darauf, ein höchstmögliches Maß an Leistung aus den Arbeitskräften herauszuholen. Die ohnehin anstehenden umfangreichen Rationalisierungsmaßnahmen, v.a. Einführung bzw. Ausbau der Fließfertigung, kamen Daimler-Benz bei der Bekämpfung der „Unwilligkeit" der Ausländer in zweierlei Hinsicht sehr entgegen. Zum einen trug das Unternehmen damit der Tatsache Rechnung, daß die meisten neu eintreffenden Zwangsarbeiter Ungelernte waren, die möglichst schnell in den Arbeitsprozeß integriert werden sollten. Zum anderen war durch eine rationalisierte und genormte Fertigung eine bessere Kontrolle und Disziplinierung der Arbeiterschaft möglich, die das „Bummelantentum" der Ausländer weitestgehend einschränken sollte.

Einige wenige Fälle sind belegt, in denen das Unternehmen unter Hinweis auf die rüstungswirtschaftliche Bedeutung der Fertigung materielle Verbesserungen für die Zwangsarbeiter beantragte. Es ist im Nachhinein kaum möglich, zu überprüfen, ob diese Anträge nur aus produktionstechnischen oder auch menschlichen Motiven gestellt wurden. Letzteres hat vielleicht in Einzelfällen eine Rolle gespielt. Es ist jedoch verwunderlich, daß in dieser Hinsicht nicht mehr getan wurde. Dagegen sind in den öffentlichen Archiven Dokumente anderer Firmen zu lesen, in denen etwa Werksleiter berichteten, eine bessere Ernährung und Fürsorge der Zwangsarbeiter habe zu besseren Leistungen geführt. In einigen Fällen wenden sich die Werksärzte mit ausführlich dokumentierten Fällen an die zuständigen Stellen, in denen sie eine sofortige Verbesserung der Ernährung verlangen. Für Daimler-Benz ist ein vergleichbares Engagement nicht nachweisbar. Belegt sind im Gegenteil nur Fälle, wo sich Werks- und Werkstättenleiter in Berichten an übergeordnete Stellen des Unternehmens als am nationalsozialistischen Ideal des harten, aber gerechten Führers orientiert präsentieren. Auffällig ist weiterhin, daß die Daimler-Benz-Werke auch dann noch neue Zwangsarbeiterkontingente anforderten, als offensichtlich war, daß die bereits eingesetzten nicht menschenwürdig behandelt wurden oder werden konnten.

Vergleicht man allerdings die Lebens- und Arbeitsbedingungen der Daimler-Benz-Zwangsarbeiter mit denen bei anderen Firmen, so ist der Schluß, daß Daimler-Benz seine Zwangsarbeiter überdurchschnittlich schlecht behandelt hätte, wohl kaum gerechtfertigt. So kommt zum Beispiel eine Forschergruppe, die im Rahmen ihrer Untersuchung über das Volkswagenwerk auch den Aspekt Zwangsarbeit ausführlich untersucht, in einem Zwischenbericht zu sehr ähnlichen Ergebnissen.[1]

Sowohl für das Volkswagenwerk wie auch für Daimler-Benz ist der Zwangsarbeitereinsatz mit seinen negativen Begleiterscheinungen nur unter dem Blickwinkel langfristiger Unternehmensziele zu verstehen: Letztlich ging es allen Unterneh-

---

1 Vgl. Mommsen, Geschichte des Volkswagenwerks, S. 36–55. Ähnlich für BMW: Mönnich, BMW, S. 362–384.

men, nicht nur Daimler-Benz und Volkswagen, um ihre Stellung in der Nachkriegszeit. Nur wer in größtmöglichem Umfang Rüstungsaufträge hereinholen konnte, sicherte sich seinen Bestand an deutschen Facharbeitern und Maschinen für die
Nachkriegszeit. Und um diese Aufträge durchzuführen, benötigten die Unternehmen Arbeitskräfte, egal, woher sie kamen. Ob man willens und in der Lage war,
diesen Menschen ein halbwegs würdiges Dasein zu garantieren, spielte bestenfalls
eine untergeordnete Rolle. Und es war diese Nachkriegsperspektive, die Unternehmen wie Daimler-Benz und auch Volkswagen veranlaßte, in letzter Konsequenz
dem Einsatz von KZ-Häftlingen zuzustimmen und ihr Leben in Verlagerungsaktionen zu riskieren. Ganz deutlich drückte diese langfristige Sichtweise der Daimler-
Benz-Vorstandsvorsitzende Dr. Wilhelm Haspel aus, als er im April 1944 dem
Vorstand die generelle Richtlinie des Unternehmens erläuterte:

> *Die Dinge mögen sich verändern, eines ist sicher: Der, der es verstanden hat, sich über den
> Krieg die Produktionsmittel zu verschaffen, wird der Stärkere sein.*[2]

Somit ist es diese Gewichtung der Prioritäten gewesen, die letztlich die Verantwortlichkeit von Daimler-Benz – und genauso der meisten anderen deutschen Großunternehmen – für Umfang und Ausgestaltung des Zwangsarbeitereinsatzes im
Zweiten Weltkrieg ausmacht.

---

2   MBA, VS-Prot. 15./16.4.1944, S. 30.

ABKÜRZUNGSVERZEICHNIS

Abkürzungen, die der Duden (Bd. 1, Rechtschreibung) enthält, werden nicht aufgeführt.

ABP	– Auslandsbriefprüfstelle
AEL	– Arbeitserziehungslager
AfSG	– Archiv für Sozialgeschichte
AK	– Außenkommando
AN	– Archives Nationales
AO	– Arbeitsordnung
AR	– Aufsichtsrat
ARS	– Aufsichtsratssitzung
ASB	– Arbeiterstammbücher
AStA	– Allgemeines Statistisches Archiv
B	– Belgien
BA	– Bundesarchiv
BAMA	– Bundesarchiv-Militärarchiv
BDM	– Bund Deutscher Mädel
BEG	– Bundesentschädigungsgesetz
BGBl.	– Bundesgesetzblatt
BIOS	– British Intelligence Objectives Sub-Committee
BF	– Bayerische Flugzeugwerke
BKK	– Betriebskrankenkasse
Bln.	– Berlin
BMW	– Bayerische Motorenwerke
Brif.	– Brigadeführer
BVerfG	– Bundesverfassungsgericht
Cie.	– Compagnie
CIOS	– Combined Intelligence Objectives Sub-Committee
CS	– Tschechoslowakei
D	– Deutschland
DAF	– Deutsche Arbeitsfront
DB	– Daimler-Benz
DBAG	– Daimler-Benz Aktiengesellschaft
DBMG	– Daimler-Benz Motorengesellschaft
DP	– Displaced Person
DWI	– Deutsches Wirtschaftsinstitut
F	– Frankreich
Famo	– Fahrzeug- und Motoren GmbH, Breslau
F.d.R.	– Für die Richtigkeit
F.d.R.d.A.	– Für die Richtigkeit der Angaben
FN	– Fußnote
FOW	– Flugmotorenwerke Ostmark
FS	– Fernschreiben
GB	– Geschäftsbericht
GBA	– Generalbevollmächtigter für den Arbeitseinsatz
GBK	– Generalbevollmächtigter für das Kraftfahrwesen
Gestapo	– Geheime Staatspolizei
Gfm.	– Gefolgschaftsmitglieder

GG	– Generalgouvernement, Grundgesetz
GL	– Generalluftzeugmeister
GLA	– Generallandesarchiv Karlsruhe
GO	– Gewerbeordnung
GUG	– Gesellschaft für Unternehmensgeschichte
GuG	– Geschichte und Gesellschaft
GV	– Generalversammlung
GWU	– Geschichte in Wissenschaft und Unterricht
H	– Ungarn
HDStW	– Handwörterbuch der Staatswissenschaften
HDSW	– Handwörterbuch der Sozialwissenschaften
HDWW	– Handwörterbuch der Wirtschaftswissenschaft
HJ	– Hitler-Jugend
HK	– Handelskammmer
HKP	– Heeres- bzw. Heimatkraftzeugpark
HStA	– Hauptstaatsarchiv
HV	– Hauptversammlung
HZ	– Historische Zeitschrift
I	– Italien
IfZ	– Institut für Zeitgeschichte
IG	– Interessengemeinschaft
IMI	– Italienischer Militärinternierter
IWM	– Imperial War Museum London
JB	– Jahresbericht
JbW	– Jahrbuch für Wirtschaftsgeschichte
JfN	– Jahrbuch für Nationalökonomie und Statistik
Kapo	– Kameradschaftspolizei
KdF	– Kraft durch Freude
KGF	– Kriegsgefangener
KL	– Konzentrationslager (urspr. zeitgenössische Abk.)
KreisA	– Kreisarchiv
KTB	– Kriegstagebuch
K-Werk	– Kriegs-Werk
KZ	– Konzentrationslager
L	– Luxemburg
LA	– Landesarchiv
LG	– Landgericht
LRA	– Landratsamt
Ltd.	– Limited
MBA	– Mercedes-Benz-Archiv Stuttgart-Untertürkheim
Me	– Messerschmitt
MSPF	– Ministère de la Santé Publique et de la Famille
NA	– National Archives, Washington D.C.
NDL	– Niederlassung
NL	– Niederlande
NS-	– Nationalsozialistische(s)(r)-
NSAK	– Nationalsozialistisches Automobil-Korps
NSDAP	– Nationalsozialistische Deutsche Arbeiterpartei
NSFK	– Nationalsozialistisches Flieger-Korps
NSKK	– Nationalsozialistisches Kraftfahrkorps
NSV	– Nationalsozialistische Volkswohlfahrt
Oflag	– Kriegsgefangenen-Offizierslager

OHG	– Offene Handelsgesellschaft
OKH	– Oberkommando des Heeres
OKM	– Oberkommando der Marine
OKW	– Oberkommando der Wehrmacht
OLG	– Oberlandesgericht
PoMo	– Pommersche Motorenwerke
Ostubaf.	– Obersturmbannführer
OT	– Organisation Todt
Pg.	– Parteigenosse
PL	– Polen
RAD	– Reichsarbeitsdienst
RAM	– Reichsarbeitsministerium
RDA	– Reichsverband der Automobilindustrie e.V.
RFSS	– Reichsführer SS
RGBl.	– Reichsgesetzblatt
RhVjBll.	– Rheinische Vierteljahrsblätter
RLM	– Reichsluftfahrtministerium
RM	– Reichsmark
RMfBuM	– Reichsminsterium für Bewaffnung und Munition
RMfRuK	– Reichsministerium für Rüstung und Kriegsproduktion
ROM	– Rumänien
RS	– Rückseite
RSHA	– Reichssicherheitshauptamt
RStGB	– Reichsstrafgesetzbuch
RüIn	– Rüstungsinspektion
RüKdo	– Rüstungskommando
Rüstab	– Rüstungsstab
RVA	– Reichsverteidigungsausschuß
RWM	– Reichswirtschaftsministerium
SA	– Sturm-Abteilung
S.B.-Arbeit	– Soziale Betriebsarbeit
SD	– Sicherheitsdienst
SGCM	– Société Générale de Constructions Mécaniques
Sifi	– Sindelfingen
Sipo	– Sicherheitspolizei
SL	– Sicherungslager
SS	– Schutzstaffel
StA	– Staatsarchiv
StadtA	– Stadtarchiv
Staf.	– Standartenführer
Stalag	– Kriegsgefangenen-Stammlager
Stat. Jb.	– Statistisches Jahrbuch
Stbf.	– Sturmbannführer
SU	– Sowjetunion
Tbc	– Tuberkulose
U-Baracke	– Unterkunftsbaracke
uk	– unabkömmlich
UK	– Unterkommando
USSBS	– United States Strategic Bombing Survey
UT	– Untertürkheim
U-Verlagerung	– unterirdische Verlagerung
VfZG	– Vierteljahrshefte für Zeitgeschichte

VO	– Vertriebsorganisation
VS	– Vorstand
VSS	– Vorstandssitzung
VSWG	– Vierteljahrschrift für Sozial- und Wirtschaftsgeschichte
VW	– Volkswagen
WiGru	– Wirtschaftsgruppe
WVHA	– Wirtschaftsverwaltungshauptamt
YU	– Jugoslawien
ZABP	– Zentrale Auslandsbriefprüfstelle
ZfG	– Zeitschrift für Geschichtswissenschaft
ZfN	– Zeitschrift für Nationalökonomie
Zl.	– Zloty
ZStL	– Zentrale Stelle der Landesjustizverwaltungen Ludwigburg
ZUG	– Zeitschrift für Unternehmensgeschichte

TABELLENVERZEICHNIS

ABBILDUNGSVERZEICHNIS

TAFELVERZEICHNIS

QUELLEN- UND LITERATURVERZEICHNIS

Verzeichnis der schriftlichen Quellen

Amicale Natzweiler, Luxemburg
– Liste der in Daimler-Benz-Werken beschäftigten Luxemburger Häftlinge der Außenkommandos des KZ Natzweiler

Archiv Bischöfliches Jugendamt Wernau
– Bischöfliches Ordinariat Rottenburg/Neckar 906, 2003, 2048, 6280

Archiv der Bürgervereinigung Sandhofen e.V.
– Kopien von Vernehmungsprotokollen

Archiv des Dänischen Außenministeriums, Kopenhagen
– Akten des Konsulats in Stuttgart, 1940–1942

Archiv der KZ-Gedenkstätte Dachau
– Transportlisten

Archives Générales du Département de la Côte-d'Or
– Intendance Régionales de Police
– Liaisse, 40–M–538

Archives Nationales, Paris (AN Paris)
– Rapport au sujet des ouvriers de la SGCM travaillant à la Daimler-Benz Werk 40 Berlin-Marienfelde
– F ^{9} 2713 (Stalag VA)
– F ^{9} 2913 (Stalag VC)
– 72 AJ 297

Archives de la région Lorraine et du Département de la Moselle, Metz
– Bestand des Landratsamtes Metz

Bürgermeisteramt Mosbach
– Verzeichnis über die im hiesigen KZ verstorbenen Häftlinge

Bürgermeisteramt Obrigheim
– Ortsgeschichte
– Sterbebuch 1938–1946

Bundesarchiv Koblenz (BA Koblenz)

– All. Proz. 1	– Nürnberger Prozesse
– All. Proz. 7	– Amerikanische Prozesse außerhalb Nürnbergs
– All. Proz. 10	– Französische Prozesse in Deutschland
– NS 1	– Reichsschatzmeister der NSDAP
– NS 3	– SS-Wirtschafts-Verwaltungshauptamt
– NS 4 Na	– Konzentrationslager Natzweiler

- NS 5 — Deutsche Arbeitsfront
- NS 19 — Persönlicher Stab Reichsführer-SS
- NS 20 — Kleine Erwerbungen NSDAP
- NS 31 — SS-Hauptamt
- NS 33 — SS-Führungshauptamt
- NSD 50 — Drucksachen der NSDAP
- OMGUS Exhibits Deutsche Bank-Report
- R 2 — Reichsfinanzministerium
- R 3 — Reichsministerium für Rüstung und Kriegsproduktion
- R 7 — Reichswirtschaftsministerium
- R 11 — Reichswirtschaftskammer
- R 12 I — Reichsgruppe Industrie
- R 13 III — Wirtschaftsgruppe Maschinenbau
- R 13 IV — Wirtschaftsgruppe Fahrzeugindustrie
- R 13 XXIX — Wirtschaftsgruppe Einzelhandel
- R 25 — Reichsamt für Wirtschaftsausbau
- R 26 VIII — Comité de l'Organisation de l'Industrie et du Commerce de l'Automobile et du Cycle
- R 41 — Reichsarbeitsministerium
- R 42 I — Reichsverband der Ortskrankenkassen
- R 43 II — Reichskanzlei
- R 58 — Reichssicherheitshauptamt
- R 70 Polen — Polizeidienststellen in den eingegliederten und besetzten Ostgebieten
- R 83 — Zentralbehörden der allgemeinen deutschen Zivilverwaltung in den während des Zweiten Weltkrieges besetzten Gebieten (ohne Osteuropa)
- R 87 — Reichskommissar für die Behandlung feindlichen Vermögens
- R 97 — Reichsinnungsverbände der Reichsgruppe Handwerk
- R 97 II — Reichsinnungsverband des Kraftfahrzeughandwerks
- R 121 — Industriebeteiligungsgesellschaft mbH

Bundesarchiv Potsdam (BA Potsdam)
- DAF
- Film 3380
- Reichslandbund (Pressearchiv)
- Reichswirtschaftsministerium
- 80 Ba 2 — Deutsche Bank
- 80 Ba 6 — Bank der deutschen Luftfahrt
- 80 Re 1 — Deutsche Revisions- und Treuhand AG

Bundesarchiv/Militärarchiv Freiburg i.Br. (BAMA Freiburg)
- RH 8 — Heereswaffenamt
- RH 49 — Kriegsgefangenen-, Arbeits- und Baueinheiten der Kriegsgefangenen
- RL 3 — Generalluftzeugmeister
- RW 20 — Rüstungsinspektionen im Reichsgebiet
- RW 21 — Rüstungskommandos im Reichsgebiet
- RW 22 — Rüstungskommandos im Protektorat Böhmen und Mähren
- RW 23 — Rüstungsdienststellen im Generalgouvernement
- RW 24 — Rüstungsdienststellen in Frankreich
- RW 30 — Rüstungsdienststellen in den Reichskommissariaten Ostland und Ukraine

Bundesarchiv/Militärarchiv Potsdam (BAMA Potsdam)
– RüKdo Berlin
– RüKdo Potsdam
– SF–02
– WF–01
– WF–02

Centre de Recherches et d'Etudes Historiques de la Seconde Guerre Mondiale, Brüssel
– Enquête Verpflichte Tewerkstelling

Dänisches Konsulatsarchiv, Stuttgart
– s. Archiv des Dänischen Außenministeriums

Firmenarchiv Leferenz
– Korrespondenz

Gemeindearchiv Wannweil
– IV/29	– Baracken
– VII/88	– Unfallverzeichnis 1939–1947
– XIII/116	– Ausländer in Wannweil
– Bauakten	

Generallandesarchiv Karlsruhe (GLA Karlsruhe)
– 237/24739	– Sitzungsprotokolle des Rüstungskommandos Oberrhein
– 276	
– 371	
– 465 d/Nr. 1501–1504	– Rapport-/Bestandbücher AK Neckarelz II
– 465 e	– Politisch (1942)/Fremdenlegionäre

Hauptstaatsarchiv Stuttgart (HStA Stuttgart)
– E 130	– Württembergisches Staatsministerium
– E 151/03 Bü. 967	– „Umquartierung wegen Luftgefährdung und Fliegerschäden: Freihaltung von Quartieren und Sperrung einzelner Gemeinden für besondere Zwecke, 1943–1944
– E 397	– (Lebensmittelzuteilungen etc.)
– EA 2/801	– Staatsbeauftragter für das Flüchtlingswesen
– EA 11/101	– Ministerium für politische Befreiung Württemberg-Baden
– OMGUS 12	

Hessisches Hauptstaatsarchiv Wiesbaden (HStA Wiesbaden)
– 407	– Polizeipräsidium Frankfurt a.M.
– 483	– DAF-Gauwaltung Hessen-Nassau

Imperial War Museum London (IWM London)
– Speer Collection
– BIOS 'B'
– CIOS 'A'
– CIOS 'B'

Kreisarchiv Esslingen (KreisA Esslingen)
– D 1	– Landkreis Nürtingen
– E 1	– Landkreis Esslingen

Kreisarchiv Luckenwalde (KreisA Luckenwalde)
– Akte 175   – Sterbefallanzeigen

Landesarchiv Berlin (LA Berlin)
– Berichte Hauptluftschutzstelle über Luftangriffe auf Berlin
– Lageberichte Polizeipräsident
– Rep. 239, Acc. 2517, Nr. 59–60

Landratsamt Göppingen/Stadtarchiv Wiesensteig
– 3101   – Gemeinde Wiesensteig
– 733.1 (bzw. 8450)   – Kriegsgräber
– Stadt Wiesensteig Sterbebuch
– Hauptbücher der Stadt- und Hospitalpflege

Mercedes-Benz-Archiv (MBA), Stuttgart-Untertürkheim
– Abwicklungsakten Personal, Breslau/Dresden
– Bestand Prominente Besitzer
– Bestand DBAG
– Bestand Forstmeier
– Bestand Gaggenau
– Bestand Haspel
– Bestand Hoppe
– Bestand Huppenbauer
– Bestand Kissel
– Bestand Müller
– Bestand Aufgelöste Niederlassungen
– Bestand Werke und Werksangehörige
– Interviews Grube-Bannasch (Oral-History-Projekt)
– Mercedes-Stern und Fremdarbeiter 1941–1945
– Personalstandsbücher Daimler-Benz Sindelfingen
– Unfallmeldebuch für Ostarbeiter
– Unternehmensarchiv Bestand Gross-K-Werke
– Vertriebsorganisation VO (Reichshof und Riga)
– Vorstands- und Aufsichtsratsprotokolle

Ministère de la Santé Publique et de la Famille, Brüssel (MSPF Brüssel)
– Rap. 149 Tr. 13.211   – (Berlin-Marienfelde, Genshagen)
– Rap. 149 Tr. 2.406   – Liste der Gräber der während des Krieges gefallenen oder ver-
                                    storbenen Soldaten und Zivilpersonen, Berlin-Weißensee
– Rap. 149 Tr. 2.456   – (Berlin-Marienfelde)
– Rap. 149 Tr. 15.150   – (Berlin-Marienfelde)
– Rap. 149 Tr. 14.036   – (Berlin-Marienfelde)
– Rap. 149 Tr. 37.856   – (Berlin-Marienfelde)
– Rap. 149 Tr. 76.662   – (Berlin-Marienfelde)
– Rap. 149 Tr. 61.448   – Documents originaux établis par le 203 Polizeirevier à Berlin-
                                    Marienfelde
– Rap. 149 Tr. 15.150   – Liste de 7 déclarations de décès par la Bezirksverwaltung Kreuz-
                                    berg
– Rap. 151 Tr. 61.531   – Enquêtes sur prisons et camps douteux
– Rap. 184 Tr. 63.932   – („Goldfisch"/Obrigheim)
– Rap. 184 Tr. 65.105   – (Mannheim) Archives départementales de Dijon n° 53
– Rap. 184 Tr. 67.849   Camp d'Urbès

– Rap. 184 Tr. 109.359/36	– (Gaggenau)
– Rap. 184 Tr. 46.664	– (Gaggenau)
– Rap. 184 Tr. 47.664	– (AK Vaihingen/Enz)
– Rap. 186 Tr. 64.273	– (Untertürkheim)
– Rap. 429 Tr. 87.913/2	– Liste des Aussenkommandos de Natzweiler
– Rap. 429 Tr. 189.960 38.49	– Rapport S.I.R.
– Rap. 429 Tr. 242.469/15	– Rapport S.I.R.
– Rap. 429 Tr. 85.207	– document I.T.S. Arolsen, Groupe III, Liasse 1 n° 529–600
– Rap. 451 Tr. 54.374	– Gemeinschaftslager DB Bremen
– Rap. 451 Tr. 98.841/19	– (Untertürkheim)
– Rap. 497 Tr. 135.327	– Liste de 6 Belges provenant de la Société d'Angleur-Athus
– Rap. 547 Tr. 115.345	– Aussage Dupont
– Rap. 547 Tr. 69.313	– Aussage Peyskens
– AZ 5205	– Dokument der Werbestelle v. 7.5.1941
– Schreiben v. 17.5.1941	– Documentation Marburg, Film IX page 1346 Az 529
– Schreiben v. 17.5.1941	– Documentation Marburg, Film V n° 740
– Télégrammes de décès	

National Archives, Washington (NA Washington)

– NND 750/40100393	– Bericht des Office of Strategic Services, 18.12.1944
– Record Group 243	– U.S. Stratecic Bombing Survey
– Record Group 319	– US Army Staff Joint Intelligence Objectives

Public Record Office, London

– FO 371	– Foreign Office General Correspondence
– FO 1078	– Interrogation of Albert Speer by FIAT
– WO 235	– War Crime Papers

Rigsarchivet, Kopenhagen

– Statens Udvanderingskontoret:
 Gesandtschaft Berlin, Abgabe 1951, J. Nr. 61
 Generalkonsulat Wien, Abgabe 1965, J. Nr. 86
 Auswanderungsbehörde, J. Nr. 96–94

Staatsarchiv Freiburg (StA Freiburg)

– LRA Rastatt
– Badisches Gewerbeaufsichtsamt
– Gewerbeaufsichtsamt Karlsruhe

Staatsarchiv Nürnberg (StA Nürnberg)

– Anklagedokumente Nürnberger Prozesse

Staatsarchiv Potsdam (StA Potsdam)

– Pr.Br. Rep. 2 A, Regierung Potsdam, I S Nr. 1412
– Pr.Br. Rep. 2 A, Regierung Potsdam, I Pol.Nr. 2889 („Unruhen wegen schlechter Verpflegung im
 Italienerlager Genshagen")

Staatsarchiv Würzburg (StA Würzburg)

– Regierungswirtschaftsamt Würzburg

Stadtarchiv Albstadt (StadtA Albstadt)

– Besatzungsangelegenheiten

Stadtarchiv Gaggenau (StadtA Gaggenau)
– A 1239   – Liste der Ausländer
– A 1240   – 1945–1948 Liste der zugezogenen und weggezogenen Ausländer
– A 3548   – Verzeichnis über zusätzlich abgegebene Lebensmittel an das
                    Gefangenenlager

Stadtarchiv Ludwigsburg (StadtA Ludwigsburg)
– L 23   – Stadtökonomieverwaltung und Stadtwirtschaftsamt
– L 32   – Amt für öffentliche Ordnung
– L 150   – Gemeinderatsprotokolle

Stadtarchiv Mannheim (StadtA Mannheim)
– Ausgleichsamt
– Ernährung- und Wirtschaftsamt
– Hochbauamt Mannheim
– Sammlungen Ortsgeschichte
– Tiefbauamt Mannheim
– Gewaltsame Todesfälle 1940–1945

Stadtarchiv Reutlingen (StadtA Reutlingen)
– Aktenverzeichnis 1945–1949, Nr. 1348

Stadtarchiv Sindelfingen (StadtA Sindelfingen)
– Gemeinderatsprotokolle
– „Kleine Chronik"
– Geburten- und Sterbebuch 1942–1945
– Bauakten
– 4733   – Ausländische Arbeiter und Barackenlager
– 6070   – Allgemeine Maßnahmen zum Schutz der öffentlichen Ordnung
– 6115, 6117   – Ausländer
– 7522   – Ausländerlager
– 8410, 8450   – Kriegsgräber, Alter Friedhof
– 9370, 9380   – Luftschutz, Stollenbau
– 9421, 9425   – Ausländersuchverfahren
– 9445   – Fliegerangriffe, Kriegsfolgen
– 9455   – Kriegswirtschaft
– 9700   – Besatzungsmacht

Stadtarchiv Stuttgart (StadtA Stuttgart)
– Ernährungsamt
– Gemeinderatsprotokolle
– Nachlaß Strölin
– Technische Beiräte

Stadtarchiv Tübingen (StadtA Tübingen)
– A 150 (Flattrich-Registratur): F–8399, F–8399a

Unterlagen Gerhard Birk
– Unterlagen aus dem StA Potsdam:
  Pr. Br. Rep. 2 A, Regierung Potsdam, I Pol., Nr. 2893, 1412
  Pr. Br. Rep. 2 A, Regierung Potsdam, I Pol., Nr. 2894
  Pr. Br. Rep. 2 A, Regierung Potsdam, I Pol., Nr. 2895
  Cd. Br. Rep. 204 P, Ministerium der Finanzen, Nr. 2050

Ld. Br. Rep. 203, Wirtschaftsministerium, Nr. 385
diverse Fotos und Fotokopien
- Berichte Birks über den Einsatz von Zwangsarbeitern, Dienstverpflichteten, Kriegsgefangenen, SS-Strafgefangenen, Westarbeitern, IMIs, Ostarbeitern, Gefangene aus dem Arbeitserziehungslager Großbeeren und KZ-Häftlinge im Werk Genshagen

Unterlagen Anita Kugler
- Institut für Marxismus-Leninismus:
Bemerkungen zur Aktivität der Antifaschisten bei Daimler
Liste der Personalien der verhafteten und ermordeten Daimler-Arbeiter
Urteilsverkündung Prozeß Erich Prenzlau und 12 andere
Urteilsverkündung Prozeß Werner Gutsche und 5 andere
Urteilsverkündung Prozeß Werner Schöne und 8 andere
Bemerkungen zur Tempelhofer Broschüre „Erlebte Geschichte"

Zentrale Stelle der Landesjustizverwaltungen Ludwigsburg (ZStL Ludwigsburg)
- II 206 AR–Z 46/62   – (Reichshof)
- II 206 AR–Z 288/60   – Zwangsmaßnahmen gegen Juden in Reichshof
- IV 406 AR–Z 21/1971   – (Genshagen)
- IV 419 AR–Z 168/1969   – („Kranich")
- IV 419 AR–Z 176/1969   – Akte Mannheim-Sandhofen
- IV 419 AR–Z 1831/67   – („Goldfisch")
- IV 419 AR–Z 1834/67   – (Haslach)
- IV 419 AR–Z 2190/67   – („Goldfisch")
- VI 114   –
- 405 AR–Z 198/74   – Nebenlager Kamenz des KZ Groß-Rosen
- USA Ordner 15
- USA Ordner 16

Erlebnisberichte und Tagebuchaufzeichnungen

Binnendijk, J. Pieter: Tagebuch.
Blans, Adrianus: Erinnerungen.
Denkers, Herman: Tagebuch.
Elfant, Petrus E. d': Tagebuch.
Gillen, Ernest: Le camp de concentration d'Urbès. Quelques notes d'un ancien détenu politique d'Urbès.
Ders.: Urbès-Wesserling. Camp annexe du camp de concentration Natzweiler-Struthof. Quelques dates et évènements.
Grobbenhaar, Herman: Tagebuch.
Maucourant, Robert: Tagebuch.
Mauguy, Jacques: Erinnerungen.
Nass, Maguerite: Tagebuchaufzeichnungen.
Plock, Arno: Verkürzte Darstellung meines Arbeitseinsatzes als KZ-Häftling bei Daimler-Benz, Flugmotorenwerk, Ludwigsfelde und Schacht Neckarelz/Obrigheim.
Ders.: Als KZ-Häftling Zwangsarbeiter in der Rüstungsindustrie 1943 bis 1945. Erlebnisbericht des ehemaligen politischen Häftlings Nr. 61418 des Konzentrationslagers Sachsenhausen.
Ders.: Chronologischer Kurzbericht über meine Zwangsarbeit bei Daimler-Benz, Flugmotorenwerk Genshagen und in dessen unterirdischer Produktionsstätte im Schacht „Friede" bei Neckarelz im Verlagerungsobjekt Kalk-Gipswerk Obrigheim i. Baden.
Pradel, Raymond: Tagebuch.
Vergauwen, Werner J.: Tagebuch.
Nr. 87: Erinnerungen.

VERZEICHNIS DER INTERVIEWS

GUG-Interview-Nr., Name, Geburtsjahr, Nationalität (1938), damaliger Familienstand, Zwangsarbeiterstatus, Interviewer

1	Herr Roger Abeillé	1921	F	ledig	unfreiwilliger Zivilarbeiter	Monika Brüninghaus
2	Herr Janusz Adamowski	1917	PL	ledig	KZ-Häftling	Silke Lent
616	Herr Claudio Amari	1927	I	ledig	unfreiwilliger Zivilarbeiter	Claudia Stein
5	Herr Jean Amory	1921	F	ledig	unfreiwilliger Zivilarbeiter	Monika Brüninghaus
7	Herr Henry van den Andel	1924	NL	ledig	unfreiwilliger Zivilarbeiter	Brigitte Hatke
254	Herr Medard Anteunis	1920	B	ledig	unfreiwilliger Zivilarbeiter	Monique Zimmermann-Smith
475	Herr Emil Backes	1925	D	ledig	Kriegsgefangener	Gudrun Pilch
11	Herr Yvon Baert	1922	F	ledig	unfreiwilliger Zivilarbeiter	(schriftlich)
12	Herr Roger de Baets	1924	B	ledig	unfreiwilliger Zivilarbeiter	Monique Zimmermann-Smith
527	Frau Gisela Balikova	1919	CS	verh.	freiwillige Zivilarbeiterin	Ulrike Rink-Kovačič
481	Herr Jean Ballard	1912	F	gesch.	Kriegsgefangener	Monika Brüninghaus
617	Herr Mario Ballini	1915	I	ledig	Kriegsgefangener	Claudia Stein
637	Herr Grigoriji Iwanowitsch Baranow	1925	SU	ledig	unfreiwilliger Zivilarbeiter	(schriftlich)
16	Herr Robert Barberi	1913	F	ledig	Kriegsgefangener	Monika Brüninghaus
17	Frau Rena Bar-Niv	1922	PL	ledig	unfreiwillige Zivilarbeiterin	Avraham Barkai
22	Herr Oscar Beekaert	1917	B	ledig	unfreiwilliger Zivilarbeiter	Monique Zimmermann-Smith
509	Herr Zyle Besserglick	1923	PL	ledig	KZ-Häftling	(schriftlich)
25	Herr Adrian Bezemer	1924	NL	ledig	unfreiwilliger Zivilarbeiter	Stephanie Habeth-Allhorn
508	Herr Mario Bini	1918	I	ledig	Kriegsgefangener	Claudia Stein
27	Herr Johannes Pieter Binnendijk	1924	NL	ledig	unfreiwilliger Zivilarbeiter	Barbara Hopmann
28	Herr Adrianus Blans	1920	NL	verh.	unfreiwilliger Zivilarbeiter	Monique Zimmermann-Smith
29	Herr Jos Boeckaerts	1922	B	ledig	unfreiwilliger Zivilarbeiter	Monique Zimmermann-Smith
35	Herr Roelof Bonthond	1923	NL	ledig	unfreiwilliger Zivilarbeiter	Monique Zimmermann-Smith
39	Herr Teunis Bos	1922	NL	ledig	unfreiwilliger Zivilarbeiter	Monique Zimmermann-Smith
37	Herr René Bosman	1924	B	ledig	unfreiwilliger Zivilarbeiter	Monique Zimmermann-Smith
43	Herr André Nicolas Braat	1918	NL	ledig	unfreiwilliger Zivilarbeiter	Mark Spoerer
44	Herr Matheus Andreas Braat	1913	NL	ledig	unfreiwilliger Zivilarbeiter	Mark Spoerer
45	Herr Frans Braeken	1923	B	ledig	unfreiwilliger Zivilarbeiter	Monique Zimmermann-Smith
46	Herr Frans van den Brande	1924	B	ledig	unfreiwilliger Zivilarbeiter	Monique Zimmermann-Smith
47	Herr Waclaw Brodowicz	1908	PL	ledig	unfreiwilliger Zivilarbeiter	Silke Lent
49	Herr Frans Broos-Jordens	1920	B	ledig	unfreiwilliger Zivilarbeiter	Monique Zimmermann-Smith
51	Herr Gilbert Bruneel	1924	B	ledig	unfreiwilliger Zivilarbeiter	Monique Zimmermann-Smith
52	Herr Frans Bruyninckx	1923	B	ledig	unfreiwilliger Zivilarbeiter	Monique Zimmermann-Smith
53	Herr Lech Marian Brydak	1922	PL	ledig	KZ-Häftling	Silke Lent
56	Herr Robert Bulteel	1919	F	ledig	unfreiwilliger Zivilarbeiter	Monika Brüninghaus
57	Herr Leopold Burgelman	1923	B	ledig	unfreiwilliger Zivilarbeiter	Monique Zimmermann-Smith
58	Herr Johann Burger	1905	ROM	ledig	freiwilliger Zivilarbeiter	Mark Spoerer
59	Herr J.J. Bussing	1923	NL	ledig	unfreiwilliger Zivilarbeiter	Monique Zimmermann-Smith
431	Frau Halina Chajlo	1918	PL	ledig	KZ-Häftling	Silke Lent
60	████████	1921	F	ledig	unfreiwilliger Zivilarbeiter	Monika Brüninghaus
61	Herr Roman Chmielowksi	1914	PL	ledig	KZ-Häftling	Silke Lent
66	Herr Chell Coolen	1921	NL	ledig	unfreiwilliger Zivilarbeiter	Stephanie Habeth-Allhorn
67	Herr Henri Cordier	1919	F	ledig	Kriegsgefangener	Monika Brüninghaus
68	Herr Henri Cuypers	1922	B	ledig	unfreiwilliger Zivilarbeiter	Monique Zimmermann-Smith
71	Herr Roger Daems	1924	B	ledig	unfreiwilliger Zivilarbeiter	Monique Zimmermann-Smith
74	Frau Jewdokja Defrance-Szelest	1923	SU	ledig	unfreiwillige Zivilarbeiterin	Monika Brüninghaus
75	Herr Theodorus Delicaat	1924	NL	ledig	unfreiwilliger Zivilarbeiter	Barbara Hopmann
80	Herr André Depauw	1922	F	ledig	unfreiwilliger Zivilarbeiter	Monika Brüninghaus
81	Herr Florent Depooter	1924	B	ledig	unfreiwilliger Zivilarbeiter	Monique Zimmermann-Smith
82	Herr Jean Maurice Dervieux	1921	F	ledig	unfreiwilliger Zivilarbeiter	Monika Brüninghaus
83	Herr Jean-Marie Desmet	1916	B	ledig	unfreiwilliger Zivilarbeiter	Monique Zimmermann-Smith
76	Herr Robert Deuil	1919	F	ledig	unfreiwilliger Zivilarbeiter	Monika Brüninghaus
84	Herr August Dhondt	1922	B	ledig	unfreiwilliger Zivilarbeiter	Monique Zimmermann-Smith
516	████████	1916	SU	ledig	unfreiwilliger Zivilarbeiter	Monika Brüninghaus
85	Herr F.H. Dolleman	1908	NL	ledig	unfreiwilliger Zivilarbeiter	Monique Zimmermann-Smith
86	Herr Chr. v. Dongen	1922	NL	ledig	unfreiwilliger Zivilarbeiter	Monique Zimmermann-Smith
87	████████	1921	F	ledig	unfreiwilliger Zivilarbeiter	(schriftlich)
88	Herr René Ducellier	1915	F	ledig	unfreiwilliger Zivilarbeiter	Monika Brüninghaus

89	Herr Albert Duchet	1923	F	ledig	unfreiwilliger Zivilarbeiter	Barbara Hopmann
477	Herr Milan Dufek	1925	CS	ledig	unfreiwilliger Zivilarbeiter	Mark Spoerer
90	Herr Johannes Nikolaus den Dunnen	1919	NL	ledig	unfreiwilliger Zivilarbeiter	Barbara Hopmann
91	Herr Bernhard Dussourd	1922	F	ledig	unfreiwilliger Zivilarbeiter	Monika Brüninghaus
94	Herr B.S.H. Eichholtz.	1924	NL	ledig	unfreiwilliger Zivilarbeiter	Mark Spoerer
97	Herr Petrus E. D'Elfant	1924	NL	ledig	unfreiwilliger Zivilarbeiter	Monique Zimmermann-Smith
100	Herr Jacobus A. van Essel	1924	NL	ledig	unfreiwilliger Zivilarbeiter	Barbara Hopmann
101	Herr Leo Evers	1924	NL	ledig	unfreiwilliger Zivilarbeiter	Barbara Hopmann
546	Herr Georges Fain	1914	F	verh.	Kriegsgefangener	(schriftlich)
104	Frau Genovefa Favart	1914	PL	ledig	unfreiwillige Zivilarbeiterin	Barbara Hopmann
105	Herr Georges Favelier	1922	F	ledig	unfreiwilliger Zivilarbeiter	Monika Brüninghaus
106	Herr Aldo Ferrier	1922	I	ledig	Kriegsgefangener	Claudia Stein
107	Herr Arjen Fidder	1923	NL	ledig	unfreiwilliger Zivilarbeiter	Mark Spoerer
108	Herr Emiel Fierens	1923	B	ledig	unfreiwilliger Zivilarbeiter	Monique Zimmermann-Smith
109	Frau Zofia Figaszewska	1923	PL	ledig	KZ-Häftling	Silke Lent
110	▬▬▬▬▬▬	1928	CS	ledig	KZ-Häftling	Silke Lent
114	Herr Karel Florus	1924	B	ledig	unfreiwilliger Zivilarbeiter	Monique Zimmermann-Smith
117	Herr Ernest Fritsch	1922	F	ledig	unfreiwilliger Zivilarbeiter	Monika Brüninghaus
119	Herr Willem van der Gaag	1924	NL	ledig	unfreiwilliger Zivilarbeiter	Stephanie Habeth-Allhorn
120	Herr Henryk Gago	1920	PL	ledig	KZ-Häftling	Silke Lent
122	Herr André Gay	1921	F	ledig	unfreiwilliger Zivilarbeiter	Monika Brüninghaus
124	Herr Raymond Gelly	1922	F	ledig	unfreiwilliger Zivilarbeiter	Monika Brüninghaus
126	Herr Martin J. van Gemert	1922	NL	ledig	unfreiwilliger Zivilarbeiter	Barbara Hopmann
128	Herr Ernest Gillen	1921	L	ledig	KZ-Häftling	Mark Spoerer
129	Herr Willem Glas	1923	NL	ledig	unfreiwilliger Zivilarbeiter	Mark Spoerer
130	Herr Arie Glimmerveen	1924	NL	ledig	unfreiwilliger Zivilarbeiter	Monique Zimmermann-Smith
132	Herr Louis Goffinet	1920	B	ledig	unfreiwilliger Zivilarbeiter	Barbara Hopmann
133	Herr Jos Goossens	1923	B	ledig	unfreiwilliger Zivilarbeiter	Monique Zimmermann-Smith
134	Herr Maurice Goossens	1920	B	ledig	unfreiwilliger Zivilarbeiter	Monique Zimmermann-Smith
135	Herr Leendert Goud	1921	NL	ledig	unfreiwilliger Zivilarbeiter	Mark Spoerer
435	Frau Sonja Grob	1927	SU	ledig	unfreiwillige Zivilarbeiterin	Monika Brüninghaus
138	Herr Adrianus Johannes Grootveld	1923	NL	verh.	unfreiwilliger Zivilarbeiter	Monique Zimmermann-Smith
140	Herr Serge Guédon	1920	F	ledig	unfreiwilliger Zivilarbeiter	Monika Brüninghaus
142	Herr Louis Guldentops	1924	B	ledig	unfreiwilliger Zivilarbeiter	Monique Zimmermann-Smith
143	Herr Simon Guljakin	1926	SU	ledig	unfreiwilliger Zivilarbeiter	Mark Spoerer
144	Herr Johannes Cornelis van Haaren	1924	NL	ledig	unfreiwilliger Zivilarbeiter	Stephanie Habeth-Allhorn
146	Herr Thomas Hagenaars	1922	NL	ledig	unfreiwilliger Zivilarbeiter	Stephanie Habeth-Allhorn
147	Herr Sylvain van Ham	1922	B	ledig	unfreiwilliger Zivilarbeiter	Monique Zimmermann-Smith
148	Herr Hendrik Hartkoorn	1922	NL	ledig	unfreiwilliger Zivilarbeiter	Mark Spoerer
150	Herr Cyprian Havetta	1917	CS	ledig	unfreiwilliger Zivilarbeiter	Mark Spoerer
156	Frau Eugénie Hermans-Komieniewa	1923	SU	ledig	unfreiwillige Zivilarbeiterin	Monique Zimmermann-Smith
157	Herr Karel Hermans	1921	B	ledig	unfreiwilliger Zivilarbeiter	Monique Zimmermann-Smith
160	Herr J.B. van den Hoek	1922	NL	ledig	unfreiwilliger Zivilarbeiter	Monique Zimmermann-Smith
161	Herr Hubertus Petrus van der Hoeven	1923	NL	ledig	unfreiwilliger Zivilarbeiter	Mark Spoerer
163	Herr Peter Hoofs	1922	NL	ledig	unfreiwilliger Zivilarbeiter	Barbara Hopmann
164	Herr Lucien van Hootegem	1924	B	ledig	unfreiwilliger Zivilarbeiter	Monique Zimmermann-Smith
166	Herr Jan Hoppema	1921	NL	ledig	unfreiwilliger Zivilarbeiter	Mark Spoerer
168	Herr Evarist Hougardy	1923	B	ledig	unfreiwilliger Zivilarbeiter	Monique Zimmermann-Smith
170	Herr Jozef Huysmans	1924	B	ledig	unfreiwilliger Zivilarbeiter	Monique Zimmermann-Smith
173	Herr Jan Janszen	1924	NL	ledig	unfreiwilliger Zivilarbeiter	Monique Zimmermann-Smith
174	Herr Wladyslaw Jarocki	1920	PL	ledig	KZ-Häftling	Silke Lent
175	Herr Maurice Jarrige	1920	F	ledig	unfreiwilliger Zivilarbeiter	Monika Brüninghaus
177	Herr D. de Jong	1922	NL	ledig	unfreiwilliger Zivilarbeiter	Monique Zimmermann-Smith
179	Frau Janina Kabacinska	1922	PL	ledig	KZ-Häftling	Silke Lent
181	Herr Ludomir Kajzer	1914	PL	verh.	unfreiwilliger Zivilarbeiter	Silke Lent
182	Herr Zdzislaw Kapuscinski	1923	PL	ledig	KZ-Häftling	Silke Lent
595	Herr David Katz	1914	CS	ledig	KZ-Häftling	Beate Brüninghaus
184	Herr Carolus Stephanus Kelderman	1921	NL	ledig	unfreiwilliger Zivilarbeiter	Mark Spoerer
487	Herr Irving Kempler	1927	D	ledig	KZ-Häftling	(schriftlich)
187	Herr Marcel Knegtel	1922	B	ledig	unfreiwilliger Zivilarbeiter	Monique Zimmermann-Smith
188	Herr Johan E. Könemann	1926	NL	ledig	unfreiwilliger Zivilarbeiter	Barbara Hopmann
189	Herr Ab König	1924	NL	ledig	unfreiwilliger Zivilarbeiter	Mark Spoerer
191	Herr Henryk Kolodziejski	1924	PL	ledig	unfreiwilliger Zivilarbeiter	Silke Lent

193	Herr Petrus M. Kool	1924	NL	ledig	unfreiwilliger Zivilarbeiter	Barbara Hopmann
194	Herr H.P. van de Kooy	1924	NL	ledig	unfreiwilliger Zivilarbeiter	Mark Spoerer
577	Frau Lenke Kovàcs	1919	CS	verh.	KZ-Häftling	Claudia Stein
195	Herr Adam Krakowski	1925	PL	ledig	KZ-Häftling	Monika Brüninghaus
196	Herr Frederik Johan Kramer	1921	NL	ledig	unfreiwilliger Zivilarbeiter	Mark Spoerer
198	Herr Edmund Krol	1923	PL	ledig	KZ-Häftling	Silke Lent
199	Herr Boleslaw Krzywiec	1899	PL	ledig	unfreiwilliger Zivilarbeiter	Silke Lent
399	Herr Albertus Adrianus van der Laar	1924	NL	ledig	unfreiwilliger Zivilarbeiter	Beate Brüninghaus
201	Herr Ladislas Labrigat	1917	PL	ledig	freiwilliger Zivilarbeiter	Monika Brüninghaus
203	Herr Alfons de Laet	1922	B	ledig	unfreiwilliger Zivilarbeiter	Monique Zimmermann-Smith
204	Herr Jules de Laet	1924	B	ledig	unfreiwilliger Zivilarbeiter	Monique Zimmermann-Smith
205	Herr Jean Lagarde	1918	F	ledig	Sicherungshäftling	Monika Brüninghaus
210	Herr Lucien Alphonse Lardinois	1923	B	ledig	unfreiwilliger Zivilarbeiter	Monika Brüninghaus
613	Frau Antal János Lászlóné	1915	H	?	KZ-Häftling	Claudia Stein
213	▇▇▇▇▇▇▇▇▇▇	1921	SU	ledig	unfreiwillige Zivilarbeiterin	Monika Brüninghaus
216	Herr Eugène Lecoq	1924	B	ledig	unfreiwilliger Zivilarbeiter	Monika Brüninghaus
218	Herr Pierre Lecouey	1921	F	ledig	unfreiwilliger Zivilarbeiter	Monika Brüninghaus
224	Herr Jean Lesage	1920	F	ledig	unfreiwilliger Zivilarbeiter	Monika Brüninghaus
225	Herr Theodorus Jozef van Let	1924	NL	ledig	unfreiwilliger Zivilarbeiter	Monique Zimmermann-Smith
227	Herr Henricus Lienaerts	1916	NL	ledig	unfreiwilliger Zivilarbeiter	Barbara Hopmann
228	Herr Ceriel Lievens	1922	B	ledig	unfreiwilliger Zivilarbeiter	Monique Zimmermann-Smith
229	Herr Medard Lippens	1922	B	ledig	unfreiwilliger Zivilarbeiter	Monique Zimmermann-Smith
533	Frau Sina Lomakina	1922	SU	ledig	unfreiwillige Zivilarbeiterin	Gudrun Pilch
232	Herr Pim van Looy	1923	NL	ledig	unfreiwilliger Zivilarbeiter	Monique Zimmermann-Smith
234	▇▇▇▇▇▇▇▇▇	1925	F	ledig	freiwilliger Zivilarbeiter	Monika Brüninghaus
235	Herr Jean Lubin	1927	F	ledig	freiwilliger Zivilarbeiter	Monika Brüninghaus
501	Herr Cornelius Lucas	1920	NL	verh.	unfreiwilliger Zivilarbeiter	(schriftlich)
238	Herr Achiel Maenhout	1923	B	ledig	unfreiwilliger Zivilarbeiter	Monique Zimmermann-Smith
239	Herr Medard Maenhout	1921	B	ledig	unfreiwilliger Zivilarbeiter	Monique Zimmermann-Smith
240	Herr Edward Majewski	1926	PL	ledig	KZ-Häftling	Silke Lent
241	Herr Michal Majewski	1917	PL	ledig	KZ-Häftling	Silke Lent
243	Herr Ryszard Mankus	1912	PL	ledig	KZ-Häftling	Silke Lent
245	Herr Max Marc	1922	F	ledig	unfreiwilliger Zivilarbeiter	Monika Brüninghaus
246	Herr Michel Maréchal	1919	F	ledig	unfreiwilliger Zivilarbeiter	Monika Brüninghaus
247	Herr Pierre Marron	1922	F	ledig	unfreiwilliger Zivilarbeiter	Monika Brüninghaus
398	Herr Marcel Martens	1917	NL	ledig	unfreiwilliger Zivilarbeiter	Monique Zimmermann-Smith
251	Herr Robert Maucourant	1921	F	ledig	unfreiwilliger Zivilarbeiter	Monika Brüninghaus
252	Herr Jacques Mauguy	1920	F	ledig	unfreiwilliger Zivilarbeiter	Barbara Hopmann
618	Herr Bruno Mazzoni	1921	I	?	Kriegsgefangener	Claudia Stein
257	Herr A.L. Merks	1921	NL	ledig	unfreiwilliger Zivilarbeiter	Mark Spoerer
258	Herr Gérard Mervielde	1923	B	ledig	unfreiwilliger Zivilarbeiter	Monique Zimmermann-Smith
259	Herr Toon Meuldermans	1923	B	ledig	unfreiwilliger Zivilarbeiter	Monique Zimmermann-Smith
260	Herr Johannes Bernardus Maria Meyer	1922	NL	ledig	unfreiwilliger Zivilarbeiter	Barbara Hopmann
517	Herr Dr. Marian Meysner	1925	PL	ledig	unfreiwilliger Zivilarbeiter	Silke Lent
261	Herr Arie Michels	1920	NL	ledig	unfreiwilliger Zivilarbeiter	Monique Zimmermann-Smith
262	Herr Jan Michiels	1922	B	ledig	unfreiwilliger Zivilarbeiter	Monique Zimmermann-Smith
535	Herr Robert Miesch	1925	F	ledig	Sicherungshäftling	Monika Brüninghaus
263	Frau Sofia Minajewa	1925	SU	ledig	unfreiwillige Zivilarbeiterin	Monika Brüninghaus
264	Herr Henri Misson	1922	B	ledig	unfreiwilliger Zivilarbeiter	Monika Brüninghaus
265	Herr Wiktor Miszkiewicz	1919	PL	ledig	KZ-Häftling	Silke Lent
567	Herr Andrea Molinari	1926	I	ledig	unfreiwilliger Zivilarbeiter	Claudia Stein
266	Herr Jean Mondejar-Esteve	1919	F	ledig	unfreiwilliger Zivilarbeiter	Monika Brüninghaus
267	Herr Felix Mortelmans	1924	B	ledig	unfreiwilliger Zivilarbeiter	Monique Zimmermann-Smith
268	Herr Jean Moureau	1923	B	ledig	unfreiwilliger Zivilarbeiter	Monika Brüninghaus
270	Frau Maguerite Nass	1896	F	verh.	KZ-Häftling	Monika Brüninghaus
273	Herr Maurice Nivault	1924	F	ledig	unfreiwilliger Zivilarbeiter	Monika Brüninghaus
611	Frau Györgenè Nòtàs	1929	H	ledig	KZ-Häftling	Claudia Stein
486	Herr Slavko Novosel	1919	YU	ledig	unfreiwilliger Zivilarbeiter	(schriftlich)
275	Herr Antoni Nowakowski	1909	PL	ledig	KZ-Häftling	Silke Lent
276	Herr Peter Nowee	1924	NL	ledig	unfreiwilliger Zivilarbeiter	Barbara Hopmann
277	Herr Arie van Oort	1924	NL	ledig	unfreiwilliger Zivilarbeiter	Mark Spoerer
279	Herr Henk Oppedijk	1915	NL	ledig	unfreiwilliger Zivilarbeiter	Stephanie Habeth-Allhorn
280	Herr Joop B. Ottes	1922	NL	ledig	unfreiwilliger Zivilarbeiter	Monique Zimmermann-Smith

284	Herr Willy van de Parre	1922	B	ledig	unfreiwilliger Zivilarbeiter	Monique Zimmermann-Smith
285	Herr Alphonse Pauporté-Croquet	1921	B	ledig	unfreiwilliger Zivilarbeiter	Monika Brüninghaus
286	Frau Elmire Peeters	1919	B	verh.	freiwillige Zivilarbeiterin	Monique Zimmermann-Smith
287	Herr Gommarus (Maurice) Peeters	1923	B	verh.	unfreiwilliger Zivilarbeiter	Monique Zimmermann-Smith
288	Herr Louis Peeters	1924	B	ledig	unfreiwilliger Zivilarbeiter	Monique Zimmermann-Smith
586	Herr Stanislaw Pilitowski	1919	PL	ledig	unfreiwilliger Zivilarbeiter	(schriftlich)
293	Herr Ernest Pinning	1924	F	ledig	unfreiwilliger Zivilarbeiter	Barbara Hopmann
294	Herr Arno Plock	1921	D	ledig	KZ-Häftling	Stephanie Habeth-Allhorn
295	Herr Jean Poelger	1921	F	ledig	unfreiwilliger Zivilarbeiter	Monika Brüninghaus
297	Herr Guido Ponti	1918	I	ledig	unfreiwilliger Zivilarbeiter	Claudia Stein
507	Herr Andor Popescu	1914	ROM	ledig	unfreiwilliger Zivilarbeiter	Avraham Barkai
298	Herr Johannes Poptie	1923	NL	ledig	unfreiwilliger Zivilarbeiter	Mark Spoerer
299	Herr Raymond Pradel	1922	F	ledig	unfreiwilliger Zivilarbeiter	Monika Brüninghaus
300	Herr Dr. Giancarlo Pregno	1922	I	ledig	unfreiwilliger Zivilarbeiter	Claudia Stein
303	Herr Zygmunt Przygoda	1924	PL	ledig	KZ-Häftling	Silke Lent
520	Herr Stanislaw Purc	1916	PL	ledig	unfreiwilliger Zivilarbeiter	Silke Lent
596	Herr Andre Rauber	1916	F	ledig	Sicherungshäftling	Monika Brüninghaus
308	Herr Leo van der Reiden	1923	NL	ledig	unfreiwilliger Zivilarbeiter	Monique Zimmermann-Smith
443	Herr Stefan Rejmer	1923	PL	ledig	KZ-Häftling	Barbara Hopmann
610	Herr Alexandr Rekuta	?	SU	ledig	unfreiwilliger Zivilarbeiter	(schriftlich)
309	Herr Adriano Richiardone	1921	I	ledig	Kriegsgefangener	Claudia Stein
310	Herr Harry Richter	1921	NL	ledig	unfreiwilliger Zivilarbeiter	Stephanie Habeth-Allhorn
311	Herr Henry Robertson	1921	D	verh.	KZ-Häftling	Brigitte Hatke
313	Herr Jack Roland	1921	F	ledig	unfreiwilliger Zivilarbeiter	Barbara Hopmann
314	Herr Johannes Roovers	1924	NL	ledig	unfreiwilliger Zivilarbeiter	Mark Spoerer
318	Herr André Ryckaert	1923	B	ledig	unfreiwilliger Zivilarbeiter	Monique Zimmermann-Smith
320	Herr Hendricus Johannes Sanders	1922	NL	ledig	unfreiwilliger Zivilarbeiter	Barbara Hopmann
324	Herr Jehan Sarrazin	1921	F	ledig	unfreiwilliger Zivilarbeiter	Monika Brüninghaus
326	Herr Roger Schaeffer	1926	F	ledig	Sicherungshäftling	Monika Brüninghaus
327	▮▮▮▮▮▮▮	1922	NL	ledig	unfreiwilliger Zivilarbeiter	Mark Spoerer
328	Herr Louis Scheidecker	1923	F	ledig	unfreiwilliger Zivilarbeiter	Barbara Hopmann
330	▮▮▮▮▮▮▮	1924	SU	ledig	unfreiwillige Zivilarbeiterin	Monika Brüninghaus
608	Herr Jean Schutz	1914	F	ledig	unfreiwilliger Zivilarbeiter	Monika Brüninghaus
569	Herr Francesco Siffredi	1915	I	?	Kriegsgefangener	Claudia Stein
332	Herr Willem Smeets	1919	NL	ledig	unfreiwilliger Zivilarbeiter	Barbara Hopmann
333	Herr Leon Smet	1921	B	ledig	unfreiwilliger Zivilarbeiter	Monique Zimmermann-Smith
334	Herr G.A. Snijders	1924	NL	ledig	unfreiwilliger Zivilarbeiter	Monique Zimmermann-Smith
335	▮▮▮▮▮▮▮	1924	SU	ledig	unfreiwilliger Zivilarbeiter	Brigitte Hatke
336	Herr Charles Spiegelhalter	1923	F	ledig	unfreiwilliger Zivilarbeiter	(schriftlich)
337	Herr Johannes J. van Staalduinen	1922	NL	ledig	unfreiwilliger Zivilarbeiter	Monique Zimmermann-Smith
340	Herr Willem van der Steen	1924	NL	ledig	unfreiwilliger Zivilarbeiter	Stephanie Habeth-Allhorn
341	Herr Frans Steijnen	1923	B	ledig	unfreiwilliger Zivilarbeiter	Monique Zimmermann-Smith
344	Herr Manfred Strauß	1917	D	ledig	KZ-Häftling	Gudrun Pilch
345	Herr Geert Strobos	1921	NL	ledig	unfreiwilliger Zivilarbeiter	Mark Spoerer
519	Herr Jozef Szymanski	1900	PL	ledig	unfreiwilliger Zivilarbeiter	Silke Lent
346	Herr J. Taal	1924	NL	ledig	unfreiwilliger Zivilarbeiter	Mark Spoerer
615	Frau Judith Telkes	1925	H	ledig	KZ-Häftling	Claudia Stein
347	Herr Paul Tendil	1920	F	ledig	unfreiwilliger Zivilarbeiter	Monika Brüninghaus
348	Herr Willem Tenthof van Noorden	1921	NL	ledig	unfreiwilliger Zivilarbeiter	Barbara Hopmann
350	Herr Louis Terreaux	1918	F	ledig	Kriegsgefangener	Monika Brüninghaus
352	Herr A. Thielen	1922	NL	ledig	unfreiwilliger Zivilarbeiter	Monique Zimmermann-Smith
353	Herr André Thiévin	1917	F	verh.	unfreiwilliger Zivilarbeiter	Monika Brüninghaus
354	Herr Anthonius Tholenaars	1920	NL	ledig	unfreiwilliger Zivilarbeiter	Monique Zimmermann-Smith
356	Herr Albertus J. Tillie	1925	NL	ledig	unfreiwilliger Zivilarbeiter	Monique Zimmermann-Smith
594	Herr Michel Trzebinsky	1922	PL	ledig	KZ-Häftling	Gudrun Pilch
357	Herr L. van Turnhout	1923	NL	ledig	unfreiwilliger Zivilarbeiter	Monique Zimmermann-Smith
628	Herr Karel Tvaruzek	1918	CS	ledig	unfreiwilliger Zivilarbeiter	Ulrike Rink-Kovačič
579	Frau Leó Vadász	1922	H	ledig	KZ-Häftling	Claudia Stein
358	Herr Frans Valgaeren	1923	B	ledig	unfreiwilliger Zivilarbeiter	Monique Zimmermann-Smith
362	Herr Louis van de Velde	1923	B	ledig	unfreiwilliger Zivilarbeiter	Monique Zimmermann-Smith
366	Herr Romain Verdonck	1924	B	ledig	unfreiwilliger Zivilarbeiter	Beate Brüninghaus
367	Herr Werner Jozef Vergauwen	1919	B	ledig	unfreiwilliger Zivilarbeiter	Monique Zimmermann-Smith
371	Herr Constantinus Vermijs	1924	NL	ledig	unfreiwilliger Zivilarbeiter	Mark Spoerer

373	Herr Leon Verteurve	1921	B	ledig	unfreiwilliger Zivilarbeiter	Monique Zimmermann-Smith
619	Herr Silvio Viezzoli	1921	I	?	Kriegsgefangener	Claudia Stein
510	Herr Frantiseck Voboril	1927	CS	ledig	unfreiwilliger Zivilarbeiter	(schriftlich)
376	Herr Marcel Voet	1924	B	ledig	unfreiwilliger Zivilarbeiter	Monique Zimmermann-Smith
539	Herr Miroslasv Vybiral	1922	CS	ledig	unfreiwilliger Zivilarbeiter	Ulrike Rink-Kovačič
381	Herr Honoré de Waepenaere	1924	B	ledig	unfreiwilliger Zivilarbeiter	Monique Zimmermann-Smith
491	Frau Janina Warszynska	1920	PL	verh.	unfreiwillige Zivilarbeiterin	Silke Lent
492	Herr Stanislaw Warszynski	1921	PL	verh.	unfreiwilliger Zivilarbeiter	Silke Lent
382	Herr André W. Wassen	1920	NL	ledig	unfreiwilliger Zivilarbeiter	Barbara Hopmann
383	Herr Henri van de Welk	1923	B	ledig	unfreiwilliger Zivilarbeiter	Monique Zimmermann-Smith
384	Herr Cor Wensveen	1921	NL	ledig	unfreiwilliger Zivilarbeiter	Mark Spoerer
607	Herr Trifon Iljitsch Weschew	?	SU	?	Kriegsgefangener	(schriftlich)
385	Herr Alfred White	1920	F	ledig	unfreiwilliger Zivilarbeiter	Monika Brüninghaus
386	Herr Johannes Gerardus Wijnbeek	1921	NL	ledig	unfreiwilliger Zivilarbeiter	Mark Spoerer
389	Herr Pieter de Witte	1923	NL	ledig	unfreiwilliger Zivilarbeiter	Monique Zimmermann-Smith
390	Herr Jan Zandee	1924	NL	ledig	unfreiwilliger Zivilarbeiter	Stephanie Habeth-Allhorn
432	Frau Stanislawa Cieczot Zapotoczna	1916	PL	ledig	KZ-Häftling	Silke Lent
391	Herr Kazimierz Zbrzeski	1920	PL	ledig	KZ-Häftling	Silke Lent
392	Herr Kazimierz Zienkiewicz	1909	PL	verh.	unfreiwilliger Zivilarbeiter	Silke Lent
393	Herr W.C. Zonjee	1923	NL	ledig	unfreiwilliger Zivilarbeiter	Monique Zimmermann-Smith
395	Herr Joost Zuidgeest	1922	NL	ledig	unfreiwilliger Zivilarbeiter	Stephanie Habeth-Allhorn
396	Herr Johannes Zweers	1921	NL	ledig	unfreiwilliger Zivilarbeiter	Monique Zimmermann-Smith
397	Herr M. van Zwieteren	1921	NL	ledig	unfreiwilliger Zivilarbeiter	Monique Zimmermann-Smith

270 Interviews

Verzeichnis der gedruckten Quellen und Literatur

„Aus dem Abgeordnetenhaus", hrsg. vom Presse- und Informationsamt des Landes Berlin, Nr. 136 vom 18.07.1985.

Adam, Uwe Friedrich: Judenpolitik im Dritten Reich, Düsseldorf 1972 (= Tübinger Schriften zur Sozialgeschichte, Bd. 1).

Adam, Walter: Nacht über Deutschland – Erinnerungen an Deutschland, Wien 1947.

Adler, Hans G./Langbein, Hermann/Lingens-Reiner, Ella: Auschwitz. Zeugnisse und Berichte, Frankfurt a.M. 1962.

Alheit, Peter: Alltag und Biographie. Studien zur gesellschaftlichen Konstitution biographischer Perspektiven, Bremen 1984.

Ders./Reif, Norbert: „Das war 'ne echte Familie". Die Geschichte eines Betriebes aus der Sicht der Arbeiter, Frankfurt a.M. 1985.

Allendorf unter dem Hakenkreuz, hrsg. von Harald Horn, Stadtallendorf 1986.

Alltag im Nationalsozialismus. Die Kriegsjahre in Deutschland. Katalog der preisgekrönten Arbeiten, Bd. 5, Wettbewerb 1982/83, Hamburg 1985.

Altmann, Erich: Im Angesicht des Todes. Drei Jahre in deutschen Konzentrationslagern: Auschwitz, Buchenwald, Oranienburg, Luxemburg 1947.

Aly, Götz/Ebbinghaus, Angelika/Hamann, Matthias/Pfäfflin, Friedemann/Preissler, Gerd: Aussonderung und Tod. Die klinische Hinrichtung der Unbrauchbaren, Berlin 1985 (= Beiträge zur nationalsozialistischen Gesundheits- und Sozialpolitik, Bd. 1).

Ders./Heim, Susanne: Vordenker der Vernichtung. Auschwitz und die deutschen Pläne für eine neue europäische Ordnung, Hamburg 1991.

Ders./Roth, Karl Heinz: Die restlose Erfassung. Volkszählen, Identifizieren, Aussondern im Nationalsozialismus, Berlin 1984.

Ambrière, François: Vie et mort des Français 1939–1945, Paris 1971.

Amouroux, Henri: La vie des Français sous l'occupation, Paris 1961.

Anerkennung und Versorgung aller Opfer nationalsozialistischer Verfolgung. Dokumentation parlamentarische Initiativen, hrsg. von „Die Grünen" im Bundestag/Fraktion der Alternativen Liste Berlin, Berlin 1986.

Der Anfang nach dem Ende. Mannheim 1945–1949, Text von Christian Peters, Mannheim 1985 (= Sonderveröffentlichung des Stadtarchivs Mannheim, 12).

Ansbacher, Heinz L.: The Problem of Interpreting Attitude Survey Data. A Case Study of the Attitude of Russian Workers in Wartime Germany, in: Public Opinion Quarterly XIV (1950), S. 126–138.

Ders.: Testing, Management and Reactions of Foreign Workers in Germany during World War II, in: American Psychologist V (1950), S. 126–138.

Antoni, Ernst: KZ – Von Dachau bis Auschwitz. Faschistische Konzentrationslager 1933–1945, Frankfurt a.M. 1979.

Apitz, Bruno: Nackt unter Wölfen, Frankfurt a.M. 1988.

Fremde Arbeiter in Tübingen 1939–1945, Tübingen 1985 (= Ausstellungskatalog erstellt vom Ludwig Uhland-Institut, Tübingen).

Arbeitsrecht und Nationalsozialismus. Dokumentation einer Tagung vom 31. Oktober bis 3. November 1985, hrsg. vom Gustav-Stresemann-Institut e.V., Bergisch-Gladbach 1986.

Ardelt, Rudolf/Hautmann, Hans (Hrsg.): Arbeiterschaft und Nationalsozialismus in „Österreich". Im memoriam Karl R. Stadler, Wien/Zürich 1990.

Arendt, Hans-Jürgen/Scholze, Siegfried (Hrsg.): Zur Rolle der Frau in der Geschichte des deutschen Volkes (1830–1945). Eine Chronik, Leipzig 1984.

Arndt, Ino: Das Frauenkonzentrationslager Ravensbrück, in: Studien zur Geschichte der Konzentrationslager, Stuttgart 1970 (= Schriftenreihe der VfZG, 21), S. 93– 129.

Arndt, Veronika: Faschistische Pläne zur Behandlung der Tschechen und zur Gewinnung von Arbeitskräften und ökonomischen Positionen im okkupierten Grenzland der Tschechoslowakei während des Zweiten Weltkrieges, in: Fremdarbeiterpolitik des Imperialismus, H. 11, Rostock 1981, S. 47–56.

Arnoult, Pierre/Billig, Joseph/Bondot, Fr. u.a.: La France sous l'occupation, Paris 1959.

Arntz, Helmut: Die Menschenverluste im Zweiten Weltkrieg. Bilanz des Zweiten Weltkrieges, Oldenburg/Hamburg 1953.

Aron, Raymond: Histoire de Vichy 1940–1944, Paris 1954.

Asgodom, Sabine (Hrsg.): „Halts Maul – sonst kommst du nach Dachau!" Frauen und Männer aus der Arbeiterbewegung berichten über Widerstand und Verfolgung unter dem Nationalsozialismus, Köln 1983.

Associazione Nazionale Ex-Internati (ANEI) (Hrsg.): Resistenza senz'armi. Un capitolo di storia italiana (1943–1945). Dalle testimonianze di militari toscani internati nei lager nazisti (Quaderni di storia/Sezione Documenti XIV, 8), Firenze 1984.

Aufstand des Gewissens. Der militärische Widerstand gegen Hitler und das NS-Regime 1933–1945, hrsg. vom Militärgeschichtlichen Forschungsamt, Bonn [2]1985.

August, Jochen: Die Entwicklung des Arbeitsmarkts in Deutschland in den 30er Jahren und der Masseneinsatz ausländischer Arbeitskräfte während des Zweiten Weltkrieges. Das Fallbeispiel der polnischen zivilen Arbeitskräfte und Kriegsgefangenen 1939/40, in: Archiv für Sozialgeschichte, Bd. XXIV (1984), S. 305–353.

Ders./Hamann, Matthias/Herbert, Ulrich/Schminck-Gustavus, Christoph/Vialli, Vittorio: Herrenmensch und Arbeitsvölker. Ausländische Arbeiter und Deutsche 1939–1945, Berlin 1986.

Die Auschwitz-Hefte. Texte der polnischen Zeitschrift „Przeglad Lekarski" über historische, psychische und medizinische Aspekte des Lebens und Sterbens in Auschwitz, hrsg. vom Hamburger Institut für Sozialforschung, 2 Bde., Weinheim/Basel 1987.

Baacke, Dieter/Schulze, Theodor (Hrsg.): Aus Geschichten lernen, München 1979.

Bade, Klaus J. (Hrsg.): Auswanderer, Wanderarbeiter, Gastarbeiter. Bevölkerung, Arbeitsmarkt und Wanderung in Deutschland seit der Mitte des 19. Jahrhunderts, 2 Bde., Ostfildern 1984.

Ders.: Vom Auswanderungsland zum Einwanderungsland? Deutschland 1880–1980, Berlin 1983.

Bahrdt, Hans Paul: Identität und biographisches Bewußtsein. Soziologische Überlegungen zur Funktion des Erzählens aus dem eigenen Leben für die Gewinnung und Reproduktion von Identität, in: Rolf Wilhelm Brednich u.a., Lebenslauf und Lebenszusammenhang. Autobiographische Materialien in der volkskundlichen Forschung, Freiburg 1982, S. 18–45.

Ders.: Erzählte Lebensgeschichten von Arbeitern, in: Martin Osterland (Hrsg.), Arbeitersituation, Lebenslage und Konfliktpotential. Festschrift für Max E. Graf zu Solms-Roedelheim, Frankfurt a.M. 1975, S. 9–37.

Bajohr, Stefan: Weiblicher Arbeitsdienst im „Dritten Reich". Ein Konflikt zwischen Ideologie und Ökonomie, in: VfZG 28 (1980), S. 331–357.

Ders.: Die Hälfte der Fabrik. Geschichte der Frauenarbeit in Deutschland 1914–1945, Marburg 1979 (= Schriftenreihe für Sozialgeschichte und Arbeiterbewegung).

Bakels, Floris B.: Nacht und Nebel. Der Bericht eines holländischen Christen aus deutschen Gefängnissen und Konzentrationslagern, Frankfurt a.M. 1982.

Ballière, Leopold: Sachsenhausen 1936–1945, o.O. o.J. (1985).

„Baracke, belegt mit ? Franzosen". Über die Lager in der Umgebung: zum Beispiel Wannweil: Daimler war da, in: Südwest Presse, 5. Januar 1987 (Reihe: Kriegsproduktion und Zwangsarbeit in Reutlingen, 4).

Barkai, Avraham: Die deutschen Unternehmer und die Judenpolitik im „Dritten Reich", in: GuG 15 (1989), S. 227–247.

Ders.: Das Wirtschaftssystem des Nationalsozialismus. Ideologie, Theorie, Politik 1933–1945, erw. Neuausgabe, Frankfurt a.M. 1988.

Bartoszewski, Wladyslaw: Polen und Juden unter der deutschen Besatzung (1939–1945). Zusammenarbeit und Hilfe, in: Deutsche – Polen – Juden. Ihre Beziehungen von den Anfängen bis ins 20. Jahrhundert. Beiträge zu einer Tagung, hrsg. von Stefi Jersch-Wenzel, Berlin 1987 (= Einzelveröffentlichungen der Historischen Kommission zu Berlin, Bd. 58), S. 241–257.

Basler, Gunter/Thalhofer, Frank: Fremdarbeiter in Kirchheim unter Teck 1939–1945, in: Stadt Kirchheim unter Teck, hrsg. vom Stadtarchiv Kirchheim unter Teck, Kirchheim unter Teck 1986 (= Schriftenreihe des Stadtarchivs, Bd. 4), S. 135–164.

Bauche, Ulrich/Brüdigam Heinz/Eiber, Ludwig/Wiedey, Wolfgang (Hrsg.): Arbeit und Vernichtung. Das KZ Neuengamme 1938–1945, Hamburg ²1991 (= Katalog zur ständigen Ausstellung im Dokumentenhaus der KZ-Gedenkstätte Neuengamme, Außenstelle des Museums für Hamburgische Geschichte).

Baudhuin, Fernand: L'économie belge sous l'occupation 1940–1944, Brüssel 1945.

Bauernfeind, Wolfgang/Kopetzky, Helmut/Reichart, Manuela/Schmitz-Lauzemis, Karl-Heinz: „Große Politik und Alltagsleben 1900–1945 – Meine Heimatstadt Berlin", in: Geschichtsdidaktik 3 (1984), S. 237–241.

Beckmann, Ralf: Vom Nutzen und Nachteil der ‚Geschichte von unten' für das Leben. Eine Zwischenbilanz von Modellen aktiver Geschichtsarbeit, in: Geschichtsdidaktik 3 (1984), S. 255–266.

Bednarz, Dieter/Lüders, Michael (Hrsg.): Blick zurück ohne Haß. Juden aus Israel erinnern sich an Deutschland, Köln 1981.

Bellon, Bernhard P.: Mercedes in Peace and War. German Automobile Workers, 1903–1945, New York 1990.

Ders.: The workers of Daimler-Untertürkheim 1903–1945. A Study in the History of German Labour, Diss., Columbia 1987.

Béné, Charles: L'Alsace dans les griffes nazies, Bd. 5: Organisations policières nazies, prisons et camps de déportation en Alsace, Paris 1980.

Bentley, John/Porsche, Ferdinand: Porsche. Ein Traum wird Wirklichkeit. Ein Auto macht Geschichte, Düsseldorf/Wien 1980.

Benz, Wolfgang: Vom Freiwilligen Arbeitsdienst zum Arbeitspflichtgesetz, in: VfZG 16 (1968), S. 317–346.

Ders.: Die Ausbeutung „fremdvölkischer" Arbeitskraft, in: Norbert Frei/Hermann Kling (Hrsg.), Der nationalsozialistische Krieg, Frankfurt a.M./New York 1990, S. 259–271.

Ders.: Nachkriegsgesellschaft und Nationalsozialismus. Erinnerung, Amnesie, Abwehr, in: Dachauer Hefte 6 (1990), S. 12–24.

Ders.: Der Wollheim-Prozeß. Zwangsarbeit für I.G. Farben in Auschwitz, in: Wiedergutmachung in der Bundesrepublik Deutschland, hrsg. von Ludolf Herbst und Constantin Goschler, München 1989 (= Schriftenreihe der VfZG, Sondernummer), S. 303–326.

Ders. (Hrsg.): Dimension des Völkermords. Die Zahl der jüdischen Opfer des Nationalsozialismus, München 1991 (= Quellen und Darstellungen zur Zeitgeschichte, Bd. 33).

Bergmann, Klaus/Schörken, Rolf (Hrsg.): Geschichte im Alltag – Alltag in der Geschichte, Düsseldorf 1982 (= Geschichtsdidaktik, Bd. 7).

Bergschicker, Heinz: Deutsche Chronik 1933–1945. Ein Zeitbild der faschistischen Diktatur, Berlin 1985.

Berichte der Arbeitsgruppe zur Aufarbeitung der Geschichte Allendorfs 1933–1945, bearb. von Edgar Bracht, Fritz Brinkmann-Frisch, Wolfgang Form, Karin May, Jürgen Roth, hrsg. vom Magistrat der Stadt Stadtallendorf, Stadtallendorf 1989.

Bernadac, Christian: Des jours sans fin – Mauthausen III, Paris 1976.

Bertaux, Daniel: „A Very Different Picture – From the Life-History-Approach to the Transformation of Biological Practice". Paper presented to the Ad Hoc Group on the Life-History-Approach, 9th World Congress of Sociology, Uppsala 1978.

Ders.: Note of the Use of the Life-History-Approach to Study a Whole Sectar of Production: The Artisanal Bakery in France, in: Joachim Matthes u.a. (Hrsg.), Biographie in handlungswissenschaftlicher Perspektive. Kolloquium am Sozialwissenschaftlichen Forschungszentrum der Universität Erlangen, Nürnberg 1981, S. 283–291.

Ders./Bertaux-Wiame, Isabelle.: Autobiographische Erinnerung und kollektives Gedächtnis, in: Lutz Niethammer (Hrsg.), unter Mitarbeit von Werner Trapp, Lebenserfahrung und kollektives Gedächtnis. Die Praxis der „Oral History", Frankfurt a.M. 1980, S. 108–122.

Bethell, Nicholas: Das letzte Geheimnis. Die Auslieferung russischer Flüchtlinge an die Sowjets durch die Alliierten 1944–1947, Frankfurt a.M./Berlin 1980.

Betriebsgeschichte von unten (21.–24.4.1987), in: Rundbrief Nr. 8 des DGB-Projekts „Geschichte von unten" vom Mai/Juni 1987, S. 8–15.

Bettelheim, Charles: Die deutsche Wirtschaft unter dem Nationalsozialismus, München 1974.

Betz, Herman Dieter: Das OKW und seine Haltung zum Landkriegsvölkerrecht im Zweiten Weltkrieg, Diss., Würzburg 1970.

Biermann, Pierre: Streiflichter aus Hinzert, Natzweiler, Buchenwald, Luxemburg 1945.

Bilialian, Daniel: Les évadés, les exploits des prisonniers français au coeur du IIIe Reich, Paris 1979.

Billig, Joseph: Les camps de concentration dans l'économie du Reich Hitlérien, Paris 1973.

Ders.: L'Hitlérisme et le système concentrationnaire, Paris 1967.

Ders.: Le rôle des prisonniers de guerre dans l'économie du troisième Reich, in: Revue d'Histoire de la Deuxième Guerre Mondiale 10 (1960), H. 37, S. 53–76.

Bilsen, Jan van/Verhoeff, Aad: Retour Berlijn, Amsterdam 1988.

Bingmann, Holger: Mensch – Politik – Kultur. Einflüsse auf die technische Entwicklung bei Daimler-Benz, Diss., Berlin 1990.

Birk, Gerhard: Ein düsteres Kapitel Ludwigsfelder Geschichte 1936–1945. Entstehung und Untergang der Daimler-Benz-Flugmotorenwerke Genshagen/Ludwigsfelde, Ludwigsfelde o.J. (1986).

Ders. u.a.: Ludwigsfelder Geschichte und Geschichten, Teil 5, Ludwigsfelde 1990.

Ders./Wand, Lothar: Zu Tode geschunden, Zossen 1987.

Birkenholz, Carl (Hrsg.): Der ausländische Arbeiter in Deutschland. Sammlung und Erläuterung der arbeits- und sozialrechtlichen Vorschriften über das Arbeitsverhältnis nicht volksdeutscher Beschäftigter, Berlin 1942.

Blaich, Fritz: Wirtschaft und Rüstung im „Dritten Reich", Düsseldorf 1987 (= Historisches Seminar, Bd. 1).

Ders.: Wirtschaft und Rüstung in Deutschland 1933–1939, in: Karl Dietrich Bracher, Manfred Funke, Hans-Adolf Jacobsen (Hrsg.), Die nationalsozialistische Diktatur 1933–1945. Eine Bilanz, Düsseldorf 1983, S. 285–316 (= Schriftenreihe der Bundeszentrale für politische Bildung, Bd. 192).

Ders.: Wirtschaftspolitik und Wirtschaftsverfassung im Dritten Reich, in: APZG 21 (1971), B. 8, S. 3–18.

Blessin, Georg/Wilden, Hans: Bundesentschädigungsgesetz, München 1954.

Blessin, Georg/Giessler, Hans: Bundesentschädigungsschlußgesetz, Kommentar zu der Neufassung des Bundesentschädigungsgesetzes, München/Berlin 1967.

Bleyer, Wolfgang/Drobisch, Klaus: Dokumente zur Ausbeutung ausländischer Zwangsarbeiter durch das deutsche Monopolkapital im Zweiten Weltkrieg, in: Bulletin des Arbeitskreises „Zweiter Weltkrieg", Nr. 3/1870, Berlin, S.26–93.

Boberach, Heinz: Die Überführung von Soldaten des Heeres und der Luftwaffe in die SS-Totenkopfverbände zur Bewachung von Konzentrationslagern 1944, in: Militärgeschichtliche Mitteilungen 34/2 (1983), S. 185–190.

Ders. (Hrsg.): Meldungen aus dem Reich 1938–1945. Die geheimen Lageberichte des Sicherheitsdienstes der SS, 17 Bde., Herrsching 1984.

Bock, Gisela: Zwangssterilisation im Nationalsozialismus. Studien zur Rassenpolitik und Frauenpolitik, Opladen 1986 (= Schriften des Zentralinstituts für sozialwissenschaftliche Forschung der Freien Universität Berlin, 48).

Böckle, Bärbel: Das Arbeits- und Krankenlager Vaihingen (Enz), in: Herwart Vorländer (Hrsg.), Nationalsozialistische Konzentrationslager im Dienst der totalen Kriegsführung. 7 württembergische Außenkommandos des Konzentrationslagers Natzweiler/Elsaß, Stuttgart 1978, S. 175–224.

Böhm, Udo/Böttcher, Helmut/Reuter, Rainer/Weingardt, Michael: Sicherungslager Rotenfels. Ein Konzentrationslager in Deutschland, hrsg. von der Gewerkschaft Erziehung und Wissenschaft, Ludwigsburg 1989.

Boelcke, Willi A.: Sozialgeschichte Baden-Württembergs 1800–1989. Politik, Gesellschaft, Wirtschaft, Stuttgart/Berlin/Köln 1989 (= Schriften zur politischen Landeskunde Baden-Württembergs, 16).

Ders.: Die deutsche Wirtschaft 1930–1945. Interna des Reichswirtschaftsministeriums, Düsseldorf 1983.

Ders. (Hrsg.): Deutschlands Rüstung im Zweiten Weltkrieg. Hitlers Konferenzen mit Albert Speer 1942–1945, Frankfurt a.M. 1969.

Böll, Heinrich: Gruppenbild mit Dame, Köln 1976.

Boll, Bernd: Zwangsarbeiter in Baden 1939–1945, in: GWU 9 (1992), S. 523–537.

Bontrup, Heinz-Josef/Zdrowomyslaw, Norbert: Die deutsche Rüstungsindustrie. Vom Kaiserreich bis zur Bundesrepublik. Ein Handbuch, Heilbronn 1988.

Bopp, Marie Joseph: L'Alsace sous l'occupation allemande, Le Puy 1945.

Borkin, Joseph: Die unheilige Allianz der I.G. Farben. Eine Interessengemeinschaft im Dritten Reich, Frankfurt a.M./New York 1986.

Bornemann, Manfred/Broszat, Martin: Das KL Dora Mittelbau, in: Studien zur Geschichte der Konzentrationslager, Stuttgart 1970 (= Schriftenreihe der VfZG, 21), S. 154–198.

Bornstein, Ernst Israel: Die lange Nacht. Ein Bericht aus sieben Lagern, Frankfurt a.M. 1967.

Borst, Otto: Stuttgart. Die Geschichte der Stadt, Stuttgart ³1986.

Ders.(Hrsg.): Das Dritte Reich in Baden und Württemberg, Stuttgart 1988.

Bosch, Manfred: Als die Freiheit unterging. Eine Dokumentation über Verweigerung, Widerstand und Verfolgung im Dritten Reich in Südbaden, Konstanz 1985.

Bosch, Michael/Niess, Wolfgang (Hrsg.): Der Widerstand im deutschen Südwesten 1933–1945, Stuttgart 1984 (= Schriften zur politischen Landeskunde Baden-Württembergs, 10).

Boudot, François: Aspects économiques de l'occupation allemande en France, in: Revue d'Histoire de la Deuxième Guerre Mondiale 14 (1964), H. 54, S. 41–62.

Boudot, François: Les prisonniers des Kommandos et l'image de la France, in: Revue d'Histoire de la Deuxième Guerre Mondiale 18 (1968), H. 71, S. 49–76.

Bousquet, Hadrien: Hors des barbelés, Paris 1945.

Bracher, Karl Dietrich: Die deutsche Diktatur, Köln ⁵1976.

Brack, Ulrich: Der „Ausländereinsatz" bei den Chemischen Werk Hüls während des Zweiten Weltkrieges, in: Der Lichtbogen 9 (1988), S. 18–41.

Brändle, Hermann/Geussing, Kurt: Fremdarbeiter und Kriegsgefangene, in: Von Herren und Menschen. Verfolgung und Widerstand in Vorarlberg 1933–1945, hrsg. von der Johann-August-Malin-Gesellschaft, Bregenz 1985 (= Beiträge zu Geschichte und Gesellschaft Vorarlbergs, 5), S. 161–185.

Brajovic-Djuro, Petar: Yugoslavia in the Second World War, Belgrad 1977.

Brandes, Detlef: Die Tschechen unter deutschem Protektorat, Teil 1: Besatzungspolitik, Kollaboration und Widerstand im Protektorat Böhmen und Mähren bis Heydrichs Tod (1939–1942), München/Wien 1969.

Ders.: Die Zwangsarbeit in der faschistischen Kriegswirtschaft, dargestellt an Akten des Nürnberger Wilhelmstraßen-Prozesses, in: Archivmitteilungen Potsdam, 13 (1963), H. 2, S. 44ff.

Braumandl, Wolfgang: Die Wirtschafts- und Sozialpolitik des Deutschen Reiches im Sudetenland 1938–1945, Nürnberg 1985 (= Veröffentlichung des Sudetendeutschen Archivs, Bd. 20).

Brenner, Hans: Zur Rolle der Außenkommandos des KZ Flossenbürg im System der staatsmonopolistischen Rüstungswirtschaft des faschistischen deutschen Imperialismus und im antifaschistischen Widerstand 1942–1945, Diss., Dresden 1982.

Brodski, Josef A.: Im Kampf gegen den Faschismus. Sowjetische Widerstandskämpfer in Hitlerdeutschland 1941–1945, Berlin (Ost) 1975.

Ders.: Die Lebenden kämpfen. Die illegale Organisation Brüderliche Zusammenarbeit der Kriegsgefangenen, Berlin (Ost) 1968.

Ders.: Die Teilnahme sowjetischer Patrioten an der antifaschistischen Widerstandsbewegung in Süddeutschland 1943–1945, in: Der deutsche Imperialismus und der Zweite Weltkrieg 3 (1960), S. 67–100.

Broszat, Martin: Zweihundert Jahre deutsche Polenpolitik, Frankfurt a.M. 1972.

Ders.: Nationalsozialistische Konzentrationslager 1933–1945, in: Hans Buchheim, Hans Adolf Jacobsen, Helmut Krausnick, Anatomie des SS-Staates, Bd. 2, München 1979, S. 11–133.

Ders.: Nationalsozialistische Polenpolitik 1939–1945, Stuttgart 1961 (= Schriftenreihe der VfZG,2).

Browning, Christopher R.: Vernichtung und Arbeit. Zur Fraktionierung der planenden deutschen Intelligenz im besetzten Polen, in: Wolfgang Schneider (Hrsg.), »Vernichtungspolitik«. Eine Debatte über den Zusammenhang von Sozialpolitik und Genozid im nationalsozialistischen Deutschland, Hamburg 1991 (= Schriftenreihe des Hamburger Instituts für Sozialforschung), S. 37–51.

Brüggemeier, Franz-Josef: Aneignung vergangener Wirklichkeit – Der Beitrag der Oral History, in: Wolfgang Voges (Hrsg.), Methoden der Biographie- und Lebenslaufforschung, Opladen 1987, S. 145–169.

Ders.: Traue keinem über sechzig? Entwicklungen und Möglichkeiten der Oral Histoy in Deutschland, in: Geschichtsdidaktik 3 (1984), S. 199–210.

Brüninghaus, Beate: Quellen zur Zwangsarbeit während des Zweiten Weltkrieges, in: Der Archivar 1/1992, Sp. 63–69.

Dies.: Unternehmensgeschichte im Spannungsfeld zwischen Auftragsforschung und Wissenschaft in Deutschland am Beispiel einer Veröffentlichung zur Geschichte der Daimler-Benz AG im Dritten Reich, in: Economisch- en Sociaal-Historisch Jaarboek 52 (1989), S. 42–50.

Buchenwald. Mahnung und Verpflichtung. Dokumente und Berichte, hrsg. im Auftrage der Fédération Internationale des Résistants vom Internationalen Buchenwald-Komitee und dem Komitee der Antifaschistischen Widerstandskämpfer in der Deutschen Demokratischen Republik, Wien [4]1983.

Buchheim, Christoph: Die besetzten Länder im Dienste der deutschen Kriegswirtschaft während des Zweiten Weltkrieges. Ein Bericht der Forschungsstelle für Wehrwirtschaft. Dokumentation, in: VfZG 34 (1986), S. 117–145.

Ders.: Das Londoner Schuldenabkommen, in: Ludolf Herbst (Hrsg.), Westdeutschland 1945–1955, München 1986, S. 219–227.

Ders./Broszat, Martin/Jacobsen, Hans-Adolf/Krausnick, Helmut: Anatomie des SS-Staates, 2 Bde., Freiburg i.Br. 1965.

Buchmann, Erika: Frauen im Konzentrationslager, Stuttgart 1946.

Dies.: Die Frauen von Ravensbrück, hrsg. vom Komitee der Antifaschistischen Widerstandskämpfer in der Deutschen Demokratischen Republik, Berlin (Ost) 1959.

Bülck, Hartwig: Die Zwangsarbeit im Friedensvölkerrecht. Veröffentlichungen des Instituts für internationales Recht an der Universität Kiel, Kiel 1952.

Bundesjustizministerium (Hrsg.): Die Verfolgung sozialistischer Straftaten im Gebiet der Bundesrepublik Deutschland seit 1945, Bonn 1966.

Bundestagsdrucksache 11/141: Gesetzentwurf zur Regelung einer angemessenen Versorgung für alle Opfer nationalsozialistischer Verfolgung in der Zeit von 1933–1945.

Bundestagsdrucksache 11/142: Antrag der Fraktion „Die Grünen“: Entschädigung für Zwangsarbeit während der NS-Zeit.

Bundestagsdrucksache 11/223: Entwurf eines Gesetzes zur Errichtung einer Stiftung „Entschädigung für NS-Unrecht“.

Bundestagsdrucksache 11/224: Antrag der Fraktion der SPD: Verbesserung der Situation der Sinti und Roma.

Bundestagsdrucksache 10/6287: Bericht der Bundesregierung über die Wiedergutmachung und Entschädigung für nationalsozialistisches Unrecht sowie über die Lage der Sinti, Roma und verwandter Gruppen.

Bureau de Renseignements de la Croix Rouge Néerlandaise: Etude sur le camp d'Amersfoort (Hollande) et ses déportations de prisonniers politiques et autres en Allemagne, o.O. (Den Haag) 1950 (masch.).

Burkert, Hans-Norbert/Matußek, Klaus/Obschernitzki, Doris (Hrsg.): Zerstört, Besiegt, Befreit. Der Kampf um Berlin bis zur Kapitulation 1945, Berlin 1985 (Stätten der Geschichte Berlins, 7).

Buschak, Willi: Die Geschichte der Maggi-Arbeiterschaft 1887–1950, Hamburg 1989.

Cajani, Luigi: Die italienischen Militär-Internierten im nationalsozialistischen Deutschland, in: Ulrich Herbert (Hrsg.), Europa und der »Reichseinsatz«. Ausländische Zivilarbeiter, Kriegsgefangene und KZ-Häftlinge in Deutschland 1938–1945, Essen 1991, S. 295–316.

Ders./Mantelli, Brunello: In Deutschland arbeiten. Italien von der „Achse" bis zur Europäischen Gemeinschaft, in: AfSG 32 (1992), S. 231–246.

Carr, William: Wirtschaft und Politik am Vorabend des Zweiten Weltkrieges, in: Wolfgang Michalka (Hrsg.), Nationalsozialistische Außenpolitik, Darmstadt 1978, S. 437–454.

Central Commission for Investigation of German Crimes in Poland: German Crimes in Poland, 2 Bde., Warschau 1946/47.

Cézard, Pierre: Fonds d'archives relatives à l'emploi pendant la Seconde Guerre Mondiale conservées aux Archives Nationales, in: Revue d'Histoire de la Deuxième Guerre Mondiale, 15 (1965), H. 57, S. 85–89.

Chabord, Marie-Thérèse: Les organismes français chargés des prisonniers de guerre sous le gouvernement de Vichy, in: Revue d'Histoire de la Deuxième Guerre Mondiale 11 (1961), H. 42, S. 17–26.

Chandler, Alfred D. (jun.): Scale and Scope. The Dynamics of Industrial Capitalism, with the assistance of Takashi Hikino, Cambridge (Massachusetts)/London 1990.

Charles, Jean-Léon: L'exploitation de la main-d'oeuvre belge sous l'occupation hitlérienne, in: Bulletin du Centre de Recherches et d'Etudes historiques de la Seconde Guerre Mondiale, 3 (1971), S. 32–36.

Charriere, Guy/Dugnet, Paul: Traité théorique et pratique des prisonniers de guerre, déportés et travailleurs en Allemagne, en droit français, Paris 1946.

Chaumet, André: Les buts secrets de la Relève et du S.T.O., Paris o.J. (1945)

Clément, Marcel/Delpech, Henri (Hrsg.): Commission Consultative des Dommages et Réparations. Exploitation de la main d'oeuvre française par l'Allemagne, Paris 1948.

Comité International de la Croix-Rouge/Ligue des Sociétés de la Croix-Rouge: Manuel de la Croix-Rouge Internationale. Conventions, statuts et règlements, résolutions des confirmes internationales et des Assemblées de la Ligue, Genf ⁸1942.

Comité International de la Croix-Rouge: Rapport du Comité International de la Croix-Rouge sur son activité pendant la Seconde Guerre Mondiale (1er septembre 1939 – 30 juin 1947), 3 Bde., Genf 1948.

Comité International de Dachau (Hrsg.): Konzentrationslager Dachau 1933–1945, Dachau ⁶1978 (= Offizieller Katalog der Gedenkstätte).

Confédération Internationale des Anciens Prisonniers de Guerre (CIAPG) (Hrsg.): Pathologie der Kriegsgefangenschaft, Bd. 2, Paris 1963 (= Arbeiten der 1. Internationalen Ärzte-Konferenz der CIAPG).

Conti, Flavio: I prigionieri di guerra italiani 1940–45, Bologna 1986.

Coßmann: Die Aufwendungen im Ausländereinsatz, in: Deutsche Zeitschrift für Wohlfahrtspflege 17 (1942), S. 233–241.

Culot, Jean: L'exploitation de la main-d'oeuvre belge et le problème des réfractaires, in: Cahiers d'Histoire de la Seconde Guerre Mondiale 1 (1970), S. 33–66.

Czollek, Roswitha: Faschismus und Okkupation, Berlin (Ost) 1974.

Dies.: Zur wirtschaftlichen Konzeption des deutschen Imperialismus beim Überfall auf die Sowjetunion. Aufbau und Zielsetzung des staatsmonopolistischen Apparats für den faschistischen Beute- und Vernichtungskrieg, in: JbW (1968), H. 1, S. 141–181.

Dies.: Zwangsarbeit und Deportationen für die deutsche Kriegsmaschine in den baltischen Sowjetrepubliken während des Zweiten Weltkrieges, in: JbW (1970), H. 2, S. 45–67.

Dies./Eichholtz, Dietrich: Die deutschen Monopole und der 22. Juni 1941. Dokumente zu Kriegszielen und Kriegsplanung führender Konzerne beim Überfall auf die Sowjetunion, in: ZfG 15 (1967), S. 64–76.

Dachauer Hefte, Bd. 2: Sklavenarbeit im KZ, hrsg. von Wolfgang Benz und Barbara Distel, Dachau 1986.

Dagenbach, Klaus/Koppenhöfer, Peter: Eine Schule als KZ, bearb. und hrsg. vom Stadtarchiv Mannheim, Mannheim 1990 (= Schule in Mannheim, Bd. 3).

Daimler-Benz AG (Hrsg.): Chronik der Mercedes-Benz Fahrzeuge und Motoren, Stuttgart ^{6}1978.

Das Daimler-Benz Buch. Ein Rüstungskonzern im „Tausendjährigen Reich", hrsg. von der Hamburger Stiftung für Sozialgeschichte des 20. Jahrhunderts, Nördlingen 1987 (= Schriften der Hamburger Stiftung für Sozialgeschichte des 20. Jahrhunderts, Bd. 3).

Dam, Hendrik George van/Giordano, Ralph (Hrsg.): KZ-Verbrechen vor Deutschen Gerichten, Bd. 1: Dokumente aus den Prozessen gegen Sommer (KZ Buchenwald), Sorge, Schubert (KZ Sachsenhausen), Mukelbach (Ghetto in Czenstochau), Frankfurt a.M. 1962; Bd. 2: Einsatzkommando Tilsit. Der Prozeß zu Ulm, Frankfurt a.M. 1966.

Datner, Szymon: Crimes against POWs. Responsibility of the Wehrmacht, Warschau 1964

De Bens, E.: La propagande pour le travail obligatoire, in: Cahiers d'Histoire de la Seconde Guerre Mondiale, August 1970, Nr. 1, S. 25–31.

Dehoches, Julie: Gestapo-Arbeitslager. Vernichtungslager für Arbeiter und Antifaschisten. Bericht über das Gestapo-Arbeitslager Limmer (Continental), in: Arbeits-Blätter zur Geschichte des antifaschistischen Widerstandes in Niedersachsen 3, o.O. (Hannover) 1975.

La Délégation Française auprès de la commission Allemande d'Armistice. Recueil de documents publié par le gouvernement français, Paris 1947.

Demay, Georges-Charles: Le crime du „S.T.O." ou un mur à Berlin 1943–1945, Berlin 1987.

Demps, Laurenz: Zum weiteren Ausbau des staatsmonopolistischen Apparats der faschistischen Kriegswirtschaft in den Jahren 1943 bis 1945 und zur Rolle der SS und der Konzentrationslager im Rahmen der Rüstungsproduktion, dargestellt am Beispiel der unterirdischen Verlagerung von Teilen der Rüstungsindustrie, Diss. masch., Berlin (Ost) 1970.

Ders.: Die Ausbeutung von KZ-Häftlingen durch den Osram-Konzern 1944/45, in: ZfG 26 (1978), H. 5, S. 416–437.

Ders.: Einige Bemerkungen zur Genesis der faschistischen Arbeitseinsatzkonzeption, in: Fremdarbeiterpolitik des Imperialismus, H. 2, Rostock 1977, S. 85–100.

Ders.: Einige Bemerkungen zur Veränderung der innenpolitischen Situation im faschistischen Deutschland durch den Einsatz ausländischer Zwangsarbeiter, in: Wesen und Kontinuität der Fremdarbeiterpolitik des Imperialismus. Materialien eines wissenschaftlichen Kolloquiums der Sektion Geschichte der Universität Rostock, Rostock 1974, S. 97–118.

Ders.: Konzentrationslager in Berlin 1933 bis 1945, in: Jahrbuch des Märkischen Museums 3 (1977), S. 7 ff.

Ders.: Die Luftangriffe auf Berlin. Ein dokumentarischer Bericht, Teil 1, in: Jahrbuch des Märkischen Museums 4(1978), S. 27–68; Teil 2, in: Jahrbuch des Märkischen Museums 8 (1982), S. 7–44.

Ders.: Zahlen über den Einsatz ausländischer Zwangsarbeiter in Deutschland im Jahre 1943, in: ZfG 21 (1973), S. 830–843.

Ders.: Zwangsarbeiter in Berlin 1939–1945, hrsg. von der Gesellschaft für Heimatgeschichte und Denkmalpflege Berlin im Kulturbund der DDR, Berlin (Ost) (1986) (= Miniaturen zur Geschichte, Kultur und Denkmalpflege Berlins, 20/21).

Desana, Paolo: I 360 de Colonia, hrsg. von der G.U.I.S.C.O., Neapel 1987.

Das Deutsche Reich und der Zweite Weltkrieg, hrsg. vom Militärgeschichtlichen Forschungsamt, Bd. 5: Organisation und Mobilisierung des deutschen Machtbereichs, 1. Halbband: Kriegsverwaltung, Wirtschaft und personelle Ressourcen 1939–1941, von Bernhard R. Kroener, Rolff-Dieter Müller und Hans Umbreit, Stuttgart 1988.

Deutsches Wirtschaftsinstitut (DWI) (Hrsg.): Der Daimler-Benz-Konzern, Berlin 1960 (= DWI-Berichte, Nr. 11).

Deutschland im Zweiten Weltkrieg, von einem Autorenkollektiv unter der Leitung von Wolfgang Schumann und Gerhard Hass, 6 Bde., Köln 1974–1985.

Dieckmann, Götz: Existenzbedingungen und Widerstand im Konzentrationslager Dora-Mittelbau unter dem Aspekt der funktionellen Einbeziehung der SS in das System der faschistischen Kriegswirtschaft, Diss., Berlin (Ost) 1968.

Diner, Dan (Hrsg.): Ist der Nationalsozialismus Geschichte? Zu Historisierung und Historikerstreit, Frankfurt a.M. 1987.

Ders.: Die Wahl der Perspektive. Bedarf es einer besonderen Historik des Nationalsozialismus?, in: Wolfgang Schneider (Hrsg.), »Vernichtungspolitik«. Eine Debatte über den Zusammenhang von Sozialpolitik und Genozid im nationalsozialistischen Deutschland, Hamburg 1991 (= Schriftenreihe des Hamburger Instituts für Sozialforschung), S. 65–75.

Dlugoborski, Waclaw: Die deutsche Besatzungspolitik und die Veränderung der sozialen Struktur Polens 1939–1945, in: Ders. (Hrsg.), Zweiter Weltkrieg und sozialer Wandel. Achsenmächte und besetzte Länder, Göttingen 1981 (= Kritische Studien zur Geschichtswissenschaft, 47), S. 303–363.

Ders.(Hrsg.): Zweiter Weltkrieg und sozialer Wandel. Achsenmächte und besetzte Länder, Göttingen 1981 (= Kritische Studien zur Geschichtswissenschaft, 47).

Documenta occupationis, Bd. IX: Wybor Zrodel, Polozenie Polskich Robotnikow Pzrymusowych w Rzeszy 1939–1945, hrsg. vom Instytut Zachodni, Posen 1975; Bd. X: ders., Praca Przymusowo Polakow Pod Panow Aniem Hitlerowskim 1939–1945, hrsg. vom Instytut Zachodni, Posen 1976.

Drechsel, Wiltrud/Wollenweber, Jörg (Hrsg.): Arbeit. Teil 1: Zwangsarbeit, Rüstung, Widerstand 1931–1945, Bremen 1982 (= Beiträge zur Sozialgeschichte Bremens, H. 5).

Drobisch, Klaus: Die Ausbeutung ausländischer Arbeitskräfte im Flick-Konzern während des Zweiten Weltkrieges, Diss., Berlin (Ost) 1964.

Ders./Eichholtz, Dietrich: Die Zwangsarbeit ausländischer Arbeitskräfte in Deutschland während des Zweiten Weltkrieges, in: Bulletin des Arbeitskreises „Zweiter Weltkrieg" 3 (1970), S. 1–24 (ebenfalls abgedruckt in: ZfG 18 (1970), H. 5, S. 626–639).

Durand, Robert: La lutte des travailleurs chez Renault racontée par eux-mêmes 1912–1944, Paris 1971.

Durand, Yves: La captivité. Histoire des prisonniers de guerre français 1939–1945, Paris 1980.

Ders.: Vichy 1940–1944, Paris 1972.

Ders.: Vichy und der „Reichseinsatz", in: Ulrich Herbert (Hrsg.), Europa und der »Reichseinsatz«. Ausländische Zivilarbeiter, Kriegsgefangene und KZ-Häftlinge in Deutschland 1938–1945, Essen 1991, S. 184–199.

Ders.: La vie quotidienne des prisonniers de guerre dans les stalags, les oflags et les kommandos (1939–1945), Paris 1987.

Ebbinghaus, Angelika: Zu diesem Buch, in: Das Daimler-Benz-Buch. Ein Rüstungskonzern im »Tausendjährigen Reich«, hrsg. von der Hamburger Stiftung für Sozialgeschichte des 20. Jahrhunderts, Nördlingen 1987 (= Schriften der Hamburger Stiftung für Sozialgeschichte des 20. Jahrhunderts, Bd. 3), S. 7–11.

Eggert, Bruno: Leben und Kampf des Metallarbeiters Arthur Ladwig, Führer der Genshagener Gruppe der antifaschistischen Kämpfer der illegalen Organisation der KPD „Kampfbund Berlin", Leipzig 1973.

Eiber, Ludwig: Verfolgung – Ausbeutung – Vernichtung. Lebens- und Arbeitsbedingungen der Häftlinge in deutschen Konzentrationslagern 1933 bis 1945, Hannover 1985.

Eichbauer, Werner/Freund, Florian/Perz, Bertrand: Die Außenlager des KZ Mauthausen in Niederösterreich, in: Widerstand und Verfolgung in Niederösterreich, hrsg. vom Dokumentationsarchiv des Österreichischen Widerstandes, Bd. 3, Wien 1987, S. 602–631.

Eichholtz, Dietrich: Geschichte der deutschen Kriegswirtschaft 1939–1945, Bd. 1: 1939–1941, Berlin (Ost) 1969; Bd. 2: 1941–1943, Berlin (Ost) 1985.

Ders.: Die „Krautaktion". Ruhrindustrie, Ernährungswissenschaft und Zwangsarbeit 1944, in: Ulrich Herbert (Hrsg.), Europa und der »Reichseinsatz«. Ausländische Zivilarbeiter, Kriegsgefangene und KZ-Häftlinge in Deutschland 1938–1945, Essen 1991, S. 270–294.

Ders.: Das Zwangsarbeitersystem des faschistischen deutschen Imperialismus in der Kontinuität imperialistischer Fremdarbeiterpolitik, in: Wesen und Kontinuität der Fremdarbeiterpolitik des deutschen Imperialismus. Materialien eines wissenschaftlichen Kolloquiums der Sektion Geschichte der Universität Rostock, Rostock 1974, S. 77–96.

Eichmann, Bernd: Versteinert. Verharmlost. Vergessen. KZ-Gedenkstätten in der Bundesrepublik Deutschland, Frankfurt a.M. ²1986.

Elling, Hanne: Frauen im deutschen Widerstand 1933–1945, Frankfurt a.M. 1981.

Elsner, Lothar: Zum Wesen und zur Kontinuität der Fremdarbeiterpolitik des deutschen Imperialismus, in: Wesen und Kontinuität der Fremdarbeiterpolitik des deutschen Imperialismus. Materialien eines wissenschaftlichen Kolloquiums der Sektion Geschichte der Universität Rostock, Rostock 1974, S. 2–76.

Ders./Lehmann, Joachim: Ausländische Arbeiter unter dem deutschen Imperialismus 1900 bis 1985, Berlin (Ost) 1988.

Engasser, Gerald: Krauss-Maffei: Lebenslauf einer Münchner Fabrik und ihrer Belegschaft, hrsg. von Alois Auer, Kösching 1988 (= Schriftenreihe des Archivs der Münchner Arbeiterbewegung e.V., 1).

Die Ermittlungen im Fall Marian Krainski. Eine Dokumentation, in: Das Daimler-Benz-Buch. Ein Rüstungskonzern im »Tausendjährigen Reich«, hrsg. von der Hamburger Stiftung für Sozialgeschichte des 20. Jahrhunderts, Nördlingen 1987 (= Schriften der Hamburger Stiftung für Sozialgeschichte des 20. Jahrhunderts, Bd. 3), S. 543–558.

Evrard, Jacques: La déportation des travailleurs français dans le IIIe Reich, Paris 1972.

Ewald, Thomas/Hollmann, Christoph/Schmidt, Heidrun: Ausländische Zwangsarbeiter in Kassel 1940–1945, Kassel 1988.

Faulenbach, Bernd: Oral History und Arbeiterbildung. Chancen und Probleme der Aufarbeitung betrieblicher Erfahrungen von Arbeitnehmern, in: Geschichtsdidaktik 3 (1984), S. 221–229.

Favez, Jean-Claude: Das Internationale Rote Kreuz und das Dritte Reich. War der Holocaust aufzuhalten? Unter Mitarbeit von Geneviève Billeter, Zürich 1988.

Fear, Jeffrey: Die Rüstungsindustrie im Gau Schwaben 1939–1945, in: VfZG 35 (1987), S. 193–216.

Féaux de la Croix, Ernst/Rumpf, Helmut: Der Werdegang des Entschädigungsrechts unter national- und völkerrechtlichem und politologischem Aspekt, München 1985 (= Die Wiedergutmachung nationalsozialistischen Unrechts durch die Bundesrepublik Deutschland, Bd. 3).

Fejer, Eva: Als Dolmetscherin im Werk Genshagen, in: Karl Heinz Roth, Michael Schmid, unter der Mitarbeit von Rainer Fröbe (Bearb.), Die Daimler-Benz AG 1916–1948. Schlüsseldokumente zur Konzerngeschichte, hrsg. von der Hamburger Stiftung für Sozialgeschichte des 20. Jahrhunderts, Nördlingen 1987 (= Schriften der Hamburger Stiftung für Sozialgeschichte des 20. Jahrhunderts, Bd. 5), Dok. Nr. 115b, S. 322–326.

Feldenkirchen, Wilfried: Concentration in German industry 1870–1939, in: Hans Pohl (Hrsg.), The concentration process in the entrepreneurial economy since the late 19th century, Stuttgart 1988 (= ZUG Beiheft, 55), S. 113–146.

Ferencz, Benjamin B.: Lohn des Grauens. Die Entschädigung jüdischer Zwangsarbeiter. Ein offenes Kapitel deutscher Nachkriegsgeschichte, Frankfurt a.M./New York 1986.

Finn, Gerhard: Sachsenhausen 1936–1950. Geschichte eines Lagers, Bad Münstereifel ²1988.

In deutschen Firmen zur Sklavenarbeit gezwungen, in: Frankfurter Rundschau, 27. Februar 1986.

Fischer-Hübner, Helga/Fischer-Hübner, Hermann (Hrsg.): Die Kehrseite der „Wiedergutmachung". Das Leiden von NS-Verfolgten in den Entschädigungsverfahren, Gerlingen 1990.

Focke, Harald/Reimer, Uwe: „Alltag unterm Hakenkreuz", Bd. 2: Alltag der Entrechteten. Wie die Nazis mit ihren Gegnern umgingen, Reinbek 1980.

Form, Wolfgang/Roth, Jürgen: Strafgefangene und KZ-Häftlinge, in: Berichte der Arbeitsgruppe zur Aufarbeitung der Geschichte Allendorfs 1933–1945, bearb. von Edgar Bracht u.a., hrsg. vom Magistrat der Stadt Stadtallendorf, Stadtallendorf 1989, S. 277–297.

Forstmeier, Friedrich: Oral History – Befragungen zur Unternehmensgeschichte, in: Archiv und Wirtschaft 13 (1980), H. 4, S. 103–109.

Ders./Volkmann, Hans-Erich (Hrsg.): Kriegswirtschaft und Rüstung 1939–1945, Düsseldorf 1977.

Dies. (Hrsg.): Wirtschaft und Rüstung am Vorabend des Zweiten Weltkrieges, Düsseldorf 1975.

Forwick, Helmuth: Zur Behandlung alliierter Kriegsgefangener im Zweiten Weltkrieg. Anweisung des Oberkommandos der Wehrmacht über Besuche ausländischer Kommissionen in Kriegsgefangenenlagern, in: Militärgeschichtliche Mitteilungen 2 (1967), S. 119–134.

Fourastié, Jean: La population active française pendant la Seconde Guerre Mondiale, in: Revue d'Histoire de la Deuxième Guerre Mondiale 11 (1965), H. 57, S. 5–18.

Frankenstein, Roger: Die deutschen Arbeitskräfteaushebungen in Frankreich und die Zusammenarbeit der französischen Unternehmen mit der Besatzungsmacht 1940–1944, in: Waclaw Dlugoborski (Hrsg.), Zweiter Weltkrieg und sozialer Wandel. Achsenmächte und besetzte Länder, Göttingen 1981(= Kritische Studien zur Geschichtswissenschaft, 47), S. 211–223.

Frauen-KZ Ravensbrück, von einem Autorenkollektiv unter der Leitung von Gerda Zörner, hrsg. vom Komitee der Antifaschistischen Widerstandskämpfer in der DDR, Berlin (Ost) ³1973.

Freund, Florian: „Arbeitslager Zement". Das Konzentrationslager Ebensee und die Raketenrüstung, Wien 1988 (= Industrie, Zwangsarbeit und Konzentrationslager in Österreich, 2).

Ders./Perz, Bertrand: Fremdarbeiter und KZ-Häftlinge in der Ostmark, in: Ulrich Herbert (Hrsg.), Europa und der »Reichseinsatz«. Ausländische Zivilarbeiter, Kriegsgefangene und KZ-Häftlinge in Deutschland 1938–1945, Essen 1991, S. 26–50.

Dies.: Industrialisierung durch Zwangsarbeit, in: NS-Herrschaft in Österreich 1938–1945, hrsg. von Emmerich Talos, Ernst Hanisch, Wolfgang Neugebauer, Wien 1988 (= Österreichische Texte zur Gesellschaftskritik, 36), S. 95–114.

Dies.: Das KZ in der Serbenhalle. Zur Kriegsindustrie in der Wiener Neustadt, Wien 1988 (= Industrie, Zwangsarbeit und Konzentrationslager in Österreich, 1).

Fridenson, Patrick: Die Auswirkungen des Zweiten Weltkrieges auf die französische Arbeiterschaft, in: Waclaw Dlugoborski (Hrsg.), Zweiter Weltkrieg und sozialer Wandel. Achsenmächte und besetzte Länder, Göttingen 1981 (= Kritische Studien zur Geschichtswissenschaft, 47), S. 199–210.

Fried, John: The Exploitation of Foreign Labor by Germany, Montreal 1945.

Friedrich, Jörg: Die kalte Amnestie. NS-Täter in der Bundesrepublik, Frankfurt a.M. 1985.

Fröbe, Rainer: „Wie bei den alten Ägyptern". Die Verlagerung des Daimler-Benz-Flugmotorenwerkes Genshagen nach Obrigheim am Neckar 1944/1945, in: Das Daimler-Benz Buch. Ein Rüstungskonzern im »Tausendjährigen Reich«, hrsg. von der Hamburger Stiftung für Sozialgeschichte des 20. Jahrhunderts, Nördlingen 1987 (= Schriften der Hamburger Stiftung für Sozialgeschichte des 20. Jahrhunderts, Bd. 3), S. 392–470.

Ders.: Der Arbeitseinsatz von KZ-Häftlingen und die Perspektive der Industrie, 1943–1945, in: Ulrich Herbert (Hrsg.), Europa und der »Reichseinsatz«. Ausländische Zivilarbeiter, Kriegsgefangene und KZ-Häftlinge in Deutschland 1938–1945, Essen 1991, S. 351–383 (Der Aufsatz ist in geringfügig veränderter Form ebenfalls abgedruckt in: »Deutsche Wirtschaft«. Zwangsarbeit von KZ-Häftlingen für Industrie und Behörden. Symposion „Wirtschaft und Konzentrationslager", hrsg. von der Hamburger Stiftung zur Förderung von Wissenschaft und Kultur, Hamburg 1992, S. 33–78.).

Ders.: „Vernichtung durch Arbeit?" KZ-Häftlinge in Rüstungsbetrieben an der Porta Westfalica in den letzten Monaten des Zweiten Weltkrieges, in: Joachim Meynert, Arno Klönne (Hrsg.), Verdrängte Geschichte. Verfolgung und Vernichtung in Ostwestfalen 1933–1945, Bielefeld 1986, S. 221–297.

Ders./Füllberg-Stolberg, Claus/Gutmann, Christoph/Keller, Rolf/Obenaus, Herbert/Schröder, Hans Hermann: Konzentrationslager in Hannover. KZ-Arbeit und Rüstungsindustrie in der Spätphase des Zweiten Weltkrieges, 2 Bde., Hildesheim 1985 (= Veröffentlichungen der Historischen Kommission für Niedersachsen und Bremen, 35).

Fürstenberg, Doris (Hrsg.): Jeden Moment war dieser Tod. Interviews mit jüdischen Frauen, die Auschwitz überlebten. Eine Dokumentation, Düsseldorf 1986 (= Geschichtsdidaktik, 40).

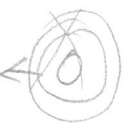

Galinski, Dieter/Lachauer, Ulla (Hrsg.): Alltag im Nationalsozialismus 1933–1939. Jahrbuch zum Schülerwettbewerb Deutsche Geschichte um den Preis des Bundespräsidenten, Braunschweig 1982.

Ders./Herbert, Ulrich/Lachauer, Ulla (Hrsg.): Nazis und Nachbarn. Schüler erforschen den Alltag im Nationalsozialismus, Reinbek 1982.

Garbe, Detlef (Hrsg.): Die vergessenen KZs? Gedenkstätten für die Opfer des NS-Terrors in der Bundesrepublik, Bornheim-Merten 1983.

Gascar, Pierre: Histoire de la captivité des français en Allemagne (1939–1945), Paris 1967.

Gatterbauer, Roswitha Helga: Arbeitseinsatz und Behandlung der Kriegsgefangenen in der Ostmark während des Zweiten Weltkrieges, Diss., Salzburg 1975.

Gebelli, Antonio: Les travailleurs italiens et l'économie de guerre allemande dans le programme du „Nouvel Ordre Européen" de Hitler (1939–1945), in: Studia Historiae Oeconomicae, Bd.8/ 1973, S. 77–89.

Gedenkstätten für die Opfer des Nationalsozialismus. Eine Dokumentation. Text und Zusammenstellung Ulrike Puvogel, Bonn 1987 (= Schriftenreihe der Bundeszentrale für politische Bildung, Bd. 245).

Gentz, Manfred: Statement für die Pressekonferenz über die Entschädigung von Zwangsarbeitern am 13. Juni 1988.

Georg, Enno: Die wirtschaftlichen Unternehmungen der SS, Stuttgart 1963 (= Schriftenreihe der VfZG, 7).

Geschichtsdidaktik 3 (1984), H. 3: Oral History – Kommunikative Geschichte – „Geschichte von unten".

Berliner Geschichtswerkstatt (Hrsg.): Projekt: Spurensicherung. Alltag und Widerstand im Berlin der Dreißiger Jahre, Berlin 1983.

Gersdorff, Ursula von: Frauen im Kriegsdienst 1914–1945, Stuttgart 1969.

Zerlumpte Gestalten, in: Der Spiegel 38 (1984), Nr. 44, S. 72–83.

Gestrich, Andreas/Knoch, Peter/Merkel, Helga (Hrsg.): Biographie – sozialgeschichtlich, Göttingen 1988.

Geyer, Martin H.: Soziale Sicherheit und wirtschaftlicher Fortschritt. Überlegungen zum Verhältnis von Arbeiterideologie und Sozialpolitik im „Dritten" Reich, in: GuG 15 (1989), S. 382–406.

Geyer, Michael: Deutsche Rüstungspolitik 1890–1980, Frankfurt a.M. 1984.

Gibelli, Antonio: Les travailleurs italiens et l'économie de guerre allemande dans le programme du „Nouvel ordre européen de Hitler (1939–1945), in: Studia historiae oeconomicae VIII (1973), S. 77–89.

Gilbert, Martin: Endlösung. Die Vertreibung und Vernichtung der Juden. Ein Atlas, Reinbek bei Hamburg 1982.

Gillessen, Günther: Ein Stoffabzeichen mit weißer Schrift auf wattierten Jacken: Flick und die Zwangsarbeit, in: Frankfurter Allgemeine Zeitung, 9. Januar 1986, Nr. 7, S. 3.

Götz, Albrecht: Bilanz der Verfolgung von NS-Straftaten, Köln 1986.

Goschler, Constantin: Streit um Almosen. Die Entschädigung der KZ-Zwangsarbeiter durch die deutsche Nachkriegsindustrie, in: Dachauer Hefte 2 (1986), S. 175–194.

Ders.: Wiedergutmachung. Westdeutschland und die Verfolgten des Nationalsozialismus 1945–1954, München 1992.

Gottschalk, Rüdiger: Vergangenheitsbewältigung macht vor dunklen Punkten nicht mehr halt, in: Handelsblatt, 20.6.1991.

Gounelle, Claude: „Le nazi Sauckel enlève les travailleurs français", in: Historia, Nr. 247, Juni 1967.

Graf, Werner: Das Schreibproblem der Oral History, in: Literatur und Erfahrung 10 (1982), S. 100–105.

Graml, Hermann: Italienische Gastarbeiter in Deutschland, in: Gutachten des Instituts für Zeitgeschichte, Bd. 2, Stuttgart 1966, S. 132–136.

Ders. (Hrsg.): Widerstand im Dritten Reich. Probleme, Ereignisse, Gestalten, Frankfurt a.M. 1984.

Granier, Jacques: Schirmeck. Sicherungslager Vorbruck bei Schirmeck im Elsaß, Straßburg 1968.

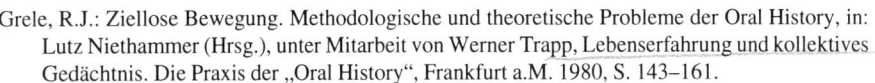

Grele, R.J.: Ziellose Bewegung. Methodologische und theoretische Probleme der Oral History, in: Lutz Niethammer (Hrsg.), unter Mitarbeit von Werner Trapp, Lebenserfahrung und kollektives Gedächtnis. Die Praxis der „Oral History", Frankfurt a.M. 1980, S. 143–161.

Grieger, Manfred: »Der Betreuer muß der von den Ausländern anerkannte Herr sein«. Die Bochumer Bevölkerung und die ausländischen Arbeiter, Kriegsgefangenen und KZ-Häftlinge 1939–1945, in: Archiv für die Geschichte des Widerstandes und der Arbeit, Nr. 8, Bochum 1987, S. 155–164.

Günter, Janne: Mündliche Geschichtsschreibung. Alte Menschen im Ruhrgebiet erzählen erlebte Geschichte, Mühlheim/Ruhr 1982.

Habeth-Allhorn, Stephanie: Daimler-Benz Motoren GmbH. Die Flugmotorenproduktion 1936 bis 1945, unveröffentl. Ms., Köln 1987.

Hachtmann, Rüdiger: Arbeitsmarkt und Arbeitszeit in der deutschen Industrie 1929 bis 1939, in: AfSG 17 (1987), S. 177–227.

Ders.: Industriearbeit im „Dritten Reich". Untersuchungen zu den Lohn- und Arbeitsbedingungen in Deutschland 1933–1945, Göttingen 1989 (= Kritische Studien zur Geschichtswissenschaft, 82).

Ders.: Lebenshaltungskosten und Reallöhne während des »Dritten Reiches«, in: VSWG 75 (1988), S. 32–73.

Ders.: Leistungsentlohnung, betriebliche Sozialpolitik und Betriebsgemeinschaft im Dritten Reich, Berlin 1987.

Ders.: Lohn und Leistung im »Dritten Reich«, Diss., Berlin 1986.

Handwörterbuch Ausländerarbeit, hrsg. von Georg Auernheimer, Weinheim 1984.

Hassell, Fey von: Niemals sich beugen. Erinnerungen einer Sondergefangenen der SS, München [2]1991.

Hatry, Gilbert: Le Service du travail obligatoire (S.T.O.) 1942–1943, in: Bulletin de la Section d'Histoire des Usines Renault 14 (1983), Bd. 5, H. 27, S. 63–72.

Haupt, Mathias Georg: Der „Arbeitseinsatz" der belgischen Bevölkerung während des Zweiten Weltkrieges, Diss., Bonn 1970.

Hayes, Peter: Industry and ideology: IG Farben in the nazi era, New York 1987.

Heigl, Peter: Konzentrationslager Flossenbürg in Geschichte und Gegenwart. Bilder und Dokumente gegen das zweite Vergessen, unter Mitarbeit von Bénédicte Omont, Regensburg 1989.

Heim, Susanne/Aly, Götz: Die Ökonomie der »Endlösung«. Menschenvernichtung und wirtschaftliche Neuordnung, in: Sozialpolitik und Judenvernichtung. Gibt es eine Ökonomie der Endlösung, Berlin 1987 (= Beiträge zur nationalsozialistischen Gesundheits- und Sozialpolitik, Bd. 5), S. 11–90.

Dies.: Sozialplanung und Völkermord. Thesen zur Herrschaftsrationalität der nationalsozialistischen Vernichtungspolitik, in: Konkret 10/1989, S. 82–87 (ebenfalls abgedruckt in: Wolfgang Schneider (Hrsg.), »Vernichtungspolitik«. Eine Debatte über den Zusammenhang von Sozialpolitik und Genozid im nationalsozialistischen Deutschland, Hamburg 1991 (= Schriftenreihe des Hamburger Instituts für Sozialforschung), S. 11–23.

Dies.: Wider die Unterschätzung der nationalsozialistischen Politik. Antwort an unsere Kritiker, in: Wolfgang Schneider (Hrsg.), »Vernichtungspolitik«. Eine Debatte über den Zusammenhang von Sozialpolitik und Genozid im nationalsozialistischen Deutschland, Hamburg 1991 (= Schriftenreihe des Hamburger Instituts für Sozialforschung), S. 165–175.

Helmer, Geneviève: L'Odyssée d'une Déportée, in: De l'universiteaux camps de concentration, Paris 1947 (= Publications de la Faculté des Lettres de l'Université de Strasbourg), S. 341–346.

Henke, Josef: Von den Grenzen der SS-Macht. Eine Fallstudie zur Tätigkeit des SS-Wirtschafts-Verwaltungshauptamtes, in: Verwaltung contra Menschenführung im Staat Hitlers. Studien zum politisch administrativen System, hrsg. von Dieter Rebentisch und Karl Teppe, Göttingen 1982, S. 255–277.

Henkies, Elke: Eine Stadt erlebt die Fliegerangriffe, in: Sindelfinger Jahrbuch 1984, S. 279–285.

Hentschel, Volker: Daimler-Benz im Dritten Reich. Zu Inhalt und Methode zweier Bücher zum gleichen Thema, in: VSWG 75 (1988), S. 74–100.

Herbert, Ulrich: Arbeit und Vernichtung. Ökonomisches Interesse und Primat der »Weltanschauung« im Nationalsozialismus, in: ders. (Hrsg.), Europa und der »Reichseinsatz«. Ausländische Zivilarbeiter, Kriegsgefangene und KZ-Häftlinge in Deutschland 1938–1945, Essen 1991, S. 384–426 (ebenfalls abgedruckt in: Ist der Nationalsozialismus Geschichte?, hrsg. von Dan Diner, Frankfurt a.M. 1987, S. 198–236).

Ders.: Arbeiterschaft im „Dritten Reich“. Zwischenbilanz und offene Fragen, in: GuG 15 (1989), S. 320–360.

Ders.: Zum Arbeitseinsatz in Nazideutschland, in: Nicht irgendwo, sondern hier bei uns!, hrsg. von Heike Blanck, Dieter Galinski, Wolf Schmidt, Hamburg 1982, S. 62–67.

Ders.: Der „Ausländereinsatz“. Fremdarbeiter und Kriegsgefangene in Deutschland 1939–1945 – ein Überblick, in: Jochen August u.a., Herrenmensch und Arbeitsvölker. Ausländische Arbeiter in Deutschland 1939–1945, Berlin 1986 (= Beiträge zur nationalsozialistischen Gesundheits- und Sozialpolitik, H. 3), S. 13–54.

Ders.: Einleitung des Herausgebers, in: ders. (Hrsg.), Europa und der »Reichseinsatz«. Ausländische Zivilarbeiter, Kriegsgefangene und KZ-Häftlinge in Deutschland 1938–1945, Essen 1991, S. 7–25.

Ders.: Späte Einsicht, tätige Reue. Das Volkswagenwerk will jetzt erstmals ausländische Zwangsarbeiter entschädigen. Zu den Angriffen auf Hans Mommsen, in: FAZ, 10.03.1992.

Ders.: Fremdarbeiter. Politik und Praxis des „Ausländer-Einsatzes“ in der Kriegswirtschaft des Dritten Reiches, Berlin/Bonn ²1986.

Ders.: Geschichte der Ausländerbeschäftigung in Deutschland 1880 bis 1980. Saisonarbeiter, Zwangsarbeiter, Gastarbeiter, Berlin 1986.

Ders.: Nicht entschädigungsfähig? Die Wiedergutmachungsansprüche der Ausländer, in: Wiedergutmachung in der Bundesrepublik Deutschland, hrsg. von Ludolf Herbst und Constantin Goschler, München 1989 (= Schriftenreihe der VfZG, Sondernummer), S. 273–302.

Ders.: Rassismus und rationales Kalkül. Zum Stellenwert utilitaristisch verbrämter Legitimationsstrategien in der nationalsozialistischen »Weltanschauung«, in: Wolfgang Schneider (Hrsg.), »Vernichtungspolitik«. Eine Debatte über den Zusammenhang von Sozialpolitik und Genozid im nationalsozialistischen Deutschland, Hamburg 1991 (= Schriftenreihe des Hamburger Instituts für Sozialforschung), S. 25–35.

Ders.: Rassismus und »Rationalität«. Anmerkungen zu den Thesen von Susanne Heim und Götz Aly zur »Ökonomie der Endlösung«, in: Konkret 11/1989, S. 56–60.

Ders.: Good Times, bad Times: Memories of the Third Reich, in: Richard Bessel (Hrsg.), Life in the Third Reich, Oxford/New York 1987, S. 97–110.

Ders.: Oral History im Unterricht, in: Geschichtsdidaktik 3 (1984), S. 211–219.

Ders.: Die guten und die schlechten Zeiten. Überlegungen zur diachronen Analyse lebensgeschichtlicher Interviews, in: Lutz Niethammer (Hrsg.), Die Jahre weiß man nicht, wo man die heute hinsetzen soll. Faschismuserfahrungen im Ruhrgebiet, Bonn ²1986 (= Lebensgeschichte und Sozialstruktur im Ruhrgebiet 1930–1960, Bd. 1), S. 67–96.

Ders. (Hrsg.): Europa und der »Reichseinsatz«. Ausländische Zivilarbeiter, Kriegsgefangene und KZ-Häftlinge in Deutschland 1938–1945, Essen 1991.

Herbst, Ludolf: Einleitung, in: Wiedergutmachung in der Bundesrepublik Deutschland, hrsg. von Ludolf Herbst und Constantin Goschler, München 1989 (= Schriftenreihe der VfZG, Sondernummer), S. 7–31.

Ders.: Der Krieg und die Unternehmensstrategie deutscher Industrie-Konzerne in der Zwischenkriegszeit, in: Die deutschen Eliten und der Weg in den Zweiten Weltkrieg, hrsg. von Martin Broszat und Klaus Schwabe in Verbindung mit Ludolf Herbst, München 1989, S. 72–134.

Herrenmenschen und Badoglio-Schweine. Italienische Militärinternierte in deutscher Kriegsgefangenschaft 1943–1945. Erinnerungen von Attilio Buldini und Gigina Querzi in Buldini, aufgezeichnet von Christoph U. Schminck-Gustavus, in: Herrenmensch und Arbeitsvölker. Ausländische Arbeiter und Deutsche 1939–1945, Bremen 1985 (= Beiträge zur Nationalsozialistischen Gesundheits- und Sozialpolitik, 3), S. 55–102.

Heß, Burkhard: Entschädigung für Zwangsarbeit im „Dritten Reich", in: Juristenzeitung 12/1993, S 606–610.

Heusler, Andreas: Zwangsarbeit in der Münchener Kriegswirtschaft 1939–1945, hrsg. von der Landeshauptstadt München, München 1991.

Hilberg, Raul: Die Vernichtung der europäischen Juden. Die Gesamtgeschichte des Holocaust, Berlin 1982.

Hildebrand, Klaus: Das Dritte Reich, München ⁴1991 (= Oldenbourg Grundriß der Geschichte, 17).

Hildenbrand, Manfred: Das mittlere Kinzigtal zur Stunde Null – Kriegsende und Besatzung 1944/45, Offenburg 1985 (=Sonderdruck aus „Die Ortenau", Veröffentlichungen des Historischen Vereins für Mittelbaden, 65. Jahresband).

Ders.: Der „Vulkan" in Haslach im Kinzigtal – Hartsteinwerke-Konzentrationslager-Munitionslager-Mülldeponie, in: Die Ortenau. Veröffentlichungen des Historischen Vereins für Mittelbaden, 57. Jahresband (1977), S. 313–336.

Himmlers Graue Eminenz – Oswald Pohl und das Wirtschaftsverwaltungshauptamt der SS, hrsg. von Peter-Ferdinand Koch, Hamburg 1988.

Hirschfeld, Gerhard: Der „freiwillige" Arbeitseinsatz niederländischer Fremdarbeiter während des Zweiten Weltkrieges als Krisenstrategie einer nicht-nationalsozialistischen Verwaltung, in: Hans Mommsen, Wilfried Schulze (Hrsg.), Vom Elend der Handarbeit. Probleme historischer Unterschichtenforschung, Stuttgart 1981, S. 497–513.

Ders.: Die niederländischen Behörden und der „Reichseinsatz", in: Ulrich Herbert (Hrsg.), Europa und der »Reichseinsatz«. Ausländische Zivilarbeiter, Kriegsgefangene und KZ-Häftlinge in Deutschland 1938–1945, Essen 1991, S. 172–183.

Ders.: Fremdherrschaft und Kollaboration. Die Niederlande unter deutscher Besatzung 1940–1945, Stuttgart 1984.

Hochhuth, Rolf: Eine Liebe in Deutschland, Reinbek 1978.

Hockermann, Heinrich: Das West-Ost-Lohngefälle, in: Reichsarbeitsblatt 23 (1943), V, S. 538–543, 554–560, 578ff.

Höhne, Heinz: Der Orden unter dem Totenkopf. Die Geschichte der SS, Hamburg 1976.

Hoffmann, Peter: Widerstand – Staatsstreich – Attentat. Der Kampf der Opposition gegen Hitler, München 1969.

Homze, Edward L.: Foreign Labor in Nazi-Germany, Princeton/New Jersey 1967.

D'Hoop, Jean-Marie: La main-d'oeuvre française au service de l'Allemagne, in: Revue d'Histoire de la Deuxième Guerre Mondiale 81 (1971), S. 73–88.

Hoover Institute (Hrsg.): French Life under the Occupation 1940–1944, 3 Bde., Stanford 1957.

Hudemann, Rainer: Sozialpolitik im deutschen Südwesten zwischen Tradition und Neuordnung 1945–1953. Sozialversicherung und Kriegsopferversorgung im Rahmen französischer Besatzungspolitik, Mainz 1988.

Hüser, Karl/Otto, Reinhard: Das Stammlager 326 (VI K) Senne 1941–1945. Sowjetische Kriegsgefangene als Opfer des Nationalsozialistischen Weltanschauungskriegs, Bielefeld 1992.

Deutscher Imperialismus und polnische Arbeiter in Deutschland 1900–1945. Materialien eines wissenschaftlichen Kolloquiums der Sektion Geschichte der Wilhelm-Pieck-Universität Rostock, Rostock 1977 (= Fremdarbeiterpolitik des Imperialismus, 2).

Der Deutsche Imperialismus und der Zweite Weltkrieg, hrsg. vom Militärgeschichtlichen Forschungsamt, Bd. 1–4, Stuttgart 1979–1983.

Jacobeit, Sigrid: Frauen-Zwangsarbeit im faschistischen Deutschland, in: Klaus Tenfelde (Hrsg.), Arbeiter im 20. Jahrhundert, Stuttgart 1991, S. 91–104.

Jacobmeyer, Wolfgang: Die „Displaced Persons" in Deutschland, 1945–1952, in: Bremisches Jahrbuch, Bd. 59, 1981, S. 85–108.

Ders.: Jüdische Überlebende als „DPs". Untersuchungen zur Besatzungspolitik in den deutschen
    Westzonen und zur Zuwanderung osteuropäischer Juden 1945–1947, in: GuG 9 (1983), H. 3,
    S. 421–452.

Ders.: Vom Zwangsarbeiter zum heimatlosen Ausländer. Die Displaced Persons in Westdeutsch-
    land 1945–1951, Göttingen 1985 (= Kritische Studien zur Geschichtswissenschaft, Bd. 65).

Jacobsen, Hans-Adolf: Kommissarbefehl und Massenexekution sowjetischer Kriegsgefangener, in:
    Anatomie des SS-Staates, Bd. 2, München ⁴1982, S. 137–332.

Jacquemyns, G.: Quelques attitudes et réactions des travailleurs belges sous l'occupation allemande
    (1940–1944), in: Revue d'Histoire de la Deuxième Guerre Mondiale 8 (1958), H. 31, S. 24–30.

Jäckel, Eberhard: Frankreich in Hitlers Europa. Die deutsche Frankreichpolitik im Zweiten Welt-
    krieg, Stuttgart 1966.

Johr, Barbara/Roder, Hartmut: Der Bunker. Ein Beispiel nationalsozialistischen Wahns. Bremen-
    Farge 1943–1945, Bremen 1989.

Jong, Louis de: Het Koninkrijk der Nederlanden in de Tweede Wereldoorloog, Bd. 1 ff, s'Graven-
    hage 1969 ff.

Joos, Joseph: Leben auf Widerruf – Begegnungen und Beobachtungen im KZ Dachau 1941–1945,
    Olten 1946.

Juillard, Emile: Atrocités allemandes dans les camps des concentration, Lyon 1947.

Ders.: Vaihingen, le camp-Revier, in: Olga Wormser, Henri Michel (Hrsg.), Tragédie de la déporta-
    tion 1940–1945. Témoignages de survivants des camps de concentration allemands, Paris
    1954, S. 330f.

Jungbeck, Joachim: Zerstörung und Wiederaufbau, in: Das Daimler-Benz-Buch. Ein Rüstungskon-
    zern im „Tausendjährigen Reich", hrsg. von der Hamburger Stiftung für Sozialgeschichte des
    20. Jahrhunderts, Nördlingen 1987 (= Schriften der Hamburger Stiftung für Sozialgeschichte
    des 20. Jahrhunderts, Bd. 3), S. 375–382.

Justiz und NS-Verbrechen. Sammlung deutscher Strafurteile wegen nationalsozialistischer Tötungs-
    verbrechen 1945–1966, Bd. 1–22, Amsterdam 1968–1981.

Kaienburg, Hermann: „Vernichtung durch Arbeit". Der Fall Neuengamme. Die Wirtschaftsbestre-
    bungen der SS und ihre Auswirkungen auf die Existenzbedingungen der KZ-Gefangenen,
    Berlin/Bonn 1990.

Ders.: Zwangsarbeit und Vernichtung im Konzentrationslager: Das Beispiel Neuengamme, in:
    »Deutsche Wirtschaft«. Zwangsarbeit von KZ-Häftlingen für Industrie und Behörden. Sympo-
    sion „Wirtschaft und Konzentrationslager", hrsg. von der Hamburger Stiftung zur Förderung
    von Wissenschaft und Kultur, Hamburg 1992, S. 187–201.

Kaiser, Peter M.: Monopolprofit und Massenmord im Faschismus. Zur ökonomischen Funktion der
    Konzentrations- und Vernichtungslager im faschistischen Deutschland, in: Blätter für deutsche
    und internationale Politik 20 (1975), S. 552–577.

Kannapin, Hans-Eckhardt: Wirtschaft unter Zwang. Anmerkungen und Analysen zur rechtlichen
    und politischen Verantwortung der deutschen Wirtschaft unter der Herrschaft des Nationalso-
    zialismus im Zweiten Weltkrieg, besonders im Hinblick auf den Einsatz und die Behandlung
    von ausländischen Arbeitskräften und Konzentrationslagerhäftlingen in deutschen Industrie-
    und Rüstungsbetrieben, Köln 1966.

Karner, Stefan: Bemühungen zur Ausweitung der Luftrüstung im Dritten Reich. Die Flugmotoren-
    werke Ostmark und ihr Marburger Zweigwerk 1941–1945, in: Zeitgeschichte 6 (1979), S. 318–
    345.

Ders.: Zur sozialen Lage der österreichischen Arbeiterschaft unter dem Nationalsozialismus, in:
    Aufrisse 2 (1981), H. 3, S. 27–35.

Ders.: Die Steiermark im ‚Dritten Reich' 1938–1945. Unter besonderer Berücksichtigung ihrer
    wirtschaftlichen und sozialen Entwicklung, Graz 1985.

Kárny, Miroslaw: Die „Judenfrage" in der nazistischen Okkupationspolitik, in: Historia XXI
    (1982), S. 137–192.

Ders.: Der „Reichsausgleich" in der deutschen Protektoratspolitik, in: Ulrich Herbert (Hrsg.), Europa und der »Reichseinsatz«. Ausländische Zivilarbeiter, Kriegsgefangene und KZ-Häftlinge in Deutschland 1938–1945, Essen 1991, S. 26–50.

Ders.: Das SS-Wirtschaftsverwaltungshauptamt. Verwalter der KZ-Häftlingsarbeitskräfte und Zentrale des SS-Wirtschaftskonzerns, in: »Deutsche Wirtschaft«. Zwangsarbeit von KZ-Häftlingen für Industrie und Behörden. Symposion „Wirtschaft und Konzentrationslager", hrsg. von der Hamburger Stiftung zur Förderung von Wissenschaft und Kultur, Hamburg 1992, S. 153–169.

Ders.: »Vernichtung durch Arbeit«. Sterblichkeit in NS-Konzentrationslagern, in: Sozialpolitik und Judenvernichtung. Gibt es eine Ökonomie der Endlösung?, Berlin 1987 (= Beiträge zur nationalsozialistischen Gesundheits- und Sozialpolitik, Bd. 5), S. 133–158.

Ders.: Waffen-SS und Konzentrationslager, in: Jahrbuch für Geschichte, Bd. 33, Berlin (Ost) 1986, S. 230–261.

Kasper, Barbara/Schuster, Lothar/Watkinson, Christof: Arbeiten für den Krieg. Deutsche und Ausländer in der Rüstungsproduktion bei Rheinmetall-Borsig 1943–1945, Hamburg 1987.

Kens, Karlheinz/Nowarra, Heinz S.: Die deutschen Flugzeuge 1933–1945. Deutschlands Luftfahrt-Entwicklung bis zum Ende des Zweiten Weltkrieges, München 1961.

Kershaw, Ian: Der NS-Staat, Reinbek bei Hamburg 1988.

Klewitz, Bernd: Die Arbeitssklaven der Dynamit Nobel. Ausgebeutet und vergessen. Sklavenarbeiter und KZ-Häftlinge in Europas größten Rüstungswerken im Zweiten Weltkrieg, Schalksmühle 1986.

Klingel, Jürgen: Zur Funktion und Entwicklung der Konzentrationslager. Das Lager Leonberg, in: Herwart Vorländer (Hrsg.), Nationalsozialistische Konzentrationslager im Dienst der totalen Kriegsführung. Sieben württembergische Außenkommandos des Konzentrationslagers Natzweiler/Elsaß, Stuttgart 1978 (= Veröffentlichungen der Kommission für Geschichtliche Landeskunde in Baden-Württemberg, Reihe B, Forschungen, Bd. 91), S. 19–69.

Klinkhammer, Lutz: Leben im Lager. Die italienischen Kriegsgefangenen und Deportierten im Zweiten Weltkrieg. Ein Literaturbericht, in: Quellen und Forschungen aus italienischen Archiven und Bibliotheken, Bd. 67/1987, S. 489–520.

Klose, Christiana: Die Großmütter erzählen den Enkelinnen: Frauen berichten über ihr Leben im Widerstand während des Nationalsozialismus, in: Geschichtsdidaktik 3 (1984), S. 267–272.

Knieriem, August von: Nürnberg. Rechtliche und menschliche Probleme, Stuttgart 1983.

König, Peter: Kriegsgefangene und FremdarbeiterInnen in Stuttgart, in: Stuttgart im Zweiten Weltkrieg. Katalog zur Ausstellung vom 1.9.1987 bis 27.7.1990, hrsg. von Marlene P. Hiller, Gerlingen 1989 (= Ausstellungsreihe „Stuttgart im Dritten Reich"), S. 353–368.

König, Wolfram/Schneider, Ulrich: Sprengstoff aus Hirschhagen. Vergangenheit und Gegenwart einer Munitionsfabrik, Kassel 1985 (= Nationalsozialismus in Nordhessen, H. 8).

Kogon, Eugen: Der SS-Staat. Das System der deutschen Konzentrationslager, München ²²1989.

Kolb, Eberhard: Bergen-Belsen, in: Studien zur Geschichte der Konzentrationslager, Stuttgart 1970 (= Schriftenreihe der VfZG, 21), S. 130–153.

Kollektives Arbeitsrecht. Quellentexte zur Geschichte des Arbeitsrechtes in Deutschland, hrsg. von Thomas Blanke, Rainer Erd (u.a.), Bd.2: 1933–1974, Reinbek bei Hamburg 1975.

Kommandant von Auschwitz. Autobiographische Aufzeichnungen von Rudolf Höß, eingel. und komm. von Martin Broszat, Stuttgart 1958 (= Quellen und Darstellungen zur Zeitgeschichte, Bd. 5).

Koppenhöfer, Peter: „In Buchenwald war die Verpflegung besser". KZ-Häftlinge bei Daimler-Benz Mannheim, in: Das Daimler-Benz-Buch. Ein Rüstungskonzern im „Tausendjährigen Reich", hrsg. von der Hamburger Stiftung für Sozialgeschichte des 20. Jahrhunderts, Nördlingen 1987 (= Schriften der Hamburger Stiftung für Sozialgeschichte des 20. Jahrhunderts, Bd. 3), S. 514–542.

Ders.: Mannheim bei Nacht und Mannheim bei Tag, in: 1999. Zeitschrift für Sozialgeschichte des 20. und 21. Jahrhunderts 5 (1990), H. 1, S. 202–205.

Ders.: „Erste Wahl für Daimler-Benz": Erinnerungen von KZ-Häftlingen an die Arbeit im Daimler-Benz Werk Mannheim, in: Mitteilungen der Dokumentationsstelle zur NS-Sozialpolitik 2 (1986), H. 13/14, S. 5–30.

Kowalski, Tadeusz: Obozy hitlerowskie w Polsce poludniowo-wschodniej 1939–1945, Warszawa 1973.

Kranig, Andreas: Arbeitsrecht im NS-Staat. Texte und Dokumente, Köln 1984.

Ders.: Lockung und Zwang. Zur Arbeitsverfassung im Dritten Reich, Stuttgart 1983 (= Schriften-reihe der VfZG, 47).

Kraus, Ota/Kulka, Erich: Massenmord und Profit. Die faschistische Ausrottungspolitik und ihre ökonomischen Hintergründe, Berlin (Ost) 1963.

Dies.: Die Todesfabrik Auschwitz, Berlin 1991.

Krause-Schmitt, Ursula: Aus dem anderen Leben lernen. Zur Rolle der Zeitzeugen in der Auseinan-dersetzung mit dem deutschen Faschismus, in: Informationen Nr. 29/30, Juli 1989, hrsg. vom Studienkreis zur Erforschung und Vermittlung der Geschichte des deutschen Widerstandes 1933–1945, S. 4–9.

Krause-Vilmar, Dietfried: Ausländische Zwangsarbeiter in der Kasseler Rüstungsindustrie (1940–1945), in: Wilhelm Frenz, Jörg Kammler, Dietfried Krause-Vilmar (Hrsg.), Volksge-meinschaft, Volksfeinde. Kassel 1933–1945, Bd. 2: Studien, Fuldabrück 1987, S. 388–414.

Krausnick, Helmut/Wilhelm, Hans Heinrich: Die Truppe des Weltanschauungskrieges. Die Einsatz-truppen der Sicherheitspolizei und des SD 1938–1942, Stuttgart 1981.

Krauss-Maffei: Lebenslauf einer Münchner Fabrik und ihrer Belegschaft. Bericht und Dokumenta-tion von Gerald Engasser, München 1988 (= Schriftenreihe des Archivs der Münchner Arbei-terbewegung e.V., 1).

Krieg und Wiederaufbau in Sindelfingen 1939–1945, verfaßt von der Schüler-Arbeitsgruppe am Goldberg-Gymnasium, Sindelfingen 1985.

Kromer, Wolfgang/Stepien, Stanislaus: Arbeit unter Zwang. Fremdarbeiter in Baden und Württem-berg während des Zweiten Weltkrieges, in: Beiträge zur Landeskunde, Beilage zum Staatsan-zeiger für Baden-Württemberg, H. 2, 1985, S. 5–10.

Dies.: Polen in Mannheim. Die Geschichte einer Minderheit in der Rhein-Neckar Metropole von 1990 bis zur Gegenwart, in: Badische Heimat, H. 2, 1982, S. 299–315.

Krug, Max/Lingnau, Gerold: 100 Jahre Daimler-Benz. Das Unternehmen, Mainz 1986.

Kuczynski, Jürgen: Die Geschichte der Lage der Arbeiter unter dem Kapitalismus, Teil I: Die Geschichte der Lage der Arbeiter in Deutschland von 1800 bis in die Gegenwart, Bd. 6: Darstellung der Lage der Arbeiter in Deutschland von 1933–1945, Berlin (Ost) 1964; Bd. 16: Studien zur Geschichte des staatsmonopolistischen Kapitalismus, Berlin (Ost) 1963 (= Doku-mente zu Bd. 6).

Kübler, Robert (Hrsg.): Chef KGW. Das Kriegsgefangenenwesen unter GOTTLOB BERGER. Nachlaß, Lindhorst 1984.

Kühnrich, Heinz: Der KZ-Staat. Rolle und Entwicklung der faschistischen Konzentrationslager 1933 bis 1945, Berlin 1960 (= Wahrheiten über den deutschen Imperialismus, 1).

Kugler, Anita: Die Behandlung des feindlichen Vermögens in Deutschland und die „Selbstverant-wortung" der Rüstungsindustrie. Dargestellt am Beispiel der Adam Opel AG von 1941 bis Anfang 1943, in: 1999. Zeitschrift für Sozialgeschichte des 20. und 21. Jahrhunderts 2 (1988), H. 2, S. 46–78.

Kuhn, Annette: Vom Umgang mit Geschichte im Alltag, in: Demokratische Erziehung 5 (1981), S. 312–317.

Lamotte, Pierre: La documentation sur la captivité au ministère des anciens combattants et victimes de guerre, in: Revue d'Histoire de la Deuxième Guerre Mondiale 10 (1960), H. 37, S. 77–80.

Langbein, Hermann: Arbeit im KZ-System, in: Dachauer Hefte 2 (1986), S. 3–12.

Ders.: Entschädigung für KZ-Häftlinge? Ein Erfahrungsbericht, in: Wiedergutmachung in der Bundesrepublik Deutschland, hrsg. von Ludolf Herbst und Constantin Goschler, München 1989 (= Schriftenreihe der VfZG, Sondernummer), S. 327–339.

Ders.: Keine Entschädigung für Häftlingszwangsarbeit? in: Frankfurter Hefte 3 (1967), S. 179–186.

Das halbe Leben. Geschichte und Gegenwart des arbeitenden Berlins, hrsg. vom Deutschen Gewerkschaftsbund, Landesbezirk Berlin und dem Bildungswerk des Berufsverbandes Bildender Künstler Berlins im Rahmen der Ausstellung zur 750-Jahr-Feier, Berlin 1987.

Leber, Annedore: Das Gewissen entscheidet. Bereiche des deutschen Widerstands von 1933–1945 in Lebensbildern, Berlin/Frankfurt a.M. 1957.

Lehmann, Joachim: Ausländische Arbeitskräfte in Deutschland 1933–1939. Zum Umfang, zur Entwicklung und Struktur ihrer Beschäftigung, in: Fremdarbeiterpolitik des Imperialismus, H.8, 1980, S. 5–22.

Ders.: Ausländerbeschäftigung und Fremdarbeiterpolitik im faschistischen Deutschland, in: Klaus Bade (Hrsg.), Auswanderer, Wanderarbeiter, Gastarbeiter. Bevölkerung, Arbeitsmarkt und Wanderung in Deutschland seit der Mitte des 19. Jahrhunderts, 2 Bde., Ostfildern 1984, S. 558–583.

Ders.: Ausländerbeschäftigung – Ja oder Nein? Anmerkungen zu den differenzierten Positionen im faschistischen Deutschland in der Fremdarbeiterfrage, in: Fremdarbeiterpolitik des Imperialismus, H. 11, 1981, S. 38–45.

Ders.: Bemerkungen zur Beschäftigung ausländischer Arbeiter während der ersten Jahre der faschistischen Diktatur, in: Fremdarbeiterpolitik des Imperialismus, H. 7, 1980, S. 81–111.

Ders.: Zum Einsatz ausländischer Zwangsarbeiter in der deutschen Landwirtschaft während des Zweiten Weltkrieges (unter besonderer Berücksichtigung der Jahre 1942–1945), in: Wesen und Kontinuität der Fremdarbeiterpolitik des deutschen Imperialismus, H. 1, 1974, S. 133–156.

Ders.: Zum Verhältnis des Einsatzes von Kriegsgefangenen und ausländischen Zwangsarbeitern in der Gesamtwirtschaft und Landwirtschaft des faschistischen Deutschlands während des Zweiten Weltkrieges (unter besonderer Berücksichtigung polnischer Kriegsgefangener), in: Fremdarbeiterpolitik des Imperialismus, H. 2, 1977, S. 101–118.

Ders.: Zwangsarbeiter in der deutschen Landwirtschaft 1939 bis 1945, in: Ulrich Herbert (Hrsg.), Europa und der „Reichseinsatz". Ausländische Zivilarbeiter, Kriegsgefangene und KZ-Häftlinge in Deutschland 1938–1945, Essen 1991, S. 127–139.

Lenz, Hans-Friedrich: „Sagen Sie, Herr Pfarrer, wie kommen Sie zur SS?". Bericht eines Pfarrers der Bekennenden Kirche über seine Erlebnisse im Kirchenkampf und als SS-Oberscharführer im Konzentrationslager Hersbruck, Gießen 1982.

Lenz, Siegfried: Nachzahlung, in: ders., Der Spielverderber. Erzählungen, München ⁹1977, S. 7–22.

Lettich, André: Trente-quatre mois dans les camps de concentration, Diss., Tours 1946.

Lewin, Christophe: Le retour des prisonniers de guerre français, in: Guerres mondiales et conflits contemporains 147 (1987), S. 49–79.

Lichtenstein, Heiner: Warum Auschwitz nicht bombardiert wurde. Mit einem Vorwort von Eugen Kogon, Köln 1980.

Lill, Rudolf/Oberreuter, Heinrich (Hrsg.): 20. Juli. Portraits des Widerstands, Düsseldorf/Wien 1984.

Littmann, Friederike: Vom Notstand eines Haupttäters – Zwangsarbeit im Flick-Konzern, in: 1999. Zeitschrift für Sozialgeschichte des 20. und 21. Jahrhunderts 1 (1986), H. 1, S. 4–43.

Luczak, Czeslaw: Polnische Arbeiter im nationalsozialistischen Deutschland während des Zweiten Weltkrieges. Entwicklung und Aufgaben der polnischen Forschung, in: Ulrich Herbert (Hrsg.), Europa und der »Reichseinsatz«. Ausländische Zivilarbeiter, Kriegsgefangene und KZ-Häftlinge in Deutschland 1938–1945, Essen 1991, S. 90–105.

Ders.: Mobilisierung und Ausnutzung der polnischen Arbeitskraft für den Krieg, in: Studia Historiae Oeconomicae, Bd. 5/1970, S. 303–313.

Ludewig, Hans-Ulrich: Zwangsarbeit im Zweiten Weltkrieg: Forschungsstand und Ergebnisse regionaler und lokaler Fallstudien, in: AfSG, Bd. 31/1991, S. 558–577.

Ludwigsfelder Geschichte und Geschichten, Teil 5.

Lüdtke, Alf (Hrsg.): Alltagsgeschichte. Zur Rekonstruktion historischer Erfahrungen und Lebensweisen, Frankfurt a.M./New York 1989.

Madajczyk, Czeslaw: Die Okkupationspolitik Nazideutschlands in Polen 1939–1945. Ins Deutsche übertragen und wissenschaftlich bearbeitet von Berthold Puchert, Köln 1988.

Majer, Diemut: „Fremdvölkische" im Dritten Reich. Ein Beitrag zur nationalsozialistischen Rechtssetzung und Rechtspraxis in Verwaltung und Justiz unter besonderer Berücksichtigung der eingegliederten Ostgebiete und des Generalgouvernements, Boppard 1981.

Dies.: Als polnische Zwangsarbeiter dem Reich Milliarden zuführten. Völkerrechtliche, politische und humanitäre Aspekte der Entschädigung, Vorschläge einer Regelung, in: Frankfurter Rundschau, 27.6.1990.

Mallet, Mireille: Sous le signe du triangle, Dijon 1949.

Mantelli, Brunello: I lavoratori italiani in Germania 1938–1943, in: Rivista Storia contemp. 18 (1989), S. 560–575.

Ders.: Von der Wanderarbeit zur Deportation. Die italienischen Arbeiter in Deutschland 1938–1945, in: Ulrich Herbert (Hrsg.), Europa und der »Reichseinsatz«. Ausländische Zivilarbeiter, Kriegsgefangene und KZ-Häftlinge in Deutschland 1938–1945, Essen 1991, S. 51–89.

Marsalek, Hans: Die Geschichte des Konzentrationslagers Mauthausen. Dokumentation, Wien ²1980.

Mason, Timothy W.: Labour in the Third Reich, 1933–1939, in: Past and Present, Bd. 33, 1966, S. 112–141.

Ders.: Sozialpolitik im Dritten Reich. Arbeiterklasse und Volksgemeinschaft, Opladen 1977.

Masset, Robert: A l'ombre de la Croix Gammée (de l'Indre au Neckar via Dachau), Argenton-sur-Creuse 1948.

Matern, Norbert: Ostpreußen – als die Bomben fielen. Königsberg u.a. 1986.

Meier, Christian: Vergangenheit ohne Ende?, in: FAZ, 19.2.1992.

Memorial. Aufklärung der Geschichte und Gestaltung der Zukunft, hrsg. vom Arbeitskreis „Memorial" in der Heinrich-Böll-Stiftung, Bad Honnef 1989.

Mettke, Jörg R.: Die Herren nahmen nur die Kräftigsten, in: Der Spiegel, Nr. 15/1986, S. 79–104.

Meyer, August: Das Syndikat. Reichswerke »Hermann Göring«, Braunschweig 1986.

Meyer, Petra: Das Arbeitserziehungslager Heddernheim unter Berücksichtigung anderer Arbeitslager, ausgehend von den archivalischen Unterlagen und Berichten von Zeitzeugen, Frankfurt a.M. 1986.

Milward, Alan S.: Die deutsche Kriegswirtschaft 1939–1945, Stuttgart 1966 (= Schriftenreihe der VfZG, 12).

Mommsen, Hans: Bündnis zwischen Dreizack und Hakenkreuz, in: Der Spiegel, Nr. 20/1987, S. 118–129.

Ders.: Geschichte des Volkswagenwerks im Dritten Reich. Forschungsergebnisse, Bochum 1991.

Ders.: Realisierung des Utopischen: „Endlösung der Judenfrage" im „Dritten Reich", in: GuG 9 (1983), H. 3, S. 381–420.

Ders.: Zwangsarbeiter und Konzentrationslager bei den Volkswagenwerken, in: »Deutsche Wirtschaft«. Zwangsarbeit von KZ-Häftlingen für Industrie und Behörden. Symposion „Wirtschaft und Konzentrationslager", hrsg. von der Hamburger Stiftung zur Förderung von Wissenschaft und Kultur, Hamburg 1992, S. 221–225.

Mönnich, Horst: BMW. Eine deutsche Geschichte, Wien/Darmstadt München/Zürich ²1991.

Moret-Bailly, Jean: Le camp de base du Stalag XVII B, in: Revue d'Histoire de la Deuxième Guerre Mondiale 7 (1957), H. 25, S. 7–45.

Ders.: Les Kommandos du Stalag XVII B, in: Revue d'Histoire de la Deuxième Guerre Mondiale 10 (1960), S. 31–52.

Mosch, Klaus: Schäferberg. Ein Henschel-Lager für ausländische Zwangsarbeiter, Kassel 1983 (= Nationalsozialismus in Nordhessen. Schriften zur regionalen Zeitgeschichte, H. 1)

Müller. Hartmut: Die Frauen von Obernheide. Jüdische Zwangsarbeiterinnen in Bremen 1944/1945, Hamburg 1987.

Müller, Roland: Stuttgart zur Zeit des Nationalsozialismus, Diss., Stuttgart 1986.

Müller, Rolf-Dieter: Industrielle Interessenpolitik im Rahmen des »Generalplans Ost«. Dokumente zum Einfluß von Wehrmacht, Industrie und SS auf die wirtschaftspolitische Zielsetzung für Hitlers Ostimperium, in: Militärgeschichtliche Mitteilungen, Bd. 29, 1981, S. 101–141.

Ders.: Die Rekrutierung sowjetischer Zwangsarbeiter für die deutsche Kriegswirtschaft, in: Ulrich Herbert (Hrsg.), Europa und der »Reichseinsatz«. Ausländische Zivilarbeiter, Kriegsgefangene und KZ-Häftlinge in Deutschland 1938–1945, Essen 1991, S. 234–250.

Ders.: Die Zwangsrekrutierung von „Ostarbeitern" 1941–1944, in: Der Zweite Weltkrieg. Analysen, Grundzüge, Forschungsbilanz, im Auftrag des militärgeschichtlichen Forschungsamtes hrsg. von Wolfgang Michalka, München 1989, S. 772–783.

Müller, Ulrich: Displaced Persons (DPs) in der amerikanischen Zone Württembergs 1945–1950, in: GWU 3 (1989), S. 145–160.

Ders.: Fremde in der Nachkriegszeit. Displaced Persons – Zwangsverschleppte Personen in Stuttgart und Württemberg-Baden 1945–1951, Stuttgart 1990 (= Veröffentlichungen des Archivs der Stadt Stuttgart).

Natzweiler-Struthof, hrsg. vom Comité national pour l'Erection et la Conservation d'un Mémorial de la Déportation au Struthof und vom Comité d'Histoire de la Deuxième Guerre Mondiale, o.O. 1955.

Neumann, Franz L.: Wirtschaft, Staat, Demokratie. Aufsätze 1930–1945, hrsg. von Alfons Söllner, Frankfurt a.M. 1978.

Neusüss-Hunkel, Ermenhild: Die SS, Hannover/Frankfurt a.M. 1956 (= Schriftenreihe des Instituts für wissenschaftliche Politik in Marburg/Lahn, 2).

Niederland, William G.: Folgen der Verfolgung: Das Überlebenden-Syndrom. Seelenmord, Frankfurt a.M. 1980.

Ders.: Die verkannten Opfer. Späte Entschädigung für seelische Schäden, in: Wiedergutmachung in der Bundesrepublik Deutschland, hrsg. von Ludolf Herbst und Constantin Goschler, München 1989 (= Schriftenreihe der VfZG, Sondernummer), S. 351–359.

Niethammer, Lutz: Anmerkungen zur Alltagsgeschichte, in: Klaus Bergmann, Ralf Schörken (Hrsg.): Geschichte im Alltag – Alltag in der Geschichte, Düsseldorf 1982 (= Geschichtsdidaktik, 7), S. 11–29.

Ders.: Oral History in den USA, in: Archiv für Sozialgeschichte 18 (1978), S. 457ff.

Ders. (Hrsg.): „Hinterher merkt man, daß es richtiger war, daß es schief gegangen ist". Nachkriegserfahrungen, Berlin/Bonn 1983 (= Lebensgeschichte und Sozialstruktur im Ruhrgebiet 1930–1960, Bd. 2).

Ders. (Hrsg.): „Die Jahre weiß man nicht, wo man die heute hinsetzen soll". Faschismuserfahrungen im Ruhrgebiet, Berlin/Bonn ²1986 (= Lebensgeschichte und Sozialstruktur im Ruhrgebiet 1930–1960, Bd. 1).

Ders. (Hrsg.), unter Mitarbeit von Werner Trapp: Lebenserfahrung und kollektives Gedächtnis. Die Praxis der „Oral History", Frankfurt a.M. 1980.

Ders./Plato, Alexander von (Hrsg.): „Wir kriegen jetzt andere Zeiten". Auf der Suche nach der Erfahrung des Volkes in nachfaschistischen Ländern, Berlin/Bonn 1985 (= Lebensgeschichte und Sozialstruktur im Ruhrgebiet 1930–1960, Bd. 3).

Ders. u.a.: Ergebnis einer Erhebung über Bestände und laufende Projekte zur Oral History in der BRD, Essen 1979.

Ders. u.a.: „Die Menschen machen ihre Geschichte nicht aus freien Stücken, aber sich machen sie selbst". Einladung zu einer Geschichte des Volkes in NRW, Berlin/Bonn ³1988.

Nostiz, Felicitas von: Eine Bewegung des Gewissens. Die sowjetische Memorial-Gesellschaft kämpft gegen das Vergessen der Opfer Stalins, in: FAZ, 21.10.1989.

Nyssen, Elke/Metz-Göckel, Sigrid: „Ja, die waren ganz einfach tüchtig" – Was Frauen aus der Geschichte lernen können, in: Anna-Elisabeth Freier, Annette Kuhn (Hrsg.), Frauen in der Geschichte V: „Das Schicksal Deutschlands liegt in der Hand seiner Frauen" – Frauen in der deutschen Nachkriegsgeschichte, Düsseldorf 1984 (= Geschichtsdidaktik, Bd. 20), S.312–347.

Obenaus, Herbert: Konzentrationslager und Rüstungswirtschaft. Der Einsatz von KZ-Häftlingen in Industriebetrieben Hannovers, in: Ludwig Eiber (Hrsg.), Verfolgung – Ausbeutung – Vernichtung. Die Lebens- und Arbeitsbedingungen der Häftlinge in deutschen Konzentrationslagern 1933 bis 1945, Hannover 1985, S. 160–183.

Polnische Opfer des Nationalsozialismus, in: FAZ, 17.10.1991.

Ormond, Henry: Entschädigung für 22 Monate Sklavenarbeit. Pladoyer, in: Dachauer Hefte 2 (1986), H.2: Sklavenarbeit im KZ, S. 147–156.

Overy, Richard James: „Blitzkriegswirtschaft"? Finanzpolitik, Lebensstandard und Arbeitseinsatz in Deutschland 1939–1942, in: VfZG 36 (1988), H. 3, S. 379–435.

Ders.: Hitler's War and the Economy: A Reinterpretation, in: English Historical Review 35 (1982), S. 272–291.

Pätzold, Kurt (Hrsg.): Verfolgung, Vertreibung, Vernichtung. Dokumente des faschistischen Antisemitismus 1933 bis 1942, Frankfurt a.M. 1984.

Passerina, Luisa: Arbeitersubjektivität und Faschismus. Mündliche Quellen und deren Impulse für die historische Forschung, in: Lutz Niethammer (Hrsg.), unter Mitarbeit von Werner Trapp, Lebenserfahrung und kollektives Gedächtnis. Die Praxis der „Oral History", Frankfurt a.M. 1980, S. 214–248.

Pawlak, Zacheusz: „Ich habe überlebt…". Ein Häftling berichtet über Majdanek, Hamburg 1979.

Perz, Bertrand: Die Errichtung eines Konzentrationslagers in Wiener Neudorf. Zum Zusammenhang von Rüstungsexpansion und Zwangsarbeit von KZ-Häftlingen, in: Jahrbuch 1988 des Dokumentationsarchivs des Österreichischen Widerstandes, Wien 1988, S. 88–116.

Pesch, Martin: Struktur und Funktionsweise der Kriegswirtschaft in Deutschland ab 1942 – unter besonderer Berücksichtigung des organisatorischen und produktionswirtschaftlichen Wandels in der Fahrzeugindustrie, Köln 1988.

Peter, Roland: Der Tod, der Müll und die Stadt, in: Badische Zeitung, 7.1.1993.

Peters, Christian: Vom nationalsozialistischen Zwangsarbeiter zur Außenseiterexistenz als „Displaced Person". Aus der Geschichte der Arbeit in Mannheim, in: Mannheimer Hefte; H. 1, 1987, S. 13–27.

Petzina, Dietmar: Soziale Lage der deutschen Arbeiter und Probleme des Arbeitseinsatzes während des ZweitenWeltkrieges, in: Waclaw Dlugoborski (Hrsg.), Zweiter Weltkrieg und sozialer Wandel. Achsenmächte und besetzte Länder, Göttingen 1981 (= Kritische Studien zur Geschichtswissenschaft, 47), S. 65–86.

Ders.: Die Mobilisierung deutscher Arbeitskräfte vor und während des Zweiten Weltkrieges, in: VfZG 18 (1970), S. 443–455.

Peukert, Detlev: Alltag unterm Hakenkreuz, Berlin 1982 (= Beiträge zum Widerstand, H. 17).

Ders./Reulecke, Jürgen (Hrsg.): Die Reihen fast geschlossen. Beiträge zur Geschichte des Alltags unterm Nationalsozialismus, Wuppertal 1981.

Pfahlmann, Hans: Fremdarbeiter und Kriegsgefangene in der deutschen Kriegswirtschaft 1939–1945, Darmstadt 1968 (= Beiträge zur Wehrforschung, Bd. 16/17).

Picard, Fernand: L'Epopée de Renault, Paris 1976.

Pick, Albert: Das Lagergeld der Konzentrations- und D.P.-Lager 1933–1945, München [2]1991.

Pingel, Falk: Häftlinge unter SS-Herrschaft. Widerstand, Selbstbehauptung und Vernichtung im Konzentrationslager, Hamburg 1978 (= Historische Perspektiven, 12).

Ders.: Häftlingszwangsarbeit. Zum Verhältnis von Profit, Produktion und Rassenideologie in der nationalsozialistischen Wirtschaft, in: »Deutsche Wirtschaft«. Zwangsarbeit von KZ-Häftlingen für Industrie und Behörden. Symposion „Wirtschaft und Konzentrationslager", hrsg. von der Hamburger Stiftung zur Förderung von Wissenschaft und Kultur, Hamburg 1992, S. 141–152.

Ders.: Die Konzentrationslagerhäftlinge im nationalsozialistischen Arbeitseinsatz, in: Waclaw Dlugoborski (Hrsg.), Zweiter Weltkrieg und sozialer Wandel. Achsenmächte und besetzte Länder, Göttingen 1981 (= Kritische Studien zur Geschichtswissenschaft, 47), S. 151–163.

Ders.: Die KZ-Häftlinge zwischen Vernichtung und NS-Arbeitseinsatz, in: Der Zweite Weltkrieg. Analysen, Grundzüge, Forschungsbilanz, im Auftrag des Militärgeschichtlichen Forschungsamtes hrsg. von Wolfgang Michalka, München/Zürich 1989, S. 784–797.

Ders.: Das System der Konzentrationslager, in: Ludwig Eiber (Hrsg.), Verfolgung – Ausbeutung – Vernichtung. Die Lebens- und Arbeitsbedingungen der Häftlinge in deutschen Konzentrationslagern 1933 bis 1945, Hannover 1985, S. 12–33.

Piper, Franciszek: Industrieunternehmen als Initiatoren des Einsatzes von KZ-Häftlingen. Das Beispiel Auschwitz, in: »Deutsche Wirtschaft«. Zwangsarbeit von KZ-Häftlingen für Industrie und Behörden. Symposion „Wirtschaft und Konzentrationslager", hrsg. von der Hamburger Stiftung zur Förderung von Wissenschaft und Kultur, Hamburg 1992, S. 97–139.

Ders.: Die Sklavenarbeit der Häftlinge, in: Ausgewählte Probleme aus der Geschichte des Konzentrationslagers Auschwitz, Auschwitz 1978, S. 59–80.

Plumpe, Gottfried: Die IG Farbenindustrie AG. Wirtschaft, Technik und Politik 1904–1945, Bielefeld 1990 (= Schriften zur Sozial- und Wirtschaftsgeschichte, 37).

Pohl, Hans/Habeth, Stephanie/Brüninghaus, Beate: Die Daimler-Benz AG in den Jahren 1933 bis 1945. Eine Dokumentation, Stuttgart ²1987 (= Zeitschrift für Unternehmensgeschichte, Beiheft 47).

Pohlmann, Hermann: Chronik eines Flugzeugwerkes 1932–1945, Stuttgart 1979.

Pollak, Michael: Die Grenzen des Sagbaren. Lebensgeschichten von KZ-Überlebenden als Augenzeugenberichte und als Identitätsarbeit, Frankfurt a.M./New York/Paris 1988 (= Studien zur historischen Sozialwissenschaft, Bd. 12).

Possehl, Ingunn: Tonbandinterviews – Ein Erfahrungsbericht, in: Archiv und Wirtschaft 21 (1988), S. 20–23.

Präg, Werner/Jacobmeyer, Wolfgang (Hrsg.): Das Diensttagebuch des deutschen Generalgouverneurs in Polen 1939–1945, Stuttgart 1975 (= Quellen und Darstellungen zur Zeitgeschichte, 20).

Presse-Information Daimler-Benz AG 13.6.1988.

Preuschoff, Axel: Spuren des ehemaligen KZs Oranienburg/Sachsenhausen in West-Berlin, in: Detlef Garbe (Hrsg.), Die vergessenen KZs? Gedenkstätten für die Opfer des NS-Terrors in der Bundesrepublik, Bornheim-Merten 1983, S. 109–119.

Der Prozeß gegen die Hauptkriegsverbrecher vor dem Internationalen Militärgerichtshof Nürnberg. Amtlicher Text, deutsche Ausgabe, Bd. I–XLII, Nürnberg 1947–1949.

Neuer Prozeß beim Rastatter Hohen Gericht. Verhandlung gegen Personal der Lager Haslach-Sportplatz, Haslach-Vulkan, Gaggenau und Niederbühl, in: Ortenauer Zeitung, 25. Februar 1947.

Puppo, Rolf: Die wirtschaftsrechtliche Gesetzgebung des Dritten Reiches, Diss., Konstanz 1988 (= Konstanzer Dissertationen, 200).

Raabe, Jürgen: Zwangsarbeit bei der Kurhessischen Kupferschieferbergbau Sontra 1940–1945, Kassel 1986 (= Nationalsozialismus in Nordhessen. Schriften zur regionalen Zeitgeschichte, H. 10).

Rabitsch, Gisela: KL Mauthausen, in: Studien zur Geschichte der Konzentrationslager, Stuttgart 1970 (= Schriftenreihe der VfZG, 21), S. 50–92.

Dies.: Konzentrationslager in Österreich (1938–1945). Überblick und Geschehen, Diss., Wien 1967.

Recker, Marie-Luise: Zwischen Sozialer Befriedung und materieller Ausbeutung. Lohn- und Arbeitsbedingungen im Zweiten Weltkrieg, in: Analysen, Grundzüge, Forschungsbilanz, im Auftrag des Militärgeschichtlichen Forschungsamtes hrsg. Wolfgang Michalka, München 1989, S. 430–444.

Reichsgesetz-Blatt 1910.

Reichsgesetzblatt 1934.

Reitlinger, Gerald: Die SS. Tragödie einer deutschen Epoche, Wien/München/Basel 1956.

Reuter, Edzard: Rede aus Anlaß der Einweihung einer Gedenktafel am 10. Januar 1989.

Ders.: Statement für die Pressekonferenz über die Entschädigung von Zwangsarbeitern am 13. Juni 1988.

Risel, Heinz: Die Konzentrationslager Neckargartach und Kochendorf, in: Landesgeschichte im Unterricht III, Villingen 1982 (= Schriftenreihe Lehren und Lernen, 23), S. 23–32/75–88.

Ders.: Das Lager Neckargartach, in: Herwart Vorländer (Hrsg.), Nationalsozialistische Konzentrationslager im Dienst der totalen Kriegsführung. Sieben württembergische Außenkommandos des Konzentrationslagers Natzweiler/Elsaß, Stuttgart 1978 (= Veröffentlichungen der Kommission für Geschichtliche Landeskunde in Baden-Württemberg, Reihe B, Forschungen, Bd. 91), S. 109–129.

Ritter, Gerhard: Carl Goerdeler und die deutsche Widerstandsbewegung, Stuttgart 1954.

Römer, Gernot: Für die Vergessenen. KZ-Außenlager in Schwaben – Schwaben in Konzentrationslagern. Berichte, Dokumente, Zahlen und Bilder, Augsburg 1984.

Rogl, Zdenka/Zuidaric, Marjan: Maribor 1941–1945. Ausstellungskatalog, Maribor 1975.

Rohwer, Götz: Die Lohnentwicklung bei Daimler-Benz (Untertürkheim 1925–1940), in: 1999. Zeitschrift für Sozialgeschichte des 20. und 21. Jahrhunderts 1 (1989), S. 52–79.

Rose, Romani/Weiss, Walther: Sinti und Roma im »Dritten Reich«. Das Programm der Vernichtung durch Arbeit, hrsg. vom Zentralrat Deutscher Sinti und Roma, Göttingen 1991.

Rosenberg, Heinz: Jahre des Schreckens … und ich bleib übrig, daß ich Dir's ansage, Göttingen 1985.

Rosh, Lea/Jäckel, Eberhard: »Der Tod ist ein Meister aus Deutschland«. Deportation und Ermordung der Juden, Kollaboration und Verweigerung in Europa, Hamburg ²1990.

Roskamp, Heiko (Hrsg.): Verfolgung und Widerstand. Tiergarten – Ein Bezirk im Spannungsfeld der Geschichte 1933–1945, Berlin 1985 (= Stätten der Geschichte Berlins, 8).

Roth, Karl Heinz: Die Daimler-Benz AG. Ein Rüstungskonzern im »Tausendjährigen Reich« – Forschungsstand, Kontroversen, Kritik, in: 1999. Zeitschrift für Sozialgeschichte des 20. und 21. Jahrhunderts 8 (1993), H. 1, S. 40–64.

Ders.: I.G. Auschwitz. Normalität oder Anomalie eines kapitalistischen Entwicklungssprungs, in: »Deutsche Wirtschaft«. Zwangsarbeit von KZ-Häftlingen für Industrie und Behörden. Symposion „Wirtschaft und Konzentrationslager", hrsg. von der Hamburger Stiftung zur Förderung von Wissenschaft und Kultur, Hamburg 1992, S. 79–95.

Ders.: Der Weg zum guten Stern des „Dritten Reichs". Schlaglichter auf die Geschichte der Daimler-Benz AG und ihrer Vorläufer (1890–1945), in: Das Daimler-Benz-Buch. Ein Rüstungskonzern im „Tausendjährigen Reich", hrsg. von der Hamburger Stiftung für Sozialgeschichte des 20. Jahrhunderts, Nördlingen 1987 (= Schriften der Hamburger Stiftung für Sozialgeschichte des 20. Jahrhunderts, Bd. 3), S. 28–373.

Ders./Schmid, Michael, unter der Mitarbeit von Rainer Fröbe: Die Daimler-Benz AG 1916–1948. Schlüsseldokumente zur Konzerngeschichte, hrsg. von der Hamburger Stiftung für Sozialgeschichte des 20. Jahrhunderts, Nördlingen 1987 (= Schriften der Hamburger Stiftung für Sozialgeschichte des 20. Jahrhunderts, Bd. 5).

Sachse, Carola: Zwangsarbeit jüdischer und nichtjüdischer Frauen und Männer bei der Firma Siemens 1940 bis 1945, in: Internationale Wissenschaftliche Korrespondenz zur Geschichte der Arbeiterbewegung 1/1991, S. 1–12.

Sachse, Carola/Siegel, Tilla/ Spode, Hasso/Spohn, Wolfgang: Angst, Belohnung, Zucht und Ordnung. Herrschaftsmechanismen im Nationalsozialismus, Opladen 1982 (= Schriften des Zentralinstituts für sozialwissenschaftliche Forschung der Freien Universität Berlin, Bd. 41).

Damals in Sachsenhausen. Solidarität und Widerstand im Konzentrationslager Sachsenhausen, Berlin (Ost) o.J. (1961).

Sachsenhausenkomitee Berlin (West): Das KZ Sachsenhausen und seine Nebenlager in Berlin, in: Staatliche Kunsthalle Berlin (Hrsg.), 1933 – Wege zur Diktatur, Berlin 1983, S. 290 ff.

Sachso. Au coeur du système concentrationnaire nazi, par l'Amicale d'Oranienburg-Sachsenhausen, Paris 1982.

Salm, Fritz: Im Schatten des Henkers. Widerstand in Mannheim gegen Faschismus und Krieg, Frankfurt a.M. ²1979.

Sandvoß, Hans-Rainer: Stätten des Widerstandes in Berlin 1933–1945, hrsg. vom Informationszentrum Berlin/Gedenk- und Bildungsstätte Stauffenbergstr., Berlin o.J.

Sauer, Paul: Württemberg in der Zeit des Nationalsozialismus, Ulm 1976.

Scapini, Georges: Mission sans gloire, Paris o.J.

Schätzle, Julius: Stationen zur Hölle. Konzentrationslager in Baden und Württemberg 1933–1945, hrsg. im Auftrag der Lagergemeinschaft Heuberg-Kuhberg-Welzheim, Frankfurt a.M. 1974.

Schausberger, Norbert: Mobilisierung und Einsatz fremdländischer Arbeitskräfte während des 2. Weltkrieges in Österreich, Wien o.J. (1970).

Schilde, Kurt: Vom Columbia-Haus zum Schulenburgring – Dokumentation mit Lebensgeschichten von Opfern des Widerstandes und der Verfolgung von 1933 bis 1945 aus dem Bezirk Tempelhof, hrsg. vom Bezirksamt Tempelhof von Berlin anläßlich der Erstellung des „Gedenkbuches für die Opfer des Nationalsozialismus aus dem Bezirk Tempelhof", Berlin 1987 (= Stätten der Geschichte Berlins, 24).

Schirmbeck, Peter (Hrsg.): „Morgen kommst Du nach Amerika". Erinnerungen an die Arbeit bei Opel 1917–1987, Berlin/Bonn 1988.

Schmid, Michael: „Unsere ausländischen Arbeitskräfte". Zwangsarbeiter in den Werken und Barackenlagern des Daimler-Benz-Konzerns, in: Das Daimler-Benz-Buch. Ein Rüstungskonzern im »Tausendjährigen Reich«, hrsg. von der Hamburger Stiftung für Sozialgeschichte des 20. Jahrhunderts, Nördlingen 1987 (= Schriften der Hamburger Stiftung für Sozialgeschichte des 20. Jahrhunderts, Bd. 3), S. 559–591.

Ders.: Goldfisch, Gesellschaft mit beschränkter Haftung: Eine Lokalhistorie zum Umgang mit Menschen, in: Das Daimler-Benz-Buch. Ein Rüstungskonzern im „Tausenjährigen Reich", hrsg. von der Hamburger Stiftung für Sozialgeschichte des 20. Jahrhunderts, Nördlingen 1987 (= Schriften der Hamburger Stiftung für Sozialgeschichte des 20. Jahrhunderts, Bd. 3), S. 482–513.

Ders.: Das Konzentrationslageraußenkommando Neckarelz. Zulassungsarbeit Geschichte an der Universität Heidelberg, Heidelberg 1983.

Ders.: „... eine unterirdische Stadt in einer alten Gipsgrube ...". Der Einsatz von KZ-Häftlingen beim Bau einer untertägigen Fertigungsanlage für die Daimler-Benz AG, in: Mitteilungen der Dokumentationsstelle zur NS-Sozialpolitik 2 (1986), H. 13/14, S. 31–42.

Schmidt, Wolf: „Das Geheimnis der Versöhnung heißt Erinnerung". Anmerkungen zu einer Ausstellung, in: Arbeitsrecht und Nationalsozialismus. Dokumentation einer Tagung vom 31. Oktober bis 3. November 1985 hrsg. vom Gustav-Stresemann-Institut e.V. für übernationale Bildung und europäische Zusammenarbeit, Bergisch-Gladbach 1986, S. 55–61.

Schminck-Gustavus, Christoph U.: Hungern für Hitler. Erinnerungen polnischer Zwangsarbeiter im Deutschen Reich 1940–1945, Reinbek 1984.

Ders.: Zwangsarbeit und Faschismus. Zur „Polenpolitik" im „Dritten Reich", in: Kritische Justiz 13 (1980), S. 1–27, 187–206.

Schmitt, Angelika: Die Geschichte des Konzentrationslagers Mannheim-Sandhofen. Ein Beitrag zur Zeitgeschichte im regionalen Bereich. Zulassungsarbeit zur Ersten Prüfung für das Lehramt an Grund- und Hauptschulen an der PH Ludwigsburg, masch., Ludwigsburg 1976.

Schneider, Michael: Die Vergangenheit, die nicht vergehen will, in: Frankfurter Hefte 34 (1987), H. 6, S. 484–495.

Schneider, Thomas: „Fremdarbeiter" und Kriegsgefangene in Mannheim 1939–1945, Staatsexamensarbeit PH Heidelberg masch., Heidelberg 1985.

Schneider, Wolfgang (Hrsg.): »Vernichtungspolitik«. Eine Debatte über den Zusammenhang von Sozialpolitik und Genozid im nationalsozialistischen Deutschland, Hamburg 1991 (= Schriftenreihe des Hamburger Instituts für Sozialforschung).

Schreiber, Gerhard: Die italienischen Militärinternierten im deutschen Machtbereich 1943 bis 1945. Verraten – verachtet – vergessen, München 1990 (= Schriftenreihe des Militärgeschichtlichen Forschungsamtes, Bd. 28).

Schüler stellten Gedenktafel auf. Erinnerungen an das Konzentrationslager in Asbach im wahrsten Sinne des Wortes ausgegraben, in: RNZ vom 10.05.1985.

Schülerarbeitsgruppe am Goldberg-Gymnasium: Zwangsarbeiter in Sindelfingen 1940–1945, Sindelfingen 1989.

Schulte, Theo J.: The German Army and Nazi Policies in Occupied Russia, München 1989.

Die kalte Schulter des Hauses Siemens. Materialien zur Musterklage einer Zwangsarbeiterin auf Entschädigung für geleistete Zwangsarbeit. Aktion Sühnezeichen Friedensdienste e.V. Interessengemeinschaft ehemaliger Zwangsarbeiter unter dem NS-Regime o.O. o.J.

Schupetta, Ingrid H.E.: Frauen- und Ausländererwerbstätigkeit in Deutschland von 1939 bis 1945, Köln 1983 (= Pahl-Rugenstein-Hochschulschriften, 127).

Seeber, Eva: Zur Rolle der Monopole bei der Ausbeutung der ausländischen Zwangsarbeiter im Zweiten Weltkrieg, in: Der deutsche Imperialismus und der Zweite Weltkrieg, hrsg. vom Militärgeschichtlichen Forschungsamt, Bd. 4, Stuttgart 1983, S. 7–52.

Dies.: Zwangsarbeiter in der faschistischen Kriegswirtschaft. Die Deportation und Ausbeutung polnischer Bürger unter besonderer Berücksichtigung der Lage der Arbeiter aus dem sogenannten Generalgouvernement (1939–1945), Berlin (Ost) 1964 (= Schriftenreihe des Instituts für Geschichte der Europäischen Volksdemokratien an der Karl-Marx-Universität Leipzig, Bd. 3).

Seebold, Gustav-Hermann: Ein Stahlkonzern im Dritten Reich. Der Bochumer Verein 1927–1945, Wuppertal 1981 (= Düsseldorfer Schriften zur Neueren Landesgeschichte und zur Geschichte Nordrhein-Westfalens, Bd. 3).

Selleslagh, Frans: De Tewerkstelling van belgische Arbeidskrachten tijdens de Bezetting 1941, Brüssel 1972 (= Navorsings– en Studiecentrum voor de Geschiedenis van de Tweede Wereldoorlog, Dokumenten 2)

Siegel, Tilla: Leistung und Lohn in der nationalsozialistischen „Ordnung der Arbeit", Opladen 1989 (= Schriften des Zentralinstituts für Sozialwissenschaftliche Forschung der Freien Universität Berlin, Bd. 57).

Dies.: Lohnpolitik im nationalsozialistischen Deutschland, in: Carola Sachse u.a.: Angst, Belohnung, Zucht und Ordnung. Opladen 1982 (= Schriften der Zentralinstituts für sozialwissenschaftliche Forschung der Freien Universität Berlin, Bd. 41), S. 54–139.

Siegert, Toni: Das Konzentrationslager Flossenbürg – Gegründet für sogenannte Asoziale und Kriminelle, in: Bayern in der NS-Zeit, Bd. 2: Herrschaft und Gesellschaft im Konflikt, Teil A, hrsg. von Martin Broszat und Elke Fröhlich, München/Wien 1979, S. 429–493.

Ders.: 30.000 Tote mahnen! Die Geschichte des Konzentrationslagers Flossenbürg und seiner 100 Außenlager von 1938 bis 1945, Weiden 1984.

Siegfried, Klaus-Jörg: Das Leben der Zwangsarbeiter im Volkswagenwerk 1939–1945, Frankfurt a.M./New York 1988.

Ders.: Rüstungsproduktion und Zwangsarbeit im Volkswagenwerk 1939–1945. Eine Dokumentation, Frankfurt a.M./New York 1986 (= Sonderband der Wolfsburger Beiträge zur Stadtgeschichte und Stadtentwicklung).

Sijes, B.A.: De Arbeidsinzet. De gedwongen arbeid van Nederlanders in Duitsland 1940–1945, Den Haag 1966.

Sindelfingen stellt Hilfskontrolle auf, in: van Honk, 30.9. 1944.

Sobczak, Janusz: Die polnischen Wanderarbeiter in Deutschland in den Jahren 1919–1939 und ihre Behandlung, in: Fremdarbeiterpolitik des Imperialismus 2 (1977), S. 47–66.

Sörgel, Angelika: Daimler-Benz – der Multi im Musterländle, unter Mitarbeit von Hildegard Kaluza, Werner Voß, Dietmar Düe und Heinz J. Bontrup, Bremen 1986 (= Forschungsberichte des Progress-Instituts für Wirtschaftsforschung, 3).

Spaich, Herbert: Fremde in Deutschland. Unbequeme Kapitel unserer Geschichte, Weinheim 1981.

Speer, Albert: Erinnerungen, Frankfurt a.M./Berlin 1969.

Ders.: Der Sklavenstaat. Meine Auseinandersetzungen mit der SS, Stuttgart 1981.

Spohn, Wolfgang: Betriebsgemeinschaft und Volksgemeinschaft. Die rechtliche und institutionelle Regelung der Arbeitsbeziehungen im NS-Staat, Berlin 1987.

SS im Einsatz. Eine Dokumentation über die Verbrechen der SS, hrsg. vom Komitee der Antifaschistischen Widerstandskämpfer in der Deutschen Demokratischen Republik, Berlin [7]1964.

Staden, Wengelgard von: Nacht über dem Tal. Das Lager „Wiesengrund" im Enztal bei Vaihingen, Düsseldorf/Köln 1979.

Stein, Robert: Vom Wehrmachtsstraflager zur Zwangsarbeit bei Daimler-Benz. Ein Lebensbericht, in: 1999. Zeitschrift für Sozialgeschichte des 20. und 21. Jahrhunderts 2 (1987), H. 4, S. 20–51.

Steinbach, Lothar: Lebenslauf, Sozialisation und „erinnerte Geschichte", in: Lutz Niethammer (Hrsg.), unter Mitarbeit von Werner Trapp, Lebenserfahrung und kollektives Gedächtnis. Die Praxis der „Oral History", Frankfurt a.M. 1980, S. 291–322.

Steinhoff, Johannes/Pechel, Peter/Showalter, Dennis (Hrsg.): Deutsche im Zweiten Weltkrieg. Zeitzeugen sprechen, München 1989.

Stenke, Wolfgang: Am Abend vorgestellt. Radiosendung des Dritten Programms des Westdeutschen Rundfunks, 11.06.1990, 22.30–23.00 Uhr.

Stepien, Stanislaus: Unvollständige Auflistung von Arbeiter-, Zwangsarbeiter- und Kriegsgefangenenunterkünften während des II. Weltkriegs in Mannheim 1939–1945, o.O. o.J. (unveröffentlichtes Manuskript, 1984).

Ders.: Die Ausländer im Nachkriegsdeutschland. Zur Erforschung der Geschichte ehemaliger Zwangsarbeiter in den westlichen Besatzungszonen Deutschlands, in: Jugendliche erforschen die Geschichte der Nachkriegszeit. Materialien zum Schülerwettbewerb Deutsche Geschichte 1984/1985, hrsg. von Dieter Galinski und Wolf Schmidt, Hamburg 1984, S. 47–59.

Ders.: Der alteingesessene Fremde. Der Lebensweg ehemaliger ausländischer Zwangsarbeiter in Westdeutschland – eine historisch-soziologische Studie, Diss., Mannheim 1987.

Ders.: Der alteingesessene Fremde: Ehemalige Zwangsarbeiter in Westdeutschland, Frankfurt a.M. (u.a.) 1989.

Ders.: Displaced Persons – Eine Risikogruppe für suizidales Verhalten. Vortrag am 26. April 1983 auf der Frühjahrstagung der Arbeitsgemeinschaft zur Erforschung suizidalen Verhaltens, Reisenburg, 25. bis 27. April 1983, unveröff. Manuskript.

Una storia di tutti. Prigionieri, internati, deportati italiani nella seconda guerra mondiale, hrsg. vom Istituto Storico della Resistenza in Piemonte, atti del convergno di studi tennto a Torino il 2.–4. novemre 1987, Mailand 1989.

Straede, Therkel: „Deutschlandarbeiter". Dänen in der deutschen Kriegswirtschaft, 1940–1945, in: Ulrich Herbert (Hrsg.), Europa und der »Reichseinsatz«. Ausländische Zivilarbeiter, Kriegsgefangene und KZ-Häftlinge in Deutschland 1938–1945, Essen 1991, S. 140–171.

Ders.: Dänische Fremdarbeiter in Deutschland während des Zweiten Weltkrieges, in: Zeitgeschichte 13 (1985/86), S. 397–416.

Streiflichter aus Verfolgung und Widerstand 1933–1945, Bd. 3, hrsg. von der VVN Kreisvereinigung Ludwigsburg, Ludwigsburg 1987.

Streim, Alfred: Die Behandlung sowjetischer Kriegsgefangener im „Fall Barbarossa". Eine Dokumentation. Unter Berücksichtigung der Unterlagen deutscher Strafverfolgungsbehörden und der Materialien der Zentralen Stelle der Landesjustizverwaltungen zur Aufklärung von NS-Verbrechen, Heidelberg/Karlsruhe 1981 (= Motive-Texte-Materialien, Bd. 13).

Ders.: Sowjetische Gefangene in Hitlers Vernichtungskrieg. Berichte und Dokumente 1941–1945, Heidelberg 1982.

Streit, Christian: Sozialpolitische Aspekte der Behandlung der sowjetischen Kriegsgefangenen, in: Waclaw Dlugoborski (Hrsg.), Zweiter Weltkrieg und sozialer Wandel. Achsenmächte und besetzte Länder, Göttingen 1981 (= Kritische Studien zur Geschichtswissenschaft, Bd. 47), S. 184–196.

Ders.: Keine Kameraden. Die Wehrmacht und die sowjetischen Kriegsgefangenen 1941–1945, Stuttgart 1978 (= Studien zur Zeitgeschichte, 13).

Stuby, Gerhard: Völkerrechtliche Probleme zur Frage der Entschädigung polnischer Zwangsarbeiter unter dem NS-Regime, in: Zeitschrift für Rechtspolitik 23 (1990), H. 8, S. 314–318.

Studien zur Geschichte der Konzentrationslager, Stuttgart 1970 (= Schriftenreihe der Vierteljahrshefte für Zeitgeschichte, Bd. 21).

Stuttgart im Zweiten Weltkrieg. Katalog zur Ausstellung vom 1.9.1987 bis 27.7.1990, hrsg. von Marlene P. Hiller, Gerlingen 1989 (= Ausstellungsreihe „Stuttgart im Dritten Reich").

Témoignages Strasbourgeois. De l'université aux camps de concentration, Paris ²1954 (= Publications de la Faculté des Lettres de l'Université de Strasbourg).

Aus der Tempelhofer Geschichte – Naziterror und Widerstand, hrsg. von der Vereinigung der Verfolgten des Naziregimes Westberlin (VVN) und vom Verband der Antifaschisten, Berlin 1984.

Thompson, Paul: The Voice of the Past: Oral History, Oxford 1978.

Trials of War Criminals before the Nuremberg Military Tribunals under Control Council Law Nr. 15, 15 Bde., Washington 1949–1954.

Tribunal de première instance pour le jugement des crimes de guerre séant à Rastatt, Jugement Nr. 28, en date du 25.3.1949, o.O. o.J. (1949).

Tuchel, Johannes: „Arbeit" in den Konzentrationslagern im Deutschen Reich 1933 bis 1939, in: Rudolf G. Ardelt, Hans Hautmann (Hrsg.), Arbeiterschaft und Nationalsozialismus in Österreich. In memoriam Karl R. Stadler, Wien/Zürich 1990, S. 455–467.

Ders.: Konzentrationslager. Organisationsgeschichte und Funktion der „Inspektion der Konzentrationslager" 1934 bis 1938, Boppard a. Rhein 1991 (= Schriften des Bundesarchivs, 39).

Ulrich, Günter: Die Entdeckung des Alltags in der Geschichte: Kultur- und Alltagsgeschichte als Quelle der Erkenntnis im Geschichtsunterricht der Sekundarstufe I, in: GWU 34 (1983), S. 623–642.

United States Office of Strategic Services, Foreign Labor in Germany. Research and Analysis Report, Nr. 1623, 24. Oktober 1944.

United States Strategic Bombing Survey, 64, Morale Division: The Effects of Strategic Bombing on German Morale, Vol. 2, Washington 1946.

United States Strategic Bombing Survey, Munitions Division, Daimler-Benz AG Untertürkheim, Germany, 2. Januar 1947.

United States Strategic Bombing Survey, 3 Office of the Chairman: The Effects of Strategic Bombing on the German War Economy, Overall Economic Division, Washington 1945.

United States Office of Strategic Series: Foreign Labor in Germany. Research and Analysis Report, Nr. 1923, 24. Oktober 1944.

Ursachen und Folgen. Vom deutschen Zusammenbruch 1918 und 1945 bis zur staatlichen Neuordnung Deutschlands in der Gegenwart, hrsg. von Herbert Michaelis und Enrst Schraepler, Bde. 17–22, Berlin 1972 ff.

Vanselow, Gerd: Das Konzentrationslager Hersbruck. Größtes Außenlager von Flossenbürg, Hersbruck 1983.

Ders.: Das Konzentrationslager Hersbruck, in: Die Kriegsjahre in Deutschland 1939 bis 1945. Ergebnisse und Anregungen aus dem Schülerwettbewerb Deutsche Geschichte um den Preis des Bundespräsidenten 1982/83, für die Körber-Stiftung hrsg. von Dieter Galinski und Wolf Schmidt, Hamburg 1985, S. 235–250.

Varga, László: Ungarn, in: Dimension des Völkermords. Die Zahl der jüdischen Opfer des Nationalsozialismus, hrsg. von Wolfgang Benz, München 1991 (= Quellen und Darstellungen zur Zeitgeschichte, Bd. 33), S. 331–351.

Vaupel, Dieter: Einsatz von KZ-Gefangenen in der Deutschen Industrie und das Problem der Entschädigung der Opfer nach 1945. Eine Fallstudie über die jüdischen Zwangsarbeiterinnen der »Verwertchemie« in Hessisch Lichtenau, Diss., Kassel 1989.

Ders.: »Entschädigung« von KZ-Gefangenen durch die Deutsche Industrie – Das Beispiel Dynamit Nobel, in: 1999. Zeitschrift für Sozialgeschichte des 20. und 21. Jahrhunderts 6 (1991), H. 1, S. 34–57.

Verfolgung und Widerstand unter dem Nationalsozialismus in Baden. Die Lageberichte der Gestapo und des Generalstaatsanwalts Karlsruhe 1933–1940, bearb. von Jörg Schadt, hrsg. vom Stadtarchiv Mannheim, Stuttgart u.a. 1976.

Verhandlungen mit Polen gehen weiter, in: FAZ, 20.3.1991.

Verordnungblatt für die besetzten niederländischen Gebiete, 5 Bde., Den Haag 1940–1945.

Verzeichnis der Haftstätten unter dem Reichsführer-SS (1933–1945). Konzentrationslager und deren Außenkommandos sowie andere Haftstätten unter dem Reichsführer-SS in Deutschland und deutsch besetzten Gebieten, hrsg. vom Internationalen Suchdienst, Arolsen 1979.

Verzeichnis der Konzentrationslager und ihrer Außenkommandos gemäß 42 Abs. 2 BEG, in: Bundesgesetzblatt Nr. 64 vom 24. September 1977, Teil I, S. 1787–1852.

Völkerrecht im Weltkrieg. Das Werk des Untersuchungsausschusses der Verfassungsgebenden Deutschen Nationalversammlung und des Reichtags 1919–1928. Verhandlungen, Gutachten, Urkunden. Dritte Reihe, Bd. III: Verletzungen des Kriegsgefangenenrechts, hrsg. im Auftrag des Dritten Untersuchungsausschusses von Johannes Bell, Berlin 1927.

Voges, Wolfgang (Hrsg.): Methoden der Biographie- und Lebenslaufforschung, Opladen 1987 (= Biographie und Gesellschaft, 1).

Vorländer, Herwart: Einleitung: Das Konzentrationslager Natzweiler-Struthof im Elsaß und seine Außenkommandos in Württemberg und Baden, in: ders. (Hrsg), Nationalsozialistische Konzentrationslager im Dienst der totalen Kriegsführung. Sieben württembergische Außenkommandos des Konzentrationslagers Natzweiler/Elsaß, Stuttgart 1978 (= Veröffentlichungen der Kommission für Geschichtliche Landeskunde in Baden-Württemberg, Reihe B, Forschungen, Bd. 91), S. 1–18.

Ders.: Generationenbewegung in der „Oral History", in: GWU 38 (1987), S. 587–596.

Ders.: Oral History. Mündlich erfragte Geschichte, Göttingen 1990.

Ders. (Hrsg.): Nationalsozialistische Konzentrationslager im Dienst der totalen Kriegsführung. Sieben württembergische Außenkommandos des Konzentrationslagers Natzweiler/Elsaß, Stuttgart 1978.

Vorwärts und nicht vergessen. Dokumente zur Geschichte der Arbeiterbewegung in Gaggenau, Rastatt, Baden-Baden 1832–1984, bearb. von Jürgen Groß, hrsg. von der IG-Metall für die Bundesrepublik Deutschland, Verwaltungsstelle Gaggenau, Gaggenau 1988.

Wagenführ, Rolf: Die deutsche Industrie im Krieg 1939–1945, Berlin ²1963.

Heimatgeschichtlicher Wegweiser zu Stätten des Widerstandes und der Verfolgung 1933 bis 1945, Bd. 5: Baden-Württemberg I. Regierungsbezirke Karlsruhe und Stuttgart, hrsg. vom Studienkreis Deutscher Widerstand, Frankfurt a.M. 1991.

Weinmann, Martin (Hrsg.): Das nationalsozialistische Lagersystem (CCP) mit Beiträgen von Anne Kaiser und Ursula Krause-Schmitt, Frankfurt a.M. 1990.

Der Zweite Weltkrieg. Analysen, Grundzüge, Forschungsbilanz, im Auftrag des Militärgeschichtlichen Forschungsamtes hrsg. von Wolfgang Michalka, München/Zürich 1989.

Wenke, Bettina: Interviews mit Überlebenden. Verfolgung und Widerstand in Südwestdeutschland, hrsg. von der Landeszentrale für politische Bildung Baden-Württemberg, Stuttgart 1980.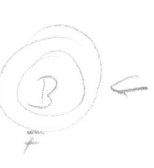

Werk Untertürkheim. Stammwerk der Daimler-Benz Aktiengesellschaft. Ein historischer Überblick, Stuttgart 1983.

Werner, Herbert: Tübingen 1945, hrsg. von Wolfgang Ruf und Manfred Schmid, Stuttgart 1986 (= Beiträge zur Geschichte der Universitätsstadt Tübingen).

Werner, Wolfgang Franz: Die Arbeitserziehungslager als Mittel nationalsozialistischer »Sozialpolitik« gegen deutsche Arbeiter, in: Waclaw Dlugoborski (Hrsg.), Zweiter Weltkrieg und sozialer Wandel. Achsenmächte und besetzte Länder, Göttingen 1981 (= Kritische Studien zur Geschichtswissenschaft, Bd. 47), S. 138–150.

Ders.: „Bleib übrig!" Deutsche Arbeiter in der nationalsozialistischen Kriegswirtschaft, Düsseldorf 1983 (= Düsseldorfer Schriften zur Neueren Landesgeschichte und der Geschichte Nordrhein Westfalens, Bd. 9).

Weyres von Levetzow, Hans-Joachim: Die deutsche Rüstungswirtschaft 1942 bis zum Ende des Krieges, Diss. masch., München 1975.

Widerstand und Verfolgung in Mannheim 1933–1945. Mannheimer Sozialdemokraten gegen die Nazi-Diktatur. Zusammengestellt von Günter Braun, hrsg. vom Sozialdemokratischen Bildungsverein Mannheim e.V., Mannheim 1983.

Wiedergutmachung in der Bundesrepublik Deutschland, hrsg. von Ludolf Herbst und Constantin Goschler, München 1989 (= Schriftenreihe der VfZG, Sondernummer).

Willmot, Louise: Women in the Third Reich. The auxiliary military law of 1944, in: German History, H. 2, 1985, S. 10–20.

Winkler, Dörte: Frauenarbeit im „Dritten Reich", Hamburg 1977 (= Historische Perspektiven, 9).

Dies.: Frauenarbeit versus Frauenideologie, in: AfSG 17 (1977), S. 99–126.

„Wir waren ja niemand". Ein ehemaliger Zwangsarbeiter berichtet über die Jahre 1942 bis 1945 in Genshagen/Obrigheim, in: Das Daimler-Benz-Buch. Ein Rüstungskonzern im »Tausendjährigen Reich«, hrsg. von der Hamburger Stiftung für Sozialgeschichte des 20. Jahrhunderts, Nördlingen 1987 (= Schriften der Hamburger Stiftung für Sozialgeschichte des 20. Jahrhunderts, Bd. 3), S. 471–481.

»Deutsche Wirtschaft«. Zwangsarbeit von KZ-Häftlingen für Industrie und Behörden. Symposion „Wirtschaft und Konzentrationslager", hrsg. von der Hamburger Stiftung zur Förderung von Wissenschaft und Kultur, Hamburg 1992.

Wirtschaft, Recht und Staat im Nationalsozialismus. Analyse des Instituts für Sozialforschung 1939–1942, hrsg. von Helmut Dubiel und Alfons Söllner, Frankfurt a.M. 1981.

Wolff, Eva: Nationalsozialismus in Leverkusen, Diss., Leverkusen 1988 (= Veröffentlichungen des Stadtarchivs Leverkusen, Bd. 1).

Wolff, Hans-Jürgen: Die Allendorfer Sprengstoffwerke DAG und WASAG, hrsg. vom Magistrat der Stadt Stadtallendorf, Stadtallendorf ²1989.

Woriescheck, Gerd: Rede anläßlich der Besuche ehemaliger Zwangsarbeiter in Daimler-Benz-Werken, November 1988.

Wormser, Olga: Le rôle du travail des concentrationnaires dans l'économie de guerre allemande, in: Revue d'Histoire de la Deuxième Guerre Mondiale 4 (1954), H. 15/16, S, 81–98.

Dies.: Le système concentrationnaire nazi (1933–1945), Paris 1968 (= Publications de la Faculté des Lettres et Sciences humaines de Paris -Sorbonne, série „Recherches" 39).

Dies./ Michel, Henri: Tragédie de la déportation 1940–1945. Témoignages de survivants des camps de concentration allemands, Paris 1955.

Woydt, Johann: Ausländische Arbeitskräfte in Deutschland. Vom Kaiserreich zur Bundesrepublik, Heilbronn 1987 (= Beiträge zur politischen Bildung, H. 11).

Wysocki, Gerd: Häftlinge in der Kriegsproduktion des „Dritten Reiches". Das KZ Drütte bei den Hermann-Göring-Werken in Watenstedt-Salzgitter, Oktober 1942 bis April 1945, Salzgitter 1986.

Ders.: Häftlingsarbeit in der Rüstungsproduktion. Das Konzentrationslager Drütte bei den Hermann-Göring-Werken in Watenstedt-Salzgitter, in: Dachauer Hefte 2 (1986), H. 2, S. 35–67.

Ders.: Zwangsarbeit im Stahlkonzern. Salzgitter und die Reichswerke „Hermann Göring" 1937–1945, Braunschweig 1982.

Ziegler, Jürgen: Mitten unter uns. Natzweiler-Struthof: Spuren eines Konzentrationslagers, Hamburg 1986.

Zimmer, Horst/Grenger, Angela: Oral History, Lokalgeschichte und historisch-politische Ausstellungen – Beispiele aus der alten Synagoge Essen, in: Geschichtsdidaktik 6 (1984), H. 3, S. 243–253.

Zimmermann, Michael: Verfolgt, vertrieben, vernichtet. Die nationalsozialistische Vernichtungspolitik gegen Sinti und Roma, Essen 1989.

Z'lanterfantertje. On geregeld verschijnend bulletin voor alle ex-Riedmühlelager bewoners, Nr. 1–5 (August 1945 – April 1946).

Zofka, Zdenek: Allach-Sklaven für BMW. Zur Geschichte eines Außenlagers des KZ Dachau, in: Dachauer Hefte 2 (1986), H. 2, S. 68–78.

Zumpe, Lotte: Wirtschaft und Staat in Deutschland 1933–1945, Vaduz/Liechtenstein 1980 (= Wirtschaft und Staat in Deutschland, 3).

Zwangsarbeit. Arbeit-Terror-Entschädigung. Geschichtswerkstatt, Heft 19, Hamburg 1989.

Zwangsarbeiter in der Filmfabrik Wolfen 1939–1945. Ihre ökonomisch-soziale Lage und Unterbringung dargestellt mit postalischen Belegen, bearb. von Herbert Bode und Manfred Gill, Wolfen 1982 (= Aus der Geschichte der Filmfabrik Wolfen, 49).

REGISTER[*]

Personen-, Institutionen- und Firmenregister

Namen von natürlichen Personen sind kursiv gesetzt.
Fa. – Firma, Fam. – Familie

---

[*] Berücksichtigt sind Text und Bildunterschriften, keine Fußnoten.

Orts- und Länderregister

Sachregister

ZEITSCHRIFT FÜR UNTERNEHMENSGESCHICHTE · BEIHEFTE

Herausgegeben von Hans Pohl im Auftrag der Gesellschaft für Unternehmensgeschichte e. V.

69. **Hans Pohl**, Hrsg.: **Industrie und Umwelt.** Referate und Diskussionsbeiträge der Öffentlichen Vortragsveranstaltung der Gesellschaft für Unternehmensgeschichte am 15.5.1991 in Mannheim. 1993. 77 S. m. 13 Abb., kt. **5871-0**

70. **Hans-Jürgen Teuteberg: Die Rolle des Fleischextrakts für die Ernährungswissenschaften und den Aufstieg der Suppenindustrie.** Kleine Geschichte der Fleischbrühe. 1990. VII, 130 S. m. 36 Abb., 5 Tab., kt. **5714-5**

71. **Vera Stercken / Reinhard Lahr: Erfolgsbeteiligung und Vermögensbildung der Arbeitnehmer bei Krupp.** Von 1811 bis 1945. 1992. X, 206 S. m. 12 Graph., 29 Tab., kt. **5872-9**

72. **Hans Pohl**, Hrsg.: **Die Entwicklung von Unternehmensformen und -strukturen in Westdeutschland seit dem Zweiten Weltkrieg.** Referate und Diskussionsbeiträge des Wissenschaftlichen Symposions der Gesellschaft für Unternehmensgeschichte am 13. und 14. 12. 1990 in Berlin. 1993. 151 S. m. zahlr. Tab., kt. **5531-2**

73. **Hans Pohl: Vom Stadtwerk zum Elektrizitätsgroßunternehmen.** Gründung, Aufbau und Ausbau der „Rheinisch-Westfälischen Elektrizitätswerk AG" (RWE) 1898-1918. 1992. 60 S., kt. **5727-7**

74. In Vorbereitung

75. **Hans Pohl**, Hrsg.: **Die Entwicklung der Lebensarbeitszeit.** Festschrift für Dr. **Reinhart Freudenberg.** 1992. 141 S. m. 17 Abb., 1 Taf., kt. **6139-8**

76. **Karl-Peter Ellerbrock: Geschichte der deutschen Nahrungs- und Genußmittelindustrie 1750-1914.** 1993. 477 S. m. 82 Abb., kt. **6116-9**

77. **Günter Kalbaum: Erfolgsbeteiligung und Vermögensbildung der Arbeitnehmer in der privaten Versicherungswirtschaft (1820-1948).** 1993. 179 S. m. 2 Falttaf., kt. **6166-5**

78. **Barbara Hopmann / Mark Spoerer / Birgit Weitz / Beate Brüninghaus:** Zwangsarbeit bei Daimler Benz. 1994. 560 S. mit 19 Tab., 56 Abb. u. 8 Taf., geb. **6440-0**

79. **Dietmar Klenke: Bundesdeutsche Verkehrspolitik und Motorisierung.** Konfliktträchtige Weichenstellungen in den Jahren des Wiederaufstiegs. 1993. 363 S., 1 Abb., kt. **6254-8**

80. **Helmut Hilz: Eisenbrückenbau und Unternehmertätigkeit in Süddeutschland.** Heinrich Gerber (1832–1912). 1993. VIII, 210 S. mit 53 Fotos, kt., **6286–6**

frühere Bände auf Anfrage

FRANZ STEINER VERLAG STUTTGART